OCÉANIE

OU

CINQUIÈME PARTIE DU MONDE.

REVUE GÉOGRAPHIQUE ET ETHNOGRAPHIQUE

DE LA MALAISIE, DE LA MICRONÉSIE, DE LA POLYNÉSIE
ET DE LA MÉLANÉSIE;

OFFRANT LES RÉSULTATS DES VOYAGES ET DES DÉCOUVERTES DE L'AUTEUR ET DE SES
DEVANCIERS, AINSI QUE SES NOUVELLES CLASSIFICATIONS ET DIVISIONS DE CES CONTRÉES.

PAR

Mr G. L. DOMENY DE RIENZI,

VOYAGEUR EN OCÉANIE, EN ORIENT, ETC., ETC., MEMBRE DE PLUSIEURS ACADÉMIES
DE FRANCE ET D'ITALIE, DE L'INSTITUT HISTORIQUE, DE LA SOCIÉTÉ DE GÉOGRAPHIE,
DE LA SOCIÉTÉ DE STATISTIQUE UNIVERSELLE, DES SOCIÉTÉS ASIATIQUES DE PARIS ET
DE BOMBAY (INDE), ETC., ETC.

« Cherchez la science et la vérité, dussiez-vous ne les trouver
« qu'à l'extrémité du monde. »
MOHAMMED.

TOME TROISIÈME.

PARIS,
FIRMIN DIDOT FRÈRES, ÉDITEURS,
IMPRIMEURS-LIBRAIRES DE L'INSTITUT DE FRANCE,
RUE JACOB, N° 56.

M DCCC XXXVIII.

L'UNIVERS.

HISTOIRE ET DESCRIPTION
DE TOUS LES PEUPLES.

OCÉANIE,

Par M. G. L. D. DE RIENZI,
MEMBRE DE PLUSIEURS ACADÉMIES, ETC.

TYPOGRAPHIE DE FIRMIN DIDOT FRÈRES,
RUE JACOB, N° 56.

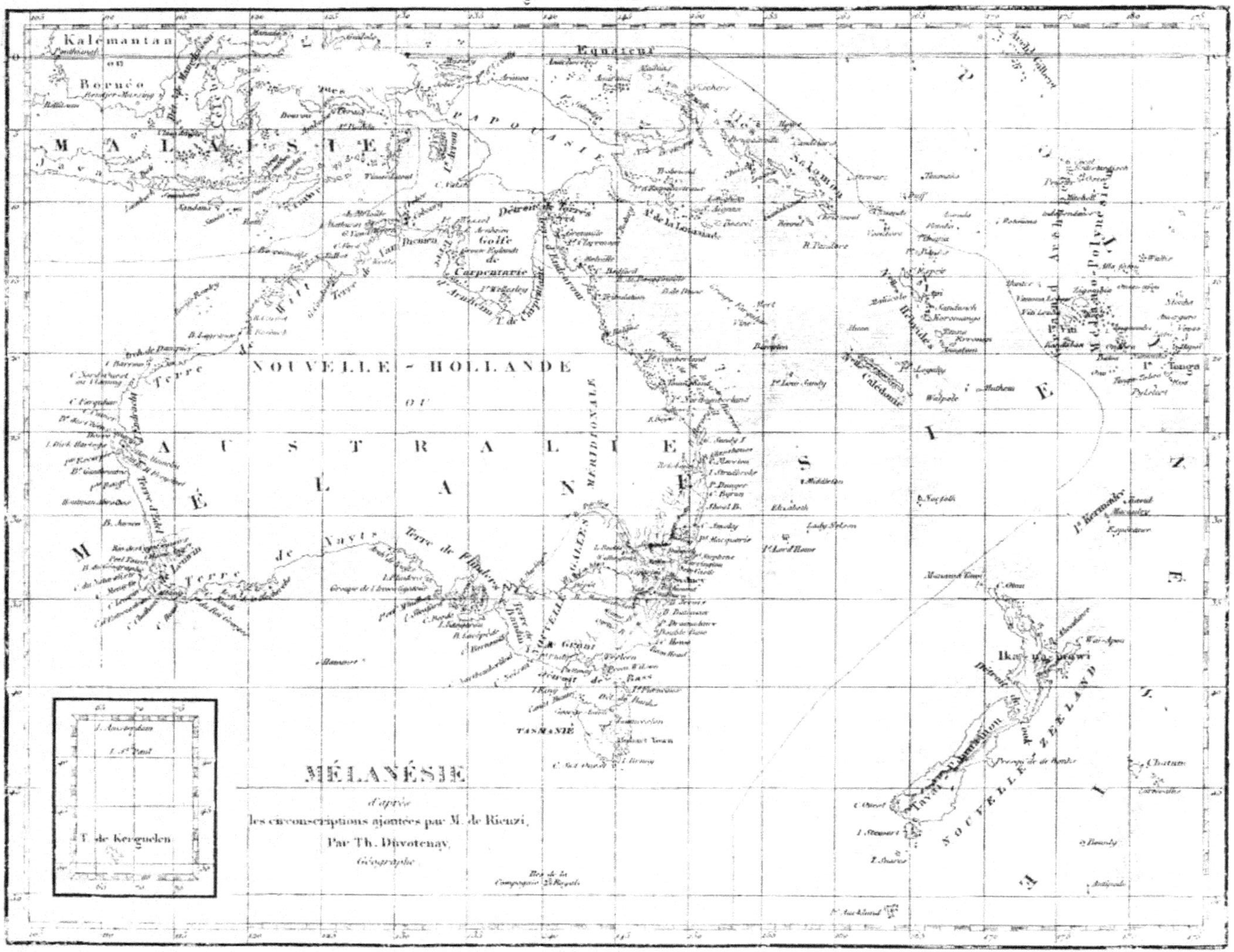
Longitude du Méridien de Paris.
Equateur
Kalémantan
ou
Bornéo
MALAISIE
PAPOUASIE
NOUVELLE-HOLLANDE
OU
AUSTRALIE
MÉLANÉSIE
Détroit de Torrès
Golfe
de
Carpentarie
Terre de Flinders
Terre de Nuyts
Tasmanie
Salomon
Nouvelle Calédonie
Nouvelle Zéeland
I. de Kerguelen
I. Amsterdam
I. St. Paul
MÉLANÉSIE
d'après
les circonscriptions ajoutées par M. de Rienzi,
Par Th. Duvotenay,
Géographe.

L'UNIVERS,

ou

HISTOIRE ET DESCRIPTION

DE TOUS LES PEUPLES,

DE LEURS RELIGIONS, MOEURS, INDUSTRIE, COSTUMES, ETC.

OCÉANIE,

ou

CINQUIÈME PARTIE DU MONDE.

PAR G. L. DOMENY DE RIENZI,

VOYAGEUR EN OCÉANIE, EN ORIENT, ETC., ETC.; MEMBRE DE L'INSTITUT HISTORIQUE, DE PLUSIEURS ACADÉMIES ET SOCIÉTÉS SAVANTES DE FRANCE, D'ITALIE ET DES INDES; ETC., ETC.

PRÉCIS HISTORIQUE DE L'ARCHIPEL DE TAÏTI.

Quiros est incontestablement le premier découvreur de Taïti. Le 10 février 1606, il fit mouiller un brigantin dans un de ses ports. Ses compagnons rapportèrent que les indigènes avaient la peau basanée; qu'ils étaient grands et robustes, armés de lances, de sabres et de casse-tête en bois, et que leurs cases étaient alignées sous des cocotiers au bord de la mer. Après quelques heures de séjour, invités à se rendre à bord, ils refusèrent, et les Espagnols regagnèrent leur chaloupe à la nage. Le fait le plus remarquable de leur séjour, c'est qu'ils virent un des chefs dont la tête était couronnée de plumes noires, et dont la chevelure, à demi-bouclée et tombant sur ses épaules, était blonde. Il était le seul parmi les insulaires qui offrît cette particularité.

Deux jours après, Quiros mit à la voile, laissant à cette île le nom de *Sagittaria*.

Sagittaria ne fut plus revue pendant le long espace de cent soixante ans.

Après avoir été sur le point de se perdre sur le banc du *Dolphin*, Wallis mouilla, en juin 1767, dans la baie de Matavaï, où « le premier pavillon qu'on découvrait, dit l'éloquent auteur du Génie du christianisme, était celui de la mort qui flotte au-dessus de toutes les félicités humaines. » Il paraît qu'il employa trop vite le mousquet contre quelques insulaires indiscrets et turbulents. Aussi, peu de jours après son arrivée, trois cents pirogues chargées de deux mille guerriers s'approchèrent du vaisseau de Wallis, et l'assaillirent d'une grêle de pierres. Quand le capitaine anglais vit que les pirogues se trouvaient à portée, il fit feu de toutes ses batteries, et balaya en un clin d'œil l'escadre des sauvages. Quelques pirogues plus audacieuses tentèrent l'abordage par la poulaine; une pièce portée sur l'avant du *Dolphin* (c'était le nom du vaisseau monté par Wallis) les fit voler en éclats, et tua un des chefs. Les insulaires demandèrent la paix; mais le lendemain, nouvelle agression de leur part, nouvelle mitraillade de la part des Anglais. Wallis fit détruire toutes les pirogues, celles qui étaient à flot et celles qui se trouvaient à sec, et la terreur cimenta la paix.

Dans son séjour dans l'île, Wallis visita plusieurs chefs, tout en explorant le pays; mais, dans sa relation, il ne nomme que la princesse Obéréa, dont le vrai nom était Pouria, femme assez belle, d'un maintien agréable, honorée des naturels, et âgée de plus de quarante ans; elle habitait une grande case de trois cents pieds de long sur quarante de large et trente de hauteur, soutenue par cinquante et un piliers, et située à une demi-lieue de Matavaï. Il paraît que Wallis joua auprès de cette princesse le rôle d'Énée, bien que sa Didon ne recherchât pas les honneurs du bûcher. Après son départ, il nomma l'île du nom de *Georges III*, et en obtint la cession en faveur du roi d'Angleterre, si on doit ajouter foi à la gravure de sa relation.

En avril 1768, c'est-à-dire un an après, Bougainville en prit possession pour la France. Depuis longtemps on a disposé ainsi des pauvres peuples, sans s'occuper, le moins du monde, ni de leur consentement ni de leurs avantages. Il trouva la reine Obéréa déjà consolée du départ de son infidèle, et vivant maritalement avec Tou-Païa, grand prêtre de Taïti, quoiqu'elle fût l'épouse du régent. C'est ce Tou-Païa, originaire de Raïatea, qui mourut à Batavia, au retour d'un voyage de la Nouvelle-Zeeland qu'il avait fait à bord du vaisseau du capitaine Cook.

Nous avons déjà fait connaître l'ancien gouvernement de Taïti; sans entrer dans de nouveaux détails, il nous suffira de dire que l'*otin* (l'enfant), fils du roi, ayant pris le titre de roi, Obéréa était devenue la reine mère, et le roi O'Ammo, son époux, n'était plus que régent. Deux divisions de l'île étaient administrées par Toutaha et Lapaï, qui étaient frères, et la presqu'île de Taïa-Rabou était gouvernée par Wahi-Adoua.

Bougainville eut des relations d'amitié avec Réti, chef du district de Hidia, devant lequel il était mouillé. Il reçut la visite de Toutaha, un des triumvirs de l'île, qui poussa la galanterie, le désintéressement et l'hospitalité, au point de lui offrir une de ses plus jeunes et plus jolies femmes. Ce Toutaha avait plus de six pieds. L'habile et spirituel navigateur appela l'île *Nouvelle-Cythère*; mais le nom indigène de Taïti qu'il fit connaître à l'Europe, prévalut cette fois. Nous avons donné en passant le récit du Taïtien Otourou, frère du chef Réti, qu'il amena à Paris, où il demeura une année, et qui, ayant quitté la capitale, s'embarqua sur le *Brissan*, qui le transporta à l'île de France: de là il devait se rendre dans son île avec le brave capitaine Marion; mais Marion, ayant fait échelle au fort Dauphin, établissement français insalubre de l'île de Madagascar, Otourou y mourut de la petite vérole, qui fit périr plus tard à Londres l'aimable Péliouien Li-Bou.

En 1769, Cook vint mouiller à Matavaï pour observer le passage de Vénus sur le disque du soleil. Les indigènes le comblèrent lui et les siens de prévenances et de politesses, et ils purent explorer le pays en liberté et avec sécurité. Il eut quelquefois à se plaindre de petits larcins, mais il châtia les voleurs d'une manière si terrible qu'ils se dégoûtèrent du métier.

Peu avant le départ du capitaine anglais, deux de ses marins désertent sa frégate. Cook s'empare de la famille royale et de plusieurs chefs en véritable flibustier, et signifie aux indigènes qu'il les gardera comme otages jusqu'à ce qu'on lui ait ramené les déserteurs; ce qui ne tarda pas. Cook les punit avec la sévérité dont il donna si souvent des exemples, et rendit aussitôt ses otages couronnés. C'est dans ce voyage qu'il prit à son bord l'ex-grand prêtre Toupaïa, dont nous avons déjà parlé.

Cook reçut, avant de quitter cette île, la visite de Téroe, roi d'Eïméo. Il visita l'île de Wahine, où il vit le roi Ori, et celle de Raïatea, où le vieux

Pouni, célèbre guerrier de Borabora, reposait sa vieillesse sur ses lauriers.

Depuis le départ du navigateur anglais, Toutaha, dévoré d'ambition, soumit la presqu'île Taïarabou. Mais il survécut peu de temps à son triomphe, et laissa la couronne à son fils.

L'Espagnol Bonechea mouilla à Taïti en 1772 et en 1773; un autre Espagnol, Langara, y laissa un déserteur, devenu plus tard le favori et le conseiller du jeune Wahi-Adoua II.

En avril 1773, Cook retourna à Taïti, et mouilla devant Taïarabou, où il passa huit jours. Il reçut la visite de Réti, chef de Hidia, qui ne lui demanda pas seulement des nouvelles de son frère Otourou, le passager de Bougainville. De Taïarabou, le capitaine anglais reparut à Mataval. Là, le roi Otou lui fit la réception la plus brillante. Il n'était permis à personne, pas même à son père O'Ammo, de se couvrir devant lui, et tous les assistants devaient avoir le corps nu depuis la tête jusqu'à la ceinture. Auprès du roi, Cook retrouva Potatou, qu'il avait connu dans sa première relâche, et qui lui témoigna beaucoup d'amitié en toute circonstance. Potatou, avec sa taille gigantesque, semblait dominer toute l'assemblée. Il joignait la force de Milon de Crotone à la beauté, à la grâce d'Antinoüs, et son caractère était d'une douceur extrême (*). La taille de sa femme Pota-Tetera était de six pieds. Durant le premier voyage de Cook, elle était devenue la sœur (touahine) de cet intrépide marin. Fière de ce titre, elle fit une visite au capitaine. La sentinelle anglaise voulut, obéissant à sa consigne, l'empêcher d'entrer dans sa chambre; mais ce grenadier femelle prit le soldat à bras-le-corps, le jeta lestement sur le pont, et courut triomphante embrasser son frère adoptif le capitaine Touté. C'est ainsi que Cook était nommé à Taïti.

L'année suivante, au mois d'avril,

(*) Une de ses cuisses égalait en grosseur le corps du matelot le plus robuste.

Cook reparut encore à Mataval. Il y vit Réti, qui lui demandait tous les jours des nouvelles de son cher ami *Pouta Veri* (Bougainville). Il visita le vieux roi Ori à Wahine, et le roi Oréé à Raïatea, où il laissa son aimable passager Hidi-Hidi (OEdidée), dont on a dit l'histoire.

Ce fut en 1777 que l'illustre Cook entreprit son troisième voyage à bord de la *Découverte*, tandis que le capitaine Clerke montait la *Résolution*. Il parut avec les deux vaisseaux de l'expédition devant la presqu'île de Taïarabou, où régnait Wahi-Adoua, frère de Wahi-Adoua II. De Taïarabou, il se rendit à Mataval en septembre, passa à Eïméo, où régnait Wahine, relâcha à Wahine, que gouvernait Taïri-Taïria, et y débarqua le célèbre Maï, son ami et son protégé, dont on a dit l'histoire.

Dans l'intervalle des voyages du grand navigateur, le 27 novembre 1774, le capitaine espagnol Domingo Bonechea mouilla avec deux bâtiments à Watou-Tera dans la presqu'île de Taïarabou. Il amenait deux missionnaires envoyés par le vice-roi du Pérou. Le roi Otou, et surtout l'arii Wahi-Adoua, l'accueillirent parfaitement. Après avoir laissé les deux missionnaires confiés à la protection de l'arii, Bonechea remit à la voile pour visiter quelques autres points de l'archipel, et à son retour, le 26 janvier 1775, il mourut, et fut enterré au pied de la croix de la mission. En effet, en 1777, époque de la dernière relâche du capitaine Cook à Taïti, il apprit que deux vaisseaux y avaient abordé en 1774. Les naturels lui dirent que ces vaisseaux étaient venus de *Rima*, que quatre de leurs hommes, dont un se nommait *Matima*, avaient été laissés dans l'île; mais que les mêmes bâtiments les avaient repris à leur bord dans une seconde relâche, pendant laquelle le commandant de cette expédition, que les habitants nommaient *Oridé*, mourut, et fut enterré dans l'île, et que le capitaine et les missionnaires avaient assuré que Cook éta mort, et l'Angleterre sujette de l' pagne. Les détails que le capitaine Cook put recueillir de la bouche des naturels, et la découverte d'une croix de bois sur laquelle on avait gravé les mots suivants : *Christus vincit*, et *Carolus imperat*, 1774, le portèrent à conclure que ces bâtiments appartenaient à la marine espagnole, et étaient sortis du port de Lima, capitale du Pérou ; mais le cabinet de Madrid, soit insouciance, soit politique, avait gardé le silence sur ce voyage. Toutefois ce mystère est enfin connu, grâce à la gazette du gouvernement de Calcutta, capitale de l'Inde britannique, qui en a donné la relation abrégée, d'après un journal que son éditeur tenait du capitaine Dillon, lequel, rédigé par un Espagnol de Lima, nommé Manuel Rodriguez, contient plusieurs particularités qui ne permettent pas de douter qu'il ne s'agisse du voyage dont parle le capitaine Cook. Ce journal inédit était resté entre les mains de la veuve de Rodriguez, et le capitaine Dillon l'obtint d'elle à Valparaiso (Chili). Rodriguez, le Matima des Taïtiens, ayant acquis quelques connaissances de leur langue, avait été désigné pour accompagner une mission partie de Callao, et destinée pour les îles de Taïti. Le but de cette mission était la conversion des naturels à l'aide de quelques-uns d'entre eux qui avaient été baptisés à Lima. Deux moines étaient au nombre des missionnaires qui mirent à la voile de Callao sur le *Jupiter* ; ils débarquèrent à Taïti le 15 novembre suivant. Ils bâtirent une maison à Odjetatira (Ohitepeha), et la croix trouvée par Cook était devant cet édifice. Le commandant de la frégate, qui mourut pendant la seconde relâche, s'appelait don Domingo Bonechea, nom qui n'a pas plus de rapport avec celui d'Oridé, que Matima avec Rodriguez (*).

Les vaisseaux quittèrent l'île le 28 janvier, laissant les deux moines Padre Hieronimo et Padre Narcisso, l'interprète Rodriguez et un domestique. Les missionnaires firent peu d'efforts pour convertir les naturels, et n'obtinrent aucun succès. Rodriguez prétend qu'ils manquaient d'humanité et de douceur ; qu'ils avaient pris du chagrin et de l'humeur de leur position, et qu'il en éprouvait souvent les fâcheux effets ; ce qui réduisit à rien ses fonctions d'interprète. Pour se désennuyer, il passait la plus grande partie de son temps avec les naturels, et parcourait l'île en tous sens. Il n'avait alors que vingt ans, et sa jeunesse, sa vivacité, sa gaieté, et la connaissance qu'il avait de la langue taïtienne paraissent l'avoir rendu cher aux habitants. On voit dans le récit fait au capitaine Cook, que le nom de ces Espagnols était respecté parmi les insulaires, et le journal prouve que Rodriguez ne possédait aucune connaissance scientifique, et qu'il n'était qu'un observateur très-superficiel.

Au retour des vaisseaux, les missionnaires demandèrent à quitter l'île ; Rodriguez se rembarqua avec eux, et revint à Callao le 28 février 1776. Les moines se louaient de la bienveillance des naturels, et ceux-ci trouvèrent les Espagnols moins durs que les Anglais.

Cook avait à peine quitté l'archipel, que le roi Otou épousa Hidia, sœur aînée de Motou-Oro ; ainsi ces deux princes furent doublement alliés. Ils firent étrangler le premier enfant qui provint de cette union, pour conserver leurs titres ; mais Otou, avant voulu sauver son second enfant, il dut, d'après la loi du pays, que nous avons fait connaître au chapitre *Gouvernement et Lois*, abdiquer la couronne ; de manière que Otou devint régent, de roi qu'il était. En changeant de titre, il dut changer de nom, et, après bien des essais, il adopta celui de Pomare (rhume), par allusion à un rhume qu'il avait contracté à la suite des combats qu'il avait livrés à ses adversaires. Son fils devint Pomare II. La naissance de cet enfant fut l'occasion d'une rupture entre le roi et la reine. Hidia,

(*) Nous soupçonnons que ces noms étaient ceux de leurs *tayos*, avec lesquels ils avaient échangé les leurs, suivant l'usage des Polynésiens.

jeune, belle et grande femme, douée d'une figure animée et spirituelle, d'une imagination ardente et voluptueuse, et d'un tempérament de feu, quitta son royal époux par dépit, et surtout pour se livrer à des débordements tels qu'on pourrait la surnommer la *Messaline* de Taïti. Cependant, malgré sa complaisance ou plutôt son indulgence, Pomare Ier ne peut être comparé à Claude; et sa femme lui resta fidèle sous le rapport politique.

Onze années s'écoulèrent sans qu'aucun navire abordât à Taïti. Le premier qui y parut fut le *Lady Penrhyn*, capitaine Sever, en 1788; il était chargé du transport de la colonie qui venait de s'établir sur la Nouvelle-Galles du Sud, et mouilla dans la baie de Matavaï pour procurer des vivres frais à son équipage, infecté du scorbut. Pomare Ier fut très-généreux envers le capitaine Sever, qui vit Hidi-Hidi, et apprit la mort de Maï et des deux Zeelandais que Cook avait amenés avec lui, ou plutôt qui avaient suivi Maï. Il laissa ignorer aux insulaires la mort horrible de l'illustre capitaine Cook, dont ceux-ci lui demandaient à chaque instant des nouvelles.

Bligh, commandant du *Bounty*, parut à son tour à Matavaï. Pour ne pas nous répéter, nous renvoyons à l'article de l'arbre à pain le récit aussi important que curieux de sa relâche, de sa mission et de ses malheurs. Nous ajouterons seulement que parmi les révoltés du *Bounty* qui reparurent à Matavaï le 22 septembre 1789, seize débarquès, qui ne voulurent pas suivre leurs complices à Pitcairn, s'établirent ici. Churchill, ancien maître d'armes à bord du navire de Bligh, se rendit à Taïarabou auprès de Wahi-Adoua, dont il devint le favori. Après la mort de ce chef, il fut nommé son successeur, et il était sur le point de régner sur cette presqu'île, quand Thompson, dévoré de jalousie et d'ambition, le tua d'un coup de fusil. Mais les insulaires vengèrent leur nouveau roi, et immolèrent son assassin. Un enfant de quatre ans monta sur le trône de Taïarabou.

Quelques années après, le capitaine Edwards, de la frégate la *Pandora*, vint réclamer, au nom de son gouvernement, les révoltés du *Bounty*; ils furent livrés par les insulaires, malgré les sollicitations, les pleurs et les cris des veuves et des orphelins taïtiens qu'ils étaient obligés d'abandonner. A cette époque, Pomare Ier, qui depuis longtemps avait conçu le projet de voir l'Europe, fut sur le point de suivre le capitaine Edwards. Son frère Ara-Piha parvint, avec beaucoup de peine, à empêcher son départ.

Le célèbre explorateur Vancouver aborda à Taïti avec ses navires. Cet ancien compagnon de Cook trouva l'archipel déchu de sa première splendeur. La population avait considérablement décru par les guerres intérieures, et surtout à cause des maladies honteuses importées par les Européens. Il assista à l'avènement au trône de Pomare II. Il remarqua qu'un grand nombre de mots de la langue taïtienne avaient été changés, et que ces mots étaient rigoureusement interdits.

La *Mathilda*, capitaine Weasterhead, en 1792, le *Dedalus*, capitaine New, en 1793, la *Jenny* et la *Britannia*, en 1794, et en 1797 le *Duff*, capitaine Wilson, chargé de placer des missionnaires sur les principales îles de la Polynésie, mouillèrent à Taïti.

L'arrivée des missionnaires commença la révolution dans l'île. Le grand prêtre Mani-Mani fut assez désintéressé pour se déclarer en leur faveur, et ces apôtres se mirent sur-le-champ à l'œuvre. Une cérémonie solennelle eut lieu le 16 mars 1797 en présence des chefs Pomare Ier, la princesse Hidia, Mapaï, et Haïtia, chef de Matavaï. Le roi Pomare II fit cession aux missionnaires du territoire de Matavaï, séjour fort agréable (voy. *pl.* 153 et 154). Après la cérémonie, on construisit une maison commode pour les apôtres, cinq femmes et deux enfants, et le *Duff* remit à la voile pour l'archipel de Nouka-Hiva.

Le *Duff* reparut à Matavaï le 6 juillet de la même année. Les missionnaires étaient satisfaits des traitements qu'ils éprouvaient, mais ils se plaignaient du petit nombre de conversions qu'ils avaient faites. Le neveu du capitaine, après plusieurs explorations importantes durant cette relâche, qui fut d'un mois, estima que la population était réduite à 16,000 âmes.

Le 6 mars 1798, le *Nautilus*, capitaine Bishop, aborda à Mataval. Pomaré Ier était pour les missionnaires, et Pomaré II leur montrait tout au moins de l'indifférence.

L'*Eliza* amena à Taïti le missionnaire Henry et sa femme. Ils annonçaient le retour du *Duff* avec un renfort d'hommes et de provisions ; mais quelle fut leur douleur quand le capitaine Bunker, commandant de l'*Albion*, leur porta la triste nouvelle qu'un corsaire français s'était emparé du *Duff*, que la mission de Tonga-Tabou était détruite, et que les missionnaires avaient été en partie égorgés par les indigènes de Tonga, et en partie forcés de quitter la mission.

Le *Purpoise* apporta dans les entrefaites des présents à Pomaré II de la part du gouverneur de Port-Jackson, et le *Royal-Admiral*, que commandait encore Wilson, débarqua bientôt après huit nouveaux missionnaires. L'espérance renaquit dans les cœurs de tous les ministres de l'Évangile et de leurs adhérents. M. Nott, leur chef, parcourut l'île entière, se livrant partout à la prédication.

Après quelques succès et quelques revers, au milieu d'une guerre qui armait une partie des chefs et des insulaires contre l'autre, à travers l'apparition de plusieurs navires anglais, entre autres du *Margaret*, capitaine Byers, dont le subrécargue Turnbull nous a laissé une relation intéressante ; et à la suite de plusieurs combats, le vieux Hopaï, père de Pomaré Ier, mourut, regretté des étrangers ainsi que des indigènes. Le roi Pomaré Ier perdit son fils, le jeune prince de Taïarabou ; lui-même fut frappé de mort subite après un dîner, à l'âge de cinquante-cinq ans. Ce roi était doué d'une énergie opiniâtre et d'une rare sagacité. Il avait su régner jusqu'à sa mort, sous le nom de son fils, et malgré les lois du pays. La vie de ce monarque civilisateur avait été un long combat, et ce fut lui qui protégea les missionnaires en toute occasion. Son fils Pomaré II lui succéda.

« Pomaré II (voyez son portrait *pl.* 158) est le Clovis, le Constantin de Taïti (*) : le premier il embrassa le christianisme, et l'archipel s'empressa de l'imiter. Ce roi fut toute sa vie un fervent néophyte ; il se voua au progrès du culte nouveau, non-seulement comme souverain, mais encore comme apôtre. On lui doit la première traduction de l'Évangile en taïtien. Sous lui, la religion fut florissante, mais non pas despotique : quand les pasteurs européens voulurent empiéter, il les contint et les limita. Aussi nous verrons plus tard qu'il fut médiocrement regretté par eux.

« Jusqu'à lui les prédications des missionnaires n'avaient eu aucun succès. Dans tous les districts où ils s'étaient présentés, on les avait tournés en ridicule, quand on ne les avait pas maltraités. Les naturels riaient de leur Dieu, leur disant qu'il n'était que le serviteur du grand dieu Oro, et qu'ils ne changeraient pas l'un pour l'autre. Quelquefois même, quand un insulaire tombait malade pendant le passage d'un missionnaire, on accusait ce dernier de maléfice, et on le forçait à déguerpir du canton. Malgré ces obstacles, la mission n'en continuait pas moins son œuvre difficile. En janvier 1805, on prépara un catéchisme détaillé, et au mois de mars suivant, on adopta l'alphabet qui servit de base aux traductions ultérieures.

« On commençait à espérer des résultats plus heureux, quand la trêve indéfinie qui régnait entre les chefs, ayant été brusquement rompue, fit place à de longues et déplorables hos-

(*) On doit les paragraphes suivants, marqués d'un guillemet et résumés de l'ouvrage d'Ellis, jusqu'à celui qui commence ainsi : *Pomaré II ne commença* (sauf deux épitres du roi Pomaré II), à M. Raybaud, narrateur élégant du *Voyage pittoresque autour du monde*.

tilités. Au mois de juin 1807, les troupes royales tombèrent à l'improviste sur le district d'Ata-Hourou, ravagèrent, massacrèrent tout devant elles, chassèrent la population entière vers les montagnes, et se retirèrent avec les cadavres qui furent portés sur les autels d'Oro (voy. *pl.* 157). Cette horrible expédition ne fut pas sur-le-champ expiée. Les chefs d'Ata-Hourou méditaient depuis longtemps leur vengeance; mais elle éclata enfin terrible et complète. Avant l'explosion pourtant, les missionnaires avaient pu se retirer sur le navire anglais *Persévérance*, qui se trouvait alors mouillé dans la rade. Le pasteur Nott ne se rendit à bord que le dernier, ayant voulu tenter un dernier effort auprès des rebelles pour les concilier avec Pomare. Il échoua.

« Alors commença la guerre désastreuse, connue dans les annales de Taïti sous le nom de *Tamaï rahi ia Arahou-Raïa* (grande guerre de Arahou-Raïa). Le chef des insurgés était Tanta, ancien ministre du roi, alors son plus rude adversaire, et le guerrier le plus redouté de tout l'archipel. Son nom seul était un gage de victoire. Quand il quitta le parti de Pomare, celui-ci se tint pour battu; il en versa des larmes de douleur. Cependant il ne voulut pas renoncer à la partie sans combattre. Conseillé par le grand prêtre d'Oro, il prit même l'initiative: il attaqua son adversaire qui avait l'avantage du nombre et de la position; mais vivement repoussé, il fut obligé de s'enfuir jusqu'à Paré, où il n'attendit pas l'ennemi. Il quitta Taïti, et se réfugia à Wahine, où les missionnaires avaient déjà cherché un asile.

« Taïti et Taïarabou appartenaient aux rebelles; aucun chef de marque ne se présentait plus pour leur disputer. Leur premier acte de possession fut entaché de sang et de ravages; ils foulèrent les districts de Paré et de Mataval, ravagèrent les habitations des chefs du parti royal, saccagèrent l'établissement des missions, pillèrent les objets de quelque valeur, fondèrent les caractères d'imprimerie en balles, et roulèrent les livres en cartouches, enlevèrent les armes existantes, ou en fabriquèrent d'étranges avec les ustensiles de cuisine. Enivrés par le succès, ils espéraient davantage encore; ils épiaient l'occasion d'enlever le premier navire qui se serait présenté, après en avoir massacré les officiers. Ce coup de main eut lieu en effet sur le schooner *Vénus*, qui ne put être prévenu à temps du péril; mais le bonheur voulut que l'équipage, au lieu d'être égorgé sur-le-champ, fut réservé aux sacrifices du dieu Oro, ce qui donna le temps à l'*Urania*, navire anglais qu. survint, de sauver tout des mains de ces barbares, hommes et navire. La place n'était plus tenable. A l'exemple de Taïti, les autres îles étaient tourmentées par des factions turbulentes et diverses: une étincelle avait incendié toutes ces têtes guerrières, et désormais, au milieu de ces querelles flagrantes, des ministres de paix n'avaient plus de rôle à jouer. Aussi, le 26 octobre 1809, tous les ministres quittèrent-ils l'archipel pour se rendre à Port-Jackson. On ne laissa que deux pasteurs, Haywood à Wahine, et Nott à Eïméo.

« Ce dernier fit alors sa plus grande et sa plus décisive conquête; ce fut la guerre qui la lui valut. Dépossédé, malheureux, abattu, Pomare vivait à Eïméo sans espoir pour l'avenir, sans consolation pour le présent. Il se trouvait dans une situation d'esprit favorable à un enseignement religieux. Le dieu Oro se déclarait contre lui; le dieu chrétien pouvait lui être propice. Tel était l'argument religieux; l'argument politique avait un côté plus péremptoire encore: la puissance anglaise secourrait sans aucun doute un roi chrétien, et le réinstallerait sur son trône. Que ce fût par l'un ou par l'autre de ces motifs, ou que la foi lui fût venue d'en haut, Pomare n'en devint pas moins un catéchumène du pasteur Nott, appliqué comme un adolescent, apprenant à lire et à écrire pour ne rien ignorer des dogmes chrétiens. Quand un homme de cette importance eut donné l'exemple, les insulaires le suivirent à l'envi, et bientôt Eïméo compta une foule de baptêmes et de conversions. Le prosélytisme alla si bien et si vite, que le pasteur Nott ne put plus suffire à l'église nouvelle; il demanda des aides, et ses collègues revinrent à Eïméo au commencement de 1812.

« A leur retour, Pomare, voyant que les éléments existaient pour une grande péripétie religieuse, résolut de consacrer par un acte public son adhésion officiel au culte nouveau. Voici comment il s'y prit. Un jour, on venait de lui offrir une tortue, animal essentiellement tabou, et qui ne devait être préparé que dans l'enceinte du moraï, la part du dieu prélevée. Au lieu d'attendre que la cérémonie habituelle fût accomplie, Pomare ordonna de cuire l'animal au four comme les viandes ordinaires, et de le lui offrir sans en rien réserver pour l'idole. Là-dessus, grande rumeur, grand scandale parmi la domesticité du palais et parmi les prêtres du temple. On s'attendait à voir le roi frappé de la foudre pour cette violation effroyable du tabou, ou du moins étouffé par la tortue qu'il mangeait d'une façon aussi sacrilège. Il n'en fut rien, comme on le pense; le repas eut lieu fort tranquillement; la tortue n'en fut pour cela ni moins bonne ni moins saine. Après que Pomare eut consommé cette rupture éclatante avec les anciennes adorations, il se leva et harangua le peuple : « Vous voyez, lui dit-il, ce que sont les dieux de votre fantaisie : ni bons, ni mauvais, impuissants à vous servir et à vous nuire; faites comme je fais. Nul n'aura à s'en repentir. » Beaucoup, en effet, imitèrent son exemple. Le culte nouveau, consolant et bon, n'avait aucune de ces expiations sanglantes auxquelles ce peuple tenait plus par crainte que par sympathie. Peu à peu il s'habitua à avoir moins de foi en la puissance de ces mystérieuses idoles; il les redouta moins; il s'en moqua, et dès lors tout fut fini. Les chefs se rangèrent les premiers parmi les néophytes : Tapoa, chef de Raïatea, Tamatoua, beau-père de Pomare, Mahine, chef de Wahine, et une foule d'autres se firent instruire. La glace était rompue, les premières conquêtes étaient faites : la puissance de l'imitation fit le reste. Pomare, devenu chrétien fervent, voulut que la religion eût son temple. On y installa une chaire, où les apôtres purent prêcher leur culte à des milliers d'insulaires, les uns convaincus, les autres ébranlés.

« Ce fut alors que deux chefs, arrivés de Taïti, vinrent proposer à Pomare de retourner dans cette île en proie à l'anarchie, et d'y ressaisir ses anciens pouvoirs. Tous les partis l'appelaient à cette heure de crise, et le regrettaient. Depuis son expulsion, en effet, l'île était restée en proie aux plus horribles désordres et aux plus révoltantes saturnales. Au lieu d'organiser leur conquête, les chefs vainqueurs avaient cherché à la gaspiller. Le travail des champs avait été négligé, et l'on s'était adonné seulement avec fureur à la distillation de la racine du ti (*dracœna terminalis*), dont on tirait une liqueur spiritueuse. Dès lors l'île entière fut un vaste cabaret et un atelier de distillerie. La chaudière était un rocher creux, la cornue un couvercle en bois, le réfrigérant un conduit en roseau. La liqueur était reçue dans un vase en bois ou dans une gourde de coco. Autour de cet alambic (voy. *pl.* 165) établi à peu de frais, se tenaient dix, vingt, trente naturels, qui buvaient la liqueur distillée à mesure qu'elle tombait dans le récipient. Puis, quand ils étaient tous ivres, une fureur sauvage s'emparait d'eux; ils tombaient les uns sur les autres, se terrassaient, s'égorgeaient sur le lieu même de ces sanglantes orgies. Plus tard, au retour des missionnaires, des ossements humains semés çà et là indiquaient la place où s'opérait cette fabrication meurtrière.

« Pomare sut tous ces détails; il jugea que l'heure était venue de mettre un terme à ces désordres, supposant, un peu trop promptement peut-être, que leur durée lui avait préparé une restauration tranquille. Il se rendit donc à

Taïti, où il trouva d'abord peu d'obstacles à son établissement. Ne sachant pas comment tourneraient les choses, il n'avait pas voulu que les missionnaires le suivissent; mais il se consolait de leur absence par de pieuses missives.

« Puissé-je, écrivait-il au pasteur Nott, puissé-je désarmer la colère de Jéhovah envers moi, qui suis un méchant homme, coupable de crimes accumulés, coupable d'indifférence et d'ignorance du vrai Dieu, coupable de persévérance dans le mal ! Puisse aussi Jéhovah me pardonner ma folie, mon incrédulité et mon dédain pour sa loi ! Puisse Jéhovah m'accorder son bon esprit pour sanctifier mon cœur, afin que je puisse aimer ce qui est bon, et qu'il me rende capable d'abjurer mes mauvaises habitudes pour devenir un homme de son peuple, et être sauvé par Jésus-Christ, notre unique sauveur. Je suis un méchant homme, et mes péchés sont grands et nombreux. »

Un autre jour, souffrant d'une maladie, il écrivait :

« Mon affliction est grande ; mais si je puis seulement obtenir la faveur de Dieu avant de mourir, je m'estimerai heureux. Mais hélas ! si je venais à mourir avant d'avoir obtenu mon pardon, ce serait un malheur pour moi ! Puissent mes péchés être pardonnés, et mon âme sauvée par Jésus-Christ ! Puisse Jéhovah jeter encore les yeux sur moi avant que je meure, et je m'en réjouirai ! »

« Voilà où en était le royal catéchumène, ardent pour la foi, enthousiaste et profondément pénétré. Aussi ne se cacha-t-il pas des habitants de Taïti, tous persévérants idolâtres. Il se dit chrétien devant eux, parla du culte d'Oro comme d'une profanation, et pratiqua publiquement les rits chrétiens. Dans le début, sa conviction religieuse fit du tort à sa réintégration politique. Ce fut à peine si le canton de Mataval se résigna à souffrir son autorité ; les autres districts restèrent indépendants avec leurs chefs et leurs prêtres, regardant Pomaré comme un apostat indigne désormais du trône. Ce fut pendant cette période que Pomaré eut un enfant, Aïmata, d'une des filles de Tamatoua de l'île Raïatea. Du reste, peu d'incidents vinrent traverser ces deux années 1812 et 1813. Le commerce européen semblait avoir fui les parages de Taïti ; çà et là quelques navires mouillaient bien sur la rade, mais sans y séjourner. Deux seulement firent quelque bruit par suite de catastrophes analogues : la *Queen-Charlotte*, commandée par le missionnaire Shelly ; le second, le *Dolphin*, capitaine Folger ; l'un et l'autre occupés, avec un équipage taïtien, à la pêche des perles sur les îles Pomotou, et enlevés l'un et l'autre à l'improviste par ces auxiliaires dangereux. Le capitaine de la *Queen-Charlotte* fut sauvé ; celui du *Dolphin* périt dans la bagarre. Le premier navire, arrivé sur la rade de Mataval, sous la conduite des rebelles, fut restitué par Pomaré à son propriétaire ; le second fut repris en mer par le capitaine Walker de l'*Endeavour*.

« L'église d'Eïméo prospérait pendant ce temps. L'affluence des prosélytes était immense ; on ne pouvait suffire ni aux prêches ni aux baptêmes. Le 25 juillet 1813, la chapelle publique d'Eïméo fut inaugurée ; on y célébra le service divin en présence d'une troupe nombreuse de fidèles, et la cérémonie se termina par la communion solennelle des nouveaux convertis. Une foule de chefs de la société des Aréoïs figuraient parmi eux ; le grand prêtre d'Eïméo lui-même. Le grand desservant des idoles, Paii, convaincu un jour par la parole du pasteur Nott, mit le feu à ses divinités (voy. *pl.* 167), et se déclara chrétien. Tout l'archipel suivait peu à peu l'impulsion donnée. D'éclatantes et nombreuses conversions s'opérèrent à Wahine, à Raïatea et à Tahaa. Des chefs arrivèrent même de Taïti, conduits par Pomaré qui les avait gagnés à la foi. Dans le nombre se trouvait Oupa-Parou, l'un des plus influents personnages de l'île. Les missionnaires voyaient enfin leur persévérance couronnée de succès.

Vers la fin de 1814, cinq ou six cents chrétiens existaient dans l'archipel, et le mouvement de progression allait augmentant chaque jour. Il fallait donc accroître aussi les moyens d'action des directeurs de la nouvelle église. On demanda un renfort d'apôtres; on termina une traduction de l'Évangile en taïtien, et on l'envoya à Port-Jackson pour qu'elle y fût imprimée.

« Ces succès éveillèrent toutefois la jalousie des dissidents. Tant que les chrétiens n'avaient formé qu'un petit noyau d'hommes isolés, on s'était borné à les combattre par le dédain; quand ils furent plus forts, on chercha à les tuer par le ridicule; on les stigmatisa du sobriquet de *boure-atoua* (de *boure*, prières, *atoua* dieux); mais quand ils eurent gagné du terrain, malgré l'orgueil des uns et le sarcasme des autres; quand la propagande, étendue sur la famille royale, se fut révélée plus active, plus puissante que jamais, alors les idolâtres jurèrent dans le cœur qu'ils tueraient par le fer ce qui avait résisté jusqu'alors à des efforts d'un autre genre. Les chefs, en querelle jusque-là, signèrent une trêve et une ligue contre l'ennemi du dieu commun. Les districts de Pare, de Mataval, de Wapaï-Ano s'associèrent pour exécuter des vêpres chrétiennes. Invités à prendre part à ce meurtre, les chefs d'Atahourou et de Papara promirent leur secours. Les boure-atouas résidant à Taïti devaient tous être égorgés dans la nuit du 7 au 8 juillet 1814. Sans une indiscrétion, sans un avis donné à ce dernier instant, pas un chrétien n'échappait à cette boucherie. Ils eurent à peine une demi-heure devant eux pour pousser leurs pirogues à la mer et se sauver à Eïméo.

« Les conjurés marchaient déjà, ainsi qu'ils en étaient convenus. Mais qu'on juge de leur fureur et de leur surprise lorsque, dans toutes les maisons marquées de la croix fatale, ils ne trouvèrent pas une âme vivante. Voyant leur proie échappée, ils entrèrent dans d'horribles fureurs, s'accusèrent de trahison réciproque, récriminèrent d'abord, puis passèrent des paroles aux voies de fait. Alors les sessions politiques, un instant effacées devant un but religieux, reparurent plus violentes, plus implacables que jamais. Les naturels de Papara et de Atahourou, ennemis éternels de Pori-Onou, nom collectif des peuplades qui habitent le nord-est de Taïti, violèrent les premiers l'alliance temporaire, fondirent sur leurs antagonistes, les taillèrent en pièces, exterminèrent leurs principaux chefs et leurs meilleurs guerriers. Les gens de Taïarabou étant survenus, se déclarèrent pour le parti vainqueur, pillèrent à sa suite; de sorte que tout ce littoral taïtien, les riches districts de Pare et de Faha, les vallées romantiques de Hautouah, Mataval et Wapaï-Ano, ne furent plus qu'un vaste champ de deuil et de misère. Quand tout fut tombé, hommes et cases; quand rien ne resta debout devant les conquérants, ils se disputèrent le butin, et faute de ne pouvoir s'entendre sur le partage, ils se battirent entre eux. Atahourou et Papara se liguèrent contre ceux de Taïarabou, et les chassèrent vers les paris des montagnes. Le meurtre, l'incendie, le pillage, le viol désolèrent la plaine, et décidèrent de fréquentes migrations à Eïméo, qui recevait des idolâtres pour en faire des chrétiens. La guerre civile elle-même servait ainsi la cause de la foi nouvelle. Pomaré était devenu l'instrument le plus actif de cette conversion générale; il parcourait les villages d'Eïméo comme l'aurait fait un apôtre, et se donnant comme exemple, et se portant fort pour les vérités qu'il enseignait.

« L'année 1815 s'ouvrit ainsi. Eïméo, pacifique et prospère, se peuplait de chrétiens; Taïti, livrée à des chefs turbulents, allait à sa ruine. Les chefs insurgés comprirent où tendait cette marche inverse; ils résolurent de tenter une perfidie. Par des messagers, ils firent conjurer les émigrants taïtiens de rentrer dans leurs possessions, leur en promettant la jouissance tranquille, et le libre exercice de leur culte. On pressentit bien une ruse, mais on accepta. Pomaré se chargea de surveiller lui-même le retour des exilés ; il rassembla les guerriers les plus illustres d'Eiméo et des îles voisines, tous chrétiens dévoués et soldats intrépides. La flotte partit : à sa vue l'alarme gagna les idolâtres ; ils descendirent en grand nombre et armés sur le rivage, signifiant par leurs gestes et par leurs cris qu'ils s'opposeraient au débarquement d'une troupe aussi nombreuse. Ils allèrent même jusqu'à faire feu sur les pirogues. Pomare ne voulait point d'abord repousser la force par la force : il parla à ces énergumènes, et obtint d'eux la permission de prendre langue avec ses guerriers. La paix se fit en apparence ; mais elle n'était pas sincère, et ne pouvait durer.

« Le 12 novembre 1815, jour mémorable dans les annales taïtiennes, un dimanche dans l'après-midi, Pomare et ses trois cents guerriers, venus d'Eiméo, se réunirent pour célébrer le service divin dans un lieu nommé Narii, près du village de Bouna-Auïa, dans le district d'Atahourou. Les idolâtres attendaient cette occasion ; ils l'avaient prévue. Leurs détachements nombreux et bien armés entouraient l'enceinte où les boure-atouas (chrétiens) étaient réunis. A peine Pomare avait-il entonné un hymne, que la fusillade commença. Des bandes nombreuses de guerriers, l'étendard d'Oro sur leur front de bataille, marchèrent à l'attaque, en poussant des cris de *guerre ! guerre !* Malgré l'imminence du péril, Pomare voulut qu'on achevât le service. « Jehovah vous protège, criait-il, que craignez-vous ? » Les guerriers restèrent.

« Ils se formèrent, quand les prières furent dites, s'échelonnèrent sur le rivage en trois colonnes qui faisaient face à l'ennemi éparpillé vers la montagne. A l'avant-garde de Pomare figuraient trois chefs célèbres, Auna, Oupa-Parou et Hitoti ; le corps avancé obéissait à Mahine et à l'amazone Pomare Wahine, armée d'un mousquet et d'une lance, et couverte d'une bonne cotte de mailles en tresses de romaha. Quant à Pomare, il avait choisi son poste sur une pirogue avec plusieurs fusiliers qui devaient inquiéter le flanc de l'ennemi. Sur une autre pirogue, commandée par un Anglais nommé Joe, se trouvait un pierrier qui rendit à la cause royale des services fort essentiels.

« Pomare avait à peine terminé ces préparatifs, que les idolâtres fondirent sur lui. Le choc fut terrible ; il ébranla l'avant-garde ; une foule de guerriers qui la composaient furent mis hors de combat ; Oupa-Parou n'échappa qu'en laissant entre les mains de l'ennemi les lambeaux de ses vêtements. Il fallut, par une fuite à travers les broussailles, se replier sur le corps d'armée de Mahine. Là, une lutte plus sérieuse fut engagée. Le chef des insurgés, Oupou-Fara, tomba percé d'un coup de lance. Comme on cherchait à le secourir : « C'est inutile, cria-t-il. Vengez-moi plutôt ; voici celui qui m'a frappé. » Et il montrait un soldat de Mahine, nommé Raveae. Vingt idolâtres se jetèrent sur lui, mais on arracha la victime à leurs coups. Malgré la perte de leur général, les insurgés n'en continuèrent pas moins la lutte avec un acharnement farouche ; cependant l'attitude de Mahine, le feu meurtrier du pierrier de Joe, et la mousqueterie de Pomare, décidèrent la bataille. Une peur panique acheva la victoire ; les idolâtres avaient fui vers les forteresses des montagnes.

« Quand le rivage fut libre d'ennemis, les guerriers de Pomare, emportés par leurs habitudes anciennes, allaient poursuivre et massacrer les fuyards, ou du moins achever les blessés gisant sur le lieu du combat ; mais Pomare dit d'une voix forte : « *Atira !* » (c'est assez). Il voulait faire la guerre en chrétien. Au lieu d'immoler les prisonniers, on les pansa ; au lieu de maltraiter les familles des vaincus, on les entoura de soins. On rappela les rebelles par des promesses d'amnistie religieusement tenues. Le corps du chef ennemi Oupou-Fara était encore étendu sur le sol ; il ordonna qu'on l'ensevelît, suivant la coutume, dans le tombeau de ses pères ; il envoya vers les paris de l'intérieur pour promettre individuellement à tous les chefs le pardon et l'oubli du passé. Cette conduite, si étrange dans le pays, gagna à Pomare et à son Dieu une foule de partisans. On compara ces deux religions : l'une, toute de douceur et de clémence, ne répandant du sang que pour se défendre; l'autre, farouche et impitoyable, demandant à toute heure des victimes nouvelles. La comparaison fut un beau plaidoyer pour le christianisme, et cette journée lui valut la conquête de Taïti.

« Pour ajouter à ces moyens de conversion une influence de plus, Pomare voulut dépouiller les vieilles idoles du prestige de respect et de puissance qui les environnait encore. Il voulut les insulter d'une façon si brutale et si publique, que chacun se trouvât guéri de la peur qu'elles inspiraient. Pour cela, il envoya une élite de guerriers à Tautira, où se trouvait alors la fameuse statue d'Oro. D'après les ordres reçus, cette troupe entra dans le moraï, et aux yeux des apôtres et des adorateurs scandalisés, les soldats renversèrent les autels, pillèrent les offrandes et les réduits sacrés, saisirent l'idole, la couchèrent sur le sol, la décapitèrent (c'était un bloc de casuarina grossièrement sculpté), et portèrent sa tête au pied de Pomare. Celui-ci affecta d'abord de s'en servir pour les plus vils usages, par exemple comme billot de cuisine, puis il la jeta au feu. Cette exécution, réalisée publiquement sans que le dieu pût se venger, fut le signal d'un auto-da-fé universel pour tous les moraïs et toutes les idoles de l'île.

« L'idolâtrie n'existait plus sur Taïti; elle fut bientôt extirpée des îles voisines, qui suivirent l'exemple de la métropole. Temples et dieux disparurent en six mois de l'archipel. Maupiti seul persévéra jusqu'en 1817, où elle fut convertie par les habitants de Borabora. »

Pomare II ne commença vraiment à régner que de ce moment. Il créa dix missions sur toutes les îles de l'archipel, et les missionnaires qui l'avaient si bien secondé devinrent tous les jours plus influents. Mais, peut-être, dans leurs travaux ne tenaient-ils pas assez compte des mœurs antérieures des peuples qu'ils catéchisaient; peut-être leurs nouvelles et impérieuses prescriptions étaient-elles trop sévères pour un peuple dont les coutumes avaient été jusque-là si relâchées.

Les missionnaires reçurent de Port-Jackson l'Évangile traduit en taïtien; mais ce moyen leur paraissant insuffisant, leur savant collègue M. Ellis fut invité à leur procurer une presse. M. Ellis arriva à Eïméo, et Pomare lui donna une maison pour y établir une imprimerie taïtienne. Après tous les préparatifs nécessaires, le roi voulut lui-même imprimer le premier alphabet taïtien en présence des chefs, et grâce au secours de M. Ellis, armé des outils du compositeur et des caractères, il composa la première page; ensuite, à l'aide du tampon il plaça l'encre sur les caractères, plaça le papier, tira le levier, et la première feuille fut nettement imprimée. Pomare, admirant son ouvrage, le montra aux chefs et au peuple, qui, initié en partie à la lecture et à l'écriture, l'accueillit avec enthousiasme. Pomare revint chaque jour à l'imprimerie jusqu'à ce que le syllabaire fût entièrement imprimé. Il eut la patience de calculer que la lettre *a* se retrouvait cinq mille fois dans les seize pages du syllabaire, qui fut tiré à 2,600 exemplaires. Un catéchisme taïtien, un extrait considérable des Écritures et l'Évangile selon saint Luc, furent publiés tour à tour. Les livres furent d'abord distribués gratis; mais, plus tard, on les échangea contre une petite quantité d'huile de coco, ainsi que nous l'apprend l'honorable M. Ellis.

« Souvent, dit-il, je voyais arriver trente ou quarante canots des parties les plus éloignées d'Eïméo ou de quelques îles voisines, amenant chacun cinq ou six personnes, qui ne faisaient le voyage que pour se procurer des livres de dévotion, et qui parfois étaient obligées de les attendre pendant cinq ou six semaines; elles apportaient d'énormes paquets de lettres écrites sur des feuilles de platane et roulées comme des vieux parchemins : c'étaient autant de supplique de ceux qui, ne pouvant venir eux-mêmes, demandaient qu'on leur fît des envois.

« Un soir, au coucher du soleil, une pirogue arriva de Taïti montée par cinq hommes. Ils débarquèrent, plièrent leurs voiles, tirèrent leur embarcation sur la grève, et s'acheminèrent vers ma demeure. J'allai au-devant d'eux : « *Louka! te paran na Louka!* » me dirent-ils tous à la fois en me montrant des cannes de bambou pleines d'huile de coco, qu'ils offraient en payement. Je n'avais point d'exemplaires prêts; je leur en promis pour le lendemain, en les engageant à se retirer chez quelque ami dans le village pour y passer la nuit. Le crépuscule, toujours très-court sous les tropiques, venait de finir. Je me retirai. Quelle fut ma surprise quand le lendemain, au soleil levant, je les aperçus couchés à terre devant la maison, sur des nattes de feuille de cocotier, sans autre couverture que le large manteau de toile d'écorce qu'ils portent habituellement. Je me hâtai de sortir, et je sus d'eux qu'ils avaient passé là toute la nuit. Lorsque je leur demandai pourquoi ils n'étaient pas allés loger dans une maison, ils répondirent : « Oh! nous avions trop peur qu'en notre absence quelqu'un ne vînt de grand matin vous demander les livres que vous aviez préparés, et qu'alors nous ne fussions obligés de repartir les mains vides : nous avons tenu conseil hier soir, et nous avons résolu de ne nous éloigner qu'après avoir obtenu ce que nous sommes venus chercher. » Je les conduisis dans l'imprimerie; et, ayant rassemblé des feuilles à la hâte, je leur donnai à chacun un exemplaire; ils m'en demandèrent deux autres, l'un pour une mère, le second pour une sœur. Ils enveloppèrent les livres dans un morceau de toile blanche du pays, les mirent dans leur sein, me souhaitèrent une bonne journée, et sans avoir bu, mangé, ni visité une seule personne de l'établissement, ils coururent au rivage, remirent leur canot à flot, hissèrent leur voile de cordes de palmier nattées, et se dirigèrent tout joyeux vers leur île natale. »

Cependant les missionnaires ayant manifesté le désir d'entreprendre une sorte de gestion agricole et commerciale, Pomare II, d'autant plus puissant qu'il était roi de l'île entière, eut le courage de leur résister, et il dit formellement qu'il ne permettrait pas un tel envahissement de ses droits, parce qu'il était instruit que c'était ainsi qu'on avait commencé en d'autres pays pour arriver à l'usurpation et à la conquête.

Pomare, si jaloux de ses droits, fut plus accommodant à l'égard des empiétements religieux. Une taxe fut imposée pour subvenir aux frais des missions secondaires. Cette taxe, qui fut levée pour la première fois en 1818, devint bientôt un impôt régulier beaucoup trop fort aujourd'hui. Elle était en 1822 d'environ 10,000 bambous d'huile de coco, environ 40,000 livres de France, de 24 cochons, de 270 ballots d'*arrow-root*, ou 1350 livres, et 200 ballots de coton, seulement pour l'île de Taïti. Les autres îles de l'archipel étant soumises durent fournir à proportion.

Vers la fin de sa vie, Pomare II se livra à une passion indigne d'un homme, et surtout d'un chef. Il abusa des boissons spiritueuses, au point d'altérer sa santé si forte auparavant, et d'abrutir son esprit. En même temps qu'il traduisait les saintes Écritures, il faisait d'abondantes libations à Bacchus; et quand la raison avait abandonné cette puissante intelligence, il s'écriait avec indignation : « O Pomare! ô roi de Taïti! ton cochon est maintenant plus en état de régner que toi! » Il mourut d'hydropisie le 7 septembre 1821, âgé de 48 ans, dans les bras du missionnaire Crook. Il laissait deux enfants de son épouse Tere-Moe, une fille, Aïmata, âgée de 8 ans, et un fils d'environ 4 ans, qui fut proclamé roi de l'île entière sous le nom de Pomare III. On nomma pour régente sa tante Pomare-Wahine.

Deux missionnaires, MM. Tyermann et Bennet, arrivèrent à cette époque à Taïti en qualité d'inspecteurs, et ils étaient chargés par la Société de Londres de régler les rapports des missionnaires entre eux, avec le gouverneur, et les Européens résidant sur ces îles, qui étaient la plupart des déserteurs de navires européens, ou des déportés réfractaires de la Nouvelle-Galles du Sud.

La régente Pomare-Wahine fut révoltée des prétentions des deux inspecteurs : elle déclara avec fermeté qu'elle ne prétendait pas avoir de tuteurs, et les missionnaires résolurent d'attendre une occasion plus favorable.

En 1820, Bellinghausen, capitaine russe, mouilla à Taïti avec deux vaisseaux.

En mai 1823, la *Coquille*, commandée par le capitaine Duperrey, aborda cette île, et employa trois semaines à des explorations fort intéressantes. En attendant que ce savant navigateur publie les résultats de sa relâche à Taïti, nous citerons un passage du journal du commandant en second, M. Dumont d'Urville, qui servira à faire connaître la situation de l'île à cette époque.

« Au moment de notre arrivée, dit M. d'Urville, l'assemblée générale des Taïtiens allait ouvrir ses séances, et le 13 mai on célebra un service divin en guise de prélude. Curieux de ce spectacle, je m'embarquai avec MM. Bennet et Wilson, les missionnaires, et plusieurs officiers du bord. Arrivés à Papaooa, je vis les habitants, hommes et femmes, marchant sur deux files, en bon ordre et dans un profond silence, dans la direction de l'église. On eût dit une ligne noire de dévots pèlerins. Dans le temple, chacun prenait place suivant son district et son canton. Bientôt cet immense hangar, long de 700 pieds, fut en grande partie rempli ; et pourtant, malgré l'affluence, un tel silence régnait, que la voix du missionnaire se faisait entendre dans toutes les parties de la salle. Le service commença à dix heures. Il commença par un hymne que les assistants chantèrent en chœur. Ensuite vint une lecture de quelques pages des Actes des Apôtres ; puis M. Barff fit un long discours sur un passage des prophéties d'Isaïe. Son débit expressif et fortement accentué semblait produire la plus grande impression sur cet auditoire. Quelques fidèles cherchaient à tracer à la hâte sur un papier des passages du sermon ; les autres écoutaient le prêtre dans l'attitude la plus fervente et la plus respectueuse. La famille royale assistait au service, mais confondue dans la foule et sans distinction apparente. L'inspecteur Bennet, placé à mes côtés, me désigna les principaux personnages du pays : Tati, Hitoti, Oupa-Parou, Outami, et d'autres encore qui avaient joué un rôle dans les derniers événements.

« Le service dit, on nous conduisit vers une table modeste dressée sous la tente de la régente, près du tombeau de Pomare II. Des bancs, des coffres et des planches servaient de sièges. La table était couverte de fruits d'arbre à pain, de cochons et de volailles ; le tout flanqué de carafons, dont les uns étaient pleins de rhum, les autres d'eau de coco. Les vrais seigneurs de la fête, les amphitryons apparents, n'étaient ni la régente, ni la famille royale, mais les missionnaires, qui s'étaient placés à l'écart avec leurs familles, et dans des postes d'honneur. Quant aux princes et aux chefs, ils avaient été relégués au bout de la table, et vraiment, si nous ne nous étions pas rapprochés d'eux à dessein, si nous ne leur avions pas fait des amitiés dont ils semblèrent fort reconnaissants, ils auraient figuré à ce repas comme des intrus plutôt que comme les souverains de l'île. C'était pourtant d'excellentes gens, ne manquant ni d'esprit ni de sagacité, capables de tourner à bien s'ils avaient eu quelque culture. Le petit Pomare et la jeune Aïmata me parurent surtout deux créatures fort intelligentes.

« Le dessinateur de l'expédition, M. Lejeune, assista seul à la séance du lendemain, où des questions politiques furent soumises à l'assemblée populaire. Elle dura plusieurs heures, pendant lesquelles les chefs prirent tour à tour la parole. Le plus brillant orateur de cette foule était le chef Tati. La principale question agitée fut une capitation annuelle à établir, à raison de cinq bambous d'huile par homme. Ensuite on traita des impôts qui devaient être perçus, soit pour le compte du roi, soit pour le compte des missionnaires. Nous sûmes plus tard que la première question avait été résolue dans le sens affirmatif; mais que la seconde, celle qui concernait les missionnaires, avait été ajournée par eux dans la prévision d'un échec. Quatre mille personnes environ assistaient à cette espèce de congrès national. »

Le capitaine Kotzebüe, de la marine russe, parut à Taïti après le départ de la *Coquille*. Dans sa relation, il traite les missionnaires avec une sévérité qui nous a paru injuste. Il nous apprend qu'un Taïtien, ayant volé une chemise à un matelot du *Rurik* (c'est le nom du petit bâtiment qu'il commandait), fut condamné au travail des routes, malgré le pardon que lui Kotzebüe lui avait accordé, et malgré les instances du capitaine. Il ajoute qu'on infligeait des corrections exemplaires aux Taïtiennes, si libres jadis, lorsqu'elles s'abandonnaient aux marins. Ces corrections, toutes rigoureuses qu'elles aient paru à M. de Kotzebüe, pouvaient être nécessaires. Il est difficile de corriger les vieilles habitudes des hommes, et de les accoutumer aux nouvelles lois, sans des exemples d'une sévérité plus grande que dans les temps ordinaires, et qui ne seraient pas nécessaires à des hommes soumis depuis longtemps à l'empire des lois.

Le jeune Pomare qui avait fait ses études à l'*Académie des sciences de la mer du Sud*, et qui, nouveau Joas, avait été élevé à l'ombre des autels, sous les yeux du missionnaire M. Orsmond, fut couronné roi de Taïti le 21 avril 1824. Pendant sa minorité, les missionnaires lui avaient fait adopter une loi qui donnait à l'archipel une représentation nationale, abolissait l'influence des grands feudataires, et rendait la justice égale pour tous. Les membres des divers districts, au nombre de trois ou quatre, revêtus d'un mandat triennal, et choisis par les habitants à la majorité des voix, devaient se réunir une fois par an, et aucune loi ou institution ne pouvait être établie sans le vote de cette assemblée représentative, composée d'une seule chambre, et sans la sanction royale.

Cette espèce de parlement national rendit diverses lois utiles. Nous avons déjà parlé de celle sur l'abolition de la peine de mort. Le code des lois criminelles est divisé en dix-neuf titres, et quatre cents juges ont été nommés par le roi pour les faire exécuter. La calomnie au dernier degré porte sa peine, et ce n'est pas la première leçon que nous donnent ces prétendus sauvages. « *Le calomniateur y est obligé de construire de ses propres mains, de deux a quatre milles de longueur et de douze pieds de large, une route bombée* (ce sont les propres termes de la loi), *de manière que les eaux pluviales puissent s'écouler des deux côtés.* »

En 1826, une loi fut rendue pour empêcher des aventuriers et des hommes suspects ou sans mœurs de venir troubler l'ordre établi. Cette loi condamnait à une amende de 30 dollars, environ 156 francs, tout capitaine de navire étranger qui laisserait à terre un homme de son équipage sans y être autorisé par le gouverneur du district, et tout marin déserteur, à faire trois cents pieds de route. L'amende était distribuée de la manière suivante: vingt pour le roi, six pour le gouvernement, et quatre pour le Taïtien qui ramènerait le marin à bord.

Sans la mort de Pomare III, l'archipel taïtien serait peut-être gouverné aujourd'hui par une nouvelle théocratie, comme le Paraguay l'avait été par les jésuites, et l'ancienne Égypte par les Arsédonaptes et les Chœcus, au temps de leurs pharaons.

Le capitaine Beechey, qui visita l'archipel en 1826, rend justice au zèle et aux travaux des missionnaires; mais il pense que leurs lois ont arrêté l'industrie des indigènes. Voici ses propres paroles :

« En considérant les progrès que ce pays a faits dans la science du gouvernement par la fondation d'un parlement et par la promulgation d'un code de lois, nous nous attendions à trouver quelques germes de bien-être à venir. Nos excursions ne nous révélèrent rien de pareil. Les naturels non-seulement n'ont pas fait de progrès sous le rapport industriel, mais ils ont laissé périr plusieurs de leurs arts primitifs. »

Aucun événement digne d'être mentionné ne survint à Taïti depuis la mort du jeune Pomare III. Seulement on fut forcé d'élever sur le trône sa jeune sœur Aïmata, princesse d'un caractère pétulant et d'un tempérament de feu. Sa belle chevelure noire retombe en boucles gracieuses sur ses épaules; elle porte ordinairement sur la tête une couronne de fleurs naturelles. Son abord prévient en sa faveur, et sans être d'une beauté remarquable, elle rappelle la *Neuha* de lord Byron. D'après ce que nous avons appris d'elle par deux Européens qui ont quitté l'île Taïti depuis une couple d'années, sa coquetterie est pleine de charmes; chez elle rien ne semble apprêté, quoiqu'elle fasse tout avec art. Nous croyons ne pouvoir mieux la définir qu'en lui appliquant ces vers délicieux du grand Torquato :

« Non so ben dir s'adorna o se negletta,
« Se caso o d'arte il bel volto compone;
« Di natura, d'amor, del cielo amici,
« Le negligenze sue sono artifici. »
　　　　　　　　　　　　AMINTA.

Mais cette femme aimable se livre à la dissolution la plus éhontée, et son mari Pomare, énorme jeune homme, surnommé *Obou-Rahi* (gros ventre), loin de mettre un frein à ses scandaleuses saturnales, semble n'y assister qu'avec une profonde indifférence.

Voici comment s'exprime à ce sujet M. d'Urville :

« Difficile à dominer et à conduire, elle devait renouveler à sa cour les dissolutions encore récentes de la célèbre Hidia, femme de son aïeul Pomare Ier. Au début de son règne, elle mit quelque mesure dans ses déportements; mais peu à peu, enhardie par l'exemple de sa mère et de sa tante, sous la tutelle de laquelle elle avait été placée, elle s'abandonna entièrement à son organisation ardente. C'était la reine, on ne pouvait la condamner à cent toises de route. Cependant la cour l'imitait; elle eût été bigote sous l'élève des missionnaires, elle devint débauchée sous la jeune Messaline, et l'exemple gagna les classes inférieures. Jusqu'ici les missionnaires n'ont rien trouvé d'efficace contre ce fatal débordement. Il a été question à diverses reprises de prononcer la déchéance de la reine, mais on ne l'a pas encore osé. Le pasteur Wilson écrivait naguère qu'il venait de se former une ligue de chefs mécontents qui se sont réunis à Papaï-Iti. On attend quelque chose de cette levée de boucliers. Menacés par la reine Aïmata, les missionnaires le sont aussi dans leur métropole. La Société des missions a connu la tendance ambitieuse de ses délégués; elle a eu vent que les évangélistes de la Polynésie se mêlaient trop souvent et trop ardemment des choses temporelles; que lorsqu'ils ne visaient pas au pouvoir, ils se laissaient aller à convoiter la richesse, à devenir grands propriétaires, négociants même. Elle a pensé que cette direction n'était ni dans la lettre, ni dans l'esprit de leur mandat, et qu'il était temps de leur rappeler cette parole du Christ : « Mon royaume n'est pas de ce monde. » En conséquence, on a soulevé pour Taïti cette question spéciale, que l'île étant toute chrétienne, il n'y avait nul inconvénient à la laisser sans apôtres, qui seraient mieux employés, d'ailleurs, dans les pays sauvages et idolâtres. Il est facile de deviner combien cet incident lointain les préoccupe au milieu des complications locales. »

Le capitaine Waldegrave visita Taïti en avril 1830. Il trouva ce pays dans un état de transition entre l'empire des anciennes habitudes et l'empire des lois nouvelles; entre les regrets des chefs d'avoir perdu leurs anciens priviléges et la satisfaction du peuple d'être émancipé. Quant aux missionnaires, ils avaient obtenu le monopole du bétail; ils fournissaient souvent eux-mêmes les provisions des navires, et ils espéraient obtenir le commerce de l'*arrow-root* et de l'huile de coco.

M. Morenhout, venu à Paris en 1834, ne nous a donné que quelques détails sur la navigation et les croyances de Taïti. Il ne paraît pas qu'aucun événement important soit survenu depuis dans l'histoire de Taïti.

ARCHIPEL DE MANAIA OU HARVEY (*).

Ce petit archipel, situé au sud-ouest des îles Taïti, est placé entre les 17° 40' et 22° de latitude sud, et les 160° et 165° 30 de longitude ouest. Il n'a que 25 lieues carrées de superficie, et une population d'environ 10,000 âmes.

Les différentes îles qui le composent sont Manaïa, Rarotonga, la plus importante de toutes, Waïtou-Taki, Maouti, Watiou et Miti-Aro, Manouaï et Fenoua-Iti, ou Oka-Toutaïa suivant Cook. Nous y ajouterons l'île Hull, l'île Roxburg, l'île Rourouti, l'île Douteuse d'Armstrong et les îles Palmerston, sur lesquelles nous n'avons trouvé aucun détail, et dont l'existence ne nous paraît pas bien constatée, sauf le petit groupe de Palmerston, écueils bas, boisés et déserts, dont Pomare, roi de Taïti, ne put faire le Botany-Bay de ses États, ainsi qu'il l'avait tenté, et que Cook vit deux fois en 1774 et en 1777. Leur surface est en général montueuse. Le sol, en certains endroits très-fertile, produit en abondance du taro, des ignames, des bananes, etc.

(*) Nous avons extrait plus de la moitié des détails sur les îles Manaïa du journal de quelques missionnaires anglais qui les visitèrent en 1825. Ce recueil est d'autant plus précieux qu'il est rare, et que les navigateurs ne nous fournissent que fort peu de détails sur cet archipel.

Livraison. (OCÉANIE.) T. III.

ILE MANAIA.

Le sommet de cette île gît par 21° 55' de latitude sud, et 160° 18' de longitude ouest. Le capitaine Cook la découvrit le 29 mars 1777; il avait alors à son bord le fameux Maï dont nous avons longuement entretenu nos lecteurs. Deux naturels se hasardèrent à venir dans une pirogue le long du navire de Cook, mais ils ne voulurent jamais monter à bord. On leur demanda le nom de leur île; ils répondirent Manghaïa ou Manghia. Ce célèbre marin avait mal entendu sans doute: les missionnaires nous ont appris que le nom de cette île était Manaïa. Ils y ajoutaient, dit-il, quelquefois le nom de Noué, Naï, Naïva. Ils dirent que leur chef s'appelait Orouaka. Cook essaya de débarquer, la violence du ressac l'en empêcha. Il ramena avec lui l'insulaire auquel il avait d'abord parlé, et qui, cette fois, consentit, quoique avec répugnance, à monter à bord; il paraissait si inquiet et si mal à son aise, que Cook le renvoya bientôt. Ce navigateur, ayant vu de près les insulaires sur la plage, les dépeint comme ressemblant beaucoup aux Taïtiens. Leur physionomie était heureuse et leur caractère jovial. Leur barbe était longue, et de larges fentes pratiquées dans les lobes des oreilles leur servaient à placer des ornements ou des ustensiles utiles. L'un des naturels, à qui Cook donna un couteau, le plaça dans son oreille comme dans une gaine; les autres y mettaient des grains de verre ou des étoffes fabriquées avec l'écorce du *broussonetia*, d'un aspect brillant et semblable à celles que fabriquent les habitants de Tonga.

Cette île est entourée d'une barrière de rochers de corail de vingt à soixante pieds de hauteur, et qui y laissent accès par trois ouvertures seulement. Six grandes vallées constituent la partie de l'île cultivée, et portent des plantations de taros, de cocotiers, de bananiers et d'arbres à pain; mais ce dernier n'est pas abondant. Quelquefois une disette affreuse se fait sentir, et est suivie de la mort d'un grand nombre d'habitants,

Deux causes concourent à amener cette calamité : d'abord la paresse du peuple; ensuite sa propension au vol, qui fait que fort souvent les plantations d'arbres à pain commencent à peine à croître qu'elles sont entièrement enlevées. Les vols se multiplient tellement, que les propriétaires sont dans l'usage d'entourer de feuilles sèches les troncs des cocotiers, afin d'être avertis par leur bruit des tentatives des voleurs.

Le nombre des habitants de Manaïa s'élève de mille à quinze cents. Quelques-uns ont embrassé le christianisme; mais le chef et les principaux du pays ont conservé leur culte. Les missionnaires y fondèrent leur mission en 1823.

L'île était partagée entre cinq chefs ou rois, appelés Numanatini, Teao, Paparani, Teournorongo et Kaiaou; mais le premier, ayant vaincu les autres, gouverne seul en ce moment, et a sous son autorité les chefs des six districts qui divisent le pays.

Les habitants non chrétiens reconnaissent cinq divinités : Oro, Tamé, Teahio, Tohiti et Motoro. Ils offrent à la première, mais peu fréquemment, des sacrifices humains. Ils ont aussi une espèce de vêtement sacré appelé *maraes*, qu'il n'est pas permis à tout le monde de porter. Les hommes et les femmes ne peuvent manger ensemble.

Leurs funérailles méritent d'être rapportées. Sur une colline élevée est un gouffre profond qui communique probablement avec la mer; ils y jettent leurs morts de tout âge et de tout sexe, après leur avoir attaché autour du corps un morceau de drap avec une corde. On les apporte en cet endroit de toutes les parties de l'île, où il n'y a jamais eu d'autre mode d'enterrement. Il s'exhale de ce réceptacle l'odeur la plus infecte.

L'infanticide est inconnu dans le pays. Cette cause, jointe au petit nombre de maladies épidémiques qu'on y connaît et à la rareté des relations avec les Européens, fait que la population s'y accroît. Les missionnaires, et le capitaine du bâtiment qui les amenait, étaient les premiers hommes blancs qui eussent débarqué à Manaïa; car Cook ne les avait vus qu'à bord de son vaisseau.

L'idiome de l'île se rapproche plus de celui de la Nouvelle-Zeeland que de celui de Taïti. Le *ng* et le *k* y prédominent; l'*h* et l'*f* n'y sont point usités. Les habitants déploient beaucoup d'adresse dans la confection de leurs vêtements, de leurs pirogues, de leurs haches de pierre et de leurs pendants d'oreilles. Ils ont la tête couverte d'étoffes peintes, entrelacées de grains et d'ornements d'un beau travail. Aucun insulaire de ces mers n'égale les Manaïens dans la fabrication de leurs bandelettes.

RAROTONGA.

Cette île, qui est géographiquement peu connue, est située par 21° 11' latitude sud, et 162° 33' longitude ouest. Le nombre de ses habitants est de six à sept mille. Trois chefs, Makê, Tinomana et Pa, la gouvernaient jadis, et se faisaient fréquemment des guerres sanglantes; mais, par un consentement unanime, le pouvoir souverain a été déféré à Makê, qui s'est converti au christianisme, et a prouvé la sincérité de sa conversion en renvoyant ses femmes, à l'exception d'une seule, et en adoptant tout ce qu'il a cru pouvoir contribuer au bonheur temporel et spirituel de son peuple. C'est un fort bel homme, qui a huit fils et quatre filles.

Les progrès du christianisme ont été plus rapides dans cette île que dans celles de Taïti. On le doit aux travaux de deux missionnaires taïtiens, pendant les deux dernières années. On soupçonnait à peine, avant cette époque, l'existence de l'île Rarotonga.

Les habitants avaient jadis quatre divinités principales : Taaroa, Botea, Tohiti et Motoro. Les deux dernières ont le même nom que celles de Manaïa. Ils n'offraient point de sacrifices humains; ils avaient une association semblable à celle des arréoïs; mais ils ne massacraient point leurs enfants, excepté les filles, au moment de la naissance. Dans leurs guerres, les têtes des vaincus étaient coupées et mises en tas; les corps formaient un repas pour les vainqueurs. Avant que ceux qui s'étaient convertis eussent acquis la supériorité qu'ils ont maintenant, ils eurent à combattre les idolâtres, qui les menaçaient journellement de les détruire, eux et leur religion. Les derniers furent vaincus, et laissèrent leurs dieux au pouvoir de leurs antagonistes. Les vainqueurs traitèrent leurs ennemis avec douceur, et renvoyèrent leurs prisonniers; mais ils revinrent en corps et déclarèrent que, puisque leurs dieux les avaient trompés, ils voulaient se faire chrétiens. Les images des dieux qu'on avait prises, au nombre de quatorze, et ayant vingt pieds de hauteur, étaient à terre, dans la demeure des missionnaires, comme jadis Dagon devant l'arche.

L'établissement des missionnaires est situé à l'entrée d'une belle vallée de trois milles de longueur; il contient plusieurs centaines de maisons. La demeure du roi, qui a cent trente-six pieds sur vingt-quatre, est enduite de ciment, et ornée de coquillages disposés avec goût; elle contient huit appartements avec des planchers. A côté, il y en a une autre où mange le roi, et où demeurent ses domestiques. La maison des deux missionnaires est meublée de lits, de sofas, fauteuils et tables; le tout confectionné dans le pays et par les insulaires.

L'île entière ne forme qu'un jardin; tout est couvert de taros, de bananiers, de potirons et de patates : le cocotier y est très-rare, ainsi que l'arbre à pain, dont les habitants font peu de cas. Ils sont en général portés à l'agriculture. Les hommes, les femmes et les enfants sont sans cesse occupés aux travaux des champs.

Le roi et les principaux chefs savent lire, et l'instruction fait de rapides progrès chez le peuple. La pluralité des femmes y est entièrement abolie.

WAITOU-TAKI, L'AITOUTAKÉ DES MISSIONNAIRES.

Cette île fut découverte en avril 1789 par Bligh, qui communiqua seulement avec les naturels. La pointe nord gît par 18° 47' de latitude sud, et par 162° 8' de longitude ouest. Deux ans après Bligh, vint Edwards.

En 1821, le missionnaire Williams laissa sur ce point deux prédicateurs taïtiens. Le roi Tamatoa se fit chrétien, et ses sujets imitèrent son exemple.

L'établissement formé dans cette île a environ deux milles de long; il consiste dans un grand nombre de chaumières blanches bâties à l'ombre de grands *aïtos*, ce qui forme un coup d'œil très-pittoresque. On a construit, pour que les bateaux puissent plus facilement prendre terre, une espèce de môle en rochers de corail, où l'on hisse un pavillon quand il y a un bâtiment en vue. Ce môle a six cent soixante pieds de long sur dix-huit de large.

Le nombre des maisons s'élève à cent quarante-quatre; plusieurs sont meublées de lits et de sofas. Celles des chefs, quoique bien construites, ne valent pas cependant celles de Rarotonga. Une grande quantité d'habitants savent lire et sont très-disposés à s'instruire, quoique l'on reconnaisse encore parmi eux quelques-uns des usages de la vie sauvage.

Souvent la disette a lieu dans cette île, comme à Manaïa et à Rarotonga. Elle manque d'eau, et, de juin à novembre, tous les ruisseaux tarissent. Les habitants sont obligés de faire des trous dans la terre pour avoir une eau noire et putride; ce qui est dû en partie aux rats qui se précipitent dans ces trous pour étancher leur soif, s'y noient et y pourrissent.

MAOUTI.

Cette île est entièrement entourée d'un récif de corail qui ne laisse pas d'accès au plus petit canot. Ce récif est formé de bandes circulaires de dix à vingt pieds de hauteur, en dedans desquelles s'en trouvent d'autres moins élevées, mais séparées les unes des autres par des cavités profondes. Le seul moyen d'arriver à l'île est de descendre sur le récif, dans les endroits où le ressac est le moins fort et où la mer est la plus basse, et d'aller tantôt à gué, tantôt en marchant sur les rochers, ce qui est aussi difficile que dangereux. La distance à traverser de cette manière est d'environ deux milles tout autour de l'île.

Elle fut découverte en 1821, par les propagandistes taïtiens.

L'établissement des missionnaires est à quatre milles dans l'intérieur. Le nombre des habitants n'excède pas deux cents. Ils sont très-propres, et les femmes sont bien mises; on en voit peu qui ne portent des chapeaux ou des bonnets. Lord Byron, sur la frégate la *Blonde*, visita cette île en 1825, et se plut à rendre justice à l'état de civilisation de la peuplade.

MITI-ARO.

Cet îlot est nu, inculte et stérile. Les habitants, au nombre d'environ une centaine, ont beaucoup de peine à subsister, et paraissent très-misérables. Ils désirent aller s'établir aux îles de Taïti. Ils aiment le travail, et sont fort disposés à s'instruire : ils sont tous chrétiens. Il gît par 19° 54' de latitude sud, et par 160° 4' de longitude ouest.

WATIOU, L'ATOUI DES MISSIONNAIRES.

Le sol de cette île est inégal; les collines, peu élevées, sont planes à leur sommet, et les vallées profondes et spacieuses. Sur une de leurs extrémités, au centre de l'île, d'où l'on jouit d'un coup d'œil agréable, sont la demeure du chef et celle des missionnaires. La masse du peuple est retournée à l'idolâtrie; mais les chefs et quelques individus se prêtent encore aux instructions qu'on leur donne. Les femmes paraissent être dans un état complet de dégradation et d'avilissement. On les contraint à labourer la terre, à apprêter les repas, et à faire les travaux les plus rudes. Les hommes, lorsqu'ils ne sont pas occupés à pêcher, passent leur vie dans l'oisiveté. Les vallées sont couvertes de cocotiers, mais l'arbre à pain est très-rare; l'*aulé*, ou mûrier de la Chine, a été détruit par les cochons. Le vol est sévèrement puni à Watiou. Cette île fut découverte par Cook, en 1777. Les missionnaires s'y établirent en 1821. Elle a six lieues de circuit, est environnée de brisants, et peuplée de quelques centaines d'individus. Son sommet est situé par 20° 3' de latitude sud, et 160° 28' de longitude ouest.

FENOUA-ITI.

Cette petite île, que Cook découvrit en 1777, et qu'il nomma Oka-Toutaïa, est une terre basse, bordée d'une grève de sable blanc et boisée à l'intérieur. Le grand navigateur la trouva déserte, quoiqu'il y observât des cases abandonnées récemment.

Elle n'a pas été comprise dans le groupe des îles Harvey (*Manaïa*) des missionnaires. Sa position est par 19° 5' de latitude sud, et 160° 38' de longitude ouest.

Nous ne mentionnerons pas les écueils Beveridge et Nicholson qui sont fort éloignés, à l'ouest de l'archipel de Manaïa, et dont l'existence est encore douteuse.

ARCHIPEL DE SAMOA (*) OU HAMOA,
OU DES NAVIGATEURS, ET ILES NIOUHA.

GÉOGRAPHIE.

Voguons vers l'archipel de Samoa. Après avoir parcouru un grand espace de mer, des bandes de fous et de goélands signalent l'approche de la terre; atterrissons sur une petite île, la seule qu'ait découverte le capitaine Freycinet; c'est l'île Rose. Elle a reçu le nom de son épouse, cette intrépide amazone de la science, qui l'accompagna dans son voyage autour du monde. Cette petite île est entourée d'un récif de six milles de circuit. Au centre, on ne trouve que quelques arbustes. Elle ne paraît pas avoir d'autres habitants que des goélands.

(*) Un capitaine espagnol et un baleinier américain nous ont assuré que le véritable nom de cet archipel était Samoa et non Hamoa.

Mais avant de continuer, disons un mot du découvreur de ces îles. Après avoir longtemps et consciencieusement comparé, avec tout le soin dont nous sommes capable, et les cartes et les relations anciennes et modernes, nous sommes personnellement convaincu que le petit archipel de Samoa est le même que celui que Roggeween découvrit en 1772, et nomma Îles Bauman. Il nous semble cependant que le navigateur hollandais dut n'avoir de communications qu'avec les insulaires d'une partie de l'archipel, selon sa relation, embrouillée par lui ou plutôt par Behrens, sergent ignorant, à qui on en doit la publication. M. de Fleurieu a de nouveau embrouillé cette relation, en s'efforçant de l'éclaircir ; ce qui arrive souvent aux commentateurs : en effet, la supposition qu'établit ce savant, pour expliquer les positions données par Behrens, est évidemment forcée, quoique ingénieuse. Il prétend que Behrens a dû compter les longitudes du méridien de Meklembourg, et certes il n'a jamais été question d'un tel méridien. Le grand géographe Malte-Brun place ces îles Bauman, avec les îles Groningen et Tienhoven, dans l'archipel de Roggeween. Ces îles n'ayant pas été trouvées, nous sommes doublement autorisé à persister dans notre opinion, c'est-à-dire, à penser que les îles vues par le navigateur hollandais sont l'archipel de Samoa.

Roggeween, ou l'auteur de la relation, dit que « les naturels avaient une physionomie douce et bienveillante, que leur humeur était spirituelle et gaie, que c'était, en un mot, le peuple le plus honnête des îles du grand Océan. » Néanmoins, la description des terres qui composent les îles Bauman, malgré un grand nombre d'erreurs et de confusions dans les positions géographiques, correspond d'une manière frappante avec celle qui va suivre.

La chaîne des îles Samoa embrasse une étendue de cent lieues de l'est à l'ouest, par le 14e degré de latitude méridionale. La superficie de cet archipel est d'environ sept lieues carrées, et sa population paraît être au moins de soixante mille habitants. Nous donnerons le nom de chacune de ses îles en indiquant sa position.

L'île du milieu porte le nom de Maouna. Sa pointe occidentale est par 14° 20′ 18″ de latitude sud, et 173° 7′ de longitude ouest. Elle a dix-sept milles de longueur sur sept de largeur ; elle est fertile, quoique montueuse et boisée ; elle a deux îlots dans son voisinage.

Cette île, la troisième en grandeur de l'archipel, est couverte de bois de palmiers, où les villages semblent cachés, d'arbres à pain, de cocotiers et d'orangers. Ses bosquets, retentissant du bruit des cascades qui se précipitent en pluie écumeuse du haut des falaises, sont peuplés de perruches, de ramiers et de tourterelles. Les cases des habitants y sont construites sur un sol factice, composé de petits cailloux choisis et élevés de deux pieds au-dessus de terre, pour se garantir de l'humidité. Elles sont partagées en plusieurs chambrettes dans l'intérieur, par des treillages artistement faits ; le toit est couvert de feuilles de cocotier ; un rang d'arbres taillés en colonnes en forment le pourtour, et, entre elles, de jolies nattes jointes ensemble s'élèvent et s'abaissent par le moyen de cordes, ainsi que des persiennes.

Opoun, Leone et Fanfoue, sont trois îles hautes et boisées, qui paraissent de loin ne former qu'une seule île, attendu qu'elles ne sont séparées que par des canaux étroits. Elles s'étendent entre 14° 5′ de latitude sud, et 171° 42′ au 172° 2′ de longitude ouest. Opoun a deux cents toises environ d'élévation ; elle est coupée à pic et hérissée d'arbres, et surtout de cocotiers. On y voit un grand nombre de plantations de patates et d'ignames. Dans toute la Polynésie, les villages sont situés sur la plage : ici ils semblent suspendus à mi-coteau.

Oïolava a 40 milles de longueur sur 10 milles de large ; elle est accompagnée de plusieurs îlots. Cette île, par la beauté de ses aspects, sa fertilité et sa population, est au moins égale à la riante Taïti. Malheureusement elle ne possède aucun ancrage. La Pérouse pensait que Oïolava était le plus grand village de la Polynésie.

L'île PLATE, adhérente à Oïolava, est située par 13° 53' de latitude sud, et 174° 23' de longitude ouest. Elle est fort petite, mais excessivement fertile et populeuse. Quand les étrangers y arrivent, elle devient un bazar flottant de légumes, de fruits et de cochons : on dirait les jardins flottants de Mexico.

POLA. Selon la Pérouse et Kotzebüe, c'est une terre admirable, de l'aspect le plus riant, et d'une prodigieuse fécondité. Elle a 100 milles de circonférence ; elle s'étend entre le 13° 26' et le 13° 48' de latitude sud, et entre 174° 30' au 175° 8' de longitude ouest. Il est malheureux que les navigateurs que nous avons nommés ne l'aient pas reconnue dans toutes ses parties.

Nous avons déjà décrit la petite île Rose, qui paraît déserte.

SOL ET PRODUCTIONS.

Parmi les récifs de corail qui environnent ces îles, on trouve des cailloux de basalte. Les arbres à pain, le cocotier, le bananier, l'oranger, le gouava, la canne à sucre, les ignames, les patates, les poules, les cochons et les chiens, du poisson en abondance, de beaux ramiers, des tourterelles, des perruches et une foule d'oiseaux au brillant plumage, voilà l'histoire naturelle et les aliments de ces peuples.

Deux cents pirogues apportèrent à la Pérouse une quantité prodigieuse de fruits et de cochons, et plus de deux cents pigeons ramiers et perruches, tellement apprivoisés, qu'ils ne voulaient, dit-il, manger que dans la main.

Les îles de ce magnifique archipel se distinguent par l'absence de grands animaux, ainsi que toutes les autres îles de l'immense Polynésie.

INDIGÈNES.

Les indigènes sont d'une taille très-élevée, bien faits et très-musculeux. Leur teint est foncé ; leurs cheveux, droits et ébouriffés, et souvent colorés en jaune ou rouge, ressemblent à un buisson ; quelquefois ils sont bouclés et en forme de grandes perruques. Généralement, ils n'ont pour tout vêtement qu'une ceinture d'herbes marines qui leur descend au genou, et qui les fait ressembler aux dieux des fleuves de la Fable. Quelques-uns ont une espèce de pantalon qui va des hanches aux pieds. Quelques colliers de verroteries ornent la poitrine d'un petit nombre. Leur tatouage est peu remarquable.

Les habitants de Maouna ont paru violents, féroces, querelleurs, et même cannibales aux voyageurs, et ceux de l'île Plate leur ont paru doux et paisibles. Les femmes qui ont été aperçues à bord des pirogues, ont paru jolies à la Pérouse, fort grandes, luxurieuses et dévergondées. La plupart de leurs villages sont construits sur les bords des cours d'eau qui se jettent dans la mer ; et comme ils communiquent toujours des uns aux autres en pirogues, et que l'archipel en est couvert, ils poussent leur navigation jusqu'aux îles Viti. Bougainville donna au groupe entier le nom de Navigateur, dont nous le dépouillons, selon notre usage, en faveur du nom indigène. Une écharpe de feuilles servait de ceinture à ses habitants, et un ruban vert s'enlaçait dans leur chevelure ornée de fleurs. Pendant la relâche de la Pérouse, toutes les femmes de l'île furent à la disposition des équipages. Les vieillards servaient de prêtres et d'autel au culte de Vénus, pendant que des matrones célébraient par des chants ces noces brutales, et concluaient ces marchés impudiques (*).

Il est à remarquer que ces hommes à la taille herculéenne se moquaient de la taille médiocre et grêle des Français de la Pérouse.

Un tagale ou un bissaya, qui était à bord de la frégate montée par le général, comprenait en partie leur langage.

Les Samoans sont industrieux. Ils construisent admirablement, avec des haches d'un basalte fin et compacte, leurs pirogues qui manœuvrent fort

(*) Voyage de la Pérouse, t. III, p. 273.

bien à la voile. Ils fabriquent des grands plats à trois pieds. Ils travaillent également bien à des tissus soyeux qui ressemblent à ceux que font les Zeelandais avec le *formium tenax;* mais on ignore quelle est la plante qu'emploient les Samoans. Leurs nattes et leurs étoffes papyriformes sont également d'une finesse et d'une élégance fort remarquables (voy. *pl.* 168).

HISTOIRE.

Nous avons déjà établi les motifs qui nous font attribuer la découverte des îles Samoa au navigateur hollandais Roggeween; elle aurait eu lieu en 1722. Néanmoins, grâce aux erreurs des gisements géographiques dont fourmillent sa relation, Bougainville peut en être considéré comme le véritable découvreur.

Ce fut peu de jours après avoir quitté Taïti que le célèbre navigateur français vit les îles de cet archipel, excepté celle de Pola. Il eut quelques communications avec les indigènes, et le portrait qu'il en fait est plus ressemblant que celui de Roggeween. Il observa que leurs pirogues étaient mieux construites et plus nombreuses que celles des autres peuples de la Polynésie, et qu'elles volaient sur les eaux; c'est pourquoi il nomma cet archipel *Iles des Navigateurs.* M. Balbi, à son tour, a proposé de les nommer *Archipel de Bougainville,* pour éterniser la découverte de cet illustre marin.

Le plan de campagne de la Pérouse lui imposait la reconnaissance complète de ces îles, que son devancier n'avait fait qu'ébaucher. La Pérouse parut à Maouna le 6 décembre 1787, et ce fut dans une relâche de dix jours que le capitaine de Langle, son ami, et un des meilleurs officiers de la marine française, le naturaliste Lamanon et neuf marins et soldats furent massacrés par les naturels (voy. *pl.* 214). C'est à cette occasion que ce grand navigateur, qu'attendait une plus grande infortune, dit : « Je suis mille « fois plus en colère contre les philo-« sophes qui préconisent les sauvages, « que contre les sauvages mêmes. Le « malheureux Lamanon, qu'ils ont « massacré, me disait encore, la veille « de sa mort, que les Indiens valaient « mieux que nous (*). » Il paraît que ce massacre eut lieu parce que la Pérouse avait donné des verroteries à quelques chefs, et avait oublié les autres.

Les équipages des deux frégates poussaient des cris de vengeance et de rage. Cent pirogues étaient autour des vaisseaux, avec des hommes, des femmes et des enfants : il dépendait de ce brave général de sacrifier une épouvantable hécatombe aux mânes de ses amis, de ses marins et de ses soldats. Cet excellent homme résista aux cris des Français, et se contenta de disperser cette flottille en tirant un coup de canon à poudre; mais ce fut la dernière fois qu'il usa de tels ménagements envers les sauvages. Le lendemain, des centaines de pirogues revinrent faire leurs évolutions autour des frégates. La Pérouse fut sur le point de céder au vœu de ses marins; s'il eût trouvé un ancrage sûr, il se serait embossé pour canonner les villages de ces sauvages. Il eût dû néanmoins réclamer les cadavres des Français, que ces cannibales dévorèrent probablement dans un festin; mais il fit appareiller le 14 décembre, et prolongea la côte d'Oïolava, où plusieurs embarcations vinrent au-devant de lui: les naturels de cette île se montrèrent doux et tranquilles. Il vit encore l'île magnifique de Pola, et quitta enfin ces funestes parages.

L'Anglais Edwards parcourut l'archipel en 1791, et lui imposa d'autres noms, sans aucun égard pour des droits antérieurs.

En 1824, le capitaine Otto de Kotzebüe en fit la reconnaissance, et confirma ou rectifia le travail de la Pérouse. On peut conclure de sa relation que les naturels des îles occidentales, telles que Oïolava, l'île Plate et Pola, sont d'un caractère plus humain, plus

(*) Voyage de la Pérouse, t. IV, p. 439.

doux, plus juste et plus social, que ceux de Maouna. Cette différence paraît provenir de ce que les premières îles ont des chefs dont l'autorité est bienveillante et respectée, tandis que l'anarchie règne seule à Maouna. Nous devons vivement désirer que les missionnaires s'établissent sur ces terres, plus riches que celles qu'ils ont déjà soumises au culte de Jésus. Là ils pourront rendre de grands services à la science et à l'humanité.

GROUPE DE NIOUHA.

Ce petit groupe se compose de deux petites îles séparées par un canal de trois milles de large. Celle du nord est un cône élevé, entièrement couvert d'arbres dans un diamètre d'environ trois milles, et l'autre est un morne entouré de terres basses et plates. Sa longueur est de trois milles et demi, et sa largeur de deux milles. Au midi, des récifs forment un mouillage par vingt à vingt-cinq brasses. La première de ces deux îles est située par 15° 50' de latitude sud, et 176° de long. ouest.

Les indigènes ressemblent beaucoup à ceux de l'archipel de Samoa. Schouten, qui la découvrit et y mouilla le 11 mai 1616, vit une figure de coq peinte sur la voile de leurs pirogues. Il reçut la visite d'un *latou* (roi d'une île voisine). Ce mot rappelle les *datous* de Maïndanao et de l'archipel de Soulong. Sa majesté sauvage parut enchantée du concert bruyant que lui donnèrent les trompettes et les tambours du bord. Il fit cadeau d'une natte à Schouten, qui lui donna à son tour une hache, des clous, une pièce de toile et quelques verroteries.

Le lendemain, les pirogues de Niouha voulurent briser le navire, et se brisèrent contre lui. La double pirogue du roi fut du nombre. Le feu de quelques pierriers, chargés de balles et de vieux clous, eut bientôt dispersé les agresseurs. Schouten quitta ces îles, qu'il nomma Iles des Cocos et *Verruders* (traîtres).

Wallis les revit en 1767 sans s'y arrêter. Il remarqua que les naturels avaient la première phalange du petit doigt coupée. Wallis les nomma Boscawen et Keppel.

En 1781, Maurelle, manquant de tout, vint s'y ravitailler, et les nomma *las islas de la Consolacion*. Les naturels, dit-il, étaient doux et honnêtes, et parlaient la même langue que ceux de Vavao.

La Pérouse vit l'île haute en 1787, et il trouva les naturels assez semblables à ceux de Samoa.

Mariner en a parlé en passant; mais il ne paraît pas qu'il les ait visitées.

OPPOSITION DE CARACTÈRES ENTRE LES HABITANTS DE LA POLYNÉSIE.

Malgré tout le charme qui est attaché depuis longtemps et à juste titre à l'archipel, et particulièrement à l'île de Taïti, l'immense Polynésie renferme des terres dignes de fixer toute l'attention des amis de la géographie, la plus belle, la plus utile, la plus difficile et la plus agréable des sciences, à notre avis, quand on la considère sous toutes ses faces. L'esprit d'observation qui caractérise éminemment l'époque où nous vivons, l'importance et l'intérêt des faits recueillis par les voyageurs, ont agrandi une sphère auparavant trop resserrée. Il n'est pas exact de dire que tous les peuples polynésiens se ressemblent. Il existe une aussi grande opposition de caractères entre les habitants de beaucoup d'îles de la mer du Sud, qu'entre plusieurs nations de notre Europe. Nous avons déjà observé ces oppositions à Haouaï, aux Carolines, à Nouka-Hiva et à Samoa. Les Taïtiens peuvent être considérés comme les Sybarites, et les Tongas comme les Spartiates des îles du grand Océan.

ARCHIPEL DE TONGA.

Les générations qui ont occupé le sol des îles Tonga se sont écoulées pendant une longue suite de siècles, sans laisser aucune trace de leur passage, que quelques traditions obscures, et le nom de quelques chefs qui ont brillé sur ces terres, antérieurement à leur découverte par les Européens. Le christianisme vient de pénétrer à Tonga ; la civilisation européenne commence à prendre racine parmi ses habitants : dans quelques années, peut-être, ils n'auront plus à offrir à l'observateur aucun vestige de leur type primitif.

C'est donc véritablement le moment de tracer une esquisse rapide des coutumes et de l'histoire de cet archipel. Seulement, jusqu'à ce que nous soyons à l'histoire de ce peuple, nous parlerons des mœurs et des institutions comme si elles étaient dans toute leur vigueur, car elles ne peuvent être encore modifiées que d'une manière peu sensible.

GÉOGRAPHIE ET TOPOGRAPHIE.

L'archipel de Tonga comprend près de cent îles, îlots et atollons, sur une étendue de deux cents milles du nord au sud, sur une largeur moyenne de cinquante ou soixante milles, c'est-à-dire du 18° au 20° de latitude sud, et du 176° au 178° de longitude ouest. Les plus considérables sont celles de Vavaou, Tonga-Tabou, Éoa, Lefouga, Namouka, Tofoua et Laté. Leur superficie peut être évaluée à environ 80 lieues carrées, et leur population à 50,000 individus.

Cet archipel peut être divisé en trois groupes : au sud les îles Tonga proprement dites, au centre les îles Hapaï, au nord les îles Hafoulou-Hou, et, en outre, quelques îles éparses ou éloignées.

Nous emprunterons le résumé géographique de ce chapitre au savant navigateur M. d'Urville, en y comprenant la description intéressante d'Éoa par le narrateur de Cook, la description bien plus intéressante de Tonga-Tabou par Anderson, et quelques passages de M. Bennett, qui vient d'achever récemment son voyage dans ces contrées. Nous ajouterons à cette topographie celle de la petite île Pylstart et de l'île Sauvage.

Éoa, la plus méridionale de ces îles, fut découverte, en 1643, par Tasman, qui la nomma *Middelbourg*. C'est une terre de hauteur médiocre, assez peuplée, ayant onze milles du nord-nord-ouest au sud-sud-est, sur six ou sept de large. Forster, qui parcourut Éoa en 1773, fait un tableau charmant de ses sites et des mœurs hospitalières de ses habitants. Comme elle est dépourvue de bons mouillages, elle a été peu visitée depuis Cook. Éoa relevait jadis de l'autorité du Touï-Tonga ; mais depuis que cette puissance s'est éteinte, elle obéit à un chef particulier. Le sommet de l'île gît par 21° 25' de latitude sud, et 175° 17' de longitude ouest. A quelques milles au sud-ouest est un îlot nommé *Katao*.

Un de nos savants les plus recommandables et les plus consciencieux, M. Walkenaër dit que le sol de l'île Éoa est en général argileux, et qu'on y voit percer le corail jusqu'à la hauteur de trois cents pieds au-dessus du niveau de la mer.

Voici comment Cook a peint l'île Éoa et ses habitants :

« Après avoir rangé les bords sud-ouest de l'île la plus grande jusqu'aux deux tiers de sa longueur, à la distance d'environ un demi-mille de la côte, sans apercevoir ni mouillage ni débarquement, nous cinglâmes du côté d'Amsterdam (*Tonga*, surnommé *Tabou*), que nous avions en vue. A peine eûmes-nous orienté les voiles, que les côtes de Middelbourg (Éoa) présentèrent un autre aspect ; elles parurent offrir un mouillage et un lieu propre à atterrer ; alors je serrai le vent, et je courus sur l'île.

« Nous apercevions des plaines au pied des collines, et des plantations de jeunes bananiers, dont les feuilles, d'un vert éclatant, contrastaient avec les teintes diverses des différents arbrisseaux, et la couleur brune des cocotiers, qui semblait être l'effet de l'hiver. Le jour ne faisait que poindre, la lumière était si faible que nous vîmes plusieurs feux briller entre les bois, et peu à peu nous distinguâmes les insulaires qui marchaient le long de la côte. Les collines, basses et moins élevées au-dessus du niveau de la mer que l'île de Wight, étaient ornées de petits groupes d'arbres répandus çà et là à quelque distance, et l'espace intermédiaire paraissait couvert d'herbages, comme la plupart des cantons de l'Angleterre. Bientôt les habitants lancèrent leurs pirogues à la mer, et ramèrent de notre côté. Un Indien arriva à bord, et nous présenta une racine de poivrier enivrant des îles de la mer du Sud; et après avoir touché nos nez avec cette racine en signe d'amitié, il s'assit sur le pont, sans proférer un seul mot. Le capitaine lui offrit un clou, et à l'instant il le tint élevé au-dessus de la tête, en prononçant *sagafetai*, mot que nous prîmes pour terme de remercîment. Il était nu jusqu'à la ceinture, et de la ceinture une pièce d'étoffe, semblable à celles de Taïti, mais enduite d'une couleur brune et d'une forte colle, qui la rendait roide, et propre à résister à la pluie, lui pendait jusqu'aux genoux; il était d'une taille moyenne et d'un teint châtain assez pareil à celui des Taïtiens ordinaires, et ses traits avaient de la douceur et de la régularité. Il portait sa barbe coupée ou rasée, ses cheveux noirs et frisés en petites boucles, et brûlés à la pointe. On distinguait sur chacun de ses bras des taches circulaires, à peu près de la grosseur d'un écu, composées de plusieurs cercles concentriques de points tatoués à la manière des Taïtiens, mais qui n'étaient pas noirs. On remarquait encore d'autres piqûres noires sur son corps. Un petit cylindre était suspendu à chacun des trous de son oreille, et sa main gauche manquait de petit doigt. Il garda le silence pendant un temps considérable; mais d'autres insulaires, qui arrivèrent après lui, furent plus communicatifs, et, ayant accompli la cérémonie de toucher le nez, ils parlèrent un langage inintelligible pour nous.

« De nouvelles pirogues, montées chacune par deux ou trois hommes, s'avancèrent aussi hardiment vers nous, et quelques-uns des Indiens entrèrent sur notre bord sans hésiter. Cette marque de confiance me donna une bonne opinion des insulaires, et me détermina à relâcher parmi eux, si cela était possible. Je fis des bordées, et je trouvai enfin un bon mouillage par vingt-cinq brasses fond de gravier, à trois encâblures de la côte. La terre la plus élevée sur l'île nous restait au sud-est quart est; la pointe septentrionale au nord-est demi-est, et la pointe ouest au sud quart sud-ouest demi-ouest. L'île d'Amsterdam s'étendait du nord quart nord-ouest demi-ouest au nord-ouest demi-ouest. Dès qu'on eut jeté l'ancre, nous fûmes entourés par un grand nombre de pirogues remplies d'Indiens qui nous apportèrent des étoffes, des outils, etc., qu'ils échangèrent contre des clous, etc. Ils faisaient beaucoup de bruit; chacun montrait ce qu'il avait à vendre en criant, pour attirer des acheteurs. Leur langage n'est pas désagréable, mais ils prononçaient sur une espèce de ton chantant tout ce qu'ils disaient. Plusieurs vinrent sur le pont, et un entre autres que je reconnus pour un chef à l'autorité qu'il semblait avoir sur les autres, et je lui donnai en présent une hache, des clous de fiche, et d'autres choses qui lui causèrent une grande joie. Je gagnai ainsi l'amitié de ce chef, qui se nommait Ti-Ouny.

« Il admirait beaucoup nos étoffes et nos toiles anglaises; il donnait ensuite la préférence à nos outils de fer. Son maintien était très-libre et très-déterminé; car il entra dans la grande chambre, et partout où nous jugeâmes à propos de le conduire.

« Je m'embarquai bientôt sur deux chaloupes avec plusieurs personnes de nos équipages, et accompagné de Ti-Ouny, qui nous conduisit dans une petite crique formée par les rochers, directement en travers des vaisseaux, et où le débarquement était fort aisé, et les bateaux à l'abri de la houle. Une foule immense d'Indiens poussèrent des acclamations à notre arrivée sur la côte. Il n'y en avait pas un seul qui eût un bâton ou quelque arme à la main, signe indubitable de leurs dispositions pacifiques. Ils se serraient de si près autour de nos bâtiments, en offrant d'échanger des étoffes de leur pays, des nattes, etc., contre des clous, qu'il fallut un peu de temps pour trouver de la place pour notre débarquement. Ils semblaient plus empressés à donner qu'à recevoir; car ceux qui ne pouvaient pas s'approcher assez de nous jetaient, par-dessus les têtes des autres, des balles entières d'étoffes, et ils se retiraient sans rien demander ou rien attendre.

« Un grand nombre d'hommes et de femmes, parfaitement nus, nageaient à côté de nous, en élevant d'une main des anneaux d'écaille de tortue, des hameçons de nacre de perle, etc., qu'ils voulaient vendre.

« Enfin le chef les fit ouvrir à droite et à gauche, et il y eut assez de place pour que nous descendissions à terre. Ils nous emportèrent hors de nos chaloupes sur leur dos. Le chef nous mena ensuite à son habitation, agréablement située à environ trois verges de la mer, au fond d'une belle prairie et à l'ombre de quelques shaddeks. On voyait au front de la mer et les vaisseaux à l'ancre; derrière et de chaque côté, on apercevait de jolies plantations, qui annonçaient la fertilité et l'abondance. Il y avait, dans le coin de la maison, une cloison mobile d'osier toute dressée, et par les signes des habitants, nous jugeâmes qu'elle séparait les lieux où ils couchent. Le plancher était couvert de nattes sur lesquelles nous nous assîmes, et les naturels, s'asseyant aussi en dehors, nous environnèrent d'un cercle. On avait apporté nos cornemuses, et j'ordonnai d'en jouer. Le chef, de son côté, commanda à trois jeunes femmes de chanter, ce qu'elles firent de bonne grâce; comme je leur offris à chacune un présent, toutes les autres se mirent dans l'instant à les imiter. Leur chant était musical et harmonieux, et il n'avait rien de faux ni de désagréable; il était plus savant que celui des Taïtiens. Les chanteuses battaient la mesure en glissant le second doigt sur le pouce, tandis que les trois autres doigts restaient élevés (*). Elles variaient les quatre notes, sans jamais aller plus bas qu'*a* ou plus haut qu'*e*. Durant ce concert, un vent léger embaumait l'air d'un parfum délicieux qu'exhalaient les fleurs blanches des orangers plantés derrière la maison, et dont on vint bientôt nous offrir les fruits. »

L'île TONGA-TABOU (c'est-à-dire Sacrée), et la métropole de l'archipel, est une terre fertile, peu élevée, mais couverte d'une riche végétation; c'est encore Tasman qui en fut le découvreur; il la nomma *Amsterdam*. Tonga-Tabou, dit d'Urville, a dix-huit milles de l'est à l'ouest, sur douze milles de largeur. Fortement échancrée vers le nord par un vaste lagon, elle affecte la forme d'un croissant irrégulier; toute la bande septentrionale est, en outre, accompagnée d'un immense récif, couvert d'îlots verdoyants. Les plus remarquables sont Atata, Pangaï-Modou, Oneata, Nougou-Nougou, Fafaa, Malinoa, Onevaï, Nogou et Taou. A l'intérieur de ces brisants sont des ancrages assez sûrs; mais l'entrée en est difficile et très-dangereuse. Vis-à-vis la passe de l'est, et détachée tout à fait de Tonga-Tabou, est une petite île basse nommée Eoa-Tchi, d'un mille ou deux de longueur.

L'eau douce, continue d'Urville, est rare sur cette île toute plate; mais en creusant à une certaine profondeur, on en trouve de potable. La flore du pays est riche; elle a déjà quelques rapports avec la flore mélanésienne, et comprend des espèces absentes de la Polynésie orientale.

HISTOIRE NATURELLE DE TONGA-TABOU.

On peut compter cette terre (*) au nombre des îles basses. En effet, les arbres de la partie occidentale, où nous étions à l'ancre, se montraient à peine,

(*) La musique est en *la* mineur; en voici les notes : la, *ut*, ut, re, re, ut, ut, la, la, *ut*, re, re, ut, *mi*; la mesure est à quatre temps; toutes les notes sont des noires, excepté un *ut* et un *mi* que nous avons désignés par des italiques.   G. L. D. R.

(*) Ce chapitre est traduit d'Anderson.

et la pointe sud-est était le seul district proéminent que nous pussions apercevoir des vaisseaux. Lorsqu'on est à terre, on voit néanmoins plusieurs terrains qui s'élèvent et s'abaissent doucement. Le pays en général n'offre pas ce magnifique paysage qui résulte d'une multitude de collines, de vallées, de plaines, de ruisseaux et de cascades; mais il étale aux yeux des spectateurs la fertilité la plus abondante. Les lieux abandonnés aux soins de la nature annoncent la richesse du sol, aussi bien que les districts cultivés par les insulaires. La verdure est perpétuelle dans les uns et dans les autres, et toutes les productions végétales y sont d'une extrême force. De loin, l'île entière paraît revêtue d'arbres de différentes tailles, dont quelques-uns sont fort gros. Les grands cocotiers élèvent toujours leur tête panachée, et ils ne contribuent pas faiblement à la décoration de cette scène. Le *bougo*, qui est une espèce de figuier à feuilles étroites et épointées, est l'arbre le plus considérable; le *pandanus*, des *hybiscus* de plusieurs sortes, le *faïtanou*, et un petit nombre d'arbres, sont les arbrisseaux et les petits arbres que présentent communément les cantons en friche, surtout vers la mer. Si les diverses choses qui forment les grands paysages n'y sont pas nombreuses, il y a une foule de sites qu'on peut appeler de jolis points de vue; ils sont répandus autour des champs mis en culture et des habitations, et particulièrement autour des *faïtoukas*(*), où l'art et quelquefois la nature ont beaucoup fait pour le plaisir des yeux.

Tonga-Tabou étant peu éloigné du tropique, le climat y est plus variable que sur les îles situées plus près de la ligne : au reste, nous y relâchâmes au solstice d'hiver, et il faut peut-être attribuer à la saison l'instabilité du temps. Les vents y soufflent le plus souvent entre le sud et l'est, et lorsqu'ils sont modérés, on a ordinairement un ciel pur. Quand ils deviennent plus frais, l'atmosphère est chargée de nuages; mais elle n'est point brumeuse, et il pleut fréquemment. Les vents passent quelquefois au nord-est, au nord-nord-est, ou même au nord nord-ouest; mais ils ne sont jamais d'une longue durée, et ils ne soufflent pas avec force de ces points du compas, quoiqu'ils se trouvent en général accompagnés d'une grosse pluie et d'une chaleur étouffante. On a déjà dit que les végétaux se succèdent d'une manière très-rapide : je ne suis pas sûr toutefois que les variations de l'atmosphère, qui produisent cet effet, soient assez frappantes pour être remarquées des naturels, ou que les diverses saisons déterminent leur régime; je suis même tenté de croire le contraire, car le feuillage des productions végétales n'éprouve point d'altération sensible aux diverses époques de l'année; chaque feuille qui tombe est remplacée par une autre, et on jouit d'un printemps universel et continu.

Un rocher de corail, le seul qui se présente sur la côte, sert de base à l'île, si nous pouvons en juger d'après les endroits que nous avons examinés. Nous n'y aperçûmes pas le moindre vestige d'aucune autre pierre, si j'en excepte les petits cailloux bleus répandus autour des *faïtoukas*, et une pierre noire polie et pesante qui approche du *lapis lydius*, et dont les naturels font leurs haches. Il est vraisemblable que ces dernières pierres ont été apportées des terres des environs; car nous achetâmes de l'un des insulaires un morceau de pierre de la nature des ardoises et couleur de fer, que les habitants du pays ne connaissaient pas. Quoique le corail s'élance en beaucoup d'endroits au-dessus de la surface du terreau, le sol est en général d'une profondeur considérable. Dans tous les districts cultivés, il est communément noir et

(*) Le faïtouka se compose de trois choses : de la fosse, du tertre où la fosse est creusée, et d'une espèce de hangar construit au-dessus. La fosse pour la sépulture de la famille d'un chef, a huit pieds de long sur six de large; elle est revêtue d'une grande pierre au fond et sur chacun des côtés, et recouverte de la même manière.

G. L. D. R.

friable, et il semble venir en grande partie du détriment des végétaux : il est probable qu'il se trouve une couche argileuse au-dessous, car on la rencontre souvent dans les terrains bas et dans ceux qui s'élèvent, et surtout en divers endroits près de la côte, où il est un peu renflé; lorsqu'on le fouille, il paraît quelquefois rougeâtre, plus ordinairement brunâtre et compacte. Dans les parties où la côte est basse, le sol est sablonneux, ou plutôt de corail trituré; il produit néanmoins des arbrisseaux très-vigoureux, et les naturels le cultivent de temps en temps avec succès.

Les principaux fruits que cultivent les naturels sont les bananes, dont on compte quinze sortes ou variétés, le fruit à pain, deux espèces de ce fruit qu'on trouve à Taïti, et qu'on appelle *jambo* et *evi* (le dernier est de la nature de la prune), et une multitude de *shaddecks*, qu'on y voit aussi souvent dans l'état de nature.

Deux espèces d'ignames, dont la première est si grosse qu'elle pèse souvent vingt livres, et dont la seconde, blanche et longue, en pèse rarement une; une grosse racine appelée *kappé*; une autre qui approche de nos patates blanches, et qu'on nomme *mawhaha*, le taro ou le coco de quelques îles des environs, et une dernière appelée *djeyie*, forment la liste des plantes de Tonga-Tabou.

Outre un grand nombre de cocotiers, il y a trois autres espèces de palmiers, dont deux sont rares : l'un est appelé *biou*; il s'élève presque à la hauteur du cocotier ; il a de très-larges feuilles disposées en forme d'éventail, et des grappes de noix globulaires de la grosseur d'une balle de pistolet : ces noix croissent parmi les branches; elles portent une amande très-dure qu'on mange quelquefois. Le second est une espèce de choux palmiste, distingué seulement du coco en ce qu'il est plus épais, et qu'il a des feuilles découpées; il produit un chou de trois ou quatre pieds de long : on voit, au sommet de ce chou, des feuilles, et au bas, un fruit qui est à peine de deux pouces de longueur, qui ressemble à une noix de coco oblongue, et qui offre une amande insipide et tenace, que les naturels appellent *niougola*, ou la noix de coco rouge, parce qu'elle prend une teinte rougeâtre lorsqu'elle est mûre. La troisième espèce, qui se nomme *ongo-ongo*, est beaucoup plus commune; on la trouve autour des *faitoukas* : sa hauteur ordinaire est de cinq pieds; mais elle a quelquefois huit pieds d'élévation; elle présente une multitude de noix ovales et comprimées, qui sont aussi grosses qu'une pomme de reinette, et qui croissent immédiatement sur le tronc, parmi les feuilles. L'île produit d'ailleurs une multitude à cannes de sucre excellentes, dont les naturels prennent soin, des gourdes, des bambous, des souchets des Indes, et une espèce de figue de la grosseur d'une petite cerise, appelée *matte*, qu'on mange quelquefois : au reste, le catalogue des plantes qui croissent naturellement est trop nombreux pour l'insérer ici. Indépendamment du *pemphis*, du *caspermum*, du *mallacocca* et du *mabu*, et de quelques autres genres décrits par le docteur Forster[*], on en trouve un petit nombre d'autres, que la saison de l'année ou la brièveté de son séjour ne lui ont peut-être pas permis de remarquer. J'ajouterai que notre relâche fut beaucoup plus longue; que cependant nous ne vîmes pas en fleur plus de la quatrième partie des arbres et des plantes, et qu'ainsi je suis bien éloigné d'en connaître les différentes espèces.

Les quadrupèdes du pays se bornent à des cochons, à un petit nombre de rats, et à quelques chiens qui ne sont pas indigènes, mais qui viennent des couples que nous y laissâmes en 1773, et de ceux que les naturels ont tirés de *Fidji*. Les volailles sont d'une grande taille et vivent dans l'état de domesticité.

Nous remarquâmes parmi les oiseaux, des perroquets un peu plus petits

[*] Voyez son ouvrage, qui a pour titre : *Characteres generum plantarum.* Londres, 1776.

que les perroquets gris ordinaires, dont le dos et les ailes sont d'un vert assez faible, la queue bleuâtre, et le reste du corps couleur de suie ou de chocolat; des perruches de la grandeur d'un moineau, d'un beau vert jaunâtre, ayant le sommet de la tête d'un azur brillant, le cou et le ventre rouges : une troisième espèce, de la taille d'une colombe, a le sommet de la tête et les cuisses bleus; le cou, la partie inférieure de la tête et une partie du ventre cramoisis, et le reste d'un joli vert.

Nous aperçûmes des chouettes de la grandeur de nos chouettes ordinaires, mais d'un plumage plus beau; des coucous pareils à ceux de l'île Palmerston; des martin-pêcheurs de la grosseur d'une grive, d'un bleu verdâtre et portant un collier blanc; un oiseau de l'espèce de la grive, dont il a presque la taille. Celui-ci porte deux cordons jaunes à la racine du bec : c'est le seul oiseau chantant que nous ayons rencontré; mais il produit des sons si forts et si mélodieux, que les bois sont remplis de son ramage, au lever de l'aurore, le soir et à l'approche du mauvais temps.

Je ne dois pas oublier dans la liste des oiseaux de terre, des râles de la grandeur d'un pigeon, qui sont d'un gris tâcheté et qui ont le cou brun ; une autre espèce qui est noire, qui a les yeux rouges, et qui n'est pas plus grosse qu'une alouette; deux espèces de gobe-mouches; une très-petite hirondelle ; trois espèces de pigeons, dont l'une est le ramier cuivre de Sonnerat(*) : la seconde n'a que la moitié de la grosseur du pigeon ordinaire; elle est d'un vert pâle au dos et aux ailes, et elle a le front rouge : la troisième, un peu moindre, est d'un brun pourpre et blanchâtre au-dessus du corps.

Les oiseaux marins, ou ceux qui fréquentent la mer, qu'on trouve à Tonga-Tabou, sont les canards, que nous avons vus en petite quantité à Annamooka (on n'en rencontre guère), les hérons bleus et blancs, les oiseaux du tropique, les noddies communs, les hirondelles de mer blanches, une nouvelle espèce qui est couleur de plomb, et qui a la tête noire ; un petit courlis bleuâtre, un grand pluvier tacheté de jaune. Outre les grosses chauves-souris indiquées plus haut, je ne dois pas oublier la chauve-souris commune.

Les seuls animaux nuisibles ou dégoûtants de la famille des reptiles ou des insectes, sont les serpents de mer de trois pieds de longueur, qui offrent alternativement des anneaux blancs et noirs, et qu'on voit souvent sur la côte, quelques scorpions et des centipèdes. Il y a de beaux *guanous* verts d'un pied et demi de long, un second lézard brun et tacheté d'environ douze pouces de longueur, et deux autres plus petits. On distingue parmi les insectes de belles teignes, des papillons, de très-grosses araignées et d'autres. J'ai remarqué en tout cinquante espèces d'insectes.

La mer abonde en poissons; mais les espèces ne m'en parurent pas aussi variées que je l'espérais. Les plus communs sont les mulets; plusieurs sortes de poissons-perroquets, le poisson d'argent, les vieilles femmes (*), des soles joliment tachetées, des *leaterjackets*, des bonites et des albicores, des anguilles, les mêmes que nous avions trouvées à l'île Palmerston, des requins, des raies, des flûtes (**), une espèce de brochet, et des diables de mer.

Les récifs et les bas-fonds, si nombreux au côté septentrional de l'île, sont remplis d'une multitude de coquillages très-variés, et il y en a beaucoup qu'on regarde comme précieux dans nos cabinets d'histoire naturelle. Je me contenterai d'indiquer ici le véritable marteau, dont je ne pus me procurer un échantillon entier, une grosse huître dentelée, et bien d'autres qui ne sont pas de l'espèce

(*) Voy. Sonnerat, Voyage à la Nouvelle-Guinée, p. 102

(*) Il y a dans l'original *old wives*.
(**) On lit *pipe fish* dans le texte.

commune; des *panamas*, des cônes, une vis énorme qu'on trouve aussi aux Indes orientales; des huîtres perlières : plusieurs de ces huîtres paraissent avoir échappé aux recherches des naturalistes et des amateurs les plus curieux. On y trouve aussi du frai de poissons de plusieurs sortes, une multitude de belles étoiles de mer, et des coraux très-variés. J'en remarquai deux rouges; le premier portait de jolies branches, et le second était tubuleux. Les crabes et les écrevisses y sont très-abondants et variés. Il faut ajouter à ce catalogue plusieurs espèces d'éponges, le livre de mer, des *holoturies*, et diverses substances de ce genre.

Curieux d'examiner les productions du pays (*), je m'aventurai dans l'île le 27 juillet 1830. Les sentiers étaient étroits, et la végétation magnifique. Le taro, le plantain, l'*arum* de Virginie, y croissent naturellement, ainsi que le chi (*dracœna terminalis*); le mûrier à papier (*broussonetia papyrifera*), et le kava ou l'ava (*piper methysticum*). Le chi est cultivé dans la plupart des îles de la Polynésie, uniquement à cause de sa racine, qui contient une grande quantité de jus sucré. Les racines de cette plante, ayant été exposées à l'action de la vapeur pendant vingt-quatre heures, se mangent comme la canne à sucre. A l'île de Taïti, on est parvenu à retirer de l'esprit-de-vin de la feuille du chi; et les feuilles mises soigneusement en tas et roulées en paquets, sont une excellente nourriture pour le bétail. Ce fait doit intéresser les navigateurs qui peuvent se trouver dans des contrées où le chi est commun et le gazon rare. Le mûrier à papier est cultivé pour son écorce, qui sert à la fabrication du drap de l'île; le nom que lui donnent les naturels est *hiapo*, et le drap, quand il est manufacturé, s'appelle *ugiata*. Il est rare qu'on le laisse atteindre à cet arbre plus de dix ou douze pieds de hauteur; il est d'une petite circonférence, et on fait usage de l'écorce un an après que l'arbre a été planté. L'instrument dont on se sert pour détacher l'écorce s'appelle *aike*.

On fait une grande consommation du kava, ou ava, en boisson; il y a deux espèces d'ava, l'une qui est cultivée, et l'autre qui vient naturellement. On remarque une légère différence dans le feuillage de ces deux espèces. On ne tire aucun parti de la racine de l'ava sauvage. Dans les temps de disette, on mange aussi le fruit du hui, ou *convolvulus brasiliensis*, plante grimpante dont le fruit a quelque ressemblance avec la patate. Le fruit de la *morinda citrifolia*, ou *nono*, sert aussi à la nourriture des naturels; mais on a soin de le laisser dans l'eau pendant quelques jours pour lui ôter son amertume. Le *pandanus odoratissimus* (le *pango* des naturels) étale en abondance, dans le voisinage de la mer, ses beaux fruits dorés; ses feuilles forment une toiture impénétrable : elles servent à la fabrication des nattes communes.

Dans une excursion faite le 28, je remarquai avec étonnement la fertilité de cette île intéressante. La richesse du sol en fait un vrai jardin; on pourrait y récolter facilement tous les fruits des tropiques, et le coton, l'indigo, le sucre, etc. Mais on doit regretter beaucoup qu'on n'ait pas encore pu obtenir d'eau de bonne qualité. Je ne doute pas que, si les puits étaient creusés à une plus grande profondeur, on ne trouvât de l'eau meilleure et en plus grande quantité. J'enrichis ma collection de quelques espèces de mangroves (*rizophora*), d'un arbuste tout chargé de petites fleurs rouges très-jolies, et que les habitants nomment *hangorlé*, d'un fruit de la grosseur d'une noix de coco que produit l'arbre appelé *leki-leki*; il a de quarante à cinquante pieds de hauteur, et dix de circonférence. On ne mange point le fruit du leki-leki. Cet arbre est estimé pour son bois qui est très-dur, rouge, et sert à la fabrication des massues et autres armes. Je re-

---

(*) Traduit de M. Bennett jusqu'à la fin du chapitre.

tournai à notre mouillage par un sentier planté d'arbres dont les branches entrelacées donnaient un frais ombrage. Je distinguai le *koka*, arbre d'une taille peu élevée, et qui donne des baies rouge-noir. L'écorce du koka est employée à la teinture des étoffes en rouge. En suivant ce sentier, je passai devant un cimetière : quelques tombeaux étaient ornés de corail, et sur un d'eux on avait élevé une petite maison, ce qui est une marque de distinction ; ce tombeau était aussi ombragé par un très-bel acacia.

DIVISIONS GÉOGRAPHIQUES (*).

Les principales divisions de l'île étaient jadis : Hifo à l'ouest, Moua au centre, Hagui à l'ouest, et Lego, nom collectif pour tout le sud, partie inculte et moins habitée. Depuis l'expulsion du Touï-Tonga, ces divisions anciennes sont effacées. Chaque district a son chef, et ces chefs s'entendent entre eux de manière à vivre dans de bonnes relations. La population de l'île a été diversement estimée. L'Anglais Singleton l'évaluait à 20,000 âmes, le capitaine d'Urville à 15,000, le capitaine Waldegrave à 12,000. Les missionnaires comptaient 4000 naturels dans le seul district de Hiso. Ce qui est positif, c'est que Tonga-Tabou peut mettre cinq mille guerriers en campagne. Le mouillage de Pangaï-Modou est situé par 21° 8' de latitude sud, et 177° 33' de longitude ouest.

A vingt-cinq milles au nord de Tonga-Tabou sont les deux écueils Hounga-Tonga et Hounga-Hapaï, distants l'un de l'autre de deux milles ; espèces de phares qui signalent la grande île, aires de vautours inabordables et hautes, hérissées de broussailles à leur sommet. Comme les îles volcaniques de Kao et de Tafoua, ces rochers servent de reconnaissances utiles pour la navigation de ces parages. L'îlot du sud gît par 20° 36' de latitude sud, et 177° 44' de longitude ouest.

(*) Nous empruntons ces divisions au *Voyage pittoresque* de d'Urville.

Nous voici au groupe Hopaï, long de soixante milles du nord-nord-est au sud-sud-ouest, sur une largeur de vingt-cinq à trente milles. Ce groupe se compose d'îles basses liées entre elles par une chaîne non interrompue de récifs. Cette foule d'îles reconnaissait autrefois l'autorité du Touï-Tonga ; chacune d'elles a aujourd'hui son roi particulier, avec un gouvernement distinct de celui de la métropole. Le christianisme y est, dit-on, florissant et en progrès. Ces îles, toutes fécondes et boisées, sont plus ou moins populeuses. On distingue parmi elles :

Lefouga, la principale du groupe, capitale du royaume de Finau Ier, île de six milles du nord-nord-est au sud-sud-ouest, sur trois milles de large. Position : 19° 50' latitude sud, 176° 59' longitude ouest.

Namouka, découverte en 1643, par Tasman, qui la nomma *île Rotterdam*. On a vu combien elle était riche en sites ravissants ; elle a dix ou douze milles de circuit. Latitude sud, 20° 15', longitude ouest, 177° 19'.

Ensuite viennent Foa, Wiha, Haano, Niniva et Foutouna, petites îles basses, boisées, d'une étendue variable de 4 à 7 milles de circuit. Le reste se compose d'îlots sans importance.

La population du groupe Hapaï ne saurait s'évaluer d'une manière précise ; mais, d'après le tableau de l'armée avec laquelle Finau Ier s'embarqua pour soumettre Tonga-Tabou, on peut la porter à dix mille âmes. Dans ce nombre, toutefois, il faut comprendre les localités qui suivent :

Tofoua, découverte en 1774, par Cook, qui la revit en 1777 ; puis, retrouvée par Maurelle en 1781, qui la nomma *San-Cristoval* ; enfin par la Pérouse, Bligh et Edwards. C'est une île haute, boisée, peuplée et couronnée par un volcan actif. L'île fournissait jadis à tout l'archipel les basaltes et les obsidiennes que les insulaires aiguisaient en instruments tranchants. Tofoua était une terre sacrée, résidence des dieux de la mer. Aussi les naturels pensaient-ils que les requins respectaient les individus qui se baignaient sur ces côtes. Mariner, qui a visité le volcan de l'île, lui donne trente pieds de diamètre. Ses éruptions, plus ou moins fréquentes, ont lieu tantôt trois fois par semaine, tantôt deux fois par mois. L'ascension du pic est fort difficile à cause des pierres cinéfiées qui en couvrent les flancs.

C'est à Tofoua que Bligh vint aborder avec son canot, quand la révolte l'eut chassé de son navire. Au lieu de lui fournir des vivres, les naturels se montrèrent disposés à user de violence à son égard. Ils voulurent l'arrêter lui et ses gens; ce ne fut qu'avec peine, et après avoir laissé un matelot en leur pouvoir, que Bligh put se sauver. Ce pauvre matelot, massacré sur la place, fut ensuite traîné jusqu'au malaï voisin, pour y être enterré. Depuis lors, quand Mariner passa à Tofoua, on lui fit voir le lieu où cet acte barbare s'était consommé, et les naturels ajoutèrent que partout où le cadavre de l'Anglais avait été traîné, l'herbe s'était desséchée pour ne plus reverdir. Tofoua a douze milles de circuit; elle gît par 19° 46' de latitude sud et 177° 33' de longitude ouest.

Kao, découverte en 1774 par Cook, revue par lui en 1777; puis, en 1781, par Maurelle, qui la nomma *Monte-Hermoso*, et par la Pérouse en 1787. C'est une île très-élevée, peuplée, de neuf milles de circuit. Position: 19° 42' latitude sud, 177° 30' longitude ouest.

Lataï, découverte par Maurelle en 1781, reconnue en 1787 par la Pérouse, et en 1791 par Edwards qui la nomma île *Bickerton*. C'est encore une terre élevée, peuplée, presque circulaire, avec six ou sept milles de circuit. Position: 18° 47' de latitude sud, 177° 30' longitude ouest.

Le dernier groupe de cet archipel est celui de *Hafoulou-Hou*, qui se compose des deux grandes îles de Vavao et de Pangaï-Modou, et d'une dizaine d'îlots groupés alentour.

Vavao, découverte en 1781 par Maurelle, qui la nomma *Mayorga*, fut revue par la Pérouse, par Edwards, qui la nomma île *Howe*, et par Malespina. Cette île, la plus grande de l'archipel, a vingt milles du nord nordest au sud sud-ouest, sur dix à douze milles de largeur. Comme à Tonga-Tabou, un bras de mer qui entre dans les terres et les échancre, détermine de bons mouillages. Modérément accidentée, Vavao présente des paysages délicieux; mais l'intérieur, visité par le capitaine Waldegrave, offre, au dire de ce marin, des parties entièrement incultes, couvertes seulement de troncs d'arbres, de liserons, d'ignames sauvages et de lianes sarmenteuses. Aussi est-elle beaucoup moins peuplée que Tonga-Tabou. La base de l'île est madréporique, quoiqu'on y aperçoive des traces de l'action du feu. Cette île avait jadis des chefs particuliers qui reconnaissaient l'autorité du Touï-Tonga; mais au commencement de ce siècle, elle fut conquise par Finau Ier qui la réunit à son royaume de Hapaï. Son fils, Finau II, renonça à la possession de ces dernières îles, et se contenta de la souveraineté de Vavao. En 1830, Waldegrave la trouva encore gouvernée par un chef absolu, nommé Finau, jeune homme de trente ans, fils ou neveu sans doute de Finau II. Ce navigateur évalue la population de Vavao à six mille habitants; mais d'autres la jugent plus considérable. Le milieu gît par 18° 41' latitude sud, et par 176° 20' de longitude ouest.

Pangaï-Modou est une île de sept ou huit milles de longueur, mais étroite, et séparée de Vavao par un canal étranglé qui offre de bons mouillages.

Parmi les petites îles qui avoisinent Vavao, il faut citer Taonga, Leka-Leka, et surtout Hounga, célèbre pour avoir été jadis la retraite d'un couple amoureux persécuté par un chef cruel. C'est une grotte de quarante pieds de hauteur et d'une largeur à peu près égale, mais dans laquelle on ne peut pénétrer que par une ouverture de huit à neuf pieds de longueur, et située à plusieurs pieds au-dessus du niveau de la mer. C'est aujourd'hui un local qui sert encore pour les grandes parties de kava.

A quelque distance au nord-ouest

de Vavao, se trouve Amargura, la dernière des îles que nous comprenons dans l'archipel Tonga. C'est une terre élevée, habitée, peu étendue. Découverte en 1781 par l'Espagnol Maurelle, qui lui donna le nom cité plus haut, cette île fut revue en 1789 par Edwards, qui l'appela *Gardner*. On ignore son nom indigène. Elle gît par 17° 57' de lat. sud, et par 177° 20' de long. ouest.

Nous comprendrons dans cet archipel la petite île de Pylstart et l'île Sauvage. *Pylstart* est située à plus de 30 lieues au sud de Tonga-Tabou. C'est une terre haute et boisée, dit d'Urville, de trois ou quatre milles de circuit. Découverte en 1643 par Tasman, elle fut revue par Cook en 1773, et en 1781 par Maurelle, qui la nomma la *Sola*. On la crut inhabitée jusqu'en 1819, où Freycinet la prolongeant d'assez près, remarqua sur la plage des naturels et des pirogues. Ces hommes appartenaient sans doute à la race Tonga : peut-être n'étaient-ils que des pêcheurs de passage ou des navigateurs détournés de leur route par des brises contraires. L'île gît par 22° 30' lat. sud, et 178° 24' de long. ouest.

L'île *Sauvage* est située par 19° 0' de lat. sud et 171° 57' de long. ouest. Elle a environ 3 lieues et demie de circonférence. Sa surface est élevée et entièrement couverte d'arbres, d'arbrisseaux, etc., mais sa population est peu considérable. Cook, qui la découvrit en 1774, lui donna le nom qu'elle porte, à cause de l'humeur peu sociable des indigènes.

L'archipel de Tonga forme à l'occident la limite de la Polynésie. A quelque distance dans l'ouest se trouve le groupe Viti, première terre mélanésienne. Cependant le type polynésien reparaît encore au delà, comme nous verrons. Il se relève sur quelques-unes des Nouvelles-Hébrides, dans les petites îles Rotouma, Tikopia, Duff, etc., mais seulement par petites peuplades et avec tous les caractères qui annoncent une migration. Dans cette zone prévaut et règne la race mélanésienne, qui occupe toutes les grandes îles de l'occident, jusqu'à ce que paraisse la race malaise. Voisines des îles Viti, les îles Tonga leur ont plutôt donné qu'elles n'ont reçu d'elles ; elles ont civilisé à demi ces barbares, sans s'infecter elles-mêmes de barbarie. Le type Viti a été dominé par le type Tonga.

L'archipel Tonga, et surtout l'île Tonga-Tabou, placé aux confins de la zone torride, jouit d'une température égale et modérée. Aux mois d'avril et de mai, le thermomètre se maintenait, à bord de l'*Astrolabe*, entre 23° et 26°, et des brises régulières tempéraient beaucoup la chaleur. Au dire des missionnaires, l'air de cette île est salutaire et pur : en hiver, quand les vents soufflent du sud, le climat devient presque froid.

Les alisés de ces parages sont le sud-sud-est et l'est-sud-est. Cependant, en février, mars et avril, le nord-ouest et l'ouest règnent quelquefois. Ils déterminent des temps orageux, accompagnés de pluies et de violentes rafales. A cette époque de l'année, la Pérouse et d'Urville essuyèrent des coups de vent opiniâtres. Presque toujours la houle du sud-ouest provenant des tempêtes des hautes latitudes australes, détermine un fort ressac sur les côtes méridionales de Tonga-Tabou. Les tremblements de terre doivent être fréquents dans ces îles, puisque les premiers missionnaires qui s'y établirent en 1797, constatèrent trois accidents semblables dans l'espace de trois mois. Le voisinage du cratère ignivome de Tofoua entre sans doute pour quelque chose dans ces convulsions.

HISTOIRE NATURELLE DE L'ARCHIPEL.

Les productions de l'archipel Tonga se rapportent généralement encore à celles de Taïti et de Nouka-Hiva : là pourtant commencent à paraître quelques plantes des îles asiatiques, qui ne semblent pas s'étendre plus loin vers l'est. On y trouve une végétation vigoureuse, et des arbres gigantesques (voy. *pl.* 195).

On y recueille en abondance l'igname et le coco, qui forment la principale nourriture des habitants, des cannes à sucre, des bananes, des fruits de l'arbre à pain, etc.

On doit citer, parmi les arbres, le bois de santal, le mûrier à papier (*brossnonetia papyrifera*), le *corypha umbraculifera*, le *mussænda frondosa*, le *pandanus odoratissimus*, l'*hernandia ogivera*, le vaquois, les *casuarinas*, diverses espèces d'*hibiscus* et *ficus*, l'évi, le bambou, l'*inocarpus edulis*, l'*abrus precatorius*, le *gossypium religiosum*, le *leki-leki*; et parmi les plantes, le kava ou ava (*piper methysticum*), le *melcedinus scandens*, le *tacca pinnatifida*, le *sauharum spontaneum*, le *chi*, dont la racine est sucrée, etc.

Outre le cochon, et le chien qui est fort rare, l'archipel n'a d'autre quadrupède que le rat, et d'autre mammifère que la roussette. Les oiseaux sont la tourterelle, le pigeon, le perroquet, de jolies perruches, le râle, un philedon, un martin-pêcheur. Il y a deux ou trois espèces de serpents, un hydrophis et un petit lézard. Les poissons et les mollusques y sont nombreux et variés; on y trouve de beaux coquillages.

Pour ne pas nous répéter, nous renvoyons nos lecteurs à l'article Tonga-Tabou, où ils ont trouvé une nomenclature des productions de l'île principale de l'archipel; celles des autres îles n'offrent presque pas de différence.

CARACTÈRE ET PORTRAITS.

Nous ne tracerons pas ici le caractère des Tongas, attendu qu'on le trouve dans les descriptions précédentes, et surtout dans l'histoire de ce peuple, et nous aurons soin de mentionner les portraits que les différents navigateurs et voyageurs ont laissés du caractère de ce peuple remarquable. Ces portraits sont exacts dans leur texte; il n'en est pas de même des dessins qui les accompagnent.

Les dessins de Hodges (dessinateur du premier voyage de Cook) sont charmants, et ils ont été habilement gravés par Sherwin; mais ils offrent aux yeux les belles formes des figures et des draperies antiques, et non pas des Polynésiens et de leurs costumes. Il est probable que Hodges avait perdu les esquisses et les dessins qu'il avait tracés d'après nature dans le cours de l'expédition. On y trouve les contours et les traits grecs qui n'ont jamais existé dans les îles de la mer du Sud; on y admire des robes flottantes, qui enveloppent avec grâce toute la tête et le corps, sur l'île *Eoa*, où les femmes couvrent rarement leurs épaules et leur sein; enfin, il y a un vieillard qui porte une longue barbe blanche, quoique tous les habitants la rasent avec des coquilles de moules. Le beau portrait de Maï, par sir Joshua Reynolds, que nous avons fait graver (voy. *pl.* 207), est frappant de vérité, quoique le costume soit inexact. Les Tongas sont généralement grands, et leurs traits sont expressifs (v. *pl.* 199).

RELIGION.

La religion des indigènes de l'archipel est basée sur les notions suivantes (*):

Les Tongas croient 1° qu'il existe des *hotouas* (dieux), ou des êtres supérieurs, ou peut-être éternels, dont les attributs sont de répartir le bien et le mal aux hommes, suivant leur mérite; 2° que les âmes des nobles et des mataboulès ont le même pouvoir, mais dans un degré inférieur; 3° qu'il existe des *hotquas hous*, ou dieux malfaisants, qui se plaisent à faire du mal indistinctement à tout le monde; 4° que tous ces êtres supérieurs ont pu avoir un commencement, mais qu'ils n'auront pas de fin; 5° que l'origine du monde est incertaine; que le ciel, les corps célestes, l'Océan et l'île de *Bolotou*, existaient avant la terre, et que

---

(*) Dans ce qui tient à la religion, aux traditions, aux cérémonies, mœurs, coutumes et histoire de Tonga, nous avons préféré suivre Mariner qui a fait un très-long séjour dans l'archipel de Tonga, à Cook qui nous a paru n'avoir que des notions incomplètes à cet égard, et nous avons employé en grande partie la traduction de notre ami M. le commandant J. Mac-Carthy, ainsi que dans tout ce que nous avons extrait de Mariner, sauf quelques corrections.

les îles de Tonga ont été tirées du sein des ondes par le dieu Tangaloa, tandis qu'il pêchait à la ligne; 6° que les hommes sont venus originairement de Bolotou, île située au nord-ouest, et la principale résidence des dieux; 7° que tout le mal qui arrive aux hommes leur est envoyé par les dieux, parce qu'ils ont négligé quelque devoir de religion; 8° que les éguis ou nobles ont une âme qui leur survit et qui habite Bolotou; que celles des mataboulès vont aussi à Bolotou, pour y servir de ministres aux dieux, mais qu'elles n'ont pas le pouvoir d'inspirer les prêtres. Les opinions sont très-partagées au sujet de celles des *mouas;* quant aux *touas*, il est reconnu qu'ils n'ont pas d'âme, ou que s'ils en ont une, elle périt avec leur corps; 9° que l'âme humaine, pendant la vie, n'est pas une essence distincte, mais seulement la partie la plus éthérée du corps; 10° que les dieux primitifs et les nobles qui sont morts apparaissent quelquefois aux hommes, pour les aider de leurs avis ou leur faire du bien, et que les dieux se métamorphosent souvent en lézards, en marsouins, ou en une espèce de serpent d'eau; 11° que Toui-Tonga et Veachi descendent en ligne directe de deux des principaux dieux; 12° que les prêtres inspirés sont pleins de la personne du dieu pendant le temps que dure leur inspiration, et qu'alors ils peuvent prophétiser l'avenir; 13° que le mérite et la vertu consistent à respecter les dieux, les nobles et les vieillards, à défendre les droits qu'on tient de ses ancêtres, à pratiquer ce qui constitue l'honneur, la justice, le patriotisme, l'amitié, la douceur, la modestie, la fidélité conjugale, la piété filiale, à ne manquer à aucune cérémonie religieuse, à souffrir avec patience, etc.; 14° que les dieux récompensent ou punissent les hommes dans cette vie seulement. Les habitants de Tonga comptent environ trois cents dieux primitifs, dont les noms sont la plupart inconnus. Les principaux, au nombre de vingt, ont des maisons et des prêtres dans les différentes îles. *Ta-li-ai-Toubo* est le patron du hou et de sa famille; il est aussi le dieu de la guerre. Il a quatre maisons ou temples dans l'île de Vavaou, deux dans celle de Lafouga, une à Haano, une autre à Wina, et deux ou trois autres ailleurs. Il n'a de prêtre que le hou, qu'il inspire très-rarement. *Toui foua Bolotou*, ou chef de tout Bolotou, n'est pas, comme son nom pourrait le faire croire, le plus grand des dieux. Il le cède en puissance au précédent, « qui des cieux touche la terre. » Il est le dieu des préséances dans la société, et, comme tel, invoqué par les chefs de grandes familles dans tous les cas de maladies ou de chagrins domestiques. Il a trois ou quatre maisons à Vavaou, une à Lafouga, plusieurs dans les autres îles, et trois ou quatre prêtres qu'il inspire quelquefois. *Higouleo* est aussi un dieu puissant, vénéré surtout par la famille du Toui-Tonga. Il n'a ni prêtres ni maisons, et ne visite jamais les îles Tonga. *Toubo Toty* est le patron de la famille de Finau et le dieu des voyages. Il est invoqué par ce prince et par les chefs, toutes les fois qu'ils méditent une expédition maritime. Il a plusieurs maisons à Vavaou et dans les îles voisines, et un prêtre. *Alaï Valou* est le patron de Tau Oumou, tante du dernier roi, et protège aussi la famille du hou. On le consulte souvent dans les maladies. Il a un grand enclos consacré, et un prêtre à Ofou. *A'lo A'lo* est le dieu du vent, de la pluie, des moissons, et de la végétation en général. On l'invoque pendant le beau temps, au moins une fois par mois, pour lui en demander la continuation, et on l'implore journellement si la saison est mauvaise, ou si le vent occasionne quelques dégâts. Vers la fin de décembre, lorsque les ignames sont mûrs, on lui en fait huit offrandes consécutives, de dix jours en dix jours. Ce dieu n'a que deux maisons, l'une à Vavaou et l'autre à Lafouga, desservies par autant de prêtres. *Ha'la A'pi A'pi, T'ogui Oukou Me'a* et *Toubo Bougou*, autres dieux de la mer et des voyages, protégèrent la famille de Finau. Le premier a deux temples, l'un à Vavaou et autre à Lafouga, et deux ou trois prêtres. *Tangaloa* est le dieu des artisans et des arts, et a plusieurs prêtres, tous charpentiers. C'est lui qui tira les îles Tonga du fond de la mer.

Les *hotouas hous*, ou dieux malfaisants, sont aussi très-nombreux; mais on n'en connaît que cinq ou six qui résident à Tonga pour tourmenter les hommes plus à leur aise. On leur attribue toutes les petites contrariétés de cette vie. Ils égarent les voyageurs, les font tomber, les pincent, leur sautent sur le dos dans l'obscurité; ce sont eux qui donnent le cauchemar, qui envoient les songes affreux, etc. Ils n'ont ni temples, ni prêtres, et on ne les implore jamais.

L'univers repose sur le dieu *Mouï*, qui est toujours couché. C'est le plus gigantesque des dieux; mais il n'inspire jamais personne; il n'a ni prêtres, ni maisons, et reste sans cesse dans la même position. S'il arrive un tremblement de terre, on suppose que Mouï, trouvant sa posture trop fatigante, cherche à se mettre à son aise; alors le peuple pousse de grands cris, et frappe la terre à coups redoublés pour l'obliger à se tenir tranquille. On ignore sur quoi il est couché, et on ne hasarde même aucune supposition à ce sujet; « car, disent les indigènes, qui pourrait y aller voir? »

TRADITION SUR L'ORIGINE DU MONDE.

Voici comment ils expliquent l'origine du monde. Un jour que *Tangaloa*, dieu des inventions et des arts, pêchait du haut du ciel dans le grand Océan, il sentit un poids extraordinaire au bout de sa ligne. Croyant avoir pris un immense poisson, il se mit à tirer de toutes ses forces. Bientôt parurent au-dessus de l'eau plusieurs rochers, qui augmentaient en nombre et en étendue, en proportion des efforts que faisait le dieu. Le fond rocheux de l'Océan s'élevait rapidement, et eût fini par former un vaste continent, quand par malheur la ligne de Tangaloa se rompit; ce qui fit que les îles Tonga restèrent seules à la surface de la mer. On montre encore à Hounga le rocher auquel l'hameçon de Tangaloa s'accrocha. Cet hameçon fut remis à la famille de Touï-Tonga, qui le perdit, il y a environ trente ans, lors de l'incendie de sa maison.

Tangaloa ayant ainsi découvert la terre, la couvrit d'herbes et d'animaux semblables à ceux de Bolotou, mais d'une espèce plus petite et périssable. Voulant aussi la peupler d'êtres intelligents, il dit à ses deux fils :

« Prenez avec vous vos deux femmes, et allez vous établir à Tonga.

« Divisez la terre en deux et habitez séparément. Ils s'en allèrent.

« Le nom de l'aîné était Toubo, celui du cadet Vaka-Ako-Ouli.

« Le cadet était fort habile. Le premier il fit des haches, des colliers de verre, des étoffes de papalangui et des miroirs.

« Toubo était bien différent : c'était un fainéant.

« Il ne faisait que se promener, dormir et convoiter les ouvrages de son frère.

« Ennuyé de les demander, il pensa à le tuer, et se cacha pour cette mauvaise action.

« Il rencontra un jour son frère qui se promenait, et l'assomma.

« Alors leur père arriva du Bolotou, enflammé de colère.

« Puis, il lui demanda : « Pourquoi as-tu tué ton frère? ne pouvais-tu pas travailler comme lui? fuis malheureux, fuis !

« Dis à la famille de Vaka-Ako-Ouli, dis-lui de venir ici.

« Ceux-ci vinrent, et Tangaloa leur adressa ces ordres :

« Allez et lancez ces pirogues à la mer; faites route à l'est, vers la grande terre, et restez-là.

« Votre peau sera blanche comme votre âme, car votre âme est belle.

« Vous serez habiles; vous ferez des haches, toutes sortes de bonnes choses, et des grandes pirogues.

« En même temps, je dirai au vent de toujours souffler de votre terre vers Tonga.

« Et ils ne pourront venir vers vous avec leurs mauvaises pirogues.

« Puis Tangaloa parla ainsi au frère aîné : Vous serez noir, car votre âme est mauvaise, et vous serez dépourvu de tout.

« Vous n'aurez point de bonnes choses ; vous n'irez point à la terre de votre frère. Comment pourriez-vous y aller avec vos mauvaises pirogues?

« Mais votre frère viendra quelquefois à Tonga pour commercer avec vous. »

Il ne paraît pas que les Tongas adorent des fétiches, ainsi que les indigènes de la Polynésie orientale. Leur *hotoua* ressemble assez à l'*atoua* des Haïtiens, mais son symbole est entouré d'une plus grande obscurité qu'à Taïti.

La plupart des habitants de Tonga et même des éguis ne connaissent pas cette fable singulière, qui a quelque rapport avec l'histoire de Caïn et d'Abel. Cependant quelques vieillards ont assuré à Mariner qu'elle était fondée sur une tradition très-ancienne. En voici une autre qui est connue de la plupart des indigènes :

LES DIEUX DEVENUS HOMMES.

Les îles Tonga avaient déjà été tirées de dessous l'eau par Tangaloa ; mais elles n'étaient pas encore peuplées d'êtres intelligents, lorsque les dieux secondaires de Bolotou, curieux de voir le nouveau monde, s'embarquèrent dans une grande pirogue au nombre de deux cents, hommes et femmes, pour se rendre à l'île Tonga. Enchantés de la nouveauté de l'endroit, ils formèrent la résolution d'y rester, et dépecèrent en conséquence leur pirogue pour en faire de petites. Mais au bout de quelques jours, il mourut deux ou trois de ces dieux, et cet événement consterna les autres qui se trouvaient immortels. Vers le même temps, l'un d'entre eux éprouva une sensation étrange, et il en conclut qu'un des dieux supérieurs de Bolotou venait pour l'inspirer. Il le fut en effet, et annonça à ses compagnons que les dieux supérieurs avaient décidé que, puisqu'ils étaient venus à Tonga, qu'ils en avaient respiré l'air et goûté les fruits, ils deviendraient mortels ; qu'ils peupleraient le monde d'êtres mortels aussi, et que tout ce qui les entourerait serait *méa mama* (mortel, périssable). Cette décision les attrista beaucoup, et ils commencèrent à se repentir d'avoir détruit leur grand canot. Ils en construisirent un autre, et plusieurs d'entre eux s'y embarquèrent dans l'espoir de regagner Bolotou, comptant revenir prendre leurs compagnons, s'ils réussissaient dans leur entreprise. Mais après avoir vainement cherché cette terre tant désirée, ils retournèrent tristement à Tonga.

L'ORIGINE DES TORTUES.

Une troisième fable, très-répandue parmi ces insulaires, est relative à l'origine des tortues, dont la chair dans ces îles est presque une nourriture tabou, ou prohibée, ainsi que nous l'avons vu, excepté dans certains cas, où on doit en offrir une portion à un dieu ou à un chef. La voici :

Longtemps après que Tonga eut été peuplée, le dieu Langui, qui résidait au ciel, reçut un message des dieux supérieurs de Bolotou, qui réclamaient sa présence à une assemblée, où l'on devait discuter des affaires importantes. Langui avait plusieurs enfants, et entre autres deux filles brillantes de jeunesse et de beauté. Arrivées à l'âge où l'on est dominé par la vanité et par le désir de plaire, elles avaient maintes fois témoigné le désir de voir les habitants des îles Tonga. Toutefois leur père était trop prudent pour y consentir. Connaissant l'inexpérience de ses filles, il craignit qu'elles ne profitassent de son absence pour satisfaire leur curiosité. Il leur défendit donc dans les termes les plus formels de sortir du ciel, promettant de les conduire à Tonga à son retour de Bolotou. Il leur représenta en même temps à combien de dangers elles s'exposeraient si elles lui désobéissaient. « D'abord, leur dit-il, les dieux malfaisants qui résident à Tonga saisiront toutes les occasions de vous molester et de vous susciter des obstacles; et en second lieu, vous êtes si belles, que les hommes de cette île s'entre-tueront pour vous posséder, et leurs querelles irriteront les dieux de Bolotou, qui me retireront leurs bonnes grâces. » Les deux déesses promirent d'obéir à leur père, qui partit en toute hâte pour Bolotou. Il avait à peine quitté les cieux, que ses filles commencèrent à raisonner ensemble sur ce qui venait de se passer. « Notre père, dit l'une, n'a promis de nous mener à Tonga que pour nous tranquilliser pendant son absence. Il y a si longtemps qu'il nous berce de cet espoir! — C'est vrai, reprit l'autre; allons-y sans lui; nous serons de retour avant qu'il puisse en avoir connaissance. D'ailleurs, dirent-elles en même temps, ne nous a-t-il pas dit que nous étions plus belles que les femmes de ces îles! Oui, allons nous faire admirer des habitants de Tonga; dans le ciel, nous avons trop de rivales, et on n'a pas pour nous les attentions que nous méritons. » Et les voilà en route pour Tonga. Elles abordèrent dans un lieu écarté de l'île, et s'acheminèrent vers la capitale, fières d'avance des hommages qu'on allait rendre à leurs charmes. Arrivées à la ville, elles trouvèrent le roi, les chefs et les principaux habitants assemblés pour célébrer une fête, et prenant leur kava. Tous les regards se tournèrent aussitôt vers elles, et tous les cœurs, excepté ceux des femmes, qui leur portaient envie, furent saisis d'admiration et d'amour. Les jeunes chefs, rivalisant d'attentions envers elles, laissèrent leur kava, et la plus grande confusion régna bientôt dans l'assemblée. Il s'ensuivit entre eux des querelles, que le roi ne vit d'autre moyen d'apaiser qu'en emmenant les jeunes déesses dans son palais. Mais à peine le soleil était-il couché, que plusieurs chefs l'assaillirent à main armée, et les lui enlevèrent. La confusion devint alors générale dans toute l'île, et le lendemain matin une guerre sanglante éclata. Les dieux de Bolotou ne tardèrent pas à apprendre ce qui se passait à Tonga. Dans leur colère, ils accusèrent l'infortuné Langui d'être cause de tous ces troubles. Celui-ci, s'étant justifié de son mieux, sortit du synode des dieux, et partit en toute hâte pour Tonga, où il eut le chagrin d'apprendre qu'une de ses filles, ayant mangé des productions de l'île, avait perdu son immortalité, et qu'elle était déjà morte. Furieux, il courut trouver l'autre, et l'ayant prise par les cheveux, il lui coupa la tête, et retourna au ciel, la rage dans le cœur. Ayant jeté cette tête dans la mer, elle se métamorphosa depuis en tortue, et c'est d'elle que proviennent toutes celles qui se trouvent aujourd'hui dans l'univers.

CROYANCES.

Les habitants de ces îles ne croient pas à l'existence d'une autre vie, mais ils reconnaissent une puissance, une intelligence suprême qui dirige toutes les actions des hommes et lit au fond des cœurs. Ils croient fermement que les dieux aiment la vérité et haïssent le vice; que chaque homme a sa divinité tutélaire qui le protége tant qu'il se conduit bien, et qui, dans le cas contraire, le livre aux malheurs, aux maladies et à la mort. Mariner ayant demandé à plusieurs chefs quel mobile les portait à se bien conduire : « C'est, lui répondirent-ils, la douce « sensation qu'éprouve intérieurement « celui qui fait une action noble ou gé- « néreuse. » Cette réponse prouve que la vertu a jeté de profondes racines dans leurs cœurs, et que si elle n'est pas fondée sur l'espérance ou la crainte, elle n'en doit pas moins avoir des résultats heureux. Nous en trouvons un exemple dans Touba-Noüha, dont toute la vie fut celle d'un homme de bien. Il tua, il est vrai, Tougou-Aho, mais par sa mort il délivra les îles Tonga de la tyrannie d'un despote cruel. Depuis cette époque, il se conduisit constamment en sujet fidèle du roi son frère; et lorsqu'on lui dit que celui-ci en voulait à ses jours, et qu'il ferait bien de ne jamais sortir sans armes, il répondit que si sa vie était inutile au roi, il était prêt à mourir; mais que jamais il n'armerait son bras contre lui tant que le pays serait bien gouverné. Lorsqu'il se trouva au milieu de ses assassins, et qu'ils lui eurent porté les premiers coups, il se tourna vers son frère et lui dit d'un ton pathétique : « Ah ! Finau, tu as donc résolu ma mort ! »

INVOCATIONS ET INSPIRATIONS.

Les détails sur la manière dont ils invoquent leurs dieux, et sur les inspirations que leurs prêtres prétendent éprouver, sont curieux. Quand un chef veut consulter un oracle, il ordonne à ses cuisiniers de tuer et de préparer un cochon, et ensuite de tenir prêts un panier d'yams et deux bottes de plantain bien mûr. Le lendemain matin, on envoie tout cela soit à la demeure du prêtre, soit dans le lieu où il se trouve ; car il arrive quelquefois qu'on ne le prévient pas à l'avance de la cérémonie qui doit avoir lieu. Les chefs et leurs mataboulès se couvrent alors de nattes, et vont trouver le prêtre. Si par hasard celui-ci se trouve dans une maison, il s'assied sur le bord du toit. Les maisons sont bâties dans la forme de nos hangars, excepté qu'elles sont à jour de tous côtés. Le toit descend jusqu'à environ quatre pieds de terre. S'il en est à quelque distance, il choisit l'emplacement qui lui paraît convenable. Les mataboulès s'asseyent alors de chaque côté, de manière à former une ellipse qui n'est point fermée, et à laisser un large espace vide en face du prêtre. Dans cet espace se tient l'homme chargé de préparer le kava, dont la racine doit être préalablement mâchée par les cuisiniers et autres individus de sa suite. Les chefs sont assis derrière tout le monde, et confondus dans la foule : ils sont persuadés que durant cette cérémonie une conduite humble et modeste est le plus sûr moyen de mériter la protection des dieux.

L'opinion commune est que le prêtre reçoit l'inspiration divine dès que tous les assistants ont pris leurs places. Il reste pendant quelque temps immobile, les mains jointes et les yeux baissés. Il arrive quelquefois que les mataboulès commencent à se consulter pendant le partage des provisions et la préparation du kava. Cependant le prêtre ne profère pas un seul mot avant que le repas soit fini. Il commence à parler bas, et d'une voix altérée ; mais il s'échauffe peu à peu, et bientôt il donne l'essor à toute sa véhémence. Il parle à la première personne comme s'il était le dieu lui-même. Pendant l'inspiration, il paraît ordinairement peu agité ; quelquefois son aspect devient farouche, et son œil s'enflamme ; un tremblement violent s'empare de tous ses membres ; la sueur ruisselle sur son front, ses lèvres se gonflent et sont agitées par des mouvements convulsifs : enfin des larmes abondantes coulent de ses yeux, sa poitrine se soulève avec effort, et des mots entrecoupés s'échappent de sa bouche. Cette agitation se calme insensiblement ; le prêtre se saisit alors d'une massue placée à côté de lui, et la regarde fixement ; il lève ensuite les yeux au ciel, puis à droite et à gauche, et les fixe de nouveau sur la massue : il renouvelle plusieurs fois la même cérémonie, après quoi il lève l'arme sainte, et en frappe de toutes ses forces ; c'est le signal du départ de son souffle divin. Dès qu'il s'est échappé, le prêtre se lève, et va se mêler dans la foule. Si les assistants désirent encore prendre du kava, le roi ou quelque autre grand chef va se mettre à la place qu'occupait le prêtre.

Il arrive souvent que d'autres que des prêtres se prétendent inspirés. Mariner rapporte à ce sujet l'anecdote suivante : Un jeune chef, très-bel homme, crut un jour se sentir inspiré, sans trop pouvoir en deviner la cause. Il tomba tout à coup dans la plus sombre mélancolie, et finit par avoir un long évanouissement. Se sentant très-mal, il se fit transporter, selon l'usage observé en pareil cas, dans la maison du prêtre. Celui-ci lui dit que son mal provenait d'une femme morte deux ans auparavant, qui était alors à Bolotou (Bolotou est le nom du paradis, et les insulaires croient qu'il est situé dans une île au nord-ouest des îles Tonga). Il ajouta qu'étant éperdument amoureuse de lui, elle voulait le faire absolument mourir pour le rapprocher d'elle. Il prédit en outre qu'il mourrait dans quelques jours. Le jeune chef lui répondit qu'en effet, pendant deux ou trois nuits de suite, il avait vu apparaître l'ombre d'une femme, et qu'il commençait à croire que c'était elle qui l'inspirait, quoiqu'il ne pût pas' dire qui elle était. L'imagination frappée, il mourut au bout de deux jours.

Cette croyance superstitieuse est si généralement répandue dans ces contrées, que, pendant son séjour dans les îles Samoa, le fils de Finau s'imaginait très-souvent qu'il était inspiré par l'esprit de Tougou-Ahou, roi de Tonga, qui avait été assassiné par Finau et Toubo-Nouha. Finau lui-même croyait quelquefois être inspiré par l'âme de Moumoussi, l'un des rois de Tonga.

PRÉSAGES ET CHARMES.

Les charmes et les présages jouent un grand rôle dans les opinions religieuses de ces peuples, et les songes sont considérés comme des avertissements de la divinité, que l'on ne peut négliger sans s'exposer aux conséquences les plus funestes. Les éclairs et le tonnerre sont des indices de guerre et de grandes catastrophes. L'action d'éternuer est aussi un très-mauvais présage. Un jour, Finau II, se préparant à aller remplir ses devoirs religieux sur la tombe de son frère, faillit assommer Mariner, parce qu'il avait éternué en sa présence au moment du départ (*). Une certaine espèce d'oiseau, nommée *tchi-kota*, et qui paraît se rapporter au martin-pêcheur (d'après la description de Mariner), passe pour annoncer quelque malheur, lorsque dans son vol rapide il s'abat tout à coup près d'une personne. Un jour, Finau II prêt à se mettre en campagne avec une troupe de ses guerriers pour marcher contre l'ennemi, changea tout à coup de dessein en voyant cet oiseau, dans sa course, passer deux fois sur sa tête, et se poser ensuite sur un arbre (*).

Les principaux charmes sont le *tatao*, le *kabé* et le *ta-niou*. Le premier se pratique en cachant une portion du vêtement d'une personne dans le *faï toka* d'un de ses parents, ou dans la chapelle de la divinité tutélaire de sa famille. Par suite de cette action, la personne en question se sent dépérir et finit par mourir. Du reste, ce charme n'a d'effet qu'autant que la personne enterrée dans le faï toka est d'un rang supérieur à celle sur laquelle on veut agir. La femme de Finau Fidgi songea plusieurs fois de suite que le défunt Finau Ier lui avait apparu pour lui annoncer que des personnes malintentionnées conspiraient la perte du jeune prince son fils et son successeur; l'ombre recommanda ensuite à cette femme de remettre en ordre les galets placés sur son tombeau, et de chercher avec soin dans le *faï toka*; puis elle disparut. En conséquence de cet avis, on fit de scrupuleuses recherches sur le tombeau, et l'on finit par découvrir plusieurs petits morceaux de *gnatou*, et une guirlande de fleurs que Finau II portait encore quelques jours auparavant. Ces objets furent aussitôt enlevés (**).

Le *kabé* est tout simplement une malédiction prononcée contre la personne à laquelle on veut du mal. Pour qu'elle produise tout son effet, il faut qu'elle soit exprimée suivant une certaine formule, d'un ton grave et posé, et avec une intonation très-prononcée. Dans ce dernier cas, elle prend le nom de *wangui*. Le *kabé* ni le *wangui* n'ont point d'effet de la part d'une personne inférieure, contre une autre beaucoup plus élevée par son rang. Mariner rapporte un *kabé* de quatre-vingts malédictions, dont voici quelques fragments :

« Déterrez votre père au clair de la
« lune, et faites la soupe de ses os;

(*) Mariner, t. II, p. 21 et suiv.

(*) Mariner, t. II, p. 190.
(**) D'Urville, d'après Mariner.

« rongez son crâne, dévorez votre
« mère; exhumez votre tante et cou-
« pez-la en morceaux; mangez la terre
« de votre tombe; mâchez le cœur de
« votre grand-père; avalez les yeux de
« votre oncle; frappez votre dieu; man-
« gez les os croquants de vos enfants;
« sucez la cervelle de votre grand'mère;
« couvrez-vous de la peau de votre
« père, et faites-vous une cuirasse des
« entrailles de votre mère. »

Le charme du *ta-niou*, dont le but est communément de connaître si une personne faite ou un enfant relèveront d'une maladie, se pratique en faisant tourner sur elle-même une noix de coco avec sa bourre, et en examinant ensuite quelle est sa position lorsqu'elle est revenue au repos. D'abord la noix est placée par terre; un parent du malade décide que celui-ci guérira si telle portion du coco, une fois au repos, se trouve tournée vers tel air de vent; à l'est, par exemple. Alors cette même personne prie tout haut le dieu tutélaire de sa famille de la protéger dans cette consultation à l'esprit (voy. pl. 196). Puis la noix est mise en mouvement, et le résultat en est attendu avec confiance, ou du moins avec la conviction que la volonté actuelle des dieux va être connue. Souvent les femmes ont aussi recours à ce moyen pour décider une querelle au jeu. Enfin quelquefois on fait tourner une noix de coco simplement par manière de passe-temps; mais alors il n'y entre pas d'idée religieuse.

LE TABOU.

A Tonga comme à la Nouvelle-Zeeland, le mot *tabou* exprime un état d'interdiction durant lequel l'objet qui en est frappé se trouve sous l'empire immédiat de la divinité. L'homme ne peut l'enfreindre sans s'exposer aux conséquences les plus funestes, à moins d'en détruire l'action par certaines formalités prescrites.

Ainsi le terrain consacré à un dieu ou devenu la sépulture d'un grand chef, est *tabou*; on impose le tabou sur une pirogue que l'on veut rendre plus sûre pour de longs voyages. Il est défendu de combattre en un lieu sujet au tabou, et ceux qui se permettraient une pareille action seraient eux-mêmes sujets au tabou, et soumis à une expiation envers les dieux. Quelques espèces de vivres, comme la chair de la tortue, et celle d'une sorte de poisson, sont dites tabou; l'on ne peut en manger qu'après en avoir offert un petit morceau à la divinité. Toute espèce de provision peut être tabouée par une prohibition qui porte le nom de *faka egui*, faire noble.

Les fruits ou fleurs taboués sont désignés par des morceaux de tapa ou de natte, taillés en forme de lézard ou de requin, qu'on place dessus. Pour empêcher certaines productions de devenir rares, le tabou est imposé sur elles: cela arrive après le natchi et autres cérémonies semblables, où l'on fait une grande consommation de vivres. Ce tabou ne cesse que par une nouvelle cérémonie qui prend le nom de *faka lahi*, et qui rend *gnofoua*, ou libre, la chose interdite (*).

L'homme coupable d'un vol ou de tout autre crime a manqué au tabou, et dans cet état, on suppose qu'il est spécialement destiné à être mordu par les requins. Il en résulte, chez ces peuples, un jugement de Dieu d'une nature assez singulière. On contraint l'individu soupçonné d'un vol à se baigner dans certains endroits de la mer fréquentés par les requins; et s'il est mordu ou dévoré, son crime demeure avéré.

Celui qui touche le corps d'un chef mort ou quelque chose à son usage habituel, devient tabou, et le temps seul peut le relever. La durée de ce tabou, pour le corps d'un chef, est de dix lunes pour les hommes des classes inférieures; mais pour les éguis, elle n'est que de trois, quatre ou cinq lunes, selon la prééminence du mort. S'il s'agit du corps du Touï-Tonga, le tabou est de dix lunes, même pour les chefs les plus puissants. Durant tout ce temps, la personne tabouée ne peut

(*) Mariner, t. II, pag. 185 et suiv.

point toucher à ses vivres, mais doit les recevoir de la main d'un autre ; elle ne peut pas même toucher à un cure-dent. Si elle est pauvre, et qu'elle n'ait personne pour la servir, elle doit ramasser ses vivres avec la bouche. Celui qui manquerait à ces règles verrait son corps s'enfler et périrait bientôt. Cette opinion est si profondément enracinée dans l'esprit de ces naturels, que Mariner ne pense pas qu'aucun d'eux ait jamais essayé d'y contrevenir. Quand ils le voyaient toucher à des cadavres, et se servir ensuite sans accident de ses propres mains, ils attribuaient ce privilége à l'influence des dieux étrangers auxquels il était soumis.

C'est à l'empire que le tabou exerce sur l'esprit de ces insulaires que les diverses classes de la société doivent la conservation de leurs priviléges respectifs ; car, quiconque vient à toucher une personne qui lui est supérieure, soit par le rang, soit par le degré de parenté, devient tabou. Désormais, il ne saurait sans danger toucher de ses propres mains à ses vivres, avant d'avoir eu recours à la cérémonie du *moë moë*. Cette cérémonie consiste à toucher de ses mains la plante du pied d'un chef supérieur, d'abord avec la paume, puis avec le dos de chaque main, et à les laver ensuite avec un peu d'eau ; s'il n'y a pas d'eau à proximité, on se contente de les frotter avec un morceau de tige de bananier, dont le suc tient lieu d'eau. Alors l'homme taboué peut, sans risque, se servir de ses mains pour manger. Cependant si une personne craignait de l'avoir fait par inadvertance, tandis que ses mains étaient encore tabouées, pour prévenir les suites de ce sacrilège, elle irait s'accroupir devant un chef, et prenant un de ses pieds, elle l'appliquerait contre son ventre, afin que ses aliments ne lui fissent point de mal. Cette dernière opération se nomme *fata*, presser ; et je crois que c'est de là que vient le nom de *fata faï*, attendu que c'est par les membres de cette dernière famille que l'imposition du pied est la plus efficace ; c'est d'ailleurs à eux seuls que peuvent recourir les éguis du premier rang (*).

Il est tabou de manger en présence d'un parent supérieur, à moins qu'il ne tourne le dos. Il est tabou de manger des vivres qu'un chef supérieur a touchés. En cas d'infraction fortuite à ces règles, il faut avoir recours au *fata*. Le tabou encouru en touchant la personne ou les vêtements du touï-tonga, ne saurait être levé par aucun chef que le touï-tonga lui-même, attendu qu'il est supérieur à tous. Pour éviter les inconvénients qui pourraient résulter de son absence, on se sert d'un bol ou de tout autre objet consacré appartenant au touï-tonga, dont le contact opère le même effet que celui de ses pieds. Du temps de Mariner, le touï-tonga réservait pour cet usage un plat d'étain qui avait été donné à son père par le capitaine Cook. Le véachi faisait usage d'un plat semblable.

Le *kava* seul, soit en nature, soit en infusion, n'était point sujet au tabou, quel que fût le chef qui l'eût touché ; de sorte qu'un simple toua pouvait mâcher le *kava* que le touï-tonga lui-même venait de manier (**).

HIÉRARCHIE SOCIALE. LE TOUÏ-TONGA OU SOUVERAIN PONTIFE.

Les habitants de l'archipel croient que le touï-tonga est issu des dieux qui visitèrent jadis l'île Tonga, mais on ignore s'il eut pour mère une déesse ou une femme du pays. Son nom signifie chef de Tonga, qui a toujours été regardée comme la plus noble de ces îles, et celle où de temps immémorial les plus grands chefs ont tenu leur cour, et où ils ont été enterrés après leur mort. On l'appelle aussi tabou ou sacrée, et c'est par erreur que sur plusieurs cartes on l'indique sous le nom de Tonga-Tabou, ce dernier mot n'étant qu'une épithète qu'on y joint quelquefois. Le touï-tonga doit uniquement à son caractère religieux le respect dont il est environné, et le

(*) Mariner, t. II, p. 187 et 188.
(**) D'Urville, d'après Mariner.

rang élevé qu'il occupe dans la société. Dans certaines occasions on a pour lui des égards plus marqués que pour le roi même, car ce dernier, comme on le verra par la suite, est loin d'avoir une origine aussi illustre : il le cède même sous ce rapport au véachi et à plusieurs autres familles ; et lorsqu'il rencontre un de ces chefs, la coutume l'oblige de s'asseoir à terre jusqu'à ce qu'il soit passé ; c'est pour cette raison qu'il ne s'allie jamais avec des chefs plus nobles que lui. De leur côté, ces derniers évitent soigneusement sa rencontre pour lui épargner cette espèce d'humiliation ; car quiconque manquerait au devoir prescrit en présence d'un individu d'une naissance plus relevée que la sienne, d'après la croyance commune, en serait puni par quelque calamité particulière. Le touï-tonga nous paraît avoir été jadis un diminutif du *daïri* ou empereur pontife du Japon, descendant des dieux nationaux. Celui-ci eut la faiblesse de placer à ses côtés un chef militaire nommé le *koubo* ou le *séogoun*, qui lui enleva bientôt l'autorité politique. Depuis quelque temps le touï-tonga ne jouissait plus que d'une faible autorité. Il était un peu plus riche que les autres nobles, mais il l'était beaucoup moins que le roi, qui peut, suivant son bon plaisir, s'emparer des biens de ses sujets. Finau a supprimé ses fonctions, et l'introduction du christianisme à Tonga les a vraisemblablement abolies pour toujours.

LE VÉACHI.

Le véachi était un autre égui ou chef d'origine divine, mais bien inférieur au touï-tonga. Néanmoins, quand le roi le rencontrait, il lui rendait les mêmes honneurs qu'à ce dernier, car il était en quelque sorte le lieutenant du souverain pontife.

On serait tenté de croire que des chefs occupant un rang aussi élevé dans la société que le touï-tonga, le véachi, devaient être souvent inspirés des dieux. Cela n'est cependant pas arrivé une seule fois durant le séjour de Mariner aux îles de Tonga ; ce qu'il faut sans doute attribuer à ce qu'ils jouissaient d'une trop haute considération pour être comptés parmi les serviteurs des dieux dont ils sont les représentants sur la terre. Ils s'immiscent rarement dans les affaires politiques. Toutefois, un jour le touï-tonga s'avisa de donner à Finau un avis au sujet d'une guerre qu'il allait entreprendre contre Vavao. « Mon seigneur touï-tonga, répliqua sèchement le roi, peut retourner dans la partie de l'île qu'il occupe, et y vivre en paix et sécurité ; la guerre est mon affaire, et je l'invite à ne pas s'en mêler. » Il paraît néanmoins qu'au temps où les habitants de Tonga étaient plus pacifiques, le touï-tonga et le véachi jouissaient d'une grande autorité, et qu'on les consultait sur tout ce qui intéressait le gouvernement. Le véachi regrettait fort ces temps heureux ; et un jour le touï-tonga se plaignit amèrement à Mariner de ce que le respect qu'on portait à sa famille se perdait insensiblement, ajoutant qu'il était probable qu'à sa mort on n'étranglerait pas sa principale femme pour l'enterrer à côté de lui, comme cela se pratiquait anciennement.

LES PRÊTRES.

Les prêtres appelés *fahé guéhé*, mot qui signifie séparé, distinct, sont censés avoir une âme différente de celle du commun des hommes, et que les dieux se plaisent à inspirer. Ces inspirations, dont nous avons déjà parlé, se renouvellent fréquemment ; car alors le prêtre a droit au même respect que le dieu lui-même ; et si le roi est présent, il se retire à une certaine distance, et prend place parmi les spectateurs. Il en est de même du véachi, du touï-tonga, parce qu'alors on suppose qu'un dieu s'est emparé de la personne du prêtre, et qu'il parle par sa bouche. Ailleurs on n'a d'autres égards pour lui que ceux auxquels il peut prétendre par le rang que sa famille occupe dans la société. Les individus de cette classe appartiennent, pour la plupart, aux chefs subalternes ou aux mataboulès.

Les prêtres n'ont rien qui les distingue des autres hommes du même rang, si ce n'est qu'ils sont peut-être plus réfléchis et plus taciturnes. Ils ne forment pas, comme aux îles Haouaï ou Sandwich, un corps respecté, distinct, vivant séparément et tenant de fréquentes conférences ensemble. Leur manière de vivre et leurs habitudes sont celles des autres habitants, et leur qualité de prêtres ne leur donne droit au respect qu'autant qu'ils sont inspirés. Mariner vécut avec eux dans l'intimité ; il s'informa de la réputation dont ils jouissaient dans le pays, et il put se convaincre qu'ils ne s'entendaient jamais pour abuser de la crédulité du peuple.

HIÉRARCHIE CIVILE ET MILITAIRE.

La société séculière aux îles Tonga, peut se diviser comme il suit : le hou ou roi, les éguis ou nobles, les mataboulès, les mouas et les touas.

LE HOU OU ROI.

Le hou ou roi est absolu ; il tient sa couronne par droit de naissance aussi bien que par la force des armes, auxquelles il est souvent obligé d'avoir recours pour se maintenir sur le trône. C'est la première personne de l'État sous le rapport de la puissance, mais non sous celui de la noblesse ; car il le cède, non-seulement au touï-tonga et au véachi, mais encore à plusieurs chefs alliés aux familles de ces derniers ; et si sa majesté a le malheur de toucher quelque chose appartenant à l'un d'eux, telle que sa personne, son vêtement ou la natte de son lit, elle devient tabouée, c'est-à-dire, qu'elle ne peut se servir de ses mains pour porter sa nourriture à sa bouche, au risque d'encourir la vengeance des dieux. Il n'y a pour elle d'autre moyen de se détabouer qu'en prenant dans ses deux mains les pieds d'un chef supérieur ou d'un autre égal ; ceci s'appelle *moë-moë*.

LES ÉGUIS.

Les éguis, nobles ou chefs, doivent tous être alliés aux familles du touï-tonga, du véachi ou du hou ; et il n'appartient qu'à eux seuls de remettre la peine du tabou. A Tonga c'est le ventre qui anoblit. Dans le cas où les époux seraient de familles égales par leur naissance, le mari occupe le premier rang ; viennent ensuite la mère, le fils aîné, la fille aînée, le second fils, la seconde fille, etc. ; et s'il n'y a pas d'enfants, le frère du mari, la sœur, etc. ; si, au contraire la femme est plus noble, sa famille a la préséance, mais elle n'hérite pas des biens.

LES MATABOULÈS.

Après les éguis sont les mataboulès ; ils occupent des places d'honneur auprès des chefs, ou leur servent de conseillers ; ils président à toutes les cérémonies et veillent à ce que leurs ordres soient strictement exécutés. Ils jouissent d'une considération proportionnée au rang du chef auquel ils sont attachés. Leurs emplois sont héréditaires ; on suppose que dans l'origine, ils ont été parents éloignés du chef, ou alliés à des personnes recommandables par leur expérience ou par leur sagesse, et qui ont rendu de grands services au roi et à l'État. Comme ils ne peuvent prendre le titre de mataboulès avant la mort de leurs pères, on leur fait étudier jusqu'alors les rites et les cérémonies religieuses, les mœurs, les coutumes et les affaires de Tonga. Les mataboulès sont toujours regardés comme des hommes d'une grande expérience et de beaucoup de mérite. Il y en a qui prennent des métiers ou des professions. Ceux qui sont constructeurs de canots, ne travaillent que pour le roi et les chefs ; d'autres tiennent les archives et transmettent cet emploi à leurs fils. A la mort d'un mataboulè, le titre passe à son fils aîné, et, s'il n'en a pas, il passe à son frère.

LES MOUAS.

Vient ensuite la classe des mouas, qui sont fils, frères, ou descendants de mataboulès. Ils assistent ces derniers dans les cérémonies publiques, partagent avec eux la nourriture et le kava, et les remplacent même quelquefois dans leurs fonctions. Comme eux, ils sont attachés à quelques chefs. Ils professent aussi pour la plupart un métier quelconque. Les fils et frères d'un moua sont touas jusqu'à sa mort.

Les mataboulès et les touas sont chargés de maintenir le bon ordre, et de surveiller les jeunes chefs, trop enclins à commettre des excès et à opprimer le peuple des basses classes. S'ils ne changent pas de conduite, ils les dénoncent aux chefs les plus âgés, qui avisent alors à quelque moyen de les corriger. Ils sont généralement respectés.

LES TOUAS.

Les touas, qui forment la dernière et la plus nombreuse classe de la société, sont tous, par leur naissance, *ky fonnoua* ou paysans.

La classe industrielle se compose de mataboulès, de mouas et de touas. Quelques professions se transmettent de père en fils; mais il n'existe aucune loi qui force ces derniers à exercer celles de leurs pères. Toutefois, comme l'industrie est respectée et encouragée par les chefs, il en est peu qui changent de condition. Les mataboulès sont chargés de la construction des canots et de l'intendance des cérémonies funèbres. Ils font aussi des colliers et divers autres ornements en dents de baleine; et, comme ils excellent à manier la hache, on leur confie aussi la fabrication des massues, des lances et des autres armes. Les mouas et les touas exercent indistinctement les autres professions, excepté celles de barbiers, de cuisiniers et de cultivateurs, qu'on abandonne exclusivement aux touas, comme étant les plus viles de toutes.

MORT DU SOUVERAIN PONTIFE. LEVÉE DU TABOU.

A l'époque de la mort du touï-tonga, ou souverain pontife, un mois entier est consacré à des festins; ce qui occasionne une telle consommation de vivres que, si l'on ne prenait pas quelques précautions, il pourrait en résulter une disette des différentes espèces de denrées. Pour prévenir cet inconvénient, on défend, après les fêtes, de manger du cochon, de la volaille et des noix de coco. Cette défense, ou ce que l'on appelle tabou, qui dure pendant huit mois, s'étend à tout le monde, excepté aux principaux chefs. Celui qui était pontife à cette époque venait de mourir lorsque Mariner arriva à Tonga. Le tabou ayant été mis après les grandes fêtes funèbres, le temps de le lever était venu, et Finau voulait s'acquitter avec ponctualité du devoir imposé par la religion dans cette circonstance; car les Tongas s'imaginent que lorsqu'il n'est pas rempli exactement, les dieux s'en irritent et s'en vengent par la mort de quelque chef. Les ordres nécessaires furent aussitôt donnés, et l'on commença à faire les préparatifs pour la levée du tabou. Les cérémonies doivent avoir lieu dans deux *malaïs* différents, et au tombeau du touï-tonga. Pour distinguer les deux *malaïs*, nous nommerons l'un *malaï du touï-tonga*, et l'autre *malaï de Finau*. Celui du touï-tonga est près de la résidence de ce saint personnage (voy. pl. 200). On y dressa d'abord, à chacun des quatre angles, une colonne d'yams construite de la manière suivante: on enfonça en terre quatre perches de dix-huit pieds à peu près; on en forma un carré d'environ quatre pieds, que l'on garnit tout à l'entour de bouts de perches placés horizontalement de six pouces en six pouces, et attachés avec des écorces d'arbre de *fou* (arbre du genre de l'*hibiscus*). On remplit d'yams ce pilier creux jusqu'à sa partie supérieure; alors on le surmonta de quatre nouvelles perches, au bout desquelles on en attacha encore d'autres, jusqu'à ce que l'on fût parvenu à la hauteur de cinquante à soixante pieds. Tout le vide fut rempli d'yams, et le sommet couronné d'un cochon cuit. Les quatre piliers furent élevés la veille de la cérémonie, et l'on tua trois à quatre cents cochons, que l'on fit cuire à moitié. Le lendemain, ces cochons furent transportés au malaï de Finau, situé à environ un quart de mille du premier, et placés à terre devant la maison, ainsi que plusieurs chars ou traîneaux de bois, contenant chacun à peu près cinq cents yams. Pendant ces préparatifs, les indigènes arrivaient de toutes parts, et venaient s'asseoir dans le malaï de Finau. Pour passer le temps et amuser les spectateurs, quelques-uns d'entre eux s'exercèrent à la lutte. Le roi et ses chefs, vêtus de gnatou tressé, et en costume de guerre (voy. *pl.* 206), étaient assis dans la maison, observant ce qui se passait dans le malaï. Lorsque tout le monde fut arrivé et eut pris place, le roi annonça que la cérémonie allait commencer. Les jeunes gens, les guerriers et tous ceux qui se piquaient d'être robustes, se levèrent l'un après l'autre, et essayèrent d'emporter le plus gros cochon. Le premier échoua; le second, le troisième ne furent pas plus heureux. Enfin on fut obligé de faire enlever l'énorme animal par deux hommes suivis par un troisième, chargé du foie. Ils allèrent le déposer près du malaï du touï-tonga, et y attendirent l'arrivée des autres cochons. On considère comme un honneur de participer à cette opération, et le roi lui-même se met quelquefois de la partie. Les plus petits cochons furent portés directement dans le malaï du touï-tonga, où les chariots chargés d'yams furent aussi conduits l'un après l'autre.

Lorque le malaï de Finau (voy. *pl.* 193) fut entièrement déblayé, tout le monde se leva et se dirigea vers l'autre malaï, où chacun s'assit. Le touï-tonga présida la réunion : le roi et ses chefs se tinrent respectueusement en dehors du cercle, au milieu de la foule. Chacun des cochons énormes que l'on avait déposés dans le voisinage du malaï, y furent successivement apportés. Comme un homme seul ne pouvait charger sur ses épaules un poids aussi considérable, il se faisait aider par deux autres hommes qui, toutefois, l'abandonnaient ensuite à ses propres forces. Le foie de l'animal était porté par un autre individu qui marchait derrière celui-ci. Lorsque tous les cochons furent rangés sur deux ou trois rangs dans le malaï devant le touï-tonga, son premier cuisinier et celui de Finau les comptèrent, ainsi que les chariots et les piles d'yams. Le cuisinier du touï-tonga en annonça, à haute voix, le compte à son maître. On transporta alors une vingtaine des plus gros cochons à environ trois cents pieds de distance du lieu de sépulture du touï-tonga, où on conduisit aussi un chariot chargé d'yams.

Le reste des provisions fut distribué de la manière suivante : l'un des piliers remplis d'yams fut donné au roi, qui les répartit toujours entre ses chefs et ses guerriers. Un autre pilier tomba en partage au véachi (le véachi, ainsi que le touï-tonga, est un saint personnage descendant d'un dieu ; il est inférieur au touï-tonga, dont il est, pour ainsi dire, le lieutenant, mais, par son origine, ainsi que nous l'avons dit, au-dessus du roi), et à deux ou trois autres chefs. Le troisième fut offert aux dieux (c'est-à-dire aux prêtres qui en disposent) ; enfin le touï-tonga réclama le quatrième comme lui appartenant. Quant aux chariots chargés d'yams, il n'en est jamais question ; le touï-tonga s'en sert pour l'usage de sa maison. Les cochons sont distribués d'abord aux principaux chefs ; ceux-ci en font le partage entre les chefs immédiatement au-dessous d'eux, qui en donnent à leur suite ; de sorte que chacun des assistants en a sa part, quelque petite qu'elle soit. Il en est de même des yams que reçoivent les chefs. La cérémonie se termine par la lutte, la danse et autres exercices. Chacun se retire ensuite chez soi avec ses provisions, et dès ce moment le tabou est levé.

Les cochons et les yams déposés au tombeau du touï-tonga y restèrent plusieurs jours, c'est-à-dire, jusqu'à ce que la viande commençât à se corrompre. On la distribua alors aux individus des classes inférieures.

MARIAGE DE LA FILLE DU ROI AVEC LE SOUVERAIN PONTIFE.

Finau avait trois filles. L'aînée, âgée de dix-huit ans, était depuis longtemps fiancée au nouveau touï-tonga, qui en avait alors quarante. Celui-ci ayant témoigné le désir de célébrer le mariage, Finau donna l'ordre d'en faire les préparatifs.

La jeune épouse, après avoir été abondamment ointe d'huile de noix de coco, parfumée avec du bois de sandal, fut revêtue de nattes des îles de Samoa, du tissu le plus fin, et aussi douces que la soie. Elle était enveloppée d'une si grande quantité de ces nattes, qu'elle ne pouvait ni s'asseoir ni faire usage de ses bras. Elle était accompagnée par une petite fille d'environ cinq ans, habillée de la même manière, et par quatre autres de l'âge de seize ans, vêtues à peu près aussi de même, mais ayant un moins grand nombre de nattes.

La princesse et sa suite, étant prêtes, se rendirent au malaï du touï-tonga, qui les attendait, entouré d'une nombreuse suite de chefs, et ayant deux mataboulès placés devant lui. En y arrivant, elles s'assirent sur le gazon devant le touï-tonga. Peu de temps après, une femme entra dans le cercle, le visage couvert de gnatou blanc, et de là, se rendit dans la maison du malaï, où était assise une autre femme tenant un grand rouleau de gnatou, un oreiller de bois (dans ces îles, les oreillers se composent d'un rouleau de bois d'un pouce de diamètre sur un pied et demi de long, et soutenu à six pouces de hauteur par deux bouts inclinés), et un panier contenant des bouteilles d'huile. La femme voilée prit le gnatou, s'en enveloppa, et, s'appuyant la tête sur l'oreiller, s'endormit, ou plutôt fit semblant de s'endormir. Alors le touï-tonga se leva, prit sa jeune épouse par la main, la conduisit dans la maison, la fit asseoir à sa gauche. On apporta ensuite vingt cochons cuits dans le cercle du malaï et dans un four en terre échauffée (voy. *pl.* 210). Plusieurs cuisiniers fort adroits se mirent à les dépecer avec des couteaux, rivalisant d'efforts pour montrer leur dextérité. Une quantité considérable de cette viande fut distribuée aux chefs, mais ils n'y touchèrent point, et cachèrent chacun leur part sous leurs vêtements. Le reste du porc fut amoncelé au milieu du cercle, et les assistants se jetèrent dessus, s'en disputant et s'en arrachant les lambeaux. La femme qui s'était couchée se leva alors, et se retira, emportant avec elle le gnatou (le gnatou est une espèce d'étoffe faite de l'écorce du mûrier, que les Chinois emploient à fabriquer leur papier), et le panier avec les bouteilles d'huile. Le touï-tonga présenta la main gauche à la jeune princesse, et la conduisit chez lui, accompagnée des cinq jeunes filles; après quoi les assistants se retirèrent. Ayant introduit son épouse dans sa demeure, le touï-tonga l'amena dans celle qui avait été disposée pour elle, et l'y laissa, afin qu'elle pût se débarrasser de toutes ses nattes, et reprendre ses vêtements ordinaires. Elle s'amusa ensuite à faire la conversation avec ses femmes. Pendant ce temps, on préparait pour le soir un grand festin, composé de petits cochons, de volailles, d'yams, etc., et du fameux kava. Vers la brune, le touï-tonga vint présider à la fête. À son arrivée, chacun s'assit pour recevoir sa portion. Le plus grand nombre l'emportèrent chez eux, mais les gens du peuple la mangèrent aussitôt après l'avoir reçue. On fit ensuite la distribution du kava, qu'on but à l'instant même. Les musiciens (si on peut leur donner ce nom) vinrent alors se placer devant le touï-tonga, et au milieu d'un cercle formé par des hommes tenant des flambeaux et des paniers pleins de sable pour y mettre les cendres. Les instruments consistent en sept ou huit bambous de différentes grosseurs et de différentes longueurs, dont tous les nœuds sont ôtés, et qui sont bouchés à l'une des extrémités par une cheville de bois tendre; on tient ces bambous par le milieu, et en les frappant d'un bout contre terre, on tire un son proportionné aux dimensions de l'instrument. Il y avait en outre un homme qui, armé de deux bâtons, frappait alternativement de la main droite et de la main gauche sur un morceau de bambou fendu. Les indigènes dansèrent au son de cette musique pendant très-longtemps. La danse finie, l'un des vieux mataboulès prononça un discours sur la chasteté, et chacun se retira chez soi. La jeune mariée n'avait pas assisté à la fête. De retour chez lui, le touï-tonga l'envoya chercher. Dès qu'ils se furent retirés, on éteignit les lumières, et un homme placé à la porte de la maison, après avoir poussé trois grands cris, fit entendre à plusieurs reprises le son bruyant de la conque marine (*).

LIEUX CONSACRÉS ET INVIOLABLES. SACRIFICE D'UN ENFANT.

Ces insulaires ont des enceintes consacrées où tout individu qui parvient à s'y réfugier devient inviolable. Mariner raconte un incident de cette campagne qui a rapport à ces asiles. Patavali, un des chefs de l'armée de Finau, poursuivant un ennemi jusqu'à l'enclos d'un terrain consacré, lui asséna un coup au moment où il y entrait, de manière qu'il tomba mort dans l'enceinte même. Ce sacrilége fut rapporté à Finau, qui consulta aussitôt les prêtres. Ceux-ci ordonnèrent de la part des dieux qu'il serait offert un enfant en sacrifice pour expier la profanation du lieu saint. Les chefs s'assemblèrent en conséquence, et jetèrent leur dévolu sur un fils de Toubo-Toa, qui consentit au cruel sacrifice. Mais il n'en fut pas de même de la malheureuse mère, qui, apprenant la funeste sentence, avait caché son enfant. Toutefois, un de ceux qui étaient chargés de le chercher le découvrit, et l'enleva. La mère, au désespoir de se voir arracher son fils, voulait le suivre, et ce ne fut qu'avec beaucoup de peine qu'on l'en empêcha. Arrivée au lieu de l'exécution, l'innocente victime sourit en voyant ses bourreaux lui passer une bande de gnatou autour du cou en guise de cordon. Un mouvement de pitié saisit alors tous les assistants; mais la crainte des dieux les rendit muets, et, à un signal donné, les bourreaux tirèrent les deux bouts du cordon, et le sacrifice fut consommé.

CÉRÉMONIES RELIGIEUSES.

Le *natchi*, ou littéralement *portion*, est une des cérémonies religieuses les plus importantes. Elle consiste à offrir aux dieux, dans la personne du divin chef touï-tonga, les premiers fruits de la terre, et divers autres objets. Elle a lieu une fois par an, un peu avant la récolte des ignames, et a pour but d'appeler la protection des dieux sur la nation en général, et sur les fruits de la terre, dont les ignames sont considérées comme les plus précieux. On plante ordinairement ces dernières vers la fin de juillet; mais l'espèce appelée *cahocaho*, dont on se sert toujours pour cette cérémonie, est mise en terre un mois plus tôt. On leur réserve sur chaque plantation un petit enclos, où l'on en élève une couple de cette espèce. Aussitôt qu'elles sont parvenues à maturité, le hou en fait avertir le touï-tonga, et lui demande de fixer le jour de la cérémonie. On ne fait de préparatifs que la veille du jour indiqué, qui est ordinairement le dixième. Seulement on entend toutes les nuits le son de la conque marine dans les différentes parties de l'île. Le neuvième jour, on tire de terre les ignames, et on les orne de rubans rouges. La cérémonie ayant toujours lieu dans l'île que le touï-tonga a choisie pour sa résidence, les habitants des îles éloignées sont obligés de s'y prendre quelques jours d'avance pour pouvoir envoyer à temps des ignames à l'île où il se trouve. Aussitôt après le coucher du soleil, le son des conques se fait entendre dans toute l'île, et il augmente à mesure que la nuit avance. A la moua, comme sur toutes les plantations, les hommes chantent le *Nofo, ooua tegger gnaoué, ooua gnaoué*: « Repose-toi; en ne travaillant pas,

(*) Mariner.

tu ne travailleras pas. » Ceci dure jusqu'à minuit. Il règne alors un silence général de trois ou quatre heures, jusqu'au lever du soleil, que le bruit recommence de plus belle. Sur les huit heures, toute la population de l'île se met en route pour le moua, et les habitants des îles voisines arrivent dans leurs canots en chantant et en sonnant de la conque. A la moua, tout est en mouvement, et bientôt on y voit entrer de toutes parts des processions d'hommes et de femmes vêtus de gnatou neuf, et ornés de rubans rouges et de guirlandes de fleurs. Les hommes sont armés de massues et de lances. Le principal vassal du chef de la plantation porte les ignames dans un panier qu'il a suspendu au bras, et va les déposer dans le malaï, où des hommes sont occupés à les enfiler sur de grandes perches de neuf pieds de long sur quatre pouces de diamètre.

Chacune des perches est portée par deux hommes qui en placent les extrémités sur leurs épaules, et marchent l'un devant l'autre. Le cortége se dirige alors sur une seule ligne vers le tombeau du dernier touï-tonga, qui est ordinairement dans le voisinage, et durant le trajet, les porteurs d'ignames marchent à pas lents, en cadence, et semblent fléchir sous le poids de leur charge, pour montrer combien les dieux sont bons de leur avoir donné une abondante récolte, et de si grosses et si pesantes ignames. Les chefs et les mataboules, qui les ont devancés, sont assis en demi-cercle devant le faïtoka, la tête inclinée et les mains jointes, au moment où le cortége arrive. Deux jeunes garçons, marchant de front, le précèdent à une petite distance, en sonnant de la conque; viennent ensuite les hommes qui portent les ignames, au nombre d'environ cent soixante, tous rangés sur une seule ligne, et, après eux, quarante autres chantent à haute voix le *Nofo ooua*. Deux jeunes gens sonnant de la conque ferment la marche. Ils défilent entre les chefs et la tombe, en décrivant trois ou quatre grands cercles; après quoi ils vont déposer les ignames vis-à-vis du faï-

toka, et s'asseyent à terre. Un des mataboulès du touï-tonga se lève alors, sort des rangs, et va s'asseoir auprès du tombeau, où il adresse une invocation aux dieux en général, ensuite à chacun d'eux en particulier, et enfin au dernier touï-tonga. Il les remercie de ce qu'ils leur ont donné une si abondante récolte, et les prie de continuer à répandre leurs bontés sur le peuple des îles Tonga. Cette prière terminée, il se lève et retourne à sa place. Tous les assistants se lèvent aussi, reprennent les ignames, et, après avoir défilé à plusieurs reprises devant le tombeau, ils reviennent, dans le même ordre, au malaï, où ils les détachent des perches. Les chefs et les mataboulès ne tardent pas à les y suivre, et tous les assistants se forment en demi-cercle sous la présidence du touï-tonga. On apporte alors les autres offrandes du natchi, qui sont du poisson sec, du *mahoa*, des nattes, des gnatous et des paquets de *mellecoula*. Un des mataboulès du touï-tonga en met à part un quart pour les dieux, que les prêtres s'approprient, et que leurs domestiques emportent aussitôt; il en adjuge ensuite la moitié au roi, et l'autre part au touï-tonga. Après cette distribution, la cérémonie du kava a lieu, et pendant l'infusion, un mataboulè adresse au peuple un discours dans lequel il lui dit qu'après avoir rempli un devoir aussi important et aussi agréable aux dieux, il peut compter sur leur protection et sur une longue vie, pourvu toutefois qu'il ne néglige aucune cérémonie religieuse, et qu'il respecte les chefs. La journée se termine par des danses, des combats à la lutte et au pugilat, et chacun s'en retourne chez soi, bien assuré de la protection divine.

La cérémonie du *foukalahi* a pour but, comme nous l'avons déjà dit, de lever le tabou qui a été mis sur les cochons, la volaille et les noix de coco, dont il est défendu de manger sous peine de mort. Le mois qui suit le trépas du touï-tonga étant consacré à des fêtes continuelles, il s'en fait une si grande consommation que, pour empêcher la disette, on est forcé de recourir à ces mesures de rigueur (*).

Le *kava fouka égui* est simplement une partie de kava présidée par un prêtre inspiré.

LE TOUO-TOUO.

Le *touo-touo* est une offrande d'ignames, de noix de coco et d'autres productions végétales, qui se fait au dieu du temps, A'lo-A'lo, en particulier, et à tous les autres en général, pour demander du beau temps et une récolte abondante. Cette récolte a lieu, pour la première fois, un peu avant la saison des ignames, au commencement de novembre, et elle se renouvelle ensuite sept ou huit fois de dix jours en dix jours. Au jour marqué par le prêtre d'A'lo-A'lo, chaque plantation envoie une certaine quantité d'ignames, de noix de coco, de cannes à sucre, de bananes, de plantains, etc., qui sont apportés au malaï sur des bâtons. Là on en fait trois tas. L'un consiste dans les offrandes des habitants du sud de l'île, l'autre dans celles des habitants du nord, et la troisième dans celles des habitants du centre. Les combats de lutteurs et de boxeurs commencent alors, et durent ordinairement trois heures; après quoi, une députation de neuf ou dix hommes, couverts de nattes, et portant au cou des guirlandes de feuilles, amènent sur le malaï une petite fille destinée à représenter la femme d'A'lo-A'lo. S'étant placés sur une seule ligne auprès des offrandes, ils adressent une prière à A'lo-A'lo et aux autres dieux, pour leur demander de leur continuer leur bienveillance, et de féconder la terre; puis ils procèdent à la distribution des provisions. Ils en adjugent le premier tas à A'lo-A'lo et aux dieux, et partagent les autres aux principaux chefs, qui ordonnent à leurs serviteurs de les enlever. Ils font de nouveau une courte invocation, à la suite de laquelle ils se mettent à frapper sur un grand tambour. A ce signal, tous les assistants fondent sur le tas réservé aux dieux, et en enlèvent ce qu'ils peuvent, au grand contentement des spectateurs. Les femmes se retirent à l'écart, et les hommes, se divisant en deux troupes égales, se livrent un combat à coups de poing. Cette partie de la cérémonie, appelée *toë-taco*, est d'une nécessité indispensable. Le plus grand chef entre en lice contre le dernier toua, qui peut, sans conséquence, attaquer le roi et le touï-tonga, les renverser et les battre impitoyablement. Ces combats sont souvent très-opiniâtres, et quand ils ont duré deux ou trois heures, que ni l'un ni l'autre des deux partis ne paraît pas disposé à céder le terrain, le roi interpose son autorité pour le faire cesser. Après la bataille, tous ceux qui ont eu affaire à des chefs d'un haut rang ont recours au moë-moë pour se détabouer.

Cette cérémonie se renouvelle huit ou dix fois de dix jours en dix jours, et, pendant cet intervalle, on garde dans la maison dédiée à A'lo-A'lo la petite fille qui représente sa femme, et qui a ordinairement de huit à dix ans. Elle appartient le plus souvent aux premières familles de Tonga. Elle préside à la partie de kava donnée la veille du premier jour de la fête.

LE NAUDGIA.

La cérémonie barbare par laquelle on étrangle un enfant pour l'offrir aux dieux et en obtenir la guérison d'un parent malade, prend le nom de *naudgia*. Toutefois, ces naturels ne commettent point cette action par un sentiment de cruauté, car les assistants témoignent toujours un véritable intérêt au sort de la malheureuse victime; mais ils sont persuadés qu'il est nécessaire de sacrifier l'existence d'un enfant encore inutile à la société pour sauver la vie d'un chef estimé, vénéré, et dont la conservation est précieuse pour tous ses concitoyens.

Quand le sacrifice doit avoir lieu, ce qui est ordinairement annoncé par un homme inspiré des dieux, la malheureuse victime, qui est souvent un pro-

(*) Mariner.

pre enfant du malade ou son proche parent, est sacrifiée par un autre parent du malade, ou du moins par son ordre ; son corps est ensuite successivement transporté sur une espèce de litière devant les chapelles des différents dieux. Une procession solennelle de prêtres, chefs et mataboulès, revêtus de leurs nattes et portant des guirlandes de feuilles vertes au cou, l'accompagne, et à chaque station un prêtre s'avance et supplie son dieu de conserver la vie du malade. La cérémonie terminée, le corps de la victime est remis à ses parents pour être enterré suivant la coutume.

La même cérémonie a lieu quand un chef a commis, par mégarde, un sacrilége qui est censé attirer la colère des dieux sur la nature entière ; car le prêtre consulté déclare que le dieu exige un *naudgi*, et le sacrifice d'un enfant devient alors indispensable.

On choisit toujours de préférence l'enfant d'un chef, parce qu'on suppose que cette offrande est plus agréable à la divinité ; mais on a soin de ne prendre que ceux d'une mère d'un rang inférieur, pour éviter de sacrifier un enfant ayant le rang de chef. Du reste, le père lui-même est le premier à donner son consentement à de pareils sacrifices, dans l'intérêt public (*).

A la mort du touï-tonga, sa première femme était soumise à cette cérémonie, afin d'être enterrée avec le corps de son époux. Finau II fut le premier qui s'opposa au sacrifice, lors de la mort du dernier touï-tonga, lequel avait épousé sa sœur. Il fit plus, car il abolit tous les priviléges sacrés de ce chef.

LE TOUTOU-NIMA.

Le sacrifice du *toutou-nima*, qui consiste à se faire faire l'amputation d'une phalange du petit doigt pour obtenir le rétablissement de la santé d'un grand chef, est très-commun aux îles Tonga ; de sorte qu'il y a peu d'habitants qui n'aient perdu leur petit doigt en entier ou en partie. L'opération ne paraît pas être douloureuse, car Mariner a vu maintes fois des enfants se disputer à qui obtiendrait la préférence de le faire amputer. Le doigt étant posé à plat sur un billot, une personne tient un couteau, une hache ou une pierre aiguë, à l'endroit où l'on veut le couper, et un autre frappe dessus avec un maillet ou une grosse pierre, et l'opération est terminée. La violence du coup est telle que la blessure ne saigne presque pas. L'enfant tient ensuite son doigt dans la fumée d'un feu d'herbes fraîches, ce qui arrête l'hémorragie. On ne lave la blessure que dix jours après l'opération, et au bout de trois semaines elle se ferme sans qu'on y ait mis d'appareil. L'amputation se fait ordinairement aux jointures ; mais si l'enfant compte dans sa famille un grand nombre de chefs, il demande qu'on lui en coupe une plus petite portion, pour pouvoir se faire faire l'opération plusieurs fois au même doigt (*).

Les *boutous*, ou cérémonies funèbres, sont les mêmes pour tous les enterrements, excepté qu'elles sont conduites avec plus ou moins de pompe, suivant la qualité du défunt. Nous aurons l'occasion de les décrire en parlant de la mort de Finau, et nous y renvoyons d'avance le lecteur.

LE LANDGI.

La cérémonie du *landgi* est celle de l'enterrement du touï-tonga. Aussitôt après sa mort, on lui lave le corps avec de l'huile et de l'eau, et ses veuves viennent pleurer sur son corps. Le lendemain, tous les hommes, femmes et enfants, se rasent la tête. La cérémonie de l'enterrement est la même que celle du roi ; mais la durée du deuil est fixée à quatre mois, et à quinze pour ses proches parents, et le tabou, pour avoir touché son corps et ses vêtements, à dix mois. Les hommes ne se rasent pas pendant un mois au moins et ne se frottent d'huile que la nuit, et

(*) Mariner, t. II, p. 174 et suiv.

(*) Mariner.

les femmes passent deux mois entiers dans le faïtoka.

Le soir de l'enterrement, des hommes, des femmes et des enfants, couverts de vieilles nattes, etc., et munis chacun d'un *tomé* ou torche, et d'un morceau de *bolata*, se réunissent au nombre d'environ deux mille, à la distance de quatre-vingts pas de la fosse. Une des pleureuses sort du faïtoka et leur crie : « Levez-vous et approchez. » La multitude se lève, s'avance d'environ quarante pas et s'assied de nouveau. Deux hommes placés derrière le faïtoka se mettent à sonner de la conque, tandis que six autres, tenant des torches allumées, de six pieds de long chacune, sortent de derrière le tertre, et courent çà et là en les brandissant. Ils remontent bientôt après sur le tertre, et au même instant tous les assistants prennent en main leurs bolatas, se rangent sur une seule ligne pour les suivre, et vont déposer leurs torches éteintes derrière le faïtoka, où ils reçoivent des remercîments des pleureuses. Lorsqu'ils sont de retour à leurs places, le mataboulè qui conduit la cérémonie leur ordonne d'arracher l'herbe, les broussailles, etc., aux environs de la fosse, et chacun se retire ensuite dans la maison qu'il doit habiter pendant le deuil.

A la nuit tombante, plusieurs individus recommencent à sonner de la conque autour du faïtoka, tandis que d'autres entonnent un chant funèbre. Peu après, arrivent une soixantaine d'hommes qui, s'étant avancés jusqu'à la fosse, y attendent l'ordre d'exécuter une partie de la cérémonie, qui contraste étrangement avec les habitudes de propreté de ces insulaires. Une pleureuse sort du faïtoka et leur parle en ces termes : « Hommes, vous êtes rassemblés ici pour remplir un devoir d'obligation; prenez courage, et faites tous vos efforts pour vous en acquitter convenablement. » Après cela, elle se retire, et les hommes se mettent en mesure de payer leur sale tribut à Cloacyne. Le lendemain, au point du jour, des dames du plus haut rang, toutes femmes ou filles de chefs, se rendent sur les lieux, accompagnées de leurs suivantes, munies de paniers et de grandes coquilles pour enlever ce qui y a été déposé la veille. Cette cérémonie dégoûtante se renouvelle pendant les quatorze nuits suivantes. Le seizième jour, de très-bonne heure, les mêmes femmes se rassemblent de nouveau, mais elles sont alors parées de leurs plus beaux gnatous, de nattes de hamoa ornées de rubans, et portent autour du cou des guirlandes de fleurs; elles sont munies aussi de jolis paniers remplis de fleurs, et de petits balais artistement travaillés. Elles font mine de balayer la place comme les jours précédents et d'emporter les ordures dans leurs paniers; après quoi elles retournent à la moua, et reprennent leurs nattes de deuil et leurs feuilles d'ifi.

Toute personne qui touche un chef supérieur devient tabouée, mais cette interdiction n'a pas de suites fâcheuses si elle a recours au moë-moë. Une pièce de terre ou une maison consacrée à un dieu est tabouée. Il en est de même d'un canot que l'on place sous la protection d'A'lo-A'lo avant d'entreprendre un voyage lointain. Si un homme commet un vol, on dit qu'il a rompu le tabou; et comme on croit que les requins attaquent les voleurs de préférence aux honnêtes gens, on fait baigner les individus suspects dans un endroit fréquenté par ces animaux, et tous ceux qu'ils mordent ou dévorent sont réputés coupables. La chair de tortue et celle d'un certain poisson donnent aussi le tabou, si, avant d'en manger, on n'a pas eu soin d'en offrir aux dieux. On connaît les fleurs et les fruits taboués à un petit morceau de tapa taillé dans la forme d'un lézard ou d'un crocodile, qu'on place autour de la tige pour défendre d'y toucher. Lorsqu'on craint la disette de certaines denrées, on a coutume d'y mettre le tabou pendant plusieurs mois de suite.

Toute personne qui se serait tabouée en touchant un chef supérieur ou un objet quelconque lui appartenant, est obligée de recourir au moë-moë avant de pouvoir se servir de ses mains pour manger. Cette cérémonie consiste à appliquer d'abord la paume et ensuite le dos de la main à la plante des pieds d'un chef supérieur, et à se laver ensuite les mains dans de l'eau, ou à se les frotter avec des feuilles de bananier ou de plantain; on peut alors manger en toute sûreté. Celui qui a eu le malheur de se servir de mains tabouées est obligé d'aller s'asseoir devant un chef, de prendre son pied et de se l'appliquer contre l'estomac pour que les aliments qu'il a pris ne lui fassent aucun mal, autrement son corps s'enflerait et il s'ensuivrait une mort certaine. On se taboue aussi en mangeant en présence d'un parent supérieur, à moins qu'on ne lui tourne le dos, et en prenant des aliments qu'un chef aura maniés. Si l'on est taboué pour avoir touché le corps ou le vêtement du touï-tonga, lui seul peut en remettre la peine, parce qu'il n'existe pas de chef aussi grand que lui. Il a pour cet effet, à sa porte, un plat d'étain qui lui a été donné par le capitaine Cook, et qu'il suffit de toucher pour s'ôter le tabou. Le kava ne devient jamais taboué par l'attouchement d'un chef quelconque; de sorte qu'un simple toua peut le mâcher, même s'il a passé par les mains du touï-tonga.

Le tougou-kava consiste à déposer devant une maison consacrée, ou un tombeau, un petit morceau de kava, dont on fait hommage à un dieu ou à l'âme d'un chef (*).

ALIMENTS.

L'igname, le taro, la banane, le fruit à pain, la noix de coco, le poisson et les coquillages forment la nourriture habituelle de ces insulaires dans toutes les saisons de l'année; les cochons, les volailles et les tortues sont des friandises réservées pour les chefs. Le bas peuple mange les rats.

Le plus souvent ils font cuire leurs aliments dans des fours creusés dans le sol, qu'ils recouvrent ensuite de feuilles de bananier et de terre. D'autres fois ils les font simplement rôtir sur les charbons ardents; enfin, quelquefois ils les font bouillir dans les vases en terre qu'ils tirent des îles Viti.

Leurs mets principaux sont :

Waï-hou, soupe de poissons faite avec une préparation d'eau et de noix de coco.

Waï-oufi, ignames bouillies et écrasées dans une émulsion de noix de coco.

Waï-hopa, bananes mûres, coupées par tranches et bouillies dans une émulsion de noix de coco.

Waï-tchi, espèce de gelée faite avec le *ma*, et le jus de la racine *tchi* (*dracœnæ terminalis*).

Waï-vi, espèce de fruit (*spondias cytherea*) râpé et mêlé avec de l'eau, dont on extrait ensuite la partie liquide.

Boboï, préparation de *ma* et de *tchi*, formant une gelée semblable au *waï-tchi*, mais plus compacte.

Boï, semblable à la précédente, sans être congelée.

Faï kakaï loto toutou, fruit à pain, battu et coupé par petits morceaux, pour le manger ensuite avec une émulsion de noix de coco, et le jus de *tchi* ou de la canne à sucre.

Lou-loloï, feuilles de taro chauffées ou bouillies avec le jus de la noix de coco.

Lou-effeniou, feuilles de taro cuites avec de la noix de coco râpée et fermentée.

Lou alo he bouaka, feuilles de taro cuites avec un morceau de gras de porc, et conservées jusqu'à ce que le goût en soit fort.

Lou taï, feuilles de taro cuites avec un peu d'eau de mer.

Ma me, fruit à pain fermenté. *Ma-hopa*, pâte de bananes fermentée. *Ma matou*, bananes fermentées, bien pétries et cuites. *Ma la loï*, bananes fermentées et cuites avec le suc exprimé de la noix de coco.

Loloï feke, chien de mer séché, cuit avec le suc de la noix de coco.

Tao goutou, espèce de gâteau cuit et composé avec la racine de *ma-hoa*, la noix de coco et le suc de cette noix.

(*) Mariner.

Fahu lele, poudre de racine de *ma-hoa*, répandue dans l'eau chaude jusqu'à ce qu'elle forme une substance demi-gélatineuse.

Le halo, préparation de jeunes noix de coco, cuites avec leur lait.

Aoutai, le dedans des jeunes noix de coco, et le jus de la racine tchi, mêlés avec le lait de coco (*).

Les habitants de Tonga n'étaient point anthropophages; mais, par un point d'honneur militaire, il arrivait quelquefois que les jeunes guerriers, à l'imitation de ceux de Viti, dévoraient la chair de leurs ennemis tués au combat.

GASTRONOMIE.

Si les progrès dans l'art gastronomique sont un indice de la civilisation, les habitants de la plupart des îles de la mer du Sud peuvent passer pour très-avancés sous ce rapport. Par exemple, les naturels de Tonga connaissent trente ou quarante plats différents. Voici comment ils apprêtent le porc. On étourdit d'abord l'animal d'un coup de bâton, et on le tue ensuite en le frappant à coups redoublés. On le frotte avec du jus de bananier, on le place sur un grand feu pendant quelques minutes, et lorsqu'il est chaud, on le gratte avec des coquilles de moules ou des couteaux. Après l'avoir lavé, les cuisiniers le couchent sur le dos, lui ouvrent la gorge pour en ôter la trachée-artère et le gosier, et font ensuite une ouverture circulaire au ventre pour en retirer les entrailles, qu'ils lavent et cuisent sur des cendres chaudes. Ils remplissent ensuite l'intérieur de l'animal de pierres chaudes enveloppées de feuilles de l'arbre à pain, et le placent après, le ventre en bas, dans un trou garni de pierres échauffées par un feu qu'on a eu soin d'y allumer d'avance. Ils le couvrent alors de branches et de feuilles de bananier, sur lesquelles ils élèvent un monceau de terre pour que la vapeur ne puisse pas s'en échapper. Ils y placent en même temps le foie de l'animal et des ignames, et en moins d'une demi-heure le cochon est cuit. Les gros sont ordinairement à moitié rôtis lorsqu'on les retire; on les dépèce et on enveloppe de feuilles les morceaux que l'on fait cuire de la même manière. Les habitants se servent, pour tout ce qu'il est nécessaire de faire bouillir, de pots de terre fabriqués aux îles Viti, ou de chaudières qu'ils se sont procurées par des échanges à bord de quelques bâtiments marchands; mais les volailles, les ignames, le fruit à pain, etc., sont toujours apprêtés de la manière indiquée ci-dessus

LE KAVA.

Le chef qui préside au kava est toujours le plus puissant de ceux présents à cette cérémonie. Il s'assied sur des nattes, le visage tourné vers le malaï, où les assistants sont rangés en cercle. A ses côtés se tiennent deux mataboulès faisant l'office de maîtres des cérémonies; viennent ensuite les autres chefs, les mataboulès et les mouas, qui prennent place selon leurs différents rangs. Un tiers du cercle environ est occupé par les jeunes chefs et les fils des mataboulès au service du chef qui préside; et au milieu d'eux se trouve, vis-à-vis du dernier, celui qui doit préparer le kava : c'est le plus souvent un moua, un toua ou un cuisinier, et même quelquefois un chef. Derrière eux s'asseyent une multitude de spectateurs, qui, dans des occasions extraordinaires, s'élèvent à trois ou quatre mille individus.

Ces dispositions faites, les cuisiniers du grand chef apportent les provisions. Un mataboulè fait alors signe à un d'entre eux de s'approcher de lui. Celui-ci se lève, traverse le cercle, et, étant arrivé près du mataboulè, il s'assied devant lui pour recevoir ses ordres. Le mataboulè lui commande d'aller prendre dans la maison du chef une certaine quantité de racine de kava, et de l'apporter. Le cuisinier part, revient de la même manière qu'auparavant, dépose le kava devant

(*) Mariner, t. II, p. 198 et suiv.

le chef, et s'assied à terre. Le mataboulè lui ordonne alors d'aller le porter à la personne placée à l'autre bout du cercle ; il se lève, et va le remettre à celui-ci, qui le fend avec une hache, le gratte avec des coquilles de moules, et le donne ensuite à mâcher à ceux qui l'entourent, en ayant soin de choisir les jeunes gens qui ont de bonnes dents, la bouche saine, et qui ne sont pas enrhumés. Quand la racine est suffisamment mâchée, chacun la retire de sa bouche, et la place sur une feuille de plantain ou de banane. On la transporte ensuite hors du cercle dans une grande jatte de bois que l'on place devant la personne chargée de faire l'infusion. Celle-ci baisse la jatte pour que le chef puisse juger de la quantité qu'elle contient. S'il trouve qu'il n'y en ait pas assez, il lui dit de la couvrir, et de lui envoyer un homme, à qui le mataboulè en donne davantage. Si, au contraire, il juge que la quantité est suffisante, il ordonne de faire le mélange. Les deux hommes assis aux côtés du dernier sortent des rangs, et vont se placer à terre vis-à-vis l'un de l'autre auprès de la jatte. L'un d'eux prend une feuille de banane avec laquelle il chasse les mouches ; et l'autre, s'étant lavé les mains, pétrit le kava, et y verse de l'eau jusqu'à ce que le mataboulè lui ait dit qu'il y en a assez. Il prend alors une feuille de bananier, et se met à chasser les mouches avec son camarade. Peu après, le mataboulè ordonne d'y mettre le fo, qui est une écorce d'arbre divisée en petits filaments, avec laquelle on retire le sédiment à trois reprises différentes, jusqu'à ce que la liqueur soit devenue tout à fait limpide.

Cette opération terminée, on procède à la distribution des comestibles. Ce sont ordinairement des ignames, des bananes, des plantains, et quelquefois un porc cuit au four, et de la volaille. Le mataboulè en ayant ordonné le partage, deux hommes sortent des rangs. Ils commencent par faire la part du chef qui préside, et qu'ils placent devant lui ; puis ils servent les autres convives. Cette distribution dure ordinairement trois ou quatre minutes.

Le kava étant bien passé, deux ou trois hommes sortent du cercle, des tasses à la main, et viennent s'asseoir autour de la jatte. L'un d'entre eux se lève alors, présente la tasse à la personne chargée de distribuer le kava, qui plonge dans la jatte un rouleau de fo, et en laisse égoutter environ un tiers de pinte dans la tasse. Ce dernier se tourne ensuite vers le chef, et s'écrie à haute voix que le kava est versé. Le mataboulè lui ordonne de l'apporter à un tel, en l'indiquant par son nom. Celui-ci, en s'entendant nommer, claque deux fois des mains pour montrer où il est placé. L'échanson s'avance aussitôt vers lui, et lui présente le kava debout, à moins qu'il ne soit un grand chef, ou que le banquet ne soit présidé par le touï-tonga. Il est alors obligé de s'asseoir. Le chef qui préside reçoit ordinairement la première ou la troisième tasse, mais cette dernière lui appartient de droit. Le mataboulè de service, suivant un usage très-ancien, adjuge la première à son collègue, si toutefois il n'y a pas parmi les convives un chef ou mataboulè des îles voisines. Si le kava a été offert par une des personnes présentes, on lui présente la première tasse par déférence. S'il se trouve parmi les personnes présentes deux ou plusieurs chefs, entre lesquels le mataboulè soit embarrassé de savoir auquel accorder la préférence, de crainte d'offenser les uns ou les autres, il fait porter la première au président, la seconde au mataboulè, son collègue, la troisième au chef du rang le plus élevé, et ainsi de suite.

Quand la première jatte est vidée, le président en commande ordinairement une seconde, et c'est alors au tour de l'autre mataboulè de remplir les fonctions de maître des cérémonies. Lorsque le banquet est présidé par le touï-tonga, les mataboulès de service sont obligés de se tenir à six pieds de lui. Aucun chef ne se rend à une partie de kava donnée par son inférieur, à moins qu'il ne consente à lui en céder la présidence. Quand un prêtre préside, la première tasse lui revient de droit.

Voici de quelle manière M. de Sainson fait le récit d'un kava :

« Le chef Tahofa m'engagea un matin à l'accompagner sur l'île Onéata, où ses gens se livraient à la pêche. Mon ami Lesson consentit à être de la partie, et nous étant fait mettre à terre sur Pangaï-Modou, nous traversâmes à pied le récif qui, en ce moment, restait presque à découvert ; la nombreuse suite du chef marchait derrière nous. Arrivés sur une petite île où brillait la plus fraîche verdure, nous fîmes halte, et nous vîmes, aux préparatifs qui se faisaient, qu'il s'agissait d'un kava. C'était la première occasion qui s'offrait à nous d'être témoins de cet acte si fréquent, et, selon les circonstances, si solennel quelquefois dans la vie des insulaires. Jamais ils ne se dispensent de prendre cette boisson forte le matin ; et si quelques graves événements, comme une guerre, un conseil, des funérailles, réunissent les naturels, l'assemblée débute toujours par un kava ; le chef principal y préside, et les droits de préséance y sont réglés avec la plus sévère étiquette.

« Outre le goût naturel des insulaires pour la boisson extraite du kava, goût qu'ils portent quelquefois à un excès nuisible à leur santé, des idées superstitieuses s'attachent encore à la racine elle-même. A l'instant où nous jetions l'ancre, la tamaha, ou reine mère, nous envoya par un exprès une grosse racine de kava, qui devait, pendant le reste du voyage, préserver l'*Astrolabe* de toute fâcheuse aventure. Par respect pour le don de la vieille reine, son talisman fut suspendu à l'étai d'artimon, et il y pendait encore vingt jours après, alors que nous étions sous le poids d'une nouvelle infortune, la guerre avec les sauvages.

« Je reviens à Tahofa et à son kava sur la petite île. Nous étions assis sur l'herbe, formant un cercle allongé ; Tahofa occupait le haut bout, Lesson et moi à sa droite. En face du chef, au bout opposé, un de ses principaux mataboulès se fit apporter un plat rond en bois, et à trois pieds ; l'intérieur de ce plat, enduit d'un vernis blanc, attestait qu'il avait longtemps servi au noble usage pour lequel il était uniquement réservé.

« Derrière ce grave fonctionnaire, une troupe de jeunes garçons se pressa sans ordre ; on leur distribua aussitôt des morceaux de racine, qu'ils soumirent à une mastication vigoureuse. Cette opération terminée, les racines mâchées sont réunies dans un plat ; on jette dessus une sorte de filasse par poignées, puis une certaine quantité d'eau ; alors le mataboulè principal retourne et presse avec ses mains le séduisant mélange jusqu'à ce qu'il en juge le degré de force suffisante. Pendant ce temps, les autres mataboulès font avec des feuilles de bananier, des tasses extrêmement élégantes. Les choses en étaient à ce point, lorsqu'on nous pria de replier nos jambes à la façon des indigènes : nous obéîmes volontiers ; puis un homme se leva, se plaça debout au milieu du cercle, et la distribution commença.

« Le serviteur qui avait composé cet étrange nectar, en remplissait les tasses ; il en passa une à l'homme du milieu, qui la porta au chef ; celui-ci avala le breuvage, et jeta la coupe. Le Ganimède tenait déjà une autre tasse pleine ; Tahofa nomma celui qui devait la recevoir d'après son rang, en prononçant *Avema Finau* (donne à Finau). Le chef désigné frappa des mains en signe d'assentiment, puis il but et jeta le vase. Notre tour arriva, et nous nous soumîmes d'assez bonne grâce au cérémonial. La boisson favorite de Tonga nous sembla d'abord peu agréable ; son goût est amer, et son passage dans la gorge laisse un sentiment de chaleur comme nos liqueurs fortes ; pourtant l'habitude peut la faire trouver supportable. J'eus occasion de renouveler plusieurs fois cet acte de complaisance et de respect pour les usages de nos hôtes, et l'idée que j'ai conservée de la liqueur du kava, malgré son étrange fabrication, n'est pas une idée de dégoût. »

Voici maintenant comment M. Bennett, le voyageur le plus récent qui ait visité l'archipel de Tonga, raconte une partie d'ava ou kava chez le toubou.

« Je me rendis, dit M. Bennett, à la résidence du toubou, où j'eus occasion d'assister à la cérémonie qui a lieu quand on boit le kava. Le toubou était assis, et recevait de quelques chefs qui venaient d'arriver de districts éloignés, des hommages de respect et des présents, qui consistaient en étoffes du pays, en ignames, bananes, racines de kava, etc. Par cet acte, ces chefs étrangers reconnaissaient le toubou pour leur souverain. Un des serviteurs prit les présents, et un autre apporta le kava ; on forma un cercle autour du roi, qui conserva toujours un air grave et solennel ; les naturels d'un rang inférieur formaient un second cercle derrière. Les chefs étrangers étaient assis sur des nattes communes, en signe d'humilité. On mit devant un des chefs des racines de kava ; celui-ci fit d'abord couper les racines par deux serviteurs, qui firent usage pour cela de bâtons très-pointus ; ensuite il les distribua entre plusieurs naturels ; ceux-ci commencèrent par râper le kava avec une coquille, puis ils soumirent ces racines à une forte mastication ; un autre naturel fut chargé de préparer la coupe destinée à recevoir cette boisson. Quand le kava eut été suffisamment mâché, on le mit dans la coupe. (On veille avec le plus grand soin à ce que les personnes qui mâchent la racine de kava ne soient affectées d'aucune maladie.) Le vase dont on se sert dans cette solennité, est de diverses grandeurs ; le bois dont il est fait vient des îles Fidgi, et s'appelle fahi ; on fait aussi de ces coupes avec le bois de leki-leki : elles sont à trois pieds, très-larges, et peu profondes.

« Lorsqu'on eut mis dans le vase les racines de kava, on le présenta au roi, qui fit verser sur ces racines l'eau qu'on venait d'apporter dans des coques de coco ; puis on eut soin d'ajouter de l'eau graduellement : un naturel exprimait dans le vase le jus du kava, et retournait ces racines avec ses deux mains. En même temps, on préparait un autre breuvage avec des feuilles de plantain. Bientôt on apporta les coupes, et quand elles furent pleines, le serviteur qui était chargé de cette préparation dit à haute voix : « Le kava est dans la coupe ». Alors un des chefs appela par son nom le roi, en l'honneur de qui se donnait la fête, et celui-ci frappa fortement ses mains l'une contre l'autre en signe de remercîment. On a coutume de distribuer des bananes dans cette cérémonie.

« Je désirais vivement goûter le kava ; mais comme je montrais de la répugnance à cause du mode de préparation, le toubou me fit apporter du kava râpé qu'on versa dans un petit vase. Je trouvais à cette boisson un goût amer et légèrement piquant. Tant que dure la cérémonie du kava, les chefs et les naturels chargés de préparer ce breuvage observent un religieux silence. Il arrive quelquefois qu'on reste à boire pendant fort longtemps ; au reste, ceci dépend du nombre des conviés : dans cette circonstance, nous n'étions pas plus de trente. »

MOEURS ET COUTUMES. ADMIRATION POUR LES ACTIONS GÉNÉREUSES

Les habitants des îles de Tonga sont pleins d'admiration pour tout ce qui est généreux et libéral. Si un chef voit chez un autre un objet qui lui fasse plaisir, il n'a qu'à le lui demander pour l'obtenir. Les étrangers sont exempts de toute espèce de tribut ou d'impôt, quand bien même ils possèdent de grandes propriétés. On les dispense aussi de se conformer aux usages établis, ou de montrer du respect pour les dieux, parce que, dit-on, ce ne sont pas les leurs. Un chef ou tout autre se met-il à table, il commence par partager ce qu'il a avec ceux qui l'entourent, autrement il serait accusé de bassesse et d'égoïsme. Pour les repas, les étrangers ont la préférence, et les femmes sont servies avec les hommes du même rang. On considère le respect dû aux chefs comme un devoir sacré, aussi agréable aux dieux que s'ils en étaient eux-mêmes l'objet. La vénération qu'ils ont pour la vieillesse est encore un des beaux traits du caractère de ces insulaires; et l'attachement qu'ils témoignent pour leurs parents ferait honneur à la nation la plus civilisée; les chefs ont un profond respect pour leur sœur aînée, et le lui prouvent en ne mettant jamais les pieds dans la maison qu'elle habite. Ils placent au nombre des devoirs religieux la défense des droits qu'ils tiennent de leurs ancêtres. Ils affectionnent particulièrement l'île qui les a vus naître, et toutes les îles Tonga, en général, parce qu'elles forment un pays soumis aux mêmes lois, et où l'on parle le même langage. Mais on peut supposer que l'amour de la patrie, dans son acception la plus étendue, n'existe pas chez eux, par la raison qu'ils n'ont jamais de guerre à soutenir contre les ennemis extérieurs.

JUSTICE.

Leurs notions de l'honneur et de la justice diffèrent des nôtres sous plusieurs rapports. Par exemple, ils regardent comme un devoir l'obéissance aveugle des subordonnés envers leurs chefs. Il s'ensuit que si ces derniers ont résolu d'assassiner un des leurs ou de surprendre un vaisseau européen, ils sont assurés d'avance de la coopération des autres. D'un autre côté, il serait injuste de dire que les sentiments d'honneur tels que nous les concevons ne sont point entendus aux îles Tonga. Est-il, par exemple, rien de plus honorable de la part d'un roi accoutumé à se voir obéir au premier ordre, que la manière dont il accueillit le refus que lui fit Mariner de tirer sur une malheureuse femme qui avait perdu l'esprit? La conduite de Finau Fidji, à la mort de son frère, est au-dessus de tout éloge. Un parti puissant le portait au trône, et le pressait d'accepter la couronne; mais il refusa, en disant qu'il était trop jaloux de son honneur pour consentir jamais à dépouiller son neveu de ses droits. Si un homme se trouve dans une île dont le chef, pendant la visite, déclare la guerre à celle d'où il vient, l'honneur lui commande de se ranger de son côté. C'est ainsi que Finau Fidji, qui était à Vavaou lorsque le roi son frère déclara la guerre contre cette île, crut qu'il était de son devoir de faire cause commune avec Toë-Oumou, et de servir contre Toubo-Toa et les assassins de Toubou-Nouha.

HAINE CONTRE LES MÉDISANTS.

Rien ne leur paraît à la fois plus ridicule et plus injuste que la manie que nous autres Européens avons de révéler les défauts de nos semblables, et nous Français, en particulier, ceux de nos compatriotes. « En effet, di-« sent-ils, quel bien résulte-t-il de la « calomnie pour son auteur? aucun; « mais quel mal ne fait-elle pas à « celui qui en est l'objet! Il vaut beau-« coup mieux l'assassiner que d'atta-« quer sa réputation. Dans le premier « cas, on le prive de son existence, « qu'il eût fini par perdre tôt ou tard; « mais, en le calomniant, on lui ravit « ce qu'il eût pu porter avec lui sans « tache dans la tombe, et qui eût fait « respecter sa mémoire. » Ici, cependant, comme partout ailleurs, les femmes aiment à s'entretenir des défauts de leurs compagnes; mais elles le font avec si peu de malice, que ce qu'elles en disent peut bien passer pour de simples plaisanteries; elles ne se querellent d'ailleurs que très-rarement.

La basse flatterie répugne également à ces insulaires, et lorsqu'une personne a fait une action vraiment digne d'éloges, on ne la loue jamais en sa présence, de crainte de la rendre trop vaine.

Il est du devoir d'une femme de demeurer fidèle à son époux, bien qu'elle l'ait souvent pris contre sa volonté. Près d'un tiers des femmes sont fiancées dans leur enfance à des chefs, à des mataboulès, à des mouas; les deux autres tiers contractent des mariages d'inclination. Toute femme doit rester avec son mari, qu'elle le veuille ou non, jusqu'à ce qu'il plaise à celui-ci de la renvoyer; un assez grand nombre ne s'en séparent qu'à la mort. Personne n'a eu une meilleure occasion d'étudier les mœurs des femmes de ces îles que Mariner; parce qu'en sa qualité d'étranger, on le dispensait de se conformer à la plupart des usages auxquels les naturels sont soumis. Il pouvait, par exemple, entrer dans la maison des femmes de Finau ou de tout autre chef, et s'entretenir librement avec elles tant qu'il lui plaisait. Sa mère adoptive, qui était une femme très-sensée, le consultait sur tout ce qui pouvait tendre au bonheur de ses compagnes, et c'est d'elle qu'il tenait la plupart des renseignements qu'il a eus sur le beau sexe en général. Il pense que l'infidélité des femmes est comparativement très-rare, et il ne se rappelle que trois intrigues qui eurent lieu pendant son séjour dans ces îles. Ces sortes de liaisons sont d'autant moins fréquentes que la bienséance ne permettrait pas qu'une femme d'un certain rang sorte sans être accompagnée de ses suivantes, il faudrait que celles-ci fussent dans le secret de leur maîtresse. La crainte contribue peut-être aussi à les rendre très-réservées; car si un chef surprend sa femme en flagrant délit, il est en droit de la tuer; celles d'un rang inférieur en sont quittes pour une rude correction corporelle.

Un homme divorce avec sa femme, en lui disant de sortir de chez lui. Celle-ci devient alors entièrement maîtresse de ses actions, et peut se remarier deux jours après, sans que sa réputation en souffre en aucune manière. Rien n'oblige les hommes à la fidélité conjugale, et, s'ils ne se livrent pas à des excès condamnables, ils sont libres de partager leurs affections entre plusieurs femmes. Ils ont soin toutefois que leurs épouses ignorent ces transgressions à la foi promise, de crainte d'exciter leur jalousie et de leur causer du chagrin; car on doit dire, à la louange des hommes, qu'ils sont singulièrement attentifs au bonheur de celles auxquelles ils sont unis. Les femmes sont, pour la plupart, des mères bien tendres; et, comme elles sont chargées de l'éducation de leurs enfants, il est admis, en cas de divorce, qu'elles les conservent auprès d'elles.

Au reste, les femmes sont généralement respectées à cause de leur sexe, acception faite du rang qu'elles tiennent de leur noblesse. Celles qui sont nobles ont droit aux mêmes honneurs que les hommes d'un rang égal. Si une femme du peuple épouse un mataboulè, elle en a le rang; mais si elle est noble, elle lui est supérieure, ainsi que ses enfants mâles et femelles, et n'est tenue de se soumettre à sa volonté que pour ce qui concerne les affaires domestiques. Les femmes fabriquent un grand nombre d'objets de parure : celles des classes supérieures en font à la fois une source d'amusement et de profit sans déroger à leur rang.

MALADIES ET MÉDECINS.

Les indigènes de Tonga ont plus de confiance dans les dieux pour la guérison de leurs maladies que dans l'habileté de leurs médecins. Ils n'usent presque pas de remèdes internes, si l'on en excepte quelques infusions de plantes, qui, du reste, ne produisent aucun effet. Les insulaires des îles Viti, qui ont la réputation de savoir bien traiter les maladies internes, leur en ont les premiers donné l'idée. Mariner ressentant un jour des maux de tête et d'estomac, un médecin des îles Haouaï et un autre des îles Tonga vinrent lui offrir leurs services. Le premier lui ordonna un émétique et un cathartique composé de patates douces râpées, mêlées à du jus de canne à sucre, et de quelque autre plante. Le docteur de Tonga rit beaucoup de ce remède, qui, dit-il, rendrait malade un homme bien portant. Il ne voyait de salut pour lui que dans la saignée, et il voulait à toute force le scarifier avec des coquilles. Mariner ne savait auquel des deux se fier: cependant, comme l'Hippocrate d'Haouaï, pour lui donner de la confiance dans sa drogue, en avala une dose, il se résigna à en prendre aussi. L'émétique opéra au bout d'une heure, le cathartique deux heures et demie après, et le lendemain matin il se trouva parfaitement guéri, au grand étonnement du docteur de Tonga.

CHIRURGIENS.

Aucun habitant de cette île n'est admis à exercer la chirurgie s'il n'a été aux îles Viti, dont les naturels vivent dans un état continuel de guerre, et où il a, par conséquent, plus d'occasions d'apprendre son art. Ils n'entreprennent jamais une opération sérieuse, s'ils ne se sentent pas l'habileté nécessaire pour l'exécuter. Les principales sont le *caso* et le *tocolosi*. La première a pour objet l'épanchement du sang extravasé qui s'est formé dans la partie du thorax, par suite de blessures ou l'extraction d'une flèche cassée. Ils n'ont d'autres instruments qu'un morceau de bambou ou un éclat de coquille, et pour sonde qu'une grosse côte de feuille de cocotier. Mariner vit faire cette opération sur un naturel des îles Viti, qui avait reçu la veille une flèche barbée dans le côté droit, entre la cinquième et la sixième côte. La flèche s'était rompue à trois pouces de la pointe, et était entièrement cachée. On coucha le patient sur le dos, en le tenant un peu penché sur le côté gauche. L'opérateur commença par tracer avec du charbon la marque de l'incision qu'il se proposait de faire des deux côtés de la blessure, et, prenant alors un morceau de bambou, il fit une entaille d'environ deux pouces de long entre les deux côtes, assez grande pour qu'il pût y mettre l'index et le pouce. Ayant aperçu le bout de la flèche, il la saisit avec deux doigts de la main gauche, tandis qu'avec la droite il y passa un fil. Il élargit de nouveau la blessure, y enfonça les deux doigts de la main droite pour écarter les chairs, et tira la flèche avec l'autre. En moins de deux ou trois minutes elle fut extraite. Pendant l'opération, le patient, qui avait perdu connaissance, était tenu par plusieurs hommes, de crainte d'événement. On le retourna ensuite doucement sur le côté droit pour faciliter l'écoulement du sang. Quand il fut revenu à lui, le chirurgien lui dit de respirer fortement, et lui demanda s'il en ressentait de la douleur; le patient lui ayant répondu que non, il lui prescrivit de recommencer plusieurs fois la même chose, et de se mouvoir doucement, mais de prendre garde de se fatiguer. Le sang coula alors avec abondance. Quelques heures après, l'opérateur introduisit entre les côtes un morceau de feuille de bananier enduite d'huile de coco, en guise de plumasseau, pour tenir la blessure ouverte. Il recommanda ensuite à ses gens de le laisser reposer, de ne pas lui parler, et de ne rien faire qui pût exciter son attention. Il lui prescrivit de manger beaucoup de légumes, mais le moins de viande possible, et du poulet de préférence au porc, et enfin de boire autant de lait de coco qu'il pourrait. La première nuit le malade souffrit considérablement; il éprouva une soif ardente et dormit peu, mais le lendemain il se trouva soulagé; il avait perdu une grande quantité de sang pendant la nuit, et on changea son plumasseau. Huit ou dix jours après, quand la blessure ne rendit plus de sang, le chirurgien y enfonça une sonde pour s'assurer que rien ne s'opposait à son écoulement, et il y mit un appareil plus léger pour qu'elle ne se fermât pas trop vite; il lui permit aussi de changer momentanément de position. A mesure qu'il guérissait, il lui permettait de manger une plus grande quantité de viande; mais l'usage du kava lui fut interdit jusqu'à parfaite guérison. La blessure se cicatrisa en six semaines, sans qu'on l'eût pansée ni lavée. Le malade fut sur pied au bout de deux mois, et à la fin de l'année il jouissait d'une santé parfaite.

On défend à un homme qui a été blessé par une arme aiguë de se laver, de se raser, ou de se couper les cheveux et les ongles avant d'être hors de danger, de crainte qu'il n'en résulte le *gila* ou le *tétanos*. Les blessures aux extrémités, mais particulièrement aux pieds, sont presque toujours suivies de la même maladie. Toutefois, elle n'est pas aussi fréquente à Tonga qu'aux îles Viti.

Il n'est guère d'individus, dans ces différentes îles, qui ne s'entende à traiter les fractures et les dislocations des extrémités. Dans le cas de fracture du crâne, ils laissent la nature suivre son cours. Ils guérissent les foulures en frottant la partie affligée avec un mélange d'huile et d'eau, et quelquefois seulement avec la main. Pour les blessures faites par une arme à feu, ils ouvrent la plaie le plus qu'ils peuvent pour tâcher d'extraire la balle, et pour qu'elle se cicatrise plus facilement. L'amputation d'un membre, qui est une opération très-rare, se pratique à peu près comme l'amputation du petit doigt, dont il a déjà été parlé.

GROSSESSE.

Les femmes jouissent en général d'une très-bonne santé. Pendant leur grossesse, elles se frottent le corps avec un mélange d'huile et de curcuma pour se garantir du froid, et elles en font autant après leurs couches. Les accouchements difficiles sont très-rares. Mariner vit un jour une femme, à qui les douleurs avaient troublé la tête, se dégager des mains de ses suivantes, et courir comme une folle à travers les champs. Celles-ci ne firent aucune tentative pour lui porter du secours; elles se contentèrent de prier les dieux à haute voix de lui accorder une prompte et heureuse délivrance; mais, lorsqu'elle fut épuisée de fatigue, elles l'emportèrent chez elle, où elle accoucha au bout de trois jours.

TATOUAGE.

L'instrument qui sert à faire l'opération du *tataou*, ou tatouage, ressemble assez à un peigne fin. L'opérateur le trempe dans un mélange d'eau et de suie; il trace d'abord le contour du tabou, puis il enfonce les dents de son instrument dans la peau, en frappant dessus avec un petit bâton; il lave le sang qui sort des piqûres avec de l'eau froide, et repasse plusieurs fois sur le même endroit. L'opération étant douloureuse, il n'en fait qu'une petite partie à la fois, pour laisser au patient quelques jours de répit; ce qui fait que souvent elle n'est pas terminée au bout de deux mois. Le tatouage prend depuis deux pouces au-dessus du genou jusqu'à trois pouces au-dessus du nombril. Les naturels croient qu'il est indispensable pour un homme d'être tatoué, et il y en a peu qui, ayant atteint l'âge viril, ne se prêtent à cette opération : les femmes en sont exemptes.

INDUSTRIE.

Nous dirons maintenant quelques mots sur l'état des arts et des manufactures dans les îles Tonga. Plusieurs professions sont héréditaires : les unes sont exercées par les hommes et les autres par les femmes. Ils ont emprunté des habitants des îles Viti une grande partie de leurs connaissances dans l'art de construire et de gréer leurs pirogues. Ces derniers bâtissent les leurs avec un bois dur appelé *féhi*, qui n'est jamais rongé des vers. Cet arbre n'existant pas à Tonga, les pirogues qu'on y construit ne sont pas aussi grandes que celles des îles Viti, mais le travail en est plus soigné, et on les polit avec la pierre ponce. Ils les manœuvrent habilement au milieu des récifs (voy. *pl.* 205.)

ART DU FONOLÉ.

L'art du *fonolé*, c'est-à-dire de tailler des ornements de dents de baleine pour le cou, leur vient aussi des îles Viti; mais celui de marqueter avec la même matière des massues, des oreillers de bois, etc., est de leur invention. On est étonné de la netteté du travail de ces premières, quand on considère qu'ils n'ont d'autre outil qu'un togi ou doloire, faite d'un ciseau, d'un morceau de scie, et souvent même d'un clou aplati, auxquels ils mettent un manche. Ils n'ornent de cette manière que les massues d'une forme et d'un bois particuliers, et celles qui ont déjà servi utilement contre l'ennemi. Ces ornements sont en grande partie exécutés par les constructeurs de canots.

La manière de fabriquer les filets est la même que la nôtre. Le fil est fait de l'écorce intérieure de l'arbre appelé *olonga*.

CONSTRUCTION DES MAISONS.

Chaque homme est censé savoir bâtir une maison, ce que l'on appelle *langa falli*; mais il en est qui en font leur métier, et qui sont particulièrement chargés de la construction des grands bâtiments sur les malaïs, des maisons consacrées et des habitations des chefs. La forme de leurs maisons est oblongue ou presque ovale; elles sont fermées sur les côtés, et ouvertes sur la façade et sur le derrière. Ces clôtures sont artistement faites (voy. *pl.* 204). Le toit est soutenu par quatre ou six pieux, et quelquefois davantage, et les bords descendent jusqu'à quatre pieds de terre. Le principal est de savoir bien assurer les poutres; ce qui se fait avec des tresses de différentes couleurs, rouges, noires et jaunes, qui, disposées avec goût, donnent à la maison une jolie apparence. On emploie pour la toiture des grandes maisons, des feuilles sèches de la canne à sucre, qui durent ordinairement de sept à huit ans, et pour les petites, une espèce de natte en feuilles de cocotier, qui ont besoin de réparation tous les deux ou trois ans. Le plancher est élevé d'un pied environ au-dessus de la surface du sol; la terre, d'abord battue, est ensuite recouverte de feuilles de cocotier et d'ifi, et d'herbes sèches, sur lesquelles on étend une natte blanchie, faite de jeunes feuilles de cocotier. Les maisons ne contiennent à proprement parler qu'un seul appartement, divisé par des cloisons de sept à huit pieds de haut. Lorsqu'il pleut, ou pendant les nuits froides, on baisse une espèce de jalousie en natte, laquelle est attachée au toit.

BARBIERS.

Les habitants de Tonga ont deux manières de se raser, l'une avec les deux valves d'une espèce particulière de coquillage appelé *bibi*, et l'autre avec la pierre ponce. La dernière est employée par la personne elle-même, et l'autre par ceux qui sont barbiers de profession. Ils appliquent une coquille au-dessous d'une des touffes de leur barbe; ils placent la seconde au-dessus, et ils enlèvent les poils. Ils réussissent ainsi à se faire la barbe très-près de la peau. Cette opération, qui est longue, mais non pas douloureuse, se renouvelle ordinairement tous les huit ou dix jours. Les femmes rasent la tête de leurs enfants avec une dent de requin.

FABRICATION DES CORDES.

Ils fabriquent des cordes de deux espèces : l'une avec des fibres extérieures de la coquille de noix de coco, qui est la plus forte, et l'autre avec l'écorce extérieure du *foou*. Leurs arcs sont en bois de manglier, et la corde, qui est d'une grande force, est faite avec de l'écorce intérieure d'un arbre nommé *olonga*. Leurs flèches ne sont autre chose que des roseaux armés de pointes, d'un bois très-dur appelé *casuarina*, et qui ont jusqu'à trois ou quatre barbes dentelées. Les plus formidables ont le bout garni d'un os de la raie à aiguillon. Leurs massues ont différentes formes, et sont faites par les constructeurs de canots.

FABRICATION DU GNATOU, DES NATTES, ETC.

Les femmes sont chargées de la fabrique du gnatou. C'est une substance dont la texture ressemble assez à celle du papier. Elle est faite de l'écorce intérieure du mûrier-papier de la Chine, et s'emploie principalement pour vêtements. Cet arbre a rarement plus de six ou sept pieds de haut, et quatre pouces de diamètre. On le coupe le plus près de la racine qu'il est possible, et quand on en a abattu un certain nombre, on les expose au soleil pendant deux jours pour pouvoir en arracher l'écorce plus facilement. On laisse alors tremper cette dernière dans de l'eau pendant vingt-quatre heures, et on en enlève ensuite les parties grossières avec une coquille de moule. Afin de détruire la convexité qu'a prise l'écorce autour de la tige, on la roule en sens contraire, et on la fait macérer encore un jour dans de l'eau, après quoi elle s'enfle, devient plus visqueuse et plus propre à être convertie en une substance qui ait de la fermeté. On l'étend alors sur un tronc d'arbre formant une espèce d'établi, et on la bat avec un instrument de bois carré d'environ un pied de longueur, lequel est uni d'un côté et couvert de grosses rainures de l'autre. L'étoffe se trouve ainsi fabriquée, mais on la remet souvent sur le métier; on la déroule, on la replie à diverses reprises, et on la bat de nouveau pour en resserrer plutôt que pour en amincir le tissu. Dès que ce travail est achevé, on étend la pièce, afin de la sécher. La longueur des pièces est de quatre à six pieds, mais il y en a de plus grandes; leur largeur est moindre de moitié. On réunit ensuite les pièces, et on les enduit du suc visqueux d'une baie appelée *toe*. Quand l'étoffe a la longueur qu'on veut lui donner, on la place sur une large pièce de bois, au-dessus d'une empreinte en relief composée des substances fibreuses de la coque de noix de coco, et l'ouvrière, plongeant un morceau de linge dans le suc de l'écorce d'un arbre nommé *coca*, en frotte l'étoffe qui prend une couleur brune, et devient lustrée. On continue ces opérations du collage et de la teinture jusqu'à ce que la pièce ait la longueur et la largeur nécessaires. Les côtés offrent ordinairement une bordure d'un pied de large qui n'est pas peinte; il y en a une seconde plus large aux deux extrémités. La pièce finie, on la plie soigneusement, et on l'expose à la chaleur, dans une espèce de four souterrain, pour en rendre la couleur plus foncée. Après cela, on l'étend sur l'herbe ou sur le sable; on la teint de nouveau en plusieurs endroits avec le suc du *hea*, qui est d'un rouge brillant, et on la laisse exposée à la rosée pendant l'espace d'une nuit.

Les femmes font aussi toutes sortes de nattes, de paniers de différentes espèces, des peignes et du fil. Les aiguilles, fabriquées par les charpentiers, sont faites de l'os fémoral des ennemis tués à la guerre; mais on ne s'en sert que pour coudre les voiles.

DANSES.

Des hommes de la suite de Finau donnèrent à Cook le spectacle d'une danse tonga. Ils formèrent un double cercle de vingt-quatre chacun autour du chœur, et entonnèrent un air assez agréable, accompagné de mouvements analogues de la tête et des mains. Cette danse, après avoir duré très-longtemps sur le même ton, devint beaucoup plus vive, et les acteurs répétèrent, ainsi que cela avait déjà eu lieu, des sentences conjointement avec le chœur de musiciens. Ils se retirèrent ensuite très-lentement jusqu'au fond de l'arène, comme avaient fait les femmes; puis ils s'avancèrent de même de chaque côté, sur trois rangs, en inclinant le corps sur une jambe, tandis qu'ils avançaient l'autre, en la posant à terre, de manière à former un demi-cercle. Cet exercice fut aussi accompagné d'un air assez mélodieux; mais on y substitua bientôt des sentences prononcées d'une voix forte. La danse prit un grand degré de vivacité, et finit par une acclamation générale et des battements de mains. Ils répétèrent ces figures plusieurs fois, et toujours en formant une double chaîne, comme au commencement.

La fête se termina par une danse qu'exécutèrent les principaux chefs présents; elle ressemblait, sous plusieurs rapports, à la précédente, excepté que chaque pose ne finissait pas de la même manière; car leurs mouvements acquéraient alors une telle vélocité, et ils remuaient la tête d'une épaule à l'autre avec tant de force, que celui qui n'aurait pas été habitué à ce genre de spectacle, aurait raisonnablement pu croire qu'ils allaient se disloquer le cou. Les danseurs formèrent ensuite un triple demi-cercle, comme l'avaient fait ceux qui les avaient précédés, et l'un d'eux, qui s'avança à l'extrémité d'un des côtés du demi-cercle, prononça une espèce de récitatif avec une grâce que beaucoup de nos meilleurs acteurs auraient pu envier. Un autre, placé à l'extrémité opposée du demi-cercle, lui répondit de la même manière. Ceci ayant été répété plusieurs fois, les deux côtés du demi-cercle prirent part au dialogue de leurs coryphées, et finirent par chanter et danser comme ils avaient commencé.

Ces deux dernières danses furent exécutées avec tant de vivacité et de précision, que les acteurs furent couverts d'applaudissements. Certains spectateurs indigènes, qui étaient sans doute très-bons juges en pareille matière, ne purent souvent retenir l'expression de leur contentement; et Cook avoue que les Anglais, moins habitués que les indigènes à ces différents exercices, partagèrent souvent leur satisfaction; car, bien qu'en général il régnât l'ensemble le plus parfait dans ces exercices, beaucoup de gestes étaient si expressifs que l'on pouvait dire qu'ils peignaient on ne peut mieux le langage qui les accompagnait, si l'on admet qu'il y ait quelque rapport entre le mouvement et le son.

L'endroit où ces danses eurent lieu, était un espace ouvert, entouré d'arbres, près du bord de la mer, éclairé par des lumières placées tout à l'entour à de petits intervalles. On y comptait environ cinq mille spectateurs.

Le capitaine Cook n'a décrit que deux des principales danses de ces insulaires; mais il en est deux autres aussi remarquables appelées *héa* et *oula*, que nous emprunterons à Mariner. La première est une des plus anciennes des îles Tonga, et n'est exécutée que par les chefs ou par les mataboulès. Elle est très-difficile, non-seulement à cause des gestes qu'elle exige, mais encore à cause du chant. Le chœur se compose d'environ dix ou douze chefs ou mataboulès, au milieu desquels s'assied un homme, qui frappe en mesure sur une planche d'environ trois pieds de longueur avec deux petits bâtons qu'il tient dans chaque main. On doit principalement s'attacher à conserver la mesure, et cela est d'autant plus difficile, que le chef d'orchestre la bat avec une extrême vitesse, surtout quand il arrive vers la fin. Les danseurs, qui sont tous des hommes, font en même temps autour du chœur plusieurs évolutions, pendant lesquelles ils prennent les attitudes les plus gracieuses. Cette danse conforme, suivant eux, à la dignité et aux habitudes de gens bien nés, est une partie indispensable de l'éducation d'un chef ou d'un mataboulè.

La danse nocturne, appelée *oula*, qui est aussi très-ancienne, n'était jadis en usage que parmi les dernières classes du peuple. Mais un chef de Tonga, ravi de la grâce avec laquelle on l'exécuta devant lui à Samoa, où elle fut, dit-on, inventée, la mit à la mode à son retour dans son île. Depuis cette époque, l'oula de Tonga est tombée dans le discrédit, car Mariner ne se rappelle l'avoir vu danser qu'une seule fois. Les figures sont semblables à celles des autres danses déjà décrites; mais les mouvements des pieds et les attitudes du corps sont bien différentes, et l'exécution en est beaucoup plus animée (voy. *pl.* 202).

MUSIQUE ET INSTRUMENTS DE MUSIQUE, POÉSIE, CONTES ET JEUX.

Ces divertissements nous conduisent naturellement à parler de la musique et de la poésie. Tous les instruments de musique des insulaires de Tonga sont des bambous creusés, le *nafa*, espèce de tambour, et une flûte appelée *fango-fango*, qui s'embouche par le nez. Ils placent ordinairement le bec de cette flûte dans la narine droite, et bouchent l'autre avec le pouce de la main gauche. Il y en a qui ont cinq trous en dessus et un en dessous, et d'autres qui en ont quatre et six. Le son en est doux et grave. Cet instrument ne sert que pour accompagner une espèce de chant appelé *oubé*.

La plupart de leurs chansons contiennent des descriptions de quelque site agréable ou le récit d'événements passés; d'autres ont trait à des endroits inconnus, tels que Bolotou et la terre des Papalanguis. Ce dernier mot est une corruption du mot *Franguis*, Européens. La peinture qu'ils font du pays des Européens est vraiment comique. Le poëte commence par décrire les animaux du pays. Il dit, entre autres choses, qu'on voit paître dans les champs des cochons prodigieux avec des cornes, et que dans les mouas on rencontre souvent d'énormes oiseaux qui traînent des maisons. Les femmes, dit-il ensuite, sont tellement surchargées de vêtements, qu'un habitant de Tonga étant entré dans une maison, prit une femme pour un paquet de *gnatou papalangui* (linge), et la chargea sur ses épaules pour l'emporter. Mais quel fut son étonnement lorsque le paquet sauta en bas et se sauva! Une de ces chansons retrace les principaux événements des visites du capitaine Cook et de l'amiral d'Entrecasteaux; et une autre, la révolution de Tonga et la fameuse bataille qui s'y livra, etc. Il y en a qui n'ont ni rime ni mesure, et d'autres qui ont les deux. Leurs poëtes se retirent souvent pendant plusieurs jours de suite dans les lieux les plus solitaires et les plus romantiques de l'île, pour donner un libre cours à leur imagination poétique, et ils rapportent ordinairement à la moua plusieurs compositions nouvelles.

Leurs jeux et leurs divertissements sont très-nombreux. Celui du *liadgi* est le premier et le plus important, en ce que les chefs et les mataboules en ont seuls le monopole. Il faut réunir deux ou quatre personnes, pour pouvoir le jouer. Les joueurs s'asseyent vis-à-vis l'un de l'autre, et se mettent à faire simultanément des signes avec la main. Celui dont le tour est arrivé, présente brusquement à son adversaire sa main ouverte ou fermée, ou simplement l'index étendu; et si celui-ci fait en même temps le même mouvement, c'est alors à son tour. Si, au contraire, le premier réussit cinq fois de suite à faire un de ces signes sans que l'autre l'ait imité, il jette à terre un des cinq petits bâtons qu'il tient à la main. Celui qui s'en défait le premier a gagné la partie. Le jeu de balles plaît beaucoup aux jeunes filles (voy. *pl.* 201 et 203).

Un autre jeu consiste à lancer en l'air une lourde lance, de manière à ce qu'elle se fiche en tombant sur un morceau de bois tendre placé au bout d'un pieu. Ils sont ordinairement six ou huit joueurs de chaque côté, et celui qui réussit le plus souvent dans trois coups gagne la partie. Le pieu a environ cinq ou six pieds de long, et le but a neuf pouces de diamètre. Le joueur peut se placer à la distance qu'il juge convenable.

Il y a un dernier jeu qui consiste à porter une pierre sous l'eau entre deux pieux placés à trente-cinq toises de distance l'un de l'autre. Lorsqu'il s'élève quelque dispute pendant ces jeux, les hommes la vident par un combat à la lutte, sans qu'il en résulte jamais rien de sérieux.

Les indigènes prennent grand plaisir à s'entretenir avec les personnes qui ont voyagé. Ils aiment beaucoup les contes et les anecdotes, et il y en a parmi eux qui ne se font aucun scrupule d'en inventer. Ils se plaisent principalement à parler des mœurs et des coutumes des Papalanguis. Ils se rassemblent pour causer, non-seulement à de certaines heures du jour, mais encore pendant la nuit. Si l'un d'entre eux se réveille et ne se sent plus envie de dormir, il appelle le voisin pour causer avec lui, et pour peu que celui-ci en réveille un autre, tous les gens de la maison, au nombre d'environ trente ou quarante, prennent bientôt part à la conversation. Le chef ordonne quelquefois à ses cuisiniers de faire cuire un porc et des ignames, et de les lui apporter tout chauds au milieu de la nuit. On allume alors les torches et tout le monde se lève pour participer au festin ; après quoi, les uns se recouchent et les autres restent à jaser jusqu'au matin.

EMPLOI DU TEMPS.

Ils se lèvent au point du jour, s'enveloppent de leurs gnatous et vont se baigner dans la mer ou dans un étang voisin. Ils ont grand soin de leur bouche, et frottent souvent leurs dents avec de la coque de coco ou du charbon. En sortant du bain ils rentrent chez eux, et s'enduisent le corps d'huile de coco parfumée de l'essence de certaines fleurs ou du bois de sandal, puis ils s'habillent. Les hommes portent autour du corps une pièce de gnatou de cinq, six ou huit pieds de long, drapée avec assez de goût. Il y a deux ou trois manières de la mettre ; mais la plus élégante est celle que suivent les chefs. Leur gnatou prend du milieu du corps, en laissant la poitrine, les épaules et les bras à découvert, et descend jusqu'à la cheville des pieds. Ils portent au-dessus des hanches une ceinture très-large de la même étoffe, qui se détache facilement, et dont ils se couvrent la tête lorsqu'ils sortent pendant la nuit.

Il y a très-peu de différence entre le costume des hommes et celui des femmes ; on distingue ces dernières à une petite nappe d'un pied de large qu'elles portent autour de la ceinture. Les femmes enceintes et les personnes âgées se voilent le sein.

Après les parties de kava du matin, qui durent ordinairement de deux à cinq heures, les vieillards rentrent chez eux pour dormir et pour causer. Les jeunes gens accompagnent les chefs partout où il leur plaît de les conduire. Vers midi, un mataboulé leur fait une distribution des comestibles envoyés aux chefs par leurs vassaux et leurs amis. Dans l'après-midi les uns se rassemblent pour causer, les autres vont donner la chasse aux rats, et la journée se termine presque toujours par des chants et des danses, qui se prolongent assez avant dans la nuit. Quand ces divertissements n'ont pas lieu, ils se retirent dans leurs habitations respectives aussitôt le coucher du soleil. Ils n'ont pas d'heure fixe pour leurs repas. Ils mangent ordinairement le matin, à midi et dans la soirée ; mais cela dépend entièrement des occupations des chefs ou des provisions qu'ils ont reçues.

JOURNAL D'UN ARTISTE DISTINGUÉ (*), DURANT SON SÉJOUR A TONGA.

Les habitants de Tonga observent religieusement l'usage remarqué par les plus anciens navigateurs de changer de nom avec l'ami qu'ils ont choisi. Les deux chefs Palou et Lavaka, qui, depuis l'échouage de l'*Astrolabe*, étaient restés es fidèles commensaux du bord, avaient adopté des amis parmi les officiers, et les gens de leur suite avaient aussi fait leur choix parmi le reste de l'équipage. Pour moi, dit M. Sainson, dessinateur habile et exact de l'expédition, non moins qu'homme d'esprit, occupé presque tout le jour à dessiner les sujets variés qui se présentaient en foule, j'avais eu peu de relations particulières avec les indigènes, lorsque deux jours après notre ancrage, l'Anglais Ritchett, que j'avais eu occasion d'obliger en renouvelant son accoutrement européen, m'aborda sur le pont, et me montrant un homme assis à l'écart sur le bastingage, me dit que cet homme voulait être mon ami. Je demandai à Ritchett quel était ce personnage que je n'avais pas encore aperçu parmi les autres insulaires : « Oh ! Monsieur, me répondit l'Anglais, c'est un grand chef et un grand guerrier ; cet homme est le Napoléon de Tonga-Tabou. » A une aussi imposante dénomination, je ne balançai pas, je m'avançai vers le chef qui me tendit la main en souriant, j'appuyai mon nez contre le sien. Je lui dis mon nom, il m'apprit le sien, et dès ce moment je devins pour toute

(*) M. de Sainson, Voyage de l'*Astrolabe*.

la population de l'île un autre lui-même. Mon nouvel ami se nommait Tahofa.

L'Anglais ne m'avait pas trompé, Tahofa jouissait d'une autorité et d'un crédit fort étendus ; nous en eûmes plus tard des preuves qui nous coûtèrent malheureusement trop cher. Ce chef, qui eut une influence si fatale sur notre séjour à Tonga, pouvait avoir quarante ans ; sa taille n'excédait pas cinq pieds trois pouces. Ses belles formes accusaient une grande vigueur musculaire: sur toute sa personne régnait une propreté remarquable ; comme tous les insulaires, il portait autour des reins un large jupon d'étoffe d'hibiscus, sans aucun ornement qui annonçât son rang suprême. Sa figure imposante empruntait un caractère singulièrement noble d'un front élevé qui allait s'élargissant vers les tempes, et que couronnaient des cheveux bruns, rares et frisés. Son regard était doux et vif en même temps ; ses lèvres minces et vermeilles affectaient souvent un sourire qui n'avait rien de franc. Enfin sa figure, sa voix insinuante, ses habitudes flatteuses, décelaient un homme infiniment plus avancé que ses compatriotes dans les voies de la civilisation, mais peut-être aussi de la perfidie. Tahofa était sans doute par sa bravoure l'Achille de ces parages, mais nous trouvâmes aussi en lui plus d'un rapport avec le sage Ulysse.

Dans l'état politique qui régissait alors Tonga, l'autorité suprême, partagée en apparence entre les trois chefs, se trouvait réellement réunie dans les seules mains de Tahofa. Lorsque les habitants de l'île eurent chassé la race antique de leurs rois, Palou (voyez leurs portraits pl. 191), Lavaka et Tahofa furent conjointement investis de la souveraine puissance. Tahofa, doué de qualités guerrières, rendit au pays d'éminents services dans les combats, et dès lors il s'éleva dans l'opinion des insulaires bien au-dessus de ses deux collègues, qui, à des goûts tout pacifiques, joignaient l'indolence et l'incapacité. Bien plus, par une politique qui dénote un degré peu commun d'intrigue et d'habileté, Tahofa, devenu père d'un garçon, réussit à le faire adopter par la tamaha, mère du roi chassé, et la seule personne de la branche souveraine qui fût restée dans l'île. En vertu de cette adoption, nous pûmes voir le peuple de Tonga, et Tahofa lui-même, rendre humblement à un enfant de trois ans les honneurs dus au rang suprême et à la race vénérée des toui-tongas. On voit que, pour un sauvage, Tahofa avait assez bien préparé l'avenir de sa famille.

N'était-il pas merveilleux de retrouver aux extrémités du monde, dans une île presque imperceptible sur la carte du globe, une parodie si vraie, si frappante des grands événements qui, lorsque nous étions encore enfants, avaient agité l'Europe entière ? Ainsi la mer du Sud avait aussi son Napoléon. Peut-être n'avait-il manqué au guerrier sauvage qu'un plus vaste théâtre pour remplir aussi un hémisphère de son nom et de sa renommée. N'est-il pas au moins étonnant de voir, aux deux points opposés de la terre, deux ambitions procéder par les mêmes moyens, et s'avancer vers un même but ? Entre Napoléon et Tahofa, la distance est énorme, sans doute : mais aussi entre la France et Tonga-Tabou !.....

L'incognito de mon illustre ami ne fut pas longtemps gardé à bord. Palou le présenta au commandant comme l'un des trois chefs de l'île, régnant plus particulièrement sur le district de Béa, grand village dans l'intérieur des terres. Tahofa reçut, comme ses collègues, des présents considérables, et devint, ainsi qu'eux, habitant du navire.

Chacun des chefs de Tonga-Tabou entretient une cour fort nombreuse, qui, comme cela se pratique dans d'autres contrées, dissipe largement avec le maître ce que le peuple récolte péniblement. Le nombre et le mérite personnel de ces courtisans rapportent au chef plus ou moins de considération ; ils sont en même temps les conseillers et les gardes du corps du patron qu'ils servent : on les nomme mataboulès. Nos trois hôtes, qui ne quittèrent pas la corvette, s'étaient fait accompagner d'un assez grand nombre de ces mataboulès, de sorte que nous possédions quantité de convives que nous fêtions de notre mieux pour répondre aux politesses des chefs. Aussitôt qu'on avait desservi nos tables, les cuisiniers se remettaient à l'œuvre pour nos hôtes et leur suite, et ce n'était pas un spectacle peu récréatif pour nous que de voir ces messieurs assis gravement à la table, imiter tant bien que mal nos usages, et se faire servir par nos domestiques, qui avaient ordre de ne leur rien refuser. Nous remarquions surtout le gros Palou, qui, ayant des Anglais à son service, se piquait de savoir les belles manières, et qui, pour le prouver, tendait à chaque instant son verre, demandait du rhum, et buvait tour à tour à la santé des convives, non sans faire quelques grimaces.

Pendant que nous menions à bord du navire cette vie tout à la fois tranquille et confortable, l'extérieur de la corvette offrait du matin au soir les scènes les plus variées. Dès que le soleil se montrait à l'horizon, une foule de pirogues nous entouraient de toutes parts ; les naturels qu'elles apportaient grimpaient aussitôt contre les flancs du bâtiment, et malgré la protection de nos filets d'abordage, qui étaient constamment hissés, les factionnnaires ne pouvaient qu'avec peine empêcher les plus entreprenants de s'introduire sur le pont. Un triple rang d'hommes et de femmes chargeait nos porte-haubans, et leurs cris assourdissants ne laissaient pas de nous être incommodes. C'était à travers les mailles du filet qu'avaient lieu les échanges auxquels les indigènes et notre équipage se livraient avec une ardeur égale. Sans parler de l'extrême abondance de vivres que nous achetâmes en peu de jours, le navire fut rempli de curiosités, de coquilles, d'objets d'histoire naturelle, que l'équipage se procurait avec un empressement sans exemple. Les matelots, qui remarquaient le zèle infatigable de nos naturalistes, ne pouvaient se persuader que leurs collections n'eussent qu'une valeur purement relative. Dans l'idée qu'un intérêt plus réel s'attachait à des objets si soigneusement recherchés, l'équipage entier s'appliquait à en réunir la plus grande masse possible. Ces collecteurs éclairés travaillèrent de telle sorte que, dans la suite du voyage, l'autorité des officiers dut arrêter cette fureur scientifique, et qu'on jeta à la mer, au grand désappointement des propriétaires, une foule de ballots qui encombraient réellement le navire, et nuisaient à la salubrité.

Comme tous les naturels de ces vastes mers, nous trouvâmes les naturels de Tonga-Tabou fort empressés de se procurer du fer ; mais une marchandise dont nous ne soupçonnions pas l'importance, acquit tout à coup une valeur incroyable chez ces insulaires : c'étaient les perles de verre bleu clair. Il est impossible de se figurer avec quelle avidité cette précieuse matière était recherchée à Tonga. Je ne crois pas exagérer en assurant que chez nous celui qui donnerait des diamants pour des épingles, n'aurait pas plus de gens à contenter. Les colliers de verre bleu excitaient l'envie de tous les habitants, depuis les chefs jusqu'aux derniers rangs du peuple. Dès qu'ils s'étaient procurés ce trésor, ils le cachaient avec un soin extrême, revenaient à la charge pour tâcher d'ajouter encore à leurs richesses, en nous offrant tout ce qu'ils pouvaient imaginer de plus tentant pour nous. Cette fureur d'acquérir nous valut quelques offres réellement singulières ; mais il n'était rien dont un insulaire ne pût faire le sacrifice pour ces beaux colliers bleus. Combien n'en ai-je pas vu réunir à grand'peine quelques bagatelles qui faisaient tout leur bien, et solliciter à ce prix quelques grains du verre tant désiré ! Aussi de cet engouement pour un objet particulier naissait-il une dépréciation considérable de tous les autres, et tel nous accordait pour une seule perle, ce qu'il aurait refusé de livrer pour plusieurs ustensiles de fer d'une valeur incomparablement supérieure.

Notre équipage avait grand besoin, pour réparer ses forces, de l'excellent régime nutritif dont nous jouissions à Tonga; car il était soumis aux plus rudes travaux par suite de notre malheureux échouage. Nous avions laissé au fond des eaux de la passe d'entrée des ancres qu'il nous était trop précieux de retrouver pour qu'on négligeât d'en faire la tentative. Ainsi, outre les travaux ordinaires du bord, les approvisionnements de bois et d'eau, nos matelots durent encore, pendant plusieurs jours, sur une grosse mer, et brûlés par un soleil ardent, user leurs forces à cette pénible pêche, qui eut d'assez heureux résultats, mais qui jeta parmi eux un découragement qui faillit plus tard nous devenir funeste. Accablés par la fatigue du moment, ces hommes insouciants oubliaient qu'ils travaillaient pour eux-mêmes, et que ces ancres, si péniblement arrachées du fond des coraux, leur sauveraient plus d'une fois la vie dans la suite du voyage. Les officiers du bord commandaient ordinairement ces longues corvées; la relâche presque entière fut employée par eux en travaux fastidieux. Plus heureux, les naturalistes et moi, nous pouvions nous livrer à des excursions qui grossissaient leurs collections et mon portefeuille, tandis que nos pauvres camarades ne nous accompagnaient que dans les intervalles que le service leur laissait.

Dans les premiers jours de notre relâche, nous trouvions sur l'île de Pangaï-Modou une chasse abondante d'oiseaux très-variés. Cette île servait surtout de retraite à une charmante espèce de colombe dont le plumage est vert et la tête amarante. Nous aimions aussi à aller nous asseoir sous ses beaux ombrages, sans autre but que de jouir de notre bien-être présent, si doux en comparaison des traverses que nous avions essuyées dès le commencement de notre périlleuse campagne. Couchés sous les belles voûtes de cette large végétation, souvent j'esquissais avec soin tous les arbres nouveaux pour moi, que j'embrassais d'un seul coup d'œil. C'étaient l'élégant bananier, qui fournit à la fois aux habitants de Tonga un fruit excellent, de vastes serviettes pour étaler leurs mets, des torches pour chasser les ténèbres, des coupes qui ne servent qu'une fois pour boire le kava, et après le repas, de ses nervures ouvertes, une eau assez abondante pour laver les doigts et les lèvres des coquets insulaires; le papayer aux fruits dorés, qui se distinguent par un goût et une odeur fortement prononcés; le latanier, qui donne aux femmes de Tonga de légers éventails pour chasser loin du chef qui dort les insectes importuns; le vaquois avec ses bizarres rejetons, qui, d'un seul arbre, font cent arbres issus d'une tige commune; le frêle *hibiscus*, dont l'écorce glutineuse s'étend en étoffes immenses; les élégantes fougères, dont les dessins déliés ornent ces mêmes étoffes : telles étaient les riches productions de la nature dont j'étais entouré; et puis dessus tout cela se balançait majestueusement le cocotier, cet arbre bienfaisant qui désaltère les hommes et nourrit les animaux, qui donne à ces peuplades une huile douce et suave pour la parure, du bois pour élever les maisons, un chaume impénétrable pour les couvrir, et des cordes pour gréer les pirogues. Souvent, au milieu de ce magnifique spectacle, favorisé par le silence des bois, je me suis involontairement laissé aller à des rêveries dont les heureux mensonges me reportaient au milieu de ma famille et de mes amis; car la France était toujours le but de nos pensées, même lorsque mille émotions nouvelles venaient nous charmer par leur variété.... Et puis, si je venais à songer quelle distance nous séparait de la patrie, par combien de dangers nous devions acheter notre retour, j'osais à peine espérer que nous reverrions un jour notre cher pays!

Quelques cabanes éparses sous les

arbres servaient de demeures à un petit nombre d'insulaires. Lorsque nous arrivions chez ces bonnes gens, ils nous invitaient fort poliment à nous asseoir sur la natte qui couvre le sol ; les jeunes gens montaient aussitôt au sommet du cocotier le plus prochain, et en faisaient tomber les fruits ; ils se servaient de leurs dents pour enlever le brou tenace et landreux qui entoure la noix, et cette opération exige beaucoup de force et d'adresse ; puis, lorsque le bois est mis à nu, ils enlèvent adroitement le dessus du fruit, du côté de la pointe, et l'offrent à leurs hôtes, qui n'ont plus qu'à boire la fraîche liqueur.

Lorsque nos hôtes avaient montré pour nous ces aimables prévenances, nous les en récompensions au moyen de quelques grains de verre, et certes nous nous montrions généreux ; aussi ne nous laissaient-ils partir qu'en nous engageant à revenir souvent les visiter.

Bientôt nos promenades durent prendre plus d'extension, car les oiseaux, effarouchés par nos coups de fusil, avaient déserté Pangaï-Modou. Au moyen de la marée basse, qui ne laissait sur ce récif qu'un ou deux pieds d'eau, nous passions dans les petites îles voisines, jusqu'à celle qu'on nomme Onéata, qui offre une assez grande étendue. Là se bornèrent nos courses, pendant quelques jours ; mais nos liaisons avec les chefs, et la confiance que nous avions dans les insulaires, nous inspirèrent bientôt le désir de voir mieux le pays, et d'aller chez les naturels eux-mêmes étudier leurs mœurs et leurs usages.

Un jour, M. de Sainson, et son ami, M. Lesson, se rendirent à l'île Onéata. A quelques pas, sous les arbres, dit le premier, nous découvrîmes l'établissement de pêche de Tahofa, disposé comme un hameau de cinq ou six cabanes. La principale, destinée à la famille du chef, s'élevait sur le bord de la mer, et se distinguait par sa propreté intérieure et la finesse des nattes étendues sur le sol (voy. pl. 192). Nous trouvâmes là une petite partie de la famille de Tahofa avec l'épouse du chef, mere de l'enfant mâle adopté par la tamaha. Cet enfant, âgé de trois ans et demi, et doué d'une charmante figure, jouait à côté de sa mère ; il était vêtu d'une petite étoffe, qui laissait nus les bras et la poitrine ; un collier de verre bleu, marque insigne de luxe, pendait à son cou ; sa tête, rasée à la mode des enfants de Tonga, était ornée, sur les tempes, de deux touffes de cheveux frisés, tout brillants d'huile de coco. Dans un coin de la maison, plusieurs jeunes filles, dont les formes et la figure étaient ravissantes, s'occupaient de je ne sais quels détails de ménage. Ces jolies filles étaient les odalisques du seigneur Tahofa, qui, au dire de Ritchett, en comptait vingt-trois dans sa maison de Béa. Assurément, nous n'aurions pas mieux demandé nous-mêmes que de faire connaissance avec elles ; mais le regard du maître les tenait clouées à leur place, et je compris que le vieux sultan, en me cédant son nom, n'avait pas prétendu pousser plus loin la communauté.

Après avoir offert à la femme du chef un présent convenable de colliers et de bagues, nous prîmes place sur la natte. Les femmes sortirent aussitôt, et on fit les préparatifs du déjeuner.

D'abord on étendit devant nous de grandes feuilles de bananier, puis on y plaça des bananes cuites et crues et des ignames ; un instant après, on servit diverses sortes de poissons cuits. Un matabouïè, qui ne mangeait pas, préparait, pour le chef et pour nous, des morceaux qu'il dépeçait fort proprement ; enfin, on apporta deux poissons argentés, que le même serviteur ouvrit encore vivants, car ils sortaient de la mer, et nous vîmes avec surprise notre hôte en manger, sans autre préparation que de tremper des morceaux dans de l'eau de mer. Tahofa, devinant sans doute ce qui causait notre étonnement, nous engagea à plusieurs reprises à faire comme lui ; et, les premiers dégoûts une fois vaincus, je fus tout étonné de trouver cette nourriture sans apprêt beaucoup plus supportable que je ne l'eusse jamais imaginé. Le repas achevé, on présenta aux chefs deux ou trois fragments de bananier; il les fendit, en exprima l'eau, et s'en lava les lèvres et le bout des doigts. Après cette ablution, tout le monde rentra dans la cabane : la femme et l'enfant du chef vinrent se placer près de nous, et le reste des serviteurs se tint debout au fond de la maison, du côté de la mer.

Alors commença une scène que nous observâmes avec d'autant plus d'intérêt qu'elle nous donna mieux que tous les livres possibles une mesure exacte du caractère et de la civilisation raffinée de ces peuples, que nous nommons encore sauvages. Tahofa, qui était à demi étendu sur la natte, se leva tout à coup, se prosterna devant l'enfant, en appliquant son front contre terre; il saisit le pied de son fils, se le posa sur la nuque, et resta quelques instants dans cette posture; après quoi, se relevant gravement, il reprit sa place accoutumée. Cet exemple fut suivi par la mère du petit garçon, et successivement par tous les serviteurs du chef, qui s'avancèrent tour à tour pour donner à l'enfant cette marque de respect, à laquelle ils ajoutaient encore un baiser sur le pied. C'était ainsi que Tahofa travaillait à consolider l'édifice de puissance qu'il avait élevé pour sa dynastie. L'adoption de l'enfant par la tamaha l'élevait de droit à toutes les prérogatives de la race royale, dont cette vieille femme était le seul membre survivant dans l'île, et Tahofa, en profond politique, se soumettait le premier à toutes ces momeries de respect, pour lesquelles il avait probablement dans son cœur un profond mépris.

Pendant tout ce baise-pied, le petit bonhomme jouait, allait, venait, sans se prêter le moins du monde aux hommages de sa cour, qui saisissait l'instant favorable pour s'acquitter de son devoir.

La maison fut encore une fois quittée par les serviteurs de Tahofa; il ne resta plus avec le maître et nous qu'une ou deux vieilles femmes. On apporta des rouleaux d'étoffes qui devaient nous servir de traversins. Le chef s'étendit sur le dos et ne tarda pas à sommeiller.

LANGAGE.

La langue des insulaires de Tonga est radicalement la même que celle des nouveaux Zeelandais : cependant ils admettent de plus que ceux-ci les sons *d, tch, f* et *s*; en outre, il suffit de jeter les yeux sur le vocabulaire de Mariner pour reconnaître qu'ils ont aussi un grand nombre de mots étrangers à la langue polynésienne, et qu'ils auront probablement reçus de leurs voisins de l'Ouest.

Du reste, cette langue est douce, mélodieuse, et moins monotone que celles de Taïti et de Nouka-Hiva. Le discours de Finau, l'histoire de Tangaloa et de ses fils, et le chant sur l'île de Likou, prouvent aussi qu'elle ne manque ni d'énergie, ni de richesse, ni de grâces naturelles. Mariner a observé qu'elle emploie fréquemment ce genre d'ironie qui consiste à dire le contraire de ce que l'on veut exprimer, pour mieux convaincre la personne à laquelle on s'adresse.

Un jour que M. Gaimard se rendait chez le chef Palou, où il était invité à dîner, les insulaires qui dirigeaient sa pirogue chantaient les paroles suivantes, dont il lui fut impossible de connaître le sens. Les Anglais qui demeurent à Tonga-Tabou, dit M. Gaimard, nous ont assuré que les naturels eux-mêmes ne le connaissaient pas. Les voici :

« Tho koïa
Otou vouaï mabouna
Au-hi-ha-hé,
Otou vouaï taffé. »

Une partie des nageurs chante, *Tho koïa*, et l'autre partie répond, *Otou vouaï mabouna:* les premiers reprennent et disent, *An-hi-ha-hé;* les seconds répondent, *Otou vouaï taffé*; et ces quatre vers sont psalmodiés pendant des heures et des journées entières.

AMOURS DE LA PRINCESSE OZELA ET D'UN JEUNE ANGLAIS. MASSACRE DU CAPITAINE POWELL.

On ne lira pas sans un vif intérêt le

récit suivant, que nous devons à M. Jules de Blosseville, navigateur d'un rare mérite, chargé par le gouvernement de l'exploration de l'Islande, du Groënland et autres contrées septentrionales, et qui, peut-être en ce moment, a subi le sort de la Pérouse, au grand regret de la science, de la patrie et de l'amitié.

« Nous étions à Sidney. Dans nos communications avec ces intrépides navigateurs, et dans celles que nous eûmes avec les hardis explorateurs de la Nouvelle-Galles, MM. Oxley, Lawson, Cunningham, Powell, et avec notre ami, M. Uniacke, toute différence de nation avait disparu; nos connaissances, nos travaux semblables, nos dispositions cosmopolites, avaient éteint toute distinction, toute rivalité.

« Dans ces rendez-vous de marins et de voyageurs, auxquels aucun point du globe n'était inconnu, nous avions remarqué particulièrement le capitaine Georges Powell; sa jeunesse, ses manières aisées, son caractère entreprenant, étaient de fortes présomptions en sa faveur; à l'âge de vingt-trois ans, il se recommandait déjà par la découverte du groupe austral qui porte son nom, par une exploration détaillée de la Nouvelle-Shetland, et par un travail sur le détroit de Magellan; soupirant avec ardeur après les grandes aventures, les rencontres périlleuses, il promettait de remplir une carrière féconde en événements, et nous rappelait, sous quelques points de vue, le caractère de certains flibustiers, dépouillé de la soif de l'or et de la cruauté.

« Lorsque nous allions visiter ce capitaine aventureux à bord du navire baleinier le *Rambler*, qu'il commandait, nous trouvions auprès de lui un jeune homme d'une assez jolie figure, mais d'une disposition apathique, qui lui avait été recommandé, avec de grandes instances, par sa famille. Nous ne nous doutions guère alors que nous avions devant les yeux la victime et la cause d'une sanglante tragédie, dont le milieu du grand Océan allait être le théâtre, et qu'il nous faudrait aborder, quelques années plus tard, dans une île de l'océan Atlantique et sur les côtes du Pegou, pour en recueillir les détails circonstanciés.

« Le *Rambler* partit avant la *Coquille* pour la pêche du cachalot, dans le grand Océan, sans avoir un plan bien fixe, mais avec le désir de faire des découvertes dans des parages peu fréquentés. Le capitaine Powell fut accompagné de tous nos vœux; nous n'avions aucun motif d'être plus inquiets sur son sort que nous ne l'étions sur le nôtre. Nous ne tardâmes point à apprendre qu'il avait fait une courte apparition à la Baie des Iles, dans la Nouvelle-Zeeland.

« Dans le mois de septembre de la même année, nous apprîmes, en abordant à l'île de France, que le capitaine Powell avait été tué par les naturels d'une île où il avait relâché. On ne savait pas d'autres détails. Nous voulûmes douter de la sincérité d'une nouvelle aussi vague; mais malheureusement elle nous fut confirmée, peu de temps après, à Sainte-Hélène, où nous rencontrâmes le chirurgien du *Rambler*; son navire ayant été désarmé au port Jackson, il revenait en Europe, et nous donna des détails trop positifs. Quelques articles du *Missionnary Register* instruisirent le public du sort de la victime, en outrageant injustement sa mémoire. Un critique distingué compare, dans une Revue, le sort de Powell à celui de Cook : le détail des circonstances de sa fin rendra ce rapprochement bien plus sensible encore pour tous les esprits.

« Au mois de décembre 1827, la rencontre la plus singulière me fit trouver à la fois, sur les côtes du Pegou, dans le pilote anglais qui conduisit la *Cherrette* au mouillage de Rangoun, un officier du *Brampton* (perdu à la Baie des Iles) et du *Rambler*, qui me raconta la fin tragique de Georges Powell.

« En s'éloignant des rivages de la Nouvelle-Zeeland, le *Rambler*, se dirigeant vers les îles Tonga, vint mouiller dans le Port-Refuge, sur la côte ouest de Vavao. Des relations d'intimité s'établirent aussitôt avec les naturels; elles duraient depuis trois jours sans le moindre nuage; des provisions étaient fournies en abondance; le roi Houloulala était presque toujours à bord; il y avait même couché; et sa fille, la belle Ozela, partageant le goût de toutes les Polynésiennes pour les enfants de l'Europe, avait conçu la plus vive affection pour John, le jeune protégé du capitaine. Qui aurait prévu que cette heureuse harmonie allait cesser tout à coup? qu'une mésintelligence légère et l'amour d'une jeune fille causeraient les plus grands désastres, en devenant aussi fatals aux naturels qu'aux étrangers?

« Le quatrième jour de sa relâche, la nuit commençait à s'étendre sur le mouillage, quand un émissaire vint prier le roi de descendre à terre. Celui-ci se rendit à ce désir avec une précipitation qui inspira des soupçons trop tardifs. Il n'était plus possible de le retenir, quand l'appel de l'équipage fit découvrir l'absence de cinq hommes; John était du nombre. La méfiance devint extrême, et toutes les craintes furent augmentées par le rapport d'un Indien, qui, après un séjour de quelques années dans l'île, venait de prendre service sur le *Rambler;* s'étant chargé d'aller à terre, il avait trouvé toute la population agitée et se disposant à prendre le parti des déserteurs. Persévérant dans son dévouement, il accepta une nouvelle mission auprès du chef, avec lequel il reçut ordre de traiter d'abord pour le renvoi des cinq hommes, et, en cas de non réussite, pour la rançon du seul John. Rien ne put décider Houloulala à renvoyer tous les blancs qui s'étaient joints à sa peuplade; mais il se montra plus accessible quand, pour l'échange de John, on lui offrit quelques livres de poudre, une provision de balles, des pierres à fusil et un mousquet. Le marché allait se conclure; mais, au moment décisif, la spéculation du politique et du commerçant céda à la tendresse du père. Il ne put résister aux pleurs d'Ozela, qui le supplia, avec toute l'éloquence du désespoir, de ne point la séparer de son amant; elle aimait mieux le suivre en Europe, que de le voir quitter Vavao. Le roi finit par agir en père. Les conditions furent refusées, et l'envoyé revint à bord sans avoir couru de grands dangers. On l'avait empêché soigneusement d'avoir aucune communication avec les déserteurs.

« Il fallut avoir recours à d'autres moyens : deux grandes pirogues de guerre, des îles Hapaï, se trouvaient au mouillage entre le *Rambler* et la côte. Si l'on parvenait à s'en saisir, elles devenaient d'excellents otages, car Houloulala, étant cause de leur capture, devait s'attendre à voir bientôt fondre sur son île toutes les forces des îles Hapaï. Des coups de fusil furent tirés pour faire évacuer ces pirogues; mais les hommes chargés de leur garde se jetèrent dans l'eau du rivage, et abrités parvinrent adroitement à les haler à terre.

« Powell, désespéré de ce mauvais succès, assembla ses officiers pour leur peindre sa position. Chargé par une famille respectable de veiller sur un enfant chéri, envisageant cette responsabilité dans toute son étendue, il se croyait obligé par honneur à n'épargner aucun effort pour arracher l'imprudent au sort qu'il se préparait. Il demandait si tout autre à sa place ne serait pas entraîné par les mêmes scrupules, et ne ferait pas usage de tous les moyens pour s'assurer quelque otage. Quant à lui, mettant de côté tout intérêt personnel, il lui semblait honorable de seconder un pareil projet; il n'hésiterait à le faire pour personne.

« Le capitaine Powell avait beaucoup d'ascendant sur ses officiers; tous lui étaient fortement attachés; les avis furent unanimes : on remit au point du jour les nouvelles tentatives.

« Le 3 avril, au lever du soleil, beaucoup de naturels couvraient les plages du Port-Refuge et considéraient le *Rambler.* Les pirogues des îles Hapaï avaient disparu, mais on finit par reconnaître qu'elles avaient été halées sur le rivage dans un point éloigné de la baie. Powell, certain du dévouement de ses compagnons, fait aussitôt appareiller son navire, tire quelques coups de canon pour effrayer les naturels, et se dirige vers les pirogues. Lorsqu'il est près d'elles, il arme deux baleinières, s'embarque, et, protégé par le feu de son navire, réussit à mettre à la mer la plus grande des deux pirogues qu'il amène à la remorque.

« Le succès du plan était certain; Powell eut le malheur d'en douter, et ce doute causa sa perte. Il voulut plus de certitude et crut qu'il lui serait aussi facile de s'emparer de la seconde pirogue que de la première, pensant qu'alors sans nul doute les déserteurs lui seraient tous rendus.

« Il repart avec un seul canot et débarque sans obstacle; plein d'une téméraire confiance, la curiosité l'entraîne à quelques pas du rivage. Dans ce moment même, par une fatalité inconcevable, le *Rambler* trouvant l'eau peu profonde, est forcé de virer de bord; les insulaires, armés de lances, de haches et de casse-tête, étaient en embuscade derrière des dunes et des buissons. Ils observent avec une étonnante sagacité que le navire leur présente son avant, qu'ils sont à l'abri de ses canons. L'occasion est précieuse. Ils s'élancent avec la rapidité de l'éclair et en viennent aux mains avec les envahisseurs de leur sol. Les étrangers, revenus de leur premier étonnement, se défendent avec une bravoure inutile; ils ne peuvent faire qu'une décharge; le nombre va les accabler: leur canot est encore à flot; ils tentent d'y rentrer et de fuir. Dans ce mouvement, Powell est atteint par derrière d'un coup de hache. A peine a-t-il le temps de s'écrier: « Je suis perdu! » que son crâne est fendu jusqu'aux épaules. Quatre Anglais partagent son sort; deux seulement ont le bonheur de gagner leur navire à la nage; l'un d'eux, dangereusement blessé d'un coup de sagaie, était celui-là même qui m'a raconté cette déplorable histoire.

« Partout retentissait le bruit de la conque guerrière, partout on courait aux armes. Les pirogues de guerre se réunissaient pour une attaque générale. Dans cette situation périlleuse, affaibli par la perte de dix hommes, l'équipage du *Rambler* n'eut d'autre ressource que d'abandonner sa prise, de forcer de voiles et de s'éloigner en toute hâte d'une terre qui lui avait été si funeste. Sa campagne se termina au port Jackson.

« Je n'essayerai point de peindre quels ont dû être le désespoir et le regret des parents de John; son existence ne cessera point d'être empoisonnée de remords. Je n'ai pas su s'il avait pu contempler et baigner de larmes le corps inanimé du protecteur qui avait péri en voulant l'arracher aux conséquences funestes de son étourderie. C'est également en vain que j'ai cherché à connaître le résultat de ses amours consacrées par le sang. »

MISSIONNAIRES.

Nous verrons dans l'histoire des peuples de l'archipel de Tonga, qu'après beaucoup d'efforts et d'insuccès, les missionnaires parvinrent à y rester, et à faire des prosélytes. Maintenant ils sont solidement établis. M. Bennett visita, en 1830, MM. Turner et Cross. Leurs maisons, voisines de la chapelle des missions, sont construites en bois comme celles des naturels; elles sont propres et commodes. Ils ont à côté de leur habitation des jardins entretenus avec soin, où ils ont acclimaté un grand nombre de végétaux d'Europe; mais les haricots n'ont point encore réussi. Les maisons des naturels offrent un aspect agréable; elles sont en bois, soutenues par des perches et des roseaux, et couvertes de feuilles de *pandanus*. Ces maisons sont d'une grande propreté; le sol est couvert de nattes, et le toit est si incliné qu'on est forcé de se baisser pour entrer; mais l'intérieur est assez élevé. La nuit, on a coutume de fermer les maisons avec des feuilles de cocotier.

Nous nous sommes procuré, depuis la publication du voyage de M. Bennett, des documents qui arrivent jusques et y compris le premier trimestre de l'année courante (1835), qui ne laissent plus aucun doute sur le triomphe de l'Évangile, et sur l'établissement du christianisme dans l'archipel de Tonga. Voici l'histoire d'une Pentecôte à Tonga et de l'établissement du christianisme dans l'archipel, telle que nous l'avons reçue dans le journal des missions évangéliques.

NOUVELLE PENTECOTE ET ÉTABLISSEMENT DU CHRISTIANISME A TONGA.

Une opinion assez généralement répandue parmi les chrétiens, est qu'il n'y a jamais eu depuis les temps apostoliques, et qu'il n'y aura jamais jusqu'à la fin des siècles, une époque dans l'Église que l'on puisse comparer à celle de la première Pentecôte. L'on pense que jamais l'effusion du Saint-Esprit ne fut plus abondante, son action plus puissante, ses opérations plus extraordinaires, que le jour où, descendant du ciel, le consolateur promis, le Paraclet, vint reposer sur les premiers disciples. Sans vouloir nous inscrire en faux contre cette opinion, et juger sa valeur intrinsèque, nous allons citer des faits qui contribueront peut-être à la modifier. Ce qui se passe depuis quelques années dans les îles des Amis, à l'ouest de l'océan Pacifique, est de nature à nous fortifier dans la pensée que les sources de la grâce ne sont point taries, et à nous faire supposer que des conversions aussi nombreuses que celles qui eurent lieu à Jérusalem à la première Pentecôte, peuvent se renouveler encore de nos jours.

Les îles des Amis se composent de plusieurs groupes plus ou moins considérables. Dans celui de Vavaou, un reveil extraordinaire commença vers le milieu de l'année 1834; c'était le 23 juillet. Un prédicateur indigène avait prêché sur ce texte de la parole sainte où le Christ nous est représenté versant des larmes sur l'endurcissement des Juifs. Cette exhortation simple, mais forte, produisit une telle impression sur l'assemblée, que la conscience de plusieurs fut réveillée, et qu'un grand nombre commença à manifester un désir ardent d'être sauvé. Telle était la profondeur de leurs sentiments, qu'ils passèrent en prières une partie de la nuit. C'est dans le village Utui qu'avait eu lieu la scène dont nous venons de parler. Le dimanche suivant, le même phénomène se répéta à Féléton, autre village de l'île, où cinq cents personnes environ furent vivement impressionnées par la grâce divine, et décidées à s'occuper sérieusement de leur salut. C'est ainsi que de lieu en lieu le réveil se propagea, si bien que, huit jours après, l'on comptait mille personnes réveillées du sommeil de la mort et converties à Dieu. Il y avait eu, il est vrai, précédemment dans l'île une œuvre de conversion, mais tout extérieur, et qui n'avait consisté que dans le passage du paganisme à un christianisme de forme. Depuis longtemps les missionnaires gémissaient de ne pas découvrir chez les prosélytes des marques d'une piété réelle; ils avaient prié pour obtenir cette grâce, et maintenant ils étaient témoins des larmes de repentance que versaient, et des manifestations de paix et de joie que donnaient des hommes naguère étrangers aux expériences de la vie chrétienne. « *Dieu soit béni!* entendaient-ils répéter de toute part, *jusqu'ici nous ne connaissions pas Jésus; aujourd'hui nous le connaissons: il nous a délivrés de nos péchés; nous l'aimons.* » Ou bien : « *Oh! que n'avons-nous des cœurs assez larges pour aimer comme il faut, et louer dignement le Seigneur.* »

L'île entière est maintenant soumise au sceptre de Jéhovah : trois mille soixante-six personnes se sont fait admettre membres de l'Église, et dans ce nombre, deux mille environ ont été converties dans l'espace de six semaines. Il y a actuellement dans l'île vingt lieux de culte, vingt écoles pour les adultes, autant pour les femmes, et quarante prédications indigènes, sans compter les missionnaires européens.

Une action tout aussi puissante de la parole de vie s'est fait sentir dans le groupe des Hapaï. Sous la date du

10 septembre 1834, le missionnaire Tuker annonce que des torrents de la grâce ont été versés sur la population de Lifouka et des environs, que des milliers de genoux se sont pliés devant Jéhovah, et que des milliers de bouches ont confessé que le Christ était le Seigneur, à la gloire de Dieu le Père. L'aiguillon de la parole céleste est resté enfoncé dans beaucoup d'âmes, et pendant la durée de la prédication, plusieurs étaient contraints de s'écrier, ainsi que le péager : *O Dieu! aie pitié de moi, qui suis un grand pécheur.* Parmi les pénitents, l'on a vu le roi et la reine, d'abord humiliés dans le sentiment de leurs péchés, se relever ensuite avec l'assurance de leur réconciliation. Chaque jour était un dimanche où quatre à cinq services devenaient nécessaires pour répondre aux besoins de toutes ces âmes affamées et altérées de la justice. De Lifouka, le réveil s'est étendu à presque toutes les îles de ce groupe, et le missionnaire termine son rapport en disant qu'il estime qu'en quinze jours deux mille personnes ont été réveillées.

Le groupe de Tonga n'est pas non plus demeuré inaccessible à ce remarquable réveil. Un prédicateur indigène, nommé Joel Mapples, venu des îles Hapaï à Noukoualofa, en fut l'occasion et l'instrument. Il raconta, dans la chapelle et devant une nombreuse assemblée, les choses merveilleuses dont il avait été témoin dans le voisinage; et, excités à une sainte jalousie, plusieurs des habitants de cet endroit tournèrent leurs cœurs vers Dieu. Pendant plusieurs jours, ce ne fut que réunions, prières, chants de cantiques, expressions de joie et de reconnaissance. Mais aussi ce spectacle, digne du regard des anges, réveilla l'inimitié des païens. Ennuyés de ces continuelles réunions de prières, ils prirent la résolution d'y mettre fin. Ayant à leur tête quelques-uns des chefs, ils profitèrent d'un jour de fête pour mettre à exécution leurs perfides desseins. Les chrétiens furent assaillis, battus, menacés de la mort, et une hache fut même levée sur la tête d'un chef pieux nommé Toubou : la Providence heureusement détourna le coup qui devait le frapper. Mais le feu fut mis à la chapelle, et la station de Talafour fut ruinée de fond en comble. De Talafour, la persécution se propagea dans trois autres stations; les chrétiens en furent chassés, leurs maisons pillées, l'église incendiée. Mais cette épreuve n'a point ébranlé la foi des chrétiens, qui sont demeurés fidèles, et qui ont préféré la croix du Christ et son opprobre à tous les biens dont l'esprit de persécution les a dépouillés.

A Tonga, les missionnaires travaillent sous la protection et avec l'assentiment du chef principal, ou roi, nommé Toubou. Les îles Hapaï et Vavaou sont aujourd'hui réunies sous le gouvernement d'un prince et d'une princesse pieux. Le roi Georges et la reine Charlotte sont tous deux chrétiens sincères, actifs et zélés. Ils font des tournées fréquentes dans les îles qui leur appartiennent, accompagnés de l'un ou l'autre des missionnaires, dans le but avoué de s'assurer des progrès du christianisme parmi les insulaires. Partout où ils passent, on les accueille avec des chants de cantiques, qui ont remplacé les salves de mousqueterie. Il arrive quelquefois que le roi préside lui-même les réunions religieuses où on explique le catéchisme aux indigènes. Heureux le pays qui possède de pareils princes! Il n'y a peut-être pas une contrée au monde qui soit aussi sagement et aussi paternellement gouvernée.

Depuis que l'Évangile a été introduit dans les îles des Amis, la polygamie et les guerres y ont cessé; les indigènes ont fait des progrès dans l'art de construire les maisons; ils ont eux-mêmes élevé les chapelles où ils prient et écoutent la parole de Dieu, et le bonheur domestique règne partout au milieu d'eux.

De Vavaou, Hapaï et Tonga, le christianisme a pénétré dans les îles voisines de Viti, Keppel et Nivafou ou Boscawen, par le moyen des insulaires convertis. La manière dont il s'est établi dans la dernière de ces îles, qui est très-peuplée et aussi considérable que Vavaou, est surtout fort remarquable et coïncide avec plusieurs autres faits de l'histoire des missions dans l'océan Pacifique. Voici le récit qu'a tracé de cet événement tout providentiel, le missionnaire Watkin de Lifouka, dans Hapaï.

« Un assez grand nombre d'habitants de l'île Vavaou avaient été conduire leur vieux roi Finau à Niva, et s'étaient remis en mer pour retourner dans leur île; mais la petite flotte, composée de quatre grands canots, ayant soixante à soixante-dix personnes à bord, fut submergée; ses débris, que le vent poussa vers notre rivage, nous en apportèrent bientôt la triste nouvelle. Deux autres canots, après une navigation longue et pénible, à la suite de grands dangers et avec des avaries considérables, arrivèrent enfin ici. Le quatrième, dont je veux surtout vous entretenir, fut d'abord longtemps poussé de côté et d'autre, et aborda enfin à Nivafou. Sans doute qu'après tant de périls et d'agoisses la vue de la terre ferme était une chose réjouissante; mais nos navigateurs savaient qu'ils devaient s'attendre à recevoir peu de témoignages d'amitié de la part de ces insulaires; car cette île était renommée entre toutes les autres pour sa cruauté et sa soif de sang humain. Au bout d'un moment ils aperçurent bientôt que leurs craintes à cet égard n'étaient pas sans fondement, car dès qu'ils approchèrent du rivage pour débarquer, ils virent les habitants accourir en armes pour les empêcher de mettre pied à terre, et les forcer à regagner la haute mer. Alors on tint conseil sur le canot, pour savoir ce qu'il y avait à faire : se mettre en mer après les fatigues qu'ils venaient d'éprouver, c'eût été aller au-devant d'une mort certaine; c'est pourquoi, après avoir examiné leur position sous ses différentes faces, ils résolurent de braver tous les dangers et de débarquer. Comme ils avaient à bord des fusils et de la poudre en assez grande quantité, ils pouvaient, pendant quelque temps au moins, se mesurer avec leurs ennemis. Ils chargèrent donc leurs armes, mais à poudre seulement, et ils ramèrent courageusement vers la terre. A la première décharge, ils demeurèrent maîtres du champ de bataille; car tous les habitants de l'île, effrayés par les éclairs et le tonnerre de leurs armes à feu, s'enfuirent rapidement. Mais nos insulaires navigateurs ne firent aucun mauvais usage de leur facile et innocente victoire. Quoique tout nouvellement éclairés de la lumière de l'Évangile, non-seulement ils ne firent aucun mal à ces hommes inhospitaliers, mais, au contraire, ils s'occupèrent tout d'abord des moyens de leur être utiles selon leur pouvoir et leur position. Aussitôt que les ennemis furent revenus au rivage, pour demander pardon à leurs vainqueurs et leur apporter des dons et des gages de paix, nos nouveaux chrétiens leur pardonnèrent volontiers, et commencèrent aussitôt à leur parler de leur mieux de la religion de Dieu, de l'Évangile. Ils leur racontèrent tout ce qu'ils savaient de Jéhovah et de Jésus-Christ. Leurs discours et leurs exhortations firent impression. Le chef supérieur de l'île se déclara pour l'Évangile; beaucoup d'autres l'imitèrent, et en peu de temps le plus grand nombre des habitants de l'île prit parti pour la vérité; pendant tout le temps que les nôtres demeurèrent à Nivafou, leur principale occupation fut de prier, de chanter des cantiques, et de profiter de toutes les occasions et de tous les moyens d'éclairer et de fortifier les habitants de l'île; et lorsqu'ils partirent, le plus avancé en connaissances et en instruction leur fut laissé avec les livres dont ils pouvaient strictement se passer. L'instituteur devait rester au milieu d'eux jusqu'à ce qu'on pût leur en envoyer d'autres, ou même leur procurer un missionnaire. Je suis peiné de devoir dire que jusqu'aujourd'hui cela n'a pu encore avoir lieu, car notre nombre présent ne répond pas même aux besoins des stations actuellement existantes; et quoique j'aie beaucoup et longtemps désiré de visiter cette île, cela m'a été impossible jusqu'à présent. »

Le même missionnaire ajoute sous une date plus récente (la lettre précédente est de février 1835):

« Aujourd'hui 1ᵉʳ mars, j'ai reçu de Samuel, l'instituteur indigène que j'ai envoyé à Niva, une lettre bien réjouissante. Tout le peuple de l'île fait maintenant profession ouverte du christianisme.

« Un missionnaire, quelque isolé et éloigné qu'il doive se trouver là, y est absolument nécessaire. Samuel m'annonce qu'il est déjà bien pauvre en livres; il m'en demande avec instances, et il termine par appeler sur son œuvre le secours de mes prières. Il avait d'abord résolu de venir ici avec le bâtiment qui a apporté sa lettre; mais les besoins spirituels des habitants ne le lui ont pas permis. La manière dont il s'est décidé à rester avec eux, est si intéressante que je ne puis m'empêcher de vous la rapporter. Il était déjà sur le vaisseau, prêt à partir, quand une telle multitude des habitants de l'île y vint pour l'en empêcher, que le vaisseau commençait à enfoncer. « Qu'est-ce que ceci? » s'écria Samuel étonné : « Tu veux t'en aller, lui répondirent-ils aussitôt, toi, notre seul instituteur? Dans ce cas nous voulons aussi partir avec toi; car qui nous instruira quand tu seras loin de nous? Sont-ce les arbres qui nous instruiront? est-ce la maison où nous nous assemblons qui pourra nous enseigner? Non: eh bien! nous partons avec toi. » Vaincu par des instances aussi énergiques, Samuel leur dit : « Eh bien! qu'il en soit ainsi, je reste avec vous et je vous instruirai aussi bien que je pourrai. » Là-dessus il retourna avec eux dans l'île, et le vaisseau partit sans nous l'amener.

« Je dois ajouter encore quelque chose au sujet de Samuel : il est chef et d'un rang assez élevé, et aujourd'hui il est, non-seulement l'instituteur, mais encore le gouverneur de Niva; car le chef précédent l'a reconnu et nommé son successeur.

« Depuis qu'il est en charge, un bâtiment anglais qui fait la pêche de la baleine jeta l'ancre près de l'île. Aussitôt le capitaine vint au rivage avec des désirs impurs, et lui fit une proposition scandaleuse; mais Samuel lui donna pour réponse ce peu de mots : *Ikoï ambito, Non jamais*. Cependant l'impudent capitaine réitéra sa demande, en lui offrant de le récompenser largement s'il y consentait, et en lui montrant pour le séduire une quantité de choses très-utiles dont il lui ferait présent. Mais Samuel répondit par un *non* encore plus prononcé que la première fois; et ajouta : « La grâce de Dieu m'est plus précieuse que toute cette vile récompense du péché, et même que tous les trésors du monde entier. » Vaincu par une si noble fermeté, le pauvre capitaine, dont je pourrais dire le nom si cela était nécessaire, fut obligé de se retirer sans avoir accompli ses mauvais desseins, et il dut la bonne leçon qu'il reçut dans cette circonstance à la consciencieuse énergie d'un jeune chef païen devenu chrétien. Il est probable qu'à l'exemple de Kotzebüe et de tant d'autres, ajoute le narrateur, ce capitaine s'en ira dire aussi que le christianisme fait un tort incroyable dans la mer du Sud. Soit : le blâme de tels hommes est un titre d'honneur. »

Nous allons maintenant passer à l'histoire de ce peuple intéressant. Ses annales modernes nous offriront des hommes qui eussent reçu le nom de grands s'ils avaient figuré sur un plus grand théâtre.

HISTOIRE DE TONGA.

Le célèbre navigateur hollandais Tasman est le véritable découvreur des îles Tonga. C'est le 19 janvier 1643 qu'il aperçut l'île Pylstart. Il reconnut ensuite l'île Eoa, et plus tard l'île Tonga-Tabou, qu'il nomma l'une Middelbourg et l'autre Amsterdam. Il reçut à son bord la visite des indigènes qui étaient sans armes et dont la conduite fut pleine de bienveillance, et, sans quelques larcins de peu de conséquence, ce grand découvreur n'aurait pas eu le moindre reproche à leur faire. Il cingla vers l'île Namouka à laquelle il donna le nom de Rotterdam. Écoutons le récit naïf du bon Tasman. « Les naturels de l'île que nous avons nommée Rotterdam ressemblent à ceux de l'île précédente (Amsterdam ou Tonga-Tabou). Ils sont doux et n'ont point d'armes, mais sont grands voleurs. On y fit de l'eau, et on y trouva quelques autres rafraîchissements. Nous fûmes d'un bout à l'autre de cette île, et nous y vîmes quantité de cocotiers placés fort régulièrement les uns auprès des autres, et de très-beaux jardins bien ordonnés et garnis de toutes sortes d'arbres fruitiers, tous plantés en droite ligne, ce qui faisait un très-bel effet. Après avoir quitté Rotterdam, on découvrit quelques autres îles. »

Tasman a laissé peu de détails sur l'archipel de Tonga. Ce fut cent trente ans après le navigateur hollandais que le capitaine Cook mouilla en pleine côte sous le vent de l'île Eoa. Les indigènes reçurent les Anglais de la manière la plus affectueuse. Le savant naturaliste Forster dit à ce sujet : « Les vieillards et les jeunes gens, les hommes et les femmes, nous comblaient des plus tendres caresses; ils baisaient nos mains avec l'affection la plus cordiale ; ils les mettaient sur leur sein en jetant sur nous des regards d'affection qui nous attendrissaient. » Malgré ces dehors pacifiques, les insulaires étaient presque tous armés; ils avaient des casse-tête de toutes les formes, des arcs, des lances, des flèches. Ces armes, alors inoffensives, n'étaient pas sans doute disposées à se reposer toujours.

Rien ne troubla pourtant la bonne harmonie entre les Anglais et leurs hôtes. Forster parcourut les environs du mouillage : il y vit la plus belle campagne. « Nous montâmes sur la colline, dit le naturaliste, pour examiner l'intérieur du pays, traversant de riches plantations ou jardins, enfermées par des haies de bambou ou des haies vives d'*erythrina corallodendron*. Ensuite nous atteignîmes un petit sentier entre deux enclos, et nous vîmes des ignames et des bananes plantées des deux côtés, avec autant d'ordre et de régularité que nous en mettons dans nos jardins. Ce sentier débouchait au milieu d'une plaine d'une grande étendue, et couverte de riches pâturages. A l'autre extrémité régnait une promenade délicieuse, d'environ un mille de long, formée de quatre rangs de cocotiers, qui aboutissaient à un nouveau sentier entre des plantations fort régulières, environnées de pamplemousses, etc. Ce sentier conduisait à une vallée cultivée, à un endroit où plusieurs chemins se croisaient. Nous découvrîmes là une jolie prairie revêtue d'un gazon vert et fin, entourée de tous côtés par de grands arbres touffus. Une maison sans habitants occupait l'un des côtés. Les propriétaires se trouvaient probablement alors sur le rivage. M. Hodges s'assit pour dessiner ce paysage charmant; nous respirions un air délicieux et parfumé; la brise de mer jouait dans nos cheveux et dans nos vêtements : elle tempérait et rafraîchissait l'atmosphère; une foule d'oiseaux gazouillaient, et les colombes roucoulaient dans le feuillage. Les racines de l'arbre qui nous servait d'abri étaient fort remarquables; elles s'élevaient de la tige à peu près de huit pieds au-dessus du terrain ; les cosses avaient plus d'une verge de long, et deux ou trois pouces de large. Ce lieu fertile et solitaire nous donna l'idée des bosquets enchantés sur lesquels les romanciers répandent toutes les beautés imaginables. Il serait impossible, en effet, de trouver un coin de terre plus favorable à la retraite, s'il y existait une fontaine limpide ou un ruisseau ; mais malheureusement l'eau est la seule chose qui manque à cette île agréable. Je découvris à notre gauche une promenade couverte qui menait à une autre prairie, au fond de laquelle nous aperçûmes une petite montagne et deux buttes par-dessus. Des bambous plantés en terre, à la distance d'un pied l'un de l'autre, environnaient la colline, et l'on voyait sur le devant plusieurs *casuarinas*. Les naturels qui nous accompagnaient ne voulurent point en approcher. Nous avançâmes seuls, et parvînmes avec beaucoup de peine à regarder dans les huttes, parce que l'extrémité du toit était à un palme au plus au-dessus du sol. L'une de ces huttes contenait un cadavre déposé depuis peu, l'autre était vide. »

Cook alla mouiller le lendemain devant Hifo à Tonga-Tabou. Il y éprouva la même hospitalité, et les naturels s'empressèrent d'échanger des vivres en abondance contre quelques bagatelles.

Cook revint l'année d'après dans l'archipel, et cette fois il mouilla sur la bande nord de Namouka. Quelques larcins des indigènes troublèrent la paix; l'inflexible capitaine fit saisir deux grandes pirogues doubles, et un Tonga ayant voulu défendre les pirogues, il fit tirer de près sur lui, mais seulement à dragées. Le pauvre Tonga, criblé de blessures, poussa des cris qui auraient ému tout autre homme que l'austère Cook. Le chirurgien de son vaisseau vint panser le blessé. Il voulut appliquer sur ses plaies un cataplasme de bananes; mais les naturels lui préparèrent les pulpes de quelques cannes à sucre que le chirurgien reconnut être plus efficaces. A peine l'appareil était-il posé que les insulaires, oubliant le châtiment cruel de leur compatriote, témoignèrent de nouveau aux Anglais les démonstrations les plus amicales. « Les femmes, dit Forster, qui assistèrent au pansement du pauvre blessé, paraissaient fort jalouses de rétablir la paix, et leurs timides regards nous reprochaient notre superbe et violente conduite. Elles s'assirent sur un joli gazon, et formant un groupe de plus de cinquante, elles nous invitèrent à nous placer à leurs côtés, en nous prodiguant toutes les marques possibles de tendresse et d'affection. L'amie du chirurgien fut une des plus caressantes; elle occupait un des premiers rangs parmi les beautés de l'île; sa taille avait de la grâce et ses formes d'heureuses proportions : ses traits, parfaitement réguliers, étaient pleins de douceur et de charme; ses grands yeux noirs étincelaient; son teint était plus blanc que celui du bas peuple. Elle portait une étoffe brune qui lui serrait le corps au-dessous du sein, et qui ensuite s'élargissait par le bas. Ce vêtement avait plus de grâce qu'une élégante robe européenne. »

Cette seconde relâche fut suivie de la reconnaissance des îles Hapaï, au nord de Namouka. Cook passa entre Kao et Tofoua, et s'assura que cette dernière avait un volcan actif.

Le troisième voyage de Cook dans ces îles eut lieu en 1777, et ce fut le plus important de ses voyages dans l'archipel de Tonga, auquel il avait imposé le nom d'*Îles des Amis*. Il venait de mouiller sur la rade de Namouka, lorsqu'il reçut à son bord la visite d'un éguï (chef) nommé Toubo. Quelques jours après un chef plus puissant, Finau, homme d'une haute et imposante stature, vint le trouver. Finau se disait le souverain de toutes les îles de l'archipel. Il invita Cook à faire une relâche aux îles Hapaï; ils s'y rendirent tous deux. Mais le véritable souverain ne tarda pas à paraître; c'était Poulaho-Fata-Faï, le touï-tonga du pays (voy. son portrait, pl. 197). Nous avons fait connaître les priviléges de ce chef sacré dont l'influence religieuse s'étendait non-seulement dans l'archipel, mais encore sur les îles Niouha, et dans les groupes de Samoa et de Viti. Nous avons décrit le cérémonial particulier dont on faisait usage à son mariage, à ses funérailles et à son deuil. Nous ajouterons qu'il était exempt du tatouage et de la circoncision; qu'on employait en parlant de lui une langue particulière, et que dans la fête solennelle du *natchi*, on mettait à ses pieds les prémices de toutes les productions de l'archipel, qui étaient tabouées ou interdites jusqu'à ce moment.

Après le touï-tonga, l'ambitieux Finau n'était pas moins le chef le plus redoutable de ces îles, et il était d'ailleurs son cousin. Après lui venait Mari-Wagui, beau-père de Poulaho, et alors chef de la famille de Toubo, oncle de Finau qui était mort depuis peu. Tous les chefs s'empressèrent de traiter Cook et rivalisèrent d'efforts pour régaler leur hôte.

Cette station de plus d'un mois fut une fête continuelle.

Voici les détails d'une fête donnée au capitaine anglais par l'adroit Finau. Une multitude d'habitants étant rassemblés, Cook se douta qu'il y avait quelque chose d'extraordinaire, mais sans pouvoir deviner ce que c'était ni l'apprendre de Maï. Le capitaine et les chefs vinrent s'asseoir; une centaine de naturels parurent et s'avancèrent chargés d'ignames, de fruits à pain, de bananes, de cocos et de cannes à sucre. Ils déposèrent leurs fardeaux et en firent deux pyramides à notre gauche, qui était le côté par lequel ils étaient entrés. Bientôt il en parut cent autres à notre droite, portant une quantité à peu près semblable des mêmes fruits dont ils firent aussi deux pyramides. Ils attachèrent à celle-ci deux cochons de lait et six poules, et aux deux autres six cochons de lait et deux tortues. Un chef s'assit devant les pyramides du côté gauche, et un autre chef devant celles du côté droit; chacun d'eux se tenait sans doute auprès de ce qu'il avait recueilli par ordre de Finau qui leur avait imposé cette contribution, et qui paraissait être aveuglément obéi.

Dès que toutes ces provisions eurent été déposées en ordre et rangées avec beaucoup de symétrie, ceux qui les avaient apportées se joignirent à la foule, et l'on fit un grand cercle autour. Aussitôt un certain nombre d'hommes s'avancèrent au milieu du cercle, armés de massues faites de branches vertes de cocotier. Ils figurèrent quelques instants, puis se retirèrent moitié d'un côté, moitié de l'autre, et s'assirent devant les spectateurs. Peu après commencèrent les combats d'homme à homme. Un champion sortait de son rang, s'avançait vers le rang opposé, et défiait par une pantomime expressive plutôt que par des paroles quelqu'un au combat. Si le défi était accepté, les combattants faisaient leurs dispositions, puis s'attaquaient aussitôt. Le combat durait jusqu'à ce que l'un des deux antagonistes s'avouât vaincu ou que quelques armes fussent brisées. A l'issue de chaque combat le vainqueur venait se mettre par terre devant le chef, après quoi il se levait et se retirait. Les vieillards qui faisaient les fonctions de juges du camp le complimentaient en peu de mots; le public et surtout les hommes du parti auquel il appartenait, célébraient l'avantage qu'il venait de remporter, par deux ou trois acclamations (voy. *pl.* 201.)

Ce spectacle était interrompu de temps en temps; les intervalles étaient remplis par des combats à la lutte ou au pugilat. Les premiers s'exécutaient comme à Taïti, et les autres à peu près comme en Angleterre. Mais ce qui surprit le plus le capitaine Cook, fut de voir deux femmes très-robustes s'avancer, et faire le coup de poing sans cérémonie, et avec autant d'adresse que les hommes. Toutefois, elles furent assez peu de temps aux prises, et au bout de vingt à trente secondes il y en eut une hors de combat. Celle qui fut victorieuse reçut les mêmes félicitations que les hommes. Quoique les Anglais ne témoignassent pas un grand plaisir de ce dernier combat, cela n'empêcha pas deux autres femmes d'entrer en lice. Elles étaient jeunes et remplies de courage, et elles se seraient cruellement houspillées si deux vieilles femmes ne les avaient pas séparées (voy. *pl.* 208). Ces différents combats se livraient devant plus de trois mille spectateurs; et tout se passa très-gaiement de part et d'autre, quoique plusieurs des champions, tant hommes que femmes, eussent été assez maltraités.

Les provisions du côté droit furent destinées à Maï, et celles de la gauche, qui formaient à peu près les deux tiers de la totalité, au capitaine. Finau dit à Cook qu'il pourrait les enlever quand il voudrait; mais qu'il était inutile de les faire garder, parce que les naturels n'y toucheraient pas. En effet, lorsqu'on les embarqua l'après-midi pour les conduire à bord, il n'y manquait pas le plus petit objet. Il y en avait de quoi charger quatre chaloupes. Le navigateur anglais fut frappé de la munificence de Finau. Aucun des rois de toutes les îles qu'il avait visitées jusque-là ne s'était encore montré aussi généreux; aussi s'empressa-t-il de lui offrir tout ce qu'il crut devoir lui faire plaisir; et le chef tonga fut tellement satisfait de ses présents, que dès qu'il fut à terre, il lui envoya encore deux beaux cochons, et une grande quantité d'étoffes et d'ignames.

«Le roi Finau avait témoigné le désir de voir faire l'exercice à nos soldats de marine, dit Cook. Voulant lui procurer cette satisfaction, je fis débarquer tous ceux de nos deux bâtiments. Nous leur fîmes faire d'abord quelques évolutions, et ensuite l'exercice à feu. Les spectateurs en furent enchantés. Finau nous donna à son tour un spectacle qui, à mon avis, fut exécuté avec une dextérité et une précision fort au-dessus de nos exercices militaires. C'était une espèce de danse si différente de tout ce que nous avions vu jusque-là, qu'il n'est pas aisé d'en faire la description. Elle fut exécutée par cent cinq hommes, ayant chacun en main une espèce de rame de deux pieds et demi de long avec un petit manche, laquelle nous parut très-légère. Ainsi armés et placés sur trois rangs, ils firent diverses évolutions, accompagnées chacune d'une attitude différente. Ils conservaient peu de temps la même position, et leurs changements s'opéraient avec assez de vitesse. Tantôt ils ne formaient qu'une seule ligne, tantôt un demi cercle, quelquefois deux colonnes, et enfin un bataillon carré. Lorsqu'ils exécutaient ce dernier mouvement, un danseur s'avançait chaque fois vers moi. Le tout se termina par une danse grotesque.

« Leurs instruments de musique se composaient de deux tambours ou plutôt de deux blocs de bois creux, dont ils tiraient quelques sons en frappant dessus avec deux baguettes. Cependant les danseurs semblaient moins dirigés par ces sons que par un chœur de musique vocale formé par les danseurs eux-mêmes. Leur chant avait une mélodie assez agréable, et tous les mouvements qui y correspondaient étaient d'une telle précision, que les danseurs ressemblaient à autant d'automates. Je ne doute pas qu'un pareil ballet exécuté sur un de nos théâtres n'eût le plus grand succès. Quant à nos instruments, ils n'en font aucun cas, surtout du cor de chasse: le tambour seul avait trouvé grâce à leurs yeux; encore le croyaient-ils inférieur au leur.

« Afin de leur donner une idée plus favorable de nos amusements, et de les convaincre de notre supériorité d'une manière frappante, j'ordonnai de préparer un feu d'artifice qu'on tira dès que la nuit fut venue, en présence de Finau, des autres chefs et d'un grand concours de peuple. Quelques-unes des pièces étaient endommagées, mais les autres répondirent parfaitement à l'effet que j'en attendais. Nos fusées surtout les surprirent au delà de toute expression. Nous eûmes décidément la palme.

«Toutefois cette supériorité ne servit qu'à piquer davantage leur émulation. Dès que le feu d'artifice fut terminé, les danses, que Finau avait ordonnées pour notre amusement, commencèrent aussitôt par un concert de dix-huit hommes, qui s'assirent devant nous au centre du cercle formé par les nombreux spectateurs, et où les exercices et les danses devaient avoir lieu. Cinq ou six d'entre eux tenaient chacun, à peu près verticalement, un gros morceau de bambou de trois, cinq et six pieds de long, et dont l'une des extrémités était ouverte, et l'autre bouchée par un des nœuds. Les musiciens frappaient constamment la terre avec celui-ci, et produisaient ainsi différents sons dans le ton grave, selon le plus ou moins de longueur du bambou. Pour former une espèce de dessus, un autre musicien frappait vivement et sans interruption avec deux baguettes sur un morceau de bambou fendu et étendu par terre, lequel rendait des sons assez aigus. Le reste de la troupe, et ceux même qui jouaient de ce dernier instrument, chantaient un air lent et doux, qui tempérait si bien la dureté du son des instruments, que celui d'entre nous qui avait l'oreille la plus musicale, était forcé de convenir de l'effet agréable de cette harmonie si simple.

« Le concert durait depuis environ un quart d'heure, lorsque vingt femmes entrèrent dans l'arène. La plupart d'entre elles avaient la tête ornée des fleurs cramoisies de la rose de Chine ou d'autres; quelques-unes aussi étaient parées de feuilles d'arbres très-ingénieusement découpées. Elles formèrent un cercle autour des musiciens, le visage tourné de leur côté, et chantèrent un air auquel ceux-ci répondirent sur le même ton, et ainsi alternativement. Pendant ce temps, les femmes accompagnaient leurs chants de mouvements très-gracieux, et en faisant constamment un pas en avant et l'autre en arrière. Peu après, elles se tournèrent vers l'assemblée, chantèrent pendant quelque temps, et se retirèrent ensuite lentement en corps à l'endroit de l'arène qui était opposé à celui où étaient les spectateurs; il s'en détacha alors une de chaque côté qui se rencontrèrent, passèrent l'une devant l'autre, et continuèrent à tourner autour de l'arène jusqu'à ce qu'elles eussent rejoint leurs compagnes. Celles-ci rendues à leur place, quatre autres de chaque côté se levèrent, deux desquelles passèrent aussi l'une devant l'autre, et allèrent s'asseoir; mais les deux premières étant restées où elles se trouvaient, furent rejointes, l'une après l'autre, par la troupe entière, qui forma de nouveau un cercle autour des musiciens.

« Bientôt la danse prit un caractère plus vif. Les danseuses faisaient des espèces de demi-tours en sautant; elles battaient des mains, faisaient claquer leurs doigts, et répétaient quelques mots avec le chœur des musiciens. Comme vers la fin la vitesse de la mesure allait toujours en augmentant, leurs gestes et leurs attitudes variaient avec une vélocité et une souplesse étonnantes. Peut-être y aurait-on trouvé quelque chose à dire du côté de la modestie; mais il nous parut que les danseuses avaient plutôt en vue de montrer leur agilité qu'autre chose

« Ce ballet de femmes fut suivi d'un autre exécuté par quinze hommes. Quelques-uns paraissaient vieux; mais l'âge ne leur avait rien ôté de leur vivacité et de leur ardeur pour la danse. Ils formaient une espèce de fer à cheval, et ne faisaient face ni à l'assemblée ni au chœur, mais ils étaient tournés de biais dans deux sens opposés. Tantôt ils chantaient lentement en accompagnant le chœur, et en faisant avec leurs mains beaucoup de gestes très-gracieux, mais différents de ceux des femmes. Ils s'inclinaient alternativement à droite et à gauche, en levant une jambe qu'ils tenaient étendue, tandis qu'ils se reposaient sur l'autre, ayant le bras du même côté aussi étendu. Dans un autre moment, ils psalmodiaient quelques sentences auxquelles le chœur répondait; et à de certains intervalles, ils accéléraient la mesure de la danse en frappant des mains et en redoublant le mouvement des pieds, sans cependant changer ceux-ci de place. A la fin, la rapidité de la mesure devint telle, qu'il était difficile de distinguer les différents mouvements que faisaient les danseurs, quoiqu'ils dussent être très-fatigués, attendu que le ballet avait duré près d'une demi-heure.

« Après un assez long entr'acte, il parut douze hommes qui se placèrent sur deux rangs, en face les uns des autres, sur les côtés opposés de l'arène. Un autre, qui était posté à part comme une espèce de coryphée, répétait aussi quelques paroles auxquelles les douze hommes et le chœur répondaient également. Ils chantèrent d'abord lentement, mais allant toujours crescendo. Ils finirent par chanter et danser avec la même vélocité que les premiers danseurs.

« Neuf femmes se présentèrent ensuite, et s'assirent en face de la cabane où était Finau. Un homme se leva et asséna un coup de poing dans le dos à la première de ces femmes, puis à la seconde et à la troisième; mais quand il fut à la quatrième, soit par méprise ou exprès, il la frappa à la poitrine. Un homme sortit alors brusquement de la foule, et porta au premier un coup de poing à la tête qui l'étendit par terre sans mouvement; après quoi on l'emporta sans que personne eût l'air d'y faire la moindre attention. Toutefois, cet événement ne sauva pas les autres femmes d'une attaque aussi cruelle qu'extraordinaire; car un troisième homme se présenta dans la lice qui les traita tout aussi mal; et, pour comble de disgrâce, elles eurent la mortification d'être improuvées deux fois de suite, et obligées de recommencer leurs exercices, qui furent, à quelque chose près, les mêmes que ceux qui avaient été exécutés par les premières femmes. Ensuite parut un *loustig*, un *gracioso*, qui fit quelques plaisanteries sur le feu d'artifice, ce qui provoqua le rire de la multitude aux dépens de Cook et de ses compagnons. »

Mais le spectacle le plus curieux auquel assistèrent les Anglais, fut la grande solennité du *natchi*, que personne n'a revue depuis Cook, et qui ne se reproduira probablement plus. Nous empruntons la description entière de cette solennité à la plume élégante de M. Reybaud.

La fête eut lieu le 8 juillet. Dans la matinée, Cook et ses compagnons débarquèrent à Moua, où ils trouvèrent, dans un enclos assez mal tenu, Poulaho présidant un kava. Vers les dix heures seulement, on se rendit au grand malaï. Bientôt, par tous les chemins qui aboutissaient à cette place, arrivèrent des groupes d'hommes armés de lances et de casse-tête; rangés sur le malaï, ils psalmodièrent en chœur un chant plaintif et doux. Pendant ce temps, le reste des insulaires défilaient un à un, chacun portant au bout d'une perche un igname, qu'il déposait aux pieds des chanteurs. Le touï-tonga et son fils, âgé de douze ans, parurent à leur tour, et s'assirent sur le gazon. Alors seulement on invita les Anglais à aller se placer auprès de ces illustres personnages; mais, comme marque de déférence, on leur fit quitter leurs souliers, et délier leurs cheveux. Quand tous les porteurs d'ignames furent arrivés, on releva chaque perche, que l'on plaça sur les épaules de deux hommes. Ces porteurs, se disposant d'une manière processionnelle, marchèrent par groupes de dix ou douze, et traversèrent ainsi le malaï au pas accéléré. Chaque peloton était conduit par un guerrier armé d'une massue ou d'une espèce de sabre, et escorté par d'autres guerriers. Un naturel, portant un pigeon en vie sur une perche ornée, suivait cette troupe, composée de deux cent cinquante personnes environ. Ces individus se dirigèrent vers le faï-toka voisin, où les ignames furent déposées en deux tas.

Quand ces préliminaires furent achevés, Poulaho fit dire à Cook qu'il devait retenir ses équipages dans leurs canots, attendu qu'un tabou solennel allait bientôt frapper toute l'île, et que les personnes que l'on trouverait dans la campagne, étrangers ou indigènes, couraient le risque d'être *maté*, assommées. Le capitaine insista pour être admis, ou seul, ou faiblement accompagné, au reste de la cérémonie. Le touï-tonga s'y refusa; il chercha des biais, et ce fut après de grands efforts que Cook, longtemps repoussé par les naturels, parvint à se placer dans un endroit d'où il put voir toute la scène du faïtoka.

Un grand nombre de naturels se trouvaient déjà groupés dans l'enceinte. Ils marchaient encore processionnellement avec des perches, au bout desquelles pendait un petit morceau de bois simulant une igname, et ils affectaient l'allure d'hommes accablés sous leur fardeau. Ils défilèrent ainsi devant les Anglais, avant de se rendre vers la grande case de Poulaho. Là, nouvel obstacle pour Cook et pour ses compagnons, nouvelle et rigoureuse consigne. Enfin, ils parvinrent à obtenir une place derrière les palissades élevées, qui leur eussent masqué tout le coup d'œil, sans de larges trouées qu'ils y pratiquèrent avec leurs couteaux.

La place du malaï et ses avenues étaient couvertes d'une foule éparse, au travers de laquelle on voyait arriver des hommes portant de petits bâtons et des feuilles de cocotier. Un vieillard alla au-devant d'eux, s'assit au milieu du chemin, leur adressa gravement un long discours, et se retira ensuite. Les survenants construisirent alors à la hâte un petit hangar au milieu du malaï, s'accroupirent un moment après l'avoir terminé, puis se confondirent dans la foule. Le fils de Poulaho, précédé de quatre ou cinq naturels, alla s'asseoir à son tour près du hangar, et une douzaine de femmes d'un rang élevé se dirigèrent vers lui deux à deux, chaque couple tenant dans les mains une pièce d'étoffe blanche de deux ou trois aunes de longueur, déployée dans l'intervalle qui séparait les deux couples. Cela formait comme une immense draperie vivante. Arrivées auprès du jeune prince, elles s'accroupirent, passèrent autour de son corps quelques-unes de ces pièces; après quoi elles revinrent se mêler au reste de l'assistance.

Alors Poulaho parut, précédé de quatre hommes, et alla s'asseoir à la gauche du jeune prince; ce qui obligea ce dernier à se lever pour prendre place, parmi les chefs de la suite, sous le hangar voisin. Ce mouvement donna lieu à quelques manœuvres singulières. Des hommes coururent vers le bout de la pelouse, et s'en retournèrent ensuite; d'autres s'élancèrent vers le prince avec des rameaux verts ; puis, après diverses haltes, reprirent leurs places.

A ce moment arriva la grande procession venue du faï-toka par de longs détours. Elle se dirigea vers la droite du hangar, où se tenait le jeune prince, se prosterna, déposa ses ignames simulées, se retira dans une attitude recueillie, et alla s'accroupir sur les côtés du malaï. Pendant ce long défilé, trois hommes, assis auprès du prince, prononçaient une sorte de formule sacramentelle, lente et monotone. Après une nouvelle pause, un orateur, placé au haut de la prairie, débita un long discours, qu'il interrompait de temps à autre pour venir briser les bâtons apportés par les hommes de la procession du faï-toka. Quand cette harangue ou prière fut dite, le prince et sa suite se relevèrent, traversèrent une double haie d'assistants et d'acteurs, et disparurent. L'assemblée se dispersa aussi; les bâtons brisés restèrent épars sur la pelouse du malaï. Ainsi finit le premier jour du natchi.

Les cérémonies recommencèrent le jour suivant de fort bonne heure, et, malgré les résistances des naturels, Cook y assista encore. Quand il arriva, la foule était déjà nombreuse, et sur le sol gisaient dispersés de petits paquets de feuilles de cocotier attachés à des bâtons. Tout ce que le capitaine put apprendre, c'est qu'ils étaient tabous. Peu à peu la multitude augmentait ; et, à chaque groupe survenu, un dignitaire préposé *ad hoc* adressait une harangue, dans laquelle se trouvait souvent le mot *ariki*.

Cependant, l'heure solennelle approchant, on voulut encore éloigner le capitaine. Il tint bon avec son opiniâtreté habituelle, et, par une sorte de compromis, on toléra de nouveau sa présence, à la condition qu'il mettrait ses épaules à découvert comme les sauvages. Cook ne recula pas devant la formalité exigée. A demi-nu, il put rester et voir. C'était l'instant où le prince, les femmes et le roi arrivaient dans le malaï. On recommença les cérémonies de la veille, la marche des femmes avec des étoffes, les courses et les prières. Dans un moment où la troupe évoluait à deux ou trois pas de Cook, on l'obligea à tenir les yeux baissés, et à prendre l'air réservé et modeste d'une jeune fille. C'était une loi un peu dure pour ce visage rébarbatif et cet œil si altier d'habitude.

Comme la veille, la procession entra sur le malaï; elle défila comme la veille. Seulement, au lieu d'une igname vraie ou simulée, les naturels portaient une feuille de cocotier au milieu de leurs bâtons. Ces bâtons, une fois déposés à terre, une autre bande arriva, dont chaque couple tenait à la main un panier en feuilles de palmier; puis une troisième avec diverses sortes de petits poissons au bout de bâtons fourchus. Les bâtons furent placés aux pieds d'un vieillard, qui les prit tour à tour, et les déposa sur le sol, en marmottant une sorte de prière. Quant aux poissons, on les présenta à deux hommes armés de rameaux verts, en déposant le premier poisson à leur droite, le second à leur gauche. Cela se fit avec ordre; mais, au troisième poisson, un insulaire, assis derrière les deux officiers, s'élança vers l'objet pour le saisir. Ceux-ci, de leur côté, le disputèrent, et il en résulta que le poisson fut déchiré en plusieurs morceaux. L'agresseur jetait derrière lui tous les lambeaux qu'il pouvait empoigner; les deux autres continuaient à les placer à leurs côtés. Cette scène burlesque dura jusqu'à ce que le tiers survenu eût pu enlever un poisson entier; alors l'assemblée applaudit en criant : *Malié! malié!* (bravo! bravo!). Après cet incident, le classement du poisson continua sans conteste.

Cette opération finie, des prières eurent lieu pour préparer l'assistance à l'acte essentiel de la fête. C'était le moment où le roi allait admettre son fils à l'insigne faveur de manger en même temps que lui, cérémonie qui se consommait avec un morceau d'igname grillée servie à la fois à l'un et à l'autre. Pendant cette solennelle minute, on fit tourner le dos à Cook, afin qu'il ne pût rien voir. Le capitaine viola bien la consigne, mais un mur de naturels le séparait du lieu de la scène; il n'en put distinguer aucun détail.

D'autres marches, contre-marches, évolutions, processions, tantôt silencieuses, tantôt accompagnées de chants bruyants, de mouvements de mains et de pieds, suivirent cette cérémonie du natchi entre le père et le fils. La fête se termina par des combats simulés de troupe à troupe, de champion à champion, par des scènes de lutte et de pugilat, accessoire obligé de tous les divertissements populaires.

Évidemment ce natchi, si dépourvu de sens pour un spectateur européen, devait avoir sa signification allégorique. Les ignames, les bâtons qui en tenaient lieu, les feuilles de cocotier, les longues perches, les prières, les combats, les défilés, le cérémonial, la communion entre le fils et le père, tout cela était autant d'emblèmes religieux et de mythes indigènes. Il était impossible de s'y tromper à l'air recueilli de l'assistance, à l'appareil grave et prévu de toute cette fête, au choix des témoins et des acteurs, tous pris dans les hautes classes; enfin à l'étiquette rigoureuse à laquelle on soumit même les Européens présents. Pour satisfaire leur curiosité, les Anglais furent obligés de se découvrir jusqu'à la ceinture, de laisser flotter leurs cheveux sur leurs épaules, de s'asseoir par terre les jambes croisées, et d'y affecter une posture humble et modeste. Du reste, ce natchi, au dire des insulaires, n'était pas l'un des plus solennels. On apprit à Cook que trois mois plus tard, Tonga-Tabou en célébrerait un autre, où accourraient tous les naturels de l'île et ceux de Hapaï et de Vavao, avec des tributs de tous genres; cérémonie terrible et imposante, que devaient consacrer des sacrifices humains.

Le 10 juillet 1777, Cook quitta Tonga-Tabou, et alla mouiller devant l'île Éoa. Cette relâche n'offrit rien d'important, excepté l'aventure suivante. Le séducteur d'une femme tabou (inviolable) fut surpris avec elle en flagrant délit. Amené au milieu du peuple, on lui ouvrit le crâne, et on lui brisa une cuisse à coups de casse-tête. On se contenta d'administrer quelques coups de bâton à la femme, grâce à sa haute naissance. Cook mit à la voile le 17 juillet, après avoir reconnu tout l'archipel, sauf Vavao et les écueils voisins de cette île.

Maurelle, commandant la *Princesa*, frégate espagnole, découvrit l'île *Amargura*, le 26 février 1781, sans y mouiller; mais l'état de dénûment dans lequel il se trouvait le força de relâcher dans un port beau et sûr de l'île Vavao, qu'il nomma *Port du Refuge*.

L'abondance vint bientôt succéder

à la disette. Les indigènes lui apportèrent toutes sortes de provisions, et le toubou (*) (c'est ainsi que le nomme Maurelle), homme âgé, et d'une telle corpulence qu'il fallut le hisser à bord, vint s'asseoir avec sa jeune et jolie femme sur le banc de quart. Maurelle lui rendit sa visite le 7 mars, et reçut les honneurs d'un kava. Quand le capitaine espagnol parut devant le toubou, celui-ci lui fit les plus grandes caresses, et l'embrassa cent fois. Son cortége s'assit, formant un grand cercle dans le même ordre qu'il était arrivé. On apporta deux tapis de palmes; le roi s'assit sur l'un, et le fit asseoir sur l'autre à sa droite. Tous gardaient un profond silence; seulement ceux qui étaient près du toubou, et que leur grand âge rendait sans doute les plus respectables, répétaient fidèlement toutes ses paroles. On apporta bientôt des racines, avec lesquelles on fit, dans des espèces d'auges, une boisson, qui devait être sans doute fort amère, à en juger par les gestes de ceux qui en burent. Ce rafraîchissement fut servi dans des vases faits de feuilles de bananier. Trois ou quatre jeunes indigènes en offrirent à Maurelle et au roi. Le premier n'en goûta point, la vue seule lui soulevait le cœur. L'insulaire le plus voisin du toubou désigna ceux qui devaient en boire. On n'en servit point aux autres. On mit ensuite au capitaine des patates grillées et des bananes parfaitement mûres; il en mangea. Peu après, il vit paraître des canots remplis de provisions semblables, destinées à être réparties entre ses soldats.

La reine parut à cette audience, précédée de dix femmes de 15 à 18 ans, qui la soutenaient; car elle était tellement chargée d'étoffes qu'elle avait bien de la peine à marcher. Elle sourit à Maurelle, en disant : *Lélé! lélé!* (bien! bien!).

Voici comment le capitaine espagnol rend compte des fêtes et des preuves d'affection qu'il reçut à Vavao : « Le roi m'invita à une réjouissance qu'il avait dessein de me donner. Quand je débarquai le 12, je vis dans le bois touffu qui avoisinait le bord, un vaste espace circulaire qu'on avait fait essorer, de manière à ce qu'il n'y restât plus le moindre tronc. Peu après, les Indiens, deux à deux, se rendirent dans la maison du toubou, portant sur leurs épaules de longues perches d'où pendaient beaucoup de patates, de bananes, de cocos et de poissons : le toubou fit conduire ces provisions au camp nouvellement défriché; on en fit un monceau de forme cubique haut de deux vares.

« Les éguis et les vénérables anciens arrivèrent pour conduire le toubou, qui me prit par la main, et nous nous rendîmes au vaste cercle, où nous étions attendus par plus de deux mille Indiens. Nous nous assîmes sur des tapis de palmes préparés à cet effet; tout le peuple en fit autant, mais en conservant toujours la distinction des castes et des familles, les unes ne se mêlant point avec les autres.

« Le roi m'offrit alors tous ses fruits, et les fit porter à la chaloupe qui en fut entièrement remplie. Les porteurs étant de retour à leurs postes respectifs, on fit un profond silence pendant que le roi parlait; ceux à qui leur âge ou leur dignité avait donné le droit d'être assis auprès du roi, répétaient toutes ses paroles.

« Je ne savais à quoi tout cela aboutirait, et cependant j'ordonnai à ceux de mes soldats qui avaient à leur tête le premier pilote, de se tenir prêts à faire feu de leurs fusils et de leurs pistolets s'ils s'apercevaient de quelques mouvements hostiles.

« Il sortit aussitôt des rangs un jeune homme fort et robuste, la main gauche sur la poitrine, et frappant de la droite sur son coude. Il fit autour de la place beaucoup de gambades vis-à-vis des groupes qui n'étaient pas de sa tribu. Un autre de ceux-ci, s'étant présenté en faisant les mêmes gestes, ils commencèrent à lutter, se prenant corps à corps, se poussant et repous-

(*) C'était vraisemblablement le Toubo de Cook, oncle de Finau.

sant avec tant d'animosité que leurs veines et leurs nerfs paraissaient très-gros. Enfin un des deux tomba si violemment que je crus qu'il ne pourrait jamais se relever. Il se releva pourtant tout couvert de poussière, et se retira sans oser retourner la tête. Le vainqueur vint présenter son hommage au roi, et ceux de sa tribu chantèrent; je ne sais si c'était à la honte du vaincu ou à l'honneur du vainqueur.

« Ces combats de lutte durèrent plusieurs heures; un des combattants eut un bras rompu; j'en vis d'autres recevoir des coups terribles. Pendant que cette lutte continuait, d'autres champions se présentèrent, les poignets et les mains enveloppés de grosses cordes, ce qui leur servait comme de cestes. Cette espèce de combat était bien plus terrible que la lutte. Dès les premiers coups, les combattants se frappaient au front, aux sourcils, aux joues, à toutes les parties du visage, et ceux qui recevaient ces fières décharges en devenaient plus impétueux et plus ardents. J'en vis qui étaient renversés du premier coup de poing qu'ils recevaient. Les assistants regardaient ces combats avec un certain respect, et tous n'y étaient pas indifféremment admis.

« Des femmes, surtout celles qui servaient la reine, assistèrent à cette fête. Je les trouvai tout autres qu'elles ne m'avaient paru jusqu'alors. Je ne les avais pas jugées désagréables; mais ce jour-là elles étaient parées de leurs beaux atours, avant leurs mantes bien repliées et assujetties par un grand nœud sur le côté gauche, portant des chapelets à gros grains de verre à leur cou, les cheveux bien arrangés, le corps lavé et parfumé d'une huile dont l'odeur était assez suave, et la peau si propre qu'elles n'auraient pu y souffrir le plus léger grain de sable. Elles fixèrent toute mon attention, et me parurent beaucoup plus belles.

« Le roi commanda que les femmes se battissent à coups de poing comme les hommes. Elles le firent avec tant d'acharnement qu'elles ne se seraient pas laissé une dent, si, de temps à autre, on ne les eût séparées. Ce spectacle me toucha l'âme : je priai le roi de mettre fin au combat; il accéda à ma prière, et tous célébrèrent la compassion que j'avais eue de ces jeunes demoiselles.

« Le toubou fit ensuite chanter une vieille femme qui portait au cou une burette d'étain; elle ne cessa de chanter pendant une demi-heure, accompagnant son chant d'actions et de gestes qui auraient pu la faire prendre pour une actrice déclamant sur un théâtre.

« Enfin le jeu se termina, et nous retournâmes à la maison du roi; j'y trouvai la reine qui me reçut avec les marques accoutumées de sa bienveillance : je lui demandai pourquoi elle n'avait pas assisté à la fête; elle me répondit que ces sortes de combats lui déplaisaient.

« Les nœuds de notre amitié ainsi resserrés au point que le toubou me nommait son *hoxa*, c'est-à-dire son fils (plutôt *ofa*, ami), je pris congé de lui et de la reine, et je retournai m'embarquer. La plage était toute couverte d'Indiens qui faisaient mille caresses à mes gens sur ce qu'ils avaient bien voulu assister à leur fête.

« Les vainqueurs me prirent sur leurs épaules, et me placèrent dans la chaloupe. Le toubou, qui, de sa maison, voyait cette multitude, et qui savait combien je souffrais quand les Indiens se mêlaient avec mes gens, ordonna à ses capitaines de poursuivre ces insulaires, et il entra lui-même dans une telle colère, qu'il sortit avec un gros bâton frappant ceux qui lui tombaient sous la main. Tous se sauvèrent dans les bois; deux, plus maltraités que les autres, furent laissés comme morts sur la place. J'ignore s'ils se sont rétablis. »

Cette narration, pleine de simplicité, ne manque pas de charme, et nous aurions craint de la gâter, si nous l'avions reproduite sous une autre forme.

Maurelle laissa à ce groupe le nom de *Don Martin de Mayorga*, dont Vavao est la terre principale, et dont le véritable nom est *Hafoulou-Nou*,

Maurelle vit encore plusieurs îles de cet archipel.

La Pérouse s'y montra vers la fin de décembre 1787. En avril 1789, Bligh parut à son tour. Edwards toucha deux fois à Namouka en 1791. D'Entrecasteaux mouilla à Tonga-Tabou le 22 mars 1793. On voit dans son récit un Finau qui joue un grand rôle. Nous ignorons quel était ce Finau, nom assez commun dans la famille des Toubo. Sans le départ assez prompt de ce brave et savant général, il aurait pu être victime d'un guet-apens, selon ce que Singleton avait appris de Kea, son ancien protecteur.

Ensuite arriva, en avril 1797, le capitaine Wilson, du *Duff*, navire chargé de missionnaires. Les fonctions de touï-tonga étaient alors remplies par Foua-Nounouï-Hava, que Wilson désigne sous le nom générique de Fatafaï. A peine le *Duff* eut pris son poste au mouillage, le capitaine Wilson descendit à terre pour sonder les dispositions des chefs; ceux-ci répondirent aux premières ouvertures qu'ils seraient charmés d'avoir parmi eux quelques Européens. Sur cette assurance, dix missionnaires débarquèrent, et s'établirent à Hifo, sous le patronage du terrible Tougou-Aho. « C'était, dit Wilson, un homme d'une quarantaine d'années, d'un maintien sombre et taciturne. Il parlait peu; mais quand il était en colère, les éclats de sa voix retentissaient comme les rugissements du lion. Fata-Faï, au contraire, homme à peu près du même âge, vigoureux aussi, et bien proportionné, avait des manières gracieuses, affables et prévenantes; sa démarche était noble et majestueuse, et tout en lui annonçait l'intelligence et le désir de s'instruire. »

Tougou-Aho, ou Talaï-Tabou, régnait à cette époque en vrai boucher, et l'île était en proie à la guerre civile. Trois missionnaires furent égorgés. Après une longue anarchie, les autres missionnaires furent obligés de se retirer de Tonga-Tabou. Mais l'anarchie ne fit qu'empirer après leur départ. Craignant pour sa vie, au milieu de désordres pareils, le touï-tonga se retira sur Vavao, où les naturels de tous les groupes se rendirent de temps à autre pour honorer son caractère divin. Finau, rival de Tougou, triomphait: la présence du pontife Tougou légitimait ses droits; il se vantait hautement de cette éclatante adhésion. Il ne qualifiait plus les chefs, ses rivaux, que d'impies et de rebelles.

Dans une situation aussi déplorable, Tonga-Tabou n'était plus abordable pour les Européens. Peu de temps après le massacre des missionnaires, l'équipage du navire *Argo*, qui, naufragé sur le groupe Viti, avait pu gagner Tonga, y périt dans des combats avec les naturels, à l'exception d'un seul homme recueilli par un bâtiment de passage. Bientôt un attentat plus grave se commit sur ces côtes. Jusque-là, n'ayant eu affaire qu'à des navires de guerre bien équipés et bien armés, les naturels avaient vu échouer tous leurs complots. Ils eurent plus facilement raison des bâtiments marchands. Le *Duke of Portland*, capitaine Melon, fut leur première victime. Par suite de la trahison d'un Malai et d'un déserteur américain nommé Doyle, l'équipage fut assassiné tout entier, à l'exception d'un vieillard décrépit, de quatre mousses et d'une femme de couleur, nommée Eliza Mosey. Ces individus n'avaient eu la vie sauve qu'à cause de leur âge. On les destinait à aider au déchargement et à la destruction du navire, sauf à les immoler plus tard pour anéantir toutes les traces de cet attentat. Doyle présidait aux travaux; il était l'âme et le bras de ce pillage. Le déchargement durait depuis plusieurs jours, lorsqu'un matin, le vieillard et les quatre mousses surprirent le traître, le tuèrent, chassèrent du navire les naturels qui s'y trouvaient, coupèrent les câbles, et prirent le large, laissant sur l'île Eliza Mosey. On n'eut plus de nouvelles de ces malheureux, qui allèrent se perdre sans doute sur une autre plage (*). »

(*) D'Urville.

L'*Union*, de New-York, capitaine Isaac Pendleton, perdit son capitaine et plusieurs hommes de son équipage, et si le second, nommé Wrigt, n'eût fait couper les câbles, le navire eût été enlevé par les naturels furieux, et la mort aurait frappé officiers et matelots. On voulait encore attirer un des canots à terre, et lui ménager une fin pareille. Mais Eliza s'était dévouée; elle s'était offerte comme devant faciliter l'exécution du second guet-apens, et elle avait demandé qu'on l'envoyât le long du bord pour persuader et tromper l'officier qui commandait l'*Union*; mais, averti par cette femme courageuse qui se jeta à la nage, il la fit monter à bord, et l'*Union* mit aussitôt à la voile. Hélas! c'était pour tomber en des mains plus cruelles encore. Une implacable fatalité pesait sur ce navire : quelques jours après; il se perdit sur les îles Viti, et son équipage fut rôti et dévoré par les cannibales de cet archipel. Depuis le désastre de l'*Union*, peu de navires marchands s'arrêtèrent sur Tonga. Turnbull passa à Éoa en 1803, sans s'y arrêter. Campbell du *Harrington*, arrivé à Tonga-Tabou en 1809, n'osa point y prendre terre. Moins prudent, le capitaine Brown fut victime de la perfide cruauté des habitants de l'île fatale.

Le *Port-au-Prince*, armé de vingt-quatre canons de douze, et de huit caronnades du même calibre, vint mouiller à Lefouga, sur le groupe Hapaï, le 29 novembre 1806. Mariner, à qui nous devons le récit de sa destruction, de ses propres aventures, et les détails les plus exacts et les plus importants qui suivront, s'embarqua à l'âge de quatorze ans, avec le capitaine Duck, qui commandait le *Port-au-Prince*. Ce beau bâtiment, monté par une équipage d'une centaine d'hommes, avait été armé pour se livrer à la fois à la pêche de la baleine et à la course contre les Espagnols sur les côtes occidentales de l'Amérique. Après avoir fait plusieurs prises dans ces parages, le capitaine Duck mourut dans l'île de Céros, sur la côte de la Californie, le 11 août 1806, et fut remplacé dans son commandement par un capitaine baleinier nommé Brown. Celui-ci se détermina aussitôt à faire voile pour les îles Haouaï, afin d'y réparer le bâtiment de manière à pouvoir gagner le port Jackson, où il avait le projet de lui faire subir un radoub complet. Il relâcha à Haouaï, et ensuite à Ouahou, où il recruta son équipage de huit indigènes. Il se dirigea de là vers Taïti; mais un courant contraire lui ayant fait manquer cette île, il se détermina à cingler à l'ouest, vers les îles Tonga. Le 27 novembre, le *Port-au-Prince* signala les îles Hapaï, qui en font partie, et le 24, il jeta l'ancre au nord-ouest de Lefouga, où Cook avait aussi mouillé. Le soir même, un grand nombre de chefs indigènes vinrent à bord avec des provisions. Ils étaient accompagnés par un insulaire d'Haouaï, qui parlait un peu anglais. Cet homme, nommé Touï-Touï, chercha, par tous les moyens en son pouvoir, à persuader à l'équipage que les indigènes étaient on ne peut mieux disposés en leur faveur. Mais un autre insulaire, faisant partie des huit que le *Port-au-Prince* avait pris à Ouahou, fit entendre qu'il n'en était rien, et conseilla même au capitaine Brown qui avait pris le commandement du *Port-au-Prince* depuis la mort du capitaine Duck, de se tenir soigneusement sur ses gardes. Malheureusement il n'en fit rien. Le lendemain, Brown ordonna de travailler à caréner le bâtiment, ce qui excita beaucoup de mécontentement parmi l'équipage, attendu que c'était un dimanche; il s'ensuivit même la révolte d'une vingtaine d'hommes qui se rendirent à terre. Dans l'après-dîner, le reste de l'équipage alla trouver le capitaine, et l'informa qu'un très-grand nombre d'insulaires, armés de lances et de massues, s'étaient réunis dans l'entrepont, et paraissaient disposés à s'emparer du bâtiment. Le capitaine n'en voulut d'abord rien croire; mais lorsque Mariner lui eut confirmé la vérité du fait, il se décida à s'en assurer lui-même. Il monta sur le pont, suivi par deux chefs qui se trouvaient avec lui dans ce moment. Ceux-ci, croyant leur complot découvert et leur vie en danger, pâlirent, et manifestèrent la plus grande anxiété. Toutefois, voyant qu'il n'en était rien, et que le capitaine trouvait seulement à redire qu'il y eût autant d'hommes armés sur le pont, ils s'empressèrent de faire jeter les armes à la mer, et de renvoyer les insulaires. Néanmoins Mariner remarqua qu'ils conservèrent soigneusement leurs meilleures massues et leurs meilleures lances, et qu'ils ne jetèrent que les plus mauvaises.

Après le départ des insulaires, le charpentier et le voilier conseillèrent au capitaine de faire quelques dispositions pour les empêcher de revenir à bord, parce qu'il était impossible de travailler au milieu de tant de monde. Le capitaine, toujours sourd aux représentations qui lui étaient faites, ne prit pas la moindre précaution.

Le lendemain, 1er décembre 1806, le bâtiment était déjà rempli d'insulaires. Vers neuf heures, le perfide Touï-Touï vint trouver le capitaine, et l'invita à se rendre à terre pour visiter le pays; celui-ci y consentit sur-le-champ, et eut même l'imprudence de ne pas se munir d'armes. Une demi-heure après son départ, les insulaires poussèrent un grand cri, et assaillirent les hommes de l'équipage. Mariner se réfugia d'abord à la sainte-barbe, où se trouvait déjà le tonnelier. Là, après s'être consultés pendant quelques instants, ils résolurent de faire sauter le bâtiment. Toutefois, n'ayant pu se procurer du feu, ils se déterminèrent à monter sur le pont, aimant mieux mourir en se défendant, que de s'exposer à périr au milieu des plus affreux tourments. Mariner passa le premier. Mais, ayant aperçu Touï-Touï dans la chambre du capitaine, il se présenta à lui sans armes, en lui disant que si on avait résolu de le faire mourir, il venait présenter sa tête. Touï-Touï lui promit la vie, à condition qu'il lui dirait combien il y avait encore d'hommes dans le navire. Mariner lui répondit qu'il n'y en avait plus qu'un, et il appela aussitôt le tonnelier, qui ne l'avait pas suivi, ainsi qu'ils en étaient convenus. Touï-Touï les conduisit tous deux sur le pont par-devant le chef qui avait dirigé l'expédition. En y arrivant, il fut frappé d'horreur à la vue de vingt-deux cadavres rangés côte à côte, entièrement dépouillés, et méconnaissables par les coups de massue qu'ils avaient reçus, et du chef lui-même, assis sur le capuchon de dunette, ayant sur une épaule une veste de matelot ensanglantée, et sur l'autre une massue encore couverte de la cervelle des malheureux qu'il avait assommés. Ce sauvage, après avoir considéré un moment Mariner, le fit remettre entre les mains d'un chef subalterne, qui l'emmena à terre. Chemin faisant, celui-ci le dépouilla de sa chemise.

Mariner fut conduit du rivage à la partie la plus septentrionale de l'île, à un endroit nommé Ko-Oulo, où il vit le cadavre du capitaine étendu sur le rivage. Les insulaires lui demandèrent s'il approuvait sa mort. Mariner, n'ayant pas répondu à cette question, l'un des individus présents leva sa massue pour le tuer; toutefois un chef lui arrêta le bras, et ordonna de conduire le prisonnier à bord d'un grand canot qui était alors à la voile. Une demi-heure après, plusieurs indigènes vinrent le reprendre dans le canot, et le menèrent auprès d'un grand feu, où il eut encore la douleur de voir les cadavres de trois hommes de l'équipage, qui avaient abandonné le bâtiment la veille du désastre. Après avoir fait rôtir quelques cochons, les insulaires conduisirent Mariner du côté de l'île de Foa. Pendant le trajet, ils s'arrêtèrent à une habitation où, malgré ses prières, ils le dépouillèrent de son pantalon, le dernier vêtement qui lui restât. Ils le promenèrent ensuite dans le pays, pieds nus et exposé à un soleil tellement ardent, qu'il lui faisait lever des cloches sur tout le corps. Les habitants accouraient de tous côtés pour le voir; ils le tâtaient, comparaient sa peau à la leur, et disaient que par sa couleur elle ressemblait à un cochon sans soie. L'un lui crachait au nez, un autre le poussait, un troisième lui jetait des bâtons, des noix de coco, etc. Après mille avanies de cette espèce, une femme qui passait prit pitié de lui, et lui donna un tablier de feuilles de *shea toulou*, dont on lui permit de se couvrir. Enfin ses conducteurs entrèrent dans une hutte pour boire du kava (*), et lui ordonnèrent par signes de s'asseoir ; car, dans ces îles, c'est manquer au respect que de rester debout devant un supérieur. Pendant qu'ils se reposaient, un homme entra précipitamment dans la cabane, et, après avoir adressé quelques mots aux indigènes, il emmena Mariner. Celui-ci rencontra en route un des insulaires de Vavao, qui lui apprit que c'était à Finau, roi de ce pays, qu'il devait sa délivrance, et qu'il allait lui être présenté. En effet, on le conduisit devant ce chef, qui lui fit signe de venir s'asseoir à côté de lui. Dès que ses femmes, qui étaient à l'autre extrémité de la chambre, virent le triste état où était ce malheureux jeune homme, elles poussèrent des cris lamentables, et se frappèrent la poitrine. Le roi avait conçu beaucoup d'amitié pour Mariner, dès la première fois qu'il l'avait vu à bord du bâtiment. Il l'avait pris pour le fils du capitaine, ou au moins pour quelque jeune chef de distinction dans sa patrie, et avait ordonné qu'on l'épargnât, dans le cas où il aurait fallu tuer tous les autres blancs. Finau toucha du nez le front de Mariner, ce qui est une marque d'amitié dans les îles Tonga. S'étant aperçu qu'il était blessé et couvert de boue, il ordonna à une de ses femmes de le conduire à un étang voisin pour qu'il pût se laver. Cette opération faite, il se présenta de nouveau devant le roi, qui l'envoya dans une autre partie de la maison, où on le frotta par tout le corps d'huile de bois de sandal ; cette huile, d'une odeur suave, apaisa un peu les douleurs aiguës que lui causaient ses blessures. On lui donna ensuite une natte pour se coucher. Accablé de sommeil et de fatigue, il s'étendit dessus, et ne tarda pas à s'endormir profondément. Pendant la nuit, il fut réveillé par une femme qui lui apporta du porc et de l'yam. Il refusa la viande, de crainte que ce ne fut de la chair humaine ; mais il mangea l'yam avec avidité, attendu qu'il n'avait rien pris depuis trente-six heures.

Lorsque Mariner se leva le lendemain matin, il fut assez surpris de voir que tous les insulaires s'étaient rasé la tête ; c'est un usage qui se pratique toujours à la mort d'un grand personnage.

Dans la matinée, Finau conduisit Mariner à bord du bâtiment, où il eut le plaisir de recevoir plusieurs hommes de l'équipage, qui y avaient été envoyés pour l'amener à terre. Touï-Touï avait prévenu Finau qu'il serait impossible de manœuvrer le bâtiment avec les quatorze marins qui restaient, si les indigènes, au nombre d'environ quatre cents, ne se tenaient pas immobiles. Le roi donna ses ordres en conséquence, et dès ce moment le calme et le silence le plus parfait régnèrent à bord. Les Anglais coupèrent les câbles, et, passant par un passage très-étroit et presque impraticable, à cause des récifs et des bas-fonds, ils amenèrent le navire à une demi-encâblure du rivage, où ils l'échouèrent, d'après les ordres de Finau.

Cette opération faite, les insulaires s'occupèrent pendant deux ou trois jours à amener le mât, et à décharger deux caronades et huit barils de poudre, les seuls qui fussent intacts. Ils enlevèrent aussi tout le fer qu'ils purent trouver dans le haut du navire.

Finau aperçut un indigène occupé à couper une clef au grand mât de perroquet. Il ne crut pas convenable de le laisser achever, et s'adressant à un insulaire des îles Haouaï, qui s'amusait sur le pont à tirer des coups de fusil, il lui dit d'essayer s'il ne pourrait pas faire descendre cet homme. Celui-ci le mettant aussitôt en joue, le coucha

(*) C'est le *piper methysticum* que ces insulaires boivent en infusion.

roide mort. La balle l'atteignit dans le corps, et en tombant il se cassa les deux cuisses et se brisa la tête. Finau se mit à rire aux éclats, en voyant avec quelle promptitude son ordre avait été exécuté. Lorsque Mariner put se faire comprendre, il demanda au roi pourquoi il avait eu la cruauté de faire tuer aussi gratuitement ce pauvre homme. Sa majesté tonga répondit que ce n'était qu'un cuisinier (*), et que la vie comme la mort d'un être semblable intéressait peu la société.

Le 9 décembre au soir, les insulaires mirent le feu au bâtiment, afin d'avoir plus aisément le fer qui s'y trouvait. Comme tous les canons étaient chargés, la chaleur produite par l'incendie les fit partir l'un après l'autre, ce qui jeta l'épouvante dans l'île. Mariner qui vit plusieurs Indiens entrer précipitamment dans la maison où il dormait, eut bien de la peine à les rassurer et à les décider à retourner chez eux.

Pendant une semaine entière, Mariner, de l'avis de Finau, sortit rarement, afin de ne pas s'exposer aux insultes des indigènes; le 16 décembre il accompagna Finau dans un voyage qu'il fit à l'île de Wiha pour faire la chasse aux rats et aux oiseaux (**). Il y eut de grandes réjouissances à cette occasion.

Pendant son séjour dans cette île, quelques indigènes apportèrent à Mariner sa montre qu'ils avaient trouvée dans sa malle, et lui firent entendre qu'ils désiraient savoir ce que c'était. Le jeune Européen monta la montre et l'approcha de l'oreille d'un insulaire. Aussitôt chacun voulut s'en emparer; c'était à qui la regarderait, la porterait à son oreille. La prenant pour un animal vivant, ils la frappaient, ils la serraient dans leurs mains pour la faire crier. Ils se regardaient ensuite avec surprise, riaient aux éclats, faisaient claquer leurs doigts, et marquaient leur surprise en imitant, avec leur langue, le gloussement d'une poule. Mariner ayant ouvert sa montre pour leur en faire voir le mouvement, l'un des spectateurs s'en empara et s'enfuit à toutes jambes. Les autres le poursuivirent, et dans un instant la montre fut disloquée. Mais comme elle n'allait plus, il s'ensuivit une violente rixe, qui ne s'apaisa qu'à l'arrivée d'un indigène, qui ayant appris l'usage des montres à bord d'un bâtiment français, leur fit comprendre qu'elles servaient à indiquer l'heure.

Mariner ne tarda pas à retourner à Lefouga avec Finau. Il continua à y être en butte aux insultes des indigènes des basses classes, et sa vie même n'était pas à l'abri de tout danger. Touï-Touï chercha à persuader au roi qu'il était dans son intérêt de se défaire de tous les Anglais, dans la crainte que si quelque bâtiment de cette nation arrivait dans ces parages, ils n'informassent ceux qui le monteraient du sort du *Port-au-Prince*, et ne les détermineraient à venger d'une manière éclatante le massacre de leurs infortunés compatriotes. Heureusement Finau ne fut pas de cet avis.

Mariner avait sauvé quelques livres et du papier à écrire qu'il conservait précieusement. Un jour le roi le pria de les lui remettre. Il obéit; mais il eut bientôt le regret d'apprendre que tout avait été livré aux flammes. Lorsqu'il demanda le motif d'une mesure aussi rigoureuse, Touï-Touï lui répondit de la part du roi, qu'aucun motif d'amitié ne pouvait le porter à tolérer l'usage de livres et de papiers qui étaient autant d'instruments de magie, destinés à attirer sur le pays la peste ou quelque autre fléau semblable. Voici comment un peu plus tard Finau expliqua lui-même à Mariner son opinion à cet égard.

Un convict anglais, échappé de l'Australie et établi dans l'île, s'étant pris de dispute avec des missionnaires

---

(*) Dans ces îles on croit que ceux qui exercent une profession vile n'ont point d'âme, et l'on regarde l'état de cuisinier comme le plus méprisable de tous, tandis que celui de charpentier est considéré comme le plus honorable.

(**) Les gens de la basse classe mangent ces rats, mais les chefs ne les tuent que par amusement.

arrivés après lui, les accusa d'être la cause d'une maladie épidémique qui désolait les différentes îles, et soutint que leurs cérémonies religieuses étaient des conjurations, et leurs livres des instruments de sortilége. Les indigènes furieux tombèrent alors sur les missionnaires et les massacrèrent.

Mariner et ses compagnons d'infortune ne connaissant ni la langue, ni les usages du pays, étaient souvent fort embarrassés pour se procurer les moyens de subsister. Quelquefois on leur apportait des vivres, quelquefois des indigènes les invitaient à venir manger chez eux; mais le plus souvent on les oubliait, et ils étaient réduits à dérober ce qui leur était nécessaire. Enfin Mariner parvint, par l'entremise de Touï-Touï, à faire connaître leur malheureuse position au roi qui s'en étonna beaucoup. Après s'être informé comment les choses se pratiquaient en Europe à cet égard, il en rit de bon cœur, et dit à Mariner que l'usage des îles Tonga était bien préférable, et que dorénavant, lorsqu'il aurait faim, il n'avait qu'à entrer dans la première maison venue, et y demander à boire et à manger.

Las du genre de vie qu'ils menaient, Mariner et ses compagnons, au nombre de cinq, prièrent le roi de leur accorder un grand canot, pour tacher de gagner l'île Norfolk, et de là l'Australie. Finau s'y refusa, sous prétexte qu'une aussi frêle embarcation ne pourrait pas tenir la mer. Toutefois, cédant à leurs instances, il leur permit de construire une chaloupe; mais, ayant eu le malheur d'ébrécher une hache, la seule qu'ils eussent, on la leur retira, et ils durent cesser leurs travaux.

Ainsi privés de tout espoir de retourner dans leur patrie pour le moment, les Anglais sentirent la nécessité de se plier aux usages du pays où le sort les avait jetés. Bientôt l'activité et les vicissitudes d'une expédition guerrière entreprise par Finau, vint leur fournir d'utiles distractions, en donnant un autre cours à leurs pensées.

Un jour le roi demanda à Mariner si sa mère vivait encore, et sur sa réponse affirmative, il témoigna combien il était fâché qu'il se trouvât ainsi séparé d'elle. Il est d'usage aux îles Tonga que les hommes, et quelquefois les femmes se choisissent une mère adoptive, même du vivant de leur propre mère, afin d'être mieux pourvus de toutes les commodités de la vie. Le roi désigna, en conséquence, comme mère adoptive de Mariner, Mafi-Habé, l'une de ses femmes qui, par la suite, eut autant de tendresse et d'affection pour lui, que s'il avait été réellement son fils.

Il y avait à cette époque dans l'île de Léfouga une femme qui avait perdu la raison par suite du violent chagrin qu'elle avait éprouvé à la mort d'un de ses proches parents, et à celle d'un de ses enfants, qu'on avait offert en sacrifice aux dieux pour obtenir la guérison de son père. Cette infortunée était considérée comme inutile à la société : Finau désirait s'en débarrasser, et pria un jour Mariner de lui tirer un coup de fusil. Celui-ci s'en excusa en disant qu'il était prêt à sacrifier sa vie en combattant contre les ennemis du roi, mais que sa religion lui défendait de tuer de sang-froid un de ses semblables. Finau admit cette excuse sans s'en offenser, et la vie de la malheureuse femme fut épargnée, mais pour quelque temps seulement; car elle fut tuée peu de jours après par un insulaire des îles Haouaï, au moment où elle se promenait sur le rivage.

Mariner ayant appris que les bâtiments européens touchaient à l'île Tonga plutôt qu'aux autres îles du même groupe, eut l'idée de laisser au chef de *Mafangae (terrain consacré)*, dont nous parlerons plus tard, une lettre par laquelle il annonçait sa situation et celle de ses compagnons d'infortune. Finau envoya chercher cette lettre, et se la fit traduire par l'un des Anglais en l'absence de Mariner. Cette manière de communiquer ses pensées était pour le roi une énigme inexplicable. Il regardait le papier, le tournait dans tous les sens, et n'en était pas plus avancé. Enfin, il appela Mariner, et lui dit d'écrire quelque chose, comme, par exemple, son nom. Il appela alors un autre Anglais, qui n'était pas présent pendant que Mariner avait écrit, et lui dit de prononcer ce qui était sur le papier, ce qu'il fit sur-le-champ. Le roi saisit alors le papier, le regarda dans tous les sens, et finit par s'écrier : « Mais cela ne ressemble ni à moi, ni à ma personne! Où sont donc mes jambes? Comment pouvez-vous savoir que c'est moi? » Pendant deux ou trois heures entières le roi occupa Mariner à écrire différents mots, et à les faire lire par l'autre Anglais ; ce qui amusa et étonna surtout beaucoup les indigènes qui se trouvaient présents. Tout à coup le roi s'imagina avoir trouvé la solution du problème, et expliqua à ceux qui l'entouraient comment deux personnes pouvaient convenir d'employer un signe particulier pour chacun des objets qu'elles avaient vus. Quel fut son étonnement lorsque Mariner lui dit qu'on pouvait écrire à volonté le nom de choses que l'on n'avait jamais vues! Finau lui dit alors bas à l'oreille d'écrire le nom de Tonga-Ahou (ce même roi qui avait été assassiné longtemps avant l'arrivée de Mariner). L'autre Anglais le lut aussitôt, à la grande surprise de tout l'auditoire. Le jeune Européen dit ensuite au roi que dans différentes parties du monde on envoyait à de grandes distances des messages écrits de la même manière, et dont le contenu restait ignoré de celui qui les portait, et ajouta que l'histoire des nations était transmise à la postérité par le même moyen. Finau avoua que c'était une invention admirable ; mais qu'elle ne conviendrait point du tout aux îles Tonga, parce qu'elle n'y serait bonne qu'à fomenter des troubles, et à organiser des conspirations.

Le roi avait en vain voulu s'emparer du fort de Vavao, malgré le feu de sa mousqueterie et de quatre caronades qu'il avait eues dans le pillage du *Port-au-Prince*, et malgré le secours de Mariner, de ses compagnons et d'un noir des États-Unis, il fut contraint de lever le siége, et de s'enfermer lui-même, à quelque distance de là, dans un camp retranché. Dès ce moment, la guerre dégénéra en de simples escarmouches, où les deux partis se faisaient mutuellement quelques prisonniers, contre lesquels on exerçait, de part et d'autre, les vengeances les plus horribles avec une sorte de légèreté plus atroce que la barbarie réfléchie des sauvages de l'Amérique. Ceux-ci du moins ne se livrent à des actes d'une cruauté raffinée que contre les ennemis de leur nation, contre des individus qu'ils ont été accoutumés de tout temps à considérer comme des êtres dévoués à leur vengeance, si le sort des armes les fait tomber entre leurs mains. Mais les insulaires des îles Tonga se portent gratuitement à des actes d'une cruauté qui révolte l'imagination. Par exemple, pendant le cours de cette campagne, quatre habitants de Vavao, surpris au moment où ils cachaient en terre quelques provisions de bouche, furent condamnés à avoir la tête séparée du corps avec une scie d'écailles d'huître, et cet ordre exécrable reçut son exécution.

Une des femmes de Finau, qui avait à se plaindre de la jalousie et de la tyrannique influence de l'épouse favorite, prit le parti de s'enfuir, et passa par hasard dans un endroit hors de l'enceinte du camp, où Mariner était occupé à cueillir des *chadeks*. Se voyant découverte, elle se jeta aux genoux de l'étranger, lui exposa ses chagrins, et le supplia, au nom de sa propre mère, au nom de ce qu'il avait de plus cher au monde, de ne pas mettre obstacle à sa fuite. Mariner, touché de ses larmes et de sa malheureuse position, la releva et promit de ne pas divulguer sa fuite.

Pour se venger de cette perte, Finau résolut de prendre et de faire massacrer un certain nombre de femmes de Vavao, qui étaient dans l'habitude de se réunir à la marée basse pour ramasser des moules et autres coquillages sur un banc de rocher qui traverse la baie non loin de Fellétoa. Quelques hommes de leur parti s'amusaient à les surprendre comme s'ils eussent été des ennemis, et avaient si fréquemment répété cette plaisanterie, qu'à la longue elles finirent par en rire, et ne s'enfuyaient plus, comme elles le faisaient d'abord. Instruits de leur sécurité, les gens de Finau arrêtèrent leur plan en conséquence. Ils s'embarquèrent dans un canot, et se dirigèrent vers une partie de l'île, où il leur était possible de débarquer sans être vus. Arrivés là, à un signal convenu, ils se précipitèrent sur les femmes, qui les prirent pour leurs amis; mais reconnaissant bientôt leur erreur, et voyant trois ou quatre d'entre elles assommées à coups de massue, elles se mirent à fuir avec autant de célérité qu'elles purent. De trente qu'elles étaient, cinq furent tuées, et treize faites prisonnières; les douze autres parvinrent heureusement à gagner le fort. De ce nombre était celle que Mariner rencontra fuyant du camp de Finau. Peu s'en fallut qu'elle ne fût atteinte par un jeune chef qui la poursuivait, la massue levée. Dans la rapidité de sa course, son gnatou, l'unique vêtement qu'elle eût, glissa et tomba dans l'eau; par un mouvement de modestie, elle se retourna pour le rattraper; mais, poursuivie de trop près pour que le moindre retard ne lui fût pas funeste, elle dut l'abandonner. Déjà son ennemi avait le bras levé pour la frapper, lorsque, épuisé par les efforts qu'il avait faits pour l'atteindre, il tomba de fatigue, et elle échappa.

A l'arrivée des prisonnières, il s'éleva une dispute très-vive entre les parents qui les réclamèrent, et ceux qui les avaient prises. Le féroce Finau témoigna une grande colère de ce qu'on n'avait pas suivi ses ordres, en les exterminant sur la place, et, pour arranger les prétentions de part et d'autre, il proposa de couper chacune de ces femmes en deux parties égales, et de les distribuer ainsi entre ceux qui les réclamaient; mais l'affaire eut lieu à l'amiable. Bientôt après, Finau fit la paix avec ses adversaires de Vavao. Ils convinrent qu'il résiderait à Vavao avec ses mataboulès; qu'il renverrait ses guerriers aux îles Hapaï, et qu'il remettrait le gouvernement de ces îles entre les mains de Toubo-Toa, qui lui payerait le tribut ordinaire. Ce tribut consiste en yams, nattes, gnatou, poisson salé, oiseaux vivants, etc., et on le lève sur tous les individus en proportion de leurs biens. On le perçoit deux fois par an : la première, vers le mois d'octobre, et la seconde fois à une époque indéterminée.

Vers cette époque, la plus jeune des filles du roi, nommée *So-Omaï-Lalangui*, c'est-à-dire en langue samoa, *donnée par le ciel*, tomba malade; elle avait alors à peu près sept ans. Pour se concilier la faveur du dieu qui était considéré comme le patron de la famille des Hous, dont descendait Finau, elle fut transférée dans un édifice consacré à cette divinité, à laquelle on sacrifiait journellement un cochon cuit. Toutefois, Finau, voyant que sa fille allait de plus en plus mal, ordonna de lancer ses grands canots, et la conduisit à l'île de Hounga, où résidait un prêtre que l'on supposait inspiré par la divinité tutélaire de la famille. Ici des offrandes et des invocations avaient lieu aussi chaque jour, et les mataboulès se rendaient fréquemment auprès du prêtre pour savoir quelle serait la décision du dieu.

Dans une de ces visites, Finau étant absent, le prêtre déclara que la maladie de la fille du roi était pour le bien général du pays. Finau, ayant appris cette réponse, fit venir le prêtre et lui parla ainsi :

« Si les dieux sont irrités contre nous, que le poids de leur vengeance pèse sur ma tête. Je ne la crains pas; mais épargnez ma fille, et je vous demande avec instance, Toubo-Tataï, d'exercer toute votre influence auprès des autres dieux, pour que je subisse seul la peine qu'ils veulent nous infliger. »

Le dieu n'ayant rien répondu à cette prière, son ministre alla se mêler parmi le peuple, et les chefs se séparèrent.

Le roi regagna sa demeure, plein de tristesse et vivement blessé dans son orgueil. Le lendemain il se sentit gravement indisposé, et s'étendit sur sa natte. Son mal empirait d'heure en heure, et ayant, comme il le dit lui-même, le sentiment de sa fin prochaine, les femmes attachées à son service allèrent en prévenir ses chefs et ses mataboulés. Ceux-ci, s'étant rendus aussitôt près de lui, le trouvèrent presque sans voix. Dès qu'il les vit, il chercha en vain à réunir ses idées, et parut suffoqué par la véhémence des sentiments qui l'agitaient. Enfin les larmes vinrent à son secours, et après en avoir répandu abondamment, il reconnut la justice des dieux, tout en déplorant la fatalité de sa position, qui le condamnait à mourir douloureusement chez lui, au lieu de périr de la mort des braves. Après une courte pause, il ajouta d'un ton calme et ferme : « Je tremble à l'idée des maux qui menacent mon pays ; et je prévois qu'après ma mort l'état des affaires subira de fâcheux changements ; car j'ai eu de fréquentes preuves que l'obéissance que me montrent mes sujets vient moins de leur amour pour moi, que de la crainte que je leur inspire. »

En s'éveillant le lendemain matin, il se trouva presque aussi bien que de coutume ; mais il eut bientôt la douleur de voir qu'il n'en était pas de même de sa fille, dont la fin fut sans doute hâtée par tout ce que l'on fit pour la prévenir ; car, dans leur pieux empressement, ceux qui l'entouraient ne cessèrent de la transporter d'un lieu consacré à un autre, jusqu'à ce qu'elle eût rendu le dernier soupir.

Après cet événement, contre la coutume générale des îles Tonga, Finau ordonna qu'il ne serait fait aucune démonstration d'affliction publique. Malgré cette injonction, les serviteurs de la jeune princesse n'en manifestèrent pas moins leurs regrets. La conduite du roi dans cette circonstance fut regardée comme un signe de mécontentement contre les dieux. Le vingtième jour après le décès, le peuple fut assemblé par ses ordres, et le corps, placé dans un cercueil de bois poli fait dans la forme d'un canot, fut déposé dans le faïtoka, ou cimetière. Cette cérémonie fut suivie d'abondantes distributions de vivres et de kava, et les indigènes se livrèrent aux assauts de la lutte.

Après que les hommes eurent montré leur force et leur dextérité dans des exercices seul à seul, le roi ordonna que toutes les femmes qui demeuraient au nord de Moua se plaçassent d'un côté, et se tinssent prêtes à combattre toutes celles qui demeuraient au sud. Il n'était pas rare, dans les jours de réjouissances publiques, de voir les femmes combattre deux à deux, mais on n'en avait encore jamais vu trois mille divisées en deux troupes égales. Néanmoins, elles commencèrent le combat sans hésiter, et le maintinrent avec la plus opiniâtre bravoure, pendant à peu près une heure, sans perdre un pouce de terrain. Il est même probable qu'il ne se serait pas terminé aussi promptement, si Finau, témoin de l'acharnement qu'y mettaient les combattantes, ne leur eût pas ordonné d'y mettre fin ; il en coûta de part et d'autre quelques bras et jambes cassés.

Les hommes, à leur tour, se divisèrent en deux bandes, et engagèrent aussitôt une affaire générale, qui se soutint de part et d'autre avec une égale bravoure, jusqu'à ce qu'enfin ceux qui habitaient la partie de l'île où était la demeure du roi commencèrent à lâcher pied. Dès que Finau s'en aperçut, il s'élança de la maison d'où il observait ce qui se passait, afin de les exciter par sa présence et ses efforts. Son exemple fut si efficace que le parti opposé recula à son tour, et finit par être entièrement chassé du terrain qu'il occupait.

On ne sait si le roi fut blessé dans cette circonstance, ou si le mouvement extraordinaire qu'il se donna lui occasionna une rechute, mais à peine fut-il rentré chez lui, qu'il tomba presque aussitôt sans connaissance. Pour apaiser les dieux, et obtenir sa guérison, on étrangla un enfant qu'il avait eu d'une de ses concubines. On doit dire toutefois que ce barbare sacrifice eut lieu à son insu. Néanmoins, le mal de Finau ne fit qu'empirer, et il expira peu après.

D'après ce que le capitaine Cook a dit de ce chef à l'époque où il aborda aux îles des Amis, Finau devait avoir environ cinquante ans au moment de sa mort. Sa taille était de cinq pieds sept pouces; il était fort et nerveux; il portait la tête haute, et avait le regard assuré, les épaules larges et bien faites, les membres bien découpés et les mouvements gracieux. Ses cheveux, d'un noir de jais, mais non laineux, frisaient sur son front, qui était très-élevé. Il avait les yeux grands, pleins de feu et pénétrants. Ses sourcils étaient larges, et lui donnaient un air un peu austère. Son langage était éloquent. Il parlait d'une manière fort distincte, et soit qu'il fût de bonne ou de mauvaise humeur, on l'entendait toujours à une très-grande distance (*). Finau possédait un esprit profond et rusé, constamment disposé à favoriser tous les projets qui pourraient servir ses intérêts, mais excessivement circonspect sur les vues qu'il pouvait avoir.

La maxime des gouvernements despotiques, qu'il est prudent de détruire tout ce qui peut nous être contraire, est l'une de celles que Finau mit toujours en pratique. On a vu comment, après s'être emparé des principaux chefs et guerriers de Vavao, il les fit périr tous d'une manière ou d'autre. On reconnaît une grande similitude de caractère entre ce chef et son prédécesseur Tougou-Hao. Finau pouvait marcher l'égal du mortel le plus ambitieux.

Il ne lui a manqué que l'éducation et un plus vaste champ d'action pour devenir infiniment plus puissant qu'il ne l'était. Doué par la nature d'un de ces esprits vigoureux qui embrassent tout ce qui est à leur portée, et qui ensuite, mécontents de ce qu'ils ont obtenu, cherchent à obtenir davantage, combien dut lui paraître fatigante et ennuyeuse la domination de quelques îles, qu'il n'osait quitter pour en conquérir d'autres, de peur de s'en voir déposséder par la trahison de quelques-uns de ses chefs, et l'inconstance d'une armée indisciplinée !

Quant à ses sentiments religieux, il est difficile de croire qu'il en eût aucun; il est certain du moins qu'il n'ajoutait aucune croyance aux oracles rendus par les prêtres. Car, bien qu'il les crût réellement inspirés lorsqu'ils feignaient de l'être, il pensait néanmoins qu'il leur arrivait souvent d'attribuer aux dieux leurs propres sentiments, surtout ceux qui ne s'accordaient pas avec sa manière de voir. Toutefois, il n'émettait jamais d'opinion à cet égard en public, quoiqu'il s'exprimât d'une manière très-franche devant Mariner et quelques-uns de ses confidents. Il avait coutume de dire qu'à la guerre les dieux favorisent toujours le parti qui a les chefs et les guerriers les plus braves. Il ne croyait pas d'ailleurs que les dieux s'occupassent beaucoup de nos intérêts ici-bas, et il ne voyait pas, disait-il, pour quelle raison ils le feraient. Comme le reste de ses compatriotes, il croyait à une vie future, et il pensait que les chefs et matahoulès, qui ont des âmes, vivent dans *bolotou* (le paradis) d'après leurs différents rangs dans ce monde; mais que les gens du peuple, n'ayant pas d'âme, ne jouissent pas de cet avantage.

Tel était le dernier roi des îles Tonga, homme doué d'un grand caractère, très-remarquable sous quelques rapports, mais surtout éminemment dramatique. Nous l'avons dépeint un peu au long, parce que de pareils hommes s'offrent rarement en Océanie à notre observation, et pour nous excuser, nous dirons qu'il est important

---

(*) Son éloquence était si persuasive, que la plupart de ses ennemis craignaient de l'écouter, de peur d'être obligés de se rendre à ses raisons, et de compromettre ainsi leurs intérêts. Dans son intérieur, il ne parlait que d'une voix très-douce et avec beaucoup de retenue.

de connaître ce que nos semblables sont et peuvent être dans l'état sauvage, si nous voulons juger avec quelque exactitude de leur caractère dans l'état de civilisation, afin qu'en comparant l'un à l'autre, nous puissions parvenir à porter un jugement exact sur la nature humaine, et sur l'anthropologie ou la science de l'homme, qui doit être pour nous la première de toutes les sciences.

Nous croyons à propos d'entrer ici dans quelques détails sur les cérémonies funèbres qui eurent lieu à l'occasion de la mort de ce chef, parce qu'ils offrent un grand nombre de particularités remarquables.

Dès que l'on eut perdu toute espérance, et que l'on fut bien certain que Finau avait cessé de vivre, son corps, que l'on avait transporté d'un sanctuaire à l'autre, fut placé dans une grande maison sur le malaï. Parmi les chefs et mataboulès qui se trouvaient réunis par la circonstance, il s'en trouvait un nommé Vouna, au-devant duquel le prince s'avança pour lui faire part de la nécessité de transporter le corps de son père à Fellétoa. Il eût été irrespectueux d'en agir autrement, parce que Vouna était un grand chef, bien au-dessus de Finau lui-même. Ceci peut paraître extraordinaire; mais il arrive souvent que le roi est choisi, à cause de sa valeur et de la supériorité de sa sagesse, dans une famille qui n'est pas du premier rang, et c'est le cas dans la famille actuellement régnante. De là vient que le roi est souvent obligé de rendre certains devoirs d'étiquette à plusieurs chefs, et même à de petits enfants, qui sont d'une noblesse plus relevée que la sienne. Tous les chefs et mataboulès présents, vêtus de nattes, s'assirent en attendant l'arrivée du corps du feu roi. Les pleureuses, composées de ses parentes, veuves, concubines, servantes et autres femmes d'un certain rang, qui, par respect, assistaient à la cérémonie, se trouvaient assemblées dans la maison et assises autour du corps, lequel était déposé sur des balles de gnatou. Toutes étaient vêtues de vieilles nattes déchirées, emblème de leur chagrin et de l'abattement de leur esprit. Leur extérieur était fait pour inspirer la pitié et la tristesse, que l'on fût ou non accoutumé à de pareilles scènes. Elles avaient les yeux si gonflés des larmes qu'elles avaient versées la nuit précédente, et les pommettes tellement meurtries des coups de poing qu'elles s'étaient donnés, qu'à peine pouvaient-elles y voir.

Parmi les chefs et mataboulès qui étaient assis dans le malaï, tous ceux qui étaient particulièrement attachés à Finau, ou à sa cause, témoignaient leurs regrets par des actions, à la vérité en usage parmi ces peuples à l'occasion de la mort d'un parent ou d'un grand chef, mais qui n'en sont pas moins d'une extrême barbarie. Ils se coupaient et se blessaient de mille manières différentes avec des massues, des pierres, des couteaux, des coquillages tranchants, et cela en courant deux ou trois à la fois au milieu du cercle formé par les spectateurs. D'autres, plus calmes et plus modérés dans leurs regrets, allaient et venaient d'un pas incertain, et l'air égaré; puis, brandissant les massues dont ils étaient armés, et dont ils se frappaient violemment la tête, ils disaient : « Hélas! ma mas« sue, qui m'eût dit que tu m'aurais « rendu ce service et mis à même « de donner ainsi un témoignage de « mon respect pour Finau! Jamais, « non, jamais, tu ne serviras plus à « faire voler les cervelles de ses enne« mis! Hélas! quel grand, quel puis« sant guerrier a succombé! O Finau, « cesse de douter de ma loyauté; sois « convaincu de ma fidélité! Mais quel« les absurdités dis-je? si j'avais été « un traître, j'aurais éprouvé le sort « de ces nombreux guerriers victimes « de ta juste vengeance. Cependant ne « crois pas, Finau, que je te fasse des « reproches; non, je ne cherche qu'à te « convaincre de mon innocence; car « quel est celui qui, ayant envie de « nuire à ses chefs, verra comme moi « sa tête blanchir? O dieux cruels, « nous priver ainsi de notre père, de « notre seule espérance, pour qui seul

« nous désirions vivre ! Nous avons, « il est vrai, d'autres chefs, mais ils « n'ont pour eux que leur rang, et « ne sont pas comme toi, hélas ! grands « et puissants à la guerre. »

Après trois heures environ de gestes et de semblables discours, le prince ordonna que le corps de son père fût conduit à Fellétoa. A cet effet on le plaça sur une balle de gnatou, que l'on mit sur une espèce de claie. Le prince ordonna que, comme son père avait le premier introduit l'usage de l'artillerie dans les îles Tonga, il serait tiré deux coups de caronade avant que le cortége se mît en marche, et quatre lorsqu'il serait sorti du malaï. Il prescrivit aussi qu'on retirât du faïtoka le corps de sa fille, et qu'on le plaçât dans un canot pour lui faire suivre le corps de son père, qui avait témoigné le désir d'être inhumé près d'elle. Ces préparatifs terminés, Mariner chargea les caronades à poudre, et tira quatre salves. Le convoi commença alors à se mettre en mouvement. Les femmes et les servantes du défunt ouvraient la marche ; venaient ensuite le corps de Finau, celui de sa fille, les mataboulès, et enfin le jeune prince et sa suite. Lorsque le cortége fut sorti du fort, et qu'il eut défilé devant l'endroit où les caronades étaient en batterie, Mariner fit tirer deux nouvelles salves ; puis les ayant chargées à mitraille, il marcha mèche allumée à la suite du convoi. Le jeune prince avait cru devoir prendre cette précaution pour en imposer aux chefs qui seraient tentés de se révolter.

Au bout de deux heures, le convoi arriva à Fellétoa, et le corps fut déposé dans une maison située sur le malaï à quelque distance de la fosse, en attendant qu'on y transportât une autre maison plus petite, ce qui fut exécuté en moins d'une heure. Le corps fut alors conduit et placé dans l'intérieur de celle-ci, sur une balle de gnatou ; l'habitation entière était tendue de gnatou noir depuis le toit jusqu'au sol. A cette partie de la cérémonie, les femmes assises autour du corps poussèrent un cri lamentable, et les hommes se mirent à creuser la fosse dans le faïtoka, suivant les instructions d'un mataboulè. Arrivés au caveau qui se trouvait à la profondeur de dix pieds, ils attachèrent une corde à l'extrémité de la pierre qui en fermait l'entrée, et cent cinquante à deux cents hommes se présentèrent pour la soulever. Le corps de Finau ayant été oint d'huile de sandal et enveloppé dans des nattes de Samoa, y fut descendu sur une balle de gnatou, que le mataboulè de service emporta après la cérémonie. Celui de sa fille y fut descendu ensuite de la même manière, et toute l'assemblée jeta un grand cri. Alors des guerriers et des mataboulès se mirent à courir comme des forcenés autour du faïtoka, en s'écriant : « Hélas ! que notre « perte est grande ! Finau, vous n'êtes « plus, recevez ce témoignage de notre « amour et de notre loyauté. » En disant cela, ils se faisaient des coupures et des meurtrissures à la tête avec des massues, des couteaux, des haches, etc.

Le cortége s'étant formé ensuite sur une seule ligne, les femmes en tête, prit le chemin de Lico pour y ramasser du sable. Tous les assistants chantaient à haute voix le long de la route, pour avertir ceux qui pouvaient se trouver sur le passage, qu'ils eussent à se cacher au plus vite ; car si quelqu'un avait eu le malheur de se trouver là, il eût été immanquablement assommé à coups de massue. La même chose se pratique à l'enterrement de tous les habitants sans distinction ; et si le roi lui-même rencontrait le cortége sur la route, il serait forcé de se cacher ; autrement il commettrait un sacrilége et encourrait la disgrâce des dieux de Bolotou, qui sont toujours censés présents à cette cérémonie. Arrivés au bord de la mer, les assistants firent de petits paniers avec des feuilles de cocotier, et les remplirent de sable. Les hommes en prirent chacun deux, qu'ils placèrent aux extrémités d'un bâton, et qu'ils tenaient en équilibre sur leurs épaules ; les femmes n'en portaient qu'un seul. Ils retournèrent tous sur leurs pas dans le même ordre, et défilant devant la fosse, qu'on avait eu soin de ne pas combler entièrement : ils y versèrent leur sable. La maison fut ensuite abattue, et les débris jetés avec les petits paniers et la terre de la fosse, dans le trou que l'on avait creusé pour former le tertre sur lequel le faïtoka était élevé. Pendant cette cérémonie, les assistants, couverts de leurs nattes, et portant autour du cou des feuilles d'ifi, étaient assis sur l'herbe vis-à-vis du faïtoka. La cérémonie finie, ils se levèrent tous, et s'étant rendus à leurs habitations respectives, ils se rasèrent la tête, se brûlèrent les joues avec un petit rouleau de *tapa* allumé, et frottèrent la brûlure avec le suc astringent de la baie du *matchi*, pour la faire saigner ; après quoi les hommes se construisirent de petites huttes pour y passer les vingt jours que dure le deuil. Pendant cet intervalle ils répétèrent régulièrement tous les jours l'opération douloureuse de se brûler les joues, ils laissèrent croître leur barbe et négligèrent de s'oindre le corps. Les femmes, qui s'étaient tabouées en touchant le défunt, ne sortirent du faïtoka que pour aller se faire donner à manger ; ce fut le jeune prince qui leur fournit les provisions nécessaires. Le cinquième et le sixième jour, il leur en fit porter une plus grande quantité que d'ordinaire, et le vingtième, elles en reçurent encore davantage. Il leur envoyait aussi chaque jour des *tomés* ou torches pour éclairer le faïtoka pendant la nuit, une d'elles devant constamment tenir deux de ces torches allumées à la main ; lorsqu'elle se sentait fatiguée, elle se faisait relever par une de ses compagnes. Pendant la durée du deuil, il fut enjoint à tous ceux qui passaient près du faïtoka de marcher doucement, d'incliner la tête et de joindre les mains. Dans la matinée du vingtième jour, tous les parents du défunt, les gens de sa maison et les femmes qui avaient gardé son corps, se rendirent à Lico afin d'y ramasser des cailloux pour en parsemer l'intérieur du faïtoka. Cette opération terminée, on entoura la maison d'un treillis depuis le toit jusqu'à la terre. L'assemblée s'assit alors en silence, pour prendre part à un repas, dont les frais avaient été faits par Finau et les chefs ; et tous retournèrent ensuite pour se préparer à un grand combat de lutteurs, et à une fête où les pêcheurs du feu roi devaient exécuter la danse du *mi tou bougui*, et se meurtrir la tête avec leurs pagaies, en signe d'attachement à sa personne.

Finau Ier étant mort, il était à craindre que divers chefs, et surtout Toubo-Toa, Vouna-Lahi et Finau Fidgi, ne disputassent le gouvernement à son fils aîné Moë-Ngongo. Mais ce jeune prince, aidé des conseils de son oncle Finau Fidgi, s'empara hardiment de l'autorité, et à force de prudence et de modération il succéda à son père. Calculant, dit d'Urville, que la division de son autorité pourrait l'affaiblir et la compromettre, il se désista de tous ses droits sur les îles Hapaï, et déclara qu'il se bornerait à gouverner le groupe de Hafoulou-Hou. Cette zone de l'archipel Tonga convenait mieux au jeune prince, qui avait passé à Samoa une partie de son adolescence, et en avait ramené deux épouses. En effet, à son retour, deux filles de chefs de Hapaï avaient complété son harem. Il se décida à une scission qui était conseillée par une politique prudente.

Le nouveau roi de Vavao, qui avait pris le nom de Finau II, convoqua ses sujets sur le malaï de Naï-Afou, et, après un kava solennel, il prononça la harangue suivante, véritable chef-d'œuvre d'éloquence et de politique, noble programme du nouveau règne, et que son oncle Finau Fidji, le plus sage des chefs de Vavao, lui avait sans doute dicté.

« Écoutez-moi, chefs et guerriers !

« Si quelqu'un parmi vous est mécontent de l'état actuel des affaires de Vavao, c'est le moment d'aller à Hapaï.

« Car personne ne restera à Hafoulou-Hou avec un esprit mécontent et porté vers d'autres lieux.

« Mon âme a été attristée en contemplant les ravages causés par les guerres continuelles du chef dont le corps repose actuellement au malaï.

« Nous avons, il est vrai, beaucoup fait ; mais quel en est le résultat ? Le pays est dépeuplé ; la terre est envahie par la mauvaise herbe, et il n'y a personne pour la défricher. Mais si nous étions restés en paix, notre pays serait encore peuplé et productif.

« Les principaux chefs et guerriers ne sont plus, et nous sommes obligés de nous contenter de la société des dernières classes. Quelle démence !

« La vie n'est-elle pas déjà trop courte !.....

« N'est-ce pas la preuve d'un noble caractère dans un homme de rester paisible et satisfait de sa position ?

« C'est donc une folie de chercher à abréger ce qui n'est déjà que trop court.

« Qui parmi vous peut dire : Je désire la mort, je suis fatigué de la vie ?

« Voyez, n'avez-vous pas agi comme des insensés ?

« Nous avons recherché une chose qui nous priva de tout ce qui nous était réellement nécessaire.

« Je ne vous dirai pourtant point : Renoncez à tout désir de combattre.

« Que le front de la guerre approche de nos terres, et que l'ennemi vienne pour ravager nos possessions, nous saurons lui résister avec d'autant plus de bravoure, que nos plantations seront devenues plus étendues.

« Appliquons-nous donc à la culture de la terre, puisqu'elle seule peut sauver notre pays.

« Pourquoi donc serions-nous jaloux d'un accroissement de territoire ?

« Le nôtre n'est-il pas assez grand pour nous procurer notre subsistance ? Nous ne pourrons jamais consommer tout ce qu'il produit...

« Mais, peut-être, je ne vous parle point avec sagesse... Les vieux mataboulès sont assis près de moi, je le sais, et je les prie de dire si j'ai tort.

« Je ne suis qu'un jeune homme, je le sais, et je n'agirais pas avec sagesse, si, à l'exemple du chef défunt, je voulais gouverner suivant mes propres idées, et sans écouter leurs conseils.

« Recevez mes remercîments pour l'amour et la fidélité que vous lui avez portés.

« Finau-Fidgi et les mataboulès ici présents savent combien j'ai cherché à m'instruire de ce qui pouvait être avantageux à notre gouvernement.

« Ne dites pas alors en vous-mêmes : Pourquoi écouterions-nous le babil frivole d'un jeune garçon ?

« Rappelez-vous qu'en parlant ainsi, ma voix est l'écho des sentiments de Touï-Omou, et d'Oulou-Valou, et d'Afou, et de Foutou, et d'Alo, et encore de tous les chefs et mataboulès de Vavao.

« Écoutez-moi ! Je vous rappelle que, parmi vous, si quelqu'un est mécontent de l'état actuel des affaires, voici la seule occasion que je vous procurerai pour quitter l'île ; car, passé ce moment, nous n'aurons plus de communication avec Hapaï.

« Choisissez donc le lieu de votre demeure : il y a Fidji (*), il y a Samoa, il y a Hapaï, il y a Fatouna et Lotouma.

« Ceux-là dont le vœu est unanime, ceux-là qui désirent vivre dans une paix constante, ceux-là seuls pourront demeurer à Houfoulou-Hou.

« Pourtant je ne veux point comprimer l'élan d'un cœur belliqueux.

« Voyez : les terres de Tonga et de Fidji sont constamment en guerre. Choisissez celle où vous désirez aller pour y déployer votre vaillance.

« Levez-vous ! Rendez-vous chacun chez vous, et réfléchissez sérieusement sur le départ des pirogues qui aura lieu demain pour Hapaï. »

Quel contraste entre ce discours et les paroles ambitieuses et non moins éloquentes de son père Finau Ier, qui s'écriait un jour devant Mariner : « Ah ! que mon royaume est étroit pour mes vastes projets. Pourquoi les dieux ne m'ont-ils pas fait roi d'Angleterre ! Il n'y a pas une île dans le monde entier,

---

(*) C'est ainsi que dans l'archipel de Tonga on nomme les îles Viti.

si petite qu'elle fût, qui ne serait soumise à mon pouvoir. Le roi d'Angleterre ne mérite pas la puissance qu'il possède. Maître de tant de grands vaisseaux, pourquoi souffre-t-il que de petites îles comme Tonga insultent continuellement ses sujets par des actes de trahison? Si j'étais à sa place, enverrais-je d'un ton paisible demander des cochons et des ignames? Non; j'arriverais avec le *front de la bataille* et avec le tonnerre de *Bolotane* (Grande-Bretagne); je leur apprendrais qui mérite d'être le maître. Les hommes d'un esprit entreprenant devraient seuls posséder des canons; ceux-là devraient gouverner le monde; et ceux qui se laissent insulter sans en tirer vengeance, sont faits pour être leurs vassaux. »

Un mois après les funérailles, Finau II, qui ne s'était pas mutilé la tête au tombeau de son père, de crainte qu'on ne prît sa douleur pour de l'affectation, résolut de s'acquitter de ce devoir en présence d'un petit nombre de ses guerriers. Mariner, qui se trouvait de ce nombre, eut le malheur d'éternuer en entrant dans la maison. Aussitôt tous les assistants jetèrent leurs massues à terre, et déclarèrent qu'après un présage aussi sinistre, il serait imprudent de rien entreprendre ce jour-là. Finau lança à Mariner un regard plein de colère, et l'accabla d'imprécations, puis, saisissant une massue, il s'avança sur lui pour l'en frapper. Heureusement quelques chefs se jetèrent entre eux, et parvinrent à faire esquiver le coupable. Le roi tint aussitôt conseil avec les chefs pour savoir ce qu'il avait à faire. Il fut décidé que Mariner, attendu sa qualité d'étranger, et adorant d'autres dieux que ceux de Bolotou, pouvait éternuer sans inconvénient. Cette consultation finie, tous les assistants se rendirent au tombeau où, dans leur enthousiasme Finau et sa suite se meurtrirent la tête de la manière la plus horrible, Finau, non content de se servir des instruments usités en pareil cas, saisit une scie d'écaille d'huître, avec laquelle il se fit de si profondes incisions à la tête qu'il faillit se trouver mal en rentrant chez lui, tant il avait perdu de sang.

Aux îles Tonga, on a l'opinion la plus défavorable de celui qui achète par soumission le pardon d'un supérieur; aussi Mariner, qui savait très-bien que le roi serait le premier à le blâmer s'il lui proposait de se réconcilier, et qui s'était retiré dans sa plantation après l'événement dont il vient d'être question, était bien décidé à ne faire aucune avance. Dans la soirée du même jour, une petite fille vint le trouver de la part de sa mère adoptive, qui lui faisait dire de se tranquilliser, que Finau reconnaissait ses torts, et qu'elle lui conseillait d'attendre qu'il vînt lui faire ses excuses en personne. Il suivit son conseil. Pendant dix jours consécutifs, le roi l'envoya régulièrement prier de revenir auprès de lui; mais Mariner s'y refusa constamment, et menaça même de tirer sur ses messagers s'ils paraissaient de nouveau avec de semblables propositions. Finau s'étant alors décidé à l'aller trouver lui-même, se rendit auprès du jeune Papalangui de très-bon matin, le réveilla, lui demanda pardon de sa conduite, et se jeta dans ses bras en versant un torrent de larmes. Depuis lors, ils furent les meilleurs amis du monde.

Vers la même époque, une horrible tempête ravagea l'île de Vavao, et le toui-tonga expira après une maladie de six semaines, malgré le sacrifice de quatre enfants offerts aux dieux pour sa délivrance, et par l'entremise des prêtres, dont les dieux furent inexorables.

Le roi, soit pour épargner de grandes dépenses à ses sujets, soit plutôt pour se défaire d'un chef d'une origine supérieure à la sienne, abolit entièrement cette haute dignité, et il ne paraît pas qu'elle ait été rétablie depuis; car il fut défendu au fils (jeune homme de dix-sept ans, nommé *Fataféhi La-Fiti-Tonga*), de prendre ce titre à la mort de son père; mais il est toujours considéré comme un chef du premier rang, et le peuple, à cause de son illustre et antique origine, a néanmoins pour lui la plus grande vénération.

Finau II releva l'agriculture de l'état déplorable où les guerres l'avaient placée, et s'occupa aussi de la sûreté extérieure de son royaume. Il mit dans un état respectable de défense la forteresse de Fellétoa.

En temps de paix, Mariner allait fréquemment avec Finau et les autres chefs, et quelquefois tout seul, passer un jour ou deux dans les petites îles voisines de Vavao, pour y prendre le plaisir de la pêche. Un soir qu'il revenait d'une de ces excursions, il découvrit un vaisseau au loin. Cette vue le transporta de joie, et il ordonna aussitôt aux rameurs qui l'accompagnaient de virer de bord, et de se diriger du côté du bâtiment. Toutefois ils lui déclarèrent que la crainte du supplice qui les attendait à leur retour, s'ils le laissaient échapper, l'emportait sur le respect qu'ils lui devaient, et qu'ils se voyaient dans l'impossibilité d'obtempérer à sa demande; après quoi ils se mirent à faire force de rames vers la côte. Mariner, élevant alors la voix, voulut parler en maître. Mais l'un des rameurs lui ayant déclaré qu'ils étaient décidés à mourir plutôt que de lui obéir, il saisit son fusil et lui en asséna un coup dans le côté, qui l'étendit sans connaissance au fond du canot; puis ayant menacé les autres de leur casser la tête s'ils ne lui obéissaient pas sur-le-champ, ils se décidèrent à ramer dans la direction du bâtiment qu'ils abordèrent le lendemain matin à la pointe du jour. Mariner, trop impatient pour parlementer, sauta aussitôt dans les haubans du grand mât, au risque d'être renversé par l'un des hommes de quart qui, à son accoutrement, ne pouvait guère le prendre que pour un sauvage. Mais dès que Mariner lui eut dit qu'il était Anglais, il lui permit de monter à bord, et le conduisit au capitaine. Celui-ci l'accueillit avec obligeance, et lui fit aussitôt changer son tablier de feuilles de *chi* contre une culotte et une chemise.

C'était la *Favorite*, un brick pêcheur de perles, capitaine Fisk, venant du port Jackson. Ce bâtiment avait pour chargement environ quatre-vingt-dix tonneaux de nacre de perle, qu'il s'était procurés aux îles Taïti. Le capitaine avait le projet de toucher aux îles Viti, pour y prendre du bois de sandal, et de là faire voile pour la Chine. A la sollicitation de Mariner, le capitaine Fisk du brick la *Favorite* fit présent aux hommes de son canot de quelques grains de verroterie, et les chargea de porter une hache à Finau en l'invitant à venir à bord. En un instant le bâtiment fut entouré par plus de deux cents petits canots et par plusieurs grands, et toute la population de Vavao fut bientôt sur le rivage. Finau, accompagné de sa sœur et de plusieurs femmes de sa suite, se rendit vers midi à bord du brick; il apportait en présent à Mariner cinq gros porcs et quarante ignames pesant chacune trente à quarante livres. Les chefs, effrayés pour sa sûreté, lui envoyèrent message sur message pour l'inviter à revenir; mais il ne tint aucun compte de leurs frayeurs, et demanda au capitaine la permission de coucher à bord, ce qui lui fut aussitôt accordé. Cependant les femmes de sa société, qui ne se souciaient guère de passer la nuit au milieu d'un aussi grand nombre d'étrangers, prièrent Mariner de les reconduire à terre. Mais celui-ci ayant levé leurs scrupules, elles se déterminèrent à rester, à condition qu'il les envelopperait dans une voile, où elles passèrent la nuit très-commodément. Quant à Finau, il fit étendre une voile sur les planches de la chambre du capitaine et y dormit non moins bien. Le lendemain, le peuple, craignant qu'il ne prît la résolution de visiter la terre des Papalanguis, lui députa plusieurs chefs pour l'engager à revenir à Vavao. Ceux-ci lui apportaient en même temps du kava; mais il refusa d'en boire, disant qu'il en avait pris de bien meilleur (c'est-à-dire, du vin) à bord, et que l'idée du kava lui répugnait. Il déjeuna avec le capitaine, et fit copieusement honneur au porc rôti et à tout ce que l'on servit. Les dames mangèrent aussi d'un très-bon appétit. C'était la première fois que Finau se servait d'un couteau et d'une fourchette, et, chose assez remarquable, il les maniait avec beaucoup d'adresse. Quelquefois, il est vrai, il s'oubliait et prenait la viande avec ses doigts; mais il se reprenait en disant: *Woé! goua te gnalo! Hé! je m'oublie;* s'étant couché dans le lit du capitaine, après lui en avoir demandé la permission, il s'y trouva fort à son aise et s'imagina être transporté en Angleterre. Resté seul un instant dans la chambre, il ne toucha à rien, seulement le chapeau du capitaine lui fit envie; mais il ne voulut le mettre qu'après que celui-ci le lui eût aussi permis. Vers midi il se rendit à terre pour tranquilliser ses sujets, que son absence commençait à inquiéter; mais il ne tarda pas à retourner à bord du brick avec une ample provision de viandes apprêtées et d'ignames pour l'équipage, auxquelles étaient joints une lance et une massue, une grosse balle de gnatou, un porc énorme, une centaine d'ignames et deux canots chargés de cocos pour le capitaine. Il était si émerveillé de tout ce qu'il voyait à bord, et il avait conçu une idée tellement favorable des Papâlanguis, qu'il ne put s'empêcher de demander plusieurs fois à Mariner de l'emmener en Angleterre. Le jour du départ, ayant renouvelé sa demande avec encore plus d'instances, Mariner en instruisit le capitaine. Toutefois, celui-ci, par différents motifs assez fondés, crut devoir ne pas se rendre à ses désirs. Son refus attrista le pauvre Finau, qui eût volontiers abdiqué sa couronne pour apprendre à lire et à écrire, et à penser comme un Papalangui. Cependant il fit jurer à Mariner, au nom de son père et du dieu qu'ils adoraient, de revenir un jour dans un grand canot (vaisseau) pour le mener en Angleterre : ajoutant que si ses sujets s'opposaient à son départ, il l'effectuerait de vive force. Après quoi, il l'embrassa et fondit en larmes.

Le capitaine avait à bord une grande quantité de perles, ornement dont les habitants de ces îles font beaucoup de cas, parce que celles qu'ils ont ne sont pas susceptibles d'un aussi beau poli. Il en offrit plusieurs à Finau qui les reçut avec reconnaissance. Mais il était un autre objet qui l'intéressait bien plus vivement. Il ne lui restait plus qu'une petite quantité de pierres à fusil, et il pensait avec raison qu'il lui en faudrait peut-être bientôt pour défendre son nouveau royaume contre les attaques des habitants des îles Hapaï. Il en demanda en conséquence au capitaine, qui lui en donna une ample provision.

Le lecteur n'a pas oublié peut-être que Finau Ier, le dernier roi, avait ordonné à Mariner de lui remettre tous ses livres et ses papiers, et les avait condamnés au feu comme des instruments de sorcellerie. Mariner était cependant parvenu à soustraire le journal du navire le *Port-au-Prince;* mais craignant qu'il ne fût découvert s'il le gardait en sa possession, il l'avait confié à Mafi-Habé, sa mère adoptive, qui en avait eu le plus grand soin, et l'avait caché dans une balle de gnatou. Lorsque, après la mort de Finau Ier, celle-ci retourna chez son père aux îles Hapaï, elle le rendit à Mariner qui le plaça dans un baril de poudre. Comme il attachait beaucoup de prix à ce journal, il engagea le capitaine à retenir à son bord Finau-Fidji, l'oncle du roi, jusqu'à ce qu'on le lui eût apporté; et envoya aussitôt pour le chercher deux naturels, à qui il ordonna en même temps d'amener trois autres Anglais qui se trouvaient dans l'île. Finau-Fidji se voyant retenu prisonnier, parut très-ému, et commença à craindre qu'on ne l'emmenât dans le pays des Papalanguis, où l'on se vengerait sur lui du massacre de l'équipage du *Port-au-Prince.* Toutefois Mariner le rassura en lui disant, que comme il n'avait pas pris part à ce massacre, les Anglais étaient trop justes pour lui faire aucun mal. « C'est vrai, répondit « Finau-Fidji, et vous savez que j'ai tou- « jours été votre ami; que je ne suis pas « un traître, et que loin d'aider à prendre « un vaisseau papalangui, je ferais tout « mon possible pour m'y opposer. » Mariner en convint, ce qui rassura un peu Finau-Fidji; mais il n'en était pas de même de ceux qui se trouvaient dans les canots. Ils demandèrent à grands cris son élargissement, et il fallut, pour apaiser leurs clameurs, que Finau vînt lui-même leur donner l'assurance qu'il était libre. Bientôt après arriva le canot avec le journal et les Anglais, à l'exception d'un d'entre eux qui, vieux et infirme, et prévoyant qu'il aurait beaucoup de peine à gagner sa vie en Angleterre, aima mieux rester à Vavao, où il ne manquait de rien.

La sœur du roi, jeune fille de quinze ans, extrêmement enjouée, se rendit à terre, afin d'amener à bord du bâtiment anglais plusieurs femmes de chefs. Elle brûlait d'envie de voir les femmes blanches, et demanda, en plaisantant, si on voulait la mener en Angleterre. « Me permettrait-on, dit-« elle, d'y porter ce costume de Tonga? « mais il ne serait pas assez chaud « dans un pays où il fait si froid pen-« dant l'hiver. J'ignore ce que je de-« viendrais alors; mais Togui m'a dit « que vous aviez des serres pour les « plantes des climats chauds, et j'y « passerais toute cette saison. Pour-« rais-je me baigner deux ou trois fois « par jour sans être vue? Croyez-vous « que je trouverais à me marier? ma « peau brune ne répugnerait-elle pas « aux jeunes Papalanguis? Ce serait « grand dommage de laisser à Vavao « tant de jeunes et beaux chefs, pour al-« ler en Angleterre vivre dans le célibat ! « La seule chose qui m'engagerait à y « aller, serait pour amasser une grande « quantité de verroteries, et revenir « à Tonga; car, ajouta-t-elle, cet or-« nement est si commun chez vous qu'il « n'ajouterait pas à mes charmes, et je « souffrirais trop de ne pouvoir faire « des jalouses. »

Mariner fut chargé de différents messages de la part des chefs de Vavao pour ceux de Hapaï. Le roi lui recommanda de dire à Toubo-Toa de se contenter de la possession des îles de Hapaï, et de ne pas songer à conquérir Vavao. « Rappelez-lui de ma « part, que le plus sûr moyen de ren-« dre une nation puissante et de la « mettre à couvert des attaques de ses « ennemis, est d'encourager l'agricul-« ture; car elle aura alors quelque chose « à défendre, et elle saura combattre « pour le conserver. Telle a été ma « conduite, et je le défie de rien entre-« prendre contre Vavao. »

Finau remit à Mariner un présent consistant en une balle de gnatou fin, cinq ou six colliers de verre, et trois nattes précieuses de Samoa, destiné par sa femme à Mafi-Habé; après quoi il fit ses derniers adieux à son ami, en lui rappelant sa promesse, et on se sépara de part et d'autre en versant d'abondantes larmes.

Le bâtiment anglais mit presque aussitôt à la voile, se dirigeant vers les îles Hapaï, où il mouilla deux jours pour prendre quelques autres Anglais appartenant à l'équipage du *Port-au-Prince*. De là, il se rendit aux îles Viti, afin d'y effectuer son chargement de bois de sandal. Après être resté six jours à Pau, il appareilla pour Macao, où il arriva cinq semaines après.

Mariner ne possédait que 50 à 60 dollars (275 à 320 fr.) provenant du *Port-au-Prince*, et qui lui avaient été donnés par Mafi-Habé et un de ses amis à Lafouga. Cette somme étant insuffisante pour payer son passage en Angleterre, il se détermina à se mettre au service de quelque capitaine de la Compagnie des Indes, dont le bâtiment serait en charge pour ce premier pays. Toutefois, le capitaine du navire le *Cuffnells*, touché de sa malheureuse position, lui accorda le passage gratis. Il arriva au mois de juin 1811 à Gravesende, d'où il se rendit auprès de son père qu'il trouva en deuil de sa mère.

Au départ de Mariner, c'est-à-dire en 1810, s'arrête l'histoire précise et authentique de cet archipel. Il paraît seulement qu'après des luttes longues et sanglantes, la guerre civile cessa par suite de la lassitude de tous les partis. Tonga-Tabou fut alors divisée entre trois différents chefs, qui restèrent indépendants en respectant leurs droits réciproques. Hata se maintint chef de Hifo; Tarkaï, chef de Béa, laissa à sa mort ce district à son frère Tahofa, brave et rusé comme lui; le père de Palou, dont le nom est ignoré, s'installa dans le district de Moua, domaine des anciens Fata-Faïs, en ne laissant à véachi et à la tamaha, successeurs de cette ancienne famille, que de simples droits honorifiques. Dans Niokou-Lafa végéta le successeur de l'ancienne et puissante famille des Toubos; enfin le touï-tonga lui-même, que Finau avait dépossédé enfant encore, ce dieu chassé de son Olympe, renversé de son piédestal, Lafiti-Tonga, exilé de Vavao, vécut désormais inconnu, presque oublié et réduit à un petit domaine patrimonial: quant à Finau, il mourut peu de temps après le départ de Mariner, sans qu'on ait pu savoir encore qui a été son successeur.

Dans cette période d'années, peu de navires touchèrent sur cet archipel. Trois désastres accomplis et une foule de tentatives à grand'peine déjouées, avaient fait regarder cette terre comme fatale pour les armements européens. Ils l'évitaient ou ne l'abordaient qu'en tremblant. Enfin, en 1822, des missionnaires se montrèrent plus hardis, le zèle évangélique donna l'exemple d'une intrépide initiative à la timidité commerciale. La société des méthodistes ou des sectateurs de Wesley se décida à envoyer une mission dans cet archipel. M. Walter Lawry, sa femme et deux artisans, Tilly et Tyndall, arrivèrent à Tonga-Tabou le 16 août sur le *San-Michael*. Accueillis favorablement par le chef Palou, ils s'établirent à Moua, et purent y construire une habitation agréable et saine sur les bords de la mer. A peine installés, ils s'occupèrent d'améliorations agricoles et d'enseignements religieux. Mais un séjour de quatorze mois n'avait guère avancé la double besogne, quand la santé de madame Lawry exigea un changement de climat. Le missionnaire retourna à Port-Jackson; les deux artisans persistèrent; mais, menacés par les naturels, ils furent obligés bientôt, sur l'ordre même de Palou, de quitter le presbytère. L'un, Tilly, s'embarqua; l'autre, Tyndall, alla se mettre sous la protection de Hata, chef de Hifo.

D'autres missionnaires, envoyés plus tard dans l'archipel, MM. J. Thomas et J. Hutchinson, trouvèrent, au mois de juin 1826, M. Tyndall encore établi sur le district de Hifo. Ils s'y fixèrent eux-mêmes et recommencèrent l'œuvre de la conversion. Elle n'eut pas plus de succès. Hata se refusait non-seulement à donner l'exemple, mais il voyait encore de mauvais œil les efforts que faisaient ses hôtes pour vaincre l'insouciance et l'antipathie des insulaires. Deux naturels de Taïti, chrétiens et apôtres, furent plus heureux auprès de Toubou, chef de Nioukou-Lafa; ils le baptisèrent, lui, sa famille et un grand nombre de ses sujets. Mais cet exemple n'influa point sur l'opiniâtreté des autres chefs; Toubo seul y perdit le reste de son autorité, déjà compromise par la timidité de son caractère.

Voilà quelle était la situation de Tonga-Tabou quand la corvette l'*Astrolabe* y parut en avril 1827. L'intention du capitaine d'Urville qui la commandait, était de n'y faire qu'une courte relâche pour y régler ses montres marines et s'y procurer quelques provisions; mais la fatalité en avait ordonné autrement. Arrivée dès le 9 avril à la hauteur d'Ésa, la corvette française comptait mouiller le lendemain devant Pangaï-Modou, quand une violente tempête du nord-ouest l'accueillit et la jeta hors de la route. Pendant dix jours entiers l'*Astrolabe* eut ainsi à lutter contre le vent et les courants. Enfin, le 20 à midi, à la suite d'un grain furieux, la corvette, poussée par une brise du sud-est, donna dans la passe de l'Est. Une ou deux heures encore, et elle atteignait le mouillage; mais le vent ne s'y prêta point, il mollit jusqu'au calme plat, livrant ainsi le navire au jeu des courants dans un chenal hérissé de récifs. L'*Astrolabe*, dressée par l'action des eaux, alla donner contre les brisants du nord. Une prompte manœuvre l'en releva bientôt; mais le vent, revenu au sud-sud-est, tint la corvette adossée contre ce mur de coraux sous-marins, véritable rempart vertical; aux accores duquel on ne trouvait point de fond à quatre-vingts brasses.

La situation était critique ; le capitaine d'Urville fit tout ce qui était humainement possible pour conjurer le danger. Des ancres à jet furent élongées ; mais le tranchant des coraux eut bientôt coupé les câbles, et les menues ancres furent perdues. Les deux chaînes seules résistèrent pendant trois jours et trois nuits ; qu'un seul de leurs anneaux cassât, et l'*Astrolabe*, broyée par ces récifs, livrait ses lambeaux comme une proie facile aux cupides insulaires, et tout cet équipage français demeurait à la merci d'une population dont on pouvait à bon droit suspecter la bienveillance. Adieu les grands travaux déjà accomplis, adieu les documents scientifiques, rassemblés à travers tant de fatigues et de périls ! Une expédition importante pour le monde savant et maritime échouait ainsi presque ignorée sur un écueil de Tonga-Tabou ! Qu'on juge des angoisses du capitaine ! son agonie fut aussi cruelle que celle de son beau navire.

Cependant, dès les premières heures de l'échouage, l'*Astrolabe* avait eu des visiteurs. Les premiers furent trois Anglais établis dans l'île, Singleton, vieux colon de Tonga-Tabou, et compagnon de Mariner, et deux autres, Read et Ritchett. Ces hommes, le premier surtout, offrirent leurs services au capitaine français ; ils lui furent utiles, et comme porteurs de paroles et comme interprètes. Après ces Européens, parurent des chefs, et Palou le premier de tous. Pour s'assurer quelques garanties contre une surprise, le capitaine d'Urville demanda que cet égui restât à bord comme otage, et Palou ayant accepté, le commandant lui céda sa propre chambre. Le chef Tahofa ne parut à bord de la corvette que le lendemain.

Vingt-quatre heures s'étaient écoulées depuis que la corvette se maintenait dans son poste périlleux. Plus la situation se prolongeait, plus elle devenait horrible ; les chaînes avaient déjà cédé, et, dans les profondes oscillations de la houle, le flanc droit du navire allait s'abattre à cinq ou six pieds tout au plus du mur de coraux. Trois ou quatre heurts contre cette masse auraient suffi pour briser l'*Astrolabe ;* la coque eût été fendue et dispersée en lambeaux, la mâture elle-même n'eût pas tenu devant le choc ; en supposant un désastre de nuit, le nombre des victimes était incalculable. Le capitaine d'Urville réfléchit à cette affreuse éventualité ; il voulut au moins assurer, par une mesure de prévoyance, le salut d'une portion de son équipage. Encouragé par les protestations amicales des chefs, enhardi par les rapports des Anglais, il se décida à envoyer la majeure partie de son monde sur la petite île de Pangaï-Modou, où elle aurait campé sous la protection de Tahofa, tandis qu'il resterait lui-même à bord avec Palou et le reste des Français pour attendre l'événement. Ce qui le faisait incliner pour cette résolution toute d'humanité, c'est qu'aucune manœuvre n'était désormais ni possible, ni utile pour le salut commun ; il fallait attendre les bras croisés, et faire seulement des vœux pour la bonne tenue des ancres ; si elles maintenaient la corvette jusqu'au changement de la brise, on pouvait appareiller et quitter cet écueil avec les hommes qui restaient.

La portion de l'équipage désignée pour le débarquement avait déjà préparé ses bagages, quand arriva à bord l'artisan attaché à l'établissement des missionnaires. A la vue de la chaloupe prête à déborder, il interrogea les marins sur sa destination, et lorsqu'il la connut : « Vous voulez donc faire périr votre monde, dit-il vivement au capitaine d'Urville, ou tout au moins le faire dépouiller complétement ; tant qu'ils ne seront pas nus, ils courront danger de la vie. » A cela le capitaine répondit qu'il avait cru pouvoir se confier aux bonnes dispositions de Tahofa et de Palou, et aux assurances favorables des Anglais. Commandant, répliqua l'interlocuteur, ne vous fiez en aucune sorte à ces gens-là. Les insulaires et leurs chefs sont des hommes perfides, et les Anglais qui les soutiennent ne valent guère mieux ; d'ailleurs, quand Tahofa et Palou seraient de bonne foi, leur autorité serait méconnue par la population. On vous pillera tous, vous dis-je, et si vous vous défendez, on vous tuera. Cet homme paraissait bien informé : le capitaine réfléchit à ses paroles. Déjà, d'ailleurs, à la vue des bagages qu'emportait la chaloupe, les naturels, paisibles jusque-là, avaient fait entendre de longs murmures. Ils semblaient convoiter tant de richesses avec un œil farouche, et la crainte d'un péril était bien peu de chose pour eux auprès de la perspective d'un tel butin. A l'aspect de ce mouvement, le capitaine n'hésita plus. A l'instant même un contre-ordre fut donné. Les matelots, déjà descendus dans les chaloupes, remontèrent à bord ; on hissa les bagages et les malles. L'équipage de l'*Astrolabe* ne devait avoir désormais qu'une seule et même fortune : seulement, pour sauver d'un sinistre possible les travaux de l'expédition, le commandant fit emballer dans une caisse en tôle les papiers, les journaux, les documents scientifiques, et les embarqua dans le bot. Un matelot du bord et l'agent des missionnaires, décidé non sans quelque peine, se chargèrent de les transporter à Hifo, où ils devaient être mis sous la sauvegarde de MM. Thomas et Hutchinson. Ainsi la partie du voyage qui intéressait le monde savant n'était pas perdue. Le bot, d'ailleurs frêle et petite embarcation, n'était presque d'aucun secours en cas de bris sur les écueils.

Le bot était parti à peine que la brise fraîchit et que le ressac augmenta. L'*Astrolabe* présentait l'aspect le plus sinistre ; les matelots jusque-là assez confiants, ayant trouvé dans les échanges avec les naturels une distraction aux périls qu'ils couraient, ne purent pas s'abuser pourtant sur l'imminence d'un naufrage. Cette nuit fut une nuit de transes. Le capitaine continua à prendre toutes les mesures de précaution indiquées. Vers le soir on descendit dans la yole les montres marines, quelques instruments, les instructions officielles, les lettres de recommandations des divers gouvernements, et ce nouveau convoi d'objets fut dirigé sur l'établissement des missionnaires sous la conduite d'un officier du bord. En même temps, pour prévenir le désordre d'un embarquement nocturne, on ordonnait à la moitié de l'équipage de se jeter dans les embarcations. Si l'événement funeste arrivait, toutes les mesures étaient prises, tous les ordres étaient donnés.

Cette nuit affreuse finit, et le jour survint sans que la situation fût changée. Au milieu de cette crise, les chefs Tahofa et Palou restaient toujours à bord, bien traités, bien repus, faisant honneur au vin et au rhum du capitaine. Le sort de la corvette semblait fort peu les préoccuper ; ils avaient l'air indifférents au spectacle de ce beau navire se débattant contre la mort, se roulant sur ses ancres à quelques pas de l'écueil. On eût dit à les voir que ce drame ne pouvait les toucher en aucune sorte. C'était pour eux, toutefois, comme pour d'autres chefs dont la joie secrète se trahissait mieux, une question de pillage et de fortune. Mais nul symptôme ne décelait chez eux ni désir ni crainte ; ils se montraient toujours affectueux, graves, bienveillants, prêts à réprimer l'importunité des naturels qui voulaient forcer la consigne. Un troisième chef, qui survint et que les Anglais présentaient comme le chef le plus puissant de l'île, témoigna une impassibilité bien plus grande encore. C'était un nommé Lavaka, homme d'une grande nullité, influent seulement par ses richesses.

Le missionnaire Thomas, qui parut dans la journée du 22, conduisait avec lui le chef Toubo ; ce seul égui chrétien de l'île Toubo semblait se trouver mal à son aise vis-à-vis des trois chefs ses rivaux ; il ne cessait de les dépeindre comme des hommes fort dangereux ; sa haine contre eux n'allait pas toutefois jusqu'à vouloir les affronter en face. Réfléchissant à la situation, le capitaine d'Urville comprit que s'il pouvait intéresser à sa cause un seul des chefs qui se partageaient Tonga-Tabou, avec son renfort d'hommes, de fusils et de canons, il pourrait, un malheur arrivant, se créer un parti dans l'île, avec des chances pour vaincre ou pour neutraliser les autres. Il proposa donc à Toubo une alliance offensive et défensive ; il lui offrit de combattre pour lui, de le réintégrer dans ses droits de touï-kana-kabolo, et de lui assurer la prépondérance sur ses voisins. A de telles propositions, il fallut voir ce pauvre Toubo et son ami le missionnaire se récrier d'étonnement et d'effroi : « Ne songez pas à cela, dirent-ils, Tahofa et Palou sont trop puissants pour qu'on les brave. Nous nous perdrions sans vous sauver. — Eh bien ! insista le commandant, en cas de sinistre, quelle conduite faut-il tenir ? *Keep your ship!* conservez votre navire, répliqua le missionnaire. Et on ne put le sortir de là : *Keep your ship!* » Le capitaine n'avait plus à prendre conseil que de lui-même. Il laissa M. Thomas et le chef Toubo livrés à leurs prudentes inspirations. Affectant l'air calme pour rassurer l'équipage, il parut s'absorber dans un travail de classement, que faisaient alors les naturalistes du bord, comme s'ils eussent été dans leur cabinet.

Cependant le 22, entre trois et quatre heures, le vent ayant paru varier, toutes les voiles hautes et basses furent mises dehors. Les canots agirent sur l'avant de la corvette, et l'on fila les amarres par le bout. Un instant on crut que l'*Astrolabe* se détachait du récif ; mais quel rude mécompte, quelle consternation, lorsqu'au bout de huit ou dix minutes la corvette donna sur l'écueil ! Elle n'avait que quatre pieds d'eau sous la poulaine. Cette fois c'en était fait : l'échouage si longtemps évité se trouvait accompli, il ne s'agissait plus que de forcer les chefs sauvages à des explications décisives et catégoriques. Prenant sur le champ son parti, le capitaine fit descendre dans la chambre les trois chefs, Palou, Tahofa et Lavaka ; il ne leur cacha pas la situation où se trouvait son bâtiment,

leur demanda ce qu'ils comptaient faire, les adjura de protéger l'équipage que la force majeure allait jeter sur leurs côtes. Il leur promit de ne pas leur disputer les objets que contenait le navire, pourvu qu'on laissât aux Français ce qui leur était nécessaire pour pouvoir regagner leur patrie. Les chefs écoutèrent avec attention ; puis, l'orateur du triumvirat, Palou prit la parole. Au nom de ses collègues et au sien, il accéda à l'espèce de compromis formulé par le capitaine. Mais il insinua que la bienveillance le guidait en cela plus que la cupidité, et qu'il périrait plutôt que de laisser maltraiter ses amis les Français. En effet, au moment de l'échouage, une foule de pirogues s'étaient précipitées sur l'*Astrolabe*, comme sur une proie facile : à peine monté sur le pont, Palou leur signifia d'un ton ferme de se retirer.

Un heureux incident voulut que les bonnes dispositions des trois chefs ne fussent pas mises à une plus longue épreuve. Pendant que durait la conférence, on avait pu ressaisir les amarres filées par le bout, au moment de l'appareillage. Quand le capitaine d'Urville reparut sur le pont, la corvette était à flot dans la même position que la veille, toujours exposée sans doute, mais non désespérée. Ce premier bonheur releva tous les courages. Dégagée d'une façon presque miraculeuse, l'*Astrolabe* n'était pas destinée à périr ; elle devait achever son utile et rude campagne.

En effet, la nuit suivante se passa sans que la situation eût empiré ; le lendemain 23, on s'écarta des récifs, de quelques toises. Enfin, le 24, après quatre-vingt-quatorze heures d'angoisses, la corvette, au moyen de quelques risées folles du nord-est et de la touline des embarcations, put quitter les accores de ce triste récif, et reprendre lentement le chemin du mouillage. Dans l'intérieur des passes, elle toucha encore, mais avec bien moins de danger ; elle fit encore deux ou trois haltes, et ne jeta l'ancre devant la petite île de Pangaï-Modou que le 26 au soir.

Pendant toute la durée de ce péril,

les trois chefs tongas n'avaient pas démenti un seul instant leur conduite affectueuse des premiers jours. Au plus fort de la crise, on a vu ce que le capitaine d'Urville obtint d'eux ; quand elle se fut dénouée heureusement, ils s'en réjouirent d'une façon qui parut sincère. Quelques présents faits à propos semblèrent les gagner mieux encore. Le même accord régnait entre les équipages et les naturels ; la décence et l'honnêteté présidaient aux échanges. A diverses reprises, les officiers et les naturalistes s'étaient rendus à terre ; ils y avaient même passé la nuit sans qu'aucun acte de violence vînt autoriser le soupçon. Malgré tous ces gages donnés, le capitaine continuait son système de surveillance et de précaution ; les filets d'abordage demeuraient toujours tendus ; les sentinelles se relevaient régulièrement avec des consignes rigoureuses.

Rassuré par ces dispositions, le capitaine put songer à des travaux d'un autre ordre. Son désir était bien de quitter au plus tôt cette île funeste ; mais les menues ancres, laissées devant le récif, étaient une perte tellement irréparable pour la corvette, qu'il voulut essayer au moins d'en retirer quelques-unes du fond de l'eau. Pendant plusieurs jours les chaloupes y travaillèrent avec plus de peine que de succès. D'autres embarcations étaient aussi employées, soit à des relevés géographiques, soit au ravitaillement du bord.

Dans la première semaine, les officiers et les naturalistes se rendirent seuls à terre, où on leur fit le meilleur accueil. Le capitaine persistait à garder le bord pour qu'on ne s'y relâchât pas du système de défiance qu'il avait établi. Enfin, le 4 mai, il s'embarqua sur la *Baleinière* pour aller rendre une visite aux missionnaires de Hifo ; la journée fut longue et fatigante. Il fallut faire une portion de chemin avec de l'eau jusqu'à mi-jambe. Les missionnaires se montrèrent empressés et polis. Ils conduisirent le capitaine au Pangaï, belle maison publique d'une grande étendue, au faitoka de Mou-Mouï et aux chapelles des Hotouas. Une entrevue avec Hota, le chef de ce district, termina cette excursion. Les jours suivants, le capitaine visita encore Nioukou-Lafa, Mafanga et Moua. Cette dernière course fut faite avec une sorte de cérémonie. Le chef Palou avait, à diverses reprises, témoigné le désir de recevoir le navigateur français, et le jour de cette audience avait été réglé avec une espèce d'appareil. Le commandant, les officiers en uniforme s'embarquèrent le 9 mai dans le grand canot. Mais au lieu de trouver sur les lieux une foule empressée, un hôte affable et gai, des jeux, des festins, des danses, des fêtes, les Français ne rencontrèrent que quelques hommes du peuple, quelques femmes ou enfants. Palou les accueillit avec un air sérieux et contraint. Il offrit un pauvre kava à des hommes qui avaient besoin d'une politesse plus substantielle. Il se tint sur la réserve, lui jusque-là cordial et communicatif. Pour pallier le mauvais effet de cet accueil, l'interprète annonça au commandant que Palou avait naguère perdu un de ses enfants, et qu'il était menacé d'en perdre un second. Cette explication vraie ou fausse satisfit le capitaine. Il poursuivit son rôle d'explorateur, visita les tombeaux de Finau, de Tougou-Hao et de Tafoa, monuments assez mal entretenus et cachés sous les buissons qui les enveloppaient. Du reste, ils différaient peu de ceux de Hifo, et cette promenade à terre aurait offert un assez médiocre intérêt sans une visite que M. d'Urville rendit à la tamaha.

« Je fus, dit ce savant navigateur, conduit à la résidence de la tamaha, située dans une position fort agréable au bord de la mer, dans le petit village de Palea-Mahou. La tamaha, dont le nom propre est Fana-Kana, me reçut entourée de ses femmes et avec la plus aimable politesse. C'est une femme de cinquante-cinq à soixante ans, qui a dû être très-bien dans sa jeunesse et qui conserve encore les traits les plus réguliers, les manières les plus aisées, et je dirai même un mélange de grâces, de noblesse et de décence, bien remarquable au milieu d'un peuple sauvage. C'était d'elle que j'attendais les renseignements les plus précieux, et je ne fus pas trompé dans mon attente.

« Elle se rappelait avec beaucoup de satisfaction le passage des vaisseaux de M. -d'Entrecasteaux, qu'elle avait visités avec sa mère, veuve du touï-tonga Poulaho. Le nom de *Tiné*, que donne ce navigateur à la sœur aînée du même Poulaho, qui occupait alors le premier rang dans Tonga, s'est trouvé d'abord inconnu, non-seulement de la tamaha, mais encore de tous ceux qui se trouvaient présents à l'entretien. Il paraît cependant qu'il aurait eu rapport à Tineï-Takala, qui avait alors le rang de touï-tonga-fafiné.

« La tamaha ne se souvenait que confusément des vaisseaux de Cook, n'ayant alors que neuf ou dix ans, ce qu'elle m'exprimait en me montrant une jeune fille de cet âge.

« Alors je voulus savoir si, entre Cook et d'Entrecasteaux, il n'était pas venu d'autres Européens à Tonga. Après avoir réfléchi quelques moments, elle m'expliqua très-clairement que peu d'années avant le passage de d'Entrecasteaux, deux grands navires, semblables aux siens, avec des canons et beaucoup d'Européens, avaient mouillé à Namouka où ils étaient restés dix jours. Leur pavillon était tout blanc et non pas semblable à celui des Anglais. Les étrangers étaient fort bien avec les naturels; on leur donna une maison à terre où se faisaient les échanges. Un naturel, qui avait vendu, moyennant un couteau, un coussinet en bois à un officier, fut tué par celui-ci d'un coup de fusil, pour avoir voulu remporter sa marchandise après en avoir reçu le prix. Du reste, cela ne troubla point la paix, parce que le naturel avait tort en cette affaire. Les vaisseaux de la Pérouse furent désignés par les naturels sous le nom de *Louadji*, de même que ceux de d'Entrecasteaux le furent sous celui de *Sénéri* (dérivé de général).

« Dès lors, il ne me resta plus de doutes que la Pérouse n'eût mouillé à Namouka, à son retour de Botany-Bay, comme il en avait eu l'intention. »

Pendant que le capitaine d'Urville utilisait ainsi ses visites à terre, les officiers, les naturalistes, le chirurgien, le dessinateur de l'*Astrolabe* se livraient, de leur côté, à des recherches spéciales. Ils restaient sur Tonga-Tabou une partie de la journée, et souvent même ils s'arrangeaient pour y passer la nuit chez un de leurs *ofas* ou amis. Aucun incident fâcheux ne fit d'abord regretter cette confiance; mais bientôt survinrent des embarras d'un autre genre, plus graves et plus généraux.

Livrés à leurs seules inspirations, peut-être les naturels seraient-ils demeurés avec les Français dans les termes de bienveillance simulée, et probablement de sourde convoitise, qui les avaient caractérisés jusque-là. Après trois semaines de relâche, l'*Astrolabe* serait repartie, ayant plutôt à s'en louer qu'à s'en plaindre; mais la trahison s'en mêlant, leur attitude changea; de calme elle devint offensive.

Pour expliquer cette réaction, il faut savoir que l'équipage de la corvette, hâtivement rassemblé à Toulon, comptait quelques mauvais sujets tirés des cachots pour finir leur temps dans un voyage de découverte. Pour le malheur et le déshonneur de l'expédition, il y avait là des hommes capables de la trahir au profit des sauvages, sauf à partager avec eux ses dépouilles. Le capitaine d'Urville savait cela; il avait voulu éviter, autant que possible, tout rapport trop familier entre ses marins et les chefs de l'île; il désirait surtout abréger son séjour, pour que le temps manquât à de mauvais desseins; mais l'échouage et les travaux qu'il nécessita, la drague des ancres, le manque de munitions et de vivres trompèrent ses calculs; il fallut s'attarder sur la route de Pangaï-Madou, et les délais furent utilisés par les déserteurs et les traîtres.

Un complot se forma; il poussa de telles ramifications dans l'île, que le

58e *Livraison*. (OCÉANIE.) T. III. 8

capitaine en fut informé par un message des missionnaires; son parti fut pris. Prévenu le 12, il résolut d'avancer son départ, d'appareiller le 13, et non le 14, comme il l'avait annoncé. En même temps il fit redoubler la surveillance de jour et de nuit, afin que personne ne pût quitter le bord. Le 13 donc, vers huit heures du matin, tout était prêt pour l'appareillage. Il restait encore à envoyer la yole à terre pour y prendre le chef de timonerie et quelques sacs de sable. On l'y expédia. En même temps, faisant ses adieux aux chefs venus à bord comme de coutume, le capitaine leur distribua quelques derniers présents. On se sépara avec tous les dehors d'une bonne intelligence. Les chefs semblaient regretter les Français; mais rien n'indiquait qu'ils voulussent les retenir par la violence.

Les choses en étaient là à neuf heures du matin, quand un bruit confus et subit s'éleva de la plage. Les insulaires attaquaient la yole et cherchaient à entraîner les matelots qui la montaient (voy. *pl.* 212). Ceux-ci, vaincus par le nombre, cédèrent; alors le capitaine ordonna que le grand canot fût armé; vingt-trois hommes s'y embarquèrent sous les ordres des officiers Gressien et Pâris. Le chirurgien Gaimard voulut se joindre à eux; mais vainement cette petite troupe chercha-t-elle à couper la retraite aux ravisseurs. Les sauvages échappèrent avec leur proie (voy. *pl.* 213). D'ailleurs le grand canot tirait trop d'eau pour pouvoir accoster la terre. A quelque distance, il fallut que l'équipage se jetât à l'eau et fît de là une guerre de tirailleurs contre les sauvages qui tiraient de la grève. Quand cette petite troupe fut arrivée en terre ferme, tout avait disparu, sauvages et Européens. Tout ce qu'elle put faire, fut de recueillir trois hommes, le chef de timonerie, l'élève de marine Dudemaine qui avait passé la nuit chez son ofa, et un jeune matelot nommé Cannac. Les autres demeuraient prisonniers. Cette scène, rapidement accomplie, fut cependant caractéristique, en ce sens qu'on ne put point douter du concours de Tahofa dans cette surprise. Ayant rencontré l'élève Dudemaine, il lui asséna un grand coup de poing. Plus humain vis-à-vis de Cannac, et touché sans doute de son extrême jeunesse, il lui permit de rejoindre l'équipage du grand canot. Le nombre des captifs se réduisait alors à neuf personnes, l'élève Faraguet et huit matelots.

Cette attaque subite des naturels fût restée une énigme pour les Français, si l'on ne se fût aperçu qu'un des matelots de l'*Astrolabe*, un mauvais sujet, nommé Simonnet, avait déserté. D'après l'explication que recueillit depuis le capitaine Dillon, Simonnet, dont la fuite était méditée de longue main, se glissa le 12 au matin, dans une des pirogues de Tahofa, et un des canotiers de la yole, nommé Reboul, suivit son exemple à terre. Tahofa allait ainsi avoir deux Européens à son service, avantage rare et fort apprécié dans le pays. La jalousie des autres chefs s'en était émue; ils avaient voulu se ménager une compensation, en enlevant les hommes de la yole. Telle est du moins l'excuse donnée au capitaine anglais. Quant à la complicité de Simonnet, elle était évidente, et il s'en cachait si peu, que l'élève Dudemaine l'aperçut parmi les naturels, armé et habillé, tandis que les autres matelots avaient été dépouillés complètement. Après avoir incendié les habitations des îles Pangaï-Modou et Manima, le grand canot revint à bord vers les trois heures et demie, et en repartit presque sur-le-champ, armé d'officiers, de maîtres et d'officiers mariniers, hommes sûrs et éprouvés. Dans l'impossibilité où l'on était d'attaquer Tahofa dans sa forteresse de Béa (voy. *pl.* 194), la petite troupe de vingt hommes bien armés devait marcher le long du rivage, brûlant les habitations, et les pirogues, tirant sur ce qui résistait, épargnant les vieillards et les femmes. Le but du capitaine d'Urville était alors d'obtenir par la terreur la restitution des prisonniers.

L'expédition fut conduite avec intelligence. Les villages de Nougou-Nougou et d'Oléva furent livrés aux flammes (voy. *pl.* 198); cinq belles pirogues furent détruites; puis le petit corps marcha vers Mafanga. Mais à mesure qu'on approchait du lieu saint, les naturels, qui avaient fui jusque-là, se rassemblaient et résistaient. Un Français du détachement, le caporal Richard, s'étant aventuré dans un taillis, à la poursuite d'un sauvage, se vit assailli par huit d'entre eux, cerné, assommé avec leurs massues et criblé avec leurs baïonnettes. Transporté à bord, ce malheureux mourut dans la nuit et fut enterré le lendemain sur l'île Pangaï-Modou. Cette perte rappela les Français à des mesures de prudence. Engagés au milieu de halliers, ils recevaient la fusillade ennemie sans pouvoir lui répondre avec avantage. D'ailleurs cette guerre d'embuscades n'aboutissait à rien. L'incendie des villages suffisait pour jeter la terreur dans la contrée. Pour le premier jour, c'était une représaille utile. Le lendemain, il fallait aviser à des moyens décisifs.

Le capitaine d'Urville savait que Mafanga était le lieu saint de l'île, et que, si on l'attaquait, Tonga-Tabou tout entière serait intéressée à la querelle. Ainsi les divers chefs interviendraient dans une affaire où Tahofa jusqu'alors s'était trouvé seul mêlé, et les jalousies rivales, autant que le désir de sauver le sanctuaire indigène, pouvaient amener la prompte restitution des prisonniers. Malgré tout le danger d'une côte bordée de récifs, le capitaine résolut de canonner Mafanga.

Pendant qu'on se préparait à cette attaque contrariée par les vents du sud-est, une pirogue ramena à bord l'élève Faraguet et l'interprète Singleton. L'officier français avait été le captif de Palou, qui, n'ayant pu le décider à se fixer auprès de lui, le renvoyait à bord de l'*Astrolabe*. Aucun doute ne resta alors sur le chef du complot. L'honneur en revenait tout entier à Tahofa et à ses mataboulès. Singleton ajoutait même que les autres chefs avaient censuré sa conduite dans le conseil du matin. Mais Tahofa était le Napoléon, l'Achille de Tonga; il pouvait faire la loi, seul contre tous. Par une sorte de compromis, Singleton se disait autorisé à promettre que tous les hommes qui se refuseraient à rester dans le pays, seraient rendus à l'*Astrolabe*. Le capitaine d'Urville crut une pareille transaction indigne de lui. On y reconnaissait la main de Simonnet qui demandait presque une capitulation personnelle. « Aucun des hommes que le roi m'a confiés, dit-il à Singleton, ne restera à Tonga-Tabou. Si demain les chefs des insulaires ne sont pas à bord, Mafanga sera canonné. »

En effet, le 15 la corvette s'embossa comme son capitaine l'avait dit, hissa la grande enseigne et l'appuya d'un coup de canon. Les naturels y répondirent en ajoutant plusieurs pavillons blancs au bout de longues perches. Dans l'espoir que ces pavillons étaient un signal de paix, on envoya le canot à terre; mais un coup de fusil, qui perça le canot de part en part, trahit les véritables dispositions des insulaires. Il fallait que la force coupât court à tant de perfidie.

Le canon tonna le lendemain 16, dans la matinée. Trente coups de caronade furent tirés tant à boulet qu'à mitraille (voy. *pl.* 211). La première décharge coupa en deux une branche d'un grand figuier qui ombrageait le malaï, alors place d'armes de Tahofa. Sa chute fut saluée par des cris aigus et perçants, que suivit un profond silence. Abrités derrière un rempart de sable, ou dans le creux de quelques fossés improvisés, les sauvages ne souffraient pas beaucoup de ce feu, et ils y gagnaient quelques boulets enterrés dans les sables. Dans l'après-midi, la corvette se trouva si près du récif, qu'à la marée basse les naturels pouvaient s'approcher d'elle à une distance de vingt toises.

Pendant les trois jours qui suivirent, l'*Astrolabe* se maintint dans ce poste critique. Le temps, beau jusque-là, était devenu incertain et tempétueux; le vent soufflait par rafales violentes, et menaçait de jeter le navire sur ces récifs où la mer déferlait avec violence. C'était une épreuve non moins périlleuse que celle à laquelle on avait naguère échappé. En cas de sinistre, on n'avait pas même de quartier à espérer cette fois : on était en guerre ouverte, et peut-être l'ennemi avait-il des morts à venger. Secouée par le ressac, la corvette semblait à toute minute près de se détacher de ses ancres pour aller se heurter contre les pointes du banc. L'équipage paraissait inquiet, préoccupé : on eût dit qu'il regrettait le sort des camarades captifs que l'on apercevait de temps à autre sur la grève; tout le monde voyait l'avenir en noir. Cette guerre faite à deux pas de l'écueil, ces décharges d'artillerie qui, de temps à autre, rompaient le silence de la terre et du bord, cette incertitude de l'avenir, cette obstination des chefs tongas, tout saisissait, tout attristait la pensée; on en était venu à craindre un complot parmi les marins, et le capitaine d'Urville allait renoncer peut-être à son projet, quand une petite pirogue déborda de la plage vis-à-vis Mafanga, dans la journée du 19 : elle portait un des matelots, le nommé Martineng, qui venait, de la part de Tahofa, promettre au capitaine la restitution des prisonniers, s'il consentait à suspendre les hostilités : le canon de retraite de la veille, chargé à mitraille, ayant tué un chef inférieur, cet incident avait déterminé des ouvertures pacifiques.

Elles furent conduites à bonne fin. L'un des mataboulès de Tahofa, Waï-Totaï, vint tout tremblant expliquer qu'il était impossible de restituer les déserteurs Simonnet et Reboul alors en fuite, mais que les autres Français allaient être rendus. Jaloux de quitter les acores de l'écueil, le capitaine d'Urville passa sur cette difficulté. Il fit semblant d'oublier aussi les objets enlevés dans le pillage de la yole. Un canot alla vers Mafanga pour recueillir les prisonniers : ils arrivèrent dans le plus bizarre accoutrement, revêtus d'étoffes indigènes que Tahofa leur avait fait donner, après qu'on les eut dépouillés de leurs habits. Tirée ainsi de ce mauvais pas, le lendemain, 21 mai, l'*Astrolabe* quittait Tonga-Tabou, après un mois de désastreux séjour, échappée à tous les périls et à toutes les misères, le naufrage, la guerre, la révolte.

Nous empruntons au savant et intrépide M. Gaimard le tableau suivant des chefs de l'archipel, qu'il a recueilli durant l'expédition de l'*Astrolabe*

TABLEAU DES PRINCIPAUX CHEFS DE TONGA-TABOU,

Auquel on a joint les noms de leurs districts, de leurs femmes, des héritiers de leur puissance, et de leurs principaux mataboulès.

NOMS des CHEFS.	NOMS des DISTRICTS.	NOMS de leurs FEMMES.	NOMS de leurs HÉRITIERS.	NOMS des premiers MATABOULÈS.
Ata............	Hifo............	Papa...........	Latou-Fagahaou.	Koégné.
Palou...........	Moua............	Kaounanga......	Kanan-Gata.....	Maloubo.
Tahofa..........	Béa.............	Mafi............	Kaoutaï.........	Kaouvalé ou Koulivaïlé.
Lavaka..........	Béa.............	Naou-Ouriouri...	Taoun-ha-Hihifo.	Tofa.
Touboou.........	Nougalofa.......	Mouala..........	Mafou...........	Inatchi-Oulou.
Véala...........	Faéfa...........	Oko............	Touï-Fologotoa..	Taoun-ha-Toloa.
Vaéa............	Ouma............	Finau-Motoulalo.	Naou-Inoukava..	Ahaou.
Toaï-Vagano...	Nougou-Nougou...	Latou...........	Vava-Mamataïké.	Tong-hi.
Nougou..........	Habagué.........	Finau...........	Moï-Moï.........	Moala-tong-ha.
Touï-Foua.......	Navou-Toka......	Hifo............	Koliou-Meiouhéa.	Maficila.
Mahafou.........	Vaïni............	Laheina..........	Finau-Taheïla...	Moala.
Kapou-Kava.....	Olong-Ha........	Foutchi.........	Matafaï.........	Toho.
Toubou-Néafou.	Olong-Ha........	Moala-Kakaou....	»	Mola-Toouts
Motou-Apouaka.	Tééguiou........	Ikal-Hihifo......	Mafitoki.........	Kaatoa-Guiematché.
Faga-Fanoua...	Mafanga.........	Féké............	Pakou..........	Tehii-Valé.
Touï-Tonga.....	Oléva...........	»	Fifita-Eila......	Fagalala-Fououa.
Avéa............	Paléa-Mahou.....	Alaï-Valou......	Vaï-Papalangui..	Véafa-Levaï.
Mooulamou.....	Foua-Mahou......	Finau-Langhi....	Vehikité.........	Aho.
—	—	—	—	—
Laoufili-Tonga..	Ile Vavao.......	Popaa...........	N'a point d'enfants	»

Le capitaine Waldegrave, commandant le sloop de guerre le *Seringapatnam*, mouilla à Pangaï-Modou vers la fin de mai 1830; il n'eut que des relations pacifiques avec les indigènes. Le touï-tonga avait reparu à Tonga-Tabou; et, quoique Tahofa fût encore le chef le plus puissant, une réaction avait eu lieu en faveur de Toubo, chrétien dévoué, et on lui avait restitué ses priviléges de famille. Nous verrons bientôt que l'établissement solide du christianisme a amené un autre ordre de choses.

Waldegrave fut invité à une fête remarquable que donna au touï-tonga un chef de Mori, nommé Parton, à son retour des îles Hapaï. Voici le récit du capitaine :

« A neuf heures du matin, le touï-tonga s'était assis sous une vaste maison à kava, bâtiment ovale ouvert de toutes parts, et ses officiers s'étaient rangés sur les côtés. A sa droite, se plaça une femme âgée chargée de le servir. Le bâtiment n'était pas tout à fait au milieu de l'enclos. En face, et à vingt-cinq toises environ du touï-tonga, étaient disposés par terre deux grands verres à kava, et de chaque côté, en demi-cercle, se tenaient accroupis les chefs et les principaux personnages; derrière eux, le reste de l'assemblée était debout. Une sorte d'échanson en chef, à gauche du touï-tonga, annonçait à haute voix le nom de la personnne à laquelle chaque coupe de kava devait être portée, à mesure qu'elle était remplie, et les porteurs allaient la porter en s'accroupissant.

« Le kava fini, une partie de jeu eut lieu entre deux bandes de chefs, chacune de vingt individus : le touï-tonga se trouvait dans l'une d'elles. Le jeu consistait à ficher perpendiculairement des lances sur un pieu épais d'un pied environ et planté dans le sol. Le joueur se place à quinze pieds environ de la marque, et vise ensuite à toucher d'une manière perpendiculaire cette sorte de cible. Le premier envoya sa lance horizontalement, puis les autres de manière à ce que leurs pointes tombassent dans un sens vertical. C'était un tour d'adresse fort difficile : sur vingt lances, cinq seulement réussirent dans l'une et l'autre bande. La partie était en trente coups; mais aucune des deux troupes n'atteignit ce nombre, quoiqu'on eût recommencé plusieurs fois. Le touï-tonga planta une lance, et Parton deux. Quand le jeu fut fini, on porta dans l'enceinte des cochons que l'on compta, et que le touï-tonga distribua ensuite; nous en reçûmes quatre avec des ignames à proportion. Après le dîner, les danses commencèrent. A la nuit, on se remit de nouveau dans l'enclos, qui fut éclairé par des hommes portant des torches. La cour, placée au centre du cercle, consistait en trente ou quarante hommes. Le chef d'orchestre avait trois bambous creux placés à terre, sur lesquels il battait; d'autres faisaient la basse, en frappant contre le sol d'autres bambous fermés dans leur partie inférieure; d'autres claquaient des mains en guise de cymbales : le chef chantait une note de ténor, dont le son se faisait entendre sans interruption. J'essayai en vain d'apprendre comment cela s'exécutait. La mesure était parfaite et les voix en cadence très-exacte. Durant cinq heures, le chœur ne changea que deux fois. La danse commença par des femmes rangées en cercle, faisant face au chœur, observant parfaitement sa mesure, et l'accompagnant avec un chant. Les mains et la tête dans un mouvement perpétuel, ces femmes gardaient les attitudes les plus gracieuses, tantôt se détournant légèrement, d'autres fois faisant un tour entier ou un demi-tour sur elles-mêmes, de la façon la plus harmonieuse. Quatre-vingts femmes figurèrent dans chaque danse, et chacune d'elles remuait la tête au même instant et de la même manière. La mesure, lente d'abord, devint par degrés plus vive, jusqu'à ce qu'elle se précipitât rapidement; de la tête aux pieds, le corps semblait éprouver des convulsions; enfin, cette danse finit par une acclamation générale.

« Une autre danse, avec un nombre égal de femmes, suivit celle-là, et fut suivie par quatre danses d'hommes. La seule différence des unes aux autres, c'est que les hommes agitaient fréquemment leurs pieds, tandis que les femmes les détachaient à peine du sol. Cela formait un spectacle charmant. Les femmes n'étaient vêtues que de la ceinture aux pieds, les bras et le sein nus, et découvrant ainsi leurs beaux bustes aux regards des spectateurs. L'habillement, riche et drapé avec goût, consistait en bandes de tapa, ornées de verroteries et de fleurs. Nous prîmes beaucoup de plaisir à assister à leur toilette, et ce fut un passe-temps agréable pour nous d'examiner les ornements à mesure qu'on les apportait. Nous les admirâmes ainsi un à un, jusqu'au moment où, pour dernier raffinement, on versa des flots d'huile de coco parfumée de bois de sandal sur leurs têtes, sur leurs épaules, sur leur cou et sur le reste du corps. Ces femmes nous parurent modestes, mais affables. La fille de Parton présidait à l'une des danses, sa sœur à l'autre; c'étaient deux charmantes créatures de quinze ans environ. Le toui-tonga présida à l'une des danses d'hommes; son fils, enfant de onze ans, à une autre. Il faut de la vigueur pour danser et chanter en même temps, surtout vers la fin des figures. J'essayai d'accompagner le chant durant un quart d'heure, et j'en fus fatigué, quoique assis. Les hommes étaient vêtus uniformément, à part les chefs de bandes. Ils n'avaient de découvert que les bras; le reste était entouré d'étoffes. La quantité de tapa enroulé autour de la ceinture était si considérable, qu'elle se projetait de six pouces au dehors, et masquait entièrement les formes. A onze heures et demie, la danse cessa. »

De Tonga-Tabou, Waldegrave se dirigea sur Vavao, et descendit à terre pour y prendre des renseignements sur deux navires baleiniers qui avaient été attaqués naguère par les indigènes de Tonga. Il demanda raison aux chefs du pays de l'insulte faite au pavillon britannique. Écoutons la fin de sa relation :

« On me conduisit, dit-il, dans une grande maison à kava, où je trouvai le roi assis. Un Anglais nommé Brown était à sa gauche; de chaque côté se rangeaient les principaux chefs, et en face les moins élevés en rang. Autour de la maison, sur la pelouse, entre le faïtoka du feu roi et la maison du kava, se groupaient trois mille hommes du peuple. Le roi me pria de m'asseoir. Debout devant lui, avec mon chapeau sur la tête, ainsi que mes officiers, je lui répondis : « Le roi Georges m'envoie pour vous demander, Finau, pourquoi vous avez massacré le capitaine de l'*Élisabeth* et les baleiniers du *Rambler?* puis-je m'asseoir jusqu'à ce que vous m'ayez dit pourquoi vous avez commis ces horribles meurtres? » A ces mots, Finau se mit à trembler autant de crainte que de colère. C'était la première fois qu'on l'interrogeait de la sorte devant son peuple. « Voyez ce prêtre (un missionnaire), ajoutai-je, il vous dira que je ne suis pas venu pour punir, mais pour informer sur ces actes. » Alors Finau déclara, d'un son de voix fort bas, que le maître du *Rambler* et lui avaient commercé fort amicalement, quand deux hommes de l'équipage vinrent à déserter. Au lieu de les lui demander à lui, le roi de l'île, le maître voulut obtenir raison par la force, et fit feu sur les hommes du rivage. Les déserteurs furent rendus; mais le capitaine ayant commis ensuite l'imprudence de revenir à terre, le peuple se souleva et le massacra, ainsi que l'équipage de son canot. Quant à l'*Élisabeth*, suivant Finau, ses premières relations avec le rivage avaient été si amicales, que le maître charmé lui avait promis le don d'un mousquet; mais, au moment de partir, le maître refusa le mousquet. Alors Finau se prit à réfléchir : « L'*Élisabeth*, comme le *Rambler*, se dit-il à lui-même, va faire feu sur le peuple; il vaut mieux le devancer, et il tua le maître et quelques matelots. Du reste, il ajouta qu'il était très-fâché d'en avoir agi de la sorte, et qu'il ne recommencerait plus. — Bien, répliquai-je à cette explication; j'informerai le roi Georges de ce que vous me dites. — Pardonnez-vous, insista Finau? — Je n'ai pas le droit de pardonner; je suis venu pour informer seulement. — Boirez-vous le kava? » Je me découvris et m'accroupis à ses côtés. Le peuple salua cet acte par une vive acclamation; le kava fut apporté et j'en pris ma part; puis, Finau m'ayant invité à passer la nuit à terre, j'en délibérai avec mes officiers et j'acceptai l'offre.

« Après le kava, nous nous retirâmes dans une case remarquable par sa propreté et sa jolie apparence; une double natte de fibres de coco couvrait le plancher. Le roi me pria de faire sortir mes officiers, et pendant trois heures il me répéta l'histoire du massacre, et me renouvela ses regrets. Après le dîner, il voulut me rendre témoin de son adresse : il prit un fusil, manqua tous les oiseaux sur lesquels il tira, et finit par tuer une malheureuse poule, qui fut plumée, rôtie et mangée sur-le-champ. Un autre kava eut ensuite lieu. Pendant qu'il durait, Finau me demanda mon chapeau avec tant d'instance que je le lui donnai. Le soir nous eûmes une danse dans la grande maison du kava; et, après deux nouveaux soupers, nous gagnâmes la case où nous devions passer la nuit. Le jour suivant, après le déjeuner, je lui proposai de venir à bord avec moi; il y consentit; mais son ministre vint me prier de donner ma parole qu'il serait permis au roi de retourner à terre. J'offris un otage, et j'ajoutai : « Mon chirurgien va à quatre milles d'ici, dans l'intérieur de l'île, pour visiter votre neveu favori; mon chapelain l'accompagne; les laisserais-je entre vos mains si j'avais l'intention de vous maltraiter? Le roi Georges me pendrait si je vous faisais du mal après avoir engagé ma parole. — C'est bien, allons-nous-en, dit-il. » Nous nous embarquâmes sur deux canots, accompagnés de vingt-neuf personnes. Comme nous passions à travers les pirogues, les naturels poussèrent un cri de joie. Lorsque Finau fut monté à bord, il vit manœuvrer les soldats de marine, et on lui servit deux fois du vin, ainsi qu'aux chefs de sa suite. Il parcourut tout le navire, nomma chaque chose, et essaya de souffler dans le sifflet du maître d'équipage. Entendant le tambour qui annonçait le dîner des officiers, il suivit les domestiques et alla s'asseoir à leur table. Quand il eut dîné avec eux, il les quitta et vint dans ma chambre, où il s'assit aussi pour prendre part à mon dîner. Les soldats de marine manœuvrèrent de nouveau durant une demi-heure, et les naturels enchantés poussèrent encore un cri de joie. A trois heures et demie de l'après-midi, Finau et sa suite quittèrent le navire dans la chaloupe; et, à neuf heures, celle-ci revint chargée d'ignames dont il nous faisait présent.

« Finau est un roi absolu; ses ordres sont scrupuleusement et à l'instant exécutés; il a moins de trente ans; c'est un païen. Il a deux enfants et trois femmes; il ne peut épouser que des filles de grands chefs : son héritier est l'enfant de celle de ses femmes qui provient de la plus noble famille; ses concubines sont nombreuses. »

Le dernier voyageur qui ait visité Tonga est M. Bennett; le navire qui le portait, était en vue de l'île Tonga-Tabou le 26 juillet 1829, à la distance d'environ quinze milles; l'heure avancée et les difficultés du passage ne permirent point d'entrer dans la baie, et il fallut louvoyer jusqu'au lendemain. La scène la plus belle et la plus pittoresque s'offrit à ses regards aussitôt que le navire fut dans le port, dont l'entrée était fort resserrée par un grand nombre d'îlots clair-semés, et par des récifs à fleur d'eau très-étendus, et présentant de grands dangers. Quand ils eurent traversé le port dans toute sa longueur, la côte leur offrit une grande ressemblance avec celle de Ceylan, et ils virent poindre de côté et d'autre les habitations des naturels, à travers les feuilles des cocotiers, et d'autres arbres qui abondent dans le voisinage.

On jeta l'ancre à environ un mille de la côte. Bientôt on vit s'avancer vers le navire plusieurs canots aux formes élégantes, et en peu d'instants il fut entouré de tous côtés par une multitude de naturels apportant divers articles d'échange. D'après M. Bennett, les habitants de Tonga-Tabou sont généralement bien faits; leurs formes sont musculaires, et les traits de leur visage sont réguliers; ils aiment à porter les cheveux longs, et les laissent tomber sur leurs épaules; quelquefois ils les ramassent en touffes sur la tête.

Ces insulaires, dit-il, ont généralement le teint cuivré; quelques-uns sont très-noirs et ont les cheveux frisés, ce qu'il faut attribuer sans doute à leur mélange avec les naturels de quelques-unes des îles Viti ou Fidgi; car ces deux peuples vivent dans la plus parfaite intelligence, et l'on distingue particulièrement, à Tonga-Tabou, un chef qui sait parler la langue de Viti. Les chefs ont un embonpoint remarquable; néanmoins ce sont de très-beaux hommes; une forte corpulence est si générale parmi l'*aristocratie*, qu'on peut dire qu'elle est toujours un signe de dignité. Le capitaine en second, M. Jones, qui était excessivement gros, fut constamment regardé, à Tonga-Tabou et dans toutes les autres îles de la Polynésie, comme le chef, et l'on eut toujours pour lui plus d'égards et de respect que pour le capitaine en premier, qui était maigre et de taille moyenne. Les femmes sont modestes, réservées, et belles généralement. Leur costume est un simple jupon d'étoffe du pays, qu'elles attachent autour de la ceinture, et qui tombe jusqu'à la cheville; la partie supérieure du corps reste toujours nue. Les femmes ont aussi le teint généralement cuivré; elles se frottent le corps avec l'huile de la noix du coco, parfumée avec du bois de sandal qui leur vient des îles Viti, ou avec des fleurs odoriférantes, comme le jasmin et le *tato*, qui sont indigènes. Les femmes portent les cheveux très-courts; cette coutume est très-défavorable à leur beauté; elles parurent ainsi moins intéressantes à M. Bennett, accoutumé à ces étoffes et à ces boucles gracieuses qui donnent tant de charmes au visage des Européennes. Elles ont coutume de se parer avec des *kalafa*, ou bouquets de fleurs qui répandent une odeur délicieuse; elles attachent ces bouquets sur leur gorge nue, ou les tressent en couronnes, qu'elles posent gracieusement sur leur tête. Ces femmes aiment à parer les étrangers de ces bouquets, et le goût et le sentiment président toujours à l'arrangement des fleurs dont elles les composent.

Le roi, nommé Toubou, et MM. Turner et Cross, missionnaires qui résident dans cette île, vinrent à bord aussitôt que le navire, que montait M. Bennett, eut jeté l'ancre. Le port et les manières du roi étaient pleins de dignité, et la bonté était empreinte sur son visage; il était gros, mais sa taille était proportionnée à son embonpoint. Son costume consistait en une simple chemise blanche, et un petit jupon d'étoffe du pays attaché autour des reins. Toubou s'empressa de dire que le sloop de guerre le *Satellite*, capitaine Laws, avait visité son île peu de temps auparavant, et il parut très-satisfait des honneurs qu'il avait reçus de cet officier; car, à son arrivée, il l'avait salué de sept coups de canon, et avait fait ranger ses soldats sur le pont. C'est le seul vaisseau de guerre, ajouta Toubou, qui ait relâché à Tonga-Tabou depuis la visite du capitaine Cook.

M. Bennett descendit à terre avec les missionnaires. En avançant dans le pays, il remarqua que les maisons des habitants étaient disséminées; chaque case était garnie d'une haie qui entourait aussi le jardin, planté d'arbres de toutes sortes, et surtout de cocotiers et de légumes exotiques. Le papayer (*carica papaya*) y est de la plus grande beauté; mais les naturels ne font nul cas de son fruit; il ne sert qu'à la nourriture des cochons. Les feuilles d'un grand nombre de cocotiers étaient dévorées par une espèce de moustiques de couleur verte, qui commettent de grands ravages, et sans doute les naturels n'éprouvèrent point de regrets en voyant ce voyageur serrer dans son portefeuille quelques-uns de ces insectes. La végétation lui parut du reste extrêmement riche; l'*hibiscus liliaceus*, ou *fau*, en pleine fleur, l'*aleurites triloba*, ou arbre à chandelle (le *toui-toui* des naturels), croissaient en abondance de tous côtés.

M. Bennett accompagna les missionnaires à leur demeure; tout auprès est la petite chapelle de la mission. Les maisons de ces messieurs sont de bois, comme celles des naturels; elles ont plusieurs appartements, et des roseaux servent à former des cloisons; elles sont couvertes de feuilles de *pandanus* ou de cocotier.

Ce voyageur visita, le 29, la *mafanga*, lieu d'un aspect très-pittoresque, et situé non loin de l'ancrage du navire qui le portait. La mafanga est le cimetière des chefs. La plus grande tranquillité règne en ce lieu désert, et des arbres de *casuarina equisitifolia*, aux branches flexibles et inclinées vers la terre, en augmentent encore la triste solennité. M. Turner, l'un des missionnaires, lui dit qu'il avait assisté tout récemment à l'enterrement de la femme d'un chef qui était allié du roi. Le corps, enveloppé avec des nattes, fut placé dans un tombeau. On couvrit le tombeau d'une pierre; puis des naturels s'avancèrent portant des corbeilles de fleurs qu'on répandit sur la tombe; d'autres portaient des corbeilles de sable qui reçurent la même destination. Alors quelques insulaires vinrent au bord de la tombe et se coupèrent les cheveux, en poussant des cris et des sanglots, et donnant des marques de la plus vive douleur. On a coutume d'élever sur cette sépulture des maisons de petite dimension. Les cimetières sont entourés d'une forte haie ou d'un mur de coraux; ils sont soigneusement entretenus et présentent un aspect agréable.

Il remarqua chez presque tous les naturels de Tonga-Tabou une étrange mutilation au petit doigt de la main gauche; et, chez un grand nombre, cette mutilation existait aux deux mains. La plupart de ces insulaires avaient perdu la première phalange seulement, d'autres deux, et quelques-uns n'avaient même plus de trace du petit doigt, ni à la main droite ni à la main gauche. Il apprit que les naturels ont coutume de se couper une phalange du petit doigt lors d'une maladie grave ou à la mort d'un parent chéri, ou d'un chef révéré, et de l'offrir en sacrifice à l'esprit de ces contrées. Cette coutume superstitieuse se retrouve, selon M. Burchell, chez la tribu des Bochmans, dans l'Afrique méridionale, comme on en voit la preuve dans l'extrait suivant de son Voyage : « Une « vieille femme de la tribu, sachant « que je désirais avoir les informations « les plus amples possible sur les mœurs « des Bochmans, se présenta devant « moi, et, me présentant ses deux « mains, me fit observer qu'elle avait « perdu deux phalanges au petit doigt « de la main droite, et une phalange « à la gauche. Cette femme dit qu'elle « s'était ainsi mutilée à trois reprises « différentes, en signe d'affliction et de « deuil, à la mort de ses trois filles. » En considérant ensuite avec plus d'attention les naturels, je vis qu'un grand nombre de femmes, et même beaucoup d'hommes étaient mutilés de la même façon; mais c'était toujours au petit doigt qu'avait lieu la mutilation, parce que l'absence de ce doigt ne cause sans doute aucune gêne.

On trouve dans l'île Tonga-Tabou une place de refuge, qu'on appelle l'*houfanga*. Un individu menacé de la peine capitale y trouve un asile inviolable; il est sacré dès qu'il a mis le pied dans ce sanctuaire. L'houfanga est une petite maison défendue par un mur d'enceinte; tout alentour, le sol est couvert de gravier, et des arbres en garnissent les avenues.

M. Bennett, en sa qualité de docteur, visita ensuite, à la prière des missionnaires, plusieurs naturels, et des enfants qui étaient atteints de maladies graves. Les affections viscérales lui parurent très-communes.

« Le magnifique *foutou* ou *barringtonia*, dit M. Bennett, croissait en abondance près de notre mouillage. Le fruit de cette plante sert à la destruction du poisson, ainsi qu'un autre petit arbuste nommé *kava-ho-ho*. Les naturels emploient l'écorce quand la racine du kava est rare; ils la préparent de la même manière que le kava; seulement ils ont soin de n'en boire qu'une petite quantité, à cause du poison qu'elle contient.

« Les naturels donnent à leurs massues des formes élégantes. Les femmes font des peignes avec les tiges flexibles du cocotier. Leurs instruments de musique sont le fanghou-fanghou ou la flûte nasale, le mimia, le nafa ou tambour, qui est un petit bloc de bois creusé. Les reptiles qu'on rencontre à Tonga-Tabou sont le serpent aux cent pieds, un très-beau lézard vert, plusieurs autres animaux de la même espèce, et une couleuvre aquatique qui se tient souvent sur les arbres, au bord de la mer : cette couleuvre est d'une belle couleur bleue, avec des bandes noires circulaires autour du corps ; elle est appelée *takourari* par les naturels.

« Notre vaisseau fut largement approvisionné de fruit à pain, d'ignames, etc., en échange de haches, de coton, de drap, et de bouteilles pour l'huile qu'ils retirent de la noix de coco. Le fruit à pain est très-bon, mais il est cependant bien inférieur à la pomme de terre.

« Le 30 juillet, je visitai l'observatoire de Cook ; j'enrichis ma collection botanique de plantes rares, et je parvins à abattre quelques pigeons ; mais les oiseaux sont rares dans cette île. Le 31, j'accompagnai le capitaine dans une visite qu'il fit à un chef nommé Fatou ou Palou, résidant au district de Takama-Tonga, à quinze milles environ de notre ancrage. Fatou était absent ; mais sa femme et sa fille nous firent un accueil très-poli. Celle-ci était une très-belle personne ; elle s'appelait Touboua-Han, et était fiancée au roi de Vavao ; sa chevelure, d'un très-beau noir, tombait sur ses épaules ; mais il n'est permis aux femmes de porter les cheveux longs que jusqu'au jour du mariage. Pendant qu'on préparait notre repas, nous fîmes une excursion dans l'intérieur de l'île, et nous visitâmes le lieu sacré où l'on suppose que réside la divinité ; c'est une maison de chétive apparence, et entourée d'une forte haie. Aux jours de malheur et d'affliction, les naturels viennent déposer en ce lieu leurs offrandes et les premiers fruits de la saison.

« Les principaux personnages des villages que nous traversâmes vinrent nous présenter du kava, des ignames, etc. Chaque village a une maison destinée à la réception des étrangers. Nous étions suivis d'une multitude de naturels qui portaient volontiers nos fusils et notre bagage, et jamais nous ne nous aperçûmes du moindre vol. Touboua-Han, la fille de Palou, m'offrit après dîner un fort joli bouquet ; elle me dit qu'il était composé d'*hetala*, *poa*, *tetefa*, *ohi*, *langakali*, *co*, *ochi*, *chialé*, *houni et pipi-houri*, qui sont des fleurs indigènes. La nuit, on étendit par terre des nattes, sur lesquelles nous dormîmes assez bien ; et, au point du jour, nous retournâmes à bord.

« Quand un inférieur se présente devant la femme ou la fille d'un chef, ou avant de commencer le repas en leur présence, l'étiquette commande de les toucher légèrement au pied. Cette coutume est aussi observée aux îles Hapaï, Vavao et Samoa. Ce témoignage de respect est également donné par un inférieur, quand il paraît devant un chef, et par les chefs eux-mêmes, quand ils se trouvent en présence du touï ou roi, de ses frères ou de ses parents. Le touï et les autres chefs doivent toucher aussi au pied le grand prêtre, qui est ordinairement un grand chef, et possède plus de puissance que le touï lui-même.

« Les naturels de Tonga-Tabou ont des canots doubles, unis par une espèce de plate-forme, sur laquelle ils construisent une petite maison. Ces canots peuvent contenir environ de cent cinquante à deux cents hommes. J'en vis un qui pouvait avoir quatre-vingt-seize pieds anglais de longueur. On construit ordinairement ces canots aux îles Fidgi (Viti) ; car à Tonga-Tabou on ne trouve pas de bois propre à ces constructions. »

C'est à la visite de M. Bennett que finit pour nous l'histoire intéressante de l'archipel de Tonga.

GROUPE DE KERMADEC.

Nous venons de quitter la Polynésie intertropicale, et avant de décrire les grandes terres de la Nouvelle-Zeeland, nous passerons rapidement en revue les petites îles connues sous le nom de groupe de Kermadec (compagnon de d'Entrecasteaux.)

Ce groupe, situé au nord de la Nouvelle-Zeeland, se compose des îles Raoul, Macauley, Curtis et Espérance. Sa position est du 29° 20' au 31° 28' de latitude sud, et du 178° 43' au 179° 36' de longitude est. Curtis et Macauley furent découvertes, en 1788, par

Wats, capitaine du *Penrhyn*. Raoul et Espérance furent découvertes, en 1793, par d'Entrecasteaux. Les Anglais ont donné le nom de *Sunday* à l'île Raoul. Le capitaine d'Urville reconnut, en 1827, ces îles, ou plutôt ces rochers, qui sont plus ou moins couverts de bois et de broussailles, sauf l'île Espérance, qui n'est qu'un rocher aride et élevé. Elles sont privées d'habitants; mais il est probable qu'elles ont servi de point de relâche aux pirogues qui, de Tonga, ont dû amener une population polynésienne à la Nouvelle-Zeeland.

NOUVELLE-ZEELAND.

Transporté maintenant par la pensée vers cette partie du globe qui nous est diamétralement opposée, nous décrirons cette terre, qui est l'antipode de quelques parties de la France ; cette terre qui jouit de l'été quand l'hiver attriste nos climats, que le soleil réjouit quand la nuit commence à s'étendre sur nos villes, où les plantes potagères sont en floraison quand chez nous elles ont cessé de produire. Ses peuples, livrés au cannibalisme, ne nous inspireront plus longtemps l'horreur et l'effroi : la sainte morale de l'Évangile y a déjà touché le cœur de quelques chefs. La Nouvelle-Zeeland a eu un grand nombre de héros. Leurs siéges et leurs guerres sont pleins de faits glorieux. Aucun peuple ne surpasse en force physique, en courage, en constance, en intelligence naturelle, ce peuple intrépide. Pourquoi donc ne jouit-il pas de la célébrité qu'il mérite ? C'est que de beaux faits ne suffisent pas à un peuple : il lui faut un historien qui en consacre le souvenir.

GÉOGRAPHIE.

La Nouvelle-Zeeland est une grande terre composée de deux îles, et qui offre une bande de quatre cents lieues de longueur sur une largeur moyenne de vingt-cinq à trente lieues. Elle s'étend dans la direction du nord-est au sud-ouest, et est interrompue vers le milieu par le canal de Cook, espèce d'entonnoir dont la bouche est tournée vers la mer Occidentale, le goulot vers la mer Orientale, et dont la largeur varie de quatre à vingt-cinq lieues. La circonférence des deux îles réunies n'est guère inférieure à celle des îles britanniques.

L'île septentrionale se nomme Ikana-Maoui, et celle du sud Tavaï-Pounamou. M. d'Urville nous apprend que le premier nom signifie *poisson de Maoui*, fondateur de ce peuple, et que le second indique le lac où se recueille le *pounamou* ou jade vert.

L'île du sud n'a jamais été explorée avec soin, à cause de sa conformation montueuse, et du peu de sûreté qu'un petit nombre de ports offrent aux navigateurs.

L'île septentrionale, au contraire, est pourvue par la nature de ports magnifiques et de havres habités.

Les ports fréquentés sont la baie Chalky, la baie Dusky, la baie Tasman, la baie de l'Amirauté, le canal de la Reine-Charlotte, la baie Cloudy, le port Otage et le havre Molyneux sur l'île Tavaï-Pounamou; la baie Mounou-Kao, le havre Kaï-Para, la baie Tara-Naké, la rivière Chouki-Anga, la baie Nanga-Ourou, la baie Oudoudou, la baie Wangaroa, les baies Taoue-Roa, Hawke et des Iles, le golfe Chouraki et ses havres nombreux.

Parmi les îles qui sont des dépendances géographiques de la Nouvelle-Zeeland, on remarque l'île Stewart, où l'on trouve le port Marion, le port Facile et le port Pégase, deux îles du nom de Résolution, l'île d'Urville, les îles Pain de Sucre (*Sugar-Loaf*), Touhoua, Tea-Houra, Pouhia-i-Wakadi, Otea, Choutourou, les îles Mercure, les îles de la baie Chouraki, les îles Manaoua-Touï ou les Trois-Rois, les îles Motou-Koaou, et enfin les îles Taouiti-Rahi.

CLIMAT.

Ces terres, et surtout la grande île du nord, jouissent d'une température uniforme et modérée, qui rend leur climat salubre et leur sol fertile. Mais, sur leurs côtes, les vents règnent avec fureur; aussi la conformation de leurs rivages porte-t-elle l'empreinte de l'inclémence des éléments.

ASPECT.

Les rochers s'y montrent fréquemment nus et déchiquetés en forme de poissons et autres animaux, et souvent ceux qui sont exposés isolément à la fureur des vagues sont percés d'outre en outre, et forment des arcades de différentes grandeurs, dont la plus curieuse peut-être est celle de Tegadou, qui est surmontée d'un pâ ou village fortifié, et sous laquelle passent les pirogues; ce qui forme un effet infiniment pittoresque (voy. *pl.* 177). La Nouvelle-Zeeland est sillonnée par plusieurs rivières qui sont considérables, quoique leur cours soit peu étendu. Elle a de grandes chaînes de montagnes, qui renferment des volcans; des chutes d'eau en descendent en cascades majestueuses. Dans l'intérieur d'Ika-na-Maouï se trouvent les deux lacs de Roto-Doua et de Maupère.

HISTOIRE NATURELLE.

Le sol de la Nouvelle-Zeeland est excellent, et peut supporter toute espèce de culture. Il est couvert d'arbres d'une beauté remarquable, surtout dans l'intérieur des terres. Quelques-uns sont tellement gigantesques, qu'un seul tronc fournit une pirogue de guerre contenant cinquante à soixante guerriers. Le plus beau lin du monde, le *phormium tenax*, y naît spontanément; on le récolte surtout au bord de la mer, dans les crevasses des rochers. Les femmes le peignent, le nettoient avec soin, et en fabriquent des étoffes soyeuses du plus beau tissu. Aussi, depuis que les Anglais ont établi un consul dans cette vaste contrée, cet admirable lin deviendra-t-il un grand objet d'exploitation commerciale, lorsque la Nouvelle-Zeeland aura établi avec eux des relations d'intérêt mutuel.

Ika-na-Maouï présente presque partout un sol riche, fertile, et, dans quelques parties, la plus brillante végétation.

On dépeint Tavaï-Pounamou comme beaucoup moins favorisée à cet égard. D'après M. Wallis, la superficie des terres susceptibles d'être cultivées ne s'élève qu'à un dixième de la totalité. Néanmoins elles sont toutes les deux bien boisées, et les arbres y atteignent les plus grandes dimensions; on en voit de l'espèce du pin qui ont quatre-vingt-dix pieds de haut et vingt de diamètre, mais sans une seule branche. L'arbre qui domine toutes les forêts est le cèdre à feuilles d'olivier. Il en existe un grand nombre qui sont propres au charpentage, à la menuiserie et à l'ébénisterie. Au rapport des missionnaires, ces îles jouissent, en général, d'un climat doux et tempéré, également éloigné des chaleurs brûlantes des contrées équinoxiales et du froid intense des régions septentrionales, excepté cependant l'extrémité nord de Tavaï-Pounamou, où il pleut très-fréquemment. On n'y trouve aucun arbre dont le fruit offre un aliment aux Européens, et à peine trois ou quatre qui présentent le même avantage aux indigènes. Ceux-ci se nourrissent principalement de la racine des fougères, appelée par les naturalistes *pteris esculenta*, qui y croît en profusion, et qu'ils font cuire, comme les pommes de terre, dans des espèces de fours creusés en terre. On y récolte, entre autres plantes herbacées, du céleri et du persil sauvage, de l'herbe des Canaries, du plantain, une espèce de *raygrass*, l'*ensata* ou glaïeul. Enfin les naturels cultivent un peu de blé d'Inde, des pommes de terre en abondance, des choux, des navets, et une espèce d'yam, dont les semences leur ont été données par les premiers navigateurs européens qui les visitèrent.

Terminons ce que nous avons dit sur la botanique de la Nouvelle-Zeeland, par l'excellente observation que nous allons emprunter à l'auteur du Voyage de l'*Astrolabe*.

« Cook et Marion, les premiers, introduisirent dans la Nouvelle-Zeeland plusieurs plantes européennes, qui y réussirent parfaitement, et se propagèrent ensuite naturellement sur diverses parties de l'île Ika-na-Maouï. Plus tard fut introduite la pomme de terre, qui a été nommée *kapana*. Depuis une quinzaine d'années que les missionnaires se sont établis sur le sol de cette île, le nombre de ces plantes s'est bien accru. Dans un demi-siècle, il en sera de ces contrées voisines de nos antipodes, comme de toutes les terres où les Européens ont formé des colonies ; leur flore aura subi des modifications considérables ; aux espèces réellement indigènes se seront mêlées ces nombreuses plantes dont les semences, confondues avec d'autres graines plus utiles, participent aux soins qu'on donne à ces dernières, et réussissent le plus souvent beaucoup mieux dans leur nouvelle patrie. C'est désigner assez clairement les *ceraistes*, *anagallis*, *silene*, *bidens*, plantains, et diverses sortes de graminées qu'on trouve aujourd'hui dans tous les lieux cultivés en Amérique, en Asie, et même dans l'Australie. Il est donc extrêmement important de fixer le plus tôt possible l'état de la végétation primitive dans ces contrées lointaines, afin d'éviter à la géographie botanique de nombreuses sources d'erreur. Sous ce rapport, l'essai dirigé par M. A. Richard sur les récoltes faites par M. A. Lesson, et par moi-même, à la Nouvelle-Zeeland, mérite donc tout l'intérêt des botanistes. En outre, je suis bien aise de leur annoncer que, dans le même été où j'explorais les côtes de la Nouvelle-Zeeland, mon ami, M. Allan Cuningham, savant et infatigable botaniste de Port-Jackson, passa deux mois à parcourir ces terres australes, et pénétra à de grandes distances dans l'intervalle. Sans doute cet habile naturaliste publiera un jour le résultat de ses observations, et son travail laissera peu de chose à désirer sur les richesses végétales de la Nouvelle-Zeeland. »

On ne connaît jusqu'à présent, dans cette grande terre, d'autres quadrupèdes que des rats et des chiens, excepté une espèce de lézard assez gros appelé *gouana*. Il n'y existe ni reptiles ni insectes venimeux. Quant aux oiseaux, quoique les espèces en soient peu variées, il en est plusieurs qui se distinguent autant par leur plumage que par la mélodie de leur chant ; de ce nombre est le *pou*. Il y a aussi des perroquets de différentes espèces, un petit oiseau qui ressemble à un moineau, un canard qui a le bec, les jambes et les pattes d'un rouge brillant, et le corps d'un beau noir ; des canards sauvages, qui habitent les lieux marécageux, et une multitude d'oiseaux aquatiques, auxquels on peut ajouter des dindons, des oies, des poules et autres volatiles, dont les missionnaires anglais ont eu soin de se pourvoir en allant s'établir dans ces régions éloignées, et qui, en se multipliant, offriront bientôt aux naturels de nouvelles ressources alimentaires. Les rivières et la mer sont fréquentées par des ours, des lions de mer, et des cétacés, dont les naturels mangent la chair avec délice.

Une particularité digne de remarque, c'est que le centipède, qui est inconnu à la Nouvelle-Zeeland, abonde dans les trois petites îles Manaoua-Touï, que Tasman nomma les Trois-Rois, et qui ne sont qu'à cinq lieues de l'extrémité nord-ouest de l'île Ika-na-Maouï.

LES PHOQUES, LEURS MOEURS, LEURS HABITUDES ; CHASSE A CES AMPHIBIES COMPARÉS AUX SIRÈNES.

Les phoques et l'éléphant marin sont les seuls animaux remarquables qu'on trouve sur les rivages de la Nouvelle-Zeeland (*). Deux nations sont en possession presque exclusive de ce commerce, et les bénéfices qu'elles ont faits dans ce genre de chasse sont énormes. Les Anglais et les Américains de l'Union entretiennent chaque année plus de soixante navires de deux cent cinquante à trois cents tonneaux au moins, et ayant chacun dix à quinze hommes

(*) Extrait du dictionnaire de Déterville, qui a emprunté cet article en partie à Dubout, cité dans la Zoologie de MM. Quoy et Gaimard.

d'équipage. On conçoit que des moyens de destruction si actifs ont en quelques années singulièrement diminué le nombre de ces amphibies, et c'est ce qui les force à émigrer en quelque sorte, et à se réfugier sur les îlots déserts du sud : aussi, lorsqu'on vient à découvrir quelques-unes de ces terres avancées dans les hautes latitudes, les trouve-t-on couvertes, sur leurs plages, de toutes sortes de phoques; il paraît même, à ce sujet, que les îles Shetland étaient connues de quelques pêcheurs américains, qui y firent des chasses immensément lucratives bien avant que leur découverte ait été publiée par un capitaine anglais. Ces expéditions sont même confiées à des marins distingués; et James Weddell, par exemple, tout en chassant les phocacés des îles Shetland, a fait des découvertes importantes dans cet archipel, naguère complétement ignoré. Les phoques sont chassés pour leur graisse huileuse, qui est usitée dans les arts; mais certaines espèces le sont principalement pour leur fourrure douce et fournie; quant aux autres secours que l'homme peut en retirer, ils sont bornés à certaines localités. La chasse des phoques par les Européens nécessite des mesures et des dépenses qui méritent d'être rapportées.

Les navires destinés pour cet armement sont du port de deux cents à trois cents tonneaux environ et solidement construits; tout y est installé avec la plus grande économie; par cette raison, les fonds du navire sont doublés en bois. L'armement se compose, outre le gréement très-simple et très-solide, de barriques pour mettre l'huile, de six yoles armées comme pour la pêche de la baleine, et d'un petit bâtiment de quarante tonneaux mis en bottes à bord, et monté aux îles destinées à servir de théâtre à la chasse lors de l'arrivée. L'équipage d'un navire est d'environ vingt-quatre hommes, et on estime à vingt-cinq mille piastres la mise dehors d'une expédition ordinaire. Les marins qui font cette chasse ont généralement pour habitude d'explorer divers lieux successivement, ou de se fixer sur un point d'une terre, et de faire des battues nombreuses aux environs. Ainsi il est très-ordinaire qu'un navire soit mouillé dans une anse sûre d'une île, que ses agrès soient débarqués et abrités, et que les fourneaux destinés à la fonte de la graisse, soient placés sur la grève. Pendant que le navire est ainsi dégréé, le petit bâtiment, très-fin et très-léger, et armé de la moitié environ de l'équipage, fait le tour des terres environnantes, en expédiant ses embarcations lorsqu'il voit des phoques sur les rivages, ou laissant çà et là des hommes destinés à épier ceux qui sortent de la mer. La cargaison totale du petit navire se compose d'environ deux cents phoques coupés par gros morceaux, et qui peuvent fournir quatre-vingts à cent barils d'huile, chaque baril contenant environ cent vingt litres, et valant à peu près quatre-vingts francs. Arrivé au port où est mouillé le navire principal, les chairs des phoques, coupées en morceaux, sont transportées sur la grève où sont établies les chaudières, et sont fondues; les fibres musculaires, qui servent de résude, sont destinées à alimenter le feu. Les équipages des navires destinés à ces chasses sont à la part; chacun se trouve ainsi intéressé au succès de l'entreprise. La campagne dure quelquefois trois années, et au milieu des privations et des dangers les plus inouïs. Il arrive souvent que des navires destinés à ce genre de commerce, jettent des hommes sur une île pour y faire des chasses, et vont, deux mille lieues plus loin, en déposer quelques autres; et c'est ainsi que bien souvent des marins ont été laissés pendant de longues années sur des terres désertes, parce que leur navire avait fait naufrage, et par conséquent n'avait pu les reprendre aux époques fixées. L'huile est importée en Europe ou aux États-Unis; les fourrures se vendent en Chine.

Les chasseurs de phoques de la mer du Sud reconnaissent trois espèces principales et commerciales : la première, recherchée pour l'huile, est le lion marin, l'éléphant de mer (*phoca proboscidea* des naturalistes); la seconde, les phoques à crin (*otaria molossina* et *jubata*), et les phoques à fourrure (*otaria ursina*). Mais il paraît que sous ce nom, phoques à fourrure, les Américains confondent plusieurs espèces inconnues des naturalistes et bien distinctes. Ainsi, suivant eux, le phoque à fourrure de la Patagonie a une bosse derrière la tête; celui de la Californie a une très-grande taille; le *upland sea*, ou phoque du haut de la terre, est petit, et habite exclusivement les îles Macquarie et Penantipodes; enfin, celui du sud de la Nouvelle-Zeeland paraît avoir des caractères distincts. C'est en mai, juin, juillet, et dans une partie d'août, que les phoques à fourrure fréquentent la terre; ils y reviennent encore en novembre, décembre et janvier, époque à laquelle les femelles mettent bas. Les petits tettent pendant cinq ou six mois, et peut-être davantage. Un fait notoire est l'usage constant qu'ont ces amphibies de se lester en quelque sorte avec des cailloux, dont ils se chargent l'estomac pour aller à l'eau, et qu'ils revomissent en revenant au rivage.

Les phoques des mers du Kamtschatka et des îles Kouriles sont assez nombreux en espèces; suivant Krachenninikoff (Voy. en Sibérie de Chappe, t. II, p. 420), ils remontent jusque dans les rivières pour suivre les poissons; mais le naturaliste leur attribue des mœurs féroces qui sont exagérées; il dit aussi que jamais les phoques ne s'éloignent des côtes de plus de trente milles, et que leur présence est le signe le plus certain du voisinage de la terre. Ils s'accouplent sur la glace pendant le printemps, dans le mois d'avril, et quelquefois aussi sur la terre, ou sur la mer quand elle est calme, et de la même manière que les hommes. Les femelles ne font qu'un petit à la fois. Les Tungouses se servent de leur lait comme médicament pour leurs enfants. Les Kamtschadales emploient divers moyens pour les chasser, et en tirent un grand parti pour divers usages : avec leur peau on fait des baïdars, sorte de pirogues, et des vêtements; leur graisse sert à fabriquer de la chandelle, qui en même temps est une friandise pour ces peuples; la chair, desséchée au soleil ou fumée, forme la provision d'hiver, et la chair de phoque fraîche est l'aliment ordinaire des Russes et des Kamtschadales, qui pratiquent à ce sujet des cérémonies bizarres, racontées avec détail par Krachenninikoff.

Les phoques ne fréquentent la terre que pendant un certain temps de l'année; ceux des mers antarctiques habitent surtout les côtes les plus désertes des îles Malouines, de la terre de Feu, des îles de la Nouvelle-Shetland et des Nouvelles-Orcades, des îles Campbell et Macquarie, des côtes sud de la terre de Diémen et de l'Australie. Leur manière de cheminer sur la terre ne s'exécute que difficilement; ce n'est qu'avec des efforts pénibles, des ondulations embarrassées, qu'ils se traînent sur la partie postérieure du corps. Leur odorat est subtil et leur intelligence extrêmement développée. Certaines espèces recherchent les plages sablonneuses et abritées; d'autres, les rocs battus par la mer; d'autres enfin, les touffes d'herbes épaisses des rivages. A chaque blessure que les phoques reçoivent, le sang jaillit avec une extrême abondance. Les mailles du tissu cellulaire graisseux sont aussi très-fournies de vaisseaux; mais cependant les blessures, qui paraissent si dangereuses, compromettent rarement la vie de l'animal, qui ne meurt qu'à la longue et d'épuisement, et dans le cas où elles sont très-profondes : pour tuer les phoques, il faut donc atteindre un viscère principal, ou les frapper sur la face avec un bâton pesant. Ces amphibies se nourrissent de poissons et notamment de poulpes, et aussi d'oiseaux marins, tels que sternes et mouettes : nous avons vu en effet un phoque attraper avec dextérité un de ces oiseaux occupé à recueillir les débris qui s'échappaient de son repas un instant auparavant. Pendant leur séjour à terre, ils paraissent ne pas manger; aussi dit-on qu'ils maigrissent beaucoup, et qu'ils se gonflent l'estomac en avalant des pierres. Steller et Péron, ainsi que divers autres observateurs, leur accordent la faculté de pleurer; le cri que pousse l'espèce qu'on appelle veau marin (*phoca vitulina*), habitant les mers du Nord, est semblable, suivant les espèces, aux cris qui sont propres aux animaux terrestres dont on leur a donné le nom.

Les phoques de l'océan Pacifique du nord ont absolument les mêmes mœurs générales et les mêmes habitudes que ceux des mers antarctiques; il paraît qu'ils sont soumis à des migrations périodiques.

On trouve encore des phoques dans la Méditerranée; et nous pensons que c'est au phoque que l'on doit rapporter tout ce que la mythologie a mis sur le compte de ces sirènes, ces enchanteresses qui captivaient les voyageurs par leur belle voix, leurs doux regards, et les dévoraient ensuite, laissant les rivages qu'elles fréquentaient blanchis des os de leurs victimes. En effet, suivant les poëtes, les sirènes habitaient les rivages déserts, dans des grottes profondes; or les phoques sont encore aujourd'hui reconnus pour aimer de semblables retraites, où ils viennent se reposer en sortant de la mer. Les sirènes charmaient les voyageurs par une expression trompeuse de bonté, par un regard expressif et tendre; et l'on sait que la tête arrondie, le front large et courbé, animé par deux grands yeux à fleur de tête, et toujours brillants de douces étincelles, donnent aux phoques toute la physionomie bonne et douce du chien le plus affectionné à son maître. Le port gracieux, le buste relevé du phoque, lorsque son corps est couché à plat, sa large poitrine, un cou bien lié avec les épaules, donnent peut-être aussi à cet animal quelque chose de la structure extérieure d'une femme. Quant à la voix, la mythologie nous trompe ou s'est trompée; car, si les sirènes avaient une voix délicieuse, tous les phoques, au contraire, poussent de longs gémissements, ou plutôt des grognements très-forts, mais peu harmonieux. En ce qui concerne cette queue de poisson, qui terminait honteusement, dit Horace, le corps de la sirène, nous la retrouvons dans les phoques, indiquée par les deux membres postérieurs, serrés l'un contre l'autre en arrière, de manière à former un double aviron ou gouvernail, et achevés à leur extrémité en pieds palmés ou nageoires. Les sirènes dévoraient les voyageurs, ou plutôt, comme aujourd'hui, les phoques dont elles sont le mythe, elles se contentaient de poissons, et les historiens d'alors, effrayés ou ignorants, auront pris pour des os humains les carcasses des cétacés ou des poissons, abandonnées par les phoques sur les grèves, après d'opulents repas.

Ces animaux, tels que nous les connaissons aujourd'hui, soit à l'état sauvage, soit en captivité, sont d'une douceur de mœurs, d'une timidité, d'une facilité à reconnaître les soins du maître, à bien s'apprivoiser, qu'aucun animal ne surpasse, si ce n'est le chien, tel que nous nous le sommes fait par la domesticité. On a aussi remarqué que leur cerveau montre le développement qui est presque toujours l'indice du développement moral; et, si les habitudes marines des phoques n'empêchaient de penser que l'on pourrait les garder à l'état domestique, il n'y a pas de doute que l'on en pourrait tirer tout le parti possible pour la pêche.

La graisse des phoques, comme celle des marsouins ou autres cétacés, se convertit en huile pour la corroierie et l'éclairage; les peaux, desséchées d'abord à l'air, sont vendues aux mégissiers. Il n'est pas profitable de les employer pour cuir de souliers; mais, garni de son poil, le cuir de phoque est très-bon pour couvrir des malles, des havre-sacs de chasse ou de guerre, pour faire des bonnets et des manteaux impénétrables à la pluie.

Aujourd'hui, des armateurs français de Saint-Malo et de Nantes vont à la pêche du phoque à trompe, du phoque à crinière, vers le pôle austral; cette chasse est aussi profitable que celle des cétacés. Peut-être les armateurs ont-ils tort de ne pas rapporter les os, dont la vente serait assurée pour la confection de l'ammoniaque et du noir animal.

ÉLÉPHANT MARIN (*).

L'éléphant marin a été décrit avec exactitude par Anson dans son Voyage autour du monde, mais les membres antérieurs et postérieurs de cet amphibie ont été mal figurés par le dessinateur.

L'éléphant marin est le *miourong* des noirs australiens du port Jackson (Péron, t. III, p. 61; Forster, deuxième Voyage de Cook, t. IV, p. 85). Ce phoque à trompe est long de vingt, vingt-cinq ou trente pieds, sur quinze à dix-huit de circonférence. Il est grisâtre, ou d'un gris bleuâtre, plus rarement d'un brun noirâtre. Les canines inférieures sont longues, fortes, arquées et saillantes. Les soies des moustaches sont dures, rudes, très-longues, tordues comme une espèce de vis. Les yeux sont très-volumineux et proéminents. Les membres antérieurs sont robustes, et présentent à leur extrémité, tout près d'un bord postérieur, cinq petits ongles noirâtres. La queue est très-courte, peu apparente entre les membres postérieurs, qui sont horizontalement aplatis. Ce qui caractérise l'éléphant marin est, à l'époque des amours, un prolongement du nez, qui forme, pendant l'excitation, une trompe molle et élastique, longue quelquefois d'un pied; cette trompe érectile manque à la femelle, et paraît s'effacer peu à peu lorsque la saison du rut est passée. C'est un tissu cellulaire du nez, qui semble ainsi se gorger de sang et s'allonger à l'instar des panicules charnues de quelques oiseaux gallinacés lors de la reproduction. Le pelage des deux sexes est extrêmement rude et grossier. L'éléphant marin paraît habiter toutes les îles désertes de l'hémisphère austral; Péron dit qu'il n'existe pas sur les côtes de la Nouvelle-Hollande et de la terre de Diémen, ce qui est peu probable. On le trouve très-abondamment surtout sur la terre de Kerguelen, la Nouvelle-Géorgie, la terre des États, les îles Malouines et Shetland, l'île de Juan-Fernandez, et l'archipel de Chiloë, les côtes du Chili; Péron dit qu'il émigre chaque année suivant la saison, et que, redoutant les trop grandes chaleurs, comme les froids trop vifs, il va dans l'hiver, du sud un peu plus au nord, et que dans l'été, il quitte les côtes nord de ses limites pour retourner au sud. Le système musculaire est enveloppé d'une couche huileuse qui a jusqu'à neuf pouces d'épaisseur. Sa nourriture principale consiste en céphalopodes, et ce sont les plages sablonneuses qu'il fréquente de préférence, et les lits épais de *laminaria gigantea* sur lesquels il aime à se reposer. Dans les quatre premiers mois de l'année, il se tient à la mer: dans les autres, il vient alternativement à terre. Il est d'humeur douce, paisible, indolente, et se laisse approcher par l'homme; ce qui permet aux chasseurs de le frapper au cœur avec une longue lance. Un mâle a toujours plusieurs femelles. Il se bat à outrance avec ses rivaux pour leur possession. Le vainqueur choisit (en octobre), et compose à son gré son sérail. La jouissance émoussant ses désirs, il abandonne ensuite à ceux qu'il a vaincus, la possession des femelles qu'il ne peut plus féconder: chacune d'elles a deux petits (quelques auteurs disent un seul) qui têtent deux ou trois mois, et qui naissent en juillet et août. L'éléphant marin se réunit par troupes de cent cinquante à deux cents individus, et chacun peut fournir environ deux mille livres en poids de chair. Tel était celui qui servit à l'équipage de la corvette l'*Uranie*, naufragée sur les Malouines, et qui venait probablement expirer sur le rivage, près du camp qu'avait établi le capitaine de vaisseau Freycinet. Ce qui fait rechercher cette espèce, c'est l'abondance d'huile qu'elle fournit. Pour d'autres détails très-intéressants, mais qu'il serait trop long de rapporter ici, on peut lire l'histoire pleine d'intérêt

---

(*) Cet article est emprunté au même recueil.

qu'en a tracée Péron (Voyage aux terres australes, 2ᵉ édit., t. III, p. 55 à 103).

Ces phoques de la grande espèce, surpris par l'homme, et regagnant la mer, sont hâtés par un ou plusieurs mâles d'un âge mûr, qui pressent la marche des mères et des jeunes, et, s'ils sont serrés de près, résistent à l'ennemi.

Peut-être est-ce à l'éléphant marin qu'il faut rapporter cette grande espèce sans trompe érectile, vue par Mortimer et Cox (*Observations and Remarks made during a voyage to the islands of Amsterdam*, etc., 1791, p. 11) sur les îles d'Amsterdam et Saint-Paul, que Desmarets a décrite sous le nom de *phoca Coxii*, Nouv. dict. d'hist. natur., 2ᵉ édit. C'est peut-être l'éléphant de mer avant l'époque du rut. Péron l'avait nommé *phoca resima* (t. III, p. 113, 2ᵉ édit.); et c'est indubitablement le phoque urigne, *phoca lupina*, de Molina (Hist. nat. du Chili, p. 255), et très-probablement celui mentionné par Aubert du Petit-Thouars (p. 12), dans sa description de l'île de Tristan d'Acunha.

TOPOGRAPHIE. CURIOSITÉS.

LE LAC BLANC. LA SOURCE CHAUDE ET LE LAC MAUPÈRE.

M. Marsden découvrit, en 1819, la source Blanche; il la décrit comme un petit lac d'un demi-mille environ de circonférence. De loin, il paraît blanc comme du lait; mais cet effet diminue quand on se trouve sur le bord. A la distance d'un mille environ avant d'y arriver, il rencontra un autre bassin d'eau limpide, qui nourrissait une foule de canards sauvages; en divers endroits, la terre est jonchée de morceaux de pierre à chaux, dont il rapporta des échantillons. Toute la surface du pays, dans l'étendue de plusieurs milles, semble avoir été travaillée par l'action des volcans, et n'offre que des marais, des lacs et un sol dépouillé.

Il paraît qu'il a existé dans cet endroit un bois de pins, qui se trouve aujourd'hui consumé par le feu, de manière à ce qu'il n'en reste pas un seul arbre debout. On voit çà et là quelques racines de pin, qui ont été brûlées à la surface même du sol; d'autres fragments de racines sont disséminés par terre en tous sens. La nature de ce sol est extrêmement pierreuse, spongieuse, humide et blanchâtre, comme celle de la terre de pipe.

Les naturels apprirent à M. Marsden qu'il existait dans les environs plusieurs autres lacs d'une semblable nature. Il y a quantité de résine sur les bords du lac Blanc, et différentes parties de sa surface sont couvertes d'une gelée semblable au levain qui se forme sur la bière fraîche, quand elle travaille dans la cave. Il rapporta à Port-Jackson une bouteille de cette eau, dans l'espoir qu'on pourrait l'y analyser. La crique rocailleuse au travers de laquelle coule continuellement l'eau qui sort du lac, semble recouverte par la chaux que cette eau laisse déposer dans son cours au travers des rochers, et toutes les pierres de cette crique sont dures comme du silex. Il en apporta des échantillons en Australie.

Cette source, également visitée par M. Marsden, est située dans un bois, à quatre milles de distance environ. L'eau était chaude, et d'une très-mauvaise qualité; il s'en exhale une fumée continuelle, et sa surface est couverte d'une écume semblable à l'ocre jaune dont les naturels se peignent le visage, mais d'une teinte un peu plus rougeâtre. Cette eau répand une forte odeur sulfureuse. Il emporta des échantillons des pierres qui sont aux environs, et qui sont de leur nature dures et pesantes. Les naturels lui apprirent qu'il existait, à six milles environ du village, une autre source, dont l'eau était blanche et fort mauvaise; ni canards ni poules sauvages ne s'y étaient jamais montrés.

Le lac de Maupère abonde en poissons. Les naturels se servent de paniers de forme circulaire pour les prendre. Ces paniers étaient faits avec l'écorce de l'arbre appelé *mangui*, et habilement travaillés; la bouche du panier se rétrécissait comme celle d'une souricière, de sorte que le poisson qui y était une fois entré ne pouvait plus échapper. Il ressemblait fort aux bourdigues de la Provence, ou canaux de roseaux, dans lesquels le poisson vient se prendre sans pouvoir en sortir.

PA OU FORT DE WAI-MATÉ.

Une forte palissade en gros pieux plantés les uns près des autres, et hauts de vingt pieds, forme la première enceinte qui entourait la ville de Waï-Maté. L'entrée est une poterne de cinq pieds de haut et de deux de large, accompagnée au dehors de quelques têtes humaines sculptées, qui respirent un air de vengeance, et semblent menacer les assaillants. En dedans de la palissade, et à la toucher dans toute son étendue, règne une forte clôture d'osier, que les habitants ont élevée pour arrêter les lances de leurs ennemis ; mais, à certains intervalles, ils ont pratiqué des meurtrières, afin de pouvoir faire un feu de mousqueterie sur les assaillants. A une petite distance de ce solide rempart, et dans l'intérieur, existe un espace de trente pieds de large environ, où l'on a creusé un fossé : une fois rempli d'eau, il défend le côté de la colline qui est le plus accessible à l'extérieur. Derrière ce fossé, ils ont élevé un talus escarpé, sur lequel se trouve un second rang de palissades de la même hauteur et de la même force que le premier. Le fossé, qui a au moins neuf pieds de largeur, défend une issue fermée par une autre poterne. Entre celle-ci et la dernière, qui donne dans la ville, règne un espace intermédiaire de quatre-vingts pieds de large, à l'extrémité duquel la colline est taillée à pic dans une hauteur de quinze pieds environ. Au sommet s'élève un autre rang de palissades, qui entoure le pâ et complète ses fortifications.

Au sommet de ce pâ était placé le siège ou trône de Kangaroa. Il était d'une forme curieuse, et s'élevait sur un pilier, à six pieds environ au-dessus du sol, enrichi de dessins grotesques en bas-relief. Pour l'aider à monter, il y avait aussi un degré, qui servait en même temps d'escabeau. C'était de ce trône que le chef, élevé au-dessus de son peuple, donnait ses ordres, et dictait les lois avec autant d'autorité que le roi le plus absolu de l'Asie. Près de ce siége en était un autre exclusivement réservé pour la reine douairière, mère de Kangaroa, et tout auprès une petite caisse pour contenir les provisions de Sa Majesté.

WANGAROA.

Wangaroa est un lieu romantique d'une beauté singulière. Près de la pointe du nord est un gros rocher percé, qui présente l'aspect d'une arcade gothique ; la mer roule ses flots au travers, et dans un temps calme les canots peuvent y passer. L'entrée de Wangaroa n'a pas plus d'un demi-mille de large, et de la mer il est impossible de l'apercevoir ; mais il y a grand fond jusqu'à toucher la terre de chaque côté, et quand on est dedans, c'est un des plus beaux havres du monde. Les plus grandes flottes pourraient y mouiller, et seraient à l'abri de tous les vents.

ANSE DE L'ASTROLABE.

Voici comment l'anse curieuse découverte par d'Urville (*), et qui porte le nom de l'*Astrolabe*, est décrite dans son Voyage :

« Dans l'anse de l'Astrolabe, vers midi, un canot de pêche s'étant dirigé sur une grande plage de sable située au sud de notre mouillage, j'en profitai pour me faire débarquer de nouveau. Une lisière d'un terrain uni et couvert de quelques herbes occupe le bord de la grève ; puis, au delà, règne une forêt majestueuse, d'un abord facile. Au milieu coule un large torrent à travers de gros blocs de granit, et ces blocs forment parfois, sur la pente du sol, des cascades charmantes, surmontées par des voûtes d'une verdure

---

(*) Nos compositeurs ont oublié une note à la page 108, 2ᵉ colonne de ce IIIᵉ volume, dans laquelle nous avertissions nos lecteurs que le texte, depuis cette colonne jusqu'à la page 116, est emprunté au narrateur du Voyage pittoresque de M. d'Urville.

admirable. Sous ces ombrages s'ébattaient une foule d'oiseaux, dont le chant animait cette scène, aussi vivante, aussi gaie que celle de la veille s'était montrée triste et morne. A quelque trente ou quarante toises plus haut, ma chasse fut abondante; car aucune de ces espèces emplumées n'avait encore appris à craindre le fusil du chasseur; parmi ces oiseaux, je remarquai plus particulièrement une colombe à reflets métalliques, le glaucope cendré, et un étourneau, tous les deux revêtus de caroncules rougeâtres, le gros perroquet nestor au plumage sombre, le phélédon avec sa jolie cravate de plumes blanches recoquillées autour du cou, de petites perruches vertes presque semblables à celles de l'Australie, des tourterelles, des fauvettes, des mésanges, etc. Il faut citer encore un grimpereau d'une couleur brune, si familier qu'il vient se poser tout près des passants. L'un d'eux eut l'audace de venir se camper sur le bout même du canon de mon fusil, d'où il me regardait avec un air de curiosité complaisante.

« Revenu sur le rivage, j'y tuai encore quelques huîtriers et chevaliers, qui sont un gibier excellent; puis j'assistai à la levée des filets, qui revenaient pour la troisième fois chargés de superbes poissons appartenant surtout aux genres scombre, serran et labre. Ce fut là notre adieu à cette baie. »

CANALISATION.

Le baron de Thierry a conçu un projet de canalisation de l'isthme de Panama, destiné à raccourcir la communication avec l'océan Pacifique, et qu'il rattache à un projet de canalisation de la Nouvelle-Zeeland. Il en est question dans un journal de la Jamaïque, dont nous citons le passage suivant :

« La Nouvelle-Zeeland a jusqu'à présent été gouvernée par ses chefs indigènes (appelés arikis ou rois), et c'est de ces chefs que, le baron de Thierry a acheté, il y a quinze ans environ, plusieurs capitaineries, en vertu desquelles il a été reconnu par eux chef souverain des possessions qu'il a acquises.

« La vive amitié qui s'est établie entre lui et les puissants chefs de la Nouvelle-Zeeland qui ont visité l'Angleterre, a engagé M. de Thierry à céder aux pressantes sollicitations qui lui ont été faites de gouverner ce pays avec le titre de *chef des chefs*, et de lui procurer les bienfaits de la civilisation et de la prospérité sociale. »

POPULATION.

Nous avons trouvé, dit M. d'Urville, deux cent mille âmes pour Ikana-Maouï, et cinquante mille pour Tavaï-Pounamou. Mais il est bon d'observer que les guerres d'extermination occasionnées par l'introduction des armes à feu doivent réduire ce chiffre de jour en jour; et, si quelque circonstance heureuse et imprévue ne vient brusquement couper court à ce funeste fléau, il est probable que cette population décroîtra de plus en plus, jusqu'à ce qu'elle arrive à une extinction complète.

Quant à nous, nous aimons à croire que l'extinction de tant de guerres, la destruction successive de la féodalité et de l'anthropophagie, et un plus grand soin des enfants nouveau-nés, augmenteront cette population qui, si nous ne nous trompons, acquerra un nom distingué dans l'histoire des hommes.

Deux races existent dans la Nouvelle-Zeeland. Les individus de la première sont d'une taille qui dépasse cinq pieds quatre pouces; leur teint est semblable à celui d'un habitant des Algarves ou de Malte, et leurs cheveux sont plats, lisses, noirs ou chatains. Ceux de la deuxième sont plus petits, trapus, vélots, couleur de mulâtres, et aux cheveux crépus. Les chefs appartiennent à la première race, les hommes du peuple à la seconde ; mais tous les Zeelandais (*) sont robustes et ont

(*) Nous proposons d'appeler les Nouveaux-Zeelandais *Maouiens*, du nom de *Ika-na-Maouï* qui est l'île principale.

les muscles fermes et souples. Sans être pourvus d'embonpoint, ils portent la tête haute, les épaules effacées, et leur port ne manquerait pas d'une certaine fierté, sans l'habitude de vivre accroupis dans leurs cabanes. Cette posture accoutume leurs jarrets à une flexion qui détruit la grâce de la démarche. Ces hommes sont fiers et braves. Leurs traits, fortement prononcés, offrent beaucoup de rapports avec la belle race juive, dont on voit de si beaux types à Constantinople, à Damas et à Bagdad, sauf le tatouage ou moko en usage parmi les chefs. « La plupart de ceux que nous vîmes, dit M. Laplace, avaient la face presque entièrement couverte d'un tatouage symétrique, gravé avec un goût et une finesse admirables. Ces stigmates, dont ils sont glorieux, sont un brevet de valeur guerrière; aussi remarquâmes-nous que les hommes d'un âge mûr étaient seuls décorés du tatouage complet, tandis que les jeunes gens n'avaient encore que quelques dessins légers sur les ailes du nez ou vers le menton. Les guerriers portent la chevelure relevée et nouée sur le sommet de la tête. Cette coiffure, d'un beau caractère, est souvent ornée de quelques plumes d'oiseaux marins. Ils aiment à se parer de pendants d'oreilles ou de colliers composés communément de petits os humains ou de quelques dents, trophées d'une sanglante victoire. La peau de ces insulaires est brune, et l'ocre dont ils se frottent souvent, leur imprime une teinte rougeâtre qui n'est point désagréable. Les nattes dont ils sont revêtus contractent par le frottement une couleur semblable. Ces vêtements, tissus du lin soyeux que le sol de ces contrées produit en abondance, sont de véritables chefs-d'œuvre d'art et de patience, si l'on songe à la simplicité des moyens que les naturels emploient pour leur fabrications. » En général, ces tissus durent fort longtemps.

NOMS PROPRES.

Les noms propres des Nouveaux-Zeelandais, comme ceux des anciens Grecs, sont presque tous significatifs, et expriment tantôt un animal, une plante, un poisson, tantôt quelque qualité du corps et de l'âme; quelquefois enfin ils rappellent un exploit, une circonstance remarquable pour l'individu qui le porte. Voici de nombreux exemples de ces diverses sortes de désignations :

Tawa, espèce d'arbre; *Koudi*, autre espèce d'arbre; *Ngarara*, reptile; *Kiwi*, espèce de casoar; *Koutou*, pou; *Tara*, oiseau de mer; *Ika*, poisson; *Manou*, oiseau; *We*, chenille; etc.

Kara-Tété, irascible; *Chouraki*, qui marche vite; *Doudou*, caché; *Didi*, en colère; *Widi*, qui tremble de fureur; *Touma*, qui regarde d'un air menaçant; *Kahi*, qui foule aux pieds; *Ahitou*, cri d'un certain oiseau, etc.

Dipiro, nom d'une certaine plage; *Pakii-Koura*, arraché d'une terre rouge (le père de cet individu avait été tué au moment où il arrachait de la racine de fougère sur une terre rouge); *Tau-Tahi*, né la première année du mariage; *Tau Nga Oudou*, né la deuxième année du mariage; *Tanii*, borgne; *Hihi*, rayons du soleil; *Kaï Koumou*, qui mange les membres de son ennemi; *Doua Tara*, tombe fréquentée par les oiseaux de mer; *Tepahi*, le vaisseau; *Ware Oumou*, maison pour cuire les vivres; *Moudi Waï*, eau située à l'extrémité; *Patou Oné*, combat sur la plage; etc.

C'est commettre la plus grave insulte envers une personne, que d'appliquer son nom à quelque objet que ce soit. Quand cela arrive, et que la personne offensée en a le pouvoir, elle ne manque jamais de s'en venger en détruisant ou en pillant les objets qui ont reçu le nom ainsi profané. Chongui détruisit un jour tous les cochons de Wangaroa, parce qu'un naturel, dans sa colère, avait donné le nom de Chongui à un de ces animaux.

M. Clarke, se rendant à la Nouvelle-Zeeland sur la corvette française la *Coquille*, en 1824, avait eu la fantaisie de donner à un beau chien qu'il avait, le nom de Pomare; mais Taï-

Wanga le prévint que les amis de Pomare ne manqueraient pas de tuer son chien, dès qu'ils auraient connaissance de cette profanation. Alors M. Clarke donna à cet animal le nom de Pahi, l'esclave attaché à Taï-Wanga. Tout esclave qu'était Pahi, il était facile de voir que cela ne lui plaisait nullement, et qu'il ne voyait pas d'un bon œil l'animal qui portait son nom.

Un esclave ayant donné le nom de Tapa-Tapa, femme du chef Tekoké, aux patates de Kawa-Kawa, les habitants de cet endroit tremblèrent dans la crainte que leurs voisins ne vinssent leur enlever leurs patates.

Ce dernier exemple donnerait lieu de penser que, dans un pareil cas, non-seulement la personne injuriée, mais encore tous les étrangers ont le droit de punir un semblable délit. Sans doute ils sont persuadés qu'une telle profanation est un crime grave envers l'atoua, et qu'on ne saurait trop en prévenir les conséquences (*).

CONSTITUTION POLITIQUE.

Rien ne rappelle mieux les anciens clans d'Écosse ou les septes de l'Irlande que les peuples de la Nouvelle-Zeeland (**). Chaque tribu n'est, en quelque sorte, qu'une grande famille, qui reconnaît un chef (***) auquel tous les autres membres prêtent plutôt déférence et respect qu'une véritable obéissance. Les rangatiras ou chefs sont très-fiers de leurs prérogatives; ils ne manquent jamais d'instruire les Européens de leur propre dignité en les abordant (****), et demandent ensuite aux étrangers quel est leur rang. Il était curieux de voir, dit M. d'Urville, avec quelle promptitude, avec quel discernement ils savaient établir, parmi les personnes de notre équipage, des assimilations aux divers ordres de la société chez eux. Le capitaine était le *Rangatira-rahi*; le second, le *Rangatira-para-parao*; les divers officiers, *Rangatira*. Les autres personnes de l'état-major sans autorité, les élèves et les maîtres, *Rangatira-iti*, et les autres hommes de l'équipage, *Tangata*, *Tangata-iti*, *Tangata-wari*, et *Kouki*, suivant qu'ils étaient officiers, mariniers, matelots, ou domestiques. Ils s'efforçaient d'abord de conserver leur rang, en affectant une supériorité grotesque à l'égard des Européens des dernières classes; mais comme ces Européens, tout inférieurs qu'ils étaient aux yeux des chefs pour le rang, leur montraient bientôt des objets qui étaient pour eux de véritables trésors, ces orgueilleux rangatiras ne tardaient pas à dépouiller leur fierté, et à déroger en se familiarisant avec les simples matelots. Toutefois, dès qu'ils se retrouvaient à terre, et parmi leurs sujets, ils reprenaient toute leur importance, et, dans ce cas, il était rare qu'ils eussent voulu compromettre leur dignité avec des Européens trop au-dessous d'eux.

Les chefs de la Nouvelle-Zeeland sont si chatouilleux sur l'article de la préséance et du rang (*), qu'ils vivent dans une rivalité continuelle, dans un état de jalousie poussée à l'excès les uns à l'égard des autres. La médisance, la calomnie, les mensonges les plus grossiers ne leur coûtent pas à l'égard de leurs rivaux, et ils excitent sans cesse le courroux des Européens contre eux. C'est un fait qui a été observé par une foule de voyageurs (**).

Ce fut cet odieux sentiment qui porta Tara et Toupe à accuser, près des Anglais, leur rival Tepahi d'avoir dirigé l'attentat commis sur le *Boyd*, accusation qui lui devint si funeste, ainsi qu'à son peuple (***). Les chefs de Houa-Houa, et Chaki à leur tête, employè-

(*) Kendall, Williams et d'Urville, qui a extrait cet article et autres qui suivent des écrits de divers voyageurs.
(**) Savage, pag. 26.
(***) Cook, 2ᵉ voyage, t. III, p. 371.
(****) Nicholas, t. II, p. 216; d'Urville, Voyage de l'*Astrolabe*, t. III, p. 681.

(*) Nicholas; d'Urville, t. III, p. 600 et 680.
(**) Cook, 3ᵉ voyage, t. I, p. 159; Nicholas, t. I, p. 296.
(***) Nicholas, t. II, p. 76.

rent toute sorte de moyens pour porter M. d'Urville à massacrer des chefs étrangers qui étaient venus lui rendre visite (*). Scrupuleux observateurs du cérémonial, ces naturels n'abordent jamais un chef qu'en le traitant de rangatira; mais ils apostrophent un homme du commun par l'épithète de *tangata*, homme, et plus souvent *koro*, jeune garçon. Il était plaisant de voir à bord les jeunes filles esclaves courir après les personnes avec lesquelles elles s'étaient familiarisées, en répétant à chaque instant : *E koro* (E est le signe de l'appellatif).

La guerre est aux yeux des Nouveaux-Zeelandais l'état le plus honorable pour l'homme ; et leurs pensées sont presque toutes dirigées vers les moyens de la faire avec succès (**). Le motif ordinaire, ou du moins le prétexte apparent de toutes leurs guerres, est toujours de réclamer de leur ennemi une satisfaction, *outou*, pour une offense réelle ou supposée de la part de cet ennemi (***).

S'il consent à donner cette satisfaction, l'agresseur se retire (****); sinon les fureurs de la guerre continuent jusqu'au moment où l'un des partis est complétement défait et exterminé. Quand les deux partis viennent à faire la paix, il est bien rare que l'un des deux n'offre pas un dédommagement à l'autre en guise de satisfaction, et ce gage ou *outou* paraît seul susceptible de consolider la paix d'une manière stable. Après la guerre que Chongui et Semarangai eurent ensemble en 1820, et où le premier perdit vingt pirogues, son ennemi, en faisant la paix, lui offrit une pirogue de guerre en guise d'*outou*, pour sceller leur réconciliation (*****). Dans leurs disputes avec les Européens, et même après qu'elles sont terminées, on les voit presque toujours réclamer l'*outou* comme une chose qui leur est due.

Les Zeelandais poursuivent avec une constance opiniâtre leurs projets de vengeance : un fils ne pardonne jamais l'injure faite à son père ; la nécessité seule pourra le forcer à la laisser impunie pendant un temps ; mais il en tirera satisfaction dès qu'il le pourra (*). Avec de pareilles dispositions ces peuples ne peuvent jamais vivre dans un état paisible (**); aussi sont-ils continuellement sur leurs gardes (***), et l'on trouve bien rarement un guerrier zeelandais qui ne soit armé de toutes pièces.

Ces gens ne peuvent concevoir que les Européens n'aient pas les mêmes opinions (****); et Taara se refusait à croire que les Anglais eussent renoncé à toute idée de vengeance contre lui en punition de l'attentat qu'il avait commis sur le navire anglais le *Boyd* (*****).

Les fréquentes guerres où ces peuples sont engagés, et la faiblesse des tribus sont cause qu'elles se réunissent d'ordinaire plusieurs ensemble pour former des ligues offensives contre leurs ennemis (******). Jadis les tribus de la baie des Iles et celle de Chouki-Anga s'unissaient habituellement avec celles du Chouraki pour aller ravager les peuplades de la baie d'Abondance et du cap Est. Dans les dernières années, les deux premiers peuples allaient combattre chaque année contre ceux du Chouraki et du Waï-Kato ligués ensemble (*******). Dernièrement les guerriers de la baie des Iles en sont venus aux mains avec ceux du Chouki-Anga. Enfin on a vu des tribus combattre isolément l'une contre l'autre, comme quand Chongui alla attaquer les habi-

---

(*) D'Urville, t. II, p. 100 et suiv.
(**) Cruise; d'Urville, p. 640.
(***) D'Urville, t. III, pag. 283, 295, 316, 414.
(****) Marsden; d'Urville, t. III, p. 336; J. King; d'Urville, t. III, p. 393; madame Williams; d'Urville, t. III, p. 493.
(*****) Cruise, p. 58.

(*) Marsden ; d'Urville, t. III, p. 476.
(**) Missionnary register; d'Urville, t. III, p. 529.
(***) Cook, 3ᵉ voyage, t. I, p. 174, 175.
(****) W. Williams ; d'Urville, t. III, p. 547.
(*****) Marsden; d'Urville, t. III, p. 485.
(******) Quoy; d'Urville, t. II, p. 284.
(*******) D'Urville, t. II, p. 165.

tants de Wangaroa, quand Temarangai entra sur les terres de Kidi-Kidi (*), quand Moudi-Waï et Matangui eurent querelle ensemble (**).

Dans les guerres importantes, où il s'agit du sort de plusieurs tribus réunies, avant d'entrer en campagne, tous les chefs d'un certain rang se réunissent en un conseil solennel, et délibèrent gravement sur les avantages et les inconvénients de la guerre (***). Ils parlent l'un après l'autre avec noblesse et dignité, debout et en marchant, et leurs discours sont toujours écoutés dans le plus profond silence (****). Ces conseils durent quelquefois des journées entières; ils ont lieu en plein air : les chefs sont accroupis sur leurs genoux en formant le cercle, et se tiennent dans un grand recueillement (*****). Les prêtres y sont appelés, et y exercent souvent une grande influence.

On a reproché à ces insulaires leur perfidie et leurs ruses pour tâcher de surprendre leurs ennemis. Il est cependant certain qu'un chef se met rarement en campagne sans avoir envoyé à ses ennemis des messagers pour leur signifier ses intentions, pour leur exposer les motifs qui lui ont fait prendre les armes, et leur demander s'ils sont disposés à lui donner satisfaction de l'injure ou du grief qui leur est imputé, ou bien s'ils veulent en venir à un appel aux armes (******). De la réponse faite aux envoyés dépend ordinairement le parti que prendra l'assaillant.

Quand la guerre a été déclarée suivant les formes requises, et que l'ennemi s'est refusé aux réclamations qui lui ont été adressées, les assaillants se dirigent, par mer ou par terre, vers les contrées qu'ils veulent attaquer.

(*) J. Butler; d'Urville, t. III, p. 394.
(**) Marden; d'Urville, t. III, p. 331 et suiv.
(***) Savage, p. 28.
(****) Marsden; d'Urville, t. III, p. 322; Williams, d'Urville, t. III, p. 559.
(*****) Marsden; d'Urville, t. III, p. 409.
(******) Marsden; d'Urville, t. III, p. 308.

On a vu, dans les dernières années, les peuples du nord d'Ika-na-Maoui lever des armées de deux ou trois mille combattants, quantité prodigieuse eu égard à la faible population de chaque tribu, aux distances à parcourir, et au peu de ressources dont les troupes pouvaient disposer dans le chemin (*).

Lorsque ces troupes sont en marche, elles campent sous des huttes en branchages et en fougères, que chaque tribu construit pour son usage; ou bien les guerriers se couchent sur la terre, et en plein air quand ils sont favorisés par le beau temps (**). Le poisson sec et la racine de fougère sont à peu près les seules provisions dont ils font usage en ces circonstances, comme les plus faciles à se procurer et à transporter. Quand ils sont vainqueurs, ils se dédommagent aux dépens des vaincus de la diète forcée à laquelle ils ont été assujettis.

Quelquefois des bandes nombreuses d'esclaves sont employées à porter à de grandes distances les provisions nécessaires (***); puis on les renvoie dans la tribu quand on n'a plus besoin d'eux.

LE NAPOLÉON DE LA NOUVELLE-ZEELAND.

Les indigènes de la Nouvelle-Zeeland ont une si haute idée de la valeur guerrière, qu'ils considéraient Napoléon comme le premier homme du monde. Ainsi la mémoire du premier capitaine des temps modernes était-elle populaire parmi des sauvages placés presque à nos antipodes. Hihi, le plus célèbre guerrier des troupes de Chongui, reçut le surnom de Napoulon et de Ponapati (Napoléon et Bonaparte). Ce Napoléon de la Nouvelle-Zeeland avait été ainsi nommé par Touai, chef zeelandais, qui avait eu l'honneur de voir l'empereur des

(*) Cruise; d'Urville, t. III, p. 667.
(**) Cook, premier voyage, t. III, p. 278; Rutherford; d'Urville, t. III, p. 753.
(***) Cruise; d'Urville, t. III, p. 653 et 679; Rutherford; d'Urville, t. III, p. 754.

Français à Sainte-Hélène, et qui considérait ce jour comme le plus glorieux de sa vie. Le brave et sage Hihi s'est noyé il y a peu d'années dans les eaux du Waï-Tamata, pendant qu'il combattait comme un lion contre les habitants de Chouruki.

JUGEMENT SUR LES CHEFS ZEELANDAIS.

Un capitaine de navire, dit M. Laplace (*), est à chaque instant obsédé par une foule de prétendus grands personnages qui, pour appuyer leurs droits à ses libéralités, se parent de titres et de noms plus baroques les uns que les autres. Ils affluent à bord, avec leurs femmes, de tous les cantons d'alentour, s'installent sans façon sur le gaillard d'arrière, et y demeurent jusqu'à ce qu'ils aient obtenu, par leur importunité, de la poudre, des balles ou quelques galettes de biscuit ; puis ils s'en vont, après avoir toutefois prévenu officiellement les officiers de leur prochain retour. Il est difficile de reconnaître dans ces mendiants suspects, couverts de haillons et remplis de vermine, ces princes, ces nobles guerriers, ou *rangatiras*, dont les voyageurs nous racontent les visites avec tant de complaisance. Cependant la plupart des rois ou des héros qui figurent si brillamment dans les plus récentes relations, se trouvaient à Korera-Keka pendant le séjour de M. le capitaine Laplace. Les uns avaient pris une part très-active aux massacres épouvantables commis pendant les dernières guerres ; les autres, plus jeunes, mais non moins féroces, se disposaient à venger leurs pères ou leurs oncles rôtis ou mangés par l'ennemi. Tous, vétérans ou conscrits, donnaient une bien triste idée de ceux qui n'existaient plus. Il reçut, à son grand chagrin, la visite de Bomaré, neveu d'un fameux chef, que les habitants de la Rivière-Tamise, canton naguère très-florissant, et situé au sud de la baie des Iles, avaient dévoré avec ses deux fils l'année précédente. Ce sauvage, déjà redouté par son courage et ses inclinations sanguinaires, pouvait être considéré comme le véritable type du rangatira. En effet, sa taille élevée, sa large poitrine, ses membres pleins, musculeux, et terminés par de larges pieds et de grosses mains, dénotaient une vigueur peu commune ; un front haut et découvert, des yeux jaunâtres, enfoncés, à demi ouverts, et qui lançaient des regards inquiets et sinistres ; un nez aquilin, dont les ailes servaient, pour ainsi dire, de point d'appui à deux spirales tatouées en noir, qui, après avoir fait le tour des joues et des yeux, se réunissaient au milieu de son front, tandis qu'un ornement semblable, entourant la bouche en guise de moustaches, et cachant le menton ainsi qu'une partie du cou, faisait ressortir un dentier d'une blancheur éclatante ; enfin une chevelure longue et malpropre, et quelque chose de mobile et de traître dans l'ensemble des traits achevait de rendre effrayante la physionomie de ce Bomaré. Son habillement, de même que celui de ses compatriotes, se composait de deux grossiers pagnes de formium dont la couleur, jadis blanchâtre, avait disparu sous la saleté. L'un de ces pagnes, fixé par une ceinture au milieu du corps, ne dépassait pas les genoux ; l'autre, plus épais et bariolé de couleurs rouge et noire, symétriquement disposées, était attaché autour du cou, et pendait par derrière jusqu'aux talons. Si à ce magnifique habillement on ajoute des pendants d'oreilles et un collier de dents d'animaux, une petite figure plate de jade vert, suspendue sur la poitrine au moyen d'un cordon et presque aussi bien modelée que le bon homme de pain d'épice dont chez nous se régalent les enfants, plus un casse-tête de pierre très-dure, couleur émeraude, espèce de hachoir long de dix-huit pouces et tranchant des deux côtés, on aura une idée de la mine, de la tournure et du costume d'un grand seigneur nouveau-zeelandais.

La détestable réputation de celui-ci parmi les Européens et que son air

(*) Ce chapitre est extrait du Voyage de la *Favorite* autour du monde.

ne justifiait que trop, m'engagea, dès le premier abord, à le traiter, ainsi que son Pilade Rewi-Rewi, vieux chef aussi méchant et plus rusé que lui, avec une défiance qui, au grand désappointement des deux princes et de leurs adhérents, restreignit beaucoup ma générosité à leur égard.

Leurs membres, leurs traits semblaient agités d'un mouvement convulsif, leurs yeux brillaient d'une ardeur féroce, leur main droite saisissait le redoutable casse-tête. Je pouvais alors comprendre ce que sont de pareils hommes, lorsque, entièrement nus, barbouillés de la tête aux pieds d'huile et d'ocre rouge, la figure renversée par les plus horribles contorsions, ivres de race et hurlant leurs chansons guerrières, ils se précipitent sur l'ennemi. Nos batailles ne ressemblent nullement à ces furieuses mêlées. La lame garnie d'arêtes de poissons, le javelot plus court, mais non moins meurtrier, la terrible hache d'armes dont le large tranchant et le long manche sont faits de la même pièce de bois, jonchent bientôt le champ de bataille de morts et de blessés, que les femmes des vainqueurs achèvent à coups de poignard, traînent ensuite dans un lieu écarté et préparent pour l'horrible festin qui suivra le combat.

Mais comment se représenter sans frémir l'épouvantable spectacle que doit offrir pendant la nuit, la réunion de ces cannibales groupés autour d'immenses brasiers où cuisent les cadavres des vaincus tués durant l'action, et ceux des captives choisies pour augmenter la pâture de ces abominables monstres? Le reste de ces infortunées créatures, aussi bien que les enfants destinés comme elles à un esclavage éternel, ou bien à satisfaire plus tard l'appétit de leurs nouveaux maîtres, sont entassés pêle-mêle à peu de distance, et entendent avec effroi les chants de triomphe de leurs bourreaux.

Que nos misanthropes parcourent les archipels de la mer du Sud, qu'ils viennent à la Nouvelle-Zeeland, et ils verront si les natifs y avaient attendu l'exemple des Européens pour se livrer à la superstition et à tous les genres d'iniquités! Ils trouveront les plus exécrables usages établis parmi eux de temps immémorial. Une multitude de malheureux sacrifiés au génie du mal, puis dévorés en cérémonie; les mères obligées souvent de détruire elles-mêmes leurs filles nouveau-nées ou leurs fils contrefaits, comme des êtres également à charge à la famille; le meurtre presque toujours impuni; le droit du plus fort tout à fait consacré; enfin les indigènes partagés en deux classes bien distinctes, dont l'une, exclusivement adonnée à la guerre et au pillage, maîtresse du sol et des priviléges, tient l'autre dans une dure servitude, lui fait cultiver les terres, l'assujettit aux plus pénibles travaux, et la traite, en un mot, comme dans l'Europe du moyen âge les barbares traitaient les vaincus.

Quelle ressemblance y a-t-il entre le paria et le brame? ou, pour établir un rapprochement plus analogue aux mœurs et aux habitudes des Nouveaux-Zeelandais, quelle similitude existait-il, chez nos ancêtres les Gaulois, entre les fiers leudes exercés dès l'enfance au métier des armes, et le misérable reste de la population?

Cependant, il faut l'avouer, l'air humble du wari, ses membres grêles, ainsi que sa laide figure, privés de l'honneur du tatouage, et noircis par le soleil, ses inclinations basses et abjectes, tout, jusqu'à son habillement, composé de deux paillassons, dont l'un couvre ses épaules, tandis que l'autre cache à peine le reste de son corps, dénote qu'il est d'une autre race que le rangatira. Celui-ci en effet paraît né pour lui commander. Son attitude martiale, les dessins bizarres, mais élégants, qui décorent sa figure et sa poitrine, des traits prononcés, un regard assuré et une haute opinion de lui-même, annoncent l'homme libre qui ne connaît d'autre joug que celui de la nécessité: aussi est-il orgueilleux, violent, susceptible, inconstant, jaloux de toute espèce de supériorité, et capable de se porter, par vengeance, aux atrocités les plus révoltantes.

Quelques voyageurs, entraînés par leur imagination, ou désireux de faire valoir leurs amis de la Nouvelle-Zeeland, prétendent que les rangatiras rachètent ces défauts, conséquences naturelles, disent-ils, de l'état sauvage, par du désintéressement, de la loyauté, de la délicatesse, et cent autres belles qualités que les marins qui les fréquentent ne leur accordent certainement pas. Quant à moi, je demanderai si c'est par désintéressement que ces insulaires, non contents de dérober tout ce qui leur tombe sous la main à bord des navires où ils sont bien accueillis, en égorgent et dévorent les équipages quand ils le peuvent, puis s'emparent de la cargaison? si c'est par loyauté qu'ils calomnient lâchement leurs rivaux auprès des capitaines des bâtiments armés, afin de satisfaire leur animosité sans aucun risque? enfin, si c'est par délicatesse que la plupart d'entre eux vendent sans hésiter, aux Européens, les faveurs de leurs filles pour de la poudre et des fusils? Ne pouvant disconvenir de ces faits, les prôneurs des Nouveaux-Zeelandais cherchent à nous persuader que, chez eux, du moins, les femmes mariées sont d'une fidélité à toute épreuve, et ne se livrent jamais aux étrangers; sur ce point encore, je ne suis point encore de leur avis, et je crois que la fidélité des Nouvelles-Zeelandaises provient non d'un excès de retenue, mais tout bonnement de la difficulté de trouver des chalands. Tout observateur impartial, qui verrait ces prétendus dragons de vertu avec leurs figures tatouées, leur énorme bouche ornée d'une pipe, et leurs regards sans expression, qui examinerait de près leur gorge flétrie, pendante et sillonnée, de même que les autres parties du corps, de profondes cicatrices, et qui, de plus, sentirait l'odeur insupportable d'huile de poisson qu'exhalent leurs pagnes, cet observateur, dis-je, conviendrait sans peine de ce que j'avance; et l'aristocratie femelle de la baie des Iles lui paraîtrait, comme elle a paru à mes plus intrépides jeunes gens, tout à fait à l'abri de la séduction.

Ces vilaines créatures, cependant, pouvaient passer, dans leur jeunesse, pour d'assez jolies filles; leur taille, il est vrai, était courte et ramassée, mais elle n'était pas sans grâce; elle avait même un air de volupté, que rendaient plus attrayant encore des seins bien placés et moelleusement arrondis, ainsi que de petites mains et des pieds bien tournés; leurs traits réguliers, leurs yeux doux et caressants, une bouche bien meublée, leur donnaient une physionomie fort avenante: alors elles étaient sûres de plaire, surtout lorsqu'au temps des chaleurs les bains avaient restitué à leur peau sa fraîcheur et son velouté, et que, nouvelles sirènes, débarrassées de tout vêtement superflu, elles allaient par troupes, à la nage, visiter les navires depuis le soir jusqu'au matin.

Mais comment ces charmes auraient-ils résisté, je ne dirai pas aux travaux pénibles, partage du sexe le plus faible chez les peuples barbares, mais seulement aux cruelles privations qui, d'après les coutumes des Nouveaux-Zeelandais, précèdent et suivent l'enfantement? Reléguée, durant sa grossesse, loin de ses amies et de ses parents, sous une hutte temporaire, que le vent et la pluie percent de toutes parts, la pauvre femme attend ainsi plusieurs semaines le moment de sa délivrance, et ne recouvre la liberté que lorsque son nouveau-né, réchauffé sur son sein, a bravé, pendant quelques jours, les intempéries de la saison. Que d'enfants doivent succomber à ces privations! Quelles souffrances, quels tourments pour celles qui leur donnent le jour! et doit-on s'étonner que plusieurs d'entre elles renoncent au bonheur d'être mères, et se dérobent, par des moyens violents, aux suites de leur fécondité!

FIANÇAILLES.

Quant à la cérémonie du mariage en elle-même, les opinions sont divisées sur ce chapitre. La plupart des voyageurs ont assuré que l'homme peut choisir parmi toutes les jeunes filles qui sont libres; et le consentement des plus proches parents de celle-ci lui suffit, quelles que soient d'ailleurs les dispositions de la future (*). Le jeune homme en est quitte pour faire les cadeaux d'usage aux parents; puis il emmène chez lui celle qui a fixé son choix.

Cette manière de choisir et d'emmener sa future est un peu cavalière, et ne ressemble guère à ce que M. d'Urville apprit de M. Kendall, touchant la cérémonie. Souvent, disait ce missionnaire, le jeune homme choisit sa future tandis qu'elle est encore fort jeune, et va la demander à ses parents. Si ceux-ci consentent à l'union, il applique la main sur l'épaule de sa future, en signe d'engagement; ce qui correspond parfaitement à ce que nous nommions jadis fiançailles. Lorsque la jeune fille est nubile, l'époux, accompagné de ses amis, va la chercher au logis de ses parents, et l'emmène chez lui. Deux ou trois parentes de la future sont désignées pour l'accompagner et veiller sur elle jusqu'à la consommation du mariage. Alors c'est à l'époux à obtenir, par adresse ou par persuasion, les faveurs de sa belle; pour éprouver l'amour de son mari, celle-ci le fait soupirer des jours et des nuits entières, dit-on. Dès qu'il est heureux, il appelle les gardes de la jeune fille, qui, après s'être assurées du fait, se retirent; leurs fonctions cessent, et elles s'en retournent chez elles. De ce moment seulement le mariage est définitivement ratifié.

La version de Doua-Tara aurait quelque rapport avec la précédente, sans supposer cependant une délicatesse aussi raffinée. Il disait simplement que l'amant doit se procurer d'abord le consentement des parents de sa future. S'ils le donnent, et que la jeune fille ne pleure point à la proposition qui lui est faite, le mariage a lieu sur-le-champ; mais, si elle pleure la première fois qu'il fait sa visite, et qu'elle persiste dans ses refus à la seconde et à la troisième visite, le galant est obligé de renoncer à ses desseins (*).

Probablement c'est cette façon de se marier que M. Kendall a désignée, dans sa Grammaire, sous le nom de *adou kanga*, épousailles par serment, de *adou*, faire la cour, et *kanga*, serment. Touaï assura à M. d'Urville que c'était ainsi qu'il avait été obligé d'en agir pour obtenir la main de sa femme Ehidi, et qu'il avait en outre fait présent à ses parents de trois fusils, de deux esclaves, de trois canots, et d'une portion de terre.

Déjà Banks avait fait, touchant la conduite à tenir envers les jeunes filles, et les égards qu'il fallait leur témoigner pour obtenir leurs faveurs, une observation qui donnerait lieu de penser que les assertions de M. Kendall et de Doua-Tara ne seraient pas dénuées de fondement (**).

Peut-être ces égards extraordinaires et cette délicatesse extrême pour des sauvages, mentionnés par M. Kendall, ne s'observent-ils qu'envers les femmes d'une haute naissance; tandis que, pour les autres, la demande et les présents aux parents de la future suffisent tout simplement pour obtenir sa main. Quoi qu'il en soit, il est certain que, dans le choix de leurs femmes, surtout de la principale, les chefs font beaucoup plus d'attention au rang et à l'influence de la famille à laquelle ils appartiennent, qu'à sa jeunesse et à sa beauté. La femme que Touaï chérissait tendrement, appartenait à l'une des plus nobles familles de la Zeeland. Chongui avait aussi beaucoup d'affection et de considération pour sa première femme, qui était aveugle et dépourvue d'attraits personnels, mais qui était d'une naissance illustre.

POLYGAMIE.

Ordinairement les époux vivent ensemble de bonne amitié, et les que-

---

(*) Cruise, Savage et Rutherford, trad. et comp. par d'Urville.

(*) Kendall; d'Urville, t. III, p. 123.
(**) Cook, premier voyage, t. III, p. 267 et 268.

relles sont rares entre eux (*); si le mari veut prendre plusieurs femmes, ce qui lui est permis (**), il est obligé, disait Touaï à M. d'Urville, de fournir à chacune d'elles un logement, et rarement il arrive que deux femmes habitent ensemble. Quelques rangatiras opulents ont eu jusqu'à dix femmes, comme Tareha. Chongui en avait sept, Koro-Koro trois; mais Touaï n'en avait jamais pris qu'une seule; et, quand je lui en demandais la raison, c'était, disait-il, pour ne pas faire de peine à Ehidi.

Parmi ces diverses femmes, il en est toujours une qui occupe le premier rang, et c'est celle qui sort de la famille la plus distinguée. Elle participe seule aux honneurs et aux dignités de son mari, et ses enfants sont destinés à succéder au père dans ses possessions et dans son pouvoir.

Les chefs épousent souvent plusieurs sœurs à la fois. Tepahi, quoique très-âgé et paralytique, avait épousé les quatre sœurs, et avait en outre plusieurs autres femmes. Rutherford épousa à la fois les deux filles de son chef Emaï, Eskou et Epeka.

RELATIONS DES FEMMES.

Toute espèce de relation est sévèrement interdite entre les personnes de famille noble et les esclaves. Le traitement barbare que Tepahi fit subir à sa propre fille, en la renfermant durant des années entières dans une cage étroite, démontre à quels excès l'orgueil nobiliaire offensé peut se porter, même sur les plages sauvages de la Nouvelle-Zeeland. Rutherford assure néanmoins qu'un chef peut épouser une esclave, mais qu'il est exposé à être dépouillé de ses biens pour avoir violé la coutume. L'enfant d'une esclave est esclave, quand même son père serait un chef.

Quoique les rangatiras ne semblent voir qu'avec une sorte d'horreur toute espèce de communication intime avec leurs esclaves, s'il arrivait cependant, disait Touaï à M. d'Urville, qu'un chef vint à avoir un enfant d'une de ses esclaves, sous peine d'être déshonoré aux yeux des siens, il serait obligé de l'épouser. Pour cela, il lui donnerait la liberté ou l'achèterait et irait ensuite la demander à ses parents avec les formalités requises. Nous ferons observer d'abord, dit le commandant de l'*Astrolabe*, qu'une telle manière d'agir démontrerait un scrupule d'honneur bien étonnant pour de pareils hommes; qu'ensuite, fût-elle sérieusement obligatoire par les coutumes du pays, elle n'obligerait les chefs qui se trouveraient dans ce cas, que lorsqu'ils le voudraient bien. En effet, comme ils sont maîtres absolus de la vie de leurs esclaves, on sent bien qu'un rangatira serait toujours libre de faire disparaître la malheureuse fille dont il aurait abusé, plutôt que de se laisser contraindre à l'épouser, si cela ne lui convenait pas. Du reste, il arrive souvent que des chefs épousent leurs prisonnières de guerre (*); et c'est peut-être en ces occasions qu'ils les mettent en liberté, et les demandent à leurs parents.

M. Dillon nous apprend que certaines prêtresses, et il cite Wanga-Taï pour exemple, sont d'une dignité trop éminente pour honorer de leur main un homme de leur nation (**). Alors elles choisissent l'Européen qu'elles veulent bien gratifier de leurs faveurs. Cela rappelle naturellement le cas d'exception où se trouve, à Tonga-Tabou, la *tamaha*, dont aucun homme ne peut devenir l'époux avéré. Reste à savoir si la conduite adoptée par Wanga-Taï n'est pas un pur effet de son caprice, et n'a pas pour but de donner à ses compatriotes une plus haute opinion de son caractère sacré. Peut-être pareille restriction n'avait-elle jamais eu lieu

---

(*) Rutherford; d'Urville, t. III, pag. 750.
(**) Cook, troisième voyage, t. I p. 178; Savage, pag. 44.

(*) Kendall; d'Urville, t. III, p. 234.
(**) Kendall; d'Urville, t. III, p. 237.

avant l'apparition des Européens dans ces contrées.

LICENCE DES FILLES. FIDÉLITÉ DES FEMMES (*).

Dans ce pays on ne pense pas qu'il y ait d'inconvenance de la part des femmes à faire les premières avances, ou même à accorder leurs faveurs avant la cérémonie du mariage; tant qu'elles sont filles, elles sont exemptes de toutes les entraves que la délicatesse leur impose chez les nations civilisées; mais, après le mariage, tout privilège de ce genre leur est interdit et elles sont généralement chastes.

Il est peu de nations sauvages où les hommes tiennent autant qu'à la Nouvelle-Zeeland à la fidélité, à la chasteté de leurs femmes. Ces créatures, que les premiers voyageurs recevaient à bord de leurs navires, ou qu'on leur présentait dans leurs promenades à terre, n'étaient le plus souvent que des esclaves qui prodiguaient leurs faveurs pour obtenir quelques cadeaux des étrangers, et le fruit de ces avances ne reste pas même à ces malheureuses filles; tout appartient à leurs maîtres. C'est ainsi que Touaï et sa femme ne manquaient jamais d'appeler et de visiter chaque soir leurs esclaves pour s'emparer du produit de leur journée.

Il était curieux de voir ces filles, échos fidèles de leurs patrons, demander sans cesse *poudra* (de la poudre). En général elles étaient mieux que les femmes mariées. Quant à celles-ci, il était rare qu'elles montassent à bord, et elles ne quittaient pas un instant leurs parents et leurs maris. Une fille libre peut cependant accorder ses faveurs à qui lui plaît, pourvu que l'objet de son choix soit digne de son rang, autrement elle dérogerait. Pour la femme mariée, la mort est la punition de l'adultère. Cependant, quand elle appartient à une famille puissante que le mari craint d'offenser, quelquefois il se contente de la renvoyer chez ses parents, et, de ce moment, elle redevient libre de sa personne. Quand des Français adressaient à des femmes de chef des propositions galantes, elles étaient constamment repoussées avec une espèce d'horreur, par les mots : *Wahine ano, tapou.* — Femme mariée, défendu.

JALOUSIE DES FEMMES.

Les femmes sont quelquefois portées à se donner la mort dans un accès de jalousie. Quand j'étais à la Nouvelle-Zeeland, j'en entendis raconter l'exemple suivant : Un chef, nommé *Turkama*, qui venait quelquefois nous rendre visite à Thames, était marié à une femme qui lui était singulièrement attachée ; mais le chef, séduit par les charmes plus grands d'une belle aux yeux noirs, devint infidèle. La jeune femme, voyant que ses supplications et ses larmes étaient inutiles, guetta une nuit son mari lorsqu'il entrait dans la hutte de l'objet de son amour, et se pendit à l'entrée. Le premier objet qui frappa les yeux du chef, en voulant sortir de la hutte le lendemain matin, fut le cadavre de cette femme dévouée et fidèle balancé par le vent.

SOUMISSION DES ENFANTS ENVERS LEURS PARENTS.

En opposition à ce qu'avait avancé Forster, M. Nicholas fait la remarque suivante :

« Loin d'être insolents et indisciplinés, j'ai, au contraire, observé qu'à la Nouvelle-Zeeland tous les enfants des deux sexes sont soumis et obéissants envers leur mère d'une manière remarquable ; et pendant tout le séjour que j'ai fait dans ce pays, je n'ai pas vu un seul exemple de conduite indécente ; jamais on ne m'a dit que les enfants fussent dans l'habitude de traiter leur mère avec mépris, et quand ils seraient disposés à le faire, je ne pense pas qu'ils fussent protégés par leur père, contre le châtiment dû à ce manque de respect. »

(*) Hall, Marsden et d'Urville.

FEMME QUI SE SACRIFIE A LA MORT DE SON MARI.

A la mort de Doua-Tara, cet homme extraordinaire, dont la grandeur d'âme brilla d'un éclat si remarquable au milieu de la barbarie dont il était environné, M. d'Urville nous apprend que sa première femme, Dehou, inconsolable de sa mort, se pendit presque immédiatement après; M. Kendall, dont il tenait ces détails, lui assura que toute la famille de Doua-Tara, ses parents et la population entière de Rangui-Hou, applaudirent à cette preuve désespérée de dévouement conjugal. Il paraît, du reste, d'après les récits subséquents des missionnaires, que c'est une pratique commune à la Nouvelle-Zeeland, que la femme se détruise à la mort de son mari.

VOL.

Quoique une grande partie des Nouveaux-Zeelandais ne se fassent aucune scrupule de voler, toutes les fois qu'ils en trouvent l'occasion, cependant, par une étrange anomalie, le terme de voleur (*tangata tae hae*) est le plus grand reproche qu'on puisse leur faire, et c'est à leurs yeux l'épithète la plus injurieuse.

COUCHES.

Quand une femme est près d'accoucher, elle devient *tapou;* elle est, en conséquence, privée de toute communication avec les autres personnes, et reléguée sous un petit abri temporaire qui a été préparé pour elle. Là, elle est servie, suivant son rang, par une ou plusieurs femmes qui sont tapouées comme elle. Cet état d'exclusion de la société dure quelques jours après l'accouchement. La durée précise de cette espèce de quarantaine, et les formalités que la femme doit subir pour reparaître librement dans la société, sont encore inconnues.

On a remarqué que les femmes de ce pays cessent de bonne heure d'avoir des enfants (*). Cela tient sans doute aux travaux pénibles auxquels elles sont assujetties, surtout aux privations qu'elles ont à subir pendant leur grossesse et au moment de leurs couches.

NAISSANCE. ENFANTS.

Par suite des préjugés adoptés par ces peuples, la mère devant être reléguée, dans les derniers jours de sa grossesse, loin de son habitation, sous un simple abri de branchages et de feuilles, presque entièrement exposé à la pluie, au vent et aux ardeurs du soleil, c'est là naturellement que le nouveau-né vient au monde; c'est là qu'il doit rester encore plusieurs jours après sa naissance, exposé à toutes les intempéries de la saison (*).

Suivant M. Nicholas, les femmes accouchent en plein air, devant une assemblée de personnes des deux sexes, et sans pousser un seul cri. Les assistants épient avec attention l'instant où l'enfant arrive au monde, et s'écrient, à sa vue, *Tane Tane*. La mère elle-même coupe le cordon ombilical, se lève ensuite, et reprend ses travaux ordinaires, comme si de rien n'était (**).

Si, d'une part, des épreuves aussi rigoureuses doivent emporter, au moment de leur naissance, plusieurs de ces enfants, il faut convenir, d'un autre côté, qu'elles doivent affermir la constitution de ceux qui peuvent y résister, et leur donner, de bonne heure, cette force de corps, cette vigueur de tempérament, et cette aptitude à endurer toutes sortes de privations, qui leur deviendront si nécessaires par la suite, dans l'existence active et pénible à laquelle ils sont destinés.

Crozet, en voyant tous ces insulaires grands, robustes et bien faits, soupçonnait presque que l'on ne conservait point les enfants qui venaient au monde faibles ou difformes (***). Cette conjecture ne s'est point véri-

---

(*) Nicholas, t. II, p. 301.

(*) Marsden; d'Urville, t. III, p. 195.

(**) Nicholas, t II, p. 172; Marsden; d'Urville, t. III, p. 196.

(***) Crozet; d'Urville, t. III, p. 53.

fiée; et les missionnaires n'ont rien découvert qui annonçât quelque chose de semblable dans les coutumes du pays. Sans doute il est certaines occasions où l'on ne se fait aucun scrupule de détruire les enfants, surtout quand le nombre des filles dépasse le désir des parents (*) Alors c'est la mère elle-même qui fait périr son enfant aussitôt qu'il est né, en appuyant fortement son doigt sur la partie supérieure du crâne (**), à l'endroit nommé *fontanelle*; mais cela est indépendant de la conformation de l'enfant. Quoi qu'il en soit, les personnes difformes et contrefaites sont fort rares à la Nouvelle-Zeeland; dans le grand nombre de ceux qu'y virent les Français de l'expédition de l'*Astrolabe*, qui peut bien se monter à deux ou trois mille, ils n'observèrent qu'un bossu, que M. Sainson a dessiné.

M. Lesson y a observé que les enfants jouent avec des toupies analogues aux nôtres, en se servant d'un fouet pour les faire tourner; et cette légère remarque, unie à une plus grande masse de faits, ne sera peut-être pas sans quelque intérêt.

NAISSANCE ET BAPTÊME DES INDIGÈNES.

Pour avoir des détails positifs sur la cérémonie de leur baptême ancien, M. d'Urville profita de la reconnaissance qu'il avait inspirée à Touaï par quelques services, pour lui adresser quelques questions, auxquelles il répondit d'une manière plus satisfaisante que d'ordinaire. Je ferai observer, dit-il, que c'est une marche nécessaire pour quiconque voudra s'instruire avec quelque succès des coutumes et des opinions de ce peuple singulier, que de procéder avec beaucoup de circonspection, de paraître entrer dans ses opinions, et même de les respecter et de les admirer jusqu'à un certain point; car ces hommes sont très-sensibles au mépris et au dédain des Européens, et, par tous les moyens possibles, ils cherchent à se soustraire à des sentiments humiliants pour leur vanité.

« Au début de l'entretien, ajoute-t-il, Touaï ne cherchait qu'à éluder mes questions, soit par un, « Je ne sais pas, — *I don't know* — » assez froid, soit en alléguant que ces cérémonies n'étaient que des niaiseries bonnes seulement pour des sauvages, soit enfin en prétextant que cela ne devait avoir aucun intérêt pour moi. Bientôt, devenu plus complaisant, il répondait à mes questions, il est vrai; mais souvent il débitait tout ce qui lui passait par la tête, fort indifférent au fond à ce que ces documents fussent vrais ou faux. Après l'avoir interrogé sur le baptême, et lui avoir récité les mots attribués par la grammaire à cette cérémonie, il répondit même d'abord qu'ils étaient conformes à ce qu'on pratiquait en pareil cas. Enfin, pressé de m'en donner la signification en anglais, comme j'étais surpris de ne trouver aucun sens à sa traduction, il finit par convenir qu'effectivement ces mots ne signifiaient rien, et qu'il ne savait pas où l'on avait pu les recueillir. Ce fut alors seulement qu'après de nouvelles instances, il consentit à me donner les paroles baptismales, telles du moins qu'on les avait employées à la naissance de son fils, avec les rites qui furent suivis dans cette cérémonie; car il est très-probable que ces rites, comme ces paroles, varient de tribu en tribu, et peut-être dans les familles de la même tribu, suivant le caprice des *arikis* ou de ceux qui dirigent la cérémonie.

« Cinq jours après la naissance de l'enfant, la mère, assistée de ses amis et de ses parentes, le dépose sur une natte, et cette natte est soutenue sur deux monceaux de bois ou de sable. Toutes les femmes, l'une après l'autre, trempent une branche dans un vase rempli d'eau et en aspergent l'enfant au front. C'est en ce moment qu'on lui impose son nom; le nom est une affaire sacrée pour ces peuples, et, à leurs yeux, il fait en quelque sorte partie d'eux-mêmes.

« Cependant ils en changent quel-

(*) Cruise; d'Urville, t. III. p. 664.
(**) Revue britannique; d'Urville, t. III, p. 723.

quefois pour perpétuer le souvenir d'une circonstance, d'un exploit remarquable dans leur vie. Ainsi, en mémoire du lieu où périt de maladie Koro-Koro, à Witi-Anga, à la suite d'un combat, son frère Touaï prit le nom de Kati-Kati; mais l'ancien a prévalu. Il est arrivé le contraire à l'égard de Pomare, dont l'ancien nom Wetoï était presque oublié, comme ceux des chefs King-Georges et Georges, dont les noms primitifs étaient inconnus des Européens. Dans ces occasions, assurait Touaï, il fallait que la cérémonie du changement de nom fût consacrée par un nouveau baptême.

« Voici les paroles employées au baptême du fils de Touaï, d'après sa propre diction, et conformément à notre prononciation. Quant à la valeur de chacun des mots séparément, je ne puis en répondre, dit M. d'Urville; car ce chef l'ignorait lui-même, et ne pouvait distinguer les syllabes isolées de celles qui devaient être réunies en un seul mot. D'ailleurs, il arrive souvent que certaines alliances de mots donnent au composé une valeur toute différente de celle qu'ils ont par eux-mêmes.

Takou taaama J toï hia. Ki te parawa Kia didi, Kia ngoui'hia.	Que mon enfant soit baptisé! Comme la baleine puisse-t-il être furieux! puisse-t-il être menaçant!	Pour la vie.
Ko te tama Neï kani O tou,	Qu'à cet enfant la nourriture soit fournie par l'Atoua, mon père.	Pour la mort.
Ko tinga na, Hia ou owe.	Puisse-t-il se bien porter, être content!	Pour la vie.
Ka waka te ka, Te kani hia ou we.	Puisse-t-il recevoir sa nourriture, quand ses os seront relevés.	Pour la mort.

« A l'aide du vocabulaire, dit M. d'Urville, j'entends passablement les huit premières lignes; il n'en est pas de même des quatre dernières, et je suis obligé de m'en rapporter implicitement à la traduction que Touaï me donna, moitié par mots anglais décousus, moitié par signes et par gestes, à défaut d'expressions suffisantes pour rendre ses idées.

« Quoi qu'il en soit, on voit que cette prière se compose de deux parties distinctes, l'une pour l'état de vie, l'autre pour le moment où l'individu sera réduit à la substance spirituelle. Dans toutes ses actions, dans toutes ses cérémonies, ce peuple singulier ne perd jamais de vue cet instant. Cette conviction intime d'une existence future, et de la gloire qui s'y rattache quand ils peuvent triompher de leurs ennemis, doit influer pour beaucoup dans ce courage féroce, dans ce mépris de la mort qui les caractérise; car ils ne la redoutent guère, pourvu qu'ils soient assurés que leurs corps recevront les honneurs funèbres. »

AFFECTION EXTRÊME POUR LES ENFANTS.

Un jour M. Marsden entendit de profondes lamentations. Ayant dirigé ses pas vers l'endroit d'où elles venaient, il vit plusieurs femmes qui poussaient de grands cris, et dont la figure était couverte de ruisseaux de sang. Sur les questions qu'il leur fit, il apprit que la femme du chef qui nous avait accompagnés avait enterré un enfant peu de temps auparavant, et les autres femmes étaient venues pour gémir et pleurer avec elle à cette occasion. Elles tenaient toutes leurs visages rapprochés les uns des autres, mêlaient leurs larmes avec leur sang, et poussaient de grands cris, en se déchirant en même temps avec des couteaux tranchants. M. Marsden fut vivement peiné de ce spectacle. Le chef s'avança vers lui, et demanda s'il avait peur. Il lui répondit qu'il n'avait point peur, mais qu'il souffrait beaucoup de voir ces femmes se déchirer ainsi ; que cette coutume n'existait en aucun pays de l'Europe, et qu'elle était très-mauvaise. Il répliqua que les Nouveaux-Zeelandais chérissaient tendrement leurs enfants, et qu'ils ne pouvaient témoigner leur affliction d'une manière suffisante sans verser leur sang. M. Marsden lui fit remarquer qu'il était convenable de verser des larmes, mais nullement de se déchirer soi-même. Cette coutume barbare règne universellement parmi les habitants de cette île.

MOKO OU TATOUAGE (*).

On appelle *moko*, ou tatouage, ces dessins bizarres que les Nouveaux-Zeelandais impriment sur leur visage et sur les diverses parties de leur corps. Cet usage est généralement répandu parmi tous les insulaires de l'Océanie ; mais ceux de la Nouvelle-Zeeland se distinguent en creusant en véritables sillons cet ornement, qui partout ailleurs n'entame que la superficie de la peau. Ils emploient pour l'exécuter une manière de taille au ciseau, au lieu d'une simple suite de piqûres, comme le font les autres peuples. Ils paraissent aussi attacher à cette décoration des idées de distinction et de privilége bien plus positives qu'à Taïti, Tonga-Tabou, Haouaï, etc.

L'opérateur commence par tracer sur la peau, avec du charbon, les dessins qu'il a l'intention d'exécuter ; puis il prend un instrument composé d'un os d'albatros, ajusté à angle droit à un petit manche en bois de trois ou quatre pouces de long, dans la forme d'une lancette de vétérinaire. L'os est tantôt simplement tranchant à l'extrémité, tantôt aplati et muni de plusieurs dents aiguës comme un peigne. Il applique cet instrument contre la peau, et frappe avec un petit bâton sur le dos du ciseau, pour le faire pénétrer dans l'épiderme et l'entailler d'une manière suffisante,

(*) Crozet, Cook, Savage, Nicholas, Cruise, Rutherford, Marsden, d'Urville et Rienzi.

en suivant le dessin préparatoire. On conçoit que le sang doit couler en abondance ; mais l'opérateur a soin de l'essuyer à mesure avec le revers de sa main ou avec une petite spatule en bois. A mesure que la peau est entaillée, la couleur ou le *moko* est introduite dans la coupure au moyen d'un petit pinceau (voy. *pl* 180). Elle se compose de charbon pilé, de manganèse, suivant Nicholas, ou enfin d'une teinture végétale. Après quoi, le patient reste tabouré durant trois jours.

Rien n'est plus douloureux à subir que cette opération ; il faut quelquefois plusieurs mois pour terminer un moko ; les suites en sont souvent plus pénibles que l'opération elle-même, à cause des plaies qui en résultent, et que certaines circonstances peuvent envenimer d'une manière effrayante. Les naturels nous exprimaient par des gestes très-significatifs les douleurs intolérables que l'opérateur leur faisait éprouver quand il venait à attaquer le bord des lèvres, le coin de l'œil, et surtout la cloison des narines.

Les jeunes gens ne subissent guère les premières opérations du *moko* avant l'âge de vingt ans ; il est rare aussi qu'ils soient admis à cet honneur avant d'avoir assisté à quelques combats.

Il est impossible de prétendre à aucune considération, à aucune influence dans sa tribu, sans avoir été soumis à cette opération. Le jeune homme qui s'y refuse, quand même il appartiendrait à une famille distinguée, est regardé comme un être pusillanime, efféminé et indigne de participer aux honneurs militaires ; aussi est-il fort rare que ce cas se présente. Cet usage semble généralement répandu dans toute la Nouvelle-Zeeland, et les habitants du détroit de Cook nous ont paru aussi vains de leur tatouage que ceux des parties septentrionales d'Ika-na-Mawi.

Signe de distinction, cet ornement est interdit aux koukis ou esclaves, aux hommes du peuple, et même à ceux qui n'osent se présenter aux combats, à moins qu'ils ne soient autorisés à le porter par une haute naissance. Touaï assura à M. d'Urville que les hommes du peuple acquéraient le droit du moko par des exploits à la guerre, et qu'après une campagne honorable les chefs se faisaient d'ordinaire ajouter quelque nouveau dessin pour en consacrer le souvenir. Il ajoutait qu'on repassait sur les mêmes dessins plusieurs fois dans la vie, quelquefois jusqu'à quatre ou cinq reprises différentes. Chongui, disait-il, avait reçu tous ses mokos; car sa figure avait subi cinq tatouages. Lui-même n'était arrivé qu'à son second tatouage, et il comptait obtenir le troisième au retour d'une expédition qu'il méditait alors (voy. pl. 181). Peut-être ces gradations dans les honneurs du moko ne sont-elles pas aussi précises que Touaï voulait les établir; au moins est-il certain que ces priviléges sont limités aux hommes d'une naissance distinguée, ou aux guerriers célèbres par leurs hauts faits, et qu'un Rangatira se croit d'autant plus honoré que son visage est plus décoré des dessins du moko.

Cette distinction n'est permise aux femmes, sur la figure, qu'aux sourcils, aux lèvres et au menton, et ne peut consister qu'en quelques traits de peu d'importance; mais elles peuvent se faire imprimer des dessins plus compliqués sur les épaules et d'autres parties de leur corps.

« Quand j'allai, dit M. d'Urville, visiter avec Touaï le village de Kahouwera, l'ariki Touao me montra sa femme, qui recevait la suite de son moko sur les épaules. Une moitié de son dos était déjà sillonnée de dessins profonds, semblables à ceux qui ornent le visage des parents de Koro-Koro, et une esclave travaillait à décorer l'autre dans le même goût. Couchée sur le ventre, la malheureuse femme semblait beaucoup souffrir, et le sang ruisselait abondamment de ses plaies; cependant elle ne poussait pas même un soupir, et elle se contenta de me regarder d'un air riant, sans se déranger, non plus que la femme qui était chargée de cette importante opération. Touao semblait tout glorieux de l'honneur nouveau que sa femme allait acquérir par ces décorations, tandis que Touaï ne faisait qu'en rire, pour montrer sa supériorité sur ses compatriotes.

« Parmi ces peuplades, le moko m'a paru précisément l'équivalent de ces armoiries dont tant de familles européennes étaient si vaines dans les siècles de barbarie, et dont quelques-unes sont encore ridiculement infatuées aujourd'hui, malgré les progrès des lumières. Entre ces deux inventions, il y a pourtant une différence remarquable, c'est que les armoiries des Européens n'attestaient que le mérite individuel de celui qui le premier avait su les obtenir, sans rien prouver quant au mérite de ses enfants; tandis que la décoration des Nouveaux-Zeelandais atteste, d'une manière authentique, que, pour avoir le droit de la porter, il a dû faire preuve d'un courage et d'une patience personnelle extraordinaire.

« Rien ne pourra mieux démontrer les idées que les Nouveaux-Zeelandais attachent aux dessins du *moko*, et leur analogie avec nos armoiries, que les observations suivantes. Touaï me faisait remarquer un jour avec orgueil quelques dessins bizarres gravés sur son front; comme je lui demandais ce qu'ils avaient de si remarquable : « La « famille de Koro-Koro, reprit-il, a « seule, dans la Nouvelle-Zeeland, le « droit de porter ces dessins; Chon- « gui, tout puissant qu'il est, ne pour- « rait pas les prendre, car la famille « de Koro-Koro est beaucoup plus il- « lustre que la sienne. » Un Zeelandais, considérant un jour le cachet d'un officier anglais, vit des armes gravées sur ce cachet; sur-le-champ il demanda à l'officier si c'était le moko de sa famille. »

Ces dessins leur tiennent aussi aujourd'hui lieu de signature, comme cela se pratiqua lors du marché que M. Marsden contracta avec le chef Okouna, quand il voulut acquérir un terrain pour la mission : lorsque les Européens eurent apposé leur seing au bas du contrat, le moko d'Okouna y fut appliqué en guise de signature, et ce fut Chongui qui se chargea de le tracer. Toupe-Koupa avait coutume de dire que son nom était représenté par un des dessins particuliers de sa figure.

L'œil de l'étranger s'habitue assez vite à l'effet du moko; tout bizarre, tout révoltant qu'il soit au premier abord, l'œil s'y accoutume promptement, et on finit même par trouver que l'aspect en est agréable, ainsi qu'on s'habitue aux yeux obliques des Mongols et des beautés chinoises. Les marques impriment au visage des Zeelandais un caractère de noblesse et de dignité très-prononcé; elles suppléent en quelque sorte au défaut d'ornements étrangers, et à la nudité habituelle de leur corps. Par un sentiment involontaire, et dont j'aurais eu peine à me rendre compte, ceux des Polynésiens des îles Carolines dont le visage n'était point tatoué, me paraissaient effectivement d'une condition inférieure à ceux qui avaient reçu leurs insignes.

L'opération du moko, en donnant au système cutané un surcroît d'épaisseur et de solidité, rend ces insulaires plus en état de résister aux piqûres des moustiques, aux intempéries des saisons, aux coups de leurs ennemis, en un mot, à tous les accidents auxquels l'homme sauvage est incessamment exposé. Les souillures de la saleté, les traces des maladies, et jusqu'aux rides de la vieillesse sont peu sensibles sur ces peaux gravées, endurcies, et fréquemment ointes d'huile; enfin ces décorations étranges ont l'avantage d'annoncer sur-le-champ, et d'une manière authentique, le rang de chaque individu, et de lui assurer la considération à laquelle il a droit.

Quelques renseignements fort curieux touchant le *moko* furent accidentellement obtenus de la part de Toupe-Koupa, un des chefs de la Nouvelle-Zeeland, pendant son séjour en Angleterre. L'esquisse de sa tête fut tracée, durant son séjour à Liverpool, par un de ses amis, M. John Sylvester; et Toupe s'intéressa beaucoup au progrès de son exécution. Mais par-dessus tout, il tenait fortement à ce que les dessins de son visage fussent fidèlement reproduits sur le portrait. Ces dessins, assurait-il, n'étaient pas du tout l'ouvrage du caprice, mais ils étaient tracés suivant certaines règles de l'art qui déterminaient la direction de chaque ligne. Dans le fait, leur ensemble constituait la marque distinctive de l'individu; il y a plus, Toupe donnait constamment son nom à la marque de sa figure qui se trouvait précisément au-dessus de la partie supérieure de son nez, en disant : « L'homme de l'Europe écrit son nom « avec une plume, le nom de Toupe « est ici, » en désignant son front. Pour mieux expliquer sa pensée, il traçait sur un papier, avec une plume ou un pinceau, les marques correspondantes dans les mokos de son frère et de son fils, et faisait remarquer les différences qui se trouvaient entre ces dessins et le sien. Du reste, cette partie de sa décoration qu'il appelait son nom n'était pas seule aussi familière à l'esprit de Toupe; chacun des dessins, tant de sa figure que de toutes les autres parties de son corps, étaient constamment gravés dans sa mémoire.

Quand on eut découvert le talent de Toupe dans ce genre de dessin, plusieurs de ses connaissances de Liverpool lui demandèrent des échantillons de son savoir-faire; et, durant une quinzaine de jours, tout son temps fut employé à fabriquer des dessins des cicatrices dont sa figure était couverte. La profondeur et la quantité des traits du tatouage indiquaient, disait-il, la dignité de l'individu; suivant cette règle, il devait avoir été lui-même un chef d'un rang distingué, attendu qu'il restait à peine le moindre espace de la peau de sa figure dans l'état naturel. Quelques-uns de ses ouvrages représentaient aussi les dessins des autres parties de son corps; et il traça pour le docteur Traill les *mokos* de son frère et de son fils aîné, jeune homme qu'il avait laissé pour commander sa tribu jusqu'à son retour. En finissant le dernier, il le tint en l'air, le contempla avec un murmure de contentement affectueux, le baisa plusieurs fois, et fondit en larmes en le remettant au docteur.

L'ensemble de ces anecdotes forme la peinture la plus agréable que nous possédions du caractère des Nouveaux-Zeelandais ; il démontre ce qu'un peuple doué d'un aussi bon cœur pourrait devenir, si l'on pouvait améliorer la condition fâcheuse où il se trouve, condition qui dirige la plupart de leurs qualités vers un but si funeste, puisqu'elle ne fait servir leur sensibilité, leur bravoure, et même leur intelligence et leur adresse naturelle, qu'à l'entretien de leurs haines mutuelles, et à ajouter une férocité nouvelle et un esprit de vengeance insatiable encore à leurs guerres perpétuelles. Toupe, une fois soustrait à ses funestes influences, et placé au milieu des habitudes de la vie civilisée, ne montrait plus que des dispositions douces et affectueuses. Le barbare qui dans les combats avait tant de fois semé la mort autour de lui, était devenu le compagnon de jeu des enfants et le disciple complaisant des coutumes les plus paisibles : personne n'eût montré des dispositions plus naturelles pour tous les avantages de la civilisation. Sa reconnaissance de tous les petits services qu'on pouvait lui rendre, était toujours exprimée avec une chaleur, et d'une manière qui prouvait qu'elle venait du cœur. Lorsqu'il quitta Liverpool, il fut profondément ému en prenant congé du docteur Traill : d'abord il lui baisa les mains ; ensuite, oubliant ou dédaignant les nouvelles formes qu'il avait contractées depuis son arrivée en Europe, pour revenir à celles que son cœur jugeait sans doute beaucoup plus expressives, il frotta son nez contre celui de son ami, d'après la coutume de son pays, avec une cordialité passionnée. En même temps Toupe assura le digne médecin que, s'il venait jamais dans son pays, il aurait des vivres en abondance, et pourrait remporter avec lui autant de chanvre et d'espars qu'il en désirerait.

ESCLAVES (*).

Les esclaves se composent des prisonniers faits à la guerre, de leurs enfants et des individus libres qui, par des malheurs imprévus, ou comme punition de certains crimes ont été réduits à cette triste condition.

Dans ces contrées, comme chez les anciens peuples de la Grèce et de l'Asie, la condition d'esclave imprime une sorte de tache indélébile à ceux qui ont été obligés d'en subir l'humiliation. Aussi les malheureux réduits en servitude par leurs ennemis cherchent-ils rarement à se soustraire à leur triste destinée, bien que cela leur soit souvent assez facile, eu égard à la surveillance peu sévère que l'on exerce sur eux, aux forêts et aux déserts dont la Zeeland est semée. Ils se résignent à leur position, et deviennent quelquefois des membres fidèles de leur nouvelle tribu, soit par alliance, soit par adoption, soit par le simple effet de l'habitude et de la nécessité.

Les esclaves ou serviteurs travaillent de concert avec les femmes, et sous leur direction, à la culture des champs ; ils vont à la pêche ; ce sont eux surtout qui font cuire les aliments et les présentent à leurs maîtres. Cette dernière fonction leur a fait donner, dans ce dernier temps, le nom de *kouki* (corruption de l'anglais *cook*, *cuisinier*), au lieu de *wari*, serviteur, qu'ils portaient plus habituellement auparavant.

Aujourd'hui les chefs tirent parti de leurs jeunes esclaves du sexe féminin, en les envoyant à bord des navires européens pour trafiquer de leurs charmes avec les gens de l'équipage. Ces pauvres malheureuses sont obligées de rapporter à leurs maîtres le fruit de leur prostitution, ou elles courraient le risque d'être maltraitées par eux.

Bien que la vie des esclaves soit entièrement à la discrétion de leurs maîtres, et que ceux-ci puissent les mettre à mort sans plus de difficulté qu'un Européen n'en éprouverait à assommer

(*) Cook, Crozet, Marsden, Williams, Quoy, Nicholas, d'Urville et Rienzi.

son chien ou son âne, et sans qu'il en résultât pour eux des suites plus fâcheuses, cependant la condition de ces infortunés n'est pas aussi pénible qu'on pourrait se l'imaginer. Quand ils ont une fois recueilli et préparé de quoi manger pour leurs maîtres, ils peuvent, le reste du temps, danser, chanter et se divertir à leur fantaisie. Certainement leur sort est beaucoup moins à plaindre que celui des malheureux noirs condamnés à servir les Européens dans les colonies, et à épuiser du matin au soir leurs forces dans un travail accablant et sans cesse renaissant, pour satisfaire à la cupidité de leurs maîtres. Sous ce rapport, le Nouveau-Zeelandais, tout sauvage qu'il est, se montre un maître plus humain; il maltraite rarement son esclave, malgré le mépris qu'il lui porte, et la différence des hommes libres aux esclaves est si peu sensible aux yeux d'un étranger, qu'il est souvent fort difficile de distinguer les uns des autres.

Pour les esclaves qui ont été libres, le plus grand malheur de leur état doit consister dans le souvenir de leur ancienne dignité et dans le sentiment de leur humiliation actuelle. Pour ceux qui sont nés dans l'esclavage, le premier de ces tourments n'existe point, par conséquent l'autre est à peine sensible; aussi semblent-ils en général fort indifférents sur leur situation. Pour les uns et les autres, il est pourtant une conséquence terrible de leur condition, c'est d'être continuellement exposés à être sacrifiés aux obsèques des principaux chefs de la tribu en général et de leurs maîtres en particulier.

HABITATIONS (*).

Les habitants de la Nouvelle-Zeeland, si actifs, si industrieux à d'autres égards, sous le rapport de l'architecture sont restés bien au-dessous des peuples de Taïti, de Tonga et même de Haouaï. Les maisons des Rangatiras, des dernières classes et des hommes du peuple ont rarement plus de sept ou huit pieds de long, sur cinq à six de large et quatre ou cinq de hauteur. Celle qu'habitait Koro-Koro, dans le pâ de Kahou-Wera (voy. *pl.* 189), n'était pas plus spacieuse. Une personne ne saurait se tenir debout dans ces cabanes. Elles sont construites avec des pieux rapprochés les uns des autres, entrelacés de branches plus minces; ces treillis sont en outre recouverts extérieurement et intérieurement de tapis épais en forme de paillassons, fabriqués avec diverses plantes marécageuses, et notamment avec les feuilles longues et flexibles du *typha*; une pièce de bois plus forte forme le faîte du toit, qui est composé des mêmes matériaux que les parois, et qui imite assez bien celui des chaumières de paysans en Normandie ou en Bretagne, à cela près que le dos en est plus arrondi.

Les cases des chefs sont plus grandes; elles atteignent quelquefois de quinze à dix-huit pieds de long, sur huit ou dix de large et six de hauteur. A l'une des extrémités existe, en guise de porte, une ouverture qui n'a que trois pieds de hauteur sur deux de large, et qui se ferme par un battant à bascule. Ce battant consiste en une natte épaisse, de la même dimension que l'ouverture. A côté, et un peu plus haut que la porte, est percée la fenêtre, qui a deux pieds en carré, et qui ferme également par un treillis en jonc.

Du côté où se trouve la porte, le toit se prolonge en dehors de la paroi, en guise d'auvent d'environ quatre pieds de longueur. C'est là que se tiennent les maîtres et qu'ils prennent leurs repas; car un préjugé religieux leur défend de manger dans l'intérieur de leurs maisons.

Les maisons des chefs sont ordinairement ornées de figures sculptées tant au dehors qu'au dedans; et souvent une figure grotesque est placée près de la porte, et une autre au-dessus de la maison. Rutherford prétend que ces statuettes sont placées à la porte des chefs pour en interdire l'entrée aux esclaves ou aux hommes du peuple, qui seraient punis de mort en cas d'infraction à cette règle.

(*) Cook, Crozet, Nicholas, Cruise et d'Urville.

Le plancher de la maison est formé par de la terre rapportée bien battue, et rehaussé de dix ou douze pouces au-dessus du sol environnant. Un petit carré creux, quelquefois environné de pierres, indique la place du foyer, et la fumée n'a d'autre issue que la fenêtre, ou la porte, quand la fenêtre manque. Aussi ces cases sont-elles toujours enfumées, et cette fumée doit contribuer à rembrunir le teint des indigènes.

Un tas de feuilles de fougère ou de typha leur sert de lit. Leurs nattes leur servent de couvertures; d'ailleurs ces cases sont naturellement chaudes.

Les chefs, quand ils ont une famille, possèdent plusieurs cases enfermées d'une seule palissade. Ces palissades ont quelquefois douze ou quinze pieds de haut, et sont garnies d'épais paillassons en feuilles de typha (voy. *pl.* 173).

La plupart des maisons des Nouveaux-Zeelandais sont rectangulaires. Leurs magasins publics, surtout ceux qui sont destinés à contenir leur substance favorite, les *koumaras*, ou patates douces, sont fort grands, et remarquables par une galerie qui environne tout le pourtour, et qui est ornée ordinairement d'une foule de bas-reliefs bien exécutés; ils possédaient cet art même avant qu'ils eussent reçu des instruments en fer des Européens; car Crozet en faisait de son temps un éloge pompeux.

Jadis les Nouveaux-Zeelandais, retranchés dans leurs pâs, bravaient les assauts de leurs ennemis, et soutenaient quelquefois des siéges de plusieurs mois. Combien d'exploits ignorés!... Combien de traits de vaillance, combien de prouesses ont dû éclater parmi ces peuples guerriers, pour être condamnés à un éternel oubli!... L'adoption des armes à feu a mis un terme à ces luttes prolongées, comme naguère en Europe elle détruisit tout à coup la supériorité et l'influence de nos chevaliers bardés de fer et d'acier.

MAISONS ET PLANTATIONS.

La maison de Wivia à Waï-Kadi était très-grande; elle avait vingt-sept pieds de long, dix-huit de large et neuf de hauteur. La porte n'était pas plus grande que celle des autres cases, mais elle était décorée de quelques bas-reliefs curieux. Près du village étaient quelques plantations de pommes de terre et de koumaras bien cultivées. La précision avec laquelle les plantes étaient arrangées, les soins minutieux que l'on apportait à arracher les mauvaises herbes, la propreté des palissades et la commodité des barrières et des sentiers eussent fait, en Europe, honneur au goût du plus habile cultivateur.

LA MONTRE PRISE POUR UN DIEU.

M. Nicholas, de qui nous tenons ces détails, va nous fournir une anecdote curieuse. A Waï-Kadi, chacun était curieux de considérer sa montre; mais le mouvement leur parut être une chose si étonnante, qu'ils jugèrent que ce ne pouvait être rien moins que le langage d'un dieu; et la montre elle-même, considérée comme un *atoua*, devint pour eux tous l'objet d'un profond respect.

CULTURE, INDUSTRIE ET COMMERCE.

Les terrains défrichés sous la direction des missionnaires par les nouveaux chrétiens, sont assez fertiles; ils rapportent des grains et des légumes, et pourraient nourrir de nombreux troupeaux, si le respect superstitieux des insulaires pour les champs *taboués* n'opposait un obstacle insurmontable à la multiplication des bestiaux et même de la volaille.

On peut donc, sans crainte d'errer, considérer ces missionnaires comme les éclaireurs des légions de colons australiens, qui tôt ou tard envahiront la Nouvelle-Zeeland, dont la malheureuse population, affaiblie par ses propres fureurs, serait dès à présent peu capable de leur résister. Ces colons trouveront dans Ika-na-Mawi un territoire favorable à toutes sortes de cultures, des ports admirablement placés pour le commerce et la navigation, soit au fond de baies magnifiques, soit auprès de rivières bordées d'arbres excellents pour les constructions navales, et des collines qui renferment, vraisemblablement, des mines de fer, de houille et de soufre ; ils y trouveront encore le *phormium tenax*, espèce de chanvre indigène à la Nouvelle-Zeeland, et dont l'usage commence à se répandre en Europe.

Cette espèce de chanvre se tire d'une plante assez semblable au cordon de nos jardins, et portant des feuilles aiguës, longues et étroites, dont le tissu, dépouillé de sa pulpe épaisse et couleur émeraude, et exposé à la rosée, donne des fils blancs qui servent également bien à fabriquer des toiles très-fines et des cordages extrêmement forts (voy. *pl.* 297.)

Pour mettre le *phormium* en état d'être employé, les femmes, que ce genre de travail regarde exclusivement, coupent les feuilles en lanières très-minces, et les font ensuite passer plusieurs fois entre le tranchant d'une coquille de moule qu'elles tiennent fortement dans la paume de leur main droite et le pouce de cette même main.

Pour compléter une natte de grande dimension et du goût le plus soigné, il faut au moins deux ou trois ans de travail.

Ainsi préparée, cette denrée est vendue aux caboteurs de Sidney et d'Hobart-Town pour des couvertures de laine, des ustensiles de fer, de la quincaillerie, du tabac, et surtout pour de la poudre et des fusils, sortes de marchandises sans lesquelles il est presque impossible de conclure aucun marché avec les Nouveaux-Zeelandais.

Ce commerce a lieu principalement dans le détroit de Cook, et procure aux naturels de cette partie d'Ika-na-Mawi une aisance dont ceux de la partie nord sont d'autant plus envieux, que non-seulement ils ne récoltent pas chez eux le *phormium*, mais qu'ils voient les espars qui forment leur principale branche d'échange avec les Européens, diminuer rapidement par suite de la destruction des bois sur les bords des rivières et aux environs de la mer, où ils ne peuvent plus les transporter qu'avec des peines infinies.

DÉIFICATION D'UN CHEF MORT.

Voici quelques détails que nous empruntons à M. Marsden :

« Nous allâmes vers l'*atoua*, près de qui nous entendions les plus bruyantes lamentations. A notre arrivée, nous trouvâmes un chef mort, assis dans tout son appareil. Ses cheveux avaient été arrangés suivant la coutume, ornés de plumes et d'une guirlande de feuilles vertes. Sa figure était propre et luisante; car on venait de la frotter d'huile, et elle avait conservé sa couleur naturelle. Nous ne pourrions dire si le corps s'y trouvait tout entier ou non; car des nattes le couvraient jusqu'au menton. Il avait l'aspect d'un homme vivant assis sur un siége. J'en avais vu un, quelque temps auparavant, dont la tête avait été arrangée de la même manière et le corps desséché et conservé aussi bien que la tête. Ce chef, au moment où il mourut, était un jeune homme âgé de trente ans environ. Sa mère, sa femme et ses enfants étaient assis devant lui; et, à sa gauche, les crânes et les os de ses ancêtres étaient rangés sur une ligne. Je m'informai du lieu où il était mort, et l'on me répondit qu'il avait été tué, quelques mois auparavant, dans une bataille à la rivière Tamise.

« C'était de ce chef qu'on m'avait tant parlé, le jour précédent, sous le nom d'atoua. Les Nouveaux-Zeelandais semblent nourrir l'opinion que la divinité réside dans la tête d'un chef; car ils ont toujours la plus profonde vénération pour la tête. S'ils adorent quelque idole, c'est certainement la tête de leur chef, autant du moins que j'ai pu me faire une idée de leur culte.

« Dans la circonstance actuelle, une foule de personnes étaient venues d'une grande distance pour consoler les parents en deuil et rendre leurs hommages aux restes du défunt. Ses parentes se déchirèrent, suivant leur coutume, jusqu'à ce que le sang coulât de leur visage, de leurs épaules et de leur gorge. Plus ils maltraitent leur corps, plus ils pensent montrer leur amour pour les amis qu'ils ont perdus. Quand je leur disais que les Européens ne se déchiraient point ainsi pour leurs morts, mais qu'ils se contentaient de les pleurer, ils répliquaient que les Européens n'aimaient point leurs amis comme le font les Nouveaux-Zeelandais, qu'autrement ils feraient comme eux. »

LANGUE.

La langue douce, sonore et très-musicale des Polynésiens, a subi quelque altération à la Nouvelle-Zeeland. Les sons, remplis de mollesse et de douceur à Taïti, ont acquis ici une prononciation plus dure; ce qui est dû à l'introduction des consonnes, et surtout des lettres k, h, n, g et w. Les habitants se sont transmis, par la tradition orale, un grand nombre de poésies très-anciennes, dont ils ignorent et l'origine et même le sens allégorique. La plus célèbre d'entre elles est la fameuse ode funèbre, ou *pihé*, qui commence par ce vers : « *Papa ra tè ouati tidi, etc.* » Comme les Taïtiens, ils improvisent sur toutes sortes de sujets, et leurs annales sont des chants dans lesquels ils conservent le souvenir des événements remarquables, les apparitions sur leurs bords des navigateurs, et les circonstances diverses de leur histoire, ou les faits de leurs guerriers; leurs femmes, naturellement portées à l'enjouement, critiquent avec ironie, dans leurs couplets, la prononciation peu correcte ou ridicule des étrangers, et font même des épigrammes sur les habitudes qui heurtent leurs préjugés : c'est ainsi que les jeunes filles qui vivaient avec les matelots de la corvette *la Coquille*, et qui ne retiraient pour salaire de leur complaisance qu'une portion de vivres de leurs amants, les accablaient de leurs sarcasmes en leur chantant des couplets commençant par ces mots : *Tayo ti taro, etc.* (*) »

NUMÉRATION.

Les Nouveaux-Zeelandais comptent

(*) Lesson.

le temps par nuits, *po*, par unes, *marama*, par mois, *tau*. Au delà de vingt ou trente lunes, leurs supputations sont fort inexactes. Pour un événement d'une date éloignée, il leur est à peu près impossible d'assigner son époque autrement qu'en le comparant à quelque circonstance importante de leur vie. Les distances itinéraires se mesurent par journées de marche et par demi-journées. La profondeur de la mer s'évalue par *koumou*, mesure qui représente tantôt une brasse, tantôt deux brasses. Un singulier moyen d'arpentage usité parmi eux, c'est de se coucher à plat, la main droite étendue au-dessus de la tête, et de se relever et s'étendre ainsi jusqu'à ce qu'ils aient mesuré tout le terrain. C'est ainsi qu'ils se rendaient compte de la longueur des navires européens, en les parcourant d'un bout à l'autre (*).

ASTRONOMIE.

Ces peuples sembleraient posséder quelques notions grossières d'astronomie, ou au moins d'*uranographie*. Doua-Tara racontait à M. Nicholas que ses compatriotes passaient souvent plusieurs heures à contempler les étoiles. Ils ont assigné à chacune d'elles des noms particuliers (**). Ces noms rappellent certaines traditions anciennes, en grande vénération dans le pays.

Durant l'été, ils consacrent des nuits entières à étudier les mouvements célestes, et à veiller le moment où telle ou telle étoile va paraître à l'horizon. S'il leur arrive de ne pas voir paraître l'étoile qu'ils attendent à l'instant présumé, ils s'inquiètent de son absence, et ils ont recours aux traditions que leurs prêtres leur ont transmises à cet égard (***).

La Ceinture d'Orion se nomme chez eux *Waka* ou la Pirogue. Ils croient que les Pléiades furent autrefois sept de leurs compatriotes, qui après leur mort, se fixèrent dans cette partie du

(*) D'Urville.
(**) Savage, p. 21.
(***) Nicholas, t. I, p. 51.

ciel; et chaque étoile représente un de leurs yeux, la seule partie de leur être désormais visible. Les deux groupes d'étoiles que nous nommons *nuages magellaniques*, sont, pour eux, *Firabou* et *Arté*, et diverses opinions superstitieuses s'y rattachent. Enfin, une autre constellation porte le nom de l'*Ancre* (*).

Les Nouveaux-Zeelandais savent très-bien reconnaître leur direction durant le jour par la direction du soleil, et la nuit par celle des étoiles. Guidés par le même moyen, ils indiquent, avec une grande exactitude, le gisement de leur île, lorsqu'à la mer on les interroge à cet égard (**).

VOYAGES.

Ils aiment beaucoup à voyager, et ils se rendent souvent à des distances considérables de leurs résidences, et pour de longs intervalles de temps (***). Le plus souvent leurs voyages ont pour but quelque commerce; ils vont échanger des nattes, des pounamous ou jades, contre des vivres, des armes, ou d'autres objets (****). D'autres fois ces voyages ont une fin politique (*****). Ce sont des députés envoyés par leurs chefs pour solliciter l'alliance d'autres tribus, et les inviter à leur porter secours dans leurs projets de guerre; ou bien ils vont demander satisfaction pour des outrages commis par des membres de ces tribus, sur des individus appartenant à celle de l'envoyé; ou bien, espions déguisés, ils vont pour examiner les forces, les mouvements et les dispositions de l'ennemi. Enfin plusieurs de ces sauvages se décident à visiter des contrées éloignées, uniquement par des motifs de curiosité.

Malgré l'esprit soupçonneux de ces peuples, et l'état habituel de guerre où ils vivent, les voyageurs sont ordinairement bien reçus, et même fêtés et régalés par les tribus dont ils traversent le territoire. Les devoirs de l'hospitalité sont généreusement accomplis envers ces étrangers; on leur fournit des guides, mais on exige qu'ils ne séjournent pas plus de temps qu'il n'en faut pour terminer leurs affaires (*).

Plusieurs Nouveaux-Zeelandais, suivant l'exemple de leur chef Tepahi, se décidèrent à visiter Port-Jackson; quelques-uns même vinrent jusqu'en Angleterre pour voir cette grande ville. Leur vigoureuse constitution leur permettait d'être utiles à la manœuvre des vaisseaux dont les équipages avaient été très-affaiblis par la maladie, la désertion ou d'autres motifs. Un d'eux, particulièrement, nommé Moïangui, amené par un médecin de Port-Jackson, fut à son arrivée à Londres, présenté au comte Fitz-William. Ce seigneur le traita avec la plus grande bonté, et au moment de son départ, lui fit donner tout ce qui pouvait lui être utile ou agréable à son retour dans sa patrie.

« Il serait à désirer, dit Turnbull dans son Voyage autour du monde, que tous les Nouveaux-Zeelandais qui retournent ainsi parmi leurs compatriotes, pussent rapporter avec eux des objets de leur goût; et c'est un acte de bienveillance publique de la part des *gentlemen* de l'Angleterre que de leur faire présent des articles qui peuvent inspirer à ces peuples une haute idée de notre supériorité nationale. C'est l'espoir d'améliorer leur situation qui les conduit à quitter leurs familles et leurs pénates. Les récits qu'ils font, les trésors qu'ils rapportent chez eux, produisent des imitateurs et font naître des dispositions amicales dans le cœur de leurs concitoyens. Ces rapports d'amitié auraient l'avantage de faire connaître en peu de temps les richesses cachées du pays, d'exciter chez les naturels un esprit d'activité et d'industrie, et les amèneraient au point de déployer leurs talents de manière à pouvoir se procurer les objets qu'ils désirent avec tant d'ardeur. »

(*) Nicholas, t. I, p. 52.
(**) Cruise; d'Urville, t. III, p. 686.
(***) Marsden; d'Urville, t. III, p. 340.
(****) Kendall; d'Urville, t. III, p. 126.
(*****) Marsden; d'Urville, t. III, p. 473.

(*) Cook, 3e voyage, t. I, p. 176, 177.

UTILITÉ DES RELATIONS AMICALES ENTRE LES EUROPÉENS ET LES ZEELANDAIS.

Entre autres exemples, le fait suivant peut être cité comme une preuve que les Nouveaux-Zeelandais ne sont point un peuple barbare tel qu'on les a représentés, à moins qu'ils n'aient été provoqués par de mauvais traitements. Quand le célèbre Palmer eut fini le temps de sa déportation, de concert avec quelques autres, il acheta une prise espagnole, et fit voile de Port-Jackson pour la rivière Tamise, à la Nouvelle-Zeeland, avec l'intention d'y prendre une cargaison de bois de construction. A son arrivée dans cette rivière, son navire se trouva en si mauvais état, qu'il fallut le tirer à terre pour lui faire subir une réparation complète avant de prendre sa cargaison. A cause du défaut d'ouvriers et de matériaux, il eût fallu l'abandonner entièrement sans l'assistance obligeante des naturels, et sans l'heureuse arrivée d'un vaisseau de 900 tonneaux qui venait pour le même objet. Le capitaine de ce dernier navire, avec une générosité qui lui fait beaucoup d'honneur, donna à M. Palmer et à tous ses compagnons, tous les secours qui dépendaient de lui sous le rapport des munitions, etc. Les insulaires, mus par le même sentiment de bienveillance, les mirent dans le cas de poursuivre leur voyage. L'autre navire resta encore plus de deux mois au mouillage, et il n'éprouva pas le moindre acte d'hostilité, excepté dans une seule circonstance où l'on pilla la tente de l'officier qui était chargé à terre de surveiller ceux qui travaillaient au bois. Mais il paraît aussi que trois ou quatre Anglais, convicts libérés de Botany-Bay, qui avaient déserté le navire, mais qui furent repris par la suite, furent les complices et très-probablement les principaux instigateurs de ce mauvais coup. Un petit mousse, qu'on laissa à terre pour veiller aux pièces à eau, resta une semaine entière au milieu des insulaires sans être inquiété. C'est une forte preuve qu'ils sont capables de résister même à une forte tentation pour le mal, puis que ces pièces étaient cerclées en fer. Du reste, en pareille circonstance, les chefs et les autres naturels comptent sur des présents pour les services qu'ils rendent. Les principaux chefs et ceux qui avaient des objets à vendre en recevaient toujours le prix convenable. Un petit morceau de fer de six à huit pouces de long, aiguisé aux deux bouts, et fixé à une espèce de manche, de manière à leur servir de hache, procurait une quantité de poisson suffisante pour nourrir durant un jour l'équipage entier composé de cent hommes. Il y avait constamment des patates et des pommes de terre en abondance. Il est donc encore permis d'espérer que la bienveillance soutenue des Européens rétablira l'amitié qui a été un instant détruite, et renouera les liens de cette communication qui, d'une part, promettait la civilisation d'une si vaste contrée, et, de l'autre, ouvrait de nombreuses sources à l'industrie. Nous formons des vœux ardents pour qu'il en soit ainsi. C'est un pays fertile en ressources, et qui deviendrait d'un grand rapport s'il était cultivé convenablement, etc., etc. (*)

CHANTS.

Les chants des Nouveaux Zeelandais sont plus variés que leur musique instrumentale, et mieux appropriés aux sentiments qu'ils veulent exprimer; ils sont, en outre, accompagnés de gestes très-expressifs, qui ajoutent beaucoup à la signification des paroles. Sous ce rapport, Forster reconnaît chez les Nouveaux-Zeelandais une supériorité très-marquée sur tous les autres peuples de la mer Pacifique. Leurs accents, dit-il, semblent animés d'une étincelle de génie; et ces avantages sont, à ses yeux, des preuves de la bonté de leur cœur.

« Les Zeelandais, dit Forster, ont des chants particuliers pour célébrer les plaisirs de l'amour, les fureurs de la

(*) Turnbull.

guerre, les traditions de leurs aïeux, la perte de leurs parents et de leurs amis morts, ainsi que leur absence. Ils en ont aussi de satiriques, pour exciter le rire aux dépens de certaines personnes qu'ils prennent pour objet de leurs plaisanteries. Enfin il est des circonstances où ils improvisent, en quelque façon, des chansons pour célébrer l'arrivée des étrangers, ou toute espèce d'événement qu'ils ont jugé digne de leur attention. Souvent ils accompagnent ces chants en battant la mesure sur leur poitrine, de manière à s'en faire une espèce de tambour. L'effet n'en serait pas désagréable, s'il n'était pas toujours croissant, de manière à produire à la fin un bruit si violent et des effets si pénibles, que l'on serait tenté de craindre pour le salut de celui qui exécute cette singulière musique. Quand ils sont réunis plusieurs ensemble, l'un d'eux commence le chant qu'ils veulent exécuter ; et, vers la fin de chaque couplet, tous les autres font chorus en battant leurs poitrines. Ces chorus ont souvent lieu pour un refrain commun à tous les couplets; d'autres fois, c'est seulement la fin même des couplets qu'on répète en chœur. »

Savage crut remarquer que les Zeelandais avaient deux chants pour saluer le lever et le coucher du soleil. Le premier, dit-il, roule sur un air joyeux, et s'exécute les bras tendus en avant, comme pour saluer l'astre du jour, et tous ces gestes annoncent une joie sans mélange ; le chant du soir s'accomplit, au contraire, d'un ton indolent, la tête baissée, et toute l'action qui s'y joint exprime le regret que fait éprouver l'absence du soleil. Le chant qu'ils adressent à la lune est plaintif, et les gestes qui l'accompagnent sont un mélange de crainte et de vénération.

M. Kendall, dans sa Grammaire imprimée à Londres en 1820, a rapporté plusieurs de leurs chants *waiata*, qui ne manquent ni d'harmonie, ni d'invention. Pour échantillon de cette poésie sauvage, nous ne citerons ici que la pièce suivante :

E taka toe au ki te tiou marangaï
I wioua maï aï koinga dou anga
Jai rawa neï ki te ponke ki ere atou
E tata te wiounga te taï ki a taiwa
Ki o koe, e taoua, ka wioua ki te tonga
Nau i o mai e kahou e touriki
E takowe e o mo tokou mei rangui
Ka taï ki reira, akou rangui auraki.

Voici comment M. d'Urville a traduit ce chant, d'après M. Kendall.

« Le fort et irrésistible vent qui souffle du nord orageux a fait une impression si profonde sur mon esprit, en pensant à toi, ô *Taoua*, que j'ai gravi la montagne sur le sommet le plus élevé, pour être témoin de ton départ. Les vagues roulantes vont presque aussi loin que *Sivers*. Tu es entraîné vers l'est, loin au large. Tu m'as donné une natte pour la porter par amour pour toi, et ce souvenir de ta part me rendra heureux quand je la nouerai sur mes épaules ; quand tu seras arrivé au port où tu veux aller, mes affections y seront avec toi. »

Il est curieux de comparer ce chant avec la traduction inédite d'une chanson bouguise que l'auteur de l'*Océanie* a donnée dans le *Tableau général de l'Océanie*, tome Ier, p. 77.

PIHÉ. ODE SOLENNELLE.

Le *Pihé* est l'ode solennelle que chantent en chœur les guerriers, tantôt avant, tantôt après le combat, toujours auprès du feu qui consume le repas du dieu *Kaï-Atoua*, dans tous les sacrifices et dans les cérémonies funéraires. On peut dire que c'est le chant patriotique et religieux des Zeelandais ; il paraît renfermer la base de toutes leurs croyances mystiques. Touaï était passionné pour ce chant, et ne le récitait jamais qu'avec une expression de physionomie et des transports qu'il serait impossible de décrire : il était facile de voir que tout son être était vivement affecté, et j'ai remarqué cet effet, dit M. d'Urville, sur un grand nombre d'autres naturels.

« C'en était assez pour exciter ma curiosité, dit ce savant navigateur, et je puis assurer que je ne négligeai rien pour obtenir l'interprétation du mystérieux *Pihé*. Mes efforts furent constamment inutiles ; la première fois, je pris Touaï dans ma chambre, et le gardai au moins trois heures pour le questionner. Quelques passages isolés m'offrirent bien un certain sens; mais le tout ensemble était décousu, incohérent, et parfaitement inintelligible. Convaincu que Touaï seul ne pouvait satisfaire mes désirs, je voulus profiter, peu de jours après, d'une visite de M. Kendall, pour réussir dans mon projet; car Touaï convenait lui-même que ce missionnaire entendait et parlait très-bien le zeelandais. Je les réunis donc tous les deux dans ma chambre, et M. Kendall déploya toute la complaisance imaginable : toutefois mon attente fut encore frustrée, et je ne pus obtenir la traduction du chant sacré.

« M. Kendall paraissait ne pas bien comprendre les explications de Touaï; et celui-ci, de son côté, semblait incapable de donner la véritable signification de tous les passages du Pihé. Peut-être que les allusions qui s'y rencontrent sont déjà trop anciennes, et que leur sens échappe à l'intelligence des modernes insulaires. Sans doute j'éprouvais en cet instant l'inconvénient qui s'offrirait à un bramine ou à un sectateur de *Fo*, qui interrogerait la plupart des chrétiens pour obtenir le sens exact de plusieurs paraboles de l'Évangile. Au moins, voici ce que M. Kendall m'apprit, relativement au sens général et aux traits principaux de cette ode singulière.

« D'abord le mot *Pihé* se compose de deux particules, *pi*, qui indique adhésion, connexion, et *hé*, qui, au contraire, exprime une disjonction, une scission violente. Ainsi, le rapprochement de ces deux mots *pi hé* (*pihé*) signifie séparation de ce qui est uni ; ce mot composé a rapport au terme de la vie, à la mort, époque à laquelle l'âme et le corps, ces deux substances intimement unies durant la vie, se séparent avec effort au moment du trépas.

« Cette ode se compose de cinq parties assez distinctes : la première a trait à la manière dont l'*atoua*, l'Être suprême, a détruit l'homme, et à la réunion de la créature avec Dieu, opérée par cette action. De là, on passe au cadavre, et ce sont des plaintes sur sa destruction; ensuite au sacrifice en lui-même, et à l'encens, à la nourriture offerte à l'*atoua*. Dans leurs idées, cet encens est toujours le souffle, l'esprit de vie, l'âme. Puis, ce sont des exhortations aux parents, aux amis du défunt, pour les engager à venger sa mort et à honorer sa mémoire, en lui donnant la gloire, *kia oudou*, rends-le glorieux. Enfin le chant se termine par des complaintes et des consolations à la famille sur la perte d'un de ses membres.

« Sans doute, quand un ou deux mille guerriers, revêtus de leur costume de guerre, armés de toutes pièces, et rangés sur un ou deux rangs, entonnent de concert cet hymne solennel, et qu'ils l'accompagnent par des gestes menaçants et terribles, l'effet qui en résulte doit être imposant, lugubre et redoutable. Avant d'en venir aux mains, on dirait que ces hommes veulent, en quelque sorte, célébrer de concert leurs funérailles, et donner à leurs combats un caractère sacré par ce dernier acte de religion.

« Je regrettai beaucoup de n'avoir pu approfondir le sens de cette ode extraordinaire, et j'engageai vivement M. Kendall à s'en occuper avec soin. Ce missionnaire n'était plus à la Nouvelle-Zeeland quand j'y repassai en 1827; et les autres missionnaires n'avaient obtenu aucune sorte de renseignement touchant cet hymne. »

Voici néanmoins l'original du célèbre *Pihé*. C'est un échantillon de la langue zeelandaise, qu'on doit à ce zélé missionnaire, l'homme qui aujourd'hui la possède le mieux, et qu'il importe de conserver.

Papa ra te wati tidi
I dounga neï
Kou ana kana pou i ¡ o
E ahi o
Tou ka didi
Rongo maï, ka héké
Ta tara
Te waï pouna
Te aha kohoudou,
Ko nga nana,
Ko waï parangui
Ko papi té ono,

Ko kapi té ono
Té iki iki,
Té ra ma rama
Té weti, te weta
Té toto roi âi.
  WANO,
Wano, wano, wano,
Maï toki oumi é.
Ka didi tou,
Ka n'gou'ia tou,
Ko we wei tou
Ko wa wana
Toué, toué, toué
Ka taka
Raro poudi aï
Ka taka té waro.
Pipi ra ou e dou ko i e
Pi re
Ra ou e dou ko i é.
Ké koti kotia,
Te oudou o té ariki
Pipi ra ou é dou ko i é
  PIHÉ!
É tapou
É tapou tou mata tara roa.
E ngaro
E ngaro touki tana é iwa.
E iwa
E iwa tou houa ki té maraï
Wero wero.
Wero wero, te tara o maïra,
Wero hia, ki taï hia,
Waku rawa, waka rawa
Te tara ki a taï,
Mé ko tahi manawa réka
Té manawa ki a tou.
Haï, haï, ha!
Haï, haï, ha!
Kia oudou, haï, haï, ha!
  PIHÉ!
Ik' iki
Iki iki wara wara
Ko iaï tauga roa
I tawa.
O maï ra,
E ki na tou.
Wanga binga;
Ki a taï
Koro pana
Té koua ki té maraï
Witi doua
Té ika téré ki painga
Kia oudou, haï, haï, ha!
Haï, haï, ha!
Kia oudou, haï, haï, ha!
Haï, haï, ha!
Kia oudou, haï, haï, ha!
  PIHÉ!

Quoique ce fameux hymne *Pihé* paraisse être national dans toute l'île Ika-na-Mawi, M. d'Urville a néanmoins remarqué qu'il était connu moins intégralement à mesure que l'on descendait vers le Sud. Les habitants de la bande nord du détroit de Cook n'en récitaient que des passages incomplets, et il est tout à fait ignoré des naturels de la baie Tasman.

M. Nicholas cite aussi quelques exemples fort curieux de leurs chants, comme ceux où l'on dépeint les ravages d'une tempête parmi les plantations de patates, la mort d'un naturel surpris par son ennemi, etc. Ce même voyageur a remarqué aussi que dans les pirogues les naturels règlent le mouvement de leurs pagaies sur un chant dont les paroles sont: *Tohi ha pahi hia, hia ha, etoki etoki*, paroles qu'ils modulent de toutes sortes de façons.

Le seul instrument de musique que M. Lesson ait vu entre les mains des Zeelandais, est une flûte, ordinairement en bois, et travaillée avec goût; parfois on emploie à sa confection des portions d'os de la cuisse, en commémoration de quelque victoire remportée sur des hommes d'une tribu étrangère.

DANSE.

Les chants des naturels sont presque toujours accompagnés de danses dont les temps et les figures se marient avec la précision la plus vigoureuse aux rhythmes et aux paroles du chant. Ces danses sont toujours caractéristiques, et, pour les exécuter, les naturels se rangent sur une ou deux files. L'un d'eux, placé à l'écart, entonne le chant d'un ton d'abord modéré. Alors les danseurs s'agitent peu à peu, leur corps se penche en arrière, leur tête acquiert par degrés des mouvements si brusques, si vifs, qu'on les croirait convulsifs. Les yeux roulent d'une manière affreuse dans leurs orbites. La langue sort de la bouche d'une longueur démesurée; enfin, à certains passages, et sans jamais changer de place, les danseurs frappent du pied la terre si lourdement, qu'elle résonne au loin sous leurs pas (*). Quand une douzaine de ces insulaires dansaient à bord, on aurait cru que le pont allait s'enfoncer sous leurs pieds (**) (voy. *pl.* 184).

(*) Cook, 2° voyage, t. I, p. 257; Cruise, p. 31; Sainson; d'Urville, t. II, p. 252, Quoy; d'Urville, t. II, p. 286.

(**) Crozet; d'Urville, t. III, p. 54.

On ne saurait trop admirer l'ensemble, l'harmonie parfaite avec laquelle tous ces mouvements, tous ces gestes sont exécutés. Quel que soit le nombre des danseurs, on croirait qu'ils ne forment qu'un seul et même individu, tant ils sont accoutumés à suivre la même mesure (*). La danse des marins anglais semblait ridicule aux Zeelandais, et ils s'en moquaient en disant qu'il n'y avait jamais deux hommes parmi les Européens qui pussent exécuter ensemble les mêmes figures et les mêmes poses (**).

Leurs gestes acquièrent une expression d'autant plus terrible, que la danse a trait à une action plus importante : quand ils veulent figurer une danse guerrière, il est difficile d'imaginer rien de plus épouvantable que les grimaces qu'ils font (***).

L'action qui s'unit au chant du *Pihé*, toute modérée qu'elle est, participe néanmoins de l'expression sombre, lugubre et solennelle de cet hymne sacré, et a toujours produit l'effet le plus imposant sur les Européens. Que ne doit-il pas être, quand le *Pihé* est entonné par un ou deux milliers de guerriers prêts à s'élancer les uns sur les autres pour se détruire et s'entre-dévorer !

Ces naturels sont tous passionnés pour la danse ; mais ils s'y livrent avec une telle ardeur, qu'ils sont souvent obligés de se reposer, tant ils sont exténués de lassitude par les gestes frénétiques et les violents efforts auxquels ils s'abandonnent en toutes sortes d'occasions. (****). Les femmes préfèrent les danses qui retracent les plaisirs de l'amour (*****), tandis que les guerriers n'estiment que celles qui ont trait aux exploits militaires. Cependant, les femmes et les jeunes filles se joignent aussi aux danses militaires. Je me suis souvent amusé, dit M. d'Urville, à considérer les efforts qu'elles font pour imiter l'énergie des hommes, autant que peut le leur permettre la faiblesse de leur sexe.

DANSES LASCIVES.

Durant toute la durée des relâches de l'*Astrolabe* à la baie des Iles, les trente ou quarante filles esclaves, qui s'étaient établies à bord pour y trafiquer de leurs charmes, donnaient régulièrement tous les soirs à l'équipage une représentation de leurs danses d'amour. Rien de lubrique, d'obscène comme leurs mouvements, leurs gestes et leurs attitudes ; il est vraisemblable que les chants qui les accompagnaient étaient pour le moins aussi lascifs.

Une des danses lascives des Nouveaux-Zeelandais est consacrée à *Ouré*: cet Ouré nous paraît être le *Mendès* des Égyptiens.

CROYANCES RELIGIEUSES.

Ces peuples n'adorent jamais des dieux en bois ou en pierre. Ces effigies hideuses que l'on observe entre leurs mains, ainsi qu'aux portes de leurs cabanes et de leurs tombeaux (*), ne sont que des emblèmes, des signes mystiques qui ne peuvent pas être considérés comme de vraies idoles, pas plus du moins que les effigies des saints vénérés par les rites de la religion catholique (**).

Il en est de même de ces *pounamous* qu'ils portent au cou, et dont ils font un grand cas ; sans doute ils y attachent quelques idées superstitieuses, mais ils ne leur accordent aucun culte positif (***). Forster avait considéré ces pierres comme des amulettes, et il raconta qu'elles étaient connues sous le nom de *tiki* chez les Zeelandais ; aussi

---

(*) Cook, premier voyage, t. III, p. 290.
(**) Cruise ; d'Urville, t. III, p. 639.
(***) Cook, 2ᵉ voyage, t. II, p. 88.
(****) Savage, p. 85 ; Sainson ; d'Urville, t. II, p. 253 ; Gaimard ; d'Urville, t. II, p. 255.
(*****) Gaimard ; d'Urville, t. II, p. 280.

(*) B. Wood ; d'Urville, t. III, p. 226 ; Kendall ; d'Urville, t. III, p 246 ; Marsden ; d'Urville, t. III. p. 442 ; Quoy ; d'Urville, t. II, p. 285.
(**) Crozet ; d'Urville, t. II, p. 69.
(***) Missionary Register ; d'Urville, t. III, p. 230.

les comparait-il aux *tii* des Taïtiens (*). Il est possible qu'à *Totara-Nouï* ces emblèmes portassent le nom de *tiki* ; mais M. d'Urville ne croit pas que cette désignation soit en usage chez les peuples du Nord de la Nouvelle-Zeeland. Il fait observer, en outre, que *tiki* signifie aussi voir, et qu'il peut y avoir eu confusion.

Suivant quelques indigènes, Maoui-Moua et Maoui-Potiki, leurs deux principales divinités, étaient deux frères dont le premier tua et mangea le cadet ; d'où dériverait leur habitude de manger leurs ennemis tués dans le combat.

Suivant M. Nicholas, le premier des dieux, le véritable Jupiter des Zeelandais, serait *Maoui-Rauga-Rangui*, dont le nom signifie littéralement Maoui, habitant du ciel. *Tipoko*, dieu de la colère et de la mort, marche immédiatement après lui. Comme le plus redoutable, c'est lui qui aurait le plus de part aux hommages des mortels. *Towaki*, suivant d'autres *Tauraki* (**) (peut-être plus exactement *Tau-Wati*), comme maître direct des éléments, jouerait aussi un rôle important. C'est au courroux de ce dieu que sont dus les orages et les tempêtes. Dans un coup de vent violent qu'essuya M. Nicholas dans la baie Chouraki, les naturels décidèrent que le dieu de Houpa était *nouï nouï kadidi*, très-courroucé contre ce chef (***).

Après ces trois divinités seulement, marcheraient *Maoui-Moua* et *Maoui-Potiki*, dont le premier n'a guère eu d'autre emploi que de former la terre tant qu'elle est restée au-dessous des eaux, et de la tenir toute prête à être attirée à la surface au moyen d'un hameçon qui la tenait attachée à un immense rocher. *Maoui-Potiki* la reçut ainsi préparée des mains de son frère, l'entraîna à la surface de l'eau et lui donna la forme qu'elle a aujourd'hui. Ce dieu préside en outre aux maladies humaines, et le plus important de ses priviléges est de pouvoir donner la vie que *Tipoko* seul peut retirer (*). Quand on le nomme seulement *Maoui*, ce dieu joue un très-grand rôle dans les opinions superstitieuses de ces peuples ; car on conçoit facilement que les fonctions des trois *Maouis* peuvent se confondre et se réunir sur un seul et même être dans leurs idées. Suivant Forster (**), Maoui était aussi adoré aux îles de la Société ; suivant M. Ellis, Maoui n'aurait été qu'un prophète très-célèbre dans ces mêmes îles (***). Enfin, selon Mariner, Maoui, nouvel Atlas, supportait la terre, et ses mouvements occasionnaient les tremblements de terre (****).

Heko-Toro, dieu des charmes et des enchantements, perdit jadis sa femme. Il alla la chercher en plusieurs endroits inutilement, et ne la trouva enfin qu'à la Nouvelle-Zeeland. Au moyen d'une pirogue suspendue au ciel par les deux bouts, ces deux époux rejoignirent leur demeure céleste, où ils brillent encore sous la forme d'une constellation.

Serait-il vrai que les Zeelandais croient que le premier homme fut créé par le concours des trois Maouis, que le premier eut la plus grande part à cette œuvre, et qu'enfin la première femme fut formée d'une des côtes de l'homme ? Ce serait un rapprochement bien singulier avec la tradition de la Genèse. Ce qui rendrait cette analogie plus remarquable encore, serait le nom d'*Ioui* que ces insulaires donnent aux os en général, et qui pourrait bien n'être qu'une corruption du nom de la mère du genre humain, suivant les écrits de Moïse, ainsi que le pensent Nicholas et d'Urville.

L'histoire de *Rona*, qui tomba dans un puits, s'accrocha à un arbre, et fut ensuite transporté dans la lune, où on le voit encore aujourd'hui, est moins

---

(*) Forster; d'Urville. t. III, p. 21.
(**) Marsden; d'Urville, t. III, p. 353 ; Nicholas; d'Urville, t. III, p. 581.
(***) Nicholas, t. I, p. 390.

(*) Nicholas; d'Urville, t. III, p. 581.
(**) Cook, 2⁵ voyage, t. V, p. 143.
(***) W. Ellis, Polynes. Research., t. II, p. 53 et suiv.
(****) Mariner, Account of Tonga, t. II, p. 110.

remarquable. Elle rappelle cependant les contes de bonnes femmes, accrédités en certains pays, touchant l'homme de la lune (*), et démontre qu'aux deux bouts du diamètre de la terre, l'esprit humain a le même penchant aux fables les plus ridicules, aux croyances les plus absurdes. Ce serait peut-être le meilleur argument à opposer au système de ceux qui veulent que la race humaine ait eu autant de berceaux distincts que de nuances marquées dans sa constitution et dans son organisation physique (**).

Les naturels ont des dieux qui président à certaines localités, comme celui qui habite la caverne Manava-Taoui (***), celui qui préside aux deux rochers de l'embouchure du Chouki-Anga, etc. (****). M. Marsden nous apprend de quelle manière ce dernier atoua, offensé par les marins du *Cossak*, se vengea de l'outrage commis envers les rochers sacrés, en causant la perte de ce navire (*****).

La première fois que les Zeelandais virent les Européens, ils les prirent aussi pour des divinités ou des esprits armés du tonnerre et des éclairs (******). Ces insulaires désignent tous les Européens, ou plutôt tous les blancs, sous le nom générique de *Pakeka*. Je n'ai jamais pu savoir, dit d'Urville, d'où ce nom tirait son origine; ce qui m'a surpris, c'est qu'il m'a semblé adopté sur les divers points de la Nouvelle-Zeeland, et cela donne lieu de croire que cette dénomination existait même avant les voyages de Cook. Les Nouveaux-Zeelandais avaient donc depuis longtemps connaissance d'une race d'hommes distincte de celle à laquelle ils appartenaient (*******).

M. Marsden demandait un jour à un insulaire comment il se figurait l'atoua. Celui-ci répondit : « Comme une ombre immortelle (*). » Quand M. d'Urville adressait la même question à Touai, ce chef disait que l'atoua était un esprit, un souffle tout-puissant, en laissant échapper tout doucement son haleine pour mieux exprimer sa pensée.

Cependant les Zeelandais croient que l'atoua revêt quelquefois une forme matérielle. Par exemple, ils sont convaincus qu'une personne attaquée d'une maladie mortelle est laissée au pouvoir de l'atoua qui s'est introduit dans son corps sous la forme d'un lézard, et qui lui ronge les entrailles (**), sans qu'il soit possible à aucun pouvoir humain de lui résister (***). En général, l'aspect du lézard impose à ces hommes une frayeur superstitieuse très-remarquable ; et, pour rien au monde, ils ne voudraient toucher à ce reptile (****).

La présence de l'atoua s'annonce le plus souvent, dit-on, par un sifflement bas et sourd. Du moins, c'est ainsi que celui de Kaï-Para révélait son approche, au dire du prêtre Moudi-Arou (*****). On sait que la même opinion régnait à Taïti.

Les roulements du tonnerre leur inspirent une terreur religieuse. Ce bruit présage les batailles (******). Les naturels s'imaginent que l'atoua, sous la forme d'un immense poisson, produit ce bruit; et ils lui adressent des prières pour le supplier de ne point leur faire de mal, non plus qu'à leurs amis. Cette opinion n'aurait-elle pas son origine dans les explosions volcaniques fréquentes sur leur île, surtout sur

(*) Savage, Blosseville, Nicholas, d'Urville, etc.
(**) D'Urville, ibid.
(***) Kendall; d'Urville, t. III, p. 236.
(****) Marsden; d'Urville, t. III, p. 342.
(*****) Marsden; d'Urville, t. III, p. 475.
(******) Blosseville; d'Urville, t. III, p. 699; Dillon; d'Urville, t. III, p. 706 et 709.
(*******) D'Urville.

(*) Marsden; d'Urville, t. III, p. 196.
(**) Nicholas; d'Urville, t. III, p. 623; Cruise; d'Urville, t. III, p. 660; Kendall; d'Urville, t. III, p. 234.
(***) Nicholas, t. II, p. 23; Leigh; d'Urville, t. III, p. 471.
(****) Nicholas, t. II, p. 125; Cruise, p. 320.
(*****) Marsden; d'Urville, t. III, p. 449.
(******) H. Williams; d'Urville, t. III, p. 525.

Pouhiari-Wakadi, située au milieu des eaux; et, dans cette fable, on retrouverait encore le germe de celles qui furent jadis accréditées chez les Grecs, sur *Encelade*, *Typhon*, *Briarée*, etc. Le nom d'*Ika-na-Maoui*, pour l'île septentrionale, semble avoir trait à l'existence du poisson monstrueux. A cette fable se rattache sans doute l'opinion bizarre qu'ils se sont formée relativement à l'origine du *pounamou*, le jade vert qu'ils emploient à la fabrication de leurs outils et de leurs ornements les plus précieux (*).

Déjà Cook avait appris qu'on le ramassait dans un grand lac situé à une ou deux journées des bords du canal de la Reine-Charlotte. Il provient, disait-il, d'un poisson qu'on harponne et qu'on traîne au rivage, où il se change, par la suite, en pierre. Ce lac se nomme *Tavaï-Pounamou*, et ce serait ce lieu qui aurait donné son nom à l'île méridionale (**). M. Nicholas, trente années plus tard, trouva la même opinion parmi les habitants de Moudi-Wenoua (***).

RELIGION.

Les dieux principaux de la Nouvelle-Zeeland sont : *Dieu le Père*, *Dieu le Fils et Dieu l'Oiseau* ou *l'Esprit*. Dieu le père est le plus puissant, et se nomme *Noui-Atoua*, le maître du monde. Toutes les autres divinités lui sont subordonnées; mais chaque naturel à son *atoua*, espèce de divinité secondaire, qui répond assez exactement à l'ange gardien des croyances chrétiennes. Les prêtres se nomment *Arikis*, et parfois on les désigne par les noms de *Tahé-Tohonga*, ou hommes savants; et leurs femmes, qui remplissent les fonctions de prêtresses, sont les *Wahiné-Ariki*, ou *Wahiné-Tohonga*, ou savantes femmes. Chaque pâ (village) possède une cabane, plus grande que celle des habitants, qui se nomme *Waré-Atoua*, ou Maison de Dieu, qui est destinée à recevoir la nourriture sacrée, *a o kaitou*, et dans laquelle on fait des prières, *karakia* (*).

Les cérémonies religieuses les plus ordinaires sont accomplies par les *arikis*, dont la voix implore hautement et en public la protection de *l'atoua*. Ils ont la plus ferme croyance aux songes, qu'ils pensent leur être envoyés par la Divinité, et toutes les affaires se décident par des prêtres, seuls chargés d'interpréter les volontés célestes. Les diverses tribus, dans leurs guerres continuelles, ne se livrent jamais aux hostilités sans avoir interrogé *Oai-Doua*, ou l'Esprit saint, par une solennité nommée *Karakia-Tanga*. Ils semblent consacrer par des cérémonies religieuses les époques les plus marquantes de la vie; c'est ainsi qu'à la naissance des enfants, les parents se réunissent pour faire de cette circonstance une fête de famille, dans laquelle ils prononcent des sentences, et tâchent de pronostiquer un heureux horoscope. M. Kendall, à qui on doit ces détails, croit trouver dans cette cérémonie, nommée *toïnga*, le baptême des chrétiens, et il va même jusqu'à dire qu'on asperge les enfants avec une eau sacrée, *ouaï tapa* ou *ouaï toï* (eau baptismale). Leur mariage reçoit en soi une sorte de sanction religieuse, et leur mort est entourée de prières. Les naturels pensent qu'il y a une grande différence entre notre dieu et le dieu de la Nouvelle-Zeeland; mais ils se contentent de considérer qu'il est fort bien à nous d'observer les ordres de notre Dieu, et qu'ils doivent rester soumis à la juridiction du leur (**).

ENTRETIENS DES MISSIONNAIRES AVEC LES NATURELS TOUCHANT LA RELIGION.

Un jour les missionnaires causèrent longuement avec quelques indigènes sur l'immortalité de l'âme et la résurrection des corps. La première est

---

(*) D'Urville.
(**) Cook, 3ᵉ voyage, t. I, p. 177.
(***) Nicholas; d'Urville, t. III, p. 627.

(*) Lesson.
(**) Lesson.

une doctrine universellement reçue parmi eux ; mais ils ne peuvent comprendre la dernière, quoiqu'ils n'en récusent point la possibilité. On leur représenta l'heureuse mort des justes, ajoutant que, quand Dieu leur révélait qu'ils allaient mourir, ils n'étaient nullement effrayés, et qu'ils se trouvaient heureux de penser qu'après cette vie ils allaient habiter le même endroit que leur dieu. Mais il n'en est pas de même avec les Nouveaux-Zeelandais ; quand ils s'aperçoivent qu'ils vont mourir, ils sont très-effrayés, et ne souhaitent point la mort. Les naturels avouaient que c'était toujours ce qui arrivait à leurs compatriotes, et qu'ils la redoutaient constamment.

« Je leur assurai, dit M. Marsden, que quand ils comprendraient le livre de Dieu, qu'il avait donné au peuple blanc, et que les missionnaires leur donneraient et leur apprendraient à connaître, alors ils n'auraient pas plus de frayeur de la mort que ceux des blancs qui sont bons. Ils saisissaient parfaitement la différence qui existe entre l'homme qui redoute le trépas, et celui qui n'en est pas effrayé. Ils disaient que toutes les âmes des Nouveaux-Zeelandais, au moment de la mort, se rendaient dans une grotte au cap Nord, et que de là elles descendaient dans la mer pour aller dans l'autre monde. Les privations et les mortifications que ces misérables païens souffrent d'après l'idée qu'ils attachent au crime, et par suite de leurs frayeurs, sont nombreuses et pénibles : à moins que la révélation divine ne leur soit communiquée, ils ne trouvent point de remède qui puisse affranchir leurs esprits des liens de la superstition, sous l'empire de laquelle plusieurs d'entre eux tombent malades, languissent et finissent par périr. Ils n'ont point d'idée d'un dieu de miséricorde qui puisse leur faire du bien ; mais ils vivent dans l'appréhension funeste d'un être invisible, qui, suivant leur croyance, est toujours prêt à les tuer et à les dévorer, et qui les tuera s'ils négligent un *iota* dans une de leurs superstitieuses cérémonies. Boire un peu d'eau à ma coupe, quand ils sont taboués par le prêtre, serait regardé comme une offense à leur dieu, suffisante pour le porter à les mettre à mort. Quand je leur disais que mon dieu était bon, qu'il prenait soin de moi jour et nuit, partout où j'allais, que je ne craignais point sa colère, et qu'il m'écoutait toujours quand je lui adressais mes prières, ils disaient qu'ils n'avaient point de dieu semblable, et que le leur ne faisait que punir et tuer. »

HORRIBLE SUPERSTITION.

Après de cruelles souffrances, le célèbre chef Touaï quitta cette vie le 17 octobre 1824. Le capitaine Lock du *Mary*, alors mouillé dans la baie des Iles, apprit qu'il était très-mal à terre, n'ayant d'autre ressource que de l'eau et de la racine de fougère. Sa tribu avait considérablement souffert des troupes de pillards qui étaient tombées sur elle des diverses parties de la baie. Le capitaine l'envoya chercher dans son canot pour lui procurer les secours de la médecine et une nourriture convenable. Mais il était trop tard : Touaï mourut à bord. Sa tribu tua un esclave pour empêcher sa mort, et quatre autres furent sacrifiés pour apaiser ses mânes. Cette horrible superstition se renouvelle à la mort de tous les chefs.

ALIMENTS.

La base de la nourriture végétale des Nouveaux-Zeelandais, leur aliment de tous les jours, en un mot celui qui répond au pain pour les nations de l'Europe, au riz pour celles de l'Orient, à la cassave pour une foule de peuples de l'Amérique, c'est la racine d'une espèce de fougère qui ressemble fort à la nôtre, et qui couvre de ses feuilles ramifiées tous les coteaux incultes et déboisés. Cette fougère a reçu des naturalistes le nom de *pteris esculenta* (*), et c'est la même qui, dans

(*) Cook.

toute l'Australie, fournit aussi l'aliment habituel des indigènes. C'est peut-être l'unique trait de ressemblance que les fiers insulaires de la Nouvelle-Zeeland aient avec les misérables créatures clair-semées sur la surface de l'Australie.

Comme les racines de cette plante s'enfoncent profondément en terre, les Zeelandais se servent, pour les arracher, de pieux aiguisés, et munis d'une espèce d'étrier, afin d'y appuyer le pied, ce qui leur donne tout à fait la forme d'échasses (*). Ils mettent en bottes ces racines, qu'ils laissent sécher pendant quelques jours à la chaleur du soleil ; une fois desséchées, elles se conservent plus ou moins longtemps sous le nom de *nga-doué*. Quand on veut s'en servir, on présente la racine au feu pour la griller légèrement : puis on la bat quelque temps sur une pierre, avec un petit maillet particulièrement destiné à cet emploi, pour la ramollir. C'est à cet état que les naturels la mâchent entre leurs dents : en temps de disette, et à défaut d'autre nourriture, ils avalent tout ; autrement ils se contentent de la mâcher jusqu'à ce qu'ils en aient exprimé tout le principe nutritif et sucré, et rejettent la partie fibreuse (**).

M. Nicholas trouve à cette racine chaude un goût doux et agréable, et dit qu'après un long séjour dans l'eau elle dépose une substance glutineuse, qui ressemble à de la gelée (***). D'autres Européens en ont mangé avec plaisir, et les Anglais qui se fixent dans ces contrées éloignées s'accoutument promptement à ce genre de nourriture. Un jour, dit M. d'Urville, que je visitais avec Touaï l'intérieur du pâ de *Kahou-Wera* (voy. pl. 190) j'en demandai, et ce chef m'en choisit dans une corbeille un morceau qu'il m'assura être de la meilleure qualité. Un goût faiblement mucilagineux, une pâte visqueuse, du reste parfaitement insipide, et une consistance coriace, furent tout ce que je sentis, et il me fut impossible d'avaler le morceau que je portai à ma bouche. Touaï, au contraire, qui venait de déjeuner copieusement avec moi, en mangea sur-le-champ plusieurs morceaux avec une satisfaction évidente, et il m'assura que c'était fort bon, bien qu'inférieur pour la qualité à notre *taro* (pain.)

Quoi qu'il en soit, les esclaves mangent rarement autre chose que de la racine de fougère ; et, dans toutes les circonstances possibles, c'est la ressource immédiate de toutes les classes de la société. Ces insulaires en font des récoltes considérables, qu'ils conservent en magasin (*), toutes prêtes à leur servir d'approvisionnement en cas de siége de la part de leurs ennemis, ou de provisions de campagne quand ils vont les attaquer sur leurs pirogues.

Outre le *pteris esculenta*, il est une autre sorte de fougère en arbre, que Forster nomme *aspidium furcatum*, et que les botanistes modernes ont appelée *cyathea medullaris*, qui fournit aux insulaires un aliment plus substantiel que la précédente. C'est la partie inférieure de la tige voisine de la racine qu'ils font cuire dans leurs fours en terre. Anderson compare cette substance cuite à de la poudre de sagou bouillie ; mais sa consistance est plus ferme. Cette fougère est beaucoup moins commune que l'autre. Suivant Forster, la moelle de *cyathea* porterait à Totara-Nouï le nom de *mamagou*, tandis que la racine de fougère se nommerait *pongaï* (**)

La patate douce, *convolvulus batatas*, nommée par les Zeelandais *koumara*, était le végétal le plus généralement cultivé dans ces contrées avant que les Européens en eussent fait la découverte. Cette racine, inconnue dans les autres îles de la Polynésie, était-elle propre au sol de la Nouvelle-Zeeland, ou bien y avait-elle été importée à une époque qui nous

(*) Crozet ; d'Urville, t. III, p. 59.
(**) Cook ; d'Urville, etc
(***) Nicholas ; d'Urville.

(*) Crozet ; d'Urville.
(**) Cook, deuxième voyage.

est demeurée inconnue?.... C'est ce qu'il serait difficile de décider aujourd'hui ; toutefois, les superstitions dont sa culture est environnée sembleraient lui assigner une origine étrangère, et rappeler en même temps les précautions minutieuses qu'imaginèrent ceux qui l'introduisirent dans le pays pour en assurer la propagation et la conservation. Nonobstant les diverses plantes que les Européens ont introduites dans Ika-na-Maoui, la patate douce est demeurée pour les habitants de cette île, le mets le plus délicieux, l'aliment le plus délicat parmi tous ceux qu'ils connaissent. Soit qu'ils veuillent faire honneur à des étrangers, soit qu'ils doivent se régaler entre eux, la patate douce forme la base principale de leurs festins. Il est certain que les hommes du peuple n'en mangent que dans les occasions solennelles, ou bien quand ils peuvent piller les magasins de leurs ennemis. Il paraît que cette racine est d'une excellente qualité dans la Nouvelle-Zeeland, et qu'on n'en trouve nulle part qu'on puisse comparer à celle de ce pays (*).

Quoique ces insulaires fissent beaucoup moins d'usage des racines de l'*arum esculentum* (taro), cette plante existait chez eux avant l'arrivée des Européens, et ils la cultivaient en certains endroits; c'est cette plante que Banks cite, dans le premier Voyage de Cook, sous le nom d'*eddous*, et que le capitaine lui-même nomme *cocos* Nous ne savons point quelle était la racine qu'il désigne par le nom d'igname, attendu que nous ne pensons pas que le *dioscorea sativa* fût connu de ces peuples (**).

La pomme de terre, nommée *kapana*, est cultivée si abondamment dans les deux îles de la Nouvelle-Zeeland, qu'elle fournit non-seulement aux besoins des habitants, mais encore que les navires peuvent s'en procurer à vil prix des provisions considérables, précieuses à cause de la saveur et de la facilité de sa préparation. On en doit la naturalisation aux Européens.

(*) Savage, p. 54.
(**) D'Urville, t. II, p. 474.

Passons en revue la nourriture animale des Nouveaux-Zeelandais.

Les seuls quadrupèdes vraiment indigènes sont le chien et le rat. La chair du premier est regardée comme une friandise, et les naturels mangent aussi celle du rat. Un chef, ayant remarqué un jour que l'espèce d'Europe était plus grosse que celle de son pays, témoigna le désir qu'on l'introduisît à la Nouvelle-Zeeland pour accroître ses ressources alimentaires. La race du chien natif est devenue rare aujourd'hui dans les cantons du Nord, surtout dans ceux que fréquentent les Européens (*).

On connaît tous les efforts que tenta à diverses reprises l'illustre Cook pour enrichir cette contrée de chèvres et de cochons. Il est probable que c'est à lui que les Nouveaux-Zeelandais doivent ces derniers animaux. Leur espèce n'a pas tardé à se propager avec une grande rapidité, et le récit du voyage de l'*Astrolabe* prouve à quel point elle est devenue abondante aux environs du cap Est; mais quelle que soit son abondance, sa chair n'est jamais un aliment habituel, même pour les chefs. Ils ne s'en permettent l'usage qu'en certaines solennités, et les hommes du peuple prennent bien rarement part à ce régal, à moins que ce ne soit aux dépens de l'ennemi. Les Zeelandais réussissent à prendre au lacet ou à l'affût, pendant la nuit, certaines espèces d'oiseaux, surtout la grosse colombe nommée *koukoupa*, qui habite les forêts, des canards, des cormorans, des albatros et autres oiseaux de mer. Le premier de ces volatiles offre un excellent mets; mais ces ressources sont bien éventuelles. Dans ces derniers temps, les insulaires ont reçu des Européens les poules, qu'ils nomment *kakatoua*, et ils commencent à les élever : ils n'en font pas cependant un grand cas comme ressource alimentaire; mais ils aiment beaucoup les coqs pour leurs longues plumes flottantes, surtout pour leur chant qui les égaye. Leur affection pour cet oiseau est telle, qu'ils en ont

(*) D'Urville.

souvent à bord de leurs pirogues dans leurs excursions militaires. Mais à terre, ces animaux leur causent de grandes inquiétudes, en profanant étourdiment leurs sépultures et autres lieux voués au *tapou*. Comme étant sujets au même crime, les cochons sont ordinairement tenus loin des villages et des lieux consacrés. Le même motif les a fait s'opposer aux efforts des missionnaires pour introduire les bêtes à corne dans leur île (*).

La mer pourrait offrir à ces sauvages une ressource plus constante et plus assurée. Leurs côtes nourrissent d'incroyables quantités de poissons de la plus belle espèce et de la chair la plus exquise. Au moyen de leurs immenses filets, de leurs lignes et de leurs hameçons, ces hommes réussissent à se procurer des pêches abondantes. En été, ils mangent le poisson tout frais, après l'avoir vidé et fait rôtir sur les charbons ou cuire dans leurs fours en terre, enveloppé de feuilles vertes. Aux approches de l'hiver, ils en dessèchent des provisions considérables pour leur servir durant la mauvaise saison, surtout diverses espèces de raies et de chiens de mer. Ils mangent de grand appétit ce poisson sec, bien que les vers y pullulent. Pour le préparer, ils se bornent à le tenir, durant quelques jours, exposé à l'ardeur du soleil sur des plates-formes plus ou moins élevées au-dessus du sol. Les coquillages de toute espèce et les crustacés, qui abondent sur leurs côtes, leur offrent encore une ressource journalière, dont ils savent tirer un grand parti. Quand il arrive que quelqu'un des immenses cétacés qui vivent dans ces parages vient à échouer sur leurs rivages, sa chair est regardée par les Zeelandais comme l'un des mets les plus délicieux. Ils accourent en foule sur le dos du monstre marin, et se festoient à ses dépens durant plusieurs jours, même quand sa chair corrompue répand déjà une infection suffisante pour en repousser l'Européen le moins délicat. On a vu des tribus rivales se livrer des combats sanglants pour se disputer la possession d'une baleine échouée. Le goût des Zeelandais pour la chair de ce cétacé subsiste encore chez ceux même qui ont participé aux douceurs de la civilisation. La chair du requin, *mango*, n'est pas moins estimée. Crozet, Cook et Anderson avaient déjà observé que ces naturels savouraient avec un plaisir extrême le suif et la graisse des veaux marins. Les huiles de poisson puantes, leur écume, même étaient pour eux des friandises très-recherchées (*).

Quelques voyageurs ont observé que ces hommes mangeaient une espèce de gomme verte, dont ils paraissaient faire un grand cas. On ne sait pas encore bien quel arbre la fournit. Crozet et ses compagnons en goûtèrent et lui trouvèrent une qualité fort échauffante; elle fondait facilement dans la bouche (**).

En général, ces insulaires, surtout les esclaves, ne font aucune difficulté de manger les entrailles et toutes les parties des animaux que les Européens rejettent. Ils dévorent avec avidité le biscuit pourri. Enfin plusieurs d'entre eux se régalent avec empressement de la vermine dont leur tête est souvent copieusement garnie (***).

Dans leurs aliments, les Zeelandais ne se servent jamais de sel ni d'aucune sorte d'épiceries. Ils n'aiment point les viandes ni les poissons salés des Européens. Un fait fort remarquable (****), c'est qu'ils ne connaissaient aucune sorte de boisson spiritueuse, et ne buvaient jamais que de l'eau. En général, ils détestent toutes les liqueurs fortes des Européens, selon Cruise; mais ils savourent avec délices toutes leurs boissons sucrées, comme thé, café, chocolat, et sont très-friands de sucre. Ce n'est qu'à la longue, et par une sorte d'éducation nouvelle, qu'ils peuvent s'accoutumer à l'usage du vin et du rhum; encore, dans ce cas, renoncent-ils rarement à leur sobriété

(*) D'Urville.

(*) D'Urville.
(**) Idem.
(***) Idem.
(****) Idem.

habituelle, et s'adonnent-ils très-rarement à l'ivresse. C'est un vice du moins qu'ils ne partagent point avec toutes les autres tribus polynésiennes, familiarisées avec ses effets par un usage immodéré du *kava*. La plante qui donne cette boisson, du moins une très-voisine (le *piper excelsum*), croît cependant à la Nouvelle-Zeeland, où elle porte le même nom; mais les naturels n'en font aucun usage (*).

M. H. Williams assura, il est vrai, à M. d'Urville, qu'ils faisaient quelquefois une liqueur spiritueuse avec les baies d'une espèce d'arbrisseau (*coriaria sarmentosa*, Forster); mais des naturels qu'il interrogea lui dirent au contraire que ces fruits étaient un poison; ce qui rend ce fait au moins très-douteux.

CUISINE.

La cuisine de ces peuples est en général fort simple, et se réduit à faire rôtir au four ou griller leurs aliments. Dans le dernier cas, il suffit de les placer sur des charbons ardents pendant quelque temps, et c'est le moyen qu'on emploie pour les petites pièces, comme oiseaux, poissons, coquillages, ou bien quand le temps dont on peut disposer ne permet pas de les préparer avec plus de soin. Le poisson, une fois nettoyé, est enfilé dans une broche en bois fichée en terre près du foyer. On a soin de la tourner de côté et d'autre, jusqu'à ce que le poisson soit cuit. Quand il s'agit de pièces plus importantes, et même pour faire cuire à la fois une plus grande quantité de patates douces, de taros, ou de pommes de terre, ils ont recours à leurs fours. Ce sont des trous circulaires, creusés en terre, de deux pieds de diamètre sur un ou deux pieds de profondeur. Quand les naturels veulent s'en servir, ils commencent par les remplir de pierres, et ordinairement de galets, qu'ils préfèrent à toute autre pour cet usage. Les pierres une fois chauffées à rouge, on retire tous les tisons, en ne laissant que les charbons et la braise, que l'on entoure de broussailles trempées dans l'eau, et que l'on recouvre d'un lit de feuilles vertes. Sur ce lit sont placés les pièces de viande, le poisson et les patates que l'on veut apprêter; ces objets sont encore recouverts de feuilles vertes, et quelquefois d'une natte grossière en paille. On jette deux ou trois pintes d'eau par-dessus, puis on recouvre aussitôt le four de terre. On laisse cuire le tout, et, quand on juge qu'il s'est écoulé pour cela un temps suffisant, on ouvre le four et l'on retire les mets. Préparés suivant ce procédé, leurs vivres ont un goût délicieux, et je n'ai jamais mangé rien de meilleur, dit Cruise, que leurs patates et leur porc cuits de cette manière. On ne pouvait reprocher à la viande d'autre désagrément que d'être un peu charbonnée à l'extérieur. Les naturels la découpent ensuite avec des couteaux faits de coquilles de moules. Chaque maison a toujours près d'elle un ou plusieurs fours de cette espèce pour le service de ses habitants. Comme nous l'avons déjà mentionné, la cuisine est du ressort habituel des esclaves, et c'est de là qu'ils ont pris le nom de *kouki* de *cook* (cuisinier en anglais). Dans les familles qui n'ont point d'esclaves, les femmes, dit d'Urville, remplissent ces fonctions qui sont humiliantes aux yeux des hommes. Ils ont encore une manière fort simple d'apprêter le poisson, et qui équivaut à le faire bouillir. Après l'avoir nettoyé, ils l'enveloppent de plusieurs feuilles de chou; ils le placent sur une pierre plate chauffée d'avance, et ont soin de le tourner de temps en temps, de façon que la vapeur qui s'exhale des feuilles opère l'effet de l'eau bouillante. Ainsi préparé, dit M. Savage, le poisson a un excellent goût (*). Comme en beaucoup d'autres lieux, les sauvages de la Nouvelle-Zeeland allument du feu en faisant tourner verticalement et rapidement un morceau de bois dur dans un trou fait dans une pièce d'un bois plus mou; ce

(*) D'Urville.

(*) Crozet; Blosseville; Rutherford; Savage; et Cruise, comp. par d'Urville.

mouvement ressemble à celui du moussoir à chocolat. Le premier de ces morceaux de bois se nomme *kau-ouré* et l'autre *kau-weti* (*).

PRINCESSE AVEUGLE CULTIVANT LA TERRE.

Les principaux habitants de Rangui-Hou ont à Tepouna leurs jardins de patates douces. « Nous en trouvâmes, dit M. S. Marsden dans son journal, un grand nombre à l'ouvrage dans leurs lots particuliers : les uns se servaient de bêches et de pioches qu'ils avaient reçues de nous; d'autres, de bêches de bois à longs manches et de la même largeur que la bêche anglaise; quelques-uns, qui n'avaient ni bêches ni pioches, retournaient la terre avec de petites spatules de trois pieds de long. Les bêches de bois et les spatules ne peuvent servir que pour les terres légères et qui ont été déjà travaillées. Ils ont un autre instrument de sept pieds de long, acéré comme un piquet; à deux pieds environ de la pointe est assujetti un morceau de bois, sur lequel se pose le pied pour aider à l'enfoncer en terre. Cet outil se nomme koko. Ils arrachent avec les mains toutes les mauvaises herbes, et les recouvrent de terre à mesure qu'ils continuent à bêcher.

« Les naturels furent enchantés de nous voir, et tous à l'envi réclamaient des bêches et des pioches. Nous regrettâmes beaucoup qu'il ne fût pas en notre pouvoir de satisfaire leurs désirs. Nous voyions avec chagrin les pénibles fatigues qu'ils endurent et le peu de fruit qu'ils en retirent, en travaillant avec leurs grossiers instruments.

« En traversant ces champs de patates, nous apprîmes que Chongui possédait un lot très-étendu, et qu'il se trouvait alors dans son jardin. Nous allâmes le visiter, et nous le trouvâmes au milieu de ses gens, qui étaient tous occupés à préparer la terre pour planter. Chongui nous reçut avec une grande politesse; je vis sa femme travaillant avec une spatule, tandis que sa petite fille, âgée de quatre à cinq ans, était assise sur le sillon que traçait sa mère. Je connaissais l'âge de cette enfant; car elle était née dans le pâ (village fortifié) de Chongui, à trente milles environ de Rangui-Hou, la nuit même où j'y couchai la première fois que je vins dans la Nouvelle-Zeeland. La femme de Chongui me rappela cette circonstance, et ajouta qu'elle avait donné le nom de *Marsden* à la petite, en souvenir de ce que je me trouvais alors chez eux.

« Cette femme a trente-cinq ans environ, et est tout à fait aveugle. Elle perdit la vue par suite d'une inflammation qui lui attaqua les yeux, il y a trois ans environ. Elle paraissait bêcher la terre aussi vite et aussi bien que ceux qui voyaient clair. Elle arrachait l'herbe avec les mains à mesure qu'elle avançait, puis elle la gardait sous ses pieds pour savoir où elle était; ensuite elle bêchait et recouvrait enfin la mauvaise herbe avec la terre fraîchement remuée. Je lui dis que si elle voulait me céder sa spatule, je lui donnerais en retour une bêche. Cette offre fut acceptée avec empressement, et elle envoya sur-le-champ sa fille porter sa spatule à M. Butler, et recevoir en échange la bêche.

« Quand nous considérions la femme d'un des plus grands chefs de la Nouvelle-Zeeland, d'un homme qui possède d'immenses et fertiles campagnes, et dont le nom inspire la terreur à tous ceux qui habitent depuis le cap Nord jusqu'au cap Est; quand, dis-je, nous considérions cette femme travaillant péniblement avec une bêche en bois, malgré sa cécité, pour se procurer une modique provision de patates, ce spectacle excitait en nos cœurs des sensations et des réflexions étranges, tout à la fois agréables et pénibles ; elles nous animaient des plus purs sentiments de charité.

« Dans tous les districts que nous avons visités, nous avons trouvé les habitants généralement laborieux, autant que le permettaient leurs moyens; mais leur industrie se trouvait comprimée

(*) D'Urville et Kendall, Grammar of New-Zeeland, p. 161.

par le défaut d'instruments d'agriculture. Il est inutile que nous produisions d'autre preuve de leur disposition au travail que celle que nous venons de citer. Si une femme du premier rang, tout aveugle qu'elle est, peut, par habitude, travailler dans ses champs avec ses serviteurs et ses enfants, à quel point ce peuple ne pourra-t-il point s'élever, quand il aura pu se procurer les moyens d'améliorer sa situation en perfectionnant la culture des terres ! »

ACCUEIL.

Lorsque les Nouveaux-Zeelandais ont à recevoir un étranger, un parent ou un ami de distinction, qu'ils n'ont pas vu depuis longtemps, le personnage le plus important de la tribu s'avance au-devant de lui avec une branche d'arbre à la main, et débite d'un ton grave et modéré une harangue plus ou moins longue, mélangée sans doute de compliments sur son arrivée, et de prières aux dieux pour lui accorder « protection ». Ce n'est qu'après avoir rempli cette formalité qu'il donne le salut (*chongui*) à son hôte, et souvent celui-ci répond par un discours semblable à celui qui lui a été adressé.

M. Nicholas, se trouvant à Panake avec Touaï, observa la tante de ce chef, qui s'avançait à la rencontre de son neveu, à la tête de sa famille. Tous marchaient en ordre, dans un profond silence et un grand recueillement, tandis que la tante récitait des invocations ou prières à la divinité.

M. Cruise nous a représenté Koro-Koro recommandant l'équipage du *Dromedary* aux soins de Tetone, chef du Chouki-Anga, où ce navire devait se rendre, par un discours grave et solennel. Tetone répliqua par un autre discours, et qu'il débita en marchant, en gesticulant avec véhémence, pour donner plus de force à ses paroles.

Tous les voyageurs ont remarqué que ces naturels parlaient avec facilité et énergie ; leur organe est sonore, leur maintien simple et aisé, et leurs gestes ont une dignité naturelle très-remarquable. Leurs discours sont toujours écoutés de la part du peuple avec une attention parfaite et dans un profond silence.

Quand deux troupes de guerriers se rencontrent par hasard, les deux chefs s'avancent ordinairement l'un au-devant de l'autre, s'adressent la harangue accoutumée, et quand ils ont reconnu que leurs dispositions sont mutuellement amicales, les guerriers des deux troupes exécutent tour à tour une danse guerrière, à la suite de laquelle ils jettent leurs lances. Depuis qu'ils ont des armes à feu, ils les déchargent dans ces circonstances : c'est aussi le signal d'une réconciliation définitive, quand ils veulent terminer une querelle.

La danse guerrière et le simulacre de combat sont toujours de rigueur, lorsqu'une troupe de guerriers en marche veut témoigner sa haute considération à un chef, à une tribu, à des Européens auxquels ils vont rendre visite. Ces malheureuses représentations, faussement interprétées comme des menaces ou des provocations par les Européens, ont souvent donné lieu de leur part à des actes d'hostilité très-fâcheux. En lisant la relation du premier voyage de Cook, des exemples de cette nature se représentent à chaque instant.

SALUTATIONS (*).

Comme dans toute la Polynésie, les Nouveaux-Zeelandais se saluent en se frottant les nez l'un contre l'autre (voy. *pl.* 187) ; seulement ils ne prodiguent pas ce salut comme les autres Polynésiens, et c'est un acte solennel de bienveillance et d'affection mutuelles. S'il faut en croire M. d'Urville, il y a dans cet acte, outre l'action physique du contact, une exhalation lente et forte des haleines des deux individus, comme pour les confondre. L'haleine est pour eux l'emblème sensible de leurs esprits ou *waidouas*.

Leurs saluts ordinaires d'homme à homme sont : pour l'arrivée, *aire*

(*) Cook, Marsden, Cruise et d'Urville.

maï ra, viens ici en bonne santé ; pour le départ, *aïre atou ra*, va-t'en en bonne santé ; ou *iko nara*, reste ici ; suivant que la personne à laquelle on s'adresse, arrive, s'en va ou reste.

« La plus grande marque de considération et d'attachement qu'un Zeelandais puisse vous donner, dit d'Urville, est le salut qu'il nomme *chongui*, c'est-à-dire, de frotter le bout de son nez contre le vôtre. Comme tous les voyageurs, je pensais d'abord que ce salut bizarre se bornait à l'attouchement des nez ; mais M. Kendall m'expliqua que ce contact n'était qu'un simple accessoire extérieur, et que la base du salut consistait, de la part des deux personnes, à exhaler doucement leur haleine et à la confondre. Leur haleine est en quelque sorte l'emblème sensible de leur *waïdoua*, une émanation directe de leur âme ; et il serait difficile de donner une juste idée de l'importance qu'ils attachent à cette partie immortelle de leur être.

« En effet, j'ai souvent examiné ces naturels quand ils se saluaient, et j'ai reconnu la vérité de l'assertion de M. Kendall. Lorsque je voulus en demander la raison à Touai, il se contenta de me répondre : *breath*, haleine, comme il le faisait toujours par une simple parole, quand il ne pouvait développer sa pensée d'une manière satisfaisante ; puis, par des signes et des gestes, il indiquait que les souffles des deux personnes se confondaient ensemble.

« Au reste, il faut convenir que ces sauvages n'accordent jamais cette marque d'estime et d'attachement d'une manière légère ou irréfléchie, comme les Européens le font par leurs saluts ordinaires, et même par leurs accolades. Le plus souvent, ils s'examinent quelque temps, ils semblent étudier leurs sentiments naturels, quelquefois même ils parlent d'objets indifférents avant d'en venir au *chongui*, et ils ne se livrent jamais à cet acte qu'avec une gravité et un recueillement qui peuvent paraître ridicules à l'étranger mal instruit, mais qui ont quelque chose de solennel pour celui qui connaît l'objet de ce salut. J'ai vu Touai et Chongui, les premiers chefs des deux tribus rivales de Kidi-Kidi et de Paroa, dans la baie des Iles, s'examiner attentivement et causer un moment ensemble, puis se livrer tout à coup à ce témoignage authentique et sacré de leur union.

« Quand M. S. Marsden annonça à Te-Koke, chef de Pahia, la mort du fils de ce chef, arrivée à Port-Jackson, et dont il venait de recevoir la nouvelle, Te-Koke se fit indiquer l'endroit de la lettre où se trouvait le nom de son fils, il y appliqua son nez, et après lui toutes les personnes de sa famille ; puis il se mit à gémir durant plus de deux heures sur cette perte cruelle.

« Lorsque ce salut s'applique à des parents, à des amis dont on a été longtemps éloigné, il est toujours accompagné de soupirs, de gémissements, et même de cris plaintifs, qui durent d'autant plus longtemps, que l'affection est plus vive de part et d'autre. Les voyageurs se sont plu à nous citer une foule d'exemples de ce genre, et à retracer les marques de sensibilité manifestées par les sauvages en ces occasions. Moi-même je fus témoin de l'entrevue de Taï-Wanga avec son oncle Chongui, après une absence de dix-huit mois, et j'avoue que je fus véritablement touché. Souvent l'excès de cette sensibilité les porte à se déchirer la figure et diverses parties du corps pour mieux témoigner leur joie du retour d'une personne chérie, comme ils le feraient de leur douleur pour sa mort ; tant ces naturels sont persuadés qu'ils ne sauraient assez témoigner la vivacité de leurs affections sans faire couler leur sang.

« Le mot *chongui* doit s'écrire *e'hongui*, suivant la forme grammaticale, et c'est de là que le fameux chef de Kidi-Kidi tirait son nom. Ainsi la réunion des deux mots *chongui* et *ika* signifie littéralement, salut du poisson. On doit se rappeler que les Zeelandais accordent les honneurs divins à certains poissons monstrueux.

« Ces hommes, si pointilleux sur le salut *chongui*, n'avaient aucune idée du baiser ordinaire des Européens. Ils semblaient même ignorer complétement cette caresse entre personnes de sexe différent. »

MAKOUTOU OU ENCHANTEMENTS.

Les Nouveaux-Zeelandais croient fermement aux enchantements, qu'ils nomment *makoutou*. C'est une source intarissable de craintes et d'inquiétudes pour ces malheureux insulaires ; car c'est à cette cause qu'ils attribuent la plupart des maladies qu'ils éprouvent, des morts qui arrivent parmi eux. Certaines prières adressées à l'atoua, certains mots prononcés d'une manière particulière, surtout certaines grimaces, certains gestes, sont les moyens par lesquels ces enchantements s'opèrent : nouvel argument pour attester que partout les hommes se ressemblent plus qu'on ne le pense.

Toutes les fois que les missionnaires, pour démontrer aux naturels l'absurdité de leurs croyances touchant le tapou et le makoutou, leur ont offert d'en braver impunément les effets dans leurs propres personnes, les Zeelandais ont répondu que les missionnaires, en leur qualité d'arikis, et protégés par un dieu très-puissant, pourraient bien défier la colère des dieux du pays, mais que ceux-ci tourneraient leur courroux contre les habitants, et les feraient périr sans pitié, si on leur faisait une semblable insulte (*).

SONGES.

Les songes, surtout ceux des prêtres, sont d'une haute importance pour les décisions de ces sauvages. On a vu des entreprises, concertées depuis longtemps, arrêtées tout à coup par l'effet d'un songe, et les guerriers reprendre le chemin de leurs foyers au moment où ils se repaissaient de l'espoir d'exterminer leurs ennemis et de se régaler de leurs corps. Résister à l'inspiration d'un songe serait une offense directe à l'atoua qui l'a envoyé (**).

(*) Nicholas, Marsden et d'Urville.
(**) Marsden.

M. Dillon ne put se débarrasser des importunités d'un naturel qui voulait s'embarquer sur son navire pour se rendre en Angleterre, qu'en assurant à cet homme qu'un songe lui avait annoncé qu'il périrait infailliblement s'il entreprenait ce voyage.

FUNÉRAILLES.

Les Zeelandais rendent de grands honneurs aux restes de leurs parents, surtout quand ils sont d'un rang distingué. D'abord on garde le corps durant trois jours, par suite de l'opinion que l'âme n'abandonne définitivement sa dépouille mortelle que le troisième jour après le trépas. Ce troisième jour, le corps est revêtu de ses plus beaux habits, frotté d'huile, orné et paré comme de son vivant. Les parents et les amis sont admis en sa présence, et témoignent leur douleur de la mort du défunt par des pleurs, des cris, des plaintes, et notamment en se déchirant la figure et les épaules de manière à faire jaillir le sang. Plus encore que les hommes, les femmes sont assujetties à ces démonstrations cruelles de sensibilité. Malheur à celles qui viennent à perdre consécutivement plusieurs proches parents : leur figure et leur gorge ne seront durant longtemps qu'une plaie saignante; car ces démonstrations se renouvellent plusieurs fois pour chaque personne.

Au lieu de laisser le cadavre étendu tout de son long, comme en Europe, les membres sont ordinairement ployés contre le ventre et ramassés en paquet. le corps, et surtout celui d'un prêtre, *ariki*, est porté (v. pl. 186) dans un lieu palissadé et taboué. Des pieux, des croix, ou des figures rougies à l'ocre et sculptées, annoncent la tombe d'un chef; celle d'un homme du commun n'est indiquée que par un tas de pierres. Ces tombes portent le nom de *oudoupa*, maison de gloire.

On dépose sur la tombe du mort des vivres pour nourrir son waïdoua; car, bien qu'immatériel, il est encore, dans la croyance de ces peuples, susceptible de prendre des aliments. Un jeune homme à toute extrémité ne pouvait plus consommer le pain qu'un missionnaire lui offrait; mais il le réserva pour son esprit, qui reviendrait s'en nourrir, disait le moribond, après avoir quitté son corps, et avant de se mettre en route pour le cap Nord.

Un festin général de toute la tribu termine ordinairement la cérémonie; on s'y régale de porc, de poisson et de patates, suivant les moyens du défunt. Les parents et les amis des tribus voisines y sont conviés.

Le corps ne reste en terre que le temps nécessaire pour que la corruption des chairs leur permette de se détacher facilement des os. Il n'y a pas d'époque fixe pour cette opération; car cet intervalle paraît varier depuis trois mois jusqu'à six mois et même un an. Quoi qu'il en soit, au temps désigné, les personnes chargées de cette cérémonie se rendent à la tombe, en retirent les os, et s'appliquent à les nettoyer avec soin; un nouveau deuil a lieu sur ces dépouilles sacrées, certaines cérémonies religieuses sont accomplies; enfin les os sont portés et solennellement déposés dans le sépulcre de la famille. Dans ces sépultures, qui sont des grottes ou des caveaux formés par la nature, les ossements sont communément étendus sur de petites plates-formes élevées à deux ou trois pieds au-dessus du sol.

Il paraît qu'il y a des circonstances où les cadavres ne seraient point inhumés, et où ils seraient conservés dans des coffres hermétiquement fermés, ou déposés immédiatement sur des plates-formes, comme cela eut lieu pour le père de Wivia, pour cet enfant que M. Cruise vit à Covera-Popo, et sans doute aussi pour le corps que Koro-Koro montra à ce voyageur.

Probablement cela ne se pratique que pour les corps qui ont été préparés après la mort, et dont on ne craint point la putréfaction, tandis que pour les autres on attend que la chair puisse se détacher des os par un séjour suffisant dans la tombe.

Non-seulement les restes des morts sont essentiellement taboués, mais en outre les objets et les personnes employés dans les cérémonies funéraires sont assujettis au tapou le plus rigoureux. Avant de rentrer dans le commerce habituel de leurs compatriotes, ils ont à subir des purifications particulières, dont la nature et les détails nous sont encore inconnus.

La cérémonie de relever les os des morts joue le plus grand rôle chez ces sauvages. Les parents n'ont acquitté leurs devoirs envers leurs enfants, les enfants envers leurs parents, et les époux entre eux, qu'après avoir accompli cette indispensable opération. D'après l'idée que j'ai pu m'en former, l'enterrement ne serait qu'un état provisoire pour donner au corps le temps de se dépouiller de sa partie corruptible et impure; pour le défunt, l'état de repos définitif n'aurait lieu que du moment où ses os seraient déposés dans le sépulcre de ses ancêtres. Ces naturels bravent les périls les plus grands, les fatigues les plus pénibles, pour rendre les derniers devoirs à une personne qui leur est chère, quelle que soit la distance où elle aura péri, pourvu seulement qu'ils aient l'espoir de réussir. Les parents ont toujours eu soin de réclamer les os de leurs enfants qui sont morts pendant leur séjour à Port-Jackson, et la possession de ces dépouilles chéries apaise considérablement leurs regrets.

C'est faire un outrage sanglant à une famille, à une tribu, que de violer la tombe et de profaner les restes d'un de ses membres. Le sang seul peut payer une pareille insulte; et l'on connaît la vengeance terrible que Chongui exerça sur les habitants de Wangaroa, qui s'étaient permis de violer la tombe de son beau-père.

Les cadavres des hommes du peuple sont enterrés sans cérémonie. Ceux des esclaves ne peuvent jouir de ce privilége; ordinairement ils sont jetés à l'eau ou abandonnés en plein air. Quand les esclaves ont été tués pour crimes vrais ou prétendus, leurs corps sont quelquefois dévorés par les hommes de la tribu.

Une des coutumes les plus extraordinaires de la Nouvelle-Zeeland, c'est qu'à la mort d'un chef ses voisins se réunissent pour venir piller ses propriétés, et chacun s'empare de ce qui lui tombe sous la main. Quand c'est le premier chef d'une tribu qui vient à mourir, la tribu tout entière s'attend à être saccagée par les tribus voisines; aussi c'est pour elle un moment d'alarme et de désolation universelles. A moins qu'elle ne soit puissante et qu'elle ne compte un grand nombre de guerriers disposés à se défendre, la mort d'un chef entraîne la ruine de sa peuplade. Peut-être les ennemis ou les voisins d'une tribu choisissent-ils de préférence cette occasion pour l'opprimer, parce qu'en ce moment, outre la perte de son chef, qui doit naturellement affecter son moral, un devoir religieux et indispensable commande à ses enfants et à ses parents de se livrer à un deuil absolu, et les empêche par conséquent de veiller à leur propre défense (*).

CÉRÉMONIES APRÈS LES FUNÉRAILLES.

Voici en quoi consiste la cérémonie solennelle de relever les os des morts, ou du moins ce que Touai vit dernièrement pratiquer aux obsèques de son frère, le fameux Koro-Koro.

Cinq mois après les funérailles, et souvent davantage, on retire les os du tombeau où le corps avait été déposé, pour les placer définitivement dans la sépulture de la famille. Le plus proche parent est ordinairement chargé de cette fonction; et, par son contact avec un corps taboué, il devient nécessairement tapou lui-même au degré le plus éminent. Tant qu'il se trouve en cet état, personne ne peut le toucher; et si, par mégarde ou autrement, quelqu'un venait à le faire, il serait tué sans pitié si c'était un esclave, et son corps, comme *tapou*, serait abandonné à la voirie. Un Rangatira, coupable de ce sacrilége, serait au moins exposé à être dépouillé de ses biens ou de son rang (**).

(*) Cook, Crozet, Kendall, Leigh, Cruise, Marsden, comp. par d'Urville.
(**) Kendall, Cruise, Marsden et d'Urville.

SACRIFICES.

Après la mort d'un chef tué dans un combat, il est d'usage que le parti vainqueur procède au sacrifice qu'il doit faire à ses dieux. Le chef des prêtres, de concert avec les chefs civils, apprête ensuite le corps du défunt, tandis que la prêtresse et les femmes des chefs sont chargées des mêmes fonctions sur le corps de la femme. Ces corps sont dépecés, placés sur les feux et rôtis; certaines parties sont réservées pour être offertes aux dieux avec des prières et des rites particuliers.

De temps en temps les arikis prennent de petits morceaux de cette chair sacrée, et la mangent avec beaucoup de recueillement; c'est pendant ce temps qu'ils consultent les dieux sur l'issue de la guerre actuelle. Si les offrandes sont accueillies favorablement, le combat recommence; sinon, quelle que soit sa supériorité, le parti vainqueur renonce à combattre davantage, et reprend le chemin de ses foyers.

Tandis que les arikis accomplissent leurs cérémonies, les chefs sont assis en cercle autour des victimes, la tête cachée dans leurs nattes, et gardant un profond silence pour éviter de troubler ces augustes mystères ou de jeter sur eux un regard profane. Ils sont convaincus que l'atoua punirait sévèrement le moindre acte de mépris ou de négligence de leur part.

Quand les cérémonies sont terminées, les restes des corps sont distribués entre les chefs et les principaux guerriers, suivant leur nombre. Tous mangent de cette chair avec une satisfaction visible.

Le premier chef réserve aussi des morceaux de chair pour les distribuer à son retour à ses amis; car c'est la plus haute marque de distinction, la faveur la plus signalée qu'il puisse leur faire (*).

RAKAU TAPOU.

Lorsque la distance est trop grande

(*) Marsden, Dillon et d'Urville.

pour qu'on puisse espérer de rapporter la chair humaine sans être gâtée, les Zeelandais, dit M. d'Urville, ont imaginé une sorte de substitution, ou plutôt de transsubstantiation, d'une nature fort remarquable. Le prêtre met en contact avec la chair des chefs consacrée, un morceau de bois nommé *rakau tapou*, et l'y laisse un certain temps, durant lequel il récite diverses prières; puis il retire ce bois, l'enveloppe soigneusement dans une natte, et, durant tout le temps qui doit s'écouler jusqu'au retour, une personne tabouée est commise à la surveillance de cet objet sacré. Lorsque la troupe se trouve de retour dans ses foyers, on apporte soit un morceau de porc, soit des patates ou des pommes de terre; l'ariki retire le rakau tapou de ses enveloppes, le met de nouveau en contact avec ces vivres, en répétant ces prières mystiques. Quand tout est terminé, le rakau tapou est jeté dans les broussailles, ou dans un lieu où il ne soit pas exposé aux regards ni au toucher des profanes. Les vivres ont reçu la vertu des viandes sacrées, et les naturels qui sont restés au village s'en régalent avec autant de joie et de satisfaction mentale, que s'ils se repaissaient de la chair même de leur ennemi; du moins, ajoute d'Urville, c'est ce que m'assurait gravement Touai, quand il me donnait ces détails.

ESCLAVES IMMOLÉS.

Quand un chef ou quelque personne de distinction vient à mourir en temps de paix, des sacrifices humains ont aussi lieu. Un ou plusieurs esclaves, suivant le rang du défunt, sont immolés sur son corps. En cela, ces naturels pourraient avoir un double but, d'abord d'apaiser le waïdoua du défunt, et d'arrêter l'effet de son courroux sur ceux qui lui survivent; ensuite le désir d'offrir au mort les moyens d'être servi dans l'autre vie comme il l'était dans celle-ci.

Lorsque le fils de Pere Ika mourut à Parramatta, chez M. Marsden, cet ecclésiastique fut obligé d'interposer son autorité pour empêcher les compagnons de ce jeune homme de sacrifier deux ou trois jeunes esclaves qui se trouvaient avec eux à la Nouvelle-Galles du Sud, pour apaiser l'esprit du défunt.

Les esclaves destinés à être offerts en sacrifice sont ordinairement assommés d'un coup de *méré* par un parent du défunt, et celui-ci a soin de choisir le moment où sa victime semble ne pas se douter du sort qui lui est réservé. Pour diminuer l'horreur d'une telle action, les Zeelandais ont soin de répéter que l'on choisit communément pour cet objet les esclaves qui ont commis quelque mauvaise action, comme vol, enchantement, ou bien ceux qui ne peuvent ou ne veulent point travailler.

L'esclave qui a maudit son maître ne peut éviter d'être sacrifié; car on croit que c'est l'unique moyen d'apaiser l'atoua, et d'échapper à la malédiction proférée par la malheureuse victime.

Les corps des esclaves immolés à la mort des chefs et en leur honneur devraient être, à la rigueur, déposés près de ces derniers, et subir le même sort; mais il arrive souvent que les sacrificateurs préfèrent les manger; dans ce cas ils cèdent probablement à leur sensualité plutôt qu'aux dogmes de leur religion.

C'est le cas de faire remarquer que si la vengeance et la superstition furent sans doute les premiers motifs qui portèrent ces malheureux peuples à faire des sacrifices humains, la disette singulière d'animaux qui caractérise leurs îles dut pour beaucoup entrer dans le maintien de ces nouvelles cérémonies, à défaut d'autres victimes propres à y figurer (*).

SUICIDE.

Bien que ce ne soit pas une loi inexorable, une nécessité impérieuse qui les porte à cet acte, comme au Bengale et dans l'Inde, cependant on

---

(*) Marsden, Cruise, Williams, Hull, King et d'Urville.

voit souvent les femmes des chefs de la Nouvelle-Zeeland renoncer à la vie lorsqu'elles perdent leurs époux. D'ordinaire elles mettent fin à leurs jours et se pendent à un arbre; cette action est admirée et applaudie par leurs amis et leurs propres parents, comme la plus grande preuve d'attachement qu'elles puissent donner à la mémoire de leurs maris.

Quand Touai se décida à faire un voyage en Angleterre, son frère Koro-Koro désirait qu'il emmenât sa femme avec lui; M. Kendall voulait l'en dissuader, représentant combien la position de cette femme deviendrait fâcheuse, si son mari venait à périr dans le voyage : Koro-Koro se contenta de répliquer qu'en pareil cas la femme de Touai ferait très-bien de se pendre, suivant la coutume des Nouveaux-Zeelandais.

Quoique cette action soit bien plus rare de la part des hommes, on en a vu qui n'ont pas voulu survivre à la perte d'une femme tendrement aimée ou d'un parent chéri. Chongui tenta, dit-on, deux fois de se pendre à la mort de son frère Kangaroa.

Si la loi du pays n'oblige point formellement la femme à se détruire à la mort de son mari, elle lui interdit du moins de se remarier avant qu'elle ait relevé les os du défunt; car ce n'est que de ce moment qu'elle a acquitté tous ses devoirs envers son époux. Il paraît même qu'après ce délai elle ne peut contracter de nouveaux liens, sans imposer une sorte de tache à sa réputation; pour la conserver intacte, elle doit rester fidèle à la mémoire de son mari. Pour empêcher que la veuve ne profane cette mémoire par un mariage illégal, les parents du défunt poussent quelquefois la barbarie jusqu'à l'immoler à cette crainte.

La femme qui viole les coutumes de son pays en se remariant avant le délai prescrit, est punie de sa faute en se voyant dépouillée par ses voisins de tout ce qu'elle possède. On en voit un exemple frappant dans la veuve de Tara, malgré son haut rang, et dans celle de King-George, son second époux, qui partagea le châtiment qui lui fut infligé.

Les femmes sont très-sensibles aux reproches que leurs maris leur adressent, et il leur arrive quelquefois d'aller se pendre après en avoir reçu. Touai assura à M. d'Urville qu'une femme à qui il arriverait de lâcher par mégarde un vent devant son mari, irait sur-le-champ se pendre, et il lui raconta un fait de cette nature, récemment arrivé. Les missionnaires n'en avaient aucune connaissance, non plus que du cas lui-même. « J'ai d'autant plus de peine, dit ce savant navigateur, à admettre cette excessive délicatesse, que les jeunes esclaves qui vivaient avec nos matelots à bord ne se gênaient en aucune façon sur ce point (*). »

PURIFICATION.

Voici comment d'Urville explique la cérémonie de la purification.

« Touai fut obligé de se faire purifier : de retour chez lui, suivant l'usage, il prit, sur la tombe ou dans un lieu taboué, un morceau de bois, qui reçoit alors le nom de *popoa* (consacré). Devant l'ariki, il le porta solennellement à terre; l'ariki présenta à Touai une poignée de patates; celui-ci en prit une qu'il déposa en contact avec le popoa, et l'y laissa huit à dix minutes; elle était devenue tapou. Il la reprit, en rompit un morceau qu'il jeta avec respect derrière lui. C'était là la nourriture de l'atoua, de l'esprit du mort, auquel les mots du baptême font allusion. Il remit ensuite le reste dans la bouche du grand prêtre, qui devait l'avaler sans y porter les mains. Dès que la patate est devenue tapou par le contact avec le popoa, celui-ci est relevé, déposé dans la bouche de l'ariki, dont il est retiré peu après, et jeté dans un lieu où il ne soit exposé à tomber dans les mains de personne. Il est encore défendu à l'ariki de porter les mains à la seconde patate, et il doit également la recevoir dans sa bouche. Enfin il prend lui-même le

(*) Touai et d'Urville.

reste, le mange, et alors l'homme tabouté redevient libre, et peut communiquer sans danger avec ses parents et ses amis. »

ANTHROPOPHAGIE.

Les missionnaires ayant manifesté la crainte d'être mangés, dit Marsden, les chefs de la Nouvelle-Zeeland leur dirent de se rassurer; car s'ils étaient affamés de chair humaine, ils préféreraient la chair des Zeelandais, qui était d'un goût plus agréable que celle des Européens, en conséquence de l'habitude que les blancs avaient de manger trop de sel, assaisonnement qui déplaît aux premiers.

La conversation s'étant engagée sur la cause qui avait pu donner lieu à la coutume de manger de la chair humaine, les chefs dirent à M. Marsden qu'elle provenait de ce que les grands poissons de la mer mangeaient les autres, et de ce que quelques-uns mangent leur propre espèce. Ils alléguaient que les grands poissons mangent les petits, les petits poissons mangent les insectes, les chiens mangent les hommes, les hommes mangent les chiens, et les chiens s'entre-dévorent. Les oiseaux de l'air s'entre-dévorent aussi. Enfin un dieu dévore un autre dieu. « Je n'aurais pas compris comment les dieux pouvaient s'entre-manger, dit ce savant missionnaire, si Chongui ne m'eût auparavant instruit que lorsqu'il était allé vers le Sud et qu'il eut tué une grande partie des habitants, il eut peur que le dieu de ces derniers ne voulût le tuer pour le manger; car il se regardait lui-même comme un dieu. Alors il saisit ce dieu étranger, qui était un reptile ; il en mangea une partie et réserva l'autre pour ses amis, attendu que c'était une nourriture sacrée. Par ce moyen, ils se flattaient tous de s'être mis à l'abri de son ressentiment. »

D'après les idées de ces hommes sur la nature de l'âme, on conçoit facilement que le plus grand outrage qu'un Zeelandais puisse faire à son ennemi est de le dévorer après avoir réussi à le mettre à mort, puisque par cette action non-seulement il détruit l'être actuel, mais il détruit la partie spirituelle, le *waïdoua* de son ennemi, qu'il fait servir à l'accroissement de son propre waïdoua. A cette superstition, la plus exécrable sans doute que l'homme ait pu se créer, l'on doit attribuer l'habitude qu'ont contractée ces peuples de manger les corps de leurs ennemis. Sur le champ de bataille, les cadavres des chefs les plus vieux et les plus infirmes sont toujours mangés de préférence aux corps des jeunes guerriers d'un rang obscur, et quelques-uns appartiennent à des hommes d'un âge fort avancé; car, quoique sujets à une foule de privations, les Nouveaux-Zeelandais, contre l'ordinaire de ce que nous avons observé chez plusieurs peuples sauvages, parviennent souvent à une grande vieillesse. Leurs cheveux blanchissent rarement, et tombent plus rarement encore; leurs dents s'usent sans se gâter, et les rides sont cachées sous le tatouage. Nous pensons que la salubrité du climat, l'exercice et la sobriété sont la cause de cet avantage.

Nous lisons, dans les Chroniques de la société des jésuites au Brésil, des exemples qui prouveraient que l'usage de la chair humaine finit par devenir un besoin et un plaisir.

« Un jésuite portugais, Simon de Vasconcellos, trouva un jour une femme brésilienne, d'un âge très-avancé, qui était à l'article de la mort. Après l'avoir instruite, aussi bien qu'il lui fut possible, des vérités du christianisme, et s'être ainsi occupé du salut de son âme, il lui demanda si elle avait besoin de manger, et quelle espèce de nourriture elle pourrait prendre. « Ma mère, lui dit-il, si je vous donnais un morceau de sucre, ou une bouchée de ces bonnes choses que nous avons apportées d'au delà des mers, croyez-vous pouvoir les manger ? » Ah ! mon fils, répondit la vieille, nouvellement convertie, mon estomac ne peut supporter aucune espèce d'aliment. Il n'y a qu'une seule chose dont je pourrais goûter. Si j'avais la petite main d'un petit garçon *tapouya*, je pense que j'en grignoterais les petits os avec plaisir... Mais, par malheur, il n'y a ici personne pour en aller chasser un et le tuer pour moi. »

Il est parfaitement avéré que les Nouveaux-Zeelandais mangeaient avec délices la chair de leurs ennemis tués dans le combat. La superstition entrait, il est vrai, pour beaucoup dans ces horribles festins, et l'on aurait aimé à croire qu'ils n'avaient lieu qu'à la suite des combats, et dans un but religieux. Malheureusement les récits des missionnaires ne nous permettent guère de douter que ces naturels n'égorgent quelquefois leurs esclaves de sang-froid, et dans l'unique intention d'assouvir, aux dépens de leurs victimes, leurs monstrueux appétits. Ces exemples sont rares; mais ils suffisent pour démontrer que la religion seule n'est pas la cause de ces affreuses coutumes.

Il faut même que ces festins aient un grand attrait pour eux; car Touaï, à demi civilisé par un long séjour chez les Anglais, tout en convenant que c'était une fort mauvaise action, avouait qu'il éprouvait le plus grand plaisir à manger la chair de ses ennemis, et qu'il soupirait impatiemment après l'époque où il pourrait de nouveau se procurer cette jouissance. Il assurait que la chair de l'homme avait absolument le même goût que celle du porc. Dans ce moment pourtant, il se trouvait à une table servie, où rien ne manquait à ses désirs.

Ordinairement ces sauvages se contentent de manger la cervelle des corps qu'ils dévorent, et rejettent le reste de la tête. M. Nicholas cite néanmoins une circonstance où Pomare et ses compagnons mangèrent jusqu'aux têtes de six hommes qu'ils massacrèrent sur le territoire de Doua-Tara.

La chair d'une femme ou d'un enfant est ce qu'ils connaissent de plus délicieux. Quant à nous, nous avons connu nous-mêmes des anthropophages de la Malaisie qui préféraient au contraire la chair d'un homme de cinquante ans à celle d'un jeune homme, et celle d'un noir à celle d'un blanc (*).

(*) Marsden; d'Urville; Sim. de Vascon-

COUTUMES DE GUERRE TOUCHANT LES TÊTES DES CHEFS TUÉS DANS LES COMBATS.

En temps de guerre, on rend le plus grand honneur à la tête d'un guerrier tué dans un combat, si cette tête est convenablement tatouée. Elle est prise par le conquérant et conservée avec respect, ainsi que l'on conserve chez nous un drapeau enlevé à l'ennemi sur un champ de bataille.

Il est agréable pour les vaincus de savoir que les têtes de leurs chefs sont conservées par l'ennemi; car, quand le conquérant désire faire la paix, il prend les têtes des chefs et les présente à leur tribu. Si celle-ci désire mettre fin à la contestation, ses guerriers poussent un cri à cette vue, et toutes les hostilités cessent. Ce signal indique que le conquérant leur accordera toutes les conditions qu'ils peuvent exiger; mais, si la tribu est déterminée à renouveler la guerre et à risquer les chances d'un autre combat, elle garde le silence.

Ainsi la tête d'un chef peut être considérée comme l'étendard de la tribu à laquelle elle appartient, et le signal de la paix ou de la guerre.

Si le vainqueur a l'intention de ne jamais faire la paix, il disposera des têtes des chefs qu'il a tués dans le combat en faveur des navires ou des personnes qui voudront les acheter. Alors elles sont quelquefois rachetées par les amis du vaincu, et renvoyées à leurs parents encore vivants, qui ont pour ces têtes la plus grande vénération, et se livrent à leurs sentiments naturels en les revoyant et en les baignant de leurs larmes.

Quand un chef est tué dans une bataille régulière, les vainqueurs s'écrient tout haut : « A nous l'homme. » Quand même il tomberait dans les rangs de son propre parti, si le parti qui a perdu son chef est intimidé, il se soumet sur-le-champ à ce qu'on lui demande. Aussitôt la victime est livrée,

cellos, Chr. da comp., t. I, p. 49; Nicholas; Rienzi, Fragment de l'histoire, de l'origine et des mœurs des peuples de l'Asie centrale, et de ceux des îles de la mer du Sud, impr. à Calcutta.

sa tête est immédiatement coupée; une proclamation publique enjoint à tous les chefs du parti victorieux d'assister à l'accomplissement des cérémonies religieuses qui vont avoir lieu. Leur but est de s'assurer, par la voie des augures, si leur dieu les favorisera dans la bataille qu'on va livrer. Si le prêtre, après l'accomplissement de la cérémonie, annonce que leur dieu leur sera propice, ils sont animés d'un nouveau courage pour attaquer l'ennemi; mais, si le prêtre répond que leur dieu ne sera pas propice, ils quittent le champ de bataille dans un profond silence. La tête qu'ils possèdent déjà est conservée par le chef en faveur duquel la guerre a été entreprise, comme une réparation de l'injure que lui ou quelqu'un de sa tribu a reçue de l'ennemi.

Quand la guerre est finie, la tête, proprement préparée, est envoyée à tous les amis de ce chef, comme un sujet de réjouissance pour eux, et pour leur prouver que justice a été obtenue du parti agresseur.

A l'égard du corps, il est coupé par petites portions, et préparé pour ceux qui ont pris part au combat, sous la direction immédiate du chef, qui retient la tête. Si le chef désire en gratifier quelques-uns de ses amis qui ne sont pas présents, de petites portions sont réservées pour eux; en les recevant, ceux-ci rendent grâce à Dieu de la victoire remportée sur l'ennemi. Si la chair est trop corrompue pour être mangée, à cause du temps nécessaire pour le transport, un *substitut* est mangé à sa place.

Non-seulement ils mangent la chair des chefs, mais ils ont coutume de ramasser leurs os et de les distribuer parmi leurs amis, qui en font des sifflets, des flûtes et des hameçons, au lieu de les faire consumer par le feu, et les conservent avec soin comme des trophées de la mort de leurs ennemis.

C'est encore une coutume chez eux, qu'un homme qui en tue un autre dans le combat goûte de son sang. Il croit que cela le sauvera de la rage du dieu de celui qui a succombé, s'imaginant que du moment qu'il a goûté le sang de l'homme qu'il a tué, le mort devient une partie de son propre être, et le place sous la protection de l'atoua chargé de veiller à l'esprit du défunt.

M. Kendall m'informa, dit un navigateur plein de zèle pour la science (M. d'Urville), que, dans une occasion, Chongui mangea l'œil gauche d'un grand chef qu'il tua dans la bataille, à Chouki-Anga. Les Nouveaux-Zeelandais pensent que l'œil gauche, quelque temps après la mort, monte aux cieux et devient une étoile du firmament. Chongui mangea celui du chef par une idée de vengeance, et persuadé que par cet acte il accroîtrait sa gloire et son éclat futur, quand son œil gauche deviendrait une étoile. D'après tout ce que j'ai pu apprendre, ajoute-t-il, touchant la coutume qu'ont les Nouveaux-Zeelandais de manger de la chair humaine, il paraît qu'elle a pris son origine dans une superstition religieuse. Je n'ai jamais appris qu'ils aient tué un homme uniquement pour satisfaire leur appétit ou vendre sa tête aux Européens ou à d'autres nations. Les têtes qui ont été préparées et vendues appartenaient à des individus tués à la guerre, et faisaient partie de celles qu'on ne voulait point rendre aux amis du mort. En même temps, je crois qu'il n'est pas prudent aux maîtres des navires ni à personne de leurs équipages, d'acheter de ces têtes; car, si une tribu venait à connaître que la tête de son chef se trouve à bord d'un navire, il est plus que probable qu'elle attaquerait ce navire pour la recouvrer, par suite de l'estime et de la haute vénération attachées à ces précieuses reliques (*).

MODE DE CONSERVATION DES TÊTES CHEZ LES ANTHROPOPHAGES DE LA NOUVELLE-ZEELAND.

Il est tout à fait hors de doute aujourd'hui que les naturels des archipels des Hébrides, de Noukahiva peut-être, et d'une quantité d'autres îles de la Polynésie et de la Mélanésie, sont

(*) D'Urville.

cannibales comme ceux de la Nouvelle-Zeeland. Cependant on a remarqué que les Nouveaux-Zeelandais avaient seuls la coutume de conserver les têtes de leurs ennemis comme des trophées de la victoire, et comme des objets de leur mépris. On retrouve cette coutume parmi quelques tribus d'Afrique, qui conservent, au moyen de certaines préparations, les crânes de leurs ennemis, dans le même but que les sauvages d'Ika-na-Maouï. Les premiers objets qui frappèrent notre attention, dit à ce sujet le capitaine Tuckey, dans le récit de sa visite à la rivière Zaïre, dans la Guinée, furent quatre crânes humains suspendus à un arbre. On nous dit que ces crânes étaient ceux des chefs ennemis faits prisonniers dans le dernier combat, et que c'était l'usage de conserver ces têtes comme de glorieux souvenirs. Ces victimes, ajoute le capitaine Tuckey, nous parurent avoir reçu le coup de grâce avant que la tête eût été séparée du corps. Mais les naturels de la Nouvelle-Zeeland conservent quelquefois les têtes de leurs amis; et c'est dans l'intention de payer à la mémoire des morts un tribut de respect et d'admiration, de montrer ces restes vénérés aux parents et aux amis absents au moment de la mort, et de pouvoir, à certaines époques de l'année, célébrer en leur honneur des cérémonies funéraires.

Le mode de préparation des têtes, chez les naturels de la Nouvelle-Zeeland, dit le docte M. Bennett, prévient non-seulement la décomposition avec le plus grand succès, mais encore les traits du visage demeurent dans un parfait état de conservation. Voici le procédé qu'on met en usage dans cette circonstance : quand la tête (*) a été séparée du corps, on brise avec un bâton ou une pierre la partie supérieure du crâne, on vide entièrement la cervelle, et on lave la cavité du crâne à diverses fois, jusqu'à ce qu'elle soit bien nettoyée. On plonge alors la tête dans l'eau bouillante, ce qui fait disparaître tout l'épiderme. On a soin, pendant cette opération, de ne point toucher à la chevelure, car elle tomberait aussitôt; mais, quand la chevelure est refroidie, elle demeure fixée à la tête avec plus de force qu'auparavant. De petites planchettes sont placées des deux côtés du nez, afin de lui conserver sa forme naturelle; un autre petit morceau de bois est encore introduit dans le nez, pour empêcher qu'il ne se déforme. On bourre les narines de *phormium*. On arrache les yeux : si ce sont ceux d'un chef, on les mange, on les jette avec mépris dans tout autre cas. On coud la bouche et les paupières pour qu'elles conservent leur forme. On a d'avance creusé dans la terre une espèce de four qu'on remplit de pierres rougies. Ce four, qui est fermé de tous côtés, n'a qu'une ouverture au sommet, et à laquelle la partie supérieure de la tête s'adapte parfaitement. Les pierres chaudes sont arrosées d'eau aussi souvent que cela est jugé nécessaire. Il en résulte une fumée qu'augmentent encore des feuilles imbibées d'eau, qui ont été introduites dans le four. La chaleur et la fumée pénètrent ainsi dans l'intérieur de la tête, dont la base est placée, comme nous l'avons dit, à l'ouverture du four. Pour entretenir la chaleur et la fumée nécessaires, on a soin de renouveler souvent l'eau et les pierres chaudes jusqu'à ce que cette préparation soit terminée. Le naturel qui est chargé de cette préparation doit veiller à ce qu'il ne se forme point de rides sur le visage, et passer souvent la main sur la peau, afin de prévenir toute altération dans les traits. Ce procédé pour conserver les têtes humaines exige de vingt-quatre à trente heures. Quand la tête a atteint son degré de préparation, on la retire du feu, on la fixe sur un bâton, et on l'expose au soleil. On oint fréquemment ces têtes avec de l'huile : ce dernier procédé n'est pas jugé indispensable à la conservation de la tête; mais on l'emploie pour donner aux têtes une plus brillante apparence. L'adoption de cette simple et excel-

---

(*) Ces têtes portent le nom de *moko-mokai*; *moko*, tête tatouée, *mokai*, misérable.

lente méthode, pour la conservation des têtes humaines, mettrait à même de faire de bien précieuses collections de toutes les races d'hommes qui existent sur la surface du globe.

Le but de ces naturels, dans la conservation des têtes de leurs ennemis, est, selon M. Bennett, de les conserver comme des trophées de victoire, et pour la satisfaction de leurs sentiments de vengeance. Ils montrent ces têtes avec orgueil dans leurs danses guerrières; et, quand ils vont au combat, ils les déploient aux yeux de leurs ennemis et les menacent du même sort. Ces têtes font la gloire des vainqueurs; ils les apportent à leurs femmes et à leurs enfants, afin qu'eux aussi puissent se réjouir de la chute de leurs ennemis, et afin de les offrir à leurs idoles, en témoignage de reconnaissance pour la victoire qu'ils ont remportée. A la baie des îles Houkianja, au cap Nord, etc., les chefs, à leur mort, sont enterrés sans mutilation; cette coutume y est du moins très-rarement enfreinte; mais, à la rivière Tamise, au cap Est, etc., les têtes des chefs sont conservées, comme nous l'avons dit plus haut, en signe de respect pour la personne des morts, et pour les montrer à leurs parents absents au moment de leur décès. Ces têtes ne sont jamais vendues; mais on vend celles des ennemis, en signe de dédain.

« Je fis emplette, à la rivière Tamise, dit M. Bennett, d'une de ces têtes ainsi préparées; et, ce qui est très-rare, je pus, en cette occasion, me procurer le nom, la dignité et l'âge de l'individu à qui elle avait appartenu. Ces détails me furent fournis par celui qui l'avait tué; cet individu s'appelait Bola (Touman était le nom de son père); il était chef du district du Vigato, à la rivière Tamise. Il était âgé de dix-huit ans environ, et était tatoué depuis peu, et bien moins que les chefs de tribu ne le sont ordinairement. Bola passait pour un guerrier fort distingué pour son âge; il était d'un caractère entreprenant. Le premier au combat, c'était lui qui tuait toujours le premier homme; ce qui, dans ces contrées, est réputé le fait d'armes le plus brillant. Dans un engagement, Bola fut blessé à l'abdomen par un chef nommé Warrinhou Eringa; et, dans sa chute, il fut achevé par un coup de méré (casse-tête) assené sur le crâne. En examinant ce crâne avec attention, il est aisé de voir encore la fracture, qui est de quelque étendue.

« Les Nouveaux-Zeelandais ne se soucient guère de cacher qu'ils sont cannibales; ils racontent les atrocités qui se lient avec cette coutume, sans aucune apparence de honte ou de remords. Cependant ils ne mangent que de la chair de leurs ennemis; si c'est un homme de distinction qui tombe sous leurs coups, les yeux, les mains, les pieds sont offerts au plus puissant chef du parti vainqueur : car, disent-ils, c'est avec ses yeux que leur ennemi considéra ses adversaires, c'est avec ses mains qu'il combattit, c'est avec ses pieds qu'il envahit leur territoire et qu'il marcha au combat. Le chef d'un district voisin de la rivière Tamise me fut désigné comme celui qui avait eu l'insigne honneur de tuer l'illustre chef Atoi ou Pomare, et qui avait mangé de ses yeux et bu de son sang. Relativement à cette coutume de manger les yeux, il en exista jadis une toute semblable dans l'île de Taïti; et c'est de là qu'on avait inféré que les naturels de cette contrée étaient cannibales. Cette coïncidence est curieuse. On lit dans le capitaine Cook les observations suivantes, touchant la coutume de manger les yeux : « Nous avons
« grande raison de supposer que les
« Taïtiens étaient adonnés à l'hor-
« rible pratique du cannibalisme. On
« nous assure, et quelques-uns des
« nôtres l'ont vu, que, dans les sacri-
« fices humains, le prêtre, au milieu
« de la cérémonie, arrache l'œil gau-
« che de la victime; puis, s'avançant
« vers le roi, il lui présente cet œil et
« le prie d'ouvrir la bouche; mais, au
« lieu d'y poser l'œil, il le retire im-
« médiatement. » Sans doute cette coïncidence avec la coutume de la Nouvelle-Zeeland, où l'œil est dévoré et où les

naturels sont cannibales, est digne de remarque; et ce qui vient à l'appui de la supposition que les habitants de Taïti furent jadis anthropophages, c'est qu'Ellis, auteur des *Recherches sur la Polynésie*, qui, à une époque précédente, avait nié que ces peuples fussent adonnés à une aussi horrible coutume, a fini par reconnaître que les Taïtiens n'étaient pas à l'abri du reproche de cannibalisme, et qu'on a vu un guerrier, poussé par un sentiment de vengeance, manger trois ou quatre bouchées de la chair d'un ennemi vaincu. On pourrait inférer de là que l'aiguillon de l'anthropophagie, à Taïti et à la Nouvelle-Zeeland, est la vengeance; car des naturels de cette contrée m'assurèrent que c'était à ce sentiment et non à la faim qu'il fallait attribuer leur coutume de cannibalisme. »

Une autre cause qui pousse ces sauvages à manger de la chair de leurs semblables, c'est la croyance qu'en faisant servir à leur nourriture les corps des braves morts dans la bataille, ils héritent de leur force et de leur valeur. L'horrible pratique du cannibalisme se trouvant en vigueur dans les contrées les plus fertiles, il faut lui chercher d'autres causes que la faim. Les motifs dont nous venons de parler nous paraissent les plus probables; cependant, pour manger de la chair humaine, l'aiguillon de la faim doit s'unir aux sentiments de vengeance; car toute provision de bouche se trouvant éloignée du champ de bataille, ainsi que les femmes et les enfants, qui ne peuvent, par conséquent, les détourner de ces actes de férocité, la faim s'unit alors avec la vengeance.

Après un combat, on a coutume d'entasser les corps des ennemis qui ont succombé; on fait un choix des têtes qu'on destine à être conservées, et on les confie à ceux qui sont experts dans ce genre de préparation. Ensuite on ouvre les corps, et quand on en a extrait les viscères, etc., on les coupe par morceaux, et on prépare le banquet. Quelques naturels mangent la chair fumée, d'autres la font rôtir; mais il paraît qu'ils ne mangent jamais la chair crue. Il faut dire néanmoins que, lorsqu'au milieu du combat un ennemi tombe frappé à mort par son adversaire, celui-ci, animé par la vengeance, s'élance tout à coup sur lui, et lui déchire la gorge avec ses dents, dans l'intention de se repaître de son sang avant que le principe de la vie ait tout à fait abandonné son corps : ceci est une coutume générale.

Ces sauvages coupent les mains de leurs ennemis, en font racornir les doigts en forme de crochets, et, les fixant à leurs huttes, y suspendent leurs corbeilles. Ils conservent aussi la graisse des fesses, et en assaisonnent les patates, leur nourriture ordinaire. C'est surtout du corps d'un puissant chef ennemi qu'ils aiment à conserver la graisse, comme la plus forte marque de leur mépris pour lui. « Relativement à cette horrible coutume, je demandais, dit M. Bennett, à quelques naturels, s'il leur conviendrait que leur corps servît à la nourriture de leurs ennemis; ils me répondirent qu'ils se souciaient peu du sort qui les attendait après leur mort. Je demandai aussi à quoi l'on destinait les os des corps que l'on mangeait, et l'on m'apprit que ceux des chefs étaient conservés; les os des bras, des jambes, servaient à faire des flûtes qu'ils appellent *lehou* ou *balzova*; avec les autres, on fait des ornements pour les oreilles, etc Mais des os des individus sans dignité ni illustration, on n'en fait aucun cas. »

Les sauvages de la Nouvelle-Zeeland préfèrent la chair humaine à la chair de porc. Il leur est quelquefois arrivé de détruire des embarcations, et de massacrer l'équipage. Une fois un vaisseau apporta à Sidney, dans la Nouvelle-Galles du Sud, les têtes de plusieurs Européens qui avaient été assassinés par ces sauvages, et qu'ils avaient conservées selon leur mode de préparation.

Si un chef est malade, on a coutume de tuer un esclave et de l'offrir aux esprits; mais on ne mange pas sa chair : tandis que, si un chef est tué ou grièvement blessé par le chef d'un district, et que les parents aient en leur pouvoir quelques esclaves appartenant à ce district, ces esclaves sont tués immédiatement et mangés par esprit de vengeance.

« Dans une excursion botanique à Wyshakieove, que je fis pendant ma visite à la Nouvelle-Zeeland, en juin 1829, dit encore M. Bennett, je distinguai des os au milieu de petits arbrisseaux qui croissaient au bord d'un ruisseau; je m'approchai davantage de ce lieu, et je trouvai des os humains entassés et paraissant appartenir à la même personne. Je crus qu'il y avait eu à cette place un banquet de cannibales; mais le chef qui vint avec moi examiner ce lieu m'assura que c'étaient les os d'un individu mort naturellement. Le chef ajouta que si ces os eussent appartenu à un corps dévoré dans un banquet, ils ne seraient pas restés dans cet état de conservation. La circonstance par moi observée que ces os étaient réunis en tas le confirma dans son opinion. Ce chef dit encore que, si c'eût été le corps d'un ennemi, la mâchoire inférieure aurait été enlevée pour servir de crochets.

« Les notions de beaucoup de personnes de ce pays relativement au cannibalisme sont tout à fait erronées. Depuis mon retour en Angleterre, on m'a fait des questions très-curieuses. On me demanda un jour si un enfant que j'amenai d'Erromango, île qui fait partie du groupe des Nouvelles-Hébrides, dont les peuplades sont anthropophages, pouvait manger notre nourriture. Je demandai pourquoi cet enfant éprouverait quelque répugnance à se nourrir comme nous : parce que, me fut-il répondu, l'habitude de manger de la chair humaine ne peut se concilier avec un régime différent.

« On suppose que l'achat des têtes conservées fait aux naturels de la Nouvelle-Zeeland, les encourage à vivre sans cesse en guerre avec leurs voisins et à tuer leurs esclaves. Ceci est encore une erreur. Ces têtes, ainsi conservées, ont fait, de temps immémorial, l'orgueil des vainqueurs ; et, qu'elles soient achetées ou non par les Européens, cette barbare coutume s'y maintiendra tant que la civilisation n'aura pas étendu ses bienfaits chez ces peuplades sauvages. Durant un long séjour à la Nouvelle-Zeeland, et principalement à la rivière Tamise, qui est regardée comme le lieu où l'on se procure des têtes avec le plus de facilité, nous n'en pûmes pas acheter plus de six. La raison de cette rareté que les naturels nous donnèrent, fut que, depuis longtemps il n'y avait pas eu de guerre. »

RÉFLEXIONS GÉNÉRALES.

Il est certain qu'un caractère commun se fait distinguer chez les sauvages de toutes sortes. L'empire du cœur est partagé entre deux divinités rivales, ou plutôt deux démons, l'intérêt personnel et la terreur. Les premiers ministres de la première divinité sont la lubricité, la haine et la vengeance ; les premiers ministres de la seconde sont la cruauté, la crédulité et la superstition. Jetez les yeux sur le globe, et vous verrez que ce caractère se retrouve chez les barbares de tout âge et de tout pays. C'est aussi l'histoire des Européens et des Africains, des Celtes et des Scythes. Toutes les découvertes des navigateurs modernes confirment cette assertion ; et, quoique les doux noms d'îles des Amis, îles de la Société, aient été donnés à ces archipels répandus dans le vaste sein de l'océan Pacifique, et que leurs habitants aient fait quelques progrès en civilisation, il n'y a pas un peuple ou une tribu qui, dans l'état sauvage, ne soit l'esclave des passions les plus tyranniques et les plus brutales.

SUPERSTITIONS CRUELLES — RELIGION DES NOUVEAUX-ZEELANDAIS COMPARÉE AVEC CELLE DES ANCIENS SCANDINAVES.

« Ces abominables cannibales, dit M. Laplace, qui traite les Nouveaux-Zeelandais avec une grande sévérité, ont cependant une religion; mais elle est aussi barbare, aussi sanguinaire qu'eux, et a quelque analogie avec celle des anciens Scandinaves. De même que le sectateur d'Odin, le Nouveau-Zeelandais adore un dieu cruel, vindicatif, n'aimant que le carnage, inexorable pour les lâches et les vaincus, et réservant aux vainqueurs un lieu de délices, où ils livrent des combats toujours heureux, boivent le sang et se rassasient des chairs de leurs ennemis dans un banquet éternel, où les patates douces ne manquent jamais. Mais, si ce dieu, que les Nouveaux-Zeelandais nomment Atoua, traite aussi généreusement les morts, il s'en dédommage sur les vivants; car, tantôt désigné sous l'apparence de la fièvre, il leur dévore les entrailles, et menace du même sort tout profane qui tenterait de guérir le malade; tantôt il exige, par la voix de ses prêtres ou *arikis*, que les âmes des chefs décédés ne se présentent devant lui qu'escortées de celles d'un certain nombre d'esclaves sacrifiés, et dont les parents et amis du mort se partagent les cadavres. Une croyance accréditée parmi les nobles Zeelandais, c'est qu'ils héritent des bonnes qualités d'un ennemi, lorsqu'ils mangent certaines parties de son corps, après l'avoir tué. Heureux cent fois le Rangatira qui peut se régaler de la cervelle et des yeux de son rival ; il s'approprie sa force et son courage, et acquiert en outre la certitude qu'un esprit de l'autre monde ne viendra pas le tourmenter dans celui-ci. D'autres superstitions règnent également parmi les Waris : les songes, la sorcellerie, la peur du diable règlent jusqu'aux moindres actions de ces ignorants sauvages; et, comme chez eux, la passion de la vengeance et celle des combats fermentent sans cesse : il s'ensuit que les mauvais sorts ne sauraient être conjurés que par des massacres ou des dévastations. »

AVANTAGES DU TABOU.

Les malheureux habitants de la Nouvelle-Zeeland, ainsi soumise à une foule de coutumes plus atroces les unes que les autres, auraient déjà disparu depuis longtemps, si une institution religieuse et politique, le tabou, ne les garantissait un peu de leurs propres fureurs. Le tabou, selon M. Laplace, constitue, entre les mains des arikis, un moyen fort respecté de suspendre les horreurs de la guerre, et de mettre des bornes au droit du plus fort. Cette institution ressemble assez à l'usage qui s'était introduit aux neuvième et dixième siècles, en France comme en Angleterre, parmi les seigneurs trop faibles pour défendre leurs biens contre des voisins puissants, de les mettre sous la protection de Dieu, en se reconnaissant vassaux de l'Église. Sans doute qu'à la Nouvelle-Zeeland le tabou n'a pas autant d'efficacité, et ne défend pas d'aussi importants intérêts; mais il n'en rend pas moins de très-grands services sous plusieurs rapports. Le tabou, dit ce navigateur, garantit les champs de toute espèce de déprédations durant la saison des semailles et des récoltes; il protége les femmes enceintes jusqu'au moment de leur délivrance; il assure la conservation des animaux et des plantes nécessaires à la subsistance de l'homme, et dont une consommation désordonnée détruirait l'espèce. Enfin il préserve des animosités particulières ou de la rapacité les restes du malheureux mort de maladie, et les ustensiles qui lui ont appartenu. Ainsi placés sous la sauvegarde de la divinité, tous les objets quelconques deviennent sacrés ; et, suivant la croyance des Nouveaux-Zeelandais, l'atoua ferait immanquablement expirer dans les plus cruelles souffrances celui d'entre eux qui oserait y toucher. Cette sauvegarde pourtant ne s'étend pas jusqu'à la famille et aux propriétés d'un chef décédé; car à peine a-t-il fermé les yeux que les peuplades des environs accourent pour dévaliser ses cases, ses provisions de patates, et en même temps pour tuer ou réduire en esclavage les membres de sa famille : aussi la mort d'un guerrier entraîne-t-elle souvent la dispersion de sa tribu. On pense bien que les prêtres, armés d'une telle influence, en profitent pour étendre leur pouvoir et leurs priviléges; ce sont eux, en effet, qui décident de la paix ou de la guerre, sacrifient les prisonniers après la victoire ou les victimes dans les solennités religieuses, et jugent, en mangeant à part les meilleurs morceaux, si l'atoua est satisfait. Cette influence des prêtres, toutefois, ne suffirait peut-être pas pour contenir des êtres aussi féroces et habitués à n'obéir qu'à leurs caprices, si la plupart des chefs importants ne la partageaient avec eux, et n'étaient investis du titre sacré d'arikis. Ayant ainsi le tabou à leur disposition, ces derniers se font craindre des Rangatiras, soit en frappant les plus turbulents d'une sorte d'excommunication, soit en suspendant pour un temps indéterminé la pêche ou l'usage des denrées les plus nécessaires à la vie, soit en interdisant les échanges entre les naturels et les Européens (*).

PARALLÈLE ENTRE LES NOUVEAUX ZEELANDAIS ET LES BATTAS.

Dans la partie de Soumâdra qui borde le détroit de Malakka, il existe un peuple, nommé *Batta*, qui a conservé son caractère national depuis les premiers temps de son origine jusqu'au moment actuel. Ses coutumes et ses institutions, dans leur ensemble, sont semblables à celles des Nouveaux-Zeelandais, et presque identiques avec elles. Prenant d'abord en considération leurs formes respectives de gouvernement, nous les trouverons, dit M. Marsden, de qui nous extrairons ce parallèle, à très-peu de chose près, complétement semblables. L'autorité supérieure réclame une certaine soumission des nombreux petits chefs, tandis que les derniers sont, à tous égards, indépendants les uns des autres, et jouissent d'un pouvoir absolu sur la vie et les propriétés de leurs sujets. Dans le pays des Battas, comme à la Nouvelle-Zeeland, les femmes sont admises à la succession; il y a aussi une classe semblable à celle des Rangatiras, qui descend des Raïas ou chefs, et forme les branches cadettes de leurs familles. C'est pourquoi le gouvernement des Battas, considéré sous toutes ses faces, approche plus du système politique en vigueur à la Nouvelle-Zeeland que celui même des Malais. Dans les *kampongs*, ou villages fortifiés de ces peuples, nous retrouvons presque la forme exacte des pâs de la Nouvelle-Zeeland. Construits comme ceux-ci sur un terrain élevé, ils sont fortifiés par de larges remparts plantés en broussailles. En dehors règne un fossé, de chaque côté duquel s'élève une haute palissade en bois de camphrier. Le tout est environné par une haie de bambous piquants, qui, parvenue à une certaine époque, devient si épaisse, qu'elle dérobe entièrement la vue de la ville à l'œil du spectateur. Les indigènes de Batta, guidés par le même penchant pour la guerre et la rapine, vivent, comme les Nouveaux-Zeelandais, dans un état d'hostilité perpétuelle les uns à l'égard des autres. Il semble aussi qu'il y ait un certain rapport entre ces deux nations à l'égard de leurs systèmes de mythologie. Les Battas reconnaissent trois divinités pour gouverner le monde, *Batara-Gourou*, *Sora-Pada* et *Maugala-Boulong*. La première de ces divinités peut être assimilée au dieu principal des Nouveaux-Zeelandais, Maouï-Rangui-Rangui; quant aux deux autres, les Battas ont sur leur compte absolument les mêmes idées que les Nouveaux-Zeelandais ont sur leurs dieux Tauraki et Maouï-Moua, l'un ayant pouvoir sur l'air, entre la terre et le firmament, et l'autre sur la terre. Les premiers reconnaissent, comme les Nouveaux-Zeelandais, un grand nombre de divinités inférieures, investies d'une autorité locale, et ils ont quelques notions vagues de l'immortalité de l'âme. Outre les traits de ressemblance caractéristique, il faut observer que les Battas, aussi bien que les habitants de la Nouvelle-Zeeland, dévorent les corps morts de leurs ennemis. C'est le même principe de vengeance qui porte l'une et l'autre nation à cet excès

(*) Laplace.

d'inhumanité; mais les cannibales de Soumâdra surpassent encore, à nos yeux, ceux de la Nouvelle-Zeeland en monstruosité; car non-seulement ils se repaissent de la chair des ennemis tués dans le combat, mais encore ils mettent à part les cadavres de leurs criminels pour les partager par morceaux et satisfaire à leurs appétits. Dans leurs institutions domestiques, ces peuples se rapprochent également des Nouveaux-Zeelandais. Les hommes, qui sont maîtres de prendre autant de femmes qu'ils en peuvent entretenir, mènent une vie oisive, en comparaison de ces femmes, qui sont obligées de faire toute la besogne, et sont traitées comme de véritables esclaves. Elles sont tenues précisément dans ce même état d'humiliation qu'à la Nouvelle-Zeeland, où, quoique l'homme prenne plusieurs femmes, la principale d'entre elles jouit seule de quelque privilége. A Batta, l'adultère est puni de l'exil, et, en certains cas aggravants, de la mort. La manière de s'habiller en ce pays est la même qu'à la Nouvelle-Zeeland; l'habillement des naturels consiste en une étoffe de coton qu'ils fabriquent eux-mêmes, et lient autour de la ceinture, tandis qu'une autre pièce de la même étoffe, attachée aux épaules, tombe le long du corps. Ces étoffes sont peintes de diverses couleurs; les Nouveaux-Zeelandais teignent généralement les nattes de dessous en ocre rouge; les plus belles ont des bordures où trois ou quatre couleurs sont assorties avec beaucoup de goût et d'adresse. Les Battas sont certainement plus avancés en connaissances que les Nouveaux-Zeelandais; ils ont une langue écrite; ils ont dressé le cheval et le buffle à les servir, et ils ont quelques idées de commerce. Cependant, en dépit de ces avantages, qu'ils doivent uniquement à certaines circonstances locales, leur caractère s'élève à peine au-dessus de celui des peuples les plus sauvages. En traçant ce tableau de comparaison entre deux nations si peu connues, je ne prétends pas, dit M. Marsden, affirmer que les Nouveaux-Zeelandais descendent du peuple Batta, mais qu'ils sont leurs contemporains, et qu'ils ont dû avoir une même origine continentale.

L'auteur de l'Océanie a déjà trouvé cette origine des Battas et des Nouveaux-Zeelandais chez les Davas de la grande île de Kalémantan (Bornéo).

RÉSUMÉ DES MŒURS DES NOUVEAUX ZEE-LANDAIS ET PRINCIPALEMENT DES HABI-TANTS DE L'ILE TAVAÏ-POUNAMOU.

Les recherches de M. Jules Perrot de Blosseville (*Mémoire géographique sur la Nouvelle-Zeeland, etc.*) résument en quelque sorte ce que l'on a de plus exact sur ce peuple, et présentent plusieurs documents utiles sur divers ports et mouillages encore peu fréquentés de cette partie du globe. Nous n'en rapporterons que la partie qui concerne les mœurs et les coutumes des habitants de l'île peu connue de Tavaï-Pounamou, afin de démontrer que la race qui habite les parties les plus australes et les plus rigoureuses de la Nouvelle-Zeeland est identique avec celle qui en occupe les parties les plus septentrionales et les plus tempérées. Il n'y a de vraie différence que dans la faiblesse extrême et le petit nombre des tribus répandues sur la grande île Tavaï-Pounamou, comparée à celle d'Ika-na-Maoui.

Comme on ne possède encore aucun renseignement précis sur les peuplades méridionales de la Nouvelle-Zeeland, cette esquisse de leurs mœurs pourra paraître intéressante; elle fera voir que ces hommes barbares ne le cèdent ni en cruauté ni en humeur belliqueuse aux habitants de l'île septentrionale, et qu'en général ils leur ressemblent beaucoup. C'est avec vérité que les voyageurs nous dépeignent les habitants d'Ika-na-Maoui sous les traits d'hommes superstitieux, calomniateurs, fiers, cruels, sales et gloutons, mais en même temps braves, prévoyants, respectueux pour les vieillards, bons parents et amis fidèles. Ces vices et ces qualités caractérisent également les habitants de Tavaï-Pounamou.

Les naturels qui habitent les côtes du détroit de Foveaux sont d'une taille moyenne, bien constitués, gros et robustes; leur couleur est plus foncée que celle des mulâtres; mais la teinte en est changée par les figures et les dessins profonds qu'ils gravent sur leur peau. Les femmes sont généralement petites et n'ont rien de remarquable; elles considèrent le tatouage comme une prérogative de noblesse. Ces hommes, dans leur état sauvage, sont traîtres, farouches, vindicatifs, dissimulés, et poussent ces vices jusqu'à l'extrême. Les plus grands bienfaits et l'amitié la plus longue ne peuvent trouver grâce auprès d'eux pour l'offense irréfléchie d'un moment. Ils sont cannibales dans toute l'étendue du mot; et, loin d'en faire un mystère, ils expliquent complaisamment leurs odieuses pratiques. Également adonnés au vol et au mensonge, ils vivent dans une défiance continuelle; chacun d'eux a dans les bois une retraite particulière, où il cache tout ce qu'il possède. Leur perversité est poussée au point que l'idée de crime leur est étrangère, et que les coupables ne subissent aucune punition. Si un chef dérobe quelque chose à un autre chef, la guerre éclate aussitôt entre les deux tribus; mais s'il n'a commis le larcin que sur un homme du commun, celui-ci ne peut se dédommager que sur des hommes de son rang; il n'a aucun recours contre un voleur titré.

La guerre est la passion dominante de ces peuplades avides de pillage. C'est à leur système de destruction qu'il faut attribuer la population peu nombreuse de leur pays. Elles ne s'attaquent ordinairement que lorsqu'elles se croient assurées de la supériorité et d'un riche butin. Dans ce cas, on ne tient pas compte de la perte de quelques guerriers de la classe inférieure; mais, si au contraire un chef est tué, son parti rassemble ses amis et ses parents, et lorsque la victoire seconde cette troupe, la mort devient le partage inévitable de la tribu entière des meurtriers. Si, au contraire, la bande ne se sent pas assez forte, la ruse vient à son aide; elle tâche de s'emparer par surprise de quelques-uns de ses ennemis, et assouvit sa rage en les dévorant, à moins que les prisonniers ne soient adoptés par les chefs vainqueurs. Les têtes de ceux qui sont dévorés sont conservées par un procédé fort simple. La personne qui prépare ces têtes ne peut manger pendant les premières vingt-quatre heures; dans la seconde journée, elle ne doit toucher à aucun mets, et un esclave lui donne sa nourriture.

Ces hommes ont pour armes une grande pique, longue de vingt à trente pieds, une de dix à quatorze, et le patou-patou, qui est pour tous les naturels de la Nouvelle-Zeeland ce que le poignard et le couteau sont pour les Italiens et les Espagnols. Ils ne lancent jamais la longue pique, et très-rarement la petite; mais alors ils s'approchent aussitôt, et engagent le combat avec le patou-patou, qui est fait avec un os de baleine ou un morceau de la pierre qu'ils nomment pounamou.

Les enfants sont très-gais, se témoignent beaucoup d'amitié, et déploient dans leurs exercices une agilité remarquable; ils s'amusent à faire des cerfs-volants, des fouets, d'autres jouets et de petites pirogues; ils dansent ensemble, et s'exercent à la fronde. Les jeunes gens ne sont réputés hommes faits que lorsqu'ils atteignent l'âge de vingt ans; alors, s'ils ont appris à se servir de la lance et du patou-patou, et s'ils ont une certaine corpulence, on les tatoue entièrement, et ils sont proclamés guerriers. Souvent l'opération du tatouage auprès des yeux leur cause des douleurs inouïes, dont les suites leur font perdre la vue.

Hommes et femmes, tous ces insulaires sont également modestes; ils observent en ce point la régularité la plus scrupuleuse, et sont toujours complétement couverts par leurs habillements, qui consistent en une natte grossière faite de phormium, et barbouillés d'ocre jaune. Ils mettent par-dessus, dans les jours froid et pluvieux, une seconde natte, faite avec l'écorce d'un arbre nommé *ohe* ; la première est l'ouvrage des femmes, et l'autre celui des hommes. Les cheveux sont réunis en un nœud sur le sommet de la tête ; dans des occasions particulières, les hommes se parent de grandes plumes qu'ils placent horizontalement dans ce nœud, et ils en attachent en même temps à leurs oreilles. Les hommes se parent également de guirlandes de fleurs rouges et blanches et de verdure, placées avec un goût tout particulier. Le rouge est la couleur préférée, et partage avec les branches vertes l'avantage d'être le symbole de la paix. Ces ornements de feuillage ne sont portés d'après aucune idée religieuse ; ce sont de simples décorations. Les sauvages ne peuvent souffrir la couleur blanche ni la noire ; ils se couvrent de peintures et s'ornent de fleurs à l'approche d'un étranger, qu'ils accueillent par ces mots : *meiri arowi*, en même temps qu'ils frottent leur nez contre le sien, cérémonie fort désagréable pour celui-ci, mais seul gage de sa sûreté. La polygamie est permise : dans l'absence de leurs époux, les femmes prodiguent leurs faveurs sans aucune distinction. Le mari se trouve même flatté de toutes les attentions qu'un blanc veut avoir pour sa femme.

Le grand âge est l'objet du plus profond respect : un chef même donne la nourriture à un homme de basse classe que la vieillesse a privé de ses facultés ; mais aucun sentiment d'affection n'est le mobile de ces bons procédés. Cependant nulle part les lois de l'amitié et les liens de la parenté ne sont plus respectés. Les hommes vivent généralement quatre-vingts ans, et les femmes quatre-vingt-cinq et quatre-vingt-six. A la mort d'un chef, sa tribu se rassemble et se livre à la joie ; on mange des oiseaux, des anguilles, des patates, mais ni entrailles, ni viande crue. Une demi-heure après la mort, la tête est coupée, et on s'occupe de la conserver. Le corps, placé dans une caisse qui est mise debout dans une maison bâtie tout exprès, y reste deux ans entiers ; ensuite on enlève les os pour les brûler. Le coffre passe à un nouvel occupant. Les hommes du peuple et les esclaves sont enveloppés, après leur mort, dans leurs propres nattes, et jetés comme des chiens dans un trou creusé derrière les cabanes ; quelquefois, mais bien rarement, les amis du défunt viennent pleurer sur sa tombe pendant environ une demi-heure, ensuite on ne s'en occupe plus pendant longtemps. Il arrive fréquemment que le corps d'un défunt de cette classe est enlevé et mangé pendant la nuit ; mais c'est un crime puni de mort. Si ce cadavre reste enterré, on enlève les os au bout d'un certain temps, et on les brûle. La mort exerce particulièrement ses ravages sur les enfants de l'âge de deux ans ; on observe pour ceux-ci les mêmes cérémonies que pour les chefs ; les femmes sont également traitées de la même manière, à l'exception des esclaves, qui sont brûlées immédiatement.

Les principales maladies des insulaires de Tavaï-Pounamou paraissent être l'*éléphantiasis* et le *pian*, infirmité très-commune dans les Antilles ; elle paraît avoir pour cause une extrême indolence, et l'habitude de rester assis sur les cendres, dans les cabanes. On voit des naturels privés de leurs pieds et de leurs mains ; leur corps est dans un état affreux de maigreur, et les extrémités tombent en pourriture. Il y a aussi parmi eux beaucoup de scrofuleux. Quoique les maux d'yeux soient communs par les suites du tatouage et la fumée des habitations, cependant la cécité est rare avant le grand âge, et elle ne frappe, en général, que les femmes. Les maux de dents et la surdité sont inconnus. Lorsqu'un membre est cassé ou démis, ils le remettent dans sa position naturelle, le fixent avec des attelles (écorces) et des feuilles de palmier, et l'exposent deux fois par jour à la vapeur d'herbes mouillées jetées sur le feu.

Ils choisissent, pour bâtir leurs villages, le penchant d'une colline faisant face au point du rivage où l'on peut débarquer de ce côté, et enlèvent tout ce qui pourrait les empêcher de voir arriver les pirogues et les navires. Leurs maisons sont propres et solides; elles ont seize pieds de hauteur, dix de largeur et trente de longueur; le plancher, élevé d'un pied au-dessus du sol, est couvert d'une espèce de claie en lianes; ils y laissent de petites ouvertures, dans lesquelles ils allument du feu lorsque le temps est froid et humide. Quand quelqu'un tombe malade, ou lorsqu'une femme est sur le point d'accoucher, on construit une petite cabane particulière, à quelques toises des autres cases; on y met le feu dès qu'elle n'est plus occupée. Les jardins sont placés, en général, à une certaine distance des maisons; on y cultive des pommes de terre, des choux, et d'autres plantes potagères introduites par les Européens. On conserve les pommes de terre, pendant la saison de l'hiver, par le même procédé qu'employent les Irlandais.

Les hommes chassent, pêchent, bâtissent les maisons, construisent les pirogues, et travaillent au jardin; mais ils aimeraient mieux mourir que de porter leurs provisions; les femmes sont chargées de tous les fardeaux. Pendant la belle saison, ils tuent des albatros, des poules sauvages, des phoques, des rats, etc. etc. Ces insulaires fument ces animaux et les conservent entiers, enfermés dans des sacs, pendant plusieurs mois. Ces provisions d'hiver sont à l'abri des rats, sur une plateforme établie au sommet d'un poteau bien lisse, auquel ils montent à l'aide d'une échelle mobile. Ils se procurent du feu en frottant vivement un bâton pointu dans une rainure du même bois, dont la poussière s'enflamme dans un instant. Leur procédé pour préparer les aliments consiste à rôtir la viande ou le poisson sur le feu, ou bien ils creusent un trou dans la terre, y font chauffer une grande quantité de pierres, enveloppent ce qu'ils veulent faire cuire dans des herbes vertes, et recouvrent le tout avec de la terre. L'équipage du *Snapper* avait adopté ce moyen pour faire cuire son pain à l'aide de pierres rougies.

Leurs pirogues, bien construites et décorées de sculptures, résistent difficilement à une grosse mer; mais, lorsque l'eau est calme et unie, les rameurs leur impriment une grande vitesse. Les pirogues de guerre sont généralement simples, et ont de soixante-dix à cent pieds de longueur. C'est aussi le nombre des combattants et des rameurs. Elles marchent avec une promptitude extraordinaire. Les grands filets de pêche ont de un à deux mille de longueur, et entre dix à douze pieds de hauteur. Ils sont faits avec les fibres du phormium, abondant à Tavaï-Pounamou et sans aucune préparation. La mer est très-poissonneuse.

On trouve de l'eau douce presque partout; mais elle n'est pas toujours d'un goût agréable. Le pays est infesté de rats; on n'y rencontre aucun reptile venimeux. On voit fréquemment de petites chauves-souris, des iguanes, des lézards, beaucoup de moustiques, de grosses mouches, des abeilles, des criquets et des sauterelles. La vue d'un lézard alarme les insulaires, quoiqu'ils mangent souvent des animaux plus sales. Ce peuple n'avait pas encore de cochons à l'époque du voyage du *Snapper*; M. Edwarson leur en a donné plusieurs, dont ils ont pris le plus grand soin; ils paraissent sentir toute l'importance de ce présent.

Les habitants de Tavaï-Pounamou croient qu'un Être suprême a tout créé, excepté ce qui est l'ouvrage de leurs mains, et qu'il ne leur fera aucun mal. Ils l'appellent Maouha (sans doute Mawi). *Rockou-Noui-Atoua* est un bon esprit qu'ils supplient, nuit et jour, de les préserver de tout accident. *Kow-Koula* est l'esprit, ou *Atoua*, qui gouverne le monde pendant le jour, depuis le lever du soleil jusqu'à son coucher. Ils appellent à haute voix *Rockou-Noui-Atoua* et *Kow-Koula* à leur secours. *Rockiola* est l'esprit nocturne, la cause de la mort, des maladies, et de tous les accidents qui peuvent arriver pendant les heures de son règne ; c'est pour cette cause qu'on s'adresse à lui et à *Rockou-Noüi-Atoua* pendant la nuit. Il existe des traditions fabuleuses au sujet d'un homme ou d'une femme qui habite dans la lune.

Les choses belles et curieuses qu'ils voient entre les mains des Européens leur font regarder ceux-ci comme des espèces de diables ou d'esprits (atouas). Ils observent les blancs avec la plus grande attention, et épient leurs démarches. La dissimulation, qui gâte chez eux quelques heureuses dispositions, leur caractère vindicatif et leur esprit rusé, les rendent sensibles à la moindre offense ; il est alors très-difficile de les apaiser. Si un chef reçoit un présent moins considérable qu'un autre chef, ou si l'on fait un cadeau à un homme du peuple, la colère du premier ne connaît plus de bornes. Cette susceptibilité rend trop pénible la position d'un étranger qui traite avec ces peuples, et qui, à tout événement, doit chercher à plaire à tous. C'est au manque de sage politique qu'il faut attribuer la mort de plusieurs blancs.

On peut citer, parmi les nombreuses victimes de la férocité des insulaires, le capitaine Tuckey et l'équipage de son canot ; cinq hommes du canot du *Sydney-Cove*, bâtiment pêcheur, tués par Hounoueghi, chef d'Owaï, dans la partie orientale du détroit de Foveaux ; quatre hommes de la goëlette *Brothers*, massacrés au havre Molineux ; plusieurs matelots du *Général Gates*; enfin trois Lascars du brick *Mathilda*, qui avaient déserté pour cause de mauvais traitements ; trois autres, qui furent épargnés, enseignèrent aux naturels la manière d'attaquer les Européens pendant les fortes pluies, lorsque les fusils ne peuvent pas servir, et de plonger pour couper les câbles des navires pendant la nuit.

James Coddel, ancien matelot du *Sydney-Cove*, avait été pris à l'âge de seize ans, et en avait passé autant avec les naturels de Tavaï-Pounamou, lorsque le *Snapper* l'amena à Port-Jackson, où les officiers de la *Coquille* l'ont vu. Cet homme, qui avait épousé une jeune insulaire, nommée *Tougui-Touki*, s'était tellement familiarisé avec le genre de vie de ces sauvages, qu'il était devenu aussi franc cannibale qu'aucun d'eux. Il avait embrassé leurs idées et leurs croyances, ajouté foi à leurs fables, s'était plié à tous leurs usages, si bien que l'on aurait pu croire que la Nouvelle-Zeeland était sa véritable patrie. Son caractère, vil et rusé, l'avait fait favorablement accueillir des naturels. Dans les premiers rapports qu'il eut avec M. Edwarson, il avait eu de la peine à se faire comprendre, et avait tellement oublié sa langue maternelle, qu'il pouvait difficilement servir d'interprète. Il était regardé comme fort dangereux ; mais, en ne lui accordant pas une trop grande confiance, on parvint à tirer de lui beaucoup de services.

Entre les localités les plus remarquables, le havre Milford présente un bon mouillage depuis dix jusqu'à cinq brasses de fond. M. de Blosseville dit qu'un rocher, semblable à un navire sous voiles, se trouve à cinq milles de l'entrée de son bassin.

HISTOIRE.

La plupart des peuples de la Polynésie n'ont d'autre moyen que celui de la parole pour communiquer leurs idées. Ils n'ont même rien imaginé qui ressemblât aux symboles hiéroglyphiques, aux nœuds, aux *quipos* adoptés par divers peuples encore voisins de l'état d'enfance des sociétés, à plus forte raison aucuns caractères phonétiques, idéographiques ou alphabétiques, pour transmettre leurs annales à la postérité ; la Nouvelle-Zeeland, en particulier, distribuée en tribus peu nombreuses, entièrement indépendantes les unes des autres, et souvent en proie à des guerres terribles, n'avait aucune espèce de gouvernement régulier, et les générations qui s'y sont succédé n'ont laissé aucune trace de leur existence. Taïti, Tonga et Houaï, réunies en petites souverainetés, avaient su conserver un souvenir plus distinct des faits les plus importants de l'histoire de leurs rois.

Dans tous les pays, dit avec raison d'Urville, ce qu'avant la naissance de l'écriture on est convenu d'appeler l'histoire, s'est presque toujours borné à la tradition des faits et gestes des rois ou des chefs de la nation. Or la mémoire de ces faits n'a pu se conserver qu'autant qu'elle intéressait l'ambition et l'orgueil des dynasties, et qu'en outre ces dynasties avaient une certaine durée. Chez les Nouveaux-Zeelandais, sujets, par la nature même de leurs institutions, à des révolutions continuelles, cette mémoire se bornait presque toujours aux exploits des pères ou des aïeux de la génération vivante; rarement elle remontait jusqu'à la troisième ou quatrième génération. Leurs opinions même touchant leur origine étaient vagues et divergentes.

Les Zeelandais, séparés de la France par le diamètre entier du globe, rapportaient, selon Cook, leur origine à un pays qu'ils nommaient, *Heawise* (*), ou, selon d'Urville (**), *Iwi*, qui signifie à la fois *os* et *tribu*, et dont il signale la ressemblance avec le mot *Ève*, mère du genre humain, selon la Genèse. Quelques-uns assurent qu'ils descendent de deux frères, *Maoui-Moua* et *Maoui-Poteki*; que l'aîné *Maoui-Moua* tua et mangea le cadet *Maoui-Poteki*, d'où provient chez eux la coutume de manger les corps de leurs ennemis. D'autres enfin soutiennent que *Maoui*, chassé de son pays natal par suite de dissensions civiles, s'embarqua avec quelques-uns de ses compatriotes, et que, guidé par le dieu du tonnerre *Tauraki*, il vint s'établir sur les bords du Chouraki (***). Il est probable qu'en ce cas il aurait amené des femmes avec lui, quoique la tradition soit muette à ce sujet.

Une tradition plus remarquable, et qui nous semblerait plus positive, est celle que Cook trouva en vigueur au détroit qui porte son nom, comme aux environs du cap Nord. Elle aurait rapport à une grande contrée située au nord-nord-ouest de la Nouvelle-Zeeland, fertile en cochons, et nommée *Ulimaraa* (qu'il faut lire sans doute *Oudi-Mara* (*), peuplé d'un lieu exposé à la chaleur du soleil). Suivant ceux du cap Nord, leurs ancêtres y seraient allés dans une grosse pirogue, et il ne serait revenu au bout d'un mois qu'une partie d'entre eux (**). Au dire des habitants de Tatara-Nouï, un petit bâtiment venant de ce même pays avait touché chez eux, et quatre hommes, débarqués de ce navire, avaient été massacrés sur-le-champ. Cook ajoute que les habitants de la baie des Iles lui avaient parlé de ce pays d'*Ulimaraa*. Les Nouveaux-Zeelandais, dit encore d'Urville, auraient-ils en effet conservé quelques notions des îles situées près de la ligne, auraient-ils eu quelques communications avec leurs habitants depuis l'époque où ils furent condamnés à occuper des régions aussi éloignées les unes des autres? C'est un fait à signaler à l'attention des missionnaires établis à la Nouvelle-Zeeland, ou des voyageurs qui pourront interroger d'une manière précise et détaillée ces insulaires.

Franchissons ces siècles de ténèbres, et arrivons à l'époque où un Européen sut, par sa découverte, rattacher l'histoire de la Nouvelle-Zeeland à l'histoire de l'humanité.

C'est après avoir découvert les terres de Van-Diemen que Tasman accosta, le 13 décembre 1642, les côtes de la Nouvelle-Zeeland, inconnues jusqu'alors aux Européens. Après avoir côtoyé la terre pendant quelques jours, il entra, le 17, dans le détroit de Cook, qu'il prit d'abord pour une baie profonde; et, s'étant aperçu de son erreur, il fut mouiller le lendemain près de terre, et il envoya aussitôt deux canots à la recherche d'une aiguade. Les canots revinrent à la nuit, suivis de deux pirogues chargées de naturels, qui parlaient d'une façon bruyante.

(*) Cook, premier voyage, t. III, p. 298.
(**) Voyage de l'*Astrolabe*, t. II, p. 352.
(***) Marsden; d'Urville, t. III, p. 352.

(*) Grammar of New-Zeeland by Kendall, pag. 145 et 176.
(**) Cook; d'Urville, t. III, p. 19.

Les sauvages ayant fait entendre le son de la conque marine, les Hollandais leur répondirent avec la trompette. Un instant après, les indigènes se retirèrent; mais le lendemain, ces hommes intrépides osèrent assaillir les Européens. Nous donnerons l'analyse des récits des plus anciens voyageurs à la Nouvelle-Zeeland, à commencer par Tasman lui-même. Ces récits naïfs des vieux navigateurs ont toujours un charme particulier. Ce sont d'ailleurs des documents précieux, presque introuvables, et qui ont aujourd'hui le mérite de la nouveauté. Les lecteurs judicieux et amis d'une instruction solide et variée apprécieront toute l'importance des cadeaux que nous leur faisons en ce genre.

« Le 19 au matin, dit Tasman (*), un canot de naturels, monté par treize hommes, s'approcha de notre navire, à la distance d'un jet de pierre seulement. Ils nous appelèrent plusieurs fois; mais leur langage ne ressemblait en rien au vocabulaire des îles Salomon, qui nous avait été remis à Batavia par le général et le conseil. Ces hommes, autant que nous pûmes en juger, étaient d'une taille ordinaire; ils avaient les os saillants et la voix rude. Leur couleur est entre le brun et le jaune. Leurs cheveux sont noirs, liés sur le sommet de la tête à la façon des Japonais, et surmontés d'une grande plume blanche. Leurs embarcations étaient de longues et étroites pirogues réunies deux à deux, et recouvertes de planches pour s'asseoir. Les pagaies avaient plus d'une toise de long, et se terminaient en pointe. Leurs vêtements semblaient être en nattes ou en coton; mais la plupart d'entre eux avaient la poitrine nue.

« Nous leur montrâmes du poisson, de la toile blanche et des couteaux, pour les décider à s'approcher de nous; mais ils s'y refusèrent et s'en retournèrent à la fin vers le rivage. Sur ces entrefaites, les officiers du *Zeehann*

(*) Le Journal de Tasman se trouve dans l'excellente collection du capitaine Burney.

vinrent à notre bord, et nous résolûmes d'approcher de la côte avec nos navires, vu qu'il y avait un bon mouillage, et que les habitants paraissaient désirer notre amitié. Aussitôt que nous eûmes pris cette résolution, nous vîmes sept embarcations qui venaient de terre. L'une d'elles, montée de dix-sept hommes, arriva très-promptement, et vint se placer derrière le *Zeehann*. Une autre, portant treize hommes vigoureux, s'approcha à un demi-jet de pierre de notre navire. Ils se hélèrent plusieurs fois les uns les autres. Nous leur montrâmes encore, comme auparavant, de la toile blanche; mais ils restèrent immobiles. Le maître du *Zeehann*, Gérard Janszoon, qui se trouvait à notre bord, donna ordre à son canot, armé par un quartier-maître et six matelots, de se rendre sur leur navire pour recommander aux officiers de se tenir sur leurs gardes, et, dans le cas où les naturels l'accosteraient, de ne pas permettre à un trop grand nombre d'entre eux à la fois de monter à bord. Quand le canot du *Zeehann* déborda de notre bâtiment, les naturels, dans leurs pros ou pirogues les plus voisines de nous, appelèrent à grands cris ceux qui se trouvaient derrière le *Zeehann*, et firent avec leurs pagaies un signal dont nous ne pouvions deviner la signification. Mais, quand le canot du *Zeehann* fut tout à fait au large, les pirogues qui se trouvaient entre les deux navires coururent dessus avec impétuosité, et l'abordèrent avec une telle violence qu'il tomba sur le côté, et se remplit d'eau. Le premier de ces traîtres, armé d'une pique grossièrement aiguisée, donna au quartier-maître, Cornélius Joppe, un coup violent dans la gorge, qui le fit tomber dans la mer. Alors les autres naturels attaquèrent le reste de l'équipage du canot avec leurs pagaies et de courtes et épaisses massues que nous avions prises d'abord pour des *parangs* grossiers, et les taillèrent en pièces. Dans cet engagement, trois des hommes du *Zeehann* furent tués, et un quatrième blessé à mort. Le quartier-maître et deux matelots se mirent à nager vers notre navire, et nous envoyâmes le canot qui les recueillit en vie. Après ce combat, les meurtriers prirent un de nos hommes morts dans leur pirogue ; un autre des morts tomba à l'eau et coula. Ils laissèrent aller le canot. Notre vaisseau et le *Zeehann* firent feu sur eux avec les mousquets et les canons, mais sans les atteindre, et ils pagayèrent vers le rivage. Nous envoyâmes notre canot pour ramener celui du *Zeehann* ; nous y trouvâmes un homme mort et un autre blessé mortellement.

« Après cet événement, nous ne pouvions plus établir de relations amicales avec les naturels, et il n'y avait pas d'espoir de se procurer chez eux de l'eau ni des vivres. Ainsi nous levâmes l'ancre, et nous appareillâmes. Quand nous fûmes sous voiles, vingt-deux de leurs pirogues partirent de terre, et s'avancèrent sur nous. Onze étaient pleines de monde. Quand elles se trouvèrent à la portée de nos canons, on leur tira deux coups, mais sans effet. Le *Zeehann* fit aussi feu, et atteignit un homme de la pirogue la plus avancée, qui était debout avec un pavillon blanc à la main, et que le coup fit tomber. Nous entendîmes le bruit de notre mitraille sur les pirogues, mais nous ne savons pas quel en fut l'effet : seulement il les força d'opérer tout à coup leur retraite vers la côte, où ils demeurèrent tranquilles, et ne revinrent plus contre nous. »

Tasman, qui le premier leur fit connaître les Européens, fut aussi le premier qui éprouva leur perfidie. Il perdit à la Nouvelle-Zeeland quatre de ses matelots, que les naturels dévorèrent, après les avoir traîtreusement massacrés. Plus malheureux encore que le navigateur hollandais dont il suivait, cent ans plus tard, les traces presque oubliées, Cook perdit de la même manière l'équipage entier d'un canot de sa conserve, commandée par le capitaine Furneaux ; et, deux ans après ce nouveau désastre, Marion du Frêne et seize de ses gens, victimes de la plus exécrable trahison, subirent un pareil destin. Plusieurs autres navigateurs ont éprouvé, de nos jours, les mêmes malheurs. Cependant il est juste de dire que les Zeelandais ne furent pas toujours les agresseurs.

Tasman s'empressa de quitter cette baie, qu'il nomma *Moordenoars bay* (baie des Meurtriers), prolongea toute la côte occidentale d'Ika-na-Maouï, et arriva le 4 janvier près la pointe nord. Le jour suivant, il mouilla près d'une des îles *Mana-oua-taouï*, qu'il nomma *île des Trois Rois*. N'ayant pu y débarquer pour faire de l'eau, à cause de la violence du ressac et des préparatifs de guerre des indigènes, il remit à la voile et laissa aux terres qu'il venait de découvrir le nom de *Staten Land* (terre des États), parce qu'il pensait qu'elles devaient se réunir aux terres découvertes par Schouten et Lemaire, à l'est de la terre de Feu (*tierra del Fuego*), et qui avaient reçu le nom *Staten Land*. C'est un très-beau pays, et nous pensons, disait Tasman, qu'il fait partie du *continent inconnu du Sud*. Mais cette erreur ayant été bientôt reconnue, ces dernières découvertes du sage navigateur hollandais, reçurent, on ne sait comment, le nom de Nouvelle-Zeeland. Ces deux grandes îles furent oubliées pendant cent vingt années, lorsque le célèbre Cook, naviguant par les latitudes élevées des mers australes, les retrouva le 6 octobre 1769, atterrit dans la partie orientale sur un cap qu'il nomma Young-Nicks, et vint mouiller dans la baie de *Taone-Roa*.

L'intrépide et opiniâtre Cook vit ses premiers rapports avec les insulaires marqués de scènes sanglantes. Ayant reconnu que ces sauvages bravaient avec orgueil tout système d'intimidation, et n'ayant obtenu d'eux que des insultes malgré les paroles de paix de son interprète le Taïtien Toupaïa, homme habile et instruit, Cook s'empara de vive force de trois d'eux, qu'il combla de cadeaux et de bons traitements, afin d'amener ainsi les autres à des dispositions plus amicales. Le lendemain, on les amena à terre ; ce qui d'abord leur causa la plus vive satisfaction. Mais, quand ils virent l'endroit où l'on voulait les débarquer, ils poussèrent les hauts cris, disant qu'ils seraient tués et dévorés par les habitants, qui étaient leurs ennemis. Cependant ils se décidèrent à prendre terre. Nul mal ne leur survint et ils s'empressèrent de raconter aux autres ce qu'ils avaient vu et éprouvé à bord.

Cependant une pirogue accosta le navire qui venait de mettre à la voile. Quelques hommes montèrent à bord; on leur fit des présents, et ils cédèrent sans peine leurs armes et leurs casse-tête en serpentine. Ces naturels déclarèrent qu'ils ne s'étaient décidés à venir au vaisseau que sur le récit que leur avaient fait leurs camarades.

Cook s'avança ensuite vers le sud-est; en passant près de l'île de Téa-Houra, il remarqua des terres cultivées et des palissades qui servaient de fortifications.

Les habitants de la presqu'île Tera-Kako se montrèrent plus avisés, ils s'approchèrent dans deux pirogues, écoutèrent les explications de Toupaïa, lui répondirent avec politesse, refusèrent de monter à bord, mais acceptèrent quelques présents, et s'en retournèrent satisfaits en apparence.

En parcourant la baie de Hawke, l'*Endeavour* fut souvent accompagné de naturels, qui, quelquefois poussaient des cris de défi, et provoquaient les Anglais au combat par des gestes insultants. Le 14 octobre, neuf de ces pirogues, remplies de sauvages armés, entourèrent le navire dans le dessein de l'attaquer; déjà ils avaient entonné l'hymne guerrier, et se préparaient à faire usage de leurs lances, quand un canon à mitraille refroidit leur ardeur belliqueuse, et les détermina à regagner la côte.

Le 20 octobre, Cook mouilla sur une baie qu'il nomma *Tégadou*, la même vraisemblablement que M. d'Urville nomme *Toko-Malou* sur sa carte. Les habitants de cet endroit se comportèrent avec les Anglais d'une façon toute pacifique, ce qui permit aux naturalistes de faire quelques excursions dans l'intérieur. Nous y observâmes, dit le célèbre navigateur anglais, des plantations de patates douces, de taro et de citrouilles, tenues avec beaucoup de soin et de régularité. Deux cents arpents étaient ainsi en culture par lots d'un et deux arpents. La population ne s'élevait guère au delà d'une centaine d'âmes. La bonne harmonie se maintint si bien, sur ce point, entre les habitants et les Anglais, que les botanistes furent souvent transportés à bord par les pirogues des naturels, quand aucune embarcation des navires ne se trouvait sur la plage.

Le 3 novembre au soir, Cook mouilla sur la baie Miti-Anga, qu'il nomma *baie Mercure*. Bientôt plusieurs pirogues entourèrent l'*Endeavour*, et les naturels ne répondirent que par des menaces aux avances des Anglais. Le 10, un officier livra à un Zeelandais un morceau d'étoffe pour en obtenir une natte en échange; quand cet indigène se refusa à lui remettre la natte, et ne répondit à ses reproches que par des railleries et des gestes aussi indécents qu'outrageants, l'officier coucha en joue le sauvage et l'étendit roide mort. Cependant le fait ayant été jugé par les chefs, on estima que le naturel était dans son tort, et que l'officier avait eu le droit de le tuer. L'affaire n'eut point d'autres suites.

Dans une de leurs excursions, les Anglais visitèrent un pâ plus important que ceux qu'ils avaient vus jusqu'à ce moment. Voici la description qu'en donne le chef de l'expédition :

« Après déjeuner, j'allai avec la pinasse et la yole, accompagné de MM. Banks et Solander, au côté septentrional de la baie, afin d'examiner le pays et deux villages fortifiés que nous avions reconnus de loin. Nous débarquâmes près du plus petit, dont la situation est des plus pittoresques qu'on puisse imaginer. Il était construit sur un rocher détaché de la grande terre, et environné d'eau à la grande marée. Ce rocher était percé, dans toute sa profondeur, par une arche qui en occupait toute la plus grande partie. Le sommet de l'arche avait plus de soixante pieds d'élévation perpendiculaire au-dessus de la surface de la mer, qui coulait à travers le fond à la marée haute. Le haut du rocher au-dessus de l'arche était fortifié de palissades à la manière du pays; mais l'espace n'en était pas assez vaste pour contenir plus de cinq ou six maisons; il n'était accessible que par un sentier escarpé et étroit, par où les habitants descendirent à notre approche, et nous invitèrent à monter. Nous refusâmes cette offre, parce que nous avions dessein d'observer un fort beaucoup plus considérable de la même espèce, situé à peu près à un mille de là. Nous fîmes quelques présents aux femmes; et, sur ces entrefaites, nous vîmes les habitants du bourg vers lequel nous nous dirigions, s'avancer vers nous en corps, au nombre de cent environ, y compris les hommes, les enfants et les femmes. Quand ils furent assez près pour se faire entendre, ils firent un geste de leurs mains, en nous criant : *hare maï;* ils s'assirent ensuite parmi les buissons de la grève. On nous dit que ces cérémonies étaient des signes certains de leurs dispositions amicales à notre égard. Nous marchâmes vers le lieu où ils étaient assis; et, quand nous les abordâmes, nous leur fîmes quelques présents, en demandant la permission de visiter leur pâ : ils y consentirent avec joie, et nous y conduisirent sur-le-champ. Ce pâ est appelé *Ware-Tawa*, et il est situé sur un promontoire, ou pointe élevée, qui s'avance dans la mer, sur le côté septentrional, et près du fond de la baie. Deux des côtés, baignés par les flots de la mer, sont entièrement inaccessibles. Deux autres côtés sont contigus à la terre; il y a depuis la grève une avenue qui conduit à l'un de ceux-ci, qui est très-escarpé; l'autre est plat. On voit sur la colline une palissade d'environ dix pieds de haut, qui environne le toit, et qui est composée de gros pieux, joints fortement ensemble avec des baguettes d'osier. Le côté faible, près de la terre, était aussi défendu par un double fossé, dont l'intérieur avait un parapet et une seconde palissade. Les palissades du dedans étaient élevées sur le parapet près du bourg, mais à une grande distance du bord et du fossé intérieur, pour que les indigènes pussent s'y promener et s'y servir de leurs armes. Les premières palissades du dehors se trouvaient entre les deux fossés, et elles étaient enfoncées obliquement en terre, de sorte que leurs extrémités supérieures étaient inclinées vers le second fossé. Ce fossé avait vingt-quatre pieds de profondeur, depuis le pied jusqu'au haut du parapet; tout près et en dehors de la palissade intérieure, il y avait une plate-forme de vingt pieds d'élévation, de quarante de long et de six de large; elle était soutenue par de gros poteaux, et destinée à porter ceux qui défendent la place, et qui peuvent de là accabler les assaillants avec des dards et des pierres, dont il y a toujours des tas en cas de besoin. Une autre plate-forme de la même espèce, et placée également en dedans de la palissade, commandait l'avenue escarpée qui aboutissait à la grève. De ce côté de la colline il y avait quelques petits ouvrages de fortification et des huttes qui ne servaient pas de postes avancés, mais d'habitations à ceux qui, ne pouvant se loger faute de place dans l'intérieur du fort, voulaient cependant se mettre à portée d'en être protégés. Les palissades, ainsi qu'on l'a déjà observé, environnaient tout le sommet de la colline, tant du côté de la mer que du côté de la terre; le terrain, qui originairement était une montagne, n'avait pas été réduit à un seul niveau, mais formait plusieurs plans différents qui s'élevaient en amphithéâtre les uns au-dessus des autres, et dont chacun était environné par une palissade séparée. Ils communiquaient entre eux par des sentiers étroits, qu'on pouvait fermer facilement; de sorte que si un ennemi forçait la palissade extérieure, il devait en emporter d'autres avant que la place fût entièrement réduite, en supposant que les habitants défendissent opiniâtrément chacun de ces postes. Un passage étroit, d'environ douze cents pieds de long, et qui aboutit à l'avenue escarpée qui vient du rivage, en forme la seule entrée. Elle passe sous une des plates-formes; et, quoique nous n'ayons rien vu qui ressemblât à une porte ou à un pont, elle pouvait aisément être barricadée, de manière que ce serait une entreprise très-dangereuse et très-difficile que d'essayer de la forcer. En un mot, on doit regarder comme très-forte une place dans laquelle un petit nombre de combattants déterminés peut se défendre aisément contre les attaques de tout un peuple armé. En cas de siége, elle paraissait bien fournie de toute espèce de provisions, excepté d'eau. Nous aperçûmes une grande quantité de racines de fougère qui leur servent de pain, et des poissons secs amoncelés en tas; mais nous ne remarquâmes point qu'ils eussent d'autre eau douce que celle d'un ruisseau qui coulait tout près et au-dessous du pied de la colline. Nous n'avons pu savoir s'ils ont quelque moyen d'en tirer de cet endroit pendant un siége, ou s'ils connaissent la manière de la conserver dans des citrouilles ou dans des vases. Ils ont sûrement quelques ressources pour se procurer cet article nécessaire à la vie; car autrement il leur serait inutile de faire des amas de provisions. Nous leur témoignâmes le désir que nous avions de voir leurs exercices d'attaque et de défense. Un jeune indigène monta sur une des plates-formes de bataille, qu'ils appellent *parawa*, et un autre descendit dans le fossé: les deux combattants entonnèrent leurs chansons de guerre, et dansèrent avec les mêmes gestes effrayants que nous leur avions vu employer dans des circonstances plus sérieuses, afin de monter leur imagination à ce degré de fureur artificielle qui, chez toutes les nations sauvages, est le prélude du combat. Nous aperçûmes sur le côté de la colline, près de ce fort sauvage, l'espace d'environ un demi-acre de terrain planté de citrouilles et de patates douces, et qui était le seul endroit cultivé de la baie (voy. *pl.* 178). Il y a deux rochers au pied de la pointe sur laquelle est construite cette fortification, l'un entièrement détaché de la grande terre, et l'autre qui ne l'est pas tout à fait; ils sont petits tous les deux, et ils paraissaient plus propres à servir de retraite aux oiseaux qu'aux hommes. Cependant il y a des maisons et des places de défense sur chacun d'eux. Nous vîmes plusieurs autres ouvrages de même espèce sur de petites îles, des rochers et des sommets de collines en différentes parties de la côte, outre quelques autres villages fortifiés qui semblaient être plus considérables que celui-ci. »

Le 31 mars 1770, Cook quitta la Nouvelle-Zeeland, après avoir reconnu toutes les côtes et recueilli les plus précieux documents géographiques. Il donna le nom de Tamise à la rivière de Wahi-Kahou-Rounga et à la baie de Chouraki, laissa son nom à un détroit, donna celui de l'Amirauté à une de ses baies, etc., etc., tandis que de leur côté ses compagnons, Banks et Solander, réunirent une quantité de notions utiles sur l'histoire naturelle de ces deux grandes îles.

Surville reconnut cette grande terre, qu'il croyait n'être qu'une seule île, le 12 décembre 1769, par la latitude australe de 35° 37'. Les vents ne lui permirent pas de trouver un mouillage avant le 17, jour où il jeta l'ancre dans une baie qu'il nomma Lauriston, du surnom du célèbre Law. Le lendemain il descendit à terre; le chef du village vint au-devant de lui sur le bord du rivage. Les insulaires étaient épars de côté et d'autre; ils tenaient à la main des peaux de chien et des paquets d'herbes qu'ils haussaient et baissaient alternativement, dans l'intention sans doute de lui rendre hommage. C'est ainsi que se passa en espèce de salutation la première entrevue : le jour suivant la réception fut bien différente; les indigènes étaient en armes et par troupes. Le chef était venu, dans sa pirogue, au-devant de Surville pour l'engager par signes à l'attendre sur le bord du rivage, parce que les naturels étaient dans de vives alarmes sur la descente à terre d'une grande partie de l'équipage de son vaisseau. Surville se conforma à ce qu'il désirait à cet égard; mais lorsque le chef lui fit la demande de son fusil, il s'y refusa. Le chef, sans se rebuter du peu de succès de sa première demande, pria cet officier de lui prêter son épée pour la montrer aux gens de son village. Le capitaine ne fit aucune difficulté de lui remettre cette arme. Le chef, satisfait, accourut la montrer aux insulaires, qui paraissaient attendre avec inquiétude le dénoûment de cette entrevue. Le chef harangua à haute voix et avec chaleur ce nombreux attroupement; et dès ce moment, il s'établit entre les insulaires et l'équipage du vaisseau un commerce qui procura des vivres et des secours de toute espèce aux malades. Ce chef demanda au capitaine la permission de l'accompagner à bord de son vaisseau pour en examiner la construction; le capitaine y consentit. Mais, dès que le canot commença à s'éloigner, le cri des femmes et les alarmes des Nouveaux-Zeelandais déterminèrent Surville à le ramener promptement à terre, où cet officier fut témoin de l'affection sincère de ce peuple envers son chef (*).

L'illustre Cook côtoyait alors la Nouvelle-Zeeland; il releva même la baie où était Surville, sans se douter, dit-il, qu'un vaisseau français eût abordé avant lui à cette terre encore inconnue, quoiqu'elle eût été découverte par Tasman. On lit, à ce sujet, dans la relation de son second Voyage la phrase suivante : « Lorsque je pro« longeais (en décembre 1769) sur « l'*Endeavour* la côte de la Nouvelle-« Zeeland, le capitaine Surville était « mouillé dans la baie Douteuse, sans « que les insulaires m'en eussent ins« truit. »

Surville éprouva une tempête qui lui fit perdre ses ancres, et dont il est fait mention dans le Journal de Cook, et son vaisseau courut de grands dangers. Mais cet habile marin savait, dans ces grandes circonstances, déployer, avec un sang-froid imperturbable, toutes les ressources de son art. Aussi avait-il la confiance de son équipage à tel point qu'il n'était pas intimidé à la vue des plus imminents dangers.

Au commencement de la tempête, la chaloupe où étaient les malades tenta inutilement de gagner le vaisseau. Elle ne put pas même revenir au village; elle fut jetée dans une anse qu'on nomma, pour cette cause, *anse du Refuge*. Elle fut obligée d'y rester tout le temps de la durée du coup de vent; Nagui-Nouï, chef de ce village, accueillit et reçut les malades dans sa maison. Il leur prodigua tous les rafraîchissements qu'il fut en son pouvoir de leur procurer, sans vouloir accepter aucun salaire de ses soins généreux. Ce ne fut que le 29 que la chaloupe put se rendre à bord; la tempête avait fait perdre à Surville le canot qui était amarré derrière le vaisseau; il le vit échoué sur le rivage de l'anse du Refuge. Ce célèbre marin l'envoya chercher; mais les indigènes, plus alertes, s'en emparèrent, et le cachèrent si bien, que toutes les perquisitions furent inutiles; on soupçonna qu'ils avaient coulé ce canot dans une petite rivière que l'on remonta et que l'on descendit à diverses reprises. Surville, irrité de la perte de son canot, fit signe à quelques insulaires qui étaient auprès de leurs pirogues de s'approcher. Un d'entre eux accourut; il fut arrêté et conduit à bord; les autres, moins confiants, prirent la fuite. On poursuivit cette hostilité en s'emparant d'une pirogue, et en brûlant toutes celles qui étaient sur le rivage. On incendia tout le village; et, après avoir ainsi porté l'effroi et la désolation dans ces contrées, Surville quitta la Nouvelle-Zeeland, sans prévoir que cet injuste châtiment aurait les suites les plus funestes pour les Européens qui auraient le malheur d'y aborder, et qu'il serait la véritable cause de la mort épouvantable de Marion, et du massacre de seize Français de son équipage. Il est bien douloureux pour nous d'être encore forcés de les aggraver; notre qualité d'historien nous impose le devoir de tout dire, et cette tâche est cruelle, lorsqu'elle peut servir à

(*) Journal de Monneron, subrécargue du *Saint-Jean-Baptiste*.

accuser d'injustice et d'ingratitude un habile navigateur, un marin d'une haute distinction; il faut donc faire connaître au lecteur que l'insulaire qui fut arrêté, était le chef Nagui-Nouï, qui avait reçu les malades dans sa maison avec autant d'humanité que de désintéressement, et encore dans la circonstance infiniment critique que nous avons déjà mentionnée. Voici ce qu'on trouve à ce sujet dans le journal de Potier de l'Orme, un des lieutenants : « Je fus très-surpris de voir
« que l'Indien (*) que l'on conduisait
« à bord, pieds et mains liés, était ce
« chef qui, à mon arrivée à l'anse du
« Refuge, m'avait fait apporter du
« poisson séché, sans exiger de paye-
« ment, avec l'air du monde le plus
« compatissant. Cet infortuné ne m'eut
« pas plutôt reconnu, qu'il se jeta à
« mes pieds, les larmes aux yeux, en
« me disant des choses que je n'en-
« tendais pas, et que je pris pour des
« prières d'intercéder en sa faveur, et
« de le protéger, parce qu'il m'avait
« rendu service dans une circonstance
« où j'en avais le plus grand besoin.
« Je fis pour cet homme tout ce qui
« était en mon pouvoir, pour lui mon-
« trer qu'on ne voulait pas lui faire
« de mal. Il me serrait dans ses bras,
« et il me montrait sa terre natale
« qu'on le forçait d'abandonner; heu-
« reusement pour moi, le capitaine le
« fit mener dans la chambre du con-
« seil, car il me faisait peine de voir
« cet homme alarmé du sort qu'on
« lui préparait. » On conçoit qu'il devait être très-inquiet; car, lorsqu'il fut plus rassuré, il apprit à cet officier juste et compatissant, que, lorsqu'ils font des prisonniers, ils les saisissent par la touffe de cheveux, qu'ils portent sur le sommet de la tête, et les tuent d'un coup de casse-tête assommoirs sur la tempe. Ils partagent entre eux, par morceaux, le cadavre, pour en faire un horrible festin. C'est là le sort qu'il craignait. Les Zeelandais sont généralement voraces : Nagui-Nouï désirait non-seulement tout ce qu'on lui offrait, mais il allait encore auprès des matelots, sollicitait et mendiait les restes de leurs vivres; il paraissait cependant regretter sa nourriture primitive, la racine de fougère. On a remarqué qu'il avait les dents très-petites, et qu'il éprouvait une grande difficulté à rendre le son de l's. Ce malheureux chef, enlevé traîtreusement, mourut le 12 mars 1770, en vue de la petite île de Juan-Fernandez.

A son tour, le 24 mai 1772, le capitaine Marion du Frêne, commandant les navires le *Mascarin* et le *Castries*, accosta la Nouvelle-Zeeland, à la hauteur du cap Borrel, devant le mont Pouke-e-Aupapa; puis, il prolongea toute la bande occidentale d'Ikana-Maoui, et le 24 mai il mouilla sur la baie des Iles. Voici le récit du massacre de l'infortuné Marion, et de seize Français mangés par les Zouveaux-Zélandais. C'est au capitaine Crozet (*) que nous l'empruntons en l'abrégeant :

« Lorsque nous fûmes à deux lieues de distance du cap Bret, nous aperçûmes trois pirogues qui venaient à nous; il ventait peu, et la mer était belle. Une des pirogues s'approcha de notre vaisseau; elle contenait neuf hommes. On les engagea par signes à venir à bord; on leur envoya diverses bagatelles pour les y déterminer. Ils y vinrent avec un peu de difficulté, et parurent, en entrant dans le vaisseau, n'être pas sans crainte. M. Marion les fit entrer dans la chambre du conseil, et leur offrit du pain. Il mangea le premier, et ils en mangèrent aussi. On leur présenta de la liqueur, ils en burent avec répugnance. On les engagea à se dépouiller de leurs pagnes et on leur fit présent de chemises et de caleçons, dont ils parurent se laisser habiller avec plaisir. On leur fit voir différents outils, tels que haches, ciseaux et erminettes. Ils se montrèrent extrêmement empressés

---

(*) A cette époque on donnait le nom d'Indiens à tous les sauvages des différents pays. Les Espagnols les nomment encore *los Indios*.   G. L. D. R.

(*) Son Voyage a été rédigé par l'abbé Rochon.

de les avoir; et s'en servirent aussitôt pour nous faire voir qu'ils en connaissaient l'usage. On leur en fit présent; ils s'en allèrent peu de temps après, très-satisfaits de notre réception. Dès qu'ils furent un peu éloignés du vaisseau, nous les vîmes quitter leurs chemises et leurs caleçons, pour prendre leurs premiers vêtements et cacher ceux qu'ils avaient reçus de nous. Ils abordèrent ensuite les deux autres pirogues dont les sauvages n'avaient pas osé s'approcher du vaisseau : ils parurent les rassurer et les engager à venir aussi nous voir. Ils vinrent effectivement, et montèrent sur le vaisseau, sans témoigner ni crainte ni défiance. Il y avait parmi eux des femmes; on leur donna du biscuit et quelques autres bagatelles.

«Le soir, le vent étant augmenté, les pirogues se retirèrent à terre. Cinq ou six de ces sauvages restèrent de leur bonne volonté à bord du vaisseau. On leur fit donner à boire et à manger : ils soupèrent même avec nous et mangèrent de tous nos mets avec beaucoup d'appétit. Ils ne voulurent boire ni vin ni liqueur. Ils couchèrent dans le vaisseau. On leur arrangea des lits dans la grande chambre; ils dormirent bien, sans marquer la moindre défiance. Cependant on les surveilla toute la nuit. Parmi ces sauvages était le nommé Takouri, un de leurs chefs, dont on aura occasion de parler dans la suite, lequel témoignait beaucoup d'inquiétude toutes les fois que le vaisseau s'éloignait un peu de la côte pour courir des bordées, en attendant le bateau que nous avions envoyé le matin à terre.

«Ce bateau revint vers les onze heures du soir. L'officier nous rapporta avoir trouvé une baie dans laquelle il y avait un village considérable et un enfoncement très-étendu, où il paraissait y avoir un beau port, des terres cultivées, des ruisseaux et des bois.

« Le 4 mai, nous mouillâmes entre des îles, et nous y restâmes à l'ancre jusqu'au 11 du dit mois, que nous mîmes de nouveau sous voiles pour entrer dans un port plus assuré; c'est celui que M. Cook avait nommé baie des Îles.

«Le 12 mai, le temps étant fort beau, et les vaisseaux en sûreté, M. Marion envoya établir des tentes sur une île qui était dans l'enceinte du port, où il y avait de l'eau et du bois, et qui présentait une anse très-abordable vis-à-vis des vaisseaux; il y établit un corps de garde, et y fit transporter les malades. Les naturels nomment cette île Motou-Aro.

« A peine fûmes-nous mouillés, qu'il nous vint à bord une quantité de pirogues, qui nous apportèrent du poisson, et nous témoignèrent l'avoir pêché exprès pour nous. Nous ne savions quel langage parler à ces sauvages. J'imaginai par hasard de prendre le vocabulaire de l'île de Taïti, que nous avait remis l'intendant de l'île de France. Je lus quelques mots de ce vocabulaire, et je vis avec la plus grande surprise que les sauvages m'entendaient parfaitement. Je reconnus bientôt que la langue du pays où nous étions était absolument la même que celle de l'île de Taïti, éloignée de plus de six cents lieues de la Nouvelle-Zeeland. A l'approche de la nuit, les pirogues se retirèrent, et nous laissèrent à bord huit ou dix sauvages, qui passèrent la nuit avec nous, comme si nous étions leurs camarades et que nous fussions connus d'eux de tout temps.

«Le lendemain, le temps étant très-beau, il nous vint beaucoup de pirogues remplies de sauvages, qui nous amenaient leurs enfants et leurs filles; ils vinrent sans armes et avec la plus grande confiance. En arrivant dans le vaisseau, ils commençaient par crier *taro*; c'est le nom qu'ils donnent au biscuit de mer. On leur en donnait à tous de petits morceaux, et avec une certaine économie; car ils étaient grands mangeurs, et en si grand nombre, que, si on leur en eût donné suivant leur appétit, ils eussent bientôt achevé nos provisions. Ils nous apportaient du poisson en très-grande quantité, et nous le donnaient en troc de quelques verroteries et de morceaux de fer. Dans ces premiers jours, ils se contentaient de vieux clous de deux à trois pouces; par la suite, ils devinrent plus difficiles, et demandaient, en échange de leurs poissons, des clous de quatre ou cinq pouces : leur objet, en demandant ces clous, était d'en faire de petits ciseaux pour travailler le bois. Dès qu'ils avaient obtenu un petit morceau de fer, ils allaient aussitôt le porter à quelque matelot, et l'engageaient par signes à le leur aiguiser sur la meule; ils avaient toujours soin de ménager quelques poissons pour payer à ce matelot le service qu'il leur rendait. Les deux vaisseaux étaient pleins de ces sauvages; ils avaient un air fort doux et même caressant. Peu à peu, ils connurent tous les officiers des vaisseaux, et les appelaient par leurs noms. Nous faisions entrer dans la chambre du conseil seulement les chefs, les femmes et les filles. Les femmes étaient distinguées par des plumes d'aigrette, ou d'autres oiseaux aquatiques, plantées dans leurs cheveux, au sommet de la tête.

« Les femmes mariées se reconnaissaient à une espèce de tresse de jonc qui leur liait les cheveux au sommet de la tête. Les filles n'avaient point cette marque distinctive; leurs cheveux tombaient naturellement sur le cou, sans aucune tresse pour les attacher. C'étaient les sauvages eux-mêmes qui nous avaient fait connaître cette distinction, en nous faisant entendre par signes qu'il ne fallait pas toucher aux femmes mariées, mais que nous pouvions en toute liberté nous adresser aux filles. Il n'était pas possible, en effet, d'en trouver de plus faciles.

« Dès que nous eûmes connaissance de ces distinctions, on en fit passer l'avis dans les deux vaisseaux, afin que chacun fût circonspect à l'égard des femmes mariées, pour conserver la bonne intelligence avec des sauvages qui nous paraissaient si aimables, et ne pas les indisposer contre nous. La facilité d'avoir des filles fit que nous n'eûmes jamais le moindre reproche de la part des sauvages, au sujet de leurs femmes, pendant tout le temps que nous vécûmes avec ces peuples.

« Lorsque nous eûmes bien fait connaissance avec eux, ils nous invitèrent à descendre à terre, et à venir les visiter dans leurs villages. Nous nous rendîmes à leur invitation. Je m'embarquai, avec M. Marion, dans notre chaloupe bien armée, avec un détachement de soldats. Nous parcourûmes d'abord une partie de la baie, où nous comptâmes vingt villages, composés d'un nombre suffisant de maisons pour loger quatre cents personnes. Les plus petits pouvaient en contenir deux cents.

« Nous abordâmes à plusieurs de ces villages. Dès que nous mettions pied à terre, les sauvages venaient au-devant de nous sans armes, avec leurs femmes et leurs enfants. Nous nous fîmes des amitiés réciproques; nous leur offrîmes de petits présents, auxquels ils parurent très-sensibles. Des chefs de quelques-uns de ces villages nous firent des instances très-pressantes pour nous engager à monter avec eux. Nous les suivîmes.

« Peu de jours après notre arrivée dans la baie des Îles, M. Marion fit diverses courses le long des côtes, et même dans l'intérieur du pays, pour chercher des arbres propres à faire des mâts pour le vaisseau le *Castries*. Les sauvages l'accompagnaient partout. Le 23 mai, M. Marion trouva une forêt de cèdres magnifiques, à deux lieues dans l'intérieur des terres, et à portée d'une baie éloignée d'environ une lieue et demie de nos vaisseaux. »

Là on forma un établissement dans lequel furent placés les deux tiers des équipages, avec les haches, les outils, et tous les appareils nécessaires pour abattre les arbres et faire les mâts, et pour aplanir les chemins sur trois petites montagnes et un marais qu'il fallait traverser pour amener les mâts au bord de la mer.

Les Français avaient trois postes à terre : l'un sur l'île Motou-Aro, au milieu du port, où étaient les malades sous des tentes, notre forge où l'on forgeait les cercles de fer destinés à la nouvelle mâture du vaisseau le *Castries*, et toutes les futailles vides, avec les tonneliers pour faire leur eau. Ce poste était gardé par dix hommes, avec un officier et les chirurgiens destinés au service des malades. Un second poste était sur la grande terre, au bord de la mer, à une lieue et demie des vaisseaux; il servait d'entrepôt et de point de communication avec le troisième poste, qui consistait en un atelier de charpentiers établi à deux lieues plus loin, dans le milieu des bois. Ces deux derniers postes étaient également commandés par des officiers ayant sous eux des hommes armés pour la garde des effets.

Les sauvages étaient toujours mêlés aux Français dans ces différents postes et sur les deux vaisseaux; ils leur fournissaient en échange de clous, du poisson, des cailles, des pigeons ramiers et des canards sauvages; ils mangeaient avec les matelots et les aidaient puissamment dans leurs travaux, car ils étaient généralement plus forts que les Français.

Les jeunes gens des deux équipages, attirés par les caresses des sauvages et par la facilité de leurs filles, parcouraient tous les jours les villages, faisaient même des courses dans les terres pour aller à la chasse des canards; et, emmenant avec eux des sauvages qui les portaient, dans les marais et au passage des rivières, avec la même facilité qu'un homme fort porterait un enfant, quelquefois ils s'écartaient fort loin, et parvenaient chez des sauvages d'un autre canton, où ils trouvaient des villages beaucoup plus considérables que ceux qui étaient dans le port. Là étaient des hommes plus blancs, qui les reçurent avec tant de bienveillance, qu'ils les accompagnèrent pendant la nuit au travers des forêts, et qu'ils les portèrent lorsqu'ils étaient fatigués.

Cependant, malgré tous ces témoignages d'affection et de bonté, les Français se tinrent longtemps sur leurs gardes; leurs bateaux n'allaient jamais à terre que bien armés, et on ne permettait pas aux indigènes d'aborder les vaisseaux avec leurs armes; enfin, la confiance s'établit au point que Marion ordonna de désarmer les chaloupes et les canots lorsqu'ils iraient à terre. Le capitaine Crozet fit tout ce qui dépendait de lui pour faire rétracter cet ordre; et, malgré les caresses des sauvages, il n'oubliait jamais que Tasman avait nommé baie des Meurtriers celle où il avait atterré dans la Nouvelle-Zeeland; et néanmoins il ignorait que Cook venait d'y trouver des anthropophages, et qu'il avait failli être tué dans le même port où ils étaient mouillés.

Le capitaine Marion, parvenu à la plus grande sécurité, faisait son bonheur de vivre au milieu de ces sauvages. Quand il était dans le vaisseau, la chambre du conseil en était toujours pleine; il les caressait, et, à l'aide du vocabulaire de Taïti, il tâchait de se faire entendre d'eux; il les comblait de présents. De leur côté, ils connaissaient parfaitement cet excellent homme pour le chef des deux vaisseaux; ils savaient qu'il aimait le turbot, et tous les jours ils lui en apportaient de fort beaux. Dès qu'il témoignait le désir d'avoir quelque chose, il les trouvait toujours à ses ordres. Lorsqu'il allait à terre, tous les sauvages l'accompagnaient avec un air de fête et des démonstrations de joie; les femmes, les filles, les enfants même, venaient lui faire des caresses; tous l'appelaient par son nom.

Takouri, chef du plus grand des villages du pays, lui avait amené sur le vaisseau son fils, âgé d'environ quatorze ans, qu'il paraissait aimer beaucoup, et l'avait laissé passer la nuit à bord.

Trois esclaves du capitaine Marion ayant déserté dans une pirogue qui submergea en arrivant à terre, Takouri fit arrêter ceux qui ne s'étaient pas noyés, et les lui ramena.

Les Français étaient si familiers avec ces hommes, que presque tous les officiers avaient parmi eux des amis particuliers, qui les suivaient et les accompagnaient partout. « Si nous étions partis dans ce temps-là, dit Crozet, nous eussions rapporté en Europe l'idée la plus avantageuse de ces sauvages. Nous les eussions peints dans nos relations comme le peuple le plus affable, le plus humain, le plus hospitalier qui existe sur la terre. »

Marion était descendu à terre le 8 juin, toujours accompagné d'une troupe de sauvages. Il y fut accueilli avec des démonstrations d'amitié plus grandes encore que de coutume ; les chefs des sauvages s'assemblèrent, et, d'un commun accord, le reconnurent pour le grand chef du pays ; ils lui placèrent au sommet de la tête, dans les cheveux, les quatre plumes blanches qui distinguaient les chefs. Il revint sur son vaisseau plus content que jamais de ces sauvages.

Il y avait trente-trois jours que l'expédition était dans la baie des Iles, et que les Français vivaient dans la meilleure intelligence avec les sauvages, qui leur paraissaient un excellent peuple.

Laissons de nouveau le capitaine Crozet continuer son récit en l'abrégeant. « Le 12 juin, à deux heures de l'après-midi, le commandant Marion descendit à terre dans son canot armé de douze hommes, emmenant avec lui deux jeunes officiers, MM. de Vaudricourt et Lehoux, un volontaire et le capitaine d'armes du vaisseau. Le nommé Takouri, chef du plus grand village, un autre chef, et cinq ou six sauvages qui étaient sur le vaisseau, accompagnèrent M. Marion, dont le projet était d'aller manger des huîtres, et de donner un coup de filet au pied du village de Takouri.

« Le soir, M. Marion ne vint point, comme à son ordinaire, coucher à bord du vaisseau. On ne vit revenir personne du canot, mais on n'en fut pas inquiet ; la confiance dans l'hospitalité des sauvages était si bien établie parmi nous, qu'on ne se défiait plus d'eux. On crut seulement que M. Marion et sa suite avaient couché à terre dans une de nos cabanes, pour être plus à portée le lendemain de voir les travaux de l'atelier, qui était à deux lieues dans l'intérieur du pays, occupé à la mâture du vaisseau le *Castries*. Cette mâture était fort avancée, et une partie des matériaux se trouvait transportée déjà assez près du rivage. Les sauvages nous aidaient tous les jours à ces transports très-fatigants.

« Le lendemain 13 juin, à cinq heures du matin, le vaisseau le *Castries* envoya sa chaloupe faire de l'eau et du bois pour la consommation journalière, suivant l'usage établi entre les deux bâtiments, qui envoyaient ainsi alternativement tous les jours pour les provisions communes. A neuf heures, on aperçut à la mer un homme qui nageait vers les vaisseaux : on lui envoya aussitôt un bateau pour le secourir et l'amener à bord. Cet homme était un chaloupier, qui s'était seul sauvé du massacre de tous ses camarades, assommés par les sauvages. Il avait deux coups de lance dans le côté, et se trouvait fort maltraité. Il raconta que, lorsque la chaloupe avait abordé la terre, sur les sept heures du matin, les sauvages s'étaient présentés au rivage, sans armes, avec leurs démonstrations ordinaires d'amitié ; qu'ils avaient, suivant leur coutume, porté sur leurs épaules, de la chaloupe au rivage, les matelots qui craignaient de se mouiller ; qu'ils s'étaient montrés enfin, comme à l'ordinaire, bons camarades ; mais que les matelots s'étant séparés les uns des autres pour ramasser chacun leur paquet de bois, alors les sauvages, armés de casse-tête, de massues et de lances, s'étaient jetés avec fureur, par troupes de huit ou dix, sur chaque matelot, et les avaient massacrés ; que lui, n'ayant affaire qu'à deux ou trois sauvages, s'était d'abord défendu, et avait reçu deux coups de lance ; mais que, voyant venir à lui d'autres sauvages, et se voyant plus près du bord de la mer, il s'était enfui et caché dans les broussailles, et que de là il avait vu tuer ses camarades ; que les sauvages, après les avoir tués, les avaient dépouillés, leur avaient ouvert le ventre, et commençaient à les hacher en morceaux, lorsqu'il avait pris le parti de gagner un des vaisseaux à la nage.

« Après un rapport aussi affreux, on ne douta plus que M. Marion et les seize hommes du canot, dont on n'avait aucune nouvelle, n'eussent éprouvé la même fin que les hommes de la chaloupe.

« Les officiers qui restaient à bord des deux vaisseaux s'assemblèrent pour aviser aux moyens de sauver les trois postes que nous avions à terre. On expédia aussitôt la chaloupe du *Mascarin*, bien armée, avec un officier et un détachement de soldats commandé par un sergent. L'officier avait ordre d'examiner le long de la côte s'il ne découvrirait pas le canot de M. Marion et la chaloupe ; mais il lui était surtout commandé d'avertir tous les postes, et d'aller d'abord au débarquement le plus voisin de l'atelier des mâts, pour porter promptement à ce poste, le premier et le plus important, l'avis de ce qui venait de se passer. L'officier découvrit, en passant, la chaloupe du *Castries* et le canot de M. Marion, échoués ensemble dans le village de Takouri, et entourés de sauvages armés de haches, sabres et fusils, qu'ils avaient pris dans les deux bateaux, après avoir égorgé nos gens.

« L'officier, pour ne rien compromettre, ne s'arrêta point en cet endroit, où il aurait pu facilement dissiper les sauvages et reprendre les embarcations. Il craignait de ne pas arriver à temps au poste de la mâture. Il se conforma donc à l'ordre qu'il avait reçu d'y porter promptement secours, avec l'avis des événements tragiques de la veille et du matin.

« Je me trouvais heureusement au poste ; j'y avais passé la nuit, et, sans rien savoir du massacre de M. Marion, j'y avais fait bonne garde. J'étais sur une petite montagne, occupé à diriger le transport de nos mâts, lorsque, vers les deux heures de l'après-midi, je vis paraître un détachement marchant en bon ordre, avec des fusils armés de baïonnettes, que je reconnus de loin, à leur éclat, pour n'être pas les armes ordinaires du vaisseau.

« Je compris aussitôt que ce détachement venait m'annoncer quelque événement fâcheux. Pour ne point effrayer nos gens, dès que le sergent, qui marchait à la tête, fut à la portée de ma voix, je lui criai d'arrêter, et je m'approchai pour apprendre seul ce dont il pourrait être question. Lorsque j'eus entendu ce rapport, je défendis au détachement de parler, et je me rendis avec lui au poste. Je fis aussitôt cesser les travaux, rassembler les outils et les armes ; je fis charger les fusils, et partager entre les matelots tout ce qu'ils pouvaient emporter. Je fis faire un trou dans une de nos baraques pour enterrer le reste ; je fis ensuite abattre la baraque, et donnai l'ordre d'y mettre le feu, pour cacher sous les cendres le peu d'outils et d'ustensiles que j'avais fait enterrer, faute de pouvoir les emporter.

« Nos gens ne savaient rien des malheurs arrivés à M. Marion et à leurs camarades. J'avais besoin, pour nous tirer d'embarras, qu'ils conservassent toute leur tête ; j'étais entouré de sauvages, chose dont je ne m'étais aperçu qu'au moment où le détachement m'avait rejoint, et après que le sergent m'eut fait son rapport. Les sauvages, rassemblés par troupes, occupaient toutes les hauteurs.

« Je partageai mon détachement, que je renforçai de matelots armés de fusils, partie à la tête, précédés du sergent, et partie à la queue : les matelots chargés d'outils et d'effets étaient au centre ; je faisais l'arrière-garde. Nous partîmes au nombre d'environ soixante hommes ; nous passâmes à travers plusieurs troupes de sauvages, dont les différents chefs me répétaient souvent ces tristes paroles (*Takouri mate Marion*, Takouri a tué Marion). L'intention de ces chefs était de nous effrayer, parce que nous avons reconnu que, chez eux, lorsque le chef est tué dans une affaire, tout est perdu pour ceux qui le suivent.

« Nous fîmes ainsi près de deux lieues jusqu'au bord de la mer, où les chaloupes nous attendaient, sans être inquiétés par les sauvages, qui se contentaient de nous suivre sur les côtés, et de nous répéter souvent que Marion était mort et mangé. J'avais dans le détachement de bons tireurs qui, entendant dire que M. Marion était tué, brûlaient d'envie de venger sa mort, et me demandaient souvent la permission de casser la tête à ces chefs qui semblaient nous menacer. Mais il n'était pas temps de s'occuper de vengeance : dans l'état où nous étions, la perte d'un seul homme était irréparable; et, si nous en avions perdu plusieurs, les deux vaisseaux ne fussent jamais sortis de la Nouvelle-Zeeland. Nous avions d'ailleurs un troisième poste, celui de nos malades, qu'il fallait mettre en sûreté. J'arrêtai donc l'ardeur de nos gens, et je leur défendis de tirer, leur promettant de donner carrière à leur vengeance dans une occasion plus favorable.

« Lorsque nous fûmes arrivés à notre chaloupe, les sauvages semblaient nous serrer de plus près. Je donnai l'ordre aux matelots chargés de s'embarquer les premiers; puis, m'adressant au chef sauvage, je plantai un piquet à terre, à dix pas de lui, et je lui fis entendre que, si un seul des siens passait la ligne de ce piquet, je le tuerais avec ma carabine, dont je fis la démonstration de vouloir me servir. Le chef répéta docilement mon commandement aux siens, et aussitôt les sauvages, au nombre de mille hommes, s'assirent tous.

« Je fis successivement embarquer tout le monde; ce qui fut assez long, parce qu'il y avait beaucoup de bagages à mettre dans la chaloupe; que ce bateau chargé, tirant beaucoup d'eau, ne pouvait accoster la terre, et qu'il fallait entrer dans la mer pour s'embarquer. Je m'embarquai enfin le dernier, et, aussitôt que je fus entré dans l'eau, les sauvages se levèrent tous ensemble, forcèrent la consigne, poussèrent le cri de guerre, nous lancèrent des javelots de bois et des pierres, qui ne firent de mal à personne. Ils brûlèrent nos cabanes qui étaient sur le rivage, et nous menacèrent avec leurs armes, qu'ils frappaient les unes contre les autres, en poussant des cris affreux.

« Aussitôt que je fus embarqué, je fis lever le grappin de la chaloupe; je fis ensuite ranger nos gens de manière à ne pas embarrasser les rameurs. La chaloupe était si chargée et si pleine, que je fus obligé de me tenir debout à la poupe, la barre du gouvernail entre les jambes. Mon intention était de ne pas faire tirer un coup de fusil, mais de regagner promptement le vaisseau, pour envoyer ensuite la chaloupe sur l'île Motou-Aro, relever le poste de nos malades, notre forge et notre tonnellerie.

« A mesure que nous commençâmes à nous éloigner du rivage, les cris, les menaces des sauvages augmentaient de telle sorte, que notre retraite avait l'air d'une fuite. Les sauvages entraient dans l'eau, comme pour venir attaquer la chaloupe. Je jugeai alors, avec le plus grand regret, qu'il était important et nécessaire à notre propre sûreté de faire connaître à ces barbares la supériorité de nos armes. Je fis lever les rames; je commandai à quatre fusiliers de tirer sur les chefs, qui paraissaient plus agités, et animaient tous les autres; chaque coup fit tomber un de ces malheureux. La fusillade continua ainsi pendant quelques minutes. Les sauvages voyaient tomber leurs chefs et leurs camarades avec une stupidité incroyable; ils ne comprenaient pas comment ils pouvaient être tués par des armes qui ne les touchaient pas. »

Dès que le capitaine Crozet fut arrivé à bord du *Mascarin*, il expédia aussitôt la chaloupe pour aller relever le poste des malades, et fit embarquer un détachement, commandé par un officier, avec ordre de renvoyer à bord tous les malades, les officiers de santé et tous les ustensiles de l'hôpital, d'abattre les tentes, et de faire autour de la forge un retranchement pour la nuit, de poser une sentinelle avancée du côté du village qui était sur la même île; de veiller exactement, et de prendre garde surtout aux surprises; car Crozet se défiait de quelque entreprise, de la part des sauvages, sur l'établissement de la forge, où ils auraient trouvé des fers très-propres à les tenter. Il donna en même temps à l'officier des signaux de nuit, avec promesse de lui envoyer du secours, au cas qu'il fût attaqué.

Les malades furent heureusement ramenés sur les vaisseaux, vers les onze heures de la nuit, sans aucun accident, et les sauvages restèrent toute cette nuit aux environs du poste; mais, voyant que les Français faisaient bonne garde, ils n'osèrent rien entreprendre.

Le lendemain 14 juin, Crozet envoya sur l'île un second détachement avec deux officiers. On manquait malheureusement de la provision d'eau et de bois pour continuer le voyage. Après ce que les Français venaient d'éprouver de la part des insulaires, il y aurait eu beaucoup de difficulté à faire cet approvisionnement sur la grande terre. L'île Motou-Aro, placée au milieu du port, à portée des deux vaisseaux, leur offrait du bois à discrétion, et un ruisseau d'eau douce assez commode pour remplir les pièces; mais il y avait sur cette île un village de trois cents sauvages, qui pouvaient les inquiéter. Crozet donna ordre à l'officier qui commandait ce poste de réunir tout son monde, et au premier mouvement hostile des indigènes, d'attaquer le village de vive force, de le brûler, et de nettoyer entièrement l'île, pour assurer l'aiguade.

Après midi, les sauvages se présentèrent en armes assez près du poste, la menace à la bouche et défiant les Français au combat. On se mit aussitôt en disposition de les recevoir. On marcha à eux sans tirer, la baïonnette au bout du fusil; ils s'enfuirent dans leur village; arrivés à la porte, ils y tinrent ferme et jetèrent des cris affreux.

Le chef Motou, maître du village, qui était un de ceux avec lesquels les hommes de l'expédition avaient eu le plus de relations amicales, était accompagné de cinq autres chefs ou guerriers principaux de différents villages. Ils s'agitaient prodigieusement et excitaient tantôt par leurs cris, tantôt par le mouvement de leurs armes, les jeunes guerriers à marcher contre les blancs; mais ils n'osèrent faire un pas.

Les Français, en ordre de combat, s'arrêtèrent à la portée du pistolet de la porte du village; là, ils commencèrent la fusillade, tuèrent les six chefs; aussitôt tous les guerriers prirent la fuite au travers du village, pour gagner leurs pirogues. Les Français les poursuivirent la baïonnette dans les reins, en tuèrent cinquante, culbutèrent une partie du reste dans la mer, et mirent le feu au village. Par ce moyen ils restèrent maîtres de l'île, après avoir eu un seul homme blessé par un javelot, assez grièvement au coin de l'œil.

« Après cette expédition, continue Crozet, nous rembarquâmes notre forge, nos fers, nos pièces à eau, et je fis retirer entièrement le poste; je renvoyai ensuite couper les fougères qui étaient sur l'île, dans lesquelles les sauvages auraient pu se cacher pour nous surprendre, car ces fougères étaient hautes de six pieds, et fort épaisses. Je donnai ordre d'enterrer les sauvages tués dans le combat, avec l'attention de leur laisser à tous une main hors de terre, pour faire voir aux sauvages que nous n'étions pas gens à manger, comme eux, nos ennemis. J'avais recommandé à nos officiers de faire leurs efforts pour nous amener quelques sauvages vivants, de tâcher de prendre des jeunes gens des deux sexes, ou des enfants; j'avais même promis aux soldats et aux matelots cinquante piastres par chaque sauvage qu'ils pourraient amener vivant; mais ces insulaires avaient eu soin de mettre en sûreté, avant le combat, leurs femmes et leurs enfants, qu'ils avaient fait passer sur la grande terre. Nos soldats tentèrent d'arrêter et de lier des blessés qui ne pouvaient fuir, mais ces malheureux étaient enragés, et mordaient comme des bêtes féroces; d'autres rompaient comme des fils les cordes avec lesquelles on les avait liés. Il n'y eut pas moyen d'en avoir un seul.

« Cependant le vaisseau le *Castries* n'avait encore ni mât de beaupré, ni mât de misaine. Il n'était plus question d'aller chercher notre belle mâture de bois de cèdre que nous avions trouvée sur la grande terre, et qui nous avait coûté des travaux infinis pour la tirer de la forêt où nous l'avions abattue. Nous fîmes des mâts par un assemblage de plusieurs petites pièces de bois que nous trouvâmes dans nos vaisseaux, et nous remâtâmes enfin le *Castries*.

« Il nous fallait sept cents barriques d'eau et soixante-dix cordes de bois à feu pour les deux bâtiments; il ne nous restait qu'une seule chaloupe pour ces travaux, nous les achevâmes peu à peu dans l'espace d'un mois.

« J'envoyais tous les jours la chaloupe sur l'île, pour faire alternativement un voyage à l'eau et l'autre au bois; je faisais escorter les travailleurs par un détachement qui revenait tous les soirs coucher à bord du vaisseau.

Un jour que la chaloupe était restée à terre plus tard que de coutume, une troupe de sauvages passa de la grande terre sur l'île, par un côté où ils ne pouvaient être aperçus. La sentinelle, qui était placée sur une hauteur, vit venir à elle un homme portant un chapeau, et habillé en matelot, mais qui marchait comme un homme qui se glisse et ne veut pas être aperçu. La sentinelle lui cria d'arrêter : c'était un Zeelandais, qui, ne comprenant rien à ses cris, continua d'avancer. La sentinelle reconnut le déguisement, lui tira un coup de fusil et le tua. Aussitôt on vit paraître une multitude de sauvages; le détachement s'avança, leur donna la chasse, et en tua plusieurs, qu'on trouva vêtus des habillements des officiers et des matelots qu'ils avaient tués précédemment; les autres se rembarquèrent dans leurs pirogues, et, depuis cette tentative inutile, les sauvages ne parurent plus.

« Depuis le jour où M. Marion avait disparu, nous apercevions de la dunette des vaisseaux les mouvements continuels des sauvages, qui s'étaient retirés sur leurs montagnes; nous distinguions clairement leurs sentinelles, placées sur les éminences, d'où elles avertissaient toute la troupe du moindre de nos mouvements. Les sauvages avaient toujours les yeux tournés sur nous, et nous entendions parfaitement les cris des sentinelles, qui se répondaient les unes aux autres avec des voix d'une force surprenante. Pendant la nuit, ils faisaient des signaux avec des feux.

« Lorsque les sauvages passaient en troupes à la portée de l'artillerie de nos vaisseaux, nous leur envoyions de temps en temps quelques coups de canon, surtout pendant la nuit, pour leur faire connaître que nous étions sur nos gardes; mais, comme ils étaient hors de la portée de nos canons, ils n'en éprouvaient jamais l'effet, et il était à craindre qu'ils ne s'enhardissent à mépriser notre artillerie.

« Une de leurs pirogues, dans laquelle il y avait huit ou dix hommes, passa un jour à côté du vaisseau le *Castries*, qui, d'un coup de canon, coupa la pirogue en deux, et tua quelques sauvages; les autres gagnèrent la terre à la nage.

« Cependant nous n'avions pas de certitude sur le sort de M. Marion, des deux officiers qui l'avaient accompagné le 12 juin à terre, et de quatorze matelots qu'il avait emmenés avec lui dans son canot; nous savions seulement, par le rapport du matelot échappé le jour suivant du massacre des chaloupiers, que les onze hommes tués dans cette horrible trahison avaient eu le ventre ouvert après leur mort, et que leurs corps avaient été partagés par quartiers et distribués entre tous les sauvages complices du massacre. Le matelot qui avait eu le bonheur d'échapper, avait vu, au travers des broussailles où il s'était caché, cette scène d'horreur.

« Pour nous éclaircir sur le sort de M. Marion et sur celui de ses compagnons de malheur, j'expédiai la chaloupe, avec des officiers de confiance et un fort détachement, au village de Takouri, que les sauvages nous avaient dit avoir tué M. Marion, où nous savions qu'il avait été à la pêche, accompagné de ce même Takouri, et où nous avions vu son canot, ainsi que la chaloupe, échoués, portés à terre et entourés de sauvages armés. Je donnai ordre aux officiers de faire les perquisitions les plus exactes, d'abord, là où on avait vu les jours précédents nos bateaux échoués, puis de monter dans le village, de le forcer s'il était défendu, d'en exterminer les habitants, de fouiller scrupuleusement toutes leurs maisons publiques et particulières, d'y ramasser tout ce qu'on pourrait trouver avoir appartenu à M. Marion ou à ses compagnons d'infortune, afin de pouvoir constater leur mort par un procès-verbal; de finir l'expédition par mettre le feu au village, d'enlever les grandes pirogues de guerre qui étaient échouées au pied du village, de les amener à la remorque au vaisseau, ou de les brûler en cas qu'on ne pût les amener. »

Crozet fit donc partir la chaloupe armée de pierriers et d'espingoles. L'officier qui commandait aborda d'abord l'endroit où l'on avait vu les bateaux échoués. Ils n'y étaient plus; les sauvages les avaient brûlés pour en tirer le fer. Le détachement monta en bon ordre au village de Takouri. Les traîtres sont lâches à la Nouvelle-Zeeland comme ailleurs : Takouri s'était enfui; on le vit de loin et hors de la portée du fusil, portant sur ses épaules le manteau de l'infortuné Marion, qui était d'un drap très-beau de deux couleurs, écarlate et bleu. Dans ce village abandonné, on ne trouva que quelques vieillards qui n'avaient pu suivre leurs camarades fugitifs, et qui étaient assis tranquillement à la porte de leurs maisons. On voulut les prendre captifs. Un d'eux, sans paraître beaucoup s'émouvoir, frappa un soldat avec un javelot qu'il avait à côté de lui. On le tua, et l'on ne fit aucun mal aux autres, qu'on laissa dans le village. On fouilla soigneusement toutes les maisons; on trouva dans la maison de Takouri le crâne d'un homme qui avait été cuit depuis peu de jours; on y observait encore quelques parties charnues, et même les impressions des dents des anthropophages. On y trouva un morceau de cuisse humaine, qui tenait à une broche de bois, et qui était aux trois quarts mangée.

Dans une autre maison, on trouva une chemise qui avait appartenu au capitaine Marion. Le col de cette chemise était tout ensanglanté, et on voyait trois ou quatre trous également tachés de sang sur le côté. Dans différentes autres maisons, on trouva une partie des vêtements et les pistolets du jeune Vaudricourt, qui avait accompagné Marion à la fatale partie de pêche. Enfin, on trouva des armes du canot, et un tas de lambeaux des hardes des soldats lâchement égorgés.

« Après avoir fait une visite exacte dans ce village, et avoir rassemblé toutes les preuves de l'assassinat de Marion et de ses camarades, ainsi que les armes et effets abandonnés par les sauvages, on mit le feu à leurs maisons, et le village entier fut réduit en cendres.

Dans le même temps, le détachement s'aperçut que les insulaires évacuaient un autre village voisin, beaucoup mieux fortifié que les autres. Un certain Piki-Oré en était le chef. Les apparences les plus fortes indiquaient que ce Piki-Oré était complice de Takouri. Le détachement se transporta aussitôt à son village, qu'on trouva entièrement abandonné. On en visita toutes les maisons; l'on y trouva, comme au premier, beaucoup d'effets provenant des bateaux français, et des lambeaux des hardes des marins et soldats que ces barbares avaient massacrés. On trouva, entre autres, dans la maison de Piki-Oré, des entrailles humaines, bien reconnues telles par un de nos chirurgiens; ces entrailles étaient nettoyées et cuites. On réduisit en cendres ce village.

Le 14 juillet 1772, les vaisseaux le *Castries* et le *Mascarin*, commandés par MM. Duclesmeur et Crozet, quittèrent la Nouvelle-Zeeland pour continuer leur voyage dans la mer du Sud, laissant dans la mémoire des Zeelandais de terribles souvenirs de la vengeance des Français. « Le meurtre de Marion, dit M. d'Urville, fut une conséquence des idées adoptées par les naturels sur la nécessité indispensable de venger les insultes reçues. Les dépositions unanimes des chefs de la tribu de Paroa, dont Touï, le principal d'entre eux, était le petit-fils de ce Malou, qui périt devant Motou-Roua (*), tendaient à établir que Takouri, auteur du massacre de Marion et de ses compagnons, appartenait, lui et ses guerriers, à la tribu de Wangoroa ; Nagui-Nouï, traîtreusement enlevé, deux ans auparavant, par Surville, était aussi de cette tribu, et pouvait être proche parent de Takouri. Dans cette circonstance, la loi de l'honneur, en vigueur dans ce pays, imposait à ce chef l'obligation d'obtenir satisfaction de cet outrage ; s'il attendit aussi longtemps, ce fut sans doute pour se procurer une occasion plus favorable. »

Dans son second voyage, en mars et avril 1773, Cook fit une longue relâche dans la baie de Dusky, près du cap Ouest de la Nouvelle-Zeeland. Cette baie forme un labyrinthe d'îles et de canaux où l'on rencontre les meilleurs mouillages du monde. A l'intérieur s'élèvent des montagnes d'une grande hauteur avec des sommets couverts de neige ; dans la partie méridionale on voit une cascade d'un effet admirable, dont les rochers qui la forment sont du granit, du *saxum* et une espèce de pierre de talc brune et argileuse, dispersée en couches, et commune à toute la Nouvelle-Zeeland.

Le 18 mai, Cook alla mouiller dans le canal de la Reine-Charlotte, où il retrouva son compagnon de route, le capitaine Furneaux, dont il était séparé depuis trois mois et demi. Les naturels vinrent trafiquer à bord ; des jeunes filles en ayant obtenu la permission des hommes, moyennant une légère rétribution, se livraient volontiers aux marins pour quelques misérables cadeaux ; d'autres ne cédaient pourtant qu'avec dégoût, et les femmes mariées se distinguèrent par leur chasteté, et rien ne put les séduire. Les Anglais y acclimatèrent quelques végétaux et quelques chèvres d'Europe.

Le 7 juin, les Anglais quittèrent la Nouvelle-Zeeland. Le 21 octobre de la même année, Cook reparut près de la baie d'Hawke, où deux chefs étant venus le visiter, il leur fit présent de cochons, de poules, de semences et de racines utiles.

A cette époque, Cook fit une nouvelle relâche dans le canal de la Reine-Charlotte, et c'est là qu'il s'assura que les Zeelandais étaient anthropophages. Quelques officiers ayant trouvé à terre des membres mutilés d'un jeune homme, déjà apprêtés pour être rôtis, les apportèrent à bord, les firent cuire, et les abandonnèrent aux indigènes, qui les savourèrent avec délices. Le bon Taïtien Hidi-Hidi, se trouvant à bord d'un des deux navires, fut tellement attristé de cet horrible spectacle, donné à des Européens par des Polynésiens qui parlaient la même langue que lui, qu'il fut se cacher à fond de cale, pour y gémir et pleurer librement sur la férocité de ce peuple, qui avait peut-être la même origine que le sien.

Dans cette relâche, le savant Forster fut témoin de la scène suivante : « Notre ami Tawa-Anga, dit-il, vint nous voir avec toute sa famille, et monta sur-le-champ à bord, ainsi que son fils, le petit Koa, et sa fille Kopari. On les introduisit chez le capitaine, qui leur fit plusieurs présents, et revêtit l'enfant d'une de ses propres chemises. Cet enfant fut si transporté de joie, que nos caresses ne purent le retenir dans la chambre ; sa vanité voulait absolument se montrer à ses compatriotes sur le pont, et il ne cessa de nous importuner jusqu'à ce que nous l'eûmes laissé sortir. Mais il essuya un malheur : un vieux bouc, qui rôdait près de lui et effrayait tous les Nouveaux-Zeelandais, s'offensa de la forme grotesque du pauvre Koa, qui se perdait dans les amples plis de sa che-

---

(*) Les naturels, dit Crozet, nomment cette île Motou-Aro. « Ou Crozet se trompe quant au nom de cette île, dit d'Urville, ou elle a changé de nom depuis ce temps, car il est certain qu'elle se nomme Motou-Doua ou Motou-Roua ; les naturels confondant souvent le son du *d* avec celui de l'*r*. »

mise, et il lui marcha dessus et le foula aux pieds avec beaucoup de complaisance. Il semblait prendre plaisir à lui donner de légers coups de corne, et à l'étendre tout de son long pour mieux salir sa chemise. Les efforts inutiles de l'enfant pour se relever, et ses cris provoquèrent tellement le bouc, qu'il allait recommencer, si les matelots n'étaient accourus. Sa chemise était alors noire, et son visage et ses mains couverts de boue. Dans cet état piteux, il regagna la chambre du capitaine. Il avait l'air très-affligé, les yeux remplis de larmes, et il paraissait guéri de sa vanité. Il raconta ses malheurs, en pleurant, à son père; mais, loin d'en ressentir de la pitié, le sauvage se mit en colère et le battit pour le punir. Nous nettoyâmes sa chemise et lui lavâmes tout le corps, ce qui ne lui était peut-être pas arrivé depuis sa naissance. Son père cependant, craignant un pareil malheur, roula soigneusement la chemise, et, ôtant son propre habit, il en fit un paquet dans lequel il plaça tous les présents que lui et son fils avaient reçus. »

A peine Cook eût-il quitté le mouillage que Furneaux vint y mouiller à son tour. Un de ses canots fut enlevé, et les marins qui le montaient furent assommés ou dévorés par les indigènes. Les Anglais avaient été les agresseurs.

Cook revint encore deux fois dans ces lieux; et, à son troisième voyage, il avait avec lui ce fameux Maï, dont nous avons déjà raconté les voyages et les aventures.

Il quitta enfin ces parages, pour la dernière fois, le 25 février 1777; il emmenait avec lui deux jeunes naturels, Tawaï-Aroua et Kokoa, qui ne devaient plus revoir leur patrie. Cette relâche fut aussi utile que les deux autres aux progrès des sciences naturelles. Le laborieux Anderson ajouta une foule d'observations précieuses à celles qui avaient été recueillies, dans les campagnes antérieures, par Banks, Solander et les deux Forster.

Vancouver, en 1791, stationna durant vingt jours dans la baie Dusky, où il ne trouva que deux cabanes désertes.

En 1793, d'Entrecasteaux releva les îles Manaoua-Taouï et la partie nord d'Ika-na-Maouï, dans une étendue de vingt-cinq milles, mais il n'eut avec les indigènes que des communications à la voile.

Divers capitaines marchands parurent ensuite à la Nouvelle-Zeeland, entre autres Hansen et Dalrymple.

M. Savage, médecin, visita, en 1805, la baie des Iles; il y fit un séjour de cinq semaines et en publia un récit assez étendu et exact.

Dans la même année 1805, le baleinier l'*Argo*, commandé par un capitaine nommé *Baden*, mouilla sur la baie des Iles, pour se procurer des rafraîchissements. Lorsque ce navire quitta le havre, Doua-Tara, neveu de Tepahi, chef de Rangui-Hou (*), s'y embarqua avec deux de ses compatriotes. L'*Argo* demeura sur la côte environ cinq mois; puis il revint dans la baie des Iles. Quand il quitta définitivement la Nouvelle-Zeeland, pour se rendre à Port-Jackson, Doua-Tara s'y embarqua, et arriva à Sidney-Cove. Après avoir été remis en état de prendre la mer, l'*Argo* retourna pêcher sur les côtes de la Nouvelle-Zeeland, y resta six mois environ, et revint encore à Port-Jackson. Pendant cette croisière, Doua-Tara remplit les fonctions d'un simple matelot, et fut attaché à l'équipage d'une des embarcations. A l'arrivée de l'*Argo* dans Sidney-Cove, il fut débarqué; mais il ne reçut aucune récompense pour son année de service à bord. Alors il s'embarqua sur le baleinier l'*Albion*, qui se trouvait sur la rade, et qui était commandé par le capitaine Richardson. Il resta six mois sur ce navire, occupé à pêcher au large de la Nouvelle-Zeeland. L'*Albion* ayant mouillé sur la baie des Iles, Doua-Tara le quitta, et retourna

(*) Ses Mémoires ont été rédigés en anglais par M. Marsden, dans *The Narrative of Liddiard Nicholas*, t. II. C'est à cette source que nous puiserons l'historique des voyages intéressants de Doua-Tara.

parmi ses amis. Le capitaine Richardson se comporta très-honnêtement à son égard, et lui paya ses gages en divers articles d'Europe. Doua-Tara passa six mois à la Nouvelle-Zeeland. A cette époque le baleinier *Santa-Anna*, commandé par le capitaine Moody, relâcha à la baie des Îles, sur sa route vers l'île Bounty, où il comptait charger des peaux de phoques. Doua-Tara s'embarqua sur ce bâtiment. Arrivé à Bounty, l'intrépide Doua-Tara, un de ses compatriotes, deux Taïtiens et dix Européens furent mis à terre pour tuer des phoques. Ensuite le navire fit voile pour la Nouvelle-Zeeland, afin de se procurer des patates, et pour l'île Norfolk, pour prendre du porc, en laissant les quatorze hommes qu'ils venaient de débarquer avec une petite quantité d'eau, de pain et de salaison. Environ cinq mois après qu'il avait quitté l'île Bounty, le *King-Georges*, commandé par M. Chase, y mouilla de nouveau. Avant l'arrivée de ce navire, la troupe des pêcheurs avait cruellement souffert, durant plus de trois mois, du manque d'eau et de provisions. Il n'y a point d'eau douce sur l'île, et les pêcheurs n'avaient d'autre aliment que la chair des phoques ou des oiseaux de mer, tels que les frégates et les albatros dont ils buvaient le sang pour se désaltérer. Les souffrances que la faim et la soif leur avaient fait éprouver étaient grandes; ils ne pouvaient se procurer de l'eau que quand il venait à tomber quelque grain de pluie. Deux Européens et un Taïtien avaient succombé à ces maux. Peu de semaines après l'arrivée du *King-Georges*, le *Santa-Anna* fut de retour; pendant son absence, les pêcheurs s'étaient procuré huit mille peaux.

Après avoir embarqué ces peaux, le *Santa-Anna* fit voile pour l'Angleterre, et Doua-Tara, ayant depuis longtemps le plus vif désir de voir le roi Georges III, s'embarqua comme simple matelot, dans l'espoir de contenter son envie. Ce navire arriva dans la Tamise vers le mois de juillet 1809. Alors le bon et courageux Zeelandais supplia le capitaine de lui faire voir le roi, attendu que c'était là le seul motif qui l'avait déterminé à quitter son pays natal. Quand il s'informait de quelle manière il fallait s'y prendre pour voir le roi, quelquefois on lui disait qu'il ne pourrait pas trouver sa maison; d'autres fois, qu'il n'était permis à personne de voir le roi Georges. Il était fort affligé de son désappointement, et il ne vit que très-peu de chose dans Londres; car on lui permettait rarement d'aller à terre. Le navire ayant débarqué sa cargaison, le capitaine lui annonça qu'il allait le placer à bord de l'*Ann*, que le gouvernement avait frété pour transporter des condamnés à la Nouvelle-Galles du Sud. Doua-Tara lui demanda alors quelques gages et des hardes; mais M. Moody refusa de rien lui donner, ajoutant que les armateurs, à son arrivée à Port-Jackson, payeraient ses services avec des mousquets, qu'il ne reçut jamais. Vers ce temps, il tomba dangereusement malade, tant des suites de ses souffrances, que du chagrin de voir ses espérances frustrées.

Pauvre, malade et sans amis, il fut envoyé à Gravesend, et mis à bord de l'*Ann*. Il y avait alors quinze jours qu'il se trouvait dans la rivière, depuis l'arrivée du *Santa-Anna*, et on ne lui avait jamais permis de passer une nuit à terre. Peu après qu'il se fut embarqué à Gravesend, l'*Ann* fit voile pour Portsmouth. M. Marsden avait reçu du gouvernement l'ordre de retourner à la Nouvelle-Galles du Sud, par ce navire, et il le rejoignit quelques jours après son arrivée à Spithead. Doua-Tara y était déjà malade, sans que ce célèbre missionnaire sût encore qu'il était à bord. La première fois qu'il l'aperçut, il était sur le gaillard d'avant, enveloppé dans un large et vieux manteau; il paraissait très-faible et très-souffrant; une toux violente l'oppressait et il rendait beaucoup de sang par la bouche; il semblait enfin n'avoir plus que quelques jours à vivre. M. Marsden demanda au capitaine où il l'avait rencontré, et à Doua-Tara, qui l'avait amené en Angleterre, et l'avait réduit à un état si misérable. Le malheureux

Zeelandais répondit que les souffrances et les misères qu'il avait éprouvées à bord du *Santa-Anna* avaient été excessives, et que les marins anglais l'avaient cruellement battu; que c'était là la cause de son crachement de sang; que le capitaine l'avait frustré de tous ses gages, et l'avait empêché de voir le roi. « J'eusse bien désiré, dit M. Marsden, si cela eût été possible, de sommer le *master* (capitaine) du *Santa-Anna* de rendre compte de sa conduite; mais il était trop tard. Je tâchai de consoler Doua-Tara; et je lui promis qu'il serait protégé contre toutes sortes d'outrages, et qu'on fournirait à ses besoins. »

Grâce aux soins du chirurgien, du capitaine et des officiers, et aux vivres convenables qui furent administrés à Doua-Tara, il reprit bien vite des forces et du courage. Il se montra toujours fort reconnaissant, par la suite, des égards qu'on avait eus pour lui. Dès qu'il en fut capable, il fit son service de matelot à bord de l'*Ann*, jusqu'à son arrivée à Port-Jackson, en février 1810, et il le remplit aussi bien que la plupart des matelots. « Doua-Tara quitta l'*Ann*, ajoute M. Marsden, pour m'accompagner à Parramatta (près du Port-Jackson en Australie), où il demeura avec moi jusqu'au mois de novembre suivant; pendant ce temps, il s'appliqua à l'agriculture. En octobre, le baleinier le *Frederick* arriva d'Angleterre; il était destiné à faire la pêche sur les côtes de la Nouvelle-Zeeland. Doua-Tara, désirant revoir ses amis, dont il était depuis longtemps séparé, me pria de lui procurer, à bord du *Frederick*, un passage pour sa terre natale. A cette époque, un des fils de Tepahi, proche parent de Doua-Tara, demeurait chez moi, ainsi que deux autres de ses compatriotes; ils désiraient tous retourner dans leur pays. Je m'adressai au maître du *Frederick* pour leur obtenir un passage; il consentit à les prendre, à condition qu'ils l'aideraient à se procurer sa cargaison d'huile, tandis que le navire serait sur les côtes de la Nouvelle-Zeeland; promettant, quand il quitterait définitivement la côte, de les débarquer dans la baie des Iles. Ces quatre naturels étaient de très-beaux jeunes gens, qui avaient longtemps navigué, et qui devenaient pour ce maître une précieuse acquisition. »

En quittant Port-Jackson sur le *Frederick*, au mois de novembre, ils se flattaient tous de revoir bientôt leurs amis et leur patrie. Quand ce navire arriva devant le cap Nord, Doua-Tara passa deux jours à terre pour procurer à l'équipage une provision de porcs et de patates; car il était bien connu des habitants de cet endroit, et comptait plusieurs amis parmi eux. Aussitôt que le navire eut pris les vivres nécessaires, il continua sa croisière; et, sa cargaison étant prête au bout de six mois ou un peu plus, il fut prêt à partir. Doua-Tara, voyant que l'intention du *maître* était de faire route pour l'Angleterre, demanda que lui et ses trois compagnons fussent mis à terre, conformément à l'engagement que cet officier avait pris avec M. Marsden, avant son départ de Port-Jackson. Dans ce moment, le *Frederick* se trouvait devant la baie des Iles, où demeuraient leurs meilleurs amis; Doua-Tara avait porté tous ses effets dans le canot, s'attendant qu'on allait sur-le-champ le transporter à terre. Comme il pressait le maître de les envoyer à terre, celui-ci répondit qu'il allait le faire dès qu'on aurait pris encore une baleine..... et le navire gouverna au large de la baie. Doua-Tara fut désolé, car il brûlait d'envie de revoir sa femme et ses amis, dont il était éloigné depuis trois ans. Il le supplia instamment de le débarquer sur quelque point que ce fût de la Nouvelle-Zeeland : « Peu m'importe l'endroit, dit-il, pourvu qu'on me mette à terre, je saurais bien retrouver mon chemin. » Le maître s'y refusa, et lui dit que son intention était d'aller à l'île Norfolk, pour se rendre ensuite en Angleterre, et que, dans sa route de l'île Norfolk en Europe, il le déposerait sur la Nouvelle-Zeeland.

Le *Frederick* étant arrivé devant cette île, Doua-Tara et ses trois compagnons furent envoyés à terre pour chercher de l'eau. Ils manquèrent de se noyer dans le ressac ; car ils furent submergés sous les rochers creux du rivage. Doua-Tara, dans cette circonstance, disait, dans ce style emphatique habituel aux sauvages, qu'au moment où il revint en l'air, « son cœur était plein d'eau. » A l'île Norfolk, le débarquement est généralement fort dangereux pour les canots, à cause du ressac. Quand le *Frederick* eut fait son bois et son eau, et que le maître n'eut plus de prétexte pour retenir Doua-Tara et ses trois compagnons, il leur déclara enfin qu'il ne toucherait pas à la Nouvelle-Zeeland, mais qu'il ferait directement route pour l'Angleterre. L'affliction de Doua-Tara fut très-grande ; il rappela au capitaine comment il avait violé sa promesse ; il lui dit qu'il avait très-mal agi envers lui, en refusant de le débarquer quand le navire était devant la baie des Iles, où il ne se trouvait qu'à deux milles de son pays natal ; qu'il avait eu tort de refuser de le débarquer au cap Nord, quand ils avaient passé près de cette terre, et qu'il était affreux de l'abandonner, avec ses compagnons, à l'île Norfolk, dénué de toute espèce de ressources et loin de ses amis, malgré tous les secours que lui et ses camarades avaient prêtés pour lui procurer sa cargaison. Tous ses discours ne produisirent aucun effet sur l'esprit de cet homme dur et injuste, qui s'en retourna sur son navire, en les abandonnant à eux-mêmes. Le capitaine revint ensuite à terre, et entraîna de force, à bord, le fils de Tepahi, qui pleurait et le suppliait de le laisser avec Doua-Tara. On n'a plus eu de nouvelles de ce jeune homme depuis son départ de l'île Norfolk. Le *Frederick* fit voile pour l'Angleterre, et fut pris dans sa traversée par un Américain, après un engagement meurtrier, dans lequel le maître fut blessé mortellement ainsi que le second Ce châtiment révèle la justice de la Providence. Quelque temps après que le *Frederick* eut appareillé de l'île Norfolk, le baleinier l'*Ann*, commandé par M. Gwinn, y toucha pour prendre des rafraîchissements, devant continuer sa route vers Port-Jackson. Doua-Tara s'adressa directement à lui pour obtenir son passage, et M. Gwinn y consentit avec beaucoup d'humanité.

« A l'arrivée de l'*Ann* à Port-Jackson, le maître m'informa, dit M. Marsden, qu'il avait trouvé Doua-Tara à Norfolk, dans la plus affreuse misère et presque nu, le maître du *Frederick* l'ayant laissé, lui et ses compagnons, sans habits ni provisions. M. Gwinn déclara en outre que la part de Doua-Tara, comme celle de ses compagnons, pour l'huile que le *Frederick* s'était procurée, eût bien monté à cent liv. sterl. pour chacun, s'ils eussent suivi le navire jusqu'en Angleterre, et s'il y fût arrivé à bon port ; qu'en conséquence le maître leur avait fait un tort considérable. M. Gwinn eut beaucoup de bontés pour Doua-Tara, et lui fournit les hardes et les objets nécessaires ; ce dont celui-ci fut très-reconnaissant. Doua-Tara fut enchanté de se trouver à Parramatta, et, chez moi, il me fit un récit très-touchant de l'affliction qu'il avait ressentie tandis qu'il était en vue de son pays natal, lorsqu'on ne voulut point lui permettre de revoir sa femme et ses amis, dont il était depuis si longtemps éloigné ; il me raconta aussi le chagrin qu'il éprouva au moment où le *Frederick* quitta définitivement l'île Norfolk, en le laissant sur cette île, presque sans espoir de retourner dans sa patrie. Avant de partir de Port-Jackson, il avait été pourvu de blé pour semer, d'instruments d'agriculture, et de divers autres articles utiles ; mais il en avait été dépouillé sur le *Frederick*, et à son retour dans la colonie il n'avait plus rien de ce qu'il avait reçu. Il demeura avec moi à Parramatta jusqu'à ce que le baleinier l'*Ann*, appartenant à la maison Alexandre Burnie de Londres, arrivât d'Angleterre. Comme ce navire se rendait sur la côte de la Nouvelle-Zeeland, mon hôte me pria de lui procurer un passage pour tenter encore une fois de revoir sa famille et ses amis. Je m'adressai en conséquence au maître, qui consentit à le prendre, à condition que Doua-Tara resterait à bord, et y ferait le service de matelot, tant que l'*Ann* serait sur la côte. Doua-Tara en fit volontiers la promesse; et quand ce bâtiment quitta Port-Jackson, il s'y embarqua, emportant une seconde fois du blé pour semer et des instruments d'agriculture. Le navire resta cinq mois sur la côte; puis Doua-Tara débarqua chez lui, à son inexprimable joie et à celle de ses compatriotes.

« Pendant le temps qu'il passa avec moi, il ne cessa de travailler à acquérir des connaissances utiles, surtout en agriculture. Sous le point de vue national, il comprenait parfaitement les bienfaits de ce premier des arts, et il était un excellent juge pour la qualité de la terre. Il désirait vivement que son pays pût profiter de ses avantages naturels, et il était pleinement convaincu que la richesse et la prospérité d'une nation dépendent principalement des produits de son sol. A peine (1812) Doua-Tara fut débarqué de l'*Ann*, qu'il devint chef de Rangui-Hou par la mort de son oncle Tepahi. Il prit avec lui le blé qu'on lui avait donné à Parramatta pour semer, et il instruisit sur-le-champ ses amis et les chefs du voisinage de la valeur de ce grain, en leur expliquant que c'était avec le blé que les Européens faisaient le biscuit qu'ils avaient vu et mangé à bord des vaisseaux. Il donna une partie de cette semence à six chefs et à quelques-uns de ses hommes, en leur indiquant comment il fallait la semer; il réserva le reste pour lui-même et pour son oncle Chongui, un des chefs les plus illustres d'Ika-na-Maouï, dont les domaines s'étendaient de la côte orientale à la côte occidentale de cette île. Tous ceux à qui Doua-Tara avait donné du grain le mirent en terre, et il poussa très-bien; mais, avant qu'il fût parvenu à maturité, plusieurs d'entre eux furent impatients de jouir de leur récolte; et, comme ils s'attendaient à trouver du grain à la racine des tiges, comme dans les patates, ils examinèrent les racines; mais, n'ayant point trouvé de blé sous terre, tous, excepté Chongui, arrachèrent les plantes et les brûlèrent. Les chefs raillèrent Doua-Tara au sujet du blé; ils lui dirent que, parce qu'il avait été un grand voyageur, il avait imaginé pouvoir abuser de leur crédulité, en leur débitant de belles histoires. Tous les arguments de celui-ci ne purent leur persuader qu'on faisait du pain avec du blé. Sa récolte et celle de Chongui vinrent à maturité, et les épis furent recueillis et battus; quoique les naturels fussent très-surpris de voir que le grain venait à la tige et non pas à la racine de la plante, ils ne crurent cependant pas encore qu'on pût en faire du pain. Vers ce temps, le baleinier le *Jefferson*, capitaine Thomas Burnes, mouilla sur la baie des Iles. Doua-Tara, jaloux de détruire les préventions des chefs contre son blé, et de prouver la vérité de ses anciennes assertions touchant le biscuit, pria le maître du *Jefferson* de lui prêter un moulin à poivre ou à café. Il voulut essayer de réduire une partie de son blé en farine, pour en faire un gâteau; mais le moulin était trop petit, et il ne put y réussir. »

Profitant d'un navire qui se rendait de la Nouvelle-Zeeland à Sidney, il fit dire à M. Marsden qu'il était enfin de retour chez lui, qu'il avait semé son blé, qui était bien venu, mais qu'il avait oublié de se munir d'un moulin, et qu'il le priait de lui en envoyer un, avec quelques pioches et autres instruments d'agriculture. Peu après, le navire la *Queen-Charlotte*, appartenant au Port-Jackson, fit route pour les îles Pearl, devant passer par le cap Nord de la Nouvelle-Zeeland. M. Marsden mit à bord des pioches et autres instruments avec quelques sacs de blé, et pria le capitaine de remettre ces objets à Doua-Tara. Par malheur, ce navire dépassa la Nouvelle-Zeeland, sans toucher nulle part, et il fut ensuite pris par les insulaires de Taïti qui pillèrent tout le blé, et détruisirent les instruments. Dès que le bon missionnaire eut reçu cette nouvelle, il regretta sincèrement de voir que Doua-Tara fût aussi fréquemment contrarié dans ses intentions bienveillantes pour le bien-être et la civilisation de ses compatriotes, et il sentit parfaitement qu'on ne pourrait jamais faire rien d'essentiel en faveur de la Nouvelle-Zeeland, à moins d'avoir un navire expressément destiné à maintenir des communications entre cette île et Port-Jackson.

« Quand M. Kendall, qui avait été envoyé sous les auspices de notre Société des missions, arriva sur le *Earl-Spencer*, dit M. Marsden, je formai aussitôt le projet de fréter ou d'acheter un navire pour le service de la Nouvelle-Zeeland; car je voulais tenter la formation de l'établissement qui avait été arrêté par la Société en 1808, et pour lequel étaient destinés MM. Hall et King, quand ils m'accompagnèrent à la Nouvelle-Galles du Sud. Je tentai de louer un navire; mais je ne pus pas m'en procurer un pour la Nouvelle-Zeeland à moins de six cents livres sterling, somme qui me parut trop forte pour un seul voyage. Le brick l'*Active* arriva à cette époque du Derwent; le propriétaire offrit de me le vendre, et je l'achetai. Mais plusieurs massacres affreux avaient été commis à diverses époques, tant par les naturels que par les Européens. Il y avait peu de temps que l'équipage entier du *Boyd* avait été exterminé et le navire brûlé. Je ne jugeai pas qu'il fût prudent d'y envoyer tout de suite les familles des colons, mais plutôt de m'y transporter moi-même, en menant avec moi MM. Hall et Kendall. Comme je connaissais plusieurs des naturels, j'avais lieu de présumer que j'aurais assez de crédit sur eux pour mettre mes projets à exécution si je pouvais y aller; car, dans ce cas, je pourrais expliquer parfaitement à Doua-Tara et aux autres chefs le grand projet que la Société avait en vue en envoyant des Européens habiter parmi eux. Quand j'eus acheté le navire, je me rendis chez Son Excellence le gouverneur Macquarie, et je lui fis part de mon projet, en lui expliquant que la Société désirait former un établissement dans la Nouvelle-Zeeland; puis je lui demandai la permission de visiter ce pays. Le gouverneur ne jugea pas qu'il fût prudent de m'accorder cette permission pour cette fois; mais il me dit que, si je voulais y envoyer l'*Active*, et qu'il revînt sans accident, il me donnerait la permission d'accompagner les colons et leurs familles, quand le bâtiment y retournerait une seconde fois. Cette réponse me satisfit; car je ne doutais pas que l'*Active* ne revînt en sûreté, eu égard aux motifs de son voyage dans cette contrée. C'est pourquoi je donnai l'ordre au navire de se préparer à partir, et à MM. Hall et Kendall de se rendre à la baie des Iles, où résidaient les naturels que je connaissais.

« Quand l'*Active* appareilla, j'expédiai un message à Doua-Tara, pour lui expliquer dans quel but j'avais envoyé MM. Hall et Kendall chez lui, et je l'invitai en même temps à revenir avec eux au Port-Jackson et à amener deux ou trois chefs. Je lui envoyais un moulin d'acier pour moudre son grain, un tamis et du blé pour semer, avec quelques autres présents. A l'arrivée de l'*Active*, les colons furent accueillis avec la plus grande bienveillance par Doua-Tara et tous les autres chefs, et l'on ne cessa d'avoir pour eux les plus grands égards durant les six semaines qu'ils passèrent à la Nouvelle-Zeeland. Doua-Tara fut ravi de recevoir le moulin d'acier. Il se mit aussitôt en besogne pour moudre du blé devant ses compatriotes, qui dansèrent et poussèrent des cris de joie en voyant la farine. Il me dit qu'il en avait fait un gâteau, et l'avait fait cuire dans une poêle à frire; puis, il le donna à manger à ses compatriotes, qui restèrent ainsi convaincus de la vérité de ce qu'il leur avait dit jadis en affirmant que le blé pouvait faire du pain. Les chefs réclamèrent le grain, qu'ils semèrent, et ils n'ont pas tardé à apprécier la valeur du blé. En janvier dernier, j'en ai vu qui était très-fort et très-beau : le grain, à sa maturité, était nourri et brillant; ce qui me porta à croire que le climat et le sol de la Nouvelle-Zeeland seront très-favorables à sa culture. Avant l'arrivée de l'*Active*, Doua-Tara avait résolu de visiter Port-Jackson par le premier navire qui ferait voile de la Nouvelle-Zeeland pour cette colonie, afin de se procurer un moulin, des pioches et quelques autres objets dont il avait besoin. Il fut enchanté quand l'*Active* entra dans la baie, espérant qu'il pourrait y trouver un passage; mais, recevant le moulin que je lui envoyais avec le blé pour semer et les autres articles, il changea d'avis, et déclara qu'il allait s'appliquer à l'agriculture durant deux années de suite, maintenant qu'il avait les moyens de cultiver la terre et de moudre son grain.

« Le célèbre et puissant chef Chongui, oncle de Doua-Tara, avait alors un grand désir de visiter Port-Jackson. Comme il n'avait point d'ami à Sidney qui pût lui servir d'interprète, son neveu se décida à l'accompagner. Celui-ci me raconta que ses femmes, ses amis et son peuple l'ayant vivement sollicité de rester avec eux, s'était efforcé de leur persuader qu'il serait de retour dans quatre mois, mais qu'ils n'avaient pas voulu le croire, pénétrés qu'ils étaient de l'idée que l'*Active* ne reviendrait plus. Le prêtre lui avait signifié que sa principale femme, s'il la quittait, mourrait avant que le navire ne revînt. C'est cette même femme qui se pendit le lendemain du jour où Doua-Tara mourut, à cause du tendre attachement qu'elle lui portait. Il avait répondu au prêtre qu'il était déjà revenu plusieurs fois, et qu'il reviendrait encore celle-ci. En conséquence, il avait pris congé de ses gens, s'était embarqué pour la Nouvelle-Galles du Sud avec son oncle et un petit nombre d'amis, et était arrivé encore une fois à bon port, au bout d'un mois, à Parramatta.

« Pendant son séjour chez moi, je le vis souvent absorbé dans ses pensées, et je lui demandai quelle était la cause de son inquiétude. Il répondit : « Je crains que ma première femme ne soit morte ou très-malade. » Ce que le prêtre lui avait dit relativement à la mort de sa femme, durant son absence, avait évidemment fait une forte impression sur son esprit, bien qu'il eût auparavant passé près de trois ans dans ma famille, que pendant tout ce temps il se fût toujours montré raisonnable, et qu'en toutes les occasions il eût été disposé à recevoir des instructions religieuses. Néanmoins les notions superstitieuses qu'il avait reçues dès son enfance à la Nouvelle-Zeeland, avaient jeté de profondes racines dans son cœur. Il avait une grande confiance dans ce que le prêtre lui avait dit, comme dans l'effet de ses prières.

« Durant les dix dernières années de sa vie, Doua-Tara avait enduré toutes les sortes de dangers, de privations et de misères qu'il est possible d'éprouver. Lorsque j'arrivai à la Nouvelle-Zeeland avec lui et le reste des colons, en 1814, époque de mon premier voyage, lequel fut suivi de trois autres, il semblait avoir atteint le grand but de toutes ses fatigues, qui avait été le sujet constant de ses entretiens, savoir le moyen de civiliser ses compatriotes. Joyeux et triomphant, il me disait alors : « Maintenant je viens d'introduire la culture du blé à la Nouvelle-Zeeland; en peu de temps ma patrie deviendra une contrée importante; je pourrai exporter du blé à Port-Jackson, pour l'échanger contre des pioches, des haches, des bêches, du thé, du sucre, etc. » Pénétré de cette idée, il faisait des arrangements avec son peuple pour des cultures très-étendues; il avait aussi dressé un plan pour construire une nouvelle ville avec des rues régulières à l'européenne, dans une belle situation qui dominait l'entrée de la baie et les campagnes adjacentes. Je l'accompagnai sur ce point : nous examinâmes le site désigné pour la ville, le lieu où devait se trouver l'église, et ses rues devaient toutes être tracées avant que l'*Active* fît route pour Port-Jackson. Ce fut au moment même où il devait mettre à exécution tous ces projets, qu'il fut jeté sur son lit de mort. Je ne pouvais donc me défendre d'un sentiment de surprise et d'étonnement en le voyant courbé sous le poids de la maladie, et j'avais peine à croire que la bonté divine voulût enlever de ce monde un homme dont l'existence semblait d'un si haut intérêt pour son pays, qui sortait à peine de la barbarie et des ténèbres de la superstition la plus grossière. Sans doute il avait terminé sa tâche, et rempli la carrière qui lui était assignée, quoique je crusse fermement qu'il ne faisait que la commencer! C'était un homme doué d'une intelligence rapide, d'un discernement sûr, d'un jugement solide et d'un caractère exempt de craintes, en même temps qu'il était doux, affable et gracieux dans ses manières. Son physique était fort et vigoureux, et promettait une vie longue et bien employée. A l'époque de sa mort, Doua-Tara était dans la force et dans la vigueur de l'âge, et extrêmement actif et industrieux. Il pouvait avoir vingt-huit ans. Quatre jours environ avant sa mort, il fut saisi de douleurs d'entrailles et de poitrine, accompagnées de difficultés dans la respiration, et d'une forte fièvre. En réfléchissant sur cet événement mystérieux et funeste, je suis conduit à m'écrier comme l'apôtre des Gentils : « Combien la sagesse « et la connaissance de Dieu sont éle- « vées et profondes! Combien ses ju- « gements sont incompréhensibles, et « combien ses voies dépassent toute « intelligence! »

En 1808, le capitaine Dalrymple, du navire *Général Wellesley*, se trouvant à la baie des Iles, reçut des services d'un Anglais nommé Bruce, marié à la fille d'un chef nommé Tepahi. Mais Bruce l'ayant suivi dans sa traversée de la Nouvelle-Zeeland dans l'Inde, Dalrymple laissa le mari à Malakka et vendit la femme à Poulo-Pinang. Les deux époux parvinrent à se réunir et à retourner à la baie des Iles; mais cet acte d'ingratitude et de perfidie donnèrent aux Zeelandais une triste opinion de la foi européenne.

En août 1815, deux navires, *Trial* et *Brothers*, furent attaqués par les Nouveaux-Zeelandais près du cap Mou-Hao. Les blancs eurent les premiers torts.

En 1816, M. Kendall ouvrit son école.

En mars 1816, le brick américain l'*Agnès* ayant mouillé sur la baie de Toko-Malou, trois hommes de son équipage furent tués, et les douze autres qui étaient Anglais ou Américains, furent assommés, rôtis et mangés, sauf un d'entre eux, nommé Rutherford, Anglais de naissance, qui devint chef à son tour. Rutherford plut à Emaï, chef puissant; il le fit tatouer, et il eut plusieurs aventures, dont il a donné la relation à son retour en Europe, où il se sauva après bien des vicissitudes, et une captivité de dix ans.

M. Liddiard Nicholas, citoyen de la Nouvelle-Galles du Sud, s'y rendit en 1817 : sa relation, à laquelle l'auteur d'une bonne compilation intitulée *New-Zealanders* (*), a emprunté de longs et nombreux morceaux, est, à notre avis, l'ouvrage le plus remarquable qui ait encore paru sur cette partie du globe.

En 1817 Touai et Titari s'embarquèrent pour Londres où ils passèrent dix mois dans les écoles de la Société des missions. Voici quelques particularités remarquables sur le premier.

Touai s'était déjà enrôlé quelques années auparavant avec l'équipage du baleinier le *Phénix*, capitaine Parker; ce navire se trouva un jour à trois journées de marche de la Nouvelle-Galles du Sud. Le capitaine, Touai et quatre hommes montaient un canot; ils venaient de tuer une baleine, et avant qu'ils eussent commencé à la dépecer, une autre se montra. En conséquence, suivant leur habitude, ils mirent un pavillon sur la baleine morte pour la signaler, et se mirent à la poursuite de l'autre. Le capitaine réussit à la harponner, et Touai recommandait au canot de pousser en arrière; mais le capitaine voulut frapper la baleine une seconde fois. Cependant il eût été prudent de suivre l'avis de Touai ; car, tandis qu'on lui lançait le second harpon, le monstre des mers, s'élevant au-dessus de l'eau, d'un revers de sa queue mit le canot en pièces, et en même temps blessa le capitaine aux jambes. Aussitôt les quatre

(*) London, Charles Knight. L'auteur a également fondu dans cet ouvrage le récit de l'Anglais Rutherford, et le voyage du Zeelandais Toupé-Koupo en Angleterre.

hommes gagnèrent la baleine morte, distante d'environ deux milles et demi. Le navire se trouvait alors presque hors de vue, éloigné de quinze à vingt milles. Mais Touai, ne pouvant se résoudre à laisser son capitaine dans cette affreuse position, saisit à l'instant l'une des gaffes du canot, attrapa le capitaine par ses vêtements, et reussit à le placer sur un des débris. Ensuite il fit une espèce de radeau des fragments du canot qu'il réunit avec des cordes, et fixa dessus son ami blessé; avec sa chemise et le reste de ses hardes, il banda les membres fracturés du mieux qu'il put; il hissa un signal sur le radeau, prit la main du capitaine, lui souhaita bon courage, et nagea vers la baleine morte. Quand il arriva, il trouva les quatre hommes presque exténués; car ils n'avaient pu monter sur le poisson, dont la peau était trop glissante. Mais il se trouva que Touai portait un couteau pendu à son cou avec une corde; avec ce couteau, il tailla dans la peau des trous qui les aidèrent à monter. Deux heures après, la mer étant parfaitement calme, le navire envoya un canot qui les recueillit, ainsi que le pauvre capitaine. Celui-ci se rétablit, et récompensa Touai de sa belle conduite.

En plusieurs circonstances, tant sur mer que sur terre, le salut de Touai n'a tenu qu'à un fil. Il porte plusieurs cicatrices sur son corps, et une fois il a été traversé d'un coup de lance.

Cet intrépide Zeelandais disait à M. Marsden que ses compatriotes ne peuvent croire que ce soit le même Dieu qui ait fait eux et les blancs. En effet, quand les missionnaires leur disent qu'il n'y a qu'un seul Dieu, ils emploient divers arguments pour démontrer que cela ne peut pas être. Voici une épître des deux chefs néo-chrétiens qui avaient été en Angleterre sur le brick de guerre anglais le *Kangarou*, afin d'y recueillir des notions utiles pour la civilisation de leur patrie, et qui revinrent à Port-Jackson sur le *Baring*. Leur style singulier nous paraît semblable à celui des sauvages de tous les pays, qui expriment des idées fort simples, suivant la syntaxe d'un langage également simple, dans une langue étrangère dont la syntaxe est compliquée à proportion de la civilisation où est arrivé le peuple qui la parle.

Lettres de Titari et de Touai (*), *au secrétaire de la Société, écrites par ces naturels, à leur retour d'Angleterre à la Nouvelle-Galles du Sud.*

Parramatta, 12 juillet 1819.

« Mon cher père et ami M. Pratt,

« Je vous remercie, vous si poli pour moi. J'espère toute votre famille très-bien. Titari fort bien.

« Le *Baring* touche à Madère. Nous allons tous à terre, nous dormons à terre. Le matin, avant déjeuner, tous allons un peu à cheval, nous montons une très-haute colline. — Visiter grande, belle église. — Grande chandelle et boîte, comme la boîte des missionnaires. — L'homme me demande de mettre de l'argent dans la boîte pour Vierge Marie. — Puis nous descendons; faisons un bon déjeuner. — Peuple très-curieux, peuple portugais. Nous rencontrons ensuite capitaine Lamb; il conduit Touai et moi à la maison du gouvernement. — Beaucoup d'oranges. — Beaucoup limons. — Beaucoup vin. — Allons à bord matin suivant à la voile.

« Nous passons la ligne. M. Neptune vient à bord. On fait la barbe à chacun avec un morceau de fer. Chacun trempé dans un baquet d'eau.

« Quand auprès du cap de Bonne-Espérance, beaucoup de vent. Souffle très-fort. Très-grosse mer. Seulement deux voiles dehors. Beaucoup roulis. Dimanche matin la vergue de misaine casse; très-bon charpentier à bord la répare, elle retourne en place. Quelquefois neuf nœuds.

« Bientôt près de la côte de l'Australie. — Vent contre nous. — Ne pouvoir approcher terre. — Reste très-peu d'eau. — Nous très-contents d'atteindre la terre de la Tasmanie. — Aller dans le port. — Aller chacun tour à tour voir le gouverneur. — Moi

(*) Traduit du Missionary register, 1830.

connais lui déjà. — Belles patates. — Bon mouton. — Bon bœuf. — Convicts assez contents. — Beaucoup kaïkaï (*).

« Lundi matin le vaisseau fait voile. — Souffle très-fort. — Bon vent vient. — Capitaine Lamb chante : « Contrebasse partout. » Et nous faisons voile. — Et nous voyons Sidney. — Et nous mouillons le navire.

« Nous allons à terre dans le canot du capitaine Pepper. Tous les amis de la Nouvelle-Galles du Sud très-contents de nous voir. — Moi très-heureux de voir mon ami M. Marsden, et toute sa famille bien portante, et très-contente de nous voir.

« Nous allons bientôt à la Nouvelle-Zeeland. M. Marsden il va avec nous. — Six hommes de mon pays à Parramatta. — Charles Marsden, allant en Angleterre, à apprendre à être un docteur. — Très-bon garçon. — Très-passionné pour monter à cheval.

« Donnez ma tendre affection à madame Pratt et à toute votre famille, à M. et à madame Bickersteth, à madame Garnon, et à tous les missionnaires amis en Angleterre.

« Je vous remercierai de prier pour moi et mes pauvres hommes du pays. Je prie Jésus-Christ de me faire un bon garçon, et de pardonner mes péchés. Je prie Jésus-Christ de retirer mon cœur méchant. Dieu vous bénisse.

« De la part de votre jeune ami.
« TITARI. »

Parramatta, 12 juillet 1819.

« Mon cher ami M. Pratt,

« Je suis arrivé en bonne santé à Parramatta. J'ai trouvé mon cher ami M. Marsden et toute sa famille bien portante. — Très-contents de me voir.

« M. Marsden va avec nous à la Nouvelle-Zeeland, sur le brick américain *General-Gates*. J'espère que tous mes compagnons seront honnêtes pour lui, de même que les Anglais ont été honnêtes pour moi, quand j'étais en Angleterre.

« Nous eûmes un passage passablement bon. — Capitaine Lamb quelquefois très-affable. Notre kaï-kaï (*) et notre eau étaient à court vers la fin. — Vent droit dans nos dents. — Ne pouvoir approcher de la terre. — Par jour seulement une pinte et demie d'eau par homme. — Moi obligé de me laver la figure avec de l'eau salée.

« Je puis dire tous les commandements, et dire un peu de Joseph et de ses frères. Je me rappelle la maison des missionnaires et tous les honnêtes messieurs et dames.

« Donnez ma tendre affection à madame Pratt et toute la famille, à M. et à madame Bickersteth, à M. et madame Cooper, et à tous les messieurs du comité.

« Je vais à la maison, et j'engagerai mes compatriotes à m'aider à bâtir une église et des maisons. M. Marsden me dit que je serai inspecteur des ouvriers.

« Mon jeune ami Charles Marsden, il vous porte ma lettre. — Il s'en va par le *Surry*, capitaine Lane, tout juste prêt à faire voile.

« Donnez aussi ma tendre affection à M. Mortimer, à M. Eyton, à M. King, à M. Langley, et toutes leurs familles, et tous les bons amis. J'espère que tous les amis prient pour moi. Je prie pour vous. Dieu vous bénisse.

« De la part de votre affectionné ami,
THOMAS TOUAI.

En 1819 et dans les années suivantes, Chongui, chef de Kidi-Kidi, un des plus vaillants guerriers de la Nouvelle-Zeeland, se distingua par ses exploits contre Koro-Koro et autres rivaux. Son plus digne adversaire fut Moundi-Temarangaï-Panga, chef du Kaï-Para, homme passablement juste. Il est à remarquer que, dans les guerres, le terrible Chongui fut un des chefs qui livrèrent le plus de prisonniers à l'esclavage, au lieu de les assommer et de les manger, méthode qui est souvent plus usitée que l'autre. Une nièce de Temarangaï, un des chefs de Toc-Ame, ayant été prise et vendue par des Anglais à un

(*) Manger.

(*) Manger.

chef de Witi-Anga, nommé Warou, celui-ci, à la suite d'une querelle, tua sa jeune esclave, et la fit manger à ses amis. C'était une terrible insulte faite à la famille. Temarangai, n'ayant trouvé le moyen de se venger que seize ans après l'événement, dissimula pendant tout ce temps. Alors il attaqua Warou, tua son père et quatre cents de ses guerriers, qui périrent principalement par la fusillade dans une bataille rangée. Cependant Warou ayant demandé grâce à Temarangai, ce chef lui rendit sa femme et ses enfants qui étaient ses prisonniers, et les vainqueurs se régalèrent pendant trois jours de la chair des ennemis morts; puis ils cinglèrent, avec leurs prisonniers, vers la baie des Îles.

En 1820, M. Richard Cruise, capitaine au quatre-vingt-quatrième régiment d'infanterie, commandant le détachement embarqué sur le navire qui portait M. Marsden dans son troisième voyage, demeura pendant dix mois à la Nouvelle-Zeeland. Sa relation porte le cachet de la vérité, et donne quelques détails utiles sur les mœurs des indigènes de cette grande terre. C'est à cette époque que Pomare, dont le vrai nom était Wetoï, chef de Mata-Ouwi, et neveu de Touai, devenu chef de la baie Chouraki, par la mort de son oncle Kaïpo, conquit une partie de l'île jusqu'au détroit de Cook. Touai, devenu chef de Paroa, appelait Pomare le *panapati* (Bonaparte) de la Nouvelle-Zeeland, ainsi qu'on avait nommé Hihi, dont nous avons déjà parlé page 137, troisième volume de l'OCÉANIE.

M. Duperrey, commandant la *Coquille*, parut à la baie des Îles le 4 avril 1824. Durant une relâche de quinze jours, il eut des rapports de la nature la plus amicale avec les Nouveaux-Zeelandais. M. Jules de Blosseville, qui faisait partie de cette expédition, publia des observations intéressantes sur ce pays. M. Duperrey débarqua le missionnaire M. Clarke et sa famille, ainsi que deux insulaires, dont un était le neveu du chef Chongui.

Depuis longtemps l'ambitieux Chongui était en état de guerre avec plusieurs chefs ses rivaux. En 1825, il fit prisonnier Moundi-Panga, le plus vaillant de ses adversaires, le tua et le dévora avec une joie féroce. Mais ayant éprouvé plusieurs revers, il se livra à un violent chagrin, augmenté par l'infidélité de deux femmes, dont une fut immolée par son ordre.

Dans un de ces combats, Chongui, ayant été blessé grièvement, les missionnaires envoyèrent leurs effets les plus précieux au Port-Jackson; car, quoique Chongui eût pour eux peu de considération, surtout depuis son voyage en Angleterre, où il avait appris qu'ils n'appartenaient pas à la caste noble, ils ne s'étaient maintenus jusqu'alors qu'à l'ombre de son nom.

La scène suivante, suscitée, en 1826, aux missionnaires de Pahia par l'ariki Toï-Tapou, et naïvement racontée par madame Williams, femme d'un missionnaire, donne un exemple des inconvénients que les Européens avaient souvent à essuyer parmi les sauvages turbulents de la Nouvelle-Zeeland.

« Un chef très-important, nommé Toï-Tapou, qui réside à deux milles environ d'ici, a tout mis en désordre dans l'habitation. Au lieu de frapper à la porte, comme d'ordinaire, pour être introduit, il a sauté par-dessus la palissade, faite en *tai-hepa*, ou en petits pieux de bois. M. Fairburn lui a dit qu'il était un *tangata-kino* (un méchant homme); qu'il était venu, en escaladant la palissade, comme un *tangata-taehae* (un voleur), et non pas comme un *Rangatira* (un gentleman). Sur-le-champ le chef se mit à trépigner et à gambader comme un fou, en attirant autour de lui les voisins par les cris et le vacarme qu'il faisait. Il agitait son *méré* (instrument de guerre en pierre verte (*), que chacun d'eux porte caché sous sa natte) et brandissait sa lance en sautant comme un chat, et la dirigeant avec fureur contre M. Fairburn. M. W. Williams lui dit qu'il se comportait fort mal, et refusa de lui toucher la main : le sauvage, car tel il paraissait vraiment alors, se dé-

(*) Jade.

pouilla pour combattre, ne gardant sur lui qu'une simple natte, semblable à celle que portent les jeunes filles. MM. Williams et Fairburn le regardèrent avec une indifférence marquée; quand ils s'en allèrent, il s'assit pour reprendre haleine; et, comme ces deux messieurs se dirigeaient vers la plage, il sortit du jardin.

« Quand M. Williams revint, il vit quelques nattes étendues par terre, qu'il jugea appartenir à Toï: il les jeta dehors, ferma la porte, et alla au fond de la maison. Peu après, cet homme furieux accourut du rivage, et, arrachant une longue perche, il en frappa contre la porte. Voyant qu'elle résistait à ses efforts, il sauta de nouveau par-dessus la palissade, et recommença ses gestes sauvages; et quand M. Williams parut, il dirigea sa lance contre lui. Sans y prendre garde, M. Williams s'avança vers ce sauvage; mais, bien que tremblant de rage, il ne jeta pas sa lance contre lui. Il dit qu'il s'était blessé au pied en sautant sur la palissade, et demanda un *outou* ou un payement pour sa blessure. Comme on lui répondit qu'il n'en aurait point, il se dirigea vers le magasin, et s'empara d'un vieux pot de fer, en guise d'*outou*. Il voulut sauter par-dessus la palissade, mais le poids du vase l'en empêcha, et il se dirigea vers la porte. Alors M. Williams s'élança sur lui; il lui arracha le pot des mains, et s'appuya le dos contre la porte pour l'empêcher de s'enfuir; il appela aussi quelqu'un pour emporter le pot, que Toï tenta plusieurs fois de reprendre. En même temps celui-ci agitait son *méré* et sa lance avec des gestes furieux, tandis que M. Williams tenait ses bras croisés, en le regardant d'un air qui annonçait une résistance froide et déterminée. Comme je regardais par la fenêtre avec un vif sentiment de crainte ce qui se passait, cette scène me rappela celle d'un homme qui, attaqué par un taureau sauvage et furieux, fixa hardiment ses yeux sur cette bête féroce, et la tint ainsi en échec. Notre forgeron, étant survenu et s'étant emparé du pot, poussa Toï par les épaules. Mais tout en cédant, celui-ci continua ses menaces; malgré sa taille gigantesque, son agilité était surprenante; il courait çà et là, la lance en main, comme un enfant qui joue à la crosse. En pareil cas, les guerriers de la Nouvelle-Zeeland sautent sur le côté, en se battant les hanches, et frappant du pied en mesure et avec des gestes affreux; tantôt ils s'arrêtent tout court, tantôt ils s'accroupissent, la poitrine gonflée et haletant avec force, comme pour exciter leur rage au dernier degré de violence, avant de donner le coup fatal.

« M. Fairburn revint au moment où Toï s'assit pour reprendre haleine, et ils reparlèrent longtemps encore: Toï réclama son *outou*, et déclara qu'il resterait là tout le jour, le lendemain et cinq autres journées encore; qu'il engagerait un grand combat, et que le lendemain, « dix, dix, dix, et puis dix hommes, levant en l'air ses bras à chaque fois, arriveraient, mettraient le feu à la maison, et brûleraient le magasin. » Quand MM. Williams et Fairburn purent dire un mot à leur tour, ils lui répondirent: « Qu'est-ce que cela signifie, monsieur Toï? vous causez beaucoup, vous plaisantez, monsieur Toï. »

« Durant la prière, il resta plus tranquillement assis derrière la maison, auprès du feu des naturels, c'est-à-dire, de ceux qui nous étaient attachés; sa femme, quelques personnes des deux sexes qui étaient venues avec lui, Apou, femme de Waraki, l'un de nos solides amis, et d'autres, regardaient par la fenêtre, et un ou deux chefs s'assirent dans la chambre. Tekoke, notre chef, était absent.

« Après les prières, Toï revint à la fenêtre, et, sans cérémonie, mit la jambe dessus, en montrant son pied, et demandant le outou pour le peu de peu de sang qui en coulait. M. Williams lui dit de s'en aller, et de revenir le lendemain comme un *gentleman*, de frapper à la porte comme MM. Tekoke, Watou, Houroto, Waraki, etc., et qu'alors il lui dirait: « Comment vous portez-vous, monsieur Toï-Tapou? » et qu'il l'inviterait à déjeuner avec nous. Celui-ci répondit qu'il avait trop de mal aux pieds pour pouvoir marcher; il renouvela son intention de rester là plusieurs jours, et de brûler la maison; après avoir parlé quelque temps, il entra de nouveau dans une colère épouvantable. Nos amis, en regardant par la fenêtre, m'adressaient souvent la parole, et s'écriaient l'un après l'autre : « Eh! mère (c'est le titre que les filles et les femmes du pays donnent par amitié aux femmes des missionnaires)! *Aire! mai* (venez), *apopo* (demain vous verrez un grand feu; la maison — oh oui! — les enfants morts — tous morts — un grand nombre d'hommes — un grand combat — baucoup de mousquets.) »

« M. Williams rentra dans la maison, me pria de me coucher, ferma les fenêtres, et recommanda au forgeron de veiller avec soin. Les chefs, nos amis, s'enveloppèrent dans leurs nattes fourrées, et allèrent dormir sur des paquets de *taihepa*. Tandis que nous nous mettions au lit, Toï commença à chanter, ou plutôt à hurler d'un ton lugubre, certaines paroles, et M. Fairburn nous apprit qu'il le faisait pour jeter un charme sur nous; car ce malheureux, victime de la superstition et esclave de Satan, imaginait, par ce moyen, rendre notre mort infaillible.

« Nous fûmes éveillés de grand matin par les cris de Toï et d'autres naturels, qui ne cessèrent d'arriver jusqu'au moment où notre habitation en fut tout à fait environnée. Avant de déjeuner, M. Williams avait été obligé de pousser Toï de force hors de la cour, parce que dans un transport de rage, il s'était saisi d'un pauvre petit chevreau. Au déjeuner j'avais préparé du thé pour plusieurs de nos amis, et, curieux de voir comment Toï le recevrait, nous lui en envoyâmes une pinte toute pleine hors de la porte, où il se tenait assis par terre avec une gravité taciturne, entouré d'une foule de ses partisans, qui s'étaient assemblés pour le combat. Au travers de la palissade, nous le vîmes boire son thé, et j'eus l'espoir que cela pourrait le rafraîchir; mais il ne tarda pas à gambader de nouveau dans la cour, avec plusieurs guerriers à figures hideuses, armés de lances et de haches d'armes, et quelques-uns de mousquets.

« Nos jeunes filles du pays étaient toutes dehors; madame Fairburn et moi nous étions prisonnières chez nous, et nos fenêtres furent tout le jour masquées par les têtes des naturels qui regardaient chez nous. J'en fus bientôt excédée : il faisait extrêmement chaud, nous étions privées du grand air, et nos pauvres enfants commençaient à languir par défaut d'air et de liberté.

« Vers cinq heures, M. Williams, qui s'était rendu au milieu des naturels, vint à la fenêtre de la chambre à coucher, et nous dit que tout était plus tranquille, et que les naturels se dispersaient. En conséquence, je fis passer deux des enfants par la fenêtre; mais, à peine leurs pieds touchaient à la terre, qu'on entendit tout à coup des coups violents qui semblaient appliqués derrière le magasin; on eût dit qu'on voulait ouvrir une brèche au travers des murs de bois. Les enfants furent replacés en hâte dans la chambre, et M. Williams courut sur le terrain. Le tumulte et les clameurs devinrent très-grands. Les enfants étaient fortement persuadés que les naturels allaient tuer leur père. Comme j'étais assise au milieu de la chambre à coucher, avec un enfant au sein et les trois autres collés contre moi, je vis, par la petite fenêtre de la salle, un homme pointer son fusil vers la maison, prêt à faire un effort pour y entrer, et mon mari se jeter au-devant de lui. Alors mes craintes furent portées au plus haut degré; cependant je conservai assez de courage pour résister aux souffrances qui vinrent déchirer mon âme dans ce moment terrible. Ces chers enfants criant et sanglotant, tombèrent à genoux, et récitèrent avec moi une prière inspirée par la circonstance. Le bruit continua; les sauvages secouèrent plusieurs fois nos faibles murailles de bois, mais la maison résista, et les enfants devinrent plus calmes. Je voulus rassurer l'aîné, en lui disant que plusieurs des naturels étaient de nos amis, et qu'ils tâcheraient de sauver papa. « Oh! maman, s'écria l'enfant, que nos amis sont d'effrayantes créatures! »

« Les femmes, en dehors, défendaient l'accès de la fenêtre, en criant de temps en temps : « *Eh modder! eh modder! te na ra ko koe modder!* » (Mère! mère! prenez courage, mère!) Enfin, Apou vint nous montrer sa bonne et affectueuse figure, en m'annonçant que le combat était fini pour la journée; que tous les hommes étaient partis, et qu'elle s'était vaillamment battue pour nous; car les femmes combattent aussi à la Nouvelle-Zeeland. Je débarrai de bon cœur la porte, pour laisser entrer M. Williams, qui nous dit que tout était fini. Cette seconde querelle avait été tout à fait distincte de la première. Durant la dernière affaire, Toï était resté en repos, et prêchait même en quelque sorte pour nous. Pour complaire aux vœux réunis des chefs nos amis, le pot en litige lui fut donné, et il retourna chez lui. »

Le baleinier anglais *Mercury* ayant débarqué dans la baie des Îles en 1826, les sauvages le surprirent, le pillèrent, et l'équipage eut bien de la peine à se sauver.

Le capitaine Dillon y parut deux fois en 1827, et c'est de lui que nous avons appris la mort du chef Bomaré, qui fût abattu par une balle et assommé à coups de méré. Dillon était encore sur les lieux quand les ennemis de ce chef dévorèrent son corps et conservèrent sa tête ainsi que celle de son fils aîné, après les avoir apprêtés selon la méthode du pays.

Le 12 mars 1827, l'*Astrolabe*, commandé par M. D. d'Urville, mouilla sur la baie des Îles, près des débris du village ruiné de Paroa, après avoir accompli sur les côtes de la Nouvelle-Zeeland la reconnaissance d'un développement de trois cent cinquante lieues de côtes et d'autres travaux hydrographiques que nous ne saurions trop louer.

« Depuis que les naturels, attirés par la présence de l'*Astrolabe*, avaient élevé une espèce de village sur la longue plage de sable la plus voisine, nos communications avec eux étaient très-actives, dit M. de Sainson, mais elles cessaient toujours aux derniers rayons du soleil. Renfermés à bord chaque soir, nous pouvions apercevoir à terre beaucoup de mouvement; plusieurs grands feux s'allumaient à l'approche des ténèbres; de nombreux cercles se formaient autour des feux, et sans doute ces scènes du soir étaient très-animées; car souvent la brise apportait jusqu'à bord les rires, les cris et les chansons de la plage. M. Gaimard me communiqua le désir qu'il ressentait de connaître de plus près les habitudes nocturnes de nos voisins; je partageai vivement cette curiosité; M. Faraguet se joignit à nous; et le commandant ayant mis à nos ordres la petite baleinière, nous fûmes portés à terre, le 20 janvier, à la tombée de la nuit. Nous n'emportions aucune arme, aucun objet qui pût exciter la crainte ou la cupidité des naturels; seulement, par un plaisant hasard, M. Gaimard se trouva muni d'une bougie fine, et nous rîmes d'avance du projet d'allumer en plein air, sur cette plage lointaine, cette cire façonnée à Paris pour le luxe de nos salons.

« A notre débarquement sur le sable, nous fûmes accueillis par des cris de joie et des caresses incroyables, surtout lorsque les sauvages virent le canot reprendre le large, et nous abandonner au milieu d'eux. C'était à qui nous serrerait les mains en répétant *kapaï*, et il nous fallut subir bien des applications de nez qui écrasaient les nôtres; car c'est ainsi qu'on s'embrasse à la Nouvelle-Zeeland. Plus de cent naturels se pressaient autour de nous, et, en peu de minutes, nous fûmes séparés. On nous éloignait peu à peu du village, et les groupes qui nous entouraient nous conduisaient vers la lisière de la forêt, à l'endroit où un joli ruisseau, s'écoulant du sein des bois, traversait le sable pour se joindre à la mer. Je n'apercevais plus la troupe qui accompagnait M. Gaimard; M. Faraguet avait aussi disparu; pour moi, serré de près par ma bruyante escorte, j'avais déjà fait quelques pas sous les arbres, où l'obscurité devenait plus épaisse, lorsqu'un homme à l'air vénérable porta la main à mon cou, et en détacha, sans façon, la cravate de soie qui l'entourait. Dans ma position, je n'avais garde de réclamer contre les manières libres du vieillard; je me promettais même de laisser passer en sa possession toutes les pièces de mon habillement l'une après l'autre, si telle était sa fantaisie; mais combien je me repentis d'avoir jugé trop légèrement un honnête sauvage! Loin de prétendre à me dépouiller, comme je pouvais m'y attendre, il m'offrit aussitôt, en échange de la cravate, un objet de quelque prix pour lui, je le suppose, car cet objet, c'était sa fille.

« Elle était très-jeune, sa fille; des cheveux noirs et bouclés tombaient sur son front, et cachaient de grands yeux brillants de vivacité; sa grâce, encore enfantine, n'empruntait rien de l'art; son unique vêtement consistait en quelques feuilles de *phormium*, voile peu discret dérobé aux plantes du rivage. Le père devenait pressant, et ma position était réellement critique; mais, en prenant la main de la jeune fille, je m'aperçus qu'elle pleurait : les grâces, dit-on, sont encore embellies par les pleurs; il n'en était pas tout à fait ainsi de la jeune sauvage. Je ne fus plus frappé alors que de l'abus de pouvoir révoltant dont le père se rendait coupable; j'essayai même de le gronder; mais je ne vis pas que mon sermon produisît grande impression sur son esprit, car il redoublait de prières auprès de moi, et, il faut bien le dire, de menaces envers sa fille. Me voyant cependant inflexible, il m'offrit de me rendre cette précieuse cravate, à laquelle il avait voulu mettre un si haut prix. Ce trait d'honnêteté lui en valut la possession; je la lui donnai comme un gage d'estime. Il l'accepta avec joie; sa fille se mit aussitôt à rire, et tous deux disparurent à travers les arbres. Je me trouvai alors seul; car, durant mon colloque avec le vieillard, tous les autres avaient eu la discrétion de se retirer.

«Nos Zeelandais n'étaient pas toujours aussi discrets; car, non loin du ruisseau dont j'ai parlé, une réunion nombreuse d'indigènes manifestait une bruyante gaieté par des rires et des gestes approbateurs. Telle fut jadis la joyeuse clameur qui s'éleva dans l'Olympe, lorsque les filets jaloux de Vulcain livrèrent deux amants surpris à la risée des dieux assemblés. A part les filets et l'époux irrité, l'étrange scène qui se passait alors rappelait en tous points ce scandale fameux de la mythologie. La bougie apportée de l'*Astrolabe*, tenue par un brave guerrier, colorait de ses reflets vacillants vingt têtes expressives, et prêtait des formes fantastiques à un tableau digne de Callot ou de Charlet. Mais soudain tout rentra dans l'obscurité. L'homme qui portait la bougie, enchanté de cette charmante invention, n'avait pu résister au désir de se l'approprier; et, soufflant dessus, il avait pris sa course vers la forêt, laissant les curieux dans un singulier désappointement.

« Cependant, sur la plage, les feux étaient allumés, et de toutes parts se faisaient les apprêts du souper. Nous nous approchâmes tous trois d'un cercle où l'on nous fit place, et bientôt notre présence attira la majeure partie des habitants, qui voulaient jouir de notre vue. Les naturels étaient accroupis sur le sable; les uns mangeaient du poisson cru séché au soleil; d'autres écrasaient des racines de fougère dans de petites auges de bois. Lorsqu'ils ont réduit cette racine en filaments, ils en forment des boules, qu'ils tiennent dans la bouche jusqu'à ce qu'ils en aient exprimé tout le suc. Nos hôtes ne manquèrent pas de nous offrir notre part de ce frugal repas; et, nous voyant peu empressés d'accepter, plusieurs d'entre eux poussèrent la prévenance jusqu'à mâcher d'avance des morceaux de poisson, qu'ils nous présentaient ensuite dans le creux de leur main.

«Après souper vinrent les chansons graves et monotones des naturels;

nous leur répondîmes par l'air des *Enfants de la France*, par plusieurs de nos grands chants patriotiques, et par le chœur de *Robin des Bois*. Les sauvages parurent fort contents de nous. Nous essayâmes aussi leurs organes en leur faisant prononcer un grand nombre de noms propres français; la plupart étaient singulièrement estropiés, mais quelques-uns étaient répétés exactement. C'était un plaisir piquant pour nous de faire redire aux échos de la Nouvelle-Zeeland des noms illustres qui font chez nous la gloire des armes, de la tribune et de la scène. On ne se fait pas d'idée de quel charme s'environnait dans notre position le plus léger souvenir qui rappellait la patrie.

« La soirée s'écoula gaiement. Quand l'heure du sommeil arriva, les sauvages nous offrirent d'entrer dans leurs cabanes; mais nous nous gardâmes bien d'accepter leur proposition. Les huttes de la Nouvelle-Zeeland sont hautes à peine de trois à quatre pieds; il faut y entrer en rampant, et il s'en exhale presque toujours une odeur extrêmement fétide. Nous préférâmes nous étendre sur le sable, au pied d'un petit arbre qui bornait la plage; mais nous n'y trouvâmes guère de repos. A notre grand regret, un certain nombre de naturels vint nous tenir compagnie, et nous eûmes l'agrément de servir d'oreiller à ces messieurs, qui trouvèrent commode d'appuyer leurs têtes sur nos membres étendus. Le moyen de dormir au milieu des ronflements et des mouvements continuels de pareils voisins!... Il faut ajouter encore que, tourmentés par des insectes dont ils sont abondamment pourvus, ils se grattaient d'une manière horrible. Un sybarite serait mort de douleur dans notre position.

« Vers deux heures, une grosse pluie nous fit quitter la place, et nous allâmes nous abriter sous les flancs d'une pirogue qu'on avait halée à terre. La mer était mauvaise, et le vent soufflait assez fort; nous attendîmes le jour un peu plus tranquillement; car les sauvages nous avaient abandonnés pour chercher un meilleur asile que le nôtre. A cinq heures, une embarcation nous fut envoyée; en approchant de la côte, une lame la remplit et les matelots, renversés, tombèrent à l'eau. Nous eûmes quelque peine à vider le canot et à le tirer à terre; les sauvages nous aidèrent avec beaucoup de complaisance dans cette opération, malgré la pluie qui tombait par torrents. Enfin, à six heures, nous montâmes à bord où notre accoutrement excita la gaieté de nos camarades. Trempés par la pluie, couverts de sable et de boue, nous avions besoin de quelques heures de repos pour réparer les fatigues d'une nuit, dont cependant nous ne regrettâmes pas l'emploi. »

La belle reconnaissance qu'a faite M. Dumont d'Urville de cette vaste région séparée de nos pays par le diamètre entier du globe, et ses travaux hydrographiques sur ces îles, ont surpassé, à notre avis, ceux que ses plus illustres devanciers ont laissés sur cette importante contrée. M. d'Urville paraît confirmer l'évaluation de sept mille pieds que M. de Simonoff a donnée au pic Egmont (*pouké e opapa*), qui ressemble d'ailleurs au pic de Ténériffe. On doit à M. de Sainson, dessinateur de cette expédition, artiste observateur et spirituel, des portraits des indigènes d'une parfaite ressemblance, et que nous avons fait copier (voy. *pl.* 175, 176 et 183).

Peu de temps avant l'arrivée à la Nouvelle-Zeeland de l'expédition que commandait M. d'Urville, le bruit courut que les Français allaient s'emparer de cette grande terre. Treize chefs, entre autres Temarangai et Patou-Oné, signèrent une pétition au roi d'Angleterre, pour envoyer des forces contre les hommes terribles de la tribu de Surville et de Marion. Ce savant navigateur, qui vit cette pétition, en rit beaucoup, comme on pense; et il attribua cette ruse pieuse aux missionnaires anglicans.

Au reste, le capitaine Wallis avait joué cette comédie à Taïti, Vancouver à Haouaï, Parker à Nouka-Hiva, et des employés de la compagnie anglaise à Canton, l'avaient répétée, durant le règne du grand empereur Napoléon, auprès des Chinois et des Portugais à Macao, et auprès des Portugais seuls à Goa (Inde), et avaient réussi, dans la dernière ville, au point d'y placer une garnison anglaise, ainsi que nous l'avons appris sur les lieux. Ces momeries sont bien absurdes aux yeux des hommes pensants : les Chinois n'en furent pas dupes.

C'est peu de jours après le départ de l'*Astrolabe* que le célèbre chef Chongui mourut à Wangaroa, dans le pâ de Pinia qu'il habitait depuis qu'il en avait fait la conquête. Une balle l'arrêta au milieu de ses triomphes, et toute la peuplade voisine de Wangaroa fut exterminée. Ce fut en quelque sorte une représaille de la perfidie avec laquelle cette peuplade avait massacré en 1820 l'équipage du *Boyd*, navire anglais, commandé par le capitaine Thompson, homme lâche, brutal et cruel, qui avait provoqué la vengeance des Zeelandais en faisant fouetter indignement Taara, fils d'un des principaux chefs de Wangaroa, et connu plus tard sous le nom de George.

Voici quelques détails curieux sur la mort et les funérailles de Chongui. Quand Patou-One et ses gens arrivèrent au pâ de Pinia, ils le trouvèrent dans un tel état de faiblesse qu'ils en furent très-affectés. Après être restés assez longtemps pour lui rendre leurs hommages, ils allaient s'en revenir quand Chongui fut tout à coup pris d'un mal subit; alors ils résolurent d'attendre le résultat de cette crise. Jugeant d'après son grand affaiblissement que sa mort approchait, Chongui dit à ses amis : « Je mourrai bientôt, mais pas aujourd'hui. » Il demanda sa poudre à canon ; quand on la lui eut apportée, il dit : « *Kao ora koutou*, cela va bien pour vous, » en s'adressant à ses enfants. Ce même jour, 15 mars, il légua à ses enfants ses *méré* ou haches de combat, ses mousquets, et la cotte de mailles qu'il avait reçue du roi George IV. Après avoir arrangé ses affaires, il parla de la conduite des naturels après sa mort, et il assura que, suivant toute apparence, ils se conduiraient avec amitié envers ceux qui allaient lui survivre, en disant : « *Ko wai ma te hai ki a kou tou? kaou!* » Qui est celui qui voudra vous manger tous? personne !

Il employa ses derniers moments, dans la matinée du 16 du courant, à exhorter ses compagnons à se distinguer par leur courage, et à repousser toute espèce de force, quelque grande qu'elle fût, qui tenterait de marcher contre eux. Il leur déclara que c'était là toute la satisfaction, *outou*, qu'il exigeait ; ce qui supposait qu'on lui avait adressé la question suivante : « Quel est celui qu'il faudra tuer en satisfaction de votre mort ? » Cette abominable coutume d'honorer les morts par des sacrifices humains, existe encore à la Nouvelle-Zeeland. Ses lèvres, expirantes, proféraient ces mots : « *Kia toa, kia toa*, soyez braves, soyez braves ! » Aussitôt que Chongui eut rendu le dernier souffle, tous ses amis, dans le pâ de Pinia, commencèrent à trembler pour leur propre compte, car ils ne savaient pas si les naturels de Chonki-Anga n'allaient pas tomber sur eux, et les envoyer tenir compagnie à leur chef mort, *dans les contrées de la nuit*. Pour prévenir tout soupçon de leur part, les naturels de Chonki-Anga ordonnèrent à leurs gens de rester tranquilles dans leurs cases, tandis qu'ils se rendraient au pâ pour venir préparer le corps de Chongui : à leur approche, ils s'aperçurent que les habitants du pâ frissonnaient de peur, comme des feuilles agitées par le vent, jusqu'à ce que Patou-One et ses compagnons eussent dissipé leurs craintes, car elles étaient sans fondement. Le désir de tenir la mort de Chongui cachée, jusqu'à ce qu'il fût enterré, de peur que leurs ennemis ne vinssent les attaquer, engagea ses enfants à l'ensevelir, ou plutôt à le déposer sur le *Wahi-tapou*, ou sur l'endroit sa-

Erratum. On a oublié de citer M. Laplace comme auteur de l'article *Culture*, etc. page 152 de la 60ᵉ livraison.

cré, le jour même qui suivit sa mort. Mais Patou-One leur en fit des reproches, en disant. « Ce n'est que d'aujourd'hui que j'ai connu des gens qui veulent enterrer leur père vivant. » C'est pourquoi on attendit quelques jours pour l'ensevelir; durant ce temps, on rendit tous les honneurs que les Nouveaux-Zeelandais sont susceptibles de rendre aux dépouilles du célèbre Chongui. Les naturels passèrent tout ce temps à faire des harangues, à pousser des cris, à se déchirer le corps, à danser et à tirer des coups de fusil (*).

Le 17 novembre 1828, le *Hawes* partit de Sidney; c'était un brick anglais de cent dix tonneaux, monté par quatorze hommes d'équipage et commandé par le capitaine John James. Il avait à bord douze matelots dont il débarqua dix aux Antipodes et deux à Bounty. De là ils firent voile pour la Nouvelle-Zeeland, but de leur voyage, entrepris dans des vues commerciales. Le *Hawes* toucha à la baie des Iles au mois de décembre, pour faire du bois et de l'eau, et il se dirigea vers le cap de l'Est, éloigné environ de cinq cents milles. Dès que les indigènes aperçurent les étrangers, ils vinrent en foule dans de larges canots. Le capitaine avait pris à son bord, dans la baie des Iles, un Anglais qui lui servait d'interprète. Ce fut en vain qu'il chercha à leur persuader de faire des échanges, ils s'y refusèrent absolument; ce dont l'équipage fut très-surpris, car ces peuples sont très-avides de tout ce qui vient d'Europe. Mais le mystère fut bientôt éclairci: l'interprète leur dit qu'ils commençaient leur chant de guerre, et se préparaient à attaquer le navire.

L'objet de notre voyage, dit le second officier dans son journal (**), ne pouvant être atteint sur ce point, nous levâmes l'ancre, et, longeant la côte, nous allâmes à quelques milles plus loin, à la baie de Plenty. Les insulaires y sont en grand nombre; ils sont belliqueux, voleurs et perfides. Notre capitaine permit à quelques-uns des principaux chefs de venir à bord; il eut pour eux beaucoup d'égards, espérant ainsi les disposer à trafiquer avec nous. Sa conduite adroite lui réussit; nous obtînmes en deux jours autant de lin (*phormium*) que nous en désirions.

Ces marins se rendirent ensuite à quelques milles de là, à un endroit nommé Taouronga, bon port pour les petits bâtiments, situé à l'entrée de la baie de Plenty.

L'interprète recommanda au capitaine d'envoyer une barque au pâ de Walkitanna, établissement situé à environ cinquante milles de Taouronga, où étaient les Anglais, l'assurant qu'il y trouverait des vivres en abondance.

En conséquence la barque fut gréée et l'officier fut chargé du commandement. Le lendemain matin, il partit avec l'interprète et un homme de l'équipage; à minuit, ils jetèrent l'ancre dans une petite baie qui est en avant de l'établissement; au point du jour, ils remontèrent la rivière, et, à un quart de mille environ, ils se trouvèrent en face du *pâ*. Ce *pâ*, comme ceux dont nous avons parlé, est situé sur une montagne escarpée et de forme conique; sa force naturelle est encore augmentée par une espèce de parapet en terre. On y arrive par un sentier étroit et tournant, que les Européens ne peuvent gravir sans danger, tandis que l'habitant de la Nouvelle-Zeeland court nu-pieds sur les rocs les plus aigus avec une extrême légèreté.

Des insulaires, rassemblés au lieu du débarquement, saluèrent les étrangers de leur *héromoni*, parole d'amitié qui veut dire, *venez ici*. L'interprète les ayant informés de l'objet de leur visite, leur joie devint excessive; ils dansèrent et chantèrent autour d'eux, en faisant les gestes les plus bizarres, et ils déclarèrent qu'ils rendraient aux blancs tous les services qu'ils pourraient. Ils les conduisirent à l'habitation de leur chef par le sentier dont il a été question plus haut. C'était une petite hutte faite de pieux enfoncés en terre; les parois et le toit étaient de roseaux arrangés de façon à ne pas laisser pénétrer la pluie : la seule ou-

(*) Stack.
(**) *United service journal.*

verture qui donnât du jour et de l'air était une petite porte de roseaux à coulisses, et à peine assez large pour laisser passer un homme; la hauteur de cette hutte ne permettait pas qu'on s'y tînt debout. Elle était entourée d'une espèce de galerie ornée de sculptures grossières peintes en rouge, ce qui désignait le rang et la famille du chef. Les huttes des autres membres de cette peuplade sont tout à fait misérables, et ressemblent à des étables à cochons. Les indigènes ont l'habitude de dormir en plein air, et il faut que le temps soit bien rigoureux pour les forcer à chercher un abri dans ces cahutes. Ils dorment assis, les jambes pliées sous eux, et couverts d'une natte de jonc; en sorte que, pendant la nuit, ils ont l'air de petites meules de foin éparpillées sur le revers de la montagne.

Le chef auprès duquel on nous introduisit se nommait *Enararo*, ou le Lézard; il était grand, bien fait, d'une forte stature et d'un aspect imposant; tout son corps était tatoué. Nous le trouvâmes assis devant sa hutte, ayant une belle natte sur les épaules. Sa figure était barbouillée d'huile et d'ocre rouge; ses cheveux, arrangés à la mode du pays, étaient attachés sur le sommet de la tête, et ornés de plumes de pou, oiseau très-remarquable, quoique son chant soit moins mélodieux que celui du moqueur, et qu'il soit moins familier que le moucherolle (*). Dès qu'il fut informé de ce que nous désirions, il nous montra un assez grand nombre de beaux cochons qu'il consentait à nous céder. Je le priai de les envoyer par terre à l'endroit où notre navire était stationné; mais il répondit que cela lui était impossible, attendu qu'il était en guerre avec quelques-unes des tribus intermédiaires. Je ne vis d'autre moyen que de retourner à notre bâtiment, la barque étant trop petite pour transporter ces provisions. L'officier engagea un des chefs de cette tribu à venir avec lui, et ils se mirent en route le lendemain à la pointe du jour.

L'officier trouva le pays montagneux, coupé de nombreuses rivières, dont il leur fallait souvent côtoyer les bords pendant des milles entiers avant de rencontrer un endroit guéable, ce qui allongea de beaucoup leur route. Le lin (*phormium tenax*) croît en abondance sur ces rives; on y voit de petites pièces de terre cultivées qui produisent des choux, des pommes de terre, des panais, des carottes, une petite espèce de navets, des melons d'eau et des pêches. La culture de l'oranger y a été introduite avec assez de succès. Les arbres les plus utiles et les plus remarquables, dit l'officier, sont le *kaïkatea* et le *koudi*; ils s'élèvent tous les deux à une hauteur prodigieuse et sur une seule branche; ils seraient excellents pour faire des mâts de grands vaisseaux. Le *kaïkatea* (*) se trouve dans les endroits marécageux et sur le bord des rivières; sa feuille paraît être persistante et ses baies sont rouges. Le *koudi* (**), qui

(*) On peut citer parmi les oiseaux remarquables le *philédon* à cravate, l'*aptérix*, sorte de casoar à long bec grêle, notre genre anarrhynque. Parmi les échassiers, il faut remarquer les huîtriers, les chevaliers (excellent gibier), nourriture succulente à laquelle les Zeelandais préfèrent pourtant l'huile de phoque et la chair humaine.

(*) C'est le *podocarpus dacrydoïdes*. Cook l'avait aussi cru ainsi; mais il a reconnu plus tard que son bois était trop cassant pour être utilement employé en mâture. G. L. D. R.

(**) L'officier du *Hawkes* paraît ignorer la botanique. De même qu'il avait nommé le *kaïkatea*, *kairassee*, il nomme le *koudi*, *katree*. Nous avons pris la liberté grande de rectifier ces deux mots. L'officier aurait pu nommer le *paré* avec lequel on allume du feu par le frottement, le *mangui-mangui*, le *hinou* qui sert à teindre les étoffes en noir, le *supple-jack*, immense liane, le *wao*, espèce de liège, le *melaleuca scoparia*, qui remplaça le thé pour les équipages de Cook, le *dacrydium cupressinum*, dont ce grand navigateur fit une boisson salutaire, le *tetragonia expansa*, qui lui servait d'épinards, le *dracæna australis* (*ti* des naturels), dont les sommités remplacent le chou palmiste et ont le goût de l'amande et la saveur du chou, et les

lui est préféré, s'élève à plus de cent pieds dans les terrains sablonneux; son diamètre en a quelquefois quarante; il a un très-beau feuillage et contient beaucoup de résine. Une grande partie du voyage se fit à travers les sables, ce qui le rendit très-pénible.

Après avoir marché pendant deux jours et deux nuits, en évitant avec soin la rencontre des insulaires, ils arrivèrent auprès de leur bâtiment. « Je donnai à mon guide, dit l'officier, une couple de leurs tomahawks (*) et un peu de poudre, ce dont il parut très-satisfait. Dès que le capitaine sut qu'on avait trouvé des provisions à Walkitanna, il leva l'ancre et se dirigea vers l'établissement, devant lequel il arriva la nuit suivante. Les habitants parurent joyeux de nous revoir; ils vinrent à nous dans de grandes barques, nous apportant d'abondantes provisions de porc, que nous achetâmes sans aller jusqu'au mouillage. Enararo vint à bord et nous traita avec une apparente cordialité; son peuple semblait animé des mêmes sentiments; et, conformément aux ordres qu'il en avait reçus, il se tint à distance du navire. Nous rangeâmes les provisions sur le pont le mieux qu'il nous fut possible, afin qu'il en tînt davantage; et, le vent fraîchissant au sud-est, nous retournâmes dans la baie de Taouronga pour tuer et saler nos cochons; mais la quantité n'étant pas suffisante, nous mîmes encore une fois à la voile pour Walkitanna, où nous arrivâmes le 1er mars 1829. Le temps étant superbe, nous jetâmes l'ancre entre l'île de Maltora et l'île principale. A peine étions-nous mouillés, que les indigènes vinrent en grand nombre nous apporter des cochons; mais comme nous n'en avions besoin que de vingt, ce fut tout ce que nous leur achetâmes.

« Le lundi 2 mars, à six heures du matin, la barque fut envoyée à terre avec un officier et huit hommes, y compris l'interprète, pour tuer et préparer promptement nos porcs à une source d'eau chaude qui se trouvait sur la côte, à peu de distance du vaisseau. A une heure après-midi, nous les hélâmes pour qu'ils vinssent dîner; comme ils ne nous entendaient pas, le capitaine alla les trouver, et me laissa, avec trois hommes, pour avoir soin du bâtiment, ne se méfiant nullement des intentions perfides des insulaires. Enararo était alors à bord avec dix ou douze des siens. Je remarquai plusieurs fois qu'ils parlaient avec chaleur du *kibbouki*, le bâtiment; et, soupçonnant quelque trahison, je dis au commis aux vivres, qui était un Taïtien, de sortir les sabres et de surveiller Enararo, que je vis redresser son arme. A ce signal, ses hommes se précipitèrent sur les haubans du grand mât, ayant chacun un fusil qu'ils avaient caché dans leurs canots. Dans ce moment critique, nous n'avions pas de pistolets sur le pont, et je sentais bien que si l'un de nous descendait pour les chercher, Enararo en profiterait pour commencer l'attaque. Comme nos fusils avaient été placés dans la hune de misaine, non-seulement pour qu'ils fussent plus en sûreté, mais aussi crainte de surprise, j'ordonnai à l'un de mes hommes d'y monter et de tirer sur Enararo; mais comme il n'était pas convaincu aussi bien que moi des mauvais desseins des insulaires, il refusa d'obéir. Il n'y avait pas cependant un moment à perdre : je montai moi-même dans la hune, en ordonnant d'avoir l'œil au guet. Malheureusement mes hommes m'écoutèrent peu, disant que je méditais la mort d'un innocent, et ils continuèrent à plaisanter entre eux. Mais dès qu'Enararo me vit dans la hune occupé à dénouer les fusils, il tira sur un des nôtres, qui était à trois pas de lui, et qui s'amusait à jouer avec son sabre; la balle passa au travers de sa

---

jeunes plantes du *sonchus oleraceus*, que les marins de l'*Astrolabe* mangeaient tant en soupe qu'en salade.   G. L. D. R.

(*) C'est une erreur : nous avons entendu donner le nom de *tomahak* au casse-tête dans l'Amérique du Nord, chez les sauvages des environs de la cataracte de Niagara, mais nous savons que dans la Nouvelle-Zeeland on le nomme *méré*.   G. L. D. R.

tête, qu'Enararo lui coupa aussitôt avec sa *méré*, sorte de petite massue ou casse-tête, qui se termine par un caillou aiguisé. Tous les siens sautèrent alors sur le pont, et les deux pauvres matelots qui nous restaient furent massacrés avec des lances, des massues, des casse-tête, des haches (*patou*), et autres armes (voy. *pl.* 182). Les insulaires tirèrent ensuite sur moi sans m'atteindre; mais, au moment où j'armais mon fusil, Enararo m'envoya dans le bras droit une balle qui brisa l'os. Quand ils me virent tomber dans la hune, ils commencèrent leur danse de guerre en faisant d'horribles hurlements; puis ils se mirent à piller le navire. Quoique je fusse presque accablé par la douleur, je remarquai que, dans la chaleur du pillage, ces misérables n'avaient aucun égard pour l'autorité de leur chef; et, comme ils ne voulaient point lâcher prise, quelques-uns furent tués sur place. Leur diligence à remplir leurs canots fut extrême. Enararo ordonna à un des siens de venir me prendre; cet homme ne pouvant y parvenir à lui seul, appela à son aide, et je fus traîné dans un des canots. Le soleil était couché; les sauvages firent force de rames pour entrer dans la baie avant la nuit, ce qui alors est extrêmement dangereux. Nous y arrivâmes sans accident, quoique nous eussions à passer sur un brisant. Quelques-unes des canots trop chargés, principalement ceux qui l'étaient de nos armes et de nos munitions, chavirèrent; les insulaires parvinrent à se sauver, mais ils perdirent et leur butin et leurs canots.

« J'ignorais le sort du capitaine et celui de l'équipage; je croyais même qu'ils avaient tous été taillés en pièces; et je me voyais la seule victime qui eût survécu. Destiné à souffrir de la part de ces cannibales les plus horribles tortures, avant qu'ils assouvissent sur moi leur passion pour la chair humaine, j'aurais dû regarder avec indifférence la perte de leurs canots; mais, malgré l'agonie de corps et d'esprit dans laquelle j'étais, je vis avec ravissement cet acte de justice. Quand nous fûmes arrivés à l'établissement, les femmes nous entourèrent en chantant, en dansant, en faisant toutes les démonstrations d'une joie extravagante, et en louant leurs héroïques maîtres de l'action courageuse que, dans leur opinion, ils venaient de faire. Lorsque les indigènes eurent débarqué leur butin, ils allumèrent de grands feux, autour desquels ils se réunirent. La lueur des flammes faisait voir de plus en plus leurs horribles contorsions. Ils paraissaient discuter avec violence: j'entendais assez leur langage pour comprendre que j'étais l'objet qui les occupait si vivement. Mon sort me parut inévitable; la plupart des sauvages demandaient ma mort: Dieu en ordonna autrement. Je dus mon salut au chef qui m'avait servi de guide, et qui intercéda pour moi, promettant que, si ma rançon n'arrivait pas à une époque fixée, ce serait lui-même qui me tuerait, mais qu'un fusil valait bien mieux que ma personne. Ce raisonnement décida les insulaires à différer ma mort. Alors il me conduisit dans sa hutte. Tous les événements de cette pénible journée se retraçant tour à tour à ma pensée, j'offris à Dieu des actions de grâces pour ma délivrance miraculeuse, et j'implorai sa miséricorde.

« Je passai les deux premières nuits sans fermer l'œil; tout ce que j'avais éprouvé et la douleur que me causait mon bras ne m'en laissaient pas la possibilité. Mes plaintes importunèrent mon hôte, au point qu'il me mit hors de sa hutte; je me traînai sous une espèce de hangar qui était tout auprès. Pendant ces deux jours, personne n'avait pensé à me soulager: enfin je trouvai un morceau de cuir, que je plaçai comme une éclisse autour de mon bras; puis, déchirant mon bas pour me servir de bandage, mon hôte le serra sur ma blessure, et j'allai plusieurs fois le laver à la rivière, où l'un de mes gardiens m'accompagnait. La balle avait traversé l'os, et il restait encore du plomb que je ne pouvais extirper. Le second jour de ma captivité, me trouvant du côté du *pâ* qui fait face à la baie, la vue d'une goëlette attira mon attention. Lorsqu'elle fut proche de notre misérable navire, dont presque tous les agrès avaient été enlevés, je vis les insulaires l'abandonner en toute hâte, et la goëlette chercher à le remorquer hors de la baie. Je suppliai ces misérables de me mener à bord, leur promettant ma rançon et des indemnités; ils furent sourds à mes prières. On concevra mieux que je ne pourrais l'exprimer, ce que j'éprouvai, en voyant s'éloigner ces deux vaisseaux, qui pouvaient seuls m'assurer quelque chance de salut. Je tâchai de me résigner à mon sort, puisqu'il était inévitable; mais l'amour de la vie, et cette pensée que je venais d'échapper au plus grand danger, firent rentrer dans mon âme un rayon d'espoir. Ce qui m'arriva le lendemain n'était cependant pas de nature à diminuer mes mortelles anxiétés. Un des indigènes m'apporta la tête d'un de mes infortunés compagnons : c'était celle du Taïtien, qu'ils avaient préparée avec beaucoup de soins, et tatouée. Ils conservent ainsi un grand nombre de têtes, et c'est même une de leurs branches de commerce; je frissonnai à l'idée que la mienne ne tarderait pas à en faire partie.

« Le matin du quatrième jour de ma captivité, je fus vivement alarmé en voyant les insulaires se réunir autour de moi. J'en demandai la raison : c'était, me dirent-ils, le peuple de Taouronga, tribu voisine, qui venait les attaquer avec des forces supérieures aux leurs.

« Peu après, Enararo parut, tenant le sextant du capitaine; il me le donna, en me disant d'observer le soleil, et de l'instruire si véritablement la tribu de Taouronga s'avançait vers la sienne. Le refuser m'eût été fatal; il ne l'était pas moins de mal prophétiser. Toutefois, réfléchissant, d'après le caractère bien connu de ces insulaires, que la nouvelle du pillage de notre bâtiment devait avoir excité la cupidité des peuplades voisines, j'obéis aux ordres d'Enararo. J'observai la hauteur du soleil, et demandai un livre que j'eus l'air de consulter attentivement. « Oui, lui dis-je, la tribu de Taouronga s'avancera vers ton peuple avec des intentions hostiles. » — « Et quand ? » me demande-t-il. Mon agitation était extrême ; je savais à peine ce que je dirais, et lui répondis : « Demain. » Il parut content de moi, et se prépara à une défense vigoureuse. Les naturels construisirent, du côté de la rivière et au pied du *pâ*, une espèce de rempart en terre, de quatre pieds de hauteur, sur lequel ils placèrent nos caronades et nos pierriers; et ils attendirent avec impatience et sans crainte l'aurore du jour suivant. Elle paraissait à peine, que j'entendis une décharge de mousqueterie. Enararo, se précipitant dans ma hutte, m'annonça que l'attaque de la tribu de Taouronga avait lieu, ainsi que je l'avais annoncé. Sa confiance en mes prédictions ne connaissait plus de bornes; il me supplia de lui dire s'il serait vainqueur. Je lui répondis que oui, ce qui inspira une nouvelle ardeur à son peuple, parmi lequel ma première prédiction s'était promptement répandue. L'ennemi était alors de l'autre côté de la rivière; il avait commencé un feu très-vif, auquel ceux de Walkitanna répondaient vigoureusement. Un d'eux me conduisit derrière l'établissement, pensant que j'y serais moins en danger ; ma vie était devenue un objet de sollicitude. J'entendis bientôt après le bruit d'un de nos canons, accompagné de chants de victoire. Cette décharge avait produit une telle frayeur parmi les assaillants, qu'ils s'étaient enfuis dès qu'ils l'avaient entendue. Enararo vint à moi, suivi de plusieurs chefs, m'appelant *atoua*, Dieu. On coupa la tête des blessés ennemis qui étaient restés prisonniers; on enleva et nettoya l'intérieur des corps; on les fit cuire; et l'avidité que montrèrent ces sauvages, hommes et femmes, dans cet horrible repas, dont je fus malheureusement spectateur, me persuade qu'ils préfèrent la chair humaine à toute autre nourriture. »

L'officier étant arrivé dans la baie des Iles, y fut soigné par le révérend M. Williams, missionnaire, et arrivé à Sidney, un chirurgien extirpa de son bras plusieurs coquilles et trois plombs: de Sidney il partit pour l'Angleterre.

Après l'officier du *Hawes*, nous citerons parmi les visiteurs de la Nouvelle-Zeeland M. Earle, type vraiment remarquable de ces hommes aux désirs ardents, au vouloir tout-puissant, qui passent inébranlables, à travers une vie errante, semée d'aventures et de périls, pour arriver à leur but. Nomade de cœur et d'âme, il a parcouru tout le globe comme un autre eût fait d'une province. Depuis 1815, époque à laquelle son frère, le capitaine Earle, et quelques autres amis, le recommandèrent à l'amirauté et lui procurèrent l'occasion de voyager, il a visité Malte, la Sicile, et un grand nombre d'autres points sur la Méditerranée; accompagné lord Exmouth dans sa première expédition contre les États barbaresques; étudié les ruines de Carthage et plusieurs parties de la Libye, visité une seconde fois le mont Etna, d'où il se rendit à Gibraltar; erré deux années durant de province en province aux États-Unis d'Amérique; exploré Rio-Janeiro, Lima et le Chili; puis, de retour à Rio, il s'est embarqué sur une méchante bouée usée jusqu'aux côtes, laquelle est allée le jeter sur Tristan d'Acunha, où il a été obligé de suspendre ses courses aventureuses d'artiste, et où il a fait bon gré, mal gré un séjour de plus de six mois, faute d'un navire capable de tenir la mer. Au surplus, l'histoire de ce séjour n'est pas la moins intéressante qu'il ait écrite, et l'infatigable voyageur s'y montre penseur et écrivain, à la manière de son compatriote Trelauney. Enfin un navire, l'*Admiral Cockburn*, capitaine Cooling, vint prendre l'exilé dans son île, et il partit pour la terre de Van-Diémen, la Nouvelle-Galles du Sud et la Nouvelle-Zeeland. De retour à Sidney, M. Earle a fait les dessins d'après lesquels a été peint le curieux panorama de M. Burfort, naguère ouvert dans Leicester-Square, à Londres. Plus récemment, et comme pour donner à ses voyages plus de variété et d'agrément, il a fait une tournée aux îles Carolines, et payé son tribut d'hommages à Gouaham, dans les Mariannes, touché à Manila, laissé sa carte de visite au résident de Singhapoura, et souhaité le bonjour à celui de Poulo-Pinang; puis il s'est arrêté quelque temps à Madras, où ses dessins ont été vivement admirés, et où il a fait entre autres ceux qui ont servi de modèle au panorama de MM. Daniel et Parris. Cependant, sa santé commençant à décliner, il se rendit à Pondichéry, et y ayant trouvé un navire de Bordeaux, il s'embarqua pour l'Angleterre, en passant par la France; mais il semblait que les circonstances, toujours contraires à ses vues, dussent le forcer de rester partout où il ne voulait pas séjourner. Le navire sur lequel il était, fut forcé de relâcher à l'île de France, où il fut condamné. M. Earle se trouva donc réduit à revenir en Angleterre par voie directe. De retour enfin dans son pays, il s'est de nouveau engagé comme marin, classé sur le *Beagle*, emportant avec lui le titre de premier membre honoraire du *Traveller's-Club* (*).

Un véritable artiste qui a tant vu doit avoir bien des choses à raconter; aussi trouve-t-on, dans le journal de M. Earle (**), un bon nombre de documents généraux et de détails curieux, dont nous emprunterons quelques-uns sur la Nouvelle-Zeeland.

Au mois d'octobre 1827, cet intrépide voyageur partit de Sidney avec son ami, M. Shand, sur le brick le *Governor-Macquarie*, capitaine Kent, en destination pour la Nouvelle-Zeeland. Parmi les passagers se trouvaient plusieurs personnes qui allaient fonder, à l'est-ouest de Ké-Anga, un établissement de missionnaires méthodistes. Ils prirent terre au village appelé Parkounis, où déjà ils virent des choses assez en dehors du cercle ordinaire de leurs habitudes pour les étonner.

« Étant allé me promener (pour répondre aux exigences de ma nature *locomotive*), dit M. Earle, je ne tardai

(*) *Litterary Gazette*.
(**) Un vol. in-8, en anglais.

pas à être témoin d'une scène qui me força bien de ne pas oublier, si j'en avais été tenté, que j'errais dans un pays sauvage, parmi une population de sauvages, et me fit bien réfléchir qu'il suffit souvent de quelques jours de traversée pour trouver dans les mœurs des différents pays une distance immense. Or, le tableau pittoresque dont ma vue et ma pensée étaient ainsi frappées, c'était un corps d'homme en lambeaux presque entièrement consumé, sur lequel s'acharnaient, en grognant et montrant les dents, une meute de chiens et de pourceaux. La vue de ce festin me fit plutôt horreur qu'elle ne me surprit, car j'avais assez entendu parler du cannibalisme des habitants de la Nouvelle-Zeeland. Toutefois, l'impression fut si forte, que je renonçai, pour ce jour-là du moins, à poursuivre mes excursions. Je revins donc chez M. Butler, curieux de connaître les détails et la cause de ce que je venais de voir. Ce monsieur m'apprit que la nuit de notre arrivée, un chef avait posté un de ses *waris* (esclaves) à l'entrée d'un champ de koumeras (patates douces), pour empêcher les porcs d'y faire des trouées. Il arriva que le pauvre diable, ravi à l'aspect de notre navire, qui cinglait vers la côte, et plongé dans l'extase quand il nous vit à l'ancre, se laissa aller à nous contempler, au lieu de guetter les porcs ; en sorte que ceux-ci pénétrèrent dans le champ, et y firent une ample récolte aussitôt avalée que déterrée. Le maître survint précisément dans cet instant, et l'affaire de l'esclave en défaut ne fut pas longue : le malheureux reçut de son maître un coup de hache en pierre dans la tête, et il tomba mort sous le coup ; puis on le fit rôtir sur un beau feu, et tout fut dit ! »

Naturellement dégoûtés de Parkounis, nos voyageurs formèrent une sorte de caravane, et traversèrent le pays jusqu'à la baie des Iles. Ils rencontrèrent sur leur route un village appartenant au fils d'un chef, appelé Patou-One. Le récit de la réception qu'on leur fit est remarquable. Écoutons M. Earle :

« Comme le village, dit-il, était situé sur la côte opposée à celle par où nous arrivions, nous nous assîmes quelque temps à l'ombre d'un grand arbre, pour contempler à notre aise l'aspect que présentait ce village, puis, en même temps, pour nous concerter sur la manière dont nous passerions tous les ruisseaux, et, enfin, pour me laisser le temps de dessiner une vue à la hâte. Les bois épais et couverts, qui couvraient le versant de la colline, trempés de lumière à leur cime par la rouge et flamboyante clarté, du soleil couchant, relevaient encore l'effet du paysage magnifiquement éclairé et un énorme arc-en-ciel couronnait ce tableau d'une auréole dont les nuances étaient merveilleusement pittoresques. Les naturels ne nous eurent pas plutôt aperçus de la côte opposée, qu'ils poussèrent un long cri de bienvenue, et se portèrent en foule à notre rencontre. Ils nous portèrent sur leurs épaules pour nous faire traverser le courant, nous conduisirent à leurs huttes, et là, ils demeurèrent en contemplation devant nous. Fatigués comme nous l'étions, nous défîmes promptement nos paquets pour y prendre ce dont nous avions besoin. Alors les habitants ouvrirent les yeux plus grands encore, et se mirent à pousser des cris aigus et prolongés à la vue de chaque objet nouveau. N'étant point encore naturalisé chez eux, je fus d'abord quelque peu effrayé de leurs cris ; mais je ne tardai pas à reconnaître que c'était à tort. Nous vîmes là le fils de Patou-One, escorté de treize ou quatorze jeunes esclaves, tous assis ou couchés autour de lui. C'étaient tous de très-beaux hommes, malgré leur aspect sauvage et la férocité de leurs regards. Qu'on se figure ces messieurs portant la main sur chaque objet, à mesure que nous le montrions à ce groupe de sauvages, dont chacun avait en bandoulière un fusil chargé à balle, à la ceinture un étui à cartouches bien garni, au poing un *patou-patou*, ou hachette en pierre, et au cou, pour ornement, des ossements humains ; et qu'on me dise s'il n'y avait pas de quoi effrayer un voyageur!... Cependant mes craintes étaient tout à fait injustes; car, après avoir admiré, l'un après l'autre, tous les objets de notre bagage (mais surtout nos fusils de chasse, qui étaient fort beaux, il est vrai), ils nous demandèrent un peu de tabac, se retirèrent à distance des huttes qu'ils avaient préparées pour nous recevoir; et, nous laissant souper seuls et tranquilles, ils revinrent ensuite, mais seulement pour loger nos effets dans les huttes, et nous montrer par là que nous étions en sûreté, nous et tout ce qui nous appartenait. La nuit fut sombre et pluvieuse. Nous la passâmes dans une méchante hutte fumeuse, autour d'un grand feu allumé au milieu, mais entassés les uns sur les autres; car à peine avions-nous eu fini de souper, que les naturels s'étaient jetés en masse dans cette hutte jusqu'à ce qu'elle fût comblée, et cela, pour jouir mieux et plus longtemps de notre présence. Ce fut donc une nuit bien fatigante à passer; mais j'en fus dédommagé par le tableau singulièrement neuf que cette réunion groupa et fit mouvoir à mes regards d'artiste. Jamais Salvator Rosa n'eût pu concevoir quelque chose d'aussi admirablement horrible. Qu'on imagine, s'il est possible, une douzaine d'hommes aux formes éminemment athlétiques, étendus par terre, sur la natte qui leur sert de vêtement, étalant leurs membres sauvages sous la lueur empourprée du feu, tandis que leurs visages, hideusement tatoués partout, ressortaient presque bleus de soufre à l'éclat de la flamme; puis enfin, tous ces yeux, au regard naturellement si féroce, fixés sur nous avec l'expression d'un respect mêlé d'affection et de curiosité!... »

Toutes ses craintes étant désormais assoupies, M. Earle eut le temps de contempler et d'étudier à loisir cette scène bizarre. Il fuma une pipe en compagnie avec ses hôtes, qui sont fous de tabac; puis il s'étendit, pour essayer de dormir, au milieu de leurs nuages de fumée et de leurs tonnerres de paroles. Mais tous ses efforts furent vains, grâce aux mouches, moucherons et mouches de sable noires (*), qui, outre le tatouage qu'ils firent subir à sa peau, et malgré la fumée des pipes et du feu, bourdonnèrent toute la nuit à ses oreilles, au point de dominer la voix des naturels.

Le lendemain matin, au point du jour, M. Earle et ses compagnons prirent congé de leurs hôtes, et continuèrent leur voyage.

En pénétrant dans le pays, ils arrivèrent à la rivière de Kiddi-Kiddi, au bord de laquelle il y a une église et un établissement de missionnaires. Elle forme une belle cascade d'eau douce au fond d'une crique d'eau salée. C'est avec regret que nous citons un passage qui met en opposition les mœurs douces et hospitalières des cannibales, des païens, avec les mœurs dures des chrétiens.

« Çà et là, continue le voyageur, nous rencontrions des bandes d'hommes tout nus, voyageant chargés d'énormes fardeaux, et chantant leurs chansons barbares pour se reconnaître entre eux. Nous rencontrions aussi parfois de bizarres figures barbouillées d'ocre rouge, et fixées en terre sur un poteau, pour indiquer que le chemin était mouvant de ce côté. Mais nous ne tardâmes pas à trouver un tableau qui contrastait singulièrement avec tout ce que nous venions de voir : ce fut celui d'un village tout anglais. Des nuages blanchâtres de fumée nous apparurent s'élevant en spirale au-dessus des cheminées de maisons proprement bâties et à façades; aux fenêtres vitrées éclatait la clarté du soleil couchant; et nous vîmes, à l'heure où nous approchâmes du village, des troupeaux bien gras revenant, le long des collines, à leurs étables ou à leurs parcs. Il m'est impossible d'exprimer le plaisir que j'éprouvai en revoyant un tableau rural que j'avais cru laisser si loin, et pour si longtemps, derrière moi.

(*) Forster nomme cette mouche *tipula alis incumbentibus.* G. L. D. R.

« Suivant la coutume du pays, nous déchargeâmes nos fusils pour avertir les habitants que notre caravane approchait du village. A peine la détonation eut-elle été entendue, que nous vîmes venir vers nous en courant des bandes d'individus étranges. C'est tout au plus si, au premier abord, on pouvait dire à quelle classe d'êtres ils appartenaient. Toutefois, en les voyant de plus près, je les reconnus pour de jeunes Zeelandais attachés à nos missionnaires. Ils étaient revêtus de la plus étrange façon qui se puisse imaginer. Sans doute ces braves gens n'ont pas l'idée du pittoresque et du beau; car ils masquent avec de grossiers habits de marins, les formes les plus gracieuses du corps humain de manière à ne pas les laisser deviner. Les jeunes garçons d'une quinzaine d'années étaient enveloppés d'une longue veste de matelot, mais en forme de sac, et boutonnée, avec des boutons de corne noire, depuis le menton jusqu'à la gorge. Leurs chemises grossières étaient ornées de collets dont les deux angles retombaient de chaque côté, et leur belle chevelure hérissée était remplacée par un méchant bonnet écossais. Ces malheureux indigènes, à moitié couverts, après avoir parlé des yeux et des gestes avec nos guides, nous conduisirent aux habitations de leurs maîtres. Comme j'étais porteur d'une lettre d'un des missionnaires de ce corps, je ne doutai pas un instant que nous ne fussions très-bien reçus, et nous suivîmes les naturels. Nous fûmes introduits dans leur maison, très-proprement et même élégamment tenue : là tout respirait l'ordre, le silence et la vie retirée. Je présentai ma lettre à un personnage au regard sévère et grave, lequel passa dans une autre pièce pour prendre conseil de son supérieur sans doute, et revint, nous invitant à demeurer et à prendre une tasse de thé. On eut bientôt servi tout ce qu'on peut se procurer dans une ferme riche et chez un épicier bien assorti d'Angleterre. Chacun des missionnaires qui entra pendant notre repas fut aussitôt mandé par les autres, et j'entendis clairement qu'on lisait et discutait ma lettre de recommandation. Je ne pus m'empêcher de me demander si c'était ainsi qu'on devait recevoir des compatriotes aux antipodes de son pays! Pas un sourire ne leur vint desserrer les lèvres, pas une parole ne sortit de leurs bouches pour nous demander des nouvelles du pays; en un mot, nous ne trouvâmes pas la plus légère marque de cette sympathie que nous sentirions si vivement, nous autres gens du monde, s'il nous arrivait jamais de recevoir, dans un pays aussi sauvage, la visite de quelques-uns de nos compatriotes. Les enfants gros, gras et frais qui nous examinaient de tous les angles des appartements, et l'air tranquille et satisfait de leurs parents, nous firent bien vite deviner que ces gens-là faisaient dans le pays quelque commerce fort agréable et avantageux. Ils nous invitèrent, mais bien froidement, à passer la nuit chez eux. Notre grand nombre ne nous permit pas d'accepter, et ils nous prêtèrent leur bâtiment pour nous transporter à la baie des Iles, à environ vingt-cinq milles de là. La nuit fut très-sombre, le vent très-violent, et notre bateau était d'ailleurs chargé de naturels curieux de nous examiner. Ce ne fut pas sans désagrément et sans danger que nous descendîmes la rivière de Kidi-Kidi, hérissée de rochers, les uns au-dessus, les autres au-dessous de l'eau, et dont il nous fallut nous garer avec beaucoup de précaution. Enfin, après avoir échappé à plus d'un écueil dangereux, nous arrivâmes sains et saufs sur la grève de Koraradika, où un Anglais, nommé John Stone, nous donna un asile dans sa hutte. »

Peu de jours après son arrivée, l'infatigable M. Earle passa sur l'autre rive pour visiter l'église et l'établissement des missionnaires, au moyen d'une lettre de recommandation d'un des leurs. La demeure confortable de ces apôtres du Christ est admirablement située sur une côte pittoresque, au bord d'une large et belle grève où l'eau se balance comme un miroir immense, tacheté d'îles fertiles et riantes. Ils ont donné à ce lieu le nom de *Marsden-Vale*. Les missionnaires lui eurent bientôt fait entendre qu'ils ne désiraient pas faire sa connaissance; aussi cette froideur, ce défaut d'hospitalité dans un pareil lieu les lui fit prendre singulièrement en haine. Selon lui, le but primitif de leur mission eût été très-avantageux aux naturels de la Nouvelle-Zeeland, et eût hâté leurs progrès vers les lumières; mais cette mission est, par le fait, remplie de telle sorte, qu'elle ne peut amener pour les Zeelandais que de mauvais résultats.

Ces malheureux sauvages ne peuvent aucunement profiter de l'Évangile qu'on veut leur prêcher, si leurs esprits ne sont disposés à féconder la parole divine; cependant les missionnaires ne s'occupent nullement de leurs dispositions, et les meilleures raisons du monde ne les feraient pas changer de système.

D'après les renseignements que M. Earle obtint sur leur compte, il apprit qu'ils étaient tous des ouvriers mécaniciens ou des jeunes gens qui avaient étudié quelque temps pour être ministres de la religion protestante, et que les Anglais avaient fort judicieusement choisis dans ces deux classes d'hommes utiles qui devaient aller porter si loin le flambeau de la religion et de la civilisation. Certes, rien n'aurait été plus beau que de voir ces athlétiques Zeelandais, devenus menuisiers et forgerons, se construire des maisons solides et agréables, et s'habituer à employer utilement leur temps et leurs bras pour se faire la vie plus agréable et plus pleine; mais c'est seulement lorsqu'ils auraient senti l'utilité de ce qu'on leur aurait ainsi appris, que les missionnaires Anglais auraient pu les prêcher avec fruit et leur faire comprendre les beautés de la religion.

Malheureusement rien de cela n'a eu lieu, selon notre voyageur. Il prétend que les missionnaires commencent par se construire une bonne maison, solide, confortable, avec des fossés pour se mettre à l'abri des excursions des sauvages; que lorsque leur maison est bien meublée, bien approvisionnée, leur jardin bien planté, ils laissent là leurs instruments de travail, et s'amusent à prêcher; qu'ils recueillent alors çà et là quelques pauvres misérables naturels du pays, auxquels ils apprennent à lire et à écrire la langue zeelandaise seulement, car l'anglais y est prohibé; qu'enfin ils renvoient ces jeunes gens à leurs parents, qui leur rient au nez, et les prennent en mépris en raison de la vie molle et efféminée que leur ont apprise les missionnaires. M. Earle dit avoir vu entre autres un stupide et grossier forgeron, encore jeune, assis au milieu d'un groupe de sauvages, auxquels il expliquait le mystère de la Rédemption, en émettant les propositions les plus incohérentes et les plus absurdes pour prouver ce qu'il avançait, et il pense que ce jeune homme aurait dû d'abord leur apprendre à fondre, battre et limer un morceau de fer, ou à faire un clou ou une bêche.

Il paraît qu'une des choses qui nuisent le plus aux missionnaires dans l'esprit des naturels, est le dédain avec lequel ils accueillent leurs compatriotes, dont ils ne rougissent pas de recevoir souvent des caravanes en dehors de leurs fossés ou retranchements.

En revenant de Marsden-Valle, M. Earle et ses compagnons revirent leurs amis les sauvages, qui les raillèrent, mais d'une manière fort aimable. Ils les avaient prévenus de la froide réception que leur allaient faire les missionnaires; aussi le plaisir que ces braves Zeelandais témoignèrent à revoir leurs hôtes et à les loger de nouveau, leur fit faire d'amères réflexions et une comparaison qui ne fut pas à l'avantage des apôtres de Jésus-Christ.

« Un jour, dit M. Earle, nos deux maisons, qui étaient assez bonnes, furent réduites à un amas de ruines, et presque tout ce qui nous appartenait fut emporté par les *Narpous* (*). Cet accident nous donna l'occasion de connaître une autre coutume

(*) Je suppose qu'il faut lire les Ngapouis.

G. L. D. R.

barbare. Quand un malheur arrive à un chef de communauté ou à un individu isolé, chacun, même les amis de leur tribu, se jettent sur eux et les dépouillent de tout ce qui leur reste. Comme le poisson qui, à peine frappé par le harpon, est tout de suite entouré et dévoré par ses compagnons, le chef de famille zeelandais n'est pas plutôt tué, que ses amis pillent sa veuve et ses enfants, et, par vengeance, maltraitent et assassinent même leurs esclaves, de manière qu'un malheur en amène plusieurs autres, assaisonnés de cruautés inouïes.

« Pendant l'incendie, nos alliés nous firent bien voir qu'ils étaient en effet les voleurs les plus adroits que l'on puisse imaginer. Chose étrange! car, avant cet événement, ils ne nous avaient rien pris, et tout ce que nous possédions était à leur disposition. Quand nous leur demandâmes ce qu'étaient devenus nos effets, ils nous déclarèrent franchement où ils étaient déposés; et, après quelques difficultés, moyennant une rançon fixée de gré à gré, nous recouvrâmes la plupart des objets volés, mais non pas (bien entendu) ceux que les pillards avaient emportés.

« Je ne ferai pas d'observation sur la cruauté de cette coutume, que sans doute je n'aurais jamais eu l'occasion de connaître, si je n'en avais été la victime. En rachetant des indigènes ce qu'ils avaient volé le jour de l'incendie, nous retrouvâmes bien quelques-uns de nos coffres, de nos pupitres et de nos habits, mais tous nos ustensiles de ménage furent perdus sans ressource. Quand l'incendie fut éteint, nous reçûmes une visite d'un missionnaire qui nous fit une petite offre de secours. Nous acceptâmes un peu de thé, du sucre et quelques articles de porcelaine; mais les missionnaires savaient que nous n'avions pas de maisons, que nous étions au milieu d'une horde de sauvages, et ils ne nous offrirent pas un asile chez eux! Certes, si un tel malheur leur était arrivé, nous leur eussions ouvert nos cabanes et nous aurions partagé avec eux tout ce que nous possédions. C'était bien là, pour des apôtres, l'occasion d'enseigner par l'exemple aux païens (car c'est ainsi qu'ils désignent les habitants de la Nouvelle-Zeeland) le grand précepte chrétien : « Faites aux autres ce que vous voudriez qu'ils vous fissent.

« Je dois avouer que nous étions singulièrement contrariés d'être obligés de dormir, trois personnes serrées l'une contre l'autre, dans une petite cabane de la Nouvelle-Zeeland, remplie d'ordures et de vermine de toute espèce, tandis que, à deux mille seulement de distance, il existait un village où la philanthropie anglaise avait apporté toutes les commodités, toutes les douceurs de la vie, par le canal de missionnaires dont j'étais moi-même un des pourvoyeurs, ayant fourni ma quote-part pour faire les frais de leur mission. »

Notre voyageur déclare à ce sujet qu'il n'a jamais vu un seul prosélyte des missionnaires. Dans sa correspondance avec les naturels, il les loue toujours; et, selon nous, il est plus que leur apologiste dans les scènes et les événements qu'il décrit. Après tout, les Zeelandais, si peu intéressants que les fassent leur manque de gouvernement, la férocité sans bornes de leurs coutumes, leur système d'esclavage, leur indifférence complète de la vie humaine, leur manque de religion, leurs usages, dont un des plus sanglants est la soif d'une vengeance souvent exercée d'une manière atroce, les Zeelandais nous inspirent un vif désir de les voir marcher vers une vie meilleure.

M. Earle faisait de fréquents voyages dans l'intérieur, et partout il se confirmait dans la bonne opinion qu'il avait conçue des habitants, de sorte qu'il se trouvait tout à fait en sûreté parmi eux. Le manque total de quadrupèdes dans ce pays y rend les voyages très-longs et très-pénibles, et c'est selon lui à cette absence des quadrupèdes qu'il faut attribuer la férocité des Zeelandais et leur penchant au cannibalisme. « En revanche, dit-il, on y voit une quantité immense d'oiseaux, à tel point que leurs volées obscurcissent quelquefois le jour en interceptant les rayons du soleil, et il y en a plusieurs dont le ramage est très-agréable. » Certes, les canards sauvages et les sarcelles leur fourniraient un manger supérieur à leur fougère, qui n'est guère préférable à l'herbe qu'on n'y rencontre nulle part.

« J'eus connaissance un jour, dit l'artiste-voyageur, de la promptitude que les Nouveaux-Zeelandais mettent à rendre la justice. Un chef, qui demeurait dans le village, ayant la certitude de l'infidélité d'une de ses femmes, prit son *patou-patou* (hache de pierre) et partit pour sa cabane, où cette malheureuse se livrait aux soins de son ménage. Sans rien dire de ce qu'il savait et sans lui faire aucun reproche, il lui assena avec un sang-froid incroyable un coup de hache (*patou*) sur la tête, qui la tua sur-le-champ; et, comme elle était esclave, il traîna le cadavre hors du village, et le laissa à dévorer aux chiens. A peine eûmes-nous ouï le récit de cette mort, que nous allâmes sur les lieux pour demander la permission d'ensevelir le cadavre de la femme assassinée; ce qui nous fut tout de suite accordé. En conséquence nous cherchâmes deux esclaves, qui nous aidèrent à porter le corps jusqu'au rivage, où nous l'ensevelîmes comme nous pûmes.

« C'était le second assassinat dont j'avais manqué d'être le témoin depuis mon arrivée; et l'indifférence avec laquelle on m'avait parlé de ces deux meurtres me faisait croire que de pareilles cruautés se renouvelaient souvent. Cependant les mœurs en général me semblaient douces et sympathiques; mais l'infidélité d'une femme n'est jamais pardonnée ici; et ordinairement, si l'on peut trouver l'amant, il est immolé avec elle. La vérité m'oblige d'avouer que, malgré l'horrible châtiment qu'elles ont devant les yeux, les Zeelandaises ne reculent pas devant une intrigue (*). »

(*) Ceci est fort exagéré à l'égard des femmes mariées, de celles surtout qui ne sont pas esclaves. G. L. D. R.

L'auteur va nous raconter des choses bien plus terribles.

« Il y a bien longtemps déjà qu'on a, pour la première fois, accusé de cannibalisme les habitants de la Nouvelle-Zeeland; mais nul homme grave et bien connu (*) n'avait encore attesté cette allégation, atroce si elle eût été fausse; de sorte que, pour ne pas insulter à la nature humaine, on avait rejeté ce fait parmi les mille et un contes des voyageurs. On a d'ailleurs beaucoup écrit pour prouver qu'un penchant si affreux n'existait nulle part. Cependant j'étais destiné, moi, à le constater dans ses plus horribles détails. Un jour, vers les onze heures, comme je rentrais d'une longue promenade, le capitaine Burke m'apprit qu'il savait de source certaine (quoique les naturels du pays eussent voulu tenir la chose secrète), que, dans un village voisin, une esclave nommée Matou avait été tuée, et que l'on préparait sa chair dans ce moment même pour la manger. En même temps il me parla d'un incident qui avait eu lieu la veille. « Atouï, me dit-il, m'a-
« vait rendu une visite, et en me quit-
« tant il reconnut une esclave qui,
« dit-il, s'était enfuie de chez lui. Aus-
« sitôt il l'arrêta et la donna à garder
« à ses gens. Cette fille avait été em-
« ployée chez moi à porter du bois,
« et la réclamation d'Atouï ne me don-
« nait aucune inquiétude pour la sû-
« reté de sa vie; car je ne pensais pas
« que le crime fût aussi grave. Mais
« voilà que je viens d'apprendre que
« cette pauvre fille a été ou va être
« mise au four. »

M. Earle et le capitaine Burke résolurent d'assister à cet affreux spectacle; mais ils se gardèrent bien de dire qu'ils connaissaient les circonstances de l'affaire, bien certains que les naturels nieraient tout, et les repousseraient.

(*) M. Earle n'a pas connu sans doute le rapport du capitaine Crozet sur la mort du capitaine Marion. Certes, Crozet était un homme plus grave que M. Earle, et au moins aussi connu que lui.

G. L. D. R.

Ils partirent et prirent une route détournée pour arriver au village. Comme ils connaissaient parfaitement le chemin, ils tombèrent tout à coup sur eux, et les surprirent au milieu de leur abominable cérémonie. Sur la pente d'une colline, en dehors du village, un homme était occupé à construire un four, selon la méthode du pays, méthode dont nous avons donné la description au tome II, page 313 de l'Océanie.

« En approchant, dit M. Earle, nous reconnûmes les traces non équivoques du meurtre qui venait de s'accomplir. Des nattes sanglantes furent disposées de tous côtés. Un jeune garçon, debout sur la place, riait à gorge déployée; il toucha sa tête avec son doigt, et puis dirigea ce doigt vers un buisson. Je m'approchai de l'endroit qu'il indiquait ainsi, et mes yeux y rencontrèrent une tête humaine. Qu'on juge de l'horreur dont je fus saisi, en reconnaissant les traits de la malheureuse fille fugitive! Nous nous précipitâmes vers le lieu où le feu était allumé; là, un homme était debout, occupé à faire une cuisine dont la vue n'était pas de nature à éveiller la curiosité plus que l'appétit. Il apprêtait les quartiers d'un cadavre pour un festin; après avoir ôté les grands os, il avait coupé la chair en filets, et se disposait à la mettre au four.

« Comme nous étions là devant le feu, frappés d'horreur et stupéfiés, nous vîmes un gros chien arracher des lambeaux de la tête de la victime, en la traînant de buisson en buisson pour qu'elle ne lui fût pas ravie. Cependant le cuisinier de chair humaine acheva son rôti avec le plus grand sang-froid, en nous disant que le repas ne serait prêt que dans quelques heures. Hélas! ce fut ainsi que nous vîmes de nos yeux, le capitaine Burke et moi, un spectacle dont plusieurs voyageurs ont parlé sans être crus; car on a toujours révoqué en doute les faits de cette nature. Cependant, dans ce cas, il n'était pas question de manger la chair d'un prisonnier de guerre, ni de boire le sang d'un ennemi, afin de s'exciter contre les ennemis qui restaient après lui. Il n'y avait ni rage ni vengeance à satisfaire. On ne saurait invoquer ici, en faveur des Zeelandais, la fureur indomptable qui survit quelques instants encore à un combat sanglant. C'était là un acte de *cannibalisme pur*, sans la moindre circonstance atténuante. Enfin, pas plus loin que la veille, Atouï nous avait vendu quatre porcs pour quelques livres de poudre; il ne pouvait donc alléguer non plus le défaut absolu de provisions. »

Après s'être un instant consultés, le capitaine Burke et M. Earle résolurent d'aller réprimander Atouï sur sa cruauté inouïe. Il les accueillit comme à l'ordinaire, et sa physionomie n'était pas celle d'un homme qui vient de commettre un pareil acte de barbarie. M. Earle vit et contempla, non sans frissonner d'horreur, l'énorme quantité de pommes de terre que ses esclaves préparaient pour compléter l'infernal festin. Voici ce qu'il ajoute:

« Nous parlâmes à Atouï sans animosité; car, ne pouvant plus empêcher le meurtre, nous voulions au moins tâcher d'en connaître les détails. D'abord Atouï tâcha de nous faire croire qu'il ignorait l'affaire, et que ce n'était qu'un repas pour ses esclaves; mais nous lui dîmes que nous avions la certitude que le festin était pour lui et ses compagnons. Après avoir longtemps encore tenté de nous cacher le fait, Atouï nous avoua franchement qu'il attendait que la cuisine fût faite pour en manger. Il ajouta que, connaissant l'aversion que les Européens avaient pour ces espèces de festins, les naturels faisaient tout ce qu'ils pouvaient pour les cacher à nos yeux, et qu'il était très-fâché que nous eussions eu connaissance de l'affaire, mais qu'une fois le fait avoué il ne tenait pas à se taire. Donc, il nous dit que la chair humaine exigeait un apprêt plus long que toutes les autres; que, si elle n'était pas assez cuite, elle était trop ferme; mais que, bien cuite, elle était *tendre comme du papier*. Et, en disant cela, il tenait à la main un morceau de papier qu'il déchirait par manière d'explication. Il nous apprit que la chair qui se préparait alors ne serait pas cuite avant le lendemain matin; mais une de ses sœurs nous dit à l'oreille qu'il nous trompait, et que c'était au coucher du soleil qu'il avait l'intention de la manger.

« Nous lui demandâmes pourquoi il avait fait tuer cette pauvre fille, et comment la sentence avait été exécutée. Il répliqua que son seul crime était de s'être enfuie de chez lui pour retourner chez ses parents. Alors il nous conduisit hors du village, et, nous montrant le pilier auquel il l'avait attachée, il se mit à rire en réfléchissant à la ruse qu'il avait employée pour donner le change à la victime : « Car, disait-il, je ne la menaçai que d'un léger châtiment; mais je tirai et je la frappai au cœur. » Ces paroles barbares, cette naïveté féroce me glaça le sang, et je regardais ce sauvage avec un sentiment d'horreur, tandis qu'il se complaisait dans son récit.

« Et maintenant, le croira-t-on? ce barbare était, je le répète, un beau jeune homme aux manières douces et affables. Nous l'avions admis à notre table, et il n'y en avait pas un parmi nous qui ne l'aimât beaucoup; ce qui n'empêche pas que la victime qu'il venait de tuer était une jeune fille de seize ans. Au récit détaillé de cet événement, nous sentions notre cœur se soulever d'horreur, et je crus que j'allais m'évanouir.

« Nous prîmes congé d'Atouï, et nous nous dirigeâmes de nouveau vers l'endroit où se faisait l'infernale cuisine. Nous n'y trouvâmes plus un seul Zeelandais. Une vapeur fétide, infecte, s'exhalait au-dessus du feu. Le chien, après avoir bien broyé la tête, s'en retournait pesamment, l'oreille basse, au village, et un faucon planait au-dessus du lieu de la scène, flairant l'odeur du sang et de la chair. Cela était affreux ! »

M. Earle et le capitaine s'assirent tristement et vaguement attachés par ce sombre tableau. Le ciel était caché derrière de lourds et sombres nuages amoncelés, et ils écoutaient les râlements sourds du vent qui faisaient ondoyer les buissons en balayant les coteaux, et rendaient des sons en harmonie avec leurs pensées mélancoliques.

Après avoir demeuré quelque temps en contemplation devant cette scène d'horreur, laissant éclater leurs malédictions contre les barbares, ils conçurent l'idée de tromper l'appétit cannibale d'Atouï, en détruisant les apprêts du festin. Laissant le capitaine faire sentinelle sur les lieux, M. Earle courut au mouillage, rassembla le plus grand nombre d'Européens qu'il put, leur exposa l'affaire, en leur proposant de les aider à saccager la cuisine, et à enterrer ensuite les membres de la victime enfermés dans le four. Ils acceptèrent avec enthousiasme, s'armèrent de pelles, de pioches, et le suivirent sur les lieux.

Atouï et les siens avaient eu vent de ce projet, et s'étaient aussi portés sur les lieux pour en empêcher l'exécution. Il essaya plusieurs fois les menaces pour effrayer les étrangers, et paraissait profondément indigné de leur audace; mais, comme les siens ne paraissaient pas désirer d'en venir aux mains avec les blancs, et semblaient tout honteux de leur avoir laissé découvrir leurs apprêts, on les laissa faire. M. Earle et ses compagnons creusèrent une fosse assez profonde, puis ils attaquèrent le four. En déblayant la terre et les pierres encore chaudes, ils découvrirent les quatre membres à demi rôtis de la jeune fille. Des nuages de fumée et d'infectes exhalaisons faillirent à les suffoquer au plus fort de l'ouvrage; cependant ils parvinrent à rassembler les principaux débris du cadavre. Le cœur était préparé à part, sans doute pour Atouï, comme le morceau le plus délicat. Ils déposèrent tous ces restes de femme dans la fosse qu'ils comblèrent, et détruisirent le four.

« Le lendemain, ajoute M. Earle, notre vieil ami le roi Georges (le chef Choulitea à qui on avait donné ce nom) nous fit une longue visite, et nous lui parlâmes, sans nous échauffer, de cette abominable affaire. Il blâma hautement notre conduite.

« D'abord, dit-il, vous avez risqué
« votre vie pour une misérable échauf-
« fourée sans but, il fallait au moins
« enterrer ailleurs les débris du festin ;
« car, vous n'avez pas été plutôt par-
« tis, qu'ils ont exhumé le corps,
« voyez-vous, et en ont dévoré jus-
« qu'au dernier morceau...

« Il ne se trompait pas, nous en
avons acquis depuis la preuve incontestable.

« D'ailleurs, continua le roi Geor-
« ges, c'est une ancienne coutume,
« une coutume qu'ils tiennent de leurs
« pères, que leurs pères ont consa-
« crée ; et vous n'avez pas le droit de
« vous jeter à la traverse dans leurs
« cérémonies, quelles qu'elles soient.
« Moi, j'ai bien voulu, et non pas
« pour vous complaire, messieurs les
« Européens, renoncer au canniba-
« lisme, cela est vrai ; mais vous
« croyez-vous en droit d'exiger la
« même renonciation des autres chefs ?
« — Quel châtiment infligez-vous, en
« Angleterre, aux voleurs et aux dé-
« serteurs ?

« Quand on les a dûment jugés, ré-
pondîmes-nous, on les fouette ou on
les pend.

« Hé bien! répliqua-t-il, il vous
« plaît de les fouetter et de les pendre ;
« à d'autres, il plaît de les tuer et de
« les manger... Voilà toute la diffé-
« rence.

« Après nous avoir ainsi *réprimandés*, il nous fit des aveux fort curieux sur le chapitre du cannibalisme. Il se souvenait fort bien, nous dit-il, du temps antérieur à l'époque (époque notable pour les Zeelandais) où l'on avait introduit dans le pays les pommes de terre et les porcs. Alors, lui, qui était né dans un district de l'intérieur du pays et qui l'habitait, ne connaissait d'autre nourriture que la racine de fougère et le *koumera ;* alors les indigènes ne faisaient pas même usage du poisson, et ainsi s'expliquaient leurs habitudes de cannibalisme... »

M. Burke pense qu'il n'est pas surprenant que cette nation de sauvages cannibales n'ait pas détruit l'esclavage, et qu'il est surprenant, au contraire, qu'on l'ait conservé ailleurs plus ou moins tempéré. En effet, chez les Zeelandais, l'esclavage est revêtu de sa plus infâme livrée. Tout individu qu'une tribu peut capturer chez une autre tribu, est de droit esclave. Les chefs ne sont jamais faits prisonniers : ou ils combattent jusqu'à ce que le dernier tombe, ou bien ceux qui restent sont décapités, et l'on conserve leur tête par un procédé particulier, pour servir de trophée à l'ennemi. Mais on attache beaucoup de prix à la capture des enfants ; car une fois en la possession de l'ennemi, ils sont esclaves pour le reste de leur vie, et ils ont la chance de servir longtemps. Chaque chef prend rang dans la société, en raison du nombre d'esclaves qu'il peut étaler, et ceux-ci n'ont guère d'autre moyen de sortir de leur état de servitude qu'en provoquant la colère de leur maître, pour qu'il les tue dans un accès de rage.

En entrant dans un village, les étrangers distinguent de suite les esclaves des hommes libres, quoique les traits et les vêtements soient absolument les mêmes. Mais un Zeelandais libre est gai, rieur ; il plaisante continuellement et son regard pétille de joyeuse humeur : l'esclave, au contraire, est morne ; son regard est terne ; jamais un sourire ne rayonne sur ses lèvres, et il a presque toujours l'air d'un homme à demi-mort de faim. Ce qui caractérise le mieux les Zeelandais au physique, c'est la beauté de leurs dents et de leurs cheveux : les cheveux surtout sont extrêmement soignés, et forment après le tatouage leur plus grand ornement ; mais les esclaves sont à moitié rasés. Aucun esclave mâle ne peut se marier, et s'il est surpris avec une femme, il est généralement puni de mort. Il est impossible d'imaginer des hommes plus complétement séparés de la société, que ces ilotes zeelandais. Ajoutez à cela qu'ils ne peuvent compter sur une heure d'avenir, exposés qu'ils sont incessamment aux caprices meurtriers de leurs maîtres. Bien plus, M. Earle prétend que si le hasard les a jetés aux mains d'un bon maître qui vienne à être tué, ils partagent presque toujours son sort. Ainsi, ces pauvres esclaves n'ont derrière eux aucun aiguillon qui les anime, devant eux aucune espérance qui les attire comme les autres hommes : il n'est pas de zèle, d'attachement, de services rendus qui puissent les garantir de la brutalité de leurs maîtres. D'un autre côté, si l'esclave réussit à fuir, à retourner dans son pays, il sera banni et méprisé des siens; et, s'il meurt de mort naturelle, son corps est traîné hors du village, pour servir de but aux enfants et de pâture aux chiens ! Mais ces malheureux meurent assez rarement de mort naturelle, et sont presque tous assommés par leurs maîtres dans un accès de rage, et mangés par lui et les siens ! Quant aux femmes esclaves, bien qu'elles servent de maîtresses à leurs propriétaires quand elles sont jolies, elles n'ont guère plus de chances de bonheur ni de mort naturelle (*).

Voici quelques détails sur les progrès rapides de la culture dans ce pays qui est à peu près inconnu, de même qu'une partie de la côte :

« Sur tous les points du pays que j'ai parcourus, dit M. Earle, j'ai eu la preuve de l'intelligence progressive des Nouveaux-Zeelandais. J'ai fait des excursions dans beaucoup de directions différentes; le sol m'a paru gras, bien arrosé et très-fertile, et toutes les terres qu'ont cultivées les habitants ont rapporté considérablement. On trouve dans la Nouvelle-Zeeland tous ou presque tous les simples connus; tous les arbres, grands ou petits, tous les végétaux qu'on y a semés ou plantés jusqu'ici, ont parfaitement réussi, et il serait bien à désirer qu'on y introduisît toutes les herbes et tous les fruits d'Europe. Je suis bien certain qu'une fois ces essais en train, les farines seraient beaucoup plus recherchées ici que dans la Nouvelle-Galles méridionale. Il n'est pas une plante ni un fruit importé ici par les missionnaires qui ne soient bien venus. Les naturels promènent les pêches et les melons d'eau à pleins paniers chaque jour de porte en porte, et les donnent presque pour rien, pour des bagatelles, comme un hameçon, un bouton, etc. Le blé d'Inde vient aussi très-bien et rapporte infiniment. »

Dans ce pays, les liens du sang influent beaucoup sur la position sociale de chacun, et le fils aîné d'une grande famille est, de droit, chef principal de son district ou de sa tribu, quand c'est lui qui peut réunir autour de lui le plus de guerriers de son nom; car ayant plus que tout autre la facilité d'avoir un très-grand nombre d'esclaves, il domine naturellement sa peuplade. Du reste, les autres chefs le regardent tous comme leur pair, seulement ils lui doivent obéissance pour les intérêts généraux du pays, et c'est lui qui les conduit à la guerre. Selon MM. Burke et Earle, chaque chef est maître et seigneur dans sa famille; il a droit de vie et de mort sur tous les siens; mais nul homme n'est meilleur ni plus aimable dans son intérieur, et il laisse jouir d'une liberté pleine et entière les enfants, jusqu'à l'âge où les filles sont formées et où les garçons sont en état de faire la guerre. Les Zeelandais idolâtrent leurs enfants et sont généralement bons et hospitaliers. Quand ils voyagent, c'est bien plus souvent le père que la mère qui porte l'enfant encore trop faible pour les suivre, et on voit le mari lui prodiguer en souriant, tous les soins tendres et minutieux d'une nourrice. Dans plusieurs occasions la femme zeelandaise est traitée comme l'égale de son mari; ce qui distingue cette nation de presque tous les autres peuples sauvages. Quand ils ne sont pas en guerre, ce sont des gens gais, faciles, éminemment sociaux; mais aussitôt qu'on les blesse ou qu'on les raille, ils deviennent furieux. Des hommes dont la passion n'a jamais été comprimée dans la jeunesse, et dont la grande maxime est d'effacer toute insulte ou passe-droit avec du sang, doivent être nécessairement cruels et vindicatifs à l'excès.

« J'ai vingt fois essayé, dit M. Earle, de m'expliquer la différence frappante

(*) Burke et Earle.

qui existe entre les habitants de l'Australie et ceux de la Nouvelle-Zeeland, dont la position géographique et le climat sont à si peu de chose près les mêmes, et qui, par leur isolement de nos continents depuis des siècles, et leur manque de tout rapport avec les autres peuples, devraient se ressembler presque en tous points. D'où vient que les naturels de l'Australie sont d'une espèce bestiale, et forment le dernier anneau de la chaîne qui unit l'homme à la brute? d'où vient aussi que leur conformation est si différente de ceux de la Nouvelle-Zeeland? L'Australien a les membres longs, maigres, les genoux et les coudes saillants et osseux, le front tout déjeté en avant, le ventre gros : au moral tout répond à cette structure ; il n'a ni énergie, ni volonté, ni sagacité, ni désir d'apprendre, et ce n'est que rarement et avec beaucoup de peine qu'on parvient à piquer sa curiosité. A cela il y a bien quelques exceptions; mais ce portrait est fidèle en général. Le Zeelandais, au contraire, mérite de servir de modèle : ses formes ont tellement de perfection dans l'enfance, qu'il pourrait poser pour l'*Hercule-enfant* ; les hommes faits sont remarquablement taillés et musclés; les femmes présentent à l'œil les plus harmonieux contours ; et ils ont tous un regard si éloquent, de si beaux cheveux soyeux et bouclés; ils ont enfin, hommes et femmes, une telle supériorité intellectuelle, une telle soif d'apprendre, une énergie si infatigable et un amour si prononcé pour certains arts cultivés chez eux, qu'il est impossible de les comparer à leurs voisins. »

Le portrait que fait M. Earle d'un *confrère artiste sauvage* nous a beaucoup amusé, et nous le donnons ici, persuadé qu'il produira le même effet sur nos lecteurs.

« On a porté si loin ici l'art du tatouage, que je reste en admiration devant tous les Zeelandais tatoués que je vois. Le tatouage est un ornement comme les plus riches vêtements, et les naturels sont aussi fiers de mettre à l'air leur peau magnifiquement tatouée, qu'un flaneur fashionable de promener un habit extraordinaire. Le tatouage est une des marques distinctives des principaux guerriers : ils se font toujours tatouer en partant pour la guerre.

« Le district de Korora-Reka, où je me trouve, ayant fait une fois des préparatifs et rassemblé ses munitions et armes de guerre, tels que canots, fusils, poudres, balles, un *artiste* singulièrement habile, nommé Aranghi, arriva dans le pays pour exploiter son art, et fut bientôt mis à contribution; car tous les hommes un peu notables des environs lui passèrent par les mains. Comme cet artiste était mon très-proche voisin, j'allais assez souvent lui faire des visites dans son atelier, et il me les rendait toutes les fois qu'on lui en laissait le temps. Il était réputé dans tout le pays pour un homme d'un très-grand talent, et les chefs faisaient souvent de longs voyages pour venir lui confier leur peau à tatouer. Ses ouvrages étaient tellement estimés, que j'en ai vu conserver et exposer les cadavres longtemps après la mort de l'individu. Il y a très-peu de temps qu'un de mes voisins ayant tué un chef tatoué par Aranghi, trouva le tatouage si beau, qu'il tanna la peau des cuisses, et en couvrit son étui à cartouches.

« J'ai admiré moi-même la hardiesse et la précision avec lesquelles Aranghi dessinait sur la peau, et la richesse, la beauté de ses enjolivements. On ne trace pas des lignes plus droites avec une règle, et des cercles plus parfaits avec un compas. Telle est la réputation et la vogue de cet artiste, qu'une tête de chef bien tatouée par lui a plus de prix qu'un portrait de sir Thomas Lawrence chez nous.

« De misérable esclave qu'il était, ce professeur s'est élevé par son talent à la hauteur des chefs les plus distingués du pays. Comme tous les chefs qu'il tatoue lui font un cadeau, il est devenu immensément riche, et vit toujours recherché et entouré des plus grands personnages de son temps et de son pays, tels que *Pongho-Pongho, Rouké-Rouké, Kivi-Kivi, Aranghi-Toc-*

ker, etc., etc. Mon ami Choulitea (le roi George) lui envoyait tous les jours les mets les plus recherchés et les plus abondants de sa table. Mais quoiqu'il fût exposé au plein soleil de la grandeur, Aranghi avait trop de génie pour se laisser éblouir. Simple et sans orgueil, il descendait presque tous les soirs prendre un simple thé avec moi. Il était ravi de mes ouvrages, et surtout de son portrait, que je pris grand plaisir à faire. Cet homme écoutait avec tant de plaisir les quelques leçons que je lui ai données; il semblait prendre tant de goût à la peinture, que je l'aurais certainement amené avec moi en Angleterre, comme doué d'un génie extraordinaire, et capable de grandes choses; mais je ne devais pas y retourner directement.

« Un des personnages les plus notables qui vinrent à notre village pour mettre à contribution le talent d'Aranghi, fut M. Rouké-Rouké (il tenait beaucoup au titre de *monsieur*). Il amena avec lui quatre de ses femmes sur dix (la polygamie est permise sans restriction chez les Zeelandais). L'une de ces femmes était une jeune fille âgée de dix ans au plus. Elle nous intéressa vivement, et M. Rouké-Rouké s'en étant aperçu, nous laissa d'abord entendre qu'il serait assez disposé à nous la donner; puis il finit par nous l'offrir pour un fusil. »

Mais il est temps de s'arrêter pour ne pas abuser des extraits des voyages de M. Earle, quelque envie qu'on en ait.

M. le capitaine Laplace parut, en 1831, à la baie des Iles, qu'il décrit comme une excellente relâche; et le portrait qu'il a fait des Zeelandais n'est rien moins que flatteur. C'est le revers de la médaille de M. Earle, sauf ce qui concerne les missionnaires, que l'un et l'autre nous paraissent avoir traité avec sévérité. Le récit de M. Laplace confirme, au reste, tout ce que nous savons sur la barbarie des Nouveaux-Zeelandais, barbarie qui contraste avec l'aptitude aux arts de la civilisation qu'ont manifestée les insulaires de Haouaï, des Carolines, de Taïti, et même de Nouka-Hiva et de Tonga, et de presque tous les peuples polynésiens.

« Les mœurs des Nouveaux-Zeelandais, dit-il, sont singulièrement belliqueuses. Jusqu'à ce jour les Rangatiras faisaient des combats leur unique occupation; ils renonçaient volontiers au repos, et même à l'indépendance, pour se ranger sous les ordres d'un chef renommé par son courage, et entreprendre quelque expédition. Le rapt d'une jeune fille que ses ravisseurs avaient rôtie et mangée, la possession d'une baleine échouée sur la côte, ou une rivalité de puissance entre les tribus, était ordinairement le prétexte de leur agression. Alors commençait une série de dévastations et de massacres; les flottes, chargées quelquefois de plusieurs milliers de combattants, se rencontraient, s'attaquaient à l'abordage, et les vaincus se retiraient en toute hâte dans leurs pâs, que ne tardait pas à bloquer le parti victorieux. Du haut de ces espèces de citadelles, construites au sommet de mornes couronnés de retranchements, qui servaient de refuge aux combattants, les assiégés assistaient à l'incendie de leurs cases, de leurs pirogues de pêche et de leurs moissons. Lorsque le siége traînait en longueur, les conquérants, fatigués, décimés par des luttes meurtrières qui avaient coûté la vie à leurs plus braves guerriers, abandonnaient l'entreprise jusqu'à l'année suivante, et retournaient veiller à leurs semailles. Mais si, par surprise ou à la suite d'un assaut heureux, ils parvenaient, malgré les pierres, les lances et une résistance opiniâtre, à forcer les retranchements, ni les femmes, ni les enfants ne trouvaient grâce devant eux. Après s'être gorgés de leur chair pendant plusieurs jours, et avoir préservé de la corruption les têtes des chefs tués dans l'action, en les vidant et les exposant ensuite à la fumée, ils remontaient sur leurs pirogues, où étaient jetés pêle-mêle les restes à demi brûlés des derniers festins, et les prisonniers destinés à l'esclavage ou à leur servir de nourriture pendant la traversée.

« Quoique ces épouvantables guerres fussent continuelles, la population de la Nouvelle-Zeeland, et particulièrement celle d'Ika-na-Maouï, était pourtant assez considérable à l'époque de la fondation de Sidney; mais, depuis lors, l'affluence des bâtiments européens à la baie des Iles, et l'introduction des armes à feu eurent des résultats effrayants. Les tribus du nord, pourvues de bonne heure de ces redoutables moyens de destruction, ne mirent plus de bornes à leurs vengeances, et n'accordèrent aucune trêve aux habitants des cantons du sud, qui, ne pouvant plus leur résister, virent leurs pâs, les plus inaccessibles jusque-là, enlevés presque sans coup férir, et tombèrent eux-mêmes aux mains d'un ennemi altéré de leur sang. C'est ainsi que les parties autrefois les plus florissantes d'Ika-na-Maouï sont transformées aujourd'hui en solitudes, que les beaux villages qui couvraient la baie de Chouraki et de la rivière Tamise, ainsi que la plupart des autres points de la côte orientale, dont les relations de Cook vantent la riante apparence, ont presque totalement disparu. Les dévastateurs eux-mêmes, épuisés par des expéditions sans cesse renouvelées, et par des divisions intestines, quittent leurs anciennes habitations, et laissent leurs terres en friche. Partout, dans ces campagnes désolées, et principalement aux environs de la baie des Iles, on remarque les traces des dégâts qu'ont occasionnés leurs sanglants démêlés avec leurs voisins, et surtout avec les naturels de la pittoresque et fertile baie de Wangaroa. La lutte entre deux peuplades également puissantes, également approvisionnées de fusils et de poudre par les blancs, ne pouvait manquer d'être longue et acharnée. Aussi dura-t-elle plusieurs années, et ne finit-elle que par l'entière destruction de l'une d'elles. Ce fut Chongui, chef de Kidi-Kidi, Rangatira redouté de ses ennemis et admiré de ses compatriotes pour ses talents militaires, qui accomplit, après bien des chances diverses, cette œuvre d'extermination.

« Chongui, voulant se procurer des armes pour abattre ses ennemis, parvint à tromper les missionnaires, qui, de leur côté, en l'envoyant à Londres, se promettaient bien de profiter, pour leurs propres intérêts, de la haute idée que, suivant eux, il prendrait indubitablement dans son voyage des Anglais en général, et de leur congrégation en particulier; mais la première partie seulement de ce calcul de leur amour-propre se réalisa. Le chef zeelandais, présenté à la cour, démêla au premier coup d'œil les attributions de l'aristocratie, reconnut parfaitement qu'elle possédait tous les emplois, tous les honneurs militaires, qu'elle était vouée au métier des armes, et laissait au peuple les travaux de la terre ou de l'industrie. On concevra sans peine le rapprochement que l'orgueilleux sauvage établit sur-le-champ, et les conclusions que, par analogie, il tira de ses remarques. Aussi s'empressa-t-il, en remettant le pied à la baie des Iles, d'apprendre à ses compatriotes qu'en Angleterre, de même qu'à la Nouvelle-Zeeland, les Rangatiras faisaient la guerre, ne travaillaient pas, et que les missionnaires étaient des *waris* (*). Une semblable découverte eut, comme on le pense bien, les plus funestes conséquences pour ces derniers; ils tombèrent dans le mépris des chefs, qui les avaient respectés jusqu'alors, et dont les exigences s'accrurent chaque jour. Chongui lui-même ne leur témoigna plus la même bienveillance; et, pendant les guerres sanglantes qui signalèrent son retour, ils furent expulsés de plusieurs cantons, et obligés d'abandonner, à leur grand désespoir, les habitations commodes, les bonnes récoltes et la vie confortable que, dans ses bénédictions, le Seigneur leur avait accordées. Si on les en croit, ce sont les marins européens, et principalement les baleiniers, qui empêchent les indigènes de faire des progrès dans la civilisation, et les excitent contre eux, soit en leur donnant de mauvais exemples et des conseils pires encore, soit en les

(*) Esclaves.

exaspérant par des injustices, des meurtres ou des trahisons, soit en leur fournissant de la poudre et des fusils pour s'entre-détruire plus facilement. J'avoue que ces griefs sont fondés en partie; que les baleiniers n'ont pas, en fait de mœurs et de religion, des principes bien arrêtés; que leur caractère grossier, leur penchant à la débauche et à l'ivrognerie sont peu propres à édifier leurs hôtes et à leur inspirer de louables sentiments. Mais les matelots, à leur tour, se plaignent de ces hommes de Dieu; ils leur reprochent d'être égoïstes, durs et fanatiques envers eux; ils les accusent de prendre plus de soin de leurs propres intérêts que de la conversion des indigènes, et de n'apporter aucun dévouement à l'exercice de leurs saintes fonctions. Quelque impartialité que je mette à garder la neutralité entre les deux partis, je suis forcé de convenir que ces récriminations, toutes fortes qu'elles sont, ne manquent pas de fondement; car j'ai eu lieu d'observer par moi-même, après tant d'autres navigateurs, que les missionnaires de la baie des Iles sont méfiants, personnels, parcimonieux au sein de l'abondance, et qu'ils ne montrent ni la charité évangélique dont s'honorent les prêtres de toutes les religions, ni cette obligeance noble et généreuse, ordinaire à leurs compatriotes. Mes offres, mes sollicitations à l'effet d'obtenir d'eux quelques rafraîchissements pour nos malades, furent complètement infructueuses, et j'eus bientôt acquis la certitude que ces apôtres de l'Évangile, s'opposant à notre séjour dans ces parages par un but politique, cherchaient à troubler la bonne harmonie qui régnait entre nous et les naturels, en leur insinuant que j'étais venu pour m'emparer de la baie des Iles, pour venger sur eux la mort de Marion, assassiné par leurs pères vers la fin du siècle dernier. »

Nous avons déjà vu que M. d'Urville reproche la même conduite et la fabrication du même conte aux missionnaires anglicans établis à la Nouvelle-Zeeland.

Revenons aux Zeelandais et consacrons quelques lignes aux mœurs et coutumes de leurs compagnes.

On voit quelque fois auprès de mauvaises cahutes, dormir des hommes couverts de haillons, tandis que des femmes, au teint hâve et au corps étique, assises à côté d'eux, tâchent de les débarrasser, en la croquant, de la vermine qui les tourmentait. Les Nouvelles-Zeelandaises partagent ce goût avec les Cochinchinoises; et, non moins attentives que ces dernières pour leurs époux, elles se chargent avec empressement du soin de purger leurs vêtements d'insectes incommodes. Elles étendent pour cela des vêtements faits de tissu de phormium au-dessus d'un feu de bois vert, et les tiennent exposés à la fumée, jusqu'à ce que le gibier, contraint de fuir jusqu'à l'extrémité des fils, tombe au pouvoir de ses avides ennemies.

« Un jour, après le dîner, dit M. Laplace, nous descendîmes à terre, suivant notre coutume, mes officiers et moi, pour nous promener aux environs de Korora-Reka, tandis qu'une partie de l'équipage s'y rendait aussi pour pêcher. Ce moment était toujours attendu avec une égale impatience à bord de la *Favorite* et sur le rivage: d'un côté arrivaient nos matelots, beaucoup plus empressés de rejoindre leurs connaissances qu'à jeter la seine; de l'autre, toutes les jeunes filles de l'endroit, dans un négligé galant, la chevelure ornée de morceaux de papier colorié ou de chiffons, et le cou garni de cordons de rassade obtenus la veille, accouraient au-devant de nous. Bientôt, sur la plage qui sépare les cases de la mer, se succédaient les scènes les plus singulières: ici, nos jeunes gens, séduits très-facilement par les sirènes, abandonnaient furtivement le filet, disparaissaient avec elles derrière les buissons, puis revenaient d'un air penaud recevoir les remontrances de mon brave lieutenant. Celles qui, par leur naissance et surtout par leurs charmes, avaient droit de prétendre à des choix obscurs, s'acheminaient doucement vers un ruisseau dont les rives, ombragées de bosquets solitaires, convenaient parfaitement à d'amoureux rendez-vous. Enfin les papas et les mamans, accroupis sur le sable, paraissaient enchantés de ce qui se passait, et attendaient tranquillement le partage du produit de la pêche, en fumant les cigares que par leurs obsessions ils nous avaient arrachés.

« Cependant mes compagnons rencontraient quelquefois des cruelles qui empochaient leurs cadeaux, mais ne leur accordaient rien ; ce qui les chagrinait d'autant plus, qu'elles étaient les plus jolies et les moins sales de la troupe. A leur chemise blanche, à leurs cheveux proprement arrangés, à la richesse de leurs colliers, à leur petit air doux et réservé, on reconnaissait en elles les favorites des capitaines ou des officiers baleiniers que l'hiver suivant devait ramener à la baie des Iles. Ceux-ci, à leur départ, avaient fait prononcer par l'ariki le redoutable tabou sur leurs belles, comme ils le font quelquefois sur d'autres personnages (voy. *pl.* 185), dont la fidélité, grâce à cette précaution, devenait l'affaire de l'Atoua, et, si j'en juge par ce que j'ai vu, était scrupuleusement gardée. Malheureusement pour nous, pauvres marins condamnés à courir le monde, cette belle institution, protectrice des absents, non-seulement n'est pas connue dans notre patrie, mais ne pourrait, je crois, y prendre racine que difficilement.

« Il est à présumer qu'à la Nouvelle-Zeeland les prêtres, de peur de compromettre leur autorité, ne lancent pas souvent le tabou contre les amours ; car je trouvai toutes les femmes à qui je faisais des cadeaux prêtes à m'offrir en échange une monnaie qu'elles supposaient devoir être de mon goût. Mais je n'avais garde de mettre leur bonne volonté à profit, et cette prudente continence, qu'elles ne comprenaient sans doute pas, semblait détruire, à leurs yeux, tout le mérite de ma générosité.

« Parmi ces créatures si complaisantes, quelques-unes pourtant n'étaient pas à dédaigner ; une voix douce, des regards expressifs, une bouche bien meublée, des formes fraîches et arrondies, de la gaieté, de l'entraînement au plaisir, et même un grain de coquetterie, auraient dû me séduire. Mais j'étais rebuté par les agaceries mêmes, autant que par l'immodestie dont elles me donnaient assez de preuves dans les scènes mimiques qui, chaque soir, après leurs fréquentations avec nos hommes d'équipage, marquaient l'instant de la séparation. Dès que le jour baissait, toutes ces filles se plaçaient sur une ligne, les unes derrière les autres, et commençaient, en chantant et en battant des mains, une espèce de danse lubrique qui s'échauffait par degrés, finissait par des contorsions et des mouvements dont l'obscénité, quoique révoltante, excitait tellement, je dois l'avouer, la sympathie de l'assemblée, qu'à peine les bayadères haletantes avaient-elles pris sur le sable quelques moments de repos, que, pour céder aux instances des amateurs, elles formaient de nouvelles danses tout aussi lascives que les premières, et non moins applaudies. »

Pendant la relâche de la *Favorite* à la baie des Iles, M. Laplace vit la grande flotte ramenant plusieurs centaines de guerriers (voy. *pl.* 188) partis depuis quatre mois de cette baie, pour aller guerroyer dans le sud. Ils revenaient victorieux, après avoir tué soixante de leurs rivaux, dont les cadavres, déjà en partie dévorés, devaient servir au banquet de retour. Dès le même soir, en effet, la plage se couvrit de feux destinés à éclairer la fête. Les sauvages se mirent ensuite à danser et à chanter, s'arrêtant et s'asseyant quelquefois pour se gorger de chair humaine ; et, à la lueur des flammes, on distinguait parfaitement les visiteurs de la veille, qui, dans les intervalles des chants et des danses, prenaient part à cet horrible festin.

Les réjouissances durèrent jusqu'au jour : alors la plupart des vainqueurs se rembarquèrent pour retourner chacun chez eux ; mais, avant de quitter la rade, ils régalèrent les Français, probablement par déférence, d'une parade de leur façon.

« Aucune description, dit M. Laplace, ne saurait dépeindre l'affreuse mine de ces abominables coquins. Leurs corps absolument nus et bariolés de rouge, de blanc et de noir, leurs cheveux ébouriffés et saupoudrés d'ocre jaune, leurs attitudes baroques et leurs grimaces effrayantes leur donnaient l'apparence de démons. Debout sur l'avant de leurs pirogues, les uns étalaient devant nous, au bout de perches teintes de sang, les têtes des chefs ennemis tués dans le combat; les autres, brandissant leurs armes, exécutaient des danses, que de vieilles mégères, accroupies au fond des pirogues, accompagnaient de leurs battements de mains. Tous hurlaient des chansons de guerre, et cherchaient à se surpasser en extravagance dans leurs contorsions. Je voudrais bien savoir ce qu'eût dit, s'il avait assisté à ce spectacle, un de ces philosophes qui considèrent le sauvage comme un modèle d'innocence et de bonté. Pour nous qui avions pu, depuis près de deux ans, tantôt au milieu de tribus féroces, tantôt chez des peuples policés, envisager la question sous tous les points de vue, une pareille scène ne contribua pas faiblement à nous dégoûter de cette contrée barbare; notre tristesse, se reflétant sur les objets extérieurs, donnait à tous les sites qui passaient devant nous une teinte uniforme et presque lugubre. Aussi, quoique l'air fût parfaitement calme autour de nous, et que les vallons et les collines qui s'étendent jusqu'au bord de l'eau offrissent la plus belle végétation, je ne pensais pas même à les admirer. L'isolement de ces lieux, dont le bruit monotone de nos avirons troublait seul le silence, l'aspect de ces pointes coupées à pic et surmontées de fortifications en ruine, seuls restes de pâs autrefois renommés pour le nombre et le courage de leurs défenseurs, me faisaient éprouver le sentiment le plus pénible. »

ÉTABLISSEMENT DU CHRISTIANISME A LA NOUVELLE-ZEELAND.

Nous terminerons cette histoire par celle de la conversion au christianisme d'une partie des habitants de l'île Ikana-Maoui. La société des missionnaires de l'Église (*Church missionary society*), après avoir envoyé des députés sur divers points de l'océan Pacifique, avait jeté les yeux sur la Nouvelle-Zeeland en 1808. Elle y envoya M. Marsden en 1810, accompagné de MM. Hall et King, pour y organiser une mission. Mais la sanglante catastrophe du navire *Boyd*, que nous avons racontée, et les excès en tous genres, commis par les Européens, engagèrent M. Marsden à suspendre son établissement. Il signala ces excès au général Macquarie, alors gouverneur de la Nouvelle-Galles du Sud, qui promulgua, en 1814, un ordre pour assujettir à toute la rigueur des lois les marins anglais qui useraient de mauvais traitements envers les Nouveaux-Zeelandais. Depuis, un consul anglais a été envoyé à la Nouvelle-Zeeland, et le calme a été rétabli. Les missionnaires appartiennent à l'Église anglicane, sauf quelques missionnaires Wesleyens.

Chongui, Koro-Koro, Doua-Tara et Touai s'étant intéressés aux projets des missionnaires, M. Marsden, voulant profiter de leurs bonnes dispositions, se rembarqua, ainsi que nous l'avons déjà dit, le 19 novembre 1814, avec MM. Kendall, Hall et King, et leurs familles, pour la baie des Iles (*). Le 24 janvier 1815, il acheta des chefs de Rangui-Hou, une étendue de terrain de deux cents acres environ, moyennant douze haches en fer. Ce local devint le siège du nouvel établissement, et le berceau des missions qui se sont depuis étendues sur cette terre lointaine (**).

Nos lecteurs liront peut-être avec plaisir la copie de la concession de

(*) Il a fait quatre voyages à la Nouvelle-Zeeland.
(**) Cunningham.

cette terre. C'est un échantillon du notariat zeelandais, où l'on reconnaît cependant l'empreinte de la main des missionnaires.

« Que tous ceux auxquels on présentera le contrat que voici, sachent que moi, Oudi-Okouna, roi de Rangui-Hou, sur l'île de la Nouvelle-Zeeland, moyennant douze haches qui m'ont été payées et remises personnellement par le révérend Samuel Marsden de Parramatta, dans le territoire de la Nouvelle-Galles du Sud, j'ai donné, cédé et vendu, et, par ce présent acte, je donne, cède et vends, au comité de la société des missionnaires de l'Église pour l'Afrique et l'Orient, institué à Londres, dans le royaume de la Grande-Bretagne, et à leurs héritiers et successeurs, la pièce entière ou le morceau de terre situé dans le district de Ochi, dans l'île de la Nouvelle-Zeeland, terminé au sud par la baie de Tepouna et la ville de Rangui-Hou, au nord par une crique d'eau douce, et à l'ouest par une route publique dans l'intérieur, avec les droits, priviléges et appartenances qui en dépendent, et cela libre et franc de toutes taxes, charges, impositions et contributions quelconques; ce territoire étant devenu leur propriété absolue et spéciale pour toujours.

« En témoignage de quoi, au présent acte ainsi fait et conclu, j'ai apposé ma signature, à Ochi, sur l'île de la Nouvelle-Zeeland, ce vingt-quatre janvier, l'an du Christ mil huit cent quinze. »

Le chef a signé le contrat d'une manière aussi curieuse qu'originale; il y a déployé l'adresse qui caractérise ses compatriotes, en y appliquant la copie minutieuse et soignée des dessins qui composent le tatouage de sa figure.

Les témoins de cet acte sont M. John Liddiard Nicholas, *gentleman*, qui avait accompagné M. Marsden de Port-Jackson, et M. Thomas Kendall, un des colons de la société.

A ces signatures est jointe celle d'un Nouveau-Zeelandais, qui paraît être la copie d'une partie du dessin qui se trouve sur son visage.

Le commencement des missions fut pénible, et les guerres de Chongui et la mort de Doua-Tara empêchèrent les progrès de l'Évangile parmi les naturels de la Nouvelle-Zeeland. Voici quelques détails à ce sujet, donnés par M. Williams, missionnaire :

« Les naturels m'ont conté leurs craintes superstitieuses, pour avoir brûlé quelques bâtons qui étaient sacrés, les restes de quelques vieux hangars, ainsi qu'un peu de chanvre. Un fils du vieux Tareha, mort depuis longtemps et changé en *Tanewa* (dieu de la mer), s'est montré à son père, et lui a reproché sa méchanceté et celle de ses compagnons, ajoutant qu'il ne serait point apaisé qu'on ne lui eût sacrifié quelques hommes en satisfaction du sacrilége commis; que les vents violents qui régnaient étaient causés par ce motif; qu'il chavirerait leurs pirogues, et que la mer resterait houleuse pendant fort longtemps. Le vieux Tohi-Tapou et d'autres écoutaient avec beaucoup d'attention ce récit, et soutenaient l'opinion que la tempête était une conséquence de ce qu'ils avaient profané des terrains consacrés. Ils ont une grande frayeur de Tanewa. Ils ne doivent point garder de vivres cuits dans leurs pirogues de guerre; il leur est défendu de manger ou de cracher tant qu'elles sont à flot, ni même d'y avoir du feu et de fumer leurs pipes, privations qui témoignent vivement de leur foi. Je leur dis que les Anglais étaient les premiers marins du monde, qu'ils allaient partout sans craindre Tanewa; que si les navires des naturels étaient plus solides, ils pourraient aussi naviguer sans crainte comme ceux des Anglais; mais ils ne pouvaient comprendre cela, et ils se contentèrent de dire qu'ils attendraient plusieurs jours pour que la mer fût tout à fait calme.

« Dans une nuit qui précéda une de leurs expéditions guerrières, les Nouveaux-Zeelandais faisaient un bruit épouvantable et parlaient de tous côtés, longtemps avant qu'il fît jour. Quand je demandai mon déjeuner, on me dit que le feu et l'eau étaient taboués, et que personne ne devait ni manger ni boire avant que l'oracle eût été consulté; enfin que le tohounga ou prêtre se préparait pour cette cérémonie à une petite distance. J'y allai, et je trouvai sept à huit chefs assemblés dans un lieu retiré et ombragé. D'abord on me défendit d'approcher; mais, après une courte consultation, on me le permit, eu égard toutefois à ce que j'étais un homme blanc. Ils étaient tout à fait nus, et occupés à planter en terre de petits bâtons d'un pied de long, par rang, suivant le nombre de leurs pirogues; ils en plantèrent aussi pour représenter le nombre des chefs du parti ennemi. Devant chacun de ces bâtons, ils en plaçaient deux autres de la même longueur, autour de chaque bâton était attaché un morceau de plante de *phormium* ou *kouradi* en langue maouïenne. Quand tout fut prêt, on nous fit retirer tous, à l'exception d'un vieux et pauvre diable qui n'avait pas cinq livres de chair sur les os. Une demi-heure après, le vieillard vint s'asseoir au milieu de nous; il demanda à Tohi-Tapou quels avaient été ses songes, et il raconta celui qu'il avait fait lui-même la nuit précédente, songe qu'il serait trop long de rapporter ici. On nous fit approcher ensuite avec de grandes précautions de l'endroit où le prêtre était resté à travailler, et nous trouvâmes les bâtons dans un grand désordre, tout comme si un chat se fût amusé à y prendre ses ébats; un tiers environ était étendu par terre, et ces bâtons désignaient ceux qui devaient succomber dans la bataille. On avait aussi planté un assortiment particulier de bâtons pour mon canot, c'est-à-dire, pour moi et mes jeunes gens; ils étaient tous demeurés intacts. Quelques minutes après, les naturels arrivèrent en foule et avec grand bruit pour apprendre le sort de l'expédition; chacun faisait des questions touchant son propre sort, avec tant d'instance et d'une façon si bruyante, qu'il était impossible de rien entendre. A la fin, un demi-silence s'établit, et le vieillard commença à entrer dans des détails. Il n'alla pas loin sans s'embrouiller, et l'on fut obligé de recommencer la cérémonie. Le terrain sacré fut, en conséquence, débarrassé de la présence de tous les spectateurs, et nous allâmes sur le rivage attendre le bon plaisir de ses inspirations. Quelques individus demandaient si j'avais mangé mon déjeuner, et parurent bien aises d'apprendre que je n'avais encore rien pris. Durant cet intervalle, je conversai avec tous ceux qui m'entouraient; ils semblaient attacher tout autant de confiance dans les indications qui allaient résulter des opérations du *tohounga* (*), qu'ils en auraient eu sur la direction des vents d'après la marche des nuages. Je leur assurai qu'ils abandonneraient bientôt ces pratiques, comme avaient fait nos ancêtres, et qu'ils embrasseraient l'Évangile de Notre-Seigneur Jésus-Christ. Quelques-uns acquiesçaient à mes paroles; d'autres point. A dix heures, tout étant tranquille, nous sonnâmes la cloche pour le service. Elle venait d'être apportée par le navire qui appartenait à Pi, et nous nous en servions pour la première fois; c'était un son bien agréable dans cette contrée sauvage, et au milieu de cette bande plus sauvage encore. Nous nous réunîmes au nombre de cent environ; Rewa et Te-Kohi-Kohi furent les seuls chefs de distinction; mais tous les assistants furent attentifs. Après le service, Rewa me dit qu'ils ne tarderaient pas à croire à nos paroles. »

M. Williams est un des missionnaires qui ont rendu le plus de services, après M. Marsden. Il faut encore nommer à ce sujet MM. Kendall, Yate, Davis, F. Hall, et quelques autres. Ces pasteurs prudents et courageux ont obtenu avec le temps de grands succès. Parmi les missionnaires méthodistes, MM. Stak et Hobbs ont également rendu des services et obtenu des succès.

Voici ce qu'écrivait M. Marsden en 1823 sur les missions :

« Je suis heureux de dire que toutes les missions prospèrent au delà de l'i-

(*) Ce mot signifie *prêtre* dans toute la Nouvelle-Zeeland. Les prêtres sont nommés *ariki* dans la baie des îles.

magination : dans ma troisième visite à la Nouvelle-Zeeland, en 1819, où j'ai établi à Kidi-Kidi une nouvelle mission sur un terrain de treize mille acres d'étendue que j'acquis moyennant quarante-huit haches (*), j'ai trouvé un changement très-surprenant parmi les indigènes de cette île. Plusieurs de ces cannibales sont maintenant d'humbles disciples de l'Évangile; quelques-uns le prêchent à leurs compatriotes, et mènent une vie exemplaire. Les Européens qui viennent chez eux leur font beaucoup de tort, en encourageant la guerre et toutes sortes de crimes. Il n'existe pas de magistrats dans la Nouvelle-Zeeland, ni de loi par laquelle les Européens puissent être punis de leurs meurtres et de leurs autres méfaits. J'espère qu'avec le temps on prendra des mesures pour protéger les insulaires contre leurs violences et leurs désordres. Quand je débarquai, je trouvai les armées en campagne; un grand nombre d'hommes avait été tué dans la bataille et restait étendu sur le rivage. Je ne perdis pas de temps pour communiquer avec les chefs des deux partis; la paix fut rétablie sans autre effusion de sang; mais j'entends de nouveau le signal de la guerre; elle éclatera, à moins qu'on ne puisse opposer quelque frein à la conduite des Européens. Un officier anglais qui vient de visiter la Nouvelle-Zeeland nous a assuré que ces ci-devant sauvages ont mis en fuite une bande de matelots, encouragés par leurs officiers à insulter une famille de missionnaires, parce que le gouvernement indigène et les parents refusaient de prostituer leurs filles à ces hommes indignes. Une cargaison entière de liqueurs fortes avait été colportée de porte en porte par les ennemis des missionnaires, et un navire avait dépensé mille piastres pour favoriser la débauche; mais le bon grain semé depuis quelques années produit maintenant une récolte abondante. »

Nous pensons qu'il existe trois obstacles à une prompte propagation de la religion chrétienne, 1° la présence des condamnés échappés des prisons de Port-Jackson, qui dépravent les naturels au lieu d'améliorer leurs dispositions; 2° la constitution sociale des Zeelandais divisés en une foule de petits États, formant comme autant de petites républiques aristocratiques, gouvernées par des chefs influents, toujours en guerre pour des préjugés d'honneur; 3° la coutume terrible de laver le sang par le sang.

Les missions anglaises, malgré les désastres qu'elles avaient éprouvés durant les années précédentes, n'en possédaient pas moins, en 1831, deux établissements considérables, l'un à Kidi-Kidi, gros bourg construit sur les rives d'un canal qui communique à la mer dans la partie occidentale de la baie des Iles; l'autre, à Paï-Hia, village bâti sur les bords de la rivière de Kawa-Kawa, à deux milles et vis-à-vis de Korora-Reka, outre les missions de Rangui-Hou, de Keri-Keri, de Manawa-Oura et de Waï-Maté, et non compris la mission méthodiste ou Wesleyenne établie à Mangounga, sur les bords du Chouki-Anga.

Les pasteurs et les colons anglais possèdent aussi dans le pays plusieurs terres et maisons.

Il y a deux missionnaires à Rangui-Hou, trois à Kidi-Kidi, cinq à Paï-Hia, dix à Waï-Maté; ils appartiennent tous à la société anglaise *Church-Missionary*, et résident sur les bords de la baie des Iles, sauf ceux de Waï-Maté, qui sont à environ dix lieues dans l'intérieur.

Cette station (*), qui date de l'année

(*) Treize mille acres d'excellente terre avec de la bonne eau, des sites charmants et un petit port pour quarante-huit haches en fer qui ont dû coûter une centaine de francs, certes ce n'est pas cher. W. Penn fut traité par les sauvages de l'Amérique septentrionale moins généreusement que M. S. Marsden par ces terribles Zeelandais, qui, du reste, sont tellement hospitaliers, quoique antropophages, qu'un homme juste et prudent peut voyager au milieu d'eux avec plus de sécurité qu'on ne le ferait en plusieurs contrées de l'Europe. G. L. D. R.

(*) Nous empruntons les principaux détails de l'état de cette station au *Journal des missions évangéliques*

1830, et qui est actuellement l'une des plus florissantes de la Nouvelle-Zeeland, est, entre mille autres, un monument frappant de la puissance régénératrice et civilisatrice propre au christianisme. Bien des difficultés s'opposaient à sa formation, principalement le manque de routes qui pussent servir à transporter de la côte et de Kidi-Kidi, autre station missionnaire à dix milles de là, les provisions, et, en général, les objets dont on pourrait avoir besoin dans le nouvel établissement. Après bien des recherches, on parvint à tracer une route serpentant au milieu des collines et des ravins, et, au moyen de trois ponts jetés sur des torrents, dont l'un ayant soixante pieds de longueur et quarante de hauteur, et de plusieurs grands abatis de bois, entrepris pour se faire jour à travers d'épaisses forêts, l'on parvint à établir des communications régulières entre la côte et Waï-Maté, praticables en hiver comme en été : ce fut là l'œuvre de trois mois de travail, et le tout fut exécuté par les indigènes eux-mêmes, sous la direction de deux aides-missionnaires, MM. Clarke et Hamlin.

L'établissement est situé au centre d'un district populeux, sur un sol qui présente toutes les facilités pour l'agriculture; la plaine est entourée d'un amphithéâtre de collines, couvertes de bois de construction : au pied de ces collines coulent les limpides eaux de la Waitandgi, qui arrosent et fertilisent toute la vallée. A droite de la station l'on voit le *Pouke-Nouï*, ou grande colline qui paraît être d'origine volcanique.

Jusqu'à trente-cinq milles au sud-ouest de Waï-Maté, les indigènes ont pratiqué des routes pour faciliter aux missionnaires leurs communications avec les nombreux villages, où chacun d'eux va régulièrement annoncer l'Évangile avec sa suite, composée de naturels (voy. *pl.* 179). Dans la plupart de ces villages, des chapelles ont été bâties et consacrées au service de Dieu; les unes sont en joncs, les autres en morceaux d'écorce d'arbre proprement liés ensemble; des troisièmes sont faites de ces deux sortes de matériaux réunis; l'une d'elles, plus massive et plus solide que les précédentes, est en planches : elles sont assez spacieuses pour contenir de cent cinquante à deux cents personnes, et, quoiqu'on ait pu faire peu de chose pour les décorer intérieurement, cependant, quand on réfléchit qu'elles sont le produit du travail d'hommes naguère sauvages et cannibales, et qu'elles sont propres, convenables et suffisantes pour les mettre à l'abri des intempéries de l'air, on a lieu d'en être fort satisfait, et même d'en être surpris. Chaque dimanche le service divin y est célébré par les aides-missionnaires, et occasionnellement par le pasteur de Waï-Maté. Dans ces mêmes villages l'on a établi, avec l'agrément des chefs, des écoles du dimanche et des écoles quotidiennes. Dans l'établissement même quatre écoles sont en pleine activité : l'une de petits enfants (*infant school*), fréquentée par vingt-cinq enfants environ; l'autre, pour les jeunes garçons et les adultes, est ouverte depuis six heures jusqu'à huit en été, et depuis sept jusqu'à neuf en hiver; une troisième, qui a lieu l'après-midi, est destinée aux femmes et aux jeunes filles : il s'y trouve toujours une cinquantaine de personnes; et enfin une école pour les enfants des missionnaires.

A l'exception d'un ouvrier qui a travaillé à construire un moulin, et d'un forgeron qui a préparé le fer nécessaire pour cette construction, aucun Européen n'a été employé dans l'établissement; les indigènes seuls, sous la direction des aides-missionnaires, ont fait et cuit plus de cinquante mille briques, dont on s'est servi pour faire des cheminées; plus de sept mille pieds de bois ont été coupés et sciés pour faire des planches, et plus de deux cent mille bardeaux ont été fendus et utilisés. Trois maisons d'habitation, solidement construites en planches, de quarante pieds sur vingt, avec des galeries couvertes derrière et sur les côtés, ont été élevées; en outre, on a construit des écuries pour douze à quatorze chevaux, des greniers, des ateliers de charpentier, de forgeron, des fermes, huit à dix maisons en bois, et une chapelle spacieuse, capable de contenir trois à quatre cents personnes.

Les maisons de la mission sont entourées d'une palissade en pieux, et possèdent plus de trente acres de terrain (voy. *pl.* 174) : tout ce terrain est défriché et en partie couvert de gazon, en partie planté d'arbres fruitiers et de légumes; l'on en a aussi donné quelques portions aux indigènes mariés, pour former des jardins autour de leurs demeures. Outre les terres cultivées en dedans de l'enclos, il y a au dehors plus de quarante-huit acres de champs semés d'orge, de blé, de maïs, de luzerne, etc. Aucun spectacle ne peut sans doute être plus agréable aux yeux du philanthrope chrétien que celui de la charrue européenne brisant le sol de la Nouvelle-Zeeland, et que la vue de l'indigène de ce pays la conduisant lui-même, et dirigeant les travaux d'une nouvelle agriculture. L'introduction de la charrue et de la herse a fait époque dans l'histoire de cette contrée : jusque-là les indigènes ignoraient ce qu'était capable de produire le sol qu'ils cultivaient; ils ne le savent que depuis peu d'années. Il est intéressant, en outre, de savoir que tous les objets en fer, nécessaires aux fermes, chars, wagons, charrues, herses, etc., ont été forgés dans la station; que trois puits, de cinquante pieds de profondeur, ont été creusés; qu'une écluse a été construite et un conduit d'eau pratiqué pour le moulin; que toutes les briques et les planches dont on a eu besoin ont été travaillées dans le pays et charriées de dix milles de distance, et tout cela par le moyen de quarante à cinquante jeunes gens, qui n'avaient point auparavant l'habitude du travail, et qui ont eu à lutter contre les difficultés nombreuses qui se présentent à tout instant dans un pays non civilisé.

Voici l'ordre des services à Waï-Maté, le jour du dimanche : à huit heures et demie du matin, la cloche sonne, et le service commence dans la chapelle à neuf heures. D'abord on chante un cantique; puis on lit la liturgie, traduite dans la langue des indigènes. On chante encore, et après cela le missionnaire prononce un discours. La chapelle est ordinairement remplie d'auditeurs attentifs et pieux. Le service fini, chacun trouve une occupation importante : les uns vont enseigner dans les écoles; les autres se répandent dans les villages voisins pour y annoncer l'Évangile. Le soir encore, il y a service, et une exhortation est adressée aux indigènes.

« Qu'on se représente, dit le Journal des Missions évangéliques, les échos d'une cloche de chapelle répétés par les collines de la Nouvelle-Zeeland, un pavillon avec le signe de la croix, et ces mots : *Rongo paï* (*l'Évangile*), flottant au-dessus de l'église; les habitants jadis cannibales de la Nouvelle-Zeeland se pressant, à ce double signal, dans la maison de Dieu, pour y entendre proclamer la bonne nouvelle du salut; que l'on saisisse d'un coup d'œil l'œuvre de civilisation et d'évangélisation commencée à Waï-Maté, et dont nous avons essayé de donner une description, et que l'on dise *si le lieu aride ne s'est pas réjoui, et si le désert n'a pas fleuri comme la rose; si, au lieu du buisson, n'a pas crû le figuier, et, au lieu des épines, l'olivier et le myrte, pour servir de monument perpétuel à la louange de la gloire de notre Dieu!!!* »

Aussi n'est facile de prévoir que ce peuple intelligent, brave et généreux, après avoir renoncé à l'idolâtrie, à des guerres éternelles et à l'exécrable cannibalisme, pourra, sous l'influence de la sainte morale évangélique, s'élever à de hautes destinées. Déjà, nous a-t-on assuré, M. Yate y a imprimé, en 1831, six cents exemplaires des chapitres choisis dans l'Ancien et le Nouveau Testament. Les naturels y sont fort empressés de se procurer ce petit volume, qu'ils nomment *maore*, et il est probable que bientôt il existera chez les anthropophages de la Nouvelle-Zeeland un journal comme à Haouaï.

ILES CHATAM, BOUNTY, ANTIPODE, L'ÉVÊQUE ET SON CLERC, etc.

Il nous reste à décrire rapidement les petites îles et rochers situés au sud de cette grande subdivision de la Polynésie australe que nous avons composée du groupe de Kermadec, des deux grandes îles de la Nouvelle-Zeeland et de leurs annexes, et de celles que nous avons citées dans le titre de ce chapitre.

Le Groupe Chatam fut découvert le 23 novembre 1791, par le capitaine Broughton, compagnon de Vancouver. Il mouilla dans la partie nord sur une petite baie qu'il nomma *baie de l'Escarmouche*. Il y trouva des habitants armés de lances, à qui il fit des cadeaux, et qui ne voulurent rien donner en échange. Mais ils invitèrent, par les signes les plus pressants, les Anglais à débarquer. Broughton se décida à descendre à terre, et prit possession de l'île au nom du roi d'Angleterre, selon la coutume britannique, et sans beaucoup de peine. Ce capitaine admira leurs pirogues de pêche de neuf pieds, trois pouces de longueur, sur trois de large et deux de profondeur, et construites d'un bois si léger, que deux hommes peuvent les porter sur leurs épaules. Il admira également leurs filets fabriqués avec un beau chanvre à deux brins, à nœuds bien serrés et d'un tissu très-solide.

« Après avoir fait, dit Broughton, environ une demi-lieue autour de la baie, nous arrivâmes à la place derrière laquelle, du haut du grand mât, on avait aperçu de l'eau au delà du rivage. En marchant sur la grève, nous reconnûmes que cette eau formait, à l'ouest, une vaste nappe autour d'une montagne, qui nous empêcha d'en voir plus au loin le développement. Vers l'extrémité supérieure de ce lac, le pays nous parut agréable et le terrain de niveau. L'eau était d'une couleur rougeâtre, et avait un goût saumâtre qu'elle devait probablement à l'eau salée qui filtrait à travers la grève, ou peut-être avait-elle, à l'ouest, avec la mer, quelque communication que nous n'avions pu découvrir. Nous essayâmes d'expliquer aux naturels qui nous accompagnaient que cette eau n'était pas bonne à boire, et alors ils retournèrent au bord de la mer. Quand ils furent vis-à-vis le bateau, ils devinrent extrêmement bruyants, parlèrent très-haut, et se séparèrent comme pour nous entourer. Un jeune homme s'avança vers moi avec une attitude menaçante. Il disloquait tous ses membres, retournait ses yeux, faisait de hideuses grimaces, et se donnait de la sorte, ainsi que par ses gestes, l'aspect le plus féroce. Dès que je l'eus couché en joue avec mon fusil à deux coups, ses contorsions cessèrent. Les intentions hostiles des insulaires étaient trop évidentes pour s'y méprendre; et, afin de n'avoir pas à recourir à de fâcheuses extrémités, le canot eut ordre d'avancer pour nous recevoir. Alors, quoique nous fussions sur nos gardes, ils commencèrent l'attaque; et, pour éviter d'être battu avant de pouvoir faire retraite, je fis partir à regret un coup de fusil chargé de menu plomb, que j'espérais devoir suffire pour les intimider, sans en blesser dangereusement aucun, et pour les empêcher de troubler notre embarquement. Une lourde massue, dirigée contre M. Johnstone, vint frapper son mousquet avec une telle force, que l'arme tomba à terre; mais il la releva avant que son antagoniste eût pu s'en saisir, et il fut obligé de faire feu pour parer un second coup dont il était menacé. Un soldat de marine et un matelot, qui étaient placés auprès de lui, furent, par le même moyen, forcés d'entrer dans l'eau, mais non sans avoir fait usage de leurs armes, le danger imminent auquel ils étaient exposés ne leur ayant pas permis d'attendre des ordres. Le commandant du canot, nous voyant serrés de près par les insulaires et obligés de faire retraite, fit feu aussi, ce qui les mit en fuite. J'ordonnai de cesser à l'instant, et je fus charmé de voir nos ennemis s'éloigner sans qu'aucun d'eux parût blessé. Cette illusion fut de courte durée : on découvrit qu'un homme était tombé, et je suis affligé d'ajouter qu'on le trouva sans vie. Une balle lui avait cassé le bras et percé le cœur. Nous dirigeâmes immédiatement nos pas vers le canot; mais le ressac l'empêchant de s'approcher, il fallut nous rendre d'abord à l'endroit où nous avions dessein de nous embarquer. Pendant que nous nous retirions, nous vîmes un des naturels sortir du bois où tous s'étaient réfugiés, et s'étant placé près du mort, nous l'entendîmes distinctement exprimer la douleur par des lamentations semblables à des hurlements.

« Lorsque nous approchâmes du lieu où nous avions débarqué, nous ne vîmes aucune apparence d'habitation, quoique nous dussions supposer que les femmes et les enfants nous regardaient du fond du bois, pendant que nous conversions avec les hommes à l'instant de notre arrivée. Quelques traces que l'on suivit ne conduisirent qu'à des monceaux de coquilles et à des retraites entourées d'une simple palissade, et formées de la même manière que celles que nous avions vues à notre débarquement. Pour donner à connaître aux naturels les bonnes intentions avec lesquelles nous étions venus vers eux, et pour leur faire aussi quelque réparation du mal que nous leur avions fait éprouver, en nous défendant contre une attaque que nous n'avions point méritée, nous plaçâmes dans une pirogue le reste des bagatelles que nous avions apportées. Pendant que nous faisions route pour gagner le vaisseau, nous en vîmes deux qui accouraient vers le lieu où ces pirogues étaient mouillées; mais, quand nous fûmes à bord, il nous devint impossible de les distinguer, même avec nos lunettes.

« Les hommes étaient de moyenne taille, vigoureux, bien proportionnés, et ils avaient les membres pleins; leurs cheveux et leur barbe étaient noirs, et quelques-uns les portaient longs; les jeunes gens avaient leur chevelure relevée en nœuds sur le sommet de la tête, et entremêlée de plumes noires et blanches; quelques-uns d'entre eux s'étaient arraché la barbe. Ces insulaires ont tous le teint d'un brun obscur, les traits prononcés et de mauvaises dents; leur peau n'offrait aucun signe de tatouage, et ils semblaient très-propres. Pour vêtement ils portaient une peau d'ours ou de veau marin attachée autour du cou avec un cordon natté, et qui leur tombait jusqu'aux hanches, le poil tourné en dehors; d'autres avaient en place des nattes très-artistement faites, attachées de même, et qui leur couvraient les épaules et le dos; quelques-uns étaient nus, à l'exception d'une natte d'un tissu fin, qu'un cordon fixait autour des reins. Nous ne remarquâmes pas qu'ils eussent les oreilles percées, ni qu'ils portassent des ornements sur leurs personnes, excepté cependant quelques-uns d'entre eux qui avaient un collier de nacre de perles. Plusieurs avaient leur ligne, qui était faite avec la même espèce de chanvre que leurs filets, passée autour du corps comme une ceinture; mais nous ne vîmes point leurs hameçons. Nous distinguâmes deux ou trois vieillards qui, toutefois, ne paraissaient revêtus d'aucune autorité. Tous annonçaient beaucoup d'enjouement, et notre conversation excita fréquemment de grands éclats de rire parmi eux. Il est difficile de se faire une idée de leur surprise et de leurs exclamations lorsque nous débarquâmes; ils indiquaient du doigt le soleil, puis nous-mêmes, comme pour nous demander si nous en descendions. Le manque d'habitations nous fit supposer que cette partie de l'île n'offrait aux habitants qu'une résidence temporaire, où ils se rendaient pour se procurer du poisson et des coquillages. Il se trouve ici différentes sortes de ces derniers qui doivent être très-abondants. Nous vîmes des bras d'écrevisses dans les pirogues; et, comme les oiseaux étaient en grand nombre sur le rivage, et qu'ils volaient autour des naturels comme si ceux-ci ne les inquiétaient jamais, nous jugeâmes que la mer fournit à ces hommes leur principale subsistance. Des pies de mer noires avec un bec rouge, des courlis tachetés de noir et de blanc avec un bec jaune, de gros pigeons ramiers comme ceux de la baie Dusky, des canards d'espèces très-variées, de petites alouettes et des guignettes de sable, étaient en grand nombre sur le rivage. »

L'île principale, nommée aussi *Chatam*, a douze lieues de longueur de l'est à l'ouest; les autres, moins considérables, ont reçu les noms d'îles des *Deux-Sœurs*, *Pitt*, *Pyramide* et *Cornwallis*. Cet archipel austral a environ cent vingt milles d'étendue du sud-est au nord-ouest; il a pour limites géographiques en latitude sud 43° 38' et 44° 40', en longueur ouest 179° et 177°.

Les îles BOUNTY furent découvertes, en 1788, par Bligh. Elles forment un groupe de treize îlots ou rochers, occupant un espace de trois milles et demi est et ouest, et d'un mille et demi du nord au sud. Latitude sud 47° 44'; longitude est 176° 47'. Quelques navires européens et américains s'y livrent à la pêche des phoques. Elle n'a point d'habitants.

L'île ANTIPODE est déserte; elle fut découverte en 1800, et visitée par le capitaine Pendleton, de l'*Union*, qui la trouva médiocrement élevée. Elle a reçu le nom d'Antipode, parce qu'elle est située à peu près aux antipodes de Londres, et peu loin de celles de Paris. Latitude sud 49° 40'; longitude est 177° 20'. On y fait la pêche des phoques.

Les îles AUCKLAND ont été découvertes par le capitaine Briston du navire baleinier *Océan*. Elles furent visitées par plusieurs bâtiments pêcheurs, et, en 1830, par l'Américain Benjamin Morrell, qui y passa huit jours au mouillage. Morrell dit que ces îles sont couvertes d'une riche végétation; que sur les hauteurs s'élèvent des arbres magnifiques, dont on remarque surtout deux grandes et belles espèces : l'une, une espèce de sapin; l'autre, une sorte d'érable; la première, plus propre à la mâture; la seconde, plus convenable pour les constructions. « Sur le rivage, ajoute-t-il, on trouve le céleri et le cochléaria à côté d'autres plantes moins utiles. L'unique quadrupède de l'île est le rat; mais on y voit beaucoup d'oiseaux d'un fort beau plumage et d'un chant très-agréable, entre autres, des pigeons, des perroquets, des perruches, un coucou, un gros bec et d'autres espèces inconnues. Il y a quantité d'excellents poissons. Les coquillages les plus abondants et les plus délicats sont les moules, dont quelques-unes ont jusqu'à douze ou quinze pouces de longueur. Le climat du groupe Auckland est doux, salubre et tempéré. » Morrell affirme avoir entendu dire à des capitaines qui avaient visité cette île au fort de l'hiver, que le thermomètre n'y était jamais descendu au-dessous de 3 ou 4° dans les vallées, et que les arbres à cette époque y conservaient leur feuillage comme dans la belle saison. Lui, qui s'y trouvait au milieu de l'été, n'y vit jamais le mercure au-dessus de 25° 6'. Aussi conseille-t-il fortement à ses compatriotes d'y former un établissement, attendu que nul point de l'hémisphère austral ne présente plus de richesses : mais Morrell est généralement exagéré. Ce dont on ne peut douter, c'est que ce groupe offre plusieurs bons mouillages. Les petites îles qui entourent Auckland se nomment *Enderby*, *Desappointement* et *Adams*. Latitude sud 50° 40'; longitude est 164° (milieu).

L'île CAMPBELL, qui ne se compose que de rochers anguleux, fut découverte, en 1810, par le navire baleinier *Persévérance*. Selon M. de Freycinet, qui rangea ses côtes en 1820, c'est une terre montueuse de dix lieues de circonférence. Position géographique : 52° 43' latitude sud; 167° 2' longitude est (îlot du sud-ouest). Campbell est privée d'habitants.

Le petit groupe MACQUARIE fut découvert, en 1811, par un pêcheur de phoques, qui put s'y procurer quatre-vingt mille peaux. Ce groupe fut revu, en 1820, par le russe Bellinghausen. Selon ce navigateur, l'île principale a dix-neuf milles de long sur cinq ou six de large, et offre deux mouillages ouverts. Malgré sa haute latitude, elle est couverte de végétation, et on y voit de jolies petites perruches vertes qui vivent dans l'herbe. A peu de distance au nord, sont deux rochers nommés le *Juge et son Clerc* (*Judge and his Clerk*), et au sud, deux îlots désignés par les noms de l'*Évêque et son Clerc* (*Bishop and his Clerk*). Latitude sud 54° 39', longitude est 156° 21'. C'est la terre la plus australe connue de l'Océanie.

RÉFLEXIONS SUR LES TERRES POLAIRES ANTARCTIQUES.

En décrivant ces régions australes, qui nous rapprochent du pôle antarctique, une grande pensée s'empare du voyageur-géographe.

La découverte des régions polaires n'enrichirait pas les peuples, mais il serait glorieux pour les Européens, qu'aucun obstacle n'a encore découragés, de poser sous le pôle antarctique les colonnes d'Hercule de la science. Cependant, si on s'est avancé sous le pôle arctique, au delà du 80° degré, il est probable que dans l'hémisphère austral, où la zone glaciale commence à soixante-cinq et même à soixante degrés, et où Weddel n'a pu s'avancer au delà du 74° degré, on ne trouvera par le 75° qu'une masse de glace perpétuelle.

Ainsi donc l'homme qui atteint des étoiles si reculées dans l'immensité des cieux ne pourra parvenir à connaître ces parties de notre globe. Là est l'empire de la mort; la vie n'oserait s'y montrer; l'œil d'un mortel n'en saurait contempler les mystères redoutables et inaccessibles.

GRAND ARCHIPEL MÉLANO-POLYNÉSIEN.

Nous avons composé ce grand archipel de diverses îles dont la plupart sont récemment découvertes et peu connues, telles que :

L'île SAINT-AUGUSTIN, découverte par Maurelle capitaine espagnol, en 1781. Duperrey, en 1824, fixa sa position par 5° 40' latitude sud, et 173° 47' longitude est. C'est une petite terre basse de six milles d'étendue du nord-ouest au sud-est, sur deux milles de large, y compris le récif.

L'île GRAN-COCAL, terre fort basse qui a reçu ce nom du même capitaine, en 1781. Voici de quelle manière en parle ce navigateur :

« Le 5 mai, nous trouvâmes une île très-rase, environnée d'une plage sablonneuse qui aboutissait à un récif impénétrable, au voisinage duquel je ne trouvai point de fond avec une ligne de cinquante brasses. L'île était couverte d'une immense plantation de cocos. Cette vue fit d'autant plus de plaisir à l'équipage, que les provisions faites à l'île de *Consolation* étaient ce jour-là même épuisées.

« J'envoyai la chaloupe armée pour nous amener, s'il était possible, plusieurs voitures de cocos : le brisant du récif ne le permit pas. La frégate avança néanmoins à une telle proximité de la côte, que les insulaires nous parlaient de dessus le rivage; mais nous ne vîmes aucun moyen de pousser plus avant. Cependant les indigènes jetèrent leurs canots à la mer, non sans une peine extrême, vu l'obstacle du récif; ils arrivèrent à bord en grand nombre : la difficulté de la navigation ne leur avait permis que de se charger d'un très-petit nombre de cocos. Ils essayèrent de remorquer la frégate, en amarrant divers câbles à la proue, et voguant tous ensemble vers l'île, d'où l'on jetait même des cordages pour nous tirer vers la terre. Voyant qu'en six heures de temps on n'avait pu réussir, et n'espérant aucun succès ultérieur, je fis voile au nord-ouest.

« Les habitants de cet îlot commençaient déjà à varier beaucoup dans la prononciation de plusieurs mots communs aux autres îles. Ils vinrent à bord tellement barbouillés, qu'on aurait été tenté de les prendre pour des figures de démons; la plupart avait des barbes si longues, qu'elles leur pendaient jusque sur la poitrine. Près des cocotiers, il y avait un si grand nombre de cases disposées en un fort bon ordre, qu'on pouvait en conclure que cette île est extrêmement peuplée. »

L'île ou plutôt l'îlot Gran-Cocal fut revu, en 1809, par le navire *Elisabeth*, qui le nomma *Sherson*, et M. Duperrey, en 1824, fixa sa position par 6° 6′ latitude sud, et 173° 53′ longitude est.

L'île NEDERLANDISCH, découverte, en 1825, par le capitaine hollandais Koerzen du navire *Maria Reigersbergen;* il en fixe la position par les 70° 7′ latitude sud, 175° 13′ longitude est. Selon ce marin, cette île est assez bien peuplée.

Les îles PEYSTER, groupe de dix-sept petites îles basses et habitées, découvertes, en 1819, par le capitaine Peyster du *Rebecca:* elles gisent par le 8° 5′ latitude sud, et le 175° 57′ longitude est (partie sud).

Les îles OSCAR. Elles forment un groupe de quatorze îles basses; le capitaine Peyster, qui en fit la découverte en 1819, en fixa la position par les 8° 30′ de latitude sud, et les 176° 46′ (partie nord) de longitude est.

Les îles MITCHELL, groupe d'îles basses, découvertes par Barrett. Selon ce marin, elles sont habitées et situées par le 9° 18′ latitude sud, 177° 25′ longitude est.

L'île INDEPENDENCE ou *Rocky.* Le capitaine Barrett, du navire *Independence,* fut le premier qui aperçut cette petite île; il lui donne la position suivante, qui nous paraît au moins douteuse : 10° 45′ latitude sud, 176° 45′ longitude est.

Ces îles, avec celles de *Wallis* et *Rotouma,* semblent former une chaîne qui unit tous ces groupes, et dont nous avons fait le grand archipel Mélano-Polynésien en y ajoutant les îles Onou-Afou, Duff, peut-être identique avec l'île Taumako, Kennedy, Hunter, Taumako, Fataka, Anouda, Tikopia et Allou-Fatou.

Nous y avons même compris l'archipel des îles Viti ou Fidgi, parce que ses habitants ne sont pas tous noirs, comme l'a cru M. d'Urville : dans quelques îles ce sont des Polynésiens d'un jaune très-foncé, à cause de leur mélange avec les Mélanésiens. Dans d'autres on trouve des hommes seulement jaunâtres et d'autres entièrement noirs. Dans d'autres, et c'est le plus grand nombre, ils sont noirs.

Nous ne placerons pas dans notre archipel Mélano-Polynésien les peuples de Nitendi, de Vanikoro, des îles Hébrides et des îles Salomon, qui sont généralement noirs, et qui, par conséquent, seront décrits à la grande division de la Mélanésie. Cependant ils ont eu depuis longtemps de fréquentes communications avec la race polynésienne, et, grâce aux unions intimes qui en sont résultées, les voyageurs y distinguent déjà de nombreuses nuances qui en constituent la variété hybride ou mulâtre. Nous allons donc décrire :

L'île ONOU-AFOU, dont l'existence est vague et la position douteuse, et qui paraît être identique avec l'île *Goede-Hoope,* découverte par Schouten, en 1616, après qu'il eut quitté l'île des Traîtres.

Voici ce que nous trouvons dans l'ancienne relation de cette découverte :

« Le 14 mai 1616, à cinquante lieues plus loin que l'île des Traîtres, Schouten découvrit une île où l'on espéra trouver de l'eau; dès lors les matelots la nommèrent *Goede-Hoope* (Bonne-Espérance). Dix ou douze canots nous approchèrent, sans qu'on voulût recevoir les Indiens à bord; on se contenta de leur marquer de la douceur, et on leur donna de petits paquets de verroterie pour quatre poissons volants, qu'on tira par l'arrière avec une corde. Cependant la chaloupe sondait toujours le long du rivage. Les Indiens qui étaient dans les canots l'ayant vue, firent entendre des paroles qu'on ne comprit pas, et ne tardèrent point à l'environner avec leurs canots, au nombre de quatorze; mais il y en eut quelques-uns qui sautèrent à la mer, croyant s'en rendre maîtres ou la faire tourner sens dessus dessous.

« Parmi l'équipage de la chaloupe, il y avait huit mousquetaires, et les autres bien armés de piques et de sabres. Les mousquetaires tuèrent deux hommes dans leurs canots, dont l'un tomba dans le même moment, et l'autre demeura encore un peu sur son séant, essuyant de ses mains le sang qui lui sortait de la poitrine; mais bientôt après il tomba aussi à la mer. Ces morts si imprévues effrayèrent les autres, qui se retirèrent au plus vite. On vit aussi beaucoup de gens sur le rivage, qui criaient et hurlaient de toutes leurs forces : *Bou, bou, bou!* Le capitaine leur avait précédemment demandé des cochons et des poules, en leur disant : *Waka en omo;* mais il parut qu'ils ne savaient ce que c'était, ou qu'ils n'entendaient pas ce langage. Comme on n'avait point trouvé de bon mouillage, on remit la chaloupe dedans, et l'on se dirigea vers le sud-ouest pour gagner plus facilement le sud, où l'on espérait faire des découvertes; d'ailleurs la mer brisait si fort contre cette île, qu'il n'aurait presque pas été possible d'aller au rivage, où l'on ne voyait que des rochers élevés, verts par le haut, et des terres noires avec des cocos et de la verdure. Il y avait sur la côte des maisons en divers endroits et un gros bourg; l'île était montueuse, mais les montagnes n'étaient pas fort hautes. »

Le petit groupe DUFF qui se compose de onze petites îles découvertes par le capitaine Wilson, en 1797. Sa latitude sud est par les 9° 30', sa longitude est par le 164° 30'. La plus grande de ces îles, qu'il nomma *Disappointment*, a douze lieues de tour. Sur la partie orientale du groupe est un rocher ressemblant à un obélisque. Les naturels sont grands, bien faits, d'un jaune cuivré, et appartenant à la race polynésienne mêlée.

L'île KENNEDY, au nord-est de l'archipel *Nitendi* ou *Santa-Crux*, par 8° 17' de latitude sud, et 165° de longitude orientale. Elle est fertile et bien peuplée.

L'île *Hunter*, nommée, en 1823, ONACUSE par son découvreur, le capitaine Hunter du navire *Dona Carmelita*. Latitude sud 15° 31', longitude ouest 178° 36'.

A peu de distance dans le nord-est, ou est-nord-est des îles Duff se trouve peut-être Taumako, découverte par Quiros, le 7 avril 1606, si toutefois elle n'est pas identique avec les îles Duff elles-mêmes, ce que nous pensons, grâce aux rapports frappants de position et de configuration. D'Urville croit qu'il est plus sûr de rapporter Taumako à une île Matou-Iti, découverte, en 1801, par le capitaine Kennedy du *Nautilus*, et que celui-ci signale comme une terre bien peuplée et d'une certaine hauteur. Elle a été placée par 8° 40' latitude sud, et 165° 40' longitude est. En 1828, d'Urville l'a cherchée dans cette position sans la retrouver: aussi soupçonne-t-il qu'on l'a placée trop loin dans l'est. Dans ce doute, nous croyons qu'il est important de ressusciter le vieux récit de Quiros, comme point d'indication et de comparaison pour les navigateurs futurs qui tenteraient de la retrouver. Voici la traduction de ce récit espagnol devenu excessivement rare :

« Nous courûmes jusqu'au 7 avril 1606, laissant des terres à bord et à tribord, autant que nous pûmes en juger par la quantité d'oiseaux et de rochers de pierre ponce que nous apercevions. L'après-midi, le grand navire vit à l'ouest-nord-ouest une terre noire et brûlée comme un volcan. On mit en panne durant la nuit, de crainte des basses. En s'avançant le lendemain matin vers la terre, on trouva douze ou quinze brasses de fond pendant deux heures de bonne route, puis une mer sans fond. Il fallut encore différer au lendemain 9. Le pilote Torrès s'avança dans le petit vaisseau, longeant la bande du sud-ouest dans un canal entre deux petites îles, où il aperçut, non loin du rivage, diverses cabanes parmi les arbres. On mouilla sur vingt-cinq brasses entre la grande île et les deux îlots; les barques allèrent à terre, d'où elles rapportèrent au navire quelque eau douce, des patates, des cocos, des palmettes, des cannes douces et autres racines, pour montrer des productions du pays. On prit la-dessus le parti d'envoyer cinquante ou soixante hommes traiter avec les insulaires. Les nôtres, peu après leur départ, découvrirent, au milieu d'un îlot entouré de chaussées, un monticule de pierres vives, qui paraissait fait à mains d'hommes, au-dessus duquel il y avait une soixantaine de cabanes couvertes de palmiers et garnies de nattes au dedans. Nous apprîmes depuis que c'était une forteresse où les insulaires se retirent quand ils sont attaqués par leurs voisins, qu'ils attaquent souvent eux-mêmes, ayant de bonnes et grandes pirogues, avec lesquelles ils font canal en toute sûreté. Nos gens prirent terre et commençaient à marcher vers ce lieu, lorsqu'ils aperçurent près de la côte quelques-unes de ces pirogues pleines d'Indiens. Ils apprêtèrent aussitôt leurs armes à feu se mirent sur la défensive; mais c'était inutile, car les insulaires désiraient la paix autant que nous. Ils se mirent dans l'eau jusqu'à la ceinture pour gagner plus promptement la terre, et vinrent de notre côté en nous saluant d'un air joyeux, et marchant vers l'habitation, comme pour nous y guider, ayant à leur tête un capitaine qui portait un arc au lieu d'un bâton. La vue de tant de gens robustes continuait cependant à nous tenir en crainte; nous nous rapprochâmes du rivage, de peur surtout qu'ils ne vinssent à submerger notre canot, si nous nous en éloignions.

« Nous fîmes des signaux, pour avoir du renfort, à la barque de la capitaine, et même à nos vaisseaux mouillés à portée de vue; et, quand nous nous vîmes en force, nous commençâmes à marcher vers l'habitation. Tous ces mouvements de notre part avaient fait disparaître les Indiens. Nous marchâmes en bon ordre, avec de grandes précautions, regardant autour de nous de tous côtés, pour voir s'il n'y avait point d'embuscades auprès des cabanes; mais, n'y trouvant plus une âme vivante, il fallut regagner le rivage, où nous élevâmes en l'air un linge blanc en signe de paix. Les Indiens revinrent alors à nous d'un air de gaieté; leur chef tenait en main un rameau de palme qu'il offrit à Paz de Torrès en l'embrassant. Ses compagnons en firent de même, et les nôtres ne se sentaient pas de joie de se voir si bien reçus dans un pays où ils trouvaient de l'eau et du bois, dont l'équipage avait tant de besoin. Deux vieillards, survenus dans ces entrefaites, posèrent leurs armes à terre sur le bord de la rivière, et nous saluèrent d'une manière soumise. Nous comprîmes, par les gestes des insulaires, que l'un d'eux était le père ou l'oncle de leur chef, nommé Talikou. Nous nous arrêtâmes ensemble sur une petite esplanade au-devant de la forteresse. Si ces insulaires admiraient nos armes et nos vêtements, de notre côté nous étions surpris de les voir si bien bâtis, si agiles, si robustes.

« Quand nous nous vîmes bien en sûreté, et que le chef des Indiens eut disposé son monde de côté et d'autre, ne gardant autour de lui que deux insulaires et un petit garçon, nous résolûmes aussi de prendre un peu de repos après tant de fatigues. On posa deux corps de garde, l'un sur la côte, l'autre dans l'habitation, et le reste de nos gens s'étant désarmés se répandirent par la forêt, où ils cueillaient des fruits, tandis que les sauvages amenaient dans leurs pirogues du bois et de l'eau pour l'escadre.

« C'était le jour de Pâques fleuries; on célébra la messe dans une cabane, où la plupart des gens de l'équipage firent leurs dévotions. Nous restâmes sept jours dans cet endroit. Le besoin qu'on avait, pour le reste de la route, de quelques insulaires qui connussent ces parages et entendissent la langue, nous fit prendre la résolution d'enlever quatre en partant. Leur chef, au désespoir, vint lui-même au vaisseau avec son fils pour les réclamer. N'ayant rien pu obtenir, il s'en retournait fort triste, lorsqu'il aperçut le canot dans lequel on emmenait par force ces quatre malheureux, qui, dès qu'ils virent leur chef, se mirent à pousser des cris lamentables. Celui-ci, déterminé à risquer sa vie pour leur liberté, venait de donner le signal à ses pirogues, quand le bruit d'un coup de canon sans boulet, que nous tirâmes du vaisseau, les effraya tellement, que le chef, faisant un geste aux captifs pour marquer qu'il n'était pas en son pouvoir de les délivrer, s'éloigna d'eux, les larmes aux yeux. Le lendemain un des insulaires sauta dans la mer. Ce qui nous obligea de veiller sur l'autre que nous avions à bord; car on en avait mis deux sur chaque vaisseau. Cependant nous ne

17.

pûmes si bien faire que celui-ci ne se jetât encore à la mer le 21 avril, comme nous étions en vue d'une belle côte située au sud-est, pleine de bois, de verdure, de palmiers et de terres cultivées. C'était vers le 12° de latitude : nous envoyâmes donner avis de notre perte au vaisseau amiral, ce qui n'empêcha pas qu'un de leurs prisonniers n'en fît autant ; et, si le quatrième ne suivit pas le même exemple, c'est qu'il était leur esclave, et qu'il se trouvait mieux traité parmi nous qu'il ne l'avait été chez ses maîtres de l'île Taumako. »

TIKOPIA.
GÉOGRAPHIE.

Tikopia, petite île située par le 12° latitude sud, a environ sept à huit milles de tour. Elle est élevée, montueuse et bien boisée, hérissée de pitons, et de formation volcanique ancienne. Elle n'a point de port. On l'approche d'assez près sur le bord de la mer. Dans le sud-est est un étang d'eau saumâtre, peuplé de canards sauvages.

RACE, PHYSIONOMIE ET CARACTÈRE.

Les habitants de cette île, grands, robustes et d'une couleur cuivre peu foncée (voy. pl. 218 et 301), au nombre d'environ cinq cents, appartiennent à la race polynésienne. Mais on y trouve déjà un mélange d'une des deux races noires de la Mélanésie, celle des Papouas, la plus belle des deux. Ils portent, comme les Carolins, les cheveux longs et flottants sur les épaules. Ils leur ressemblent beaucoup par leur bonté, leur douceur, leur gaieté et leur confiance, et, comme eux, ils se tatouent la poitrine et le dos. Nous les croyons, au reste, issus des Carolins. Quelques-uns, imitant les Mélanésiens de Vanikoro, mettent des anneaux d'écaille de tortue à leurs oreilles et dans la cloison du nez.

Dillon nous apprend, d'après ce qu'il a ouï dire au matelot Buchart, que les Tikopiens sont extrêmement doux, inoffensifs, généreux et hospitaliers, comme le prouve suffisamment l'accueil qu'ils ont fait à ce même Buchart, au lascar Joé et à une femme de Viti que Dillon y laissa, et qui y furent bien accueillis.

Ils n'avaient jamais eu aucune communication avec d'autres bâtiments que le *Hunter*, en 1813 ; mais ils disent que, longtemps avant son apparition, un bâtiment s'étant présenté en vue de l'île, ils s'imaginèrent qu'il contenait de mauvais génies venus pour les détruire. Ce bâtiment mit son canot à la mer et s'approcha de terre ; mais les habitants assemblèrent toutes leurs forces pour s'opposer au débarquement. Les hommes du canot firent plusieurs tentatives pour débarquer, mais sans effet, et ils retournèrent à bord de leur bâtiment, qui appareilla aussitôt, et qui fut bientôt hors de vue, à la grande joie des Tikopiens. Le capitaine Dillon dit que ce bâtiment devait être le *Barnwel*, en 1798.

Quelques années après, une pirogue avec quatre hommes fut poussée par les courants de Rotouma (îles Grenville de la *Pandore*) à Tikopia, qui en est éloignée de 465 milles. On leur donna connaissance du bâtiment qui portait les mauvais génies ; mais les Rotoumiens les détrompèrent et leur dirent qu'ils avaient fréquemment de semblables visiteurs à Rotouma, et qu'ils étaient toujours bien venus ; car, au lieu d'être de mauvais génies, les hommes des bâtiments étaient bons, qu'ils venaient d'un pays éloigné pour leur donner des objets de coutellerie et de verroterie. Le *Hunter* était le premier bâtiment qui se présentait à Tikopia depuis cette époque, et les habitants furent très-heureux quand ils l'aperçurent.

MŒURS ET COUTUMES, RELIGION, GOUVERNEMENT, INDUSTRIE, ETC.

Plusieurs usages de ces indigènes sont extraordinaires. Le capitaine Dillon fut surpris du grand nombre de femmes que l'on voit à Tikopia ; il est au moins trois fois plus considérable que celui des hommes ; il apprit que tous les enfants mâles, à l'exception des deux aînés, sont étranglés dès leur naissance. Ils donnent pour raison que la population de leur petite île est si grande, que, sans cette mesure, ses produits seraient insuffisants pour nourrir les habitants qui sont au nombre d'environ cinq cents. Le sol est très-fertile; néanmoins il y a rareté de provisions. Ils vivent principalement de végétaux, n'ayant ni porcs ni volailles, qui sont si abondants sur les autres îles. Ils en avaient autrefois, mais ils furent considérés comme des animaux nuisibles, et, comme tels, exterminés d'un consentement général. Les porcs détruisaient leurs plantations d'ignames, de patates, de taros et de bananes, qui, avec les fruits de l'arbre à pain, les noix de coco et le poisson, forment leur nourriture. La grande profondeur de l'eau autour de l'île rend le poisson rare. Le Prussien Buchart se plaignait beaucoup de cette diète forcée; car, à l'exception d'un peu de poisson qu'il avait goûté de temps en temps, il avait été onze années sans goûter de nourriture animale. Un baleinier anglais, qui toucha dans ce lieu, un an avant le *Saint-Patrick*, le régala deux ou trois fois avec du porc; ce qui, après un long jeûne, lui procura un plaisir extrême.

L'île est gouvernée par un chef, ayant sous ses ordres quatre petits chefs qui font l'office de magistrats. Ils vivent paisiblement; ils n'ont jamais de guerre entre eux ni avec les voisins, ce qui peut être attribué à leur diète pythagoricienne; mais cela ne les empêche pas d'avoir de la propension pour le vol; et quoique la punition soit très-sévère pour celui qui est pris en flagrant délit, les gens de la basse classe s'entrevolent les fruits de leurs jardins et de leurs plantations. Si le voleur est arrêté, il est conduit devant un chef, et, sur la conviction du fait, son terrain et sa propriété sont saisis au profit de celui qui a été volé, et il est quelquefois forcé de changer de canton, en attendant, disent-ils, qu'*Atoua* (Dieu) punisse les voleurs et les fasse mourir. Le premier chef se nomme aujourd'hui Kafeka.

La pluralité des femmes est permise à Tikopia. La cérémonie du mariage est curieuse. Quand un homme veut se marier, il consulte d'abord poliment l'objet de ses affections; et si elle agrée ses offres, et que les parents y donnent leur consentement, il envoie trois ou quatre hommes de ses amis pour l'enlever, comme si c'était de force. Il adresse ensuite en présent, aux parents de la fiancée, des nattes et des provisions, et les invite chez lui à une fête qui dure ordinairement deux jours. On soumet le consentement au chef, et lorsqu'il l'a donné, les époux lui apportent un panier de fruits.

Ils sont très-susceptibles sur la fidélité des femmes mariées. Une femme surprise en adultère peut-être mise à mort avec son amant par le mari, mais l'infidélité est assez rare et le mari use rarement de ce terrible droit de la force. Les femmes non mariées sont libres dans leur conduite.

A la naissance d'un enfant, les amis du père et de la mère s'assemblent et apportent des présents à la nouvelle accouchée. On laisse la vie à tous les enfants du sexe féminin.

A la mort d'un naturel, ses amis viennent chez lui, l'enveloppent soigneusement et avec beaucoup de cérémonie dans une natte neuve, et le placent dans un trou préparé près de sa demeure.

Un fait curieux dont se rendent compte difficilement ceux qui ne croient pas à l'apparition des revenants, c'est que cette croyance est universelle parmi les insulaires de la mer du Sud; et il n'est pas présumable que ces idées leur soient venues de l'ancien monde.

A Tikopia, il existe un grand bâtiment appelé, dans le langage des habitants, la maison des Esprits. On suppose qu'ils y résident; et à l'approche d'un coup de vent ou d'un orage, circonstances qui alarment extrêmement les insulaires, ils accourent à cette maison, et y demeurent aussi longtemps que l'orage, faisant des offrandes de racines de kava, de noix de coco et autres mets.

Ils s'imaginent que l'orage est causé par le chef des esprits, qui, quand quelque chose lui déplaît, monte sur la partie la plus élevée de l'île, et manifeste sa colère en faisant naître une tempête, et ils croient que, quand il est apaisé par des offrandes, il retourne à la salle des esprits.

Leur nourriture ordinaire consiste en fruits à pain, ignames, taros, cocos, bananes, évis, poissons volants, etc. Il paraît qu'ils préfèrent le requin aux autres poissons.

Les cocos appartiennent à tout le monde; cependant les chefs en ont la plus grande partie.

Les Tikopiens font un repas cuit chaque jour, de quatre à cinq heures du soir; le lendemain ils en mangent les restes froids, et tout le long du jour, ils consomment des cocos et des bananes.

Voici comment ils préparent leurs aliments. Ils font un trou circulaire d'environ trois pieds de diamètre et d'un pied de profondeur. Ils y mettent du bois, et quand ce bois est suffisamment brûlé, ils y jettent un certain nombre de petites pierres noires du poids d'environ un quart de livre : celles-ci rougissent bientôt, et, à mesure que le bois se consume, elles tombent dans l'excavation, qu'elles finissent par remplir; on les recouvre alors promptement de feuilles vertes ou d'herbes non susceptibles de s'embraser, et sur lesquelles on place les ignames, des fruits de l'arbre à pain, des patates, ou tout autre qui doit subir une cuisson. Par-dessus, on met quelques feuilles, puis une couche de la terre sortie du trou, que l'on étale et que l'on tasse bien, de manière à renfermer les aliments et à empêcher la chaleur de s'évaporer. Une heure après, la terre est enlevée, et les mets sont retirés parfaitement cuits et d'une propreté remarquable. Les habitants de chaque maison se construisent chaque soir un four semblable, et au soleil couchant, ils font un très-bon repas. Les restes, quand il y en a, sont réservés pour le déjeuner du lendemain. Quand il n'y en a pas, ils font un léger déjeuner avec des noix de coco et quelques bananes.

Les Tikopiens font usage de noix de bétel et de *chounan* (chaux). Ils sont très-propres sur leurs personnes, et se baignent, plusieurs fois par jour, dans de petits ruisseaux d'eau fraîche, qui sont nombreux dans l'île. Il y a un lac d'eau douce très-profond dans la partie méridionale, sur lequel on trouve un bon nombre d'oiseaux sauvages.

Ces indigènes n'ont que de très-petites pirogues qui ne peuvent contenir que six personnes. Ils bornent leurs voyages à l'île d'Onate, située à environ soixante milles au vent, et aux îles de Vanikoro, à la même distance sous le vent.

Les vents du nord-ouest règnent à Tikopia pendant les mois de décembre, janvier, février et mars; ils sont accompagnés de fortes pluies et d'orages. Le capitaine Dillon présume que c'est la mousson du nord-ouest qui règne alors dans les mers de Banda. Ces vents soufflent parfois avec beaucoup de violence.

La population est répandue dans quatre villages qui sont : *Laven-ha*, *Namo*, *Oula* et *Faéa*.

Le grand prêtre, nommé Taouradoua, est le ministre du premier chef. Il a trois autres prêtres sous ses ordres; ces derniers font les mêmes gestes que le grand prêtre dans les cérémonies religieuses, mais ils ne peuvent pas parler.

Chaque chef a son dieu : un poisson, dont nous ignorons le nom, est le dieu de Kaféka. La murène est le dieu de Taoumako; c'est, d'après les Tikopiens, le dieu de la mer, qu'ils nomment Atoua de Taï. Le dieu du ciel, nommé seulement *Atoua*, est le dieu de Fan-haréré. La roussette (chauve-souris) est le dieu de Tafoua. On la nomme aussi *Atoua-tapou*.

Avant de manger, les Tikopiens jettent par terre une petite portion de leurs aliments, qu'ils offrent aux dieux.

A la mort d'un de leurs parents, ils se déchirent quelquefois la peau jusqu'au sang. Les chefs sont enterrés dans leurs maisons.

Dans les cérémonies religieuses, les

femmes reçoivent des hommes leur nourriture. Ceux-ci la leur donnent derrière le dos.

Il y a dans l'île plus de femmes que d'hommes. Les hommes aiment beaucoup mieux avoir des garçons que des filles. A la naissance d'un garçon, on vient les féliciter et leur faire des cadeaux. On ne fête pas la naissance d'une fille.

Les jeunes Tikopiens ne veulent pas se marier avec les veuves; mais les veufs du pays se marient avec les jeunes filles, tandis que les étrangers ne peuvent épouser que des veuves. Le lascar Joé a épousé une veuve qui a de grands enfants de son premier mari; il allait souvent chez cette femme, qui lui demanda un jour s'il voulait se marier avec elle. Le lascar ne répondit ni oui ni non. Aussitôt la veuve le barbouilla de rouge, et le mariage eut lieu.

Les jeunes filles s'abandonnent quelquefois; celles-là seulement, et même rarement, se rendent coupables de la mort de leurs enfants.

Le suicide est très-rare dans cette île.

Les Tikopiens n'ont point de guerre entre eux, ni avec leurs voisins. Quand ces bons insulaires se disputent, ils sont grondés par les chefs, qui leur disent que les esprits leur feront mourir.

Ils ne prennent point le kava; le prêtre seul goûte cette liqueur dans les cérémonies religieuses; il la répand sur la terre en l'offrant à Dieu.

Un Tikopien, presque centenaire, disait que l'*Astrolabe* était le huitième navire qu'il avait vu. On ne voulut point permettre à l'équipage du premier de ces navires de descendre à terre. Le second qui visita Tikopia leur donna des cercles de barriques dont ils firent des haches et des couteaux. Jusqu'alors ils ne s'étaient servis que de pierres. Les insulaires n'ont point eu de querelles avec les divers étrangers qui les ont visités. Le centenaire racontait que, du temps de son père, des pirogues de Tonga-Tabou vinrent leur faire du mal. On conserve comme autant de trophées à Tikopia, dans la maison des esprits, quelques fragments des pirogues de Tonga-Tabou, dont, à cette époque, ils étaient parvenus à s'emparer.

Le nombre ordinaire des enfants dans chaque famille varie de trois à huit. Il existe peu d'exemples de stérilité dans l'un et l'autre sexe. Les accouchements sont extrêmement faciles. On n'entend pas parler de femmes mortes en couches. Les avortements n'ont jamais lieu. La durée de la lactation est de trois ans.

La lèpre est à peu près la seule maladie qui règne parmi eux.

Il y a un médecin à Tikopia, dont l'huile de coco administrée en frictions est le remède universel. Ce médecin se nomme *Brinotaou*; il a une maison dans chacun des villages suivants: Outa, Namo et Faéa.

Les travaux de l'homme et de la femme consistent surtout à aller chercher des aliments; les femmes fabriquent les vêtements et travaillent plus que les hommes. Ceux-ci construisent les pirogues. Le grand charpentier, *Beré-ciaki*, dirige tous les travaux de ce genre; il réside à Namo. Les Tikopiens labourent la terre avec des instruments de bois. Ils se servent pour la pêche de lignes et de filets.

Un homme qui n'a rien à manger peut aller se pourvoir de fruits et de légumes dans le champ d'autrui, personne ne l'en empêche.

Il y a très-peu de femmes publiques. Ce sont exclusivement des veuves qui se livrent à ce genre de commerce, qui se fait ordinairement la nuit.

Les Tikopiens croient à une vie future et ils sont persuadés que toutes les âmes vont dans le ciel. M. Guimard demanda à l'un d'eux s'il croyait à la punition des méchants et à la récompense des bons, il lui répondit très-naïvement : *Il n'y a pas de méchants parmi nous.*

Ils n'ont ni augure ni devins. Avant d'enterrer les morts, ils ont soin de les peindre en rouge.

Les chefs ne sont pas autrement tatoués que les hommes du peuple. Le tatouage se pratique avec une arête de poisson fendue en cinq parties, qu'ils frappent avec une longue baguette. Deux espèces de tatouage existent parmi eux, celui de Tikopia et celui de Rotouma.

Ils se baignent très-fréquemment.

Ils dansent quelquefois toute la nuit, quand il fait clair de lune.

Les colliers, les bracelets, les pendants d'oreilles, sont les parures ordinaires des hommes et des femmes.

Ils divisent l'année par lunes.

Ils désignent les quatre points cardinaux par les noms suivants :

Fagatiou qui répond au nord
Parapou au sud,
Ton-ha à l'est,
Raki à l'ouest.

Ils ont des manufactures d'étoffes fabriquées avec le mûrier-papier.

Ils n'ont point d'instruments de musique. Dans les danses, ils battent la mesure avec deux bâtons, dont ils frappent une planche qui leur sert de tambour.

A la mort d'un chef, c'est le fils qui succède; à défaut, c'est le frère; c'est encore le frère, si le fils est trop jeune.

Les naturels, avant de parler à leurs chefs, quand ils vont leur demander quelque chose, embrassent la terre devant eux.

A l'époque du départ du capitaine Dillon, beaucoup de Tikopiens furent pris d'une toux épidémique (c'était peut-être la *grippe*); ils s'imaginèrent que le capitaine Dillon leur avait apporté cette maladie. Quinze à vingt jours après le départ de ce dernier, voici ce qu'ils firent pour mettre un terme à cette affection : ils construisirent une petite pirogue, la garnirent de bouquets; les quatre fils des premiers chefs la portèrent tout autour de l'île; toute la population tikopienne assistait à cette solennité; les uns frappaient sur les broussailles, d'autres jetaient de grands cris; revenus au lieu du départ, à Faéa, ils lancèrent la pirogue à la mer.

Cette cérémonie a lieu toutes les fois qu'une épidémie exerce ses ravages à Tikopia.

Les rats et les roussettes sont les seuls mammifères de cette île. On y a trouvé des colombes, des perroquets, des canards et fort peu d'insectes. Les mollusques, plus nombreux, offrent des nérites, des cônes, des buccins, des mitres, des colombelles, des pourpres, des fuseaux, des strombes, etc., comme nous le voyons dans le journal de M. Gaimard, à qui nous avons emprunté, ainsi qu'au capitaine Dillon, la plupart des détails précédents sur cette île et ses habitants.

EXPLORATION.

Une excursion de M. de Sainson nous donnera une heureuse idée de ces insulaires.

« Il y avait une heure, dit cet artiste habile et spirituel, que nous avions quitté la corvette pour nous rendre à terre, lorsque nous rencontrâmes le banc de corail, qui s'avance à une grande distance dans la mer, et le canot s'y trouva arrêté. Beaucoup de naturels s'étaient assemblés sur ce récif, et, dès que nous sautâmes à l'eau, chacun de nous se trouva environné et soutenu par trois ou quatre indigènes. Cette politesse empressée nous fatigua d'abord; mais nous en ressentîmes bientôt les bons effets. Le corail était fort inégal, et les eaux cachaient çà et là de grands trous, qu'il était difficile de distinguer à travers les couleurs éblouissantes du fond. Malgré la précaution de nos guides, nous ne laissâmes pas de tomber quelquefois avec eux dans ces pièges sous-marins, et chacun s'en retirait avec de grands éclats de rire.

« Lorsque nous touchâmes le sable de la plage, ce fut autour de nous une véritable foule curieuse, empressée, mais dont tous les visages respiraient la joie et la douceur. C'était à qui nous toucherait la main en signe de bienvenue, à qui surtout remplacerait nos officieux gardes du corps, qui, mouillés comme nous des pieds à la tête, n'avaient pas abandonné leur poste, et nous soutenaient toujours avec la même sollicitude, bien que notre marche sur le sable uni fut alors très-assurée.

« Au détour d'une roche immense qui s'élève sur la côte, nous nous trouvâmes au milieu de quelques cases, sur une petite place autour de laquelle une riche végétation répandait un véritable ombrage. Les chefs de l'île, rassemblés en ce lieu, étaient assis les jambes croisées sur de longues nattes, et la population se tenait respectueusement derrière eux. Arrivés à quelques pas de ce vénérable conseil, nous fûmes invités à nous asseoir; nous obéîmes aussitôt, et formâmes devant l'assemblée un cercle, dont Martin Buchart, matelot prussien, occupa le milieu en qualité d'interprète. Le Prussien déposa nos présents aux pieds des chefs : c'étaient des haches et des étoffes; puis il entama un discours assez long, qui fut écouté avec un calme parfait. Les chefs nous firent répondre qu'ils souhaitaient que notre navigation fût heureuse, et qu'ils nous reverraient avec plaisir, si nous revenions à Tikopia (voy. pl. 219). Cette cérémonie de présentation accomplie, nous devînmes libres de nous promener, et nous nous levâmes, à notre grand contentement; car le Prussien s'était laissé entraîner un peu loin, en traduisant notre courte harangue.

« Autant que nous le permit l'heure avancée, nous parcourûmes les environs, et nous fûmes ravis de la fraîcheur et de la richesse des ombrages, à l'abri desquels ces peuples paisibles ont bâti leurs simples habitations. L'île paraît être un ancien cratère, dont un des côtés se serait éboulé dans la mer : c'est par cette brèche qu'on y aborde. L'intérieur du cratère est couvert d'une admirable végétation; vers le milieu de l'île, un lac limpide, et que les naturels disent très-profond, occupe la place où probablement bouillonnait le volcan. Nous vîmes dans cette course rapide très-peu d'oiseaux, une charmante espèce de canard, sur le lac et sur le récif différentes variétés de poissons faciles à saisir, mais que les naturels fuyaient avec horreur. Ces poissons étaient des dieux, des *alouas*, qui piquent impitoyablement les pieds de leurs adorateurs, quand ils vont sous les eaux du récif chercher quelques coquillages pour leur nourriture.

« Les indigènes qui nous escortaient nous rappelaient par leur douceur et leur prévenance les mœurs paisibles des îles Tonga. Nous étions étonnés de voir des hommes si bien constitués, d'une si haute taille, donner carrière à leur joie à la manière des enfants; ils la témoignaient par des rires, des gambades et des cris enfantins, et secouaient leur longue chevelure comme les jeunes chevaux agitent leur crinière. Ils cueillaient des fleurs, s'en faisaient des guirlandes, et nous en affublaient aussi; tout enfin chez eux respirait l'innocente gaieté d'une nature jeune et insouciante. En effet, le monde est pour eux si petit et la vie si simple, ils sont si heureux sur le coin de terre ignoré qui suffit à leurs besoins, que l'on comprend comment ils n'ont point encore les passions qui désolent le reste du monde. Il faudrait parmi eux bien peu d'Européens pour changer cette douce existence.

« La race de Tikopia est belle : les hommes, quoique grands, paraissent agiles et dispos, et les traits de leur visage sont généralement agréables. On rencontre parmi eux quelques types de figures d'une beauté parfaitement régulière. Ils ont peu de barbe, et portent leur chevelure longue et pendante sur le dos. Une ceinture et une petite étoffe composent tout leur vêtement; ils y ajoutent, pour se délivrer des insectes, de longues feuilles de vaquois, qui leur battent le corps par leur élasticité, et, dans cet accoutrement, ils ressemblent assez à un fleuve de la mythologie. Le tatouage bleu-noir qui couvre leur poitrine figure un plastron du dessin le plus élégant; sur leur visage, ils se contentent d'inciser quelques petites images de poissons. Si nous ajoutons qu'ils se frottent le corps et les cheveux d'une substance d'un jaune safran, nous aurons esquissé le portrait en pied d'un indigène de Tikopia. Les femmes sont plus blanches que les hommes, si l'on en juge par les parties du corps où l'enduit jaune a disparu : leur taille est plus haute et surtout plus élancée que celle des autres femmes de la Polynésie; elles portent les cheveux ras, et leurs formes n'offrent rien de désagréable. J'ai remarqué chez quelques-unes un sein fort développé, sans que les contours en fussent altérés. Au reste, il faut convenir que nous avons vu peu de femmes dans notre courte exploration; on peut aussi se permettre de penser que celles qui se sont offertes volontairement à nos regards avaient, malgré toute l'innocence possible, la conscience de leur mérite. »

NAVIGATION.

La navigation des Tikopiens s'étend aux îles environnantes; ils la poussent même à quarante ou cinquante lieues, malgré la fragilité de leurs embarcations, les plus imparfaites qui existent peut-être après celles de l'Australie.

L'arbre, dit M. Quoy, qui forme le corps de leurs pirogues, n'est creusé que d'une rainure, dans laquelle les pieds ne peuvent se placer qu'en les présentant dans le sens de leur longueur; un balancier est d'un côté, et de l'autre une petite plate-forme; la voile est triangulaire, ou plutôt en forme de cœur très-échancré par le haut. Le moindre clapotis remplit d'eau ces pirogues, qui portent de trois à six individus. Lorsqu'ils se hasardent en pleine mer, ils ferment le dessus de l'embarcation, qui ressemble alors à un morceau de bois creux. C'est de cette manière que s'aventurèrent les cinq Tikopiens que nous avions à bord, lorsqu'ils voulurent regagner leur île. Ce ne fut pas sans avoir des craintes sur leur sort que nous les vîmes partir le soir et se guider par les étoiles. Tout le monde s'empressait de faire des cadeaux à ces bons habitants; ils emportèrent en biscuit des vivres pour plus d'un mois, que leur donnèrent nos matelots. Ces tentatives hasardeuses prouvent, du reste, la manière dont la plupart des archipels et des îles du grand Océan se sont peuplés, et la contiguïté des deux races différentes dans le même groupe d'îles. Un fait qui s'est passé il y a quelques années, rend compte de la manière dont Tikopia a pu être peuplée de Polynésiens, tandis que toutes les îles d'alentour ont des noirs pour habitants. Parmi les Tikopiens qui vécurent avec nous, il y en avait un âgé de quarante ans, qui nous dit qu'il était des îles Tonga, distantes d'au moins deux cents lieues. Étant fort jeune, il était sorti de Vavao (je crois), dans une assez grande pirogue, avec huit des siens. De forts vents et les courants les jetèrent rapidement au large; bientôt ils ne purent ni se diriger ni retrouver leur route. Abandonnés ainsi à la merci des flots, ils eurent à souffrir une horrible abstinence jusqu'à ce qu'ils furent jetés sur Tikopia. Autant qu'un enfant de sept à huit ans peut se souvenir, il dit qu'aucun d'eux ne mourut. Le jeune Espagnol que nous prîmes aux Viti nous raconta que pendant son séjour il y vint de cette manière une pirogue de Rotouma. Les relations des voyages citent plusieurs autres faits semblables, qui devraient faire cesser toute discussion relative à la manière dont les îles qui nous occupent ont été peuplées, ou du moins qui devraient faire que l'on s'entendît mieux dans une circonstance où tout ce qui est secondaire paraît si simple (*).

ÎLES FATAKA ET ANOUDA.

L'île Fataka apparaît sous la forme d'une mitre, qui lui fit donner, en 1791, par le capitaine Edwards, son découvreur, le nom d'*Île Mitre*.

L'île Anouda fut découverte, en 1791, par Edwards, qui la nomma *Cherry*; revue par Kroucheff en 1822, et en 1828 par d'Urville. C'est une petite île peu élevée, ayant trois milles de circuit au plus, et peuplée par une tribu polynésienne. Le capitaine d'Urville a fixé sa position par 11° 37' latitude sud, et 167° 27' longitude est.

Ces deux îlots, avec les deux bancs

(*) Quoy.

Pandore et *Charlotte*, découverts, le premier par Edwards, en 1791, le second par Gilbert, en 1788, paraissent être des points culminants de la chaîne sous-marine qui, dans l'est, se prolonge par les îles Rotouma, Wallis, Allou-Fatou et Samoa, et qui, dans l'ouest, a pour point d'attache Tikopia, Vanikoro, Nitendi et les îles Salomon.

ROTOUMA.

Cette île fut découverte, en août 1792, par le capitaine Edwards, qui la nomma île *Granville*. Wilson du *Duff* la visita en 1797, et elle lui parut populeuse et fertile. M. Duperrey y parut le 1er mai 1824. Le milieu de l'île est situé par 12° 30' de latitude sud, et 174° 56' longitude est. Elle a environ huit lieues de circonférence, six milles d'étendue de l'est à l'ouest, sur deux milles environ de large. Elle est montagneuse, de médiocre hauteur, très-hachée, surtout vers son extrémité nord, qui semble être détachée et former un îlot. Une montagne de cette partie est brusquement coupée du côté de l'île. En dedans, on découvre une plage qui s'enfonce un peu dans les terres, et semble former une petite baie. L'extrémité sud se termine en pointe basse, au bout de laquelle s'élève un morne conique. Deux îlots, l'un très-plat, sont à deux ou trois milles de l'extrémité nord. L'île est enveloppée d'une ceinture de terres basses sur lesquelles sont les habitations. Dans l'ouest se trouve un récif isolé de quatre milles d'étendue du nord-est au sud-ouest, sur lequel sont semés plusieurs îlots, et qu'il est fort prudent d'éviter. Les pointes avancées sur la mer sont couvertes de cocotiers. Cette terre, en général, paraît singulièrement riche en végétaux. Partout elle est cultivée avec le plus grand soin, et son sol est excessivement fertile. L'aspect de Rotouma est, comme celui de la plupart des îles du grand Océan équatorial, très-riche en verdure, et par conséquent très-agréable à l'œil. Les montagnes paraissent avoir une origine volcanique. La ceinture qui l'enveloppe est formée de murailles de coraux. La population de l'île peut être évaluée à environ quatre mille âmes.

« Vers dix heures du matin, dit M. Lesson, nous aperçûmes, à une grande distance, cinq ou six pirogues qui nageaient vers nous. A mesure qu'elles approchaient, d'autres paraissaient, et leur nombre ne fit que s'accroître. Bientôt elles nous accostèrent. Les naturels montèrent à bord sans hésitation et sans montrer de crainte. Quelques-uns seulement, demandant si le navire était *tabou*, attendaient qu'on le leur permît. Le pont fut bientôt couvert de naturels, dont le nombre s'élevait à plus de cent cinquante, et près d'une quarantaine de pirogues pagayaient le long de la corvette. Ces hommes étaient comme de véritables enfants ; ils parlaient et gesticulaient tous à la fois. Tout leur faisait envie : chacun d'eux étalait sa marchandise, et ils donnaient pour des bagatelles des cocos, des bananes, quelques volailles, des casse-tête, et surtout des nattes très-fines, manufacturées avec beaucoup d'adresse. Ces insulaires nous donnèrent cependant de justes sujets de plainte, parce qu'ils sont enclins au vol, comme le sont presque tous les peuples dans l'enfance de la civilisation. Après avoir passé la plus grande partie du jour à bord, les Rotoumiens regagnèrent leur île au coucher du soleil, non sans nous presser vivement de les suivre à terre, où ils nous promettaient, par les gestes les moins équivoques, des femmes et des vivres en abondance. Un chef, dont j'avais gagné l'amitié, voulut m'emmener à toute force, et, pensant me séduire plus aisément sans doute, m'envoya un régime de bananes et me barbouilla de poudre rouge et jaune, en me serrant tendrement dans ses bras. Ennuyé de l'obstination de mes refus, il jeta les yeux sur un Anglais, ancien convict, occupé à la manœuvre et fut assez heureux pour le décider. Sa joie paraissait inexprimable.

« On peut concevoir l'étonnement que nous dûmes éprouver, lorsque dans les pirogues qui nous accostèrent, nous entendîmes parler une langue européenne. Quatre des matelots anglais, déserteurs du *Rochester*, vinrent à bord et nous donnèrent le détail de leurs aventures ; ils étaient habillés de la même manière que les sauvages, c'est-à-dire qu'ils n'avaient comme eux qu'une natte qui leur enveloppait le milieu du corps. Depuis leur séjour dans l'île, on les avait tatoués de la même manière que le sont les indigènes, et ces dessins, agréables et légers, ressortaient parfaitement sur leur peau blanche, quoique leurs épouses les eussent abondamment barbouillés de poussière jaune, de curcuma, pour les embellir et faire leur toilette, suivant la mode du pays. Un de ces hommes, fatigué de la vie paisible qu'il menait, regrettant sa famille et sa patrie, demanda et obtint aisément de s'embarquer à bord (*). Les autres nous dirent qu'ils finiraient leurs jours sur cette terre, et que la vie molle et paresseuse de ces heureux insulaires avait pour eux les plus grands charmes. Ce tableau de félicité séduisit deux des matelots que nous avions pris à Sidney ; et, réfléchissant à la misère qui les attendait inévitablement dans leur patrie, ils préférèrent s'y soustraire en se livrant à une existence douce et abondante obtenue sans fatigues et sans travail. Toutefois il est fâcheux de dire que le voisinage de Port-Jackson empoisonne maintenant des colonies de la mer du Sud, et le premier usage que ces déserteurs font de leur liberté est d'indisposer les naturels contre les Européens, qui les ont repoussés de leur sein et flétris. A Rotouma, les habitants s'empressent d'accueillir ces nouveaux venus, de leur fournir des logements, des épouses et des vivres. Avant l'arrivée des marins du *Rochester*, ils avaient porte au rang de *chaou*

(*) Il se nommait William John, de Northumberland. Il était tonnelier de son état, et d'un caractère doux et honnête, d'un bon jugement, ayant quelque instruction. Il donna des renseignements assez intéressants sur les mœurs des insulaires, parmi lesquels il a vécu quelque temps. M. J. de Blosseville les rédigea et les communiqua à M. Lesson qui nous les a transmis.

ou roi, un noir africain, convict échappé de la Nouvelle-Galles sur le brick *Macquarie*, destiné à la pêche des phoques. Singulière destinée que celle de ce noir acheté sur la côte d'Afrique, conduit en Europe, puis condamné à l'exil en Australie, et qui termine ses jours en régnant sur une île délicieuse au milieu de la mer du Sud ! »

Les naturels de Rotouma appartiennent à la race polynésienne dans toute sa pureté, et ressemblent singulièrement aux Taïtiens ; mais, en général, leur taille est mieux prise, plus développée, et la rondeur des contours mieux dessinée (voy. *pl.* 215). Ils forment, ainsi que les Tikopiens, par leur douceur, un étonnant contraste avec les cannibales de la Nouvelle-Zeeland, dont nous avons si longtemps entretenu nos lecteurs, et cependant ils appartiennent à la même race par leur organisation et par leur langage. Les Rotouniens ont une telle sympathie pour nous, qu'ils appellent de loin les navires des papalanguis (blancs) (voy. *pl.* 216) pour leur donner l'hospitalité, et non pour les dépouiller, les assassiner et les dévorer, comme ont fait souvent les Zeelandais lorsqu'ils avaient à se venger de quelque outrage ancien ou nouveau.

Le 1er octobre 1827, le capitaine Dillon mouilla à Rotouma, mais il n'y passa que quelques heures. Les cochons ayant été taboués, il ne put en acheter. Trois déserteurs du *Rochester* et cinq autres Européens se trouvaient sur l'île. La plupart avaient deux ou trois femmes et plusieurs enfants. Les naturels volèrent quelques bagatelles aux marins de Dillon, et un d'eux fut surpris dérobant une pince de fer ; le chef pria aussitôt Dillon de faire fusiller le coupable. « Pourquoi voulez-vous qu'on le tue ? lui demanda ce capitaine. — Parce qu'on aurait pu punir un innocent pour lui, répliqua le chef. Nous avons sur l'île un certain nombre de voleurs qui se mettent à notre suite quand nous allons rendre visite à d'autres chefs ; ils entrent dans les maisons avec nous, et, après avoir commis quelque vol, ils cherchent à s'évader.

S'ils y parviennent, le chef volé s'en prend à tous leurs compagnons; ses gens tombent sur ceux du visiteur, et quelquefois massacrent tout le monde. Si l'homme qui voulait prendre votre morceau de fer eût réussi, vous auriez pu me mettre à mort, puisque je suis en votre pouvoir; c'est pourquoi je vous ai prié de tuer celui qui mettait ainsi ma vie en danger. »

Le dernier navigateur qui ait visité Rotouma est M. Legoarant de Tromelin; il parut devant l'île au mois de mai 1828, et voici le passage de son Journal relatif à sa relâche : « Le 26, j'arrivai devant Rotouma par 12° 30' latitude sud, et 174° 40' longitude est, et j'y mouillai dans le nord-est à un mille de terre. Cette île a environ sept lieues de tour; elle est composée de terres basses, et d'autres de moyenne hauteur. Elle possède une population d'environ cinq mille habitants, assez belle race rouge cuivrée, cheveux longs, les meilleures gens possible, un peu subtils pour s'approprier les objets en fer; mais nous n'avons pas eu à nous en plaindre, ayant eu la précaution de ne laisser monter à bord que les chefs, puis les jeunes filles, qui eurent la curiosité de nous rendre visite en assez grand nombre, et qui, presque toutes, nous tinrent compagnie pendant les trois jours que nous nous y arrêtâmes. L'île est en général bien cultivée, mais on y manque de beaucoup d'espèces de fruits et de légumes. Je fis de l'eau, du bois et un fort approvisionnement de racines diverses et de cocos. Après trois jours de relâche dans cette île agréable, je la quittai au grand regret de nos jeunes gens, qui chantaient :

Les femmes y sont belles
Les maris complaisants. »

« Les bons Rotoumiens étaient, de même peinés de notre départ, et nous assuraient que, si nous voulions y retourner, ils seraient fort joyeux de nous revoir. »

De tous les détails fournis sur cette île, nuls ne sont plus circonstanciés ni plus importants que ceux que M. Lesson, naturaliste à bord de la *Coquille*, nous a transmis d'après les notes que M. de Blosseville avait reçues du tonnelier John, dont nous avons déjà parlé.

Les habitants de Rotouma, dit-il, sont grands et bien faits; un très-petit nombre nous parut au-dessous de cinq pieds, d'autres avaient de trois à cinq pouces au-dessus, et quelques-uns même, davantage. Leur physionomie est douce, prévenante, pleine d'enjouement et de gaieté; leurs traits sont réguliers, et les jeunes gens, à la teinte près, offraient des visages très-agréables. Ils portent la chevelure longue, relevée sur le derrière de la tête en grosse touffe. En montant à bord, ils dénouèrent leurs cheveux, qui sont longs et noirs, et les laissèrent épars sur leurs épaules comme une marque de respect et de déférence. C'est l'hommage qu'ils rendent à leurs chefs. Quelques hommes avaient des cheveux disposés en mèches frisées, dont le bout était rouge, et qui peut tenir de leur habitude de les couvrir de chaux dans certaines circonstances. Leurs yeux sont noirs, grands et pleins de feu; leur nez est un peu épaté; leur bouche est grande, meublée de deux rangées de dents très-blanches. Ils ne portent point la barbe longue, et ils la coupent avec des coquilles. Seulement ils conservent sur la lèvre supérieure la moustache, qu'ils maintiennent courte. Les lobes des oreilles sont percés, et ils y placent, comme à Taïti, des herbes odorantes, des fleurs suaves de *gardenia* ou des corolles rutilantes de la rose de Chine (*hibiscus*). Leurs membres sont bien proportionnés, leur jambe est bien faite, et plus d'un des jeunes gens qui étaient à bord auraient pu servir de modèle à un statuaire. Le corps a un embonpoint raisonnable. Leur peau est douce, lisse, de couleur de cuivre claire, plus foncée chez quelques-uns. L'habitude qu'ils ont d'être fréquemment dans l'eau, les rend très-propres, et ils sont aussi soigneux de leur chevelure. Quelques enfants avaient la tête rasée, à l'exception d'une longue natte à la chinoise conservée sur le sommet du crâne. Ces insulaires vont presque nus; au moins ils n'ont qu'un étroit *maro*, qui couvre les parties naturelles, et sur lequel ils ajoutent une natte qui ceint le corps et tombe jusqu'aux genoux; ils ont la tête nue ou la recouvrent parfois d'un morceau de filet de pêche qui enveloppe les cheveux dans son réseau, ou bien encore ils fabriquent avec une feuille de cocotier tressée une visière qu'ils nomment *ischao*, et qui, par sa forme, est absolument semblable à celle dont les Taïtiens font usage. Toutes les étoffes que nous leur donnâmes furent aussitôt placées sur leur tête. Les chemises servaient à leur faire des sortes de turbans. Ce qu'ils aimaient était les culottes d'étoffe de couleur, dont ils faisaient des coiffures, bien que ce vêtement fût peu convenable pour envelopper le visage; ils étaient contents de voir pendre sur la poitrine les deux jambes du pantalon. Ils s'enduisent le corps avec une poussière rouge, orangée et jaune, mêlée à de l'huile de coco : ils retirent ce fard de la racine de curcuma diversement préparée, et qu'ils conservent sous forme de cônes. Tantôt le corps est recouvert d'une peinture uniformément répandue, ou parfois de larges bandes isolées. Ce vernis, peu ténace sur la peau, rend leur voisinage intime très-incommode. J'observai quelques hommes entièrement épilés. Tous montraient le plus grand dégoût à la vue des poitrines velues de nos marins. Ils pratiquent la circoncision, à ce que je crois; deux, du moins, m'offrirent cette opération de propreté. La parure des hommes qui vinrent nous voir, et qui paraissaient jouir d'un certain rang, consiste en une large valve d'huître perlière qu'ils portent sur la poitrine, et qu'ils nomment *tifa*. Il paraîtrait que l'huître à perles ne se trouve point sur leurs côtes, puisqu'ils recherchaient celles que quelques personnes leur offraient, et donnaient une natte de paille très-fine pour cinq ou six valves de ce testacé. Quelques-uns portaient des porcelaines ovales, qu'ils nomment *poure*; d'autres avaient sur la poitrine une natte blanche, qu'ils nomment *toui*; quelques-uns se passent autour du corps de longs chapelets de morceaux de coquille enfilés; mais de toutes ces chétives décorations, aucune ne paraît être exclusive pour désigner le rang ou marquer l'autorité. Je remarquai au cou de plusieurs jeunes gens des boules en ivoire disposées en collier. Cet ornement, plus particulièrement propre aux femmes, est tellement prisé par les insulaires, qu'ils recherchent, avec une avidité sans exemple, les dents de cachalot, dont les baleiniers font un excellent article d'échange. Ils les préfèrent aux étoffes, et même aux haches en fer, quoiqu'ils n'en fassent autre chose qu'un objet de parure, auquel ils attachent peut-être des idées superstitieuses. Le vêtement habituel des Rotoumiens se compose de nattes très-belles et très-fines; parfois ils s'enveloppent la ceinture avec des feuilles de curcuma, et ce haut-de-chausse assez peu modeste laissait facilement entrevoir ce qu'il devait cacher. Les nattes avec lesquelles ils se drapent sont d'une grande beauté et bien supérieures à celles que fabriquent les Taïtiens; elles sont tissées avec des bandelettes très-étroites d'une paille dorée qu'ils retirent du chaume d'un gramen. Le travail en est long; car la trame est serrée, et la tresse faite avec soin; elles sont festonnées sur les bords, parfois teintes en jaune ou bigarrées d'autres couleurs; elles servent probablement à d'autres usages que celui de l'habillement, car il y en a de très-grandes. Ces objets se donnaient pour quelques étoffes d'Europe, ou pour des instruments en fer, surtout pour des haches. La seule arme que nous ayons eu occasion de voir entre les mains des habitants de Rotouma est le casse-tête. Ils ne firent aucune difficulté d'échanger tous ceux qu'ils avaient apportés. Cette arme, travaillée avec assez de soin, est un bâton long de trois ou quatre pieds, de bois rouge très-dur, aplati et tranchant sur les côtés de son extrémité vulnérante, qui est ciselée. Deux jeunes hommes nous montrèrent comment ils s'en servaient. Ils cherchèrent à prendre un air guerrier en dressant leur chevelure, roulant leurs yeux et donnant mille contorsions à leurs visages. Le casse-tête en leurs mains semble être dirigé par un Européen; il tournoie dans tous les sens et dans toutes les directions. Mais l'ornement le plus justement remarquable et le plus caractéristique de ce peuple est le tatouage, qu'ils nomment *chache*. Le corps, depuis le bas de la poitrine jusqu'au-dessus du genou, est complètement recouvert d'un tatouage très-régulier, qui n'imite pas mal les cuissards de nos anciens preux. Une longue raie derrière la cuisse empêche aux bandes tatouées de faire le tour de la circonférence de ce membre. Le ventre et les reins sont recouverts de lignes courbes festonnées dont le noir tranche agréablement sur les parties de la peau qui sont intactes. La poitrine et les bras reçoivent un autre genre de dessin; autant le premier est remarquable par la masse noire qu'il forme sur la peau, autant celui-ci se distingue par la légèreté des dessins, qui se composent de linéaments ténus imitant des poissons volants, des fleurs et autres objets délicats. Quelques naturels ont sur les jambes des rangées de points noirs, et deux ou trois nous offrirent sur leurs épaules des cicatrices en relief, genre d'ornement qui semble propre à la race noire africaine comme à ses rameaux épars dans le grand Océan (*).

L'île de Rotouma est divisée en vingt-quatre districts gouvernés par autant de chefs, qui portent le titre de *hinhangatcha*. Chacun d'eux, par rang d'âge, parvient à l'autorité suprême, et l'exerce pendant vingt lunes sous le nom de *chaou*. Chaque matin, il tient conseil avec une douzaine de chefs et règle les affaires. La cérémonie du changement de chaou n'est pas accompagnée de grandes formalités : tous les chefs s'assemblent, et le plus ancien chaou remet une branche de feuillage au nouveau chaou (voy. *pl.* 217). Le pouvoir des chefs est très-grand; ils possèdent toutes les terres, forcent les habitants à travailler, et disposent à leur gré du mariage des jeunes filles; ils sont à la tête de leur tribu dans une bataille, remplissent les fonctions sacerdotales dans les baptêmes, les mariages et les enterrements, et administrent la justice. Au reste, chez un peuple dont les mœurs sont si douces, l'autorité d'un chef est celle d'un père; elle n'est ni oppressive ni cruelle. Partout où un chef passe, on se dérange pour lui, et devant le roi on est obligé de s'asseoir en détachant sa chevelure, ce qui est le salut ordinaire. Les honneurs qu'on rend aux chefs, le respect pour les vieillards, la soumission du peuple, l'obéissance des enfants, annoncent un grand système d'ordre, et les usages des Rotoumiens font l'éloge de leur morale. La guerre les trouble quelquefois; mais leur caractère les en éloigne. Il y a cinq ans environ que la jalousie et des limites mal fixées allumèrent la guerre civile entre deux districts et le reste de l'île; on en vint à un engagement, et une centaine de naturels furent tués de part et d'autre. La paix fut offerte et acceptée, et toute haine disparut aussitôt. Quelque temps avant cette guerre, Rotouma fut attaquée par les naturels anthropophages d'une île nommée Nouée, qui se trouve à trois ou quatre journées de navigation. Les agresseurs furent vaincus, et se retirèrent en laissant quelques-uns des leurs, qui sont encore dans l'esclavage. Lorsque les chefs vont au combat, ils portent quatre petites nattes de grandeur différente, et leur tête est ornée de quatre coquilles de nacre attachées comme un bandeau; ils commencent le combat en attaquant les chefs ennemis, et l'action devient aussitôt générale. Les seules armes qu'ils emploient sont la lance, qui a de douze à quinze pieds de long, le casse-tête, et des pierres du poids de deux livres qu'ils lancent avec la main. Après l'affaire, les morts sont enterrés sur le champ

(*) J. de Blosseville et W. John. — Nous sommes d'une opinion contraire, car nous croyons que les noirs de l'Océanie forment deux races distinctes qui ne viennent pas de l'Afrique.   G. L. D. R.

de bataille. Les villages sont bâtis sur les bords de la mer et disposés en rond autour du cimetière, le *thamoura* du district. La cabane du chef est la plus près du rivage et la plus grande. Elles sont formées de poteaux plantés en terre, qui supportent un toit aigu recouvert en feuilles de cocotier (*).

Les usages relatifs aux mariages, à la naissance et à la mort, sont fort remarquables. Les chefs marient les jeunes filles à qui il leur plaît, et celles-ci ne sont pas libres de refuser celui qu'on leur offre; souvent elles ne l'ont jamais vu. Lorsque les Anglais s'établirent dans l'île, les chefs de leur district firent rassembler les jeunes filles et leur laissèrent le choix. Quant aux filles des chefs, l'aînée doit épouser un chef; les autres, l'homme que leur père désigne, sans égard au rang. Le choix ainsi fait, les deux futurs époux doivent, pendant une ou deux nuits, coucher sur la même natte; mais des chefs veillent à ce que le mariage ne se consomme pas. Le jour où il doit être accompli se passe en danses, en festins, et vers le soir, les amants, conduits au bord de la mer, entrent dans l'eau. La fille se couche sur le dos, et l'homme lui lave le corps; ensuite celui-ci se couche dans le sens opposé, et la femme pratique le même cérémonial. Ceci se passe devant un bon nombre de témoins des deux sexes, qui ont apporté des nattes en présent, et qui chantent pendant qu'ils sont dans l'eau. Au bout de cinq minutes, ils sortent de la mer, et sont liés l'un à l'autre pour la vie. On les conduit à la maison, où, en présence des spectateurs, et à l'aide des instructions d'une femme âgée, la virginité est détruite. Si, par l'inspection des nattes, l'existence de ce trésor était problématique, la femme doit être renvoyée, et le jeune homme est libre d'en choisir une autre. Celle-ci est alors réduite à vivre en libertinage public. Les femmes d'ailleurs ne sont point esclaves, mais elles sont au contraire aimées et respectées. Ainsi liée, si la femme commet quelque infidélité, la mort, que le chef lui donne d'un coup de casse-tête, venge l'honneur du mari, et l'homme avec lequel elle s'est rendue coupable est lancé en pleine mer, attaché sur une pirogue. Hors l'état de mariage, toute fille est maîtresse d'accorder ses faveurs à qui bon lui semble; mais la virginité leur est précieuse, car, sans elle, elles ne pourraient se marier; et, lorsqu'elles se vantent de l'avoir, elles se poudrent le dessus de la tête avec de la chaux de corail, se peignent les côtés, jusqu'au bas de la figure, en rouge, et le derrière, jusqu'au milieu du dos, en noir. Une fois mariées, elles abandonnent cette singulière parure. Leurs cheveux, plus courts que ceux des hommes, sont presque ras autour de la tête; un simple pagne forme tout leur costume; leurs seins sont découverts (*).

Lorsqu'un enfant naît, le chef se rend dans la maison de l'accouchée et s'assied au milieu; une femme mariée apporte l'enfant devant lui, et mêle dans le fond d'une de ses mains de l'huile de coco et de l'eau salée, en frotte la figure de l'enfant, et ensuite ses dents et ses lèvres. Ceci terminé, il demande aux parents quel nom ils donnent à l'enfant, le publie à haute voix, et les assistants le répètent. Cette cérémonie, qui dure environ une demi-heure, se renouvelle pendant six jours. Pour l'enfant d'un chef, on reste assemblé pendant trois ou quatre heures, mangeant, chantant et buvant le kava. Lorsqu'une personne meurt, elle est exposée dans sa case sur une natte, un oreiller en bois sous la tête, la partie inférieure du corps couverte d'une natte, et l'autre peinte en rouge. Lorsque le cadavre est resté dans cet état un jour et une nuit, on l'enveloppe dans six nattes des plus fines, et on le porte au thamoura (cimetière) sur une planche tenue par quatre naturels, au milieu des pleurs et des gémissements. La tombe est creusée dans la terre à cinq pieds de profondeur, et le cercueil est remplacé par des pierres

---

(*) Blosseville et John.

(*) Blosseville et John.

plates, qui forment une espèce d'auge dans laquelle le corps est placé; les interstices des pierres sont soigneusement bouchés avec la résine d'un certain arbre. Pendant la cérémonie, le chef se tient assis à une extrémité de la tombe, et chante seul un hymne funèbre. Lorsqu'on a jeté la terre sur le tombeau et placé une grosse pierre funéraire, on se réunit à la maison du défunt, où un grand repas a été préparé. Pour marquer sa douleur, une femme qui perd son mari coupe sa chevelure, et, avec un bâton rougi au feu, couvre sa poitrine de points brûlés; le veuf, au contraire, se taillade le front et les épaules avec une pierre aiguë. A la mort d'un chef, ses sœurs portent le même deuil que sa veuve. Mais c'est ici qu'on découvre avec peine le seul trait sanguinaire qui déshonore à Rotouma l'espèce humaine. Aux funérailles d'un chef, toutes les familles se rassemblent dans le thamoura, et là deux garçons de dix à douze ans, que la voix du sort appelle à cet honneur, sont tués par le successeur du décédé. D'un coup de casse-tête, ils sont abattus, et on les enterre dans des fosses particulières, de chaque côté du personnage. Un pareil honneur est rendu à l'épouse d'un chef, et deux jeunes filles sont les victimes qu'on lui sacrifie. Outre le thamoura de chaque village, il y a un lieu de sépulture sur la plus haute montagne de l'île, où sont placés les rois qui meurent dans l'exercice de leurs fonctions. Ce lieu, qui contient à présent une vingtaine de tombes, est entretenu avec soin, et entouré des plus beaux arbres de l'île. A la tête de la tombe s'élève une pierre de huit pieds de haut; une qui n'en a que quatre indique les pieds, et deux autres d'une forme longue sont placées sur les côtés. Leurs idées de religion paraissent être très-légères; ils croient seulement à un être ou génie suprême, qui leur donne la mort en les étouffant; aussi appellent-ils la mort *atoua*; ils croient qu'après la mort tout est dissous. On essaya de leur faire entendre les dogmes de la religion chrétienne, la punition des mauvais, la récompense des bons. Tout ce qu'ils en purent comprendre les étonna beaucoup. Leur douceur et leur humanité s'étendent jusqu'aux bêtes; ils ne souffrent pas qu'on tue une mouche, un rat, un serpent; les moustiques seuls ne trouvent pas grâce devant eux; il paraît qu'ils respectent les serpents. Il en existe dans l'île une très-belle espèce, très-grande, dont le dos est d'un brun foncé, les côtés dorés et le ventre jaune; elle ne passe point pour venimeuse. Dans une famille, les maris ou les hommes faits mangent au même instant, mais sur des tables ou des feuilles séparées. Lorsque le repas est fini, les femmes et les enfants commencent le leur. Dans les grands repas, on suit le même usage : autant de convives, autant de tables. Ils s'éclairent avec des branches de cocotier bien sèches, dont ils forment des torches qui brûlent pendant dix minutes environ, en jetant une vive clarté (*).

Comme échantillon de la langue des insulaires de Rotouma, il faut se borner à citer la strophe suivante d'une de leurs chansons, recueillie par M. J. de Blosseville, sans qu'il lui ait été possible d'en avoir le sens :

« Chi a leva, chi a leva
Ole tou lala
Ole le ona chedi
Ona nehea papa opiti,
Chi a leva, chi a leva
Che e chita, che e chita. »

Les Rotoumiens ont connaissance de plusieurs îles de leur voisinage; ils visitent les îles Viti, Tonga, Niouha et Waï-Toubou. Ils vont souvent chercher dans cette dernière des coquilles blanches, objet précieux pour eux; ils ont été quelquefois entraînés jusqu'à Vanikoro. Ils disent que les habitants de Niouha sont de la même race qu'eux, mais d'une couleur un peu plus foncée, et qu'ils sont de plus anthropophages.

ILES WALLIS.

Les îles Wallis furent découvertes, en 1767, par le capitaine de ce nom.

(*) Blosseville et John.

Le terrain, dit ce navigateur, paraissait élevé dans l'intérieur, mais au bord de l'eau il était bas et d'un aspect agréable. L'île était entièrement environnée de récifs qui s'étendaient à deux ou trois milles dans la mer; la côte était couverte de cocotiers; des cabanes et de la fumée se remarquèrent en plusieurs endroits. Les canots envoyés en découverte trouvèrent que les arbres croissaient jusqu'au bord de l'eau, et quelques-uns d'entre eux étaient fort grands; on remarqua aussi plusieurs petits ruisseaux. Dès que les Anglais furent près de la côte, plusieurs pirogues se détachèrent, portant chacune cinq ou six hommes, et accostèrent les canots. Ces Mélano-Polynésiens, robustes et actifs, n'avaient pour tout vêtement qu'une sorte de natte qui leur ceignait les reins; ils portaient de grandes massues semblables à celles qu'on donne à Hercule dans les tableaux. Ils consentirent à en céder deux au maître pour un ou deux clous et quelques colifichets.

Maurelle revit ce groupe en 1781; Edwards le reconnut en 1791. Personne ne l'a revu depuis. Sa position, par le 13° 26' latitude sud, et 178° 20' longitude ouest, nous paraît douteuse.

ILES ALLOU-FATOU.

Ces îles, dont l'existence et la position sont douteuses, paraissent être les îles de *Horn*, que Schouten découvrit en 1616. Après quelques attaques des naturels et les représailles des Hollandais, Schouten fit mouiller dans une petite anse qui offrait un ancrage sûr, vis-à-vis d'un petit ruisseau descendant de la montagne. Le navire hollandais fut affourché de manière à ce que les canons du bord pussent protéger les embarcations qui se rendraient à terre. Alors les échanges de porcs, d'ignames, avec des verroteries, commencèrent. Dans leurs cabanes, on ne trouva aucune espèce de meubles, et on n'y vit que des hameçons et des casse-tête. Les cabanes avaient vingt-cinq pieds de circonférence sur douze de hauteur.

La porte, qui était l'unique issue, était tellement basse, qu'on n'y pouvait entrer qu'en rampant.

Plusieurs insulaires vinrent s'installer à bord, et trois Hollandais, parmi lesquels se trouvait Aris Claes, un des principaux personnages, descendirent à terre. Ce fut alors un concours mutuel de politesse.

« Le roi, dit la relation, fit beaucoup d'honneur aux trois étrangers; il tint près de demi-heure ses deux mains l'une contre l'autre et son visage dessus, se baissant presque jusqu'à terre, et demeurant dans cette posture jusqu'à ce qu'Aris lui fit une pareille révérence. Alors il se releva, et baisa les pieds et les mains d'Aris. Un autre homme, assis près du roi, pleurait comme un enfant et disait beaucoup de choses à Aris, qui n'en entendait rien. Enfin il retira ses pieds de dessous son derrière, sur quoi il était assis, et se les mit sur le cou, s'humiliant et se roulant comme un ver de terre.

« Les présents qu'on leur fit leur furent fort agréables. Néanmoins le roi marquait une si grande envie d'une chemise blanche qu'Aris avait sur le corps, que celui-ci en envoya quérir une autre pour la lui donner. En reconnaissance, il donna aux otages quatre petits pourceaux. On traita aussi pour pouvoir faire de l'eau, et il fut résolu d'y envoyer deux chaloupes, dont l'une serait armée pour la défendre de ceux qui iraient à l'aiguade en cas de besoin.

« Malgré la foule des naturels qui se rassemblèrent autour des matelots, ce qui les gênait quelquefois dans leur travail, il n'arriva aucun accident; car le roi faisait exercer une police active et rigoureuse par ses officiers. Il paraît qu'il avait des moyens pour faire respecter ses ordres, car les naturels s'empressaient d'y obéir. Un sauvage ayant volé un sabre dans la chambre, comme on ne put le rejoindre, on porta plainte au roi; bien qu'il se fût déjà enfui à une assez grande distance, le larron fut poursuivi, saisi et amené. Le sabre fut restitué à son maître, et le voleur châtié à coups de bâton. Après cet exemple, rien ne fut plus dérobé, ni sur le vaisseau ni à terre.

« Ils avaient une frayeur extrême des armes à feu ; une décharge de mousquets les faisait trembler et fuir de toutes leurs forces ; mais on les épouvanta bien davantage quand on leur fit entendre par signes que ces grosses pièces tiraient aussi. Le roi désira qu'on les fît tirer une fois devant lui ; mais, quand on le fit, ils furent tous saisis d'un si grand effroi, que les deux rois mêmes, nonobstant tous les avis et toutes les assurances qu'on leur avait données, ne purent se contenir, et tous s'enfuirent dans les bois, laissant là les Hollandais. Ils revinrent pourtant quelques heures après ; mais il n'y avait pas moyen de les rassurer et de les remettre de leur frayeur.

« Le 26, les commis Lemaire et Aris retournèrent sur l'île, suivis des trompettes et portant un petit miroir et d'autres bagatelles pour le roi. Ils trouvèrent sur le rivage un homme tout courbé sur les pierres, les mains jointes ensemble, le visage contre terre, comme s'il eût voulu prier à la turque : c'était le roi qui leur faisait ainsi la révérence. Ils le relevèrent et allèrent ensemble dans sa maison ou *belai* (vraisemblablement *malaï*), parce qu'il pleuvait. Elle était pleine de gens qui étendaient devant eux deux petites nattes pour s'asseoir, et le roi s'assit auprès d'eux.

« Les trompettes ayant alors commencé à sonner, il parut autant d'étonnement que de frayeur sur tous les visages, et ils se prirent tous à crier : *Awo, awo!* Cependant le vice-roi ou le second roi entra le visage tourné vers les étrangers, quoiqu'il marchât le côté tourné vers eux. Quand il fut devant eux, il courut vite derrière, prononçant tout haut et avec rapidité quelques paroles d'un ton d'autorité. En même temps, il fit un grand saut en l'air, et se laissa tomber tout d'un coup sur son derrière ; les jambes croisées sous lui ; et, comme c'était sur des pierres, les Hollandais s'étonnèrent de ce qu'il ne s'était pas cassé les jambes ; mais ces gens-là sont agiles et robustes plus qu'on ne peut se l'imaginer. Après cela, il fit une harangue ou prière avec beaucoup de gravité, et, quand elle fut finie, on commença à manger d'une sorte de fruit dont un domestique fit distribution à tout le monde ; c'était une espèce de limon, à peu près du goût des limons d'eau, étant écaillé comme une pomme de pin ; le breuvage était fait de feuilles d'*atona* bouillies.

« Parmi les honneurs qu'on fit aux étrangers, on leur étendit partout des nattes pour marcher dessus. Le roi et le vice-roi leur firent présent de leurs couronnes, qu'ils ôtèrent de dessus leurs têtes, et mirent sur celles de Lemaire et d'Aris. Lemaire leur fit aussi quelques présents de peu de valeur, qui devinrent des choses très-précieuses pour eux. Il leur donna surtout un petit miroir rond ou globe, leur faisant entendre que c'était la figure du soleil et de la lune qui étaient ainsi ronds et luisants, et que dans ce miroir on pouvait voir toutes les choses qui lui étaient opposées, de quoi ils témoignèrent beaucoup de surprise. Ils firent entendre qu'ils le suspendraient à la poutre de leur maison, et ils le firent bientôt après. Ces couronnes étaient de plumes blanches, longues et étroites, ornées par-dessus et par-dessous de quelques autres petites plumes rouges et vertes, venues de perroquets, y en ayant dans leur île, où il y a aussi une sorte de pigeons qui y sont fort estimés ; car chacun des conseillers du roi en avait un perché auprès de lui sur un bâton. Ce jour-là, on fit encore beaucoup d'eau, et on eut par troc des noix de coco avec des racines d'*oubas*; mais on ne put avoir de pourceaux parce qu'il n'y en avait pas trop pour les habitants, qui n'avaient pour nourriture que ces trois sortes de vivres et quelques bananes. Ils nous firent entendre, en se serrant le ventre, qu'ils n'avaient pas de quoi se rassasier eux-mêmes, et que nous leur ferions plaisir de leur donner des vivres. Le capitaine Schouten vint à terre avec les trompettes, que le roi prenait beaucoup de plaisir à entendre sonner. Les insulaires se prirent à rire à gorge déployée, en voyant nos gens danser au son des instruments; mais rien ne les réjouit davantage que l'escrime qu'Aris Claes et Nicolas Jensz se mirent à faire l'un contre l'autre, l'épée à la main. Nous leur avions porté du pain et du vin pour les régaler; mais ils n'en firent pas grand cas, car ils aimaient bien mieux le poisson tout cru. Le roi de l'autre île étant venu le même jour visiter celui-ci, ils se firent beaucoup de révérences, de gesticulations, et se régalèrent de racines; mais enfin il y eut un grand démêlé entre eux, et il se fit un bruit terrible. Le roi de l'île voisine voulait que l'autre retînt ce qu'il y avait de Hollandais entre ses mains, et qu'on tâchât de s'emparer de leurs navires; et celui-ci ne voulait pas y consentir, craignant, après tout ce qu'il avait vu, qu'il ne lui en arrivât mal.

« Le vice-roi ou fils du roi ayant passé à bord et visité le vaisseau, ne fut pas moins surpris qu'il l'avait été de le voir extérieurement. Vers le soir, on alla pêcher avec la seine; comme on prit beaucoup de poissons, on en fit présent d'une partie au roi, qui en mangea sur l'herbe, de tout crus, têtes, entrailles, queues, arêtes, sans en rien jeter. On ne saurait croire quel appétit ces gens-là ont, et avec combien de gourmandise ou plutôt de voracité ils mangent le poisson. Quand la lune fut levée, les matelots allèrent danser au bord de la mer avec les sauvages, qui y prirent un grand plaisir. Ce fut une joie à l'équipage d'avoir enfin trouvé des gens avec qui ils pussent être sans appréhension, et avec qui ils fussent aussi familiers que s'ils avaient été dans leur pays.

Le 29, sur le midi, le commis, le sous-commis et l'un des pilotes, après avoir fait une promenade dans l'île, revinrent à bord, amenant avec eux le jeune roi et son frère, à qui l'on ne manqua pas de donner à dîner. Pendant qu'ils étaient à table, on leur fit entendre qu'on voulait partir dans deux jours, de quoi le jeune roi marqua tant de joie qu'il sortit de table, courut dans la galerie, et cria vers le rivage que dans deux jours le vaisseau ferait voile; ce qui fit encore plus connaître qu'il craignait qu'on n'envahît son pays, quoique cette crainte ne les empêchât pas d'en user amiablement. Ce roi promit que si l'on voulait partir dans deux jours, il ferait présent de dix pourceaux et de quantité de noix qu'ils nomment *ati*.

« Le repas fini, le grand roi ou premier souverain vint aussi à bord. Il paraissait âgé de soixante ans. Il était suivi de seize personnes qui composaient son conseil. On les reçut avec toute la civilité possible. En entrant dans le vaisseau, il se coucha sur le visage, et fit sa prière; puis on le mena dans les dedans, où il recommença à prier. Il paraissait dans la surprise et dans l'admiration de tout ce qu'il voyait, et les Hollandais n'étaient pas moins surpris de ses manières. Ses gens nous voulant baiser les pieds, nous les retirâmes. Ensuite ils se mirent les mains sur la tête et sur la gorge pour marquer qu'ils étaient sujets. Le roi visita tous les endroits du navire, les hauts, les bas, l'arrière, l'avant, et paraissait extasié comme s'il eût fait un rêve. Ce qu'il admirait le plus était le gros canon dont il avait ouï le bruit à son honneur deux jours auparavant. Lorsqu'il eut été partout, il désira s'en retourner promptement, et il fit beaucoup de civilités en se retirant.

« Aris ayant fait une bonne pêche au clair de la lune, en porta une partie au roi, auprès de qui il trouva une troupe de jeunes filles nues, qui dansaient, jouant sur un bois creux comme une pompe, qui rend quelques sons sur lesquels les jeunes filles se réglaient pour danser. Les Hollandais étaient assez surpris de voir toutes ces choses pratiquées par des sauvages, n'ayant pas encore ouï dire qu'on en eût trouvé qui parussent si civilisés.

« Le matin du 30 du même mois, le roi envoya par présent deux petits pourceaux, quantité de noix de coco et d'autres fruits, dans l'espérance que le vaisseau partirait. Le même jour, le roi de l'autre île le revint visiter, et lui amena seize pourceaux avec trois cents hommes, qui avaient tous, autour de la ceinture, certaines herbes vertes dont ils font une boisson (*). Dès qu'il découvrit celui qu'il allait voir, il lui fit un grand nombre d'inclinations, et se mit la face contre terre, priant avec ardeur d'une voix fort haute qui ressemblait à un grand cri.

« Le roi qui recevait la visite alla au-devant de l'autre, et, en l'abordant, ne fit pas moins de gestes et de postures. Enfin s'étant relevés, ils s'en allèrent dans le *belaï* du roi visité, où il s'assembla environ neuf cents hommes autour d'eux. Quand ils furent assis, ils recommencèrent leurs prières, joignant les mains et baissant la tête jusqu'à terre.

« Aris étant allé, avant midi, dans l'île, il envoya quérir Lemaire et Ban, qui menèrent avec eux quatre trompettes et un tambour, que les rois ouïrent avec un plaisir singulier. Ensuite il vint une troupe de paysans de la plus petite île, qui apportaient quantité d'herbes vertes qu'ils nommaient kava, semblables à celles que les trois cents hommes avaient autour du corps, et ils commencèrent tous à les mâcher. Quand ils les eurent mâchées, ils les retirèrent de leurs bouches, et, ayant tout mis ensemble dans un grand vaisseau de bois, ils jetèrent de l'eau douce, la mêlèrent et la pétrirent avec les herbes, et en présentèrent aux rois et à leurs officiers qui en burent. Ils en offrirent aussi aux Hollandais; mais ils étaient trop dégoûtés de ce qu'ils avaient vu. On servit encore devant le roi quantité de racines d'ubas rôties et seize pourceaux, à qui, pour apprêt, on avait tiré les entrailles du corps, et qui étaient encore tout sanglants, n'ayant point été lavés. Il n'y avait que la soie qu'on avait fait brûler en les flambant, et on leur avait mis des pierres ardentes dans le corps. C'était là le rôti dont ils se régalaient, et la manière dont ils le rôtissaient.

(*) C'était le *piper methysticum*.
G. L. D. R.

« Voici quelles furent les cérémonies de ce festin : on servit d'abord des racines de kava, qu'on mit en monceaux par rang, en dansant et chantant devant les *arikis* ou rois. Puis le roi étranger s'assit, et ses femmes et les gens de sa cour s'étant assis derrière lui en cercle, on mit des mets au milieu d'eux, et chacun en prit. On apporta ensuite de grandes civières de vingt à trente pieds de long, chargées d'*ubas* ou *oubas*, et d'autres racines crues et rôties qui furent aussi distribuées. Enfin vinrent les pourceaux rôtis remplis d'herbes, les foies y étant attachés avec de petites chevilles. Ils furent mangés non-seulement avec beaucoup d'appétit, mais avec autant d'avidité que s'ils eussent été admirablement bouillis ou rôtis. Tout ce qui se servait devant le *hercier* ou roi y était porté sur la tête par respect, et l'on se mettait à genoux pour le poser devant lui. De ces seize pourceaux, chaque roi en fit présent d'un aux Hollandais; ils furent tous apportés sur la tête de ceux qui en étaient chargés, et ils se mirent à genoux pour les leur poser aux pieds. Avec cela les rois leur firent encore présent de onze petits pourceaux en vie, et de quelques autres d'une moyenne grandeur. D'un autre côté, les Hollandais leur donnèrent trois petits gobelets en cuivre, quatre couteaux, douze vieux clous et quelques verroteries qu'ils avaient eux. Ils eurent beaucoup de plaisir à voir cette fête, et, vers le soir, ils se rendirent à bord.

« Le dernier de mai, les deux rois allèrent ensemble visiter le vaisseau, et y menèrent presque toute la cour. Les principaux avaient des feuilles de coco vertes autour du cou pour marque de dignité et aussi de paix. On les reçut dans la chambre avec beaucoup de cérémonie, pour répondre aux honneurs qu'ils avaient faits. Ils firent présent de six pourceaux, dont chaque roi en apporta un lui-même sur la tête, qu'il mit aux pieds du capitaine et du commis, s'inclinant jusqu'à terre avec beaucoup de respect. On fit emporter les pourceaux, et l'on ramena les rois dans la chambre. On fit sonner les trompettes, dont le grand bruit et l'harmonie les remplissaient d'admiration. Ce fut bien autre chose quand ils ouïrent les décharges de la grosse artillerie retentir dans les vallons. Nous leur montrâmes un portrait du prince Maurice, armé de pied en cap, en leur faisant entendre que c'était là notre *hercier*. Le principal de ces deux rois se nommait *Grankiay*. On leur donna à chacun deux couteaux, et un clou à chacune des principales personnes de leur suite; puis ils s'en retournèrent. L'un des rois, voyant un de ses gens voler une tarière en sa présence, lui déchargea, de colère, un si grand coup sur la tête, qu'il pensa le tuer. Quand ils furent embarqués, on appareilla, au grand étonnement des insulaires, qui craignaient toujours qu'on ne les tuât, et qu'on ne voulût s'emparer de leur île.

« Ces insulaires étaient hauts et puissants; les gens de la taille ordinaire étaient aussi grands que les plus grands Hollandais; mais les plus grands étaient d'une taille bien plus avantageuse. Ils étaient vigoureux et bien proportionnés, légers à la course, nageaient et plongeaient fort bien. Leur peau était d'un brun jaunâtre. Ils étaient assez ingénieux, et aimaient à parer leurs cheveux et à les accommoder de diverses manières, les uns les ayant crépus et les autres bien frisés, et d'autres, en cinq ou six tresses nouées adroitement ensemble, et d'autres, hérissés et droits sur le sommet de la tête, de la longueur d'un quart d'aune de Hollande, comme si ç'avait été des brosses ou des vergettes de crins de pourceau.

« Le roi avait, au côté gauche de la tête, une longue tresse pendante sur le côté gauche de son corps, jusqu'à la hanche, et le reste était noué d'un ou deux nœuds. Les courtisans avaient deux tresses aux deux côtés. En général, tout était nu, hommes et femmes, rois et sujets, hormis le peu de couverture qui couvrait leurs parties naturelles.

« Les femmes étaient fort laides de visage, mal faites de corps, de petite taille, et avaient les cheveux courts, comme les hommes les portent en Hollande. Elles avaient de longues mamelles qui leur pendaient comme des sacs de cuir jusque sur le ventre; étaient fort luxurieuses, et se mêlaient sans honte avec les hommes publiquement, même tout proche du roi.

« On ne put remarquer s'ils adoraient un dieu ou des dieux, et s'ils pratiquaient quelque autre culte que la prière qu'on leur avait vu faire; mais on remarqua bien qu'ils vivaient sans souci, comme des oiseaux dans un bois. Ils ne savaient ce que c'était que de commercer, de vendre et d'acheter. Ce qu'ils donnèrent aux Hollandais ne fut point par forme de trafic ou de troc; cela se fit par boutades et par saillies, selon qu'il leur venait dans l'esprit de donner, et les Hollandais réglaient leurs présents à proportion de ce qu'ils recevaient.

« Ils ne sèment, ni ne moissonnent, ni ne font aucun ouvrage. Ils recueillent ce que la terre produit d'elle-même pour l'entretien de leur vie, et qui ne consiste presque qu'en noix de coco ou *ubas* et bananes, et en un petit nombre d'autres fruits. Lorsque la mer se retire, les femmes vont quelquefois chercher sur le rivage, dans des creux, de petits poissons qui y demeurent; ou bien elles vont pêcher avec de petits hameçons, et les mangent tout crus; de sorte que l'on vit là comme dans le premier âge dont les poëtes ont tant parlé; car on peut dire, en vérité, que l'on trouve encore ici les prémices de l'homme tout simple et tout brut, tel qu'il est sorti des mains de la nature. En partant, on nomma ces îles les îles de Hoorn, du nom de la ville où le vaisseau avait été équipé, et ou la plupart des gens de l'équipage avaient pris naissance. La baie fut nommée *Concordia*, du nom du navire. »

Il est temps d'aborder l'archipel important de Viti, pour terminer la description de notre grand archipel mélano-polynésien.

ARCHIPEL DE VITI OU FIDGI.

GÉOGRAPHIE.

Les naturels donnent à cet archipel le nom de Viti, de celui de l'île principale, et les Tongas celui de Fidgi. Nous lui conserverons le premier nom, selon notre usage.

Viti-Levou, c'est-à-dire *Viti la Grande*, est la plus populeuse de toutes ces îles : elle a vingt mille habitants, d'après Toumboua-Nakoro. Les insulaires de Viti s'appellent eux-mêmes *Kaï-viti*, comme ils appellent *Kaïton-ha* les habitants des îles Tonga ou des Amis, et Papalan-hi tous les peuples civilisés, ou mieux tous les hommes *à vêtements* qui les visitent. Leurs connaissances géographiques sur notre globe paraissent se borner à savoir qu'il est habité par trois races d'hommes ou trois peuples différents : les *Kaï-viti*, les *Kaïton-ha* et les *Kaï-papalan-hi*.

L'origine du nom de Fidgi est probablement due aux habitants des îles Tonga, qui nomment *Vitchi-Levou*, la grande Viti, et *Vitchi*, les habitants de tout l'archipel. Parmi les Vitiens eux-mêmes il en est qui disent aussi Vitchi-Levou. De Vitchi et Fitchi, les premiers navigateurs ont fait Fidgi.

L'archipel Viti se prolonge dans une étendue de cent lieues du nord au sud, sur quatre-vingt-dix lieues de l'est à l'ouest, entre le 16° et le 20° de latitude sud et le 174° et le 179° de longitude ouest du méridien de Paris. On y remarque deux grandes îles, deux autres moins étendues, une quinzaine d'autres de médiocre grandeur ; enfin, un nombre encore inappréciable d'îlots, d'écueils et de récifs restent inconnus.

Les trois grandes îles de l'archipel Viti sont Viti-Levou, Vanoua-Levou et Kandabon.

VITI-LEVOU, la plus grande de ce groupe, et une des plus étendues de la Polynésie, sauf la Nouvelle-Zeeland, a soixante-dix milles de l'est à l'ouest, et près de soixante milles du nord au sud. Les terres sont heureusement accidentées; elle est verdoyante et paraît être couverte de fleurs et de fruits. Suivant Dillon, Viti-Levou se diviserait en quatre districts, Reva, Taouzara, Breta et Imbao. Ce dernier, le plus important de tous, occupe la partie orientale de l'île ; et son chef Orivo, qui a pris le titre d'Abouni-Vano, ou plutôt *Abounivalou*, a rendu presque toutes les îles orientales ses tributaires. Dillon prétend que cette île a cent mille habitants, dont la moitié appartiendrait au district d'Imbao. Les limites géographiques de l'île sont, au sud : 18° 16' latitude sud ; à l'est, 176° 12' longitude est ; à l'ouest, 174° 46' longitude est. Les gisements de la côte nord n'ont point encore été exactement relevés. On y trouve, ainsi que dans la plupart des autres îles de l'archipel, un grand nombre de tortues.

VANOUA-LEVOU, qui paraît presque aussi grande que Viti-Levou, est encore bien peu connue. On a cité les noms de Paou, Dagon-rabé, Taka-Nova et Boua, comme ceux d'autant de districts de l'île. Dans celui de Dagonrabé, selon Toumboua-Nakoro, est une grande ville ; mais son rapport paraît être exagéré. Ce serait dans ce dernier canton que se trouverait la Baie du *Bois de sandal*, d'un mouillage sûr, mais d'un accès difficile. Les divers districts reconnaissent chacun un chef, et ces chefs se font entre eux une guerre acharnée. Il fut un temps où le bois de sandal abondait sur cette île, et notamment sur la côte occidentale. Vers les premières années du siècle, un grand nombre d'aventuriers espagnols, américains et anglais, y trouvèrent de magnifiques chargements. Mais il paraît que depuis cette époque, les beaux arbres sont devenus plus rares et moins faciles à se procurer ; l'immense palmier, *corypha umbraculifera*, y domine des forêts impénétrables, et ses branches en éventails servent de toit aux cabanes des indigènes. D'après M. de Krusenstern, Vanoua-Levou aurait cinquante lieues de circuit, et s'étendrait depuis 16° 18' jusqu'à 17° de latitude sud, et depuis 176° 4 jusqu'à 175° 12' de longitude est. Mais ces données sont encore peu sûres,

Entre ces deux îles règne un canal de douze lieues de large, passe dangereuse, peu pratiquée et semée de brisants dans toute sa longueur. Un autre canal, d'une étendue à peu près égale, sépare Viti-Levou de Kandabon. *Kandabon*, dont le gisement a été fixé par les travaux de l'*Astrolabe*, est une île haute, montueuse, terminée, au sud-ouest, par un pic d'une grande élévation (voy. *pl.* 302). Son étendue est de trente milles environ de l'est-nord-est à l'ouest-sud-ouest, sur une largeur variable de quatre à neuf milles. Selon Toumboua-Nakoro, il y a un mouillage sur la côte méridionale, et l'île contient dix mille habitants, chiffre qui paraît fort exagéré. Le pic de l'ouest est situé par 19° 6' latitude sud, et 175° 30' longitude est.

ILE DE PAOU.

Nous donnerons, d'après Mariner, la description de l'île de Paou, qui nous paraît être la même que Vanoua-Levou, malgré l'opinion de Malte-Brun qui l'a confondue avec Viti-Levou.

L'île de Paou est très-fréquentée par les bâtiments américains et anglais du Port-Jackson, qui vont y chercher du bois de sandal, lequel ne vient que dans une certaine partie de l'île appelée Voaia (*). C'est principalement à la Chine que l'on vend ce bois; la demande en est si grande en proportion de la quantité que l'on coupe, qu'il commence à devenir rare, et, par conséquent, cher. Autrefois on en obtenait d'assez grandes quantités pour quelques clous. Mais aujourd'hui les indigènes demandent en échange des ciseaux, et ils les veulent de la meilleure qualité; car ils ont appris peu à peu à les connaître. Ici les chefs ne sont pas généralement dans l'habitude de s'oindre le corps, ce qui fait qu'ils ne font qu'une légère consommation de ce bois, dont les habitants se servent uniquement pour parfumer l'huile. Les habitants des îles Tonga, au contraire, qui en emploient une grande quantité, se plaignent de sa rareté. Avant qu'ils se fussent procurés des outils en fer, ils donnaient en échange du bois de sandal, des dents d'éléphant, du gnatou (**), des nattes pour voiles, etc.

Paou, selon Mariner, est la plus importante des îles Viti, et elle est beaucoup plus étendue que Vavao (de l'archipel de Tonga). Il y a, dans la partie occidentale, des montagnes d'une assez grande élévation. A la base de l'une d'elles se trouvent deux sources chaudes situées l'une auprès de l'autre, et qui servent à la garnison d'un fort du voisinage, à bouillir ses yams et ses plantains; on les met, à cet effet, dans un vaisseau perforé sur les côtés.

Les naturels de ce pays ont les cheveux beaucoup plus crépus que ceux des îles Tonga. Hommes et femmes se poudrent avec les cendres des feuilles de l'arbre à pain, avec de la poudre de corail, ou bien de la suie provenant du toui-toui. Ils ne font usage de la poudre de corail que de temps à autre pour donner de la roideur à leurs cheveux, qualité que cette poudre possède au suprême degré. Ils font usage de ces différentes substances en les mêlant en abondance avec de l'eau, dans laquelle ils se plongent ensuite la tête deux ou trois fois de suite.

Dans ces contrées, les enfants des deux sexes vont entièrement nus, les filles jusqu'à l'âge de dix ans, et les garçons jusqu'à quatorze. Les filles prennent alors le costume ordinaire des femmes, qui ne consiste qu'en une espèce de tablier taillé circulairement, de douze à quatorze pouces de large, et qu'elles attachent autour des hanches; en vieillissant, elles en augmentent la largeur jusqu'à dix-huit pouces. A quatorze ans, les garçons prennent le mahi ou le costume ordinaire des hommes, tel qu'on le porte aux îles Haouaï, à

(*) C'est vraisemblablement Vouia, autrement la *Baie du bois de sandal*, un des districts et ports de l'île Vaoua-Levou; c'est un mouillage sûr, mais d'un accès difficile.   G. L. D. R.

(*) Le gnatou est une espèce d'étoffe faite de l'écorce du mûrier que les Chinois emploient pour fabriquer leur papier.
           G. L. D. R.

l'exception qu'il est beaucoup plus ample.

Les enfants sont fiancés dès l'âge de trois à quatre ans. Aussi les habitants des îles Tonga qui visitent les îles Viti disent-ils que l'on n'y trouve pas une seule femme qui ne soit surveillée par un mari jaloux. Un homme peut avoir plusieurs femmes; mais leur rang est réglé d'après leur naissance, et celle qui est d'une naissance distinguée est toujours l'épouse en titre, et respectée comme telle par les autres. Si son mari meurt avant elle, on l'étrangle le jour même de sa mort, et elle est enterrée avec lui.

Les individus des deux sexes sont dans l'habitude de se faire, au bas de chaque oreille, une incision où ils introduisent un morceau de côte de feuille de plantain, d'environ un pouce de long, afin d'élargir l'incision. Quand celle-ci est cicatrisée, on y place d'abord un autre morceau de côte plus gros que le premier, et ensuite un morceau de bois, de manière à élargir et à faire pendre considérablement le bout de l'oreille. Les femmes qui se font cette incision, considérée comme un grand ornement, l'outrent au point de passer dans les oreilles des morceaux de bois d'une si grande dimension, que les extrémités leur pendent presque sur les épaules. Souvent l'incision acquiert ainsi dix pouces de circonférence. Les hommes et les femmes sont d'ailleurs loin d'avoir la peau aussi douce et aussi lisse que celle des habitants des îles Tonga; ce qui provient sans doute de ce qu'ils ne sont pas dans l'habitude de s'oindre le corps. Comme ceux de l'archipel de Tonga, les insulaires des îles Viti se repaissent souvent de la chair de leurs ennemis. Mais on doit dire cependant que cette barbare coutume n'est guère pratiquée que par les chefs et les guerriers.

Selon Mariner, les habitants de Paou aperçurent, en 1800, un lézard gigantesque qui en dévora plusieurs, et répandit la terreur dans l'île. Un chef parvint à lui jeter un nœud coulant, et les naturels, à coups de casse-tête, assommèrent ce monstre, le firent rôtir et le mangèrent. Les vieillards qui racontaient cette aventure à Mariner, prétendirent que c'était un excellent régal. Nous pensons que ce lézard gigantesque n'était autre chose qu'un crocodile *biporcatus*.

L'île Ono (*), découverte, en 1819, par le Russe Bellinghausen. Terre haute et peuplée, de quinze lieues de circuit, avec un banc de corail au sud-ouest, et deux petites îles inhabitées d'une lieue de tour; le sommet gît par 20° degrés 39' latitude sud, et 178° 55' longitude est.

Batoa, découverte, en 1773, par Cook, qui la nomma île *Tortue*, parce qu'il y vit beaucoup de ces animaux; reconnue, en 1793, par d'Entrecasteaux, et par d'Urville, en 1827. C'est une terre peu élevée, peuplée faiblement, ayant environ quatre ou cinq milles de circuit, avec un récif qui s'étend jusqu'à deux milles du rivage. Quand Cook descendit à terre, tous les naturels prirent la fuite. Latitude sud 19° 48', longitude est 179° 21'. A quatre ou cinq milles au sud-ouest de cette île règne un récif dangereux de quatre à cinq lieues de circuit et parsemé de têtes de corail, en forme de chapiteaux. Ces têtes de corail s'élèvent parfois jusqu'à quinze pieds au-dessus du niveau de la mer.

Ongbea-Levou, découverte de loin par Wilson, en 1797, fut revue de près par d'Urville, en 1827. C'est une terre haute et bien boisée, de six à sept milles de circuit, avec une autre île haute aussi, mais plus petite, nommée Hong-Hea, Riki, et deux îlots de sable, Nougou, Chonguia; le tout entouré d'un récif commun. Les habitants de ces divers endroits ont été massacrés par les Tongas, qui ont fait de ce groupe une sorte de pied à terre pour leurs opérations. Latitude sud 19° 8', longitude est 179° 10' (sommet.)

Boulang-ha paraît avoir été découverte par les navires *Harrington* et *Élisabeth*, qui la nommèrent à tort Laqueba. Vue de loin par Wilson, elle fut exactement reconnue par d'Urville en 1827. C'est une île haute, bien boisée, d'un agréable aspect, longue de six milles du nord-nord ouest au sud-sud-est, large de trois, et cernée par un brisant. On lui donne quatre-vingts habitants. Latitude sud 19° 8', longitude est 179° (sommet.)

Îles Ang-Hasa, aperçues par Bligh en 1789, revues par Wilson en 1797, et reconnues en 1827 par d'Urville. Le groupe se compose de trois ou quatre petites îles hautes et inhabitées, dont la principale n'a que trois ou quatre milles de circuit, et gît par 18° 57' latitude sud, et 179° 7' longitude est.

Namouka, découverte par Bligh en 1789, revue par Wilson en 1797, qui la nomma *Neui's Tongue*, reconnue par d'Urville en 1827. C'est une île haute, ayant quatre milles de l'est à l'ouest sur un mille de large, et environnée d'un vaste récif; fort peuplée jadis, elle n'a plus aujourd'hui qu'une centaine d'habitants, tant des guerres fréquentes avec Imbao et Lagouemba ont moissonné d'hommes. Elle est fertile en cochons et en ignames. Latitude sud 18° 53', longitude est 178° 55' (pointe ouest). (Il existe une île de ce nom dans l'archipel de Tonga.)

(*) Nous emprunterons la position des îles suivantes au *Voyage pittoresque* de d'Urville, qui, dans ce travail, a indiqué ses découvertes et ses reconnaissances.

Marambo, reconnue par d'Urville en 1827; petite île boisée, inhabitée, de trois à quatre milles de circuit. Latitude sud 19° 1', longitude est 178° 49'.

Kambara, reconnue par d'Urville en 1827, île haute de neuf à dix milles de circuit; c'est l'*Apollo* de Krusenstern, découverte, selon lui, par les navires *Harrington* et *Élisabeth*. On y compte une centaine d'habitants, vassaux du roi de Lagouemba, occupés soit à pêcher des tortues, soit à fabriquer des lances et des pirogues. Latitude sud 18° 58', longitude est 178° 39' (sommet.)

Wangara, reconnue par d'Urville en 1827; île haute et inhabitée, de deux mille et demi d'étendue du nord-nord-est au sud sud-ouest; c'est l'île *Foocaffa* de la carte de Krusenstern. Latitude sud 18° 53', longitude est 178° 43' (pointe nord.)

Moze, découverte par Bligh en 1789, vue par Wilson en 1797, qui la nomma *Ile Danger*, et reconnue par d'Urville en 1827; île haute d'environ dix milles de circuit et entourée d'un brisant. On lui assigne une centaine d'habitants. Sur un large brisant, situé dans l'est de cette île, se perdit le navire l'*Argo*, et le capitaine Wilson ne s'en tira lui-même qu'après avoir couru de grands dangers. Latitude sud 18° 41', longitude est 179° 5'.

Komo, découverte par Bligh en 1789, reconnue par d'Urville en 1827; île haute de trois à quatre milles de circuit avec une quarantaine d'habitants. Latitude sud 18° 41', longitude est 179° 58'.

Hoto-Rora, découverte par Bligh en 1789, revue par d'Urville en 1827; petite île haute et inhabitée. Latitude sud 18° 40', longitude est 178° 51'.

Einoua, aperçue de loin par Wilson en 1797, reconnue aussi de loin par d'Urville en 1827; île haute, inhabitée, dont l'étendue n'est pas déterminée encore d'une manière précise. Latitude sud 18° 19', longitude est 178° 56' (sommet.)

Lagouemba, découverte, selon Krusenstern, par les navires *Harrington* et *Élisabeth*, qui la nommèrent, par erreur, Atakambo, reconnue de près par M. d'Urville en 1827; île haute d'un aspect agréable, ayant cinq milles du nord au sud, et autant au moins de l'est à l'ouest, environnée de brisants qui s'étendent au large dans l'est; on y compte mille habitants. Le roi de Lagouemba reçoit les tributs de toutes les îles situées au sud; mais, à son tour, il est tributaire du roi d'Imbao. Latitude sud 18° 12', longitude est 178° 47' (sommet.)

Taboune Siki, la Tabouna-Colly de la carte de Krusenstern, reconnue par d'Urville en 1827; petite île inhabitée de deux ou trois milles de circuit. Latitude sud 18° 46', longitude est 178° 33'.

Banou-Batou, Vanou-Vadou sur la carte de Krusenstern, reconnue par d'Urville en 1827; île haute ayant une cinquantaine d'habitants et quatre à cinq milles de circuit. Latitude sud 18° 22', longitude est 178° 20'.

Neaou, reconnue par d'Urville en 1827, et nommée Ædida sur la carte de Krusenstern, par confusion avec la suivante; île haute de sept à huit milles de circuit, et peuplée d'une centaine d'insulaires. Latitude sud 17° 59', longitude est 178° 31'.

Dzizia, la Favorite de la carte de Krusenstern, reconnue par d'Urville en 1827; île haute de neuf à dix milles de circuit avec un millier d'habitants. Latitude sud 17° 46', longitude est 178° 14' (pointe sud-ouest.)

Batou-Bara, reconnue par d'Urville en 1827, pourrait bien être l'île Howeis de Wilson, vue en 1797; île très-haute, ayant trois ou quatre milles au plus de circuit et pourtant habitée. Latitude sud 17° 25', longitude est 178°.

Azata, découverte en 1797 par Wilson, qui la nomma *Hamilton*, reconnue par d'Urville en 1827; île haute, peuplée, de six milles de circuit. Latitude sud 17° 15', longitude est 178° 3' (sommet). A l'ouest-sud-ouest d'Azata, trois îlots boisés et inhabités, nommés Nougou-Tolou, pointent au-dessus d'un récif de trois milles d'étendue.

Mango, découverte en 1787 par Wilson, qui la nomma *Ile Cor*, vue de loin par d'Urville en 1827; île très-haute, de quatre à cinq milles de circuit, avec quatre cents habitants. Latitude sud 17° 24', longitude est 178° 18'.

Kamazea, découverte en 1797 par Wilson, qui la nomma *Ile Sims*, vue de loin par d'Urville en 1827; île haute, ayant quatre milles de circuit et cent habitants. Latitude sud 17° 17', longitude est 178° 18'.

Ile Hadows, découverte par Wilson en 1797; île haute de deux ou trois milles d'étendue du nord au sud, sans doute la Mounia des naturels, peuplée de quatre vingts habitants. Latitude sud 17° 16', longitude est 178° 30'?

Ile Scott, découverte par Wilson en 1797; île haute de dix ou douze milles de circuit, probablement la Banouan-Boulalou des naturels; elle compte deux mille habitants. Latitude sud 17° 12', longitude est 178° 26' (milieu)?

Ile Middleton, découverte par Wilson en 1797; île haute ayant sept à huit milles d'étendue. Serait-ce l'île *Kabawa* des indigènes? Latitude sud 17° 6', longitude est 178° 26' (milieu). Cette île, avec la précédente et une troisième petite nommée *Curling*, par Wilson, sont entourées d'un récif commun.

Ile Shiding, découverte par Wilson en 1797; île haute de cinq ou six milles de circuit. Latitude sud 17° 10', longitude est 178° 38'.

Ile Three-Brothers, découverte en 1797 par Wilson; trois îlots sur un même récif, occupant une étendue de quatre ou cinq milles à l'ouest-sud-ouest; peut-être est-ce le *Nougou-Tolou* des naturels. Latitude sud 17°, longitude est 178° 40' (pointe nord-est.)

Ile Bluff, découverte en 1797 par Wilson; petite île inhabitée et environnée d'un récif; elle paraît être la *Mulima* des naturels. Latitude sud 16° 56', longitude est 178° 32'.

Ile Scars, découverte par Wilson en 1797. Ce sont trois îlots entourés d'un récif de cinq ou six milles de circuit. Serait-ce encore un Nougou-Tolou? Latitude 17° 6', longitude est 178° 24'.

Ile Neita-Oumba, découverte en 1797 par Wilson, qui la nomma *Ile Direction*, reconnue par d'Urville en 1827; île haute ayant trois ou quatre milles de circuit et une soixantaine d'habitants. Latitude sud 18° 2', longitude est 178° 18'?

Ile Low, découverte par Wilson en 1797; petite île basse et inhabitée, accompagnée de six à huit milles du nord au sud. C'est l'île Waboua des indigènes. Latitude sud 16° 44', longitude est 178° 24'?

Nougou-Laoudzala, découverte par Wilson en 1797, reconnue par d'Urville en 1827; petite île basse et inhabitée, avec un brisant de dix ou douze milles du nord au sud. Latitude sud 16° 43', longitude est 178° 3'.

Ile Sandi, découverte en 1643 par Tasman, revue par Wilson en 1797; petite île basse accompagnée d'un récif de douze ou quinze milles du nord au sud, et peuplée de quelques habitants. C'est probablement la *Neuguele-Levou* des indigènes. Latitude sud 16° 20', longitude est 178° 4'.

D'immenses brisants, nommés, en 1797, par Wilson, récif de CHARYBDE et récif de SCYLLA, unissent presque complétement ces îles aux suivantes.

Ile FAREWELL, découverte par Tasman en 1643, revue par Wilson en 1797; île haute, de trois à quatre milles de circuit, avec une centaine d'habitants. C'est sans doute la *Zigombia* des natifs. Latitude sud 15° 42', longitude est 177° 42'.

Ile EDWARDS, découverte par Tasman en 1643, revue par Wilson en 1797; terre haute et considérable, mais fort mal signalée. Latitude sud 16° 16', longitude est 177° 27'.

Iles LANOUDZA, découvertes en 1643 par Tasman, revues en 1797 par Wilson, qui les nomma *Cluster*, reconnues en 1827 par d'Urville; groupe de quatre à cinq îlots élevés, inhabités, et occupant un espace de quatre à cinq milles du nord au sud. Latitude sud 16° 36', longitude est 177° 51' (celle du sud.)

RAMBE, découverte en 1643 par Tasman, revue en 1797 par Wilson, qui en passa fort au large, et la nomma *Iles Gillet* et *Tate*, aperçue de loin par d'Urville en 1827. C'est une terre haute et considérable, dont la dimension est encore inconnue; on ignore même si elle forme une seule île ou plusieurs îles. Sa population est évaluée à cent habitants. Latitude sud 16° 33', longitude est 177° 37' (sommet).

TABE-OUNI, découverte en 1643 par Tasman, revue en 1797 par Wilson, qui la nomma *Ile Lamberts*, reconnue par d'Urville en 1827; terre d'une immense hauteur, ayant au moins vingt-deux milles d'étendue du nord-est au sud-ouest, sur dix ou douze milles de largeur; on lui donne un millier d'habitants. Latitude sud 17° 1', longitude est 177° 28' (pointe sud-ouest). A sa pointe nord-est on voit une petite île nommée *Bioumbont*. Il paraît que Tabe-Ouni n'est séparée de Vanoua-Lebou que par un canal étroit.

OGOMBEA, découverte en 1643 par Tasman, revue en 1797 par Wilson, qui la nomma, conjointement avec la suivante, *Ile Ross*, reconnue en 1827 par d'Urville, qui constata leur séparation par un canal étroit; île haute et peuplée, de six milles d'étendue de l'est-nord-est à l'ouest-sud-ouest, sur trois à quatre milles de large. Latitude sud 18° 48', longitude est 177° 45' (pointe sud-ouest).

LAUDZALA, découverte en 1643 par Tasman, vue en 1797 par Wilson, reconnue par d'Urville en 1827; île haute d'environ cinq ou six milles de circuit, avec une centaine d'habitants. Il y a quelques années, une pirogue de Tonga ayant fait naufrage sur leurs côtes, ces cannibales massacrèrent et mangèrent tous les hommes de l'équipage. Latitude sud 16° 46', longitude est 177° 53' (pointe est).

KOE, reconnue de loin, en 1827, par d'Urville. C'est une île fort haute, longue au moins de douze milles du nord-nord-est au sud-sud-ouest, sur quatre à cinq milles de large, avec un brisant sur sa partie orientale. On lui donne mille habitants. C'est la *Gorou* de la carte de Krusenstern, et son vrai découvreur est inconnu. Du 17° 12' au 17° 26 de latitude sud; longitude est 177° (sommet).

NEIRKI, découverte par Bligh en 1789, reconnue par d'Urville en 1827; île haute, de neuf à dix milles de circuit, ayant mille habitants. Latitude sud 17° 50', longitude est 176° 57' (sommet).

NHAO, découverte par Bligh en 1789, reconnue par d'Urville en 1827; île très-haute, ayant au moins dix milles d'étendue du nord-nord-ouest au sud-sud-est, sur quatre ou cinq milles de large. On porte sa population à cinq mille âmes. Latitude sud 18° 2', longitude est 176° 53 (milieu). A l'est et au sud de cette île règne un grand brisant, sur lequel se perdit le brick l'*Elisa*.

MOUALA, découverte en 1827 par d'Urville; île haute, ayant sept milles de l'est-nord-est à l'ouest-sud-ouest, sur cinq milles du nord au sud. On lui donne mille habitants. Elle est environnée de brisants dangereux. C'est peut-être l'île *Merla-Eavou* de la carte de Krusenstern. Latitude sud 18° 35', longitude est 177° 27'.

MOTOGOU, découverte en 1827 par d'Urville, qui ne la vit que de loin; île très-haute, avec cinq milles au moins d'étendue et mille habitants. Latitude sud 19° 7', longitude est 177° 11' (sommet).

FOTOUA, découverte en 1827 par d'Urville, qui n'en vit que les sommets; île haute, ayant au moins onze milles d'étendue de l'est à l'ouest, et mille habitants. Latitude sud 18° 55', longitude est 177° 45' (milieu).

BATIGUI, découverte en 1789 par Bligh, reconnue en 1827 par d'Urville, qui la vit de loin; île haute, ayant au moins trois milles d'étendue; population de mille âmes. C'est sans doute la *Vatega* de la carte de Krusenstern. Latitude sud 17° 48', longitude est 176° 42'.

BALAOU, *Baltoa* de la carte de Krusenstern, reconnue de très-loin par d'Urville en 1827; île haute d'une étendue inconnue, avec une population qu'on évalue à un millier d'habitants. Latitude sud 17° 44', longitude est 176° 22'.

VAKIA de la carte de Krusenstern, *Vaksia* des indigènes; petite île haute et peuplée. Latitude sud 17° 35', longitude est 176° 40' ?

Ile KUMMOCK de la carte de Krusenstern, peut-être la *Ningani* des insulaires; île d'un ou deux milles de circuit. Latitude sud 17° 32', longitude est 176° 20' ?

Ile PASSAGE de la carte de Krusenstern, *Vatou* des naturels; un ou deux milles de circuit. Latitude sud 17° 24', longitude est 176° 22' ?

Ile MACKANIR de la carte de Krusenstern, *Magann-Hat* des insulaires; deux ou trois milles de circuit et une cinquantaine d'habitants. Latitude sud 17° 28', longitude est 176° 40' ?

MOTON-RIKI, découverte par Bligh en 1789, reconnue par d'Urville en 1827, nommée *Verat* sur la carte de Krusenstern; île haute, ayant au moins quatre milles d'étendue; population de mille habitants. Latitude sud 17° 48', longitude est 176° 17'.

LELE-OUDIA, deux îlots bas et boisés, découverts en 1827 par d'Urville, ayant chacun un mille de circuit. Latitude sud 17° 58', longitude est 176° 19'.

NOUGOU-LAGO et NOUGOU-LOUZE, deux îlots boisés peu élevés, ayant chacun au plus un mille de circuit, découverts par d'Urville en 1827. Latitude sud 18° 13', longitude est 175° 59'.

OUMENGA, découverte par d'Urville en 1827; île haute, ayant au moins neuf ou dix milles de circuit; population de deux mille habitants. Cette île est séparée de Kandabon par un canal étroit, et accompagnée dans le nord de récifs et d'îlots nombreux, dont l'étendue n'est point encore déterminée. Latitude sud 18° 55', longitude est 176° 2' (milieu).

VATOU-LELE, découverte par d'Urville en 1827 ; île basse, boisée, avec des brisants qui s'étendent au loin dans l'est ; population estimée à deux mille âmes ; étendue de neuf milles du nord-nord-ouest au sud-sud-est, sur deux ou trois milles de large. Latitude sud 18° 33', longitude est 175° 11' (milieu).

Iles MALOLO, découvertes en 1827 par d'Urville ; groupe d'îles hautes et entourées de récifs, dont la plus grande a sept ou huit milles de circuit. Population, mille âmes. Latitude sud 17° 45', longitude est 174° 42' (la plus grande).

Iles NAKORO, découvertes par d'Urville en 1827 ; groupe d'une dizaine d'îles hautes, peuplées, dont les plus grandes ont deux ou trois milles de circuit. Latitude sud 17° 33', longitude est 174° 37' (celle du nord).

Iles BITONKO, découvertes par d'Urville en 1827 ; groupe de deux îles et quatre îlots élevés, dont les plus grands ont deux ou trois milles de circuit. Latitude sud 17° 26', longitude est 174° 34' (la plus grande).

Iles BIVONA, reconnues de loin par d'Urville en 1827 ; groupe de trois ou quatre îles hautes et peuplées, dont la plus grande a sept ou huit milles de circuit. Ces îles paraissaient former la partie sud-ouest des îles découvertes en 1794 par le capitaine Barber. Latitude sud 17° 16', longitude est 174° 38'.

Iles MATAZOUA-LEVOU, SARA-LEVOU et SARA-RARA. D'après les indications des naturels, ce serait là les noms des principales îles découvertes par Barber en 1794, et qui figurent d'une manière vague sur la carte de Krusenstern. Les plus grandes auraient quinze et dix-huit milles de circuit. Tout ce groupe, du reste, est si peu connu, qu'on ignore même son gisement exact. Il faut les placer à peu près entre 16° 38' et 17° 4' latitude sud d'une part, et de l'autre entre 174° 40' et 175° longitude est.

Ile RONDA sur la carte de Krusenstern, ayant trois ou quatre milles de circuit. Latitude sud 16° 50', longitude est 175° 54'.

Ile ANDOUA sur la carte de Krusenstern, ayant quatre ou cinq milles de circuit. Latitude sud 16° 50', longitude est 175° 52' ?

Quelque longue que soit cette nomenclature, elle ne comprend probablement point encore toutes les îles Viti ; les naturels en connaissent et en nomment une foule d'autres.

Toumboua-Nakoro était le chef vitien le plus propre à fournir tous les renseignements sur la population ; c'était le Torrès de Viti. Voici ceux qu'il transmit au savant docteur Gaimard :

ILES VITI HABITÉES.

Noms des îles.	Habitants.	Noms des îles.	Habitants.
Hono	500	Neitaoumba	60
Jimbao	2000	Laouzala	100
Ong-hea-Levou	10	Tabéouni	1000
Boulang-Ha	80	Rangué	100
Namvaka	60	Nauguele-Levou	10
Kombara	100	Zigoumba	100
Komo	40	Lagoueimba	1000
Mozé	100	Toubouza	40
Onéata	80	Neaou	100
Zizia	1000	Neiraï	1000
Mang-Ho	400	Batigui	1000
Kanozéa	100	Ouakaia	100
Mounia	80	Ovalaou	1000
Ligoumbia	20	Motou-Riki	1000
Banouan-Balabou	2000	Eanouza	100
Magoun-Hai	50	Eandoua	40
Nen Han	40	Asava-Levou	1000
Viti-Levou	20000	Asavai Rara	1000
Bioua	100	Malolo	1000
Benga	1000	Biton-Ho	1000
Eaou-Goupé	100	Bioua	50
Mazouata	1000	Banoué-Batou	50
Oundou	100	Kandabon	10000
Zavaro	10	Hono-Lailai	100
Kia	50	Raboune	1000
N-Haloa	100	Boulia	100
Banou-Levon	10000	Batou-Lélé	1000
Koro	1000	Batoa	20
Ouazata	50	Andoua	10
Totois	1000	Matazoua-Levou	100
Motougou	1000	Oumbenga	2000
Mouala	1000	Ovioumbani	500
N-Haou	5000		

Population des îles Viti... 73850

ILES VITI INHABITÉES.

Ong-Hea-Riki.	Ouann-Goula.
Eng-Hara.	Rabouni.
Poutoni-Zaké.	Batou-Izake.
Ouangaba.	Batou-Ira.
Tabouné-Civi.	Ale-Ouakalaou.
Holoroua.	Vadou-Vadou.
Eiboua.	Ovatou.
Ponouémas.	Marombo.
Katabon-Ha.	Loa.
Osaroua.	Kabéoua.
Pekai.	Malima.
Tabounoukou.	Kio-Ha.
Mazouata.	Eanouza.
Batou Bara.	Nougou-Banra.
Nougou-Tolou.	Magoun-Ranha.
Noogou-Tolou.	Vatouzoeu.
Nougou-Tolou.	Toumberoua.
Kaimbou.	Lélé-Oubia.
Neikobou.	Maubona-Laou.
Soudouni-Levou.	Nasoata.
Soudouni-Leilei.	Palolo.
Dagoui.	Magou-Louba.
Oiaziona.	Sobou-Lebou.
Namena.	Sobou Leilei.
Nougoulaou.	Velanhi Lala.
Namouka.	Guimbonbo.
Vatou-Lélé.	Oaïbioua.
N-Haloa.	Naizombo-Zombo.
Hono.	

Mais, jusqu'à de nouvelles explorations, cette liste ne peut être considérée que comme un catalogue plus ou moins exact.

PORTRAIT.

Les routes parcourues à travers ces pelotons de petites terres, par M. d'Urville, le seul savant de qui nous ayons un travail un peu étendu sur l'archipel de Viti, nous ont fait connaître la situation de la plus grande partie de ces îles; mais, comme il ne descendit malheureusement nulle part, il ne put donner des renseignements par lui-même sur le sol et ses productions, les habitations et les mœurs des insulaires. Cependant il faut dire que ce que les officiers de l'expédition de l'*Astrolabe* ont appris de Toumboua-Nakoro et de quelques Espagnols des Philippines, qui y étaient occupés comme charpentiers, doit en donner un aperçu; ce qui vaut encore mieux que de ne rien savoir sur un pays encore inconnu.

« Les Fidgiens (Vitiens) sont remarquables, dit d'Urville, en ce qu'ils n'appartiennent plus à la race polynésienne qui, de la Nouvelle-Zeeland, s'étend jusqu'à Haouaï. Ils font partie de la race papou (*) qui, occupant la Nouvelle-Guinée et les grandes îles qui l'environnent, est arrivée jusque-là, presque à toucher Tonga-T'abou, qui n'est qu'à soixante lieues, sans qu'il y ait eu mélange entre ces deux peuples, si ce n'est cependant dans ces derniers temps. Les cent cinquante naturels que nous avons vus étaient, en général, tous très-beaux hommes. Quelques-uns avaient de cinq pieds six à huit pouces de hauteur et étaient bien pris dans leurs proportions, n'ayant point, comme les Tongas, le bas de la jambe gros, et n'offrant point, comme eux, de tendance à l'obésité. Plusieurs de ces individus auraient pu servir de modèle au gladiateur combattant (voy. *pl.* 249). Leur peau est d'un noir tirant sur le chocolat; le haut de la figure est élargi, le nez et les lèvres sont gros; quelques-uns ont de beaux traits fortement prononcés; mais nous n'en avons point vu, comme à Tonga, avec le nez effilé. Après la couleur de la peau, c'est surtout la chevelure qui les distingue : c'est celle des Papous très-ample,

(*) M. d'Urville aurait dû dire papoua et non papou. Nous avons expliqué la différence qui existe entre ces deux peuples dans notre *Tableau général de l'Océanie*. G. L. D. R.

très-frisée; ils en prennent le plus grand soin dès l'enfance. Elle est noire naturellement; mais ils augmentent encore l'intensité de cette couleur avec du charbon; c'est ce que fait le plus grand nombre, tandis que d'autres la rougissent avec de la chaux, ou bien la blanchissent en la rendant blonde, ce qui augmente l'épaisseur des cheveux et les fait ressembler à du crin frisé. Ces cheveux sont taillés en rond avec beaucoup d'art et sans se dépasser. La chevelure de quelques-uns est divisée en deux grosses touffes par un large sillon qui va d'une oreille à l'autre. Ils maintiennent cet appareil par une étoffe blanche et claire de mûrier à papier, arrangée en forme de turban, ce qui leur donne l'air de Musulmans. Cet usage tiendrait-il à une tradition éloignée et perdue de leur origine? Lorsque Toumboua-Nakoro laissa M. Gaimard, il lui demanda son mouchoir pour s'envelopper la tête et conserver sa coiffure. Leur tatouage est en relief, c'est-à-dire que, sur les bras et la poitrine, ils se creusent des trous qu'ils avivent jusqu'à ce que la cicatrice se boursouflant devienne grosse comme une petite cerise. Pendant tout ce temps, ce sont autant d'ulcères dégoûtants. Nous n'avons que très-peu vu d'autres tatouages noirs par empreinte; il est vrai que sur une peau si foncée ils produiraient peu d'effet. »

Lagouemba paraît être la seule île où se soient fixés un nombre de Tongas mêlés aux Vitiens. « Le chef que nous avions à bord, dit M. Quoy, était un de ces métis. Par la couleur de la peau et des cheveux, il tenait des Vitiens; mais, pour l'ensemble des traits et l'obésité, il tenait de la race tonga. Le jeune Espagnol (*) qui vint des premiers à bord avec des Tongas, était occupé sur une île à construire des

(*) Il se nommait Hernando et avait appartenu à l'équipage du navire la *Conceptcion*, de Manila, qui avait naufragé dans les passes de ces îles, et dont les compagnons avaient été la plupart rôtis et mangés, sauf ceux qui, comme lui, étaient devenus les mousquetaires des roitelets rivaux.

G. L. D. R

pirogues pour être conduites à Tonga-Tabou. Les indigènes choisissent pour cela un beau temps, et franchissent cet espace en deux jours sans relâcher. »

Quant à nous, nous tenons d'un capitaine malai et d'un Américain, qui ont vécu quelque temps dans différentes îles de l'archipel Viti, que les habitants d'une partie de ces îles sont noirs, et ont les cheveux ébouriffés comme les Papouas; que quelques habitants d'une partie des îles de ce groupe sont Polynésiens, et qu'une partie se compose d'hybrides ou mulâtres qui pourront devenir un jour les maîtres de ce grand groupe. Nous nous sommes rangé à cette opinion.

« Je n'avais pu examiner aucune femme de cet archipel, dit M. Gaimard. Un jour j'en vis quelques-unes dans une grande pirogue, sur laquelle je descendis aussitôt, dans le but de faire quelques remarques sur le beau sexe vitien. Par suite d'une manœuvre qu'exécuta l'*Astrolabe*, la pirogue où j'étais se trouva éloignée de la corvette, et de telle manière que les naturels auraient pu bien facilement m'emmener prisonnier. Déjà les Vitiens commençaient à examiner mes vêtements, en me disant impérieusement de les leur donner. Je leur fis entendre qu'à bord de la corvette nous possédions un grand nombre d'étoffes diverses, et je leur montrai beaucoup de sang-froid. Ils me ramenèrent sans m'avoir rien pris, et alors je crus devoir leur faire quelques légers cadeaux.

« Si les Vitiens s'étaient emparés de moi, mon parti était pris :

« Du peuple lanternois j'adoptais les coutumes. »

« Je devenais Vitien, et, soldat d'avant-garde, je serais certainement parvenu à leur inspirer promptement de la confiance par quelque expédition militaire; j'aurais étudié la langue et l'histoire de cet archipel, en attendant que, comme Mediola(*), un navire vînt me chercher. »

(*) Espagnol, délivré par d'Urville.

HIÉRARCHIE CIVILE ET RELIGIEUSE; MŒURS ET COUTUMES; CROYANCES, INDUSTRIE, ETC.

Le roi des îles Viti réside à Imbao. Il se nommait Orivo, et maintenant son nom est *Abounivalou*. Il possède à lui seul plus de cent femmes, ce qui est une très-grande richesse dans cet archipel. Les tributs qu'on lui paye consistent en dents de baleines, qui sont la monnaie du pays, en pirogues, en jeunes filles de dix à douze ans, en étoffes de mûrier à papier, nattes, fil de coco pour faire des cordes, coquilles, bananes, cocos, poules, cochons, ignames, et en général toutes les productions de la terre dont ils font usage.

Les rois particuliers des différentes îles de l'archipel prennent le titre de touï; ainsi le roi de Mozé s'appelle Touï-Mozé, le roi de Zizia Touï-Zizia, etc. Les Vitiens achètent des baleiniers les dents de baleines, c'est-à-dire, la monnaie; ils en font des colliers, en divisant chaque dent suivant sa longueur en quatre ou cinq morceaux. Ces colliers sont portés par les chefs dans l'exercice de leurs fonctions, quand ils lèvent les tributs, et dans quelques autres occasions. Les coquilles blanches, les ovules surtout, servent d'ornements; les coquilles coloriées se portent en colliers.

Quand le roi meurt, son frère lui succède; s'il n'a point de frère, c'est son fils.

M. Gaimard demanda à Toumboua-Nakoro, neveu du roi, si ce chef gouvernait despotiquement, ou bien s'il y avait une espèce de conseil d'État. Le roi fait ce qu'il veut, répondit-il, mais il se soumet aux lois établies par les prêtres.

Le roi est le chef suprême de la justice.

Un homme qui en tue un autre sans motif est tué lui-même à coups de casse-tête.

Chaque homme a une portion de terre en propriété, mais les chefs peuvent la lui enlever.

Les hommes nommés à Tonga-Tabou

matáboulès, dignité qui paraît correspondre à celle de premier lieutenant ou conseiller d'État, sont appelés *muta-nivanoua* aux îles Viti; leurs fonctions consistent surtout à aller chercher les tributs et à faire les discours publics.

Les prêtres se nomment *ambetti*. Auprès du roi est le grand prêtre *Ambetti-Levou*: il a trois femmes, et il est très-riche en dents de baleines. Il y a une prêtresse nommée *Ambetti-Levoua*, dont le mari est un des chefs de l'île Nobaou.

Les dieux de différentes espèces sont classés hiérarchiquement: Zan-Haoualou est le dieu du premier ordre, Kalou est le dieu du *tabou*, que l'on nomme *tambou* aux îles Viti.

Les dieux subalternes sont les suivants:
Kalou-Niouza, Reïzo, Vazougui-Bérata, Vazougui-Ton-ha, Koméï-Bouni-Koura, Babé-Bounti, Léka, Oulégouen-Bouna, Banou-Bé, Tambo-Kana-Lanhi, Bouta-Gouibalou, Daouzina, Komainen-Toulougoubouïa.

Les déesses que la prêtresse invoque sont Goulia-Zavazo et Goli-Koro.

Tous ces dieux habitent les cieux, que les Vitiens nomment Nouma-Lanhi. Onden-Heï, nommé plus souvent Onden-hi, est le créateur du soleil, de la terre, de tout ce qui existe et de tous les dieux.

Les Vitiens disent qu'à la mort, l'âme va rejoindre Onden-hi. L'âme de ceux qu'ils tuent, l'âme de ceux qu'ils mangent, l'âme des suppliciés, l'âme des bons et l'âme des méchants vont également rejoindre Onden-hi.

Il n'y a point de cérémonie religieuse à l'occasion de la naissance et de la mort de ces insulaires. Le prêtre ne vient les voir que pendant leur maladie, parce que, disent-ils, il est inutile qu'il vienne lorsque le malade est mort, puisque l'âme du mort est allée rejoindre Onden-hi.

Les Vitiens ne font point de sacrifices humains. Ils offrent seulement à leurs dieux des cochons, des bananes, des étoffes, etc., etc. Ils n'ont point de fétiches, mais beaucoup de maisons sacrées qu'ils nomment *Ambouré*. A la mort du roi ou de la reine, le sacrifice ordinaire des naturels est de se couper un doigt de la main ou du pied. Quand les chefs ou les parents sont malades, les Vitiens offrent des présents à leurs prêtres, mais jamais ne se coupent les doigts, comme font en pareilles circonstances les habitants de Tonga-Tabou.

Les Vitiens ne mâchent point le bétel ni le tabac; ils ne font usage d'aucune espèce de mastication. Mais ils prennent le kava à l'instar des insulaires polynésiens de Tonga.

A l'âge de quinze ans, on fend le prépuce à tous les garçons. Cette opération se fait avec une coquille mince et tranchante ou avec un couteau: pour arrêter l'hémorragie qui en résulte, on se sert d'une étoffe très-fine de mûrier à papier.

Les Vitiens sont mariés de très-bonne heure, mais ils ne doivent cohabiter avec leurs femmes qu'à l'âge de vingt ans, quand ils ont la barbe assez longue. Ils craindraient la mort si, avant cette époque, ils cohabitaient avec elles. Cette défense semble être une des applications du tabou ou interdiction religieuse.

La polygamie est en usage chez les grands dans tout l'archipel.

Les chefs, selon leurs richesses, ont depuis dix jusqu'à soixante femmes. Les hommes du peuple ne doivent en avoir qu'une.

On ne marie les jeunes filles que quand elles ont eu cinq ou six fois leurs évacuations périodiques.

Les femmes ne mangent point avec les hommes, mais après eux. Elles vont à la pêche, non à la ligne, mais au filet de deux à quatre brasses, à l'exclusion des hommes. Elles font la cuisine, vont chercher l'eau et les aliments. Les hommes font la guerre, travaillent la terre, construisent les pirogues à balancier, qui y sont en grand nombre, les hangars, les maisons, etc.

Les femmes ont ordinairement de deux à six enfants; il est fort rare qu'elles meurent en couche. Les médecins de

Viti donnent à boire une décoction de bois du pays à celles qui sont prises de mal d'enfant. Il existe quelques exemples d'accouchement de deux enfants à la fois. Il est important d'observer que les hommes n'y vendent point les femmes. Ils n'abusent pas à cet égard de la force qui ne fait pas le droit, mais qui le donne.

Ces insulaires se couchent à la nuit, et se lèvent avec le jour. Dès qu'ils sont levés, ils prennent le kava, et ils mangent ensuite. La plante qui produit le kava se nomme *angona* à Viti. Les excès de cette boisson sont fréquents, mais les suites n'en sont pas dangereuses, s'il faut en croire le chef Toumboua-Nakoro. Lorsque les Vitiens n'ont rien à manger, ce qui arrive quelquefois, ils se contentent du kava.

Ils allument le feu par le frottement d'un morceau de bois dans un autre morceau cannelé. Pour s'éclairer pendant la nuit, ils se servent de régimes de coco secs.

Ils montent sur les cocotiers au moyen d'une corde qui joint leurs pieds.

Ils ne se font point ordinairement la barbe. Ce n'est que d'après les Européens, et avec leurs instruments, qu'ils la rasent quelquefois. Pour tailler les cheveux, ils emploient des dents de requin.

L'usage du tatouage est universel aux îles Viti. Cette opération se fait avec un os de poule que l'on frappe avec une baguette. La couleur noire dont on se sert également pour teindre le corps et les cheveux est fournie par une noix nommée *alaouzzi* aux îles Viti, et *touï-touï* aux Tonga.

Quant aux vêtements, les Vitiens mettent, à la guerre, des nattes diversement colorées autour de la tête; le reste du corps est peint et entièrement nu, à l'exception du langouti ou pagne, qui sert à cacher la nudité.

Les Vitiens connaissent la fabrication des vases de terre, qu'on ne trouve dans aucune des îles de la Polynésie. Ils doivent l'avoir empruntée des Papouas de la Nouvelle-Guinée. A un certain âge, ils pratiquent la circoncision, usage qui appartient aux îles polynésiennes de Tonga, et à beaucoup d'autres. Ils mangent leurs ennemis tués à la guerre, et paraissent même porter cette horrible coutume au moins aussi loin que les Nouveaux-Zeelandais. Si l'on en croit Mariner, et tout nous autorise à ajouter foi à ses récits, un individu lui aurait raconté avoir assisté à un de ces festins où l'on servit alternativement cinquante hommes et cinquante cochons rôtis.

Leurs pirogues sont à balancier, et vont à la voile; ils ne se servent point de la pagaie dans les grandes, quand le vent leur manque; ils godillent verticalement derrière et devant, ce qui fait qu'ils n'avancent que lentement. Leur langue diffère de celle de Tonga, qui est la polynésienne, et la même, avec quelques différences locales, qu'on parle aux îles Haouaï, à Taïti et à la Nouvelle Zeeland.

Plusieurs Vitiens entourent leurs cheveux d'étoffes blanches et fines de mûrier-papier qu'ils disposent un peu en turban, peut être par suite de communications avec les Bouguis. Leurs cheveux sont généralement bien arrangés, durs, épais, teints en noir et quelquefois en rouge. Sur quelques-uns, l'arrangement est tel qu'on dirait un casque, disposition qui existe à Véguiou et aux îles Haouaï.

« Le fameux chef Toumboua-Nakoro, dont les traits se rapprochent du type arabe, dit M. Gaimard, a le front ordinaire et la bosse frontale prononcée; les arcades sourcilières saillantes; les sourcils peu fournis; les yeux gris, le nez aquilin, les pommettes saillantes, les dents blanches, très-belles, mais un peu larges; les lèvres légèrement saillantes et un peu épaisses, la bouche grande, les oreilles percées de deux larges trous, la physionomie noble, douce et riante; les cheveux noirs, très-touffus, très-épais, parfaitement arrangés, teints en noir en devant et sur les côtés, en rouge par derrière, et enveloppés d'une étoffe extrêmement fine de mûrier-papier. Il a des moustaches et de la barbe au menton. Depuis quatre ans, il a un éléphantiasis à la jambe gauche. »

Toumboua-Nakoro est le *receveur général* du roi d'Imbao. Au moment où la curiosité le conduisit à bord de l'*Astrolabe*, il était en tournée pour percevoir les tributs qui sont payés au roi par les chefs des îles qui sont sous sa dépendance. Cet homme était fort intelligent et fort expressif dans ses gestes (voy. *pl.* 209). Son maintien était décent, et ses manières étaient graves et affables en même temps. C'est à lui que nous devons les détails intéressants que nous avons extraits et que nous extrairons du Journal du savant docteur Gaimard.

Les Vitiens ont beaucoup de petites maisons où les femmes travaillent à la fabrication des étoffes de mûrier à papier.

Ils ont des esclaves des deux sexes, qu'ils nomment kaïeï. Le roi Abounivalou en a environ cent qui sont du sexe masculin. Il a le pouvoir de rendre esclaves toutes les femmes des îles qui sont sous sa dépendance.

La population de Viti éprouve une augmentation progressive assez considérable en temps de paix. Naturellement, le contraire a lieu en temps de guerre; et la guerre éclate assez souvent dans les îles nombreuses de cet archipel, ainsi que dans les autres archipels polynésiens et mélanésiens.

Les enfants, à leur naissance, reçoivent un nom; quand ils sont grands, on leur en donne un autre.

Lorsqu'un chef meurt, on tue plusieurs de ses femmes. C'est un usage constant.

Les causes ordinaires de guerre, dans ce grand groupe, sont le refus de payer le tribut, et de donner les femmes qui sont demandées par les rois.

Un certain nombre d'îles se réunissent pour payer tribut au roi d'une de ces îles; et tous les rois qui ont reçu ces tributs partiels vont les porter au chef suprême de l'archipel. Celui qui ne paye pas le tribut imposé est puni de mort.

Les ennemis tués dans le combat sont mangés par les vainqueurs. Toumboua-Nakoro assura à M. Gaimard qu'il n'avait pris part qu'une seule fois à un pareil festin; et encore qu'il l'avait fait parce que les chefs le menaçaient de le tuer lui-même, s'il ne mangeait pas de la chair de leurs ennemis. Pour ce repas, les Vitiens coupent les parties du corps en plusieurs morceaux, dont ils séparent les os, et les font cuire sur le feu, après les avoir entourés de feuilles. Un Manilois, nommé Guttierez, qui était demeuré longtemps dans l'archipel Viti, assista à un repas de cette espèce sur l'île de Nehaou.

Voici un chant vitien donné à M. Gaimard par Toumboua-Nakoro :

> « Laou namoua aei latoka,
> « Eia-hé eïa-hé.
> « Nomoumbaï oua oua méré,
> « Oua toguia éta céré.
> « Bouki bouki onden-héï,
> « Ea bana labonoua.
> « Satigo salako ongué,
> « Ouloun damoun damoun.
> « Satogui satogui, togui,
> « Ana soué togui longui.
> « Din-hin, din hin, kemou ramanda,
> « Kémou atigo iboum bana. »

Les Vitiens chantent ces paroles après le combat, lorsqu'ils vont s'emparer des morts et avant de les manger. Toumboua-Nakoro ne put en faire connaître le sens, et ce chant des cannibales n'a pas été encore traduit.

Les Européens naufragés qui ne sont pas tués deviennent souvent des soldats d'avant-garde auxquels les indigènes confient les armes à feu qu'ils peuvent avoir, comme plus habiles qu'eux à s'en servir.

Lorsqu'on veut demander la paix à une peuplade, on envoie un ambassadeur, qui est choisi parmi les chefs; il apporte des présents, surtout des dents de baleine, etc., et bientôt la paix est faite.

Les armes dont ils se servent pour faire la guerre sont les flèches, les casse-tête, les lances, et maintenant ils ont obtenu des Européens quelques fusils et baïonnettes. Mais ils emploient leurs fusils contre les ennemis seulement; du moins est-il fort rare qu'ils s'en servent pour tuer des oiseaux.

Les maisons et les meubles sont semblables à ce qui existe à Tonga-Tabou.

Il y a deux canons à Neireï et trois

à Imbao : ils proviennent des bâtiments naufragés.

Les Vitiens de Lagouemba possèdent quelques poignées de piastres qui leur ont été données en échange des provisions qu'ils fournissent aux navires.

Sur l'île nommée Laouzala, une pirogue de Tonga-Tabou fit naufrage ; tous les Kaï-Tonha furent mangés.

Les Vitiens n'ont pas l'usage de changer de nom en signe d'amitié, comme tous les Polynésiens ; mais ils ont eu beaucoup de relations avec les Européens ; et il paraît que depuis lors ils sont devenus meilleurs, car ils disent eux-mêmes que beaucoup de navires ont traversé ou visité leur archipel sans leur faire aucun mal.

Le vol est fréquent chez les Vitiens, et il n'y a point de punition contre le voleur, à moins que les chefs n'exigent qu'on tue le coupable.

Il y a peu de maladies dans cet archipel. Il y existe cependant quelques affections vénériennes. On y trouve aussi plusieurs exemples de folie, et les hommes qui deviennent fous sont étranglés.

Le suicide y est connu. Lorsqu'il a lieu, c'est à la suite des mauvais traitements que les chefs font éprouver aux hommes du peuple. Dans ces cas, ces derniers se pendent.

Les habitants de Tonga-Tabou qui sont venus s'établir sur l'île Lagouemba, ont apporté des dents de cachalot au roi des îles Viti. Celui-ci, en revanche, les nourrit. Ils sont amis de ce roi, et indépendants de lui. Les Vitiens et ceux de Tonga qui habitent Lagouemba se marient entre eux ; ils suivent chacun les usages de leur pays.

Les chefs vitiens ne chantent pas, mais seulement les gens du peuple, les femmes et les enfants : les hommes chantent avec les hommes, les enfants avec les enfants, les femmes avec les femmes.

PRÉCIS HISTORIQUE DE L'ARCHIPEL DE VITI.

Tasman fut le découvreur de l'archipel de Viti en 1643. Il ne vit que quelques îles et récifs, qu'il nomma *Îles du Prince-Guillaume* et *Bas-fond de Heemskerk*. Les excellents relevés qu'on doit à M. d'Urville prouvent que les îles aperçues par Tasman étaient Tanoudza, Rambe, Tabe-Ouni et Laoudzala, noms que leur donnent les indigènes.

En 1774, Cook découvrit l'île Batoa. Bligh traversa en fugitif ce groupe, après avoir été dépouillé de son commandement par ses marins révoltés ; mais, dénué d'instruments sur une frêle embarcation, il ne put exécuter aucune reconnaissance. Quand il revint à Taïti, il longea ce grand groupe dans toute sa partie méridionale ; mais ses observations, s'il en a fait, n'ont pas été publiées.

En 1793, d'Entrecasteaux vit l'île Batoa.

Maitland, Barber, Wilson donnèrent des cartes plus ou moins exactes de quelques îles. Le capitaine Maitland les nomma *Terres de liberté*. Plusieurs navires marchands les ont fréquentées et les fréquentent encore, surtout à cause du bois de sandal, dont on fait des essences en Chine et dans l'Inde, et dont on construit des colonnes et des caisses mortuaires pour les riches Chinois. Mais plusieurs de ces capitaines de commerce n'ont rien appris, et ne pourraient rien nous apprendre en dehors de leur trafic.

Des rixes sanglantes ayant éclaté plusieurs fois entre les Européens, les Américains et les naturels, il en résulta deux terribles catastrophes : la première concerne la *Favorite*, capitaine Campbell, qui mouilla, en octobre 1809, dans la *Baie du bois de sandal*, et que le chef Boullandam, commandant une flottille de 140 pirogues, brisa, en lançant la plus grande pirogue qui coupa en deux la baleinière. On en trouve le récit dans le Voyage de Turnbull autour du monde, publié en 1813, et il paraît assez vraisemblable, sauf un jeûne de neuf jours auquel fut soumis l'équipage de la *Favorite* qui fut fait prisonnier, et rendu plus tard à la liberté.

Quant à la seconde catastrophe, la plus importante de l'histoire de ce pays, nous l'emprunterons à la relation du capitaine Dillon, qui en est le héros, relation publiée après son expédition à la recherche de la Pérouse; et comme elle offre un caractère au moins extraordinaire, nous lui en laisserons toute la responsabilité.

M. Dillon s'était d'abord embarqué, à la fin de 1812, en qualité de second officier, sur le navire le *Hunter*, capitaine Robson, qui partit de Calcutta pour un voyage à la Nouvelle-Galles du Sud, aux îles Viti, communément appelées Fidgi, et finalement à Canton. Il avait antérieurement visité ces îles, et il y avait séjourné pendant quatre mois. Durant ce séjour, il avait vécu intimement avec les naturels, et avait fait des progrès dans l'étude de leur langue. Le capitaine Robson s'était lui-même arrêté deux fois dans ces îles, et avait acquis une grande influence sur l'esprit des habitants d'une partie de la côte de l'île du Sandal, en prenant part à leurs guerres et en les aidant à détruire leurs ennemis, qui avaient été mangés en sa présence. Le chef avec lequel il était le plus lié était Bonassar, chef du village de Viléar et de ses dépendances dans l'intérieur de l'île.

Dans l'après-midi du 19 février 1813, le *Hunter* jeta l'ancre dans la baie de Wailéa, à la distance d'environ un quart de mille de l'embouchure d'une petite rivière qu'il faut remonter pour arriver au village. Viléar (*) est situé à environ un mille ou un mille et demi du mouillage, et les bords de la petite rivière ou ruisseau qui le baigne sont couverts d'une magnifique verdure. Des deux côtés, sur un terrain bas, d'épaisses forêts de mangliers s'étendent jusqu'à une petite distance du village, où le sol a un peu plus d'élévation et est entièrement déboisé.

On n'avait pas encore jeté l'ancre, que le frère du chef de Viléar arriva à bord pour féliciter le capitaine sur son retour. Bientôt après parut Bonassar lui-même avec plusieurs autres chefs secondaires, ses prêtres et un lascar qui avait déserté le *Hunter*, environ vingt mois auparavant. Le chef informa le capitaine que, peu de temps après le départ du *Hunter* pour Canton, les habitants des villages qu'il avait conquis avec son assistance, s'étaient révoltés, et, ayant été joints par les puissantes tribus qui habitaient les bords d'une grande rivière appelée Nanpacab, lui avaient fait une guerre cruelle.

Bonassar chercha ensuite à persuader aux Anglais qu'il serait impossible de se procurer du bois de sandal, à moins que cette ligue formidable ne fût vaincue par la force de leur mousqueterie. En conséquence, il pria le commandant de se joindre à lui pour entreprendre une nouvelle campagne. Le capitaine Robson n'y acquiesça pas d'abord. Le chef de Viléar lui représenta le danger auquel ses sujets se trouveraient exposés pendant qu'ils seraient éparpillés dans les forêts, et occupés à couper du bois de sandal pour les Anglais, et que leurs ennemis pourraient alors les épier et les enlever au moment où ils s'y attendraient le moins. Les choses en restèrent là pour le moment. Le capitaine et Dillon descendirent à terre, Bonassar les accompagna, et ils se rendirent au village, où ils furent parfaitement bien reçus. On leur apporta en présent un porc, des ignames et des cocos. Le lendemain, ils reçurent à bord la visite de deux matelots anglais, nommés Térence Dun et John Riley. Le premier avait été congédié du *Hunter* au dernier voyage, et l'autre, à la même époque, d'un brick américain.

Ces hommes leur apprirent qu'ils avaient résidé dans diverses parties des îles Viti ou Fidgi, et que partout ils avaient été extrêmement bien traités par les habitants; mais que d'autres Anglais, qui résidaient sur l'île voisine, nommée Bow (*), étaient devenus très-turbulents et fort importuns pour les insulaires. Leur conduite violente avait fini par les rendre si insupportables, que les naturels s'étaient un jour jetés sur eux et en avaient tué trois avant que le

(*) Il faut lire probablement Vouia, qui est aussi le nom de la Baie du sandal, dans l'île Vanoua-Levou, quoique Dillon nomme le village, la baie et l'île différemment. G. L. D. R.

(*) C'est vraisemblablement l'île ou le district d'*Imbao*. Dillon mutile souvent les noms des lieux qu'il cite. G. L. D. R.

roi de Bow eût eu le temps d'interposer son autorité et d'arrêter le courroux de son peuple, qui voulait massacrer tout ce qu'il y avait d'Européens dans l'île. En conséquence, Dun était d'avis qu'on empêchât les survivants de venir à bord du *Hunter*.

Il est nécessaire d'expliquer comment il se faisait qu'un assez grand nombre de matelots de diverses contrées du globe résidassent dans ces îles. Dans l'année 1808, un brick américain, venant de la rivière de la Plata, fit naufrage près d'une des îles Viti; il avait à bord quarante mille piastres d'Espagne. L'équipage parvint à se sauver dans les embarcations du bâtiment, et une partie gagna un navire américain qui était alors à l'ancre dans la baie de Maïanbour, sur la côte de l'île du Sandal; le reste se réfugia dans une île voisine, celle de Bow, avec une aussi grande quantité de piastres qu'il avait été possible d'en loger dans l'embarcation. Peu de temps après ce naufrage, plusieurs bâtiments anglais, indiens, américains et nouveaux-gallois, vinrent aux Viti pour y charger du bois de sandal. Les bruits de l'existence d'une aussi grande quantité d'argent dans une de ces îles causèrent une vive tentation aux marins de ces bâtiments. Dans le dessein de s'enrichir, quelques-uns désertèrent, d'autres se firent congédier par leur capitaine, et tous se rendirent au lieu qui recélait le trésor objet de leur convoitise. Quelques-uns d'entre eux, avec les piastres qu'ils parvinrent à se procurer, achetèrent des armes à feu et de la poudre. Maîtres de ces objets, ils furent à même de rendre d'importants services au roi de Bow, et à ses sujets, dans leurs guerres. Ils prirent des femmes parmi eux, et menèrent une vie agréable jusqu'à l'époque où leur insolence et la crainte qu'ils inspiraient aux naturels déterminèrent ceux-ci à en massacrer une partie. On verra bientôt quel sort cruel éprouvèrent les autres, en conséquence de la conduite du capitaine Robson.

« Depuis notre arrivée jusqu'à la fin de mars, dit M. Dillon, le bois de sandal nous fut fourni avec une extrême lenteur. A diverses reprises, les naturels du voisinage prièrent notre capitaine de les assister dans leurs guerres, promettant, en récompense, de compléter notre cargaison dans l'espace de deux mois, après que leurs ennemis auraient été vaincus. Le capitaine Robson finit par céder à leurs instances. En conséquence, nous entreprîmes, le 1er avril, une expédition contre la petite île de Nanpacab, située à environ six milles au-dessus de l'embouchure de la rivière du même nom, et à quarante ou cinquante milles de notre mouillage. Nous armâmes trois embarcations armées, portant vingt fusiliers, et une autre sur laquelle était monté un pierrier ou petit canon de deux livres. Nous étions accompagnés par quarante-six grandes pirogues, portant, à ce que je puis supposer, près d'un millier de sauvages armés. Trois mille autres se dirigeaient par terre vers le point sur lequel on devait agir. Le mauvais temps nous força de nous arrêter jusque dans la matinée du 4, à un îlot situé près de l'embouchure de Nanpacab. Nous entrâmes alors dans la rivière. L'ennemi, embusqué sur les deux rives, nous salua d'une grêle de flèches et de pierres, lancées avec dextérité à l'aide de frondes. En approchant de la petite île de Nanpacab, nous la trouvâmes fortifiée. Après quelques décharges de notre pierrier, les défenseurs du fort l'abandonnèrent et se sauvèrent sur la grande terre, d'où ils furent bientôt chassés par notre mousqueterie. Il y eut, dans cette occasion, dix guerriers de Nanpacab qui furent tués. On mit leurs corps dans les pirogues de nos auxiliaires, à l'exception d'un qui fut expédié sur-le-champ, par une de ces pirogues, fine voilière, à Viléar pour y être dévoré. Après cette escarmouche, nous remontâmes la rivière jusqu'à quinze milles, et nous détruisîmes les villages et les plantations sur les deux rives. Dans la soirée, nous redescendîmes et nous arrêtâmes dans un lieu où les insulaires se mirent à préparer un festin horrible.

« Les insulaires étendirent sur l'herbe les cadavres de leurs ennemis, qui furent dépecés par un de leurs prêtres. Voici comment on procède à cette opération. L'on commence par séparer les pieds des jambes, et les jambes des cuisses, puis on enlève les parties naturelles ; ensuite on détache les cuisses des hanches, les mains des avant-bras, les avant-bras des bras, et les bras des épaules ; finalement la tête et le cou sont séparés du tronc. Chacun de ces fragments du corps humain forme une pièce de viande, que l'on enveloppe soigneusement dans des feuilles de bananier vertes, et que l'on met au four pour la faire rôtir, accompagnée de racines de taro.

« Dans la matinée du 5, ajoute Dillon, nous longeâmes la côte vers l'est ; mais nous trouvâmes les villages, les forts et les plantations abandonnés. Le 8, au soir, nous rejoignîmes notre navire. Dans le commencement de mai, nous fûmes ralliés par notre allége, le cutter l'*Élisabeth*, commandé par M. Bollard, qui avait fait voile du Port-Jackson avant nous, pour se joindre aux îles Sandwich. Quelques jours après, nous reçûmes la visite des Européens qui résidaient à Bow. Le capitaine les engagea pour ramer dans nos embarcations, promettant de les payer à quatre livres sterling par mois, en coutellerie, verroterie, quincaillerie, etc., évaluées à un taux fixé. Ils devaient retourner à Bow quand notre navire serait prêt à partir. »

Mai, juin, juillet et août s'écoulèrent, et les indigènes n'avaient encore pu procurer aux Européens que cent cinquante tonneaux de bois de sandal, formant tout au plus le tiers de la cargaison. Ils leur déclarèrent alors qu'il était impossible de leur en fournir davantage, parce que les forêts avaient été épuisées par le grand nombre de bâtiments qui avaient fréquenté ces parages depuis quelques années.

Les chefs et autres individus de quelque importance ne venaient plus à bord du navire, de peur qu'on ne les retînt comme otages, jusqu'à ce qu'ils eussent rempli leur engagement de compléter notre cargaison. Le capitaine Robson était irrité de se voir joué de la sorte par un peuple barbare et rusé, et se promettait de tirer vengeance de ses anciens et fidèles alliés, qu'il avait si souvent aidés à se régaler de la chair de leurs ennemis.

Au commencement de septembre, deux grandes pirogues de Bow, portant environ deux cent vingt ou deux cent trente hommes, vinrent auprès du navire pour réclamer et ramener chez eux les Européens qui avaient joint les Anglais avec leurs femmes au mois de mai. En même temps, le capitaine Robson, étant à soixante milles du navire, sur le cutter, attaqua une flottille de pirogues de Viléar, et en prit quatorze. Dans cette occasion un naturel fut tué par un biscaïen. Le cutter ayant ensuite rallié le navire, le capitaine voulut abattre le premier en carène, pour réparer quelques dommages qu'il avait éprouvés dans ses fonds. Cependant il jugea prudent, avant d'entreprendre cette opération, de tâcher de s'emparer du reste des pirogues de Viléar, pour empêcher les sauvages d'attaquer les marins pendant qu'ils seraient occupés à réparer le cutter, qu'il était nécessaire de haler à terre à marée haute.

Le 6 septembre, tous les Européens appartenant au navire furent armés de fusils, ainsi que tous les Européens de Bow, et expédiés sous les ordres de M. Norman, premier officier. On débarqua à un endroit nommé la roche Noire, à une petite distance à l'est de la rivière ; les deux pirogues de Bow, dont on a parlé plus haut, y abordèrent un peu après. Les Anglais furent bientôt ralliés par les chefs de Bow, à la tête d'une centaine de leurs guerriers. Les deux pirogues et les embarcations se retirèrent ensuite au large de la côte ; précaution qu'il convenait de prendre pour les empêcher d'échouer à la marée descendante.

Après le débarquement, les Européens commencèrent à se disperser en petites troupes de deux, trois et quatre hommes. On représenta à M. Norman qu'il convenait mieux de les tenir tous réunis, dans la crainte d'une attaque subite de la part des insulaires ; mais le commandant ne fit aucun cas de cette représentation. Ils s'avancèrent donc sans obstacles par un étroit sentier sur une plaine assez unie, et ils arrivèrent près d'une colline dont ils gagnèrent le sommet, qui formait une espèce de plateau. Là, quelques naturels se montrèrent, et les menacèrent par des cris et des gestes. M. Norman tourna sur la droite et s'engagea dans un sentier qui menait, à travers un fourré, vers quelques huttes.

« Je suivis Norman, dit Dillon, avec sept autres Européens, ainsi que les deux chefs de Bow et un de leurs hommes. Bientôt quelques naturels voulurent nous disputer le passage. Nous tirâmes sur eux, nous en tuâmes un, et les autres s'enfuirent. M. Norman ordonna alors de mettre le feu à la cabane du chef et quelques autres. Cet ordre fut exécuté sur-le-champ ; et, au bout de quelques secondes, les flammes s'élevèrent de tous côtés. Bientôt nous entendîmes des hurlements affreux, qui venaient du chemin par lequel nous avions gagné le plateau. Les chefs de Bow comprirent à ces cris, que quelques-uns des leurs, ainsi que des Européens, venaient d'être tués par les naturels de Viléar. Ces derniers, en effet, s'étaient tenus en embuscade jusqu'à ce que nous eussions atteint le plateau, et avaient ensuite attaqué nos hommes épars : ceux-ci, après avoir fait feu, avaient été enveloppés et massacrés, avant d'avoir eu le temps de recharger leurs armes. D'autres, ainsi que je l'ai su après, se voyant sur le point d'être cernés par les sauvages, avaient jeté leurs fusils et s'étaient enfuis à toutes jambes vers nos embarcations. Dans le nombre, deux seulement parvinrent à s'échapper. La petite troupe de M. Norman ne se composait que de six des nôtres, armés de fusils, et des deux chefs de Bow avec un de leurs hommes. Nous résolûmes de nous tenir pelotonnés, et de nous diriger ainsi vers nos embarcations, en nous ouvrant un chemin à l'aide de nos armes à feu

« Nous nous hâtâmes de gagner le fourré sur le plateau. Il n'y avait là que trois insulaires qui, au milieu d'acclamations de joie, nous crièrent que plusieurs de nos gens avaient été tués, ainsi qu'un certain nombre de naturels de Bow, et que nous ne tarderions pas à éprouver le même sort. En arrivant au haut du sentier qui conduit dans la plaine, nous trouvâmes Terence Dun étendu par terre, le crâne fracassé d'un coup de massue.

« Nous vîmes alors toute la plaine qui nous séparait de nos embarcations couverte de plusieurs milliers de sauvages armés et en furie. Au moment où nous allions descendre de ce côté, un jeune homme de notre troupe, nommé Graham, nous quitta et s'enfuit dans un fourré sur la gauche de la route. Les trois sauvages que nous venions de rencontrer l'y poursuivirent et le massacrèrent dans un instant. Ce jeune homme était le fils d'un aubergiste du Port-Jackson et avait déjà beaucoup navigué. Il s'était embarqué deux ans auparavant sur un brick américain, en qualité d'interprète auprès des habitants des îles de Fidgi ; et, après avoir procuré une cargaison à ce bâtiment, il avait demandé son congé et était resté dans ces îles. Après ce triste événement, nous continuâmes à descendre la colline. Quand nous fûmes arrivés au bas, les sauvages se disposèrent à nous recevoir ; ils se tenaient réunis par milliers de côté et d'autre du sentier, brandissant leurs armes. Nous remarquâmes avec horreur qu'ils s'étaient frotté le visage et le corps avec le sang de nos malheureux compagnons.

« Dans ce moment, un sauvage, qui était descendu derrière nous sans être aperçu, lança à M. Norman un javelot qui pénétra par le dos et sortit par la poitrine. Cet officier fit encore quelques pas et ensuite tomba mort. Je tirai sur le sauvage qui venait de tuer notre chef, et je rechargeai mon arme aussi vite que possible. En me retournant, je m'aperçus que tous mes compagnons s'étaient enfuis de divers côtés. Profitant de l'absence des sauvages qui s'étaient mis à leur poursuite, je me mis à courir de toutes mes forces en suivant le sentier; à quelques pas en avant, je trouvai le corps de William Parker étendu en travers du chemin, son fusil à côté de lui; je m'emparai de cette arme, et continuai ma retraite en courant avec une vitesse surnaturelle.

« Les sauvages m'aperçurent alors et se mirent à me poursuivre; l'un d'entre eux m'approchait tellement, que je fus obligé de me débarrasser du fusil de Parker, ainsi que d'un pistolet fort lourd que j'avais à ma ceinture. Un moment après, j'atteignis le pied d'un rocher escarpé qui se trouvait isolé dans la plaine. Voyant qu'il m'était impossible de percer la foule des sauvages pour gagner nos embarcations, je criai à mes compagnons, dont quelques-uns se trouvaient sur ma droite : « Au rocher! au rocher! » Je parvins à en atteindre le sommet, où je ralliai cinq des nôtres : Charles Savage, Louis (Chinois), Martin Buchart (Prussien), Thomas Dafny et William Wilson. Les trois premiers résidaient à Bow, et les deux derniers appartenaient à notre équipage; les deux autres Européens de la troupe de M. Norman, Mick Maccab et Joseph Atkinson, avaient été tués, ainsi que les deux chefs de Bow. Dafny, après avoir tiré son fusil, en avait brisé la crosse en se défendant contre les massues des sauvages; il était blessé en plusieurs endroits, et avait quatre flèches fichées dans le dos; la pointe d'une lance lui avait percé l'omoplate et était sortie par devant sous la clavicule.

« Il se trouva, heureusement pour nous, que la hauteur que nous occupions était si escarpée qu'elle ne pouvait être gravie à la fois que par un petit nombre d'hommes; elle était en même temps trop élevée pour que les sauvages pussent nous incommoder beaucoup avec leurs javelots et leurs frondes. Par un hasard non moins heureux, un vent très-fort détournait la grêle de flèches qu'ils nous lançaient. Notre chef ayant succombé, le commandement m'appartenait; j'en profitai pour disposer mes compagnons de manière à défendre notre poste le plus avantageusement possible. Je ne permis pas qu'on tirât plus d'un coup de fusil à la fois, et j'employai notre blessé à charger nos armes. Plusieurs sauvages gravirent la hauteur jusqu'à quelques verges de nous. Nous les tuâmes à mesure qu'ils approchaient; le salut de notre vie en dépendait. Après avoir vu quelques-uns des leurs tués de la sorte, les sauvages renoncèrent à nous approcher. Comme il nous restait très-peu de munitions, nous les ménagions le plus que nous pouvions. D'un autre côté, pour ne pas augmenter la furie déjà assez violente des naturels, nous ne tirions qu'en cas de nécessité absolue. De la position élevée que nous occupions, nous apercevions nos embarcations à l'ancre, attendant notre retour, les deux pirogues de Bow et notre bâtiment. Quant à ce dernier, nous ne comptions guère le rejoindre jamais, bien que j'eusse une lueur d'espérance que le capitaine Robson ferait un effort pour nous délivrer, en armant six soldats indiens qui étaient à bord, deux ou trois Européens et les hommes des pirogues de Bow, et se mettant à leur tête. Cette espérance s'évanouit complétement, quand je vis les pirogues de Bow mettre à la voile et se diriger vers leur île sans passer auprès du navire.

« La plaine, autour de notre position, était couverte de sauvages au nombre de plusieurs milliers, qui s'étaient rassemblés de toutes les parties de la côte et s'étaient tous embusqués, attendant notre débarquement. Cette masse d'hommes nous offrait alors un spectacle révoltant. On allumait des feux et l'on chauffait des fours pour faire rôtir les membres de nos infortunés compagnons. Leurs cadavres, ainsi que ceux des deux chefs de Bow et des hommes de leur île qui avaient été massacrés, furent apportés devant les feux de la manière suivante : deux des naturels de Viléar formèrent avec des branches d'arbre une espèce de civière qu'ils placèrent sur leurs épaules; les cadavres de leurs victimes furent étendus en travers sur cette civière, de manière que la tête pendait d'un côté et les jambes de l'autre; on les porta ainsi en triomphe jusqu'auprès des fours où l'on devait en rôtir des morceaux, et là, on les plaça sur l'herbe dans la position d'un homme assis. Les sauvages se mirent à chanter et à danser autour d'eux avec les démonstrations de la joie la plus féroce; ils traversèrent ensuite de plusieurs balles chacun de ces corps inanimés, se servant pour cela des fusils qui venaient de tomber entre leurs mains. Quand cette cérémonie fut terminée, les prêtres commencèrent à dépecer les cadavres sous nos yeux. Les morceaux furent mis au four pour être rôtis et préparés selon leur usage, et pour servir de festin aux vainqueurs. Pendant ce temps, nous étions serrés de près de toutes parts, excepté du côté d'un fourré de mangliers qui bordait la rivière. Savage proposa à Martin Buchart de s'enfuir de ce côté, et de tâcher d'atteindre le bord de l'eau pour gagner ensuite le navire à la nage. Je m'y opposai, en menaçant de tuer le premier qui abandonnerait le rocher. Cette menace produisit pour le moment son effet. Cependant la furie des sauvages paraissait un peu apaisée, et ils commençaient à écouter assez attentivement nos discours et nos offres de conciliation. Je leur rappelai que le jour de la capture de quatorze pirogues, huit des leurs avaient été faits prisonniers et étaient détenus à bord du navire; l'un d'eux était frère du nambeau, ou grand prêtre de Viléar. Je fis entendre à la multitude que, si l'on nous tuait, ces huit prisonniers seraient mis à mort; mais que, si l'on nous épargnait, mes cinq compagnons et moi nous ferions relâcher les prisonniers sur-le-champ. Le grand prêtre, que ces sauvages regardent comme une divinité, me demanda aussitôt si je disais la vérité, et si son frère et les sept autres insulaires étaient vivants. Je lui en donnai l'assurance, et proposai d'envoyer un de mes hommes à bord inviter le capitaine à les relâcher, si lui, le grand prêtre, voulait conduire cet homme sain et sauf jusqu'à nos embarcations. Le prêtre accepta ma proposition. Thomas Dafny étant blessé et n'ayant pas d'armes pour se défendre, je le décidai à se hasarder à descendre pour aller joindre le prêtre et se rendre avec lui à notre embarcation. Il devait informer le capitaine Robson de notre horrible situation. Je lui ordonnai aussi de dire au capitaine que je désirais surtout qu'il ne relâchât que la moitié des prisonniers, et qu'il leur montrât une grande caisse de quincaillerie et d'autres objets qu'il promettrait de donner aux quatre derniers prisonniers avec leur liberté, au moment de notre retour même à bord du navire. »

Le matelot Dafny se conduisit comme Dillon le lui avait ordonné, et celui-ci ne le perdit pas de vue depuis l'instant où il le quitta jusqu'à celui où il arriva sur le pont du navire. Pendant ce temps, il y eut une suspension d'armes, qui se fût maintenue sans l'imprudence de Charles Savage. Divers chefs sauvages étaient montés et s'étaient approchés jusqu'à quelques pas des Anglais avec des prosternations en signe d'amitié, leur promettant toute sûreté pour leurs personnes, s'ils consentaient à descendre parmi eux. Dillon ne voulut pas se fier à ces promesses, ni laisser aller aucun de ses hommes. Cependant il finit par céder aux importunités de Savage. Celui-ci avait résidé dans ces îles pendant plus de cinq ans, et en parlait couramment la langue.

Persuadé qu'il les tirerait d'embarras, Savage pria instamment Dillon de lui permettre d'aller au milieu des naturels avec les chefs à qui nous parlions, parce qu'il ne doutait pas qu'ils ne tinssent leurs promesses, et que, si on le laissait aller, il rétablirait certainement la paix, et qu'ils pourraient retourner tous sains et saufs à bord de leur navire. Dillon lui donna donc son consentement; mais il lui rappela que cette démarche était contraire à son opinion, et il exigea qu'il lui laissât son fusil et ses munitions. Il partit et s'avança jusqu'à environ deux cents verges du poste occupé par les Anglais Là, il trouva Bonassar assis et entouré de ses chefs qui témoignèrent de la joie de le voir parmi eux, mais qui étaient secrètement résolus à le tuer et à le manger. Cependant ils s'entretinrent avec lui pendant quelque temps d'un air amical, puis ils crièrent à Dillon dans leur langue : « Descends, Peter, nous ne te ferons pas de mal; tu vois que nous n'en faisons point à Charley. » Dillon répondit qu'il ne descendrait pas jusqu'à ce que les prisonniers fussent débarqués. Pendant ce colloque, le Chinois Louis, à son insu, descendit du côté opposé avec ses armes, pour se mettre sous la protection d'un chef qu'il connaissait particulièrement, et à qui il avait rendu des services importants dans quelques guerres. Les insulaires, voyant qu'ils ne pouvaient décider Dillon à se remettre entre leurs mains, poussèrent un cri effrayant. Au même moment, Charles Savage fut saisi par les jambes, et six hommes le tinrent la tête en bas, plongée dans un trou plein d'eau, jusqu'à ce qu'il fût suffoqué. De l'autre côté, un sauvage gigantesque s'approcha du Chinois par derrière, et lui fit sauter le crâne d'un coup de son énorme massue. Ces deux infortunés étaient à peine morts, qu'on les dépeça, et qu'on les fit rôtir dans des fours préparés pour Dillon et ses compagnons.

« Nous n'étions plus que trois pour défendre la hauteur, ajoute cet officier, et c'est ce qui encouragea nos ennemis. Nous fûmes attaqués de tous côtés, et avec une grande furie, par ces cannibales, qui néanmoins montraient une extrême frayeur de nos fusils, bien que les chefs les stimulassent à les saisir et à nous amener à eux, promettant de conférer les plus grands honneurs à celui qui me tuerait, et demandant à ces barbares s'ils avaient peur de trois hommes blancs, eux qui en avaient tué plusieurs dans cette journée. Encouragés de la sorte, les sauvages nous serraient de près. Ayant quatre fusils entre nous trois, deux étaient toujours chargés, attendu que Wilson étant un très-mauvais tireur, nous lui avions laissé l'emploi de charger nos armes, tandis que Martin Buchart et moi faisions feu. Buchart, qui était né en Prusse,

avait été tirailleur dans son pays, et était fort adroit. Il tua vingt-sept sauvages dans vingt-huit coups, n'en ayant manqué qu'un seul. J'en tuai et blessai aussi quelques-uns, quand la nécessité m'y obligea (voy. *pl.* 250). Nos ennemis voyant qu'ils ne pouvaient venir à bout de nous sans perdre un grand nombre des leurs, s'éloignèrent en nous menaçant de leur vengeance.

« La chair de nos malheureux compagnons étant cuite, on la retira des fours, et elle fut partagée entre les différentes tribus, qui la dévorèrent avec avidité. De temps en temps, les sauvages m'invitaient à descendre et à me laisser tuer avant la fin du jour, afin de leur épargner la peine de me dépecer et de me faire rôtir pendant la nuit. J'étais dévolu pièce par pièce aux différents chefs, dont chacun désignait celle qu'il voulait avoir, et qui tous brandissaient leurs armes en se glorifiant du nombre d'hommes blancs qu'ils avaient tués dans cette journée.

« En réponse à leurs affreux discours, je déclarai que, si j'étais tué, leurs compatriotes détenus à bord le seraient aussi; mais que, si j'avais la vie sauve, ils l'auraient également. Ces barbares répliquèrent : « Le capitaine Robson peut tuer et manger les nôtres, s'il lui plaît. Nous vous tuerons et nous vous mangerons tous trois. Quand il fera sombre, vous ne verrez plus clair pour nous ajuster, et vous n'aurez bientôt plus de poudre. »

« Voyant qu'il ne nous restait plus d'espoir sur la terre, mes compagnons et moi tournâmes nos regards vers le ciel, et nous mîmes à supplier le Tout-Puissant d'avoir compassion de nos âmes pécheresses. Nous ne comptions pas sur la moindre chance d'échapper à nos ennemis, et nous nous attendions à être dévorés comme nos camarades venaient de l'être. La seule chose qui nous empêchait encore de nous rendre, était la crainte d'être pris vivants et mis à la torture.

« On voit en effet quelquefois, mais rarement, ces peuples torturer leurs prisonniers. Dans ce cas, voici comment ils s'y prennent : ils enlèvent à leurs victimes la peau de la plante des pieds ; puis ils leur présentent des torches de tous côtés, ce qui les oblige à sauter pour fuir le feu, et leur cause des douleurs atroces. Une autre manière consiste à couper les paupières à leurs prisonniers, et à les exposer ainsi la face tournée vers le soleil. On dit que c'est un épouvantable supplice. Ils leur arrachent aussi parfois les ongles. Au reste, il paraît que ces tortures sont très-rares, et qu'ils ne les infligent qu'à ceux qui les ont irrités au dernier point. Nous étions dans ce cas, ayant tué un si grand nombre des leurs pour notre défense.

« Il ne nous restait plus que quinze ou dix-sept cartouches. Nous décidâmes alors qu'aussitôt qu'il ferait sombre nous appuierions la crosse de nos fusils à terre et le bout du canon contre notre poitrine, et que, dans cette position, nous lâcherions la détente pour nous tuer nous-mêmes, plutôt que de tomber vivants entre les mains de ces monstres.

« A peine avions-nous pris cette résolution désespérée, que nous vîmes notre embarcation sortir du navire et s'approcher de terre. Nous comptâmes les huit prisonniers. J'en fus confondu, je ne pouvais imaginer que le capitaine eût agi d'une manière aussi maladroite que de les relâcher tous, puisque le seul espoir que nous puissions conserver était de voir ceux des prisonniers qu'on eût relâchés intercéder pour nous, afin qu'à notre tour nous intervinssions pour faire rendre la liberté à leurs frères, quand nous retournerions à bord du navire. Cette sage précaution ayant été négligée malgré une recommandation expresse, toute espérance me parut évanouie, et je ne vis plus d'autre ressource que de mettre à exécution le dessein que nous avions formé de nous tuer nous-mêmes.

« Peu de temps après que les huit prisonniers eurent été débarqués, on les amena sans armes auprès de moi, précédés par le prêtre, qui me dit que le capitaine Robson les avait relâchés tous, et avait fait débarquer une caisse de coutellerie et de quincaillerie pour être offerte, comme notre rançon, aux chefs, à qui il nous ordonnait de remettre nos armes. Le prêtre ajouta que, dans ce cas, il nous conduirait sains et saufs à notre embarcation. Je répondis que tant que j'aurais un souffle de vie je ne livrerais pas mon fusil qui était ma propriété, parce que j'étais certain qu'on nous traiterait, mes compagnons et moi, comme Charles Savage et Louis.

« Le prêtre se tourna alors vers Martin Buchart pour tâcher de le convaincre et de le faire acquiescer à ses propositions. En ce moment, je conçus l'idée de faire prisonnier le prêtre et de le tuer, ou d'obtenir ma liberté en échange de la sienne. J'attachai le fusil de Charles Savage à ma ceinture avec ma cravate, et, cela fait, je présentai le bout du mien devant le visage du prêtre, lui déclarant que je le tuerais, s'il cherchait à s'enfuir, ou si quelqu'un des siens faisait le moindre mouvement pour nous attaquer, mes compagnons et moi, ou nous arrêter dans notre retraite. Je lui ordonnai alors de marcher en droite ligne vers nos embarcations, le menaçant d'une mort immédiate s'il n'obéissait pas. Il obéit, et, en traversant la foule des sauvages, il les exhorta à s'asseoir et à ne faire aucun mal à Peter ni à ses compagnons, parce que, s'ils nous assaillaient, nous le tuerions, et qu'alors ils attireraient sur eux la colère des dieux assis dans les nuages, qui, irrités de leur désobéissance, soulèveraient la mer pour engloutir l'île et tous ses habitants.

« Ces barbares témoignèrent le plus profond respect pour les exhortations de leur prêtre, et s'assirent sur l'herbe. L'ambetti (nom qu'ils donnent à leurs prêtres) se dirigea, comme je le lui avais ordonné, du côté de nos embarcations. Buchart et Wilson avaient le bout de leur fusil placé de chaque côté à la hauteur de ses tempes, et j'appuyais le mien entre ses deux épaules pour presser sa marche. L'approche de la nuit, et le désir si naturel de prolonger ma vie, m'avaient fait recourir à cet expédient, connaissant le pouvoir que les prêtres exercent sur l'esprit de toutes les nations barbares.

« En arrivant auprès des embarcations, l'ambetti s'arrêta tout court. Je lui ordonnai d'avancer; il s'y refusa de la manière la plus positive, me déclarant qu'il n'irait pas plus loin, et que je pouvais le tuer si je voulais. Je l'en menaçai, et lui demandai pourquoi il refusait d'aller jusqu'au bord de l'eau. Il répondit : « Vous voulez m'emmener vivant à bord du navire pour me mettre à la torture. » Comme il n'y avait pas de temps à perdre, je lui ordonnai de ne pas bouger, et, nos fusils toujours dirigés sur lui, nous marchâmes à reculons et gagnâmes de la sorte un de nos canots. Nous n'y fûmes pas plutôt embarqués, que les sauvages accoururent en foule et nous saluèrent d'une grêle de flèches et de pierres; mais bientôt nous nous trouvâmes hors de la portée de leurs arcs et de leurs frondes. »

Dès que les trois Européens se virent hors de danger, ils remercièrent la divine Providence, et ils firent force de rames vers le navire, qu'ils atteignirent à l'instant où le soleil cessa d'éclairer ce théâtre d'horreurs.

Telle est l'aventure extraordinaire de M. Dillon dans cet archipel. Malheureusement, ainsi que celles de tant d'autres navigateurs du commerce, elle fournit peu de notions géographiques d'un intérêt réel sur ces terres si peu connues.

Le navigateur qui a le mieux débrouillé le chaos géographique des îles Viti, est certainement M. d'Urville, à qui l'on doit la reconnaissance et le relevé d'un grand nombre d'îles et récifs importants, et qui constata leur gisement d'une manière sûre depuis le 25 mai jusqu'au 11 juin 1827, soit par ses propres travaux, soit en comparant avec soin les documents que lui fournirent plusieurs chefs; avantage que n'eut pas M. de Krusenstern dans son ébauche hydrographique de cet archipel, pour laquelle il eut recours à des matériaux inexacts, mais qu'il rectifie chaque jour dans son immense travail sur l'hydrographie de la Polynésie, qu'il portera probablement à la perfection. M. d'Urville eut assez à se louer des naturels et surtout des chefs. Cependant les naturels tentèrent de lui enlever un canot à Lagouemba (voy. pl. 213).

Voici les dernières nouvelles que nous avons reçues sur cet archipel et sur ses habitants :

Dans le courant de l'année 1833, le capitaine Bureau, de Nantes, officier brave, bon et instruit, arriva à Valparaiso (Chili) avec un petit brick, nommé l'*Aimable-Joséphine*. Il trouva dans ce port un beau brick de guerre qui avait été construit à Bayonne, il l'acheta du gouvernement chilien pour le substituer au sien, et lui transféra le nom de l'*Aimable-Joséphine*. Il fit voile sur son nouveau bâtiment pour les îles Viti, où il comptait se procurer des écailles de tortue (caret) et des *biches de mer*, ou tripangs. De là il se proposait d'aller faire la pêche de la nacre aux îles Pallisser. Arrivé parmi les îles Viti, et près de celle qu'il nomme *Ambou* (*), il y débarqua un jeune homme de son équipage, muni de tous les objets nécessaires pour faire des échanges avec les naturels, mais ce jeune homme trompa sa confiance.

A environ un mille d'Ambou, est située une petite île nommée *Beou* (**), dont le chef et quatre autres naturels se trouvaient un matin à bord de l'*Aimable-Joséphine*, au moment où le capitaine envoyait une embarcation à terre. Tout à coup le chef s'écrie : « Capitaine, votre canot coule bas! » Pendant que ce brave officier regardait attentivement à travers sa longue-vue pour s'assurer du fait, il fut frappé par le chef d'un coup de massue de bois de fer sur le derrière de la tête, et tomba mort. Le second et la plupart des matelots, n'étant pas sur leurs gardes, furent également assommés. D'autres

---

(*) C'est probablement l'île Imbao.

(**) Après bien des recherches nous n'avons pu trouver la position de cette île, d'après l'indication de celle dont le Journal du malheureux Bureau la suppose voisine.

naturels, qui étaient aux aguets dans leurs pirogues, ne tardèrent pas à se joindre aux premiers pour achever le massacre de l'équipage. Le brick fut ensuite allégé et échoué sur les hauts-fonds, où il n'aurait pas été possible à d'autres bâtiments de venir le reprendre. On suppose qu'un matelot, qui s'était engagé sur le brick lors de sa première apparition aux îles Viti, et qui parlait couramment la langue des insulaires, prit part à leur complot, et leur fut très-utile pour alléger le bâtiment et le conduire au lieu où ils l'échouèrent.

Le capitaine d'un bâtiment américain, qui se trouvait à la Baie du santal, ayant appris cet événement, voulut profiter du malheur des Français; il se rendit sur les lieux, et entra en négociations avec les naturels pour acheter le brick français, en échange duquel il devait donner une certaine quantité de poudre et d'armes à feu. Les indigènes levèrent l'ancre et conduisirent le brick au mouillage du bâtiment américain, lorsque le matelot qui avait conspiré contre la vie de son capitaine, et que ce marché contrariait, s'avisa de demander aux insulaires s'ils avaient été payés d'avance. Sur leur réponse négative, il leur conseilla de ne pas livrer le brick et de laisser tomber l'ancre, ce qu'ils firent.

Une rixe s'ensuivit entre les parties contractantes; le bâtiment américain fit feu de ses canons sur le brick, qui riposta; des coups de fusil furent tirés de Beou, et un ou deux coups de canon d'Ambou; mais les combattants, étant trop éloignés, ne se firent point de mal. Le navire américain, pour ne pas demeurer exposé aux attaques des insulaires, se hâta de quitter ces parages et se rendit à la Nouvelle-Zeeland, d'où la nouvelle de la catastrophe de l'*Aimable-Joséphine* ne tarda pas à parvenir dans la colonie anglaise de la Nouvelle-Galles du Sud.

Le capitaine Dillon, qui le premier retrouva à Vanikoro des débris du naufrage de la Pérouse, et dont on vient de lire les exploits aux Viti était à Sidney quand y arriva la nouvelle de l'événement. Il se proposait, en vertu d'une commission du vice-consul de France pour les îles de la mer Pacifique, qui lui avait été délivrée avant la révolution de juillet, d'agir comme protecteur du commerce français, et, dans le cas où l'*Aimable-Joséphine* serait amenée par quelque baleinier anglais ou américain à Sidney ou à la Nouvelle-Zeeland pour y être réparée ou ragréée, de la retenir, en payant une indemnité de recousse. Il devait aussi envoyer des instructions à ses gens à Taïti, pour saisir la goëlette qu'avait fait construire le capitaine Bureau et l'expédier à Sidney, où il la garderait en dépôt pour être remise à qui de droit.

Nous suppléerons ici à une omission sur les mœurs des Nouveaux-Zeelandais. Après avoir parlé de l'affection puissante entre les membres d'une même famille, on peut ajouter cet exemple de barbarie d'une part, et d'amour filial de l'autre.

Un beau jeune homme, qui était frère de Touai, le principal chef de Rangui-Hou, avait tué un chef de la rivière Tamise, qui était son prisonnier. Après avoir coupé la tête de son ennemi, et l'avoir conservée par le procédé que nous avons décrit dans un de nos chapitres sur la Nouvelle-Zeeland, le cruel jeune homme la tira d'un panier; et, la saisissant par ses cheveux longs et noirs, il la jeta dans le sein de la jeune et belle fille du chef qu'il avait immolé (voy. *pl.* 298). Cette malheureuse enfant pressa cette tête contre son sein, et le nez contre son nez; puis, après l'avoir placée par terre, elle se défigura entièrement les bras, la poitrine et le visage, de manière à en faire jaillir un ruisseau de sang. Le barbare ne parut pas touché de cet affreux spectacle; il reprit tranquillement la tête, et offrit à M. le capitaine Cruise de la lui vendre pour un fusil (*).

(*) *Vide Journal of a ten months residence in New-Zealand*, by Richard A. Cruise, captain in the 84th regiment foot.

ILES ÉPARSES DANS LA POLYNÉSIE.

Après avoir décrit ce grand archipel, qui lie la Polynésie à la Mélanésie, qui doit contenir plusieurs productions étrangères aux îles du grand Océan, et être la transition des flores pauvres de la Polynésie aux riches flores de la Mélanésie et de la Malaisie, il nous reste à nommer quelques îles éparses et séparées de tout groupe, telles que les îles Copper et Henderson (dont au reste la position et l'existence même nous paraissent fort douteuses), l'île Kemin au sud de Manaïa, les îles de Bass, l'île Rapa, et quelques autres qui semblent, par leur position isolée de toute terre, devoir cacher à jamais l'existence de leurs habitants. Mais quel rocher, quel récif peut échapper aux recherches de ces hommes que l'amour de l'argent excite, à ces hardis baleiniers de Sidney, à cette foule de caboteurs employés au commerce de l'écaille, de la nacre ou du sandal! Espérons toutefois qu'à des navigateurs instruits et à des voyageurs amis de l'humanité est réservée la découverte de quelques terres intéressantes, et qu'ils feront bénir aux naturels leur visite et les secours de la civilisation.

MÉLANÉSIE.

APERÇU GÉNÉRAL.

La division de l'Océanie qui nous reste à décrire, est celle qui, après la Malaisie, possède les plus grandes îles, et un continent (l'Australie ou Nouvelle-Hollande) (*), qui est seulement d'un quart moins grand que l'Europe. Elle possède deux races noires, l'andamène et la papoua, que nous avons déjà décrites dans notre *Tableau général de l'Océanie*. Cette immense division, qui contraste fortement avec les autres terres de ce nouveau monde, se distingue par de hautes montagnes, d'immenses forêts, d'immenses déserts, par une végétation extraordinaire, d'admirables oiseaux, et des animaux bizarres. Ses îles sont les moins connues de cette cinquième partie du monde, et les moins fréquentées des navigateurs et des commerçants, quoique la richesse de leur sol appelle l'attention des négociants, en même temps que des richesses végétales, et vraisemblablement minérales, doivent exciter le zèle des savants.

Bougainville, Cook, Vancouver, d'Entrecasteaux, notre infortuné la Pérouse, MM. d'Urville, Lütke, et quelques autres, ont, sans contredit, rendu d'immenses services à la géographie de l'Océanie, et en particulier de la Polynésie et de la Mélanésie qui nous reste à décrire. Quelque étendues qu'aient été leurs explorations, et bien qu'elles aient agrandi la sphère de nos connaissances, combien ne reste-t-il pas à découvrir encore dans ces vastes régions! Par exemple, on ne connaît de la Papouasie et des îles Salomon, que les côtes; on ne sait rien sur l'intérieur de ces îles, et fort peu sur les autres archipels de la Mélanésie: ce qui, du reste, ne doit point étonner, puisque beaucoup de contrées plus rapprochées de nous, telles que différentes parties de la Bosnie, de la Natolie, de l'Arabie, des deux Amériques, et surtout de la mystérieuse Afrique, nous sont à peu près inconnues, et le seront probablement encore longtemps, parce qu'il est des obstacles de localité qu'il n'est donné ni au courage, ni à la prudence de surmonter. Nous pensons qu'il faudrait, pour faire de nouvelles découvertes, imiter la méthode suivie par l'honorable capitaine Lütke.

Dès son entrée dans l'archipel des Carolines, le savant navigateur russe, prit, pour règle invariable, de courir bord sur bord pendant les nuits, sous petites voiles, afin de ne pas dépasser, dans l'obscurité, quelque terre inconnue, ou de ne pas tomber sur elle. Par ce moyen, il perdait, il est vrai, dix ou onze heures par jour; mais cette perte était compensée par la sûreté de la navigation, et par une exploration plus exacte de l'espace de mer parcouru. Une seule fois, se trouvant dans des parages où il n'y

---

(*) Si on la considérait comme une île, elle serait la plus grande du monde.

avait pas, selon toute apparence, la moindre place pour la plus petite île, il s'écarta de cette règle. Le *Seniavine*, c'est le nom du navire qu'il commandait, ayant continué sa route pendant toute la nuit sous petites voiles, au point du jour, l'équipage vit devant lui une grande et haute terre : c'était l'île Pouynipet. Lütke en croyait à peine ses yeux, tant une aussi intéressante découverte en cet endroit lui paraissait impossible. Nous-même, nous avons découvert trois petites îles (*) au sud de l'île Bassilan, dans l'archipel de Soulong (Sooloo des Anglais, et Jolò, prononcez Holo, des Espagnols), en cherchant des coquillages, des madrépores et de l'ambre gris : ce qui prouve que la découverte de terres inconnues n'est due qu'à un aveugle hasard, et que ceux qui disputent sur l'honneur d'une première découverte, disputent sur des riens. Mais il faut distinguer d'une découverte fortuite la recherche fondée sur des calculs et des combinaisons. C'est dans ce sens que Colomb trouva l'Amérique sans la découvrir. Cook trouva les îles du Marquis de Mendoce (Nouka-Hiva), les Nouvelles-Hébrides, et plusieurs autres; mais les îles Haouaï ou de Sandwich, les plus importantes de toutes celles qu'il ait ajoutées au domaine de la géographie, sont sa découverte.

Il est un principe de géographie physique, dit Malte-Brun, dont l'application assurerait quelquefois le succès des recherches nautiques, surtout dans ces parages. Les îles de l'Océanie suivent dans leur position respective une sorte de direction régulière et parallèle. Qu'on regarde les archipels de la Louisiade et des îles Salomon; qu'on jette un coup d'œil sur les Nouvelles-Hébrides et la Nouvelle-Calédonie. Même les chaînes de petites îles se dirigent généralement du nord-ouest au sud-est, en se rapprochant quelquefois vers une ligne est et ouest.

(*) Voy. le Bulletin de la Société de géographie, t. V; la Géographie de Malte-Brun, revue par M. Huot, t. XII; le tome Ier de l'Océanie, p. 281 et suivantes, etc.

Cela est vrai. Telle est en effet la construction presque uniforme de cet hémisphère maritime, construction d'autant plus remarquable qu'elle se rapproche de celle de l'Amérique. Ajoutons que, pour la plupart, chaque chaîne d'îles renferme pour ainsi dire un noyau, une terre d'une certaine étendue et élévation, suivie ou précédée d'une série d'îles qui diminuent successivement en grandeur. On croirait voir un gros cristal accompagné d'une série de petits cristaux, comme on en voit souvent dans les opérations chimiques. Cette disposition se manifeste surtout dans les îles hautes et de formation ancienne, tandis que les îles basses, qui doivent leur naissance aux constructions des polypes et à l'accumulation des sables, se montrent sous un arrangement moins régulier, quoique assez souvent rapproché de celui des îles hautes. C'est en suivant la marche indiquée par ces observations, que l'heureux et l'immortel Cook découvrit toute la chaîne des Nouvelles-Hébrides, tandis que Quiros et Bougainville ne l'avaient traversée que sur un seul point. C'est par la même marche que les capitaines Marshal et Gilbert découvrirent en peu de jours toute la chaîne des îles Mulgraves manquée par Byron qui, pourtant, en avait vu l'extrémité. En suivant ce principe, Cook eût pu ajouter à la chaîne des îles Marquises, l'île Romanzoff récemment découverte (*).

Nous nous efforcerons de ne négliger aucune relation pour faire connaître ces contrées; et quoiqu'elles soient généralement courtes, tronquées et imparfaites, excepté celles que nous possédons sur l'Australie, nous osons dire qu'il n'existe pas un écrit estimable à ce sujet, que nous n'ayons consulté pour que nos lecteurs n'ignorent

(*) Nous prenons la liberté de recommander la méthode du capitaine Lütke, l'observation de Malte-Brun et la nôtre, aux commandants de l'*Arthémise*, de la *Vénus*, de la *Bonite* et de l'*Astrolabe*, qui doivent tous les quatre entreprendre un voyage de circumnavigation, et nous leur prédisons quelques découvertes utiles.

rien d'important de ce qui y a été découvert ou observé jusqu'à ce jour, parce que nous n'avons vu nous-même que cinq ou six terres de cette immense division.

Nous commencerons ce travail par la description de la Papouasie.

PAPOUASIE OU NOUVELLE-GUINÉE.

La Nouvelle-Guinée, que nous avons proposé, dès 1826, de nommer *Papouasie* ou *Ile des Papouas*, nom qui a été depuis adopté par les plus savants géographes et navigateurs, et qui nous paraît le seul convenable, puisque la race des peuples de ces côtes est celle des Papouas, est une grande terre qui a quatre cents lieues de long, dans la direction de l'est sud-est à l'ouest nord-ouest, sur une largeur de cinq à environ cent trente lieues, mais dont la moyenne est d'environ soixante et dix lieues. Sa superficie est d'environ quarante mille lieues géographiques carrées. Ses limites en latitude sont le 0° 19', et le 10° 2' sud; en longitude, le 128° 23', et le 146° 15' est. Le canal Macluer et la baie de Geelwinck, dans la partie occidentale, forment deux presqu'îles presque entièrement isolées et circulaires. La partie orientale au delà du golfe Huon, forme-t-elle une seule terre, ou bien une réunion d'îles semblables à celles de la Louisiade? Nous n'en savons rien jusqu'ici.

Le cap Rodney est considéré comme la pointe la plus orientale de cette grande île. Sur toute la bande nord qui touche presque à l'équateur, règne à peu de distance du rivage, une chaîne de hautes montagnes dont les parties les plus élevées sont les extrémités est et ouest. Les îles de la côte septentrionale sont généralement hautes et d'un accès facile, ainsi que les plages de la grande terre.

La Papouasie est, à notre avis, le foyer des hommes noirs qui occupent la grande division de la Mélanésie, que Malte-Brun a mal à propos confondus en une seule race, tandis qu'ils forment deux races très-distinctes, et plusieurs variétés dont deux sont remarquables. Nous avons, le premier, agité cette grande question des races de l'Océanie, et de leurs variétés. Nous avons vu avec plaisir que notre opinion et nos découvertes à ce sujet avaient été adoptées par plusieurs savants, et, entre autres, par M. Victor Courtet, de l'Isle, dans son *Mémoire sur les races humaines*, et par M. le docteur Saucerotte, dans son *Tableau des races*. Nous avons distingué les Mélanésiens en Andamènes ou noirs primitifs de la Papouasie (c'est le nom que leur donnent les habitants de la tribu de Roni, dans la Papouasie), qui ont peuplé l'Australie, et les Papouas qui se sont établis dans presque toutes les îles de la Mélanésie. Les premiers sont issus originairement des Andamènes ou Aëtas, de l'île Kalemantan ou Bornéo, qui ont aussi peuplé, dans leur antique migration, les îles Andamènes près de la mer du Bengale; et les seconds, des Dayers ou Igolotes de la grande île Kalemantan. Quant aux deux plus importantes variétés, la première est celle des Papous, que M. d'Urville appelle mal à propos Papouas. Les Papous, que nous avons proposé de nommer *Papou-Malais*, sont une variété hybride ou mulâtre provenant du mélange des Malais avec les Papouas. Ils habitent le littoral des îles Véguiou, Salouati, Gamen et Battanta, et la partie septentrionale de la Nouvelle-Guinée, depuis la pointe Sabelo jusqu'au cap de Dori (*). La seconde variété est celle des *Pou-Andamènes*, nom que j'ai également proposé pour caractériser les hybrides qui résultent du mélange des Papouas et des Andamènes. Le lecteur pourra, à ce sujet, voir le chapitre Anthropologie et Ethnographie, tom. Ier de l'OCÉANIE, p. 16 et suivantes, et l'ethnographie de la grande île Kalemantan ou Bornéo, mère, à notre avis, de tous les peuples de l'Océanie, pages 257 et suivantes du même volume. Mais il importe, avant de terminer ce chapitre, de relever une autre erreur importante que M. d'Urville a consacrée de sa puissante autorité : les Arfakis des environs de Dori sont bien, ainsi qu'il le dit, des hommes noirs,

(*) Et non Dorey ou Dorery.

aux cheveux flottants, aux traits farouches et hagards, et au teint fuligineux; ce sont les véritables Andamènes, et nous ajouterons que ceux de l'intérieur, surtout, sont anthropophages; mais tous les Arfakis de la Papouasie ne sont point noirs; il y a aussi quelques hybrides appartenant aux deux principales variétés des deux races que nous avons soigneusement décrites, qui portent aussi le nom d'Arfakis, mot correspondant à celui d'Alfouras ou Harafours, et qui ne constituent nullement une race à part. En effet ce mot *Alfoura*, dans la langue des Dayas de Kalemantan (Bornéo), signifie *hommes sauvages*. Ils portent même le nom de *Pounams* dans l'intérieur de cette grande terre. Ainsi, dans les contrées caucasiennes, on donne le nom de *Lesgui* à tous les peuples montagnards; celui de *Beddah* à ceux qui habitent les forêts de l'île de Ceylan, et celui de *Kirata* dans l'Inde. Ainsi il y a des Alfouras de différentes couleurs, et appartenant à différentes races, quoique, en général, ils soient Andamènes. Quant aux Papouas de Dori, ils sont moins guerriers et plus doux que la plupart des Papouas; et la Papouasie ou Nouvelle-Guinée, sauf quelques Papous-Malais et quelques Pou-Andamènes, paraît être occupée par des Mélanésiens farouches et peu sociables.

Les Papou-Malais sont souvent confondus avec les Papouas, et vivent avec eux sur le littoral de la Papouasie; ils sont petits, trapus, vigoureux; ils ont le nez épaté, et souvent pointu, la bouche grande, et des lèvres épaisses, la peau d'un jaune noirâtre, mais peu foncée, le visage osseux, les traits anguleux. Leurs cheveux sont plus droits, et leur coiffure est en forme de turban, ce qui dénote l'origine malaise par leurs pères, et papoua par leurs mères. Les chefs, tels que les Koranos, les Radjahs et les Capitans, appartiennent à cette variété; et la plupart de ceux que nous avons vus parlaient passablement le malayou. Les Pou Andamènes offrent, ainsi que tous les hybrides, un mélange des traits physiques et des qualités morales des Papouas et des Andamènes. Au physique ils sont d'un jaune sale et foncé; au moral, ils sont braves et adroits.

HISTOIRE NATURELLE.

Le sol sur lequel sont situées les forêts vierges des environs du havre Dori est entièrement madréporique, et les lits des torrents sont semés de nombreux cailloux de nature granitique, qui annoncent que c'est à une formation primordiale qu'appartient la charpente des monts Arfaks, dont on aperçoit les pitons des îles de la Providence, c'est-à-dire, à environ quarante lieues, ce qui prouve une grande élévation, quoique leur cime soit au-dessous de la zone des neiges perpétuelles sous l'équateur. Les monts Arfaks s'élèvent sur cinq ou six plans successifs, et se terminent par quelques pitons aigus. Nous croyons rester dans les limites du vrai en indiquant pour le mont Arfak une hauteur de quinze mille pieds, et en donnant à la chaîne, à l'ouest, qui domine l'Arfak, environ seize à dix-sept mille pieds.

La Papouasie, mieux connue, offrira des trésors aux botanistes.

Les immenses forêts des environs de Dori sont composées de gigantesques végétaux, formant souvent deux étages de verdure. Au premier rang, des *pterocarpus* et des *mimosa*, des *ficus*, *croton*, *scevola*, *bruguera*, *sonneratia*, *inocarpus* et autres espèces, élèvent leurs stipes nus au delà de cent pieds, et s'épanouissent ensuite en hautes cimes qui grandissent encore dans une égale proportion; car on y voit des arbres qui ont deux cent cinquante pieds d'élévation, et gros en proportion. Du sommet de ces arbres pendent des rameaux déliés qui ont la forme de cordes, et auxquels s'attachent d'énormes lianes. Au second rang, on voit des arbres moins élevés, tels que l'arbre à tek, le lingoa, le bois de fer et le casuarina, des hibiscus, des pandanus, des hernandias des palmiers du genre areca, des corypha, sagus, cycas, hauts de soixante à quatre-vingts pieds. De maigres arbrisseaux, privés de soleil, croissent à l'abri de cette double voûte, où l'on ne trouve que rarement des plantes herbacées, sauf des orchidées, des cannées, des légumineuses et des fougères parasites ou lycopodes, communes sous l'équateur.

On doit mettre au premier rang des végétaux de la Papouasie, le cocotier, le *caryota urens*, l'ébénier, l'arbre à pain, le canari, le muscadier uviforme, le sagoutier et le *cycas circinalis*, végétal ambigu qui semble tenir le milieu entre les grandes classes naturelles des monocotylédones et des dicotylédones, et dont les Papouas mangent les amandes après les avoir fait griller; le chou palmiste, le bambou, le latanier, le massoï, espèce de laurier cannellier dont l'écorce est fort recherchée des Chinois; l'ébénier, le dammer, le muscadier et le vaquois. Ils cultivent un petit haricot très-délicat nommé *abrou*, des taros, des ignames, des arums, des jeunes hibiscus, etc.

Parmi les animaux qui habitent ces forêts, nous citerons le *babi-houtan* (cochon des bois), le chien papoua sauvage ou demi-sauvage, suivant le degré de civilisation des indigènes, dont il est plutôt l'associé que le serviteur; le kangarou, et des mammifères carnassiers du genre péramèle. Ici l'ornithologie est aussi belle que riche et romantique. Les kalaos de Dori au vol bruyant, le ramier cuivré et le pigeon blanc, qui se nourrissent de muscade et fournissent une nourriture exquise; le kakatoua, dont l'aspect méditatif semble annoncer un oiseau philosophe; les koukals, les perroquets, le papoua bleu, le lori rouge, et les perruches de toutes les nuances, des tourterelles jolies et roucoulantes, de gros et admirables pigeons gouras, dont la crête de longues plumes rangées au-dessus de leur tête ressemble de loin à une couronne; des nikobars aux couleurs métalliques, des martins-pêcheurs pleins de grâce, l'admirable ménure-lyre (voy. *pl.* 222), et, par-dessus tout, le paradisier, dont le cri rauque contraste avec son magnifique et gracieux plumage, et le maïnate qu'on y voit rarement et que je crois susceptible d'un certain degré d'éducation, comme en France le merle, le bouvreuil et l'étourneau: tous ces êtres de la terre et de l'air animent les forêts de la Papouasie, et font entendre à la fois leurs cris sauvages, leurs voix glapissantes ou leurs chants mélodieux. En Europe, les poëtes nous parlent souvent du silence des forêts; mais dans les forêts des terres équatoriales et tropicales, le bruit ne m'a jamais paru moins grand que dans les lieux les plus bruyants de Paris.

OISEAUX DE PARADIS, OU PARADISIERS, LEUR HISTOIRE (*).

Si on ne connaît le paradisier ou oiseau de paradis que pour avoir vu sa dépouille couronner d'un élégant panache, des cheveux artistement tressés (**), ou si, prenant son nom à la lettre, on y rattache quelque légende poétique, on m'en voudra de venir raconter une prosaïque histoire sous prétexte de défendre les intérêts de la science. Heureusement pour ceux qui aiment les contes, l'histoire naturelle a aussi les siens: elle a sa féerie et ses prodiges, ses magiciens et ses poëtes. Il n'est guère de vérité chez elle qui n'ait un cortége de fictions. Je ne sympathise guère avec ces érudits qui réduisent tous les faits à une démonstration mathématique. Je respecte l'anatomiste qui, un scalpel à la main, dissèque et analyse, mais j'aime aussi à écouter les superstitieux souvenirs du vieux pâtre causeur; je décris un pays aussi exactement que je le puis, après l'avoir observé de mon mieux, mais j'aime à consulter quelquefois ces voyageurs naïfs, ces missionnaires pieux qui demandaient aux sauvages les traditions du désert et les croyances de leurs pères. Quelques-uns de ces précurseurs de la science ont été fort crédules, quelques-uns même exagérés, menteurs, peut-être, c'est possible; mais nous, ne finirons-nous pas par être stériles dans notre philosophie et notre scepticisme?

(*) Pichot, Fragment.
(**) Autrefois des dames de l'Amérique du Sud, aujourd'hui des Françaises et des Anglaises.

Les premiers historiens des oiseaux de paradis nous racontent que ce nom leur fut donné parce qu'ils allaient tous les ans passer quatre mois dans le paradis terrestre pour y faire leurs nids et y élever leur couvée. Derniers hôtes de cet Éden, qui demeure caché à tous les yeux, depuis la chute d'Adam, derrière un nuage impénétrable, ils n'avaient pas de pieds, et ne pouvaient ainsi descendre sur notre terre maudite. L'air était leur unique élément; ils volaient sans cesse et ne se nourrissaient que de rosée. Comme les abeilles, ils formaient divers essaims, gouvernés chacun par un roi, avec cette différence que ce chef, plus petit de taille que les sujets, n'était pas un roi fainéant, mais le guide, le gardien et l'âme de sa famille; on le reconnaissait à deux yeux supplémentaires flamboyant au bout de deux longues plumes caudales. C'était lui qui réglait tous les mouvements d'un voyage; on s'arrêtait à son signe, on s'alignait pour passer sa revue, on se remettait en route quand il avait fait le dénombrement de la troupe. Malheur au soldat indiscipliné qui s'écartait imprudemment! il ne revoyait plus Éden, et tombait aux piéges des Océaniens. Malheur à tous, si une flèche cruelle frappait le chef lui-même! la tribu entière dispersée, égarée, était tuée par les chasseurs sauvages, qui vendaient aux marchands européens leurs précieuses dépouilles pour une poignée de verroterie.

Peu à peu les Européens eux-mêmes tentèrent de s'emparer de l'oiseau mystérieux, et le premier qui fut atteint de leur plomb mortel, ou qui se laissa prendre à leur glu perfide, rompit tout le charme de l'histoire primitive... Il avait des pieds! Les Mélanésiens avouèrent qu'en effet ils les avaient arrachés jusque-là aux oiseaux de paradis avant de les vendre; le chirurgien du vaisseau procéda ensuite à l'autopsie anatomique, c'est-à-dire, qu'il ouvrit l'oiseau et lui trouva des entrailles faites et disposées comme toutes les entrailles d'oiseau. Les poétiques paradisiers furent alors convaincus scientifiquement de se nourrir d'aliments plus solides que la rosée. L'analyse découvrit que c'était même une race gourmande, faisant sa pâture des épices du pays, telles que la muscade, et de diverses baies, notamment de celles du waringa. Une seconde dissection les fit accuser d'être une race de rapaces, de dévorer les insectes et surtout les grands papillons. Une troisième leur donna une réputation bien plus odieuse encore, en démontrant que ces prétendus brahmanes de l'air, ces saints pèlerins d'Éden étaient, je le dis avec douleur, de vrais cannibales, des mangeurs de petits oiseaux. Enfin, un roi de paradisiers, blessé à mort ou captif, subit à son tour l'observation impitoyable de la science. Et un jugement plus sévère que celui qui attendait les rois d'Égypte le jour de leurs funérailles, le déshérita de sa royauté usurpée. Ce roi prétendu ne fut même plus un oiseau de paradis, malgré plusieurs traits de ressemblance, mais l'oiseau appelé *manucode*, appartenant à une famille très-inférieure. On trouva une explication plausible à cette découverte. Parmi tous les oiseaux vivant en troupes, si l'un d'eux reste en arrière de sa bande et ne la retrouve plus, il se réunit à celle d'une autre espèce, voyageant avec elle toute une saison, jusqu'à ce qu'il arrive dans les parages ordinairement habités par la sienne. Cet enfant perdu de l'air a naturellement ses habitudes à lui. Il se tient un peu à l'écart, se sentant étranger parmi ses nouveaux associés, qui ne l'acceptent pas sans défiance, et c'est le mouvement continuel de son inquiétude qui lui donne l'allure importante d'un chef. Ainsi le manucode précède les paradisiers, mais il ne les dirige pas; il tourne autour d'eux quand ils s'arrêtent, mais il ne les passe pas en revue; et les deux yeux de sa queue d'Argus, ce ne sont pas des yeux, mais les extrémités de deux filets de plumes garnies de barbes faisant la boucle en se roulant sur elles-mêmes, et ornées de petits miroirs semblables à ceux de la queue du paon.

Les marchands de l'Océanie et de

l'Orient avaient craint d'abord que, dépouillés du prestige de leur origine céleste et des attributs d'une nature à part, les oiseaux de paradis ne perdissent de leur valeur auprès des marchands d'Europe; mais ils furent rassurés quand ils virent qu'en raison du peu de durée le haut cours s'en maintenait. De leur côté, les Européens, qui n'avaient pas reculé devant le sacrilége de chasser et de disséquer eux-mêmes un oiseau qu'ils croyaient sacré, n'eurent plus désormais de pitié pour lui. Ils applaudirent à tous les moyens par lesquels les indigènes ou les Moluquois cherchent à conserver à l'oiseau de paradis, mort, ses belles couleurs. Comme ses plumes, dit-on, brillent d'un éclat d'autant plus magnifique qu'on le prépare vivant, les chasseurs ne négligent rien pour les rendre dignes d'orner la tête de la reine d'un bal ou d'une soirée. La chasse à l'oiseau de paradis est une horrible guerre. A force d'étudier leurs mœurs, on a reconnu que ces oiseaux habitent de préférence les bois, et se perchent sur des arbres élevés. Les indigènes attachent à ces arbres des lacets ingénieux, ou même des huttes légères dans lesquelles ils se placent en embuscade pour tirer les paradisiers. Ce n'est pas tout encore : on leur fait la guerre par le poison. Comme on a remarqué qu'ils descendent au bord de certaines fontaines pour s'y désaltérer, on y jette des coques du Levant, car ces fruits les enivrent au point qu'on les prend à la main. Enfin l'homme appelle la tempête à son secours contre les oiseaux de paradis. Si le ciel annonce une bourrasque, on les guette au passage, car, s'il arrive que l'ouragan les surprenne avant qu'ils puissent s'élever au-dessus des nuages pour se soustraire au danger, un fort coup de vent bouleverse leurs plumes, et ils tombent en poussant des cris d'alarme, auxquels on répond par des cris d'une atroce joie.

Hélas! une fois captifs, blessés ou mourants, les pauvres oiseaux de paradis voient aussitôt les bourreaux préparer les tortures. Leur supplice consiste à être embaumés ou plutôt desséchés encore vivants. Les détails de ces horreurs feraient frémir la beauté la plus coquette, si on lui en faisait le récit au moment même où elle reçoit le plus de compliments sur sa coiffure ornée d'un de ces martyrs du luxe. D'abord on lui enlève les entrailles, et on lui passe dans le corps un fer rouge pour opérer une sorte de cuisson; il s'agit ensuite d'extraire les os du crâne, et de tanner, à la vapeur du soufre, la peau enfilée sur un roseau. Voilà comment l'oiseau de paradis, momie d'oiseau soigneusement introduite dans un bambou creux, nous arrive avec tout son plumage, mais, en quelque sorte, sans corps, avec une petite tête déprimée, des yeux à peine visibles. Le rapprochement inévitable des plumes pressées sur une peau racornie, lui donne cette apparence de velours qu'on admire à la partie du cou et à la poitrine.

C'est seulement de l'île de la Papouasie, des îles des Papouas, et des îles Arrou, que les oiseaux de paradis sont apportés en Europe. Les premières notions exactes sur leur conformation véritable et leurs mœurs datent de la seconde expédition de *Magalhaës*. Parmi les compagnons de ce célèbre navigateur, était un Italien nommé Antoine Pigafetta, qui, ayant partagé avec enthousiasme tous ses périls, mérita une part de sa gloire. Pigafetta était de ces chevaliers de la mer qui couraient à la conquête d'un pays inconnu, comme jadis les paladins de roman à celle du fabuleux Saint-Graal. A l'esprit d'aventure, il joignait l'amour des sciences naturelles, et il maniait la plume aussi bien que l'épée. Dans sa relation, il vous avoue ingénument qu'il a fait quinze mille lieues sur l'Océan, sans autre but que d'en voir les merveilles, afin de pouvoir, dit-il, faire aux autres le récit de son voyage, tant pour les amuser que pour leur être utile, et se faire en même temps un nom qui parvînt à la postérité. C'est à Pigafetta que nous devons de connaître les détails de la dernière navigation de *Magalhaës*, admirable odyssée dont le héros est plus grand qu'Ulysse, et plus malheureux. Pigafetta eut le bonheur d'échapper à la catastrophe de son vaillant amiral. Au milieu des merveilles qu'il a vues et décrites, l'histoire des oiseaux de paradis tient sa place. Il raconte comment les *Mores* insulaires faisaient, avec ces oiseaux, des panaches à leurs casques, ou les suspendaient à leurs sabres. Il nous raconte enfin le secret de cette absence des pieds et des entrailles, qui avait tant surpris les premiers observateurs.

Un autre historien des oiseaux de paradis fut le bon jésuite Nieremberg, que je cite bien moins à cause de sa science qu'à cause de la douleur naïve avec laquelle il se résigne à ne plus croire qu'il y ait encore des oiseaux dans le paradis terrestre pendant quatre mois de l'année ; car si les paradisiers disparaissent ainsi à une certaine époque, c'est en effet pour aller faire leur nid en toute sécurité, mais dans quelque forêt où l'homme n'a pas pénétré encore, et non dans cet Éden qui n'existe plus, ni pour la coupable race humaine, ni pour l'innocente race des oiseaux.

Je dois aussi dénoncer une falsification qui semble à peine croyable, mais qui, tentée déjà du temps de Buffon, doit bien mieux se pratiquer encore dans un siècle comme le nôtre, où l'industrie ose défier la nature par tant d'imitations perfectionnées. On fait de faux oiseaux de paradis, comme on fait de fausses perles et de faux diamants. Il paraît que, pendant la mousson d'est, vent particulier aux climats où ils voyagent, les oiseaux de paradis subissent une mue qui leur fait perdre leurs plumes subalaires ; ces plumes sont ramassées précieusement. On prend une jolie perruche, un pétulant promérops, un rollier d'Angola ou même d'Europe ; on les mutile, on les prépare, on leur adapte ces ornements étrangers ; la teinture ajoute son vernis à cette métamorphose ; et, jouant, malgré eux, le rôle du geai paré des plumes du paon, ces oiseaux ont l'honneur de servir à leur tour de parure. Il faut que l'artifice soit quelquefois bien difficile à reconnaître, puisque de savants naturalistes y ont été trompés.

DESCRIPTION DU GENRE PARADISIER OU OISEAU DE PARADIS.

Le genre paradisier appartient à l'ordre des omnivores. Voici quels sont ses caractères : bec droit, quadrangulaire, pointu, un peu convexe en dessus, comprimé ; arête s'avançant entre les plumes du front ; échancrure de la pointe à peine visible ; mandibule inférieure droite, pointue ; narines placées à la base du bec et près du bord, ouvertes, entièrement cachées par les plumes veloutées du front ; pieds robustes ; quatre doigts, trois en avant ; les latéraux inégaux, l'intermédiaire plus court que le tarse ; l'externe soudé à sa base, l'interne réuni à l'intermédiaire jusqu'à la première articulation ; le pouce plus fort et plus long que les autres doigts.

Ces êtres mystérieux paraissaient, aux yeux des peuples crédules, posséder des propriétés merveilleuses ; aussi ces oiseaux étaient conservés avec la plus grande vénération ; on en faisait des fétiches et des amulettes, et on espérait, par ce moyen, se préserver de tous maux, et obtenir les faveurs célestes.

Dans le monde entier, nul oiseau ne déploie plus de magnificence dans la parure, de grâces et d'agilité dans le vol, que ces admirables paradisiers. Ils semblent choisir de préférence, pour leur retraite, les parties des forêts les plus retirées et les plus épaisses. Quand l'air est calme, le ciel pur, ils recherchent ordinairement le sommet des arbres les plus élevés. Ils volent avec rapidité, mais toujours par ondulations, ainsi que font, en général, les oiseaux dont les plumes sont longues et séparées les unes des autres. La longueur de leur plumage les oblige constamment à prendre une direction contraire à celle du vent, de peur que le jeu de leurs ailes ne soit gêné et difficile, comme cela arriverait si le vent relevait et étalait leurs plumes. Cette manœuvre est pour eux très-naturelle, puisqu'elle maintient leurs longues plumes appliquées contre le corps. Dans un moment d'orage, ils s'élèvent perpendiculairement dans les airs, jusqu'à ce qu'ils rencontrent une atmosphère calme, dans laquelle ils puissent voler sans embarras et avec sécurité. A l'approche des orages, ils restent tapis sous des troncs d'arbres. Leur caractère est assez conforme à leurs habitudes ; ils sont courageux et vindicatifs. Quelle que soit la supériorité de leur ennemi, par la force du bec et des serres, ils le poursuivent et combattent avec acharnement. Les Papouas et les insulaires d'Arrou, chez lesquels ils ne sont point rares, et qui font, de la dépouille de ces somptueux oiseaux, de nombreux échanges avec les Chinois et les Malais, les soumettent difficilement à l'état de domesticité. Les auteurs ne sont pas d'accord sur leur mode de nourriture. L'attachement exclusif de l'oiseau de paradis pour les contrées où croissent les épiceries, a donné lieu de croire qu'il rencontre, sur ces arbres aromatiques, la nourriture qui lui convient le mieux. Tavernier assure qu'il aime passionnément les muscades, et que, dans la saison, il en mange tellement, qu'il s'enivre et tombe par terre. J. Otton Helbigius, qui avait voyagé dans la Malaisie, dit qu'il se nourrit de baies rouges que produit un arbre fort élevé. Linné croyait qu'il fait sa proie des grands papillons ; et Bontius, qu'il donne quelquefois la chasse aux petits oiseaux, et les mange. Plus bas nous rectifierons ces erreurs.

Les indigènes les tirent avec des flèches émoussées, ou les prennent avec de la glu ou des lacets ; et après les avoir fait sécher au moyen de la fumée et du soufre, ils les échangent généralement contre des clous, des haches, des piastres. On en porte surtout à Banda, et en les examinant avec soin, on reconnaît qu'excepté la nature de leurs plumes, ils ne diffèrent guère des corbeaux.

Les soins qui précèdent, accompagnent ou suivent l'incubation de ces oiseaux précieux, nous sont encore inconnus. Les insulaires de la Papouasie se contentent, pour préparer leurs plumes employées dans la parure des dames, de les enlever du corps, et de détacher les véritables ailes, ainsi que les pieds et les jambes ; ils enlèvent la cervelle, et fixent le crâne contre un bâton qu'ils introduisent par le bec, et qui traverse tout le corps, en perçant même la queue, lorsqu'ils jugent à propos de la conserver.

La plupart des oiseaux de paradis, qu'on rencontre dans les collections d'ornithologie, ont été montés avec de semblables dépouilles.

Le caractère distinctif de ces magnifiques oiseaux consiste dans un corps flanqué, au-dessous des ailes, par de larges parachutes de plumes formant une sorte d'aérostat.

Nous n'admettrons, dans ce genre, que huit espèces : le grand oiseau de paradis ou paradisier grand émeraude, le petit émeraude, le paradisier rouge, le superbe, le manucode ou royal, le magnifique, celui à six filets, et enfin le paradisier à douze filets.

GRAND OISEAU DE PARADIS, OU PARADISIER GRAND ÉMERAUDE.

Il est impossible de rien voir de plus élégant que le plumage de celui qu'on nomme le paradisier grand émeraude (voy. la pl. 4), et que les habitants des îles Arrou nomment *l'oiseau du soleil*. Il est surtout remarquable par deux longs filets cornés et duveteux, garnis de poils roides, qui s'élèvent au-dessus de sa queue, et une grande quantité de longues plumes qui prennent naissance de chaque côté entre l'aile et la cuisse, et qui, se prolongeant bien au delà de la queue véritable, se confondent, pour ainsi dire, avec elle, et lui font une espèce de fausse queue à laquelle plusieurs observateurs se sont mépris. Ces plumes *subalaires* sont de celles que les naturalistes appellent décomposées ; elles sont très-légères en elles-mêmes, et forment, par leur réunion, un volume presque sans masse et comme aérien. La tête et le derrière du cou sont d'un jaune pâle, la gorge est d'un vert d'émeraude brillant, la poitrine et le ventre sont d'un brun marron, quelquefois noirs; les ailes couleur de noisette, tachetées, vers l'extrémité, d'un peu de rouge pourpré; les pieds et les ongles bruns; le bec est d'un jaune verdâtre. La tête est fort petite à proportion du corps; les yeux sont encore plus petits, et placés très-près de l'ouverture du bec. La longueur du plumage de ces oiseaux les empêche de voler quand il fait du vent.

Dans la saison des pluies, ces oiseaux sont sujets à une mue considérable qui dure plusieurs mois. Ils se cachent pendant ce temps-là; mais au commencement du mois d'août, c'est-à-dire après la ponte, leurs plumes reviennent; et, pendant les mois de septembre et d'octobre, qui sont un temps de calme, ils voyagent par troupes, ainsi que les étourneaux en Europe. Perché sur les plus grands arbres, mais non sur leurs cimes, d'où les vents pourraient le renverser, en jetant le désordre dans les riches faisceaux de ses plumes subalaires, son vol rapide, inégal, et ses mouvements continuels permettent rarement au chasseur de l'atteindre.

OISEAU DE PARADIS PETIT ÉMERAUDE.

L'oiseau de paradis petit émeraude a les parties supérieures d'un marron clair; le sommet de la tête, les côtés, le dessus du cou et le haut du dos d'un jaune pâle; les plumes de la base du bec et du front épaisses et veloutées, noires, changeant en vert; les petites tectrices alaires d'un jaune brillant; le haut de la gorge d'un vert éclatant; les parties inférieures d'un rouge brun foncé; les flancs garnis de faisceaux de longues plumes jaunes et blanches; deux longs filets cornés et pointus s'échappent de chaque côté du croupion; son bec est jaunâtre, et bordé en partie de noir; ses pieds sont d'un blanc jaunâtre; sa taille, du bout du bec à celui de la queue, est de neuf à dix pouces. Il ne se rencontre que dans la Papouasie ou Nouvelle-Guinée, et dans l'île Véguiou.

Les petits oiseaux de paradis, ainsi que les grands, suivent toujours un roi ou un chef à qui ils paraissent obéir. Ils perchent sur les arbres les plus hauts des montagnes, et y construisent leurs nids. Les sauvages de Mysol les tuent avec des flèches pour ne pas altérer la beauté de leur plumage; ils jettent aussi, dans les ruisseaux où ils boivent, une drogue enivrante qui les met hors d'état de se sauver lorsqu'on approche pour les prendre. Ces oiseaux aiment beaucoup un arbre nommé *tsampedoch*; ils le percent avec leur bec pour en extraire la moelle.

OISEAU DE PARADIS ROUGE.

Il a les parties supérieures jaunes, ainsi que les côtés de la gorge et de la poitrine; la base du bec entourée de petites plumes d'un noir velouté; celles qui garnissent le sinciput sont un peu plus longues, et peuvent se relever en petite huppe qui se sépare vers le milieu en deux parties; elles sont serrées, veloutées, d'un vert doré, et garnissent aussi le dessous du cou et le haut de la gorge; les rectrices et les parties inférieures sont brunes; la poitrine noirâtre; les flancs garnis de faisceaux de plumes très-nombreuses et longues, décomposées, d'un rouge vif; deux filets cornés, d'un noir brillant, aplatis et lisses, concaves en dessus, et convexes en dessous, terminés en pointe, contournés en cercle, et longs de vingt à vingt-deux pouces. Sa taille, de l'extrémité du bec à celle des rectrices, est de neuf pouces. Il habite l'île Véguiou. Un insulaire d'Arrou m'a assuré qu'on le trouve à Tidor, et quelquefois à Ternate et à Mysol. Il vit de graines de tek.

OISEAU DE PARADIS SUPERBE.

Les parties supérieures de cet oiseau sont noirâtres, irisées de vert et de violet; son front est garni de deux petites huppes d'un noir soyeux; ses épaules sont couvertes de longues plumes qui se relèvent sur le dos, et, s'inclinant en arrière, parent l'oiseau d'une espèce de manteau qui enveloppe en partie les ailes; les plumes sont d'un beau noir velouté; la nuque et le bas de sa poitrine sont à reflets d'un vert doré brillant; sa gorge noire à reflets pourprés; les plumes du bas, plus longues que les autres, s'étendent des deux côtés sur le devant du cou et de la poitrine: celle-ci offre de beaux reflets dorés. Son abdomen est noir, de même que le bec et les pieds. Sa taille est de huit pouces trois quarts. On le trouve dans la Papouasie. Cette espèce est très-rare.

OISEAU DE PARADIS MANUCODE OU ROYAL.

Il a les parties supérieures d'un rouge brun velouté; le front et une partie de la tête d'un bel orangé velouté; une petite tache noire à l'angle interne de l'œil; le menton d'un mordoré brillant, qui prend une nuance plus foncée sur la gorge: celle-ci est terminée par une raie transversale brunâtre, et par une large bande d'un vert métallique. Les parties inférieures de cet oiseau sont d'un gris blanc, quelquefois mélangé de vert; ses flancs sont garnis de larges plumes grises, traversées par deux lignes, l'une blanche, l'autre rousse, et terminées par du vert d'émeraude brillant; les tectrices alaires inférieures sont jaunes; les rectrices d'un brun rouge; les deux intermédiaires sont remplacées par deux longs filets cornés rouges, qui se garnissent de barbules, et s'enroulent vers l'extrémité, de manière à former une espèce de palette percée au centre, d'un vert brunâtre brillant. Son bec et ses ongles sont jaunes. Sa taille, du bout du bec à celui de la queue, est de cinq pouces et demi.

Cet oiseau solitaire ne perche jamais sur des arbres élevés, comme les autres oiseaux de paradis, mais il voltige de buisson en buisson dans les lieux qui produisent les arbrisseaux à petits fruits rouges. Les habitants d'Arrou n'y ont jamais trouvé son nid; il vient de la Papouasie, et n'habite les îles d'Arrou qu'accidentellement. Les naturels prennent cet oiseau dans des piéges faits avec une plante qu'ils appellent *garmanatty*; ils le vendent ensuite dans la Malaisie aux Européens, ou le gardent pour faire des ornements avec ses plumes.

OISEAU DE PARADIS MAGNIFIQUE.

Le magnifique a les parties supérieures d'un brun brillant; les narines, la base du bec et le front couverts de plumes courtes et épaisses, d'un brun rougeâtre; le sommet de la tête et l'occiput d'un vert à reflets; il a un double faisceau de longues plumes coupées carrément, implantées en camail sur le cou et le haut du dos: le premier composé de plumes étroites, relevées, roussâtres et tachetées de noir vers l'extrémité; le second les ayant plus longues, couchées sur le dos, et d'un jaune de paille, plus foncé vers le bout; les grandes tectrices alaires d'une couleur carmélite brillante; les rémiges jaunes, brunes intérieurement; les rectrices brunes; la gorge et la poitrine nuancées de vert et de bleu; les côtés de la poitrine d'un vert brun; l'abdomen d'un bleu verdâtre; le bec jaune, bordé de noir; les pieds d'un brun jaunâtre. Deux filets contournés en cercle, et finissant en pointe, prennent naissance de chaque côté du croupion. La taille de cet oiseau, de l'extrémité du bec à celle des rectrices, est de six pouces et demi. Il habite la Papouasie.

OISEAU DE PARADIS A SIX FILETS, OU GORGE DORÉE.

Il a les parties supérieures d'un noir velouté; le front et la partie du sommet de la tête garnis de petites plumes fines et roides, mélangées de noir et de blanc, de manière à former une huppe grise; les côtés de la tête ornés chacun de trois longs brins ou filets noirs, terminés par une palette ovale, noire, composée de fines barbules; les plumes de la nuque sont à reflets, d'un vert doré; les flancs sont garnis de plumes noires, à barbules désunies, qui recouvrent les ailes et cachent les rectrices dans l'état de repos, et se relèvent obliquement à la moindre agitation; les plumes de la gorge sont larges à l'extrémité, noires dans leur milieu, et d'un vert doré irisé sur les côtés; les rectrices sont d'un noir velouté avec quelques barbules longues et flottantes; le bec et les pieds sont noirâtres. La taille de cet oiseau est de dix à onze pouces. Il habite la Papouasie.

OISEAU DE PARADIS A DOUZE FILETS.

Enfin, on trouve encore, dans la Papouasie et dans les îles voisines, le paradisier à douze filets, qui paraît être l'espèce la plus rare de toutes.

Les Papouas comprennent, en outre, quelques variétés d'une grande beauté; mais elles ne sont pas assez bien décrites pour que nous nous hasardions de les nommer. Nous nous en tenons à ces huit espèces, que Cuvier a eu peut-être tort de réduire à cinq, parce que nous craindrions de faire de doubles emplois. Les Papouas et les insulaires d'Arrou eux-mêmes ne sont pas d'accord sur le nombre de ces variétés.

DÉTAILS SUR LEURS HABITUDES.

Les mœurs et les habitudes de ces espèces intéressantes sont imparfaitement connues. On ignore surtout les causes qui les ont empêchées de dépasser les limites de la Papouasie, des îles Arrou et des îles des Papouas. Néanmoins je ne pense pas qu'il soit impossible d'en transporter en Europe quelques individus vivants. Je serais porté à croire qu'on pourrait les établir aux îles Canaries (Afrique), aux îles Baléares (Espagne) et dans le département français de la Corse. J'ai possédé un grand oiseau de paradis émeraude, qui a vécu près de trois mois à bord. J'en ai vu un de la même espèce chez l'épouse de M. le secrétaire général du gouvernement, à Manile; il vivait depuis longtemps en cage. J'en ai vu un autre à Manila, en Chine, qui était soumis à l'état de domesticité depuis plusieurs années, et qui appartenait à M. Beal, négociant anglais. Un quatrième existe encore à Sourabaya, dans l'île de Java, chez M. Midlekop. M. d'Urville s'est donc trompé, dans son Voyage pittoresque autour du monde, tome II, p. 183, quand il dit qu'il n'est point d'exemples qu'on soit parvenu à les amener à la domesticité. J'ignore où M. Morrell, navigateur américain, dont j'ai souvent parlé, a vu que les paradisiers ont un chant très-harmonieux; quant à moi, j'ai trouvé que leur cri, *kouak, kouak, kouak*, tant du mâle que de la femelle, était rauque, glapissant, désagréable, et à peu près semblable à celui des corbeaux. Je puis assurer que dans l'état naturel, ils vivent de fruits et principalement de tek, et d'une espèce de figuier, nommé *ami-hou*, qui plaît aussi aux calaos et aux cassicans, et de plusieurs insectes; mais, dans l'état de domesticité, dans une volière ou dans une grande cage où ils sont isolés, ils mangent d'autres fruits. Dans la volière, ils collent leurs longues plumes contre le corps pour ne pas en être embarrassés, en passant d'un bâton à un autre.

SUITE DE L'HISTOIRE NATURELLE.

Les serpents, les crocodiles *biporcatus*, ou à double arête, ne sont pas rares dans la Papouasie.

Le poisson paraît abonder sur les côtes, où l'on trouve des tripangs et l'huître perlière.

Les rivières sont poissonneuses, et fournissent quelquefois de la poudre d'or.

Il y a dans le havre Dori de l'excellent poisson, et en abondance; aussi les pêcheurs ne manquent-ils pas dans les cabanes des environs.

La mer fournit à l'amateur de conchyliologie des auricules de Midas, des mélanies, des casques, des harpes, des marteaux d'une grande beauté, etc., des tortues à écaille, et de gros morceaux d'ambre gris.

Enfin la Papouasie nous paraît être,

avec les îles de Maïndanao, Célèbes et Bornéo, l'*El dorado* de l'Océanie.

TOPOGRAPHIE.

Les points les plus remarquables de la Papouasie sont les havres Dori et de l'Aiguade, le golfe de Mac-Cluer, le golfe ou la rivière Dourga, aux environs du cap Walsh sur les bords d'une grande rivière qui reçut ce nom des Hollandais (voy. *pl.* 230), la baie de Geelwink, la baie de Humboldt et celle du Triton. Les Hollandais ont bâti, en 1828, un fort nommé *De Bus*, pour défendre la colonie qu'ils y ont établie par le 3º parallèle sud. La plaine Merkus, qui s'étend jusqu'au pied du mont Lancentsijsie, appartient aux colons, qui ont commencé à la faire défricher. Quelques tribus de Papouas y professent l'islamisme, commercent avec les Arrou et les Moluques, et parlent, outre leur idiome, la langue de Céram et le malayou.

Cette contrée, peu connue et qu'on remarquait à peine, renferme en elle des principes de prospérité, et doit tôt ou tard sortir comme par enchantement de l'obscurité profonde qui l'environne. La Hollande, jalouse d'étendre sa puissance commerciale, a deviné tout ce qu'elle pouvait tirer de cette grande terre sous ce rapport; et son nouvel établissement deviendra, nous l'espérons, une colonie florissante, et un élément de civilisation dans un des plus beaux pays de notre petite planète.

HAVRE DORI; VILLAGE DE KOUAO; ILES MANASOUARI ET MASMAPI.

Ce mouillage possédait autrefois un village de Papouas assez peuplé et aujourd'hui entièrement abandonné. Il occupe l'extrémité nord-ouest d'un petit golfe, dont l'entrée est protégée par deux îlots appelés Manasouari et Masmapi. Il y a deux bancs à fleur d'eau dans le canal de trois milles de longueur qui y conduit. Ce havre, quoiqu'il n'ait qu'un demi-mille de profondeur sur deux cents toises de largeur, est d'un ancrage sûr et commode pour les navires de tout rang. L'entrée de Dori, avec la longue suite de petites îles basses et riantes qui se développent sur sa gauche, sa lisière de terrains brisés sur sa droite, et dans le fond du tableau les immenses monts Arfakis formant six plans successifs terminés par quelques pitons aigus, offre un des plus admirables coups d'œil du monde (voy. *pl.* 223). Il est situé par 0º 51' 49" de latitude septentrionale, 131º 44' 59" de longitude orientale, sur le côté oriental de la Papouasie, et au nord du golfe de Geelwink; il se trouve immédiatement au sud du cap Mamori. Les indigènes donnent au havre Dori le nom de *Mamoi-Souari*, et celui de *Fanadik* à la crique, sur le bord de laquelle était l'ancien village de Dori et non Dorey. Outre Dori qui est sur la rive nord du havre (voy. *pl.* 224), il y a encore sur la même rive un village nommé Kouao (voy. *pl.* 226).

Dans la petite île de Manasouari, qui occupe l'entrée de la baie, à trois milles au sud-est, et revêtu de grands arbres et plantations, est un village peuplé, situé au nord, nommée, je crois, Manavai (voy. *pl.* 227), vis-à-vis la petite île Masmapi (voy. *pl.* 228), où quelques pêcheurs ont aussi établi leurs cabanes. On y voit quelques mangliers dont les racines croissent dans la mer. Les environs du havre Dori et les villages qui le bordent, peuvent avoir une population d'environ deux mille âmes.

MOEURS ET COUTUMES.

La nourriture ordinaire des Papouas (voy. *pl.* 229, 220 et 221) est le sagou; ils ne le préparent point en briques, mais ils l'entassent en masses de 12 ou 15 livres. Ils ajoutent à cela de la tortue, du poisson, des taros, des ignames, des cocos et des coquillages. Ils ne se servent pas de fours en terre comme les Polynésiens, mais ils font leurs foyers en plein air, et ils y placent des grillages en bambou, surtout pour faire cuire les tortues et les poissons. Ils ne connaissent pas le kava, et ils mâchent le bétel. Ils ramollissent l'argent au feu de forge et le battent ensuite. Cette forge se compose d'une pierre qui sert d'enclume et d'un soufflet consistant en deux cylindres de gros bambous, disposés verticalement: l'air est refoulé dans chaque tuyau au moyen de deux pistons que fait mouvoir un homme assis sur un tronc d'arbre de la hauteur des cylindres (voy. *pl.* 231).

Leurs instruments de guerre sont des arcs, des flèches et des frondes; ils se servent de cette dernière arme avec beaucoup d'adresse, et portent des boucliers étroits et longs pour la défensive. Ils ont aussi un couperet d'acier nommé *parang*, employé à divers usages domestiques. Les pierres nécessaires à l'exercice de la fronde, arrondies avec soin, sont contenues dans des filets de chanvre d'un travail curieux. Il est peu d'individus qui n'aient des cicatrices provenant des flèches qu'ils lancent avec adresse. Leurs lignes, faites de chanvre, sont aussi très-artistement tressées. Les plantations de cannes à sucre et de bananiers (*musa*) sont distribuées avec uniformité et dans un bon état de culture. L'abondance des vivres rend la vie des Papouas de Dori, et généralement du nord de la Papouasie propre, très-facile.

Les naturels de la Papouasie donnent souvent, en échange de quelques bagatelles, un grand nombre de coquillages, dont plusieurs d'une espèce jusqu'ici inconnue, des arcs, des flèches, quelques échantillons de muscades sauvages et d'autres épiceries.

Nous avons vu dans une pirogue un indigène qu'on nous dit être un prêtre, et qui avait sur le cou-de-pied une marque semblable à celle qui serait produite par un fer chaud.

Les Papouas fabriquent divers petits coffrets, avec art et solidité, en paille de pandanus et de bananier; ils savent fabriquer des ustensiles et de la poterie, art ignoré des Polynésiens; les femmes font les pots; elles font aussi des nattes. Ils ont des idoles en bois surmontées de crânes humains (voy. *pl.* 304).

Quoique le tatouage paraisse fort peu sur leur peau bronzée, les Papouas des deux sexes le pratiquent par piqûre. Ils vont généralement nus; les chefs seuls portent des nattes en feuilles de bananier, teintes de brillantes couleurs et bordées de franges découpées comme de la dentelle, et qui remplacent le maro polynésien; outre les bracelets dont nous avons parlé, ils ont pour parure des anneaux, des pendants en coquillages, en écaille ou en argent, et des peignes en bois à trois, cinq et sept dents, qui se dressent étrangement dans leur chevelure en forme de buisson. Quelques Papouas mohammédans ornent leurs têtes avec des mouchoirs qu'ils obtiennent en échange de leurs productions et qu'ils disposent en forme de turban. Ils allument promptement le feu par le frottement d'un morceau de bois sur du bambou. Nous avons un de ces ustensiles dans notre cabinet. Ils ont de longues torches de résine de dammer pour s'éclairer, et lorsqu'ils naviguent dans leurs pirogues, ils ont constamment un tison ardent qui sert pour allumer leurs cigarettes roulées dans une feuille de vaquois, dont ils font une grande consommation, car ils fument tout le jour. Ils ne boivent que de l'eau pure à leurs repas, après lesquels ils se lavent la bouche et les mains.

Les instruments de musique de ce peuple sont le tam-tam, garni à une des extrémités d'une peau de lézard; une guimbarde faite avec une lame de bambou, la flûte de Pan, et la trompette marine faite avec un gros *murex* percé à un côté de l'extrémité la plus mince. Nous possédons également une de ces trompettes.

La polygamie est générale parmi eux.

Leur langue est assez douce et harmonieuse; on la parle depuis Véguiou jusqu'à Dori, et elle diffère autant du malayou que de l'idiome des Alfouras, mais elle offre quelque ressemblance avec celui des Dayers de l'île Kalémantan ou Bornéo. On n'entend jamais, chez les Papouas, ces cris rauques, bizarres, affreux, que nous avons toujours entendus chez les peuples sauvages.

HISTOIRE.

La Papouasie, cette grande terre des Papouas, faussement dite des Papous, paraît avoir été découverte vers 1511, par les Portugais Antonio Abreu et Francisco Serrano. A son tour, vers 1526, don José de Ménésès, dans sa traversée de Malakka aux Moluques, fut entraîné par les vents et les courants fort loin dans l'est de Kalémantan ou Bornéo, et atteignit sous l'équateur, à deux cents lieues des Moluques, un port des Papouas nommé Versija. Ce point, quoique mal indiqué, nous paraît être le havre Dori.

En 1528, deux ans après, le général espagnol Alvar de Saavedra tomba aussi sur la grande île des Papouas; il y passa même deux mois. Il nomma ces terres *Islas de Oro;* c'était la manie du temps. Saavedra revint en 1529, et il semble avoir côtoyé la Papouasie pendant près de cinq cents lieues, et s'être dirigé ensuite au nord-est.

En 1537, les navires de Grijalva visitèrent, près de l'équateur, deux îles nommées *Mensura* et *Boufou*, habitées par des Papouas. « Les naturels, dit la relation, sont des hommes à cheveux frisés; ils mangent de la chair humaine, sont de grands coquins, et se livrent à de telles méchancetés, que les diables vont avec eux à titre de compagnons. » La relation fait mention d'un oiseau de la grosseur d'une grue qui ne peut pas voler, mais qui court avec la rapidité la plus grande, et dont les plumes servent aux naturels pour orner la tête de leurs idoles. En 1545, Juigo Ortez de Hatez paraît aussi avoir reconnu la plus grande partie de la côte septentrionale de la terre des Papouas, en relâchant sur divers points et signalant plusieurs îles nouvelles. Ce fut dans cette expédition que les Espagnols donnèrent à cette grande terre le nom de *Nouvelle-Guinée*, par suite de la ressemblance qui existait entre les indigènes du pays et ceux de la Guinée (Afrique).

En 1753, Nicolas Sruick publia une description grossière de la côte septentrionale de cette île avec les noms portugais, qui ne correspondent nullement avec ceux des explorations plus récentes et plus exactes.

Le Hollandais Schouten rectifia le premier les notions acquises sur cette terre; il l'accosta le 7 juillet 1616, devant l'île Vulcain, qui était alors un volcan en activité. Il avait à bord un indigène de la Nouvelle-Irlande; mais il ne put comprendre le langage des Papouas, qui s'approchèrent sur des pirogues à balancier. Après avoir dépassé, le 9 juillet, les îles qui reçurent le nom de Schouten, cet habile navigateur mouilla devant une île identique avec celle à laquelle M. d'Urville a depuis donné son nom. Suivant la relation du voyage de Lemaire et de Schouten, les habitants avaient les cheveux courts et frisés; ils portaient des anneaux aux narines et aux oreilles, des plumes à la tête et aux bras, des colliers de dents de porc au nez, et un grand ornement sur la poitrine. Ils usaient du bétel, et étaient sujets à plusieurs maladies ou difformités; ils avaient beaucoup de cocos, et ils demandaient une aune d'étoffe pour quatre de ces fruits; ils avaient des cochons, mais ils ne voulurent pas en céder.

Pendant plusieurs jours on navigua le long de la côte, sans qu'on pût savoir quelle était la terre près de laquelle on se trouvait. Le 15, l'ancre fut jetée près de deux îles fertiles en cocos, séparées de la grande terre par un mille d'étendue. Les naturels lancèrent des flèches aux Hollandais, qui leur répondirent par une décharge de pierriers. Après cette île, on en vit deux autres situées à cinq ou six milles de la côte et nommées Arimoa.

Le 21, Schouten aperçut d'autres îles, probablement les îles des Traîtres, dont les habitants vinrent commercer avec de grandes pirogues chargées de poissons secs, de cocos, de bananes et de tabac. Ils s'approchèrent d'un air timide, versant de l'eau sur leur tête en signe d'amitié, et leur langage ne ressemblait pas à celui des îles Arimoa.

Bientôt après qu'il eut quitté ces îles, Schouten en prolongea encore une fort haute, dont la partie occidentale fut nommée *Goede-Hoope* (Bonne-Espérance), nom qui fut transféré par Dampier à une pointe plus occidentale.

Schouten partit de là pour les Moluques.

En 1622, Roggeween vit aussi quelques parties de la Nouvelle-Guinée; il toucha aux îles Arimoa, où deux cents pirogues lui apportèrent des provisions. Il traversa un groupe qu'il nomma Mille Iles, et qui sont vraisemblablement encore les îles des Traîtres.

Suivant le journal du voyage de Roggeween, les indigènes avaient une chevelure épaisse et bouclée comme de la laine, et la cloison des narines traversée par un morceau de bois.

En 1643, le célèbre navigateur hollandais Abel Tasman reconnut l'île Vulcain, ainsi nommée parce qu'elle possède un volcan ignivome, et non pas éteint, comme le disent la plupart des géographes sédentaires. Il communiqua avec les habitants de l'île Jama, avec lesquels des provisions furent échangées, et vit à l'est l'île Moa, où il se procura six mille noix de cocos et cent régimes de bananes (pisang).

Depuis Tasman jusqu'à Dampier, c'est-à-dire durant l'espace de soixante ans, aucun Européen ne visita la Papouasie. Dampier vit en janvier 1700 une portion de la côte la plus occidentale, découvrit la petite île de *Poudou-Saboude*, devant le golfe Mac-Cluer, prolongea de fort loin la bande septentrionale, vit encore l'île Schouten, et découvrit l'îlot de la Providence. A son retour, il s'ouvrit une route par le détroit qui porte le nom de ce savant navigateur, constata la séparation des deux grandes îles, découvrit dans le chenal une île volcanique et quelques autres îles, qu'il nomma *Rook*, *Couronne*, *Rich*, et un volcan, l'*Ile Brûlante*, et reconnut enfin celles de Schouten. Gouvernant encore à l'ouest, il quitta ces parages en passant à la hauteur des îles *Missory* et *Providence*.

En 1705, le petit navire hollandais le *Geelwink* explora en détail la grande baie qui reçut son nom; mais comme il n'est resté aucun document précis sur cette campagne, le savant Fleurieu plaça la baie reconnue, à plus de deux cents lieues à l'est de sa position réelle.

En 1705 encore, Funnel, capitaine anglais, vit quelques parties de la côte nord-ouest de la Nouvelle-Guinée, sans avoir aucune communication avec les habitants. Carteret vit la côte septentrionale. Dans la partie méridionale à peu près inconnue, Edwards découvrit le cap Rodney.

La Papouasie fut encore négligée jusqu'en 1768. En cette année, Bougainville approcha des terres, vers l'endroit où le capitaine d'Urville a placé la baie Humboldt, et les prolongea à une distance considérable. Cook à son tour, en 1770, en fit autant pour la côte méridionale, qu'il aborda aux environs du cap Walsh. Il voulut débarquer; mais les naturels, placés en embuscade, lui envoyèrent leurs javelines, et, en outre, plusieurs d'entre eux lancèrent, avec une sorte de canon ou de canne creuse, des feux dont personne ne put soupçonner ni l'usage ni la nature; seulement, à une certaine distance, les décharges ressemblaient entièrement à celles d'armes à feu, sauf le bruit (*). Les insulaires, selon Cook, ressemblaient aux naturels de la Nouvelle-Hollande, à cela près qu'ils lui parurent d'un teint beaucoup moins foncé. Le navigateur anglais fut le premier à relever quelques détails précis sur la partie méridionale de la Nouvelle-Guinée, quoique, d'après son aveu, elle eût dû être visitée en des siècles antérieurs par des Espagnols, des Hollandais et des Portugais, qui tous avaient gardé le silence sur leur découverte.

En 1774, le capitaine Forrest vint des Moluques, sur un koro-koro malai, pour prendre quelques plants de muscadier sur la partie occidentale de la Nouvelle-Guinée. Il entra dans le havre de Dori, et fut le premier qui recueillit des documents authentiques sur la Papouasie.

Le *Northumberland*, vaisseau de la Compagnie des Indes, commandé par le capitaine Rees, allant en Chine dans la mousson contraire, relâcha le 30 mars 1783, dans une baie de la côte

(*) *Hawkesbury account*, t. I, p. 608.

nord-ouest de la Papouasie, qui semble être la baie de *Freshwater* (Eau fraîche) de Dampier, par le 2° 26′ de lat. sud. Voici ce qu'on trouve dans le journal (*Log-book*) du navire, déposé dans les archives de la Compagnie des Indes orientales.

« Les indigènes (Papouas) donnaient le nom de *Braou* (*) à la plage voisine du lieu où le vaisseau était à l'ancre. »

Dans un combat entre les naturels et les Anglais et Lascars de l'équipage, ceux qui furent prisonniers furent assez bien traités : on leur donna en abondance du pain de sagou nommé *toyo*. Quant aux blancs qui moururent dans le combat, les Papouas les mangèrent suivant leur coutume, après les avoir dépecés avec de petits couteaux, et ils conservèrent leurs têtes dans des paniers. Mais aucun ne fut tué après la guerre dans ce but.

Les habitants de Braou sont très-nombreux. Les Lascars prisonniers ont prétendu que dix mille hommes ne suffiraient pas pour les subjuguer, et qu'ils n'avaient pas de roi; mais les Lascars sont ordinairement fort exagérés. Ces Papouas sont nus pour la plupart. Leurs armes sont des flèches, des arcs, des pieux et des lances.

Ces Papouas se procurent les petits couteaux dont nous avons parlé, dans l'île *Onin* ou *Honin*, probablement l'île Vouonin, à vingt lieues nord-est de l'île Goram, car ils trafiquent avec ses habitants. Les Lascars parlaient de ce peuple comme jouissant de la civilisation, « rendant le bien pour le bien et le mal pour le mal. » Leur religion est l'islamisme.

En 1790 et 1791, Mac-Cluer paraît avoir réalisé des travaux importants, mais peu connus, sur la partie occidentale de cette grande terre. Il découvrit un canal très-profond, qui forme une presqu'île dont nous avons déjà parlé.

En 1792, d'Entrecasteaux reconnut environ quarante lieues des côtes de la Nouvelle-Guinée, aux environs du golfe Huon, sur la partie sud-est, et à peu près autant aux environs du cap *Goede-Hoop*; mais dans ces reconnaissances à la voile il n'eut aucune relation avec les naturels.

En 1823, le capitaine Duperrey se contenta de relever les îles Schouten. Il aperçut à quinze ou vingt lieues de distance quelques-uns des pitons de la grande terre; mais l'année suivante, il passa treize jours au mouillage du havre Dori, et en releva la côte dans une étendue de vingt ou trente lieues à l'ouest de ce havre. Les naturalistes de l'expédition s'y livrèrent à des recherches et à des études fructueuses, et nous regrettons vivement que la relation de ce voyage n'ait point encore été publiée. Voici ce qu'en dit le savant M. d'Urville, alors lieutenant dans cette expédition.

« Les questions que j'avais adressées en malai à quelques naturels des environs du havre Doréi (Dori) m'avaient amené à penser qu'ils retiraient la plupart de leurs productions végétales, comme liqueurs, tabac, taros, des Harfours, et le récit de Forrest ne pouvait que me confirmer dans cette opinion. Il fut impossible à ce navigateur d'avoir aucune relation avec ces hommes; les Papous (Papouas) s'y opposèrent, et paraissaient même fort mécontents du désir qu'il témoignait de pénétrer vers eux.

« Ils en agirent de même avec moi, et mirent tout en usage pour m'engager à renoncer au projet que j'avais formé de visiter les Harfours. Cette pensée les contrariait singulièrement. Les uns ne voulaient pas m'écouter, les autres faisaient semblant de ne pas m'entendre, et les plus civils employaient toute leur rhétorique pour me dissuader. Enfin, par l'appât d'un *compan* (piastre) et d'un beau couteau, je parvins à déterminer un jeune Papou d'une physionomie intelligente à m'accompagner jusque chez les Harfours. Je ne sais s'il communiqua son marché à quelqu'un des siens, mais à peine fut-il assis avec moi dans le canot que la peur s'empara de lui, et il allé-

(*) Ce nom de Braou n'est pas sur les cartes.

gua pour s'excuser tous les motifs qu'il put imaginer, la faim, la soif, le mal au cœur.

« Quand nous eûmes débarqué près des cases, les manifestations de sa crainte redoublèrent; il s'arma d'un arc et de flèches, assurant que les Arfakis étaient de très-méchantes gens qui nous tueraient infailliblement, si nous n'avions point de fusils. Je n'avais point voulu en prendre pour ne causer aucune inquiétude aux nouveaux hôtes que j'allais visiter, et je ne portais que la petite bêche qui me servait à arracher les plantes. J'étais accompagné d'un seul homme également sans armes, et portant une boîte de botanique.

« Sans écouter mon guide, j'enfilai le premier sentier qui s'offrit à nos yeux et qui semblait conduire vers l'intérieur. Par un hasard assez singulier, j'ai reconnu depuis que c'était le seul sur plusieurs qui devait me conduire à mon but, et ce fut heureux; car dans les dispositions où était mon conducteur, si je m'étais fourvoyé, il est à peu près certain qu'il ne m'eût pas remis sur ma route. Nous traversâmes une lisière assez mince, occupée par des bois taillis d'un aspect fort agréable, et semés seulement çà et là de grands arbres. Mon naturel ne cessait ses jérémiades et ses efforts pour m'engager à revenir sur mes pas, ou du moins à prendre des sentiers latéraux. Ennuyé de ses doléances perpétuelles, je lui signifiai durement que je n'avais pas besoin de lui et que j'irais bien tout seul chez les Harfours. Alors il prit son parti, soupira et marcha en avant, voulant sans doute gagner son enjeu.

« Au bout de quinze minutes environ de marche, au moment où on va quitter la bande littorale pour entrer dans la colline qui la surmonte, je rencontrai un grand enclos rempli de bananiers et de taros très-verdoyants, très-touffus, mais assez mal entretenus, le tout entouré d'une solide palissade. Comme je m'arrêtais pour y jeter les yeux, mon sauvage vint brusquement à moi, et me dit que les femmes des Arfakis étaient cachées là-dedans, qu'il ne fallait pas y entrer, si je ne voulais pas y être massacré. Je ne croyais guère à ces menaces; mais en jetant les yeux autour de moi, j'aperçus sur le coteau qui dominait la vallée un grand édifice perché sur des pieux élevés, offrant l'apparence d'une redoute. Comme je considérais l'étrange aspect de cette habitation, mon Papou se mit à pousser des cris auxquels répondirent d'autres cris confus, parmi lesquels je distinguai des voix de femmes.

« Le Papou renouvela ses instances pour me faire rétrograder; mais je commençai à pénétrer le véritable but de ses simagrées. Il était impossible que ces individus, avec lesquels il échangeait des cris, fussent ces terribles Arfakis dont il redoutait tellement la rencontre. Tout annonçait, au contraire, que c'était là que s'étaient retirées les femmes des Papous, avec leurs enfants, pour n'être pas exposées aux regards des Français. La veille, avec Duperrey, j'avais visité le village, et j'avais été surpris de trouver la plupart des cases désertes. Pas une femme ne s'y trouvait. Sans doute les naturels, à l'arrivée d'un nouveau navire dont ils ne connaissaient pas le pavillon, avaient cru prudent de soustraire leurs femmes et leurs enfants à des étrangers, dans la crainte qu'on ne les leur enlevât. Le hasard m'avait amené au lieu de leur asile, et de là, les craintes, les inquiétudes et les détours de mon Papou.

« J'expliquai donc de mon mieux à mon guide que je n'avais nulle envie de voir les femmes renfermées dans cette enceinte, mais que je voulais absolument voir les Harfours. Cette déclaration le calma, et nous commençâmes à gravir la côte. En certains endroits, elle est assez rude, et les filets d'eau qui coulent sur le granit rendent parfois le chemin fort glissant. Quelquefois encore il est barré par des crevasses ou des fondrières qu'il faut traverser sur des troncs d'arbres qui servent de ponts. Comme nous commencions à monter, une quinzaine de sauvages, armés de couperets, d'arcs et de flèches, parurent au-devant de nous. Ils manifestèrent une vive inquiétude : du reste, aucune menace, aucune intention hostile. Je regardai mon Papou; il semblait embarrassé, mais nullement épouvanté. J'en conclus qu'il n'y avait point de danger. M'avancer vers les nouveaux venus, leur offrir quelques cadeaux, et tâcher de leur faire entendre que je n'en voulais point à leurs femmes, voilà ce que je fis. Les sauvages m'écoutaient en me regardant d'un air étonné : il était évident qu'ils ne comprenaient nullement ce que je voulais leur dire; mais ils se rangèrent paisiblement, et me laissèrent passer. L'un d'eux même, en retour de mes présents, m'offrit un oiseau de paradis superbe, assez bien conservé, et en outre un jeune kangarou en vie.

« Comme je continuais ma route, mon Papou semblait s'être un peu rassuré, me parlait des sauvages que nous venions de rencontrer, et me disait que ce n'était pas des Papous comme lui, mais des bêtes, des animaux qui ne savaient ni entendre ni parler malaïo. Enfin je me trouvai près d'un vaste enclos qui environnait la grande case du sommet de la colline ; j'entrai sans obstacle, et je témoignai à deux ou trois sauvages le désir de visiter la maison. Ils y consentirent sans aucune répugnance apparente, et m'y accompagnèrent. Une grosse poutre inclinée, fortement entaillée, servait d'escalier. L'édifice est un vaste hangar d'environ cent pieds de long, soutenu à une hauteur de vingt pieds environ sur une charpente compliquée. L'intérieur se compose d'un couloir qui règne dans toute son étendue, avec de petites chambres de chaque côté. Aux deux extrémités sont deux plates-formes. En un mot, la disposition de ces cases est absolument semblable à celle des édifices bâtis par les Papous au bord de l'eau. Les femmes et les enfants avaient été éloignés. Pourtant mes nouveaux hôtes m'offrirent à manger du pain de sagou, des taros et d'autres mets ; plus polis, plus hospitaliers au moins que les Papous, qui ne m'offrirent jamais autant. Une fois redescendu de la case, mon guide et quelques-uns de ses camarades qui l'avaient rejoint, tentèrent de nouveau de me faire rebrousser chemin. Mais je continuai de suivre le sentier battu. Au sommet d'une colline je trouvai une seconde habitation semblable à la précédente, également enclose. Au-dessous de cette case paissaient de petits cochons aux formes plus sveltes que ceux d'Europe, au pelage entièrement fauve, à la queue plus longue : j'aperçus aussi quelques poules.

« Mes sauvages et surtout le guide devinrent plus pressants que jamais pour m'engager à m'en retourner. Je leur déclarai d'un ton péremptoire que je voulais absolument voir les Arfakis et leur parler. Les Papous parurent d'abord fort embarrassés, puis mon guide finit par m'avouer que ces deux cases appartenaient aux Arfakis, tandis que celles du bord de la mer étaient aux Papous. Les habitants de ces cases, par leurs gestes, semblaient confirmer l'exactitude de ces assertions. Alors je déclarai que je voulais visiter les Harfours, et tous assurèrent qu'il n'y en avait point. A cet égard, je dus rester dans une véritable incertitude. Cette expression d'Harfours doit-elle s'appliquer aux Arfakis ou habitants des montagnes ? Est-elle inconnue à Doréï (Dori); ou bien doit-elle désigner des tribus stationnées plus avant dans l'intérieur ? Pour résoudre ces questions, il eût fallu mieux connaître l'idiome de ces peuples.

« Je prolongeai encore ma course à un mille ou deux plus avant; mais je ne trouvai que de sombres et majestueuses forêts, où s'offraient seulement, çà et là, quelques clairières ; les espaces où les arbres étaient en partie brûlés, en partie coupés, semblaient destinés à des plantations. Du reste, je ne retrouvai aucune trace d'habitations. Enfin le temps se couvrit ; mes sauvages ne cessaient de me harceler pour m'inviter à revenir; je sentis que, si je les poussais à bout, quelques flèches me seraient facilement adressées, sans que je pusse deviner d'où elles viendraient; et qu'à bord, on ne pourrait pas même conjecturer où je serais resté. Je me décidai donc à revenir sur mes pas, et je fis une assez bonne récolte de plantes et d'insectes. Les coléoptères surtout m'offrirent une foule d'espèces nouvelles. »

Le capitaine Andrews aborda, en 1826, à la Papouasie, dans un voyage entrepris de Buénos-Ayres dans les Indes et en Chine.

Le voyageur ou les voyageurs qui se rendent dans les mers des Indes et de la Chine, par le canal Saint-George et le détroit de Dampier, et surtout en longeant les côtes de la Nouvelle-Guinée, ne peuvent réfléchir sans surprise à l'ignorance profonde où l'on est, même sur les simples localités d'un pays aussi riche et aussi étendu.

La situation de la Papouasie, par rapport à la Nouvelle-Hollande, est très-intéressante; et il est permis de la regarder comme la clef des Moluques et des Philippines. Sa latitude étant la même que celle de Java et d'une portion de Soumadra, on y trouve toutes les productions propres à ces îles.

Quand nous arrivâmes sur ces côtes, nous jetâmes l'ancre près d'une île voisine de la principale terre. Cette île était couverte d'arbres qui s'avançaient jusqu'au rivage. Les sauvages se cachèrent dans les bois, et poussèrent des cris effroyables qui nous firent craindre d'abord une réception peu amicale; mais, en débarquant, nous fûmes bientôt assurés que ces cris n'étaient que des démonstrations de joie. D'ailleurs quelques *huzzas* anglais auraient peut-être été aussi extraordinaires et aussi alarmants pour un peuple dont les deux sexes étaient dans un état complet de nudité. Les naturels sortirent du bois en grand nombre, et, entourant la chaloupe, ils firent mine de vouloir la traîner avec tous ceux qui la montaient jusque sur le rivage, comme ils font de leurs canots; mais, s'étant aperçus que ce mouvement avait fait prendre une attitude défensive à mes hommes, ils se retirèrent aussitôt jusqu'à une ligne qu'on leur traça sur le sable avec un couteau, et qui laissait une distance suffisante pour parlementer. Leur chef répondit au signe de paix que nous fîmes avec un drapeau blanc, en élevant une branche de verdure qu'il venait de cueillir; alors chaque parti déposa ses armes, et, au bout d'une demi-heure, mes gens fraternisèrent avec eux. Je les fis d'abord surveiller, de crainte de surprise; mais je fus parfaitement rassuré sur leurs bonnes intentions; et les échanges se firent d'une manière régulière par l'entremise des chefs: bientôt nos barques furent pleines de volailles, de bananes et de fruits de diverses espèces. Ils parurent d'abord vouloir s'opposer à ce que l'on coupât le bois dont nous avions grand besoin; mais ils furent facilement apaisés par l'offre d'un chapeau retroussé, de quelques bandelettes, de couteaux, de chapelets, et de morceaux de drap rouge. Des exemplaires du *Times* attirèrent aussi particulièrement leur attention, et les caractères leur en parurent si extraordinaires, qu'ils remplirent leurs barques de cannes à sucre pour la tête d'un des numéros de ce journal. Deux de nos marins, qui passèrent un jour et une nuit dans l'île, revinrent fort contents de l'hospitalité qu'ils y avaient reçue, et nous apprirent que la timidité de ses habitants venait de ce que l'un d'entre eux avait été blessé d'un coup de fusil. Un homme, âgé d'environ cinquante ans, fit comprendre par ses gestes que l'équipage d'un navire qui avait déjà abordé sur cette côte, avait eu une rixe avec les naturels, et que cet accident en était résulté. Il est très-probable que les matelots prirent leurs cris pour des marques d'agression (*).

L'*Astrolabe*, commandée par M. Dumont d'Urville, après avoir franchi, le 2 août 1827, le détroit de Dampier, commença le relèvement minutieux de toute la côte, et le continua sur une étendue de trois cent cinquante lieues, avec la précision des méthodes les plus

(*) Journal d'Andrews.

rigoureuses; et, depuis lors, la configuration de ces terres est mieux connue. Cette corvette reconnut ainsi l'île du Volcan dans le détroit, et trouva son cratère éteint; les îles Rouk, Tupinier, Lottin, Longue, Couronne, Rich, à peine indiquées jusqu'alors; elle traça la direction de l'immense chaîne des monts Finisterre, signala la première le golfe de l'Astrolabe, reconnut encore les îles Dampier, Vulcain, traversa toutes les îles Schouten, releva d'autres îles inconnues près de la côte, découvrit la baie Humboldt, flanquée de chaque côté par les énormes pitons des monts Bougainville et Cyclopes. Sans la perte antérieure de ses ancres, qui lui rendait les mouillages difficiles et périlleux, elle eût vérifié le gisement intérieur de cette baie importante. A dix lieues environ à l'est de ce port, l'*Astrolabe* s'étant trouvée entraînée vers la côte par le calme et le courant, les naturels, accourus dans des pirogues, firent mine de l'attaquer; mais un coup de fusil et un coup de canon délivrèrent les Français de leurs visiteurs. Le capitaine d'Urville continua sa route, passa entre les îles Arimoa et la terre, franchit la bande d'eaux décolorées au nord de la pointe qui reçut son nom, et soupçonna qu'un fleuve considérable se jetait dans la mer à cette hauteur. Donnant ensuite dans le canal de Jobie, inexploré jusqu'à lui, il traça la configuration des îles Jobie, Misory, Baltig et Longue; enfin, le 25, il alla mouiller au fond du havre Dori. A peine la corvette se trouvait-elle sur son ancre, que des pirogues l'entourèrent et vinrent commercer avec des matelots. La confiance était si bien établie par les précédents de la *Coquille*, que les femmes elles-mêmes ne songèrent plus à quitter leur résidence. L'arrivée des Français ne changea même rien aux habitudes de la peuplade. Il en résulta seulement un redoublement d'activité commerciale. Ayant pris terre sur la grève, M. d'Urville voulut y continuer, à quatre ans d'intervalle, ses explorations aux cabanes des Arfakis, espérant toujours y obtenir des renseignements sur ces mystérieuses peuplades (*). Laissons encore parler ce savant navigateur :

« Quatre jeunes Papous, à qui j'avais promis en récompense quelques bagatelles, devaient me conduire aux lieux que fréquentaient les oiseaux de paradis. Après avoir marché durant dix minutes dans une agréable vallée qui borde le rivage, on arrive à une côte d'une pente assez rapide, couverte généralement de très-grands arbres. Quand on a gravi à la hauteur de cent toises environ, on se trouve sur une espèce de plateau habité et cultivé par une tribu d'Arfakis, amie des Papous de la plage. Toutefois, une défiance réciproque règne entre les deux peuplades. Lors du voyage de la *Coquille*, quand je découvris, pour la première fois la résidence de cette tribu, les Papous de la plage employèrent tous les moyens possibles pour m'empêcher d'avoir aucune communication avec ces montagnards; tantôt m'affirmant qu'ils allaient me tuer, et me couper la tête; tantôt me disant que c'étaient des imbéciles semblables aux animaux, incapables d'entendre mon langage, non plus que le leur, et qui ne méritaient que mon mépris. Il était évident que ces Papous désiraient conserver le monopole du commerce, et paraissaient contrariés de voir les Arfakis participer aux avantages qu'ils retiraient de leurs relations avec nous.

« A cette époque, la tribu tout entière des Arfakis, qui me parut composée d'environ cent cinquante personnes, habitait deux immenses cabanes en bois, perchées sur des pieux de trente ou quarante pieds de hauteur, et dans lesquelles on montait par une pièce de bois entaillée. Cette pièce de bois se retirait durant la nuit et aux approches de l'ennemi. Chaque famille avait une cellule particulière, et chacune des cabanes ou hangars contenait une vingtaine de ces cellules.

« Ces Arfakis me reçurent alors avec beaucoup de politesse; et, plus hospi-

(*) D'Urville, Voyage pittoresque.

taliers que les Papous, ils m'offrirent même quelques rafraîchissements.

« Dans la position qu'occupaient primitivement les deux cabanes sur le bord d'un ravin profond et de la plateforme qu'elles terminaient, on jouissait d'une vue ravissante. L'ensemble du havre Doréï (Dori), les riantes îles de Manasouari et Masmapi, la côte entière fuyant vers le sud jusqu'aux limites de l'horizon, et, par-dessus tout cela, la chaîne imposante des monts Arfakis, formaient un tableau vraiment admirable. C'était la nature sauvage dans tout son luxe, dans toute sa sévérité; sous les feux de la ligne, le voyageur contemple avec étonnement cette puissance de végétation, cette surabondance de sucs qui couvre d'arbres, de fougères et de plantes parasites, les terrains en apparence les plus arides et les plus rocailleux. Nulle part au monde je n'ai observé des végétaux d'une hauteur aussi démesurée. Les dimensions ordinaires des arbres de ces forêts surpassent tout ce que j'ai jamais vu en ce genre.

Aujourd'hui les deux grands hangars sont abandonnés et en ruine. Les Arfakis se sont logés dans cinq ou six édifices plus petits, construits dans le même genre, mais moins élevés, et situés à deux ou trois cents pas plus loin. Ils sont entourés de belles plantations de taros, de courges, de maïs, de lalavanzas, bananiers, etc.

« Bientôt nous nous sommes retrouvés au milieu de vastes et sombres forêts; alors mes guides m'ont assuré que là vivaient les oiseaux que je cherchais. Soit à cause de la pluie qui était tombée dans la nuit, soit par tout autre motif, je ne vis aucun de ces brillants volatiles; je n'entendis pas même leur cri si perçant et si remarquable parmi les autres cris d'oiseaux. Ces forêts, peu garnies de sous-bois, sont faciles à traverser, et présentent même une promenade agréable sous leurs immenses et impénétrables dômes de verdure, au moment le plus brûlant de la journée.

« Après avoir franchi, pendant deux heures de marche, plusieurs ravins et quelques fourrés très-épais, nous descendîmes vers le rivage, près de l'entrée du canal de Doréï, entre le cap Wakalo et la pointe Ambla.

« En approchant des villages de Doréï et Kouao, les femmes témoignèrent encore quelque timidité; mais les hommes et les enfants sont tout à fait familiarisés avec nous. Après avoir conversé quelque temps avec eux, à l'ombre d'un bel artocarpus, je rentrai à bord. La pièce la plus curieuse de ma chasse était un beau maïnate, oiseau que j'avais vu trois ans avant à Sourabaya, chez le colonel français Bonelle, et qui est susceptible d'un certain degré d'éducation. »

Voici comment d'Urville raconte son excursion près de Dori.

« Les bords de la plage étant partout garnis d'une lisière de fourrés épais, où nos vêtements seraient tous restés par lambeaux, nous pénétrâmes dans les bois par le lit même du torrent. Pendant deux ou trois cents pas, il faut marcher avec de l'eau jusqu'à la ceinture; mais, au delà, à peine la cheville est-elle mouillée dans les temps de sécheresse. La lisière maritime une fois franchie, la forêt se dégage. On peut y entrer et la parcourir dans tous les sens. Elle est composée alors de végétaux immenses, qui forment souvent deux étages de verdure.

« La journée qui suivit cette incursion, dit le narrateur du Voyage pittoresque autour du monde, fut employée à visiter les villages papous, situés sur la grève. On en voyait deux sur la rive nord du havre, nommés Doréï et Kouao, et un troisième sur la petite île de Manasouari. Tous ont la même forme. Ce sont des hangars d'une grande longueur, fabriqués avec des ais et des perches grossièrement taillés, se soutenant sur des pieux à huit ou dix pieds au-dessus du niveau de la mer; tous sont ainsi construits sur pilotis, aucun n'est en terre ferme; de longs pieux, fortement entaillés, servent d'escaliers à ces demeures, et sont retirés au dedans au milieu de la nuit comme à l'approche de l'ennemi. Cette affectation des Papous à n'avoir des demeures que sur les eaux n'a pas été bien expliquée. Les uns y ont vu une pensée religieuse, d'autres le simple désir de se tenir à l'abri d'insectes et de fourmis importunes qui ravagent le pays, d'autres enfin, un motif de sécurité contre les attaques de leurs adversaires. J'entrai dans une de ces cases. C'était un vrai château branlant, percé à jour de tous côtés; un couloir long et étroit, pratiqué dans le milieu, séparait une rangée de cellules, chacune habitée par un ménage. Ces cellules n'avaient pour tout meuble qu'une natte ou deux, un pot de terre, un vase ou deux en faïence, et des sacs de farine de sagou. Les appartements des *koranos* (chefs), qu'ils nomment aussi *capitans*, mieux montés que les autres, avaient aussi de plus quelques caisses ou corbeilles en feuilles de bananier ou de pandanus, où ils déposent leurs marchandises et leurs richesses. Dans une autre cabane qui semblait une sorte de harem ou de gynécée, je vis plusieurs femmes rassemblées dans une salle commune, et travaillant à divers ouvrages. Les unes tissaient des nattes, les autres pétrissaient de l'argile, et en fabriquaient des vases de diverses grandeurs. Une d'elles chantait, tandis que les autres semblaient prendre plaisir à cette mélodie. Au milieu de toutes ces maisons alignées le long de la plage, il en est une qui frappa le plus vivement ma curiosité. Elle se composait d'une seule pièce avec un toit triangulaire, ayant pour plancher six grosses poutres transversales, soutenues chacune sur quatre pieux solides; il en résultait une sorte de colonnade de quatre rangs, dont chacune se composait de six poteaux. Tous ces pieux étaient sculptés en figures humaines, d'un travail grossier, si l'on veut, mais fort reconnaissables. Dans ces figures toutes nues, la moitié, celles du rang extérieur, étaient du sexe masculin; les autres, du rang inférieur, étaient du sexe féminin. Elles étaient toutes surmontées d'un turban ou d'un shako formant chapiteau; de sorte que leur assemblage avec les poutres supérieures présentait un ensemble d'architecture régulière (voy. *pl.* 225). Tout ce que nous pûmes savoir de nos guides au sujet de cet édifice, c'est qu'il avait une destination religieuse. Du reste, aucune perche entaillée ne semblait y donner accès.

« Ces naturels ont une religion, dont les hommages aux restes des morts semblent faire essentiellement partie. Ils prennent le plus grand soin de l'entretien des tombeaux, et déposent sur le tertre des offrandes et des statuettes bizarres. Quelques-uns de ces tombeaux ont des formes compliquées et symétriques (*).

« Placés aux portes de la Malaisie, des Philippines et de la Chine, les Papous ont dû recevoir de ces pays quelques notions vagues de l'art asiatique et de l'industrie européenne. Déjà ces premiers rudiments se traduisent pour eux en progrès dans l'architecture, le commerce et les constructions. Leurs pirogues sont tout à fait différentes de celles des Mélanésiens; elles ressemblent beaucoup pour la forme au *koro-koro* des Moluques. L'une de ces embarcations entre autres me frappa surtout par sa forme et ses proportions. Plus perfectionnée que les barques malaises, elle offrait des analogies avec nos grands bateaux pêcheurs. Les guides nous apprirent que c'était le navire sur lequel les habitants de Doréi envoyaient tous les deux ans leurs tributs en esclaves, écailles de tortue, oiseaux et écorce de massoï,

---

(*) Ces tombeaux sont faits de roche dure de corail. Ils ont des coussinets en bois, ornés d'espèces de têtes de sphinx, et présentent une analogie extraordinaire avec ceux que l'on trouve sous la tête des momies dans les nécropoles de l'Égypte. Ils ont aussi des fêtes funèbres à la lueur des torches sur la plate-forme de leurs cabanes. Là, après avoir présenté aux conviés des fétiches disposés autour d'une table à manger, et auxquels chacun d'eux adresse une harangue, les membres de la famille du défunt témoignent leur douleur en savourant des cochons grillés, des bananes, des ignames et des taros rangés sur des plats.   G. L. D. R.

au sultan de Tidor, qu'ils reconnaissent pour leur souverain. »

Depuis la visite de d'Urville, nous ne sachons pas qu'aucun navigateur ait visité aucune partie de l'île de la Papouasie; seulement le gouvernement hollandais de Batavia a envoyé de temps à autre quelques navires à la nouvelle colonie de la baie du Triton.

ILES DES PAPOUAS.

Les îles qui portent mal à propos le nom de Papous, et que nous nommerons îles des Papouas, sont Salaouati, Véguiou, Rawak, Gamen, Battanta, Guébé, Boni, Manaouaran, les îles En, la chaîne des îles Vayag, Rouib, le groupe d'Ayou, le petit groupe Asia, et les deux îles Abdou et Konibar. On y trouve des Papouas hybrides; mais la population principale se compose de cette race noire de Papouas que nous avons déjà fait connaître. Nous allons décrire les plus importantes.

ILE SALAOUATI.

Salaouati, terre haute, peuplée, et d'environ quatre-vingts milles de circuit, est séparée de la Papouasie par un détroit peu large, sinueux et semé de petits îlots; elle fut découverte en 1764, par le capitaine Watson, et est située par 1° 8′ de latitude sud et 128° 35′ de longitude est (milieu). L'île Salaouati paraît être occupée par des tribus de Papouas, nombreux et féroces, que gouverne un rajah indépendant. Les peuplades qui l'habitent vivent de poissons, de tortues et de sagou. Naguère ces insulaires se réunissaient aux guerriers des groupes voisins pour aller opérer des descentes formidables sur les points des Moluques occupés par les comptoirs hollandais.

Nous apprenons du capitaine Forrest qu'aux mois de mars et d'avril 1770, les Papouas de la Nouvelle-Guinée et de Salaouati réunirent une flotte pour aller faire la guerre à Guilolo, Céram, Amboine et jusqu'à Xoulla-Bessi. Ils ravagèrent l'île d'Amblou, près de Bourou, et enlevèrent plusieurs des habitants.

« En 1770, ajoute Forrest, cent bateaux papous (papouas) de la Nouvelle-Guinée (Papouasie), Salaouati et Mysol, s'assemblèrent au temps de l'équinoxe du printemps, lorsque les mers sont tranquilles, et remontèrent le détroit de Patience qui sépare Batchian de Guilolo. Ils ne commirent point d'hostilités; mais la compagnie hollandaise qui les redoute, leur envoya des députés et fit aux chefs des présents d'étoffes, etc., ce qui dispersa la flotte; après avoir pêché quelques jours et chassé dans les bois, ils s'en retournèrent. Le rajah de Salaouati eut l'imprudence de rester par derrière. Il faut remarquer que, ni lui, ni aucun des rajahs, ne commirent de ravages.

« Les Hollandais, qui voulaient l'enlever, imaginèrent le stratagème que voici. Un messager lui porta un papier signé et scellé du gouverneur de Ternate, en lui disant que c'était un pardon du délit qu'il avait commis en entrant à main armée sur le territoire des Hollandais; qu'il était plus heureux que les autres chefs des Papous qui avaient regagné leurs foyers sans cette absolution. Il fut invité en même temps à venir à Ternate, où le gouverneur lui rendrait tous les honneurs dus à son rang, et où il pourrait acheter dans les magasins de la compagnie ce qui lui conviendrait; cette invitation fut accompagnée d'un sac de dollars. Le chef indien se laissa séduire : sentant que ses dollars lui seraient inutiles dans son pays, et ayant entendu parler des belles choses que les Hollandais vendaient à Ternate, il ne put résister au désir qu'il avait d'employer utilement cet argent qu'il venait d'acquérir d'une manière aussi imprévue; il suivit donc le député avec dix ou douze de ses sujets : il entra dans le fort et alla voir le gouverneur qui lui montra de la politesse et des égards.

« Le gouverneur, renvoyant alors la garde du prince indien, se crut si sûr de son prisonnier qu'il ne fit pas même fermer les portes. Quand on annonça au rajah qu'il devait se rendre, il dit tout bas à ses gens, qui étaient prêts à *mangamo* ou à courir un *mok* pour sauver leur maître, et massacrer quelques Hollandais avant de mourir, de ne pas faire le moindre mouvement pour sa défense, mais de se sauver eux-mêmes. Ils prirent effectivement la fuite, tandis que le rajah rendait son cris (poignard); et dès qu'ils furent hors du fort, ils montèrent à bord du koro-koro et s'échappèrent. Peut-être les Hollandais laissèrent-ils volontairement ces Indiens échapper. Le rajah est encore aujourd'hui prisonnier au Cap, où on le garde très-étroitement. »

Le détroit de Pitt ou Saggewein sépare Salaouati de Battanta. Battanta est une île assez élevée, de vingt-six milles de long sur six de large. Sa pointe ouest est le cap Mabo : les premiers navigateurs prenaient ce cap pour l'extrémité de la Nouvelle-Guinée. A côté est une baie où l'on peut se procurer du bois et de l'eau, mais il faut se tenir en garde contre des Papouas féroces. Position 0° 50′ lat. sud, 128° 20′ long. est (milieu).

Le détroit de Gamen ou de Dampier fut reconnu par Dampier en 1700; il renferme plusieurs îles, et sépare Battanta de l'île Véguiou. C'est par ce passage que se dirigent les navires qui veulent se rendre en Chine à contremousson; les courants le rendent fort dangereux. Je l'ai franchi moi-même sur le *Dunira*, et nous avons failli nous briser sur un rocher presque à fleur d'eau, en compagnie du *Melville*, qui nous donna un fort beau dîner, quelques jours après, à côté d'une des îles Carolines, au milieu de la mer du Sud, en réjouissance du danger auquel nous avions échappé.

ILE VÉGUIOU.

L'île Véguiou, plus considérable et mieux connue que les précédentes, paraît avoir été découverte par les premiers navigateurs européens qui s'établirent sur les Moluques. Dampier fut le premier toutefois qui, en 1700, constata qu'elle était séparée de la Nouvelle-Guinée; Bougainville, en 1768, en prolongea la côte méridionale;

Forrest en 1774, d'Entrecasteaux en 1793, Freycinet en 1818, Duperrey en 1823 et 1825, enfin, d'Urville, en 1827, continuèrent cette reconnaissance et recueillirent divers documents sur cette île. Forrest visita les havres de Fofahak, Rawak et Piapis, tous offrant de bons mouillages et où il se procura du poisson, du sagou et plusieurs tortues. L'île entière, au dire des naturels, contenait 100,000 habitants, distribués sous différents chefs, dont le plus puissant prenait le titre de rajah de Véguiou et résidait sur une île de la partie méridionale.

Les compagnons de d'Entrecasteaux mouillèrent à leur tour dans la baie de Boni, où ils passèrent douze jours. Leurs relations avec les Papouas furent très-amicales : chaque jour on apportait le long du bord du poisson, des poules, des tortues, des cochons, des légumes et des fruits de toute sorte. Sur la fin de 1818, M. de Freycinet séjourna aussi pendant trois semaines dans le petit havre de Rawack, où les Papouas de Boni et de Kabareï venaient trafiquer avec les Français. Ces naturels se montrèrent aussi timides qu'on les avait dépeints entreprenants et belliqueux. Le Papoua Srouane, chef de l'île Boni, gagné par des présents, devint l'ami et le commensal du capitaine. Les officiers, les naturalistes parcoururent librement la contrée, et M. Quoy put saisir un tableau assez complet de la physionomie du pays.

« Dès que le jour parut, dit-il, nous partîmes pour Boni, où, la veille, nous avions aperçu un assez grand nombre de maisons. Arrivés vis-à-vis de l'anse où elles sont placées, nous reconnûmes qu'une ceinture de brisants nous en défendait l'approche. Il fut donc résolu que nous nous dirigerions vers la côte S. de l'île, où la mer, plus tranquille, nous permettrait un accès moins périlleux; mais là, des arbres qui couvraient les rochers en s'avançant jusque dans l'eau, bordaient la côte d'un rempart presque impénétrable. Une très-petite anse nous parut être le seul point où l'on pût débarquer. Du reste, nous admirions partout la vigueur et l'éclat de cette végétation; tantôt des perroquets parés des plus vives couleurs l'animaient et l'ornaient à la fois; tantôt des kakatouas d'une blancheur éblouissante se dessinaient au loin sur le vert foncé du feuillage; nous en vîmes quelques-uns entièrement noirs, ce qui est assez rare dans cette espèce d'oiseaux causeurs. »

M. Quoy et ses compagnons continuaient à côtoyer l'île Boni, quand l'embouchure d'une petite rivière par laquelle la mer pénètre dans l'intérieur des terres, leur fit naître l'idée d'y entrer. Ils n'y parvinrent qu'en se glissant avec peine sous les branches des mangliers dont les racines entravaient à chaque minute la marche du canot, et finirent par lui barrer tout à fait le passage. Le chef de l'île vint à leur aide; il les conduisit à terre; mais ils trouvèrent les vingt cases ou maisons qui composent le village de Boni, entièrement abandonnées : les naturels, à leur approche, s'étaient réfugiés dans les bois. Ces maisons étaient construites sur pilotis, au bord de la mer.

« Dans l'impossibilité de communiquer avec les indigènes de cette île, nous partîmes pour le fond du havre, dans l'intention de visiter la rivière qui servit autrefois d'aiguade à l'amiral d'Entrecasteaux, et où nous fîmes de l'eau à notre tour (voy. pl. 239). Elle est étroite, sinueuse, ses bords sont couverts d'arbres d'une hauteur immense, formant un paysage et des ombrages charmants. Le soleil sur son déclin laissait régner autour de nous une douce fraîcheur. Tout à coup, trois oiseaux de paradis vinrent animer ce superbe tableau. L'un d'eux traversa la rivière en formant des ondulations avec sa queue magnifique; arrivé au milieu du trajet, il s'éleva perpendiculairement, sans doute pour saisir quelque proie; ce qui nous procura longtemps le plaisir de le considérer.

« Nous rencontrâmes le courant pendant l'espace de près d'un mille : mais là, notre canot, tirant trop d'eau, fut arrêté par un amas considérable de galets, de schistes, de pétrosilex, etc.

« Ne voyant aucun asile convenable, nous revînmes à notre gîte de la veille; il s'y trouvait encore du feu : chose agréable même sous l'équateur, car les nuits y sont fraîches et excessivement humides. »

Pendant le séjour de M. Freycinet à Rawak, le kimalaha, ou chef maritime de Guébé, vint lui rendre visite dans son koro-koro armé (voy. pl. 236). A l'arrivée des Guébéens, tous les Papouas qui entouraient l'*Uranie* disparurent sur-le-champ. Il était facile de voir que ces étrangers (voy. pl. 237), et surtout un de leurs guerriers (voy. pl. 235), leur causaient une grande terreur, et l'on en conclut que le kimalaha et ses gens traitaient en despotes les pauvres habitants de Véguiou.

A son tour, en 1823, M. Duperrey visita ces terres, et mouilla à Fofahak. Comme son devancier, il n'eut avec les naturels que des relations pacifiques et douces. Cependant les habitants de la plage continuaient à dérober leurs femmes aux regards des Européens. Toujours timides et défiants, ils n'en étaient pas moins des négociants fort habiles (*). La relation du capitaine Duperrey n'étant pas encore publiée, nos lecteurs aimeront à retrouver ici un morceau inédit de M. d'Urville.

« Depuis deux jours, les naturels n'avaient point encore paru le long du bord; dans mes courses précédentes nous n'avions pu approcher d'eux. Pourtant je désirais observer cette race d'hommes, touchant laquelle les dépositions des voyageurs avaient été si différentes; les uns les dépeignant comme des sauvages féroces et sanguinaires, qui ne cherchaient que l'occasion de surprendre les étrangers pour les égorger et leur couper la tête; d'autres n'ayant trouvé en eux que des hommes doux, paisibles et timides : en outre, je voulais constater ce qu'il y avait d'exact dans le fait mentionné par Forrest, qu'un isthme étroit séparait le port de Fofahak d'une grande baie méridionale.

(*) Voyage pittoresque.

« A six heures du matin, je m'embarquai avec MM. Lesson et Rolland dans le grand canot armé de sept hommes. Nous passâmes devant la haute péninsule que couronne un morne élevé dont la forme affecte celle d'un bonnet phrygien, et devant la petite île des Tombeaux, qui se réunit à la péninsule par un récif couvert seulement de quelques pieds d'eau à marée basse. Sur le bord de l'île se trouvaient une dizaine de naturels postés près de leurs pirogues, qui nous regardaient venir avec inquiétude, et semblaient tous prêts à s'enfuir dans leurs pirogues. La connaissance que j'avais déjà acquise du caractère des sauvages m'avait indiqué que, pour entrer en communication avec eux, rien n'est plus maladroit que de marcher directement vers eux, quand ils ont peur de vous, mais qu'il faut au contraire faire semblant de ne pas les voir, ou de ne point se soucier d'eux; et peu à peu leur défiance diminue. On sait du reste que c'est la même marche qu'il faut suivre en général pour approcher de tout ce qui est animal sauvage.

« Ainsi je recommandai à mes compagnons de ne pas faire semblant de les regarder, et nous poursuivîmes notre route. Nous ralliâmes la côte méridionale du havre, qui est fort roide, et n'offre pas un seul point où l'on puisse débarquer; elle est en outre couverte d'arbres d'une hauteur médiocre, parmi lesquels les casuarinas sont les plus nombreux.

« Vers sept heures et demie, nous parvînmes au fond de l'anse qui termine le bras occidental du havre de Fofahak, éloigné d'une lieue de notre mouillage. En y arrivant, une triste scène s'offrit à mes regards. Le rivage n'offrait qu'un marais fangeux, couvert d'immenses mangliers du genre *bruguiera*, dont les racines traçantes, arquées et anastomosées dans tous les sens, étendaient une sorte de filet sur tout ce marécage. Rien n'est plus pénible, plus difficile que de s'avancer sur ce sol; en cheminant sur ces racines, le pied glisse à chaque instant, et l'on court le risque de se rompre le cou.

« Nous trouvâmes sur le rivage deux pirogues qui semblaient récemment tirées à terre; j'en conclus naturellement que ces lieux étaient visités par les sauvages, et que je pourrais en rencontrer de nouvelles traces sur ma route. Après avoir suivi l'espace de cent pas le lit d'un torrent, nous tombâmes sur une case, près de laquelle gisaient sur le sol deux édifices plus considérables. Le terrain sur ce point est couvert de mangliers, de palmiers, de lataniers, de pandanus et d'autres grands arbres. La plupart de ceux-ci ont leurs troncs couverts jusqu'à une énorme hauteur de pothos énormes, dont quelques-uns m'offraient leurs beaux spadix terminaux. A cette case commence un petit sentier qui nous permit de cheminer à travers ces inextricables lacis de végétaux. La route devient ensuite plus commode, le sol est plus ferme et plus sec, et je recueillis plusieurs sortes de plantes, parmi lesquelles je ne citerai que le curieux *nepenthes mirabilis* aux godets toujours remplis d'eau.

« A mesure que nous nous élevions, le sentier devenait plus rapide; le sol argileux était si glissant que nous eussions probablement échoué dans nos efforts sans des entailles pratiquées par les naturels, qui nous servaient de degrés. Toutefois il nous arrivait souvent de lâcher pied, et alors nous perdions en une seule glissade en arrière le fruit de longs efforts. Enfin nous arrivâmes au sommet de l'isthme dont j'estime la hauteur totale à cent toises environ. Là fut résolue sur-le-champ la question qui m'appelait en ces lieux. Dans la direction de la baie de Fofahak, les arbres me cachaient la vue de la mer, et je ne pouvais voir que la haute crête dentelée qui règne au delà; mais du côté opposé, c'est-à-dire, dans la direction du sud-sud-est, je vis avec joie un immense bassin qui semblait se diriger du sud-sud-est au nord nord-ouest. Je remarquai sur la surface quelques îles plus ou moins considérables. Cette découverte m'encouragea, et je voulus compléter ma reconnaissance.

« En redescendant, la pente est encore plus rapide que sur le revers opposé. Les naturels ont placé de grosses branches d'arbres en travers, en guise d'échelons, pour appuyer les pieds. Ces diverses précautions m'annonçaient une communication assez régulière entre les deux baies. En outre nous distinguions parfaitement dans la boue l'empreinte récente des orteils des naturels. En moins d'une demi-heure, nous parvînmes au bord d'une petite rivière. Tout alentour, le sol était couvert de tas de coquillages. Je dois même faire remarquer en passant, que dans toute l'étendue de ce chemin que nous venions de découvrir, c'est-à-dire, durant une lieue environ, à toutes ces hauteurs le sol était jonché de coquilles de diverses espèces, surtout d'arches, apportées par les sauvages. Il faut que ces gens marchent toujours avec des provisions de coquilles, et qu'ils les mangent tout le long de la route, pour qu'elle en soit pavée de cette manière. Je songeai en moi-même que Voltaire aurait sans doute triomphé s'il avait pu citer ce fait à l'appui de son système touchant la présence des coquilles sur le faîte des montagnes.

« Le sol était couvert de mangliers aux racines entrelacées, baignées par les eaux de la mer à marée haute. D'abord je tentai de cheminer dans le lit de la rivière; mais bientôt j'en eus jusqu'au cou, et force me fut de renoncer à ce moyen. Je voulus ensuite cheminer sur les racines de mangliers, mais deux ou trois chutes assez désagréables me dégoûtèrent encore de cette entreprise.

« Je me dirigeai alors sur l'anse reconnue la veille par nos officiers, au sud de l'île des Tombeaux. Un massif de douze ou quinze cocotiers entourant une petite case sur pilotis nous promettait le suc rafraîchissant de leurs fruits et le moyen de nous promener un peu à leur ombre, car, partout où se trouvent ces arbres, le sol est ordinairement praticable. J'eus bientôt reconnu que ce n'était guère qu'une grande cage en bambous, recouverte de feuilles de latanier, et soutenue sur quatre piliers à quatre ou cinq pieds au-dessus du niveau de l'eau, comme toutes les habitations des Papous (lisez Papouas). Dans l'intérieur, on ne trouvait que cinq foyers carrés, à chaque angle une petite plate-forme, une petite corbeille et quelques tripangs desséchés.

« Nous n'eûmes ensuite rien de plus pressé que d'aller voir si les couteaux laissés la veille par M. Bérard, en place des cocos qu'il avait fait cueillir, avaient été enlevés par les sauvages. Avant d'accoster à terre, j'avais entrevu à travers les mangliers un jeune sauvage qui semblait vouloir se cacher pour épier nos mouvements. J'avais fait semblant de ne pas l'apercevoir, et j'avais défendu aux marins d'aller de ce côté. A quelques pas de la maison, je vis étendus sur le sable douze à quinze cocos tout frais, attachés deux à deux, et avec deux des couteaux laissés la veille fichés dessus. Cette galanterie de la part de notre jeune invisible me parut tout à fait d'un bon goût; elle annonçait des dispositions amicales. Nous en profitâmes; nous ouvrîmes ces cocos, dont nous bûmes avec délices le suc. Satisfait sans doute de voir son hospitalité accueillie, le jeune Papou s'avança alors vers nous, seul et sans armes : d'un air confiant, il vint nous donner la main en disant *bagous* (bon), et nous indiquant par signes que c'était lui qui avait placé là les cocos à notre intention.

« Comme c'était le premier qui se hasardait à nous approcher, je lui fis beaucoup d'amitiés et lui offris des pendants d'oreilles et un beau collier. Cette libéralité, sans doute fort inattendue pour lui, parut avoir tout à fait gagné son cœur, et il nous fit entendre que tous les cocos étaient à notre service. Je permis alors aux matelots d'aller en cueillir, en leur recommandant de ne point les gaspiller et de bien traiter les insulaires, s'il en venait d'autres. J'errai pendant une heure ou deux dans la forêt, et je fis une bonne récolte de beaux lépidoptères, surtout de ces superbes papillons, *urania orontes*, qui se posent sous les feuilles du manglier, à la manière de nos phalènes lichenées, et voltigent comme par sauts et par bonds. Cette magnifique espèce abonde en ces lieux marécageux.

« Je rejoignis enfin le canot ; ce fut avec joie que j'y trouvai dix à douze Papous, jouant et mangeant avec nos canotiers comme s'ils étaient d'anciennes connaissances et faisant du feu (voy. pl. 238). Ces hommes sont, en général, d'une petite stature, d'une complexion grêle et débile, sujets à la lèpre ; leurs traits ne sont pourtant point disgracieux, leur organe est doux, leur maintien grave et poli, et même empreint d'une certaine mélancolie habituelle, bien caractérisée.

« A quatre heures, nous quittâmes cette station pour regagner le bord. En passant devant l'île des Tombeaux, je rangeai la plage de très-près. Cette fois, l'un des naturels, s'avançant dans l'eau avec un gros pigeon dans les mains, me fit signe d'approcher ; nous fûmes bientôt au milieu d'eux et nous examinâmes avec curiosité leur campement. Sur un grand foyer rôtissait un énorme morceau de chair de tortue ; un petit abri en planches de palmier avait été construit pour ceux qui semblaient être les chefs de la bande, et ceux-ci étaient étendus nonchalamment sur des nattes, la tête appuyée sur un petit coussin en bois sculpté. »

« L'île de Véguiou a plus de quatre-vingts lieues de circonférence, et, selon quelques habitants, elle renferme dans l'intérieur une nombreuse population, dont la majeure partie est rassemblée dans une grande ville.

« La population de Véguiou est peu dissemblable de celle de Doréï, et ce qu'on a dit de la première peut se rapporter à la seconde ; seulement il faut ajouter que les officiers de la *Coquille* trouvèrent, dans un village situé à l'est de la baie, une pagode ou chapelle (voy. pl. 240) ornée de plusieurs effigies bizarres, barbouillées de diverses couleurs, ornées de plumes et de nattes disposées d'une manière symétrique. Cette chapelle devait être un temple ; ces figures en bois des images de divinités. On ne put, du reste, rien savoir de plus sur les croyances religieuses de ces peuples. »

Au nord de Véguiou sont disséminées plusieurs petites îles : Boni, Rawak, Manaouaran, les îles En et la chaîne des îles Vayag, qui occupe une étendue de onze milles de l'est-sud-est à l'ouest-nord-ouest, toutes rocailleuses, boisées et inhabitées. Il faut citer à part Rouib, qui a plus de douze milles de circuit et que domine un cône majestueux qu'on aperçoit à quinze ou vingt lieues de distance, ce qui en fait une reconnaissance précieuse pour ces parages. Elle gît par 0° 2' de latitude sud et 127° 45' de longitude est (sommet). Au nord de Véguiou et à vingt milles du côté de sa partie orientale, se présente le groupe *Aïou*, petites îles environnées d'un récif de cinquante milles de circuit. Forrest est le découvreur de ce groupe. Il découvrit plusieurs de ces îles en 1775, et, suivant lui, elles sont occupées par des Papous qui vivent de poissons et de tortues. Ces naturels font de temps à autre des incursions sur Véguiou pour se procurer le sagou nécessaire à la fabrication de leur pain ; ils emmènent leurs femmes et toute leur famille, et font en outre un petit commerce d'écailles de tortue et de nids d'oiseaux avec les Chinois de Ternate et d'Amboine. Aïou-Baba, la plus importante et la plus méridionale du groupe, a cinq milles de circuit et cinq cents pieds d'élévation. Forrest distingue trois principaux chefs sous les titres de *mondo*, *sinagui* et *kimalaha*. Le mondo avait plusieurs femmes dont deux étaient des Malaises enlevées à Amblou, près d'Amboine. Forrest ayant témoigné au mondo sa surprise de ce qu'il osait acheter des sujets hollandais, le chef sauvage répondit que dans ces îles on ne s'inquiétait guère des Hollandais, parce qu'ils étaient bien loin ; que d'ailleurs les naturels avaient mille moyens d'éluder leurs vengeances, e que, par exemple, lorsque les Hollandais demandaient la tête d'un chef papou, au lieu d'envoyer cette tête on expédiait celle d'un esclave qu'or décapitait (*).

(*) Voyage pittoresque.

A son tour, en 1828, M. d'Urville fit la géographie du groupe d'Aïou. Ce savant navigateur reconnut que ses limites sont en latit. 0° 19' et 0° 41' nord ; en longitude 128° 21' et 128° 45' est.

A seize milles au nord-nord-est des îles Aïou, on aperçoit le petit groupe Asia, découvert en 1805 par le navire de guerre de ce nom. Il fut revu en 1823 par le capitaine Mackenzie, et reconnu en 1828 par d'Urville. Ce sont trois petites îles basses et boisées. Leurs limites sont en latitude nord 0° 58', et en longit. est 128° 48'. Il paraît qu'elles n'ont pas d'habitants.

Les deux îles *Abdou* et *Konibar* ont chacune environ trois milles de tour et deux cents pieds environ de hauteur. Il paraît qu'il y a à Konibar des plantations d'ignames, patates, cannes à sucre, et autres productions intertropicales.

Pendant le séjour que M. de Freycinet fit en 1818, à Rawak (voy. *pl.* 232), dans cette jolie petite île dont les maisons sont bâties sur pilotis (voy. *pl.* 233), et dont les habitants sont bien faits (voy. *pl.* 233), il reçut la visite du chef d'Aïou-Baba.

« Les Papous (Papouas) avec lesquels nous avions communiqué, dit M. de Freycinet, nous avaient paru intelligents et spirituels ; mais aucun n'égalait, sous le double rapport, Moro, l'un des chefs des îles Aïou, qui vint à notre observatoire. Il parlait le malais avec facilité, nous adressait mille questions, et voulait une explication de tout ce qu'il voyait parmi nous d'extraordinaire. Il me demanda avec instance un thermomètre. Je ne sais s'il en comprit l'usage, mais il parla pendant longtemps à ses compagnons, et l'on eût dit qu'il leur en expliquait l'utilité.

« Moro était nu, ne portant qu'un simple *langouti*, en écorce de figuier ; il était trapu, et avait une immense chevelure ; comme tous ses compatriotes, d'un caractère vif et gai, nous flattant avec beaucoup d'adresse lorsqu'il voulait obtenir une chose ; il me fit entendre que, pour rester en ma société, il lui fallait un costume plus décent que le sien. En conséquence, il obtint insensiblement un pantalon, puis une chemise, puis un mouchoir pour décorer sa tête, etc. Fier de son nouveau costume, il partit pour la baie de Kabarei, sans doute pour y étaler sa *braverie*.

« Le lendemain il revint avec deux tortues qu'il me vendit. Dès lors, il s'établit notre commensal habituel, à ce point qu'il couchait même à bord. Il étudiait et imitait nos manières avec une aisance et une facilité qui nous surprirent. Il est vrai qu'à travers cette sociabilité improvisée, il perçait, de temps à autre, quelques traits de simplicité native ; mais, sur notre remarque, il était le premier à en rire, et de bon cœur. Une fois, il imagina de renverser tout d'un coup la poivrière dans le creux de sa main et d'en avaler d'un seul coup tout le poivre. Je crus qu'il allait étouffer ; mais, bien loin de là, il ne fit que se récrier sur l'excellence d'un tel régal : *bagous, bagous !* (bon, bon !) répétait-il. Il regardait avec tant de satisfaction tout ce qui était sur la table, que, pour le contenter, je consentis à lui laisser prendre le verre, la bouteille, l'assiette, etc., dont il s'était servi. Sa joie fut au comble quand je lui eus donné un petit panier pour emballer toutes ces richesses. Il me témoigna sa reconnaissance par le don de plusieurs perles et du plus bel oiseau de paradis que j'aie apporté de ces contrées. Il ne s'en tint pas là, il nous rendit de signalés services. Comme nous étions entourés continuellement d'une multitude de pirogues, il s'établit notre officier de police, et notre courtier général. Il faisait nos marchés avec ses compatriotes : c'était toujours à notre bénéfice ; il est vrai qu'il y trouvait aussi son compte. Si, par exemple, nous consentions à donner neuf couteaux pour une certaine quantité de denrées, il me disait que c'était assez de cinq, mais n'en livrait que quatre au vendeur, ce qui paraissait le satisfaire, et gardait le cinquième pour lui. Il s'attachait à me démontrer que cette manière d'agir n'était pas désavantageuse ;

j'en convins volontiers, en riant de son industrie. »

De tous les lieux que parcourut l'expédition de M. de Freycinet, aucun ne lui offrit une végétation plus vigoureuse et plus belle que les îles des Papouas. Partout(*), dit-il, depuis la sommité des montagnes jusqu'au bord de la mer, dans laquelle des arbres entiers inclinent leurs rameaux, elle nous rappelait la majesté et la richesse de ces forêts profondes que nous avions admirées dans le nouveau monde. Sur beaucoup de points, la plage est ainsi envahie par le règne végétal. Bien plus, nos canots voguaient souvent au travers de forêts marines, dont les grands végétaux croissent au sein des eaux salées.

Ailleurs, malgré les plus grands efforts, on ne peut pénétrer dans ces sombres retraites. Arrêté à chaque pas par des lianes tortueuses, embarrassé dans les débris des arbres que le temps a détruits, accablé par la chaleur, on ne tarde pas à préférer des routes plus faciles et plus sûres; mais on ne peut oublier l'impression profonde que font éprouver le calme et la majesté de cette belle nature.

Les oiseaux qui habitent ce séjour semblent, par leurs proportions, participer de sa grandeur. On n'y voit presque point de ces espèces naines au brillant plumage; comme perdues dans ces vastes forêts, qui d'ailleurs manquent de graminées et de petits insectes, elles ne sauraient y vivre, et recherchent de préférence les endroits plus découverts et mieux accommodés à leur existence. En revanche, c'est le refuge des kalaos, des grosses colombes muscadivores, des pigeons couronnés plus grands encore, des perroquets verts, de l'ara noir microglosse, des cassicans, de la nombreuse famille des loris, des gros martins-chasseurs et de quelques oiseaux de proie.

Les défiants kalaos occupent presque toujours la cime des arbres élevés, des muscadiers surtout, dont ils recherchent les fruits qu'ils avalent tout entiers, et qui donnent à leur chair un excellent goût. Quoique leurs ailes soient peu développées, on les entend voler de loin, ainsi que l'a remarqué Dampier; ce qui tient à ce que leurs longues pennes, écartées à l'extrémité, font vibrer l'air avec force. Cet oiseau est un exemple de ce que peuvent les localités sur les mœurs des animaux. Ici, environné de fruits, il en fait sa nourriture, tandis que s'il était né dans les déserts de l'Afrique, il se repaîtrait de la chair des cadavres comme font les kalaos d'Abyssinie.

Les tourterelles muscadivores et à tubercule font entendre de sourds roucoulements, effrayants pour celui qui n'en devinerait pas d'abord la cause, en même temps que des troupes légères de loris rouges et tricolors passent avec rapidité, en poussant des cris perçants. Il nous était facile de nous procurer ces derniers qui revenaient sans cesse à un arbre dont ils mangeaient les fleurs. Nous avons remarqué une singulière particularité de ces animaux, c'est que leurs couleurs sont infiniment plus éclatantes après la mort que lorsqu'ils sont vivants.

L'existence de ces brillants oiseaux, que les naturels façonnent à la domesticité, semble exclusivement liée à leur terre natale; car ils mouraient, malgré tous nos soins, dès que nous avions perdu les côtes de vue.

Il existe une petite espèce de kakatoua noir, semblable au blanc pour la forme et le cri, et tellement défiant que nous ne pûmes nous le procurer.

Sur la petite île de Rawack seulement on rencontre beaucoup de cassicans Sonnerat, oiseau vif, agile, rusé, susceptible de vivre familièrement avec l'homme, possédant une variété de chant qu'il serait difficile de rendre; tantôt criant très-fort, surtout le matin, d'autres fois sifflant d'un ton très-grave et par coups, ou bien avec rapidité, et imitant avec une rare facilité le chant des autres oiseaux.

Les cassicans fréquentent habituellement les sommités des cocotiers pour y trouver des insectes; mais nous n'a-

(*) Le reste de ce chapitre est emprunté au savant M. de Freycinet.

vons point remarqué qu'ils poursuivissent les petits oiseaux comme on le pense généralement.

Une belle espèce de martin-pêcheur, que nous avons dédiée à notre collègue M. Gaudichaud, chargé de la partie botanique du voyage, se trouve aussi sur cette île : nous ne l'avons rencontré que là. On doit à M. Levaillant la division naturelle de ces oiseaux en chasseurs et pêcheurs. Cette distinction, fondée sur des caractères peu saillants, tirée de la forme du bec, est bien mieux établie d'après leurs mœurs. En effet, les martins-chasseurs, qui sont tous en général très-gros, habitent le milieu des bois, dans les lieux humides, où ils fouillent pour trouver des insectes et des vers; aussi ont-ils presque toujours le bec terreux ; c'est du moins ce que nous avons vu sur ceux que nous avons tués à Rawack, aux Mariannes et à la Nouvelle-Hollande, où on les trouve fort avant dans les terres, loin des ruisseaux. Si quelquefois ils fréquentent les bords de la mer, c'est pour s'emparer des petits pagures qu'ils enlèvent avec la coquille.

Dans les marécages de l'île de Boni, nous vîmes un gallinacé qui nous a présenté des caractères suffisants pour en former un genre nouveau, et que la longueur de ses pieds nous a fait nommer *mégapode*. Il n'est qu'à demi sauvage, vole à peine et en effleurant la terre. Le pigeon couronné vit en domesticité à Vaigiou; les insulaires lui donnent le nom de *mambrouc*. Nous avons trouvé, dans des cabanes abandonnées, des ceintures et des émouchoirs faits de plumes de casoars, qui semblent indiquer que ces oiseaux habitent aussi cette île.

Les oiseaux de paradis ne sont point rares; mais il est difficile de se les procurer. Ils volent par ondulations, à la manière des promérops à longue queue du cap de Bonne-Espérance. Alors leurs belles plumes sont réunies en un seul faisceau.

Les phalangers que les naturels nous apportaient pour être mangés, les seuls mammifères que nous ayons pu nous procurer, semblent remplacer ici les paresseux de l'Amérique. Stupides comme eux, ils passent une partie de leur vie dans l'obscurité ; et, lorsque trop de lumière les fatigue, ils s'y soustraient en se blottissant la tête entre les jambes. Ils ne sortent de cette position que pour manger, ce qu'ils font avec beaucoup d'avidité. Dans les bois ils se nourrissent de fruits aromatiques, comme nous l'avons vérifié, et à défaut, les nôtres dévoraient de la chair crue. Leur peau est tellement fine et tendre, qu'en se battant ils s'en arrachaient des lambeaux. La même chose arrivait lorsque, se fixant à l'aide de leurs griffes aiguës, on voulait les enlever de force par leur fourrure. Ordinairement deux de ces animaux, habitués dans une même cage, vivaient en bonne intelligence : en ajoutait-on un troisième, ils se battaient à outrance, en grognant et poussant des cris perçants.

Que de beaux oiseaux, que de mammifères encore inconnus, habitent ces admirables contrées, et où l'on pourrait se les procurer en y séjournant beaucoup plus longtemps qu'il n'est permis de le faire à des navigateurs dont la mission se borne à explorer une partie des côtes !

OPINION D'UN RAJAH SUR LES HABITANTS DE QUELQUES ILES DES PAPOUAS.

Selon le rajah Abdoul, les Papouas, dont les Malais de Caïeli redoutent le plus les incursions, viennent des îles Salaouati, Battanta et Gamen ; ce sont des hommes féroces et anthropophages. Les naturels de Guébé sont, selon ce rajah, également Papouas et anthropophages ; tandis que les habitants de Céram et de Guilolo sont des Alfouras, hommes pacifiques et point cannibales, mais qui se contentent de couper les têtes de leurs ennemis pour les conserver comme trophées de leurs victoires.

GROUPE DES ILES ARROU.

Ce groupe, dont je n'ai pu trouver aucune description, auquel Malte-Brun, Balbi et d'Urville n'ont consacré que six lignes, et dont on n'a nommé jusqu'à ce jour que quatre ou cinq îles, en altérant leurs noms, en possède, à ma connaissance, trente, dont trois sont assez importantes. Voici leurs noms véritables : Kobror, Maïkor, Tranna, Workar dont le port est Longar, Waria, Kola, Wassir, Wadjar, Wokan qui a un port nommé Fanabol, Kalfani, Waham ou Wamma dont le port est Dobo, Toba, Noba, Jeddin, Wanna, Marim, Doer, Karvar, Wateli, Jobdi, Kri, Boutogodjang, l'île Babi au nord de Maïkor, et une autre île Babi au nord-ouest de l'île Workar, et cinq ou six dont j'ai oublié les noms. Elles sont situées entre les 5° et 7° de lat. sud, et les 132 et 133° de longit. est. Je les ai placées dans la Mélanésie, parce que leurs habitants ne sont pas Malais comme leurs voisins des trois îles Key et qu'à mon avis, ils se rapprochent des Papouas.

Ces belles îles sont environnées d'un récif qui entoure le nord, le sud et toute la partie orientale du groupe. Elles sont fertiles et bien peuplées. Une entre autres, située au centre du groupe, surpasse en beauté tout ce que l'imagination des poëtes orientaux a jamais conçu. C'est d'ici que le grand oiseau de paradis s'élance comme un ballon, et se sert des plumes placées au-dessous de ses ailes comme d'un parachute. Les naturels l'appellent l'oiseau du soleil; il y est indigène, ainsi que le lori, dont les teintes rouges, si variées et si brillantes, surpassent celles de la plus belle tulipe, et le papoua, dont le plumage d'azur est plus éclatant que l'azur des cieux. Ici on trouve le *maïnat-maïnou* au plumage d'un bleu foncé métallique, dont la crête, le bec et les pattes resplendissent d'or, et qui est marqué d'une grande tache blanche au milieu de ses rémiges; le paon, enorgueilli de sa parure, et de petits oiseaux écarlate d'une admirable beauté, qui se nourrissent d'épices, qui exhalent de tous côtés leurs parfums aromatiques. Cette île centrale a une anse assez commode; mais les indigènes, un peu farouches, ne permettent guère aux Européens d'y débarquer. Je conseillerais aux voyageurs de ne s'y rendre que sur un koro-koro, avec un équipage bougui et vêtu comme ce brave peuple.

Les îles Arrou sont gouvernées par des chefs indépendants. Les Hollandais avaient eu autrefois quelques établissements à Wamma, Maïkor et Wadjir. En 1824, M. le baron van der Kapellen, alors gouverneur général de l'Océanie hollandaise, y envoya deux bâtiments pour rétablir les anciens établissements et les relations commerciales avec les indigènes; mais il y éprouva plus de difficultés qu'avec les chefs des îles Key qui sont vassaux des Hollandais.

Les indigènes de ces îles trafiquent avec la côte occidentale de la Papouasie. Le groupe d'Arrou peut devenir une station importante de pêcheries de cachalots; car ce cétacé, nommé improprement baleine à spermaceti, abonde dans la mer qui baigne les côtes de ses trente îles. Quelques baleiniers commencent à fréquenter ces parages.

DÉTROIT DANGEREUX DE TORRÈS.

Outre le passage par le détroit de Dampier et ceux qui existent au nord et au sud de l'île Maïndanao, et celui de Saint-Bernardin entre l'île Louçon et l'île Samar, il en existe un autre par lequel les navigateurs malais auraient pu pénétrer dans la mer du Sud; c'est le détroit de Torrès, qui sépare l'Australie de la Papouasie. Nous n'avons pas traversé ce détroit, et nous manquons même de guide pour en parler. Mais comme on n'a pas encore trouvé de mots malais dans le peu de mots connus des idiomes de la Nouvelle-Bretagne, des îles Salomon et de la Nouvelle-Calédonie, il paraît certain que les Malais n'ont pas habituellement traversé le canal de Torrès, où d'ailleurs les courants de l'est à l'ouest paraissent dominer pendant toute l'année.

Entre la grande île de la Papouasie ou Nouvelle-Guinée et le continent de l'Australie ou Nouvelle-Hollande, est situé ce terrible passage que la plupart des navigateurs n'ont osé franchir. L'opinion la plus générale est que Louis Paz de Torrès opéra son retour de la mer du Sud dans la Malaisie par ce détroit qui porte son nom. Il a environ trente-quatre lieues de largeur. Une multitude d'îlots et de récifs en rendent la navigation extrêmement difficile et dangereuse. Les plus grands de ces îlots n'ont que trois ou quatre milles d'étendue, et sont peu élevés. Ils sont peuplés de noirs andamènes, farouches, perfides et barbares, qui y seront venus, selon notre opinion, de l'intérieur de la Papouasie; et qui, en passant d'un à l'autre de ces petits îlots, auront été s'établir dans l'Australie. Ces hommes cruels, armés d'arcs et de flèches, ont assailli à diverses reprises des navires marchands. Plusieurs marins des équipages du *Chesterfield* et du *Hormuzier* qui mouillèrent, en 1793, entre les îles Warmwax et Mera ou Murray, ayant pris terre, tombèrent sous leurs coups.

ILES DU DÉTROIT DE TORRÈS.

Les îles principales du détroit sont les îles Mera ou Murray, Warmwax, Bristow, Dalrymple, Rennell, Retour, Cornwallis, Talbot et Délivrance. Les Anglais ont fait un groupe de quelques-unes de ces îles sous le nom éternel de Prince de Galles, nom qui, comme tant d'autres trop souvent répétés, ne sert qu'à jeter de la confusion dans la géographie. Nous allons donner quelques détails sur l'île Mera ou Murray, la plus grande des îles du groupe Murray, et vraisemblablement de toutes celles qui sont semées à travers les récifs de ce détroit, dont le passage est plus redoutable que celui du cap Horn et du cap de Bonne-Espérance. L'île Murray fut découverte en 1790 par le capitaine Edwards, qui reconnut encore trois îles parmi les neuf qui composent ce groupe.

ILE MURRAY OU PLUTOT MERA.

Nous ne possédons sur cette île, située dans le dangereux détroit de Torrès, qu'un seul document tout récent. Nous l'extrairons du journal d'un officier anglais qui fit voile, le 4 juin 1833, de Port-Jackson pour ce passage si peu fréquenté. Le vent se fit d'abord peu sentir, et ce ne fut que sous le quatorzième degré de latitude méridionale qu'il rencontra la mousson sud-est.

A l'extrémité orientale du détroit de Torrès, il existe une immense quantité de bancs de corail, qui courent de l'ouest à l'est; et comme ces bancs se terminent de front et tout à coup, ils offrent du côté de l'orient l'aspect d'une muraille à fleur d'eau qu'on désigne sous le nom de la *Barrière*. La plus grande partie des bâtiments marchands préfèrent longer la côte de l'Australie, afin d'éviter deux récifs dangereux appelés *the Eastern Fields* et *the Boot Reef*. L'île Mera ou Murray, qui est située près de la côte de la Papouasie et près aussi de ces écueils, est en conséquence rarement visitée par les voyageurs.

Le 18 juin, notre officier aperçut les *Eastern Fields*, et le navire côtoya le récif qu'on laissa à trois milles au sud; on remarqua à son extrémité occidentale un roc qui avait l'exacte apparence d'une tour. Le 19, à dix heures du matin, la *vigie* signala le *Boot Reef*, qui est composé de sept rochers distincts et détachés. Les matelots prétendirent reconnaître dans l'un d'eux un vaisseau naufragé, mais rien ne parut autoriser cette supposition. Quoique de grandeur différente, ces rochers étaient tous de même forme et de même couleur.

Après avoir dépassé le *Boot Reef*, on aperçut l'île Murray par les 9° 54' latit. mér., 141° 53' longit. orient., et bientôt après, un peu plus au sud, une île moins grande. Vers une heure de l'après-midi, on aperçut *la Barrière* à six ou sept milles en avant de l'île. Cette rangée d'écueils sur lesquels se heurte une mer immense, doit avoir quelque chose d'imposant pour le marin qu'une forte brise pousse dans cette direction; mais il ne tarde pas à reconnaître des passages praticables. C'est par la plus large de ces ouvertures, *the Pandora's passage*, que le navire se dirigea vers l'île Murray.

« Nous jetâmes l'ancre, dit le narrateur, à un mille et demi au nord de l'île, en vue d'une grève sablonneuse couverte de canots. Nous en vîmes aussitôt lancer six à la mer; et des indigènes vinrent tourner autour de nous, en nous montrant des écailles de tortue; ils paraissaient avoir fait d'avance leurs préparatifs, car, dans chaque barque, un homme agitait sans cesse, en signe d'amitié, un drapeau composé d'algues marines attachées à un long bambou. »

Ces canots, formés de troncs d'arbres creusés, sont longs et étroits, et nagent facilement; pour empêcher qu'ils ne soient renversés d'un coup de vent, on attache par le travers deux longues perches de bambou placées à six pieds de distance l'une de l'autre, et, à chacune de leurs extrémités, l'on fixe d'autres perches parallèles au bordage, et qui en sont éloignées de sept pieds environ. Ce double cadre, qui flotte à la surface de l'eau, retarde la marche du petit bâtiment, mais il lui donne de l'assiette et de la solidité; une claie de bambou et une natte d'herbes sont étendues sur ces cadres, en ménageant un intervalle pour les pagaies le long du bord; c'est sur ces nattes que se reposent le principal personnage et ceux qui ne pagayent pas. Les pagayeurs sont debout, et n'observent aucun ordre dans leurs mouvements; ils rament à volonté, et quelquefois tous à la fois du même côté. Les deux ailes du canot sont fort gênantes lorsqu'il veut accoster un navire; et ce qu'il y a de mieux à faire alors, est d'abaisser la chaloupe de l'arrière, et de communiquer avec les nouveaux venus du haut de cette espèce de tribune.

Les indigènes offrirent aux Anglais des écailles de tortue, des coquilles, des arcs et des flèches, de longues piques en bois, de grossiers ornements, des noix de coco, des ignames, des bananes, et une sorte de patate sucrée. Ils parurent faire cas, avant tout, du fer, ensuite du tabac.

Les cris de ces sauvages et ceux de l'équipage formaient un concert d'autant plus bizarre qu'ils ne se comprenaient ni les uns ni les autres, et que les marchés se traitaient par signes, de sorte qu'ils auraient tout aussi bien pu se faire en silence, comme chez les Arabes. Un peu avant le coucher du soleil, les indigènes se retirèrent en faisant signe aux Anglais qu'ils reviendraient le lendemain. Des feux furent entretenus sur la grève.

Juin, 20.— « Les naturels sont revenus ce matin, et ont repris leur commerce d'échange. Ils ont amené avec eux quelques enfants pour lesquels ils demandent de petits miroirs et des verres de couleur; mais ils ne veulent rien donner pour ces bagatelles, qu'ils ne regardent que comme des jouets d'enfants. Ils nous ont paru doux et inoffensifs; mais, attendu leur état de nudité et la présence à bord de la femme de notre capitaine, on n'a permis de monter sur le pont qu'à un seul d'entre eux, que l'on a couvert d'un habit de matelot dont il paraît tout fier. »

Les indigènes invitaient les Anglais à aller à terre, et s'offraient en otages; ils leur promettaient même, pour les tenter davantage, l'usage de leurs femmes; mais les insulaires de la Mélanésie ont une telle réputation de perfidie que personne à bord ne fut tenté de se fier à eux.

« L'homme que le capitaine habilla s'appelait *Secouro*, dit le narrateur, mais ses camarades le désignaient sous le titre de *Mado*, qui signifie chef. Je fis comprendre à Mado que nous craignions, en allant à terre, d'être égorgés et mangés. Mado exprima sa surprise et son horreur. En montrant l'île Murray, qu'ils nomment Mera, il s'écria: « *Pouta, pouta, Merapouta!* » Puis, en montrant l'île Darnley et la Nouvelle-Guinée, il fit signe que les naturels de ces pays mangeaient de la chair humaine; mais il désigna de nouveau l'île Murray, et s'écria encore: « *Pouta, pouta, Mera pouta*(*) ! »

(*) Chez les habitants de la côte de la terre d'Arnheim et du golfe de Carpentarie, dans

« Je n'ai pu comprendre si *pouta* était une simple négation, ou si ce mot signifiait l'animal qui sert à leur nourriture. Le seul quadrupède que nous ayons aperçu est un chien qu'ils appellent *chess*; peut-être *pouta* est-il le terme générique pour les coquillages qui sont en grande abondance sur ces côtes, et qui doivent former la principale nourriture des habitants (*). »

Juin, 21. — « Aujourd'hui, Mado a amené avec lui une jeune femme; et il nous a fait comprendre, par des signes d'une grande clarté, qu'elle était réservée aux plaisirs de notre capitaine. Dès qu'elle a eu compris qu'on lui permettait de venir à bord, elle s'est jetée à l'eau, et a abordé le navire à la nage. Elle était couverte, depuis les hanches jusqu'aux genoux, par de longues herbes attachées à une ceinture de même espèce. On la conduisit dans la chambre, et on lui donna des vêtements de la femme du capitaine. Cette cérémonie, qui parut d'abord l'embarrasser un peu, lui plut ensuite infiniment. Elle secoua sa timidité, nous fit entendre qu'elle occupait un certain rang, et qu'il fallait l'appeler *Garri*. Nous crûmes d'abord que c'était son nom; mais nous reconnûmes ensuite que ce mot signifie une femme.

« Ayant plus de confiance en Garri qu'en Mado, je lui expliquai, au moyen de mes gestes, la crainte qui nous empêchait de descendre à terre. Elle se mit à rire de bon cœur; puis, montrant l'île et me saisissant le bras, elle fit semblant de mordre et de déchirer avec les dents. En ce moment, son mari et Mado, qui la surveillaient de leur canot, l'appelèrent avec tous les signes de la fureur, et elle parut alarmée. Je répétai mes gestes en la tirant à l'écart; mais elle secoua la tête et me repoussa d'un air mécontent. Elle devint inquiète et empressée de retourner à son canot; et il fallut y consentir. Mado répéta fréquemment : *Pouta, pouta, Mera pouta!* mais il laissa percer son mécontentement, et ils partirent tous plutôt que de coutume. »

Il est possible que Garri, en apprenant les craintes de l'officier, ait voulu faire une plaisanterie. Les insulaires de Mera ou Murray ne se mangent pas entre eux; il n'est donc guère probable qu'ils soient cannibales à l'égard des étrangers.

« Dans la soirée, dit l'officier, je fis une reconnaissance des côtes avec le maître d'équipage; et nous montâmes, à cet effet, dans le cutter bien armé. Le capitaine ne nous accompagna pas, par égard pour les craintes de sa femme, et nous défendit expressément de descendre à terre. A notre aspect, presque toute la partie mâle de l'île parut être accourue sans armes sur le rivage. Je comptai deux cent trente hommes et quelques femmes revêtues du costume de Garri. Les jeunes gens entrèrent dans l'eau pour venir à notre rencontre; mais nous nous tînmes à distance. Notre ami Mado agitait, en signe d'invitation, le bonnet rouge que nous lui avions donné. Un large canot vint au-devant de nous, monté seulement par cinq pagayeurs pour ne pas nous effrayer. Nous lui permîmes d'accoster.

« Mado, voyant de loin que nous résistions à ces instances, vint nous rejoindre dans un petit canot conduit par deux rameurs; il sauta dans le cutter, et offrit d'aller se constituer prisonnier ainsi que ses camarades Nous lui fîmes comprendre que nous étions liés par une promesse à la dame du bord, et il n'insista pas davantage; mais, ayant distingué qu'une poignée de main était parmi nous un gage d'amitié, il donna la main à tout notre équipage et retourna dans son canot.

Juin, 22. — « Sur le moindre signe que nous faisions aux naturels, ils plongeaient et nous rapportaient des

---

l'Australie (Nouvelle-Hollande septentrionale), certainement le mot *pouta* signifie *bon*. Dans l'île Murray ou plutôt Mera, qui en est peu éloignée, il est probable que ce mot a la même signification. Ainsi, je pense que les indigènes en disant *Mera pouta* voulaient persuader aux Anglais que leur pays et ses habitants étaient bons. G. L. D. R.

(*) Cette opinion nous paraît dénuée de fondement. G. L. D. R.

corallines qu'ils troquaient contre une chique de tabac. Notre ami Mado vint nous rejoindre; en entrant dans le gig, il prit un fusil, et, montrant l'île, il répéta son refrain : « *Pouta, pouta, mera pouta!* » Nous pensâmes cette fois qu'il voulait parler de quelques animaux sauvages, qu'il nous engageait à aller tuer; mais nous n'avons jamais pu comprendre la véritable acception du mot *pouta*. Le capitaine est *pouta*, sa femme est *pouta*, le vaisseau est *pouta*, nous sommes tous *pouta*, et il nous reste encore à savoir ce que signifie *pouta*.

Juin, 23. — « Le troisième maître et moi nous nous sommes décidés cette fois à descendre à terre, laissant en otages dans la chaloupe Mado et un autre chef. Montés sur deux canots différents, nous débarquâmes à plus de mille pas l'un de l'autre. Chacun de nous se vit entouré par un groupe qui voulait l'emmener de son côté. La foule se composait d'autant d'individus que j'en avais vu déjà sur la grève; les hommes cette fois étaient armés d'arcs et de flèches, ou de longues piques en bois ; les femmes portaient le jupon d'algues dont j'ai déjà parlé. Un homme de chaque canot resta toujours auprès de nous, nous tenant d'une main et agitant l'autre, en faisant entendre l'inévitable « *pouta, pouta.* » Lorsque nous fûmes arrivés à une palissade de bambous, derrière laquelle étaient plusieurs huttes, afin que l'équipage ne nous perdît pas de vue tous les deux à la fois, je priai le troisième maître de rester en dehors, et j'entrai dans l'enceinte, toujours escorté de mon sauvage.

« Chaque habitation se compose d'une salle oblongue, entièrement couverte à l'une de ses extrémités, et d'une ruche artistement faite et sans entrée visible. Je reconnus que cette ruche était formée de longues perches de bambou, plantées en terre de manière à former un cercle de neuf pieds de diamètre, et réunies ensuite à leur sommet. Je suppose que l'on pénètre dans ces ruches en soulevant quelques-unes des perches; elles servent de magasins, et mettent les provisions à l'abri du soleil et de la pluie. Les salles oblongues sont destinées à la résidence de la famille; elles ne contiennent aucun meuble; quelques tas d'herbes sèches y tiennent lieu de lits.

« Un sauvage, d'un aspect féroce, armé d'un arc et de flèches, voyant que j'examinais la structure des ruches, me fit signe de le suivre, et j'y consentis, croyant qu'il allait m'en indiquer l'entrée; mais dès que nous fûmes derrière la hutte, il s'élança sur moi, et, plongeant sa main dans ma poche, il en retira un foulard. Le jeune indigène voulut opposer quelque résistance; mais le voleur parvint à se dégager, et se hâta de préparer une de ses flèches. J'entraînai mon loyal ami, et je lui fis comprendre que l'objet qu'on venait de me saisir était de peu de valeur, et que je lui donnerais à lui-même un mouchoir semblable. Je ne perdis pas de temps pour repasser la palissade, et nous hélâmes la chaloupe; mais, comme elle était éloignée, elle ne nous entendit pas, et nos craintes s'augmentèrent en voyant les sauvages qui nous entouraient, devenir de plus en plus bruyants, nous demander *oualli, oualli* (des vêtements), et toucher avec avidité nos mouchoirs, nos vestes et nos gilets. Nous essayâmes de les calmer, en leur donnant l'espérance qu'à notre retour à la chaloupe, ils auraient *oualli* (des vêtements), *tiouri* (du fer), *seuga* (du tabac), et tout ce qu'ils pourraient désirer. Nos deux gardes du corps ne nous lâchèrent pas, et ne cessèrent de répéter : *Pouta, pouta, Mera pouta!* Lorsque Mado apprit de mon protecteur l'atteinte faite en ma personne aux lois de l'hospitalité, il parut désolé et honteux; il nous serra les mains, et se hâta de retourner au rivage. A notre retour, le vaisseau leva l'ancre et quitta les parages de l'île. »

Les insulaires de Mera ou Murray sont généralement bien faits et de taille athlétique; leur tête est d'une belle conformation, et si on en juge d'après

72° *Livraison.* (OCÉANIE.) T. III.

le dessin qui accompagnait la narration anglaise de l'officier, les organes les plus développés chez eux, paraissent être, suivant le système de Spurzheim, ceux de la causalité et de la bienveillance. Le front est large et élevé. Le nez est gros, mais il n'est pas épaté comme chez le noir d'Afrique, et les lèvres ne sont pas aussi grosses que celles de ce dernier. Les dents sont blanches et saines. Les Anglais y virent des chevelures plates et d'autres laineuses, généralement teintes avec une substance minérale rougeâtre, délayée dans un corps gras. Leur peau est noire et luisante comme celle du noir africain.

Tous les adultes mâles ou femelles ont le lobule de l'oreille découpé, de manière à pendre d'un pouce ou deux au-dessous de la partie inférieure de l'hélix; ils ont, en outre, la cloison des narines percée d'un trou, qu'il paraît être de mode d'agrandir le plus possible. Cette ouverture sert, dans les jours de réjouissance, à suspendre les objets les plus grotesques. Une parure très-recherchée consiste en un croissant de nacre de perle, attaché au cou à l'instar des hausse-cols des officiers européens. Ils ont aussi des colliers de fruits rouges et blancs enfilés à de longues herbes : le narrateur croit que ces ornements ne sont pas des marques d'honneur ou de distinction, et qu'il n'y a pas de chefs parmi ce peuple; ce qui n'est guère probable.

La nourriture de ces sauvages consiste en noix de coco, ignames, figues d'Adam, bananes et patates sucrées. La tortue et les coquillages sont en abondance autour de l'île, et la mer fournit beaucoup de poisson; mais il faut que l'habileté du pêcheur supplée à la grossièreté des instruments : les hameçons sont en écaille et sans barbe. Le cocotier est l'arbre le plus commun. Les marins aperçurent çà et là sur le flanc des collines quelques parties de terre cultivée, où doivent se récolter l'igname et la patate. Il paraît qu'ils n'ont aucune céréale; quant aux animaux, les marins n'y virent que des chiens.

Il fut impossible à l'officier de découvrir si ces indigènes avaient la moindre idée de la divinité; mais il s'assura qu'ils ne portaient aucun amulette dans la vue de se concilier la faveur d'un être surnaturel.

Voici la liste de quelques mots du vocabulaire de ces insulaires recueilli par l'auteur du journal cité. De peur d'altérer la prononciation, nous avons conservé l'orthographe anglaise.

Mado, chef ou personne respectée; *camear*, père; *coskera*, mère; *garri*, femme; *neoura*, enfant; *neoura garri*, petite fille; *peka*, poisson; *eboura*, oiseau; *eboura mara*, oiseau chantant; *chess*, chien (Mado à qui l'on montra beaucoup de quadrupèdes dessinés, les appela tous de ce nom); *il mera*, le tonnerre; *oura*, éclair, lumière, couleur vive; *lema*, le soleil; *meba*, la lune; *vera*, une étoile; *may*, le firmament; *waga*, le vent; *mat*, le front; *peeta*, le nez; *erecap*, l'œil; *kerim*, la tête; *terce*, les dents; *eruse*, la bouche; *eruta*, la langue; *pella*, l'oreille; *crimo*, la chevelure; *emoura*, le menton; *gam*, le corps; *toga*, le bras; *tal*, la main; *tetera*, le pied ou la jambe; *apper per kerim*, un chapeau, un bonnet; *top*, la partie supérieure d'une chose quelconque; *isera*, une coquille; *macaise*, une tortue; *kaiso*, l'écaille de tortue; *idago*, le nautile; *suga*, le tabac; *klismsick*, une fourchette (de bois); *turi*, du fer (comme ils ne connaissent pas d'autre métal, ils donnent ce nom à tous les métaux); *demorupick* ou *turi*, une hache; *owmis*, une natte; *lagar*, une corde; *gulli lagar*, du fil; *epe*, une assiette (probablement par analogie avec quelques morceaux de pierre ou d'écaille qui leur servent à cet usage); *opoita*, toute arme à feu (quoiqu'ils n'aient rien qui y ressemble); *giode*, le sel; *cawka*, un igname; *dawdaw*, de la graisse; *laza*, la chair; *oragaw*, la patate (sucrée); *ney*, l'eau; *wobba*, boire; *isimere*, pain (ils font probablement une espèce de pain avec l'igname); *wara*, un vaisseau; *peraperé*, un miroir, (toute surface brillante ou polie); *tarpole*, une bouteille (une calebasse); *walli*, vêtements de toute nature; *man man walli*, vêtements rouges; *guelli guelli walli*, vêtements bleus; *caka caka walli*, vêtements blancs; *oukus*, davantage; *ippeouka*, beaucoup; *assai*, venez ici; *coco*, un arc; *sarick*, une flèche.

Mado ne put trouver un mot qui rendît l'idée d'un livre, parce qu'il n'existait dans les usages du pays aucun objet analogue;

mais il comprit sans peine le but d'une carte marine, et il témoigna une grande satisfaction aussitôt qu'on lui eut indiqué la place occupée sur la carte par l'île Mera ou Murray.

ILES ORIENTALES ADJACENTES A LA PAPOUASIE.

En quittant le détroit de Torrès, nous remonterons vers la côte orientale de la Nouvelle-Guinée, pour arriver à la géographie des îles qui en dépendent, et dont quelques-unes sont mieux connues que la grande île Papouasie ou des Papouas, nom que nous proposâmes en 1826, de substituer à celui de Nouvelle-Guinée. Parmi les îles *Schouten*, quatre avaient des volcans enflammés lorsque les Hollandais y passèrent; elles ne laissent pas d'être fertiles. Leur élévation contraste singulièrement avec les terres basses de la Nouvelle-Guinée qui leur correspondent. L'île *Lesson*, qui en est la plus orientale, est un piton conique, élevé, de cinq à six milles de circuit à sa base, et tapissé d'une riante verdure. Les îles *d'Urville*, *Roissy* et *Vulcain* sont les plus importantes de ce groupe. Les îles *Moa*, *Arimoa*, *Merkus* et autres, ont l'aspect d'un jardin de palmiers et de cocotiers. Toutes celles de la côte septentrionale paraissent très-peuplées.

L'île *Couronne* est très-élevée. Elle n'a guère que quatre ou cinq milles de circuit. L'île *Briche*, plus considérable que la précédente, est moins haute; l'île *Longue* paraît plus stérile que les autres terres voisines; sa dénomination est impropre, car elle a une forme arrondie. Son circuit est de quarante milles. L'île *Dampier*, qui, selon M. Dumont d'Urville, a huit cents toises de hauteur, présente un cône aigu au sommet; sa circonférence est de quarante milles. L'île *Vulcain* est un cône immense, entouré d'une riante végétation; elle a douze milles de circuit. Auprès se trouvent les petites îles *Legoarant* et l'île *Laing*. La grande île *Misory* a de hautes montagnes; celles de l'île *Jobie* ou *Djobie* s'abaissent vers la pointe occidentale, près de laquelle se trouvent deux îles nommées les *Deux-Frères*; vers la pointe orientale on voit les trois petites îles appelées les *Trois-Sœurs*; on pourrait les réunir sous le nom de groupe du *Geelvinck*. *Bultis* a douze milles de long sur quatre de large; l'île *Roissy* est montueuse et couverte d'une belle végétation; elle est ombragée de cocotiers et de palmiers. Un piton très-aigu, appelé *mont Amable* distingue l'île *Tastu* qui a reçu le nom d'un de nos poëtes féminins les plus aimables. L'île *Guibert*, longue de quatre milles, n'est séparée de l'île *Bertrand* que par un canal d'un demi-mille. L'île *Jacquinot* est plus considérable que l'île *Garnot*, mais elle est moins élevée. Cette dernière est un cône de sept à huit milles de circuit. L'île *Deblois* est petite et beaucoup plus basse que les autres. L'île *d'Urville* présente une anse entourée d'une belle plage; au premier coup d'œil, l'île *Gressien* paraît en faire partie. Plus à l'ouest se trouvent les petites îles *Páris*, peu importantes. L'île *Blosseville* est couverte d'une riche verdure. Les îles *Sainson*, *Faraguet*, *Dudemaine* et les îles des *Traîtres* méritent aussi d'être mentionnées. Les habitants de ces terres n'ont guère de communications que d'une île à l'autre.

ILES VOLCANIQUES.

On ne sera pas fâché de lire la description des îles volcaniques à l'orient de la Papouasie, par l'épouse et la compagne d'un marin célèbre, par madame Morrell, narrateur du voyage de son mari.

« A six lieues au nord-nord-est du cap Livingston, situé par 4° 59′ de lat. sud, et par 145° 16′ de longitude est, est une île volcanique isolée au milieu de l'Océan : pendant la nuit, nous y jouîmes d'un spectacle sublime; des colonnes de flammes s'élançaient du cratère, et montaient beaucoup plus haut que celles de l'Etna et du Vésuve. A en juger par les détails qu'on nous a donnés sur leurs éruptions, elles atteignaient jusqu'à une élévation de mille pieds, si l'on veut bien s'en rapporter à la science que j'avais acquise dans le voyage, d'évaluer, sans autre secours que celui de mes yeux, les hauteurs et l'éloignement. Aux lueurs éclatantes que jetait le volcan, on eût dit que dix mille lampes brillaient pour éclairer le pont du navire; et les pierres qu'il lançait semblaient autant de boulets rouges, jetés dans les ténèbres à d'incalculables distances. J'admirai cette scène comme une des merveilles les plus sublimes de la nature; et combien tout langage humain me parut impuissant à en donner une exacte et complète idée! Le lendemain, nous dirigeant vers l'île de la Nouvelle-Guinée, nous vîmes six autres îles volcaniques, qui toutes étaient en pleine éruption. »

Disons adieu à cette riche terre des Papouas, l'île la plus longue et une des plus grandes du globe; quittons les petites îles qui la cernent de toutes parts, et nous dirigeant vers l'est et au sud de cette région, parcourons le reste de la Mélanésie.

ARCHIPEL DE LA LOUISIADE.

La Louisiade, située à l'est de la Papouasie, est le premier groupe d'îles que nous rencontrons en sortant du détroit de Torrès. Ses limites connues sont entre le 151° 56' et 147° 10' longitude est, et en latitude de 8° 19' à 11° 43'. Ces îles sont hautes et peuplées d'une race de sauvages, noirs, farouches, crépus comme ceux de la Nouvelle-Bretagne et de la Nouvelle-Irlande. Ils vont nus, et ont la lèvre supérieure qui surpasse de beaucoup l'inférieure, comme les noirs de Mozambique, quoique d'une race différente. Ce fut Bougainville qui aperçut le premier ces terres en 1768. Après avoir suivi la bande méridionale pendant cent lieues environ, il trouva une grande baie ouverte, qu'il nomma *le Cul-de-sac de l'Orangerie*.

Voici comment il caractérise la contrée à partir du Cul-de-sac de l'Orangerie (mot ridicule que nous proposons de remplacer par celui de Baie de l'Orangerie) : « J'ai vu peu de pays dont le coup d'œil fût plus beau : un terrain bas, partagé en plaines et en bosquets, régnait sur le bord de la mer, et s'élevait ensuite en amphithéâtre jusqu'aux montagnes, dont la cime se perdait dans les nues. On en distinguait trois étages, et la chaîne la plus élevée était à vingt-cinq lieues dans l'intérieur du pays. Le triste état où nous étions réduits ne nous permettait point de sacrifier quelque temps à la visite de ce magnifique pays, que tout annonçait être fertile et riche. »

En 1793, l'amiral d'Entrecasteaux explora le nord de cet archipel, et courut de grands dangers à travers les écueils dont ces parages sont semés.

La côte aux environs du cap Pierson lui offrit les plus beaux sites. « C'était, dit ce grand navigateur, un des paysages les plus riants que nous eussions encore rencontrés : la verdure en est variée et fraîche; les montagnes sont coupées d'une manière moins uniforme que celles de la côte qui est à l'est du cap Pierson; les cocotiers, que l'on apercevait même sur les parties les plus élevées, semblaient annoncer que cette terre était fertile et pouvait alimenter une nombreuse population (*). On vit plusieurs petits hameaux dont les habitants se rassemblaient sur le rivage pour jouir du spectacle que leur offrait la vue d'un de nos bâtiments. Les cases de ces hameaux étaient de forme variée, et meublaient le paysage d'une manière très-pittoresque. »

Entre les îles Bonvouloir et Saint-Aignan, une pirogue s'approcha du navire; les sauvages qui la montaient parurent timides aux officiers français. Leur taille était médiocre, leur complexion faible, leurs cheveux crépus et leur visage barbouillé de noir. On obtint à peine d'eux des ignames, des bananes et des patates, pour des verroteries, et ils ne parurent pas se soucier du fer qu'on leur offrit; ils

(*) On y trouve aussi le bétel et le laurier culilaban. Les indigènes aiment beaucoup les odeurs et parfument la plupart des objets dont ils se servent. Ils sont d'une rare habileté à serrer le vent. Voy. Labillardière, t. I et II; Desbrosses, Hist. des navigations aux terres australes, t. I, p. 444; Rossel, d'Entrecasteaux et Bougainville, Voyage autour du monde, p. 25.   G. L. D. R

n'avaient point d'armes; cependant ils portent un bouclier au bras gauche; ils ont, comme quelques Australiens, des haches en serpentine, chose rare dans cette partie du monde.

La Louisiade occupe un espace de cent vingt lieues environ de l'est-sud-est à l'ouest-nord-ouest, depuis le cap de la Délivrance jusqu'aux îles Lusançay et à la Baie de l'Orangerie. Elle a peu de largeur dans l'est, mais dans l'ouest elle a environ quarante lieues de large. Les îles qui la composent sont vaguement indiquées sur les cartes: les meilleures indiquent à peine la configuration des côtes. Nous ne pouvons citer avec quelque exactitude que les îles Rossel, Saint-Aignan, d'Entrecasteaux, Bonvouloir, Trobriand, Lusançay, qui en sont les plus remarquables. Les montagnes de l'intérieur paraissent être occupées par des noirs de la race andamène.

On rencontre à quarante-cinq lieues au nord de l'île Rossel un petit groupe de cinq à six milles de diamètre en tout sens, comprenant huit petites îles basses, boisées et inhabitées, découvertes en 1812 par le capitaine Laughlan du *Mary*, qui leur imposa son nom. Le groupe Laughlan n'a en tout sens que cinq milles à peu près de diamètre. Ces îlots sont couverts d'arbres, et surtout de beaux cocotiers.

En 1827, d'Urville découvrit à neuf milles à l'ouest un petit rocher qu'il nomma *Cannac*.

GRAND ARCHIPEL DE LA NOUVELLE-BRETAGNE.

Cet archipel, un des mieux peuplés de l'Océanie, est situé à l'est de la Papouasie ou Nouvelle-Guinée, dont il est séparé par le détroit de Dampier; ses limites géographiques sont d'une part les 4° 8' et 6° 30' de latitude sud, de l'autre les 145° 55' et 150° 2' longitude est. Sa superficie est d'environ seize cent soixante lieues carrées, et le nombre de ses habitants paraît être de plus de cent mille. Il a été découvert, par les navigateurs Dampier et Carteret, en 1700 et 1768. Ses principales îles sont celles de la Nouvelle-Bretagne et de la Nouvelle-Irlande, séparées l'une de l'autre par le canal Saint-George, où est située l'île de Man. Viennent ensuite les îles du duc d'York (Amakata) avec un port; du Nouvel-Hanovre, dont les habitants sont, après ceux de la Nouvelle-Irlande, les plus civilisés de cet archipel, de Mathys, Abgarris, Caen, Dampier, des Pêcheurs (*Vischers*), de Gerard de Nys, Saint-Jean, Orageuse, Mathias, Jesus-Maria, Anachorètes, Commerson, Boudeuse, Purdy, Élisabeth, Durour, San Gabriel, San Miguel, la Vendola, los Reyes et los Negros, avec la principale île de ce nom; le petit groupe des Iles françaises, les îles de l'Amirauté, de Portland, des Hermites et de l'Échiquier. Leur surface est en général couverte de montagnes qui paraissent être primitives, tandis que les collines de leur circonférence et les écueils de leur rivage sont, surtout pour la Nouvelle-Irlande, entièrement formés de carbonate de chaux madréporique, qui les entoure d'une espèce de mur semblable à un nouveau rivage moulé sur un rivage ancien. Ces îles possèdent plusieurs volcans en ignition, et elles sont bien boisées et bien arrosées. La végétation y est assez riche; elle comprend le cocotier, le muscadier sauvage, l'arbre à pain, des figuiers, l'aréquier, le sagoutier, les grandes fougères, les drymirrhisées, etc.

Les habitants de ces îles appartiennent à la race des Papouas; mais leur taille est plus haute et leurs traits sont plus beaux que ceux de l'île Papouasie. Ils ont des temples, et ils adressent leurs offrandes tantôt à des idoles à figure humaine, et d'autres revêtues de la forme de certains animaux. Ils sacrifient, dit-on, à leurs dieux des victimes humaines; mais M. J. de Blosseville, qui les a vus en 1825, prétend que cette coutume n'existe pas chez eux, et qu'ils sont au contraire généreux, humains et hospitaliers. Aucune de ces îles n'est bien connue. La Nouvelle-Bretagne, nommée *Birara* par les naturels, selon Bougainville (peut-être Birara n'est-il qu'un district de l'île), est la plus grande de tout l'archipel. Ses habitants excellent, comme le reste des Papouas, dans la construction et la manœuvre des pirogues, qui ont ordinairement de dix à dix-sept mètres de long.

Cette terre n'a pas été visitée depuis la découverte de Dampier. Ce célèbre navigateur mouilla le 14 mars dans une baie assez profonde, formée par quelques îlots; il la nomma *Port Montague*. Quoique navigateur du commerce, Dampier était naturaliste et observateur judicieux; mais il ne savait pas maintenir la discipline à son bord. Son équipage commit dans ces parages, et malgré ses ordres, un acte de vrais flibustiers; voici ce que nous apprenons de Dampier lui-même : « Le lendemain matin (19 mars), je pris nos deux chaloupes pour me rendre à l'aiguade et voir si, par le moyen de nos bagatelles et de nos instruments de fer, je ne pourrais pas engager les naturels du pays à quelque échange avec nous; mais je les trouvai remplis de crainte et de friponnerie. Je ne vis qu'un petit garçon et deux hommes, dont un, sollicité par quelques signes, vint à côté de ma chaloupe; je lui donnai un couteau, un chapelet et une bouteille de verre. Là-dessus il se mit à crier : *Cocos! cocos!* et nous montra un village voisin, comme s'il voulait y aller prendre de ces noix; mais il n'y retourna plus. C'est ainsi qu'ils en avaient usé plusieurs fois avec nos gens. Quoi qu'il en soit, j'allai moi-même à leurs maisons, accompagné de huit ou neuf de mes hommes, et je les trouvai si misérables que les portes ne tenaient qu'à un morceau d'osier.

« Je parcourus trois de leurs villages, abandonnés des habitants qui avaient emmené avec eux tous leurs cochons : j'y pris quelques petits filets pour nous dédommager de ce qu'ils avaient reçu de nous. Au retour, nous vîmes deux des naturels du pays; je leur montrai ce que nous emportions, et leur criai en même temps : Cocos! cocos! pour leur faire entendre que je l'avais pris parce qu'ils n'avaient pas tenu ce qu'ils nous avaient promis par leurs signes et par la répétition du mot cocos. Pendant que j'étais à cette promenade, nos gens remplirent deux barriques d'eau et tous les barils qu'ils avaient. Nous retournâmes vers une heure après-midi à notre bord, et je trouvai que tous mes officiers et matelots avaient grande envie d'aller à la baie où l'on avait dit que les cochons étaient. Il me faisait beaucoup de peine d'y donner les mains, dans la crainte qu'ils n'en agissent trop rudement avec les naturels du pays. A deux heures, il se leva quantité de nuages noirs sur le continent, et j'espérais que ceci les détournerait de leur entreprise; mais ils me sollicitèrent avec tant d'instance que je fus obligé de le permettre. Je leur donnai les quincailleries que j'avais eues le matin à terre, et je leur recommandai sur toutes choses d'employer les voies de la douceur et d'en agir avec précaution pour leur propre sûreté. La baie où ils allaient était à deux milles environ du vaisseau. Dès qu'ils furent partis, je fis mettre tout en état pour les soutenir en cas de besoin, et les défendre avec ma grosse artillerie. Sur le point d'aborder, les naturels du pays se présentèrent en foule pour s'y opposer; ils secouaient leurs lances et ne respiraient que des airs menaçants; il y en eut même quelques-uns assez hardis pour entrer dans l'eau, armés d'un bouclier et d'une lance. Mes gens eurent beau leur offrir les curiosités qu'ils avaient et leur faire des signes d'amitié; tout cela ne leur servit de rien. Résolus pourtant d'avoir de leurs provisions, ils tirèrent quelques coups de mousquet pour les effrayer. Cela ne manqua pas de réussir à l'égard de la multitude, puisqu'ils s'enfuirent tous, à la réserve de deux ou trois qui continuèrent à tenir ferme dans une posture menaçante, jusqu'à ce que le plus hardi laissa tomber son bouclier et prit la fuite. Il y a grande apparence qu'il fut blessé d'une balle de mousquet, et qu'il sentit avec quelques autres de ses camarades la vertu de notre poudre, quoiqu'on n'en tuât aucun et que ce ne fût pas non plus notre dessein, mais plutôt de leur donner l'épouvante. Enfin, nos gens mirent pied à terre et trouvèrent quantité de cochons apprivoisés autour des maisons. Après en avoir tué neuf et blessé plusieurs autres, ils revinrent au plus vite. Ils n'eurent pas plutôt mis les cochons à bord du vaisseau qu'ils me prièrent de leur laisser faire ce soir une autre course au même endroit. J'y consentis, pourvu qu'ils revinssent avant la nuit ; il était alors près de cinq heures. En effet, ils retournèrent vers le crépuscule avec huit gros cochons morts et un petit en vie. Les autres étaient déja dépecés et salés ; mais nous ne fîmes qu'éventrer ceux-ci, les échauder et les saupoudrer pour le lendemain. Le jour venu, je renvoyai les deux chaloupes à terre pour se munir de nouveaux rafraîchissements, soit de cochons, soit de racines. Mais la nuit précédente, les naturels du pays avaient transporté ailleurs toutes leurs provisions, quoique plusieurs d'entre eux fussent retournés vers leur cabane, et qu'il n'y en eût pas un seul qui s'opposât à la descente de nos chaloupes. Au contraire, ils étaient devenus si honnêtes, qu'un de leur nombre porta dix ou douze noix de coco sur le rivage, et qu'il disparut après les avoir montrées à mes gens. Ceux-ci ne trouvèrent que des filets et des images (probablement quelques idoles), ils en prirent quelque peu des uns et des autres.

« L'après-midi, je renvoyai le canot à l'endroit où on l'avait pris, et l'on y mit deux haches, deux couperets dont l'un était garni d'un manche, six couteaux, six miroirs, un gros paquet de chapelets et quatre bouteilles en verre. Mes gens n'eurent pas plutôt mis le canot au sec et disposé toutes les choses de la manière qui paraissait la plus convenable, qu'ils retournèrent dans la pinasse que j'avais envoyée pour leur sûreté. »

Suivant Dampier, les hommes du pays avaient la tête ornée de plumes de diverses couleurs. Ils marchaient avec la lance à la main. Les femmes se couvraient avec une ceinture de feuillages, et portaient sur leur tête de grandes corbeilles remplies d'ignames.

« Le pays des environs, ajoute Dampier, est montagneux, rempli de bois, de vallées et d'agréables ruisseaux. La terre des vallons est profonde et jaunâtre ; mais celle des collines est d'un brun obscur, peu profonde et pierreuse, quoique admirable pour le plantage. Les arbres, en général, n'y sont pas fort droits, ni épais ni hauts ; mais ils paraissent verts et font plaisir à la vue. Quelques-uns portaient des fleurs, d'autres des baies, d'autres de gros fruits de plus d'une sorte, et qu'aucun de nous ne connaissait. Les cocotiers viennent très-bien, tant sur les baies proche de la mer que plus avant parmi les plantations. Leurs noix sont d'une grosseur médiocre ; mais le lait et le noyau en sont d'un goût agréable. On trouvait ici du gingembre, des joncs et d'autres racines bonnes pour le pot, dont nos gens goûtèrent. Pour les animaux terrestres, nous n'y vîmes que des cochons et des chiens. A l'égard des oiseaux, qui nous étaient connus, il y avait des pigeons, des perroquets, des coukadores et des corneilles. La mer et les rivières abondent en poissons. Nous en vîmes beaucoup : ceux que nous prîmes étaient des cavallés, des poissons à la queue jaune et des raies qui sautent. »

Carteret, en 1767, ne vit que la partie septentrionale, dont il fixa la limite.

Au mois de juin 1793, d'Entrecasteaux traversa le détroit de Dampier, et fut explorer la partie occidentale de la Nouvelle-Bretagne. Il la trouva fort belle ; le rivage était couvert de cocotiers et était occupé par un grand nombre de cases. Peu de temps après, le grand navigateur fut mourir du scorbut à Java, à l'âge de cinquante-quatre ans.

Au mois de juillet 1827, le capitaine d'Urville accosta cette terre près du cap Butler. Il resta treize jours en vue de cette côte périlleuse. Le 2 août au matin, au moment de donner dans le détroit de Dampier, l'*Astrolabe* toucha deux fois sur un récif inconnu, rempli de coraux, et se serait perdue si la lame ne l'eût enlevée. M. d'Urville a fait connaître le pic Quoy, montagne conique d'un aspect imposant près du cap Orford, la baie Jacquinot et plusieurs autres petites îles, entre autres le groupe pittoresque des îles Gracieuses. La Nouvelle-Bretagne forme une chaîne continue, bien que réduite en certains endroits à une petite largeur. Le capitaine d'Urville rangea de très-près la pointe occidentale de cette île, de manière à en pouvoir saisir les détails. Voici ce qu'il dit de cette partie de la côte :

« Comme à Dampier et à d'Entrecasteaux, cette terre nous offre un aspect délicieux. Rarement la nature imprime aux pays dont la main de l'homme n'a point modifié la surface, des accidents aussi agréables, des effets de perspective aussi gracieux, aussi variés. Partout une côte saine, accessible et baignée par des flots tranquilles; un sol s'élevant doucement en amphithéâtre sur divers plans, tantôt ombragé de sombres forêts, tantôt couvert de fourrés moins élevés, tantôt, enfin, de vastes pelouses dont la teinte jaunissante contraste avec la nuance plus sombre des forêts et des bocages environnants. Les deux pitons du mont Glocester couronnent de leurs masses imposantes cette riante scène, et cachent fréquemment leurs cimes majestueuses sous les nuages de l'équateur. En somme, la Nouvelle-Bretagne est une île d'environ quatre-vingt-quinze lieues de longueur de l'est-nord-est à l'ouest-sud-ouest, avec une largeur très-variable, quelquefois de trente-six milles, quelquefois de huit ou dix milles seulement, comme dans les baies Jacquinot et Montague. C'est en quelque sorte une longue et étroite chaîne de montagnes élevées, qui affecte une courbure dont la concavité se présente au nord-ouest. Les pitons de la *Mère* et des *Deux-Sœurs*, de *Deschamps*, de *Quoy* et de *Glocester*, se font remarquer dans la charpente montueuse de cette contrée, et semblent tous accuser une origine ignée. Les limites géographiques de cette terre sont d'une part les 4° 8' et 6° 30' de latitude sud, et de l'autre les 145° 55' et 150° de longitude est. Sur la côte méridionale sont les petites îles du cap Sud de Roos, et Gracieuses, avec quelques autres toutes basses, boisées et découvertes en 1827 par le capitaine d'Urville. Sur la partie nord, et plus ou moins rapprochées de la côte, sont les îles *Villaumez*, *Raoul*, *Giequel Filtz*, *Duportail*, et le *Danseur*, dont quelques-unes sont hautes et assez étendues. Sur la première, qui est la plus considérable, les Français remarquèrent quelque fumée, et les arbres couvraient tout le sol depuis le rivage jusqu'aux sommets les plus élevés. D'Entrecasteaux, qui découvrit ces îles en 1793, trouva un peu plus loin au nord-ouest un groupe, qu'il nomma îles *Françaises*, et dont les plus considérables furent appelées îles *Mérite*, *Deslacs*, *Forestier* et du *Nord*. Ce groupe forme un triangle de trente milles sur chaque côté, et le milieu gît par 4° 41' latitude sud et 146° 55' longitude est. Près de la pointe nord-est de la Nouvelle-Bretagne est la petite île Mau, découverte en 1767 par Carteret. Elle a six à sept milles de circuit, et gît par 4° 8' de latitude sud et 149° 40' de longitude est. Il faut encore citer l'île d'*Amakata*, découverte en 1767 par Carteret, qui la nomma *York*, visitée en 1791 par Hunter, reconnue en 1792 par d'Entrecasteaux, et en 1823 par Duperrey. C'est une île haute, populeuse et pourvue d'un bon mouillage dans la partie nord-est. Elle a huit milles du nord-est au sud-ouest, sur cinq milles de large; 4° 10' latitude sud, 150° 4' longitude est (pointe est) (*).

« Le 22 août 1823, à l'instant de sortir du canal Saint-George, qui sépare la Nouvelle-Bretagne de la Nouvelle-Irlande, nous côtoyâmes, dit M. Lesson, la petite île d'York (*Amakata*), d'où nous vîmes sortir, des havres qui en morcèlent les côtes, plusieurs pirogues montées par un grand nombre de naturels qui ramaient avec vigueur. En un clin d'œil, une huitaine de ces embarcations accostèrent la corvette la *Coquille*. Chacune

---

(*) D'Urville, *Astrolabe*; et Voyage pittoresque.

d'elles était montée par six ou sept insulaires, entièrement nus et offrant la ressemblance la plus complète avec les habitants de la Nouvelle-Irlande; seulement nous remarquâmes que la plupart des naturels que nous avions sous les yeux, étaient d'une taille mieux prise et plus robustes que les habitants du port Praslin, dont ils ne diffèrent d'ailleurs ni par la teinte noire de la peau, ni par leur chevelure laineuse, recouverte de chaux et de poussière d'ocre. Ces nègres nous accostèrent sans manifester la moindre hésitation, et aussitôt ils nous proposèrent de faire des échanges, qui consistaient principalement en cocos secs et en bananes. Nous ne leur vîmes point d'armes, excepté des frondes et de grands amas de pierres arrondies au fond de leurs pirogues. Tout nous porte à croire qu'ils sont familiarisés avec les navires européens, qui, de temps à autre, apparaissent sur leurs rivages; tous sollicitaient à la fois des haches et du fer, sous quelques formes qu'il fût. Nous cédâmes d'autant plus volontiers à leurs désirs, qu'ils nous donnèrent en échange de beaux nautiles flambés, de grandes volutes couronnes d'Éthiopie, et des ovules, œufs de Léda. Ils nous donnèrent un instrument fort ingénieux, fait en forme de cloche, et dont ils se servent pour prendre au fond de l'eau les sèches et les poulpes. Quant aux frondes, aux colliers en dents de poissons, aux flûtes à Pan, qu'ils nous échangèrent aussi, nous n'avons rien à en dire de particulier; car ces objets sont absolument les mêmes que ceux usités au port Praslin. Les pirogues dont ils se servent sont également identiques avec celles du port Praslin; il en est de même relativement aux ornements, soit qu'ils traversent la cloison du nez avec un bâtonnet en os, soit qu'ils se barbouillent en rouge. De nombreuses cicatrices, un air farouche, une hardiesse prononcée dans l'ensemble de leur démarche, prêtaient à leur physionomie un caractère plus guerrier et plus redoutable que celui que nous avions vu chez les naturels du port Praslin. »

ILES DE L'AMIRAUTÉ.

Ce groupe occupe un espace d'environ cent vingt milles de l'est à l'ouest, sur quarante ou cinquante milles du nord au sud. Il se compose de vingt-cinq îles, suivant Schouten qui en est le découvreur. Quel qu'en soit le nombre, elles sont élevées, d'un aspect charmant et varié, et elles sont peuplées des plus beaux hommes de la race des Papouas. Ses limites géographiques sont à peu près du 1° 53' au 2° 34' latitude sud, et du 143° 51' au 145° 20' longitude est. Carteret les visita en 1767, et leur imposa le nom qu'elles portent; Maurelle les visita en 1781, et leur donna divers noms conservés jusqu'à ce jour.

Les principales îles sont :

La grande île de l'Amirauté, nommée *Ile Basco* par Maurelle, en 1781, explorée en grande partie en 1792 par d'Entrecasteaux, qui visita avec soin la partie septentrionale de ce groupe. Cette île est assez élevée, boisée et populeuse (voy. *pl.* 241); elle a environ cinquante milles de l'est à l'ouest, sur dix-huit à vingt milles du nord au sud; la partie méridionale n'est point encore connue. Limites du 1° 57' au 2° 17' de lat. sud, et du 144° 10' au 145° 00' de longitude est. Voici en quels termes d'Entrecasteaux parle de ses relations avec les indigènes, durant sa relâche :

« Après une heure d'attente, sans avoir pu réussir à les attirer près de nous, dit ce navigateur, je voulus leur donner le spectacle d'une fusée, prévoyant bien que cet artifice commencerait par les étonner, mais qu'il pourrait exciter ensuite leur admiration, puis leur curiosité. Au moment où la fusée partit, ils cessèrent de répondre à nos cris, et restèrent dans le silence. Lorsque ensuite elle éclata et retomba en pluie de feu, la frayeur s'empara d'eux, et ils s'éloignèrent avec précipitation. Peu après, nous les vîmes revenir, mais ils se tinrent toujours à une grande distance. J'imaginai de faire mettre sur une planche, avec des clous et d'autres objets d'échange, une bougie enveloppée d'une lanterne de papier, afin que cet objet flottant pût être aperçu et recueilli par eux. Mais ils parurent plus effrayés de cette lumière qui, détachée de la frégate, semblait s'avancer sur eux en marchant sur l'eau, qu'ils ne l'avaient été de l'éclat de la fusée. Ils soupçonnèrent sans doute qu'il y avait quelque chose de merveilleux dans la marche apparente de ce feu errant sur les flots; car, à mesure qu'elle leur semblait approcher, ils s'écartaient, en prononçant à haute voix et d'un ton précipité, des mots par lesquels ils avaient l'air de conjurer en quelque sorte un génie malfaisant; enfin ils se retirèrent tout à fait. Le temps était si calme et la mer si belle, que cette bougie resta allumée près de deux heures. Lorsque les naturels arrivèrent à terre, ils allumèrent des feux. Au reste, ce spectacle, dont ils parurent si effrayés, fut très-réjouissant pour l'équipage. »

L'île JESUS-MARIA, ainsi nommée par Maurelle en 1781; île haute d'environ vingt milles de circuit. Latitude sud 2° 18′, longitude est 145° 27′ (milieu).

Les îles SAN-GABRIEL, SAN-MIGUEL, LA VENDOLA, LOS-REYES et LOS-NEGROS, ainsi nommées par Maurelle en 1781, et explorées par d'Entrecasteaux en 1792 et 1793. Les deux premières ont cinq ou six milles d'étendue; les autres sont plus petites; toutes sont peuplées et bien boisées. Position : 2° 14′ latitude sud, 145° 50′ longitude est (île Vendola).

Il existe en outre, au sud de la grande île de l'Amirauté, plusieurs autres petites îles inconnues; et les îles Pardy et Élisabeth, dit M. d'Urville, indiquées sur la carte de Krusenstern, d'après la carte de Pardy, font peut-être partie de ce groupe. Au sud se trouve le récif Sydney, où le capitaine Austin Forrest fit naufrage, le 1er mai 1806. Cet écueil est indiqué par 3° 20′ latitude sud, et 144° 30′.

Les indigènes de ces îles sont d'un noir peu foncé, et leur physionomie est assez agréable; leurs cheveux sont crépus et noirs, mais ils les rougissent souvent avec de l'ocre mêlée d'huile. Ils connaissent l'usage du fer. Les chefs paraissent avoir une grande autorité. Quelques individus sont armés de sagaies et de lances faites d'un verre volcanique. Ils attachent à l'extrémité de leurs parties naturelles la coquille *ovula oviformis*. Le reste du corps est entièrement nu; mais les femmes portent une ceinture. Ces îles sont riches en cocotiers, et on y a aperçu le chien à oreilles droites, plusieurs oiseaux de la plus grande beauté, et entre autres quelques-uns de la grande famille des psittacidées.

Le NOUVEL-HANOVRE (séparé de la Nouvelle-Irlande par le détroit de Byron ou du Mausolée, fut vu, en 1616, par Schouten, qui nomma sa pointe *Cap Salomon-Sweert*; revu ensuite par Tasman, Dampier et Bougainville, mais reconnu seulement par Carteret et d'Entrecasteaux. Le Nouvel-Hanovre est une terre élevée, couverte d'arbres, à travers lesquels on distingue plusieurs plantations. La terre du cap Salomon-Sweert est très-basse, et boisée de distance en distance. Cette île a trente-huit milles de l'est-sud-est à l'ouest-nord-ouest; sa largeur, encore incertaine, est au moins de douze milles. Limites d'une part, 2° 32′ et 2° 44′ latitude sud; de l'autre, 147° 31′ et 148° 7′ longitude est (*).

Îles PORTLAND, découvertes, en 1767, par Carteret; revues ensuite par Hunter et par d'Entrecasteaux; chaîne de sept petites îles basses, boisées, et entremêlées de brisants, occupant une étendue de huit milles de l'est-nord-est à l'ouest-sud-ouest. La plus grande a deux milles de longueur. Position : latitude sud, 20° 38′, longitude est, 147° 12′ (pointe sud-ouest).

La série d'îles qui suivent forme une chaîne parallèle à la Nouvelle-Irlande.

L'île SAINT-JEAN, en face du cap Maria, à une distance de trente milles, fut découverte par Schouten et revue par Tasman et Dampier. Bougainville, qui la revit en 1768, la nomma île Bour-

---

(*) La position de cette île et des seize suivantes est due à M. d'Urville.

naud; Maurelle la reconnut en 1781. Sa position, mal définie, doit être à peu près 3° 51' latitude sud, et 151° 15' longitude est.

Iles ABGARRIS, découvertes par le navire *Abgarris*, de 1820 à 1825; deux groupes d'îles basses de vingt à vingt-cinq milles d'étendue. Limites du 3° 5' au 3° 33' latitude sud, et du 152° 2' au 152° 25' longitude est.

Ile CAEN, découverte, en 1643, par Tasman; en 1700, Dampier eut des communications avec les naturels. Bougainville vit Caen en 1768, et la nomma *Ile Oraison*; Maurelle, en 1781, l'appela *Refugio*, et nomma les deux petites îles voisines *Santa-Rosa* et *Magdalena*. L'île Caen doit être par 3° 28' latitude sud, et 150° 48' longitude.

Ile GARRET-DENIS (Gérard de Nys), découverte, en 1616, par Schouten. Dampier, qui la côtoya en 1700, est le seul qui ait laissé quelques détails sur elle. « C'est, dit-il, une île haute, montueuse, couverte de bois, ayant quatorze ou quinze milles de circuit. Les plages sont toutes garnies de cocotiers. Quantité de plantations paraissaient sur les collines. Cette île est peuplée par des hommes noirs, vigoureux et bien bâtis; leur tête est grosse, ronde; leurs cheveux sont frisés, courts, teints en rouge, blanc et jaune. Ils ont la face large, le nez plat, les narines traversées par une cheville de la grosseur du doigt. Leurs armes sont les lances, les casse-tête, les frondes, l'arc et les flèches. Ils ont des pirogues étroites et longues, munies de balanciers, ornées sur l'avant et sur l'arrière de figures bien sculptées, comme poissons, oiseaux, mains d'homme, etc. Leur langage est bien articulé et distinct. Pour inviter les Anglais à se rendre à terre, ils répétaient souvent : *Vakousi ala-maï*, en montrant le rivage. Leurs signes d'amitié consistaient à placer un gros bâton ou un rameau d'arbre sur leur tête, et à se frapper souvent la tête de la main. » Bougainville, en 1768, visita cette île, qu'il nomma île Dubouchage; et Maurelle, en 1781, l'appela San-Blas. Sa situation, encore peu assurée, est environ 3° 12' latitude sud, et 150° 15' longitude est.

Ile DAMPIER. Dampier, qui la vit en 1700, dit qu'elle a quatre ou cinq lieues de circuit, qu'elle est haute, couverte de bois, et enrichie de plantations sur la pente des collines. C'est probablement la même que Maurelle, en 1781, nomma *San-Lorenzo*, et probablement la même aussi que Schouten, en 1616, appela *Ile Moïse*. La position de cette île, fort incertaine, est vers les 3° 12' latitude sud, et 150° longitude est.

Ile VISCHERS ou DES PÊCHEURS, vue pour la première fois par Schouten, en 1616, et en 1700 par Dampier, qui dit que c'est une île haute et grande, située à six lieues du continent, et sur laquelle il aperçut quantité de fumée, ce qui l'empêcha d'en approcher. Bougainville, en 1768, la nomma *Ile Suzanne*; et Maurelle, en 1781, paraît avoir fait de ses sommets autant d'îles, qu'il nomma *San-Francisco*, *San-José* et *San-Antonio*. Ses dimensions et sa position sont fort inconnues. La pointe nord gît environ par 2° 33' latitude sud, et 149° 40' longitude est.

Ile ORAGEUSE, découverte par Dampier en 1700; revue, en 1768, par Bougainville, qui la nomma *Ile Kérué*. Selon Dampier, elle est basse, unie, couverte de grands arbres verdoyants et très-serrés les uns contre les autres. Elle a deux ou trois lieues de long, et à sa pointe sud-ouest est un îlot plat, boisé, d'un mille de circuit. Position : 1° 40' latitude sud, et 148° 9' longitude est.

Ile MATHIAS, découverte par Dampier en 1700. D'après Dampier, elle est montagneuse, avec des accidents de terrain en bois, savanes et portions de terre qui semblent défrichées. Elle a environ neuf ou dix lieues de long. Position : 1° 36' latitude sud, 147° 10' longitude est (sommet).

Iles ANACHORÈTES, découvertes, en 1768, par Bougainville qui les rangea de près. C'est une chaîne d'îles basses situées sur un même récif, dans une étendue de trois lieues environ. Bougainville y aperçut beaucoup d'arbres, et surtout des cocotiers. Les bords de la mer étaient couverts de hautes cases carrées, et prodigieusement peuplés. Plusieurs pirogues pêchaient sur les récifs; mais aucune ne daigna se déranger pour les frégates, ce qui leur valut le nom d'*Anachorètes*. Position : 0° 43' latitude sud, 143° 14' longitude est (pointe nord-est).

Île COMMERSON, petite île vue de loin, en 1768, par Bougainville; reconnue, en 1793, par d'Entrecasteaux; revue par Ibargoïtia en 1800. 0° 45' latitude sud, 142° 55' longitude est.

Îles HERMITES, découvertes, en 1768, par Bougainville, revues par Maurelle et d'Entrecasteaux. Les pirogues s'approchèrent des navires de ce marin, mais ne voulurent point accoster, bien qu'elles cherchassent à offrir des fruits, des evis, et différentes espèces d'eugénias qu'ils lançaient sur le navire, et qu'on prit d'abord pour des pierres. Ces insulaires étaient grands et bien faits. Ces îles Hermites sont un petit groupe de terres hautes et peuplées, occupant quatorze milles de l'est-nord-est à l'ouest-sud-ouest, sur six milles de large. Latitude sud 1° 29', longitude est 142° 48' (île du nord-ouest).

Île BOUDEUSE, petite île découverte par Bougainville en 1768. Latitude sud 1° 27', longitude est 142° 14'.

Îles ÉCHIQUIER, découvertes, en 1768, par Bougainville; revues, en 1781, par Maurelle, qui les nomma Mille îles; reconnues, en 1792, par d'Entrecasteaux. Groupe composé de plus de trente petites îles basses, peuplées et semées de récifs, occupant trente milles du nord-nord-est au sud-sud-ouest. Latitude sud 1° 13', longitude est 142° 2' (pointe est).

Île DUROUR, petite île rase, découverte, en 1767, par Carteret; revue, en 1792, par d'Entrecasteaux, qui la place par 1° 34' sud, et 140° 53' longitude est.

Île MATTY, petite île rase et peuplée, découverte, en 1767, par Carteret, qui vit ses habitants courir la nuit sur la plage avec des torches vis-à-vis du vaisseau. D'Entrecasteaux fixa sa position par 1° 46' latitude sud, et 140° 36' longitude est.

Nous terminerons la revue de ce grand et important archipel de la Nouvelle-Bretagne par la Nouvelle-Irlande, la plus intéressante peut-être, et certainement la mieux connue.

NOUVELLE-IRLANDE,
OU TOMBARA DES NATURELS.

La Nouvelle-Irlande est une île importante et variée; on y remarque les ports Praslin, Likiliki, Carteret, et la baie des Frondeurs. Dans les environs du port Praslin, on voit les chutes de la magnifique cascade de Bougainville. Dans les bois voisins, on est souvent tourmenté par de grosses fourmis dont la morsure est très-douloureuse; et une espèce de corbeau vient unir au bruit des chutes d'eau son cri bizarre et semblable à l'aboiement d'un chien. A l'entour du port Praslin, M. Lesson a observé les vaquois, les *Barringtonia*, les *Calophyllum*, les Filao (*casuarina indica*), propres à toute l'Océanie; et il a remarqué l'usage du *syrinx* ou flûte de Pan, parmi ses habitants.

Le Hollandais Schouten fut, en 1616, le découvreur de cette terre. Il en prolongea, à ce qu'il paraît, toute la bande orientale, ayant, à diverses reprises, des communications avec les naturels. Les premiers que l'on vit lancèrent contre le bord des pierres à l'aide de leurs frondes, et l'on fut obligé de leur riposter à coups de mousquet. Quelques jours après, huit pirogues firent le tour du navire : chacune d'elles était montée par huit ou dix hommes armés de zagaies, de pierres, de massues, de sabres de bois et de frondes. On leur distribua quelques bagatelles, et on chercha à leur faire comprendre qu'on attendait d'eux des cochons, des poules, des cocos et des racines. Au lieu de répondre à cette demande, ils lancèrent leurs zagaies contre le navire, qui y répondit avec son artillerie. Dix ou douze sauvages furent tués. Une grande pirogue et trois pirogues plus petites furent coulées à fond. On recueillit trois prisonniers grièvement blessés. L'un d'eux mourut ; les autres furent pansés, conduits à terre, et rendus à leurs compatriotes contre une rançon en cochons. Ces insulaires, vigoureux et bien faits, étaient des noirs aux cheveux crépus ; presque tous étaient nus. Un petit nombre seulement portait des ceintures en écorce d'arbre ; des anneaux pendaient à leur nez et à leurs oreilles. Ils portaient des bonnets en écorces d'arbre peintes, réunies deux ou trois ensemble par une sorte de cordon, et placées autour du chef comme une coiffe de femme. Ils usaient de l'arec et du bétel. C'était pour eux une marque de civilité que d'ôter leurs bonnets et de mettre leurs mains sur la tête. La poignée de leurs armes est ornée de ciselures. Parvenu à la pointe nord de la Nouvelle-Hanovre, Schouten lui donna le nom de cap Salomon-Sweert, et continua sa route à l'ouest (*).

Tasman, en 1643, parcourut à son tour la plus grande étendue de cette côte ; la prenant, comme son devancier, pour la partie orientale de la Nouvelle-Guinée. La relation, donnant le nom de *Cabo Santa-Maria*, fait supposer que les Espagnols l'avaient reconnue, même avant l'expédition de Schouten et Lemaire.

En 1700, l'Anglais Dampier prolongea cette même terre dans un sens opposé, c'est-à-dire, du nord au sud. Vers le milieu de la côte, et devant l'île Dampier, le navire fut entouré par quarante-six pirogues, montées par deux cents noirs qui ne voulurent point accoster, malgré les signes amicaux qu'on leur faisait, et les présents qu'on leur montrait.

Dampier laissa à cet endroit le nom de *Baie des Frondeurs*. « Le continent, dit-il, est ici haut et montagneux, couvert de beaux arbres verdoyants. Sur les bords des montagnes, il y avait quantité de grandes plantations et des morceaux de terre défrichés, ce qui,

(*) D'Urville, Voyage pittoresque. Nous lui devons les sept paragraphes suivants.

joint à la fumée que nous voyions, était une marque certaine que cet endroit était bien peuplé. »

Carteret, en 1767, mouilla successivement au port Praslin, dans l'anse Anglaise et au havre Carteret, sur la partie sud-ouest de la Nouvelle-Irlande, où il se procura du bois, de l'eau, quelques choux palmistes et des cocos (voy. *pl.* 244). En juillet 1768, Bougainville mouilla au port Praslin, et y passa huit jours.

A son tour, en juillet 1792, d'Entrecasteaux mouilla au havre Carteret, et y passa sept jours. Ce fut une semaine diluvienne, des torrents d'eau tombèrent dans cet intervalle. On put à peine se procurer cinq à six noix de coco, et on ne vit aucun naturel. Après cette station, d'Entrecasteaux reconnut toute la partie occidentale de la Nouvelle-Irlande, presque inconnue avant lui. Il observa que sa charpente était généralement formée par deux chaînes de montagnes de deux mille mètres d'élévation perpendiculaire ; seulement, devant l'île Sandwich, le terrain était beaucoup moins élevé.

Le capitaine Duperrey mouilla, en 1823, au port Praslin, dont il fit lever le plan. Il put avoir de fréquentes communications avec les naturels accourus dans leurs pirogues du village de Liki-Liki, situé sur le revers oriental de l'île.

Pour se résumer sur la Nouvelle-Irlande, il faut dire qu'elle a cent quatre-vingt-quatorze milles environ du nord-ouest au sud-est, sur une largeur variable de huit à trente milles. La partie centrale est formée par une chaîne de hautes montagnes, couvertes d'arbres jusqu'à leurs cimes. Elle est peuplée de noirs ou Mélanésiens, dont le type varie d'une terre à l'autre, mais dont le caractère général est la timidité et la défiance. Limites en latitude, 2° 3' et 4° 51' sud ; en longitude, 148° 13' et 150° 48' est. Dans sa partie méridionale, sur le revers occidental, sont les petites îles des Cocos, Leigh, Lambuun (l'île aux Marteaux), et Latao (l'île Verte de Bougainville), et, sur le revers oriental, les îlots Eiroo et

Lountass. Près de l'extrémité nord-ouest de la Nouvelle-Irlande, est l'île Sandwich, découverte, en 1767, par Carteret, et reconnue par d'Entrecasteaux en 1792. Latitude sud 2° 49', longitude est 148° 33' (pointe est). La Nouvelle-Irlande n'est séparée du Nouvel-Hanovre que par un canal large de six milles, où pointent quelques îlots tout bas, à l'exception d'un seul caractérisé par un pic remarquable, que Carteret nomma *Byron*, et d'Entrecasteaux *Mausolée*.

Le *port Praslin* est situé à l'extrémité méridionale de la Nouvelle-Irlande, à l'ouest du cap Saint-George, par 4° 49' 48" de latitude sud, et 150° 28' 29" de longitude est. Ce nom lui fut donné par Bougainville, en l'honneur du ministre de la marine qui ordonna le premier voyage autour du monde, exécuté par les Français; vers la même époque, Carteret relâcha dans le havre placé plus à l'ouest, et appartenant à la même baie, qu'il nomma *Anse aux Anglais*. Il ne craignit pas de s'y enfoncer et le nomma *Canal de Saint-George*, en imposant le nom de Nouvelle-Irlande à la terre où le port Praslin offre une rade sûre. Le port Praslin se trouve parfaitement abrité de toutes parts, et protégé par une ceinture de montagnes nommées *Lanut*.

Le canal qui sépare le port Praslin de l'Anse aux Anglais a six mille marins; ce dernier havre est arbrité par deux montagnes élevées, dont les pitons attirent sans cesse des nuages noirs et épais, de manière que quand il fait un temps superbe au *port Praslin*, la pluie y tombe fréquemment par torrents.

Les arbres qui couvrent ce point de la côte, sont constamment, même par les plus beaux jours, entourés d'abondantes et épaisses vapeurs. Les noirs Papouas qui habitent cette partie du monde, nomment la Nouvelle-Irlande, *Enlourou*, suivant M. Lesson, et la Nouvelle-Bretagne, *Birare*. Ils sont dans un état perpétuel d'hostilité avec ses habitants.

L'ancrage du port Praslin est aussi sûr que commode; la mer y est partout également profonde; et même on y mouille très-près de terre, par trente-trois brasses, sur un fond de gros sables madréporiques, mélangés à beaucoup de débris de coquilles.

CLIMAT.

Le chaleur, dit M. Lesson, y est moins considérable qu'on ne doit le croire, par sa position presque immédiate sous l'équateur. Les vastes forêts dont la Nouvelle-Irlande est couverte en totalité, sans cesse arrosées par des pluies abondantes, qui permettent une vaporisation continuelle, résultat d'une chaleur intense, rafraîchissent l'atmosphère. Ces forêts ombreuses retiennent en effet dans leur intérieur une humidité défendue des rayons du soleil par des dômes épais de verdure; il en résulte une chaleur humide, dont les effets sont moins sensibles sur le corps, que ceux de la chaleur âcre et sèche que l'on ressent dans les déserts de l'Afrique. Le médium du thermomètre, était à midi, de 26° 6', et dans la nuit il ne descendait jamais plus bas que 25° 6'. La température de l'eau, prise au milieu de la baie, ne différait de celle de l'air que d'un degré. L'hygromètre varia de cent trois à cent huit, et le baromètre se maintint à vingt-huit pouces. Les orages se reproduisent avec une fréquence qui étonne; ils se forment en un clin d'œil, et se dissipent de même. Les nuages les plus inférieurs sont les seuls qui donnent de la pluie sur le port Praslin; tous les autres sont attirés par les hautes montagnes du bord ou de l'intérieur de l'île.

HISTOIRE NATURELLE.

Le sol fécond de cette grande île est d'un calcaire madréporique. Une montagne à l'entrée du havre, arrondie et élevée en piton, paraît être volcanique.

Les bords du havre sont garnis de bancs madréporiques nombreux; ils sont interrompus devant les courants d'eau douce qui descendent du sommet des montagnes, en formant des espèces de petites rivières. Pour que les embarcations puissent s'approcher de la terre, il faut les diriger dans les canaux. Les alentours du port Praslin sont bordés de coralligènes, que la marée, en se retirant, laisse presque à sec, tandis qu'à la haute mer les eaux s'avancent sur les grèves jusqu'aux pieds des arbres qui forment la lisière. Dès qu'on débarque, on observe une végétation tellement active et vigoureuse, qu'on la voit envahir le littoral, et ne cesser que là où la mer lui dispute la possession du sol; d'énormes troncs d'arbres renversés encombrent les grèves, et leur vétusté, comme un terrain fertile, nourrit encore des colonies de plantes charnues qui s'en disputent les moindres parcelles. Cette végétation ne présente point d'éclaircie, elle couvre toute cette portion de l'île d'une seule forêt. Les arbres magnifiques qui la composent, les areks qui la dominent, et une foule d'autres, se pressent et croissent avec vigueur. Des lianes de toutes sortes s'entortillent autour des troncs, grimpent jusqu'aux sommités des branches, où elles semblent tendre des filets impénétrables. Parmi ces lianes, il en est une dont les fleurs légumineuses, d'un beau jaune, flattent la vue, et dont les tiges volubiles se trouvent armées de crochets épineux, qui déchirent impitoyablement le voyageur qui s'engage sans précaution dans leurs lacis. D'éclatants papillons se croisent en tous sens sous ces dômes de verdure; des coquilles terrestres variées en habitent le feuillage, et sur les branches se rencontre fréquemment le *toupinambis* noir, ponctué de jaune. Des *baringtonia*, qui prennent un développement énorme, des *hibiscus* à feuilles de tilleul, des *kenco* (*guettarda spinosa*), et surtout des *scævola lobelia* de Vahl, croissent le pied dans l'eau, et paraissent avoir besoin, pour l'entretien de leur vie, d'une exposition toute maritime. Il en est de même d'un très-beau *pancraticum* qu'on ne trouve que sur le rivage. Ce végétal (*pancraticum amboinense*), remarquable par une hampe florale élevée, que couronnent des corolles blanches à étamines purpurines, a de larges feuilles roides, charnues, dans les aisselles desquelles on trouva en abondance la coquille terrestre, type du genre scarabe, que M. de Blainville a décrite comme nouvelle, en la nommant *scarabe de Lesson*, *scarabus Lessonii* (Dict. des sc. nat., t. 48, p. 32). Une cincidèle bleue à tête dorée volait sur les branches, et annonçait son passage par une odeur de rose fragrante qu'elle laissait échapper derrière elle. Ça et là s'élevaient les tiges droites des rotangs, si estimés en Europe pour faire des cannes, et sur la plupart des troncs d'arbres s'enlaçaient les tiges grimpantes des poivres cubèbes; le faux lagon (*cycas circinalis*), remarquable par ses stipes droits et son port de palmier, était alors chargé de fruits. Les Papous (*) de la Nouvelle-Irlande le recherchent, et font avec sa moelle intérieure des pains analogues à ceux qu'ils retirent des vrais sagoutiers. Les plantes nourricières de ces profondes forêts, se trouvent être le *laka*, si commun sur toutes les îles de la mer du Sud (*inocarpus edulis*); le *sahest*, qui est le *pya* des Taïtiens (*tacca pinnatifida*), le chou caraïbe (*arum esculentum*). Les areks (*areca oleracea*), dont on abat un grand nombre pour en obtenir le bourgeon terminal ou le chou, formaient des groupes épais dans certains emplacements, en s'unissant aux tiges épineuses des *cariota urens*, des lataniers et des *pandanus*. On doit remarquer que les forêts équatoriales des Moluques, de la Nouvelle-Guinée et de la Nouvelle-Irlande, remarquables par les gigantesques proportions des arbres de toutes sortes qui les composent, ont très-peu d'arbustes et de plantes herbacées. La chaleur solaire pénètre à peine sous l'épaisse et haute verdure qui couvre le sol sans cesse humide, toujours ombragé, et où règne une fraîcheur qui fait place, aussitôt qu'on a franchi quelques espaces dénudés, à l'action d'une chaleur insupportable. La vapeur qui s'exhale du sol lorsque le soleil s'élève, se condense en nuages au-dessus des arbres, et n'imite pas mal la fumée qui s'élèverait de

(*) Lisez Papouas.

dessus un village. Toute l'épaisseur de ces vastes forêts vierges est jonchée de troncs énormes, déracinés par leur mort naturelle, et couchés sur la terre qu'ils embarrassent, et à laquelle leur décomposition lente, en se réduisant en humus, rend les principes qu'ils en reçurent. Sous leurs écorces crevassées, se logent de froids reptiles; mais cependant la nature, qui aime à présenter le contraste de la vie et de la mort, voile encore ces traces de destruction, en les couvrant de fougères au feuillage découpé et grêle, d'*epidendrum* parasites à corolles bizarres et vivement peintes, de lichens et de bolets de formes et de couleurs diverses. De tous les végétaux arborescents, l'inocarpe est sans contredit un de ceux qui attirèrent le plus notre attention. Sa taille à Taïti n'avait rien d'extraordinaire, tandis qu'à la Nouvelle-Irlande il acquiert des proportions considérables, élève sa cime à de grandes hauteurs, et envoie au loin ses racines qui rampent à la surface du sol, en présentant des parois minces, et en même temps élevées de plusieurs pieds, de manière à former des sortes de cabanes naturelles, séparées par de légères cloisons, et capables de contenir sept à huit personnes. Tel est l'ensemble bien imparfait du paysage aux alentours du port Praslin. Par cette simple esquisse on doit penser quel effet imposant il imprime dans l'âme du voyageur européen. Le silence de ces lieux sombres et inhabités, où les noirs indigènes ne se présentent qu'accidentellement, n'est interrompu que par le bruissement des jeunes tiges des arbres sous les pas de l'explorateur, par les cris rauques et discordants du lori papou, ou par le bruissement des élytres des grosses cigales. Tout porte l'âme du naturaliste, même le plus exclusivement porté vers les collections, à un sentiment indéfini, à une émotion profonde, à un plaisir mêlé de quelque chose de vague et de triste que rien ne peut rendre, et dont plus tard il ne se souviendrait pas, à moins qu'il n'en trouve l'expression dans son journal, écrit sous l'inspiration des sensations du moment (*).

Les rivages du port Praslin sont parcourus par un grand nombre de sources qui descendent des montagnes placées autour du havre qu'elles abritent. La plus remarquable comme la plus abondante de ces sources est celle que Bougainville a décrite dans sa relation, et que M. Duperrey, je crois, a nommée *Cascade de Bougainville*. Le marin français, qui la vit dans la saison de l'hivernage, en parle en ces termes: « Nous avons tous été voir une cascade « merveilleuse qui fournissait les eaux « du ruisseau du navire l'*Étoile*. « L'art s'efforcerait en vain de pro- « duire, dans les palais des rois, ce « que la nature a jeté dans un coin « inhabité. Nous en admirâmes les « groupes saillants, dont les grada- « tions presque régulières précipitent « et diversifient la chute des eaux. Nous « suivions avec surprise tous ces « massifs variés pour la figure, et qui « forment cent bassins inégaux, où « sont reçues les nappes de cristal, « coloriées par des arbres immenses, « dont quelques-uns ont le pied dans « les bassins mêmes. Cette cascade « mériterait le plus grand peintre » (voy. *pl.* 243). Pendant la durée de notre relâche, dit M. Lesson, la source ne fournissait que peu d'eau, car nous étions à la fin de l'été dans cette partie du monde, et au moment où la saison des pluies allait commencer; les chutes de la Cascade de Bougainville sont à peu de distance du rivage, à l'est du port Praslin: elles sont formées par cinq gradins, s'élevant rapidement les uns au-dessus des autres, dans une élévation d'environ trente à quarante pieds; l'eau s'est creusé une ouverture à la moitié de la montagne, et jaillit en nappes écumantes, limpides et fraîches, dont le murmure se mêle au bruissement des feuilles, à la chute des vieux arbres qui tombent de temps à autre et encombrent son lit, ou jettent en travers des ponts chancelants: ces

(*) Lesson.

eaux, très-chargées de sels, ont comme ciselé la surface des rochers qu'elles baignent, et les strates d'où elles tombent en nappes, sont bordées de stalactites calcaires, groupées d'une manière agréable. Le lit et les strates, ajoute M. Lesson, sont formés de chaux carbonatée, due, sans aucun doute, à des masses madréporiques, qui ont moulé sur le noyau primitif un terrain récent. Les pores de ces coraux, depuis longtemps éteints, sont remplis par des cristaux plus blancs du sel, que l'eau tient en suspension, et que plusieurs autres principes salins rendent purgative. Comme site romantique, cette cascade mérite de fixer l'attention; mais nous l'avons trouvée bien inférieure à celle de Kidi-Kidi, à la Nouvelle-Zeeland, et de l'Ile de France. De grosses fourmis, dont la morsure est douloureuse, sont très-communes en ce lieu, et le calme de la forêt est, de temps à autre, interrompu par le cri d'un corbeau analogue à notre corneille, et qui imite à faire illusion, l'aboiement d'un chien. Bougainville avait déjà indiqué cette particularité, en disant, dans sa relation :
« Nous y remarquâmes une espèce
« d'oiseau dont le cri ressemble si fort
« à l'aboiement d'un chien, qu'il n'y a
« personne qui n'y soit trompé la pre-
« mière fois qu'on l'entend. »

L'île LAMBOUN que Bougainville a nommée *Ile aux Marteaux*, parce que les gens de son équipage y trouvèrent un grand nombre de ces coquilles bivalves, alors rares dans les collections, est très-riche en productions naturelles remarquables. Nous y cherchâmes toutefois infructueusement ces testacés dont nous ne vîmes aucun débris. Une anse considérable entame la partie boréale de cette île et se termine sur le rivage par des grèves sablonneuses déclives, et par des bancs de coralligènes. Jamais nous n'avions vu de points aussi riches en zoophytes ; ils pullulaient dans cet espace resserré, abrité des vagues du large qui déchirent et mettent à nu les roches de la côte méridionale où s'arrêtent leurs efforts. Ces plateaux de coraux sont, au contraire, recouverts d'une petite masse d'eau, dont la surface est toujours paisible et réchauffée par l'influence directe du soleil. La lumière, pénétrant avec force sous cette couche, a fait développer un luxe de vie que nous n'avions encore observé nulle part. Aussi nous arriva-t-il fréquemment de passer des heures entières en ces lieux, ayant de l'eau jusqu'à moitié des cuisses, pour y dessiner des zoophytes, et saisir leur éclat fugace et leurs formes qui, sans cette précaution, eussent échappé à notre étude. Nos collections s'y accrurent considérablement en éponges, en actinies, en zoanthes, en ascidies, etc. Des serpules ou tuyaux de mer, dont les animaux à tentaculés étaient d'un azur doré et brillaient de teintes vraiment fantastiques, se trouvaient entrelacées au milieu des coraux, et le zoophyte sortait de son tube pour s'épanouir comme une belle fleur, et s'y cachait au contraire avec vivacité, lorsque l'eau, agitée par quelques mouvements lointains, lui donnait, par ses ondulations même légères, la conscience d'un danger quelconque. Des holothuries, des étoiles de mer à six rayons droits et linéaires, l'*asterias discoidea*, le fongie avec ses larges polypes en ventouses, une actinie verte à tentacules rouges, une actinie pourpre le plus vif, des aplydium, couvraient cette partie de la baie Sur le rivage, attachés aux troncs couchés des arbres abattus par la vétusté, adhéraient de larges huîtres minces très-délicates. De nombreux fragments de nautiles (*nautilus pompilius*) jonchaient les sables des grèves, et attestaient que ce céphalopode doit abonder à certaine profondeur. A ces objets se joignaient des cônes, des porcelaines, des trochus, etc. (*).

La végétation de l'île Lamboun s'étend dans la plus grande partie de la côte jusqu'à la mer. Partout elle est d'une rare beauté. Les cycas s'y montraient en plus grande abondance

(*) Ce paragraphe et ceux qui suivent sur la Nouvelle-Irlande, sont extraits de la relation du savant naturaliste M. Lesson.

que partout ailleurs. Son pourtour entier était festonné par des guirlandes de lianes suspendues de branches en branches, d'entre lesquelles sortaient des arbres à pain sauvages. Des frégates noires volaient à de grandes hauteurs; et sur le bord de la mer se présentait assez fréquemment un gros martin-pêcheur à la tête blanche (*alcedo albicilla*). Sur la côte occidentale, auprès d'une petite rivière d'eau douce, nous trouvâmes des débris des repas que les naturels y avaient faits. Un ajoupa temporaire, consistant en quelques feuilles de cocotier jetées négligemment sur des feuilles fichées en terre, avait servi à abriter la cuisine de ces nègres, qui visitent, à ce qu'il paraît, de temps à autre leurs districts maritimes, afin d'y recueillir des vivres. Des tas de gros coquillages épars autour du foyer, nommé *pal* dans la langue du pays, témoignaient de leur appétit. Près de là nous remarquâmes un *callophyllum inophyllum*, dont le tronc avait pris un développement monstrueux. Cet arbre, en effet, était couché sur le sol, et donnait naissance, par la partie supérieure du tronc, à une douzaine de branches, toutes plus grosses que nos plus forts chênes de France et ayant plusieurs brasses de circonférence : qu'on juge, par suite, des dimensions du tronc principal. Des orchidées magnifiques, de grandes et fraîches fougères couvraient l'écorce et se mêlaient au vert gai et lustré qu'on sait être propre à ce beau végétal, et contrastaient avec ses fleurs blanches disposées en groupes. Les vakois, les inocarpes, les baringtonias, divers palmiers étaient d'ailleurs les arbres les plus communs sur ce point de la Nouvelle-Irlande. La partie méridionale de l'île Lamboun ne ressemble guère à sa partie boréale baignée par la haute mer, dont les vagues viennent se briser sur les rochers qui la bordent. Cette côte, haute et accore, est déchirée et crevassée; souvent la mer s'engouffre dans des cavernes qu'elle s'est formées par le choc impétueux de ses bouleversements; et comme ces profondes crevasses sont parfois ouvertes à leur sommet par des sortes de soupiraux étroits, il en résulte que la vague, heurtée par une puissance immense contre la barrière qui reçoit le choc, s'élève en gerbes par l'issue supérieure, et se disperse dans l'air en pluie que les vents emportent. Sur ces rocs, sans cesse ruinés, s'avancent, pour en voiler les injures, des plantes rampantes, des faisceaux de feuillage, et souvent en partent les branches tombantes et comme filamenteuses du filaos ou casuarina indien. Une ceinture de coraux protége toutefois ces rocs et semble former un ouvrage avancé destiné à protéger le corps de la place. Nulle coupure n'y existe pour donner passage à une embarcation. Revenons au port Praslin. La côte orientale, bordée ainsi par un large plateau de récifs, desséchée à marée basse, mérite toute l'attention d'un naturaliste. On y trouve un bon nombre de poissons de ceux qu'on doit appeler saxatiles, et qui, tous gracieux à l'œil, appartiennent au genre chétodon, aleutères, balistes, etc. L'astérie à six rayons bleus, ou *cicinboue* des naturels, les gros casques ou *sazanmaks*, le bénitier tridacne, ou *sabourkens* et *maronea*, des lepas, des haliotides, étaient les productions marines les plus abondantes. Des murenophis et des scorpènes se tenaient cachées sous les pierres; deux de nos matelots, blessés par les aiguillons de ces dernières, éprouvèrent des douleurs qui furent assez longues à se dissiper. Ce point de la côte est le seul où nous reconnûmes des muscadiers sauvages (*myristica mas de Rumphius*). Les tournefortia à feuilles satinées; des eugenia enlacés de pothos; des ketmies à feuilles de tilleul; des tecks (*tectona grandis*); des cariota brûlants; des ixora; des orangers, formaient les masses principales des fourrés. Partout on rencontrait les toiles assez solides de deux araignées (*araneæ aculeata et spinosa*), déjà mentionnées par M. de la Billardière, et toutes deux remarquables par la magnificence de leur coloration, variée de pourpre, d'azur et de blanc. Aux troncs des arbres pendaient d'énormes nids, spongieux et celluleux, bâtis sans nul doute par une espèce de thermite ou fourmi blanche. Lorsque la nuit commençait à couvrir de ses voiles la nature entière, dans les soirées calmes et sereines, des milliers de vers luisants, que les naturels nomment *kaltote*, sortaient de l'épaisseur des bois, lançaient de petits faisceaux de lumière qui se croisaient dans tous les sens, et dont les lueurs expiraient pour se rallumer de nouveau et de nouveau s'éteindre. Mais à ces détails doivent se borner nos tableaux de ces sites lointains et sans analogie avec les nôtres.

Une île vaste comme la Nouvelle-Irlande doit nourrir sans doute plusieurs espèces de grands animaux et quelques-uns de ceux qu'on trouve dans les Moluques et à la Nouvelle-Guinée. Mais les courtes relâches des voyages de mer ne permettent guère que d'effleurer quelques points du littoral, et par suite des endroits toujours pauvres en créatures animées. Nous n'y vîmes point le babi-russa, bien que nous ne puissions douter qu'il y existe, car les naturels nous l'affirmèrent; et, ce qui est plus positif, ils nous en apportèrent les dents canines, si reconnaissables par leur forme caractéristique. Les cochons, que les Papous (Papouas) élèvent en domesticité sous le nom de *bouré*, appartiennent à la race de Siam, et ne nous parurent pas être nombreux. L'animal indigène le plus commun est le couscou blanc ou *kapoune*, que les naturels estiment à cause de la délicatesse de sa chair. Un vespertilion est le seul chéiroptère qui s'offrit à nos regards, car jamais nous n'y rencontrâmes de roussettes, bien que ces animaux aient des espèces répandues dans toutes les terres environnantes. Les chiens nommés *poull* tiennent beaucoup d'espèces répandues chez les habitants de la Nouvelle-Hollande.

Les Papouas du port Praslin appellent les oiseaux *mani*, et ce nom a la plus grande ressemblance avec celui de *manou*, de la langue polynésienne. Les espèces se ressentent du voisinage de l'équateur, mais en même temps des rapports de création de la Nouvelle-Irlande avec les systèmes d'îles Papoues et Moluques. Elles y sont, en effet, nombreuses et variées; mais elles appartiennent en même temps à quelques-unes de ces familles précieuses si recherchées dans nos musées. La poule domestique commensale de l'homme ne diffère point de la race de nos basses-cours; mais, par une singularité qui serait remarquable, si l'on ne pensait que le nom de cet utile oiseau a un son euphonique dans la plupart des langues, les noirs du port Praslin lui donnent le nom de coq, nom qu'ils articulent nettement : peut-être l'ont-ils reçu de quelques navires européens. Les loris (*psittacus-lori*), ces perroquets à vestiture écarlate, les gros loris papous, dont la voix est rauque, le perroquet vert à plumes lustrées des Moluques (*psittacus sinensis*), la perruche de Latham, étaient tués en grand nombre dans nos chasses.

Plusieurs espèces du riche genre des columba habitent les alentours du port Praslin; et parmi elles, nous citerons le pigeon de Nicobar (*columba nicobarica*); la colombe pinon (*columba pinon*, Quoy et Gaim., Zool., pl. 28); la colombe demoiselle (*columba puella*). La colombe pinon, observée par nous dans son pays natal, diffère un peu de la belle figure donnée par MM. Quoy et Gaimard; car nous trouvons dans notre Journal cette description : la tête et le cou sont d'un gris glacé, mélangé à une teinte rose légère; le ventre est d'un roux vif; le dessous des ailes et du dos est d'un vert doré, brillant de quelques reflets de cuivre de rosette; les rémiges et les rectrices sont d'un vert noir; les tarses sont d'un rouge vif, ainsi qu'une caroncule arrondie qui surmonte le demi-bec supérieur. La chair de cette espèce est savoureuse. Un corbeau à duvet blanc, nommé *coco* par les naturels, dont le plumage est entièrement noir, ne paraît pas différer de l'espèce de la Nouvelle-Galles du Sud, que MM. Vigors et Horsfield ont nommé, par rapport à **son** analogie avec la corneille d'Europe, *corvus coronoides*. Sur les rivages était assez commun l'aigle océanique (*falco oceanica*). Deux espèces du genre *cucullus* habitaient les bois : l'une à plumage d'un vert uniforme ; et l'autre inédite, que nous avons figurée sous le nom de coucal atralbin (*centropus ateralbus*).

Parmi les oiseaux les plus communs, nous citerons les suivants : trois espèces de martin-pêcheur : l'*alcedo abicilla*, à plumage sur le corps couleur d'aigue marine, à tête et cou entièrement blancs ; l'*alcedo hispida*, *var. moluccana* ; l'*alcyon cinnamominus* de M. Swainson, nommé *kiou-kiou* par les insulaires (cette dernière espèce a environ six pouces de longueur. La tête et le dos sont d'un vert brun, et les ailes et la queue seules ont une teinte d'aigue-marine. Un collier fauve entoure le cou, et le ventre et la gorge sont de cette dernière couleur, devenue plus vive et légèrement pointillée de brun. L'extrémité des rémiges et des rectrices est brun ; la moitié de la mandibule inférieure est blanche, l'iris noirâtre, et les pieds sont rouges) ; des drongos ; des stournes (*lamprotorius metallicus*) qui vivent en troupes, et dont l'iris a l'éclat du rubis ; des hirondelles ; un *soui-manga* à gorge bronzée, nommé *sicsic* (ce *soui-manga* est olivâtre, excepté la gorge qui est d'un noir d'acier bruni, et le ventre jusqu'aux couvertures inférieures de la queue, qui est d'un jaune pur) ; des gobe-mouches nouveaux (*muscicapa chrysomela*, *pipilnaloumé* des naturels) ; un échenilleur ; quelques chevaliers gris ; des frégates, et quatre espèces nouvelles de gobe-mouches auxquels nous avons conservé les noms indigènes de *tenouri*, *kine*, *roukine* et *conice*.

Les reptiles trouvent à port Praslin toutes les circonstances les plus favorables pour leur multiplication paisible. Chaleur, abondance d'eau, sont les deux premières grandes conditions de leur existence ; aussi, bien que nous n'en ayons point vu, les navigateurs qui nous précédèrent sur cette partie du monde, y indiquent des caïmans ; comme le crocodile bicaréné n'est pas rare à la Nouvelle-Guinée, on ne doit pas douter que ce ne soit la même espèce. En revanche, nous nous y procurâmes plusieurs espèces de lacertains, et notamment le lézard de Pandang des Amboinois, ou gecko à bandes (*lacerta vittata*, Brong.), quelques ophidiens et des tortues. Les habitants nomment ces dernières *poules*, recherchent leur chair et font des hameçons pour la pêche avec leur écaille.

Les poissons comptent une grande variété d'espèces dans cette baie, et toutes rivalisent en éclat. Ce serait nous entraîner trop loin que de les citer. Nous ne passerons pas sous silence toutefois le requin à ailerons noirs (*squalus melanopterus*, Quoy et Gaim.), qui est multiplié d'une manière étonnante, ni le blennie sauteur de Commerson, sorte de poisson amphibie, qui s'élève sur les vagues, gravit les roches, s'y promène pour attraper les petits insectes dont il se nourrit, et, courant avec assez de rapidité sur le sable des grèves, imite, à faire illusion, les allures d'un sarigue. Enfin, ce qu'il y a de plus singulier dans les mœurs de ce poisson, c'est de le voir nager indifféremment dans l'eau des petites rivières qui se perdent dans le port Praslin, se plonger dans la mer, ou en sortir pour gravir sur les branches de quelques arbrisseaux maritimes. Ses yeux, placés verticalement sur le sommet de la tête, ses nageoires jugulaires soudées et à rayons solides, sa couleur gris de lin, font de ce periophthalme un être fort curieux.

Les crustacés se composent de langoustes, de cancers variés, de grapsés peints, de palémons, de crevettes, d'un pagure, et d'un ocypode qui se creuse des terriers dans le bois. Les insectes y sont très-ornés et nombreux, et les papillons les plus riches et les plus colorés s'y trouvent en grand nombre. Parmi les coléoptères, nous citerons la cicindèle à odeur de rose, type d'un nouveau genre, qui se tient sur les feuilles; le *gnoma*, qui ne quitte point les écorces; un bupreste doré, et un très-gros scarabée bicorne. On y rencontre plusieurs phasmes, l'un filiforme et vert, et l'autre très-grand, noir, à corselet très-dur et hérissé de piquants. C'est de cet insecte que parle Bougainville, lorsqu'il dit, p. 279 : « Il est long comme le doigt, « cuirassé sur le corps; il a six pattes, « des pointes saillantes sur les côtés, « et une queue fort longue. » On doit citer aussi les scorpions et les scolopendres, ainsi que plusieurs fourmis très-grosses, et des thermès.

Les coquilles les plus répandues sont de gros cônes, des casques, de très-grands *trochus*, puis la veuve à peau de serpent, des tridacnes, l'hyppope, des porcelaines, des ovules, des fuseaux, des haliotides, des murex, des huîtres, l'une à bords sinueux, l'autre aplatie et mince, des patelles, etc. Le scarabe ne quitte point l'atmosphère marine, et se tient sous la mousse ou dans les aisselles humides d'un pancratium; un petit bulime et une hélice noire inédite habitent les feuilles des arbres. Dans les eaux douces se trouvent une espèce du genre faune, la *melania setosa* de M. Gray (Zool. journal, t. I, p. 253, pl 8, f. 6, 7 et 8), une nérite épineuse, et la nérite fluviatile à lèvres rouges. Relativement à cette dernière espèce, nous ne pouvons passer sous silence un fait très-singulier de son organisation. Les individus les plus développés, au lieu de vivre dans les eaux douces où les fixent les lois de leur économie, se trouvaient répandus, au moins pendant la durée complète de notre séjour à la Nouvelle-Irlande, à de grandes distances dans l'intérieur des forêts, à plus d'une demi-lieue de tous ruisseaux. Cette singularité de rencontrer à chaque pas cette coquille fluviatile attachée aux feuilles des arbres, et surtout à celles des pandanus, nous parut renverser les idées reçues, et nous ne concevons pas encore comment elle peut gravir sur les troncs pour atteindre les plus légers rameaux à cause de son opercule calcaire très-solide. Quant à sa respiration, elle se continue par la précaution qu'a ce mollusque de réserver dans sa coquille et sous son opercule qui ferme hermétiquement, une provision d'eau, qu'il renouvelle peut-être chaque matin dans les aisselles des feuilles des vakois ou de quelques autres plantes, dont le feuillage enroulé reçoit toute l'eau qui est condensée pendant la nuit.

Peu de relâches nous ont été aussi favorables pour enrichir nos collections d'une quantité innombrable de zoophytes. Les holothuries, les zoanthes, les actinies, les salpa, les méduses nous offrirent de nombreuses espèces. C'est au milieu de la rade que nous prîmes, par un temps calme, un acalèphe agrégé, de forme pyramidale, long de deux pouces, composé de pièces articulées à facettes, taillées comme du cristal, se désarticulent avec une extrême facilité, ayant son centre traversé par des cordons digestifs d'un beau rouge, et disposés en ganglions renflés de distance en distance. Cet animal, qui a de grands rapports avec celui nommé polytome par MM. Quoy et Gaimard, sera pour nous le type du genre *plethosoma*. Nous passerons sous silence les nombreuses espèces de madrépores, d'éponges, d'alcyonium, de vers à tuyaux, de tubipores-musique, et les disques des fongies dont les interstices des lamelles sont occupés par le polype dilaté en larges et innombrables ventouses de couleur marron clair, etc.

Les peuples qui vivent sur la vaste île connue sous le nom de Nouvelle-Irlande par les Européens, semblables à plusieurs races répandues sur les terres environnantes, appartiennent à la grande famille des Papouas. Ces tribus noirâtres n'avaient point encore été décrites par les navigateurs, et tous les faits dont se composera leur histoire dans ce chapitre seront entièrement neufs pour la science.

Les Nouveaux-Irlandais ont la peau noire; mais cette teinte est loin d'être décidée, et, par le mélange de jaune uni au brun, affecte la couleur fuligineuse. Leur taille n'a rien de remarquable; elle varie suivant les individus; ses proportions les plus ordinaires sont à peu près de cinq pieds un à deux pouces. Ils ont le ventre gros. Leurs membres, sans avoir cette maigreur ou ces proportions si minces que l'on sait propres à la race des noirs, sont loin toutefois de présenter ces formes régulières et gracieuses qui sont propres aux Polynésiens. Une épaisse chevelure laineuse recouvre la tête et retombe sur les épaules par mèches très-frisées et disposées comme en tire-bouchons (voy. pl. 242). Les vieillards conservent leur barbe dans toute sa longueur, et paraissent en prendre le plus grand soin; et, à ces traits les plus saillants de leur physionomie extérieure, il faut ajouter un front rétréci, un nez épaté, et une large bouche laissant entrevoir deux rangées de dents corrodées par le bétel. Leur angle facial, que M. Lesson mesura plusieurs fois avec un instrument confectionné à bord du vaisseau, ne lui parut jamais dépasser le terme de 65 à 67 degrés. Les frictions huileuses contribuent sans doute à donner à la peau d'un grand nombre de jeunes gens la douceur et le velouté qui la caractérisent; mais la majeure partie de la population se trouve affectée de cette lèpre qui dévore un si grand nombre de peuples de la mer du Sud, et qui fait tomber l'épiderme par écailles furfuracées.

Tous les peuples de race noire, dans quelque partie du monde qu'on les observe, semblent méconnaître les habitudes d'une modeste pudeur. Une nudité complète est pour eux l'état de nature. Ils n'ont jamais cherché à voiler à tous les yeux des organes peu faits pour être montrés au grand jour. Les Nouveaux-Irlandais ne s'épilent point, et quelques vieillards étaient remarquables par l'épaisse villosité répandue sur leurs membres. Ils ignorent le procédé de la circoncision.

La dignité la plus froide respire sur le visage des hommes âgés; leurs traits calmes et sereins sont empreints d'une impassibilité qui est l'apanage des sens engourdis par les ans, tandis que la jeunesse est chez ces peuples, comme partout ailleurs, caractérisée par une turbulence d'action et par une vive mobilité d'esprit. En étudiant toutefois la physionomie des Nouveaux-Irlandais, on pénètre aisément les passions qui viennent s'y réfléchir, et la fausseté des regards perfides de quelques-uns contraste avec la défiance et les soupçons de certains, la bonhomie et la confiance de quelques autres. Chez ces hommes, la gaieté et l'enjouement ne paraissent être le partage que d'un bien petit nombre; leur vie s'écoule à tendre des embûches à leurs ennemis, ou à se préserver de leurs pièges, et un état d'hostilité perpétuelle en marque le cours.

Les Nouveaux-Irlandais, soit par mode, soit pour désigner les castes, conservent leur cheveux et leur barbe, ou se rasent avec des coquilles. Cependant nous remarquâmes que les vieillards, dont la barbe onduleuse descendait sur la poitrine, paraissaient jouir, parmi leurs compatriotes, de l'influence dévolue au pouvoir. Tous indistinctement se couvrent la tête d'huile et se saupoudrent avec des poussières de chaux ou d'ocre, et ce grossier cosmétique n'imite pas mal une peinture rouge dont serait imprégnée chaque mèche de cheveux. Cet ornement malpropre et bizarre contribue à donner à ces noirs un aspect extraordinaire et sauvage; et c'est bien pis encore lorsqu'ils ont consacré quelques instants à leur toilette et couvert leur visage des fards qui sont pour eux l'idéal de la beauté. A ce sujet, nous entrerons dans quelques détails; car l'homme le moins civilisé est aussi bien que celui qui prétend exclusivement à ce titre, livré à l'empire des goûts les plus extravagants et les plus ridicules, et pourrions-nous sourire de pitié à la vue d'un Nouveau-Irlandais, barbouillé d'huile et de poussière rouge, quand on rencontre au centre de la civilisation des chevelures ébouriffées et couvertes de poussière de farine? Ainsi la chevelure des hommes qui nous occupent, tombant en toit sur les épaules, est poudrée avec de la chaux ou de l'ocre; la barbe ne reçoit point cette parure, et seulement on la taille brin par brin, avec des valves tranchantes de coquilles, sur les côtés de la figure, de manière à ne laisser en place qu'une très-grosse touffe sous le menton; mais il paraît que l'opération de tailler ces poils est longue et douloureuse, car la plupart des naturels qui vinrent visiter notre vaisseau, se soumirent sans répugnance à l'épreuve douloureuse que leur firent endurer nos matelots, qui se faisaient un malin plaisir de les raser avec de vieux couteaux. A ces soins généraux ne se borne point la toilette des Nouveaux-Irlandais; il en est encore d'autres qui occupent leurs loisirs, et auxquels ils consacrent avec satisfaction de longs moments; au premier rang on doit citer leur coutume de se peindre les joues, le front, le bout du nez, le menton, et même les épaules, la poitrine ou le ventre, avec de l'ocre délayée dans de l'huile de coco. Sur ce fard d'un rouge sanguin, ils ajoutent, dans certaines circonstances, des raies blanches de chaux de corail. Le tatouage leur est inconnu, ou du moins n'en avons-nous vu que des linéaments légers et peu distincts chez quelques individus. Mais ils se percent la cloison du nez et même les ailes du nez, pour y accrocher des ornements singuliers, de formes très-variables, qui impriment à leur physionomie, naturellement repoussante et laide, un caractère hideux et féroce. Un bâtonnet en os ou en bois traverse la cloison des narines; celles-ci reçoivent des dents d'animaux ou des touffes de plumes, et jusqu'à des chapelets de dents de phalangers. Ils imaginèrent de placer en cet endroit les aiguilles, les épingles et les hameçons qu'on leur donna à bord de notre corvette, et ces instruments piquants ressemblaient à des chevaux de frise destinés à protéger leur face noire. Les lobes des oreilles sont aussi troués de manière à ce qu'on puisse y loger des rouleaux de cuir; et c'est aussi en ce lieu qu'ils plaçaient, ainsi que le font les Carolins, les couteaux, les ciseaux et les autres instruments de fer qu'ils obtenaient des marins.

Uniquement soumis à l'empire des besoins physiques, les Nouveaux-Irlandais ont reçu, dans la plénitude des fonctions de leurs sens, un perfectionnement d'idées instinctives qu'on retrouve chez tous les hommes dont les idées sont restreintes par les nécessités de la vie. Leurs sensations intellectuelles sont chaque jour, à chaque instant, tendues vers les moyens de calmer la faim du moment, de se garantir des atteintes des bêtes féroces, ou de s'abriter des intempéries du climat. De là sont nées les perfections de la vision, de l'odorat, de l'audition; de là découlent cette justesse de coup d'œil pour atteindre, avec un harpon, le poisson qui nage; cette habitude de découvrir l'oiseau le plus petit caché au milieu d'un épais feuillage; cette prestesse pour gravir un morne escarpé. Les noirs du port Praslin ne le cèdent d'ailleurs à aucune autre peuplade dans l'art de construire et manœuvrer une pirogue, de lancer une longue sagaie en bois dur, ou de jeter des pierres avec des frondes.

Parmi les hommes qui vinrent temporairement se fixer sur le rivage du port Praslin pendant notre séjour, nous remarquâmes un grand nombre de vieillards, et tout autorise à penser que la vie, exempte de ces vastes désirs qui en usent la trame, s'écoulerait sous ce ciel pendant une longue suite d'années, si la guerre et ses ravages ne venaient, de temps à autre, en troubler la monotonie. L'homme est si naturellement porté à la destruction, et la guerre est si profondément de l'essence de son organisation, que l'on remarque que les haines ne sont jamais plus vives, plus acharnées, que lorsqu'elles s'élèvent entre deux tribus d'une même origine. Ainsi, les Nouveaux-Irlandais ne diffèrent pas des habitants de la Nouvelle-Bretagne, qui sont des tribus issues de la même famille, et cependant la haine qui les divise est telle que le nom de *Birare* (nom indigène de la Nouvelle-Bretagne de Dampier) suffit pour faire naître la colère la plus violente, et lui faire vomir, dans sa langue, des imprécations, qui, à en juger par la violence des mouvements qu'elle provoque, doivent être d'une virulente énergie. Nous serions assez tentés de penser que les Nouveaux-Irlandais sont cannibales ; nous n'avons cependant sur cette grave inculpation que des présomptions ; mais cet affreux penchant, résultat d'un désir immodéré de vengeance, converti en dogme religieux par les superstitions les plus barbares, est d'ailleurs plus répandu qu'on ne le pense, chez plusieurs peuples de l'immense Océanie. Les armes des naturels du port Praslin sont le plus ordinairement ornées d'os humains entiers, et surtout d'humérus. Des trophées si hideux nous donnèrent à penser que ces peuples, trop bruts pour protéger leurs prisonniers, les massacraient au contraire, et se partageaient leurs os, pour perpétuer après leur mort la vengeance qu'ils en avaient tirée. Nous employâmes les précautions les plus délicates pour lever nos doutes sur cette affligeante circonstance, et plusieurs naturels confirmèrent nos soupçons, en nous prouvant par des gestes très-expressifs le plaisir que leur procuraient des muscles palpitants à dévorer, tandis que d'autres, au contraire, inquiets et troublés à cette question, n'y répondirent pas, témoignèrent de l'inquiétude et se hâtèrent de quitter le vaisseau.

Dans le nombre des naturels que nous visitions fréquemment, et avec lesquels nous vivions en bonne intelligence, dit M. Lesson, nous n'en trouvâmes point de contrefaits. Leurs formes, sans être arrêtées avec grâce, n'avaient point cette maigreur que présentent plusieurs races noires ; leurs membres étaient agiles et dispos. Un seul, c'était un vieillard, avait eu les jambes brisées par un coup de casse-tête ; mais la soudure des os s'était parfaitement consolidée, quoiqu'en les déformant. Nous n'avons point à signaler parmi eux de traces d'éléphantiasis, ni de ces hydrosarcocèles, si communs à Taïti. Mais, en revanche, la lèpre et les cicatrices sur la peau en détruisent l'uniformité, et ces dernières attestent combien sont fréquentes leurs hostilités avec d'autres tribus. Il eût été intéressant d'approfondir leurs idées sur l'art chirurgical ou sur les pratiques de leur médecine, quelque grossières qu'elles soient ; mais leur intelligence ne s'éleva jamais jusqu'à vouloir comprendre nos questions à ce sujet ; ils se bornèrent à nous nommer les plaies *alot*, et la lèpre *limnimole*, sans que nous puissions supposer s'ils cherchent à se garantir de celle-ci par quelques moyens prophylactiques, ou s'en guérir par des remèdes. La lèpre atteint, à la Nouvelle-Irlande, tous les âges, cause une desquammation dégoûtante de l'épiderme, et occasionne, chez ceux qu'elle dévore, un prurit qui paraît les tourmenter cruellement.

Les hommes, quels qu'ils soient, ne peuvent être bien appréciés que dans leur intérieur. Leurs rapports habituels avec leurs familles et l'ensemble de leurs habitudes domestiques les peignent sous leur vrai jour. Malheureusement, nous ignorons complétement quels sont les liens de famille qui unissent les Nouveaux-Irlandais à leurs épouses et à leurs enfants, et ce que nous en savons, se réduit à des observations superficielles, faites par M. de Blosseville, dans une course hasardeuse au village de Leukiliki, résidence des habitants qui, pendant notre séjour dans le port Praslin, étaient venus camper sur le rivage.

Son attention était principalement captivée par un grotesque personnage (le danseur ou la danse se nomme louklouk), qui, au moment de son arrivée, s'était élancé sur la grève qu'il parcourait en dansant. Son habillement ridicule consistait en une énorme ceinture de vakois (*) de neuf pieds

---

(*) Cet usage est entièrement semblable à celui qui est usité dans le royaume de Woolli.

de circonférence, qui prenait à la poitrine et tombait au milieu des cuisses; par-dessus s'élevait une pyramide quadrangulaire; par derrière elle était couverte de feuilles, et par devant elle était formée par un réseau noir, orné de figures blanches. La tête du sauvage était cachée sous cet affublement; un de ses bras sortait du milieu des feuilles, et était armé d'une sagaie. Un second danseur se joignit au premier, ils s'approchèrent de lui, et il put les examiner et les dessiner à loisir.

Intercalons ici un passage de M. Jules de Blosseville, inséré dans le Journal des Voyages de 1829.

« Les chefs nous conduisirent d'abord à la maison des *Idoles*, bâtie à environ cent pieds au-dessus de la mer; c'est un bâtiment de trente-six pieds de longueur, de dix-huit de hauteur et de onze de largeur. Cette espèce de pagode, ouverte à une de ses extrémités, est divisée en deux parties par un plancher sur lequel sont posées les idoles : la principale, placée à l'entrée, est une statue d'homme, de trois pieds de hauteur, grossièrement sculptée, peinte en blanc, en noir et en rouge, et ayant un phallus énorme; à sa droite on voit un grand poisson, et à sa gauche une figure informe qu'on peut prendre pour celle d'un chien. De chaque côté sont placés cinq autres dieux, qui représentent des têtes humaines d'un pied de hauteur, dont on a peine à distinguer les traits. Au fond on voit une quatorzième figure d'une plus grande dimension; elle est peinte en rouge, et ses yeux sont formés par des morceaux de nacre; à côté est attaché un ornement en bois, artistement découpé; les naturels le nomment *Prapraghan*,

et lui témoignent beaucoup de respect. Ce n'est cependant qu'une décoration qu'ils placent sur l'avant de leurs pirogues. Cette pièce précieuse est voilée. On descend dans la partie inférieure par deux grandes ouvertures; j'y suivis un des chefs, mais rien de remarquable ne s'offrit à ma vue; deux *tamtam* sont suspendus dans l'intérieur de la maison, ainsi que quelques fruits. Ces dieux de bois reçoivent des offrandes, et un couteau me fut demandé au nom de la grande idole. Je n'avais garde de refuser, et j'ajoutai à mon présent une médaille que je fis attacher au cou du grand dieu. J'espère qu'ainsi consacrée, on pourra l'y voir dans beaucoup d'années. Ce fut en vain que je cherchai à obtenir des renseignements sur la religion de ces insulaires; il reste à savoir quel est leur degré de superstition, et s'ils font des sacrifices humains. Je ne vis aucun os humain qui me pût le faire présumer. Toutes les idoles portent indistinctement le nom de *Bakoui*.

« Entourés d'hommes et d'enfants qui fuyaient à notre approche, nous n'avions pas encore vu de femmes, pas même de petites filles. Je commençais à deviner pourquoi on nous avait fait attendre, lorsque nous débarquâmes sur l'isthme, et pour m'en assurer, je me dirigeai vers les cases. On ne nous arrêta pas; les chefs nous suivirent partout; mais inutilement essayâmes-nous de regarder à travers les planches qui servent de portes : elles étaient trop bien jointes, et il ne pénétrait pas le moindre jour dans l'intérieur. »

Revenons à M. Lesson.

Le premier art que l'on doive examiner chez tous les peuples, quelle que soit leur civilisation, dit-il, est celui de la cuisine. Manger gloutonnement est sans doute le premier besoin de la vie; mais soumettre les aliments à des préparations diverses, annonce un raffinement qui ne peut naître que sous l'influence de l'aisance et d'une position au milieu d'un sol productif; sous ce rapport, les Nouveaux-Irlan-

«En approchant de Kounda-Barra, nous vîmes accrochés à un poteau, hors du mur de la ville, un vêtement fait d'écorces d'arbre coupées par filament, et arrangé de manière à pouvoir couvrir un homme; espèce de loup-garou, appelé *Noumbo-joumbo*.» Voyage dans l'Afrique occidentale du major Gray et du médecin Dochard, 1825, 1 vol. in-8.

dais nous parurent n'avoir pas fait de grands progrès, et le feu est chez eux l'agent universel dont ils réclament le secours, soit pour torréfier sur le charbon leurs aliments, soit pour réchauffer les sables des rivières sur lesquels ils dorment la nuit, ou enfin pour chasser les insectes et se garantir de leurs morsures. Ils se servent, pour allumer leurs brasiers, de deux morceaux de bois qu'ils frottent vivement, et dont s'échappent de petites étincelles qu'ils recueillent sur de la paille desséchée. Par ce procédé simple, ils peuvent, quelque part qu'ils se trouvent, préparer leurs repas, allumer instantanément ces grands feux qui sèchent leurs membres mouillés par de grandes et nombreuses averses. Ces naturels redoutent la profonde humidité qui règne dans les forêts, et lorsqu'ils viennent camper sur un point quelconque du rivage, ils en choisissent constamment la partie nue et sablonneuse, se placent en rond, de manière à entourer le feu qu'ils entretiennent soigneusement au milieu du cercle, et font en sorte de placer à côté de chaque individu, des masses de charbons ardents, destinées à les réchauffer pendant le sommeil, et à les protéger contre la fraîcheur des nuits. Ces noirs, ainsi couchés pêle-mêle sur le sable échauffé, paraissaient éprouver la plus vive jouissance à s'étendre dans tous les sens pour ne rien perdre de la chaleur que leur envoient les divers foyers qu'ils ont préparés. Il nous arriva fréquemment de les visiter au milieu de la nuit, sans que jamais nous ayons trouvé la tribu entière plongée dans le sommeil. Pour éviter les surprises, ils ont la précaution de placer à l'entour de leur campement, des vedettes qui, à la moindre apparence de danger, donnent l'alarme, et qui ont aussi pour fonction d'entretenir les feux allumés.

Les Nouveaux-Irlandais mangent à chaque instant du jour; et quel que soit l'animal qui leur tombe sous la main, il est aussitôt jeté sur des charbons ardents, rôti et dévoré. Jamais ils ne se donnent la peine de dépouiller un quadrupède ou de plumer un oiseau, et ils en mangent jusqu'aux intestins. Les insectes les plus dégoûtants et les reptiles les plus hideux ne leur causent aucun dégoût, et nous les avons vus souvent manger de gros lézards qui étaient à peine grillés. Lorsque les habitants quittent leurs villages, ils n'emportent point de provisions avec eux; ils se fient, pour trouver des vivres dans leurs voyages, aux récifs que découvre la marée basse. Là, en effet, ils pêchent aisément tout le poisson qu'ils peuvent désirer, et à cette ressource principale s'adjoignent une infinité de gros coquillages, surtout des poulpes et des bénitiers, enfin des tortues marines, des crabes nommés *koukiavass*, et de très-grosses langoustes. Mais, pendant que des naturels explorent ainsi les vastes bancs de récifs qui bordent toutes ces côtes, quelques autres s'avancent dans l'intérieur des forêts, et y recueillent les productions végétales nombreuses, qu'une nature riche et libérale y jeta à profusion. Au premier rang des fruits que leur maturité faisait rechercher à l'époque de notre séjour, nous mentionnerons la châtaigne d'inocarpe, dont le goût et la saveur ont la plus grande analogie avec les châtaignes d'Europe; ce fruit, nommé *laka*, est tellement abondant, qu'il jonche parfois le sol; les Papouas le mangent rôti, ainsi que les pommes du faux palmier nommé *cycas*. L'abondance des vivres et la quantité que ces insulaires en consomment, nous ont souvent étonnés. Nous n'avons jamais, en effet, assisté à un de leurs repas, sans que nous n'ayons vu disparaître des masses de viande, de mollusques ou de poissons; leur grand régal est de manger ces derniers crus. Parfois, pour cuire leurs aliments, ils creusent un trou très-profond dans le sable, ils le tapissent avec des feuilles fraîchement cueillies, et y déposent les chairs au milieu de pierres échauffées. Les animaux dont ils se régalent ne sont pas nombreux; ils n'élèvent que très peu de cochons, et parmi les quadrupèdes sauvages, les *couscous* (*) sont les seuls qui nous parurent servir à leurs festins. La cuisson ne dépouille point ces derniers d'une odeur fragrante et expansible, qui, pendant leur vie, donne la conscience de leur voisinage, bien longtemps avant qu'on puisse les entrevoir : cette chair est cependant bien capable d'exciter la convoitise par sa blancheur et ses qualités apparentes; mais ce fut en vain que nous essayâmes à différentes fois d'en goûter; l'odeur, qu'elle ne perd jamais, soulève l'estomac le plus robuste et le plus affamé. Quelques naturels nous firent entendre qu'ils ne dédaignaient point de manger les chiens; ce goût est assez universellement répandu sur toutes les terres de l'Océanie. Le chou caraïbe, plante de la famille des aroïdes, si précieuse par ses qualités nutritives, croît dans tous 'es marécages, et est vivement apprécié dans la Nouvelle-Irlande, aussi bien que dans les îles de la Société. Mais ce qui nous frappa sur cette grande île située à une faible distance de l'équateur, est la rareté des cocotiers qui croissent sur les rivages. Au petit nombre de noix de cocos que ces tribus nous apportaient comme objets d'échange, et à la valeur qu'elles en exigeaient en retour, nous dûmes penser que ce fruit était d'autant plus précieux qu'il était rare. Pas un seul cocotier n'existe aux alentours du port Praslin, et toutes les noix que les habitants nous apportèrent étaient sèches : ils nomment le coco, pris en entier, *lamass*, la coque ligneuse *larime*, et le lait émulsif *kaourou*. Mais si les cocos leur manquent, ils possèdent en abondance des *ounis* (bananes), des *nios* (ignames), des *tos* (cannes à sucre), et des *béréos* ou fruits à pain sauvages. L'eau pure semble être leur unique boisson.

Le repos, c'est-à-dire ce *far niente* qui consiste à reposer sur le sol ses membres engourdis, paraît être, dit M. Lesson, pour les Nouveaux-Irlandais, la réalité du bonheur. Nous les visitâmes à toutes les heures du jour et de la nuit; nous passâmes des journées, couchés au milieu d'eux, dans le but d'étudier leurs habitudes les plus apparentes, et presque toujours nous les vîmes savourer avec une sorte de volupté, ce repos si voisin de celui d'une brute. Cent fois nous trouvâmes les vieillards nonchalamment étendus près d'un foyer à demi éteint, restant des heures entières les jambes l'une sur l'autre, et les mains croisées sur leurs poitrines, dans l'immobilité la plus parfaite, mais suivant de la prunelle, avec une vive curiosité, tous nos mouvements et toutes nos actions

Ces peuples aiment passionnément le bétel; ce sialogue énergique noircit profondément l'émail des dents, qu'il corrode, et donne une couleur rouge sanguinolente aux membranes qui tapissent l'intérieur de la bouche. Cet usage, complètement inconnu aux Polynésiens, n'a pu leur être transmis que par les Malais, à l'époque où leur navigation s'étendait vraisemblablement dans toutes les mers qui baignent cette partie de l'Océanie. Les raisons données par Péron, sur l'utilité de cette drogue, sont loin d'être exactes, et nul doute qu'il ne faille simplement attribuer l'introduction de son usage parmi tant de peuples, à la fantaisie et à la mode. Les Nouveaux-Irlandais d'un certain âge sont les seuls qui mâchent le bétel, et les jeunes gens nous sembleraient ne pas jouir de la prérogative d'en user, car aucun n'en avait encore mis dans la bouche. Sous le nom de bétel, on désigne un mélange de substances d'une grande âcreté, dont les principes se corrigent pour donner naissance à un produit mixte, d'une saveur légèrement enivrante, que nous avouerons avoir trouvée fort agréable. La base de ces matières est la chaux appelée *embam*, obtenue par la calcination des madrépores, et que les naturels renferment dans un fruit à épiderme rouge, nommé *kamban*, dont la surface est souvent enjolivée par de nombreux dessins. Ce fruit, de

(*) C'est un sous-genre des phalangers, qu'on trouve quelquefois aussi dans l'île Célèbes. G. L. D. R.

la grosseur d'une coloquinte, est produit par une plante grimpante, nommée *melodinus scandens* par M. de la Billardière. Dans un autre petit vase, ils conservent des fruits d'arek et des feuilles de poivrier, qu'ils saupoudrent de chaux, avant de s'en servir. La noix d'arek est ce qu'ils nomment *boual*, et le fruit vert ou la feuille de poivrier est ce qu'ils connaissent sous le nom de *pogne*.

Pendant notre séjour dans la belle baie nommée port Praslin, nous vîmes, ajoute le savant naturaliste, jusqu'à cinquante guerriers à la fois, paraissant obéir à des vieillards, portant, comme marque distinctive, leurs cheveux longs ainsi que la barbe. Ils nous cachèrent soigneusement leurs femmes; ce qui semble attester qu'à leurs idées païennes se mêlent quelques traditions musulmanes qu'ils auront puisées dans leurs relations avec les Malais. Ils nous firent entendre qu'ils jouissaient de la prérogative d'avoir plusieurs épouses; leur conversation prouva aussi qu'ils poussaient aussi loin que possible les inquiétudes d'une humeur jalouse. Les relations que nous avons eues avec les Nouveaux-Irlandais du port Praslin pendant notre court séjour dans cette partie de l'île, ont toujours été franchement amicales. Cependant, il nous a fallu endurer des vols nombreux, car ces noirs, bien que ne pratiquant pas le vol à force ouverte, ne négligent aucuns moyens de s'approprier ce qui tombe sous leurs mains agiles. Il était aisé de voir que nos armes à feu leur imposaient une circonspection qui ne leur était pas habituelle, car ils redoutaient singulièrement la puissance d'armes dont ils n'entendaient jamais l'explosion, même au milieu des bois, sans tressaillir. C'était avec une vive reconnaissance qu'ils recevaient les outils de fer, les morceaux de cercle de barrique avec lesquels ils fabriquaient des ciseaux. Ce métal était plus précieux à leurs yeux que l'or, sous quelque forme qu'il fût. Toutefois, nous n'eûmes, en aucune occasion, à regretter notre confiance envers les Nouveaux-Irlandais. Ils se conduisirent avec bonhomie dans les forêts, où souvent nous nous confiâmes sans armes à leur bonne foi, lorsque, servant de guides dans nos courses d'histoire naturelle, ils pouvaient si aisément nous dépouiller. Nous participions sans cérémonie à leurs foyers; souvent nous choisissions des fruits de *mapé*, ou des mollusques pour calmer notre faim, sans qu'ils en témoignassent le plus léger déplaisir : peut-être faut-il attribuer leur conduite au soin que nous avions de les récompenser scrupuleusement. Cependant, nous n'en inférerons pas qu'il fût prudent de s'abandonner en toute circonstance à leur bonne foi, car souvent nous crûmes nous apercevoir que la vue d'un navire de guerre était ce qui leur imposait, et servait le mieux à réprimer leurs passions violentes.

L'espèce humaine à la Nouvelle-Irlande et sur les terres environnantes paraît répartie en tribus éparses. Elle appartient évidemment à la race papoua, avec un type inférieur à ceux qui habitent le plus près de l'équateur, à la Nouvelle-Guinée ou dans la grande île de Véguiou. Cela tiendrait-il à la grande humidité dans laquelle ils doivent être plongés une partie de l'année? influence assez grande pour agir sur la partie osseuse de la tête, ainsi que l'a fait observer M. le docteur Gall, sur un assez grand nombre que les savants de la *Coquille* apportèrent de Véguiou. Il y a loin de ces insulaires à ceux des îles Viti pour le développement et la proportion des formes, quoiqu'ils semblent appartenir à la même race.

« L'île aux Cocos, dit le narrateur du Voyage pittoresque, ment à son nom; elle n'a pas même de cocotier, pas un fruit, pas un comestible. La pêche elle-même y est mauvaise et difficile, le fond de coraux déchirant les filets. Sur toute la bande littorale du havre Carteret, s'élève un mur de falaises qui interdit l'accès du rivage. C'est à peine si l'on peut pénétrer jusqu'à une demi-lieue dans les terres. Du côté de l'aiguade, en marchant le long du torrent, l'île aux Cocos serait plus accessible, mais elle ne nourrit point de gibier. »

Uniforme dans toute son étendue, la côte de la Nouvelle-Irlande forme une longue et haute chaîne couverte d'impénétrables forêts. Les terres de la Nouvelle-Bretagne, qui se montrent à sept ou huit lieues de distance, annoncent un sol plus varié, plus fertile, et surtout plus populeux, à en juger par les fumées qui s'en élèvent.

M. Guilbert, en faisant le tour de l'île, avait rencontré dans un site sauvage, au milieu des rochers, un caïman aux yeux à fleur de tête, à la peau écaillée qui, à sa vue, s'était aussitôt dirigé vers la mer. C'était vraisemblablement le crocodile *Biporcatus*.

ILES SALOMON.

GÉOGRAPHIE.

Alvaro Mindana de Neyra, navigateur espagnol, envoyé à la découverte de la terre australe, exécuta le premier grand voyage de recherches, après que la Papouasie ou Nouvelle-Guinée eut été trouvée par *Saavedra*, et que *Hernando Gallege*, qui avait été auparavant premier pilote de Mindana, et auquel plusieurs géographes en attribuent la découverte, eut atteint, selon plusieurs géographes, une terre australe (*), qui nous paraît au moins douteuse. Parti des côtes du Pérou, Mindana découvrit en 1568 un archipel qu'il nomma *Iles de Salomon*; il les plaça entre les 5ᵉ et 9ᵉ degrés de latitude sud; mais ses observations de longitude furent si inexactes, que ni lui, ni aucun navigateur, ne purent retrouver ces terres. Il se trouvait alors, suivant son estimation, à quatorze cent cinquante lieues marines de Lima; mais par ordre, par erreur ou par ignorance, les auteurs espagnols placèrent ces îles tantôt à huit cents, tantôt à quinze cents lieues à l'ouest du Pérou.

Mindana nomma *Isabella* la plus grande île qui s'étendait du sud-est au nord-ouest; une île longue, située au sud d'Isabella, reçut le nom de *Guadalcanar*; une île qui renferme un volcan, celui de *Sesarga*, et la terre la plus méridionale qu'on trouva, le nom de *Christoval*. Nous trouvons dans *Figueroa* (Viagero universal, vol. XXVII, n° 273) que ces îles étaient peuplées de noirs, armés de flèches et de lances; qu'ils se teignaient les cheveux en roux, et mangeaient la chair humaine avec délices. A son retour à Lima, Mindana vantait chaque jour la beauté de cette terre, et l'or qui y abondait. Ce nom de Salomon, qu'il lui donna, indiquait au roi d'Espagne une nouvelle *Ophir*. Mais, jusqu'à ce jour, rien n'indique dans les îles qu'il découvrit des traces de terrains aurifères. Mindana paraît avoir trompé son pays, son prince et le monde entier; mais, était-ce pour faire un conte et s'amuser aux dépens du genre humain? Cela n'est pas croyable. Quelque vue vaste et profonde guidait probablement ce grand navigateur. N'aurait-il pas voulu plutôt exciter, par l'appât de l'or, son gouvernement à former un établissement important dans la mer du Sud, pour prévenir le danger qui devait résulter, pour l'Amérique espagnole, d'un établissement européen dans cette partie du monde? *Mindana*, nommé *amiral des îles Salomon* (*), étendit ses découvertes dans un second voyage : il trouva les îles Nouka-Hiva (*Marquezas de Mendoça*), le groupe d'îles de la Polynésie, qui se rapproche le plus de l'Amérique méridionale, et, ne pouvant retrouver l'archipel Salomon, il découvrit celle de Santa-Cruz, et quelques autres dont nous parlerons bientôt. Il retourna pour la troisième fois aux îles Salomon, pour y fonder une colonie; mais il trouva la mort à Santa-Cruz, établissement qui périt avec lui; et sa veuve ramena aux Philippines les débris de sa colonie.

La position des îles de cet archipel a été l'objet des plus longues contes-

---

(*) Dalrymple, *Historical collection*, t. I, p. 96 et 97.

(*) Figueroa, *Hechos de don Garcia de Mendoza, marqués de Canete*, l. VI, p. 238 et sqq.

tations. Cependant elle nous semble aujourd'hui démontrée. Ce sont les terres visitées par Carteret, Surville, Bougainville et Shortland, auxquelles on avait donné, depuis la mort de leur découvreur, les noms de *Nouvelle-Géorgie* et de *Terres arsacides*.

En résumant les notions isolées, recueillies par ces habiles navigateurs, on remarque que l'archipel de Salomon a deux cents lieues d'étendue, du nord-ouest au sud-est, sur une largeur moyenne de quarante lieues; qu'il renferme une dizaine d'îles grandes, hautes et peuplées, et un grand nombre d'autres de moindres dimensions.

ILES CARTERET.

Nous placerons les îles Carteret dans l'archipel de Salomon, et nous commencerons par elles notre description de ces îles, en allant du nord au sud. C'est Carteret qui en fit la découverte en 1767; il les nomma les Neuf-Iles. Maurelle les prit pour les îles Outong-Java de Tasman; elles furent revues par Shortland en 1788, et par Hunter en 1791. Ces îles sont bien boisées et riches en cocos, et surtout la plus grande. La mer fournit abondamment du tripang, ou biche de mer, espèce d'holoturie. Un récif de corail entoure ce groupe, selon ce que nous a appris un capitaine bougui, et c'est un des motifs principaux qui nous font supposer que les *îles du Massacre*, que le capitaine américain B. Morrell croit avoir découvertes, ne sont autres que les îles Carteret. Les huit petites îles de ce groupe sont basses, et cependant bien boisées et très-peuplées, ainsi que la grande. Les naturels sont des noirs, à cheveux crépus, courageux, intrépides, dissimulés, armés d'arcs et de flèches; ils ont bon nombre de grandes pirogues, qu'ils manœuvrent à la voile. Latitude sud, 4° 42'; longitude est, 153° 10 (milieu).

ILES DU MASSACRE.

C'est depuis la publication du voyage du capitaine américain Benjamin Morrell, qu'il a été question, dans le monde savant, de ces îles, qu'il prétend avoir découvertes. Mais, comme on rencontre, dans sa relation, d'assez fréquentes inexactitudes de position, qu'elle est empreinte d'exagération, et que c'est à sa courageuse compagne qu'il en a confié la rédaction littéraire, nous n'oserons trancher une question fort embrouillée; mais nous croyons que les îles du Massacre sont les mêmes que les îles Carteret. Après en avoir lu la description, et les aventures, au reste, fort intéressantes et fort dramatiques dont nous allons donner l'analyse et l'extrait, les géographes et les navigateurs seront peut-être de notre avis.

EXPÉDITION ET AVENTURES DE BENJAMIN MORRELL.

C'était à bord du joli schooner américain l'*Antarctic* que Morrell aborda ces îles, le 24 mai 1830. L'homme de quart sur le mât de perroquet aperçut en même temps la terre et des récifs; on tourna aussitôt au sud, et à trois heures du matin on revira pour trouver la terre. A six heures, le navire se trouva tout près d'un groupe d'îles petites et basses, qui semblaient entourées de toutes parts d'un rocher de corail, à l'exception de deux ouvertures étroites dont la plus large avait tout au plus cent perches de largeur et trois brasses d'eau.

On approcha de celui de ces passages qui est le plus à l'est, sur le flanc méridional du groupe; et à huit heures on mit à la mer les barques bien armées pour examiner la plage. Deux heures après, elles revinrent, avec l'heureuse assurance que le rocher était, à la lettre, couvert de biches de mer (*)

(*) Le tripang des Malais. Cette holothurie de mer est une espèce de mollusque dont on fait une pâte qui est fort recherchée dans certains pays. Cuvier lui donne le nom de *gastero peda pulmonifera*. Les gastronomes chinois en font usage comme d'un mets fortifiant et même aphrodisiaque. Ils le mêlent avec des épices, du bœuf et de la volaille, sans quoi il serait trop gras et trop fade.

de première et de seconde qualité; elles en rapportaient en preuve plusieurs échantillons. Le passage qui conduisait à la lagune fut immédiatement sondé; il était sûr et facile: Morrell se détermina donc à s'y rendre, et s'il était possible, à y faire sa cargaison.

L'effet suivit de près sa résolution, et le mardi 25 mai, à trois heures après midi, l'*Antarctic* était à l'ancre, à un mille d'une petite île, au nord-est du groupe, avec quinze brasses d'eau et sur un fond de corail. On y était abrité de tous les points du compas, dans une eau fort tranquille. Cet ancrage, selon B. Morrell, est situé par 4° 50′30″ de lat. sud, et 156° 10′30″ de long. est, position qui ne peut être qu'inexacte. Aussitôt que l'*Antarctic* fut à l'ancre, les naturels, presque aussi noirs que les Africains, et à peu de chose près complétement nus, commencèrent à se réunir alentour, se tenant dans leurs légers canots, à une distance respectueuse, avec tous les symptômes ordinaires de curiosité, d'étonnement et de crainte. Ils s'approchèrent à la distance d'environ cent perches du navire, et là, ils se courbèrent sur leurs pagaies (rames), comme si l'effroi les empêchait d'aller plus loin. Le capitaine Morrell fit de son côté déployer à bord un drapeau blanc, comme une marque d'intentions amicales, et il fit briller à leurs yeux quelques colliers de verre et autres objets qui reluisaient au soleil. Cela finit par les engager à s'aventurer jusqu'auprès du navire; et là, ils restèrent encore comme frappés d'étonnement et de stupeur, en examinant sa construction, ses agrès, ses cordages. Rien ne put pendant quelque temps les engager à venir sur le pont.

« Parmi les indigènes, dit le capitaine américain, je distinguai un individu que je reconnus bientôt pour un chef, et que j'appellerai Néron, faute d'un nom qui lui convienne mieux. Sa tête d'ébène, son cou et le milieu de son corps étaient splendidement, ou plutôt bizarrement ornés de coquillages et de guirlandes de fleurs; ses bras et ses jambes étaient chargés d'anneaux ou de bracelets de la plus belle écaille de tortue. Après bien des efforts, je parvins à lui persuader de s'aventurer à bord avec quelques personnes de sa suite; ce ne fut pas sans de grandes difficultés et sans beaucoup d'hésitation de leur part. Mais qui pourrait peindre leur surprise lorsqu'ils se sentirent sur le pont? Ils semblaient frappés de mutisme et de stupeur; ils n'osaient quitter la rampe d'un pas; et il me fallut prendre Néron par le bras, avec toutes sortes de démonstrations encourageantes et courtoises, pour l'amener au milieu du navire.

« Un peu rassuré par mes manières amicales et par la cordialité de ma réception, il commença à sortir par degrés de son étonnement et il devint d'une curiosité extrême. Il examina successivement, et en un instant, les mâts, les câbles, les ancres, les canots, tout ce qui se présenta à ses yeux, courant d'un objet à l'autre, les touchant des deux mains, en demandant l'usage, mais n'attendant jamais la réponse, car il se trouvait immédiatement occupé d'autre chose. Il se mit enfin à courir, à sauter tout autour du pont comme un insensé, riant aux éclats ou manifestant son admiration par les exclamations les plus bruyantes. Si quelque chose venait à frapper son attention d'une manière particulière, il s'écriait aussitôt: *Rett stiller!* ce qui signifie *très-beau!* Ses noirs compagnons prenaient aussi un grand intérêt à tout ce qui les entourait; mais ils ne se permirent pas de témoigner tout leur enthousiasme en présence de leur chef, qui nous fit connaître dès lors qu'il était le grand chef ou l'empereur de tout cet archipel.

« J'invitai Néron à descendre avec moi dans la cabine; il n'accepta qu'à condition que trois des personnes de sa suite tenteraient auparavant cette hasardeuse entreprise, et il donna en conséquence des ordres auxquels trois des naturels obéirent avec une répugnance évidente, descendant chaque marche après moi avec les plus grandes et les plus timides précautions. Mais leurs pieds avaient à peine touché le plancher, que leurs craintes firent place à la surprise et à l'admiration, en voyant le grand nombre de mousquets, de pistolets à canon de cuivre et de coutelas qui brillaient et étincelaient sur presque toutes les parois de la cabine. Ils couvraient de leurs mains leurs yeux éblouis, en s'écriant : *Rett stiller !* exclamations qui furent aussitôt répétées par leurs compagnons restés sur le pont. Je leur montrai un miroir, ce qui d'abord les frappa de terreur. Ils furent pendant quelques minutes comme tout effarés d'étonnement ; ils se regardaient alternativement l'un l'autre et examinaient l'image qui se réfléchissait dans la glace ; mais, aussitôt qu'ils y reconnurent leurs visages noirs comme l'ébène, ils s'embrassèrent, firent les grimaces les plus extravagantes ; ce n'étaient plus que rires immodérés et cris de joie.

« Néron, qui les entendait, ne put résister plus longtemps à sa propre envie et à leurs sollicitations ; d'un saut il fut dans la cabine, jetant ses regards de tous les côtés avec des cris de surprise et de plaisir, qui dépassaient toutes les bornes. Tous regardaient et se conduisaient comme des enfants hors d'eux-mêmes, quoique plus d'un portât évidemment des marques d'un âge avancé.

« Quand nous remontâmes sur le pont, le nombre des canots s'était considérablement augmenté autour de l'*Antarctic*. Ceux qui les montaient, venus des îles voisines, étaient noirs et nus comme les premiers : ils refusèrent d'abord de croire aux récits merveilleux que leur faisaient ceux de leurs amis qui se trouvaient à bord ; mais le témoignage de leurs propres yeux les convainquit bientôt *qu'on ne leur avait pas dit la moitié de ce qui était*. On leur fit voir alors la cuisine, on leur offrit du pain et de la viande ; ils refusèrent d'en goûter, avec une expression de crainte et presque de dégoût.

« Les canons excitèrent aussi l'attention du chef, qui se montra fort désireux d'en connaître la nature et l'usage ; mais il n'eût été ni convenable ni politique de satisfaire, pour le moment, sa curiosité à ce sujet. Je pris cependant un peu de poudre et la brûlai sur le pont en leur présence, ce qui les effraya tellement, qu'ils tombèrent à plat ventre et se cachèrent le visage ; voyant qu'ils n'étaient pas brûlés, ils se relevèrent bientôt, et firent entendre que je devais jouir du pouvoir de faire le tonnerre et les éclairs qui les effrayaient quelquefois du milieu des nuages.

« Quand leur curiosité fut enfin à peu près satisfaite, et que leur ardeur se fut un peu calmée, je distribuai à Néron et aux principaux personnages de sa suite, quelques présents qui parurent leur inspirer une vive reconnaissance. Néron ne voulant pas être avec nous en reste de politesse et de générosité, renvoya immédiatement ses canots à terre, et ils en revinrent bientôt chargés de noix de coco et autres fruits qu'il me pria d'accepter. Puis, sur son invitation, je l'accompagnai à terre dans son propre canot, tandis que M. Wallace me suivait dans celui de l'*Antarctic*, bien monté et bien armé.

« Arrivés dans l'île, Néron nous conduisit à sa maison, qui ne se distinguait des autres que par son élévation et son étendue. Nous y prîmes notre part de quelques rafraîchissements, consistant en fruits de différentes sortes et en poisson, que nous trouvâmes d'un goût fort agréable. Nous étions assis sur les nattes dont la terre était couverte : les autres chefs et quelques femmes vraiment jolies, presque entièrement nues et tenant des enfants dans leurs bras, formaient un cercle autour de nous. Mais j'étais évidemment le centre où se fixaient tous les regards ; j'étais certainement considéré comme le chef de quelque puissante tribu d'une île éloignée.

« Notre repas fini, j'offris à la reine une paire de ciseaux, un petit couteau et quelques colliers, que Sa Majesté daigna accepter d'une manière fort gracieuse, et qu'elle considéra avec une sorte d'enchantement, surtout les ciseaux dont je lui appris aussitôt l'usage.

« Le couteau et les ciseaux excitèrent l'admiration universelle; ce qui était bien naturel dans une société d'êtres qui jusque-là n'avaient jamais vu ni fer ni acier, et dont les meilleurs outils étaient quelques coquilles et des pierres.

« La sensation produite par ces nouveaux trésors s'étant un peu calmée, leur curiosité se porta de nouveau sur ma personne. Aucun cependant n'osait me toucher, à l'exception du roi Néron; encore ne le fit-il lui-même qu'avec toutes les timides précautions que prend un novice qui, pour la première fois, approche de la lumière d'un canon une mèche allumée. S'étant assuré que j'étais construit d'os et de chair comme sa propre race, et que la couleur blanche de ma peau ne pouvait s'enlever pour laisser voir une peau naturellement noire comme la sienne, il se tourna vers ses principaux capitaines et conseillers, et leur fit un discours assez long sur un aussi prodigieux phénomène. L'assemblée l'écouta avec moins de respect que de surprise; ils étaient tous restés sans mouvement, comme des statues, les yeux fixes et la bouche béante.

« Sa Majesté demanda alors que j'ouvrisse mon habit et le devant de ma chemise, afin qu'elle pût faire la même expérience sur la couleur de mon corps; mais le résultat ne fit qu'accroître son étonnement. Chacun des hommes qui étaient présents, vint alors à son tour s'assurer que ma peau n'était ni recouverte d'un tissu blanc artistement fait, ni blanchie par quelques moyens artificiels. Aucune des femmes ne voulut toucher ma poitrine, et je crois devoir attribuer cette réserve à une modestie et à une délicatesse naturelles à leur sexe, plutôt qu'à la crainte.

« Quand la curiosité fut complétement satisfaite sur ce point, les dames m'offrirent des colliers de coquillages qu'elles ôtèrent de leurs cous, de leurs bras, de leurs jambes, pour les mettre aux miens. Cet acte de courtoisie fut aussitôt imité par les chefs, qui ôtèrent et m'offrirent leurs bonnets chargés de touffes de plumes arrangées avec goût, et rehaussés d'un ornement de corail rouge. Je reçus aussi de quelques jeunes filles des nattes fort bien travaillées, qu'elles me donnaient, à ce qu'elles firent comprendre par signes, pour dormir dessus.

« Cependant le rassemblement s'était augmenté autour de nous, et pouvait être de quatre cents naturels, lorsque tout à coup et à ma grande surprise, fut entonné un chant pour lequel ils unirent tous leurs voix, vieux et jeunes, hommes, femmes et enfants. A en juger par les gestes des chanteurs, cet hymne s'adressait évidemment à moi, et était une expression de leur reconnaissance pour les cadeaux qu'ils avaient reçus. Adoptant cette explication, je m'efforçai par signes, gestes et sourires, de les remercier de leurs compliments. La politesse est un langage universel compris et apprécié spontanément par tous les peuples, depuis le Français si courtois jusqu'au Hottentot pauvre et méprisé.

« A la fin de ce concert, je fis entendre à Néron que je désirais faire la visite de l'île, et réclamai pour cette promenade, l'honneur de sa compagnie; il y consentit volontiers, et prit avec lui quelques-unes des principales personnes de sa cour, des deux sexes. Par son ordre, six hommes nous précédaient, faisant l'office de guides et de pionniers. J'étais sans armes, persuadé que la meilleure garantie de ma sûreté personnelle était dans la confiance que j'avais en mes conducteurs, et ils semblaient, en effet, l'espèce d'hommes la plus innocente, la plus inoffensive que j'eusse jamais vue. Tandis que nous avancions à travers une forêt, ils essayaient toutes sortes de moyens de m'amuser, jouant, sautant, courant et caracolant autour de nous, comme autant d'enfants au sortir de l'école.

« Les objets qui fixèrent mes regards pendant cette excursion, avaient l'apparence de la jeunesse et de la fraîcheur, comme si l'île entière eût été une création récente. Tous les arbres étaient jeunes, et la plupart des arbres à fruit semblaient nouvellement plantés. Je remarquai plusieurs arbrisseaux qui étaient couverts à profusion de belles graines rouges; Néron m'apprit qu'on les cultivait comme un ornement et un objet de toilette. A peu près au centre de l'île, mon attention fut attirée par de petits amas de corail, rangés sur des lignes régulières, séparés seulement par un sentier très-étroit et réunis dans un espace enclos d'une sorte de haie formée de pieux et de piquets enfoncés en terre. Néron m'apprit que c'était le cimetière royal, et que les piles de corail étaient des tombes. Les chefs et les guerriers de distinction peuvent seuls y être enterrés, et ont seuls droit de pénétrer dans cette enceinte. Après leur mort, les hommes du peuple sont jetés à la mer, et ils ont pour tombe un récif de corail ou l'estomac de quelque monstre marin!

« Tandis que je méditais sur ces distinctions humaines et terrestres qui nous suivent jusque dans la poussière du tombeau, nous atteignîmes l'extrémité sud-ouest de l'île, où je choisis un bel emplacement pour l'exécution de mes projets, qui consistaient à élever une sorte de bâtiment propre à la préparation des biches de mer. Je choisis cet endroit comme étant à la portée de notre ancrage, et parce qu'il était entouré d'une quantité suffisante de combustible d'une excellente qualité.

« Aussitôt que Néron put comprendre mon intention et mes désirs, non-seulement il accéda volontiers à ma demande, mais il me promit l'assistance de son peuple, et il fut convenu que nous nous mettrions à l'ouvrage dès le matin du jour suivant. Cet arrangement étant terminé et mutuellement compris, nous retournâmes au village, et, à sept heures du soir, je quittai mes nouveaux amis, qui m'avaient accompagné jusqu'à la barque, où mes compagnons m'attendaient avec quelque inquiétude. »

Le 26 mai, l'équipage descendit à terre vingt-cinq hommes à l'endroit que le capitaine avait choisi et désigné la veille. Chaque homme avait une hache bien aiguisée, et on se mit immédiatement à abattre des arbres et à débarrasser le terrain, juste en face de l'*Antarctic*, et tout près du rivage. Les matelots travaillèrent avec une telle ardeur et tant de zèle, que le soir, à six heures, non-seulement le sol était préparé pour la construction d'un bâtiment de cent cinquante pieds de longueur, sur une largeur de cinquante, et une élévation de quarante pieds, mais encore la grosse charpente de cet édifice était déjà fort avancée. Le travail de cette journée parut beaucoup réjouir les naturels; mais la rapidité avec laquelle nos gens abattaient et étendaient les arbres à terre, leur causait à chaque instant une sorte d'étonnement et d'admiration.

Dans l'après-midi, Morrell choisit des graines de différentes espèces qu'il jugea convenir au sol et au climat de ces îles, et se rendit à terre dans l'intention d'y faire un semis, et d'y préparer une pépinière. Suivi d'un des hommes de l'équipage, il examina le terrain avec soin dans différents endroits, vers le centre de l'île. Le choix fait, on se mit à l'ouvrage avec des bêches, et on eut bientôt retourné, dans une terre riche et meuble, un espace suffisant. Une centaine de naturels se tinrent, tout le temps qu'il dura, spectateurs de ce travail, qu'ils suivaient avec une vive curiosité et avec étonnement. Il fut impossible, pendant quelque temps, de leur en faire comprendre la nature et le but; ce ne fut que lorsqu'ils virent placer des graines dans la terre, que la vérité parut tout à coup frapper leur intelligence et leurs esprits.

« Un homme, grand, mince, bien fait, vint alors à moi, dit Morrell, et me tendit la main avec des signes d'approbation et de gratitude, me donnant à entendre qu'il comprenait à présent le but de mon mystérieux travail, et qu'il l'approuvait complétement.

La physionomie de ce personnage portait l'empreinte d'une grande pénétration et d'un caractère décidé : il s'appelait Hennin, et était, comme je le vis plus tard, le chef de l'île où nous étions établis. Néron, le roi, le monarque de tout l'archipel, y était alors en visiteur, et faisait sa résidence ordinaire dans l'île la plus étendue de ses possessions, située à sept milles de là, vers le sud.

« Encouragé par la satisfaction d'Hennin et de son peuple, je continuai mon travail, et semai ainsi des pommes de terre, des citrouilles, des orangers, pommiers, poiriers, pêchers et pruniers, des oignons, des choux, des poirées, des carottes, panais, artichauts, fèves, pois, melons d'eau et muscats. Tandis que nous nous occupions de préparer ainsi un semis de légumes et d'arbres à fruit, je dis à Hennin qu'il faudrait l'enclore d'une haie, de crainte qu'en marchant dessus et le foulant aux pieds, on ne rendît notre travail inutile. Il mit aussitôt du monde à l'ouvrage, et, avant la nuit, notre petit jardin était tout planté et enclos. Je dis alors à Néron et à Hennin que, dans l'espace de quelques lunes, ils pouvaient s'attendre à recueillir, de cette nouvelle et jeune plantation, diverses productions très-bonnes à manger, et qu'ils y verraient croître des arbres, qui, dans deux ou trois ans, se couvriraient de fruits magnifiques et délicieux. Hennin l'expliqua à ses compatriotes, qui répondirent par une acclamation générale de reconnaissance et de joie. »

Ce hourra fut suivi d'une allocution du roi Néron, dans laquelle Sa Majesté assura ses capitaines et ses sujets que les blancs prenaient toutes ces peines pour leur bien-être général, et sans autre motif qu'une générosité désintéressée. La fin de ce discours fut couronnée par de longs cris de joie, et l'air en retentit au loin. Lorsque les cris se furent un peu calmés, Morrell fit comprendre à Néron et à Hennin que ce jardin leur était destiné, et qu'après un certain temps, il produirait assez de graines pour les mettre en état d'en donner à leur peuple, et d'en distribuer dans chacune des îles de leur archipel. Ils parurent se trouver très-honorés de cette marque d'attention de sa part, et promirent de veiller à ce que le jardin fût entretenu et cultivé avec soin.

Au coucher du soleil, les Américains retournèrent tous à bord, et se couchèrent sur le pont, sous une espèce de tente. Les nuits sont fort belles et fort saines dans ces parages, parce qu'il n'y tombe pas de rosées. Il est difficile d'assigner la cause de cette absence complète d'humidité pendant la nuit; mais on pouvait dormir sur le pont sans aucune crainte de fraîcheurs, de fièvres ou de rhumatismes, défendu, contre la chaleur du climat, par l'haleine légère des vents alizés, qui, soufflant du sud-est, et ne rencontrant là ni montagnes, ni terres élevées, arrivaient mollement et sans obstacle jusqu'au navire.

Le lendemain, de bonne heure, vingt-huit hommes et l'armurier, avec sa forge, descendirent à terre, et se mirent à continuer leurs travaux. Ils étaient assistés d'environ cent naturels, qui leur firent, avec des feuilles de cocotier, une espèce de chaume destiné à former le toit de notre édifice. La forge était en activité, et la nouveauté de ce spectacle attirait l'attention de tous les insulaires qui suivaient avec étonnement les préparatifs et tous les mouvements de l'armurier; mais lorsque les soufflets commencèrent à jouer, le charbon à s'enflammer, et que, du fer rougi, s'élancèrent de tous côtés des étincelles, hommes et femmes, comme s'ils eussent obéi à une même impulsion, prirent aussitôt la fuite. Hennin fut le premier à qui on put persuader de se rapprocher; on lui eut bientôt démontré que sa frayeur n'avait aucun fondement, et, pour lui prouver, au contraire, l'utilité de la forge en cinq minutes environ l'armurier lui fabriqua un petit harpon.

La joie que lui causa ce cadeau

24.

fut excessive. Un autre harpon, plus grand, fut aussitôt forgé pour le roi, et Morrell offrit aux autres chefs quelques hameçons pour la pêche. Leur amitié pour les étrangers semblait croître à mesure que quelque objet frappait leur attention.

Les naturels s'étaient de nouveau, et en plus grand nombre, réunis autour de la forge, qui ne leur causait plus aucune crainte. Un homme âgé, appartenant à l'une des îles voisines, se saisit d'un morceau de barre de fer plate, d'environ dix-huit pouces, et s'enfuit en l'emportant sans cérémonie. Néron fit courir aussitôt après le délinquant, à qui on fit restituer de force l'objet volé. Le vieillard revint néanmoins à la forge, et, murmurant d'abord contre ceux qui l'avaient poursuivi, il saisit une occasion favorable pour voler un autre objet de la forme et à peu près de la longueur du premier. Quatre de ses compagnons, qui l'avaient suivi à son retour, s'emparèrent aussi de quelques-uns des outils de l'armurier, et disparurent. On s'aperçut bientôt de ce nouveau larcin, et les voleurs, poursuivis par des insulaires sur les instances d'Hennin, furent bientôt découverts; mais leur parti s'était grossi; ils étaient en force pour résister à ceux qui les attaquaient, et ce conflit fut bientôt une lutte sérieuse, où, de part et d'autre, il y eut des blessures graves.

Le capitaine fit tous ses efforts pour ramener, s'il était possible, la paix entre les deux partis. L'armurier quitta sa forge en ce moment pour assister au débat; et, quoique son absence n'eût été que de quelques minutes, il ne retrouva, à son retour, presque aucun des objets qui pouvaient facilement s'emporter. Tout le fer et à peu près tous ses outils avaient été volés. Il apprit cette nouvelle perfidie au capitaine, au moment où il était, à grand'peine, et non sans quelque risque, parvenu à rétablir la paix entre les insulaires.

Il s'adressa aussitôt à Néron et à Hennin, leur fit connaître l'indigne et coupable conduite tenue à son égard, et demanda que les objets volés lui fussent immédiatement remis. Néron se rendit facilement à sa demande, et entra dans un violent accès de rage contre ses sujets pour la manière dont ils avaient agi. La plus grande partie des objets fut bientôt retrouvée; un canot fut envoyé à la poursuite de ceux des voleurs qui avaient déjà pris le large; et, suivant sa promesse, le roi fit rendre tout ce qui avait été enlevé.

Alors le capitaine américain invita Néron, Hennin et les principaux chefs à l'acompagner à bord, et à y dîner : tous acceptèrent, sauf Hennin qui s'en excusa. Morrell n'attacha toutefois aucune importance à ce refus, et on se rendit à bord, laissant deux hommes pour garder la forge et veiller sur les outils. Arrivés au navire, Néron et ses compagnons y furent reçus avec cordialité. Ils parcouraient alors toutes les parties du schooner sans laisser voir aucune crainte, aucune idée de danger, admirant chaque objet qui se trouvait sur leurs pas, et montrant à tout propos un grand désir de connaître la cause et le principe de tout ce qui attirait leur attention.

Les canons placés sur le pont, ces lourds et larges corps de fer excitaient encore en eux une forte curiosité, et ils se montraient surtout inquiets de savoir pourquoi ils étaient creux. On ne pouvait les satisfaire complétement à cet égard qu'en déchargeant une des pièces, mais cela les eût alarmés à un point qui aurait empêché peut-être les blancs de regagner leur confiance. Morrell jugea donc qu'il valait mieux les laisser dans l'ignorance à cet égard. Hélas! les Américains étaient plus près qu'ils ne le pensaient du moment où l'expérience viendrait éclaircir pour eux ce mystère.

« Après un excellent dîner, dit Morrell, dont je leur fis les honneurs avec une politesse tout à fait hospitalière, nous retournâmes tous à l'endroit de l'île où nos hommes poursuivaient leur travail avec ardeur. Au moment où nous arrivâmes, j'appris qu'il avait été commis encore un vol de deux haches et d'une hachette pendant mon absence, et que, cette fois, il était à peu près hors de doute que le voleur avait été soutenu, sinon encouragé, par Hennin lui-même. Je dus m'adresser à Néron; mais au moment où je l'abordai, je vis clairement qu'il était d'intelligence avec celui dont je venais lui dénoncer la perfidie. Je fis ma plainte néanmoins de la manière la plus polie, et demandai que les articles volés me fussent aussitôt rendus. Au lieu d'alléguer aucune excuse et d'essayer quelque moyen de conciliation, Sa Majesté noire se mit alors dans un violent accès de colère, et me donna à entendre qu'elle ne voulait plus se mêler ni s'embarrasser de ces sortes d'affaires; je revins à Hennin, qui me fit la même réponse.

« Passer ainsi condamnation sur cet acte de perfidie, c'était, j'en étais convaincu, renoncer à tous nos projets et au succès de notre voyage ; je résolus donc de me faire rendre les objets dérobés, pacifiquement, si je le pouvais, par la force, s'il le fallait. Pour exécuter ce projet, nous retournâmes à bord de l'*Antarctic* ; six hommes de l'équipage s'armèrent avec moi de mousquets, de pistolets, de coutelas, et nous allâmes prendre terre, précisément en face du village, avec la ferme résolution de faire restituer les voleurs, ou bien de nous assurer de la personne d'Hennin, et de le retenir à bord de l'*Antarctic* comme otage et comme garantie de nos relations futures avec ses compagnons.

« Nous étions à peine à terre, que nous fûmes accostés sur le rivage par quatre des naturels sans armes, qui offrirent de me conduire au village où résidait Hennin, et où j'étais invité par le roi au milieu d'un bosquet. J'acceptai l'offre, et nous suivîmes nos guides sans défiance. Mais quel fut notre étonnement en sortant du bois pour entrer dans le village et dans un sentier étroit, de voir directement en face de nous deux cents guerriers sauvages, complétement armés, avec leurs arcs et leurs casse-tête, et prêts au combat. Leurs visages étaient peints de rouge, et leurs têtes fantastiquement ornées de plumes et de feuilles de cocotier. Tous les yeux étaient fixés sur notre petite bande avec une expression de férocité diabolique, mêlée, il me le parut du moins, d'un peu de honte et de remords de cette infâme perfidie. Quand mon regard rempli d'indignation rencontra les leurs, la conscience de leur crime se trahit en dépit d'eux-mêmes ; et je lus dans leurs sauvages physionomies abaissées vers la terre, qu'ils sentaient de quel acte infernal ils se montraient coupables, rendant ainsi le mal pour le bien et conspirant la mort de celui qui, librement, avait déjà risqué sa vie pour leur rendre service.

« A la vue de cette bande formidable de guerriers, l'arc bandé, le pied gauche en avant et tout prêts à décharger leurs flèches, je compris qu'ils étaient décidés à la guerre. Me retournant pour parler à mon héroïque poignée de compagnons choisis, je m'aperçus qu'un nombre à peu près égal de ces noirs démons, cachés des deux côtés du sentier où nous avions passé, était maintenant sorti de son embuscade et nous coupait la retraite. Nous étions donc complétement entourés de quatre cents cannibales féroces, déterminés à nous immoler, et qui n'attendaient qu'un signe de leur commandant pour nous cribler de leurs flèches.

« En ce moment difficile, nous fûmes constamment maîtres de nous-mêmes, et cette présence d'esprit nous soutint. Aucune joue ne pâlit, aucun nerf ne trembla dans notre petite bande de héros, dont le sang-froid et le courage croissaient avec l'imminence du danger. Je me tournai vers eux, et leur adressai quelques mots que m'inspira la circonstance, leur assurant que notre salut dépendait entièrement de notre sang-froid et de notre fermeté, et qu'une tentative désespérée pouvait seule nous sauver d'une complète extermination : je les exhortai donc à mettre leur confiance dans le ciel, et à exécuter rapidement tous mes ordres.

« Je mis alors mon mousquet à terre, je pris un pistolet de la main droite, mon coutelas de l'autre, et dis à deux de mes hommes d'en faire autant. Je donnai aux autres les ordres que je jugeai les plus utiles à notre position, et je songeai à exécuter mon plan d'opération. Dans le même moment, Hennin haranguait sa troupe de guerriers ; mais je cherchais un autre but ; et mes yeux, parcourant avec soin toute la ligne des sauvages, tombèrent enfin sur Néron, leur roi, qui s'était placé au côté opposé du cercle. Hennin avait terminé sa harangue, et chaque insulaire, la flèche appuyée sur la corde de son arc, était prêt pour une décharge générale.

« Avec une audace froide et calme, qui rendit ces sauvages immobiles de surprise, je m'avançai vers leur roi étonné, et plaçai mon pistolet sur sa gorge royale, tandis que mes deux fidèles compagnons, avec tout autant de fermeté et de résolution, prenaient leur poste de chaque côté de Sa Majesté, leurs brillants coutelas suspendus sur sa tête, avec l'ordre le plus sévère de frapper au moment où une seule flèche serait tirée sur quelqu'un des nôtres. En adoptant ce plan hardi, j'avais espéré que, pendant la confusion que la mort de leur roi répandrait infailliblement parmi les sauvages, quelques-uns des nôtres pourraient s'échapper, et, pour l'exécution, j'avais choisi deux hommes que je savais ne jamais hésiter à l'accomplissement d'un devoir, quelque danger qu'il y eût. C'étaient Georges Strong et Henri Wiley, mon second officier.

« Effrayés à la vue du danger que courait leur monarque, les sauvages s'arrêtèrent tout à coup, et leurs flèches tombèrent soudain à leurs pieds, avec leurs arcs détendus. A peine vîmes-nous l'heureux effet d'une démarche si hardie, et tandis que la plus grande confusion régnait dans les rangs de ces misérables, altérés de sang, nous parcourûmes le cercle, les coutelas et les pistolets à la main, et nous fîmes jeter à nos pieds les arcs, les casse-tête, qui furent promptement ramassés et réunis en faisceaux, désormais en notre pouvoir, par mes autres braves camarades, John Cowan, Joseph Hicks, George Cartwright et Thomas Bernard. Tranquille sur ce point, je fis conduire au rivage Sa Majesté, encore tellement effrayée, qu'elle pouvait à peine se tenir debout, tant ses nerfs avaient été ébranlés à l'aspect de notre détermination désespérée. Le monarque prisonnier fut remis sous la garde de M. Wallace, mon premier officier, qui venait d'arriver avec un second canot. Cinq autres des principaux chefs furent également conduits à la chaloupe qui nous avait amenés, et nous nous vîmes bientôt, avec nos captifs, sur le pont de l'*Antarctic*, où nous remerciâmes le ciel de notre miraculeuse délivrance. »

Comme l'amitié de Néron et de ses lieutenants était de la plus haute importance pour le succès de son entreprise, Morrell se conduisit, tout le reste du jour, de manière à se concilier leur bienveillance, et il se flattait d'y avoir complètement réussi. Tout se passait de la manière la plus amicale et la plus agréable entre les travailleurs et les naturels à terre, entre eux et les prisonniers à bord. Il leur prodigua tout ce qui paraissait exciter leurs désirs, objets utiles, parures, ou friandises. Il les régala d'une musique de tambours et de fifres, et fit exécuter plusieurs airs sur un orgue de France, de grande dimension. L'orgue surtout sembla exciter, à un degré tout particulier, la curiosité de ces hommes, enfants incultes de notre triste nature. Le soir, tout le monde revint à bord en bonnes dispositions, et Morrell apprit que 150 naturels avaient été occupés à préparer du chaume, comme la veille, même depuis qu'on avait conduit le roi prisonnier à bord de l'*Antarctic*. Après souper, le capitaine ordonna un petit concert, et ses marins donnèrent à leurs hôtes le spectacle d'une danse américaine ; eux, de leur côté, figurèrent, à leur tour, quelques pas tout à fait grotesques. « Nous rîmes tous aux éclats, dit Morrell, en voyant ces sauvages trouver notre façon de *gesticuler des pieds*, tout aussi ridicule que leurs grimaces et contorsions nous le semblaient à nous-mêmes. En cela, ils jugeaient probablement à merveille. La soirée se passa fort bien, et la plus grande bienveillance ne cessa pas un instant de régner, du moins en apparence, entre toutes les personnes qui se trouvaient à bord. Les prisonniers riaient, applaudissaient, poussaient des cris d'admiration; les marins en faisaient autant; à dix heures, le quart fut établi comme à l'ordinaire, et on se retira pour se reposer, après avoir fait un lit, pour les chefs sauvages, avec de vieilles voiles. »

Le vendredi 28 mai, jour de deuil et de douleur, se leva sur ces îles brillantes avec tout l'éclat d'un beau ciel sans nuages. Dès cinq heures, vingt-un hommes de l'équipage, sous le commandement de MM. Wallace et Wiley, se rendirent à terre pour continuer les travaux de l'édifice qui commençait à s'élever. A neuf heures, après avoir donné au roi et aux chefs un aussi beau et aussi bon déjeuner que pouvait le fournir l'office bien approvisionné de l'*Antarctic*, Morrell les chargea de présents et les reconduisit à terre, très-satisfaits, en apparence, de leur visite et de la réception amicale qu'ils avaient trouvée; ils semblaient, en effet, se donner une peine tout à fait extraordinaire pour les convaincre de leur gratitude et de leur amitié. Entre autres gages qu'ils s'efforcèrent de lui en donner, Néron et ses compagnons lui promirent l'assistance de leur peuple, pour préparer le chaume nécessaire à la couverture de notre maison, qui se trouvait alors en partie élevée, et qu'il ne restait plus bientôt qu'à couvrir. On va tout à l'heure apprécier la sincérité de ses promesses.

Après avoir ainsi traité ces chefs avec toutes les marques de déférence qui sont dues au rang, et qu'il croyait dictées par une saine politique, le capitaine prit avec lui quelques hommes et commença le transport à terre des objets les plus nécessaires à la préparation du tripang ou *biche de mer*. Tout allait en ce moment le mieux du monde : l'atelier s'achevait et n'attendait plus qu'un toit. Deux cent cinquante naturels prêtaient aux travailleurs une assistance que Morrell avait promis de payer généreusement. On avait déjà conduit à terre plusieurs chaloupes chargées, et on se préparait à y en envoyer une autre, lorsque, quelques instants avant midi, le capitaine fut effrayé d'un bruit qui glaça son sang jusqu'au cœur : c'était le cri de guerre des sauvages, qu'il avait déjà appris à connaître ailleurs.

« Je ne sais, dit-il, je ne sais, si le feu d'un volcan s'ouvrant à mes pieds, si la secousse inattendue d'un tremblement de terre, si la foudre, brisant en éclats le pont de l'*Antarctic*, m'eussent causé un saisissement, une terreur égale à ce que me fit éprouver cet infernal hurlement. Je vivrais toute l'éternité, que jamais il ne cesserait de retentir à mes oreilles, jusque dans mes songes. Je ne connaissais que trop bien les suites meurtrières de ce cri fatal, et je n'étais pas là pour protéger mes compagnons !....

« Notre batterie de bâbord portait directement sur le village, et, sans songer à la distance, je saisis une mèche allumée et tirai l'une des pièces. Le boulet, comme j'aurais pu le prévoir, fut perdu, et ne produisit aucun résultat; mais le bruit inattendu de cette détonation soudaine donna l'alarme à nos hommes, qui, dispersés dans les bois, s'occupaient de leurs différents travaux. Ils y reconnurent un signal de guerre avec les naturels, et ils coururent au rivage, en face du schooner, où ils avaient imprudemment laissé leurs armes sous la protection de deux sentinelles. Lorsqu'ils y arrivèrent, ils se trouvèrent en présence d'une bande d'environ trois cents sauvages, qui venaient de massacrer leurs deux compagnons, et les attendaient, l'arc tendu, prêts à tirer. Au moment où nos infortunés marins sortirent du taillis, une grêle de flèches fut dirigée contre cette poignée d'hommes sans abri et sans armes défensives ; trois seulement tombèrent à cette première décharge, quoique pas un peut-être ne fût sans blessure.

« Partie dès la première alarme, une chaloupe bien montée voguait au secours de mes braves camarades, de toute la vitesse avec laquelle dix robustes rameurs pouvaient la faire glisser sur les vagues, que sa quille semblait effleurer. Elle était commandée par M. Johnson, dont l'ardeur se trahissait par des exclamations que nous entendions. Courage, disait-il, mes amis, forçons la marche ! Courage, pour l'amour de Dieu ne perdons pas un instant ! Courage, et sauvons nos frères ! Ces exhortations étaient inutiles à nos rameurs, dont l'âme tout entière semblait concentrée dans les muscles tendus de leurs bras vigoureux ; et, de mon bord, je pouvais juger de leur ardente inquiétude aux angoisses qui se peignaient sur leurs visages, tournés vers l'*Antarctic*.

« Cependant mes braves et infortunés camarades vendaient leur vie aussi cher que possible. Après la volée des flèches qu'ils avaient essuyée en sortant du bois, Wallace, vaillant jeune homme, dont la bravoure, les vertus et la triste destinée attestent, mieux que son nom, la noble origine, rallie ses hommes, et, secondé par son ami l'héroïque Wiley, il se met à leur tête, et les conduit à ce combat désespéré, où, avec tant de chances contraires, il leur faut jouer leur vie ou leur mort. Voyant qu'un massacre général et sans distinction est le but déterminé de ces sauvages, qu'il n'y a aucun quartier à en attendre, ce brave Anglais, déjà percé de trois flèches, anime encore ses compagnons, occupés à arracher de leurs corps les dards aigus qui les déchirent. Un de ceux qui ont survécu m'a, en substance, rapporté les paroles de Wallace : « Mes braves amis, s'écrie-t-il, vous voyez notre destinée, mourons en hommes ; serrons-nous : le coutelas au poing, et suivez-moi ! S'il est quelque salut pour nous, c'est dans les rangs de nos ennemis. Il dit et court à la charge, donnant la mort à chaque coup qu'il porte, suivi de près et imité par Wiley et les autres. Les sauvages reculent d'étonnement et d'effroi à la vue de ces intrépides guerriers, qui faisaient tomber des rangs entiers et s'ouvraient, au plus épais de leur armée, un large passage. Pour un blanc qui succombe, six à huit de ces noirs cannibales mordent la poussière, jusqu'au moment où ce qui reste des nôtres, couvert de blessures, épuisé de fatigue et de sang, s'arrête et tombe à son tour. »

Certes, toute la bravoure humaine ne pouvait rien dans une situation aussi désespérée. Percé de flèches, qui entouraient son corps sanglant comme les dards d'un porc-épic, l'intrépide Wallace avait reçu plus d'une blessure profonde. Ses forces étaient épuisées, et il tomba sur le rivage, à côté de Wiley, son ami, qui venait de recevoir un coup de massue mortel. Mais, de sa voix mourante, Wallace encourage encore ses compagnons : « Courage, s'écrie-t-il, courage, mes braves amis, combattez, frappez ! » — Et le sang coulait à flots de tous ses membres. — « Pour l'honneur des marins, courage ! vendez cher votre vie ; vendez là ce qu'elle vaut. Qu'il ne soit jamais dit que l'Angleterre et l'Amérique aient produit un lâche ! Mourez en hommes ! » Telles furent ses dernières paroles. Par un soudain effort, il saisit la main mourante de son ami ; et ces deux braves officiers expirèrent en jetant un dernier regard sur l'*Antarctic*.

Celui de leurs compagnons qui, le dernier, quitta vivant cette scène de carnage, les vit dans cette position : amis constants dans cette vie, unis aussi dans la mort. Les autres continuèrent de combattre avec désespoir, semant le trépas autour d'eux, jusqu'à ce que, sur vingt et un marins, quatorze tombèrent morts ou épuisés.

« Cependant, dit Morrell, ou plutôt madame Morrell, son narrateur, la chaloupe qui avait été dépêchée avec M. Johnson et dix hommes, tous bien armés, avait touché le rivage. Au moment où ils arrivèrent à une portée de mousquet des sauvages, ils firent un feu vif et bien dirigé, qui repoussa à quelque distance ces démons incarnés, et donna à notre petite bande de héros, réduite à sept hommes, les moyens de faire une heureuse et utile retraite jusqu'à notre barque. Sur les sept, quatre étaient grièvement blessés, et les trois autres presque épuisés de chaleur et de fatigue.

« Les sauvages étaient revenus de la terreur que leur avaient causée nos balles, et voyant que le reste de leur proie allait échapper à leur rage, ils se précipitèrent avec toute la fureur du désespoir contre la chaloupe qui se trouvait à flot avant qu'ils eussent pu l'atteindre. Les uns alors la saluèrent d'une grêle de flèches, tandis que d'autres couraient à leurs canots, et se mettaient en devoir de la poursuivre. Tout dans leurs mouvements annonçait la détermination arrêtée d'immoler les fugitifs ou de mourir en les poursuivant.

« La chaloupe, chargée de dix-sept personnes, dont quatre étaient grièvement blessées, ne pouvait avancer que lentement, et les canots allaient facilement la gagner de vitesse. Aussitôt que les sauvages furent à la portée du mousquet, nos hommes firent sur eux un feu bien dirigé; mais la chute de leurs compagnons ne fit que donner à leur attaque toute la fureur du désespoir; le moment approchait, où la curiosité qu'avaient excitée en eux ces vastes corps de fer placés sur le pont de l'*Antarctic*, allait être complétement satisfaite.

« Les ennemis gagnaient si vite de l'espace sur notre chaloupe, que je commençai à craindre que sa perte ne fût inévitable. Au moyen d'un mouvement sur nos câbles, nous tournâmes contre les canots la bordée du schooner : les canons furent tous chargés à boulet et à mitraille, et au moment où les sauvages se trouvèrent à portée, je fis signe à l'officier de la chaloupe de se diriger du côté de la poupe du vaisseau, ce qui nous plaça directement en face des canots, environ au nombre de vingt. En ce moment fatal, l'*Antarctic* fit feu de toute sa batterie, qui lança au milieu de la flottille les terribles messagers de mort. Deux canots furent brisés en pièces. »

Le fracas inattendu du canon, ses terribles effets dont ils ne comprenaient pas la cause, tout jeta la terreur dans le cœur de ces barbares étonnés; car il paraît que ces insulaires n'avaient aucune idée des effets de la poudre. L'*Antarctic* fit pendant quelque temps un feu nourri qui força les canots, ou plutôt leurs débris, à faire une retraite précipitée vers leur île. Par ce moyen, et aucun autre n'eût été efficace, Morrell sauva la chaloupe, le schooner et la vie de dix-neuf braves qui revinrent à bord. Il en avait perdu quatorze; parmi les blessés était le beau-frère du capitaine, jeune homme qui n'avait pas seize ans.

Tous les hommes qui se trouvaient à bord, à l'exception du capitaine, furent pris de violentes envies de vomir, qui durèrent toute l'après-midi et une grande partie de la nuit. Cette maladie n'était pas un effet de la peur, mais bien plutôt des horreurs dont ils venaient d'être témoins. Les cadavres de leurs compagnons gisant mutilés sur le rivage, où leurs noirs et impitoyables bouchers les taillaient, les découpaient avec leurs propres coutelas; d'autres déchirant de la pointe de leurs flèches les chairs palpitantes des malheureux qui respiraient encore, tel fut l'atroce spectacle qu'ils avaient eu sous les yeux.

Heureusement, les sauvages ne vinrent point les attaquer, car ils auraient inévitablement pris le navire; toutefois, leur victoire eût été leur perte, car Morrell avait placé un des blessés, un homme sur qui il pouvait compter, près de la poudrière avec une mèche allumée, et il avait ordre de mettre le feu aux poudres si les sauvages venaient à se rendre maîtres du pont.

Laissé alors pendant quelques moments à ses réflexions, le capitaine prit une longue-vue et dirigea son attention vers l'île. Des feux étaient allumés sur le rivage dans toutes les directions; à l'entour il voyait les cadavres de ses infortunés compagnons : ces noirs anthropophages en coupaient des lambeaux qu'ils faisaient rôtir, et que dans leur voracité ils dévoraient tout palpitants avec une joie infernale.

Les indigènes transportèrent aussitôt les corps de leurs compatriotes morts dans le combat, et les ensevelirent dans la lagune. Ce devoir accompli, ils partagèrent le butin conquis dans ce massacre, et les dépouilles des étrangers; après quoi ils remontèrent par troupes dans leurs canots, et se dispersèrent dans les différentes îles auxquelles ils appartenaient.

Aussitôt des feux s'allumèrent sur chacune des îles, et illuminèrent bientôt comme un cercle menaçant toute la partie de leurs rivages qui se trouvait du côté du schooner. Autour de ces feux les sauvages parurent fort occupés une grande partie de la nuit : c'était sans doute pour continuer leurs horribles orgies; mais de crainte qu'ils ne tramassent quelque nouvelle perfidie, et que se flattant de tromper l'équipage et son commandant à l'aide de leurs feux, ils ne voulussent attaquer l'*Antarctic* à la faveur des ténèbres, chaque homme se tint toute la nuit à son poste. Quarante mousquets étaient là tout prêts, bien chargés. Les canons avaient reçu une double charge; les mèches étaient constamment allumées; sur chaque mât un homme était en sentinelle, faisant le guet et surveillant l'approche des canots et des pirogues s'ils venaient à se présenter; les préparatifs de défense étaient dans le meilleur état. Toute la nuit l'*Antarctic* croisa entre les récifs et les bas-fonds de la lagune, attendant avec une impatiente anxiété le jour qui vint si lentement pour eux, et que chacun salua avec joie.

Ce matin (c'était le 29 mai), l'*Antarctic* se trouva à deux milles environ du passage qui conduit de la lagune dans la pleine mer, et à sept heures, ils étaient entièrement dehors des *îles du Massacre*; tel fut le nom que Morrell donna à ce groupe, parce qu'une des îles qui le composent, avait été baptisée du sang des siens. Il n'avait pas un moment à perdre. Le désespoir des sauvages s'était accru par le mauvais succès de leur perfidie, et par la perte d'un si grand nombre des leurs. Leur force s'augmentait à chaque instant par un appel général fait aux habitants de toutes les îles voisines : tous les préparatifs furent bientôt faits pour attaquer l'*Antarctic* avec une force imposante, et il ne restait au capitaine américain que onze hommes en état de s'armer pour sa défense. Il jugea donc devoir au plus tôt mettre à la voile; chacun prit son poste et s'apprêta à recevoir l'ennemi qui s'avançait avec une innombrable flottille de canots.

Dans cet instant critique, le ciel se déclara en faveur des blancs; une brise favorable souffla de l'est, et ils virent bientôt, à leur grande joie, que les sauvages, déjà loin derrière eux, renonçaient à les poursuivre. Heureusement qu'ils perdirent ainsi courage, car le vent tomba bientôt, et le calme qui survint, eût pu leur être funeste. Enfin un vent favorable les conduisit à Manila, où le commandant de l'*Antarctic* s'occupa de réparer ses pertes; il tripla la force numérique de son équipage et renforça son arsenal et son artillerie.

Le 13 septembre 1830, Morrell, accompagné cette fois de son épouse, se trouve en vue des îles du Massacre. Un de ses marins, nommé Shaw, qu'il avait cru mort, reparaît et fait le récit des longues souffrances qu'il avait éprouvées de la part des indigènes. L'équipage ne respire que vengeance; le capitaine garde plus de modération; mais il n'ira pas cette fois confier la vie des siens aux protestations amicales de Néron et d'Hennin. Il s'établit sur une île inhabitée; il ne songe à aucune autre opération, avant d'y avoir construit et armé pour s'y défendre, une sorte de forteresse en bois, ou plutôt une plate-forme sur laquelle on avait placé quatre pierriers en cuivre. Ensuite on construisit un hangar de 140 pieds de long sur 35 de large et 23 de hauteur, pour la préparation du tripang.

« Le 16 septembre, dit madame Morrell, tout était prêt pour le travail, lorsque nous vîmes paraître près de l'île du Massacre, un grand nombre de canots. Shaw nous dit que cette flotte appartenait à une autre île, et qu'il ne l'avait jamais vue dans ces parages. Mon mari, soupçonnant leurs projets, ne voulut permettre à personne de l'équipage d'aller le lendemain à terre à l'heure accoutumée. Ce jour-là, un des chefs vint, selon leur usage, nous offrir des fruits, mais on n'envoya point de chaloupe à sa rencontre. Il attendit quelque temps, et finit par se diriger vers l'île où s'élevait notre fort, et que le capitaine Morrell avait appelée l'*île Wallace*, en mémoire de l'officier qui avait si héroïquement succombé, le jour du massacre. Par une circonstance assez extraordinaire, aucun des naturels n'avait mis le pied dans cette île, depuis que les travaux y étaient commencés. Mais bientôt nous connûmes leurs véritables intentions ; car une centaine de leurs canots, cachés jusque-là par l'île du Massacre, apparut soudain, cinglant vers celle de *Wallace*. Nous vîmes que c'était la guerre qu'ils nous apportaient, et de son côté l'*Antarctic* se prépara au combat. Celui des chefs qui était venu nous apporter des fruits, fut le premier qui mit pied à terre en avant du fort ; il poussa le cri du combat, et deux cents guerriers environ, qui, à la faveur des ombres de la nuit, s'étaient cachés dans les bois, en sortirent tout à coup et se portèrent en avant. Notre redoute fut attaquée de deux côtés à la fois ; les sauvages firent contre ses murs une décharge de flèches qui s'y attachèrent en sifflant. La garnison tint ferme, et attendit en silence que les assaillants se fussent avancés jusqu'à peu de distance ; alors nos pierriers, chargés à mitraille, vomirent la mort ; la mousqueterie suivit aussitôt, et en même temps l'*Antarctic* lâcha sa bordée de gros canons à boulets ramés, pointés et dirigés avec une adresse meurtrière sur la flottille des barbares. L'effet fut terrible : l'ennemi fit aussitôt une retraite précipitée, emportant ce qu'il put de ses blessés et de ses morts. La terre était jonchée d'armes et d'équipements militaires, dépouilles de ceux qui n'étaient plus. Ne s'étant pas attendus à une telle réception, l'effroi des sauvages tenait du prodige. Le bruit du canon, répété par l'écho des forêts, épouvantait les femmes et les enfants jusque dans leurs retraites ; ils n'avaient jamais entendu rien qui approchât d'un pareil fracas, pas même dans le premier combat qu'ils livrèrent à l'*Antarctic*. Les indigènes qui étaient débarqués pour l'attaque, se jetèrent à la nage ; en même temps la garnison fit hisser le pavillon américain sur les remparts, et fut saluée par l'équipage du schooner, où tout le monde se livrait au plaisir d'une victoire qui ne nous avait pas coûté un homme, et où deux des nôtres seulement avaient été blessés. La musique se mit à jouer les airs nationaux de *Iankee Doodle* et de *Rule Britannia* (*).

N'oublions pas que l'historien de ce combat, le peintre de ce tableau de carnage, est une femme modeste et réservée, qui raconte ce qu'elle a vu, et le combat auquel elle a assisté.

« Pour moi, continue madame Morrell, je vis tout cela sans aucun sentiment de crainte, tant il est facile à une femme de se mettre au niveau du courage de ceux qui l'entourent. Si quelques mois auparavant j'avais lu seulement le récit d'un pareil combat, j'aurais frémi au moindre incident, tremblé à chaque détail ; mais en voyant autour de moi tant d'ardeur et de courage, à l'aspect du sang-froid que chacun mettait à faire son devoir, je ne me trouvai point accessible à la peur, et je restai sur le

---

(*) Le premier est l'air national des Américains ; et le second l'air national des Anglais, comme le Chant du départ est celui des Français. G. L. D. R.

pont, aussi calme qu'une héroïne des anciens jours. Le seul sentiment qui m'animât, c'était la pitié de ces pauvres créatures ignorantes, égarées, portant figures d'hommes, et qui avaient leurs âmes à sauver. Pour porter la civilisation chez ces peuplades aveugles, faudra-t-il donc toujours commencer par verser du sang? Dans la situation où nous étions, nous ne pouvions autre chose. »

Malgré cette victoire, Morrell et ses Américains ne purent s'établir d'une manière tranquille dans ces îles. C'était toujours quelque nouveau piége de la part des naturels, toujours quelque escarmouche nouvelle. Hennin, le féroce et perfide chef dont il a été souvent question, fut tué dans l'une de ces rencontres. On recueillit et on prépara deux cents pikles de tripang. Le pikle correspond, je crois, à cent vingt-cinq livres. Ce tripang est, selon Morrell, le meilleur qui existe sur aucune île connue.

Au milieu de nouvelles agressions, pressé par le manque de provisions, Morrell renonça à ses projets de cargaison, et quitta enfin ces parages le 3 novembre, à la lueur de l'incendie allumé par l'équipage pour consumer le fort et le hangar qu'il avait élevés dans une autre espérance. Le schooner fit route à l'est. Le lendemain, il se trouvait près de la côte nord de l'île Bouka, dont les naturels parurent de tout point semblables à ceux des îles qu'on quittait; seulement les pirogues étaient plus grandes, montées par un plus grand nombre d'hommes, et marchaient plus vite.

Maintenant on se demandera quelles sont ces îles du Massacre? Après avoir bien examiné le récit de Morrell, et les cartes anciennes et modernes; malgré l'inexactitude de ses positions et les contradictions qu'on trouve dans le voyage du capitaine américain, nous le répétons, ces îles nous paraissent être celles que Carteret a découvertes, et qui portaient son nom avant que le capitaine américain fût au monde.

Nous ajouterons encore quelques lignes. Nous avons vu que le matelot Shaw avait joint Morrell à l'instant où il aperçut l'*Antarctic* de retour. Le récit qu'il lui fit de son séjour parmi les sauvages, offre quelque intérêt, malgré le caractère d'exagération qui y domine; mais il renferme plusieurs détails curieux sur les mœurs de ces indigènes.

Shaw s'était enfui dans les bois, pendant que tous ses compagnons tombaient sous les massues et les casse-tête des sauvages. Le lendemain on le saisit, et un insulaire lui asséna sur la tête un coup de massue qui le renversa évanoui; mais le chef Hennin le prit pour son serviteur. Le pauvre Shaw avait le crâne fracassé; son maître pansa sa blessure, en la remplissant d'eau chaude, qu'il y laissa jusqu'à ce qu'elle fût refroidie; puis il y jeta du sable en abondance.

L'Américain fut occupé à faire des couteaux pour son maître, avec le fer de l'établissement de Morrell. Les enfants épilèrent tout son corps, et on l'obligea de se couper la barbe avec des coquilles tranchantes; la faim le tourmentait, et il serait mort sans les rats qu'il tuait et préparait de son mieux, mais en secret, car c'était la nourriture réservée aux chefs.

Le malheureux matelot retira peu à peu le sable dont on avait saupoudré sa blessure, et guérit. Huit jours avant la seconde apparition de l'*Antarctic*, il allait être rôti et mangé, si le roi de ces îles avait été exact au rendez-vous du sacrifice. Enfin, à l'instant où le navire fut aperçu des naturels, on l'envoya en parlementaire, et c'est ainsi que ce martyr des sauvages fut heureusement sauvé.

Voici les détails qu'il donna sur le caractère physique et moral des insulaires et sur leurs mœurs. Ils sont généralement grands, bien faits, vigoureux et agiles; leur peau lisse est moins noire que celle des noirs d'Afrique; leurs cheveux sont légèrement crépus, ou plutôt soyeux; leur physionomie a une expression de férocité et de hardiesse, et ils sont tatoués. Les femmes ressemblent aux mulâtresses quarteronnes. Le vêtement des deux sexes consiste en pagnes tressés avec des fibres de cocotier ; mais ordinairement les hommes et les femmes sont nus, couverts seulement de plumes, de coquilles, et les chefs se distinguent par des bandeaux de plumes rouges qui leur ceignent le front. Les cases sont construites en bambous, et couvertes de feuilles de cocotier.

Ce groupe obéit à un seul roi absolu : outre l'autocrate, chaque île a un chef particulier et des chefs inférieurs. Quelques insulaires sont polygames, mais la plupart n'ont qu'une seule femme, et elles y sont très-réservées, parce que leurs maris les punissent de mort à la moindre infraction à la fidélité conjugale. Ils immolent, selon le matelot américain, tous les enfants, à l'exception de ceux des chefs.

TERRE DES ARSACIDES ET ILE DE BOUGAINVILLE.

La terre des Arsacides, vue par Mindana, fut découverte par Surville en 1769, et occupe l'extrémité nord-ouest de l'archipel de Salomon. C'est, suivant Fleurieu (*), parce que les habitants montrèrent un caractère perfide et sanguinaire, qu'il leur donna ce nom, les comparant aux fameux *assassins*, faussement nommés *Arsacides*, de la Perse ou de la Syrie. L'opinion de Bougainville était que cette île appartient au groupe des îles qu'il nomma *Louisiade*. Sa position est de 8° 36′ à 9° 7′ de latitude sud-est, et de 158° 37′ à 159° 4′ de longitude est.

L'*île de Bougainville*, ainsi nommée en l'honneur du navigateur français qui la découvrit en 1768, est haute, montueuse vers la côte nord-est, et son extrémité boréale s'abaisse insensiblement en une pointe de terre basse et resserrée, qui semble jointe à l'île de Bouka. Elle est peuplée. Sa position est de 5° 32′ à 6° 55′ de latitude sud, et de 152° 14′ à 153° 25′ de longitude est.

(*) Fleurieu, Découvertes des Français, p. 136, 145, etc.

ILE BOUKA.

Cette île fut découverte en 1767 par Carteret, qui la nomma *Winchelsea*, et revue par Bougainville, Shortland, d'Entrecasteaux et Duperrey. Il n'est pas encore certain qu'elle soit séparée de l'île Bougainville. Position 5° 0′ latitude sud, et 152° 14′ (pointe nord) de longitude est. Bouka est son nom indigène.

« La surface entière de l'île de Bouka, dit M. Lesson, est uniforme, et paraît à l'œil comme un vaste plateau assez élevé. Son aspect est assez agréable, et une verdure active et pressée s'est étendue partout ; il n'y a pas jusqu'aux rochers des bords de la mer qui ne soient revêtus de guirlandes de feuillage : des arbres d'un port majestueux et une ceinture de beaux cocotiers couronnent le tout. La mer déferle avec violence sur quelques petites plages de sable, apparaissant de loin en loin, comme des taches au pied des murailles taillées à pic, qui supportent le plateau de l'île. Ces murailles sont coupées de manière à faire supposer que les prismes de basalte les constituent en grande partie. Nous découvrîmes un grand nombre d'habitants attirés sur le bord de la mer par la vue de notre navire ; ils étaient nus. De toutes les pirogues qui furent lancées à la mer, deux seules parvinrent à aborder notre vaisseau ; elles étaient montées par six hommes qui ne témoignaient aucune inquiétude à la vue d'un équipage nombreux ; ils échangèrent leurs provisions d'armes, travaillées toutes avec le plus grand soin. Leurs arcs et leurs casse-tête étaient en bois rouge, sculptés soigneusement et peints de diverses manières. Le fer était aussi pour eux la marchandise la plus précieuse, et ils ne recevaient jamais une hache, qu'ils parurent nommer *niko*, sans pousser de grands cris pour témoigner leur satisfaction. Les naturels de l'île Bouka sont des Papous (lisez Papouas) de moyenne taille, ayant au plus cinq pieds trois à quatre pouces, et dont les membres sont grêles et peu musclés. Leur peau est colorée en un brun foncé, uni à une teinte jaunâtre; leur chevelure longue, frisée, était ébouriffée, suivant la mode des habitants de Véguiou. Les traits du visage avaient une certaine douceur, et le nez n'avait rien d'épaté. Une corde entourait le ventre vis-à-vis le nombril : à cela se réduisait leur vêtement. Nous remarquâmes que le système poileux était abondamment fourni, et que le prépuce était démesurément allongé. Sur l'avant d'une embarcation, était monté un jeune homme, barbouillé d'une poussière rouge très-épaisse, et portant sur le front une large tache blanche arrondie. Ce petit maître paraissait enorgueilli de sa parure que relevaient deux touffes de plumes rouges, passées dans les lobes des oreilles, et des fleurs de même couleur, fixées dans les cheveux. Un deuxième avait toute la tête recouverte d'ocre délayée dans de l'huile. Tous portaient des cicatrices en relief, rangées symétriquement sur l'épaule, en forme d'éminences mamelonnées; le poignet gauche était entouré d'un cercle d'écorce. Un seul avait appliqué, sur la lèvre inférieure, une valve de coquille qui recouvrait le menton, ainsi que le pratiquent les habitants de la côte nord-ouest de l'Amérique. Leurs peignes, faits sur le même modèle que ceux des habitants de Véguiou, étaient également enjolivés par des morceaux de nacre; enfin tous étaient approvisionnés de bétel, dont l'usage leur a corrodé les dents, et teint en rouge de sang les gencives, la langue et les lèvres. » L'île de Bouka est infiniment peuplée, et selon le savant Labillardière, naturaliste de l'expédition de d'Entrecasteaux, dans cette île et dans celle de *Sesarga* ou des *Contrariétés*, on entendit quelques mots de la langue malayou.

Des positions d'îles n'étant guère qu'un relevé de chiffres, nous n'avons pas cru nécessaire de nous approprier, par le changement de quelques mots, celui que M. d'Urville a fait de celles de cet archipel qui suivent, d'après les navigateurs déjà cités. Nous avertissons consciencieusement nos lecteurs, suivant notre coutume, que nous lui empruntons celles des quatre colonnes suivantes :

Île SHORTLAND, vue par Bougainville en 1768, revue par Shortland en 1788, reconnue par d'Entrecasteaux en 1792. Île ou pâté d'îles de trente à trente-six milles de circuit. Plusieurs îlots l'accompagnent dans la partie occidentale. Latitude sud 7° 9', longitude est 133° 20' (pointe sud.)

Îles DE LA TRÉSORERIE, découvertes par Bougainville en 1768, vues par Shortland en 1788, reconnues par d'Entrecasteaux en 1792. Groupe de quelques îles peu élevées, bien boisées, de sept milles et demi d'étendue, du nord-nord-est au sud-sud-ouest. Latitude sud 7° 25', longitude est 153° 20' (milieu.)

Île CHOISEUL, probablement découverte par Mindana en 1567, mais signalée pour la première fois par Bougainville en 1768, revue par Surville en 1769, par Shortland en 1788, reconnue en partie par le capitaine du Cornwallis en 1796. La partie orientale est encore très-imparfaitement connue. Île haute, bien peuplée, de quatre-vingt milles du nord-ouest au sud-est, sur une largeur variable de dix à vingt milles. Position de 6° 36' à 7° 34' latitude sud, et de 153° 41' à 154° 57' longitude est.

Îles ALLEN et MIDDLETON, découvertes par Shortland en 1788, qui en fit deux caps. Krusenstern pense que ce sont deux îles peu étendues. Latitude sud 7° 28', longitude est 153° 54' (île Middleton.)

Île SIMBOU, découverte par Bougainville en 1768, revue par Shortland en 1788; terre assez étendue et assez peuplée, mais d'une configuration inconnue. Au sud gît la petite île Satisfaction. Position 8° 17' latitude sud, 154° 12' longitude est (pointe sud, île Satisfaction.)

Île DE LA PREMIÈRE VUE, découverte en 1769 par Surville, revue par Manning en 1792. Île haute de cinq ou six milles d'étendue. Latitude sud 7° 20', longitude est 154° 59'.

Île ISABELLE, découverte par Mindana en 1569, vue par Manning en 1792. Île grande, montueuse, bien peuplée. Sur la carte de Krusenstern, elle est longue de cent cinq milles du nord-ouest au sud-est, et large de quatorze à seize milles; mais ses véritables dimensions sont encore inconnues. Elle est accompagnée dans le nord-ouest de petites îles, dont deux ont été nommées par Manning îles *Jane* et *Newne*. Position de 7° 16' à 8° 28' de latitude sud, et de 155° 18' à 156° 54' de longitude est.

Îles RAMOS, découvertes par Mindana en 1567, revues par l'*Indispensable* en 1794; groupe de deux ou trois îlots, entourés d'un récif. Latitude sud 8° 24', longitude est 157° 42'.

Îles ORTEGA, découvertes par Mindana en 1567, revues par l'*Indispensable* en 1794; chacune de cinq ou six milles d'étendue, mais peu connues. Latitude sud 8° 8', longitude est 157° (milieu.)

Île GOWER, découverte par Carteret en 1767, revue en 1769 par Surville, qui la nomma *Île Inattendue*. D'après Carteret, c'est une terre basse, plate et bien peuplée, ayant deux lieues et demie de l'est à l'ouest. Position 8° latitude sud, 158° 12' longitude est.

Île MALAITA, découverte par Mindana en 1567, revue par Carteret en 1767, et par Surville en 1769; d'après Carteret, île haute, montueuse et ayant dix lieues de l'est à l'ouest. Latitude sud 8° 24', longitude est 158° 10' (pointe nord.)

Ile Simson, découverte par Carteret en 1767, revue par Surville en 1769; suivant Carteret, île petite et basse. Latitude sud 8° 30', longitude est 158° 43'.

Ile Galera, découverte par Mindana en 1567, revue par Surville en 1769. D'après Ortega, elle aurait six lieues de circuit, et serait environnée de récifs mal connus; 9° 28' latitude sud, 159° 6' longitude est.

Ile Buena-Vista, découverte par Mindana en 1567, revue par Surville en 1769. Suivant Ortega, terre fertile, bien cultivée et bien peuplée, d'environ vingt-neuf lieues de circuit, entourée de petits îlots peuplés. Le tout à peine connu. Latitude sud 9° 42', longitude est 157° 18' (pointe sud.)

Ile Sesarga, découverte par Mindana en 1567, revue par Surville en 1769, qui la nomma *Ile des Contrariétés*, et, en 1790, par Ball, qui la nomma *Ile Smith*, reconnue en 1792 par d'Entrecasteaux. Ile haute, bien peuplée, d'environ sept milles du nord au sud. Latitude sud 9° 49', longitude est 159° 43' (milieu.)

Iles des Trois-Sœurs, découvertes par Surville en 1769, reconnues par d'Entrecasteaux en 1792, chaîne de très-petites îles hautes, occupant une étendue de neuf milles du nord nord-ouest au sud-sud-est. Latitude sud 10° 33', longitude est 159° 40' (celle du milieu.)

Iles du Golfe, découvertes par Surville en 1769, reconnues par d'Entrecasteaux en 1792. Deux îles élevées, dont la plus grande a au moins quatre milles du nord au sud. Latitude sud 10° 14', longitude est 159° 27'.

Ile Princesa, petite île, d'après la carte d'Arrowsmith, située au sud-ouest des îles Hammond. A douze milles au nord-nord-est de *Princesa*, est un récif nommé *Bridgewater*. Découverte et date de la découverte inconnues. Latitude sud 9° 5', longitude est 154° 46'.

Iles Hammond, découvertes par Shortland en 1788, revues par d'Entrecasteaux en 1792. Trois îles hautes, boisées et peuplées, dont la plus grande aurait quatorze à quinze milles d'étendue, d'après la carte de Krusenstern; du reste très-imparfaitement connues. Latitude sud 8° 32', longitude est 154° 55' (pointe nord-ouest.)

Ile Georgia, découverte par Shortland en 1788, revue de loin par Manning en 1792; partie méridionale explorée par d'Entrecasteaux en 1792. D'après la carte de Krusenstern, île haute, peuplée, de quarante milles d'étendue de l'est à l'ouest, sur dix à douze milles de large; mais sa forme et son étendue vers le nord sont totalement ignorées. Position de 8° 35', à 8° 53' latitude sud, et de 155° 14' à 156° longitude est.

Ile Murray, probablement découverte par Manning en 1792, reconnue par d'Entrecasteaux en 1792. Petite île haute, de cinq à six milles de circuit. Latitude sud 9° 3', longitude est 156° 30'.

Ile Marsh, découverte en 1788 par Shortland, qui n'en fit qu'un cap, vue en 1792 par Manning, par d'Entrecasteaux en 1792. Ile haute, d'au moins dix milles d'étendue du nord-nord-ouest au sud-sud-est, accompagnée de plusieurs petites îles. L'étendue de ce groupe au nord-est est tout à fait inconnue. Latitude sud 9° 6', longitude est 156° 48' (pointe ouest.)

Ile Guadalcanar, découverte en 1567 par Mindana, revue de loin par Shortland en 1788, par Manning en 1792, explorée à demi dans la même année par d'Entrecasteaux. La route de l'*Indispensable* constate sa séparation de l'île des Arsacides et celles qui en sont voisines; mais toute la côte nord de Guadalcanar est encore inconnue. C'est une île montueuse, bien peuplée, ayant soixante-dix-huit milles de long de l'ouest-nord-ouest à l'est-sud-est, sur vingt à vingt-cinq milles au moins de largeur. Quelques petites îles se trouvent dans la partie du nord-est, vers sa pointe sud, et une dans le détroit de l'*Indispensable*, restées sans nom et vaguement indiquées. Position de 9° 16' à 9° 59' de latitude sud, et de 157° 22' à 158° 34' longitude est.

Ile Cristoval, découverte en 1567 par Mindana, revue par Surville en 1769, par Shortland en 1788, aux deux tiers explorée par d'Entrecasteaux en 1792, vue aussi par l'*Indispensable* en 1794. Ile grande, montueuse, peuplée dans ses soixante-douze milles du nord-ouest au sud-est, sur seize à dix-huit milles de largeur. La côte orientale est peu connue. De 10° 11' à 10° 53' latitude sud, et de 159° 2' à 160° 3' de longitude est.

Ile Anna, découverte par Mindana en 1567, revue par Surville en 1769, en 1790 par Ball, qui la nomma *Ile Syrius*, reconnue en 1792 par d'Entrecasteaux. Ile haute, de quatre à cinq milles de circuit. Latitude sud 10° 51', longitude est 160° 8'.

Ile Catalina, découverte par Mindana en 1567, revue en 1769 par Surville, qui la nomma, avec la précédente, *Ile de la Délivrance*, en 1790 par Ball, qui la nomma *Ile Mussey*, en 1792 par d'Entrecasteaux. Ile haute de trois à quatre milles de circuit. Latitude sud 10° 54', longitude est 160° 6'.

Ile Bellona, découverte par le capitaine Butler du Walpole en 1794; île de six milles de diamètre. Comme aucun navigateur, depuis Butler, ne l'a signalée, son existence est encore fort peu certaine. Latitude sud 11° 11', longitude est 157° 34' (milieu.)

Ile Rennel, découverte par le capitaine Butler du *Walpole* en 1794, et revue dans la même année par l'*Indispensable*. D'après Krusenstern, elle aurait douze lieues du nord-ouest au sud-est. Latitude sud 11° 38', long. est 158° 21' (pointe sud-est.)

Quoiqu'ici se termine la liste des Salomon proprement dites, nous devons mentionner encore, comme étant leur prolongement géologique, deux récifs dangereux, situés à peu de distance au sud des îles précédentes, savoir : le *récif de la Pandora*, découvert par le capitaine Edwards en 1791, sans doute le même qui fut revu en 1794 par l'*Indispensable*, et en 1804 par Ruault Coutances. Ce brisant dangereux aurait, dit-on, près de quarante milles du nord au sud, et la pointe est gît par 12° 6' de latitude sud, et 159°? de longitude est; puis le *récif de Wells*, signalé aussi par Edwards en 1791, par la latitude sud 12° 21', et longitude est 158° 22'.

Avant de passer outre, on peut mentionner encore une chaîne de petits groupes océaniens disposés au nord des îles Salomon, et dans une direction presque parallèle à la leur, c'est-à-dire, en commençant par le sud.

Iles Stewart, découvertes par Hunter en 1791, revues par Willson du *Duff* en 1797; groupe de cinq petites îles, dont les deux plus grandes ont trois milles d'étendue. Latitude sud 8° 24', longitude est 161°.

Le dangereux récif de Bradley, découvert par Hunter en 1791, gît par 6° 52' de latitude sud, et 158° 46' de longitude est, ayant quinze milles de l'ouest-nord-ouest à l'est-sud-est. Le récif non moins périlleux de *la Candelaria*, découvert par Mindana en 1567, et revu en 1781 par Maurelle, qui le nomma *Roncador*, passe pour se trouver par 6° 20' latitude sud, et par 157° longitude est. Il est pourtant bien important de fixer avec exactitude des écueils cent fois plus redoutables pour le navigateur que les îles les plus dangereuses.

Iles Howe, découvertes en 1791 par Hunter, qui n'en vit que la partie méridionale. Il est probable qu'elles sont identiques avec les îles vues en 1616 par Schouten, et revues en 1643 par Tasman, qui les nomma *Outong-Java*. Peut-être aussi y a-t-il deux groupes distincts. Quoi qu'il en soit, celui que vit Hunter se compose d'un grand nombre d'îles basses et peuplées, dont l'étendue resta indécise. Latitude sud 5° 39', longitude est 157° 6' (pointe sud.)

Iles Marqueen, découvertes en 1616 par Schouten, revues en 1643 par Tasman ; probablement les mêmes îles que vit l'*Indispensable* en 1794, et qu'il nomma *Iles des Cocos* ; les mêmes aussi que vit Mortlock en 1799, et qu'il nomma *Iles Hunter*, bien qu'il les place un peu plus au sud. Quoi qu'il en soit, les îles Marqueen forment un groupe de quatorze ou quinze îles basses et habitées, et dont l'étendue est au moins de quinze à vingt milles. Latitude sud 4° 30', longitude est 154° 8'.

Iles Vertes, découvertes par Schouten en 1616, revues en 1767 par Carteret, qui les nomma *Iles Hardy* ; en 1767 encore par Bougainville, qui ne les vit que de loin ; en 1781 par Maurelle, qui les nomma *Caimanes* ; en 1792, par d'Entrecasteaux, et en 1823 par Duperrey, qui, l'un et l'autre, ne les virent que de très-loin. Ce sont des groupes d'îles verdoyantes et peuplées, de dimensions encore peu connues. La latitude des îles Vertes est de 4° 33' sud, leur longitude de 151° 49' (pointe sud.)

HISTOIRE NATURELLE.

L'histoire naturelle de l'archipel de Salomon nous est à peu près inconnue. Parmi les productions végétales, les anciens voyageurs nomment le giroflier, le cafier, le gingembre, une espèce de citronnier, et un grand nombre d'arbres résineux ou donnant une gomme odorante. On y a trouvé le palmier éventail et l'arbre à pain. La volaille, les chiens et les cochons y sont connus. De beaux perroquets, des serpents, de grosses fourmis, des araignées d'une longueur démesurée, et des crapauds (*) ornés d'une crête sur le dos peuplent ses champs, ses eaux, et ses vastes et magnifiques forêts. La mer y abonde en poissons. Mindana a prétendu qu'il y avait des mines d'or et des perles dans les îles Salomon, et on a dit qu'il en avait rapporté. Selon Burney (**), rien n'y

(*) Ou peut-être des basilics.
(**) Burney, Histoire des découvertes, p. 283-287.

a indiqué la moindre trace de terrains aurifères jusqu'à ce jour ; cependant cela n'est pas absolument impossible.

Nous tenons d'un capitaine bougui, qui avait été aux îles Salomon, et jusqu'à la côte de l'Afrique orientale, que les montagnes d'Isabelle sont très-élevées, et surtout un pic nommé Savira. On a pu voir dans Balbi (première édition), Malte-Brun (troisième édition), que ce même capitaine bougui, ignorant il est vrai, nous a assuré qu'à Sainte-Isabelle, dont les habitants sont cannibales, on trouvait de nombreux débris de corps marins et quelques fossiles de grands quadrupèdes, si nous l'avons bien compris. Il nous donna le *tibia* d'un énorme mammifère, qui nous a paru appartenir au mammouth, et une dent de mastodonte, animaux antédiluviens (voy. *pl.* 303) (nous les avons donnés gratuitement au Muséum d'histoire naturelle); un tronc de palmier volcanisé, trouvé dans un cratère de l'île Célèbes, et autres objets curieux. Nous obtînmes aussi, du même Bougui, une partie d'un dronte que nous avons perdue dans notre naufrage ; et nous avons oublié s'il l'avait eue d'un habitant des îles Salomon ou d'ailleurs. On sait, au sujet de ces fossiles, que plusieurs espèces d'animaux et quelques genres de plantes ont disparu ; au reste, nous croyons que plusieurs étoiles, c'est-à-dire, que plusieurs mondes ont également péri, et qu'en revanche notre époque assiste à de nouvelles créations. Nous nous bornerons à la description et à l'histoire du dronte, que nous extrairons d'un des Magazines les plus estimés, en regrettant de ne pas en nommer l'auteur, qui, sans doute, a voulu rester inconnu.

La terre que nous habitons a été plusieurs fois travaillée d'horribles convulsions, qui en ont chacune modifié plus ou moins la surface, tantôt élevant au-dessus des eaux des espaces jusque-là submergés, tantôt submergeant, au contraire, des parties depuis longtemps découvertes, et déjà peuplées de plantes et d'animaux. Ces diverses catastrophes ont non-seulement amené la destruction d'un grand nombre d'individus, mais elles ont fait disparaître des espèces entières, qui n'ont laissé d'autres traces de leur existence que quelques débris enfouis dans les couches dont se compose l'enveloppe extérieure du globe.

Ces débris, en général si incomplets, si insignifiants en apparence, et qui n'avaient été longtemps qu'un objet de stérile curiosité ou de folles conjectures, tombant enfin aux mains d'un homme de génie, ont été pour lui autant de précieuses médailles, à l'aide desquelles il a pu établir sur des bases certaines l'histoire des temps anciens, l'histoire des temps antérieurs à la naissance de l'homme.

L'extinction des espèces animales répandues sur de vastes régions ne pouvait être le résultat que de causes très-générales, telles que de grands bouleversements dans la surface du globe; celle des espèces circonscrites dans un petit espace pouvait être, au contraire, due à des causes toutes locales, à des causes parfaitement indépendantes des révolutions géologiques. Une espèce faible pouvait être détruite par une autre plus forte et mieux armée; c'est ce qui est arrivé à diverses époques, et surtout depuis le commencement de la période actuelle, c'est-à-dire, depuis l'apparition de l'homme, qui est le destructeur par excellence.

Pour nous faire une idée de cette influence destructrice de l'homme sur les êtres animés, supposons, pour un instant, que les loups, les castors, les ours, qui y étaient il y a mille ans, eussent été des animaux propres exclusivement à cette île, comme les kangarous le sont à la Nouvelle-Hollande; aujourd'hui la race des loups, des ours et des castors serait éteinte, comme celle des kangarous le sera vraisemblablement dans quelques siècles.

Que l'usage des armes à feu devienne général en Afrique, et bientôt l'espèce de l'hippopotame aura complétement disparu; il en sera de même plus tard pour le rhinocéros, et peut-être pour l'éléphant, qui se reproduit difficilement à l'état de domesticité. Tout porte à croire que plusieurs espèces ont péri depuis que l'homme est sur terre, et, pour une au moins, nous en avons la certitude. Nous avons sur le dronte, qui existait encore il y a deux siècles, de nombreux renseignements historiques; mais ces renseignements ne suffisaient pas pour nous le faire complétement connaître, et il eût été impossible de lui assigner une place dans les cadres zoologiques, si les principes de la science, créés par notre illustre Cuvier, n'eussent fourni le moyen d'arriver à une détermination plus précise.

Les Hollandais, qui abordèrent les premiers à l'île de France, alors déserte, y virent un oiseau d'une très-grande taille et d'une figure singulière, auquel ils donnèrent le nom de *dronte* et celui de *dodo*. Plusieurs naturalistes du commencement du dix-septième siècle en parlèrent d'après les descriptions et les dessins des voyageurs, et firent connaître, outre ses formes externes, quelques points de son organisation intérieure.

En 1626, le dronte y existait encore, et Herbert assure l'avoir vu à cette époque. « Cette île, dit-il, nourrit un grand nombre d'oiseaux, parmi lesquels il faut compter le dodo, qui se trouve aussi dans l'île de Rodriguez, mais n'a été vu, que je sache, en aucun autre lieu du monde. On lui a donné ce nom de dodo en raison de sa stupidité, et, s'il eût vécu en Arabie, on aurait pu tout aussi bien lui donner celui de phénix, tant sa figure est rare. Son corps est tout rond, et si gras et si gros, que d'ordinaire il ne pèse pas moins de cinquante livres; cette graisse et cette corpulence sont dues à la lenteur de ses mouvements. S'il n'est pas agréable à la vue, il l'est encore moins au goût, et sa chair, quoique ne rebutant pas certains appétits voraces, est un aliment mauvais et répugnant. La physionomie du dodo porte l'empreinte d'une tristesse profonde, comme s'il sentait l'injustice que lui a faite la nature en lui donnant, avec un corps aussi pesant, des ailes tellement petites, qu'elles ne peuvent le soutenir en l'air, et servent seulement à faire voir qu'il est oiseau, ce dont, sans cela, on serait disposé à douter.

« Sa tête est en partie coiffée d'un capuchon de duvet noir, et en partie nue, c'est-à-dire seulement couverte d'une peau blanchâtre presque transparente. Son bec est fortement recourbé et incliné par rapport au front; les narines sont situées à peu près vers le milieu de la longueur du bec, qui, à partir de ce point jusqu'à l'extrémité, est d'un vert clair mêlé de jaune pâle.

« Tout le corps est couvert d'un duvet très-fin, semblable à celui qui revêt le corps des oisons. La queue est ébouriffée comme une barbe de Chinois, et formée de trois ou quatre plumes assez courtes. Les jambes sont fortes, épaisses, et de couleur noire; les ongles sont aigus. »

Herbert donne une figure très-grossière du dodo. La plus exacte a été faite d'après une peinture appartenant originairement au prince Maurice de Nassau, et placée maintenant au muséum britannique de Londres.

Peu de temps après le voyage d'Herbert, ces îles devinrent le siége d'etablissements considérables, formés par des Européens, et l'espèce du dronte en disparut complètement. On conçoit très-bien comment cet oiseau peu agile, et trop volumineux pour se cacher aisément, n'a pu échapper aux poursuites de l'homme. Ce qu'il y a de certain, c'est que, malgré les recherches très-actives faites par les naturalistes, surtout dans le siècle dernier, on n'a pu se procurer aucun renseignement à son égard. Quelques auteurs ont été même jusqu'à prétendre que le dronte n'avait jamais existé, et que les descriptions qui en avaient été données se rapportaient au manchot et au pingouin; mais cette opinion était tout à fait insoutenable, car, outre les figures dont nous avons parlé, et le temoignage de naturalistes qui parlaient de l'oiseau comme l'ayant vu, il en existait encore des restes bien reconnaissables, et dont l'origine était connue. Ray, qui fit paraître en 1676 et en 1688 deux éditions de l'ouvrage de Willughby, dans lequel se trouve une description et une figure du dodo, prises du livre de Bontius, ajoute en note qu'il a vu cet oiseau empaillé dans le cabinet de Tradescant. De ce cabinet, l'oiseau passa dans le musée Ashmoléen d'Oxford, et il est porté sur le catalogue comme existant en 1700. Il y resta jusqu'en 1755, où les inspecteurs, le trouvant en trop mauvais état, le firent jeter, et l'on n'en conserva que le bec et une patte. Une autre patte, provenant des collections de la Société royale, se trouve aujourd'hui dans le muséum britannique.

C'était là tout ce qui restait du dronte, lorsqu'en 1830 le muséum de Paris reçut une collection de débris organiques, trouvés à l'Ile-de-France sous une couche de laves, et envoyés par M. Desjardins. Dans le nombre, figuraient quelques os d'oiseaux, consistant en un sternum, une tête, un *humerus* et un *cubitus*. Toutes ces parties furent reconnues par M. Cuvier pour appartenir au dronte, et lui prouvèrent que cet oiseau devait être rangé parmi les gallinacés. Un voyage que cet illustre naturaliste fit peu de temps après à Londres, lui permit d'examiner le pied qui existe au muséum britannique, et même les parties conservées au musée Ashmoléen. Le résultat de ce nouvel examen confirma la première détermination, et montra en même temps qu'il avait dû exister une seconde espèce, un peu différente de la première.

PRÉCIS HISTORIQUE, MOEURS ET COUTUMES.

Nous avons fait connaître au lecteur la découverte de l'archipel de Salomon par *Mindana*, qui mouilla sur l'île Sainte-Isabelle dans le port de la *Estrella*, situé probablement sur la bande nord-est.

« Les habitants du pays, dit la relation espagnole, adorent des serpents, des crapauds et autres animaux Leur stature est médiocre, leur teint est brun, leurs cheveux sont crépus, et ils n'ont de couvert que les parties naturelles; ils se nourrissent de cocos et d'une sorte de racine nommée *ve-*

nans. Ils ne mangent point de viande et ne boivent que de l'eau ; pourtant on ne peut douter qu'ils ne soient anthropophages, car leur chef envoya à Mindana, comme présent, un quartier d'enfant, auquel tenait encore le bras et la main. Le général, ajoute la relation, fit enterrer ce morceau de cadavre en présence des naturels qui l'avaient apporté. Ceux-ci parurent offensés et confus des mauvais succès de leur ambassade ; ils se retirèrent la tête basse. Ce peuple est divisé en tribus, qui sont entre elles dans un état de guerre continuelle. Les prisonniers sont réduits en esclavage. »

Mindana fit trois expéditions et mourut dans ce pays, laissant à sa veuve le soin de ramener aux Philippines les débris de l'établissement qu'il y avait fondé, et qui ne lui survécut pas, car les attaques des insulaires et les maladies le détruisirent.

Il paraît que les Espagnols, et plus tard les Français, trouvèrent dans ces îles fertiles une population de plus de cent mille âmes, qui semblaient appartenir à deux races, l'une à cheveux laineux, mais au nez moins épaté et aux lèvres moins épaisses que les noirs d'Afrique, et l'autre de couleur cuivrée, portant les cheveux longs qu'ils coupaient en rond autour de la tête ; les uns et les autres ayant des pirogues de guerre de cinquante à soixante pieds de long, ornées de sculptures d'une rare élégance, qu'ils manœuvraient parfaitement, ayant des armes remarquables, et surtout leurs arcs qui étaient très-élastiques. La première race appartient sans nul doute à celle des Papouas, et l'autre caractérise assez bien la race malaie, si ces relations sont exactes. Il serait possible que les Malais et surtout les Bouguis fussent arrivés aux îles Salomon par le détroit de Dampier, si toutefois ces marins entreprenants et intrépides n'ont pas passé le détroit de Torrès. Mais dans l'incertitude je n'oserais trancher cette question ethnographique qui serait d'une grande importance. Cependant elle favorise mon opinion, émise plusieurs fois dans ce long ouvrage, que les Dayas de Kalémantan (Bornéo) et les Bouguis de Célèbes s'étaient établis dans la Polynésie et dans plusieurs îles de la Mélanésie, habitée par les Papouas. J'avais proposé de faire, sous le nom de Papouasie, une division de toutes les îles peuplées de Papouas, pour la distinguer de l'Australie et des îles habitées par des Andamènes (que j'avais appelées Andaménie), pour bien classifier les deux races noires si distinctes de la Mélanésie. Je n'y ai renoncé que pour m'entendre mieux avec le savant M. d'Urville qui a proposé à cette époque la division de la Mélanésie, et je n'ai laissé le nom de Papouasie qu'à la Nouvelle-Guinée, parce que les savants français surtout l'ont adoptée depuis que je l'ai proposée (*).

Carteret retrouva le premier les îles Salomon en 1767.

En 1768, Bougainville reconnut la plus grande étendue de ces terres, dont il fit la deuxième partie de la Louisiade, et que nous avons naturellement comprise dans l'archipel de Salomon. Il l'accosta près du cap Satisfaction, et aperçut ensuite la grande île à laquelle il donna le nom de Choiseul. A Bougainville succéda le capitaine Surville, qui atterrit, le 7 octobre 1769, devant le détroit que forment les îles Choiseul et Isabelle, et vint mouiller, le 13, sur la partie nord-est de cette dernière île, dans une baie fort grande, toute hérissée d'îlots, à laquelle il donna le nom de Port Praslin. Il n'existe, sur ces îles, aucuns documents étendus et importants, sauf ceux qui furent recueillis par Surville ou par ses officiers, et que nous a fournis le voyage de ce brave capitaine français dont nous avons raconté les aventures à la Nouvelle-Zeeland (**).

Surville expédia deux canots sous les ordres de Labbé, son lieutenant, pour chercher une aiguade. Cette patrouille n'ayant point trouvé d'eau,

(*) Voy. Tableau général de l'Océanie, au premier vol., p. 11-14.

(**) Voyez Nouvelle-Zeeland, t. III de l'Océanie, p. 196 et suivantes.

25.

si ce n'est dans un marais où l'on s'enfonçait jusqu'à la ceinture, une seconde expérience fut faite; et la même patrouille trouva un filet d'eau qui découlait d'un rocher, goutte à goutte. Les naturels, qui leur servaient de guide, les avaient conduits dans cet endroit, distant de trois lieues du navire; là, le détachement fut abandonné par ses conducteurs, et il éprouva les plus grandes difficultés pour retrouver son chemin.

Mais, dans cet intervalle, les indigènes avaient tenté toutes sortes de moyens pour attirer sur la grève les équipages français, pour pouvoir ensuite tirer et échouer les canots sur le sable. Ils montraient pour cela les magnifiques noix de cocos dont étaient chargés les arbres de la forêt; et, comme on ne se rendait pas à leurs instances, ils cherchaient à saisir les amarres des embarcations pour les haler vers la plage. La scène se prolongea ainsi jusqu'au retour du détachement.

Quand Surville reparut, les sauvages, au nombre de deux cent cinquante, armés de flèches, d'arcs, de lances et de casse-tête, épiaient une occasion favorable pour l'attaquer. La vue de ces cinq hommes isolés sembla leur indiquer ce qu'ils devaient faire. Ils fondirent sur ce petit groupe, tuèrent un soldat, blessèrent le sergent d'un coup de lance, et les autres avec d'autres armes. Labbé lui-même reçut deux flèches dans les cuisses et une pierre à la jambe. Attaqués d'une manière aussi inattendue, les Français firent feu, et la décharge fut d'autant plus meurtrière, que les naturels se trouvaient à bout portant. Cette riposte terrifia la masse des assaillants, et une seconde décharge la mit en déroute. La mort d'un de leurs chefs fut en grande partie cause de cette déconfiture soudaine et générale; c'était Labbé lui-même qui l'avait tué. Remarquant, à l'écart des autres, un naturel qui levait les mains au ciel et qui excitait les guerriers de la voix, il l'ajusta et l'étendit mort sur la place. A ses côtés, gisaient quarante de ses guerriers; les blessés avaient été emportés par les fuyards. Surville cependant s'obstinait à obtenir de l'eau, et, pour arriver à ce but, il résolut de s'emparer d'un sauvage. Sa première tentative eut lieu contre cinq ou six d'entre eux, qui s'étaient aventurés sur un îlot voisin; mais ils lancèrent leur pirogue avant qu'on eût pu les surprendre. Tous, et même l'un d'eux, qui était grièvement blessé, regagnèrent la terre à la nage. Une autre fois, une pirogue s'étant approchée à une distance convenable du navire, Surville dressa un piége pour surprendre deux hommes qui la montaient. Deux matelots cafres furent embarqués dans une pirogue qu'on avait arrangée à la manière des sauvages. Ces hommes, le corps nu, la tête poudrée à blanc, ornés comme les indigènes du pays, arrangés comme eux, cherchaient, en outre, à imiter leurs signes et leurs gestes. Trompés par de telles allures, les sauvages crurent pouvoir s'approcher du navire autant que leurs prétendus compatriotes. On les laissa s'avancer, puis, quand on les crut à portée, les canots français leur donnèrent la chasse, et, désespérant de les gagner de vitesse, tirèrent sur les fuyards; l'un d'eux fut tué, et, en tombant à la mer, fit chavirer la pirogue. Le second voulut se sauver à la nage, mais on l'atteignit malgré ses plongeons réitérés. C'était un jeune homme de quinze à seize ans, qui se défendit avec une intrépidité merveilleuse, usant de ses dents à défaut d'une autre arme. Arrivé sur le pont tout garrotté, il contrefit le mort pendant une heure; mais comme on essaya de le laisser tomber à diverses reprises de sa hauteur, dans sa chute il eut soin d'avancer l'épaule pour préserver la tête. Enfin, las de jouer la comédie, il ouvrit les yeux, et voyant l'équipage manger du biscuit, il en demanda, et le mangea de fort bon appétit. On eut soin, toutefois, de le tenir toujours attaché, de peur qu'il ne se jetât à la mer. Pour intimider les sauvages, on fit encore feu dans le jour sur deux pirogues qui passaient.

Le lendemain, le captif indiqua l'aiguade tant désirée, et l'on alla à diverses reprises y faire de l'eau, en ayant le soin de tirer sur les pirogues qui rôdaient autour des chaloupes. Quant aux rafraîchissements, les seuls que l'on put se procurer furent des cocos, des choux palmistes, des huîtres et d'autres coquillages. Tout cela n'était guère restaurant pour un navire qui souffrait des fièvres, et dont l'équipage diminuait presque à vue d'œil. Cette relâche avait d'ailleurs été marquée par des incidents déplorables : le sergent blessé était mort; Labbé lui-même ne vit fermer ses plaies que dix mois après le combat, ce qui fit supposer que ces flèches étaient empoisonnées. L'ensemble de la physionomie des naturels a un caractère farouche, presque féroce ; quelques-uns des hommes cuivrés ont les cheveux lisses. En général, les cheveux sont coupés à la hauteur des oreilles; d'autres n'en conservent qu'une touffe sur le sommet de la tête, rasant tout le reste, excepté quelques mèches au bas de la nuque. Plusieurs divisent la touffe de l'occiput en petites queues, qu'ils pommadent avec une sorte de gomme. Le plus grand nombre se teint les sourcils et les cheveux en jaune, avec de la chaux, et s'applique une raie blanche, d'une tempe à l'autre, au-dessus des sourcils. Les femmes, dont on ne vit qu'un petit nombre, tracent des raies semblables sur leurs joues et en travers sur leurs gorges. Le seul vêtement des deux sexes consiste en un morceau de natte autour des reins. Les hommes se tatouent le visage, les bras et d'autres parties du corps, et ces dessins ne manquent pas de grâce. Le lobe inférieur des oreilles et la cloison des narines sont percés pour recevoir divers ornements; les bracelets en coquillages de tridacnes et en écaille de tortue sont placés au-dessus du coude, et, à défaut, ils en portent d'autres au poignet, composés seulement de petits os de poissons ou d'autres animaux, enfilés à l'aide d'une ficelle; quelquefois aussi ils suspendent à leur cou une espèce de peigne en pierre blanche très-estimée. D'autres se fixent sur le front un coquillage qui ressemble à la nacre. Mais les ornements qui frappèrent le plus vivement Surville et ses compagnons furent des colliers, des pendants d'oreilles, et même des ceintures entières en dents humaines. On dut croire qu'elles étaient les dépouilles des ennemis dévorés à la suite des combats. L'arc de ces sauvages est d'un bois noir; la corde est en filaments d'écorce de latanier ; la flèche, roseau de trois pieds de long, se compose de pièces soudées entre elles par un mastic très-tenace ; sa pointe est une arête de raie. Ces flèches laissent toujours quelques-unes de leurs barbes dans les plaies, qu'elles enveniment. Les lances sont en bois noir de latanier, longues de huit à dix pieds; elles se terminent par un os de six pouces de long, garni de fortes barbes, qui rendent les blessures très-redoutables. Les casse-tête, longs de deux pieds et demi, et de la forme d'un losange aplati, sont ordinairement en bois rouge, très-pesants; les naturels les portent à leur ceinture. Enfin, les boucliers sont en lanières de rotang, tressées ensemble, et ornés parfois de houpes de paille rouge et jaune. Ces boucliers sont à double fin ; ils servent quelquefois de parapluie. Ils ont pour instruments des marteaux d'une pierre noire, fixés solidement à un manche, au moyen de liens de rotang; des herminettes en morceaux de tridacne, taillées en biseau et ajustées à un morceau de bois dont la courbure est naturelle. Leurs couteaux sont des *noures* tranchantes, et ils se servent de pierres à feu aiguisées pour se couper la barbe et les cheveux. Leurs filets de pêche se fabriquent avec les filaments de l'écorce du latanier. Dans leurs pirogues, on trouva une graine d'une odeur balsamique, qu'on prit d'abord pour une sorte d'onguent; mais on apprit ensuite qu'elle leur servait d'huile à brûler. Elle donnait, en effet, une lumière plus claire que les chandelles de cire, et répandait une odeur fort agréable. Ces îles avaient des cocotiers, des bananiers, des cannes à sucre, des ignames et diverses sortes d'amandes. Le *binao*, évidemment le *venans* de Mindana, tient lieu de pain aux naturels. Des paysages riches et verdoyants étaient peuplés d'une grande quantité de kakatouas, de loris, de pigeons ramiers et de merles plus gros que ceux d'Europe. Dans les marais, volent des courlis, des alouettes de mer, une espèce de bécassine, une sorte de canard, enfin des salamandres, dont quelques-unes ont cinq pieds, au moins, de la tête à la queue. Quoiqu'on n'eût point aperçu de quadrupèdes, on sut pourtant que le cochon sauvage abondait dans les forêts des grandes îles. Un des officiers, qui s'occupait des sciences naturelles, remarqua une araignée d'une espèce nouvelle, des fourmis d'une grosseur prodigieuse, des mouches de la grosseur d'un taon d'Europe, et dont la piqûre était cruelle. Il rencontra dans les bois une petite couleuvre de la grosseur du doigt, de deux pieds de long, avec le dos rayé par carreaux jaunes et gris, et le ventre d'un jaune clair. Un reptile, qu'il nomma crapaud, mais qui doit être plutôt un basilic, excita surtout son attention (*).

A ces récits de Surville et de ses officiers, nous joindrons les renseignements que leur donna leur jeune sauvage captif. On le nommait *Lova-Sarega*. Après deux ans de séjour avec les Français, voici ce que nous en a appris Monneron, l'un des officiers de Surville.

« Il était à peine depuis deux mois sur le vaisseau, qu'on s'aperçut de la facilité qu'il avait à apprendre notre langue ; mais les progrès qu'il avait faits furent retardés par un séjour de trois mois chez les Espagnols du Pérou ; il parvint néanmoins, pendant ce temps, à se faire entendre assez bien dans les deux idiomes.

« Ce qui excita le plus son étonnement à Lima, ce fut la hauteur et la grandeur des maisons. Il ne pouvait se persuader qu'elles fussent solides, et, pour s'en assurer, il essayait d'ébranler les murs. Sa surprise redoublait tous les jours, en voyant les occupations et les ouvrages des Européens, et il ne tarda pas à reconnaître qu'ils avaient une grande supériorité sur ses compatriotes. Pendant la traversée du port Praslin au Pérou, M. de Surville le fit toujours manger à sa table ; il reconnut bien que c'était une faveur particulière, parce que le traitement des autres noirs était différent du sien. A la mort de M. de Surville, qui se noya par accident en arrivant au Callao de Lima, le jeune Lova se retira de lui-même de la table des officiers, et voulut servir comme domestique.

« On a eu pour lui des égards particuliers, et sans doute il les mérita par ses bonnes qualités. Les témoignages de sa reconnaissance ont toujours prouvé qu'il sentit le prix des attentions, et jamais il n'a abusé des bontés qu'on avait pour lui.

« Le seul défaut qu'on lui connaisse est un mouvement de dépit, un désespoir auquel il se livre facilement, et qu'on ne peut attribuer qu'à son extrême sensibilité ; mais ce mouvement ne tourne jamais que contre lui-même et ne dure qu'un instant : c'est la colère d'un enfant. Il a l'esprit pénétrant et apprend avec facilité et avec plaisir tout ce qu'on désire qu'il sache.

« On n'a qu'à se louer de sa probité ; il aime assez la parure, mais il s'en détache sans peine. Il connaît très-bien le prix et l'usage de l'argent ; et cependant il n'y attache pas une grande valeur. Il ne paraît avoir de vifs désirs que pour satisfaire son appétit. On peut assurer qu'il a les plus heureuses dispositions, et qu'il est exempt de beaucoup de défauts dont l'éducation la plus soignée ne garantit pas toujours. On apprit encore de Lova Sarega que son pays était constamment dévasté par des guerres d'île à île ; que les prisonniers y devenaient esclaves ; que le roi était absolu ; qu'après la mort les hommes montaient au ciel ; qu'ils avaient des médecins habiles, et

(*) Surville, analysé par d'Urville.

qu'ils trafiquaient avec un peuple presque blanc. »

Grâce aux travaux de Buache et du savant Fleurieu, il paraît certain que les îles de Surville et de Bougainville sont réellement l'archipel Salomon de Mindana.

L'Anglais Shortland fut le premier qui revit ces îles; mais sa reconnaissance s'étant faite de loin, il crut, ainsi que Surville, que ce n'était qu'une grande et longue terre. Il la nomma *Nouvelle-Georgie*, nom qui est resté à une seule des îles qu'il avait vues.

Le voyage de l'illustre d'Entrecasteaux fut le plus utile à la géographie des îles Salomon. Le 9 juillet 1792, il commença ses travaux devant l'île Georgia, puis il reconnut tour à tour les îles de la Trésorerie, l'île Shortland, et la baie occidentale des îles Bougainville et Bouka. En mai 1793, il reprit son exploration aux îles Anna et Catalina, puis sur la côte occidentale de l'île San-Cristoval. Ce grand navigateur visita ensuite l'île Sesarga, prolongea la côte méridionale et occidentale de celle de Guadalcanar, et reconnut enfin la partie sud de l'île Georgia.

Quelques portions des îles Salomon furent vues successivement en 1792 par Manning, qui passa entre Isabelle et Choiseul; en 1794 par l'*Indispensable*, qui passa entre Cristoval et Guadalcanar, puis entre Isabelle et Malayta; enfin, encore en 1794, par Butler : mais leurs reconnaissances opérées à la voile ne leur ont pas permis de nous laisser à ce sujet de nouveaux documents.

Nous ne nous efforcerons pas de tracer ici le caractère et les mœurs de ces insulaires. Il est temps de convenir qu'il y a autant de présomption que de légèreté, à vouloir peindre des peuples que les navigateurs n'ont vus qu'en passant, et dont ils n'ont pu même se faire comprendre.

GROUPE DE VANIKORO OU DE LA PÉROUSE.

Ce groupe, découvert par l'illustre la Pérouse qui y trouva la mort, se compose de deux îles d'inégale grandeur. Ces îles sont entourées d'un récif de coraux, d'environ trente-six milles de circuit, dit M. d'Urville qui a laissé le nom de *Recherche* à la plus grande (*Vanikoro*), et a donné le nom indigène de Tevai à la plus petite, du nom du principal village. M. Dillon l'avait nommée Amherst. La Recherche a trente milles de circuit, et Tevai n'en a pas plus de neuf. Les observations de l'*Astrolabe* ont établi le havre de Vanou, auquel d'Urville donna le nom d'Ocilipar 11° 4' de lat. sud et 164° 32' de long. est.

Ces terres, sur toute leur surface, sont couvertes d'arbres depuis le rivage jusqu'aux cimes intérieures. Le point culminant du groupe, le mont Kapogo, a 474 toises de hauteur, et peut s'apercevoir à vingt lieues de distance. Outre les deux îles principales, on trouve encore deux îlots dans la baie intérieure, dont l'un porte le nom de Manevai, de la tribu qui l'habite, et la petite île Nanounha située dans la partie nord-ouest du groupe. Chacun de ces îlots n'a guère plus de cinq cents toises de circuit. Le brisant dangereux qui environne tout le groupe n'est interrompu que dans la partie de l'est, et pendant huit milles environ. Cependant sur d'autres points il offre des passes plus ou moins considérables, qui donnent accès dans l'intérieur du brisant, où l'on trouve trente ou quarante brasses de fond, avec de nombreux pâtés de coraux qui saillent souvent à dix pieds de profondeur. Un second récif, mais celui-là adhérant à la plage, règne tout autour des îles et en rend l'abord très-difficile aux canots. Ocili et Païou sont les deux seuls points connus où une plage de sable facilite l'accès de la terre. Une population restreinte et misérable occupe ces îles d'ailleurs fécondes. Le nombre des habitants ne semble pas s'y élever à plus de quinze cents âmes. L'intérieur est une vaste et impénétrable forêt; les côtes seules sont habitées; les cultures ne s'étendent jamais à plus d'un mille du rivage. Le taro, qu'ils râpent pour leur nourriture (voy. pl. 248), les ignames, les bananes et l'*inocarpus* sont les plantes que les naturels cultivent avec le plus de soin (*).

HISTOIRE NATURELLE (**).

L'île volcanique de Vanikoro, entourée de récifs madréporiques, offre des matières qui, par leurs caractères, semblent appartenir, selon M. Cordier, à la période des terrains tertiaires. Ce sont des dolérites, des basaltes et des pépérinos. Elle est toute hérissée de pitons dont les plus élevés peuvent avoir trois cents toises; malgré la vigoureuse végétation qui en occupe jusqu'à ses dernières cimes, on remarque les couches de lave qui ont descendu jadis de ces sommets. Il ne paraît y avoir que peu de petites plaines intérieures. Le plus souvent les montagnes descendent jusqu'à la mer, et les eaux pluviales jointes à celles des marées forment des plages marécageuses couvertes de mangliers. L'île en est complétement entourée, si ce n'est dans trois ou quatre endroits occupés par des villages, comme à Tevai, Nama et Vanou, car Tanema et Païou sont au milieu des marécages. Cette ceinture de palétuviers se distingue par la verdure plus tendre des arbres, et par la régularité de leur masse. L'insalubrité de cette île est tellement reconnue des insulaires d'alentour, que ceux de Tikopia disaient aux Français de l'*Astrolabe*, qu'il suffisait de dormir à terre pour y mourir ou y contracter des fièvres qui feraient trembler; ce qu'ils leur indiquaient par des gestes énergiques. En effet, le capitaine Dillon écrivit de la baie des Iles, que la grande quantité de malades qu'il avait eus ne lui avait pas permis de continuer ses recherches. Ayant laissé coucher ses gens à terre, il en perdit plusieurs, surtout des Tikopiens qui l'avaient suivi. Aussi cinq insulaires de Tikopia qui étaient avec les Français allaient bien passer la journée à terre, mais, à la nuit, ils revenaient coucher à bord.

Dans une île d'aussi peu d'étendue il n'y a point de rivières, ce sont des ruisseaux ou des torrents que les pluies doivent entretenir surtout pendant une saison. Les seules productions importantes sont le taro, qui est fade et de mauvaise qualité, l'arbre à pain, diverses variétés de bananes, le cocotier et l'inocarpus dont le fruit réniforme a le goût de la châtaigne. Il existe plusieurs autres fruits, mais rares, comme la mangue ou eugénia, etc. Voilà la nourriture des habitants, à laquelle il faut ajouter le poisson qui est abondant et qu'ils ne savent prendre qu'à coups de flèches. Les cochons, d'une petite espèce noire, y sont rares. Il en est de même des volailles.

Les seuls mammifères sauvages paraissent être les rats et les roussettes. Parmi les oiseaux on trouve trois espèces de colombes, la muscadivore, celle à calotte purpurine et une autre indéterminée; de petits crabiers, le grimpereau rouge et noir, commun aux Mariannes; deux merles et quelques moucherolles, parmi lesquels se trouvait celui à éventail; et en espèces nouvelles, le merle et le platyrhinque de Vanikoro. Les insectes y sont rares.

En espèces connues, les colombes océanique, turvert et kouroukourou, la poule sultane à tête noire, le souïmanga rouge et gris, le martin-chasseur, le moucherolle à queue en éventail, le grimpereau rouge et noir, etc.

Poissons. En espèces nouvelles, la girelle de Vanikoro, la girelle trimaculée, le doule de Vanikoro, le doule bordé, le glyphisidon à ceinture, le pemphéride de Vanikoro, le denté à caudale bordée, le cæsio tacheté, la diacope à ventrales jaunes, la diacope orangée, le mésaprion à tache caudale, le piméleptère lembo, l'upénéus de Vanikoro, la cærangue oblongue.

En espèces connues, le diagramme ponctué, l'holocentre lion, l'holocentre à tête large, le glyphisidon uniocellé, le glyphisidon du Bengale, le chorinème de l'île de France, le platycéphale ponctué, le scolopside à tempe nue, le

(*) D'Urville.
(**) Ce chapitre est extrait des observations du savant et intrépide docteur Gaimard.

scolopside treillissé, l'amphiprion perchot, l'amphiprion à tunique noire, le gerres filamenteux, le serran à bandelettes, la diacope axillaire, le chétodon vagabond, le psettus de Commerson, le tranchoir à moustache épineuse, la belle carangue, les carangues gros œil, à six bandes, de Péron, etc.

Mollusques. En espèces nouvelles, le calmar de Vanikoro, le lépioteuthe lunulé, l'hélice de Vanikoro, l'héluine rubanée, le cyclostome cannelé, l'auricule jaune, la pyramidelle ventrue, la mitre de Vanikoro, l'émarginule de Vanikoro, le strombe de Vanikoro, la cérite rubanée, la cérite renflée, la mélanie érythrostome, la mélanie à côtes, la nérite commune, la stomatelle tachetée, la patelle flexuelle, la patelloïde orbiculaire, l'oscabrion oculé, la pintadine ovalaire, la modiole rutilante, la came foliacée, la cyrène de Vanikoro, la cyrène oblongue, la mactre soyeuse, la psammobie vitrée, le barillet ventriculé, etc.

En espèces connues, l'hélice excluse, la doris tachetée, la doris scabre, les pyramidelles plissée et tachetée, la vélutine cannelée, la turbinelle cornigère, le sptérocère lambis, le strombe fleuri, les cônes radis de Banda, damier, vermiculé, tulipe et livide, etc.

Les animaux divers que nous venons d'indiquer, ainsi que de très-nombreux zoophytes appartenant aux genres holothurie, siphoncle, astérie, actinie, astrée, fongie, polythoé, madrépore, zoanthe, chausse-trappe, cariophyllie, alcyon, etc., furent tous peints sur le vivant par M. Quoy, attaché à l'expédition de M. d'Urville, et souvent anatomisés par lui avec une constance qui résista aux dangers, aux privations et aux maladies. Pour apprécier convenablement cette admirable ténacité de M. Quoy, qui ne peut être comparée qu'à son grand talent d'observation, il faut, dit M. Gaimard, en avoir été témoin comme moi.

La mer fournit assez abondamment des huîtres et beaucoup de poissons lorsqu'on trouve des lieux propres à jeter la seine; car autrement on ne peut s'en procurer que par les naturels. Les récifs donnèrent à M. Quoy assez de choses remarquables pour conserver plus de trente planches. C'est là que M. Gaimard trouva *la houlette*, coquille rare et recherchée dans les collections. Elle habite dans les polypiers où elle se creuse un trou. Une circonstance indépendante de sa volonté l'empêcha de la rendre aussi commune en Europe qu'elle y est rare.

CARACTÈRE, MŒURS ET COUTUMES, ETC.

Les renseignements qui ont été communiqués sur les mœurs des Vanikoriens proviennent des rapports du capitaine Dillon avec les Tikopiens, ainsi que de ceux qui ont été fournis par Martin Buchart, le Prussien, dont nous avons déjà parlé. Son long séjour dans cette île l'a mis à portée d'être parfaitement instruit de leurs usages. C'est un homme intelligent et qui paraît très-digne de foi.

Le capitaine Dillon, désirant vivement recueillir toutes les particularités possibles sur les Vanikoriens, questionna les Tikopiens avec beaucoup de soin. Voici ce qu'il apprit de leur caractère, de leurs mœurs et de leur coutumes, selon le résumé qu'en a donné M. le docteur Quoy.

Les habitants de Vanikoro sont en général petits, maigres, grêles, de chétive apparence. La hauteur démesurée du front et son rétrécissement à la hauteur des tempes, donnent à cette race un caractère bizarre et sauvage. Des morceaux de bois ou des coquilles passées dans la cloison des narines ne relèvent guère des nez naturellement camards (voy. *pl.* 245 et 246). Agiles, souples et dispos presque tous, on en voit pourtant qui se traînent, attaqués de lèpre et d'ulcères. Les hommes âgés ont la tête nue et les cheveux courts.

Les femmes sont relativement plus hideuses encore que les hommes. Mais, si hideuses qu'elles soient, les hommes s'en montrent fort jaloux, et s'efforcent de les dérober aux regards des étrangers. Leurs seins, fatigués de bonne heure, tombent d'une façon peu gracieuse, et, comme si la nature ne se prêtait pas assez vite à cette dépression, les Vanikoriennes ont grand soin de serrer leur gorge avec une sorte de ceinture un peu au-dessus du mamelon.

Ces derniers lui assurèrent que leurs voisins ne sont pas cannibales; seulement, lui dirent-ils, quand un ennemi tombe entre leurs mains, il est tué immédiatement; son corps est déposé dans de l'eau de mer, et y est conservé jusqu'à ce que les os soient complétement dépouillés. Le squelette est alors retiré : on gratte les os que l'on coupe de diverses manières pour former les extrémités aiguës des flèches et des lances.

Les armes des Vanikoriens consistent dans de lourdes massues, des lances, des arcs et des flèches : ces dernières sont empoisonnées avec une gomme rougeâtre, extraite d'une espèce d'arbre particulière aux îles Vanikoro. Dès qu'un homme est blessé à un membre avec une flèche empoisonnée, on coupe promptement ce membre, et quelquefois on parvient à sauver l'individu; mais lorsque la blessure attaque une partie du corps que l'on ne peut retrancher avec facilité, le blessé se résigne tranquillement à la mort sans se plaindre, quoique souvent il languisse quatre ou cinq jours dans les souffrances les plus horribles.

Les habitants de Tikopia dirent au capitaine Dillon que, dans les villages des Vanikoriens, il y avait une maison dédiée à la divinité. Les crânes de toutes les personnes tuées et appartenant au bâtiment échoué à Vanou, sont encore conservés dans la pièce principale.

Les Vanikoriens diffèrent de presque tous les insulaires de la mer du Sud; ils ont, dit M. Quoy, la couleur noire des Africains (*), avec leurs cheveux courts et laineux, et ils leur ressemblent aussi par les traits de leurs visages.

Les Vanikoriens sont en général petits, assez grêles; ce qu'ils ont surtout de remarquable, dit M. Quoy, c'est une apparence de rétrécissement latéral du front, produit par la saillie du coronal très-bombé en devant, et par la forte arête que décrit la ligne courbe temporale (*). Leurs cheveux n'avancent point sur le front, et les soins qu'ils prennent de les relever et de les rejeter en arrière, font que toutes ces parties sont bien visibles. Les pommettes assez saillantes donnent plus de développement latéral à la face que n'en a le crâne. Un autre caractère non moins remarquable encore, est le peu de saillie des os du nez, ce qui fait paraître cet organe comme écrasé à sa racine : singulière ressemblance avec celui de l'orang-houtan ! Par cela les bosses orbitaires, déjà très-bombées, le paraissent davantage. Le nez lui-même est épaté : ils en augmentent encore l'élargissement par d'assez longs bâtons qu'ils se passent en travers dans la cloison. Quelques-uns s'en percent les ailes du nez, et y suspendent d'assez longs anneaux d'écaille de tortue. Le maxillaire inférieur n'a rien de remarquable. La forme du front fait que l'angle facial n'est pas trop aigu. L'oreille n'aurait non plus rien d'extraordinaire, s'ils n'en perforaient et n'en dilataient le lobe de manière à y passer le poing; et lorsqu'un accident rompt cet anneau, ils en recommencent un autre dans la lanière la plus considérable. Ce qui est particulier, c'est que ces parties, qui sembleraient devoir s'amincir en raison de leur extension, prennent très-souvent au contraire, par les attouchements et les tiraillements, une augmentation de volume qui pourrait représenter huit ou dix fois celui du lobe. L'œil est assez grand, ovalaire et enfoncé; le globe est saillant, bombé, et ressemble, pour la forme

(*) Ou plutôt des Andamènes.
G. L. D. R.

(*) Ce rétrécissement existe bien, ajoute le docteur Quoy, mais pas autant qu'il le paraît au premier coup d'œil, ainsi que je m'en suis assuré par des mesures exactes prises par M. Lesson avec un compas courbe sur une quinzaine d'individus.

et les couleurs, à celui des noirs d'Afrique. Les lèvres sont grosses, le menton petit. Les extrémités inférieures, grêles dans les uns, sont assez bien nourries chez d'autres. Le mollet, continue le savant docteur, est placé un peu haut, et le calcanéum chez beaucoup d'individus fait une saillie assez remarquable; ce que l'on ne voit pas dans la race polynésienne, comparée homme à homme. Autre rapport avec le nègre. Les cheveux des Vanikoriens sont crépus, et quoiqu'ils ne les coupent pas, ils ne prennent jamais en masse un grand accroissement; il les tiennent enveloppés dans une espèce d'étoffe qui leur pend longuement sur le dos, ce qui d'abord semble donner plus de développement à leur chevelure. En grande cérémonie, ils ont d'élégants bracelets noirs et blancs, qu'ils tiennent de l'archipel du Saint-Esprit, ne sachant pas ou plutôt ne voulant pas se donner la peine d'en fabriquer de semblables. Il en est de même de leurs armes et de plusieurs autres choses. Cependant ils font des anneaux d'un grand trochus, qu'ils se passent aussi dans les bras au nombre de sept ou huit de chaque côté. Ils façonnent en très-gros anneaux l'écaille de tortue, et s'en pendent ainsi jusqu'après d'une demi-livre à chaque oreille; du reste, ils sont nus, à l'exception de l'étoffe étroite qui leur cache les parties génitales. L'usage du bétel leur détruit les dents, et rougit désagréablement le contour de la bouche.

Ces peuples, comme tous ceux qui habitent de semblables latitudes, sont sujets à la lèpre. Cette maladie s'offre le plus souvent sous la forme de l'éléphantiasis. Le vieux chef de Manévai avait la figure toute couverte de pustules ulcérées et suppurantes.

Que dire sur la religion d'un peuple avec lequel on a de la peine à échanger quelques idées, si ce n'est celles que déterminent les besoins physiques. Ils ne paraissent point avoir de culte extérieur, et on n'y a point trouvé d'idoles. La chose qu'ils consacrent paraît leur tenir lieu de divinité. C'est ainsi qu'un jour le vieux chef mena M. d'Urville à son Atoua, qui se trouvait être un trou de fourmis ou de cancres au milieu des bois; ils font des consécrations à ces dieux; et lorsqu'ils voulaient tirer quelque chose des Français, ils avaient l'adresse de le demander pour leur Atoua.

En évaluant à mille âmes la population de Vanikoro, répandue dans dix ou douze villages, c'est peut-être la forcer un peu. Si l'on en juge par le village d'Ocili qui a été abandonné, elle ne semblerait pas aller en augmentant. Douze à quinze cases contiennent une peuplade. Elles sont carrées ou ovales, et faites de larges feuilles de vakois; le feu est au milieu, et la fumée sort par la porte qui est l'unique ouverture. On y voit des individus métis, provenant de la race polynésienne. Ce croisement semble les rendre plus robustes et surtout plus intelligents.

LANGUE, CHANTS ET DANSES.

La langue de Vanikoro est douce et agréable.

« Ce qui m'a le plus étonné dans cette île, dit M. Gaimard, c'est que les habitants parlent un dialecte de la langue polynésienne et non celle de la Nouvelle-Guinée et des îles environnantes, d'où ils tirent leur origine. Ils s'entendaient bien avec les Tikopiens et un habitant des îles de Tonga; ce qui pourrait faire supposer, jusqu'à un certain point, que les émigrations des Polynésiens jusque dans ces parages, seraient antérieures à celle de la race noire. »

Nous donnerons un échantillon de leur langue, ainsi que nous l'avons fait pour les divers peuples de l'Océanie. C'est un chant qui caractérise les mœurs libres de ces insulaires.

Piénémé fékaoni piénémé,
Piékoubi piénémé piékoubi,
Piénémé fékaoui piétanbourou,
Piénémé fékaoui piénémé,
Piékotcho piékoubi piékotcho,
Piékové makoubi piékové,
Piénémé piékotcho piékoubi,
Piénémé makoubi piénémé.
Piénémé piékotcho piékoubi,
Piétanbourou naoudjé nilini matchévi.
Piénémé piébouéné matchévi,

Piékotcho assegnolé tégnouli.
Acvivikora gouran,
Bagnangora matcho matcho,
Agolité matché matcho,
Natchéri débaba,
Agolité agolité maté mato.
Ouainalili débabo
Piéiovi piénémé piékotcho.

« Après avoir entièrement écrit cette chanson, dit M. Gaimard, qui l'a recueillie le premier, je la chantai aux habitants de Nama qui m'entouraient. Leur surprise ne saurait se dire; il est impossible de se peindre la joie vraiment frénétique de ces insulaires qui se pressaient autour de moi. D'après les renseignements que j'ai obtenus, il paraît que ce chant est entièrement relatif à l'union des deux sexes, et que cet acte, nommé piénémé par les Vanikoriens, y est peint avec une brutale énergie. Le mot pié désigne les organes sexuels de la femme. Après que j'eus chanté, les naturels exécutèrent une danse de Tikopia avec accompagnement de gestes. Dans la soirée, d'autres danses eurent lieu près de la cabane de Naro. J'eus l'occasion en même temps de faire une observation curieuse. Un indigène, nommé Védévéré, me montra des cicatrices provenant de blessures faites par les flèches des habitants de Manévai : il est bien constant que ces blessures ne sont pas mortelles comme les insulaires le disent, en affirmant que toutes leurs flèches sont empoisonnées. Il est vrai qu'ils ajoutent que pour en guérir, il faut mâcher les feuilles d'une plante grimpante, nommée méré, les réduire en petites parties et les souffler sur les blessures ; c'est ce qui a été fait pour Védévéré. »

HISTOIRE.

Vanikoro est une île tristement célèbre, puisque ce fut sur ses récifs que se perdit l'illustre la Pérouse, dont le nom donné à ce groupe par J. de Blosseville a été généralement adopté.
Les voyages récents de Dillon et de d'Urville ont débrouillé ce point d'histoire. Pour l'établir ici, nous remonterons à l'origine de l'expédition.

La Pérouse fut envoyé par Louis XVI pour un voyage de circumnavigation, et ce roi lui traça ses instructions. On lui donna pour second le capitaine Delangle, son ami, officier fort distingué. Des savants et des marins du plus grand mérite furent en outre appelés à partager les travaux de cette aventureuse expédition. Par un singulier rapprochement, la Pérouse et Delangle périrent victimes des flots et des sauvages, et Louis XVI des tempêtes populaires. Le capitaine Edwards revit ce groupe en 1791, et lui donna le nom de Pitt.

Les deux grandes flûtes (*) la *Recherche* et l'*Espérance* partirent de Brest le 28 septembre 1791, sous les ordres de d'Entrecasteaux.

A son passage au cap de Bonne-Espérance, ce navigateur apprit qu'un rapport du commodore Hunter désignait les îles de l'Amirauté comme le théâtre probable du naufrage de la Pérouse. A l'instant les deux flûtes se dirigèrent vers cet archipel ; mais, contrariées par la saison, et d'ailleurs mauvaises voilières, elles n'y parvinrent que le 28 juillet 1792. Leurs recherches furent inutiles, nul bâtiment européen ne semblait s'être perdu sur ces parages. D'Entrecasteaux poursuivit les opérations qui lui avaient été imposées. De beaux travaux scientifiques publiés par MM. de Rossel et Labillardière, compensèrent seuls les frais énormes et les incalculables fatigues de cette expédition. Jamais bâtiment ne souffrit autant dans son personnel ; les trois premiers chefs moururent, d'Entrecasteaux, Huon de Kermadec et d'Auribeau, et avec eux une bonne portion des équipages. Enfin, à leur arrivée à Java, les deux bâtiments furent confisqués par le gouvernement hollandais. Ce qu'il y a de plus singulier dans ce voyage, c'est que les deux conserves passèrent devant l'île qu'ils cherchaient, devant Vanikoro, théâtre du désastre de la Pérouse, où sans doute on eût trouvé alors des

(*) La flûte est un navire à fond plat et très-large.

traces récentes du naufrage, et peut-être des hommes encore vivants. Mais depuis cette époque jusqu'en 1825, nul autre essai de recherche ne semble avoir été fait. L'*Uranie* et la *Coquille*, expédiées pour les mers du Sud sous la restauration, ne furent point envoyées dans cette pensée. La *Coquille*, dans la nuit du 1ᵉʳ au 2 août 1823, passa à quatre ou cinq lieues de Vanikoro, sans se douter que cette île gardât des preuves du triste événement (*).

Ce ne fut guère qu'au moment où le ministère accueillit le projet du capitaine d'Urville, c'est-à-dire vers la fin de 1825, que l'on songea à faire des recherches nouvelles. Il était bruit alors, en France, du rapport d'un baleinier, qui avait vu une croix de Saint-Louis et quelques médailles entre les mains des sauvages de la Louisiade et de la Nouvelle-Calédonie. Les détails paraissaient exacts et formels. Le ministre de la marine en tint compte; M. d'Urville fut chargé de s'assurer de leur degré de vérité et de poursuivre la solution du problème. Le nom de son navire la *Coquille* fut changé en celui de l'*Astrolabe*.

L'*Astrolabe* partait de France avec des données bien incertaines; mais sur sa route l'attendaient de précieux indices. Son passage à Port-Jackson, loin de lui rien révéler, mit M. d'Urville en suspicion contre les bruits accrédités en France. Plus heureux à Tonga-Tabou, il sut par la tamaha (reine), que la Pérouse avait relâché à Namouka après avoir quitté Botany-Bay.

Vieux routier de l'océan Pacifique, où il avait navigué depuis vingt années sur des bâtiments de commerce, Dillon commandait en 1826 le navire le *Saint-Patrick*, qui, dans sa route de Valparaiso au Bengale, passa le 15 mai près de Tikopia. Sur les pirogues qui vinrent accoster le navire se trouvaient le Prussien Buchart et le lascar Joë, qu'il avait treize ans auparavant déposés sur cette île; Joë, monté à bord, fit des affaires avec l'équipage, et entre autres objets, vendit à l'armurier une poignée d'épée en argent, sur laquelle étaient gravés des caractères. Interrogé à cet égard, le lascar répondit que cette poignée, ainsi que d'autres colifichets qui se trouvaient à Tikopia, provenaient d'une île voisine nommée Vanikoro, sur laquelle deux grands navires avaient autrefois naufragé. Le lascar affirma, suivant Dillon, qu'ayant fait le voyage de Vanikoro six ans auparavant, il y avait vu deux hommes âgés, marins des bâtiments perdus; il ajouta que des débris du sinistre existaient encore, et qu'on pourrait en retirer quelques-uns. De ce récit, Dillon inféra que ces deux bâtiments étaient ceux de la Pérouse. Il décida Buchart à l'accompagner sur Vanikoro; mais cette fois, les calmes et les courants contrarièrent sa reconnaissance. Retourné à Calcutta, il fit part de ses soupçons à la Compagnie des Indes et à la Société asiatique, dans un rapport explicite et plus formel que le récit livré depuis à la publicité.

« En examinant la poignée d'épée, dit M. Dillon, je crus y découvrir les initiales du nom de la Pérouse, ce qui fit naître en moi des soupçons et pousser mes questions aussi loin que possible. Par l'intermédiaire de Buchart et du lascar, j'interrogeai quelques insulaires sur la manière dont leurs voisins s'étaient procuré tous les objets en argent et en fer qu'ils possédaient. Ils me répondirent que les naturels de Mallicolo (Vanikoro) racontaient que, bien des années auparavant, deux grands vaisseaux étaient arrivés près de leurs îles; qu'ils avaient jeté l'ancre l'un à l'île de Vanou, l'autre à l'île de Païou, peu éloignées l'une de l'autre. Quelques jours après, et avant qu'ils eussent eu communication avec la terre, une tempête s'était élevée et avait poussé les deux vaisseaux à la côte. Celui qui avait jeté l'ancre à Vanou échoua sur les roches. Les naturels se portèrent alors en foule au bord de la mer, armés de massues,

---

(*) Extrait du voyage pittoresque, ainsi que les trois paragraphes suivants.

de lances et d'arcs, et lancèrent quelques flèches à bord du vaisseau ; l'équipage riposta par des coups de canon et tua plusieurs sauvages. Le vaisseau, battu par les vagues et continuant de se heurter contre les roches, fut bientôt mis en pièces. Quelques hommes de l'équipage se jetèrent dans les canots, et furent poussés par les vents à la côte, où, en débarquant, ils furent tués jusqu'au dernier par les naturels. D'autres, qui s'étaient jetés à la nage, ne gagnèrent la terre que pour partager le sort de leurs compagnons ; de sorte que pas un seul homme de ce vaisseau n'échappa à la mort.

« Le vaisseau qui échoua à Païou fut jeté sur une plage de sable. Les naturels accoururent, et lancèrent leurs flèches sur ce navire comme ils avaient fait sur l'autre ; mais les gens de l'équipage eurent la prudence de ne pas répondre par les armes à cette agression. Au contraire, ils montrèrent aux assaillants des haches, de la verroterie et d'autres bagatelles, comme offrandes de paix, et ceux-ci cessèrent leurs hostilités. Aussitôt que le vent eut un peu diminué, un vieillard poussa au large dans une pirogue, et aborda le vaisseau. C'était un des chefs du pays : il fut reçu avec des caresses, et on lui offrit des présents qu'il accepta. Il revint à terre, apaisa ses compatriotes, et leur dit que les gens du pays étaient des hommes bons et affables ; sur quoi plusieurs naturels se rendirent à bord, où il leur fut offert à tous des présents. Bientôt ils apportèrent, en retour, à l'équipage, des ignames, des volailles, des bananes, des cocos, des porcs ; et la confiance se trouva établie de part et d'autre.

« L'équipage du vaisseau fut obligé de l'abandonner. Les hommes blancs descendirent à terre, apportant avec eux une partie de leurs provisions. Ils restèrent quelque temps dans l'île, et bâtirent un petit vaisseau avec les débris du grand. Aussitôt que le petit bâtiment fut prêt à mettre à la voile, il partit avec autant d'hommes qu'il en put convenablement porter, après avoir été approvisionné de vivres frais en abondance par les insulaires. Le commandant promit aux hommes qu'il laissait dans l'île de revenir promptement les chercher et d'apporter en même temps des présents pour les naturels ; mais jamais les naturels n'entendirent plus parler de ce petit bâtiment ni de ceux qui le montaient. Les hommes de l'équipage demeurés dans l'île se partagèrent entre les divers chefs, auprès desquels ils résidèrent jusqu'à leur mort ; il leur avait été laissé par leurs camarades des fusils et de la poudre ; et ces objets leur servirent à rendre de grands services à leurs amis, dans leurs batailles avec les naturels des îles voisines.

« Le Prussien ne s'était jamais hasardé à faire un voyage à Mallicolo avec les naturels ; mais le lascar y était allé une fois ou deux. Il affirma qu'il avait vu à Païou deux Européens qui parlaient la langue des insulaires, et qu'il avait conversé avec eux. C'étaient des vieillards, qui lui dirent avoir fait naufrage, plusieurs années auparavant, dans un des vaisseaux dont ils lui montrèrent les débris. Ils lui dirent aussi qu'aucun vaisseau n'avait touché aux îles Mallicolo depuis qu'ils y étaient ; que la plupart de leurs camarades étaient morts ; mais qu'ayant été disséminés dans les diverses îles, ils ne pouvaient dire précisément combien d'entre eux étaient encore vivants. »

La Compagnie des Indes orientales, d'après un rapport adressé par lui au gouverneur général de l'Inde britannique, décida qu'un de ses navires, le *Research*, irait, sous les ordres de M. Dillon, explorer les îles de Vanikoro, et constater le naufrage du capitaine français d'une manière précise. On ne négligea rien pour rendre en outre l'expédition profitable dans les recherches d'histoire naturelle. Le docteur Tytler, connu par quelques ouvrages scientifiques, devint à la fois le naturaliste, le docteur et l'historiographe de la mission. La Compagnie affecta mille roupies à l'achat seulement des présents à faire aux indigènes, et plaça à bord du navire un agent français (*).

Le 23 janvier 1827, le *Research* prit la mer. A peine comptait-il quelques jours de traversée, quand de terribles discussions s'élevèrent entre le docteur Tytler et le capitaine Dillon. Elles furent si vives, qu'à l'arrivée à Hobart-Town, le docteur, qui avait à se plaindre des mauvais traitements de Dillon, porta plainte contre le capitaine devant une cour martiale. Dillon, déclaré coupable, fut condamné à un emprisonnement de deux mois et à une amende de cinquante livres sterling; en outre, une caution de quatre cents livres sterling était exigée comme garantie de sa conduite à venir. Comme la peine prononcée contre Dillon entraînait un retard dans le voyage, on chercha d'abord à le remplacer; mais le rusé capitaine n'avait révélé à personne le gisement de Vanikoro, et sous la conduite d'un autre la mission avorta. Force fut donc de laisser une partie du jugement inexécutée: on obligea Dillon au payement de l'amende et au dépôt de la garantie, mais on lui fit grâce de la prison. Cette triste affaire terminée, le *Research* mit à la voile le 20 mai; il arriva le 3 juin à Port-Jackson, où il ne fit que toucher, et mouilla le 1ᵉʳ juillet à Korora Reka, sur la baie des Iles. Reparti de nouveau, il toucha successivement à Tonga-Tabou, à Rotouma et à Tikopia. Sur cette dernière île, il embarqua un naturel nommé Ratia, qui devait lui servir de guide et d'interprète. Il s'y procura aussi divers objets provenant du naufrage. Enfin, le 7, le *Research* jeta l'ancre sur le petit havre de Vanou, dans la baie de l'est. Grâce à quelques cadeaux, Dillon parvint à recueillir quantité d'objets du naufrage. La plus grande partie consistait en crocs, chevilles, anneaux de fer, ancres, et autres morceaux en fer; en rouets de poulies, casseroles, cuillers, plateaux et entonnoirs en cuivre; en divers fragments d'instruments astronomiques et d'ustensiles de cuisine. L'un des objets les plus importants fut une grande cloche en bronze d'un pied de diamètre. Sur l'un de ses côtés se trouvait un crucifix entre deux figures, de l'autre rayonnait un soleil, le tout estampillé de cette légende: *Bazin m'a fait*. Des recherches accomplies depuis ont prouvé que ces marques étaient celles de la fonderie de l'arsenal de Brest, vers l'an 1785. On réussit en outre à se procurer sur les récifs de l'ouest, quatre pierriers en bronze, un boulet de dix-huit, une piastre espagnole, des fragments de cristaux, porcelaines, faïences, bouteilles et verres; enfin, divers débris en fer, cuivre et plomb. On trouva en outre un débris du couronnement d'un des navires de la Pérouse, décoré d'une fleur de lis et d'autres ornements fort bien sculptés (*).

Les indigènes racontaient le naufrage à Dillon, chacun à sa manière: voici celle qui paraît la plus exacte. Elle fut donnée par Valie, second aligui (chef) de Vanou:

« Il y a longtemps, dit cet indigène, que les habitants de cette île, sortant un matin de leurs maisons, aperçurent une partie d'un vaisseau sur le récif en face de Païou. Il y demeura jusqu'au milieu du jour, heure vers laquelle la mer acheva de le mettre en pièces; de grandes portions de ses débris flottèrent le long de la côte. Le vaisseau avait été jeté sur le récif pendant la nuit, et à la suite d'un ouragan terrible qui brisa un grand nombre de nos arbres à fruits; nous n'avions pas vu le vaisseau la veille. Quatre hommes échappèrent et prirent terre près d'ici: nous allions les tuer, quand ils firent présent de quelque chose à notre chef qui leur sauva la vie. Ils résidèrent parmi nous pendant un peu de temps, après quoi ils allèrent rejoindre leurs compagnons à Païou. Là ils bâtirent un petit vaisseau, et s'en allèrent de-

(*) Ce fonctionnaire éclairé et bienveillant était M. Eugène Chaigneau, neveu de M. Chaigneau, mandarin en Cochinchine, et que nous avons connu nous-même à Calcutta.

(*) D'Urville, Voyage pittoresque.

dans. Aucun de ces quatre hommes n'était chef, tous étaient des inférieurs. Les objets que nous vendons proviennent du vaisseau qui échoua sur le récif à basse mer ; nos gens avaient l'habitude d'y aller plonger et d'en rapporter ce qu'ils pouvaient. Plusieurs débris vinrent à la côte et nous en tirâmes diverses choses ; mais depuis quelque temps, on n'a rien retiré du vaisseau, parce qu'il est pourri et qu'il a été emmené par la mer. Nous ne tuâmes aucun des hommes de ce vaisseau, mais il vint à la côte plusieurs cadavres qui avaient les bras et les jambes mutilés par les requins. Dans la même nuit, un autre vaisseau toucha sur un récif près de Vanou et coula à fond. Il y eut plusieurs hommes qui se sauvèrent ; ils bâtirent un petit vaisseau et partirent cinq lunes après que le grand se fut perdu. Pendant qu'ils bâtissaient le petit vaisseau, ils avaient planté autour d'eux une forte palissade de troncs d'arbres pour se garantir de l'approche des Vanikoriens. Ceux-ci, de leur côté, les craignaient, de sorte qu'il y eut peu de communication entre eux. Les hommes blancs avaient coutume de regarder le soleil au travers de certaines choses que je ne puis ni dépeindre ni montrer, parce que nous n'avons eu aucune de ces choses. Deux hommes blancs restèrent après le départ de leurs compagnons. L'un était chef, l'autre un homme qui servait le chef. Le premier mourut il y a environ trois ans ; une demi-année après, le chef du canton où résidait l'autre homme blanc fut obligé de s'enfuir de l'île, et l'homme blanc partit avec lui ; le district qu'ils abandonnèrent se nommait Paukori ; mais nous ne savons pas ce qu'est devenue la tribu qui l'habitait alors. Les seuls blancs que les habitants de l'île aient jamais vus sont premièrement les gens du vaisseau, puis ceux que nous voyons aujourd'hui. »

M. Dillon fit plusieurs excursions dans l'île, sans que les naturels, gagnés par ses largesses, l'inquiétassent en aucune manière. Le résultat de cette reconnaissance, consigné dans sa relation, n'offre qu'un intérêt fort médiocre. Un prétendu plan de Vanikoro dressé par lui est fort inexact. Cependant dans les premiers jours d'octobre, craignant que les vents d'est ne le retinssent dans la baie, il franchit heureusement la passe dangereuse de l'est. Il mouilla sur la baie tranquille de Manevai, d'où il sortit par le chenal du nord, cingla vers les îles Toupoua (Ourry ou Edgecumbe) et Nitendi, et ensuite vers la Nouvelle-Zélande. Il passa à Port-Jackson, et le 7 avril 1828, il vint mouiller à Calcutta. Récompensé généreusement, il obtint de la Compagnie la permission d'aller en France avec les objets qui devaient faire foi de sa découverte. En France, le meilleur accueil lui était réservé ; il fut présenté à Charles X, obtint la croix de la Légion d'honneur, dix mille francs d'indemnité, et une pension de 4,000 francs. Tout cela se passait un mois avant l'arrivée de l'*Astrolabe*. Ce fut devant Hobart-Town, le 20 décembre 1827, que le capitaine d'Urville eut connaissance des travaux de Dillon, dont quelques journaux avaient donné des aperçus pleins de réticences (*).

M. D. d'Urville apprit qu'il existait dans cette colonie une personne qui prétendait avoir rencontré des traces de la Pérouse. Il lui fit demander et il obtint de lui le rapport suivant écrit en anglais, dont voici la traduction littérale.

*Extrait du journal de James Hobbs, premier officier du navire l'*Union *de Calcutta, capitaine John Nichols, destiné pour Pinang.*

14 avril 1811.

Comme nous étions en calme sur la côte de la Nouvelle-Géorgie ou îles Salomon, j'allai dans le canot avec quatre lascars (matelots indiens) et un matelot anglais, pour me procurer quelques fruits pour l'équipage, sur une île située par 8° 18′ lat. sud, et 156° 30′ de long. est, ne pensant pas qu'elle fût habitée, attendu qu'elle paraissait fort petite.

(*) Nous laissons à M. d'Urville la responsabilité des expressions de ce paragraphe qui lui appartient. G. L. D. R.

Nous étions beaucoup plus loin de terre que je ne le croyais, et avant d'y être rendu, le navire fut hors de vue. Quand nous fûmes près du rivage, l'île nous parut traversée par un chenal à marée haute; au milieu de ce passage, je pus observer très-distinctement un grand espars ou bien un mât planté droit debout, avec quelque chose qui me parut être le gréement pour le soutenir. Une pirogue montée par un homme et huit ou dix jeunes gens s'avança, en nous montrant une branche d'arbre pour nous inviter à descendre à terre avec eux. Ils semblaient très-bien disposés, et je désirais me rendre à leurs vœux; mais je ne pus y déterminer mes compagnons. J'eus alors recours à des moyens plus sévères; ils furent également inutiles, car mes hommes déclarèrent qu'ils se feraient plutôt tuer dans le canot que de consentir à aller à terre pour y être mangés. Durant ce temps, le rivage s'était couvert de naturels; ceux-ci voyant que les vieillards et les jeunes gens ne pouvaient réussir à nous amener avec eux, une femme s'avança seule dans une pirogue. Les hommes du rivage voyant que toutes leurs sollicitations étaient sans succès, et le canot étant tout près de terre, en quelques minutes nous fûmes environnés par quarante ou cinquante pirogues, qui contenaient chacune depuis un jusqu'à vingt naturels. Alors la femme témoigna par signes le désir que je fisse connaître à ses compatriotes si j'étais un homme ou une femme, ce que je fus obligé de faire, et ils en furent très-réjouis. Les hommes de mon canot étaient tellement dominés par la frayeur, qu'ils avaient à peine la force de tenir l'embarcation au large des rochers. Le navire était encore hors de vue; mais à notre satisfaction, il survint un grain violent, et quand le ciel se fut éclairé, le bâtiment se montra à nos regards, ce qui redonna la vie à mes hommes, et nous forçâmes de rames vers le navire. Quand nous en approchâmes, je crus sa perte assurée, attendu qu'il était entouré d'un grand nombre de pirogues et que son pont était si complètement couvert de naturels, que je ne pouvais pas même distinguer un seul des hommes de l'équipage. J'accostai en toute hâte, et je m'empressai de dégager le pont; mais je dus recourir à la violence, même en blessant au bras un homme qui avait volé tout le fer des pompes. Au même instant un rocher de corail se montra sous le navire, mais heureusement nous ne touchâmes point. Nous étions alors six milles environ au sud-est de l'île du nord-ouest. Quelques naturels portaient des morceaux de fer, des barres de ce métal, et des étoffes rouges, dont ils semblaient faire un grand cas. Très-peu parmi eux avaient apporté des armes. Ce sont de grands voleurs; quand ils réussissent à dérober quelque chose, ils sont enchantés et se sauvent en sautant à la mer par-dessus le bord.

JAMES HOBBS.

Sur-le-champ ce rapport rappela la déposition du capitaine Bowen, de l'*Albermarle*, rapportée dans le discours préliminaire du voyage de la Pérouse, par M. Millet Mureau. Le navigateur Bowen avait dû déclarer devant le juge de Morlaix, qu'en décembre 1791 il avait vu sur la côte de la Nouvelle-Géorgie, et près du cap Déception, les débris du vaisseau de la Pérouse, flottant sur les eaux, et que les naturels lui paraissaient connaître les Européens et l'usage du fer. Cette déclaration, accompagnée de détails assez invraisemblables, avait toujours inspiré peu de confiance. Cependant, en la rapprochant de celle de James Hobbs, beaucoup plus positive et mieux circonstanciée, surtout en considérant que le petit bâtiment construit par les naufragés de Vanikoro dut naturellement se diriger sur la Nouvelle-Irlande, en prolongeant la chaîne des îles Salomon, il en conclut qu'ils durent périr sur les écueils de la côte occidentale de cet archipel. Aller ainsi, sur la foi de données vagues, chercher une île imaginaire, lui demander des preuves qu'elle n'avait peut-être pas, se livrer à cette croisière fantastique et stérile, pendant qu'une reconnaissance inachevée des côtes de la Nouvelle-Zeeland demandait encore quelques mois d'explorations studieuses, telle était la position qui s'offrait alors au capitaine d'Urville. S'il réussissait, tout allait bien ; s'il parvenait à résoudre le grand problème d'un naufrage mystérieux, tout se justifiait : déviation de route, changement d'itinéraire. Mais dans l'autre hypothèse, dans l'éventualité d'une campagne infructueuse, ne pouvait-on pas l'accuser de s'être abandonné trop naïvement aux rêves d'un aventurier ? Vouloir d'ailleurs ne suffisait pas, il fallait pouvoir. Pendant que le capitaine d'Urville organisait son départ, arrivèrent à Hobart-Town deux lettres de Dillon, complétement contradictoires : l'une parlant d'ajourner son voyage à cause d'une prétendue mousson ; l'autre annonçant qu'il venait de le réaliser avec les plus beaux résultats. Quoique ces dépêches étranges dussent redoubler l'embarras du commandant français, il n'en persista pas moins dans ses résolutions. L'*Astrolabe* mit à la voile le 6 janvier 1828. Elle reconnut l'île Norfolk et le volcan Mathew, les îles Fataka et Anouda (*).

L'*Astrolabe* arriva le 10 février devant *Tikopia*. Les communications que l'équipage eut sur-le-champ avec les naturels prouvèrent l'exactitude des récits de Dillon... M. d'Urville y trouva le Prussien Buchart, qui avait accompagné le *Research* dans sa mission, et se trouvait à Tikopia depuis trois semaines seulement. Buchart lui promit d'accompagner l'*Astrolabe*, mais il manqua de parole. Pour surcroît d'embarras, aucun naturel intelligent ne voulut servir de guide. M. d'Urville fut forcé de se contenter pour interprète d'un déserteur anglais établi depuis neuf mois sur ce rocher, et qui parlait un peu la langue des naturels. Le lendemain l'*Astrolabe* mit le cap sur Vanikoro. Le 12, au coucher du soleil, il aperçut à l'horizon les sommités de cette île, et le 14, de bonne heure, il commença à prolonger les récifs qui ceignent la côte du sud, cherchant une issue pour pénétrer au dedans ; ce ne fut que le 21 que la corvette put être conduite dans un petit espace entre les récifs situés à la partie orientale, qui reçurent le nom de havre d'Ocili.

Dès le 23, M. d'Urville expédia M. Gressien avec plusieurs autres officiers ; il revint le lendemain, après avoir fait le tour entier de l'île ; il rapporta quelques débris qu'il s'était procurés chez les insulaires ; mais ceux-ci n'avaient point voulu lui indiquer le lieu même du naufrage de la Pérouse. M. Jacquinot et quatre autres personnes repartirent le 26 : ils furent plus heureux ; car, séduit par l'appât d'un morceau de drap rouge, un sauvage les conduisit à l'endroit même où avait échoué l'un des deux bâtiments commandés par l'illustre navigateur. Là, ils virent disséminés au fond de la mer, à trois ou quatre brasses, des ancres, des canons, des boulets, des saumons en fer et en plomb, etc. ; principalement une immense quantité de plaques de ce dernier métal, seuls témoins durables de la catastrophe des Français. Tout le bois avait disparu, et les objets plus minces en cuivre ou en fer étaient corrodés par la rouille et complétement défigurés. M. Jacquinot tenta de soulever une des ancres ; mais les coraux qui depuis quarante ans avaient bâti tout alentour, la retenaient avec trop de force au fond.

L'*Astrolabe* ayant été amarrée dans le paisible bassin de Manevai et à l'abri de toutes craintes par rapport aux vents et à la mer, la chaloupe armée en guerre et la baleinière partirent sous les ordres de MM. Gressien et Guilbert. Le premier reconnut, avec tout le soin possible, les récifs de *Païou* et de *Vanou* ; et le second, après de grandes difficultés, parvint à se procurer une ancre de dix-huit cents livres environ, un canon court en fonte du calibre de huit, tous deux corrodés par la rouille et couverts d'une croûte épaisse de coraux, un saumon de plomb et deux pierriers en cuivre

(*) D'Urville, loc. cit.

assez bien conservés. La vue de ces objets et les renseignements obtenus des naturels, confirmèrent pleinement M. d'Urville dans l'opinion que les frégates de la Pérouse avaient péri à Vanikoro.

Alors le commandant de l'Astrolabe fit élever à la mémoire des naufragés un monument modeste, mais suffisant pour indiquer son passage dans cette île, et y laisser un témoignage des regrets de la France et du monde savant. Il choisit à cette intention le récif qui s'avance en pointe basse et cerne en partie le havre de *Mangadei*, et y fit élever le pieux cénotaphe dans une petite touffe de mangliers verdoyants. La forme adoptée pour ce mausolée fut celle d'un prisme quadrangulaire de six pieds d'arête, surmonté par une pyramide quadrangulaire de même dimension. Des plateaux de corail, contenus entre des pieux solides fichés en terre, formèrent le massif du monument, et le faîte fut recouvert d'un chapiteau en planches. On eut soin de n'employer aucune ferrure dans la construction de ce monument, de peur que l'avidité des naturels ne vînt un jour le profaner et le détruire. Son inauguration fut consacrée par trois décharges de mousqueterie et une salve de vingt et un coups de canon, et cette cérémonie pieuse s'accomplit au milieu du religieux silence des officiers français qui vinrent saluer le cénotaphe (voy. *pl.* 247).

La fièvre tenait alors cloués sur les hamacs la moitié des marins de l'*Astrolabe*, et il devenait plus difficile de se tirer de passes difficiles et dangereuses. Enfin, le 17 mars, on redoubla d'efforts. Il faut laisser M. d'Urville rendre compte de cette critique et décisive opération :

« Quarante hommes sont hors de service ; et si nous laissons passer cette journée (17 mars) sans bouger, demain peut-être il ne sera plus temps de vouloir quitter Vanikoro. En conséquence, je suis décidé à tenter un dernier effort. A six heures du matin, on commence à virer sur les ancres, et on les retire les unes après les autres ; manœuvre longue et pénible, attendu que le câble, la chaîne et le grelin s'étaient entortillés les uns avec les autres, et que nous avions peu de bras valides.

« Sur les huit heures, tandis que nous étions le plus occupés à ce travail, j'ai été fort étonné de voir venir à nous une demi-douzaine de pirogues de Tevaï, d'autant plus que trois ou quatre habitants de Manevai, qui se trouvaient à bord, ne paraissaient en aucune manière effrayés à leur approche, bien qu'ils m'eussent dit, quelques jours auparavant, que ceux de Tevaï étaient leurs ennemis mortels. Je témoignai ma surprise aux hommes de Manevai, qui se contentèrent de rire d'un air équivoque, en disant qu'ils avaient fait la paix avec les habitants de Tevaï, et que ceux-ci m'apportaient des cocos. Mais je vis bientôt que les nouveaux venus n'apportaient que des arcs et des flèches en fort bon état. Deux ou trois d'entre eux montèrent à bord d'un air déterminé, se rapprochèrent du grand panneau pour regarder dans l'intérieur du faux pont, et s'assurer du nombre des hommes malades. Une joie maligne perçait en même temps dans leurs regards diaboliques. En ce moment, quelques personnes de l'équipage me firent remarquer que deux ou trois hommes de Manevai, qui se trouvaient à bord, faisaient ce même manége depuis trois ou quatre jours. M. Gressien, qui observait depuis le matin leurs mouvements, avait cru voir les guerriers des deux tribus se réunir sur la plage, et avoir entre eux une longue conférence.

« De pareilles manœuvres annonçaient les plus perfides intentions ; et je jugeai que le péril était imminent. A l'instant, j'intimai aux naturels l'ordre de quitter la corvette et de rentrer dans leurs pirogues. Ils eurent l'audace de me regarder d'un air fier et menaçant, comme pour me défier de faire mettre mon ordre à exécution ; je me contentai de faire ouvrir la salle d'armes, ordinairement fermée avec soin, et d'un front sévère je la montrai du doigt à mes sauvages, tandis que de l'autre je leur désignais leurs pirogues. L'aspect de vingt mousquets étincelants dont ils connaissaient la puissance, les fit tressaillir, et nous débarrassa de leur présence.

« Il est plus essentiel qu'on ne pense de maintenir ces hommes grossiers par la seule terreur des armes à feu ; elle est plus salutaire pour l'Européen que leur effet même. La vue seule d'un pistolet pourra mettre en fuite vingt sauvages ; tandis qu'ils seraient capables de se ruer comme des bêtes féroces sur un détachement entier qui viendrait à faire feu sur eux.

« Du reste, nous venions, pour ainsi dire, de rompre la paille avec ces barbares, et notre départ devenait plus indispensable que jamais. J'exhortai donc l'équipage à redoubler de courage et d'efforts, et je pressai le moment de l'appareillage, autant que le permettaient mes faibles moyens. Les malades eux-mêmes prêtèrent leurs débiles mains à l'ouvrage ; et nous pûmes enfin élonger une ancre à jet dans l'est par trente brasses de fond ; quoiqu'elle fût surjetée, nous fûmes assez heureux pour qu'elle tînt jusqu'au bout.

« Ce fut sur ce frêle appui que, le 17 mars 1828, à onze heures du matin, l'*Astrolabe* déploya ses voiles, et prit définitivement son essor pour quitter Vanikoro ; nous serrâmes d'abord le vent le plus près qu'il nous fut possible, avec une bonne brise d'est-sud-est assez fraîche ; puis nous laissâmes porter sur la passe ; mais au moment même où nous donnions dans l'endroit le plus scabreux, celui où elle est semée d'écueils, un grain subit vint borner notre horizon dans un rayon de soixante à quatre-vingts toises.

« Accablé par la fièvre, je pouvais à peine me soutenir pour commander la manœuvre ; et mes yeux affaiblis ne pouvaient se fixer sur les flots d'écume qui blanchissaient les deux bords de la passe. Mais je fus secondé par l'activité de mes officiers, surtout par l'assistance de M. Gressien. Il nous servit de pilote, et le fit avec tant de sang-froid, de prudence et d'habileté, que la corvette franchit sans accident la passe étroite et difficile par où nous devions gagner le large. Ce moment décidait sans retour du sort de l'expédition ; et la moindre fausse manœuvre jetait la corvette sur des écueils d'où rien n'aurait pu la retirer. Aussi, malgré notre détresse, après quelques minutes d'anxiété, nous éprouvâmes tous, en nous voyant délivrés des récifs de cette île funeste, un sentiment de joie comparable à celui qu'éprouve un prisonnier qui échappe aux horreurs de la plus dure captivité ; la douce espérance vint ranimer notre courage abattu, et nos regards se tournèrent encore une fois vers les rives de notre patrie, à travers les cinq ou six mille lieues qui nous en séparaient. »

Ainsi s'exprime M. d'Urville dans son voyage de l'*Astrolabe* ; voici ce qu'a joint le narrateur de son voyage pittoresque : « Toutefois ce séjour, si tristement prolongé, eut de beaux résultats pour la science ; d'utiles travaux furent réalisés ; des observations importantes furent faites ; M. Gressien leva le plan le plus exact et le plus complet de toute l'île ; sa configuration, ses récifs, ses accidents de terrain y furent minutieusement décrits. La carte qui résulta de ces longues opérations est un des morceaux capitaux du voyage. Naguère inconnue, Vanikoro est, à l'heure actuelle, un des points les mieux décrits de l'océan Pacifique. Les règnes de la nature y ont été étudiés ; et des échantillons authentiques existent dans les salles du Muséum de Paris. En dehors de ces recherches utiles et générales, il en était une plus spéciale au pays, celle du naufrage même, objet de la mission. Cette question fut traitée à fond par M. d'Urville ; son travail curieux et plein de faits, mérite d'être reproduit :

« Dès le moment de notre arrivée, dit-il, les insulaires de Vanikoro, naturellement farouches et défiants, comme tous les sauvages de la race noire océanienne (*), semblaient avoir adopté un système complet de dénégation touchant cette catastrophe, ou bien ils

---

(*) Il faudrait dire les deux races noires océaniennes.   G. L. D. R.

n'opposaient à nos questions que des réponses évasives, comme : *Je ne sais;* — *Je n'ai pas vu;* — *Cela est arrivé il y a très-longtemps;* — *Nous l'avons entendu dire à nos pères*, etc. Il était évident que leur conduite, à l'égard des infortunés qui échappèrent au naufrage, ne fut rien moins qu'hospitalière. Sans doute ils redoutaient que nous fussions venus pour en tirer vengeance, surtout quand ils eurent appris des Anglais et des naturels de Tikopia que nous étions de la même nation que les *Maras*. Cependant, quand ils furent assurés que nous n'avions aucune intention hostile, et lorsqu'ils virent que nous les comblions d'amitiés et de présents, leur frayeur diminua un peu; quelques-uns devinrent plus communicatifs, et répondirent plus volontiers aux questions que je ne cessais de leur renouveler. Je m'attachais de préférence aux vieillards qui pouvaient avoir été témoins de ce funeste événement, et à ceux plus jeunes, qui paraissaient avoir plus d'intelligence, être doués d'une mémoire plus lucide, et, par là, susceptibles d'avoir mieux retenu ce qu'ils avaient appris de la bouche de leurs pères.

« A la suite d'une nuit très-obscure, durant laquelle le vent du sud-est soufflait avec violence, le matin les insulaires virent tout à coup sur la côte méridionale, vis-à-vis le district de Tanema, une immense pirogue échouée sur les récifs. Elle fut promptement démolie par les vagues, et disparut entièrement sans qu'on pût rien sauver par la suite. Des hommes qui la montaient, un petit nombre seulement put s'échapper dans un canot et gagner la terre. Le jour suivant, et dans la matinée aussi, les sauvages aperçurent une seconde pirogue semblable à la première, échouée devant Païou. Celle-ci sous le vent de l'île, moins tourmentée par le vent et la mer, d'ailleurs assise sur un fond régulier de douze ou quinze pieds, resta longtemps en place sans être détruite. Les étrangers qui la montaient descendirent à Païou, où ils s'établirent avec ceux de l'autre navire, et travaillèrent sur-le-champ à construire un petit bâtiment des débris du navire qui n'avait point coulé.

« Les Français, que les naturels nommèrent *Maras*, furent, disent-ils, toujours respectés par les naturels, et ceux-ci ne les approchaient qu'en leur baisant les mains, cérémonie qu'ils ont souvent pratiquée envers les officiers de l'Astrolabe durant la relâche. Cependant il y eut de fréquentes rixes, et dans l'une d'entre elles les naturels perdirent plusieurs guerriers dont trois chefs, et il y eut deux Français de tués. Enfin, après six ou sept lunes de travail, le petit bâtiment fut terminé, et tous les étrangers quittèrent l'île, suivant l'opinion la plus répandue. Quelques-uns ont affirmé qu'il resta deux *Maras*, mais qu'ils ne vécurent pas longtemps. A cet égard il y a peu de sujets de doute, et leurs dépositions unanimes attestent qu'il ne peut exister aucun Français ni à Vanikoro, ni à Tikopia, ni même à Nitendi ou dans les îles voisines. Quant aux crânes des malheureux Français qui succombèrent sous les coups de ces sauvages, il est probable que ceux-ci les ont conservés longtemps comme des trophées de leur victoire; mais s'ils les possédaient à l'époque de notre arrivée, il est vraisemblable qu'ils se seront empressés de les cacher en lieu sûr pour les soustraire à toutes nos perquisitions.

« Tout nous porte à croire que la Pérouse, après avoir visité les îles des Amis, et terminé sa reconnaissance de la Nouvelle-Calédonie, avait remis le cap au nord et se dirigeait sur Santa-Cruz, comme le lui prescrivaient ses instructions, et comme il nous l'apprend lui-même par son dernier rapport au ministre de la marine. En approchant de ces îles, il crut pouvoir continuer sa route pendant la nuit, comme cela lui était souvent arrivé, lorsqu'il tomba inopinément sur ces terribles récifs de Vanikoro dont l'existence était entièrement ignorée. Probablement la frégate qui marchait en avant (et les objets rapportés par Dillon, ont donné lieu de penser que c'était la *Boussole* elle-même) donna sur les brisants sans pouvoir se relever, tandis que l'autre eut le temps de revenir au vent et de reprendre le large; mais l'affreuse idée de laisser leurs compagnons de voyage, leur chef peut-être, à la merci d'un peuple barbare, ne dut pas permettre à ceux qui avaient échappé au premier péril, de s'écarter de cette île funeste, et ils durent tout tenter pour arracher leurs compatriotes au sort qui les menaçait. Ce fut là, nous n'en doutons point, la cause de la perte du second navire. L'aspect même des lieux où il est resté donne un nouvel appui à cette opinion. Car, au premier abord, on croirait y trouver une passe entre les récifs. Il est donc possible que les Français du second navire aient essayé de pénétrer par cette ouverture en dedans des brisants, et qu'ils n'aient reconnu leur erreur que lorsque leur perte était aussi consommée.

« Bien qu'aucun document positif et direct n'ait démontré que ces débris ont réellement appartenu à l'expédition de la Pérouse, je ne pense pas qu'il reste à cet égard la moindre incertitude. En effet, les renseignements que j'ai recueillis des naturels sont parfaitement conformes sous les rapports essentiels, à ceux que se procura M. Dillon; et cela sans que nous avons pu être influencés l'un par l'autre, attendu que je n'eus connaissance de son rapport à l'île de France que deux mois après que j'eus expédié le mien au ministère. Ces dépositions ont donc tous les caractères de l'authenticité; elles attestent que deux grands navires périrent, il y a quarante ans environ, sur les récifs de Vanikoro, et qu'ils contenaient beaucoup de monde; les naturels se sont même rappelés qu'ils portaient le pavillon blanc. Tout cela joint aux pièces de canon, aux pierriers rapportés, démontrent que ces navires étaient des bâtiments de guerre. Mais on sait positivement que longtemps avant comme après cette époque, nul autre navire de guerre n'a péri dans ces mers que les frégates de la Pérouse, et la *Pandora*, commandée par Edwards qui fit naufrage sur les récifs du détroit de Torrès. En outre, la nature de quelques-unes des pièces rapportées du naufrage, montre qu'elles appartenaient à une mission chargée de travaux extraordinaires. Enfin, l'unique morceau de bois apporté par M. Dillon, s'est trouvé coïncider avec les desseins qui ont été conservés des sculptures de la poupe de la *Boussole*. Que de probabilités réunies qui doivent équivaloir à une certitude complète!

« Comme on s'attendra sans doute à me voir émettre mon opinion sur la route que les Français durent suivre après avoir quitté Vanikoro, je déclarerai qu'à mon avis ils durent se diriger sur la Nouvelle-Irlande pour atteindre les Moluques ou les Philippines sur les traces de Carteret ou de Bougainville. Alors c'était la seule route qui offrît quelques chances de succès à un navire aussi faible, aussi mal équipé que pouvait l'être celui qui fut construit à Vanikoro; car on doit présumer que les Français avaient été singulièrement affaiblis par la fièvre et les combats avec les naturels.

« J'irai même plus loin, et j'oserai dire que ce sera sur la côte occidentale des îles Salomon, sur quelqu'un des écueils situés aux environs de l'espace connu sous le nom de *Baie des Indiens*, entre les caps Déception et Satisfaction, qu'on pourra par la suite retrouver quelques indices de leur passage. »

Cette dernière pensée du capitaine d'Urville était le résultat de conjectures si fortes, qu'en quittant Vanikoro il voulait aller reconnaître les îles Salomon, pour y suivre, s'il était possible, les traces des Français. Mais l'état désespéré de son équipage l'obligea à tirer directement sur les îles Mariannes, seule relâche où les malades pouvaient espérer quelques secours. Quand les premières nouvelles des découvertes de Dillon parvinrent en France, on craignit que le capitaine d'Urville, alors en cours de mission, ne pût pas profiter de ces données pour se rendre sur le lieu du naufrage. Pour tout prévoir, le ministre de la marine donna donc l'ordre à M. Legoarant de Tromelin qui commandait la corvette la *Bayonnaise*, en station alors sur la côte occidentale de l'Amérique, de faire voile vers Tikopia, à l'effet d'y opérer toutes les recherches nécessaires pour constater le naufrage de la Pérouse. M. de Tromelin appareilla de Valparaiso le 8 février 1828, visita en route les îles Haouaï, Fanning, Sidney, Phœnix, Rotouma et Tikopia. Sur cette dernière île il trouva le prussien Buchart et le lascar Joë. Le premier se montra sourd à toutes les propositions d'embarquement; Joë se montra plus accommodant : il monta à bord de la *Bayonnaise*. Cette corvette parut devant Vanikoro le 3 juin, et y passa, suivant le récit du capitaine, douze jours sans mouiller nulle part. Elle fut aussi préservée des fièvres de l'île; mais sa reconnaissance à la voile resta, par contre-temps, sans résultat pour la géographie et pour la science : la question du naufrage de la Pérouse demeura en outre au même point où le capitaine d'Urville l'avait laissée. Il est à regretter que la *Bayonnaise*, avec un équipage double de celui de l'*Astrolabe*, n'ait pas envoyé un fort détachement à Païou, pour y faire exécuter des fouilles qui auraient peut-être constaté le séjour des Français. Le fait le plus remarquable de l'apparition de la *Bayonnaise* devant Vanikoro, fut que l'un de ses canots fit la découverte du monument qu'avaient élevé naguère les marins de l'Astrolabe. Loin de détruire le mausolée, les habitants l'entouraient d'une sorte de vénération, et ils ne permirent qu'avec peine aux nouveaux venus de venir y clouer une médaille attestant le passage de la *Bayonnaise*. Ainsi, on a lieu de l'espérer, ce monument durera autant que le permettront les matériaux fragiles dont il est composé. La France ne fera-t-elle, pour des marins morts à son service et pour leur illustre chef, rien de mieux que ce simple et périssable monument, improvisé dans une pensée pieuse? D'autres navigateurs ont sans doute vu Vanikoro depuis les deux expéditions de MM. d'Urville et Legoarant de Tromelin, puisque le musée naval a reçu un tronc d'arbre provenant de cette île, avec le chiffre de 1788, évidemment gravé par un des hommes échappés au naufrage (*). N'ayant toutefois aucun renseignement sur l'authenticité et sur la provenance de ce morceau curieux, il faut borner ce récit déjà fort long à ce qu'il offre d'exact et d'officiel.

GROUPE DE NITENDI ou SANTA-CRUZ. ILES TOUPOUA, TINAKORO ET MINDANA.

GÉOGRAPHIE.

L'île Nitendi, ou plutôt Indeni, nommée Santa-Cruz par Mindana, son découvreur, a vingt-quatre milles de l'est-nord-est à l'ouest-sud-ouest, sur une largeur de neuf à dix milles. Ses limites sont, en latitude : 10° 40′ et 10° 53′ sud; sa longitude 163° 22′ et 163° 45′ est. Elle est peu élevée et bien boisée.

Je voulais la placer dans mon archipel Melano-Polynésien, et peut-être sa place était bien mieux là que dans la Mélanésie.

Nitendi (**) est une île fort populeuse : la plupart de ses indigènes sont noirs, avec les lèvres fortes, le nez épaté, les cheveux crépus et le front très-large; du reste vigoureux et assez bien proportionnés, aux jambes près, qui sont peu musclées. Quelques-uns des habitants se distinguent des autres par un teint olivâtre et foncé, qui les rapproche de la race polynésienne. Ils ont encore avec elle une analogie frappante, celle du nez et des oreilles, percés pour recevoir des anneaux d'écaille de tortue. Les insulaires se parent également la tête avec une fleur rouge. Sous leurs bracelets, et à leur ceinture, ils placent diverses espèces d'herbes odoriférantes. Le tatouage et la circoncision sont en vigueur parmi eux; ils s'épilent tout le corps.

(*) D'Urville, Voyage pittoresque.
(**) La situation de ces quatre îles est due à M. d'Urville.

Leurs maisons sont vastes, et chacune peut loger de trente à quarante personnes. Chaque village contient de trente à quarante maisons, parmi lesquelles une seule est destinée aux cérémonies publiques et religieuses. Les plantations de l'île sont cultivées avec beaucoup de soin, et entourées de palissades de roseaux pour les garantir contre les ravages des porcs.

« L'île, dit Dillon, abonde en porcs, en volailles, pigeons ramiers, hérons et grives; on y trouve aussi une espèce d'hirondelle. Les productions végétales consistent en cocos, cannes à sucre, fruits d'arbre à pain, bananes de diverses espèces, ignames pesant de trois à quatre livres, et patates de diverses sortes. Les insulaires font cuire ces patates dans des fours en terre ou sous la cendre; quant au taro, ils le coupent en tranches minces, et le font sécher au soleil. En cet état, il peut se conserver plusieurs mois; puis, quand on le fait rôtir, son goût est assez agréable. Il y a aussi des pamplemousses et une sorte de noix commune à Taïti. »

Dans sa partie occidentale, la largeur de Nitendi se trouve réduite à moins de trois milles, par deux baies qui pénètrent fort avant dans les terres. Celle du sud est la vaste et belle baie Graciosa, découverte par Mindana. Vis-à-vis son entrée, se trouve une petite île fertile et populeuse, de cinq ou six milles de circuit, que les Espagnols nommèrent *Huerta* (jardin), et Carteret *Trevanion*. Cette île garantit l'intérieur de la baie Graciosa des houles et du vent du large.

Dans la partie sud-est de Nitendi, et séparée seulement par un canal d'un mille de largeur, gît une petite île de hauteur moyenne, n'ayant que trois milles de long sur un de large, et que Carteret nomma Ile Howe.

A quarante milles au sud-est de Nitendi, se trouve l'île *Toupoua*, terre, dit d'Urville, haute, bien peuplée, divisée, pour ainsi dire, en deux par une terre basse, qui occupe sa partie centrale; son étendue doit être d'environ dix ou douze milles. Sa position par 11° 16′ latitude sud, et 164° 7′ longitude est.

Découverte en 1595 par Mindana, cette île fut revue de loin, en 1767, par Carteret, qui, trompé par l'aspect de ses deux pitons, en fit deux îles, qu'il nomma Edgecumbe et Ourry. Edwards la revit en 1791, d'Entrecasteaux en 1793, et Duperrey en 1823. Dillon fut le premier qui la visita en 1827; il constata que Toupoua n'était qu'une seule île, bordée en partie par un récif qui s'avance jusqu'à deux milles au large. D'Urville fixa sa position en 1828, et, peu de temps après, M. Legoarant de Tromelin communiqua avec les habitants, qu'il peint comme bons et hospitaliers.

A quinze milles au nord de Nitendi, s'élève l'île Tinakoro ou le Volcan, île découverte en 1595 par Mindana, revue en 1767 par Carteret, en 1793 par d'Entrecasteaux, en 1823 par Duperrey, en 1827 par Dillon. C'est un piton conique, d'une grande hauteur, et couronné par un cratère en activité.

Les îles Mindana, situées à quatre ou cinq lieues à l'est-nord-est de Tinakoro, furent découvertes en 1595 par Mindana. Ces îles sont identiques, sans doute, avec celles que Carteret nomma, en 1767, Swallow. Wilson les revit en 1797, et M. de Tromelin les reconnut en 1828. C'est un groupe de neuf îles, basses, boisées et inhabitées, la plupart petites, mais liées par de vastes récifs. Ce groupe paraît avoir près de trente milles de l'ouest-nord-ouest à l'est-sud-est; le centre se trouve environ par 10° 15′ latitude sud, et 163° 36′ longitude est.

PRÉCIS HISTORIQUE.

Mindana fut envoyé de Lima, par le vice-roi du Pérou, d'après les ordres du gouvernement espagnol, pour fonder une colonie aux îles Salomon, qu'il avait découvertes dans son premier voyage, en 1568. Dans la nuit du 8 octobre, devant Nitendi, le vaisseau amiral se sépara des autres, et se perdit sans doute, car on n'en entend plus parler.

Le 9 septembre, les trois autres vaisseaux, mouillés dans la baie Graciosa, furent aussitôt entourés par une foule de pirogues ; quelques-uns des naturels, invités par les Espagnols, se décidèrent à monter sans armes sur le pont. A leur tête était un homme d'environ soixante ans, basané plutôt que noir, maigre, avec des cheveux blancs, coiffé de plumes bleues, rouges et jaunes, portant un arc et des flèches terminées par des pointes d'os ; il dit à Mindana qu'il se nommait Malope. Le général apprit au sauvage qu'il se nommait Mindana, et lui offrit d'échanger son nom avec lui. Celui-ci en parut enchanté ; aussi, quand on le nommait Malope, il montrait du doigt le chef européen, et disait que, quant à lui, il s'appelait maintenant Mindana ; il ajouta qu'on le désignait encore sous le nom de Taurike.

La bonne intelligence entre les indigènes et les Espagnols dura quatre jours, pendant lesquels ils apportaient des vivres, et se montraient comme des amis, et surtout le chef Malope, qui venait souvent visiter les Européens. Mais cette heureuse harmonie devait être de courte durée.

« Un jour, dit la relation, Malope vint avec cinquante canots, au fond desquels on avait caché des armes. Il monta sur le capitaine ; mais voyant par hasard un soldat prendre un fusil, il s'enfuit à terre sans qu'on pût le retenir. Les siens le reçurent sur le rivage avec de grandes démonstrations de joie ; ils parurent se consulter ensemble, et, le même soir, ils retirèrent tous leurs effets des maisons voisines du port ; toute la nuit on vit des feux allumés de l'autre côté de la baie, les canots aller et venir d'un village à l'autre, comme entre gens qui se donnent des avis et qui se préparent à quelque chose. Le matin, l'équipage de la galiote étant allé à l'aiguade de la rivière, tomba dans une embuscade d'Indiens, qui les poursuivirent à coups de flèches. On fit feu des vaisseaux sur eux, pour les contraindre à se retirer. Après que les blessés furent pansés, le général envoya le mestre du camp à la tête de trente hommes, pour incendier quelques villages. Les Indiens firent tête, et ne prirent la fuite qu'après qu'on leur eut tué cinq hommes. On voulut essayer si, en leur faisant un peu de mal, on ne pourrait pas se dispenser de leur en faire davantage. Sept d'entre les Indiens, surpris dans les maisons où l'on avait mis le feu, après s'être vaillamment défendus, se jetèrent au milieu des nôtres, sans faire cas de leurs vies, périrent tous, à l'exception d'un seul, qui fut blessé en prenant la fuite. Le mestre de camp revint avec sa troupe et deux soldats blessés. Le village appartenait à Malope, qui vint le soir au rivage en se frappant la poitrine, et appelant le général par son nom de Malope, tandis qu'il se donnait celui de Mindana. Il faisait signe qu'on le traitait injustement ; que ce n'étaient pas ses gens qui avaient attaqué les nôtres, mais d'autres Indiens demeurant de l'autre côté de la baie. En bandant son arc, il donnait à entendre qu'il se joindrait à nous pour en tirer vengeance, si nous le voulions. Le général tâcha de lui donner quelque satisfaction, et l'on se fit de mutuelles protestations d'amitié. »

La discorde et la haine allaient toujours en augmentant ; les affaires en vinrent au point que les Espagnols tuèrent, par trahison, le chef Malope. Dès ce moment, toute relation amicale cessa entre les indigènes et les Européens.

Au milieu de tous ces embarras, la révolte éclata au milieu des colons de son établissement ; des officiers s'insurgèrent contre les chefs. Forcé de donner un exemple sévère, Mindana fit trancher la tête à deux des rebelles et pendre le troisième ; mais il succomba à tant de dégoût, et sa veuve, dona Isabel de Barretas, qui avait pris le commandement de l'escadre, quitta, après soixante-neuf jours de relâche, cette île fatale de Nitendi. On ne parlait plus de Santa-Cruz, quand Carteret la visita le 12 août 1767. Il reconnut que les indigènes avaient conservé quelques mots espagnols.

Le 17 août, Carteret côtoya toute la bande septentrionale de l'île. A trois milles dans l'ouest d'un village, il aperçut une foule de cases ; cet endroit était muni, du côté de la mer, d'un parapet en pierre, de quatre pieds de hauteur, avec des angles saillants et rentrants, comme nos fortifications européennes. Un peu au delà coulait une rivière, et plus loin, à l'ouest, la côte formait une grande baie. « Dans les environs, dit Carteret, il y a une ville fort étendue ; les habitants semblaient y fourmiller comme les abeilles dans une ruche. Lorsque le vaisseau passa en son travers, il en sortit une multitude incroyable d'Indiens (*) (*lisez* de naturels), tenant dans leurs mains quelque chose qui ressemblait à un paquet d'herbes vertes, dont ils paraissaient se frapper les uns les autres, dansant en même temps en courant en cercle. »

Carteret quitta, le 18 août, les îles découvertes par Mindana. Quoiqu'il sût pertinemment que c'était les mêmes terres découvertes par cet amiral, deux siècles auparavant, et malgré la connaissance qu'il avait de ce fait, il nomma le groupe d'îles *Queen-Charlotte*, et donna à Nitendi le nom d'*Egmont*. L'amiral d'Entrecasteaux parut devant l'île Nitendi le 19 mai 1793, et la contourna presque en entier durant les jours suivants.

A son départ de Vanikoro, le capitaine Dillon tira droit sur cette île, tant pour se procurer des vivres que pour obtenir des renseignements sur le sort postérieur des naufragés dont il venait de retrouver les traces. Après

(*) Nous n'avons conservé nulle part cette absurde dénomination d'Indiens (Indios), cause de tant d'erreurs géographiques. Elle n'est applicable qu'aux habitants de l'Inde, et encore faudrait-il les désigner sous le nom d'Hindous, quand ils suivent la religion brahmanique ; musulmans de l'Inde, Portugais-indiens, etc., selon leur nation ou leur culte.   G. L. D. R.

avoir été contrarié par les calmes, il mouilla enfin dans la baie Graciosa ; les naturels lui apportèrent des porcs, de la volaille, de gros pigeons, une espèce de concombre, des mangoustans et des fruits de spondias. Il y fit la connaissance du chef Lamoa, et envoya un de ses canots faire de l'eau et du bois dans le village de Mambo. Ayant remarqué la grosseur des dents des naturels, il voulut en avoir une pour l'examiner avec soin.

« J'avais aperçu la veille, dit-il, un homme qui avait attiré mon attention par une denture singulière. Il avait sur le devant de sa mâchoire supérieure des dents d'une énorme dimension. Je voulus le faire monter à bord pour l'examiner de près ; mais je n'y pus réussir. Je pensai, au premier abord, que ce que je prenais pour des dents, n'était autre chose que des morceaux d'os que cet homme avait implantés dans sa mâchoire ou qu'il tenait simplement serrés entre sa lèvre et ses dents naturelles ; et bientôt je n'attachai plus d'importance à ce qui ne paraissait être que des dents postiches de la grosseur de celles d'un grand bœuf. Ce matin, ma surprise augmenta en voyant plusieurs insulaires qui avaient des dents encore plus grosses que celles qui m'avaient frappé la veille. Je décidai deux de ces hommes à venir sur le pont, et je priai l'un d'eux de me vendre une de ces dents monstrueuses. En même temps je m'assurai qu'elles étaient solidement fixées à sa mâchoire, et non pas des ornements artificiels. Voulant à toute force en avoir une en ma possession, j'offris un fer de rabot, puis une herminette ; mais on ne considéra pas ces objets comme étant d'une valeur égale à celle de la dent que je convoitais. Je finis par proposer une hache. Alors mon homme, qui avait à sa mâchoire inférieure une dent plus grosse qu'aucune de celles qui avaient attiré mes regards, chercha à se l'arracher, mais il fit de vains efforts pour y parvenir. J'envoyai chercher au poste des chirurgiens l'instrument dont se servent les hommes de l'art pour les opérations de ce genre; mais il ne présenta point assez d'ouverture pour saisir la dent de l'insulaire. J'eus recours alors à une tenaille de charpentier. Le docteur, muni de cet outil, saisit la dent comme par manière de jeu, et, d'un coup de poignet vigoureux, l'enleva. La bouche du patient saigna considérablement; mais, sans paraître s'occuper beaucoup de cette bagatelle, il demanda la hache. Aussitôt qu'il l'eut entre les mains, il se mit à sauter de joie d'avoir fait un aussi bon marché.

« Ayant examiné avec soin cette dent, je ne tardai pas à découvrir la cause de son accroissement monstrueux. En la taillant avec un canif, ce que je fis assez facilement, je trouvai au centre une dent d'une grosseur ordinaire, mais qui était recouverte de nombreuses couches d'une espèce de ciment qu'y avait formée la chaux mêlée au suc de bétel, et qui, par une longue suite d'années, s'étaient accumulées au point de donner à cette dent le volume qu'elle avait alors. »

Dillon s'empressa de quitter Nitendi, parce que la fièvre ravageait son bord, et que la moitié des hommes étaient gisants sur les cadres. Il appareilla le 14, laissant chez Lamoa un Anglais nommé Stewart. En 1828, M. Legoarant de Tromelin eut avec les habitants de Nitendi quelques communications à la voile. Ils firent une foule d'échanges avec les Français, qui n'eurent qu'à se louer de leur probité et de leur douceur. M. de Tromelin remarqua qu'ils accostaient toujours le navire en chantant.

ARCHIPEL DES NOUVELLES-HÉBRIDES.

GÉOGRAPHIE.

L'archipel des Nouvelles-Hébrides, découvert par Quiros en 1606, qui nomma la plus grande de ces îles *Australia del Espiritu-Santo*, fut explorée en 1768, par Bougainville, qui lui donna le nom bien choisi de Grandes-Cyclades, que Cook changea en 1773, en celui de Nouvelles-Hébrides, lequel lui est resté jusqu'à ce jour. Cet archipel forme une chaîne étroite de cent vingt lieues du nord-nord-ouest au sud-sud-est, entre le 15° et le 20° de latitude méridionale, et entre le 164° et le 168° de longitude à l'est de Paris. Il comprend neuf grandes îles, et beaucoup d'autres d'une moindre étendue. C'est à M. d'Urville que nous devrons le chapitre géographique de ces îles. On y relève, en commençant par le sud:

L'île ANNATOM, découverte par Cook en 1774, revue par d'Entrecasteaux en 1793, et reconnue par d'Urville en 1827; terre formée par de hautes montagnes avec une bande littorale fort étroite, surtout dans la partie nord. Cette bande est garnie de cocotiers et d'une foule d'autres arbres au tronc blanchâtre et dénudé, que M. d'Urville suppose appartenir à l'espèce *melaleuca leucodendron*, qui fournit l'huile de kaïapouti. Dans toute cette partie, nul indice ne révéla à ce navigateur que l'île fût peuplée: elle a dix milles de l'est à l'ouest sur six de largeur. Latitude sud 20° 11', longitude est 167° 15' (pointe ouest).

L'île ERRONAN, découverte par Cook en 1774, revue par d'Entrecasteaux en 1793, et par d'Urville en 1827. Ile fort haute, ayant la forme d'un cône isolé à pans escarpés et largement tronqués au sommet. Suivant Forster, les habitants se rapprochent du type polynésien. L'île a cinq milles de circuit. Latitude sud 19° 31', longitude est 167° 46' (sommet).

L'île IMMOX, découverte par Cook, petite et basse, de deux à trois milles de circuit. Latitude sud 19° 21', longitude est 167° 10'.

L'île TANNA, découverte en 1774 par Cook, revue en 1793 par d'Entrecasteaux. Ile haute, bien peuplée, d'environ vingt-deux milles d'étendue du nord-nord-ouest au sud-sud-est, sur neuf milles de large. Latitude sud du 19° 20' au 19° 40', longitude est du 166° 53' au 167° 10'. La vue en est agréable (voy. *pl.* 252).

Les insulaires de Tanna sont d'une couleur bronzée, de formes grêles et anguleuses, de taille petite et mince; leur nez est large, leurs yeux sont pleins et doux; leurs traits respirent la vivacité et l'esprit. Presque tous, au dire de Cook, avaient la physionomie ouverte, mâle et honnête; mais, chez un petit nombre moins heureusement doués, l'air était méchant et faux. Les naturels, agiles et dispos, maniaient les armes avec adresse; mais, réservant toutes leurs forces pour les temps de guerre, ils laissaient aux femmes le soin des travaux pénibles. Sur la plage les femmes circulaient chargées de fardeaux : les hommes ne portaient que leurs armes.

Les femmes de Tanna, petites de taille, sont assez jolies dans leur jeunesse; leurs yeux sont doux et bons; leur démarche ne manque pas d'une certaine grâce. Le vêtement des hommes consiste en un pagne qui, au lieu de cacher leur nudité, a le privilége de la faire mieux ressortir. « Ils ressemblent, dit Forster, au dieu tutélaire des vergers dans la mythologie grecque. » Les femmes s'enveloppent d'une pièce d'étoffe en fibres de bananier, qui les couvre de la ceinture aux genoux. Outre le tatouage ordinaire par piqûres, le tatouage par incision est pratiqué chez ces peuples.

Leurs cheveux sont naturellement crépus, frisés et bruns. Ils disposent sur le visage, le cou et les épaules, des bandes obliques de trois pouces de large, de couleur noire ou rouge et rarement blanche; mais quelquefois une moitié du visage est peinte en rouge, tandis que l'autre l'est en noir. Les soins de la cuisine pèsent sur les femmes; elles rôtissent ou grillent les ignames et les bananes; elles cuisent à l'étuvée les feuilles vertes d'une espèce de figue et de l'*hibiscus esculentus;* elles font des poudings avec une pâte de bananes et de taro, contenant un mélange d'amandes et de feuilles. Diverses espèces de fruits s'y mangent sans préparation. Les cochons et les volailles leur fournissent quelquefois leur viande; mais les poissons et les coquillages sont la base de leurs repas. Leur unique boisson est l'eau mêlée au lait de coco.

Les insulaires de Tanna, ainsi que de tout l'archipel, n'avaient aucune idée du fer, avant l'arrivée des Européens; leurs armes sont la massue, la lance, l'arc, et les flèches, garnies en dents de poisson ou en pierres dures.

L'île KORO-MANGO, découverte par Cook en 1774, n'est pas éloignée de Tanna de plus de vingt milles au nord. Les terres sont assez élevées, et forment sur la bande orientale une baie profonde dont les rives sont basses, et dont les terres adjacentes semblent être fertiles : des deux côtés règnent de vastes forêts d'un coup d'œil ravissant; au sud le sol s'incline en pente douce, et présente une vaste étendue cultivée. Cette île a vingt milles du nord au sud sur une largeur presque égale. Latitude sud du 18° 40′ au 19° 2′, longitude est du 166° 30′ au 166° 50′.

Les habitants de cette île forment avec ceux des îles au sud, une variété différente de celle qui habite les îles au nord; ils parlent même une autre langue. Leur stature est médiocre, mais ils sont assez bien proportionnés; leurs traits ne sont point disgracieux; d'un teint très-foncé, ils se peignent le visage en noir et en rouge, et portent les cheveux frisés ou bouclés. Le peu de femmes que l'on vit, étaient fort laides; elles portaient un jupon court fait avec des feuilles, tandis que les hommes n'avaient pas d'autre vêtement que leurs ceintures. Leurs cases sont couvertes de feuilles de palmier, et leurs plantations sont entourées de haies de roseaux.

Forster pense que leur langue est aussi différente de l'idiome tonga que de celui de Mallicolo. La plupart des mots contiennent des sons gutturaux et de fortes aspirations sonores d'ailleurs, et remplis de voyelles : ils sont faciles à répéter. Les connaissances géographiques de ces insulaires s'arrêtaient à Koro-Mango; ils ne connaissaient ni Mallicollo ni Api, ni Sandwich plus rapprochée d'eux.

L'île Sandwich, découverte en 1774 par Cook; elle gît à vingt-deux lieues au nord-nord-est de la précédente; elle a vingt-deux lieues de circuit, et sa plus grande dimension est de dix lieues du sud-est au nord-ouest. Cette île, l'une des plus belles du groupe, offrit aux Anglais l'aspect le plus riant. Des plaines et des bosquets de la plus riche verdure y coupent le terrain. On y voyait, à l'ombre de hauts palmiers, de petites huttes assez jolies, et la grève était couverte de pirogues échouées. Ailleurs des bois touffus et des espaces de terre jaune et cultivée, rappelaient la marqueterie des campagnes d'Europe. Latitude sud du 17° 34' au 17° 54', longitude est du 165° 47' au 166° 15'.

L'île Hinchinbrook, découverte en 1774 par Cook. Petite île près de la côte nord-ouest de Sandwich. Latitude 17° 31', longitude est 166° 6'.

L'île Montagu, découverte en 1774 par Cook. Petite île haute et habitée, située à cinq ou six milles au nord de Sandwich. Latitude sud 17° 26', longitude est 165° 57'.

L'île Monument, découverte en 1774 par Cook. Ce n'est qu'un rocher noirâtre sillonné, couvert de quelques buissons, et haut de vingt-cinq toises. Latitude sud 17° 16', longitude est 166° 3'.

L'île Deux Collines, découverte en 1774 par Cook. Petite île composée de deux collines taillées à pic et séparées par un isthme étroit et bas, ayant au plus un mille d'étendue. Latitude sud 17° 16', longitude est 166° 1'.

L'île Trois Collines, découverte en 1774 par Cook. Elle a quatre lieues de circuit, et se distingue par trois collines en forme de pic; elle est boisée et habitée par des sauvages semblables à ceux de Mallicollo. Un îlot ras l'accompagne au sud-est; et à cinq milles au nord-ouest, gît un récif sur lequel la mer brise. Latitude sud 17° 3', longitude est 165° 57' (milieu).

Les îles Shepherd, découvertes en 1774 par Cook. Groupe de petites îles d'inégale grandeur, peuplées, et occupant une étendue de cinq lieues du sud-est au nord-ouest.

L'île Api, découverte en 1774 par Cook. Cette île, qui a vingt lieues de circuit et huit environ d'étendue du nord-est au sud-est, est très-haute, montueuse, entrecoupée de plaines et de bois, et peuplée, comme l'annonçaient les fumées qui s'en élevaient. Latitude sud 16° 50, longitude est 166° 5 (pointe sud-est).

L'île Paoum, découverte en 1774 par Cook, s'élevant à une hauteur considérable sous la forme d'une meule de foin. Sa plus grande dimension n'est pourtant que de quatre lieues, et Cook pense qu'elle est coupée en deux par un canal étroit. Elle est aussi peuplée. Latitude sud 16° 27', longitude est 165° 56' (pointe est).

L'île Ambrym, découverte en 1768 par Bougainville, reconnue par Cook en 1774. C'est une terre d'environ sept lieues de circuit, basse sur les bords, et s'élevant graduellement vers le centre pour former une montagne de moyenne élévation. Des fumées parties de ce pic firent croire qu'il recélait un volcan. On la croit bien peuplée. Latitude sud 16° 18', longitude est 165° 55' (pointe sud-est).

L'île Pentecote, découverte par Bougainville en 1768, reconnue par Cook en 1774. C'est une terre d'une hauteur considérable et couverte de bois, à l'exception des terrains cultivés, qui paraissent en grand nombre. Elle n'a pas moins de trente-trois milles du nord au sud, sur huit à dix milles de largeur. Les compagnons de Cook y remarquèrent dans la nuit des incendies de forêts, et ils en conclurent que les défrichements occupaient la population de cette île. Latitude sud 15° 26' à 15° 58', longitude est 165° 50'.

L'île Aurore, découverte par Bougainville en 1768, reconnue par Cook en 1774. Terre haute et peuplée d'environ onze lieues du nord au sud, sur quatre ou cinq milles seulement de largeur. L'île entière, depuis les bords de la mer jusqu'au sommet des montagnes, paraît couverte de bois, et toutes les vallées y sont arrosées par des ruisseaux. Le pic central est d'une hauteur considérable. Latitude sud du 14° 51' au 15° 22', longitude est du 165° 47' au 165° 53'.

L'île des LÉPREUX, découverte par Bougainville en 1768, reconnue par Cook en 1774. Terre haute et peuplée, de forme ovale, et de dix-huit à vingt lieues de circuit. Toute la pointe nord-est parut à Forster plus basse que le reste de l'île et couverte de différents arbres, parmi lesquels figuraient des tiges innombrables de palmiers. De superbes cascades se précipitaient des montagnes. Latitude sud 15° 24', longitude est 165° 27' (sommet.)

L'île MALLICOLLO, découverte par Quiros en 1606, revue par Bougainville en 1768, et reconnue par Cook en 1774. C'est une grande et belle île, qui n'a pas moins de dix-huit lieues du nord-ouest au sud-est, sur six ou sept de largeur. Cook l'a dépeinte comme féconde et populeuse. Les terres, d'une hauteur moyenne, meurent en pente douce vers le rivage, et vont aboutir à une petite chaîne centrale. Vers la pointe sud-est gisent le port Sandwich, et un peu plus au sud, trois îlots nommés *Iles Maskelyne*. Latitude sud du 15° 50' au 16° 36', longitude est du 164° 47 au 165° 26'.

Au rapport de Cook, les habitants de Mallicollo sont petits, bronzés, avec la tête longue et le visage plat, plus semblables à des orang-houtans qu'à des hommes, moins pourtant à cause de la figure que par l'effet de membres grêles et disproportionnés; leurs cheveux, noirs ou bruns, sont courts et crépus, sans être laineux. Leur barbe est forte, touffue, ordinairement noire et courte (voy. *pl.* 251). Ce qui accroît leur difformité naturelle, c'est une ceinture en corde, serrée si fortement autour des reins, que la forme de leur corps approche de celle d'une grosse fourmi. Le sillage creusé par ce lien coupe le corps de la manière la plus disgracieuse.

Les hommes vont nus, en se couvrant les parties naturelles de feuilles ou d'un morceau de natte. Les femmes, non moins hideuses que les hommes, se peignent en rouge la tête, le visage et les épaules.

Les ornements et les armes de ces hommes sont semblables à ceux de Tanna. La langue de Mallicollo parut à Forster tout à fait différente de celles qu'il avait étudiées jusque-là. Elle prodiguait l'articulation *brr* fortement accentuée; ainsi l'un des amis des Anglais se nommait *Mambrroum*, un autre *Bonoumbrrouai*; ils appelaient le cochon *broa*, et ils avaient souvent à la bouche le mot *tamarr* (ami.) Ces sauvages articulaient, du reste, bien plus facilement les langues d'Europe que ne pouvaient le faire les Taïtiens. Pour exprimer leur admiration, ils faisaient entendre un sifflement pareil à celui d'une oie.

L'île SAINT-BARTHÉLEMY, découverte par Bougainville en 1768, reconnue par Cook en 1774. Ile boisée, peuplée, peu élevée, avec six ou sept lieues de circuit, et située dans le détroit qui sépare Mallicollo de l'île du Saint-Esprit. Un îlot l'accompagne dans sa partie sud-est. Latitude sud 15° 42', longitude est 164° 50'. (sommet.)

L'île SAINT-ESPRIT, découverte en 1606 par Quiros, retrouvée par Bougainville, et reconnue par Cook en 1774. C'est une île fort étendue, ayant vingt-deux lieues du nord-nord-ouest au sud-sud-est, sur une largeur de dix ou douze lieues; échancrée, dans sa partie nord, par une vaste baie, et bordée, dans sa partie méridionale, de plusieurs petites îles. Ses terres, du côté occidental surtout, sont d'une grande élévation, et forment une chaîne continue de montagnes qui, en quelques endroits, s'élèvent des bords de la mer. L'île entière, à l'exception des plages et de quelques escarpements où le roc se montre à nu, est couverte de bois et de plantations. Sa végétation offrit à Forster l'aspect le plus riche et le plus varié. D'accord en cela avec Quiros, son devancier de près de deux siècles, il dit que ce pays était l'un des plus beaux du monde. Latitude sud du 14° 40' au 15° 42', longitude est 164° 7' au 164° 55'.

Le petit nombre d'insulaires du Saint-Esprit que les Anglais purent apercevoir étaient plus robustes et mieux faits que les naturels de Mallicollo. On en conjectura qu'ils appartenaient à une race différente. Cette opinion s'accrédita d'autant mieux, que la langue n'avait point d'affinité avec celle de Tanna et de Mallicollo, et se rapprochait, au contraire, de l'idiome tonga. La chevelure de ces hommes était tantôt courte et frisée, tantôt longue et lisse. Leurs ornements consistaient en bracelets et en colliers. L'un d'eux avait une coquille blanche attachée sur le front; d'autres étaient peints d'un fard noirâtre. On ne leur vit d'autres armes que des dards et des harpons pour la pêche. Parmi les cadeaux qu'on leur fit, ils distinguèrent surtout les clous. De leur côté, ils offrirent une branche de *piper*.

PIC DE L'ÉTOILE. Probablement le même qui fut nommé par Quiros *Nuestra Señora de Luz*, revu par Bougainville en 1768. C'est une petite île ou piton ayant au plus quelques milles de circuit. Latitude sud 14° 22', longitude est 165° 32'?

Là se borne la nomenclature des îles de l'archipel auquel Cook donna le nom de Nouvelles-Hébrides; mais on peut y rattacher les terres suivantes :

Les îles BANKS, découvertes par Bligh, en 1789, comme il se rendait dans sa chaloupe, des îles Tonga à Timor. C'est un groupe de quatre îles, hautes et peuplées, avec quelques rochers au sud, occupant une étendue de 15 à 20 lieues du nord au sud. La plus grande a environ douze lieues de circuit, et les autres seulement cinq ou six. La plus petite, qui est la plus à l'est, est très-reconnaissable par une montagne en pain de sucre. Nul navigateur après Bligh n'a revu ces îles, dont la forme et la position sont par conséquent encore incertaines. Latitude sud du 13° 27' au 14° 11', longitude est du 166° 3' au 166° 30'? Peut-être sont-ce les mêmes terres que vit Quiros avant d'aborder au Saint-Esprit.

L'île BLIGH, découverte par Bligh en 1789, terre de moyenne hauteur et de peu d'étendue. Latitude sud 13° 50', longitude est 165° 17'.

HISTOIRE NATURELLE.

Ces îles sont sans plaines et sans récifs; elles ont des vallées, des collines, des pentes douces, et de hautes montagnes; elles sont fertiles et presque entièrement couvertes de forêts, au milieu desquelles les plantations des naturels ne forment que de petits cantons isolés; car le nombre des habitants est peu considérable pour l'étendue des terres.

La constitution géologique de l'île Tanna, qui est la seule un peu connue et la plus intéressante, jusqu'à ce jour, de cet archipel, consiste en une espèce de pierre argileuse, mêlée avec des morceaux de pierre de craie. Elle est communément d'une couleur brune et jaunâtre, et elle se trouve en couches horizontales d'environ six pouces d'épaisseur. En plusieurs endroits, Forster observa une pierre noire, tendre, composée de cendres et de schorls vomis par le volcan, mêlée d'argile et d'une sorte de tripoli que les mineurs appellent pierre ponce. Cette substance est placée quelquefois en couches alternatives avec la pierre noire. Le même sable volcanique mêlé au terreau végétal forme le sol le meilleur de l'île, où tous les végétaux croissent en abondance. « Le volcan, dit Forster, qui brûle sur l'île, change sans doute beaucoup ses productions minérales, et nous aurions peut-être fait des observations nouvelles dans cette partie, si les naturels ne nous avaient constamment empêchés de l'approcher. Nous avons trouvé le soufre natif dans la terre blanche qui couvre les solfatares d'où s'élèvent les vapeurs aqueuses. Cette terre, très-alumineuse, est imprégnée de particules de sel. Nous avons aussi remarqué près de ces endroits des bols rouges, et les naturels ornent les cartilages de leurs narines d'une pierre blanche (sélénite). Nous y avons vu des échantillons de grosses laves; mais nous ne nous sommes jamais approchés du volcan; nous n'en avons pas trouvé en grande quantité. »

Les principales productions de l'île Tanna sont le fruit de l'arbre à pain, la noix de coco, un fruit semblable à la pêche, un autre fruit semblable à l'orange, mais non mangeable, l'igname, la patate et la figue sauvage. Les fruits de l'arbre à pain, les cocos et les bananes ne sont ni aussi bons, ni aussi abondants qu'à Taïti; mais la canne à sucre et les ignames y excellent pour la quantité, pour la taille et pour la qualité. Une igname fut trouvée qui pesait cinquante-six livres. Les cochons sont assez communs, mais la volaille est rare. Quant aux oiseaux, moins nombreux qu'à Taïti, ils sont peut-être d'un plumage plus brillant. Les Anglais de l'expédition de Cook firent le long du rivage des pêches miraculeuses. Forster put remarquer que les forêts produisaient une foule de plantes étrangères à Taïti; les unes communes aux flores asiatiques, les autres particulières à ces groupes.

Cet archipel semble promettre une flore immense, parce que ces îles sont grandes, non cultivées, mais très-fertiles; et que les plantes spontanées occupant un plus grand espace, la variété des espèces doit être plus abondante dans ces îles que sur les îles de la Polynésie situées plus à l'est. « La jalousie des insulaires, dit Forster, ne nous a pas permis d'y faire des découvertes; d'après les rivages du pays, nous pouvons juger de l'intérieur. Afin de prouver, par exemple, que nous avons eu souvent des indications de nouvelles plantes, sans que nous ayons pu les trouver, je ne parlerai que de la muscade sauvage de l'île de Tanna; nous nous en sommes procurés plusieurs, sans pouvoir jamais rencontrer l'arbre. La première que nous examinâmes était dans le jabot d'un pigeon que nous venions de tuer : ce pigeon était de l'espèce qui, suivant Rumphius, sème les véritables muscades dans les îles des Indes orientales (c'est-à-dire, la Malaisie). Elle était entourée d'une membrane d'un rouge brillant, connue sous le nom de macis. La noix avait la même couleur que la véritable muscade, mais elle était d'une forme plus oblongue, d'une saveur piquante et fortement aromatique, et n'avait point d'odeur. Les naturels nous en apportèrent ensuite d'autres. »

Ainsi, Quiros aurait eu raison de compter la muscade au nombre des productions de la terre du Saint-Esprit; on aurait eu donc tort de suspecter la véracité de ce hardi navigateur; et comme il dit aussi que l'ébène, le poivre et la cannelle, et même l'argent, sont des productions de cette terre et des îles voisines, ainsi que Mindana l'avait dit des îles Salomon, il n'est pas impossible qu'on y en trouve un jour

HISTOIRE ET MŒURS.

C'est à Hernandès de Quiros qu'on doit la découverte de l'archipel des Nouvelles-Hébrides. Envoyé à la découverte des *grandes terres australes*, il apprit des habitants de Taumako (île de notre grand archipel mélano-polynésien), qu'au sud de leur île il existait un groupe qu'il nomme *Manicolo*, où vivaient des hommes blancs, noirs et mulâtres. Sa confiance en ces insulaires ne fut point trompée, et le 25 avril 1606 il découvrit, par 14° 30' de latitude, plusieurs îles hautes, dont l'une fut nommée *Nuestra señora de Luz*. Les indigènes étaient généralement noirs; les autres étaient blancs avec la barbe rouge (probablement peinte en rouge), et les troisièmes étaient mulâtres.

Parfaitement accueilli par les naturels, et en particulier par un chef qui remplit ses chaloupes de cochons, d'ignames, de patates, et de belles et excellentes bananes, Quiros conçut le projet de fonder une colonie espagnole dans une de ces îles fertiles, dont les habitants nous paraissent appartenir, ainsi que ceux de la Nouvelle-Calédonie, à la race andamène (*), puis-

---

(*) Voyez dans le tome Ier de notre ouvrage, Tableau général de l'Océanie, les chapitres de l'anthropologie, où nous avons traité

qu'ils ressemblent, selon Cook et Forster, à ceux de la Nouvelle-Hollande.

La relation de Quiros, écrite par lui-même en espagnol, est insérée dans le *Viagero Universal*, t. 17, p. 197. On y reconnaît le véritable caractère de cette époque de naïveté et d'avidité, d'audace et de foi. En voici la traduction exacte :

« Nous courûmes, dit *Quiros*, le long de la côte dans la chaloupe, à la vue d'un peuple nombreux, de haute taille et d'un teint noir grisâtre. Ces gens nous parurent être des rustres de basse condition. Peu après qu'ils nous eurent fait des signes d'amitié, nous vîmes leurs femmes fuir vers les bois, et aussitôt ils nous décochèrent une grêle de flèches dont un de nos Espagnols fut légèrement blessé au visage. Notre mousqueterie les fit repentir de leur malice; après quoi la nuit s'approchant, la chaloupe revint à la flotte raconter ce qui s'était passé.

« L'envie de connaître cette grande terre qu'on voyait au sud-est nous fit lever l'ancre. Ceux qu'on y envoya le 30 avril rapportèrent qu'ils avaient trouvé une bonne baie; qu'on leur avait fait des signaux par des feux allumés sur les montagnes; que les peuples de cette côte étaient de haute stature; qu'ils les avaient abordés dans une pirogue avec des marques d'amitié, quoique feintes, comme nous l'éprouvâmes ensuite, et leur avaient fait présent d'une belle aigrette de plumes de héron. Ce rapport combla de joie l'équipage qui se voyait parvenu au but de ses désirs par la découverte d'une grande terre et d'un bon port. L'escadre entra le 1ᵉʳ mai dans la baie, qu'elle nomma, du nom de la fête, *Saint-Jacques et Saint-Philippe*. L'ouverture, d'environ huit lieues de large, court nord et sud; la bande de l'est peut en avoir douze, et celle de l'ouest quinze. (Latitude 15° 40'). Le 30 mai, nous mouillâmes dans un bon port, à l'embouchure de deux rivières fond de sable. Les Indiens, qui nous entouraient dans leurs canots, nous faisaient signe d'entrer plus avant; mais nous ne jugeâmes pas à propos de le faire. C'était le jour de l'Invention de la Sainte-Croix. Nous nommâmes le port *Vera-Cruz*; tout le continent *Terre australe du Saint-Esprit*; et les deux rivières, l'une *Jourdain*, l'autre *Saint-Sauveur*. Les bords de ces deux rivières sont d'une beauté enchantée, garnis de fleurs et de verdures; la plage y est large et plane, si bien à l'abri que, quelque vent qui souffle dans la baie, la mer reste calme et tranquille; le rivage jusqu'à la pente des montagnes est couvert d'arbres; les montagnes, aussi vertes que la plaine, sont séparées par de larges vallons plats et fertiles, arrosés de rivières; en un mot, il n'y a point de contrées si belles en Amérique, et bien peu qui l'égalent en Europe. La terre y produit en abondance, et presque sans culture, des fruits de bon goût, des patates, des ignames, des papaies, des plantains, des oranges, des limons, des amandes, des obos, et divers autres fruits fort savoureux, que nous ne connaissions pas. On y trouve de l'aloès, des noix muscades, de l'ébène, des poules, des cochons, et plus avant dans le pays, selon qu'on nous le fit entendre par signes, du gros bétail, des oiseaux qui chantent à merveille, des ramiers, des perdrix, des perroquets, des abeilles. Les habitants sont noirs; ils demeurent dans des cabanes couvertes de paille. Le pays est sujet à des tremblements de terre; signe d'un continent d'une assez grande étendue.

« Ces gens-ci parurent assez mécontents de notre arrivée. Quand nous eûmes mis pied à terre, leur chef vint à nous avec sa troupe, et nous présenta quelques fruits, en nous faisant signe de nous en aller; comme nous n'en tenions pas compte, le chef traça une raie sur la poussière, en nous faisant signe de ne pas la passer. A peine Torrès se fut-il avancé au delà qu'ils nous décochèrent quelques flèches, ce qui nous obligea de faire feu sur eux, et d'en tuer quelques-uns, au nombre

des races de cette cinquième partie du monde.

desquels était leur chef. Les autres s'enfuirent vers les montagnes. Une seconde troupe des nôtres était allée d'un autre côté chercher des vivres et tâcher de faire alliance avec les *nationaux*; mais ils sont d'un si mauvais caractère, qu'il n'y eut pas moyen d'entrer en conférence. Ils se mettaient toujours aux aguets sur notre passage, quoique avec peu de succès; car les branches rompaient le coup de leurs flèches, au lieu qu'elles les paraient mal de nos balles de mousquet. Nous passâmes quelques jours en ce lieu à nous récréer et à nous reposer des fatigues passées. On célébra le service divin dans une cabane de verdure, précédée d'une belle allée d'arbres. On y fit la procession de la Fête-Dieu; on y éleva une croix, et on prit possession du pays au nom du roi Philippe III. Une troupe des nôtres, étant un jour allée chercher des fruits, découvrit du haut d'une montagne un beau vallon qu'elle traversa; puis du sommet d'une autre montagne, à deux lieues du rivage, elle ouït un bruit de tambours qui lui donna la curiosité de s'approcher dans un grand silence. Les Espagnols arrivèrent à une habitation où les sauvages passaient nonchalamment le temps à danser. Dès qu'ils se virent surpris, ils prirent la fuite vers la montagne, abandonnant leurs femmes et leurs enfants; mais on eut bientôt lieu de juger qu'ils ne s'étaient enfuis ainsi que parce qu'ils avaient été surpris sans armes. Nos gens, restés maîtres de l'habitation, entrèrent dans une cabane, d'où ils enlevèrent trois enfants et quatorze cochons, et s'en revinrent au plus tôt de notre côté, avant le retour des Indiens, étant loin de tout secours et accablés de lassitude. Ils repassaient dans le vallon lorsqu'ils entendirent de nouveau les cris des barbares, accompagnés du bruit de leurs tambours, faits d'un tronc de bois creux. Nos gens, près d'être assaillis, coururent de toutes leurs forces jusqu'à la pente de la montagne dont ils gagnèrent le sommet le plus vite qu'il leur fut possible, chargés comme ils l'étaient. La nécessité de reprendre haleine les obligea à s'y arrêter. Les barbares approchèrent, et après avoir poussé d'horribles cris, ils lancèrent aux nôtres une grêle de flèches, qui par bonheur n'atteignirent personne. On leur répondit à coups de mousquet qui en blessèrent quelques-uns et firent reculer leur troupe; mais elle ne tarda pas à revenir à la charge, poursuivant les nôtres à la descente jusqu'auprès du rivage; de sorte qu'ils étaient obligés de faire ferme de temps en temps pour recharger leurs mousquets et faire feu. Malgré ceci, la crainte de nos armes ne faisait pas quitter prise aux barbares, qui, lorsqu'ils n'eurent plus de flèches, se campèrent sur des pointes de rocher, d'où ils nous lançaient du bas en haut de grosses pierres. Un de mes Espagnols en eut le bras cassé; mais ils n'eurent pas d'autre mal dans cette retraite dangereuse, qu'ils exécutèrent avec une bravoure extrême, sans abandonner leur proie. Quand les indigènes ouïrent tirer le canon des vaisseaux, et virent qu'on courait de toutes parts au secours des nôtres, ils abandonnèrent la partie, en fuyant vers la montagne.

« Après quelque séjour dans cette baie, les vaisseaux levèrent l'ancre et nous en sortîmes; mais il y fallut bientôt rentrer. Nos gens tombèrent tout d'un coup malades en si grand nombre, qu'il ne restait plus personne en état de faire la manœuvre. On ne pouvait attribuer cet accident à la nature même du poisson dont nous avions mangé en quantité devant cette baie; mais on soupçonna que ce dernier pouvait avoir avalé quelque poisson venimeux ou avoir été préparé avec des herbes vénéneuses. En peu de temps, les deux vaisseaux devinrent semblables à l'hôpital d'une ville pestiférée. Nos gens furent si malades, que pas un d'eux ne crut en revenir. Cependant nos chirurgiens, malades eux-mêmes, soignèrent les autres avec tant de zèle et d'habileté, que les effets de cet accident furent bientôt passés, sans que personne en mourût. Durant ce second séjour, on fit aussi quelques descentes à terre, et l'on relâcha les enfants enlevés de l'habitation, dans l'espérance qu'ils seraient les instruments d'un traité de paix entre les naturels et nous; mais ceci n'ayant eu aucun effet, nous levâmes l'ancre une seconde fois. Le 5 juin, empressés d'aller reconnaître les terres sur le vent, d'en prendre possession pour le roi, et d'y bâtir une ville, comme nous fîmes dans la baie, où nous en fondâmes une qu'on nomma *la Nouvelle-Jérusalem* (dans laquelle on établit des alcades, des corrégidors et autres officiers du roi), nous trouvâmes au large le vent contraire et la mer si agitée, que la proue des navires était quelquefois sous l'eau. »

Telle est la relation de Quiros concernant les Nouvelles-Hébrides. *La Tierra austral del Spiritu-Santo* du navigateur espagnol semblait oubliée, et son existence mise en doute, quand Bougainville et Cook vinrent réhabiliter les récits de Quiros et de Torrès.

Le 22 mai 1768, Bougainville eut la gloire de retrouver des groupes que l'on croyait perdus. Il aperçut deux terres hautes, qu'il nomma *Pentecôte* et *Aurore*; puis au nord de celle-ci, une petite île élevée en forme de pain de sucre; et, plus loin, dans l'ouest, une autre île, encore plus haute que les précédentes, et entièrement couverte de bois. Le prince de Nassau, qui faisait cette campagne en amateur, vit, le premier, les indigènes croisant sur leurs pirogues le long de la côte, mais sans s'approcher des navires. Des fumées nombreuses, s'élevant de toute l'île, firent soupçonner une population considérable. Le navigateur français nomma cette terre *Île des Lépreux*, car ses laids habitants étaient rongés de lèpre; les femmes y étaient aussi hideuses que les hommes. Le Taïtien Outourou, que Bougainville avait à bord, ne comprit pas un seul mot du langage des indigènes.

Après avoir fait graver sur une planche de chêne l'acte de prise de possession de ces îles au nom de la France, il fit enterrer au pied d'un arbre ce fragile monument de sa souveraineté nominale. Bougainville ayant vainement cherché un mouillage, prit le large le 28 mai 1768, et continua sa route vers l'ouest.

Le 16 juillet 1774, Cook aperçut l'île Aurore; depuis ce jour jusqu'au 9 août, cet illustre marin explora plusieurs îles de l'archipel, avec cette supériorité d'exécution qui le distingue de tous les navigateurs de son temps. Le 9 août, il reconnut l'île Tanna.

La colline la plus basse de toutes celles de la même rangée et d'une forme conique avait un cratère au milieu; elle était d'un rouge brun, et composée d'un amas de pierres brûlées, parfaitement stériles. Une colonne épaisse de fumée, pareille à un grand arbre, en jaillissait de temps en temps, et sa tête s'élargissait à mesure qu'elle montait. Toutes les fois qu'une nouvelle colonne de fumée était ainsi jetée en l'air, les Anglais entendaient un son bruyant pareil à celui du tonnerre, et les colonnes se suivaient de près. Toute l'île, excepté le volcan, est bien boisée et contient une grande quantité de jolis palmiers. On y remarqua une belle verdure au mois d'août, qui était l'hiver pour ce climat (*).

Les sites de Tanna sont plus élégants, plus agréables que ceux de Taïti, parce que les montagnes ne s'y élèvent pas brusquement. Dans le second voyage de Cook, Forster y admira l'intrépidité de quelques naturels, entre autres d'un jeune homme nommé Wa-Akou, dont le naturaliste allemand, digne fils de cet homme impartial qui unissait l'érudition du savant à l'amour du poëte et de l'artiste, et qui a été tant maltraité par Cook, a laissé un portrait flatteur : « Il avait, dit ce grand voyageur, de beaux traits, des yeux ouverts très-vifs; et toute sa physionomie annonçait de la bonne humeur, de l'enjouement et de la pénétration. Voici une preuve de son intelligence. Le capitaine Cook et mon père, comparant leur vocabulaire, trouvèrent qu'ils avaient noté un mot différent pour ex-

(*) George Forster, fils de Jean Reinhold Forster.

primer le ciel; et ils s'en rapportèrent à lui pour savoir lequel des deux termes était le véritable. A l'instant il étendit une de ses mains vers le ciel, et il la posa sur un des mots; il remua ensuite une autre main sous lui, et il prononça le second, en nous faisant comprendre que le premier signifiait proprement le firmament, et le second, les nuages qui se trouvent au-dessous. Il nous apprit aussi les noms des îles des environs. Ses manières à table furent très-décentes et pleines de grâce; la seule chose qui nous parut malpropre, c'est qu'en place de fourchette il se servait d'un petit bâton qu'il portait dans ses cheveux, avec lequel il se grattait la tête de temps en temps. Comme ses cheveux étaient arrangés suivant la mode du pays, à la porc-épic, et remplis d'huile et de peinture, il nous dégoûta encore davantage; mais il ne croyait pas manquer de politesse. »

Les naturels ayant montré autant de haine pour le larcin que les Polynésiens montrent de penchant à ce vice, les naturalistes de l'expédition purent opérer des reconnaissances intérieures, quelquefois à la distance de trois ou quatre milles. Forster parcourut l'île dans diverses directions, sans être inquiété par les sauvages. Seulement ils ne voulurent jamais lui permettre de visiter le volcan; peut-être croyaient-ils, comme les Haouaïens, qu'il était le séjour d'un dieu puissant et terrible, qui les punirait s'ils laissaient les étrangers profaner ce lieu qu'il honorait de sa présence; ou bien le volcan était le chemin et le rempart d'un village sacré, comme la *Mafanga* de Tonga-Tabou, ou enfin il y avait peut-être un temple dans les environs, et c'est ce qui nous paraît le plus probable. Forster n'a pas connu la cause des obstacles qu'il éprouva. Voici son récit:

« Durant toute la nuit du 11 au 12 août, le volcan était devenu imposant; il grondait d'une manière terrible. A chaque explosion, des colonnes de feu et de fumée s'élançaient jusqu'au ciel, et leur intervalle n'était guère que de trois à quatre minutes. Du vaisseau on le voyait lancer des pierres d'une prodigieuse grosseur. Les petites colonnes de vapeurs qui s'élevaient des environs du cratère, paraissaient être des feux allumés par les insulaires.

« Les feux intérieurs du cratère éclairaient encore des nuages de fumée quand MM. Sparrmann, Hodges et moi, avec quelques hommes, nous débarquâmes sur la grève; nous gagnâmes, vers la partie de l'ouest, un petit sentier qui conduisait à une colline escarpée. Nous montâmes sans peine à travers les plus jolis bocages d'arbres et d'arbrisseaux qui y croissaient d'eux-mêmes, et qui répandaient partout une odeur parfumée et rafraîchissante. Plusieurs espèces de fleurs embellissaient le feuillage touffu, et des liserons enlacés comme le lierre jusqu'au sommet des plus grands arbres, les ornaient de guirlandes bleues et pourpres; un grand nombre d'oiseaux voltigeaient autour de nous, et animaient la scène. Nous n'aperçûmes pas un seul naturel sur la première croupe de cette montagne, et aucune plantation n'y frappa nos regards. Après avoir fait au moins un demi mille par différents détours, nous atteignîmes une petite clairière d'une herbe molle, et environnée des arbres les plus charmants de la forêt. Le soleil était alors très-chaud, car cet endroit est à l'abri de tous les vents. Nous sentîmes une vapeur de soufre qui s'élevait du terrain, et qui ajoutait encore à la chaleur du lieu. A gauche du sentier, presque caché par les branches des figuiers sauvages, il y avait une petite levée de terre blanchâtre, et une vapeur s'élevait continuellement de ce monticule. La terre était si chaude, que nous ne pouvions y poser le pied; et nous la trouvâmes imprégnée de soufre. En la remuant, les vapeurs jaillissaient avec plus de vivacité; et nous y remarquâmes en partie une qualité styptique ou astringente pareille à celle de l'alun. De là nous montâmes beaucoup plus haut, et nous parvînmes à une autre ouverture du bois, qui était un peu stérile. Nous y découvrîmes deux nouveaux cratères qui jetaient de la vapeur, mais en moindre quantité, et d'une odeur moins forte. La terre qui couvrait ces solfatares était de la même nature que celle de la première; et le soufre dont elle était remplie lui donnait une teinte verdâtre. Nous recueillîmes aux environs de l'ocre rouge, de l'espèce qu'emploient les naturels pour se peindre le visage.

« Le volcan était alors plus bruyant que jamais : à chaque explosion la vapeur s'élevait des solfatares en beaucoup plus grande abondance qu'auparavant, et formait des nuages épais blancs, ce qui semble indiquer qu'elles ont des liaisons souterraines avec cette montagne brûlante dont les convulsions les affectent par des moyens qui nous sont inconnus. Observant que c'était la seconde fois que les explosions du volcan recommençaient avec la pluie, on soupçonna que la pluie les excitait en quelque sorte en produisant ou en accroissant la fermentation des diverses substances minérales. Après avoir examiné ces soupiraux singuliers, nous grimpâmes encore quelques pas, et nous découvrîmes un grand nombre de plantations des différentes parties de la forêt. En descendant de l'autre côté de la colline par un sentier étroit entre des haies de roseaux, nous aperçûmes le volcan entre les arbres, et il nous parut que pour y arriver, il nous restait à faire deux lieues à travers des collines et des vallées. Nous voyions cependant son éruption, ainsi que les masses énormes de rochers qu'il vomissait parmi les tourbillons de fumée : quelques-unes étaient au moins aussi grosses que le corps de notre longue chaloupe. Comme il ne nous était arrivé aucun accident, et que nous n'avions pas rencontré un seul naturel, nous pensâmes à en approcher; mais, en causant, nous alarmâmes sans doute les insulaires des plantations, car à l'instant, nous en entendîmes un ou deux qui soufflaient dans de grandes conques dont les nations sauvages, et surtout celles de la mer du Sud, se servent pour sonner le tocsin. Nous prîmes alors le parti de revenir sur nos pas.

« L'après-midi nous longeâmes la côte de la mer vers la pointe orientale où les naturels nous avaient empêché d'aller deux jours auparavant. Quelques Indiens causèrent avec nous cinq ou six minutes, et pendant cette conversation, nous vîmes un homme assis derrière un arbre qui tenait son arc bandé et dirigé sur nous. Dès qu'il observa qu'il était découvert et qu'un fusil le couchait en joue, il jeta ses armes dans un buisson, et se traîna à quatre pattes vers nous. Je crois qu'il n'avait réellement aucune mauvaise intention, quoiqu'il fût dangereux de se fier à ces sortes de badinages. Comme nous allions traverser la pointe pour continuer notre route, quinze ou vingt naturels se précipitèrent autour de nous et nous supplièrent instamment de revenir sur nos pas. Nous n'avions guère envie de les satisfaire; mais ils réitérèrent leurs prières, et enfin ils nous dirent par signes qu'on nous tuerait et qu'on nous mangerait. Nous fîmes semblant de ne pas les comprendre, et de croire qu'ils nous offraient à manger, témoignant en même temps que nous acceptions volontiers; mais ils mirent beaucoup d'empressement à nous détromper, en nous montrant par signes comment ils tuaient un homme, comment ils coupaient ses membres, et séparaient sa chair de ses os, enfin ils mordirent leur propre bras pour exprimer plus clairement qu'ils mangeaient de la chair humaine.

« Toutefois nous continuâmes notre route vers une hutte que nous observions à cinquante verges de là, à l'endroit où le terrain commençait à monter. Quand ils virent cela, plusieurs sortirent armés de la hutte pour nous forcer à reculer. Alors nous jugeâmes à propos de réprimer la curiosité qui nous guidait de ce côté. Tous les matins en effet, à la pointe du jour, nous entendions dans cette partie un chant solennel et lent qui durait plus d'un quart d'heure. »

En revenant sur leurs pas, Forster, Sparrmann, Hodges et leurs compagnons gravirent au sommet d'un plateau voisin élevé d'environ quarante pieds, et se trouvèrent dans une immense plantation, où des myriades d'élégants bananiers se mêlaient à des colonnades naturelles de cocotiers et d'autres arbres touffus, qui bornaient la vue de tous côtés. Elle était entourée d'une haie de roseaux, proprement faite, et semblable à celles de Tonga. Les naturels les repoussèrent avec menaces, et les assurèrent, par les signes les plus énergiques, qu'ils seraient tous infailliblement mangés s'ils allaient plus avant. Malgré leur insistance, les Anglais auraient été forcés de céder sur-le-champ s'ils n'avaient pas rencontré leur ami Paowang. Ils témoignèrent une joie réciproque de se retrouver, et le vieillard les conduisit à l'instant le long du bord de la colline, vers l'extrémité occidentale. Ils y virent un grand nombre de figuiers que les naturels cultivent autant pour les feuilles que pour le fruit. De beaux *eugénias* leur offraient aussi leurs fruits aigrelets et rafraîchissants, et ils remarquèrent quelques choux palmistes. Après avoir passé un petit fourré d'arbrisseaux fleuris, ils atteignirent une belle savane de cent verges en carré, sur les bords de laquelle ils comptèrent trois habitations. Des arbres élevés, parés d'un riche feuillage, cachaient tellement cette retraite qu'on ne l'apercevait pas du dehors. Les Anglais remarquèrent que dans un coin de la prairie était un immense figuier *mourra*, dont la tige avait neuf pieds de diamètre, et dont les branches s'étendaient à au moins cent vingt pieds de tous côtés d'une manière très-pittoresque. Au pied de cet arbre admirable, qui conservait toute sa vigueur, une petite famille, assise autour d'un feu, rôtissait des bananes et des ignames. Ces indigènes s'enfuirent dans une hutte à l'approche des Européens. Mais quand Paowang leur eut dit qu'ils n'avaient rien à craindre, ils revinrent. Les femmes et les filles cependant se tinrent fort loin et jetèrent sur eux un coup d'œil furtif de derrière les buissons. Forster, Sparmann et leurs compagnons s'assirent parmi eux, et ces bons sauvages leur offrirent quelques-unes de leurs provisions avec cette hospitalité ordinaire dans les îles fertiles de la Polynésie, et dont ils étaient enchantés.

Leurs cabanes n'étaient, à proprement parler, que de grands hangars. Le toit, qui forme un faîte au sommet, descend jusqu'à terre; elles sont ouvertes aux deux extrémités, où il n'y a qu'une claire-voie de roseaux et de bâtons d'environ dix-huit pouces de haut. L'élévation du faîte, dans les plus vastes, était de neuf ou dix pieds, et la largeur sur le plancher entre les toits d'à peu près autant : la longueur était considérable, et surpassait trente-cinq pieds. La construction de ces cabanes est très-simple : des pieux plantés en terre se recourbent les uns sur les autres en deux rangées, et sont attachés ensemble; ils mettent pardessus plusieurs nattes de feuilles de noix de coco, qui forment une couverture suffisante contre l'inclémence de l'air. Les Anglais n'y virent ni meubles ni ustensiles. Le plancher était revêtu d'herbes sèches, et en quelques endroits de nattes de feuilles de palmier. Ils observèrent aussi que la fumée avait noirci tout l'intérieur, et ils trouvèrent dans chaque habitation plusieurs foyers. Au milieu, trois grands bâtons de tiges de cocotier, auxquels étaient attachés un grand nombre de petits bâtons, portaient de vieilles noix de coco : comme ils se servent de l'huile de l'amande et qu'ils font des bracelets avec la coque, ils les suspendent probablement ainsi pour les conserver.

Les naturels, voyant que les blancs se contentaient d'examiner leurs personnes et leurs huttes sans leur rien dérober et sans leur faire le moindre mal, se familiarisèrent bientôt avec eux: enfin ils se décidèrent à retourner vers la grève, et le vieux Paowang, ne se souciant pas de les accompagner, parce que le soleil allait se coucher, ordonna à deux ou trois jeunes gens de leur indiquer la route la plus courte.

La singulière espèce de solfatare de la colline occidentale occupait si fort l'attention des naturalistes et du dessinateur, que Forster et ses compagnons s'y rendirent le jour suivant, 12, au matin. Le volcan ne cessa de gronder toute la journée, et de vomir des quantités prodigieuses de petites cendres noires, qui, examinées de près, furent reconnues pour être des schorls en forme d'aiguilles à demi-transparentes. Tout le pays était jonché de ces particules, et en herborisant elles furent très-nuisibles à nos yeux, parce que chaque feuille en était entièrement couverte. Il faut dire que le volcan et ses provenances semblent contribuer beaucoup à cette richesse de végétation si remarquable dans cette île. Plusieurs plantes y prennent deux fois la hauteur qu'elles ont dans les autres contrées; leurs feuilles sont plus larges, leurs fleurs plus grandes et leur parfum plus fort.

« Nous atteignîmes bientôt, continue Forster, le premier endroit d'où jaillissait la fumée; mais voyant au-dessus de nous les naturels, nous montâmes vers eux sans nous arrêter: c'étaient les mêmes qui nous avaient si bien traités la veille; et dès qu'ils nous découvrirent ils envoyèrent trois d'entre eux dans l'intérieur du pays. Le thermomètre (centigrade), exposé à l'ombre, marquait 26° 7'. Nous fîmes un trou en terre assez profond pour contenir le thermomètre dans toute sa longueur, et, le tenant dans ce trou au bout d'un bâton, il monta en une demi-minute à 78°, et se maintint à ce haut degré. Les naturels, qui s'aperçurent que nous creusions dans la solfatare, nous prièrent de cesser, en nous disant que le terrain prendrait feu, et qu'il ressemblerait au feu qu'ils nomment *Assour*. Ils paraissaient beaucoup appréhender quelque malheur, et ils étaient très-mal à leur aise dès que nous faisions la moindre tentative pour remuer la terre sulfureuse. En montant plus haut, nous trouvâmes d'autres endroits fumants et de la même nature que celui qu'on a décrit. Les messagers que ces bons Indiens avaient expédiés revinrent alors avec des cannes à sucre et des noix de coco, et nous régalèrent comme le matin de la veille. Après ce rafraîchissement, nous montâmes encore plus haut vers une autre colline que nous aperçûmes, et d'où nous espérions voir le volcan de plus près. Mais à l'approche de quelques plantations les naturels sortirent, et nous indiquèrent un sentier qui, à ce qu'ils prétendaient, menait directement au volcan ou à l'*Assour*. Nous le suivîmes l'espace de plusieurs milles à travers différents détours couronnés de bois qui nous cachaient le pays de toutes parts. Enfin nous atteignîmes la côte de la mer d'où nous étions partis, et nous reconnûmes, ou du moins nous jugeâmes que les naturels avaient eu l'adresse de nous écarter ainsi de leurs habitations. »

Dans une autre excursion sur l'île, Forster chercha à pénétrer dans une des cases mystérieuses d'où partaient les chants graves et solennels dont nous avons déjà parlé; mais on ne cessa de le repousser. Il chercha du moins à utiliser ses tentatives, en recueillant quelques observations sur leurs mœurs et sur leur musique.

« Nos Indiens (*lisez* Mélanésiens), continue Forster, nous conduisirent à un nouveau sentier à travers des plantations fertiles et en bon ordre; les petits garçons couraient devant nous en nous donnant différentes preuves de leur habileté dans les exercices militaires. Ils jetaient une pierre avec adresse, et ils faisaient usage d'un gramen ou roseau vert en place de dard. Leur dard ne manquait jamais le but, et ils imprimaient tant de force au roseau, que le moindre souffle d'air pouvait détourner de sa route, qu'il rentrait de plus d'un pouce dans le bois; ils le balançaient entre la jointure inférieure du pouce et de la main sans le toucher des doigts. Les petits enfants de cinq ou six ans s'accoutumaient déjà à cet exercice. Différents détours nous reconduisirent aux habitations où les femmes apprêtaient leur dîner; elles grillaient des racines d'igname sur un feu allumé au pied d'un arbre. Notre approche les mit d'abord en fuite; mais nos conducteurs les tranquillisèrent et elles continuèrent leur opération. Nous essayâmes de causer avec ces Indiens. Je notai un grand nombre de mots de leur langue, et nous eûmes le plaisir de satisfaire leur curiosité relativement à nos habits, à nos armes, etc., sur lesquels ils n'avaient pas encore osé nous faire une seule question. Les habitants des plantations voisines apprenant notre arrivée, se rassemblèrent en foule autour de nous et parurent fort charmés de ce que nous causions amicalement et familièrement avec eux. Je fredonnai par hasard une chanson; ils me prièrent instamment de chanter; et quoique aucun de nous ne fût habile musicien, nous satisfîmes leur curiosité, et nous leur chantâmes différents airs. Les chansons allemandes et anglaises, surtout les plus gaies, leur plaisaient infiniment; mais les tons suédois du docteur Sparrmann obtinrent des bravos universels. Nous les priâmes ensuite de chanter, et l'un d'eux commença à l'instant un air très-simple, mais harmonieux; nous n'en avions jamais entendu un aussi bon chez les différentes nations des mers du Sud. Il embrassait une plus grande quantité de notes que ceux de Taïti ou même de Tonga-Tabou, et il avait un ton sérieux qui le distinguait avantageusement de la musique plus douce et plus efféminée de ces îles. Les mots paraissaient disposés en mètre et coulaient de la bouche avec aisance. Dès que le premier eut fini sa chanson, un autre en entonna une seconde : la composition en était différente, mais toujours dans ce style sérieux qui indique le caractère général de ce peuple. En effet, on les voyait rarement rire de bon cœur ou badiner comme les nations les plus policées des îles des Amis et de la Société, qui savent déjà mettre un grand prix aux petites jouissances. Les naturels nous montrèrent aussi en cette occasion un instrument musical composé de huit roseaux, comme le syrinx de Tonga-Tabou, avec cette différence que la grosseur des roseaux décroissait en proportion régulière, et qu'il comprenait un octave, quoique les roseaux ne fussent pas complétement d'accord.

« L'après-dîner, je redescendis à terre avec le docteur Sparrmann, et nous allâmes sur la colline plate faire une autre visite aux naturels. Quelques-uns vinrent à notre rencontre à moitié chemin, et nous conduisirent à leurs huttes. Dès que nous fûmes assis avec le père d'une de ces familles, homme d'un âge moyen et d'une figure intéressante, nos amis nous prièrent de nouveau de chanter. Nous y consentîmes volontiers; et lorsqu'ils parurent s'étonner de la différence de nos chansons, nous tâchâmes de leur faire comprendre que nous étions de différents pays. Alors, nous indiquant un vieillard dans la foule de nos auditeurs, ils nous dirent qu'il était natif de Koro-Mango, et ils l'engagèrent à nous amuser par ses chants. L'Indien (le Mélanésien) s'avança au milieu de l'assemblée, et il commença une chanson pendant laquelle il fit différents gestes qui nous divertirent, ainsi que tous les spectateurs. Son chant ne ressemblait pas du tout à celui des insulaires de Tanna, et il n'était ni désagréable ni discordant avec la musique. Il paraissait avoir un certain mètre, mais différent du mètre lent et sérieux que nous avions entendu le matin.

«Tandis que l'insulaire d'Erromango (lisez Koro-Mango) chantait, les femmes sortirent de leurs huttes, et vinrent former un petit groupe autour de nous. En général, elles étaient d'une stature inférieure à celle des hommes, et elles portaient de vieux jupons d'herbes et de feuilles plus ou moins longs, suivant l'âge. Celles qui avaient fait des enfants et qui paraissaient âgées d'environ trente ans, ne conservaient aucune des grâces de leur sexe. Les jeunes filles de quatorze ans avaient des traits fort agréables et un sourire qui devint plus touchant à mesure que leur frayeur se dissipa; elles avaient les formes sveltes, les bras d'une délicatesse particulière, les seins ronds et pleins : elles n'étaient couvertes que jusqu'au genou. Leurs cheveux bouclés flottaient sur leurs têtes, et la feuille de banane verte qu'elles y portaient montrait avec plus d'avantage leur couleur noire ; elles avaient des anneaux d'écaille de tortue à leurs oreilles. Nous remarquâmes que la quantité de leurs ornements croissait avec l'âge ; les plus vieilles et les plus laides étaient chargées de colliers, de pendants d'oreilles et de nez, et de bracelets. Il me parut que les femmes obéissaient au moindre signe des hommes, qui n'avaient pour elles aucun égard. Elles traînaient tous les fardeaux, et peut-être que ce genre de travail et de fatigue contribue à diminuer leur stature, car les charges ne sont pas toujours proportionnées à leurs forces.

« Les insulaires de Tanna présentaient à nos yeux un exemple d'affection qui prouve que les passions et les bonnes qualités des hommes sont les mêmes dans chaque pays. Une petite fille d'environ huit ans, d'une physionomie intéressante, nous examinait furtivement entre les têtes des Indiens assis à terre. Dès qu'elle s'aperçut qu'on la regardait, elle alla en hâte se cacher dans la hutte. Je lui fis signe de revenir ; et pour l'y engager, je lui montrai une pièce d'étoffe de Taïti, mais je ne pus la déterminer à se rapprocher. Son père se leva, et à force de caresses il la ramena. Je pris la main de l'enfant, et je lui donnai l'étoffe avec de petits ornements : la joie et le contentement se peignirent aussitôt sur le visage du père. »

Forster et ses compagnons restèrent jusqu'au coucher du soleil parmi ces insulaires, qui ne cessaient de chanter et de faire des tours d'adresse pour leur plaire. A la prière des Anglais ils décochèrent leurs traits en l'air et contre un but ; ils ne les lançaient pas à une hauteur extraordinaire, mais ils tiraient avec beaucoup d'adresse à peu de distance. A l'aide de leurs massues, qui ont leur tranchant latéral comme une flamme, ils paraient les dards de leurs antagonistes, à peu près comme les Taïtiens. Ils tirent toutes ces massues de l'île basse qu'ils appellent Jurmer ; mais on n'a pu découvrir si elles étaient fabri-

quées par les naturels, ou si l'île est déserte, ou s'ils y vont seulement par occasion pour y rassembler des coquillages et y couper du bois.

Avant que les Anglais eussent quitté les cabanes, les femmes allumèrent différents feux dans l'intérieur et aux environs, et elles se mirent à apprêter leur souper. Les indigènes se précipitaient autour de ces feux, et il semblait que l'air du soir était un peu trop frais pour leurs corps nus. Plusieurs avaient à la paupière supérieure une tumeur que les médecins de l'expédition attribuèrent à la fumée dans laquelle ils sont toujours assis. Elle obstruait tellement leur vue qu'ils étaient obligés de tourner la tête en arrière jusqu'à ce que l'œil fût dans une ligne horizontale avec l'objet qu'ils voulaient regarder. Plusieurs petits garçons de cinq à six ans avaient cette tumeur, ce qui peut faire penser qu'elle se propage d'une génération à l'autre.

Après Forster et Sparrmann, Cook tenta lui-même une excursion jusqu'au cratère volcanique. Il partit le 14 au matin, et se dirigea vers la colline où les naturalistes avaient observé des fumerolles. Un thermomètre (centigrade) y fut encore enterré. A l'air libre, il marquait 26° 7. Dans ce sable brûlant il monta, dans une minute, à 98°, c'est-à-dire à une température qui approchait de celle de l'eau bouillante. La surface du sol ainsi échauffée occupait quatre ou cinq toises carrées, et tout près de là prospéraient des figuiers dont l'ombre se projetait sur cet espace tourmenté par des feux intérieurs. Les voyageurs rencontrèrent, de distance en distance, des maisons, des habitants et des terrains cultivés. Pour défricher le sol couvert de bois, les naturels coupaient les petites branches des grands arbres, creusaient la terre sous les racines, et réduisaient tout en cendres. De l'autre côté du havre, Forster trouva des sources d'eau chaude dans lesquelles le mercure monta à 88 et 95°. Quelques testacés qu'on y jeta furent cuits en deux ou trois minutes. Cette eau jaillissait en bouillonnant au travers d'un sable noirâtre, et au pied même d'un rocher à pic qui tient aux montagnes des solfatares; elle court vers la mer qui, à la marée haute, monte jusqu'à elle et l'absorbe (*).

Le grand navigateur anglais quitta le havre de Tanna le 21 août. Cook est le seul qui ait bien vu cet important archipel; d'Entrecasteaux n'en fit qu'une reconnaissance rapide. Il faut remarquer que le volcan lui fut révélé par un grand nuage fixe au milieu d'un horizon pur et bleu. Le savant amiral de Krusenstern, dans son grand travail sur la position des îles du grand Océan, nous apprend que le capitaine russe Golofnin relâcha à Tanna en 1809; mais nous ne connaissons pas sa relation, et nous ignorons même si elle a été publiée. Enfin, en 1827 M. le capitaine d'Urville a rectifié la position d'Erronan, en passant dans la partie sud de l'archipel des Nouvelles-Hébrides.

GROUPE DE BALADE OU DE LA NOUVELLE-CALÉDONIE.

Avant d'aborder la Nouvelle-Calédonie, on aperçoit l'île des Pins, ainsi nommée parce que sur les rives on voit ces pins à forme bizarre qui frappèrent si longtemps l'attention des compagnons de Cook; on est assuré aujourd'hui que c'est une espèce voisine de celle qui croît sur l'île Norfolk. Après avoir longé cette île, on trouve au nord les îles Britannia et Chabrol, qui, à six ou sept lieues de distance, présentent l'aspect d'un mur crénelé. De là cinglant à l'ouest-sud-ouest, on distingue les montagnes élevées de la Nouvelle-Calédonie. Quand on a rangé de près les récifs qui bordent le havre de Balade, on peut donner à pleines voiles dans la passe, et jeter l'ancre près de la petite île de Poudioua, à deux mille quatre cents pieds environ de la grande terre. Outre ce havre on compte encore le port *Saint-Vincent* et le havre *Trompeur*, vaste et excellent port où d'Entrecasteaux dit n'a-

(*) D'Urville.

voir pu entrer, et qui a été décrit par le navigateur Kent. Ce port est situé derrière la chaîne horrible de rochers qui bordent la côte occidentale.

La longueur de cette terre est de quatre-vingts à quatre-vingt-dix lieues sur dix-huit à vingt de large. La grande île de la Calédonie, appelée *Balade* par les indigènes, est située presque sous le parallèle du centre de l'Australie, à environ 10° est de ce continent. Elle s'étend du 20° 10′ latitude sud, au 22° 30′ de latitude sud, et du 161° 39′ au 164° 32′ est. Elle a deux cents milles environ de longueur du sud-est au nord-ouest, sur une largeur presque uniforme de vingt-cinq à trente milles, de manière à figurer sur la carte, assez exactement, un tripang ou biche de mer. On ne connaît bien que son extrémité nord-ouest, où se trouve le port de Balade, le seul fréquenté par les navires européens; on y trouve aussi le port Saint-Vincent, voisin d'un volcan, et le havre Trompeur. Parmi les dépendances géographiques de la grande île, nous placerons l'île de *l'Observatoire*, les îles *Beaupré* et *Loyalty*, qui forment un petit groupe; l'île des *Pins*, remarquable par ses pins colonnaires (qu'on nous permette cette expression) de plus de cent pieds de hauteur, et enfin les îles *Botanique* et *Hohohoua*. La plupart de ces petites terres n'ont que six milles de circuit, sauf l'île des Pins qui en a au moins trente.

Le grand récif qui borde la Nouvelle-Calédonie à l'ouest, et qui s'étend de quatre-vingt-dix à cent lieues au nord, présente une mort presque inévitable au navigateur, au cas que les vents et les courants y poussent son navire. De cette île jusqu'en Australie, la mer est semée de bancs de corail vastes et dangereux. Ce fut sur un de ces récifs que Flinders fit naufrage.

Enfin, nous placerons dans ce groupe le petit rocher volcanique, nommé *Volcan Mathieu*, roc de deux milles de circuit, et d'environ de quatre cent quatre-vingts pieds de hauteur, qui gît à l'est du groupe, et qui paraît être le plus petit des volcans isolés que l'on connaisse, et même l'île Walpole à l'est-sud-est de la Nouvelle-Calédonie, découverte par Butler en 1794 : elle est environnée d'un récif de corail, couverte d'arbres, et habitée. Latitude sud 22° 2′, longitude est 166° 44′.

De cette manière, les limites du groupe entier seraient en latitude 17° 53′, et 23° 4′ sud, en longitude 160° 17′ est, et 65° 6′ longitude est.

HISTOIRE NATURELLE.

La Nouvelle-Calédonie paraît traversée par une chaîne de montagnes qui s'étendent dans toute sa longueur : une cime atteint sept cents pieds au-dessus du niveau de la mer ; leurs sommets sont arides et dépouillés, mais leurs flancs présentent des vallons fertiles arrosés par plusieurs ruisseaux. Les principales roches sont le quartz, le mica, la stéatite, les grenats, la mine de fer spéculaire et l'amphibole vert ; et nous pensons que l'on y trouvera un jour des métaux précieux et des pierres fines.

Ce pays offre quelques rapports avec les Nouvelles-Hébrides et la Nouvelle-Galles du Sud, et les habitants de ces trois contrées ont beaucoup de ressemblance entre eux.

Le bananier, l'arbre à pain, le cocotier, le figuier, et le gingembrier couvrent les flancs des vallées de l'île Balade. L'on y cultive la canne à sucre et deux espèces de taro, savoir : l'*arum esculentum* et l'*arum macrorhizon* ; on y remarque l'*hibiscus tiliaceus* dont les habitants mangent les jeunes pousses ; le *dolichos tuberosus* dont ils mangent les racines après les avoir fait griller sur des charbons ; le figuier et l'oranger ; l'*hipoxis* qui croît sans culture dans les forêts, et dont les racines leur servent aussi de nourriture ; le *commersonia echinata*, si commun aux Moluques ; le *diacophyllum verticillatum*, nouveau genre qui a beaucoup de rapport avec le dragonnier, et qui croît sur le sommet des montagnes ; l'*antholoma*, bel arbuste de vingt pieds de haut, et qui forme un genre nouveau de la famille des plaqueminées ; et le *melaleuca leucodendron* de Linné, ou *arbor alba* de Rumph. Le *melaleuca* existe aussi dans les îles Moluques, et leurs habitants tirent l'huile de cayoupouti de ses feuilles odoriférantes.

Les chiens et les cochons étaient inconnus à Balade avant l'arrivée de Cook. Les oiseaux ordinaires sont de très-gros pigeons, des corbeaux et une nouvelle espèce de pie. Les côtes abondent en poissons dont quelques espèces sont venimeuses. On y trouve la grande araignée nouki qui sert à la nourriture des indigènes, et qui forme des filets assez forts pour résister à la main qui les déchire. Les coquilles et les insectes y sont infiniment nombreux. Ce pays très-sec n'est pas susceptible d'une grande culture ; mais le meilleur moyen de civilisation qu'on pourrait y introduire, serait d'y transporter des cochons et des chèvres qui s'y naturaliseraient aisément.

La population de ces hommes noirs, aux cheveux laineux et à la peau grasse, laids, disgracieux et misérables (voy. *pl.* 253), mais de haute stature, est de cinquante mille habitants selon Forster. D'Entrecasteaux prétend que ce chiffre est trop élevé.

PRÉCIS HISTORIQUE. — MOEURS ET COUTUMES.

C'est à l'illustre Cook qu'on doit la découverte de la Nouvelle-Calédonie, et c'est de lui que cette grande île reçut son nom : mais il paraît que son nom indigène, son véritable nom, est *Balade*. Ce fut le 4 septembre 1774 que le navigateur anglais aperçut cette terre à la hauteur du havre Balade, sur lequel il passa huit jours. Les relations que le capitaine, les naturalistes de l'expédition, et l'équipage, eurent avec les naturels, furent constamment amicales, et ils ne se doutèrent même pas qu'ils étaient anthropophages. Forster surtout, le savant Forster, dont les observations sur le caractère et les mœurs des peuples des îles de la mer du Sud sont empreintes d'un optimisme trop généreux, vante leur honnêteté, leur douceur et leur confiance.

Voici comment s'exprime le naturaliste, méconnu et maltraité par Cook.

« Après avoir mis pied à terre à l'endroit où nous débarquâmes la veille, nous longeâmes la grève qui était sablonneuse et bornée par un fourré d'arbrisseaux sauvages. Nous atteignîmes bientôt une cabane d'où les plantations se prolongeaient derrière la grève et le bois; nous parcourûmes ensuite un canal qui arrosait les plantations, mais dont l'eau était très-saumâtre. Au delà nous gravîmes une colline qui était près de nous et où le pays paraissait changé. La plaine était revêtue d'une couche légère de sol végétal sur lequel on avait répandu des coquilles et des coraux brisés, pour le marner, parce qu'il était très-sec. L'éminence, au contraire, était un rocher composé de gros morceaux de quartz ou de mica. Il y croissait des herbes sèches d'environ deux ou trois pieds de haut; elles étaient très-clair-semées dans la plupart des endroits et à quinze ou vingt verges les unes des autres. Nous vîmes de grands arbres, noirs à la racine, qui avaient une écorce parfaitement blanche et des feuilles longues et étroites comme nos saules. Ils étaient de l'espèce que Linné appelle *Melaleuca leucadendron*. Il n'y avait pas le moindre arbrisseau sur cette colline, et la vue se portait fort loin sans être interceptée par les bois.

« Nous gagnâmes bientôt le ruisseau, où l'on remplit nos futailles. Les bords étaient garnis de mangliers, au delà desquels un petit nombre d'autres plantes et arbres occupaient un espace de quinze ou vingt pieds, revêtu d'une couche de terreau végétal, chargé d'humidité et d'un lit verdâtre de gramen où l'œil aimait à se reposer. Nous trouvâmes des plantes inconnues, ainsi qu'une grande variété d'oiseaux, la plupart entièrement nouveaux. Mais le caractère des naturels et leur conduite à notre égard nous causèrent plus de plaisir que tout le reste. Le nombre de ceux que nous aperçûmes était peu considérable, et leurs habitations étaient très-éparses. Nous rencontrions communément deux ou trois maisons situées les unes près des autres, sous un groupe de figuiers élevés, dont les branches étaient si bien entrelacées que le firmament se montrait à peine à travers le feuillage. Une fraîcheur agréable entourait toujours les cabanes. Cette charmante position leur procurait un autre avantage, car des milliers d'oiseaux voltigeaient continuellement au sommet des arbres où ils se mettaient à l'abri des rayons brûlants du soleil. Le ramage de quelques grimpereaux produisait un concert charmant, et causait un vif plaisir à tous ceux qui aiment cette musique simple. Les habitants eux-mêmes s'asseyaient au pied de ces arbres, qui ont cette qualité remarquable : de la partie supérieure de la tige il pousse de larges racines aussi rondes que si elles étaient faites au tour; elles s'enfoncent en terre à dix, quinze ou vingt pieds de l'arbre, après avoir formé une ligne droite très-exacte, extrêmement élastique et aussi tendue que la corde d'un arc, au moment où le trait va partir. Il paraît que c'est de la substance de ces arbres qu'ils font les petits morceaux d'étoffes qui leur servent de pagnes.

« Ils nous apprirent quelques mots de leur langue qui n'avait aucun rapport avec celle des autres îles : leur caractère était doux et pacifique, mais très-indolent; ils nous accompagnaient rarement dans nos courses. Si nous passions près de leurs huttes, et si nous leur parlions, ils répondaient; mais si nous continuions notre route sans leur adresser la parole, ils ne faisaient pas attention à nous. Les femmes étaient cependant un peu plus curieuses, et elles se cachaient dans les buissons écartés pour nous observer; mais elles ne consentaient à venir près de nous qu'en présence des hommes.

« Ils ne parurent ni fâchés, ni effrayés de ce que nous tuions des oiseaux à coups de fusil; au contraire, quand nous approchions de leurs maisons, les jeunes gens ne manquaient pas de nous en montrer pour avoir le plaisir de les voir tirer. Il sembla qu'ils étaient peu occupés dans cette saison de l'année; ils avaient préparé la terre et planté des racines et des bananes dont ils attendaient la récolte l'été suivant. C'est peut-être pour cela qu'ils étaient moins en état que dans un autre temps de vendre leurs provisions; car, d'ailleurs, nous avions lieu de croire qu'ils connaissent ces principes d'hospitalité qui rendent les insulaires de la mer du Sud si intéressants pour les navigateurs. »

Il y a plaisir et profit à laisser parler Forster. Un autre jour, il fit les observations suivantes :

« En descendant à terre, nous trouvâmes sur la grève une grande masse irrégulière de rocher de dix pieds cubes, d'une pierre de corne d'un grain ferme, étincelant partout de grenats un peu plus gros que des têtes d'épingle. Cette découverte nous persuada qu'il y a des minéraux précieux sur cette île qui, dans la partie que nous avions déjà reconnue, différait de toutes celles que nous avions examinées, en ce quelle n'avait point de productions volcaniques. Après nous être enfoncés dans les bois très-épais qui bordaient la côte de toutes parts, nous y rencontrâmes de jeunes arbres à pain qui n'étaient pas encore assez gros pour porter du fruit; mais ils semblaient être venus sans culture, et ce sont peut-être les arbres indigènes sauvages de la contrée.... A l'entrée d'une hutte, j'observai un homme assis, tenant sur son sein une petite fille de huit ou dix ans dont il examinait la tête; il fut d'abord surpris de me voir; mais reprenant bientôt sa tranquillité, il continua son opération. Il avait à la main un morceau de quartz transparent, et comme l'un des bords du quartz était tranchant, il s'en servait, au lieu de ciseaux, pour couper les cheveux de la petite fille. Je leur donnai, à tous les deux, des grains de verre noir, dont ils semblèrent fort contents. Je me rendis aux autres cabanes : trois femmes, dont l'une d'un âge moyen, la seconde et la troisième un peu plus jeunes, allumaient du feu sous un de ces grands pots de terre dont il a été question plus haut; dès qu'elles m'aperçurent, elles me firent signe de m'éloigner; mais voulant connaître leur manière d'apprêter les aliments, je m'approchai. Le pot était rempli d'herbes sèches et de feuilles vertes dans lesquelles elles avaient enveloppé de petites ignames. Ce fut avec peine qu'elles me permirent d'examiner leur pot; elles m'avertirent de nouveau, par signes, de m'en aller, et montrant leurs cabanes, elles remuèrent les doigts à diverses reprises sous leur gosier. Je jugeai que si on les surprenait ainsi seules dans la compagnie d'un étranger, on les étranglerait ou on les tuerait. Je les quittai donc, et en me retirant, je jetai un coup d'œil furtif dans les cabanes qui étaient entièrement vides. En regagnant le bois, je rencontrai le docteur Sparrmann, et nous retournâmes vers les femmes afin de les revoir et de me convaincre si j'avais bien interprété leurs signes. Elles étaient toujours au même endroit. Nous leur offrîmes des grains de rassade qu'elles acceptèrent avec de grands témoignages de joie; mais elles réitérèrent les signes qu'elles avaient faits pendant que j'étais seul; elles semblèrent même y joindre les prières et les supplications, et afin de les contenter, nous nous éloignâmes. Comme nous avions soif, je demandai de l'eau à l'homme qui coupait les cheveux de la petite fille; il me montra un arbre auquel pendaient une douzaine de coques de noix de coco remplies d'eau douce qui nous parut un peu rare dans ce pays; nous retournâmes à l'aiguade, où je trouvai un nombre considérable de naturels; quelques-uns, pour un petit morceau d'étoffe de Taïti, nous portèrent l'espace de quarante verges à notre chaloupe, l'eau étant trop basse pour qu'elle pût aborder. Nous y aperçûmes des femmes qui, sans craindre les hommes, se mêlaient au milieu de la foule et s'amusaient à répondre aux caresses et aux avances des matelots. Elles les invitaient à venir derrière les buissons; mais dès que ceux-ci les suivaient, elles s'enfuyaient avec tant de rapidité qu'on ne pouvait les attraper. Elles prenaient ainsi plaisir à déconcerter leurs adorateurs, et elles riaient de bon cœur toutes les fois quelles jouaient ce rôle. »

Il est vraisemblable que la simplicité de ces insulaires règne aussi dans le gouvernement : un tea-bouma, noble ou petit chef d'un district opposé au havre Balade, vivait comme le reste de ses compatriotes; ils ne lui donnaient aucune marque extérieure de déférence, et la seule chose qui annonçât quelques égards de leur part, c'est qu'ils lui remirent les présents que leur fit un des officiers de l'expédition. Les cantons voisins sur lesquels ne s'étendait pas l'autorité du tea-bouma avaient probablement leurs chefs particuliers et supérieurs, car on a su plus tard, par d'Entrecasteaux, que les chefs principaux avaient le titre d'aliki.

Les Anglais ne remarquèrent rien qui semblât avoir le moindre rapport avec la religion, ni aucune coutume qui eût la moindre apparence de superstition. Leurs idées sur ces matières sont vraisemblablement aussi simples que le reste de leur caractère.

Il paraît que dans cette île l'éléphantiasis est fort commun, mais pas assez dangereux pour que le malade risque de perdre la vie. Les Anglais y virent quelques naturels dont les cheveux blancs et les rides annonçaient une grande vieillesse; ils ne s'informèrent pourtant pas de leur âge, car en supposant qu'ils se donnent la peine de compter leurs années, il est probable qu'il leur eût été difficile de causer avec eux sur une chose aussi abstraite. Forster n'avait jamais pu se faire comprendre des Taïtiens, lorsqu'il leur avait proposé de pareilles questions, et nous avons éprouvé nous-même cet embarras dans les diverses parties de l'Océanie que nous avons visitées.

Une grande jarre est à peu près l'unique ustensile des naturels. C'est dans ces jarres qu'ils cuisent leurs aliments. Le foyer de la cuisine est en plein air et hors de l'habitation. Ils ont constamment un foyer allumé dans leur case, vraisemblablement pour chasser les moustiques qui y sont terriblement importuns.

Leur nourriture se compose principalement de poissons, de racines et de coquillages, et M. Labillardière acquit la preuve qu'ils mangent de la chair humaine et de gros morceaux de stéatite verdâtre.

Les Nouveaux-Calédoniens ne se livrent jamais à ces petites récréations qui contribuent tant au bien-être des hommes, et qui répandent la vivacité et la gaieté sur les îles de Taïti et de Tonga. Excepté le sifflet, on n'a aperçu aucun instrument de musique chez ces insulaires, et on ignore s'ils ont des danses et des chansons; mais Forster suppose qu'ils ne rient presque jamais, parce qu'il les vit toujours taciturnes. Leur langue paraît informe, et leur prononciation est si confuse, que les vocabulaires faits par diverses personnes de l'équipage de Cook différaient beaucoup entre eux : quoiqu'ils aient peu de consonnes dures, ils reviennent souvent aux gutturales, et ils ont quelquefois un son nasal ou *rhinismus* qui embarrassait communément les personnes qui ne connaissaient d'autre langue que l'anglais. L'éloignement de leurs plantations est sans doute un obstacle à des communications familières qui introduiraient peu à peu le besoin de la société. Les pirogues de ces peuples sont lourdes et grossières; leurs cases ressemblent à des ruches d'abeilles, surmontées par le plateau central, et à l'extérieur de petites plateformes.

Ces Mélanésiens, comme la plupart des sauvages, sont quelquefois obligés de travailler beaucoup pour pourvoir à leur subsistance; mais ils passent dans le repos leurs heures de loisir, et, comme eux, ils méprisent le beau sexe. Leur caractère est extrêmement grave; ils ne se laissent pas captiver par les caresses des femmes, si souvent dangereuses, et ils apprécient peu les jouissances domestiques. Leurs armes sont la lance et la fronde. Selon un savant voyageur naturaliste, M. Labillardière, notre vénérable doyen, ils montent sur les arbres comme s'ils marchaient sur un plan horizontal. Cook et Forster vantent leur douceur et la chasteté de leurs femmes; mais M. Labillardière, d'accord avec d'Entrecasteaux, les dépeint comme aussi cruels, aussi perfides et aussi enclins au vol que la plupart des Polynésiens et des Mélanésiens; il assure qu'ils sont anthropophages par gourmandise, que les femmes se vendaient pour un clou, et que la grandeur du clou variait suivant la beauté de la personne. Au reste, d'Entrecasteaux et M. Labillardière peuvent s'être trompés, et ce fait a encore besoin d'être vérifié, car nous savons que les Mélanésiens sont plus jaloux de leurs femmes que les Polynésiens.

Après avoir relâché à l'île des Pins, et fait couper plusieurs de ces arbres colonnaires propres à fournir des bois de mâture, le navigateur anglais quitta définitivement ces terres. En 1792, l'amiral d'Entrecasteaux compléta la reconnaissance du capitaine Cook. Il la commença près de l'île des Pins où Cook avait terminé la sienne, et prolongea les brisants qui bordent, dans toute son étendue, la côte du sud-ouest, et acquit la certitude que cette terrible barrière s'étendait encore à près de cent soixante-dix milles au nord-ouest de l'île Balade. C'est un des travaux les plus difficiles, les plus dangereux et les plus honorables du navigateur français. En 1793, il fit une relâche de vingt jours au havre Balade, pendant laquelle mourut le capitaine Huon de Kermadec, dont une des îles du groupe porte le premier de ses deux noms (*), et le groupe situé entre Tonga-Tabou et la Nouvelle-Zeeland, porte le second (**). Le corps de ce marin distingué fut inhumé sur la petite île de Poudioua, sans que les Baladiens en fussent informés.

Plusieurs fois les Français eurent recours aux armes à feu pour réprimer les insultes et les vols des sauvages.

(*) L'île Huon.
(**) Le groupe de Kermadec.

En quittant le havre, d'Entrecasteaux gouverna au sud, et reconnut le bord oriental des brisants dont il avait déjà exploré la bande occidentale.

En 1793, le capitaine Kent du *Buffalo* découvrit, à travers les brisants de la partie sud-ouest, un excellent havre dans lequel il séjourna six semaines, et qui reçut de lui le nom de *port Saint-Vincent*. Il n'eut pas à se plaindre des indigènes qui ressemblent à ceux du havre Balade et s'épilent la barbe comme eux.

PETIT GROUPE DE NORFOLK.

L'île Norfolk forme un petit groupe avec deux îlots nommés *Nepean* et *Philips*. Des récifs de corail s'étendent au sud jusqu'à sept lieues; des pierres de craie jaunâtre forment la base de l'île, que recouvre un terreau noir à une grande profondeur.

Cette île est située par 29° 2′ latitude sud, et 165° 42′ longitude est. Elle a environ six lieues de circuit. Son sol est montueux, et le mont Pitt, qui en est le point culminant, a environ onze cents pieds au-dessus du niveau de la mer.

Norfolk fut découverte par Cook, au mois d'octobre 1774. Elle était déserte, mais couverte d'une admirable végétation, dans laquelle on reconnut une foule d'espèces de la Nouvelle-Zeeland, et notamment le *phormium tenax*, le plus beau lin du monde, qui y poussait avec une vigueur remarquable, et qui était supérieur à celui de la Nouvelle-Zeeland. On y trouva une espèce de pin magnifique, appartenant au genre *araucaria*. Plusieurs des oiseaux de la Nouvelle-Zeeland frappèrent les regards des naturalistes et des équipages; on s'y procura en abondance des choux palmistes, de l'oseille sauvage, du laiteron et du fenouil marin, et on y fit une pêche merveilleuse.

Dès l'origine de la colonie de la Nouvelle-Galles du Sud, au mois de février 1788, un petit établissement fut formé sur l'île Norfolk; on y essaya quelques plantations qui réussirent de manière à dépasser toutes les espérances et toutes les prévisions. En 1794, Norfolk fournit onze mille boisseaux de maïs à la Nouvelle-Galles. Malgré le succès de ces tentatives, l'un des derniers gouverneurs avait fait évacuer, en 1805, l'établissement par les convicts et les troupes qui l'occupaient, parce que l'île manque de port. Ce n'est que depuis quelques années qu'on l'a de nouveau destinée à être le siége d'un établissement pénal pour les criminels les plus endurcis de la Nouvelle-Galles et de la Tasmanie. Maintenant la population de ce poste est d'environ huit cents personnes, parmi lesquelles on compte cinq cents *convicts* ou condamnés, cent vingt-quatre militaires, et cent cinquante employés du gouvernement. Les travaux forcés de ces convicts consistent à construire des bâtiments, à abattre les arbres, à ouvrir des chemins et à cultiver la ferme publique, dont le principal produit jusqu'à ce jour a été le maïs.

La vapeur légère qui offusque l'horizon dans cette partie, et les bouffées d'un air doux et chaud, indiquent la proximité du tropique et de cette mer de corail où les marins ont bien moins à craindre les mauvais temps que les innombrables récifs dont elle est parsemée. Il n'est pas dans ces parages une seule île, un seul rocher que les coraux ne ceignent d'une muraille constamment assiégée par des lames en fureur. Telle est la redoutable barrière qui semblait avoir condamné la petite île Norfolk à rester éternellement déserte, malgré la fertilité de son terroir, sa forêt d'arbres précieux et ses riantes campagnes arrosées de mille ruisseaux; mais ni ses brisants que recouvre sans cesse une effrayante nappe d'écume, ni le naufrage du premier bâtiment qui, envoyé de Sidney, tenta de l'approcher, ne purent empêcher les Européens d'en prendre possession. Les Anglais s'y fixèrent presque en même temps qu'à la Nouvelle-Galles du Sud, dont les colons, dans les temps de disette, eurent plus d'une fois recours à ses récoltes. Norfolk prit ainsi de l'importance sous le double rapport des cultures et de la population; mais cette prospérité diminua peu à peu, à mesure que s'accrut celle de l'Australie. Ses habitants, dégoûtés de leurs propriétés dont les produits ne se vendaient plus, et fatigués de l'isolement où les tenait la difficulté des communications, se retirèrent sur le continent, et elle demeura entièrement abandonnée. Ce fut précisément cette difficulté qui décida l'administration de Sidney à déporter dans l'île de Norfolk plusieurs centaines de convicts, l'horreur et l'effroi de leurs compagnons mêmes, et dont le caractère avait résisté à tous les châtiments employés dans les maisons de correction. Tout ce que l'imagination pourrait se figurer de plus repoussant et de plus hideux serait encore au-dessous de l'épouvantable tableau que présente cette atroce réunion de scélérats. Malgré une très-forte garnison, malgré une discipline d'airain et des supplices rigoureux, chaque jour amène de nouveaux crimes et de nouvelles révoltes. La dissolution des mœurs est poussée si loin parmi ces misérables, que des soldats et même des sous-officiers, surpris par eux, ont été victimes de leur brutalité. Croirait-on, après cela, qu'une des plus jolies personnes de Sidney, la femme du gouverneur de cette prison, dont les règlements bannissent tout à fait son sexe, ose y résider auprès de son mari, et braver ainsi des dangers qu'il est plus facile de comprendre que d'exprimer? Les verrous, de hautes murailles, une surveillance très-sévère et les terribles brisants qui bloquent l'île de toutes parts, ne sont pas toujours capables d'arrêter la désertion des détenus. Tantôt ces bandits dérobent les bateaux de l'État, tantôt ils parviennent, à force de patience et d'adresse, à construire, dans quelque lieu écarté, une chétive et informe embarcation sur laquelle ils ne craignent pas de s'exposer, le plus souvent sans vivres et sans boussole, à la merci des vagues et des vents. Quelquefois, poussés par les brises de l'est, ils atteignent sains et saufs les côtes de l'Australie ou Nouvelle-Hollande, et attaquent alors les caboteurs qu'ils peuvent aborder, avec une audace incroyable, dont au reste les *bush-rangers* (coureurs de buissons) leur donnent de fréquents exemples. Malheur au petit bâtiment qui, mouillé dans une des baies de l'Australie, ne se garde pas jour et nuit avec soin! car son équipage est surpris et égorgé au moment où sans défiance il se livre au repos; et les capteurs, mettant ensuite à la voile, vont brigander dans les archipels de la Polynésie, jusqu'à ce que, à la suite d'un naufrage ou d'un combat, ils soient mangés par les anthropophages, ou que, rencontrés par un bâtiment armé et conduits au Port-Jackson, ils périssent sur l'échafaud, châtiment auquel ils n'ont échappé dans leur patrie que pour le subir en quelque sorte sur une terre qui est presque à ses antipodes (*).

Avant de toucher au sol du continent des îles mélanésiennes, nous rencontrons deux petites îles inhabitées, l'île Howe et l'île Middleton. L'île Howe, découverte par Ball en 1788, est fort haute; elle a deux lieues d'étendue du nord-nord-ouest au sud-sud-est. On aperçoit, à trois lieues dans le sud-est, un rocher isolé et très-haut, nommé la *Pyramide de Ball*. Elle gît par 31° 31' latitude sud, et 156° 50' longitude est. On y trouve une quantité de pigeons, d'oies sauvages et de tortues.

L'île Middleton fut découverte par Shortland en 1788. C'est une île également très-élevée, qui offre un pic remarquable; elle a plus de vingt milles d'étendue du sud-sud-est au nord-nord-ouest, et est couverte de montagnes et de forêts. Latitude sud 20° 10'; longitude est 157° 30'. Elle est éloignée d'environ cent trente-cinq lieues de l'île Norfolk. On doit s'efforcer d'éviter entre ces deux îles les dangereux récifs de Middleton et de Seringapatnam.

Laissons les îles, les récifs et les brisants, et abordons enfin à ce continent de l'Australie, qui va offrir des productions si étranges, si nouvelles pour la plupart de nos lecteurs, et où des Européens ont opéré des merveilles sociales à côté des merveilles de la nature.

AUSTRALIE OU NOUVELLE-HOLLANDE.

APERÇU GÉNÉRAL.

GÉOGRAPHIE PHYSIQUE.

L'Australie ou Nouvelle-Hollande est la plus vaste partie de l'Océanie qui nous reste à décrire. Sous ce nom, on désigne la plus grande île de ces régions, île qui peut être considérée comme le continent de la cinquième partie du monde, en général, et de la Mélanésie en particulier. Nous évaluons sa surface aux quatre cinquièmes environ de celle de l'Europe, puisque ses limites sont en latitude le 11° et le 39° degré de latitude méridionale, et en longitude, le 111° et le 152° degré de longitude, à l'est du méridien de l'observatoire de Paris, et qu'elle a en conséquence mille lieues terrestres de longueur, sur une largeur moyenne de quatre cent cinquante. Elle est séparée au nord, de la Papouasie par le détroit de Torrès; au sud, de la Tasmanie par le détroit de Bass; à l'est, de la Nouvelle-Zeeland et de la Nouvelle-Calédonie par un canal de trois cents lieues de large: à l'ouest, les abîmes de l'océan Indien s'étendent entre l'Australie et l'Afrique.

L'Australie se distingue du reste de l'Océanie et des autres contrées du globe, par l'aspect stérile et monotone de ses côtes, par ses habitants d'un noir fuligineux, grêles, hideux, et placés au dernier degré de l'abrutissement de l'espèce humaine, par la singularité du règne végétal et du règne animal, par ses productions extraordinaires et généralement peu utiles. C'est la seule région où l'on voit des cygnes et des kakatouas noirs, les phaloscomes, le philédon à la langue en pinceau, le korbi-kalao au crâne cuirassé, les émus sans casque, l'échidné qui res-

---

(*) Laplace, voyage de la *Favorite*.

78° *Livraison*. (OCÉANIE.) T. III.

semble à la fois au familier et à l'hérisson, et l'ornythorinque, animal étrange, qui tient à la fois du quadrupède, du reptile, de l'oiseau et du poisson ; là vivent des arbres gigantesques croissant dans le sable pur, et qui pourraient couvrir de forêts verdoyantes les déserts de la Syrie et de l'Égypte, et rendre à la vie le sol épuisé de contrées jadis fertiles ; là on trouve des bois rouges, blancs, veinés de toutes couleurs, offrant à l'ébéniste ses plus précieux trésors. Il existe au nord de Liverpool un volcan qui, par une particularité unique, et digne de la plus grande attention, brûle sans jeter de lave. Mais sur cette terre des anomalies, où les orties et les fougères s'élèvent à la hauteur de nos chênes, la plupart des plantes, malgré leur variété et leur élégance, y ont un caractère unique, c'est celui de posséder un feuillage sec, rude, grêle, aromatique, à feuilles presque toujours simples ; et les forêts de ce continent réprouvé ont quelque chose de triste et de brumeux qui fatigue la vue.

Assis, pour ainsi dire, sur le tropique de l'hémisphère austral, ce continent endure à une extrémité les ardentes chaleurs de l'équateur, tandis qu'à l'autre il jouit de la fraîcheur des zones tempérées. Au premier abord, on serait porté à attribuer à cette vaste étendue de sol des avantages extraordinaires ; on penserait qu'il doit y exister des fleuves proportionnés à sa grandeur, et que les plus riches productions des régions intertropicales tempérées y sont en abondance.

Telle fut en effet la première impression de Banks et de ceux qui touchèrent ses côtes méridionales. Ils y furent éblouis par la variété de ses productions végétales, et furent émerveillés pendant quelques jours de la douceur ravissante de ce climat ; mais les vives espérances des premiers explorateurs ne paraissent pas devoir se réaliser. Les rivières de l'Australie, tombant rapidement des montagnes où elles ont leur faible source, dans un pays plat et extrêmement bas, et n'y étant presque alimentées par aucun tributaire, se perdent naturellement avant d'arriver à la côte, et s'épuisent en marais ou en lacs ; ou bien, arrivées au rivage, elles sont si faibles qu'elles ne peuvent conserver libre et navigable leur embouchure, ou disperser les bancs de sable que les marées y entassent (*).

Nous donnerons une rapide esquisse des traits physiques de tout ce continent ; quoique, de la vaste superficie sur laquelle se déploient ses rivages, il n'y ait que la partie orientale qui soit complètement explorée, il a été reconnu que la proportion du mauvais sol, relativement au bon, est très-considérable : on a attribué la détérioration de la terre aux ravages du feu, auxquels l'Australie en général est sujette. Les naturels, qui sont nomades comme les tatars, ont l'habitude d'éclaircir le pays devant eux en l'incendiant, et, en détruisant ainsi la haute futaie et les broussailles, ils enlèvent au sol tout principe fécondant. D'ailleurs, la nature des bois de l'Australie n'est pas favorable, et loin de rendre plus féconde la terre par leurs débris, ils détruisent la petite végétation, ainsi que nous l'expliquerons plus bas.

Durant le cours de ses recherches dans l'intérieur, le capitaine Sturt fut frappé de la connexité qui existe en apparence entre la géologie et la végétation de cette terre. Ce rapport est en effet si juste, qu'après une très-courte expérience il n'éprouva aucune difficulté à juger de la nature du rocher sur lequel il marchait, par l'espèce d'arbre ou d'herbe qui couvrait le sol dont il était revêtu. L'*eucalyptus pulver*, espèce d'eucalypte à feuille de couleur glauque, naine et rabougrie, annonçait invariablement la pierre de sable sur laquelle il croissait. Les parties découvertes, légèrement boisées comme un parc, et verdoyantes, caractérisent les chaînes secondaires de granit et de porphyre. Sur les terrains d'élite, l'*angophora*

(*) Sturt, Voy. dans l'intérieur de l'Australie méridionale.

lanceolata et l'*eucalyptus mammifera* décèlent la qualité du sol qui les produit, tandis que le *cupressus calytris* semble occuper les crêtes sablonneuses avec le *casuarina*. Les côtes de l'Australie sont empreintes d'un caractère d'aridité; cependant à certains intervalles, le sol et la végétation sont d'une qualité supérieure. A Illawarra, par exemple, la contiguïté des montagnes et de la côte ne laisse pas de place pour cette ceinture de sable; mais les débris de cette zone gagnent la plage même. Et alors, soit par l'effet de la chaleur réfléchie, soit par le résultat de quelque autre particularité, la végétation d'Illawarra est tout à fait d'une nature intertropicale, et ses fourrés abondent en oiseaux étrangers au comté de Cumberland. Il n'est point de région en Australie où la gent emplumée soit plus belle et plus variée. Le pigeon le plus magnifique que le monde produise peut-être, et l'*oiseau-satin* à l'œil si doux, se nourrissent là des baies du *ficus* (figuier sauvage), ou d'autres arbres, tandis qu'une tribu nombreuse d'éperviers plane sur ses épaisses et spacieuses forêts. La ligne de sable s'interrompt encore à Brocken-Bay, à Newcastle, et plus haut, dans le nord, au port Macquarie; c'est sur cette place que le Hunter, le Hawkesbury et le Hastings débouchent à part: ce serait donc un excellent point pour l'établissement (voy. *pl.* 267). Dans l'intérieur, entre la baie Jervis et la baie Bateman, et dans la direction du sud, sur le versant occidental de la chaîne qui les sépare, des voyageurs récents ont découvert de riches et vastes contrées. Les vallées que MM. Hume, Howell, Cunningham et autres explorateurs ont traversées, étaient dignes d'attention, et les rivières qu'ils passèrent à gué étaient bordées de plaines vastes et riches. Le plus beau bétail qui approvisionne le marché de Sidney est nourri sur les prairies grasses et dans les verdoyantes vallées de la Moroumbidgi (*).

(*) Sturt.

Cependant, outre quelques rivières médiocres récemment explorées, telles que Paterson, Clarence, Brisbane, Caribbi, Kany, Peel, Doumerang, Hunter, Gwidir, Darling, etc., plusieurs autres assez considérables découlent des montagnes Bleues, entre autres la Macquarie, la Lachlan, la Murray, la Hastings, la Moroumbidgi, la Clyde, la Grose et la Nepean sur laquelle est le joli bassin de Norton (voy. *pl.* 270), et le grand torrent de Glen-Brook-Creek, près de la baie Broken, au nord et près du Port-Jackson (voy. *pl.* 272).

Il est probable que la population sauvage de l'Australie n'excède pas cent cinquante mille individus, vivant la plupart à dix ou douze milles de la côte, dans un état de dégradation physique et morale bien digne de nous humilier et de nous affliger, car ces malheureux n'en sont pas moins nos frères, puisque ce sont des hommes. Malgré l'identité incontestable d'origine et la similitude de caractères et de mœurs des diverses tribus de l'Australie, cette grande terre compte autant d'idiomes que de peuplades, quoiqu'on ne puisse expliquer cette étonnante diversité: bien plus, aucun de ces idiomes n'offre la moindre ressemblance avec ceux qu'on parle dans les îles de l'immense Polynésie, qui sont le plus rapprochées de l'Australie.

Un grand nombre d'îles de diverses grandeurs sont disséminées sur les côtes de l'Australie, surtout dans la partie septentrionale, où elles forment souvent une barrière continuelle soudée par des brisants, au devant de la grande terre. Les plus importantes de ces îles sont: au nord, les îles du Prince de Galles, Wellesley, Groote et Melville; à l'ouest, les îles Dampier, Barrow, Dirck-Hatichs et Rottenest; au sud, les îles de la Recherche, Nuytz, Kangarou, King et Grant; enfin, à l'est, les îles Moreton, Capricorn, Northumberland et Cumberland. Le vaste golfe de Carpentarie, qui n'a pas moins de cent trente lieues de profondeur sur cent dix de large, échancre considérablement l'Australie vers le nord. Les autres enfoncements les plus remarquables sont : le golfe de Van-Diemen, de Cambridge, d'Exmouth, la baie des Chiens marins, les golfes Spencer et Saint-Vincent, les baies de Glass-House et d'Hervey. Les côtes de ce continent offrent encore une quantité de bons mouillages, capables de recevoir et d'abriter de nombreuses flottes, comme Port-Jackson, Botany-Bay, le port Western, le port Philips, le port du Roi George, et enfin la magnifique baie Jervis, si spacieuse et si sûre. (*)

CLIMAT.

Sur une terre aussi vaste, il est facile de comprendre que la nature du climat doit varier dans les diverses zones, suivant leur élévation en latitude. Sur toute la bande septentrionale les chaleurs sont brûlantes et presque continuelles. Dans sa partie moyenne, du 23e au 30e de latitude sud, le climat se tempère déjà. Enfin, sur toute la bande méridionale l'année peut se diviser par saisons, les étés et les hivers offrant toutes les alternatives ordinaires de chaud et de froid, de pluie et de sécheresse. Ces saisons n'y sont pas toutefois nettement dessinées comme dans nos climats d'Europe. Des observations faites avec soin, en 1822 et 1823, à Parramatta, ont donné pour le grand froid, en hiver, 3° du thermomètre centigrade, et 41° en été. Cependant les mêmes observations démontrent qu'en hiver la température moyenne varie de 10° à 11°, et en été de 22° à 23°. Les variations de température sont d'ailleurs brusques et fréquentes; on a vu plus d'une fois dans la même journée le thermomètre osciller de 12° à 15° dans ses indications (**).

La salubrité du climat de la Nouvelle-Galles doit être d'une haute importance aux yeux de tout émigrant européen, quand il compare ce pays à tant d'autres. Les fièvres rémittentes, intermittentes et scarlatines, le typhus, la petite vérole, la rougeole, la coqueluche et le croup y sont inconnus. La dyssenterie est l'affection la plus répandue et la plus fatale maladie que l'on y connaisse, et néanmoins elle cause rarement la mort aux gens qui vivent sobrement. Dans les parties basses et chaudes du pays, il y a beaucoup d'affections d'estomac, mais l'air des hautes terres les guérit. Les enfants, arrivés à l'âge de puberté, sont exposés à la phthisie, par suite de leur rapide croissance à cette époque; mais la phthisie que l'on y apporte d'Europe est toujours guérie, ou du moins soulagée, dès que l'on met le pied dans le pays.

L'Australie étant située dans l'hémisphère austral, les vents du sud sont par conséquent ses vents froids, et ceux du nord sont ses vents chauds. Les vents du sud-est sont particulièrement piquants; et quand ils passent tout à coup du brûlant nord-ouest à cette région glacée, un surtout bien boutonné est un meuble très-nécessaire. Les souffles ardents du nord-ouest sont produits par une longue chaîne de montagnes de sable nu qui s'étendent dans cette direction, et qui sont échauffées par les rayons du soleil d'été, qui y tombe perpendiculairement, au même degré que les sables des déserts d'Afrique, et le vent, dont le souffle la traverse, y laissant toute humidité, arrive avec une chaleur qui dessèche les animaux et les végétaux. Il y eut, en 1826, cinq mois consécutifs sans pluie; et il n'en tombe, terme moyen, que dans cent jours de l'année. Il y a souvent d'énormes chutes de pluie sur les montagnes de l'intérieur, tandis que sur les terres basses de la côte, il n'en tombe pas une goutte. La saison humide, pour les contrées à l'est des montagnes Bleues, se déclare ordinairement pendant les mois d'hiver, tandis qu'à l'ouest de ces montagnes elle arrive en été.

Les rosées sont très-abondantes quand les soirées sont calmes et sereines, et elles tombent, dans les nuits de chaleur d'été, comme une pluie fine. Quant aux orages de grêle, ils

---

(*) D'Urville.

(**) Idem.

sont très-fréquents en décembre et en janvier, qui correspondent aux mois d'avril et de juillet en Europe. Plus on avance vers le tropique, plus les grêlons semblent acquérir de grosseur, et ressemblent à des morceaux de glace irréguliers. Il y a de ces grêlons qui ont percé jusqu'au milieu des melons et des citrouilles.

Quelque forte qu'y paraisse la chaleur de l'été, le climat de la Nouvelle-Galles du Sud n'a pas cette action délétère sur la constitution, qui rend le séjour de l'Inde, de l'Égypte et de l'Arabie souvent insupportable. A midi, on peut se coucher sous le premier arbre dont l'ombre vous invite, et y reposer tout aussi tranquillement que dans son lit, sans redouter ni les fraîcheurs, ni les piqûres des insectes malfaisants; on jouit d'un sommeil aussi profond que réparateur, et on se lève rafraîchi afin de poursuivre son voyage. Le frais délicieux du matin et la température caressante du soir sont véritablement indicibles sur les animaux mêmes; en effet les chevaux et les bestiaux y sont d'une docilité remarquable; et l'on peut croire que ce climat a, jusqu'à un certain point, ces heureux effets sur les êtres endurcis que le vieux monde y transporte. Quant à la saison froide, M. Martin, colon anglais, a prouvé que les hivers y sont très-doux.

SAISONS OPPOSÉES AUX NÔTRES.

Comme cette contrée est située au pôle opposé au nôtre (et encore est-ce le côté opposé de ce pôle), les saisons, les jours et les nuits sont nécessairement le contraire de ce qui est en Europe. Quand nous avons l'hiver, ils ont l'été; quand nous comptons midi, ils comptent dix heures du soir, car le soleil s'y lève dix heures plutôt qu'en France. Leur mois de juillet correspond à notre mois de janvier, et vice versâ, car les mois d'été y sont novembre, décembre et janvier; ceux d'automne, février, mars et avril, et c'est en mai, juin et juillet qu'est leur hiver. C'est ainsi que les vents froids leur viennent du sud, et les vents chauds du nord.

NOUVEAUX CIEUX.

Un grand nombre de constellations situées dans l'hémisphère septentrional, sont invisibles en Australie; mais on y voit la même voie lactée et les mêmes pléiades qu'en Europe, bien que ce ne puisse être simultanément; ainsi que le soleil et la lune, que l'on n'y peut voir que quelques heures après qu'ils se sont levés pour nous, et une heure ou deux avant leur coucher dans cet hémisphère. Les jours d'été ne se prolongent jamais autant que les nôtres, et les journées d'hiver ne sont pas aussi courtes que chez nous; car cette délicieuse période du climat de l'Europe, le crépuscule, y est à peine sensible, ainsi que dans tout l'Orient. Les ténèbres suivent de si près le jour, que la nuit est entièrement commencée aussitôt que le soleil a disparu derrière les vertes montagnes de l'ouest; et on n'aperçoit jamais l'étoile polaire.

Il a été publié, aux frais du gouvernement anglais, et par ordre des lords de l'amirauté, à la fin de 1835, un catalogue de sept mille trois cent quatre-vingt-cinq étoiles, la plupart situées dans l'hémisphère austral, résultant des observations faites de 1822 à 1826, dans l'observatoire fondé à Parramatta, dans la Nouvelle-Galles du Sud, par le lieutenant général sir Thomas Brisbane, qui s'est occupé d'astronomie avec succès. Ce catalogue important, formant un volume in-4° de plus de trois cents pages, a été construit par M. Richardson, l'un des astronomes adjoints de l'observatoire de Greenwich (*). Il est précédé

(*) La comparaison des positions d'étoiles données dans ce catalogue et dans celui de six cent six étoiles résultant des observations du lieutenant Johnson à l'île Sainte-Hélène, a indiqué un accord très-satisfaisant pour les déclinaisons obtenues avec des cercles muraux, et une petite discordance pour les ascensions droites. Cette discordance tient probablement à un léger défaut dans la

d'une description de l'observatoire de Parramatta.

HISTOIRE NATURELLE.
GÉOLOGIE. — VOLCANS SINGULIERS.

La base du sol des montagnes Bleues est du granit à gros grains, avec de larges plaques de feldspath, ordinairement de couleur rose. Il est très-abondant, surtout dans l'Argyle, et la terre formée par la décomposition du genêt donne des herbes magnifiques et d'abondantes récoltes au cultivateur. Les terrains de cette nature sont beaucoup plus friables que ceux que forme la décomposition du granit. On ne trouve de pierre à chaux qu'à Bathurst, dans l'ouest, et à Argyle, dans le sud. Là, elle se montre par couches bleuâtres, grises ou blanches, d'une épaisseur énorme, et l'on dirait du marbre; on pense même qu'elle pourrait convenir pour la statuaire.

Dans les promontoires et dans l'île Howe on aperçoit souvent de hautes colonnes de basalte. Le grè en couches ou strates horizontaux forme la charpente de toutes les falaises de la bande méridionale.

Les montagnes connues ne sont pas généralement considérables en Australie. Les montagnes Bleues paraissent être la continuation de la grande chaîne qui côtoie le littoral de la Nouvelle-Galles du Sud presque en entier, et au delà desquelles existe une riche contrée transalpine. Ce sont les plus grandes de l'Australie. On les nomme Bleues vers le nord, Blanches et Moroumbidgi vers le sud. Les monts Darling s'étendent depuis *Swan-River* jusqu'à la baie du Roi-George.

Nous allons reproduire ici le récit d'une reconnaissance du mont Ouingen, opérée en 1830 et 1831 par le révérend Wilson, chapelain à New-Castle. Cette montagne, élevée d'environ quinze cents pieds, passe, peut-être à tort, pour un volcan en activité. Au reste, écoutons M. Wilson.

« Le mont Ouingen, dit-il, se trouve sur le revers oriental de la chaîne qui sépare le bassin de la rivière Hunter des plaines de Liverpool, par 31° 54' latitude sud, et 148° 36' longitude est, et l'élévation de la partie embrasée ne peut être moindre de trois cents à quatorze cents pieds au-dessus du niveau de la mer. A l'époque de ma première visite, au commencement de 1831, l'incendie s'étendait sur les deux sommets d'une même montagne, composée de grès compacte. Le feu s'était d'abord propagé du haut en bas de l'éminence septentrionale, qui est la plus élevée, et il remontait maintenant sur l'éminence opposée, située au sud. Le feu occupait comme une sorte d'enfoncement, entre deux pitons de la même montagne, et cette circonstance avait pu faire regarder ce piton comme un cratère au premier voyageur qui le visita; mais le fait est, qu'à mesure que le feu souterrain a augmenté d'intensité, la roche s'est fendue en plusieurs crevasses de diverses largeurs, et je pus examiner à mon aise la plus grande fente. Le roc, qui était une masse de grès solide, offrait une fente de deux pieds de largeur. En examinant cette fente à la profondeur d'environ quinze pieds, on voyait que les parois du roc étaient chauffées à blanc comme celles d'un four à chaux; en même temps, des vapeurs sulfureuses et alumineuses sortaient de cette fissure au milieu de grondements souterrains qui éclataient avec la plus grande violence. Je me plaçai sur la partie du roc qui avait été détachée de la partie supérieure, et lançai des pierres dans la fente. Le bruit qu'elles faisaient en tombant, semblait s'éteindre dans un abîme immense, situé au-dessous de mes pieds. L'espace de terrain sur lequel le feu exerçait son action pouvait avoir un acre

---

lunette méridienne de Parramatta, dont M. Richardson donne dans diverses tables les moyens de corriger les effets. L'observatoire de Parramatta, situé à environ quatorze milles de Sidney, à la latitude australe de 33° 48' 5", est maintenant un observatoire public. Sa direction est confiée à M. Maclear, qui a pour adjoint M. Charles Smyth, second fils de l'un des secrétaires de la société astronomique.

et demi d'étendue ; çà et là, sur toute cette surface, étaient plusieurs fentes de largeur variable, par où s'échappaient sans cesse des colonnes d'une fumée sulfureuse, accompagnée d'une flamme brillante ; les bords de ces soupiraux étaient ornés de cristaux de soufre efflorescent, dont la couleur variait depuis le rouge orange le plus foncé, dû au mélange du fer, jusqu'à la couleur de paille la plus pâle, là où l'alun dominait. Une matière noire, lustrée et poisseuse, sans doute une sorte de bitume, abondait sur les bords de plusieurs de ces crevasses. Ce fut avec peine que je pus m'en procurer quelques échantillons, à cause de la chaleur intense du sol sous mes pieds, et de la nature suffocante des vapeurs qui s'en exhalaient. Ni lave, ni trachyte d'aucun genre ne se rencontraient en ces lieux; il n'y avait même pas d'apparence de charbon de terre, bien que cette substance abonde dans le voisinage. Il était évident que cette montagne était en feu depuis longtemps ; plusieurs acres de terrain, au-dessous de la portion maintenant enflammée, sur laquelle sont des arbres très-anciens, portent également des traces d'une pareille combustion, et plusieurs des pierres qui s'y trouvent disséminées semblent avoir été vitrifiées. Le feu sévit encore avec violence; et tout annonce que cette violence s'accroîtra encore. De temps en temps, soit par l'effet de l'électricité, soit par toute autre cause, les matières souterraines s'enflamment, et le pouvoir expansif de la chaleur et de la vapeur fait éclater en fragments énormes, le roc de grès solide, et forme ainsi des crevasses continuelles. Les produits sulfureux et alumineux de cette montagne ont été employés avec succès pour le traitement de la gale des moutons. »

Sur la côte de New-Castle, on observa en 1828, un rocher enflammé qui exhalait des vapeurs sulfureuses, et sur les bords des fentes on recueillit un muriate d'ammoniaque entremêlé de soufre. Ce feu s'éteignit en 1830, tandis que M. Wilson revit le feu du mont Ouingen en 1831.

« Nous trouvâmes que le feu, dit cet observateur, loin de s'être amorti depuis ma première visite, s'était étendu l'espace de plus de deux acres : il agissait avec une fureur redoublée sur l'éminence du sud et du sud-sud-ouest, et même sur la partie jusqu'alors intacte de la montagne, c'est-à-dire sur la colline du nord. Il y avait encore de brillants cristaux de soufre sur les bords des principales crevasses, et sur la plus petite des cristaux d'ammoniaque ; des unes et des autres il sortait continuellement des vapeurs suffocantes. Le feu continuait de mugir sous terre; les pierres lancées dans la crevasse retentissaient à une grande profondeur dans un abîme intérieur. La scène de bouleversements, les roches de grès massif séparées en éclats, les fissures innombrables opérées à la surface du sol, l'éboulement des strates de grès, les troncs d'arbres renversés et consumés à demi, d'autres qui n'attendaient que la chute prochaine du rocher qui les portait pour tomber à leur tour, les vapeurs délétères qui s'élevaient autour de moi au milieu du rugissement des feux souterrains, la chaleur rouge ou blanche des crevasses enflammées, tout cela formait un spectacle que l'observateur ne pouvait contempler sans étonnement, et en même temps sans éprouver le regret de ne pouvoir expliquer avec quelque degré de vraisemblance les premières causes naturelles de cet étrange phénomène.

« Jusqu'ici on n'a trouvé que deux échantillons de débris organiques, de la nature des os pétrifiés, dans le voisinage du mont Agabe, près du mont Ouingen ; savoir, le sacrum d'un grand animal sur les dunes de Holdoworthy, et la seconde vertèbre cervicale d'un autre à dix milles environ à l'ouest de Moreton ; mais, dans aucune de ces deux circonstances, la pétrification n'était engagée dans les couches, mais seulement posée sur la surface du sol. C'est pourquoi, suivant toute apparence, elles étaient contemporaines avec le bois pétrifié qui se trouve disséminé en grande quantité sur toute cette étendue de pays. Près de la chaîne des marais du Kingdom, qui forment une des sources du Hunter, et à quelques milles seulement au nord-ouest du mont Ouingen, sont des troncs d'arbres encore debout sur le sol, qui semblent avoir été pétrifiés sur le lieu même où ils crurent jadis. En quelques endroits ce bois est fortement imprégné de fer. Le long de la côte, à trois milles au nord de New-Castle, à la marque de la marée haute dans la falaise, et sous un lit de houille, fut dernièrement découverte la tige d'un arbre pétrifié dans une position verticale; en la brisant, elle présenta une belle couleur noire, annonçant que le bois passait à l'état de jais. Sur le sommet du mur qui porte le télégraphe à New-Castle, on trouva le tronc d'un autre arbre, étendu dans une position horizontale et enseveli à un pied au-dessous de la surface du sol. Le grain du bois était d'un beau blanc. Dans ces deux échantillons se trouvaient des veines minces de calcédoine.

MINÉRALOGIE.

Quoiqu'on ait recueilli de la pierre ponce sur plus d'un point de la côte, la présence d'aucun volcan en activité n'a été constatée dans toute l'Australie; on n'a même observé aucun indice d'éruptions récentes. Les pierres ponces trouvées plus abondamment du côté de Moreton-Bay ont fait soupçonner que deux pics du voisinage pouvaient recéler quelques cratères. Examinés avec soin, ils n'ont toutefois rien offert de semblable.

Le charbon est le plus utile et le plus abondant de tous les minéraux de l'Australie. On le trouve en abondance, principalement dans la Nouvelle-Galles du Sud. Il est en général petit et poussiéreux, mais il brûle; cependant il cuit mal, et cet effet est attribué aux substances végétales qui le composent, et contiennent dans leur composition peu ou point de résine. Quel qu'il soit, ce charbon se trouve avec une inépuisable abondance, et si jamais la navigation à vapeur vient à s'établir dans l'archipel indien, l'Australie sera un marché précieux de ce minéral.

La pierre de taille est d'une teinte grisâtre, tournant quelquefois vers le rouge : elle est tendre quand on l'équarrit, mais elle durcit graduellement à l'air. Il est cependant une espèce à gros grains plus friables, et c'est avec celle-ci que, par malheur pour la colonie, avaient été fabriquées les premières meules destinées à l'exportation. On les envoya à l'Ile-de-France, et elles furent déposées dans les chantiers d'un marchand. Mais que l'on juge de sa surprise, quand un de ses esclaves dévoués entre, une après-dînée, dans la salle à manger où il traitait quelques amis, et, se tordant la main : « Monsieur! monsieur! oh mon Dieu! meules toutes s'envoler! » Et tel était en effet, le cas; une forte ondée des tropiques avait réduit ces pierres à l'état de sable, et les faisait flotter et ondoyer çà et là dans la cour.

La pierre à chaux n'existant point dans la Nouvelle-Galles du Sud, les colons y suppléent par des coquilles de testacés, dont les coraux du voisinage offrent souvent des masses compactes. Sur divers autres points de l'Australie la chaux se montre à l'état de sulfate ou de carbonate. L'alun natif a été souvent rencontré dans l'argile cristallisée, à un grand degré de pureté (*).

Le gypse ou plâtre, qui est un excellent engrais, se trouve seulement dans les parties supérieures du Bathurst, et dans le haut de la rivière Hunter : l'Argyle produit de bonnes ardoises, et l'on en fait des lattes quand le bois devient rare. Il n'est pas au monde de pays qui possède de plus belle terre à pipe ou d'argile; l'alun est abondant, et le minerai de fer, en quantités inépuisables, forme des montagnes entières au nord du port Macquarie. Ces masses sont très-magnétiques, non pas cependant au point de déferrer les chevaux et d'arracher les boutons des habits, comme l'ont

---

(*) D'Urville, Voyage pittoresque.

affirmé quelques facétieux voyageurs dans ces contrées (*).

Le savant botaniste Cunningham a vu des échantillons de cuivre, de plomb et des paillettes de fer oligiste, mais on ne sait rien encore sur ces productions de l'Australie. « Quant à l'or, dit-il, un minéralogiste amateur vint à Sidney, il y a quelques années, tourner toutes les têtes, jusqu'alors si calmes, de ces colons agriculteurs, en leur assurant que leurs terres contenaient à coup sûr des mines d'or; et, pour l'attester, il ramassait sous leurs yeux mêmes des morceaux choisis de ce métal précieux, dans des endroits où ils avaient passé trois cents fois sans rien voir de pareil. Désormais le Pérou était pauvre en comparaison de l'Australie; mais tout à coup les songes dorés furent dissipés par un certain domestique, qui vint dire tout bas à l'oreille de son maître, qu'il venait de voir le *monsieur* tirer la pierre de sa poche, la jeter dans la terre, et la ramasser; la vérité du fait fut amplement démontrée par la circonstance d'un morceau de papier collé sur le morceau d'or, et qui prouvait que cet échantillon avait été volé dans un cabinet de minéralogie. »

PHYTOLOGIE.

La flore de l'Australie a enrichi le règne végétal d'une foule d'espèces nouvelles, douées des formes les plus élégantes et les plus variées. L'horticulture s'est emparée d'un grand nombre de ces charmants végétaux, et plusieurs sont déjà cultivés avec succès dans les jardins des amateurs, principalement en Angleterre. Mais d'un autre côté, la nature semble avoir pris à tâche de n'offrir à l'homme, dans ces vastes solitudes, aucune plante alimentaire. On y chercherait en vain quelqu'un de ces végétaux précieux qui croissent sur toutes les îles de l'Océanie. Le cocotier lui-même, cet arbre nourricier et cosmopolite qu'on retrouve dans presque toutes les îles polynésiennes, malaises et mélanésiennes, le cocotier manque sur les plages les plus chaudes de l'Australie. Aussi pas un des végétaux dont les naturels tiraient une nourriture maigre et précaire n'a-t-il offert d'intérêt aux colons anglais.

Les arbres les plus touffus de l'Australie n'offrent qu'un ombrage équivoque, à raison de la forme et de la disposition de leurs feuilles. Les eucalyptus, les casuarinas ou leptospermum les plus beaux, et qui de loin semblent annoncer une voûte fraîche et ombreuse, n'offrent pas, vus de près, une verdure suffisante pour garantir le voyageur des rayons du soleil. Les familles des plantes qui comptent le plus grand nombre d'espèces en Australie sont les protéacées, les myrtacées, les légumineuses, les composées, les épacridées et les diosmées. Ce sont celles surtout qui apportent le contingent le plus fort dans la haute végétation. Les arbres les plus utiles sont plusieurs espèces d'eucalyptus, dont le bois sert à toutes sortes d'usages, quand le stipe est sain, ce qui est rare; *le red cedar* (*cedrela australis*) qui donne des planches d'une teinte rougeâtre, fort légères et pourtant d'une grande durée; le tristania et le melia azedarach qui servent à la construction des canots; le xilomelum dont on fait des bois de fusil. On peut citer encore deux araucarias, deux callitris, un flindersia, divers casuarinas, un trichelia à odeur de rose, un angophora, un dacrydium, un brisbania, divers banksias, etc., et une foule d'autres arbres dont le bois est employé à différents usages. On doit au laborieux docteur Cunningham la découverte récente d'un arbre de la famille des légumineuses, dont les gousses contiennent de larges graines d'un goût assez agréable quand elles sont torréfiées. Certains mimosas donnent une belle gomme; une sorte d'eucalyptus fournit une manne sucrée tout à fait analogue à celle de l'Orient. On a trouvé, dans presque toute l'Australie, quelques espèces de palmiers, mais toutes inutiles quant à leurs produits. Une superbe liliacée, le *doryanthès excelsa*, pousse sa tige jusqu'à dix-huit et vingt pieds de hauteur. Le xanthorrea et le kingia se terminent

(*) Cunningham.

par de larges touffes de feuilles longues, linéaires et disposées en vastes rosettes, retombant sous la forme d'une nappe d'eau qui déborde d'un vase. La première fournit une gomme résine fort tenace. L'écorce de l'*hibiscus heterophyllus* serait propre à faire des cordages. Le *caladium macrorhizum* produit des tubercules qu'on pourrait manger bouillis en temps de disette. Le *leptomeria* et le *billarderia* portent de petites baies que recherchent les naturels et les enfants des colons, quoiqu'elles soient d'une saveur peu délicate. Malgré la proximité des Moluques et la similitude du climat, les arbres à épices n'ont point passé la mer et ne se sont point reproduits sur l'Australie. On y a pourtant trouvé un muscadier, *myristica insipida*, fort inutile, ainsi que le témoigne son nom. Quant aux nombreuses plantes maritimes qui tapissent les roches du rivage, il en est une qui mérite d'être citée à cause de ses larges frondes dont les naturels fabriquent des vases grossiers pour boire. De là le nom de *fucus potatorum* que lui imposa Labillardière (*).

Dans les lits de grès et d'ardoises, situés au-dessus des couches de houille, on a observé des impressions de végétaux, dont plusieurs offraient, dit-on, des plantes en fleur; dans le nombre on a cru distinguer le *zoima spiritalis*. On a également trouvé des empreintes nombreuses de phytolithes dans le lignite stratiforme qui se présente vers les sommets du mont York dans les montagnes Bleues.

ZOOLOGIE.

Au temps de la découverte, il n'y avait sur le continent aucun quadrupède qui rappelât l'ancien monde, si ce n'est le chien. Les autres étaient des espèces nouvelles qu'il fallait classer presque toutes dans la famille des marsupiaux ou animaux à poche.

Le chien du pays a de l'analogie avec le renard, quoiqu'il soit un peu plus grand, ayant environ deux pieds de hauteur sur deux pieds et demi de longueur. Sa tête ressemble à celle du renard, ses oreilles sont droites, sa couleur est variable, bien que le plus souvent elle soit d'un brun rougeâtre. Il hurle d'une manière lugubre sans aboyer. Cet animal donne la chasse aux brebis et aux volailles, et en fait souvent un grand carnage. Sa morsure passe pour être mortelle aux troupeaux. Il est extrêmement vivace, et fort difficile à tuer.

On assure qu'on a trouvé des dasyures à l'ouest des montagnes Bleues; mais il faut en douter, et jusqu'à présent, ils paraissent limités à la Tasmanie.

ORNITHOLOGIE.

Les oiseaux offrent un bon nombre d'espèces. Il faut citer d'abord : l'ému ou kasoar, que nous décrirons à la Nouvelle-Galles du Sud; les pélicans, les cygnes noirs, les céréopsis, les menuras à queue lyriforme et diaprée des plus riches teintes d'orange et d'argent; les aigles, les faucons, les kakatouas noir, blanc, et gris; les perroquets et les perruches aux plumages nuancés de toutes les couleurs; les hérons, diverses espèces d'oiseaux et de canards, des corbeaux, des martins-chasseurs et pêcheurs, souvent d'une forte taille; puis encore des pigeons, des tourterelles, des perdrix, des huîtriers, des philédons, des pies-grièches, des korbis-kalaos, des coucals, des cassicans-causeurs, des gobe-mouches, l'admirable loriot prince régent, l'éclatant épimaque royal, des cailles et des traquets, oiseaux tout petits, mais au plumage jaspé et riche en reflets éclatants (*). Pour ne pas nous répéter, nous renvoyons nos lecteurs à la Nouvelle-Galles pour compléter l'histoire naturelle de l'Australie.

MONOTRÈMES. MOEURS ET HABITUDES DE L'ORNITHORHYNQUE.

Nous renvoyons à l'histoire naturelle de la Nouvelle-Galles du Sud, la description de l'échidné, être singulier, qui a quelque ressemblance avec le fourmilier, et qui, avec l'ornithorhynque, forme les deux genres de la famille des monotrèmes.

(*) D'Urville, Voyage pittoresque.

(*) D'Urville, *loc. cit.*

Nos lecteurs ont pu déjà connaître les discussions qu'a soulevées l'Académie des sciences de Paris sur la nature encore problématique des ornithorhynques, rangés par quelques-uns parmi les ovipares, par d'autres parmi les mammifères, enfin, par une troisième opinion, dans une classification complexe, d'où il résulterait qu'il est également ovipare et mammifère. Ils auront pu lire également ce que nous avons dit à ce sujet tome Ier de l'*Océanie*, p. 51 et 52.

Maintenant M. Bennett, savant voyageur, et auteur d'un mémoire présenté à la société zoologique de Londres à ce sujet, n'a pas décidé cette question, mais les nouveaux détails qu'il donne sur l'histoire naturelle de l'ornithorhynque offrent un grand intérêt.

Les recherches de M. Bennett sur ce singulier animal ont été faites dans l'intérieur de l'Australie et même dans la Nouvelle-Galles méridionale. Il commença par une description de la physionomie extérieure de ce monotrème, tel qu'il l'a observé à l'état vivant. Il paraîtrait, selon lui, que le plus ou moins de degré de nudité de la surface inférieure de la queue dépend de l'âge, et qu'il résulte probablement de l'habitude qu'il a de laisser traîner sa queue à terre. La surface extérieure de la mandibule supérieure est, chez un animal récemment retiré de l'eau, d'un noir sale et grisâtre, couvert d'innombrables petits points, et la surface externe de la mandibule inférieure est blanche chez les jeunes sujets, et tachetée chez les plus âgés, tandis que les surfaces internes des deux mandibules sont roses ou couleur de chair.

Les yeux de l'ornithorhynque sont brillants et d'un brun clair. Les orifices extérieurs des oreilles que l'on découvre difficilement après la mort, sont faciles à apercevoir sur l'animal vivant, qui a la faculté de les ouvrir et de les fermer à volonté. Lorsqu'on le prend et quand il est encore mouillé, l'ornithorhynque a une odeur particulière de poisson produite probablement par une sécrétion huileuse. Les naturels le mangent volontiers ; ils l'appellent *nullangong* ou *tambrit*.

M. Bennett fait quelques remarques sur la grande dilatabilité des téguments, en sorte que les empailleurs qui ne connaissent pas bien la structure de cet animal, courent grand risque de lui donner une taille à laquelle il n'atteint jamais.

Les observations faites sur quinze ornithorhynques, tués ou pris vivants, ont donné les résultats suivants : la longueur moyenne des mâles est d'un pied sept à huit pouces (mesure anglaise); la femelle est d'un pied six à sept pouces. Un mâle tué près de la rivière Moroumbidgi avait un pied, onze pouces un quart, et une femelle tuée le même jour dans la même partie de la rivière, avait seulement un pied quatre pouces. M. Bennett commença ses observations le 4 octobre 1832, à Mendouna, sur la rivière Yas ou York. Les ornithorhynques, appelés par les naturels *taupes d'eau*, fréquentent de préférence les parties de la rivière couvertes de plantes aquatiques, et où les rives escarpées et ombragées leur facilitent l'excavation de leurs terriers. Ils sont facilement reconnaissables à leurs corps foncés qui se montrent au niveau des eaux, au-dessus desquelles s'élève légèrement la tête, et aussi aux cercles que forme, autour d'eux dans l'eau, le mouvement de leurs pattes, en nageant.

Ils s'enfuient au moindre bruit, et restent d'ailleurs rarement plus d'une ou deux minutes à la surface, mais ils plongent vivement la tête en avant pour reparaître à quelque distance plus loin. Leur action est si rapide et leur sentiment du danger si vif, que le mouvement seul du fusil suffit pour les faire disparaître promptement. Ce n'est donc qu'en les surveillant attentivement quand ils plongent, et en ajustant à l'endroit où l'on pressent qu'ils doivent reparaître, qu'on peut espérer les atteindre avec la balle.

Un jour M. Bennett fit tirer un coup de fusil sur un ornithorhynque, qui fut atteint par la balle, et retiré de l'eau par un chien. Au bout de quelques minutes, il revint à la vie, et se mit à courir, cherchant instinctivement à regagner l'eau; mais il ne survécut pas plus de vingt-cinq minutes. M. Bennett fit plusieurs expériences sur cet individu, qui était un mâle, pour vérifier ce que l'on prétend au sujet des effets nuisibles des blessures produites par les ergots de l'ornithorhynque. Cependant il ne put, en aucune façon, déterminer l'animal à se servir de ses ergots comme moyens d'attaque ou de défense, quoique, dans ses efforts pour s'échapper, ses mains fussent légèrement égratignées par les griffes de derrière et même par les ergots. Des expériences faites sur les sujets qui n'étaient pas blessés eurent le même résultat. Du reste, les naturels ne craignent jamais de saisir les mâles vivants.

Une femelle fut tuée peu de temps après : elle fut disséquée ; les glandes mammaires étaient à peine perceptibles. L'ovaire gauche contenait trois œufs de la grosseur d'un plomb à lièvre ; l'ovaire droit était moins développé, offrait moins de vasculations, et ne contenait pas d'œufs.

Le jour suivant trois ornithorhynques furent tués, un mâle et deux femelles : chez le mâle les testicules n'étaient pas plus gros que des petits pois, et le même phénomène fut observé chez un autre sujet, tué sur la Moroumbidgi, tandis que chez les premiers ils étaient de la grosseur des œufs de pigeon. Il paraît difficile de rendre compte de cette différence dans la même saison. L'ovaire gauche de l'une des femelles contenait deux œufs, et celui de l'autre un seul de la grosseur d'une chevrotine. Aucun œuf n'était dans l'ovaire droit.

M. Bennett alla ensuite explorer les bancs de la rivière pour voir le terrier d'un ornithorhynque, où les naturels avaient pris des petits l'année précédente. Le terrier était situé sur une partie escarpée de la rive, et son entrée cachée parmi les longues herbes. L'introduction d'un bâton indiquait la direction du terrier. Il suivait un cours sinueux et avait environ vingt pieds de longueur. C'est dans ce nid qu'un indigène avait, l'année précédente, pris trois petits de six à huit pouces de longueur, et couverts de poils.

Outre l'entrée dont nous avons parlé, les terriers en ont en général une seconde, sous la surface de l'eau, communiquant avec l'intérieur immédiatement dans l'ouverture supérieure.

Le contenu des poches et des estomacs consistait toujours en insectes de rivière, en très-petits poissons, mêlés avec de la boue et du gravier, qui servent probablement à aider la digestion. M. Bennett n'observa jamais que les herbes aquatiques fussent ajoutées à leurs aliments. Cependant on assura que dans des endroits où les insectes d'eau étaient rares on avait tué des ornithorhynques dont l'estomac renfermait des plantes aquatiques.

Dans un autre terrier on prit une femelle vivante qui fut placée dans un tonneau avec de l'herbe, de la boue et de l'eau : il ne lui fallut pas longtemps pour paraître parfaitement réconciliée avec sa captivité.

M. Bennett espérant maintenant qu'il aurait le moyen de déterminer la question tant controversée sur la nature de l'ornithorhynque, si la femelle qu'il possédait se trouvait pleine, partit pour Sidney, le 13 octobre, emportant sa captive dans une petite boîte couverte avec des barreaux de bois, entre lesquels on ne laissait que de fort petits intervalles.

Le lendemain matin il attacha une longue corde autour de la jambe de l'animal et le plaça au bord de la rivière, pour lui laisser prendre un bain. Lorsque l'ornithorhynque plongeait profondément dans l'eau claire, on pouvait facilement suivre ses mouvements ; il se précipitait rapidement jusqu'au fond, nageait là pendant un court espace, et puis revenait à la surface.

Les mouvements des mandibules de cet animal étrange sont absolument semblables à ceux du canard. Après avoir mangé, il s'étendait quelquefois sur l'herbe du rivage, puis, le corps à moitié dans l'eau, se nettoyait, et faisait sa toilette avec les pattes de derrière. Cette occupation donnait beaucoup de lustre à son poil. Après son second bain, il fut replacé dans sa boîte, qui ne fut pas ouverte avant le lendemain matin, lorsqu'on trouva qu'il s'était échappé.

M. Bennett retourna à Mandouna, où la veille on avait tué une femelle dont les organes utérins prouvaient évidemment que les petits venaient d'être expulsés. Les glandes abdominales étaient développées, mais on ne put en extraire du lait; le poil recouvrait encore la portion des téguments où venaient se terminer leurs conduits, et il n'y avait aucune apparence de mamelon. Du reste, on n'avait pu en découvrir même dans des cas où la sécrétion du lait était évidemment démontrée.

Le 8 décembre, M. Bennett quitta Mandouna, pour aller sur les rives du Moroumbidgi et près de Jagiong. Ce fut sur cette dernière rivière qu'il eut occasion de voir un terrier contenant trois petits qui paraissaient nés depuis peu de temps. Ils étaient couverts d'un poil léger, et avaient eu longueur un pouce sept huitièmes. Aucun fragment de coquille ne s'observait dans le nid, et rien ne pouvait faire supposer que les petits eussent été enveloppés dans un œuf, après l'expulsion. Malheureusement on ne put transporter ces petits à Sidney, faute d'alcool pour les conserver.

Le 28 décembre, l'auteur visita une partie de la rivière Wollondilly, dans le voisinage des plaines de Goulburn, appelées par les naturels Koroa, afin d'explorer un terrier qui y avait été découvert. L'extrémité de ce terrier était à trente-cinq pieds de son entrée, et M. Bennett assure qu'on en a observé de cinquante pieds de longueur. Celui-ci renfermait deux petits, dont le corps avait dix pouces de longueur depuis le bec jusqu'à l'extrémité de la queue. Le nid était fait de plantes aquatiques et de l'épiderme des joncs. Peu d'instants après, on prit sur les bancs de la rivière une vieille femelle, que l'on conjectura être la mère; mais on ne put extraire des glandes abdominales que peu de lait, comme on devait s'y attendre, d'après l'âge des petits. La mère mourut à Millagong, le 1er janvier.

M. Bennett nous donne des détails intéressants sur les habitudes des ornithorynques dans l'état de captivité et sur leurs diverses attitudes à l'état de repos. Il laissait les petits courir dans la chambre; mais la mère était si inquiète, si remuante, et endommageait tellement les murs en cherchant à y creuser un terrier, qu'on fut obligé de l'enfermer dans une boîte. Pendant le jour elle restait tranquille et jouait avec ses petits; mais la nuit elle s'agitait beaucoup, et cherchait à s'échapper. Les petits mettaient dans leurs jeux beaucoup de vivacité et de grâce. Ils paraissaient prendre beaucoup de plaisir à se baigner dans de l'eau bourbeuse. Ils ne restaient dans l'eau guère plus de dix ou quinze minutes, à la fois.

Quoiqu'ils semblassent préférer la fraîcheur et l'obscurité du soir à la chaleur et à l'éclat du jour, leurs mouvements étaient si irréguliers que M. Bennett n'osa pas décider s'il fallait les ranger parmi les animaux nocturnes. Ils dormaient beaucoup, et il arriva souvent que l'un dormait pendant que l'autre jouait, et cela à toutes les heures du jour.

Leur nourriture consistait en pain trempé dans de l'eau, en œufs et en viande hachée très-menue. Ils ne semblaient pas préférer le lait à l'eau.

MALACOLOGIE, etc.

On a recueilli sur les côtes de cette grande terre une foule de coquilles inconnues qui furent, dans les premiers temps de la découverte, grandement recherchées des amateurs. Les phasianelles abondent sur les côtes occidentales; les térébratules au port Western. Peron et Quoy trouvèrent sur cette plage la trigonie vivante, coquille qui n'était encore connue qu'à l'état fossile. Les poissons de mer sont très-abondants et presque tous fort bons. Malgré leurs petites dimensions, les rivières y sont aussi très-poissonneuses. Divers cétacés de toutes les tailles fréquentent les côtes australiennes. Les naturalistes-voyageurs ont fait de nombreuses découvertes parmi les mollusques et les zoophytes, propres à ces parages (*).

Après avoir esquissé l'aperçu général de l'Australie, voici l'ordre que nous suivrons pour décrire cette immense région : nous commencerons par la Nouvelle-Galles du Sud, la plus intéressante division de l'Océanie, et qui à elle seule formerait un vaste État : nous ferons connaître sa géographie physique, son climat, son histoire naturelle, ses villes, les mœurs de ses habitants, les colonies spéciales, composées de déportés et d'hommes libres, et les institutions. Nous gagnerons ensuite la partie méridionale de l'Australie, puis la partie occidentale ; là nous décrirons des colonies composées seulement d'hommes libres, et après avoir décrit le nord de cet étrange continent, nous terminerons ces descriptions au cap York, c'est-à-dire, au point par lequel nous avons cru devoir commencer.

NOUVELLE-GALLES DU SUD, OU MÉRIDIONALE, OU AUSTRALE.

GÉOGRAPHIE PHYSIQUE.

La Nouvelle-Galles du Sud comprend environ quarante-sept degrés en latitude, c'est-à-dire plus de mille lieues du nord au sud, à partir du cap York jusqu'au promontoire Wilson, et s'étend sur toute la partie orientale de l'Australie. On ne saurait évaluer la surface de cette colonie, attendu que les limites intérieures n'en ont pas été fixées, et qu'elles se sont considérablement étendues naguère, par la prise de possession des vastes plaines situées au delà des montagnes Bleues.

Après que les colonies anglaises de l'Amérique septentrionale furent perdues pour leur mère patrie, l'Angleterre, qui dirigeait auparavant tous ses *convicts* ou condamnés à la déportation, vers la Virginie (qui en même

(*) D'Urville, *sicut suprà*.

temps était un lieu d'apprentissage pour la traite des noirs), chercha pour ses criminels un lieu de déportation, où elle pût réaliser ses vastes projets de colonisation lointaine. Sir Joseph Banks, qui avait accompagné le capitaine Cook dans son second voyage autour du monde, indiqua la Nouvelle-Hollande ou Australie au cabinet de Saint-James.

Une petite escadre, commandée par le capitaine Philips, partit de Portsmouth le 13 mai 1737, et débarqua, le 20 janvier 1788, à Botany-Bay, où elle amena dix-sept cents personnes.

La situation de ce lieu paraissant défavorable, on alla un peu plus loin au nord, à Port-Jackson, et l'établissement fut définitivement assis à la pointe Sidney-Cove, le 26 janvier de la même année. C'est sur cette plage que fut fondée la ville de Sidney, capitale de la colonie.

Vu de la mer, le rivage de la Nouvelle-Galles du Sud présente un aspect hardi et pittoresque, à la beauté duquel vient encore se joindre un point de vue à la fois brillant et lugubre. Les regards distinguent dans le lointain un admirable paysage, se dessinant en amphithéâtre à l'horizon. Une chaîne de collines, revêtues de bois de haute futaie, entrecoupées de pâturages et couronnées d'une verdure éternelle, au milieu desquelles s'élèvent tantôt des rochers grisâtres et luisants, confusément groupés, tantôt des arbres antiques et gigantesques frappés de la foudre, dont la tête mutilée et morte apparaît tristement au-dessus des arbres jeunes et verts qui les environnent, offre une nature ravissante en quelque sorte de fraîcheur et de deuil, de fertilité et de dissolution.

CLIMAT.

La Nouvelle-Galles du Sud jouit de l'été quand la France est au fort de l'hiver : mais ce qui est encore plus remarquable, c'est qu'un hiver froid en Europe corresponde à un été chaud dans ces latitudes méridionales, et que pendant un été chaud en Europe, l'hiver soit froid à la Nouvelle-Galles. Il paraît que les étés de 1825 et 1826, qui furent d'une durée et d'une chaleur extrêmes en Occident, correspondaient à deux hivers froids de la Nouvelle-Galles.

Les saisons différant ainsi de celles d'Europe, il s'ensuit nécessairement une différence correspondante dans les époques des travaux des champs. On sème ici le froment en avril et mai, et on le récolte en novembre. Le maïs, semé en octobre et novembre, se moissonne en mars et avril. Les patates, plantées en février et mars, se récoltent en juillet; on les replante en août et septembre, et on les tire de terre en janvier. Ainsi la Nouvelle-Galles du Sud a deux récoltes de patates et deux de grains. Quelle terre plus propice à l'agriculture?

La gelée se fait sentir dans les montagnes de l'intérieur; dans les comtés d'Argyle et de Bathurst on voit quelquefois la neige rester des jours entiers sur les plateaux des montagnes, tandis que dans ceux de Cumberland et de Campden sur la côte, le phénomène de la neige est inconnu, quoiqu'ils soient situés sur les mêmes latitudes.

HISTOIRE NATURELLE.

MINÉRALOGIE.

Nous avons déjà tracé l'histoire naturelle générale de l'Australie, nous ne donnerons donc ici que celle de la Nouvelle-Galles.

La géologie de cette immense colonie présente en plusieurs endroits des roches primitives et secondaires; les rochers du port du Roi-George sont de granit. Le règne minéral a été mal exploré. On y a trouvé du fer et de l'argile sablonneuse, ainsi que des traces de cuivre et de plomb, du gypse ou plâtre, de bonnes ardoises, de la plus belle terre de pipe ou d'argile, de l'alun, du minerai de fer inépuisable et magnétique; mais la découverte la plus précieuse est celle des mines de charbon de terre dans les environs de New-Castle, et sur les bords du Hunter. Le charbon s'y trouve par veines riches et d'une grande étendue, par couches de trois pieds d'épaisseur, et seulement à la profondeur de quinze à vingt pieds.

PHYTOLOGIE.

Dans la contrée située près des *Blue Mountains*, le pays, jusqu'à trois lieues des côtes, est d'une extrême aridité; plus loin, il commence à s'améliorer, et les arbres de haute futaie des forêts, qui couvrent presque toute la surface, y atteignent des dimensions prodigieuses. A quatre lieues plus avant dans l'intérieur, les forêts sont moins épaisses, et une longue suite de collines et de vallées se distinguent par leur verdure. Le pays situé à l'ouest des montagnes Bleues est d'une grande fertilité, et produit toutes les céréales et la plupart des fruits de notre Occident; mais les arbres, médiocrement verts, ont généralement moins de branches qu'en Europe. Outre les plantes qui lui sont communes avec le reste de l'Australie, la Nouvelle-Galles possède l'ortie, le chanvre sauvage, l'avoine, le tabac, l'ivraie et l'indigo sauvage, la chicorée, le trèfle blanc et la pimprenelle, qui se confond presque avec la feuille du thé; le chiendent, le faux seigle, l'herbe des kangarous et le fourrage d'avoine; la framboise, la groseille rouge, les cerises, les poires, les patates, les pêches, le raisin, etc.

« J'ai vu peu de propriétés dans la Nouvelle-Galles, dit M. Laplace, où je n'aie remarqué quelques végétaux originaires de France. Je reconnaissais le figuier, le câprier, le muscat de Provence, la garance du Dauphiné, le chanvre, le lin de Bretagne, enfin le colza, dont l'huile enrichit nos départements du Nord. Ce n'étaient encore que des essais; mais la plupart avaient réussi, et promettaient de favorables résultats pour un avenir peu éloigné. »

Parmi ses fruits indigènes, il faut nommer le *burwan*, espèce de noix, le *djibbong*, les cinq coings.

Dans la Nouvelle-Galles on rencontre plusieurs espèces d'arbres incombustibles, qualité qui paraît provenir de l'énorme quantité de matière alumineuse qu'ils contiennent, au point que si du charbon tombe sur un plancher fait avec ce bois, il l'éteindra au lieu de l'enflammer. Ce pays renferme cent trente espèces d'acacias, dont on tire la plus belle gomme, au moins égale à la plus pure gomme arabique. Sur les deux versants des montagnes Bleues est une espèce d'eucalyptus, qui produit de la belle manne en grande abondance. On la trouve en gros flocons sur la terre, ou attachée aux branches et au tronc de l'arbre : c'est un bon purgatif. L'*hibiscus heterophyllus* ou *curry-jonc*, si je ne me trompe, serait propre à faire des cordages. Le cèdre rouge (*cedrela australis*), les *tristania*, le *xylomelum*, un *flindersia*, divers *casuarinas*, un *trichilia* à odeur de rose, et une foule d'autres arbres sont employés à divers usages. Les solitudes de ce pays produisent très-peu de plantes alimentaires ; mais le *calidium macrorhyzum* produit des tubercules qu'on pourrait manger bouillis en temps de disette. La sécheresse du climat et l'alun que les arbres renferment, en font contracter plusieurs espèces, comme ceux de charpente et plusieurs autres communs à la Nouvelle-Galles et à l'Australie ; plusieurs pourrissent bientôt au cœur, tandis que d'autres ont l'écorce sillonnée par des fourmis blanches et noires, qui remplissent toutes les crevasses de terre.

ZOOLOGIE.

Nous avons déjà dit, dans notre *Tableau général de l'Océanie*, que les chameaux seraient, à notre avis, l'animal le plus utile de l'Australie et même d'une partie de la Nouvelle-Galles, pour explorer les solitudes et les dunes sablonneuses, et pour le transport des productions. Il est étrange que les Anglais si prévoyants n'aient pas pensé à y transporter *ces navires du désert*.

Les bœufs, originaires du Bengale et aux épaules gibbeuses, et les moutons, sont excellents dans les districts d'Argyle, de Bathurst et de la rivière Hunter, où l'on a exécuté de grands travaux agricoles. Les taureaux, les vaches, les veaux et les génisses sont tous mêlés. Les génisses vêlent souvent avant d'avoir atteint l'âge de seize mois ; les veaux deviennent aussi sauvages et aussi agiles à la course que les daims, et il faut réellement, quand on veut prendre le bétail, le faire chasser par des bandes de chasseurs à cheval. Quand on a besoin de prendre un bœuf pour le marquer ou le tuer, on lui jette un nœud coulant autour des cornes, et on l'attire à soi en roulant la corde autour d'un poteau.

Les chevaux de trait y sont rares et croisés, de façon qu'ils sont remuants et rétifs ; mais il y a de beaux chevaux de selle et de voiture : il en est même qui prétendent à la qualité de *coureurs*, car les courses sont un des divertissements favoris des Australiens. Un cheval de haut sang et bien fait vaut environ quatre mille francs. Ces chevaux sont très-ardents et supportent une forte fatigue. Le plus grand défaut dans leur structure est une pesanteur de tête qu'accompagne au moral un très-grand degré d'obstination. Ils sont très-remarquables pour la sagacité avec laquelle ils reconnaissent les lieux où ils ont été une fois, et retrouvent leur chemin, quand ils sont égarés à des distances considérables dans les bois : dans ces cas, le meilleur parti à prendre est de laisser au cheval la bride sur le cou, et il vous ramènera par la route la plus droite. Un gentleman qui était dans l'usage d'aller beaucoup à cheval, remarquait depuis quelque temps que toutes les fois qu'il approchait d'un ravin, qu'il était contraint de traverser à son retour, son intelligente monture s'opposait invariablement à la volonté qu'il manifestait de passer au point accoutumé, en s'efforçant toujours de le conduire à une autre partie du ravin où le cavalier ne connaissait aucun passage. Ayant enfin résolu de voir où le cheval irait, il lui abandonna la bride, et se vit bientôt transporté de l'autre côté du ravin par une route dont il ne se doutait pas, et il constata que cette route était plus courte de quelques centaines de pas (*).

On laisse les porcs errer dans les fourrés pendant le jour, et ils se nourrissent d'herbes, de racines sauvages et d'ignames sur les bords des rivières ou des terres marécageuses; ils mangent aussi, à l'occasion, des grenouilles et des lézards.

Il y a longtemps que les chèvres ont été introduites, et des daims, importés depuis peu d'années de l'Inde, parcourent maintenant en liberté le comté de Cumberland, où on ne les chasse pas, et où ils peuvent multiplier. Les volailles que l'on élève perchent ordinairement dans le voisinage des maisons : les aigles, les éperviers et les chats sauvages sont leurs seuls ennemis.

Les animaux sauvages sont nombreux; mais il n'en est que deux qui soient carnivores, et ils ne sont pas de taille à mettre un homme en danger de mort. Doit-on regarder le chien indigène comme une importation? Il ressemble entièrement au chien chinois, étant d'une couleur rougeâtre ou sombre, avec des poils touffus, une longue queue, des oreilles pointues, une grosse tête et un museau qui va légèrement en diminuant. Il n'aboie pas, mais il hurle lamentablement, quand il est en quête de sa proie; il a une odeur très-forte et toute particulière, qui rend d'abord les chiens d'Europe craintifs, quand il s'agit de l'attaquer. Il est très-destructeur : lorsqu'il se jette dans un troupeau de moutons, il emporte un morceau à tous ceux qu'il mord; et aucun n'échappe, parce que sa morsure a quelque chose de très-venimeux. La variété qui provient de leur croisement avec les chiens privés, est très-utile pour la chasse de l'ému, mais elle n'est pas moins féroce que l'autre : un chien de cette espèce dévore un chien domestique, s'il peut le saisir.

Le chat indigène est l'autre animal carnivore qui existe dans la colonie; mais ses déprédations ne s'étendent pas au delà de la basse-cour. Il est bas et a le corps allongé : sa queue est longue aussi, et ses griffes ressemblent à celles du chat ordinaire : il grimpe aux arbres et chasse les oiseaux pendant qu'ils dorment; car c'est un animal de nuit.

KANGAROUS (MACROPUS).

Les plus grands animaux sont les kangarous qui donnent un manger excellent, préparé à l'étuvée, et qui a un goût très-prononcé de venaison. On en compte dix à douze espèces. Le kangarou géant, qui a quelquefois cinq à six pieds de haut, est d'une couleur grise, a une longue fourrure, et habite les forêts. Le wallarou est noirâtre, avec un poil dur et hérissé, et habite les montagnes. Le kangarou rouge a une douce fourrure serrée, d'une teinte rougeâtre, qui ressemble beaucoup en finesse à celle de la loutre; il habite les forêts. Toutes ces variétés atteignent le poids de deux cents livres et plus, quand ils ont acquis toute leur croissance. Le wallabi et le paddimalla pèsent soixante livres, et habitent les broussailles ou les contrées montagneuses coupées. Le kangarou de rocher est très-petit et vit dans les parties les plus rocheuses des montagnes, tandis que le kangarou-rat (*potorou*), ou, pour parler plus juste, le lapin, est la plus petite taille des animaux de cette dernière espèce. Il loge dans les creux d'arbre, sautant çà et là comme les autres kangarous, avec la plus grande vélocité; il fournit un très-bon gibier à chasser. Il y a encore l'élégant, le kangarou ou lapin d'aroe, et autres qui n'ont guère de caractère distinctif.

Les kangarous ne font usage de leurs courtes jambes de devant que pour paître : ils se dressent alors sur les pattes de derrière et sur leur queue, tandis qu'ils portent en avant les pieds antérieurs; puis, à l'occasion, ils s'asseyent; et quand ils ont cueilli l'herbe ou la plante favorite avec une patte de devant, ils la mâchent lentement, et la

(*) Ce paragraphe et ce qui suit sur l'histoire naturelle de la Nouvelle-Galles, est principalement emprunté au voyage du docteur Cunningham, *Two years in New-South-Wales*. Nous avons complété ces articles aussi bien que nous l'avons pu.

passent en jouant d'une patte à l'autre, comme un enfant qui fait durer la pomme qu'il suce. Quand on les poursuit, ils sautillent sur leurs pieds de derrière, et font des bonds d'une longueur étonnante; et pendant qu'ils sautent ainsi, leur queue flotte çà et là et leur sert de balancier. Ils franchissent des ravins et descendent des pentes rapides, faisant des sauts de trente pieds. Il est rare que des chiens attaquent en petit nombre le grand kangarou, qui en emporte quelquefois trois ou quatre pendus à ses flancs, et M. Cunningham assure qu'un de ces animaux avait enlevé ainsi un homme à quelque distance. Quand un chien serre de près un grand kangarou, ce dernier se pose sur sa queue et sur son arrière-train, et combat le chien, en tournant adroitement, de manière à lui présenter toujours la face, et à le repousser avec ses pattes de devant, ou bien il le saisit et l'étreint comme ferait un ours, pendant qu'il le déchire avec les longues griffes aiguës qui terminent sa puissante patte de derrière. Pour empêcher les kangarous d'employer ces griffes quand ils sont à terre, les chasseurs commencent toujours par leur couper le jarret, et les noirs indigènes leur donnent sur les reins, avec leur waddié, un coup violent qui les paralyse, ainsi que les nerfs de la partie postérieure du corps.

Le kangarou n'a qu'un petit à la fois. Voici quel est son mode extraordinaire de gestation : quand le fœtus est arrivé en âge de teter, il tombe de l'utérus dans une poche abdominale, et c'est là une transition entre le séjour dans les entrailles de la mère et l'entière venue au jour. Il est amusant de voir le petit kangarou sortir sa tête de la poche quand sa mère est à paître, et brouter aussi l'herbe tendre au-dessus de laquelle il passe. Quand la mère est chassée et serrée de près, elle s'arrête tout court, passe ses pattes de devant dans sa poche, et jette son petit de côté afin de pouvoir courir plus vite; mais il faut qu'elle soit rudement pressée pour sacrifier la vie de sa progéniture à la conservation de la sienne. Il est très-touchant de voir alors les regards de douloureuse sympathie que cette mère jette de temps en temps sur la pauvre créature qu'il lui a fallu abandonner. Il résulte de ce singulier mode de gestation, que l'on peut manier le fœtus *in utero*, et jouer avec lui comme avec un jeune chat, dès le premier moment où il paraît dans cette poche, jusqu'au jour de sa véritable naissance, sans faire aucun mal ni au petit ni à sa mère. Quand le jeune kangarou a acquis une taille raisonnable, il se glisse dehors, va manger de côté et d'autre, et rentre dans la poche pour se réchauffer, ou pour échapper à quelque danger. Les chiens qui accompagnent les chasseurs attaquent les grands kangarous (voy. *pl.* 276) avec la plus grande répugnance. Les aigles font quelquefois la guerre aux petits; ils s'élancent sur eux, les déchirent et s'en nourrissent, comme ils ont l'habitude de faire avec les émus et autres grands oiseaux. Les kangarous restent bravement près du chasseur, remuant les oreilles, et ne s'éloignant qu'au premier coup de feu. Ils sont pourtant craintifs, et leur timidité, jointe à leurs grands yeux pleins de douceur, leur donne quelque ressemblance avec la biche. Ils vivent par troupes de 30 à 40 individus, se tiennent dans les forêts et les prairies, et de peur d'être surpris, pendant qu'ils paissent, ils ont soin d'établir des sentinelles pour surveiller les environs, et annoncer à temps l'approche de l'ennemi.

LE KOULA OU PARESSEUX, ETC.

Le koula (ou paresseux, ou ours indigène) est de la taille d'un chien ordinaire, avec un pelage de couleur sale et hérissé : il n'a point de queue, et ressemble à l'ours par les pattes et les griffes. Il monte lestement aux arbres, dont il mange les feuilles; il devient très-gras et très-lourd. Le porc-épic d'Australie donne un mets très-recherché des indigènes, ainsi que le oumbat, grand animal de la grosseur d'un mâtin, qui se loge dans la terre, se nourrit d'herbes et de racines, et acquiert une obésité remarquable.

BANDICOUTS, ÉCUREUILS, RENARDS ET OPOSSUMS VOLANTS, ETC.

Le bandicout a environ quatre fois la grosseur d'un rat. Il n'a point de queue, et se fait des terriers dans la terre ou dans les arbres creux. Les écureuils volants sont d'une belle couleur d'ardoise, et leur fourrure est si fine que, malgré la petitesse de cet animal, les chapeliers en achètent la peau très-cher.

Le renard volant est une immense chauve-souris d'un si horrible aspect, qu'il ne faut pas s'étonner de ce qu'un des matelots de l'équipage de Cook le prit pour le diable, quand il le rencontra dans les bois.

La Nouvelle-Galles possède des opossums gris, à queue arrondie, qui, pour sauter d'une branche à l'autre, entortillent cette queue autour de la branche d'où ils s'élancent, et, par ce moyen, bondissent sur celle qu'ils veulent atteindre.

Il y a aussi dans cette colonie des opossums blancs volants, avec des ailes pareilles à celles des chauves-souris, qui s'étendent entre les pieds de devant et de derrière, et qui leur servent à sauter de branche en branche. Ce sont presque tous des animaux de nuit, et les planteurs les tuent au clair de la lune, quand ces mammifères sortent pour chercher leur nourriture.

ORNITHOLOGIE.

On voit à la Nouvelle-Galles un grand pigeon nommé *ouanga-ouanga*, qui est un excellent manger. Il faut y ajouter deux variétés du beau pigeon à ailes bronzées, le pigeon à crête de l'Illawarra, et le grand pigeon vert du port Macquarie. Les corbeaux et les pies ressemblent à leurs homonymes d'Europe; cependant les pies y vont en bandes, et une espèce se rassemble souvent, dans le calme des belles soirées, sur les branches les plus touffues de quelques arbres : là elles prodiguent en chœur leurs chants d'un ton bas et doux. Le faisan des montagnes de la colonie est un oiseau chanteur et moqueur, et il possède ces deux qualités d'une manière parfaite. Il se place au milieu d'un fourré, et après avoir bien enlevé l'herbe, il se fait un lit de terre douce sur lequel il se couche, et alors il s'amuse à imiter les chants de tous les oiseaux, et les cris de tous les quadrupèdes de la forêt, depuis le hurlement du chien natif, jusqu'au clappement discordant du noir indigène. Parmi les êtres singuliers, il faut compter des cygnes noirs, et quatre variétés de kakatouas, à savoir : deux espèces noires, semblables à des aigles de petite taille, sans crête, ayant leurs ailes tachetées de jaune, et la queue également bariolée de jaune; puis le kakatoua à couleur d'ardoise, et à crête rouge, et le kakatoua blanc à crête jaune. Les derniers sont de redoutables dévastateurs, détestés par les fermiers. Par des intonations diverses dans leurs cris, ces oiseaux s'avertissent de l'approche de l'ennemi.

On y trouve de grands aigles de divers plumages, et diverses espèces de faucons : ils se laissent approcher par l'homme, incertains s'ils doivent le fuir ou s'élancer sur lui. Le kakatoua blanc, tout fin qu'il est, ne le craint pas non plus, parce qu'il n'est pas habitué à en recevoir du mal. La pie indigène, seule, semble reconnaître en lui le tyran des animaux.

Les perroquets sont d'une diversité infinie, et surpassent tous ceux du reste du monde par la splendeur de leur plumage. C'est le perroquet-roi, au corps d'un vert éclatant, que surmontent un cou et une tête rouge; c'est le petit roschill avec sa tête rouge, sa gorge jaune et son plumage marqueté avec beaucoup de grâce; le *blue-mountain*, paré de toutes les couleurs de l'arc-en-ciel, et le lori, de teintes rouges et bleues admirables.

Tous ces oiseaux, qui sont à un si haut prix en Europe, viennent dans les jardins de la Nouvelle-Galles à l'époque des fruits, et semblent défier les colons; mais on les prend en grande quantité au moyen de trébuchets, dans le temps des semailles. On en fait quelquefois des pâtés, et Cunningham a vu souvent vendre la douzaine de ces oiseaux un schelling (25 sous). Les quatre variétés déjà citées apprennent parfaitement à parler, et le roschill siffle parfaitement des airs, quand on les lui enseigne de bonne heure. Il y a en outre une grande variété de petits perroquets très-jolis, qui volent en troupes, vont de branche en branche dans les hautes futaies, et leur plumage varié brille de toutes les teintes les plus vives aux rayons du soleil.

ATTACHEMENT PROFOND D'UN PERROQUET.

Voici un fait curieux que Cunningham nous fait connaître à l'égard des perroquets :

« Les perroquets sont capables d'attachements profonds et durables, autant que les hommes, et, entre autres preuves, j'en citerai un que je recueillis lors d'un de mes retours en Angleterre. Un passager possédait un perroquet des montagnes Bleues, plus un beau petit perroquet qui lui avait été donné tout récemment éclos, et par conséquent incapable de se nourrir. L'autre perroquet se chargea de ce soin, et pourvut à ses besoins avec une grande affection. L'attachement était réciproque, et semblait croître avec le temps; car la plus grande partie de la journée était employée par eux à des causeries et à de tendres caresses. Ils joignaient leurs becs et leurs cous avec toutes les apparences de l'amour, et de temps en temps l'aîné étendait ses ailes frémissantes sur son petit adoptif, comme pour le tenir de plus près contre lui. Cet échange de tendres sentiments devint cependant si bruyant et si continuel, que pour épargner de l'ennui aux passagers, on les sépara. Toutefois, après deux mois environ de séparation, le petit perroquet réussit à s'échapper, et ayant reconnu la voix de son camarade, vola tout droit vers lui, et se cramponna aux barreaux de la cage. Ces deux petits êtres étaient là caquetant et se béquetant à travers le grillage : il y avait eu tant d'affection dans leur entrevue, que leur propriétaire ne voulut plus les séparer. Cependant, au bout d'une quinzaine, le grand perroquet mourut, et dès ce moment son petit compagnon ne fit plus ses gambades joyeuses, mais il fut triste et morose jusqu'à notre arrivée à Bahia, où il mourut aussi. »

ÉMUS.

Les émus, sorte de kasoars sans casque, ont souvent la hauteur d'un homme; leurs jambes et leur cou sont longs, et leur corps massif. Ils sont dépourvus de langue, et n'ont ni plumes ni ailes; mais ils sont couverts de quelque chose qui tient le milieu entre le poil et la plume, avec de très-petites miniatures d'ailes attachées aux flancs; ils ne peuvent donc que courir (voy. *pl.* 254), et les chiens les chassent de même que les kangarous, quoiqu'ils veuillent rarement les attaquer, ou même manger un morceau de leur chair, qui a un certain fumet qui affecte désagréablement ces animaux : d'un autre côté, le coup de pied de l'ému est si fort qu'il jette un chien à la renverse, et il suffit souvent d'un seul de ces coups pour le tuer. Aussi l'on a soin de les attaquer en avant; ce qui est difficile, car ils courent avec une vitesse extrême. Ces animaux pondent à la fois six ou sept œufs, qui en grosseur égalent ceux de l'autruche, et sont d'un beau vert foncé. La coquille, qui est dure, peut être convertie en tasses, et le blanc et le jaune font d'excellents gâteaux qui sont presque l'unique nourriture des naturels dans la saison.

MÉNURA SUPERBE, PHILÉDON, ETC.

On trouve en outre, dans la Nouvelle-Galles, le ménura superbe, à la queue lyriforme; le superbe chanteur si vif, et le joli petit bec-rouge; le philédon à la langue en pinceau; le korbi-kalao, dont le crâne a la dureté de la pierre; des pélicans et des canards sauvages. Le canard-musc, qui possède cette odeur à un degré remarquable, habite les rivières, et n'a ni ailes ni plumes, mais des tuyaux comme les pingouins. On y voit enfin des poules d'eau, des sarcelles, des cailles, des grues, des pluviers, des courlis, des grives, des bécassines, et une multitude de petits oiseaux inconnus dans les autres parties du monde.

OISEAUX QUI SERVENT D'HORLOGE.

Il y a dans la Nouvelle-Galles des oiseaux qui observent la marche du temps pour appeler les habitants à leur tâche matinale, et les avertir de la fin du jour. Le bruit élevé et discordant de celui qu'on appelle *laughing-jackas*, et aussi horloge du planteur, quand il va se jucher sur la branche morte des plus hauts arbres, annonce que le soleil vient de se plonger derrière les montagnes, tandis que les plaintes du courlis et les cris sinistres de l'écureuil volant, qui va effleurant les branches, préviennent qu'il est temps de se retirer dans la chambre à coucher. Le matin, le chant monotone du *rohi-rohi*, ainsi nommé par imitation de ces deux mots qu'il répète sans cesse à intervalles aussi réguliers que ceux du balancier d'une pendule, annonce qu'il faut ouvrir les yeux et penser aux affaires de la journée, car l'aube doit paraître au bout d'une demi-heure. Alors recommence le rire bruyant du *oui-oui*, qui annonce que le matin commence à briller sur les montagnes de l'est de la Nouvelle-Galles.

Mais on n'y entend, dit Cunningham, ni les douces notes du merle dans les taillis, ni les gazouillements fantastiques de la grive sur les jeunes arbres, ni le chant joyeux de l'alouette, quand on parcourt de bonne heure la campagne. Le babil du perroquet tient lieu des accents mélodieux du rossignol. Il y a bien une alouette, mais son aspect et son chant sont la plus misérable parodie de ce charmant oiseau d'Europe. Cette alouette s'élance bien de la terre et monte droit dans les airs avec quelques-unes des notes de l'alouette européenne; mais à peine a-t-elle atteint une hauteur de trente pieds au plus, qu'elle retombe tout à coup muette, et se cache dans les grandes herbes, comme si elle était honteuse de ses efforts.

ÉCHIDNÉ (ANIMAL BIZARRE).

L'échidné est une de ces espèces intermédiaires qui exerceront longtemps les recherches physiologiques de l'homme. Il ressemble au hérisson et au fourmilier : comme le premier il a le corps couvert de piquants et possède la faculté de se rouler en boule; comme le second, il a le museau long, grêle, terminé par un petit bec, et est armé d'ongles fouisseurs qui lui servent à s'enterrer promptement. Il n'a pas de dents, et sa langue fort extensible saisit et retient facilement les insectes, à l'aide de petites épines qui hérissent cet organe et dont la pointe est dirigée en arrière; mais sa piqûre a été regardée à tort comme venimeuse. Ce monotrème se divise en deux espèces : l'*échidné épineux* et l'*échidné soyeux*, qui ne diffèrent que par le plus ou moins de piquants.

PHOQUES, REPTILES, CROCODILES, POISSONS, ETC.

Il y a trente ou quarante ans, la plage méridionale de l'Australie offrait encore de nombreuses troupes de phoques, surtout de ceux qui rentrent dans le genre *otarie*; mais les poursuites incessantes des pêcheurs qui les tuaient pour en extraire l'huile et pour en avoir les précieuses fourrures, ont singulièrement diminué leur nombre. Certaines espèces ont même entièrement disparu, soit qu'elles aient été totalement détruites, soit qu'elles aient gagné d'autres îles. On soupçonne que le douyong habite certains points de la côte occidentale.

Les lézards sont très-nombreux et d'espèces variées, et quelques-uns ont jusqu'à quatre pieds de long. Ils servent de nourriture aux oiseaux de proie. L'un d'eux, découvert par Cunningham sur la côte nord-ouest, long de deux pieds, est paré d'une large membrane sur le derrière de la tête et autour du cou, et cette espèce d'écharpe lui donne un aspect tout à fait extraordinaire.

Les gouanas sont en général d'un

brun sale, et excèdent rarement quatre pieds de long. De même que l'espèce plus petite, le lézard, ils s'engourdissent en hiver, et dans cette saison on les trouve étendus sur les chemins, comme morts. Les indigènes les prennent en cet état, et ils sont déjà à demi rôtis quand ils sortent de leur torpeur.

Les grenouilles sont d'un beau vert mat, avec des bandes jaunes tout le long du dos, qui est tacheté de noir : elles grimpent aux branches, et souvent se glissent dans les appartements, où elles montent après les rideaux des lits ou les corniches, jusqu'au plafond. Il n'est pas rare d'être réveillé le matin par les rauques coassements d'une de ces visiteuses.

La tortue verte existe sur plusieurs points.

Les rivières abondent en poissons ; la perche et l'anguille surtout y foisonnent et l'on y trouve aussi des chevrettes et des moules qui ont quelquefois six pouces de long, et trois pouces et demi de large. Il y a des crabes bleus de la plus grande beauté. Les crocodiles sont fort grands et nombreux dans quelques canaux, mais moins que dans le nord de l'Australie. Parmi les cétacés on trouve les dauphins et les marsouins ou cochons de mer (*sus maris*). Le reflux laisse quelquefois sur la grève un poisson étrange qui, à l'aide de ses fortes nageoires, saute comme les grenouilles.

On a recueilli sur les plages une foule de coquilles inconnues, fort recherchées par les amateurs, ainsi que de grandes éponges, de zoophytes et polypiers curieux, communs à la côte nord de l'Australie.

SERPENTS.

Dans la Nouvelle-Galles il existe beaucoup de serpents, et à l'exception du *serpent-diamant*, que les naturels mangent, tous passent pour être venimeux. Le serpent-diamant acquiert quelquefois une longueur de quatorze pieds, mais les autres espèces ne vont guère au delà de quatre : celles-ci sont toutes regardées comme très-venimeuses. Les deux serpents les plus dangereux, le noir et le brun, paraissent être le mâle et la femelle, car on les voit quelquefois enlacés et roulés ensemble. Un Anglais les vit s'élancer simultanément dans le même trou, et s'y engager si complétement qu'ils y furent pris par le milieu du corps, qui renfla ; leurs longues queues fouettaient l'air par l'effet des efforts qu'ils faisaient pour entrer : il put alors les éventrer avec un bâton.

Comme tous les autres reptiles, les serpents sont engourdis en hiver, et leur nature amphibie leur permet de s'élancer dans un étang quand ils sont chassés, et ils plongent au fond de la vase. Ces serpents sont craintifs et fuient toujours l'homme, de sorte que ce n'est que dans le cas où l'on marche sur eux, par accident, que l'on en est mordu. Le remède employé par les indigènes est la scarification et la succion de la blessure.

COMBAT ENTRE LES CHIENS ET LES SERPENTS.

« Un jour, dit M. Cunningham, je vis des serpents-diamants réunis : j'avais avec moi deux chiens qui avaient acquis les périlleuses habitudes de tuer les reptiles. Le chien d'arrêt le premier saisit le serpent noir et le serrait vigoureusement, quand le serpent brun, qui s'était reculé de six pieds, leva tout à coup la tête, tira deux ou trois fois sa langue, et, les yeux éclatants, se précipita tout à coup sur le chien et se roula autour de ses jambes, le mordant en même temps avec fureur. Je courus avec une pelle pour le secourir ; mais avant que je l'eusse rejoint, déjà le chien avait lâché le serpent noir pour s'emparer du brun, et il en avait fait plusieurs morceaux. Pour m'ôter toute inquiétude, je coupai la tête du serpent noir, laissant seulement un pouce du cou ; je fis ensuite la même opération au brun. En me retournant, je remarquai mon autre chien, qui était un chien kangarou, bondir tout à coup derrière moi, et regarder avec anxiété où ses pattes de derrière venaient de poser : c'était à l'endroit où était la tête du serpent noir, et je pensai qu'il avait seulement été effrayé d'avoir marché dessus : j'étais loin de penser que le serpent pût faire du mal dans cet état de mutilation. Cependant ce chien perdit tout à coup l'usage de ses pattes de derrière, et bientôt cette paralysie s'étendit à celles de devant; puis il se mit à trembler comme dans un accès de fièvre. Il n'y avait pas une demi-heure que je l'avais vu tressaillir devant la tête du serpent, et déjà il était mort enflé. Je songeai alors à mon chien d'arrêt que j'avais vu reprendre sa course après un *ému*, et j'allai à sa recherche; mais je le trouvai mort, gonflé, et en putréfaction peu de jours après (*). »

L'HOMME AUX SERPENTS.

Il y a dans la colonie, dit M. Cunningham, un homme que l'on désigne par la qualification de l'*homme aux serpents*, qui est devenu si familier avec les reptiles, qu'il voyage rarement sans en avoir quelqu'un, de la plus dangereuse espèce, roulé dans son sein nu, ou fourré dans la forme de son chapeau. Il vint un jour dans une maison avec la queue d'un serpent de bonne taille, qui pendait sous son chapeau, et formait une boucle sur son front; la maîtresse l'en ayant averti, il pinça très-tranquillement la queue de l'animal, qui rentra ce membre égaré. Cet homme avait toujours de ces animaux rampant le long des murs de sa chambre à coucher, et quelquefois même ils s'emparaient de son lit sans qu'il en ressentît la moindre appréhension. Il domptait ces reptiles en les mettant plusieurs enfermés dans un sac; procédé qui leur fait perdre, suivant lui, tout penchant à mordre; fait qu'il a souvent démontré, en fourrant sa main nue dans un sac plein de serpents, et les retirant comme un paquet d'anguilles. Il en a pris plusieurs milliers, et n'a jamais été mordu.

La *vipère sourde* de la Nouvelle-Galles est un animal très-dangereux, parce que, n'entendant point l'homme approcher, elle s'écarte rarement de

(*) Cunningham, *Two years in New-South-Wales*.

son chemin, comme font les autres, et on la trouve sous ses pieds. Ce serpent est petit, court, renflé au milieu du corps, avec la tête aplatie et une queue fourchue, qu'il ouvre et ferme comme des tenailles, et qui, au dire des indigènes, contient un aiguillon. Son dos est sillonné de rangées de tachetures rouges et blanches, et il prend le bâton avec lequel on le tourmente, comme ferait un petit chien hargneux. On voit aussi un petit serpent couleur de noisette, d'une forme très-singulière, ayant sur les côtés du corps deux oreillettes semblables à des nageoires; il s'en sert pour s'élancer avec une grande rapidité, et on le nomme le *serpent ailé*.

ENTOMOLOGIE.

Dans la colonie, les familles de l'ordre des lépidoptères sont très-fécondes. Des papillons, brillants des plus belles couleurs, abondent en variétés innombrables, et des teignes, aussi belles que nombreuses, voltigeant en été par les soirées chaudes, égalent en grosseur l'oiseau-mouche. Les abeilles sauvages ressemblent, pour la forme, aux abeilles d'Europe; mais elles n'ont pas de dard; elles habitent le creux des arbres, et y déposent de très-beau miel et de la cire, que les naturels recherchent. Il y a aussi des abeilles et des frelons solitaires. On trouve des mousquites dans les lieux fourrés, près de la côte; mais l'intérieur du pays, quand il est découvert, est exempt de ce fléau. Après tout, ils ne sont pas plus incommodes que les cousins en Europe. La morsure de ces diptères n'est douloureuse que pour les nouveaux arrivés; car, après un court séjour en ce pays, elle produit rarement l'enflure; fait qui semblerait démontrer que l'effet délétère de tous les poisons animaux s'atténue par la réitération. Il en est ainsi du poison de la petite vérole, de la rougeole, etc.

Plusieurs insulaires de la mer du Sud débarrassent leurs cabanes des mousquites, pendant la nuit, par un moyen bien simple : ils éclipsent la lumière de leur lampe, en la couvrant d'une calebasse, et ils font, en la tenant ainsi à la main, le tour de la chambre deux ou trois fois. Ces maringouins se pressent tous autour de la lumière; alors le sauvage se glisse doucement hors de la maison, éteint la lampe, et rentre d'un saut, fermant promptement la porte derrière lui, laissant ainsi dehors tous ces incommodes commensaux.

« Les mouches ordinaires, dit le docte Cunningham, qui est né dans la Nouvelle-Galles, et qui a exploré une partie de l'Australie, sont un terrible fléau : le bœuf à la broche, ou fumant sur la table, n'est pas à l'abri de ces animaux, qui viennent y déposer leurs œufs; ils chargent le lait où ils tombent, et les lits, de leur progéniture. Je n'oublierai jamais l'alarme que j'éprouvai un matin, en voyant une de ces mouches qui sortait en bourdonnant de ma couverture, et quand mes investigations me firent découvrir de petits vers qui grouillaient déjà. Je me levai avec terreur devant ces avant-coureurs de la corruption ; mais je me rassurai en apprenant que toutes les couvertures étaient ainsi infectées.

« Les *taons* sont souvent plus gros que des abeilles domestiques, et quand ils envahissent un troupeau, ils y font un terrible ravage : ils tirent autant de sang qu'une sangsue. Les puces sont très-communes aussi; mais les planteurs ont un moyen expéditif de purger leurs couvertures ; ils les étendent près d'une fourmilière, d'où les fourmis courent vers cet ennemi, et l'emportent dans leur nid. On voit en abondance des sauterelles de toutes couleurs et de toutes tailles, durant l'été; des cigales, grosses comme des abeilles domestiques, se rassemblent par troupes sur les arbres, et font un bruit retentissant avec leurs ailes, tandis que les grillons chantent. Il existe aussi un insecte que nous nommons *punaise-tortue*, qui infeste les arbres à fruits, et se tient appliqué à plat sur les feuilles, comme une écaille ; elle finirait par détruire l'arbre, si les fourmis ne se faisaient pas un régal favori des œufs de cet animal. Les araignées, qui abondent aussi, sont petites et jolies, ou grosses, velues et hideuses ; elles tendent quelquefois, dans les bois, des toiles très-fortes, semblables à de la soie ; et si, en entrant vite dans un fourré, il arrive à un visiteur de rompre le tissu qui est devant son visage, il n'hésite pas à passer sa main sur son nez, pour adoucir, par un léger frottement, la douleur assez aiguë que ce choc lui a causée. Le ver de bois est long et épais; les indigènes, qui s'en régalent, ont un tact merveilleux pour savoir dans quelle partie de l'arbre on le peut découvrir; alors ils le retirent promptement, et l'avalent avec autant de délices que ferait d'une huître un gastronome, assidu à dîner au Rocher de Cancale. Ces vers détruisent un arbre avec une rapidité étonnante : c'est l'acacia qui est le principal objet de leurs attaques. « J'ai vu, ajoute Cunningham, un de ces arbres vert et en fleur un soir, et le lendemain, ou le jour suivant, flétri : le tronc et l'herbe d'alentour étaient couverts de poussière, que le ver avait rejetée en perçant le bois. » Les fourmis, très-variées et très-abondantes, sont quelquefois très-grosses, et leur morsure est aussi douloureuse que la piqûre d'une guêpe. Il est une variété qui élève des huttes de terre, en forme de pyramides, enduites de manière à résister à l'humidité, et qui sont souvent aussi élevées et aussi rondes qu'une meule de foin. Ces huttes servent de fours aux petits planteurs, et de tanières aux chiens sauvages. Pour conduire à ces fourmilières, il y a des chemins battus de cent pas de long quelquefois, plus larges que des chemins à moutons et plus dépouillés d'herbe. La fourmi blanche détruit tous les arbres, hormis ceux dont la fibre a, dans ses éléments, un fort principe aromatique. Un colon était assis un jour dans une varanda (galerie), se tenant appuyé à un des piliers de bois qui la soutenaient, quand tout à coup sa tête entre entièrement dans le poteau ; et on reconnut alors que les fourmis blanches avaient mangé à peu près tout le bois, en laissant toutefois la couche de peinture blanche qui était à la surface, sans une seule tache. Elles étaient entrées par le haut, et, en descendant, elles avaient dévoré tout sur leur passage. Quand elles passent d'un arbre à un autre, elles se construisent une voûte bien cimentée, pour se garantir, pendant la route, du soleil et de l'air; car il paraît que le jour leur est, sinon fatal, du moins tout à fait désagréable. Le bûcheron découvre quelquefois leurs ravages étendus au cœur même des arbres forestiers. Il existe aussi près de la côte, dans les endroits fourrés, une *tique de bois*, qui se loge et se multiplie sous la peau des kangarous, des chiens et autres animaux semblables, et qui les tue ordinairement, si l'on ne prend aucune mesure pour l'arrêter. Elle se glisse de la même manière sous la peau de l'homme, et avec tant de prestesse, qu'un Australien, contraint de coucher une nuit dans un lieu fourré, fut averti, par une démangeaison, de regarder le matin un de ses côtés, et il y trouva une tique qui avait déjà la tête et les épaules dans sa peau. Les chenilles sont très-redoutées, et font la désolation des fermiers. Ce n'est toutefois qu'à des intervalles de plusieurs années que leurs ravages sont extrêmement destructifs. Leur apparition est quelquefois soudaine et si nombreuse, qu'il est beaucoup de gens de la campagne qui croient qu'elles sont apportées par les vents. Un individu étant dehors avant le lever du soleil, par une matinée brumeuse et un vent d'ouest, trouva les champs, les haies et les buissons couverts de ces insectes, bien qu'il n'en eût pas remarqué un seul le soir précédent. Il avait suffi d'une marche de deux ou trois cents pas pour que son chapeau et ses vêtements en fussent inondés. Cependant ils n'avaient pu être jetés sur lui des arbres voisins. Il serait difficile d'expliquer comment ces chenilles se montrent simultanément et en telle quantité sur des points isolés. Elles ne s'étendent point au large sur un champ, mais elles marchent en ligne compacte, large, et épaisse quelquefois de plusieurs pouces, entassées comme les mouches à miel dans leurs ruches. Cette ligne parcourant irrégulièrement le champ qu'elle traverse, la trace de ses ravages est sinueuse comme celles d'un incendie. On ne voit plus, derrière ces insectes destructeurs, un seul brin de verdure : le champ est tout couvert de leurs fétides excréments, et forme ainsi un morne contraste avec les prairies verdoyantes qui sont devant eux. Le commencement du printemps est l'époque de leur visite. Quand les chenilles traversent une rivière, elles cherchent une pointe de terre en saillie au-dessus de l'eau, et, se laissant tomber, elles se livrent au courant, qui les porte à quelque distance au-dessous. Leur ligne est souvent si massive et si serrée, que l'on en peut tuer plusieurs centaines en y posant le pied, et un seul homme pourrait aisément en détruire des masses innombrables, en foulant le terrain qui en est couvert (*). »

Croirait-on cependant que l'indolent planteur voit, les bras croisés, toutes ces dévastations, sans y chercher de remède? Dans les deux Amériques, dans l'empire ottoman, en Syrie, en Égypte, et dans presque tout l'Orient, nous avons remarqué la même apathie.

PÉRIPLE DE L'AUSTRALIE.

En décrivant le périple de l'Australie que nous commencerons au cap York, partie la plus septentrionale de la Nouvelle-Galles du Sud, nous nommerons quelques petites villes de l'intérieur de cette étrange colonie; mais nous renverrons la description de l'intérieur de l'Australie à la fin de l'histoire de l'Australie, aux chapitres des explorations et des découvertes récemment faites dans ce pays.

CÔTE ORIENTALE.
TOPOGRAPHIE.

La statistique de cette grande colonie est variable, et même elle ne peut être vraie que l'année où elle est faite. Il serait difficile d'établir exactement le

(*) Cunningham.

chiffre de la population anglaise de la Nouvelle-Galles, qui est d'environ quarante-deux mille individus, attendu son accroissement progressif. Voici les divisions de son territoire.

La circonscription de la Nouvelle-Galles du Sud est aujourd'hui divisée en dix-neuf comtés, à savoir : Cumberland, Northumberland, West-Moreland, Cook, Gloucester, Durham, Brisbane, Bligh, Philips, Hunter, Wellington, Roxburgh, Bathurst, Georgina, Campden, Saint-Vincent, Argyle, King, et Murray. Cinq de ces divisions sont situées sur la côte, et les autres en deçà et au delà de la chaîne des montagnes Bleues, et suivent une direction parallèle à la côte et à la mer. Les principales villes de la Nouvelle-Galles du Sud sont Sidney, qui en est le chef-lieu ; Parramatta, située à une lieue et demie de la capitale, dans une sorte de vallon sur les bords de la rivière qui unit la mer à l'extrémité du Port-Jackson : elle est remarquable par son port, son phare élégant, en pierre blanche, nommé la tour Macquarie, par sa grande manufacture de draps, par un hôtel du gouverneur, par sa foire de bestiaux, par l'école instituée pour l'éducation et la civilisation des indigènes, et par le bel observatoire fondé, dans ces dernières années, par le général Brisbane; Bathurst, sur la rivière de Macquarie, à l'ouest de Sidney; Bathurst qui, il y a quinze ans, ne possédait pas un seul colon respectable, et qui en compte aujourd'hui autant qu'elle compte de planteurs hospitaliers; Port-Hunter, Port-Macquarie, Moreton-Bay (l'ancien *Glass-House-Bay*) et Manning-River, situés près du tropique ; et Port-Stephen, qui a l'avantage d'être à proximité de Sidney : dans sa rade, les navires mouillent en sûreté ; elle a pour gouverneur l'honorable capitaine Parry, qui, après avoir illustré son nom en explorant les terres du pôle boréal, régit aujourd'hui avec zèle et talent cette partie des possessions anglaises dans l'hémisphère austral. Citons encore Windsor, sur l'Hawkesbury, à quarante milles en ligne droite de l'embouchure de ce fleuve dans la mer, et Liverpool, située sur la rive gauche de George-River qui va se jeter à la mer, et vers laquelle de petits navires peuvent remonter. Nommons enfin New-Castle, au nord, près l'embouchure de la rivière de Hunter, et qui sert de grand marché de charbon à toute la colonie ; les jolies villes et villages de Wilberforce, de Richmond, d'Emu-Ford, Castlereagh, Pitt, Regentville, Campbel-Town, Freemantle, Clarence-Town, Perth et Guildford; le Port-Curtis, poste à l'embouchure de la rivière Brisbane, la magnifique baie Jervis, au sud du Port-Jackson, aussi spacieuse que sûre, la baie Bateman, au sud de Sidney, et quelques autres.

SIDNEY, CAPITALE. — PORT-JACKSON.

La ville de Sidney est située à quatre lieues nord de Botany-Bay, par 31° 51' 40" latitude sud, et 148° 53' 34" longitude est ; son étendue est d'un mille et demi, et sa largeur d'environ le cinquième de cette distance ; sa population est de plus de seize mille habitants, dont deux mille *convicts* et quatre cents militaires. Sa distance de Londres est de cinq mille quatre cents lieues. Le voyage des côtes d'Angleterre au Port-Jackson exige environ quatre mois et demi, quand le vent est favorable. Le port de Sidney, c'est-à-dire, le port Jackson, est un des plus beaux qui existent. Il a environ sept milles d'étendue ; il est complètement cerné par la terre, ce qui le garantit contre tous les vents. A son entrée méridionale, près d'un mât de signaux et d'un télégraphe, destiné à communiquer à Sidney tout ce qui est relatif aux vaisseaux, sortant ou entrant, s'élève un phare bâti en pierres de taille, dont le fanal est construit de manière à tourner sur lui-même (voy. *pl.* 257), et dont l'aspect, si pittoresque, embellit encore l'entrée majestueuse de la capitale. Cette ville, vraiment remarquable, bâtie sur deux hauteurs escarpées, dans le renfoncement desquelles coule un ruisseau qui va se joindre à la baie, est environnée de prairies, de jardins, et de petites chaumières, élevées en gradins, les unes au-dessus des autres. (voy. *pl.* 262).

Sidney présente aujourd'hui quelque chose de magique, d'éblouissant; Sidney, c'est déjà Londres, mais Londres en miniature. Ses rues, propres, mais non pavées, et où on est incommodé par la poussière, portent communément les noms des gouverneurs et des principaux fonctionnaires qui y ont exercé l'autorité; elles sont éclairées la nuit par des réverbères, comme les grandes rues des villes d'Europe. La plus remarquable est *Georges-Street*, qui a environ une lieue de longueur, et qui se distingue par ses constructions publiques et privées; cette belle rue traverse la ville par le milieu. Les principales maisons sont généralement entre cour et jardin, et construites en grès ou en briques blanchies. Les édifices les plus remarquables sont le trésor, la prison, l'hôtel de ville, le palais du gouverneur, la banque, l'hôtel du commandant, la caserne et le théâtre.

Il y a une école de commerce, une société philosophique, des sociétés d'horticulture et d'agriculture, et un jardin botanique. On trouve à Sidney des hôtels fort bien tenus, un nombre infini de tavernes, plusieurs églises, deux chapelles de méthodistes, et une chapelle catholique; deux banques, une chambre de commerce, une compagnie d'assurances; des magasins de modes, tenus par des modistes célèbres de Londres et de Paris, dont le beau sexe australien dispute les parures les plus élégantes, ou du moins les plus dispendieuses; quatre journaux périodiques en pleine prospérité, une revue trimestrielle pour la littérature, les sciences et les arts. On se croirait dans une ville d'Angleterre, avec ses *routs*, ses soirées d'enfants, ses courses de chevaux, ses voitures, etc. Il y a aussi à Sidney une société de chasseurs.

Cette ville possède un excellent marché, continuellement approvisionné de grains, de légumes, de volaille, de beurre et de fruits, qui se tient trois fois par semaine, sur une grande place, de la forme d'un carré long : aussi on conçoit que sa fertilité, son climat, sa prospérité, ses agréments aient attiré dans son sein des étrangers de toutes les nations : parfois c'est un singulier spectacle à voir que ce mélange de divers peuples, groupés ensemble. L'Anglais, l'Écossais, l'Irlandais, le Français, l'Allemand, l'Espagnol, l'Italien, l'Américain, le Chinois, le Malai, dans leurs costumes bizarres et variés, se coudoient, se confondent, et avec eux les naturels de la Polynésie, principalement les Taïtiens et les Nouveaux-Zeelandais venus à Sidney pour échanger les productions de leurs pays, tandis que l'Australien, stupide et nu, les regarde d'un air indifférent (*). Les Anglais ont surnommé cette capitale, le *Montpellier de l'Océanie*, à cause de son beau climat et de la fécondité de ses environs; malheureusement elle est pauvre en eau douce.

SOCIÉTÉ ET INSTITUTIONS A SIDNEY.

La société de Sidney est singulièrement mêlée; mais il y règne, entre les différentes classes, une morgue et des prétentions étranges.

Les cercles fashionables tiennent plus à l'étiquette que ceux de Londres même; les règles de la préséance sont si rigoureusement observées, que la paix de la colonie fut sérieusement troublée, il y a peu d'années, parce qu'un bal s'était ouvert avant que la femme qui donnait le *ton* eût paru.

Des dîners suivis de thés, des soirées et de petits soupers où les dames sont admises, sont en usage à Sidney, et la danse ou la musique égayent ces réceptions. On y jouit aussi, par anticipation, des amusements du théâtre qui est annoncé, et en attendant, des concerts viennent de s'établir. Rien ne saurait égaler l'orgueil et la hauteur de l'*ultra-aristocratie*, qui dépasse de beaucoup en ce point la noblesse d'Angleterre.

(*) On y voit aussi des Chinois qui se sont mariés avec des femmes d'Europe.

Un jour, M. Cunningham se promenait avec une de ses connaissances, quand il rencontra deux de ces aristocrates, dont l'un alla causer avec son compagnon et l'autre resta près de lui. Comme il connaissait cette personne de vue, et qu'il savait qu'elle venait d'une campagne située du côté où il voulait se diriger, il l'interrogea sans cérémonie sur l'état de la route. Quelle fut donc sa surprise lorsque, se reculant et se redressant d'un air de hauteur incomparable : « Sur ma parole, lui répondit-il, Monsieur, je ne vous connais pas ! » Comme il n'était pas encore au courant de la morgue coloniale, il crut tout naturellement que quelque mauvais plaisant lui avait fait à la craie, sur le dos, la marque des déportés, ce qui arrive quelquefois; mais il apprit bientôt que son seul tort était d'avoir apostrophé cet homme, qui n'était autre qu'un officier subalterne d'infanterie, retiré dans le pays.

Au convoi du dernier gouverneur, il se trouvait quatorze voitures bourgeoises, et il y a peu de gens de quelque importance qui n'aient le cabriolet ou des chevaux de selle, car ces articles ne payent point de taxe. Un grand nombre d'écoles propagent l'éducation. Outre les colléges et les écoles, il y a des pensionnats de femmes; et des maîtres de piano et de harpe courent le cachet, tandis que M. Giraud et d'autres professeurs de maintien et de danse apprennent aux élégants à tenir la tête droite et les pieds en dehors.

Les portes et les accessoires intérieurs des maisons les mieux bâties de Sidney, sont ordinairement en cèdre colonial, poli à la façon de l'acajou. Les tables et les chaises sont ordinairement aussi du même bois. On y fabrique des chaises à fond de roseau, et la natte de canne indienne est généralement substituée au tapis anglais, à cause de sa fraîcheur : c'est pour la même raison que le blanc est la couleur générale du costume. Toutefois on remplace ordinairement une veste bleue par une blanche, quand il fait froid, et quand on fait une excursion à cheval. Les chapeaux de paille que l'on porte généralement en été, sont apportés de Manila, ou fabriqués dans la colonie.

Les écoles de Sidney et des autres villes sont sous la direction du clergé. Un dispensaire vient d'être établi pour fournir des remèdes et donner des consultations aux pauvres. Il y a plusieurs cabinets de lecture et des bibliothèques circulantes, et un bureau de poste, ainsi que dans toutes les villes de la colonie. On lit dans ces cabinets la *Gazette de Sidney* et l'*Australien*, qui paraissent deux fois par semaine, et le *Moniteur*, qui ne paraît qu'une fois. Les deux dernières feuilles sont très-bien rédigées; quant à la première, elle est surtout consacrée à des annonces et à des nouvelles intéressantes ou qui amusent. L'*Almanach Colonial* est un petit ouvrage très-utile qui traite de tous les points de l'agriculture. Il y a de plus une histoire de la colonie, un journal des voyages dans l'intérieur, et deux volumes de poésies australiennes. On imprime très-bien à Sidney.

L'établissement d'un club de courses a beaucoup amélioré les races de chevaux. Les courses ont lieu deux fois par an entre Sidney et Parramatta. Les étrangers qui parcourent la colonie sont toujours sûrs d'y trouver un gîte dans quelque maison respectable, car les Australiens sont très-hospitaliers.

On a dit que les émigrants volontaires s'inoculent par degrés des penchants de friponnerie. Nous raconterons à ce propos le bon mot d'un domestique indien nommé Samchou, que son maître avait amené en Australie. Bientôt après son arrivée, l'émigrant s'aperçut que son domestique venait de lui escroquer un sac de piastres. « Comment, Samchou, lui dit-il avec étonnement, qui vous a donc ainsi fait devenir coquin, vous qui avez été si longtemps à mon service, et toujours honnête garçon jusqu'ici? — Monsieur, balbutia Samchou, en haussant les épaules, quand Samchou venir ici, Samchou très-bon garçon; maintenant, Samchou maudit coquin. Tout le monde devenir coquin ici, et bientôt monsieur devenir aussi coquin. »

BOTANY-BAY.

Botany-Bay (Baie de Botanique) est située à quatre lieues au sud de Sidney, à sept ou huit milles au sud du Port-Jackson. Elle fut ainsi nommée à cause de la prodigieuse variété de plantes que sir Joseph Banks trouva dans les environs, en 1770, époque où cette baie fut découverte par le capitaine Cook. Dès que l'Angleterre eut perdu ses colonies d'Amérique, elle fut chercher en Afrique un lieu favorable pour y coloniser des déportés (*convicts*); mais, par les conseils de Banks, on fit choix de Botany-Bay. Aussitôt onze navires y amenèrent sept cent soixante déportés, quelques colons libres, ainsi que les troupes confiées au commandement d'Arthur Philips, les membres du gouvernement chargé de présider à l'organisation de la colonie, des provisions considérables, un hôpital transportable, ainsi que plusieurs plantes et animaux domestiques. Leur traversée fut de huit mois. Les premiers naturalistes qui abordèrent cette contrée furent émerveillés à la vue des nombreux végétaux, dont les formes sont opposées à celles des plantes des autres climats, mais dont le luxe cesse, en s'avançant vers l'ouest. Les prairies humides sont ornées par une liliacée nommée *blandfordia nobilis*, et çà et là s'élèvent les tiges roides des singuliers *xanthorœa* et les cônes du *zamia australis*. Au nord de Botany-Bay s'étendent des forêts épaisses d'une espèce de cèdre que Brown a nommée *calidris spiralis*, dont le bois, par son poli, rivalise avec le plus beau bois des Antilles; plus loin, quinze autres espèces de bois rouges, blancs, veinés de toutes couleurs, offrent à l'ébéniste de précieux matériaux. Mais la plupart des plantes ont un caractère unique, c'est de posséder un feuillage sec, rude, grêle, aromatique, à feuilles presque toujours simples; aussi les forêts de cette région offrent un aspect triste et brumeux qui fatigue la vue. Cependant, malgré ses richesses naturelles, un grand nombre de plantes européennes ont été naturalisées avec succès dans cette partie du monde; ce sont celles qu'on peut appeler cosmopolites et qui viennent dans les marais, telles que la samole, la salicaire, etc. Botany-Bay donna longtemps son nom à toutes les colonies de la Nouvelle-Galles du Sud; mais, n'ayant pas offert tous les avantages qu'on en attendait, cet établissement fut bientôt abandonné, et aujourd'hui il n'y existe plus rien. En 1784, on fit choix de Parramatta; sur les bords de la rivière Hawkesbury s'élevèrent de belles maisons; et de belles cultures, dues aux déportés, vinrent enrichir ces lieux. Les environs du port Jackson, le plus beau de l'Australie, furent également occupés; enfin la ville de Sidney, capitale de la Nouvelle-Galles du Sud et de toute l'Australie, fut bâtie comme par enchantement sur le bord méridional du port Jackson, à quatre lieues nord de Botany-Bay.

SUITE DU PÉRIPLE DE L'AUSTRALIE.

Il nous reste à parcourir rapidement les côtes de l'Australie, qui, sans avoir l'importance de la Nouvelle-Galles méridionale, offrent encore le plus grand intérêt sur le rapport géographique et hydrographique.

CÔTE MÉRIDIONALE DE L'AUSTRALIE.

La côte méridionale s'étend depuis le cap Wilson jusqu'à celui de Leuwin (de la Lionne). La partie de cette côte depuis le promontoire de Wilson jusqu'au cap des Adieux, à 129° 35′ longitude est de Paris, a reçu de Péron le nom de Terre de Napoléon qui ne lui est pas resté. Les capitaines Grant et Flinders ont imposé à plusieurs parties des noms différents de ceux des voyageurs français. Nous la diviserons en terre de Grant, de Baudin et de Flinders, pour être juste envers tout le monde, en observant néanmoins que la relation des navigateurs français a été publiée longtemps avant celle du savant Flinders, mais que Grant précéda Baudin pour la partie orientale de ces côtes jusqu'au cap Northumberland. Nous n'entrerons dans aucun détail géographique sur la côte de l'Australie, jusqu'à ce que les divisions nouvelles ou les noms différents aient été adoptés définitivement; nous voulons éviter par-dessus tout la confusion, et il ne nous appartient pas d'imposer ici les noms qui nous paraîtraient convenables. Ce travail serait, au reste, trop aride et sans intérêt pour la majorité de nos lecteurs; mais nous regrettons surtout un grand nombre de noms hollandais, qui rappelleraient les grands travaux des illustres navigateurs de cette nation distinguée; d'ailleurs, les noms arbitraires ne s'arrêtent qu'au littoral, et ne précisent rien. Les Anglais, bientôt maîtres d'une grande partie du continent de l'Australie, y forment de tous côtés de nouvelles divisions, empruntées à la mère patrie. Elles resteront naturellement, malgré les travaux de leurs devanciers, et on les adoptera vraisemblablement un jour. Nous allons donc nous attacher à décrire les lieux les plus importants et surtout les terres colonisées. Les autres détails géographiques de cette immense région trouveront leur place dans l'histoire des découvertes et des explorations de l'Australie.

TERRE DE GRANT.

Dans la *terre de Grant*, et vis-à-vis le détroit qui porte son nom, Bass découvrit le port Western (occidental), magnifique bassin, que l'expédition du capitaine français Baudin reconnut renfermer deux îles au lieu d'une; savoir, l'île Philips et l'île des Français.

Sur la partie nord de l'île Philips, se trouve le port Western. Ses environs sont fertiles, riches en bois et abondants en sources : la végétation y est abondante, ainsi qu'aux environs du port Philips, qui est situé dans le golfe; mais l'eau douce paraît manquer à tous les deux. Les Anglais avaient essayé de coloniser le port Western, qui peut contenir la plus grande flotte du monde; et quoiqu'ils l'aient évacué en 1826, ils n'ont pas abandonné l'espérance d'y réussir, d'autant plus qu'il est difficile de supposer qu'il n'y ait point d'eau, et qu'on peut y creuser des puits.

Voici l'étrange découverte d'un Anglais qui a résidé trente-trois ans parmi les sauvages du port Philips :

LE NOUVEAU ROBINSON CRUSOE.

M. Bateman et quelques Anglais s'étaient rendus de la terre de Van-Diemen au port Philips, sur la côte méridionale de l'Australie, dans le dessein d'y former un établissement agricole. Ils furent bientôt frappés de la civilisation relative des naturels, beaucoup mieux vêtus, logés, meublés et pourvus de tous les objets nécessaires, qu'on n'aurait pu l'imaginer; mais, après une résidence de quelques jours, ce phénomène de perfectionnement relatif leur fut pleinement expliqué par l'apparition d'un homme blanc, vêtu d'une redingote en peau de kangarou.

Il montra d'abord de la timidité; mais quand on lui eut parlé avec douceur et présenté un morceau de pain, il mit de côté toute réserve ; et, après avoir mangé le pain avec un plaisir évident, en le regardant comme s'il cherchait à se rappeler quelque chose, il s'écria, le visage rayonnant de plaisir : « Du pain ! » Quelques autres mots anglais revinrent bientôt à sa mémoire, et il se trouva enfin capable de dire qu'il se nommait William Buckley; qu'il était un de ceux qui avaient quitté le camp des prisonniers faits par le vaisseau l'*Océan*, lorsque le colonel Collins tenta, conformément aux ordres du gouvernement britannique, de former un établissement au port Philips, en 1803.

Il a vécu depuis avec les tribus d'aborigènes de ce port, dont il fut longtemps le chef. Il était grenadier en Hollande, sous le duc d'York, et il a maintenant plus de soixante ans. A l'aide des nouveaux colons, il a adressé une demande de pardon au lieutenant-gouverneur pour obtenir la permission de rester où il est, et de communiquer le résultat de ses découvertes curieuses et de ses étranges aventures dans ce pays (*). Le récit

(*) *Van Diemen's land magazine.*

singulier et intéressant d'un si long séjour parmi les sauvages, rivalisera avec le livre classique de *Robinson Crusoe*.

TERRE DE BAUDIN.

La *terre de Baudin* est généralement sablonneuse et peu importante.

TERRE DE FLINDERS.

En traçant notre topographie vers l'ouest, nous trouvons dans la *terre de Flinders* le golfe Saint-Vincent, dont la côte orientale est une bande uniforme de falaises arides, semblable à une grande muraille. La côte occidentale est un peu moins stérile.

ILE DES KANGAROUS.

A l'entrée de ce golfe est l'île des Kangarous, que les Français ont seuls reconnue en entier, et où ils n'ont pas rencontré d'indigènes. C'est la plus grande de toutes les petites îles australiennes. Elle est située par 35° 43' de latitude sud, et 135° 38' de longitude, et a soixante-dix lieues de circonférence; elle est montagneuse et boisée. On y trouve *Neapan-Bay*, où une colonie de déportés fugitifs est venue s'établir.

L'île des Kangarous est un Éden de verdure auprès des plages stériles de l'Australie. Une fraîche pelouse règne le long de ses rochers d'ardoises, disposés par couches, parfaitement horizontales. Cette végétation, cette plage, belle comme un tapis, ont sans doute attiré là un grand nombre de kangarous, et favorisé leur multiplication. Un bois assez épais couvre toutes les autres parties de la baie. Le nom de cette île lui a été donné au moment de sa découverte, par Flinders, en 1802. Les kangarous y étaient si nombreux et si peu farouches, que son équipage tua, en une soirée, trente et un de ces animaux, dont le plus petit pesait soixante livres, et le plus gros cent vingt-cinq. Ils paissaient par bandes, le long d'une pelouse qui bordait la lisière d'un bois; quelques-uns faisaient des bonds de quarante pieds de haut et étaient assaillis par des aigles. Non moins nombreux, des phoques monstrueux se traînaient sur la plage, jusqu'auprès des bandes de kangarous, et semblaient vivre avec ces derniers dans la plus parfaite intelligence. Flinders observa que les phoques, à l'approche des hommes, montrèrent une sagacité bien plus grande que les kangarous, leurs commensaux. Ceux-ci ne s'inquiétèrent pas de l'arrivée des Anglais : on eût dit qu'ils les prenaient pour des phoques; mais les phoques n'agirent pas de même. Flinders aurait dû ajouter qu'il était possible que les phoques eussent fait connaissance avec les hommes sur d'autres plages de l'Australie, tandis que les kangarous, isolés et relégués sur leur île, n'avaient pu acquérir la même expérience. Quoi qu'il en soit, cette expérience leur est maintenant acquise, et elle a changé complètement leurs mœurs confiantes. En effet, un voyageur arrive près de *Kanguroo head*, que Flinders donne pour la résidence favorite de ces animaux, en vit sur une dizaine d'entre eux qui s'y trouvaient occupés à paître, neuf décamper à toutes jambes dès qu'ils l'aperçurent; et, dans le nombre, à peine put-il en tirer deux, que les chiens poussèrent vers un endroit où deux des siens s'étaient embusqués. On tira aussi, mais vainement, quelques coups de fusil aux kasoars. Ces oiseaux tombent difficilement sur le coup; et, quelque blessés qu'ils soient, dès qu'ils peuvent s'enfuir, ils sont introuvables (*).

GOLFE SPENCER.

Le *golfe Spencer*, plus long et plus profond que celui de Saint-Vincent, en est séparé par la presqu'île d'York, qui s'allonge du sud au nord, entre les deux golfes, et est garnie d'ombrage sur les deux côtés, ce qui semble annoncer dans l'intérieur un sol fertile, et peut-être arrosé. La côte du golfe Spencer est moins nue et moins stérile que celle de Saint-Vincent. Le port Lincoln, à l'entrée du Spencer,

(*) D'Urville, Voy. pitt.

sur la côte orientale, est très-beau et très-sûr; mais on n'y a trouvé aucune rivière, pas même un ruisseau.

TERRE DE NUYTS.

Maintenant vient la *terre de Nuyts*, qui paraît être peuplée dans l'intérieur; mais ses rivages sont frappés de stérilité. On rencontre près de ses côtes l'archipel de la Recherche, composé d'environ quarante îles très-petites. Presque à l'extrémité de la terre de Nuyts, sont situés la terre et le port du Roi-George.

TERRE ET BAIE OU PORT DU ROI-GEORGE (*), GÉOGRAPHIE ET CLIMAT.

La *terre du Roi-George* possède une baie ou port appelé en anglais *King George's Sound*, situé par 35° 10' latitude sud, et 115° 42' 40" longitude est du méridien de Paris. Elle est convenablement placée pour le radoub et les approvisionnements des navires allant de la Nouvelle-Galles du Sud à Van-Diemen et à la nouvelle colonie de la rivière des Cygnes (*Swan river*), fondée vers le sud-ouest; elle présente un havre excellent. La belle situation de ce havre que Vancouver visita le premier en 1792, que Flinders, Baudin, Freycinet, virent ensuite, dont l'expédition de d'Entrecasteaux a levé tous les plans, et où débouche la *rivière des Français* (voy. pl. 259), détermina le gouvernement britannique à y former un établissement en 1826. L'un de ses deux bassins intérieurs peut recevoir les grands vaisseaux, qui y jettent l'ancre en pleine sécurité près du rivage.

L'aspect général de la contrée est triste, quoique pittoresque. Les colonies, qui s'élèvent derrière l'établissement, sont couvertes d'arbustes assez beaux, mais la plupart frappés au cœur, et impropres aux constructions; on y distingue seulement le *leptospermum* aux feuilles argentées. Plus loin, cependant, les montagnes ont des bois de bonne qualité. Parmi les animaux sont le goéland-bourgmestre de Buffon, le pingouin, nommé *aptenodyta minor*, des cygnes noirs, des kasoars, des pélicans, des perroquets, et parmi les coquilles quelques phasianelles élégantes, souvent privées du mollusque, et de jolies térébratules (*).

Il serait difficile d'indiquer ici la succession des *vents* et des *saisons*, parce qu'elle n'est point uniforme. Les vents d'est commencent d'ordinaire à souffler en décembre, pour continuer de régner jusqu'à la fin de mars. Cette période peut être considérée comme formant l'été. Les vents d'est sont d'abord assez changeants et accompagnés de pluie; à mesure que la saison avance, les vents du nord se montrent, et la chaleur est d'environ 29° et demi de Réaumur (près de 37° centigrade), pour continuer ainsi pendant les mois de mars et d'avril, où dominent les vents d'ouest qui durent jusqu'à la fin de juillet. Les vents de sud-est règnent en août et septembre; les mois d'octobre et de novembre sont généralement beaux et signalés par des pluies fréquentes. Le vent chaud du nord, qui se fait sentir à Sidney, brûle aussi de temps à autre la terre du Roi-George, et pendant l'été le tonnerre et les éclairs y règnent souvent. Au total, le climat est beau, lorsqu'il tombe assez de pluie pour les besoins de la végétation.

MŒURS ET COUTUMES DES INDIGÈNES DE LA TERRE DU ROI-GEORGE.

Les indigènes de la terre du Roi-George ont une taille moyenne, des membres grêles, et la plupart un abdomen protubérant. Leur seul habillement est une peau de kangarou, descendant presque jusqu'au genou, jetée comme un manteau sur les épaules, et attachée à l'épaule droite avec

---

(*) Ce qui concerne cette terre est extrait en grande partie de la Relation du Voyage du docteur Scott-Nind de 1827 à 1829; Journal de la Société royale de géogr. de Londres.

(*) Nous avons trouvé souvent la même espèce de térébratules, à l'état fossile, aux environs de Paris. G. L. D. R.

un jonc, de manière à laisser la main droite libre de ses mouvements. Lorsqu'il pleut, ils mettent la fourrure en dehors. Quelques-uns de ces manteaux sont si étroits et si minces, que ceux qui les revêtent semblent marcher tout nus, et en particulier les enfants, dont le mantelet n'est guère qu'une simple bande. Les peaux plus larges sont pour les femmes. Les autres articles d'habillement sont la ceinture, les bracelets et la coiffe. La ceinture est une longue bande filée ou tissue de la fourrure de l'opossum, et tournée autour de la peau de kangarou plusieurs centaines de fois. Ils placent souvent une bande autour du bras gauche et la coiffe autour de la tête; quelques chefs portent sur la tête des plumes et des queues de chiens, qu'ils roulent ordinairement autour de leur longue chevelure. Les femmes n'ont aucun ornement, et portent les cheveux courts; mais les filles mettent quelquefois autour du cou un petit cordon de laine filée. Les deux sexes se frottent le visage et la partie supérieure du corps avec un rouge mêlé de graisse, qui leur donne une odeur désagréable. Ils l'emploient, disent-ils, comme moyen de propreté et pour se garantir de la pluie et du soleil. Leur chevelure est souvent empreinte du même fard.

En signe de deuil, ils se peignent une bande blanche sur le front en travers et en descendant sur les pommettes des joues. Les femmes s'appliquent la couleur blanche en larges taches.

Se peindre le corps n'est pas ici un signe de guerre comme dans la Nouvelle-Galles du Sud, c'est un ornement qu'on réserve pour les jours de danses, ou pour les occasions où les tribus se visitent réciproquement; on s'en sert surtout dans les saisons de l'année où l'on peut se procurer de la graisse de poisson ou de quadrupède. Sur la terre du Roi-George existe le même usage qu'à Sidney, celui de se tatouer ou de se faire des entailles sur le corps, et de maintenir une profonde cicatrice, en forme de saillie; ce qui a lieu principalement sur les épaules et sur la poitrine, et ce qui est tout à la fois une marque propre à différentes tribus, ainsi qu'une honorable distinction personnelle. Les indigènes se perforent la cloison nasale, pour y suspendre une plume ou quelque autre objet. Néanmoins les ornements du costume n'annoncent pas quelque marque d'autorité, car les jeunes gens seuls les portent. Les blessures cicatrisées sur le corps sont des marques de distinction plus relatives aux tribus qu'aux personnes.

Chaque homme de la tribu, lorsqu'il voyage ou va seulement à une certaine distance du campement, porte un bâton enflammé par un bout, afin de pouvoir allumer du feu, et en hiver tous en ont un sous leur manteau pour mieux se préserver du froid. C'est généralement un cône du *banksia grandis*, qui a la propriété de rester allumé un temps considérable. Une écorce pourrie ou une espèce de bois vermoulu est aussi employée au même usage. Les naturels ont aussi grand soin de conserver ce luminaire, et ils allument même du feu par le frottement de morceaux de bois sec, exprès pour le raviver.

Leurs armes sont des lances de deux ou trois espèces, qu'ils poussent avec un bâton approprié à ce dessein, un couteau (bâton armé de pierres aiguës fixées sur un lit de gomme à l'extrémité), un martinet de pierre, et un *curl* ou arme courbée, unie, analogue au *boumerang* des aborigènes de la Nouvelle-Galles du Sud. Les lances sont faites d'un long et mince bâton, épais d'un doigt, et d'un bois dur, poli avec soin, bien dressé et durci encore au feu. Il y en a quelques-unes qui servent pour la pêche, en y adaptant un nerf de kangarou, et qui ont huit pieds de longueur. Les lances de guerre sont plus longues et plus lourdes, étant, à cinq ou six pouces de leur bout, armées de pierres aiguës fixées avec de la gomme, et analogues aux dents d'une scie. Chaque homme porte de deux à cinq lances.

Les huttes des Australiens diffèrent considérablement entre les diverses tribus; en général elles sont en forme de four, d'une construction simple et grossière. Partout elles consistent en quelques baguettes plantées dans le sol et formant un berceau de quatre pieds de hauteur sur cinq ou six de largeur. On en réunit quelquefois deux en une, et on les couvre légèrement de feuilles de *xostera*. A l'époque des pluies, on y ajoute des morceaux d'écorce sur lesquels on place des pierres, afin que le vent ne puisse les emporter. Ces huttes se voient généralement dans les lieux abrités, près des eaux, le derrière opposé au vent régnant, et avec un feu qui brûle constamment sur le devant. Chaque hutte renferme plusieurs individus, qui y reposent enveloppés de leurs manteaux, pêle-mêle et par tas; on y voit également les chiens admis à partager leur couche.

Un campement se compose rarement de sept ou huit huttes; car, excepté dans les temps de pêche et durant les chaleurs, où une multitude considérable se rassemble, le nombre des individus est ordinairement petit, et peu de huttes suffisent. Ce nombre excède rarement cinquante personnes. Les habitations sont disposées de manière à ce qu'on ne voie pas de l'une dans l'autre. Les hommes se tiennent seuls dans une petite hutte; les enfants reposent avec les femmes dans une plus grande, près des maris. Ces sortes de campements constituent plutôt des familles que des tribus, qui quittent la côte en hiver, et se retirent dans l'intérieur, quand celles de l'intérieur viennent à leur tour sur la côte, dans la saison de la pêche. Comme le pays est pauvre en aliments, ces naturels ne sont pas stationnaires, ils vont d'un lieu à l'autre, suivant les provisions qu'ils peuvent s'y procurer. C'est en hiver et au printemps qu'ils sont le plus disséminés; mais, à mesure que l'été approche, ils se réunissent en plus grand nombre. C'est pendant cette saison qu'ils amassent le plus de gibier, et ils y réussissent à merveille, en mettant le feu autour des lieux où ils chassent, et enveloppant ainsi leur proie, sans lui laisser aucune issue. Les chasseurs, cachés par la fumée dans les sentiers les plus fréquentés des animaux, les tuent alors à leur passage, et ils en détruisent une quantité considérable. L'incendie quelquefois s'étend à plusieurs milles de distance.

Dès que le feu a passé quelque part, les indigènes se mettent à chercher parmi les cendres les lézards et les serpents détruits par milliers, et ils prennent aisément aussi dans leurs trous ceux qui ont échappé aux flammes.

Les chasseurs se font aider de leurs chiens, qu'ils ont pris jeunes et élevés dans ce dessein, toutefois sans se donner beaucoup de peine et sans leur enseigner un mode de chasse particulier. Ces chiens paraissent avoir un flair très-subtil, et ils s'élancent vers le gibier en le saisissant, ou en le faisant lever avec une étonnante dextérité, principalement les bandicouts (espèce de gros rats sans queue), les petits kangarous et les opossums; mais ils ne sont point assez agiles pour prendre l'ému et le grand kangarou. Ces chiens vivent de végétaux, de racines, d'entrailles et d'os d'animaux. A certaines époques de disette, le chien est forcé de quitter son maître; mais il revient au bout de quelques jours. Il n'aboie pas, dit Cunningham, il hurle d'une façon lamentable en cherchant sa proie, et il mord avec fureur, en happant à la manière du renard. C'est un très-bon gardien domestique, et il attaque hardiment les étrangers. Dans l'état sauvage, les naturels le tuent pour manger sa chair; mais ils font un usage plus fréquent de la chair de kangarou, et moins souvent de celle de l'ému, oiseau qu'ils épargnent, surtout en hiver, au moment de la ponte. Les lézards composent leur nourriture de prédilection, et c'est même leur principal aliment en certaines saisons. Ils mangent aussi des fourmis, et surtout leurs œufs qui ont un goût d'huile, et même des serpents, dont quelques-uns sont venimeux; mais ils ont soin auparavant de leur écraser la tête et de vider leur estomac. Au printemps, la principale nourriture des indigènes se tire des œufs et des jeunes oiseaux, tels que perroquets, ducs, cygnes, faucons, pigeons, etc. Ils prennent l'opossum en suivant la trace de ses griffes sur l'écorce jusqu'à son trou dans les arbres.

En été et en automne, les naturels de cette terre, dit M. Nind, tirent de la pêche une grande partie de leurs aliments; ils n'ont pas de canots et ne savent pas nager, différents en cela des autres indigènes du continent australien : aussi ne saisissent-ils que le poisson qui s'approche du rivage. Ils n'ont ni filets, ni crochets, ni ligne, et ne se servent que de la lance, qu'ils savent, il est vrai, manier avec une grande dextérité. C'est aux embouchures des ruisseaux ou des rivières que leur pêche est la plus abondante (*). Quand elle dépasse leurs besoins pressants, ils sèchent, rôtissent et gardent le restant dans des écorces. Ils prennent surtout beaucoup d'huîtres, parfois des tortues, des phoques qui se familiarisent avec l'homme, et qui ont un bêlement presque semblable à celui du chevreau, et même des baleines que le hasard a jetées sur le rivage, et qui leur fournissent une graisse abondante, dont ils assaisonnent les racines ou autres végétaux.

Ainsi les indigènes de la terre du Roi-George vivent des productions de la nature, sans le secours de l'art. Leur nourriture variant dans les différentes saisons et les divers pays, pauvre en qualité, souvent rare, les oblige parfois à une vie vagabonde. La population est donc loin d'être considérable, et elle varie en apparence et en coutumes suivant l'espèce de nourriture des habitants. Il y a de nombreuses subdivisions dans les tribus; mais il est difficile de les distinguer, parce qu'elles ont toutes le même nom, sans aucune autre désignation. En temps de paix, ces malheureux Australiens s'associent rarement, et leurs guerres ont lieu plutôt entre individus ou familles qu'entre tribus ou districts. Ils n'ont pas de camp ou de rendez-vous, ne reconnaissent aucun chef général, et ils s'assemblent ou se dispersent, suivant que la saison ou leur penchant les détermine.

Dans les temps de sécheresse ils quittent le pays qu'ils habitent, s'il se trouve privé d'eau. Ils grimpent sur les arbres afin de rassasier leur soif, en y pratiquant des trous et en extrayant la sève; les femmes elles-mêmer ont recours à ce moyen.

La disette de vivres a occasionné quelques autres usages qui sont curieux et caractéristiques. Les hommes et les femmes s'en vont le matin en détachements séparés et composés de deux ou trois personnes ; les femmes pour recueillir des racines ou des écrevisses, et les hommes, avec leurs lances, pour prendre du poisson et tuer du gibier. Les femmes cuisent les racines ou ce qu'elles ont trouvé, et les mangent, mais elles en réservent une partie pour les enfants et pour les hommes. Quand les hommes ont réussi à amasser un bon butin, ils allument un grand feu et mangent une portion de leur chasse. Les hommes mariés en réservent généralement une part pour leurs femmes. Ils sont extrêmement jaloux de leurs aliments; ils les cachent et les mangent en secret ; cependant, si d'autres individus sont présents, ils leur en donnent ordinairement une faible partie. Les hommes amassent aussi des racines ; mais le plus souvent ils abandonnent ce soin à leurs compagnes.

Ils ont quelques idées superstitieuses à l'égard de la nourriture : chaque âge et chaque sexe doit avoir la sienne. Ainsi les jeunes filles, après onze ou douze ans, ne mangent plus de bandicouts : ce mets, disent-ils, nuirait à leur fécondité prochaine ; les jeunes garçons ne mangent pas d'aigle noir : ils n'auraient point de belle barbe. Ils épargnent aussi le kangarou et ne s'en nourrissent que lorsqu'ils ont plus de

---

(*) M. le capitaine Dumont d'Urville a observé que ces sauvages élèvent des digues de pierre ou de branches d'arbre, lors des marées, pour retenir le poisson et en prendre davantage au reflux. Voyage de l'*Astrolabe*, t. I, p. 110. Cette remarque aura sans doute échappé à M. Nind.   G. L. D. R.

trente ans. Les vieillards préfèrent les cailles. L'usage de la chair de kangarou rend les femmes plus fécondes.

Les naturels de cette contrée paraissent aimer beaucoup leurs enfants et les punissent rarement; mais ils ne sont pas aussi tendres pour leurs femmes, car on en voit souvent qui ont à la cuisse ou aux jambes de larges blessures que leur a faites la lance de leurs maîtres.

Les femmes sont très-utiles à leurs maris, non-seulement en leur procurant de la nourriture, mais aussi en leur préparant leurs vêtements, leurs huttes, et en remplissant d'autres devoirs domestiques. Elles ont peu d'ustensiles, et encore sont-ils grossièrement faits : un morceau d'écorce, dont les deux bouts sont joints ensemble, tient lieu de coupe; la griffe d'un kangarou sert d'aiguille; un roseau creux ou l'os d'une aile d'oiseau leur sert à pomper l'eau avec la bouche.

La *polygamie* est une pratique générale, chaque homme ayant un certain nombre de femmes; mais les *usages* intérieurs de ces naturels n'ont pu encore être bien connus. Les filles paraissent être à la disposition de leur père, et sont généralement fiancées dès leur enfance; il y en a même que l'on fiance avant d'être nées, et par conséquent avant que la mère soit sûre de mettre au monde une fille. En certains cas l'échange est mutuel. Il n'est pas rare que les hommes auxquels on fiance de jeunes filles soient d'un âge mûr ou même avancé, et possèdent déjà plusieurs femmes. Il paraît qu'ils n'ont point de cérémonies nuptiales. Dès le premier âge, la jeune fille est amenée à son futur époux. Les prévenances et les présents sont plutôt pour son père que pour elle, qui reçoit à peine quelques aliments, tandis que le père reçoit un manteau et quelquefois des lances. A onze ou douze ans, la jeune fiancée est définitivement remise à son époux.

Ceux qui volent des femmes pour en faire leurs compagnes, ce qui est commun parmi les naturels de la terre du Roi-George, sont obligés de veiller davantage sur elles. Quelquefois ils usent de violences, et la jeune fille est enlevée malgré elle; en général cependant celles qu'on enlève ainsi appartiennent à de vieux maris, et le jeune couple s'unit dès lors par une inclination naturelle; quelquefois même la tribu est dans le secret du ravisseur, car les parties souvent s'éclipsent du milieu d'elle, vont aussi loin que possible, et changent continuellement de lieu jusqu'au moment où la femme enlevée est devenue enceinte; les amis de part et d'autre intercèdent; on fait des présents au mari, et elle est affranchie de son premier engagement. Il arrive plus souvent que la femme est retrouvée à temps, et alors le mari la punit sévèrement, jusqu'à lui percer la cuisse avec sa lance.

L'infidélité est assez commune. Le mari veille d'un œil jaloux sur sa moitié, et au moindre soupçon il la châtie avec rigueur.

La majorité des hommes reste célibataire jusqu'à trente ans passés; quelques-uns plus longtemps. Les hommes vieux ont non-seulement plusieurs femmes, mais encore des femmes de tous les âges.

Cet inconvénient est compensé par un autre usage qui permet de courtiser une femme du vivant de son mari, mais de l'aveu des conjoints, et à la condition qu'elle deviendra l'épouse du sigisbé après la mort du mari. Celui-ci reçoit alors quelques présents ainsi que sa compagne, qui, au reste, les partage ordinairement avec lui. Cet usage se pratique ouvertement et au su de tout le monde; mais il exige un certain décorum, afin de ne pas trop chatouiller la susceptibilité du légitime époux.

Lorsqu'un homme meurt, l'usage veut que ses jeunes femmes se retirent dans la tribu de leurs pères pendant la période du deuil, période où elles vivent presque dédaignées par ceux même auxquels elles doivent appartenir, et elles seraient punies exemplairement, si elles allaient immédiatement avec eux, à moins que les deux amants ne s'éloignent tout de suite. Il n'est pas rare qu'une femme consente à avoir des accointances avec les plus proches parents de son mari, s'il le permet.

Comme les femmes des autres tribus sauvages, celles de la terre du Roi-George souffrent peu pendant leurs couches, et même le jour qui suit celui de la délivrance, elles vont déjà chercher leur nourriture. L'enfant, recueilli dans un pan de manteau, est ensuite suspendu à l'épaule maternelle, et n'est couvert qu'au moment où il peut courir seul. S'il naît deux jumeaux, l'un des enfants est mis à mort, et c'est le mâle qui est sacrifié, s'ils sont de sexes différents. Les raisons que ces sauvages donnent d'une telle barbarie, c'est qu'une femme n'a point assez de lait pour nourrir deux enfants, et ne saurait non plus chercher assez de nourriture pour eux et pour elle à la fois. On allaite les enfants jusqu'à l'âge de quatre ou cinq ans; mais bien avant qu'ils soient sevrés, on leur enseigne à se procurer déjà une portion de leur nourriture.

Une fille de neuf à dix ans a la surintendance de toutes celles qui peuvent marcher; elle les amène avec elle, chacune ayant un petit bâton, cueillir des racines dans le voisinage de leur campement : si elles aperçoivent un étranger, elles se cachent aussitôt dans les herbes, en s'y couchant à plat ventre comme un lièvre. Plus âgées, elles accompagnent les femmes, qui généralement les portent sur leurs épaules à califourchon.

Ordinairement ces sauvages dansent tout nus (*); mais devant M. Nind et les Anglais, ils avaient leurs manteaux roulés autour des reins, laissant la partie supérieure du corps entièrement découverte. La face était peinte en rouge, et sur les bras comme sur le corps on apercevait différentes figures peintes en blanc. Le blanc est la couleur habituelle ou l'emblème du deuil; mais on l'emploie dans les danses, parce qu'elle est la plus voyante la nuit. Les médecins ou sorciers et les vieillards ne dansent jamais. Un feu s'allume sur un lieu bien apparent, et un vieillard se tient derrière, tandis qu'on danse devant comme pour aller vers lui. Cette danse est accompagnée de beaucoup de contorsions, et représente communément la chasse et la mise à mort de divers animaux ; aussi n'offre-t-elle ni élégance ni vélocité; elle est, au contraire, bouffonne et quelquefois peut-être symbolique (voy. *pl.* 268). Le bruit qui se fait en dansant est loin d'être musical : le danseur répète à chaque saut le mot *ouó, ouó*, sorte d'exclamation. Ils sont grimaciers et timides; il devait être plaisant de voir avec quelle peur ils acceptèrent les cadeaux que leur donnèrent les officiers de l'*Astrolabe* (voyez *pl.* 256).

Les individus qui ont le plus d'influence parmi ces sauvages sont les *malgaradocks* ou médecins-charlatans. Il y en a de plusieurs classes, lesquelles indiquent la nature et l'étendue du pouvoir de chacun. Un *malgaradock* est regardé comme possédant le pouvoir de dissiper le vent ou la pluie, de faire descendre la foudre ou la maladie sur un objet quelconque de sa haine. Quand il essaye de calmer un orage, il se tient en plein air, agite les bras, secoue son manteau de peau, et gesticule violemment pendant assez longtemps. Il procède à peu près de même pour éloigner la maladie en faisant moins de bruit, en pratiquant des frictions (ces frictions n'ont pas lieu dans les cas de dyssenterie, qui sont assez fréquents ; on administre alors au patient de la gomme d'un arbre, et quelquefois des tiges vertes d'une certaine racine rouge) avec deux baguettes de bois vert, auparavant chauffées au feu, et en lâchant par intervalle une bouffée de vent, soi-disant propre à enlever la douleur. On suppose que la main du mulgaradock peut conférer la force ou l'adresse, et il est fréquemment visité par les naturels qui désirent l'une ou l'autre. L'opération consiste simplement à lui tirer la main plusieurs fois de suite avec une forte pression, de l'épaule aux doigts, et il l'étend alors jusqu'à ce que les

(*) M. Nind dit n'avoir jamais vu les femmes danser avec les hommes, et il croit que ce mélange n'a jamais eu lieu.

articulations craquent. L'office habituel de ces jongleurs est de guérir les blessures de lance, qui, du reste, inquiètent peu les naturels. Ces naturels sont très-adroits à extraire l'arme, après quoi ils appliquent un peu de poudre analogue à celle du fard, et bandent bien la plaie avec une écorce douce. Dans la diète du malade, les degrés de la convalescence sont marqués par la nourriture qui lui est permise : d'abord seulement des racines, ensuite des lézards, puis du poisson, etc. On ne voit parmi les naturels aucun cas de difformité, et rarement des sourds ou des aveugles. Les défaillances n'alarment point. Toutefois un de ces sauvages, apercevant un matelot anglais dans un état d'ivresse la plus complète, au point de ne pouvoir se tenir debout, vint alarmé prier M. le docteur Nind de secourir le patient, ajoutant que parmi eux ils avaient souvent de pareils exemples : il entendait, probablement, indiquer par là, les coups de soleil auxquels ils sont sujets.

Le traitement usité parmi eux pour la morsure d'un serpent est simple et rationnel : ils fixent une ligature de jonc sur la partie du membre atteinte, élargissent la plaie avec la griffe d'un kangarou ou la pointe d'une lame, et sucent cette plaie, en la lavant souvent, ainsi que leur bouche, avec de l'eau. Dans les lieux où ils ne trouvent pas d'eau, ils considèrent la succion comme dangereuse.

Dans leurs rencontres, les naturels font plusieurs circuits, et s'embrassent plusieurs fois en enveloppant de leurs bras le manteau de leur ami qu'ils soulèvent de terre, et dont ils baisent les mains ; ce que l'ami leur rend exactement. La baguette de bois vert paraît être toujours un symbole de paix, et elle figure dans les danses. Les querelles entre individus cessent à l'intervention des familles respectives.

Lorsqu'un homme est tué, la tribu se réunit sur-le-champ autour de lui, et jure de venger sa mort ; mais il leur est indifférent de tuer le principal coupable ou un autre homme de la tribu adverse. Pourtant la peine du talion s'étend beaucoup plus loin ; car si un homme périt par accident en tombant d'un arbre, en plongeant dans la mer, ou de toute autre façon, les amis du défunt imputent sa mort à quelque malgaradock d'une tribu ennemie, et ils tuent pour le venger un homme de cette tribu. Aussi, lorsqu'un individu est sérieusement malade, et qu'il sent ne pouvoir en revenir, il tâche de tuer quelqu'un, espérant de la sorte échapper au danger.

Dans les combats singuliers, ils emploient leurs marteaux, leurs bâtons longs ou courts ; et souvent sans doute les coups qu'ils portent seraient mortels ; mais ils semblent incapables d'asséner de bons coups lourds ; ils frappent plutôt mollement comme des femmes. Ils n'usent pas de boucliers, mais ils sont extrêmement adroits à éviter les coups de lance.

Les querelles les plus fréquentes s'élèvent à l'occasion des femmes. Pour les déprédations sur les terres les uns des autres, ou pour toute cause légère, ces sauvages se contentent de coups de lance aux jambes ou aux cuisses, sans chercher à se tuer ; et, dès qu'un individu de part ou d'autre est blessé, le combat cesse.

Dans quelques contrées de l'Australie, les indigènes ont des assemblées régulières pour se livrer bataille ; il n'en est pas ainsi chez ceux de la terre du Roi-George. Leurs attaques, lorsqu'elles doivent être fatales, ont le plus fréquemment lieu la nuit, et toujours à la dérobée. Dès que l'ennemi s'approche, ils élèvent un cri, saisissent leurs lances, fondent sur lui en tumulte, repoussent leur barbe dans leur bouche, et font les plus hideuses grimaces. Un ou deux guerriers, de part et d'autre, se livrent combat ; et, durant la mêlée, on essaye de les séparer en courant autour d'eux. Ils poussent leurs lances en se tenant à quelques pas les uns des autres, et leur dextérité à les éviter est vraiment merveilleuse, car ils ne bougent jamais de place ; ce qui fait que les lances jetées devant l'un des deux partis occasionnent des accidents inattendus. Pendant la lutte, les femmes et les enfants se tiennent éloignés de ce théâtre sanglant, et en grand nombre, afin de se protéger mutuellement. On n'allume alors que bien rarement du feu, si ce n'est pour cuire les aliments, et on prend beaucoup de précautions pour n'être pas découvert. Les hommes non mariés sont d'ordinaire les guerriers attaquants. Ils voyagent par détachements de trois ou quatre, en laissant le moins de traces possibles de leur marche, évitant les sentiers, de peur que l'empreinte de leurs pas ne les trahisse; car, de même que les autres sauvages, les Australiens ont une sagacité inouïe à suivre la trace d'un pas humain. Lorsqu'ils ont découvert un campement ennemi, ils attendent la nuit; alors ils approchent avec précaution, en rampant sur les mains et les genoux, jusqu'à ce qu'ils aient trouvé la personne qu'ils cherchent, et aussitôt de leur lance ils lui traversent le corps. L'ennemi qui est surpris de la sorte, se met à l'instant à fuir sans essayer de résistance, car, dans les ténèbres de la nuit, il ne peut discerner un ami d'un ennemi, et la lueur des feux ne sert qu'à exposer plus sûrement à des coups meurtriers. Les femmes et les enfants sont également sacrifiés, mais toujours en petit nombre. Néanmoins, ces escarmouches continuelles affaiblissent considérablement la population indigène, puisque, dès qu'un individu tombe frappé, sa mort est aussitôt vengée. Après ses funérailles, on quitte le pays pour une certaine période, durant laquelle on a soin de ne pas prononcer le nom du mort; et, en rappelant l'événement, on se borne à mentionner les survivants; car si on citait le nom du mort, on craindrait de voir son ombre.

Les funérailles sont accompagnées de lamentations bruyantes. On creuse une fosse de quatre pieds de long, trois de large et six de profondeur, au bas de laquelle on dépose une écorce, des rameaux verts et le corps par-dessus, enveloppé de son manteau, les genoux repliés vers la poitrine, et les bras croisés; on couvre le tout de nouvelles branches et d'écorces, et enfin de terre pour remplir la fosse, qui est aussi marquée par des branches d'arbre, et par les lances, le couteau de pierre et le marteau du guerrier expiré (voy. pl. 264). Les pleureurs gravent des cercles dans l'écorce des arbres voisins de la tombe, à la hauteur de six ou sept pieds du sol; enfin ils allument un petit feu en tête, recueillent quelques rameaux qu'ils nettoient avec grand soin pour qu'aucune parcelle terreuse n'y soit adhérente. On se couvre la face en noir ou en blanc; on se fait quelques pustules au front autour des tempes, et sur les os des joues, marques de deuil qu'on porte assez longtemps; on se coupe aussi le bout du nez, et on l'égratigne comme pour en faire couler des larmes. Durant le deuil, on ne porte ni ornements ni plumes. Il arrive souvent que deux personnes ont le même nom; à la mort d'une d'elles, l'autre change le sien pour un certain temps, afin que celui du défunt ne puisse être proféré. Une femme est également ensevelie avec tous ses accoutrements et ustensiles.

On pourrait conclure de là que les sauvages croient à la vie future. Le voyageur anglais qui nous a fourni ces détails, n'y met aucun doute. Ils pensent, dit-il, qu'après la mort ils s'en vont vers la lune. Ils ont foi aux esprits, et prétendent même en avoir vu. Ils croient aussi aux présages, et le chant du coucou, par exemple, est, selon eux, un augure de mort.

« Dans leurs campements, dit M. Nind, ils faisaient toujours beaucoup de bruit; mais ce bruit cessait à notre approche, jusqu'à ce que l'on sût qui nous étions. A la venue d'un étranger, on paraissait joyeux, on le cajolait, on le flattait; on lui volait d'abord quelques petits objets, et de jour en jour de plus considérables. Toutefois beaucoup d'articles étaient restitués, s'ils lui avaient été dérobés par des individus étrangers à la tribu au sein de laquelle il se trouvait. »

Les naturels de la terre du Roi-George désignent par des noms particuliers, soit les saisons, en partant de juin, qui est pour eux le commencement de l'hiver, soit les vents, soit les tribus, les classes et les noms des personnes qu'ils connaissent.

En général, ils parlent vite, et souvent interrompent la conversation par un chant, dans lequel ils relatent les circonstances qui les intéressent. Ils ont aussi des chansons, pour ainsi dire, improvisées. Les femmes chantent plus souvent entre elles, et leurs chansons ne sont pas toujours décentes ; les hommes sont de même enclins aux paroles graveleuses et satiriques.

LANGUE.

La langue des naturels de la terre du Roi-George abonde en voyelles et ne manque pas d'harmonie; mais elle diffère entièrement de celle des naturels de la côte orientale, dont nous avons donné un échantillon (voy. notre tableau polyglotte de vingt et un idiomes de l'Océanie, tome Ier de cet ouvrage), et même des idiomes des tribus voisines.

Voici la liste des mots les plus importants du vocabulaire de ces Australiens, recueillis par M. Scott Nind. De peur d'altérer la prononciation, nous avons conservé l'orthographe anglaise.

Petit vocabulaire de l'idiome des habitants de la terre du Roi-George.

Tête.	Kaat.
Yeux.	Meal.
Nez.	Chungulet.
Bouche.	Taa.
Dent.	Orlock.
Langue.	Tarlin.
Gorge.	Woort.
Oreille.	Twank.
Barbe.	Narnac.
Sein.	Peep.
Ventre.	Corpul.
Main.	Marr.
Pied.	Maat, ou chen.
Cuisse.	Towl.
Cheveux.	Chow.
Peau.	Mawp.
Foie.	Maierr.
Corps ou chair.	Yarlin.
Os.	Queet.
Odorat.	Taamil.
Gras.	Cheerung.
Habit.	Poaak.
Ceinture.	Noodlebull.
Touffe de plumes portée sur la tête.	Wadowunny, ou caccalon.
Cordon autour du cou.	Woortil.
Couteau.	Taap.
Lance de chasse.	Keit.
Bâton à pousser la lance.	Mear.
Bâton court.	Towk.
Bâton courbé.	Curl.
Marteau.	Koit.
Os d'aile d'un oiseau destiné à aspirer l'eau.	Knweel, ou nweel.
Corde ou nerf.	Peteroe.
Oui.	Hoo, ky, quaco.
Non.	Poort.
Je ne puis pas.	Uu wamb.
Je m'en irai.	Un bourlock.
Viens.	Ca.
Viens ici.	Ca wa, u alla.
Va-t'en.	Bulloco.
Le vôtre.	Nuncloc.
Le mien.	Un.
J'ai faim.	Un urelip.
Je suis rassasié.	Un mourert.
J'ai besoin.	Un gee.
De l'eau à boire.	Kaip un aan.
Manger.	Anger, taa.
Pain.	Quannert.
Riz.	Kioc.
Racine.	Yoke.
Absent.	Bocun.
Allons-nous-en.	Bocun oola, ou wat oola.
Sentier.	Maat.
Long.	Woorie.
Court.	Korert.
Beaucoup.	Orpern.
Peu.	Nehp.
Quoi? Que dites vous?	E naaw.
Quel est votre nom?	Enne eean.
Mauvais à manger.	Wockurn.
Bon.	Quaup.
Ceci.	Nè.
Voler.	Quypul.
Voleur.	Quypungur.
Comme ceci, de cette manière.	
Nuit.	Ky uneea.
Jour.	Kartiac.
Étoile.	Ben.
Lune.	Chindy.
Soleil.	Meuc.
Foudre.	Cheat.
Éclairs.	Condernore.
Matin.	Yerdiverman.
Demain.	Mania.
Hier.	Maniana.
Peu à peu.	Kartiac kain.
Tout à l'heure.	Poordel.
Il y a quelque temps.	Yibbal.
Soir.	Corram.
Froid.	Coramellon.
Chaud.	Mulgan.
Jeune.	Ureler.
Dormir.	Geniung, tooting.
Dormir ensemble.	Copil.
Écoutez.	Copil nahluc.
Hutte.	Yuccan.
Bois.	Toorloit.
Chèvre feuille.	Poorne.
Arbuste à herbe. (*Grasstree*).	Moncat.
Gomme d'arbre.	Paalue.
Terrain.	Perin.
Terre.	Moorile.
Sable.	Yahl.
	Til.

Fourmi.	Weet.
Pierre.	Pwoy.
Mer.	Mammord.
Rivière.	Peerle.
Lac.	Penger.
Caillou.	Pal.
Plumes.	Keardit.
Oiseau.	Keard.
Coucou noir.	Curraak.
Coucou blanc.	Muunit.
Pigeon.	Moorbait.
Ému.	Wait.
Kangarou.	Ware, *femelle*.
	Yungur, *male*.
Bandicout.	Qnernd.
Chien.	Toort.
Opossum.	Comal.
Duc.	Wackerren.
Cygne noir.	Marlie.
Aigle.	Warlit.
Perroquet.	Tiajip.
Faucon.	Corriore.
Serpent.	Norne.
Lézard.	Youern.
Racine à manger.	Meernc.
Jonc.	Paat.
Herbe.	Challup.
Écrevisse.	Challow.
Tortue.	Kilon.
OEufs.	Pooye.
Poule.	Pooyiore.
Baleine.	Mammang.
Poisson.	Wallah.
Caille.	Pooriock.
Bruit.	Wauker.
Fausseté.	Purtup.
Maux.	Baruck.
Mal.	Mendeit.
Bien.	Toortock.
Rire.	Cowker.
Joyeux.	Wimberner.
Queue.	Neent.
Nerfs.	Peet.
Mort.	Kipiuc.
Enseveli.	Yahlue.
Feu.	Carle.
Cuit.	Tokenor.
Chaud.	Carloc.
Assez.	Carle nent.
Chien sauvage.	Yaccan toort.
Un revenant.	Noit.
Un homme.	Yungur.
Une femme.	Yock.
Jeune et beau.	Yock prindy.
Vieillard.	Narnacearack.
Homme mûr.	Narnaepool.
Jeune homme.	Narnaetowaller.
Adolescent.	Narnae poort.
Enfant, garçon.	Coolan.
Fille.	Wainernung.
Enfant à la mamelle.	Peep anger.
Homme marié.	Yock a duck.
Célibataire.	Maujahly.
Médecin.	Mulgaradock.
Noirs.	Mohurn.
Blancs.	Toradiller.
Père.	Cuinkur.
Mère.	Eecher.
Clair de lune.	Meuccong.
Pleine lune.	Coppern.
Un.	Kain.
deux.	Cojine.
Trois.	Taan.
Quatre.	Orre.
Cinq.	Poole.
Peu.	Kain kain.
Beaucoup.	Poole ou orpern.

M. d'Urville ayant visité la presqu'île d'York, trouva un petit courant d'eau qui vient former, au bord de la mer, une aiguade assez commode, et qui fut fort utile à l'équipage de l'*Astrolabe*. En le suivant, les officiers de cette corvette atteignirent le sommet de la presqu'île, où se dessinaient plusieurs troncs de *xanthorrea*, de *kingia* aux longues feuilles linéaires, réunies en touffes épaisses, et retombait en dehors sous la forme d'une coupe antique. La première fournit une gomme tenace; les sauvages l'emploient pour souder à des manches les pierres tranchantes qui leur servent de couteaux, de scies et de marteaux. Quoique la crête de ce petit promontoire n'ait guère plus de cinquante-huit toises d'élévation, on découvre de là un point de vue admirable: au nord, les étangs paisibles qui bordent la plage; puis la baie du *havre aux Huîtres* avec son îlot verdoyant du Jardin, que bordent des massifs d'énormes eucalyptus; dans le sud-est, le beau havre de *la Princesse-Royale*; au sud, la chaîne aride de la péninsule de Bald-Head, sur laquelle la houle de la haute mer vient se briser en écume; du côté de l'est, les deux îlots rocailleux de Michaël Mas et de Break Sea, placés à l'entrée du port du Roi-George; plus loin enfin, le piton conique et régulier du mont Gardner. En descendant le revers opposé de la péninsule, commencèrent à paraître quelques eucalyptus d'une très-grande taille, avec des banksias et autres espèces ligneuses; mais leurs troncs charbonnés, leur ombrage douteux, leurs cimes difformes et dépouillées donnaient au paysage un aspect de maigreur et d'étiolement (*).

« Un jour, dit M. Nind, que j'étais à la chasse, nous entendîmes le cri *kou-hi kou-hi ká ká*, retentir dans les bois. Mon compagnon s'arrêta tout court; il dit que des étrangers arri-

(*) D'Urville.

vaient et que c'étaient des ennemis. Mais bientôt il reconnut que c'étaient des amis, et nous nous avançâmes vers eux. C'étaient cinq ou six hommes de la tribu Murran qui s'approchaient de nous, en dansant le long de la route.

« Leurs lances et leurs *mearas*, ou bâtons pour envoyer la lance, étaient portés par un seul d'entre eux, et les autres étaient désarmés. Ils étaient peints et barbouillés sur tout le corps; chacun avait le front ceint d'un bandeau dans lequel étaient passées des feuilles de xanthorrea, qui retombaient autour du visage en guise de bandelettes. Chacun d'eux tenait aussi un rameau vert dans sa main.

« En attendant, les hommes des deux tribus tournèrent quelque temps dans une direction circulaire, et ils s'embrassèrent plusieurs fois. Chacun passant le bras autour de la taille de son ami, le soulevait un peu de terre, et lui baisait les mains; politesses qui étaient sur-le-champ rendues dans les mêmes formes. La danse recommença ensuite. »

La baie du Roi-George (voy. *pl.* 274) est regardée, en ce moment, comme une nouvelle Hespérie par les émigrants anglais; mais si on en excepte une bonne rade, elle offre peu d'avantages sous le rapport du climat et de la qualité des terres. Cependant le gouvernement anglais y avait formé, à grands frais, une colonie entièrement composée d'hommes libres, nommée *Frederik's town*, dépendante du gouvernement de la colonie de la rivière des Cygnes, également libre, et organisée sur un nouveau plan. Cet essai occupa vivement les habitants de Sidney et d'Hobart-Town, qui voyaient s'élever cet établissement avec envie. Auparavant on ne rencontrait au port du Roi-George que des soldats et des convicts envoyés de Port-Jackson. Les dernières nouvelles que nous avons reçues de Sidney nous apprennent que cette colonie abandonnée vient d'être rétablie.

COTE OCCIDENTALE DE L'AUSTRALIE.

La côte occidentale de l'Australie est la moins considérable des quatre qui entourent ce continent. On y remarque la baie du *Géographe*, avec ses marais. Le phénomène du mirage y produit fréquemment des illusions. Dans cette baie, le port Leschenaut ne peut recevoir que de très-petits navires. Nous y trouvons d'abord la *terre de Leuwin*, la Lionne, qui présente sur son rivage une chaîne de dunes énormes.

TERRE D'EDELS.

La *terre d'Edels*, arrosée par la rivière des Cygnes noirs, est un pays plat et couvert de beaux eucalyptus. Cette côte, d'une élévation moyenne, est bordée d'îles sablonneuses, de brisants et de récifs de corail. Derrière les collines qui la bordent, sont des étangs d'eau salée. « On y éprouve, dit le savant M. Walckenaer, sur toute son étendue, des changements subits de température, et on y aperçoit quelques cabanes de natifs, construites avec plus de solidité qu'ailleurs. » Ce pays est traversé par des couches calcaires, et couvert de beaux eucalyptus. On y voit de nombreuses perruches, et nous pensons que, dans les roseaux du fleuve, il peut exister des hippopotames, car le voyageur Bailly y a entendu des mugissements bien plus forts que ceux d'un bœuf; et Dampier avait trouvé près de la baie des Chiens marins la tête et le squelette d'un hippopotame. Les indigènes sont des Australiens, faibles, stupides et féroces.

COLONIE DE LA RIVIÈRE DES CYGNES NOIRS.

C'est ici que les Anglais ont tenté d'établir une colonie, qui a pris le nom de *Black Swan River*, *Rivière des Cygnes noirs*. Elle est située au pied oriental des monts Darling. L'entrée est par le 32° 4′ 30″, et 113° 26′ 20″, d'après Van Keulen. Le terrain paraît être entièrement composé d'un sol gras et fertile. Selon M. Frazer, botaniste de Sidney, il est bien supérieur à celui de la Nouvelle-Galles du Sud. La rivière des Cygnes coule, pendant douze lieues environ, au milieu de jolies vallées. On ne reçoit, dans cette colonie, que des colons libres ; les déportés en sont donc exclus. Elle est divisée en comtés, en cantons, en juridictions et en sections. Chaque section contient un mille carré de six cent quarante acres.

Ce lieu reçut le nom de Rivière des Cygnes de l'amiral d'Entrecasteaux, qui l'explora en 1792, dans l'intention probablement d'en assurer la possession à la France. Mais celle-ci, ayant oublié de faire valoir ses droits, nos rivaux profitèrent de notre négligence; et, trente-deux années plus tard, M. Stirling, capitaine de la marine britannique, qui fit de Swan River une pompeuse description à son gouvernement, obtint facilement les moyens nécessaires pour y fonder une colonie.

Grâce à la fièvre d'émigration qui agitait si fort, en 1823, la population d'Angleterre, les colons affluèrent au nouvel établissement, croyant y faire une fortune rapide; mais ils furent cruellement désappointés : au lieu du climat doux et sain, des terres fertiles et bien arrosées qu'on leur avait promis, ils ne trouvèrent qu'un sol sablonneux et battu par les terribles vents d'ouest. Aussi, malgré les efforts de leur gouverneur, beaucoup d'entre eux se retirèrent à Sidney ou à Hobart-Town, dont les négociants, peu satisfaits de leurs spéculations avec le nouvel établissement cherchaient à les décourager. Cependant la colonie s'obstina à cultiver la Rivière des Cygnes, malgré l'inégalité du climat qui y empêche souvent les moissons de parvenir à leur maturité, et engendre des épidémies qui déciment les hommes et les animaux, malgré l'inconvénient d'une rade qui, n'étant abritée des lames et des vents du large que par une petite île, n'offre presque aucun abri aux gros bâtiments. La plupart des obstacles qui s'opposent à sa prospérité, disparaîtront probablement quand les habitants auront mis les montagnes entre eux et la mer.

Le gouvernement habile de la Grande-Bretagne étend sa puissance sur tous les points du globe où il peut protéger le commerce anglais, avec une justesse mathématique, que le ministère et la nation possèdent et allient souvent avec une rare élévation d'idées, et toujours avec une noble persévérance. Voyant la puissance anglaise garantie et consolidée dans l'Inde et dans l'île magnifique de Ceylan, à l'île de France et au cap de Bonne-Espérance, qui sont devenus à leur tour florissants, le gouvernement anglais, dis-je, pensa qu'il importait d'encourager un établissement sur la côte occidentale de l'Australie : pour rapprocher entre eux ces divers points, il a fait choix du bassin pittoresque et fertile de la Rivière des Cygnes, et a donné des ordres pour que les premiers travaux fussent repris et avantagés. Aussi sur ce point on dirige aujourd'hui les expéditions les plus importantes ; car, cette colonie, liant l'océan Indien à la mer du Sud, rapprochera de plusieurs centaines de lieues l'Australie de la métropole.

Après la Nouvelle-Galles du Sud, la colonie la plus importante de l'Australie est celle de la *Rivière des Cygnes*. Depuis 1829, le capitaine Stirling en a été nommé gouverneur. Le littoral de cette colonie vient de s'étendre, de la côte occidentale jusque sur la côte sud-ouest de l'Australie. Elle possède plusieurs rades importantes ; les plus sûres sont la *baie du Roi-George*, qui comprend deux bassins, le havre du *Prince-Royal*, le havre aux *Huîtres*, le havre *Augusta*, et enfin la *baie du Géographe*. La *baie de Cokburn*, située par le 32° 10' de latitude sud, entre la terre ferme et l'île des Jardins, offre une rade d'un facile accès, qui peut contenir plus de mille bâtiments. En cas de guerre, ce serait une position redoutable. Le territoire entier de la colonie s'étend du 32° au 35° de latitude sud, et du 155° au 158° de longitude est.

Les fondements de quatre villes y ont déjà été jetés, savoir : sur la côte, Freemantle, vers la rive sud de l'embouchure de la rivière; Clarence-Town, au bord de la mer, devant

Cockburn-Sound; Perth, à neuf milles de Freemantle, sur la rive nord; et Guildford, à cinq ou six milles plus haut, située également sur le bord de la rivière des Cygnes. En 1831, Perth avait déjà cent vingt maisons, et la colonie entière ne comptait pas moins de quinze cent quarante-huit habitants, d'après les *Statistical transactions*.

Deux îles, Buaehe et Rottenest, avoisinent la rivière des Cygnes (propre) : il faut y joindre les *abrolhos* de Houtman, où Pelsart fit naufrage.

Les indigènes des environs de cette colonie paraissent être semblables à ceux de la terre de Witt, dont nous parlerons bientôt.

Maintenant, cet établissement prospérera-t-il? Cette question est bien difficile à résoudre aujourd'hui, car les colons de la Rivière des Cygnes, aussi bien que ceux de l'Australie et de Van-Diemen, cherchent également à cacher la vérité, les uns par intérêt local, les autres parce qu'ils prévoient que si les établissements situés sur les côtes occidentales de l'Australie prennent de l'importance, ils attireront, en raison de leur position, les navires destinés pour Sidney ou Hobart-Town, et causeront, par conséquent, un très-grand dommage au commerce de ces deux ports. Grâce à la persévérance et à l'habileté anglaise, nous ne doutons pas de la prospérité de la Rivière des Cygnes. Ce sera un anneau de plus ajouté à cette ceinture d'immenses possessions, dont l'Angleterre entoure notre monde.

TERRE D'ENDRACHT OU DE CONCORDE.

La *terre d'Endracht* ou de *Concorde*, qui termine la côte occidentale, a des rivages très-bas et des montagnes dans l'intérieur qui paraissent fort hautes. La presqu'île Péron divise la baie des *Chiens marins* (*) en deux golfes, nommés le *havre Freycinet* et le *havre Hamelin*. La partie orientale du havre Hamelin n'a pas été reconnue en entier. Peut-être quelque rivière vient-elle s'y jeter. Ces deux havres offrent deux bons mouillages, mais l'eau douce paraît y manquer jusqu'à ce jour; aussi la végétation, composée d'arbres à sang-dragon, de mangliers, etc., y est triste. «Pourtant, dit élégamment Malte-Brun, les phoques, les baleines, les poissons de toute espèce, et les grands serpents de mer rendent ses flots aussi animés que sa terre est déserte.» Dampier y vit d'immenses lézards *quanos*, et la plupart des arbres et des arbrisseaux portaient des fleurs bleues. Selon le savant naturaliste philosophe Péron, toute cette côte sablonneuse est couverte de coquillages pétrifiés, et les végétaux même sont très-souvent enveloppés de matière calcaire. L'infortuné Riche disait « qu'un nouveau Persée semblerait avoir promené une seconde tête de Méduse sur ces étonnants rivages. » Les incrustations s'y font avec une rapidité extraordinaire; on y a trouvé des arbrisseaux, des excréments d'animaux qui étaient enveloppés d'une croûte calcarifère (*). L'équipage de *l'Uranie* avait établi un camp sur la côte de la baie des Chiens marins (voy. *pl.* 273), et les Français y eurent une plaisante entrevue avec les noirs indigènes, qui étaient fort timides (voy. *pl.* 258). M. de Freycinet y vit un nid gigantesque, grand et solide comme une hutte (voy. *pl.* 275).

La presqu'île Péron renferme des étangs, la plupart du temps desséchés.

L'île *Faure*, à l'entrée du havre Hamelin, est dépourvue d'eau douce, et couverte de dunes de sables élevés et mobiles.

Les îles *Doores*, *Bernier*, et celle de *Dirck-Hatichs*, situées à l'entrée du golfe des *Chiens marins*, sont très-sablonneuses ; cependant leur verdure annonce le voisinage du tropique (du Capricorne). « Elles nourrissent des buissons de mimosa et un grand nombre de kangarous (**). »

(*) Elle est ainsi nommée à cause des squales, nommés vulgairement chiens marins, mais qui sont de véritables requins.

(*) Péron, *Mémoires sur quelques faits*, etc.

(**) *Lescheneut de la Tour*, journal manuscrit.

ILE DIRCK-HATICHS.

INSCRIPTION CURIEUSE.

C'est sur l'île Dirck-Hatichs que M. de Freycinet fit enlever une plaque d'étain fort précieuse, laissée par Vlamingh en 1697, trouvée par Baudin en 1801, et retrouvée par M. de Freycinet en 1818. Voici ce que ce savant navigateur écrivit à ce sujet à M. Pougens, membre de l'Institut (Académie des Inscriptions), en offrant cette plaque à l'Académie qui en accepta l'hommage.

« L'expédition du capitaine Baudin, qui relâcha en 1801 à la baie des *Chiens marins*, sur la côte occidentale de la Nouvelle-Hollande, trouva, sur la pointe nord d'une des îles qui gisent à l'entrée de la baie, une plaque circulaire en étain, sur laquelle étaient grossièrement gravées deux inscriptions hollandaises. Cette plaque était plus qu'à moitié ensevelie dans le sable, et près des restes d'un vieux poteau où tout indiquait qu'elle avait été clouée dans le principe. On crut alors devoir respecter ce monument qui offrait la preuve irrécusable de la visite sur ces bords des premiers navigateurs hollandais. On disposa donc un nouveau poteau, et la plaque d'étain, y ayant été reclouée, fut replacée sur le point même où on l'avait prise.

« Péron, dans la rédaction qu'il a donnée du *Voyage aux terres australes*, fait mention du fait que je viens de relater, et donne la traduction des inscriptions dont il s'agit. Ayant eu occasion de visiter ces mêmes parages pendant le voyage autour du monde que je viens de terminer, j'ai voulu savoir si la plaque hollandaise était toujours au même lieu. On eut beaucoup de peine à la retrouver; le poteau était tout à fait détruit, et la plaque, jetée par le vent à quelque distance, eût été bientôt entièrement recouverte par le sable, si je ne l'eusse fait ramasser et porter sur le vaisseau.

« Faire reclouer cette plaque sur un nouveau poteau, c'eût été s'exposer à la perdre tout à fait : mais comme il est intéressant pour l'histoire de conserver cette espèce de médaille, j'ai cru devoir l'apporter en France. Les deux inscriptions qui s'y trouvent, quoique de dates différentes, paraissent cependant avoir été gravées par la même main. Un examen un peu attentif fait reconnaître que la plaque était primitivement un plat d'étain dont on a mis la surface de niveau en abaissant les bords. Son diamètre est de 0^m 365, et les lettres ont de hauteur 12 millimètres : toutes ont été frappées à l'aide de trois poinçons seulement, l'un rectiligne, l'autre demi-circulaire, et le troisième légèrement ondulé en forme d's.

Voici les deux inscriptions, avec de légères corrections et une traduction littérale :

1616.

Den 25 october, is hier aen gekomen het schip de *Endracht*, van Amsterdam : de opper koopman Gilles Miebais, van Luick ; schipper Dirck-Hatichs, van Amsterdam. De 27 dito, te zeil gegaan na Bantam. De onder koopman Janstins ; de opper stuierman, Pieter E. Doores van Bil. Anno 1616.

1697.

Den 4 february, is hier aen gekomen het schip de *Geelvinck*, van Amsterdam : den comander ent schipper Willem de Vlamingh, van Vlielandt ; adsistent Joannes Bremer, van Coppenhagen ; opper stuierman Michiel

1616.

Le 25 octobre, est arrivé ici le navire l'*Endracht*, d'Amsterdam, premier marchand Gilles Miebais de Liége ; capitaine Dirck-Hatichs, d'Amsterdam. Le 27 du même mois, il remit à la voile pour Bantam : sous marchand Janstins ; premier pilote, Pieter E. Doores van Bil. Année 1616.

1697.

Le 4 février, est arrivé ici le vaisseau le *Geelvinck*, d'Amsterdam, capitaine-commandant Willem de Vlamingh, de Vlielandt ; lieutenant, Joannes Bremer, de Copenhague ; premier pilote, Michiel Bloem, de la ville libre

Bloem, van sticht Bremen. De hoecker de *Nyptangh*: schipper Gerrit Colaart, van Amsterdam; adsisten Theodoric Hiermans, van dito; opper stuierman, Gerrit Gerritsen, van Bremen. De galjoot het *Weeseltje*; gesagh hebber Cornelis de Vlamingh, van Vlielandt; stuierman Coert Gerristen, van Bremen. En van hier, gezeylt met onze vlot, den voort Zuydlandt verder te ondersoecken, en gedistineert voor Batavia.

de Brême. La hourque(*), le *Nyptangh*, capitaine Gerrit Colaart, d'Amsterdam; lieutenant, Théodoric Hiermans, du même lieu; premier pilote, Gerrit Gerritsen, de Brême. La galiote, la *Veeseltje*, commandant, Cornélis de Vlamingh; pilote, Coert Gerritsen, de Brême. Partis d'ici avec notre flotte pour continuer à explorer les terres australes, et en destination pour Batavia.

« L'histoire nous apprend, dit Freycinet, que Vlamingh avait été chargé par la Compagnie hollandaise de faire la reconnaissance de la partie des côtes de la Nouvelle-Hollande, comprise entre la rivière des Cygnes et le cap nord-ouest de la terre d'Endracht. Le numéro qui est au bas de la plaque pourrait faire présumer que Vlamingh en a déposé plusieurs autres, du même genre, sur les différents points qu'il a visités avant d'arriver à la baie des Chiens marins, et ce fait est d'autant plus probable, que cette baie se trouve à la fin de l'espace que ce navigateur avait été chargé d'explorer. L'inscription relative au voyage de Vlamingh semble donc avoir toute l'authenticité désirable; l'autre, au contraire, qui donne l'indication du voyage du capitaine Dirck-Hatichs, n'aurait été faite que quatre-vingts ans environ après le voyage lui-même auquel elle se rapporte. Au reste, cette inscription n'en est pas moins précieuse, car ces faits, qu'elle relate et qui paraissent avoir été parfaitement connus de Vlamingh(*), étaient jusque-là, pour la plupart, ignorés. On savait, il est vrai, que les Hollandais avaient abordé à la terre d'Endracht en 1616. L'inscription nous apprend de plus l'époque précise de cet événement, le nom du vaisseau l'*Endracht*, qui depuis a été imposé à la côte, le nom du capitaine devenu aussi celui de l'île sur laquelle ce navigateur a mis à terre (Dirck-Hatichs); enfin elle nous apprend encore les noms du premier pilote, par l'un desquels (Doores) on désigne aujourd'hui une île voisine de la précédente. Jusqu'à ce jour, nos cartes ont étrangement défiguré ce nom de Dirck-Hatichs; la plupart l'ont transformé en Dirk-Hurtog, et celles du Voyage de Baudin elles-mêmes, en substituant à ces mots ceux de Dirck-Kartighs, n'ont pas non plus été correctes.

COTE SEPTENTRIONALE DE L'AUSTRALIE.

La côte septentrionale de l'Australie s'étend de l'ouest à l'est, depuis le cap Murat jusqu'au cap York; c'est la seule qui soit en entier comprise dans la zone torride. Elle se divise en trois parties : la terre de Witt, la terre d'Arnheim, dans laquelle on comprend la terre de Van-Diemen, et la terre de Carpentarie.

TERRE DE WITT.

La *terre de Witt* comprend toutes les côtes nord-ouest de l'Australie; elle est stérile, et se compose de dunes de sables blancs; elle est bordée, dans quelques endroits, par un grand nombre de petites îles, et de l'importante île Adèle, avec le cap Mollien, qui avait été d'abord figuré comme un point du conti-

---

(*) Je lis dans une traduction manuscrite du Voyage de Vlamingh, que ce navigateur avait trouvé lui-même sur l'île Dirck-Hatichs une inscription gravée sur étain, qu'y avait laissée le capitaine de ce nom; la première partie de l'inscription de Vlamingh n'est donc évidemment qu'une simple copie de celle de Dirck-Hatichs.

(*) C'est un navire hollandais, armé en flûte.

nent. Ensuite on voit s'étendre le grand archipel Bonaparte, vu autrefois par Saint-Alouarn. Les principales îles ont reçu le nom de Keraudren, Fontanes, Cassini et Bougainville. L'archipel Forestier contient de grands prismes basaltiques, qui s'élèvent du milieu des ondes, et la contrée de Witt présente généralement un aspect de désordres et de déchirements qui semblent témoigner de quelques grandes catastrophes physiques. On y trouve plusieurs îles volcaniques. L'exacte reconnaissance de cette terre appartient sans partage à l'expédition de Baudin; elle se termine à l'est par le cap Van-Diemen, nom que nous croyons devoir lui être conservé, au lieu de celui de Leoben, nom glorieux, sans doute, mais étranger ici, et que lui a donné la flatterie. On ignore si la côte orientale de la terre de Witt offre des passages. Ses habitants sont grands, maigres, et ont la tête grosse; ils s'arrachent deux dents à la mâchoire supérieure.

TERRE D'ARNHEIM, COMPRENANT LE GOLFE DE CARPENTARIE.

De toutes les contrées de l'Australie, la *terre d'Arnheim* est la plus voisine de l'équateur, et elle est vraisemblablement aussi la plus fertile. Nous étendons ses limites depuis le cap Van-Diemen, à l'ouest, jusqu'au cap York, où commence la Nouvelle-Galles, laissant le nom de Carpentarie au golfe seul, pour ne pas partager en deux cette région uniforme.

En face de la baie de Van-Diemen, le capitaine Bremer avait fondé, sur le détroit d'Apsley, formé par les deux îles Melville et Bathurst, un établissement nommé *Fort-Dundas*, dont le port était nommé *Cockburn*, ou plutôt port *Raffles*. La chaleur du sol et la sécheresse y causèrent des maladies dangereuses, et l'établissement fut abandonné en 1826, quoiqu'on y recueillit une immense quantité de tripang (holothurie de mer).

A l'est, se trouve la baie Difficile, environnée de terres basses, et nommée, je crois, *Castlereagh* par les Anglais. Tout près, à l'est, vis-à-vis l'embouchure de la rivière *Speult*, sont les îles des *Crocodiles*.

A l'orient de cette rivière, la baie d'Arnheim est arrosée par un grand nombre de sources, ombragées par des mangliers. On y trouve des minerais ferrugineux. Les eaux de cette baie sont blanches et lumineuses, comme nous l'avons déjà dit de la mer des Moluques.

C'est sur les îles Western et de la Compagnie anglaise, et sur les récifs voisins de la baie Melville, et jusqu'à l'île *Groote Island* (que les Allemands ont nommée *Büsching*, du nom d'un de leurs plus savants géographes), dans le golfe de Carpentarie; c'est dans ces parages, que nous croyons passablement connaître, que les marins de Mangkassar et les Bouguis, dont les navires sont souvent frétés par des Chinois qui y envoient un subrécargue, viennent chercher le tripang, qu'ils transportent à *Timorlaout*, et qu'ils vendent fort cher à ces Asiatiques. Ils ont abandonné l'écueil, au sud de l'île Rotti, dans le voisinage de Java, parce qu'il y a environ trente-six ans, une de leurs prahous, chargée des pêcheurs, fut poussée par la mousson nord-ouest, sur cette belle partie de l'Australie, où ils trouvèrent le tripang en abondance. Dans son admirable travail sur le golfe de Carpentarie (*), Flinders prétend que toutes les rivières et eaux de cette côte, et surtout du golfe de Carpentarie, sont dessé-

(*) Flinders a relevé également avec un rare talent et des soins encore plus rares les côtes orientales de l'Australie et du détroit de Torrès. Aussi, grâce d'abord aux Hollandais, aux Anglais et aux Français, et surtout aux travaux qu'on doit aux navigateurs français et anglais depuis plus de trente ans, on peut dire que toutes les côtes d'un continent, dont deux cent trente ans avant ce jour on ne soupçonnait pas même l'existence, ont été reconnues et levées avec une plus grande exactitude que les côtes de la Méditerranée et de la mer Noire, quoique ces côtes soient fréquentées depuis plus de deux mille ans par les nations les plus civilisées du globe,

chées ou remplies d'eau salée; et certes, le savant et judicieux Flinders a calomnié cette fois ce beau pays. L'eau douce n'y manque pas, du moins dans la partie ouest.

NATURE ADMIRABLE DE CETTE CONTRÉE.

Sans nous étendre ici sur la terre d'Arnheim, dont nous ne connaissons aucune description, revenons à nos braves marins de Célèbes. Embarquez-vous sur un koro-koro hougui, ponté de cinquante tonneaux, et monté seulement par vingt-cinq hommes; abordez ces plages à travers les écueils; touchez cette terre si belle et si singulière, cette terre des contrastes, où rien ne ressemble à aucune autre contrée du monde; où l'on trouve des ruisseaux sans eau et des rivières d'eau salée à côté de sources d'eau douce excellente. Voyez ces forêts de gigantesques *eucalyptus*, de *metaleucas*, de *casuarinas*, d'acacias et de muscadier odorant, peuplées de pélicans et de friands kakatouas. La mer et la terre possèdent des tortues colossales, des poissons à en couvrir l'Océan, de nombreux crocodiles placés aux bouches des cours d'eau, des crabes bleus de la plus grande beauté, et le kangarou géant, dont la chair est excellente, dont la peau sert de vêtements, et dont la femelle, portant sa progéniture dans une poche abdominale, broute l'herbe des prairies, tandis que ses petits allongent leurs têtes dehors pour paître en même temps que leur mère. Voyez les sauvages australiens noirs, au front déprimé (voy. *pl.* 229), nus et indépendants, campés sur cette terre solitaire, et nos intrépides Bouguis et Mangkassars pêchant, parmi les récifs, huit milliers de tripangs qui doivent orner les tables de Canton. Jouissez alors du rapprochement des hommes les plus opposés; jouissez surtout du grand spectacle de la nature. Tantôt c'est la splendeur du jour équatorial, plus brillant que l'or fondu; tantôt des cachalots et des éléphants marins, paraissant comme des rochers noirs au-dessus des ondes. Mais rien n'égalerait à vos yeux les merveilles d'une nuit australienne de la terre d'Arnheim, si, à travers le silence, vous voyiez l'azur des vagues sillonné par l'élégant koro-koro, dont le corps noir et les ailes de neige coupent seuls les lignes de cet horizon si pur, et ressemblent à un ange protecteur, se balançant sur l'abîme des flots.

COMMERCE.

Le commerce qui existe entre ces îles et le golfe de Carpentarie, sur la côte septentrionale de l'Australie, n'est pas précisément celui des Bouguis; ce sont les Chinois qui font les expéditions, dans lesquelles ils emploient sur des koro-koros les marins mangkassars et bouguis du comptoir hollandais de Vlaardingen, dans l'île Célèbes; mais ce n'est pas le seul lieu d'où partent ces armements. Cette branche d'industrie n'est pas un commerce régulier; c'est simplement une pêcherie qui a pour seul objet d'approvisionner les marchés de la Chine; c'est un trafic isolé, qui ne se lie pas avec les entreprises hardies des négociants bouguis (*).

Quand on pèse ces circonstances, et que l'on considère que la traversée de Célèbes au golfe de Carpentarie est longue et dangereuse; que ce golfe est dans la latitude des ouragans et des *tornados;* que le sol et le climat de la partie de la Nouvelle-Hollande la plus voisine ne sont pas favorables à la constitution physique des Européens, on conçoit que les expéditions y soient rares, et que les Anglais aient abandonné la colonie qu'ils avaient établie au port Raffles, dont le principal objet était de former un marché qui attirerait une grande partie du commerce général de la Malaisie. Mais la terre et la baie d'Arnheim nous semblent mieux placées pour une colonie (**).

S'il est permis de nous citer encore nous-même, nous répéterons ce que nous avons dit dans un de nos écrits : « Ce qui doit le plus surprendre de

(*) G. L. D. de Rienzi, Description de Célèbes.

(**) Malte-Brun et D. de Rienzi, *ut suprà*.

la part des indigènes de la terre d'Arnheim, c'est que la curiosité, qui paraît être le trait caractéristique et dominant de l'espèce humaine, n'a presque fait aucun progrès chez eux. Rien de ce qu'on leur offre ne paraît exciter leur admiration, leur étonnement ou leur désir. En effet, pour admirer les productions de l'industrie ou des arts, il faut au moins posséder les premières idées de ces productions. Mais ces hommes simples considèrent les ouvrages les plus parfaits et les plus compliqués, du même œil qu'ils voient les lois et les phénomènes de la nature; et à leurs yeux il n'y pas de différence entre le mécanisme d'un chronomètre de Breguet et le *casuarina* qui croît sans culture dans leurs immenses forêts. L'orgueilleux Européen qui, après s'être exposé à de nombreux dangers pour arriver dans ces régions lointaines, pense qu'il s'abaisse en les questionnant ou en s'asseyant auprès d'eux, n'est-il pas humilié en voyant la parfaite indifférence avec laquelle ils regardent nos chefs-d'œuvre? Ils sont cependant curieux de voir si notre peau et nos habits ne font qu'un. La musique aussi a quelque attrait pour eux. Ils sont assez discrets et reconnaissants, mais vindicatifs à l'excès. On trouve chez ces Australiens plusieurs guides qui servent avec zèle et probité les Bouguis ou autres étrangers, surtout s'ils appartiennent à la race malaie (*). »

Ces indigènes ont élevé quelques tombeaux peu loin de la côte (voy. *pl.* 265).

On est quelquefois étonné d'entendre un *rémouleur* dans la profondeur des forêts de la terre d'Arnheim; c'est qu'elles ont au nombre de leurs habitants un oiseau qui fait entendre exactement le murmure de la pierre à aiguiser, quand le rémouleur la met en mouvement. Dans les solitudes australiennes, le chant de l'*oiseau-cloche*, qui retentit comme une clochette de mouton, annonce la présence de l'eau, si précieuse aux voyageurs, et on peut en toute confiance s'en rapporter à cet utile avertissement. On voit dans l'intérieur des opossums, des oumbats, quelques cereopsis, et sur la côte de beaux nautiles (voy. *pl.* 266).

Le golfe de Carpentarie, qui est au milieu des deux parties de la terre d'Arnheim, dans l'étendue que nous avons donnée à celle-ci, a cent dix lieues de largeur sur trente de profondeur (c'est-à-dire de l'ouverture au fond du golfe). La côte serait propre à un vaste établissement. Ses deux fleuves principaux sont le *Tasman* à l'ouest, et le *Caron* au sud. On y trouve des forêts entières d'eucalyptus, et les kangarous y sont en abondance. L'eucalyptus, arbre dont il existe près de cent espèces, et le kangarou (macropus), animal de la classe des mammifères, de l'ordre des marsupiaux et de la famille des macrotarses, qui compte également plusieurs espèces, caractérisent assez bien l'Australie, car il paraît qu'on les trouve sur tous les points de sa surface, dans les parties de la zone torride, à moins de quinze degrés de l'équateur, comme dans celles de la zone tempérée, qui en sont éloignées de trente-neuf degrés.

Les côtes orientales de ce golfe sont partout accessibles; mais les côtes occidentales sont bordées d'îles et de petits archipels d'un accès difficile, dans lesquels l'intrépide Bougui et le brave Mangkassar ne craignent pas toutefois de pénétrer. Au sud du cap d'Arnheim est située *Caledony-Bay* (la baie de Calédonie), dont l'entrée est facile, et dont les indigènes sont assez doux. En s'avançant au sud, est *Groote Eylandt*. On aperçoit, à dix lieues en mer, la montagne qui se trouve au centre de cette île. Elle a des sources d'eau douce. Dans ses bois on entend quelquefois le cri de grands aigles au plumage foncé et à la tête blanche, qui s'approchent sans crainte de vous, et sans chercher à vous nuire. On y voit de vastes forêts d'eucalyptus et une espèce de chou palmiste. Le midi de l'île est sablonneux et stérile, ainsi que les îles d'*Edouard Pellew*.

(*) Rienzi, *loco cit.*

Les sept îles Wellesley, situées presque au fond du golfe, sont placées vis-à-vis une côte basse. D'après ce que nous avons appris, elles sont littéralement couvertes de casuarinas et d'eucalyptus; une d'elles, qu'on nomme Mornington, en est la plus grande. Celle de Bentink, qui est au sud, a un petit étang d'eau douce, quoi qu'en ait dit Flinders, et, ce qui est un avantage immense, ce lac est près de la côte.

A l'est, c'est-à-dire au fond du golfe, on est à l'abri de tous les vents. On y trouve des sources d'eau douce; la mer y fournit du poisson en quantité, et une foule de tortues marines vertes se répandent sur ses rivages depuis le mois d'août jusqu'au mois de janvier.

La côte orientale du golfe de Carpentarie est uniforme, sablonneuse, stérile; elle se termine par le détroit de Torrès, que nous avons déjà décrit.

Voilà notre périple terminé. Nous avons transporté le lecteur du cap York, extrémité septentrionale de la Nouvelle-Galles méridionale, jusqu'au promontoire Wilson, au sud, et de là nous l'avons ramené, par l'ouest, au fond du golfe de Carpentarie, c'est-à-dire au point de départ.

MER DE CORAIL.

Après avoir achevé cette description géographique de l'Australie, nos nombreux souscripteurs et lecteurs seront vraisemblablement satisfaits de connaître la mer de Corail ou mer Orientale de ce continent.

Près des côtes nord-est de la Nouvelle-Galles, il existe un banc affreux, interminable, nommé la *Barrière de corail*. C'est ici que le célèbre capitaine Cook faillit se perdre corps et biens, et sa gloire avec lui, car alors il n'appartenait pas encore à l'histoire.

Écoutons ce grand navigateur, aussi heureux que prévoyant, aussi rangé qu'intrépide :

« Jusqu'ici nous avions navigué sans accident sur cette côte dangereuse, où la mer, dans une étendue de vingt-deux degrés de latitude, c'est-à-dire de plus de treize cents milles, cache partout des bas-fonds, qui se projettent brusquement du pied de la côte, et des rochers qui s'élèvent tout à coup du fond, en forme de pyramide. Jusque-là, aucun des noms que nous avions donnés aux différentes parties du pays n'étoient des monuments de détresse; mais, en cet endroit, nous commençâmes à connaître le malheur, aussi nous avons appelé *Cap de Tribulation* la pointe la plus éloignée qu'en dernier lieu nous avions aperçue en mer.

« Ce cap gît au 16° 6' de latitude sud, et au 214° 39' de longitude ouest. Nous gouvernâmes au nord $\frac{1}{4}$ nord-ouest à trois ou quatre lieues le long de la côte, ayant de quatorze à douze et dix brasses d'eau. Nous découvrîmes au large deux îles situées au 16° de latitude sud, à environ six ou sept lieues de la grande terre. C'était le 10 juin 1770. A six heures du soir, la terre la plus septentrionale qui fut en vue nous restait au nord $\frac{1}{4}$ nord-ouest $\frac{1}{2}$ ouest, et nous avions au nord $\frac{1}{3}$ ouest, deux îles basses et couvertes de bois, que quelques-uns de nous prirent pour des rochers qui s'élevaient au-dessus de l'eau. Nous diminuâmes alors de voiles, et nous serrâmes le vent au plus près, en voguant à la hauteur de la côte à l'est-nord-ouest et nord-est $\frac{1}{4}$ est. Car c'était mon dessein de tenir le large toute la nuit, non-seulement pour éviter le danger que nous apercevions à l'avant, mais encore pour voir s'il y avait quelques îles en pleine mer, d'autant plus que nous étions très-près de la latitude assignée aux îles découvertes par Quiros, et que des géographes, par des raisons que je ne connais pas, ont cru devoir joindre à cette terre. Nous avions l'avantage d'un bon vent et d'un clair de lune pendant la nuit. En portant au loin depuis six jusqu'à près de neuf heures, notre eau devint plus profonde de quatorze à vingt et une brasses; mais pendant que nous étions à souper, elle diminua tout à coup et retomba à dix, douze et huit brasses dans l'espace de quelques minutes. Sur-le-champ j'ordonnai à chacun de se rendre à son poste, et tout était prêt pour virer de bord et mettre à l'ancre; mais la sonde marquant au jet suivant une eau encore profonde, nous conclûmes que nous avions passé sur l'extrémité des bas-fonds que nous avions vus au coucher du soleil, et qu'il n'y avait plus de danger. Avant dix heures, nous eûmes vingt et vingt et une brasses. Comme cette profondeur continuait, les officiers quittèrent le tillac fort tranquillement, et allèrent se coucher. A onze heures moins quelques minutes, l'eau baissa tout d'un coup de vingt à dix-sept brasses, et avant qu'on pût rejeter la sonde, le vaisseau toucha. Il resta immobile, si l'on excepte le soulèvement que lui donnait la houle, en le buttant contre le rocher sur lequel il était assis. En peu de moments tout l'équipage fut sur le tillac, et tous les visages exprimaient avec énergie l'horreur de notre situation. Comme nous avions gouverné au large avec une bonne brise l'espace de trois heures et demie, nous savions que nous ne pouvions pas être très-près de la côte. Nous n'avions que trop de raisons de craindre que nous ne fussions sur un rocher de corail. Ces rochers sont plus dangereux que les autres, parce que les pointes en sont aiguës et que chaque partie de la surface est si raboteuse et si dure, qu'elle brise et rompt tout ce qui s'y frotte, même légèrement. Dans cet état nous abattîmes sur-le-champ toutes les voiles, et les bateaux furent mis en mer pour sonder autour du vaisseau. Nous découvrîmes bientôt que nos craintes n'avaient point exagéré notre malheur, et que le bâtiment ayant été porté sur une bande de rochers, il était échoué dans un trou qui se trouvait au milieu. Dans quelques endroits il y avait de trois à quatre brasses d'eau, et dans d'autres il n'y en avait pas quatre pieds. Le vaisseau avait touché le cap au nord-est et à environ trente verges à stribord. L'eau avait une profondeur de huit, dix et douze brasses. Dès que la chaloupe fut en mer, nous abattîmes nos vergues et nos huniers, nous jetâmes l'ancre de toue à stribord (*), nous mîmes l'ancre d'affourche avec son câble dans le bateau, et on allait la jeter du même côté; mais en sondant une seconde fois autour du vaisseau, l'eau se trouva plus profonde à l'arrière; nous portâmes donc l'ancre à la poupe plutôt qu'à l'avant; et après qu'elle eut pris fond, nous travaillâmes de toutes nos forces au cabestan dans l'espoir de remettre à flot le vaisseau, si nous n'enlevions pas l'ancre. Mais à notre grand regret, nous ne pûmes jamais le mouvoir. Pendant tout ce temps il continua à battre contre le rocher avec beaucoup de violence, de sorte que nous avions de la peine à nous tenir sur nos jambes. Pour accroître notre malheur, nous vîmes à la lueur de la lune, flotter autour de nous les planches du doublage de la quille, et enfin la fausse quille, et à chaque instant la mer se préparait à nous engloutir. Nous n'avions d'autre ressource que d'alléger le vaisseau, et nous avions perdu l'occasion de tirer de cet expédient le plus grand avantage; car malheureusement nous échouâmes de nouveau à la marée haute, et elle était alors considérablement diminuée. Ainsi, en allégeant le bâtiment, de manière qu'il tirât autant de pieds d'eau de moins que la marée en avait perdu en tombant, nous nous serions trouvés seulement dans le même état où nous étions au premier moment de notre désastre. Le seul avantage que nous procurait cette circonstance, c'est que la marée montante soulevant le vaisseau sur les rochers, il ne battait pas avec autant de violence. Nous fondions quelque espoir sur la marée suivante; mais il était incertain que le bâtiment pût tenir jusqu'alors, d'autant plus que le rocher grattait la quille sous l'épaule du stribord, avec une si grande force, qu'on entendait le ratissement (si on ose employer cette expression)

(*) Ou dextribord. C'est le côté droit du navire, à partir de la poupe; bâbord en est le côté gauche.   G. L. D. R.

de la cale de l'avant. Notre situation ne nous permettait pas de perdre le temps à des conjectures, et nous fîmes tous nos efforts pour opérer notre délivrance que nous n'osions espérer. Les pompes travaillèrent sur-le-champ; nous n'avions que six canons sur le tillac, nous les jetâmes à la mer avec toute la promptitude possible, ainsi que notre lest de fer et de pierres, des futailles, des douves et des cerceaux, des jarres d'huile, de vieilles provisions, et plusieurs autres matériaux les plus pesants. Chacun se mit au travail avec un empressement qui approchait presque de la gaieté et sans la moindre marque de murmure et de mécontentement; nos matelots étaient si fort pénétrés du sentiment de leur situation, qu'on n'entendit pas un seul jurement; la crainte de se rendre coupable de cette faute, dans un moment où la mort semblait si prochaine, réprima à l'instant cette profane habitude, quelque empire qu'elle eût.

« Enfin, la pointe du jour (le 11) parut, et nous vîmes la terre à environ huit lieues de distance, sans apercevoir, dans l'espace intermédiaire, une seule île sur laquelle les bateaux eussent pu nous conduire pour nous transporter ensuite sur la grande terre, en cas que le vaisseau fût mis en pièces. Le vent tomba pourtant par degrés, et nous eûmes calme plat d'assez bonne heure dans la matinée; s'il avait été fort, notre bâtiment aurait infailliblement péri. Nous attendions la marée haute à onze heures du matin. Nous portâmes les ancres en dehors, et nous fîmes tous les autres préparatifs pour tâcher de nouveau de remettre le vaisseau à flot : nous ressentîmes une douleur et une surprise qu'il n'est pas possible d'exprimer, lorsque nous vîmes qu'il ne flottait pas de plus d'un pied et demi, quoique nous l'eussions allégé de près de cinquante tonneaux, car la marée du jour n'était pas parvenue à une aussi grande hauteur que celle de la nuit. Nous nous mîmes à l'alléger encore, et nous jetâmes bien vite à la mer tout ce qui ne nous était pas absolument nécessaire. Jusqu'ici le vaisseau n'avait pas fait beaucoup d'eau; mais à mesure que la marée tombait, l'eau y entrait avec tant de rapidité, que deux pompes, travaillant continuellement, pouvaient à peine nous empêcher de couler à fond : à deux heures, deux ou trois voies d'eau s'ouvrirent à stribord, et la pinasse qui était sous les épaules toucha fond. Nous n'avions plus d'espoir que dans la marée de minuit; et afin de nous y préparer, nous plaçâmes deux ancres d'affourche, l'une à stribord, et l'autre directement à la pinasse; nous mîmes en ordre les caps moutons et les palans dont nous devions nous servir pour tirer les câbles peu à peu, et nous attachâmes fortement une des extrémités des câbles à l'arrière, afin que l'effort suivant pût produire quelque effet sur le vaisseau, et qu'en raccourcissant la longueur du câble, qui était entre lui et les ancres, on pût le remettre au large et le détacher du banc de rochers sur lequel il était jeté. Sur les cinq heures de l'après-midi, nous observâmes que la marée commençait à monter; mais nous remarquâmes en même temps que la voie d'eau faisait des progrès alarmants, de sorte qu'on monta deux nouvelles pompes; malheureusement il n'y en eut qu'une qui fût en état de travailler : trois pompes manœuvraient continuellement; mais la voie d'eau avait si fort augmenté, que nous imaginions que le vaisseau allait couler à fond, dès qu'il cesserait d'être soutenu par le rocher. Cette situation était effrayante, et nous regardions l'instant où le vaisseau serait remis à flot, non pas comme le moment de notre délivrance, mais comme celui de notre destruction. Nous savions bien que nos bateaux ne pourraient pas nous porter tous à terre, et que, quand la crise fatale arriverait, comme il n'y aurait plus ni commandement ni subordination, il s'ensuivrait probablement une contestation pour la préférence qu'obtiendraient les premiers débarqués, ce qui augmenterait les horreurs du naufrage même, et nous ferait périr par les mains les uns des autres.

Cependant nous savions très-bien que si on en laissait quelques-uns à bord, ils auraient vraisemblablement moins à souffrir, en périssant dans les flots, que ceux qui gagneraient terre sans aucune défense contre les habitants, dans un pays où des filets et des armes à feu suffiraient à peine pour leur procurer la nourriture; et que, quand même ceux-ci trouveraient des moyens de subsister, ils seraient condamnés à languir le reste de leurs jours dans un désert horrible, sans espoir de goûter jamais les consolations de la vie domestique, séparés de tout commerce avec les hommes, excepté avec des sauvages nus, qui passaient leur vie à chercher quelque proie dans cette solitude, et qui étaient peut-être les hommes les plus grossiers et les moins civilisés de la terre. »

La mort se montra dans toutes ses horreurs à Cook et à ses marins, et comme le moment affreux qui devait décider de leur sort approchait, chacun d'eux vit ses propres sentiments peints sur le visage de ses compagnons. Cependant tous les hommes qu'on put épargner sur le service des pompes se préparèrent à travailler au *cabestan* et au *vindas* (*), et le vaisseau flottant sur les dix heures et dix minutes, on fit le dernier effort, et on le remit en pleine eau. On vit alors, avec quelque satisfaction, qu'il ne faisait pas plus d'eau quand il était sur le rocher, et quoiqu'il n'y en eût pas moins de trois pieds neuf pouces dans la cale, parce que la voie d'eau avait gagné sur les pompes, cependant les marins n'abandonnèrent point leur travail, et ils parvinrent à empêcher l'eau de faire de nouveaux progrès. Mais ayant souffert pendant plus de vingt-quatre heures une fatigue de corps et une agitation d'esprit excessives, et perdant toute espérance, ils commencèrent à tomber dans l'abattement; ils ne pouvaient plus travailler à la pompe plus de cinq ou six minutes de suite; après quoi, chacun d'eux, entièrement épuisé, s'étendait sur le tillac, quoique l'eau des pompes l'inondât à trois ou quatre pouces de profondeur. Lorsque ceux qui les remplaçaient avaient un peu travaillé, et qu'ils étaient épuisés à leur tour, ils se couchaient sur le pont de la même manière que les premiers, qui alors se relevaient pour recommencer leurs efforts: c'est ainsi qu'ils se soulageaient les uns les autres, jusqu'à ce qu'un nouvel accident fut près de terminer tous leurs maux.

Le bordage qui garnit l'intérieur du fond d'un navire est appelé la *carlingue*, et entre celui-ci et le bordage de l'extérieur il y a un espace d'environ dix-huit pouces: l'homme qui jusqu'alors avait mesuré la hauteur de l'eau ne l'avait prise que sur la carlingue, et avait fait son rapport en conséquence; mais celui qui le remplaça pour le même service, la mesura sur le bordage extérieur, par où il jugea que l'eau avait gagné, en peu de minutes, dix-huit pouces sur les pompes, différence qui était entre le bordage du dehors et celui de l'intérieur. A cette nouvelle, le plus intrépide fut sur le point de renoncer à son travail ainsi qu'à ses espérances. Le capitaine Cook craignait que le désespoir ne jetât tout l'équipage dans la confusion; néanmoins ce terrible incident devint, par occasion, la cause de leur salut: l'erreur fut bientôt découverte, et la joie subite que ressentirent officiers, savants, soldats et matelots, en trouvant que leur état n'était pas aussi dangereux qu'ils l'avaient craint, fut une espèce d'enchantement qui leur fit croire qu'ils n'avaient plus rien à craindre. Cette confiance et cet espoir mal fondés inspirèrent une nouvelle vigueur; et quoique l'état du navire fût le même que lorsque l'équipage ralentit ses travaux par fatigue et par découragement, cependant les marins réitérèrent leurs efforts avec tant de courage et d'activité, qu'avant huit heures du matin les pompes avaient gagné considérablement sur la voie d'eau. Chacun parlait alors de

---

(*) Le *cabestan* est un tourniquet pour dérouler le câble. Le vindas est une espèce de cabestan.　　　G. L. D. R.

conduire le vaisseau dans quelque port, comme d'un projet sur lequel il n'y avait pas à balancer, et tous ceux qui n'étaient pas occupés aux pompes, travaillèrent à relever les ancres. On avait pris à bord l'ancre de toue et la seconde ancre, mais il fut impossible de sauver la petite ancre d'affourche, et on fut obligé d'en couper le câble; on perdit aussi le câble de l'ancre de toue parmi les rochers; mais dans notre situation ces pertes étaient des bagatelles auxquelles on faisait peu d'attention. Les matelots s'empressèrent d'arborer le petit mât de hunc et la vergue de misaine, et de remorquer le vaisseau au sud-est, et à onze heures, grâce à une brise de mer, on remit enfin à la voile, et on porta vers la terre.

« Il était impossible, dit Cook, de continuer longtemps le travail nécessaire pour que les pompes gagnassent sur la voie d'eau; et comme on ne pouvait pas en découvrir exactement la situation, nous n'avions point l'espoir de l'arrêter en dedans. Dans cet état, M. Monkhouse, un des officiers de poupe, vint à moi et me proposa un expédient dont il s'était servi à bord d'un vaisseau marchand qui, ayant une voie qui faisait plus de quatre pieds d'eau par heure, fut pourtant ramené sain et sauf de la Virginie à Londres. Le maître du vaisseau avait eu tant de confiance dans cet expédient, qu'il avait remis en mer son bâtiment, quoiqu'il connût son état, ne croyant pas qu'il fût nécessaire de boucher autrement la voie d'eau. Je n'hésitai point à laisser à M. Monkhouse le soin d'employer le même moyen (c'est-à-dire, en termes de marine, de *larder la bonnette*). Quatre ou cinq personnes furent nommées pour l'aider, et voici comment il exécuta cette opération : il prit une petite bonnette en étui, et, après avoir mêlé ensemble une grande quantité de fil de caret et de laine, hachés très-menu, il les piqua sur la voile aussi légèrement qu'il fut possible, et il étendit par-dessus le fumier de notre bétail et d'autres ordures : si nous avions eu du fumier de cheval, il aurait été meilleur. Lorsque la voile fut ainsi préparée, on la plaça au-dessous de la quille, au moyen de quelques cordes qui la tenaient étendue; la voie, en tirant de l'eau, tira en même temps de la surface de la voile qui se trouvait au trou, la laine et le fil de caret que la mer ne pouvait pas entraîner, parce qu'elle n'était pas assez agitée pour cela. Cet expédient réussit si bien, que notre voie d'eau fut fort diminuée, et qu'au lieu de gagner sur trois pompes, une seule suffit pour l'empêcher de faire des progrès. Cet événement fut pour nous une nouvelle source de confiance et de consolation; les gens de l'équipage témoignèrent presque autant de joie que s'ils eussent déjà été dans un port. Loin de borner dès lors leurs vœux à faire échouer le vaisseau dans quelque port, et à y construire de ses débris un petit bâtiment qui pût nous porter aux Indes orientales, ce qui avait été, quelques moments auparavant, le dernier objet de nos espérances, ils ne pensèrent plus qu'à ranger la côte de la Nouvelle-Hollande, afin de chercher un lieu convenable pour le radouber, et poursuivre ensuite notre voyage, comme s'il ne nous était rien arrivé. Je dois à cette occasion rendre justice et témoigner ma reconnaissance à l'équipage, ainsi qu'aux personnes qui étaient à bord, de ce qu'au milieu de notre détresse on n'entendit aucun cri de fureur, et de ce qu'on ne vit aucun geste de désespoir. Quoique tout le monde parût sentir vivement le danger qui nous menaçait, chacun, maître de soi, faisait tous ses efforts avec une patience paisible et constante, également éloignée de la violence tumultueuse de la terreur et de la sombre léthargie du désespoir. »

Enfin on parvint à gagner un havre voisin sur la côte de l'Australie, près d'une rivière qui reçut le nom d'*Endeavour*. Alors Cook reconnut que la roche de corail qui avait troué son vaisseau, s'était brisée et en avait bouché la majeure partie, et qu'ils devaient leur salut à cette singulière circonstance.

FORMATION PROBABLE D'UNE SIXIÈME PARTIE DU MONDE.

Pour terminer la connaissance des mers voisines, après avoir inséré la description de la mer de Corail, nous devons ajouter que depuis la côte orientale de l'Australie jusqu'à l'île de Waihou, dans toute l'étendue de la mer du Sud, un phénomène extraordinaire se produit, qui doit rendre les établissements de la Nouvelle-Galles méridionale d'une importance encore plus grande. Un sixième continent semble s'y former en quelque sorte sous les yeux des Australiens. La mer Pacifique est semée d'îles dans un espace de près de 50° de longitude et autant de latitude. Chacune de ces îles semble être le point central de la formation de bancs de corail, qui, par un progrès perpétuel, s'élèvent incessamment des profondeurs de la mer. L'union de quelques-unes de ces masses prend bientôt la forme d'une île dans laquelle les semences de diverses plantes sont portées par les oiseaux ou par les vagues, et dès que l'eau de la mer la quitte, elle se couvre d'une riche végétation.

Le puissance de la nature semble avoir une activité toute particulière dans ces régions; et quand ses progrès sont trop lents, elle a recours quelquefois à l'assistance des volcans ou des tremblements de terre. C'est surtout dans la Polynésie, depuis le sud de la Nouvelle-Zeeland jusqu'au nord des îles Sandwich, et même aux îles Mounin-Sima, dans la Micronésie, que les eaux sont extrêmement fécondes en ces sortes de bancs, qui deviendront par la suite des siéges de civilisation. Le corail, qui forme la base première de ces immenses rochers, est lui-même dans un travail incessant. Le grand Océan est parsemé de myriades de ces lignes de fondation, et une fois que les accroissements souterrains en auront exclu l'eau, alors, ainsi que nous l'avons déjà dit, en traitant de la division de la Micronésie, viendra la domination de l'homme.

PROJET D'EXPLORATION DE L'INTÉRIEUR DE L'AUSTRALIE.

Après avoir tracé la description de l'intérieur connu et des côtes de l'Australie, résumons la nature probable des parties centrales de ce continent, et voyons si l'on doit espérer qu'il sera un jour exploré, et de quelle manière pourra se faire une aussi longue et aussi difficile exploration.

Les montagnes Bleues, qu'on disait inaccessibles, ont été franchies; et dès que les escarpements taillés à pic, qui semblaient interdire tout progrès ultérieur, avaient été dépassés, un grand plateau verdoyant, orné de forêts peuplées d'animaux, et qui ne paraît pas entièrement dénué d'habitants, s'est déroulé à perte de vue devant les explorateurs étonnés. Dans l'immense espace parcouru, ces explorateurs ont tantôt franchi et tantôt côtoyé des rivières assez larges, mais qui pour la plupart finissaient par se perdre dans des marais; une d'elles se dirigeait vers la côte orientale, et quelques-unes plus ou moins grandes vers le détroit de Bass.

Ces observations récentes ont fait naître les conjectures que proposa le savant géographe Malte-Brun, dans ses *Annales des Voyages*, sur la structure de la partie orientale de l'Australie. Laissons-le parler : « Les deux golfes de Carpentarie et de Spencer, d'après les analogies, semblent indiquer la ligne de la plus grande dépression de ce petit continent; si entre ces deux golfes il existe deux ou trois lacs intérieurs, même d'une dimension bien inférieure au lac Aral, ils suffiraient à recevoir toutes les rivières qui peuvent naître sur une chaîne aussi peu élevée que celle des montagnes Bleues. Les sauvages de la côte parlent d'un lac au delà de ces montagnes, sur les bord duquel habiteraient des peuples blancs, probablement des Malais (*). Serait-ce trop téméraire de supposer qu'au delà de cette région des lacs et des rivières, il se trouve un vaste dé-

(*) Cette opinion a tout l'air d'un conte.
G. L. D. R.

sert de sables brûlants, semblable à celui que l'Afrique présente après la région des lacs et des rivières, occupant la pente méridionale du mont Atlas? La seule différence entre les deux continents serait que la chaîne des montagnes et le grand désert se dirigeraient en Australie, du nord au sud. Ce n'est que du sein d'un semblable désert que peuvent sortir les vents brûlants du nord-ouest, qui si souvent détruisent toute végétation aux environs de Botany-Bay, et qui se font sentir jusqu'à l'île de Van-Diemen. C'est le même phénomène que présente quelquefois le vent du sud à Alger et à Tunis.

« La partie occidentale de la Nouvelle-Hollande offre moins d'indices sur sa structure. Il en est cependant un que l'on a trop négligé. Le naturaliste Riche, de l'expédition d'Entrecasteaux, pénétra près d'une lieue dans l'intérieur, en partant de la côte méridionale; il y vit, derrière les collines sablonneuses qui bordent la côte, des lacs d'eau douce ou légèrement saumâtre, qui s'étendaient dans la même direction que le rivage. Ne sont-ce pas évidemment les débouchés des rivières, comme les lacs sur la côte orientale de Madagascar? Les rivières, en apportant des sables et du gravier, la mer en repoussant ces matières, auront concurremment formé une barrière, comme celle qui à Madagascar s'étend depuis Tamatave jusqu'à Foulpointe. Cette explication toutefois ne suffit point pour la totalité d'une côte aussi étendue, mais elle sert à faire voir comment un pays, même très-bien arrosé dans l'intérieur, peut présenter une côte aride et dépourvue de rivières.

« Pour faire une exploration dans l'intérieur du continent et le traverser, il faudrait qu'une société de voyageurs amenât sur la côte des bœufs, des mulets et autres bêtes de somme, et que, maître de ces animaux, elle se transformât en tribu nomade, et subsistât tant de son troupeau que des produits de la chasse. Deux ou trois vaisseaux stationnés sur des points convenus d'avance devraient attendre les voyageurs qui traversent le continent sur deux ou trois lignes différentes, assurés de trouver au bout de leur course tous les secours dont ils pourraient avoir besoin. Une semblable entreprise coûterait moins que dix ou douze tentatives combinées sur un plan moins étendu, et elle nous ferait connaître en deux ou trois campagnes tous les principaux traits de la géographie de la Nouvelle-Hollande; ces traits une fois connus, les reconnaissances particulières mieux dirigées mèneraient rapidement au but. En géographie comme en politique, les tâtonnements coûtent fort cher, et ne font que nous ramener au point du départ.

« Combien elle serait intéressante, cette course à travers la Nouvelle-Hollande! Combien de phénomènes inattendus ne présenterait-elle pas! Peut-être des races humaines, séparées du reste de leurs frères, offriraient-elles ces conformations bizarres, ces êtres hideux ou ridicules dont l'histoire nous a conservé des traditions, peut-être trop légèrement rejetées par cet orgueilleux dogmatisme que tant de savants prennent pour l'esprit de la critique. S'il reste quelque espoir de retrouver les géants et les pygmées, les hommes à queue ou à cornes, c'est sans doute en Afrique ou dans la Nouvelle-Hollande. Mais peut-être ce dernier pays n'est-il peuplé en grande partie que de tribus innocentes de *kangarous*, d'*émus* et de *oumbats*; au lieu d'un nouvel *Eldorado*, quelque ville, bâtie par les singes ou les castors, fera connaître jusqu'où peut s'élever l'intelligence des animaux dans un monde désert, où la civilisation de l'homme ne comprime pas ces races inférieures que nous avons réduites en servitude. Ces idées déplaisent-elles à un lecteur, ami de l'*utile*? Eh bien! qu'il se représente les plantes salutaires et les bois précieux que cette terre vierge doit nourrir: que sait-on? il peut en sortir quelque remède contre les maladies censées incurables, ou bien quelque nouveau métal qui ajoute encore un nouveau degré d'irritation à la fièvre d'immoralité qui dévore l'Europe! » De tant de conjectures que l'imagination a suggérées à Malte-Brun, de tous ces êtres qu'il espère retrouver dans le centre de l'Australie, il est probable qu'on ne trouvera que des plantes et des oiseaux jusqu'à présent inconnus.

TITRES ET DISTINCTIONS DES CLASSES ENTRE LES COLONS, LES CRÉOLES ET LES CONDAMNÉS DE LA NOUVELLE-GALLES DU SUD (*).

Nous allons caractériser maintenant en peu de mots les singulières espèces de colons de la Nouvelle-Galles du Sud. Ils sont partagés en deux grandes classes, celle des *émigrants* volontaires et de leurs descendants, et celle des *déportés* rendus à la liberté. Soit par un sentiment de vanité (dont la source serait assez singulière); soit par un calcul de l'envie, ces derniers regardent la colonie comme un établissement fondé spécialement pour eux, comme le patrimoine particulier de tous les déportés que la Grande-Bretagne égouttera dans la Nouvelle-Galles; ils prétendent qu'elle est leur propriété légitime, et supportent avec peine ce qu'ils appellent l'usurpation des premiers: aussi se qualifient-ils de *légitimés*, et donnent-ils aux *émigrants* le nom d'*illégitimés*, ou de *mérinos purs*.

Parmi les émigrants, il y a les *exclusifs* (exclusionists), qui repoussent avec horreur toute proposition de rapprochement entre ceux que la loi a déportés dans la Nouvelle-Galles, et les spéculateurs qui ont choisi cette colonie de la Grande-Bretagne, et sont venus y chercher un développement à leur industrie. Comme il arrive toujours en pareille occurrence, un troisième parti s'est élevé, qui a voulu rapprocher les deux autres, et que les exaltés des deux partis détestent: ce sont les *confusionistes*. Chacun de ces partis a des subdivisions; chaque partisan professe la plus grande antipathie pour les autres colons contraires à sa nuance, garde soigneusement son rang et sa couleur. C'est ainsi que les *émancipés* purs, c'est-à-dire ceux qui n'ont reçu aucune réprimande des magistrats, depuis qu'ils sont redevenus libres, fuient toute alliance et relation avec un *émancipé impur*, ou celui qui a été repris de justice pour délits locaux. Les *convicts* sont les condamnés nouvellement importés; on leur a aussi donné le nom de *canaris ou serins*, à cause des *jaquettes* (vestes) jaunes qu'on les force de revêtir, à leur arrivée. Les *titled characters* sont ceux qui sont marqués; les *untitled* désignent ceux qui ne le sont pas. Il faut citer encore les *bushrangers* (batteurs de buissons): ce sont les *convicts* qui, préférant la vie vagabonde et indépendante d'aventuriers à une vie paisible et régulière, se sont enfuis dans les bois. Ils vivent de rapine, pillent les voyageurs qu'ils rencontrent, et les propriétaires de campagnes. Il y a quelques années, leur nombre était très-considérable. Il est à remarquer qu'ils ne tuent les malheureux qu'ils dépouillent, que lorsque leur défense personnelle l'exige. Les déportés libérés de la Nouvelle-Galles ont accaparé presque toutes les branches de commerce de cet établissement. Toutes les distilleries, presque toutes les brasseries, et une grande partie des moulins sont en leur possession.

Outre ces classes, les habitants nés dans la colonie, ou créoles, y sont plus connus sous le nom générique de *currency*, en opposition à *sterling*, nom des habitants nés dans la même patrie, ou colons. Ce nom fut, pour la première fois, donné par un facétieux quartier-maître de régiment; car alors la livre *currency* était inférieure à la livre *sterling*. Les garçons et les filles

---

(*) Chapitre extrait de Cunningham.

(*) Ces dénominations sont bien caractéristiques d'un peuple marchand. *Currency* veut dire le cours de l'argent; *sterling*, signifie le taux légal de la monnaie. Les currencys ont aussi reçu le nom de *corn-stalks*, taxe de blé, à cause de la rapidité de leur croissance.   G. L. D. R.

currencys sont une belle classe, qui fait honneur au pays qui les a produits. Ce nom est un titre suffisant à l'estime de la population éclairée; mais il est risible de voir les gambades que font certaines vieilles femmes sterlings, quand elles se querellent avec des currencys. « Misérables! s'écrient-elles, comment osez-vous me montrer votre tête *currency*? Je suis *sterling*, je veux que vous le sachiez. »

Le simple et mâle caractère des *currencys* mérite nos louanges, dit Cunningham. L'ivrognerie est presque inconnue chez eux, et leur honnêteté est devenue proverbiale. Le petit nombre d'entre eux qui se sont mal conduits, ayant agi sous influence des parents, presque tous condamnés currencys, appartiennent à trois familles très-nombreuses de la colonie. Ce fait est la meilleure preuve de l'utilité du mariage dans l'intérêt de la réforme criminelle. Puisqu'il est dans la jeunesse currency si peu d'individus égarés dans le sentier du vice, il faut conclure que leurs parents n'ont pas au moins cherché à les déranger. Ainsi donc, le bienfait du mariage, dans une nouvelle colonie, ne consiste pas seulement à la peupler d'habitants jeunes et attachés au sol par la naissance, mais il a aussi pour effet de diriger des penchants vicieux à l'honnêteté, et même à la vertu. Les currencys deviennent grands et sveltes comme les Américains, et sont en général remarquables par ce caractère saxon, des cheveux blonds et des yeux bleus. Leur teint, dans la jeunesse, est d'un jaune pâle, et même, dans un âge plus avancé, ils sont facilement reconnaissables auprès des individus nés en Angleterre. Les joues de rose ne sont point de ce climat, non plus que de celui de l'Amérique, où un teint fleuri attirera indubitablement cette observation : « Vous êtes du vieux pays, vous? » Les jeunes filles perdent, en général, leurs dents de bonne heure, et cette calamité commence toujours à l'époque de la puberté. Les jeunes gens d'un rang inférieur aiment mieux s'attacher au commerce ou s'embarquer que passer au service des planteurs comme valets de ferme. Ceci vient, sans doute, autant de la répugnance qu'ils éprouvent à se mêler aux condamnés, si généralement employés dans les fermes, que d'un sentiment de vanité. Les travaux de l'agriculture n'ayant jusqu'ici prospéré que par les mains des condamnés, ils regardent cette profession comme dégradante, absolument de même que les blancs établis dans les colonies à esclaves, voyant que ces derniers seuls travaillent, repoussent le travail de toute nature.

Les jeunes filles sont douces, modestes et très-simples. Comme les enfants de la nature, elles sont crédules et très-faciles à tromper. Dans les classes inférieures, elles désirent ardemment entrer au service d'une maison respectable, pour échapper à la tutelle de leurs parents, qui sont souvent des misérables; elles aiment à étaler leurs jolis cheveux bouclés, relevés par un peigne d'écaille de tortue. Elles sont en général de très-bonnes servantes, à qui on donne des gages de dix à quinze livres (deux cent cinquante à trois cents francs) par an. Elles ne placent pas la chasteté au premier rang des vertus, et cette facilité de mœurs vient de ce que leurs parents ne leur ont jamais appris à en faire grand cas, mais surtout de ce qu'elles voient que jamais la violation de cette loi de pureté n'a empêché le mariage en Australie. Elles aiment beaucoup à folâtrer dans les rivières; et celles qui demeurent près de la mer savent nager et plonger comme des poules d'eau. Les jeunes currencys sont très-attachés à leur pays, qu'ils regardent comme le plus beau du monde, et l'aspect de Londres ou de Paris même, s'ils y font un voyage, ne les détrompe point. Il n'est pas de magasins qui égalent ceux de Sidney; les vaches d'Europe donnent moins de lait et de beurre que les vaches de l'Australie, etc., etc... Une jeune fille, à qui l'on demandait si elle voudrait aller en Angleterre, répondit avec une grande naïveté : « J'aurais peur d'y aller, *parce qu'il y a tant de voleurs!* » Elle se figurait sans doute l'Angleterre comme une ruche entièrement composée de ces frelons dont des essaims venaient chaque année peupler les déserts de la colonie. Les jeunes gens se marient en général de bonne heure, et ne paraissent pas goûter le système de concubinage, si populaire parmi leurs frères sterlings. Dans leurs cadeaux, il n'y a pas d'échange de gage d'amour, des mementos de rose, des bouts de ruban, des pièces de douze sous cassées en deux, ou autres reconnaissances tendres, en usage chez les jouvenceaux du commun, en Angleterre. On a cependant trouvé une fois quelque trace de ces coutumes antiques dans le présent d'un jambonneau confit et d'une livre de sucre, fait par un Faublas australien à une des nonnes de New-Castle, pour battre en brèche et miner sa vertu.

Il existe, dans la conversation des currencys, une circonstance étrange, c'est que l'argot des voleurs est entré pour beaucoup dans la langue qu'ils parlent actuellement le plus honnêtement du monde, mais avec tous les accents possibles des trois royaumes. Les garçons currencys sont renommés pour leur courage et pour leur esprit de corps. Si un soldat vient à se prendre de querelle avec l'un deux, toute la ruche court à son aide. Les enfants currencys se livrent aussi de fréquents combats dans les rues; ils observent, avec beaucoup de gaieté, plusieurs des divertissements anglais, tels que les fêtes de Noël avec ses chants, et les mascarades du carnaval.

ÉTABLISSEMENTS DES COLONS LIBRES EN AUSTRALIE, ET SURTOUT A LA NOUVELLE-GALLES DU SUD.

Dès que l'Anglais, qui veut devenir colon en Australie, est arrivé dans cette contrée, il se construit une maison en lattes et en bois. Quelquefois, dit Cunningham, on substitue aux lattes du bois fendu, et le toit est composé de feuilles d'écorce, recouvert avec de grandes herbes, ce qui compose certainement le toit le plus frais possible dans les chaleurs de l'été, et le plus chaud pour le froid; ce chaume étant un mauvais conducteur du calorique. Quand le bois est rare, on bâtit avec des mottes et des pierres. Ces habitations sont très-peu coûteuses; il y en a de vingt-quatre pieds de long sur douze de large, ayant un arrière-corps de la même longueur, et de sept pieds de large, dont la charpente nue coûte seulement huit livres sterling; et une fois couverte, divisée en quatre compartiments, plâtrée, blanchie et fournie de portes et fenêtres, la dépense ne monte pas à plus de vingt livres. On y marche sur la terre bien battue, et une *varanda* (galerie), rafraîchit la maison, en tenant les murs à l'abri du soleil. On déboise la terre, et on la rend propre à la charrue, au moyen des nombreux condamnés au service du gouvernement. Mais si le planteur n'est pas pressé, le moyen le plus simple et le moins coûteux, est d'attaquer les arbres dans leur sève et de les laisser mourir sur pied. Au bout de trois ans ils sont desséchés au point de brûler comme de l'amadou. Alors on n'a plus qu'à faire une tranchée alentour, ou mettre à nu la souche; on y allume ensuite un bon feu dans un jour de grand vent, et aussitôt l'arbre brûle et tombe. L'abondance et l'épaisseur de l'herbe, ainsi que la présence des pommiers, sont le meilleur indice pour le choix d'une terre. Celui qui veut en choisir une, ne doit pas écouter les planteurs voisins, qui lui disent qu'elle est mauvaise; il doit croire alors qu'elle est excellente. Il est de l'intérêt du gouvernement et du commerce d'attirer des colons en Australie; mais leur arrivée est évidemment contraire aux intérêts des anciens planteurs, parce qu'un certain nombre de nouveaux venus peuvent former un établissement, et qu'alors le gouvernement y envoie des condamnés et des troupes que les planteurs doivent nourrir.

NAUFRAGE DE CENT HUIT FEMMES CONDAMNÉES, A BORD DE L'*AMPHITRITE*.

Les prostituées et les voleuses de

l'Angleterre et de tout le *Royaume-Uni*, forment la population des femmes *convicts* de la Nouvelle-Galles du Sud.

Cent huit femmes, condamnées à la déportation dans cette colonie, se trouvaient à bord du bâtiment que l'ouragan du 31 août 1834 vient de détruire à la vue des côtes de France. Onze de ces malheureuses avaient leurs enfants avec elles; l'âge des femmes variait de douze à cinquante ans, celui des enfants de cinq semaines à neuf ans. A l'exception d'une vieille Écossaise, toutes les autres se montraient tendres mères; une d'elles donnait régulièrement chaque jour une leçon d'écriture à son fils âgé de sept à huit ans. C'était une de ces prostituées si nombreuses dans les rues de Londres; elle avait été condamnée, ainsi que plusieurs de ses compagnes, à la peine infamante de la déportation pour outrages et rébellion envers les agents de la police.

On ne saurait se faire une idée du dévergondage de ces femmes; les matelots eux-mêmes en rougissaient. Un bosseman (*), nommé Owen, veillait à ce que les mœurs ne fussent point outragées, et il était obligé de jeter des seaux d'eau sur ces malheureuses pour les empêcher de venir agacer les matelots.

Si quelqu'une d'entre elles se mutinait, on l'enfermait plusieurs heures dans une cage de bois exposée sur le pont. Cette cage étroite, semblable à la gaîne d'une pendule, était tout juste assez haute pour qu'une femme pût s'y tenir debout sans faire aucun mouvement; des trous percés au sommet laissait un passage à l'air extérieur. La cage de punition fut retrouvée avec d'autres débris sur la jetée.

Avant de partir du port de Wolwich, l'*Amphitrite* avait reçu la visite d'une quakeresse bien connue, mistriss Fry, et de deux autres dames de la même religion. Ces dames charitables avaient donné à chacune d'elles une Bible, qui ne leur était pas inutile, car presque toutes savaient lire. Les voleuses qui avaient passé quelque temps à Newgate avaient reçu, dans l'école de cette prison, un commencement d'instruction. La possession de ces Bibles était pour les condamnées un don précieux; elles passaient une partie de leur journée à lire et à coudre.

Une de ces misérables, plus endurcie que les autres, répondait aux conseils d'une des dames quakeresses qui vint les visiter plusieurs fois avant le départ du navire : « Que m'importe la vie éternelle! Je suis lasse de vivre, même dans ce monde; mon vœu le plus ardent serait que le vaisseau pérît corps et biens, et que nous fussions toutes noyées avec ceux qui nous emmènent. » Les autres femmes se mirent à rire de cette prophétie, qui, quelques jours plus tard, devait s'accomplir. Celle qui prononçait ces paroles était âgée de dix-huit ans, et la plus corrompue de toutes dans ce foyer de perversité.

Trois de ces femmes seulement étaient condamnées à la déportation pour la vie; elles étaient les plus résignées. En général, ces femmes semblaient ne pas regarder la déportation comme une punition bien dure. Plusieurs parlaient de s'établir au Port-Jackson lorsque leur temps serait expiré, disant que pour rien au monde elles ne voudraient retourner en Angleterre.

Une fille du pays de Galles, âgée de dix-neuf ans, ne sachant point un mot d'anglais, était le souffre-douleur de la bande : on se moquait de son patois, on lui volait tout ce qu'elle possédait, et lorsqu'on n'avait plus rien à lui prendre, on l'accablait de coups. La pauvre Galloise, assise dès le matin sur le gaillard d'arrière, regardait les traces profondes que faisait dans les flots le sillage du vaisseau, et se mettait à pleurer. Pendant plusieurs jours, elle refusa toute autre nourriture qu'une poire ou une pomme et un verre d'eau, qu'on la forçait en quelque sorte de prendre de temps en temps.

Trois filles de la classe des prostituées étaient de Worcester. L'une

---

(*) C'est le second contre-maître dans la marine anglaise.

d'elles, âgée de vingt-trois ans, se distinguait par sa beauté; les deux autres étaient enceintes. On les voyait toujours ensemble, n'ayant que peu ou point de communication avec leurs autres compagnes de captivité. Tous les soirs, elles s'asseyaient sur un banc pour lire la Bible, coudre ou chanter des cantiques, mais jamais des chansons licencieuses. Le premier jour de leur embarquement, les deux jeunes filles enceintes avaient été mises dans le même hamac avec une voleuse de Newgate; le lendemain, elles se plaignirent des dégoûts de toute espèce qu'elles avaient éprouvés auprès d'une pareille créature : on eut égard à leur requête, et, depuis ce temps, les trois filles de Worcester furent inséparables. La mort même ne dut pas les séparer; car elles se tenaient embrassées lorsque le terrible coup de vent chassa le bâtiment vers la terre de France. Dans le premier moment, la plus grande partie des condamnées fut loin de soupçonner toute la gravité du péril. On les voyait faire tranquillement leurs paquets, se préparant à descendre dans les embarcations, qui, selon elles, devaient les conduire à terre : quelques-unes ne voyaient peut-être, dans le choc des éléments, qu'un moyen de délivrance.

Le capitaine et les gens de l'équipage cachèrent à ces femmes, jusqu'au dernier moment, le funeste sort qui s'approchait. Elles ne connurent le danger que lorsque la marée haute fit monter les vagues par-dessus le pont du vaisseau qui était échoué; les flancs du navire éprouvaient alors les secousses les plus effroyables. Le capitaine s'était obstiné à ne point mettre ses embarcations à la mer, de peur que les captives dont il était responsable, ne parvinssent à s'échapper. Un canot était prêt pour recevoir la femme du chirurgien; cette femme courageuse ne voulut point se sauver sans son mari; elle resta sur le pont avec les condamnées, pendant que les hommes étaient montés dans les haubans. Une dernière lame d'eau engloutit à la fois les cent huit femmes, les douze enfants, le capitaine, le chirurgien et tous les matelots. John Owen, le bosseman, James-Richard Rice, et un troisième, qui eurent la présence d'esprit de se cramponner à des débris flottants, furent seuls portés vivants à la côte, et sauvés par le dévouement des marins français.

Toutes ces misérables femmes se seraient bien vite mariées en Australie, et peut-être d'une manière assez avantageuse.

SORT DES CONDAMNÉS, DÉBARQUÉS EN AUSTRALIE.

Les *convicts* (condamnés), arrivés dans la Nouvelle-Galles du Sud, sont placés chez des colons libres, comme valets de ferme, emploi auquel ils sont soumis tout le temps que dure leur déportation. La plupart se conduisent assez bien; quant aux *batteurs de buissons* (*bush-rangers*), dont nous avons déjà parlé, ils sont incorrigibles. Plusieurs d'entre eux ne laissent pas que d'avoir acquis une certaine célébrité : Brady est le plus illustre de ces brigands.

Brady était un de ces drôles dont les goûts, mal en harmonie avec les lois les plus simples de la propriété, engagent assez ordinairement la justice anglaise à transporter leur domicile. Arrivé en Australie, le drôle s'aperçut que ni les émotions du voyage, ni l'influence du climat n'avaient rien pu changer à ses inclinations; il se sauva.

Dès qu'il eut gagné les bois, il organisa, à l'aide d'autres coupe-jarrets fugitifs comme lui, une bande qui par son audace et sa férocité devint bientôt la terreur du pays. A dix lieues à la ronde, on ne parlait que de Brady et de sa bande. S'en débarrasser n'était pas chose aisée. Les brigands étaient adroits et nombreux. On leur tendit un piège. Un condamné reçut, en même temps que sa liberté, la mission d'aller trouver Brady, de s'engager dans sa troupe et de communiquer ensuite à la police tous les renseignements propres à faciliter sa capture. Mais ce plan échoua et ne servit qu'à mettre le bandit sur ses gardes.

A quelque temps de là, un autre condamné, échappé par hasard de prison, et battant les bois sans trop savoir où donner de la tête, vint tomber au milieu de la troupe. Son premier soin fut de chercher à les intéresser en sa faveur; mais Brady n'était ni sensible ni confiant. Il ne vit dans le pauvre diable qui s'agenouillait suppliant à ses pieds, qu'un espion ou un traître, et il lui annonça, avec une politesse dont il ne se départait jamais, qu'il lui restait tout juste cinq minutes pour se préparer à mourir.

Au bout de cinq minutes, on apporta au malheureux un verre et une bouteille qu'on lui fit épuiser tout entière. C'était une bouteille de *laudanum*. La potion achevée, on laissa le patient s'arranger à sa fantaisie; ce fut là ce qui le sauva. Immédiatement après le départ des brigands, un vomissement qui lui prit, lui fit rejeter la drogue, et il ne lui resta de son supplice, qu'un sommeil assez pénible, à la vérité, mais moins désagréable que celui auquel il devait s'attendre.

Il dormit vingt-quatre heures. A son réveil, bien qu'il lui semblât fort singulier de se trouver encore en vie, il jugea convenable d'en profiter. Mais le pauvre homme n'était pas heureux. A peine avait-il fait quelques milles, qu'il se trouva nez à nez avec Brady et messieurs de sa suite.

Holà! oh! cria le bandit, avez-vous donc l'âme chevillée au corps, mon brave, ou serait-ce par hasard votre ombre qui s'aviserait de se promener ainsi? N'importe, substance ou fantôme, un nœud coulant nous aura bientôt dit à quel être nous avons affaire. Hé! vous autres, une corde à cet arbre, et que ce gentil garçon apprenne à danser en plein vent.

L'affaire ne fut pas longue. On attacha la corde, on lui passa le nœud fatal au cou, et les *bush-rangers* décampèrent, en riant beaucoup des contorsions que la souffrance arrachait au pendu.

Par bonheur la branche était faible, l'homme au contraire était assez lourd; la branche cassa, l'homme tomba, plus étourdi que meurti de sa chute. Mais hélas! Brady n'était pas loin. Au bruit que firent l'homme et la branche, il accourut, et oubliant cette fois son urbanité ordinaire, d'une main il saisit la victime à la gorge, de l'autre lui appliquant un pistolet sur le front, il lâcha son coup dans la tête.

C'est quelques années plus tard que le patient lui-même nous raconta sa triple catastrophe. Nous avons même touché de notre main le sillon que traça autour de son crâne la balle maladroite du bandit.

Quant à Brady lui-même, moins heureux que l'homme dont il s'agit, il ne tarda pas à trouver pour son propre compte une potence plus sûre et mieux au fait que le gibet novice dont il s'était servi.

Voici une nouvelle preuve de l'atroce caractère des *batteurs de buissons* :

Le 1er décembre 1831, le *Calédonian*, brick du commerce, appartenant à des armateurs de Sidney, était mouillé devant l'établissement pénitentiaire de *Moreton-Bay* (ou *Glass-House-Bay*), lorsqu'il fut abordé par onze *bush-rangers*, qui, s'étant emparés de l'équipage, le débarquèrent sur la côte, à l'exception du capitaine, M. Browning, estimable et intelligent jeune homme. Alors ils hissèrent les voiles, prirent le large, et ordonnèrent au capitaine de les conduire à quelque île de la mer du Sud, fréquentée par les navires anglais, en témoignant leur intention formelle de retourner en Angleterre. M. Browning refusa d'abord de se charger d'une pareille tâche, prétextant son incapacité; mais les pirates lui ayant dit qu'ils avaient pris d'avance des renseignements sur son caractère et sa capacité, et qu'ils étaient décidés à le tuer s'il ne se rendait pas à leurs désirs, il prit le commandement du brick, et gouverna vers le sud. Peu de temps après le départ, les six plus méchants convicts complotèrent d'égorger les cinq autres, et mirent bientôt leur projet à exécution. Quatre de ces derniers furent dépêchés en un tour de main; mais le cinquième essaya d'échapper à la mort par toutes sortes de moyens : d'abord il se fit poursuivre autour du navire, puis il monta dans les haubans ; enfin, serré de près, il se réfugia sur le beaupré et demanda grâce, mais en vain. Plusieurs de ces monstres l'y suivaient en brandissant leurs coutelas. Alors ce malheureux se laissa glisser après une corde, et pendant qu'il s'y tenait suspendu par les deux mains, il implorait d'une manière lamentable la pitié de ses compagnons. Ceux-ci coupèrent la corde en se moquant de lui, et il disparut au fond de la mer. Après un pareil exemple, M. Browning, comprenant qu'il était absolument nécessaire pour son salut de gagner la confiance du reste de ces misérables, s'empressa de conduire le bâtiment à une des petites îles qui se trouvaient sur sa route et dont les habitants reçurent avec bienveillance les nouveaux arrivants. Ce fut alors qu'ayant découvert le complot formé par les *convicts* de l'assassiner, afin d'assurer par ce moyen leur propres vies s'ils étaient repris, il se mit sous la protection du chef de l'île. Les coquins se trouvant ainsi hors d'état de conduire le brick, supplièrent M. Browning de revenir ; mais celui-ci refusa positivement de s'embarquer avec eux. Sur ces entrefaites arriva sur la côte un baleinier anglais, dont le capitaine, prévenu de ce qui se passait, envoya une partie de ses gens pour saisir les meurtriers ; mais ceux-ci s'enfuirent dans l'intérieur des terres. Redoutant leur vengeance, et malgré les sollicitations des sauvages qui désiraient le conserver parmi eux, M. Browning s'embarqua sur le baleinier, et put revenir sain et sauf à Sidney (*).

OBSERVATIONS SUR LES ÉMANCIPÉS.

L'idée première des fondateurs de la colonie était belle. L'Australie devait être consacrée autant à la réforme morale qu'au châtiment des criminels.

(*) Ces anecdotes sont extraites du Voyage de M. Laplace.

Mais ce projet ne sera qu'un vain mot tant que les *émancipés purs* refuseront d'admettre à leur table les gens qui ont été condamnés, et que les émigrants *purs* se repousseront également les uns les autres. Je ne vois aucune raison, dit Cunningham, pour qu'un homme qui a été condamné soit exclu des emplois auxquels sont admis les gens qui n'ont point subi de jugement, quand il a fini son temps de punition et que sa conduite a toujours été bonne depuis. Ce système d'exclusion, si fatale à la réhabilitation de l'homme à ses propres yeux, est poussé à un degré que l'on aurait peine à concevoir en Europe. L'escroc, le condamné politique et le voleur sont regardés comme *également* déshonorés. La classe *emancipist* forme, à dire la vérité, la portion la plus industrieuse et la plus utile de la société, et elle ne s'est jamais compromise dans les manœuvres de fraude qui ont plus d'une fois terni la réputation de ceux qui se glorifient du beau titre d'hommes libres.

PROGRÈS MERVEILLEUX DE L'ÉTAT SOCIAL PARMI LES EUROPÉENS ET LEURS DESCENDANTS, DANS LA COLONIE DE LA NOUVELLE-GALLES DU SUD.

Depuis 1788, époque de la fondation de la colonie, quels merveilleux changements y ont été effectués par le travail des Anglais bannis de la mère patrie, afin d'expier leurs crimes sur ces rivages lointains ! Les premiers fondateurs eussent eu peine à concevoir qu'en transplantant quelques criminels dans les solitudes du continent australien, à six mille lieues de leur patrie, ils semaient les germes d'un empire puissant, qui, aujourd'hui même, dépasse en rapidité de progrès vers les richesses et la puissance tous ceux qui ont été fondés sur le continent américain. En prenant les événements les plus dignes de mémoire suivant l'ordre chronologique, on trouve que le premier débarquement eut lieu le 26 juin 1788, et ce jour est encore célébré par un dîner anniversaire des notables habitants, fondation qui ne devrait pas s'oblitérer, à moins que la vanité, selon l'usage, n'étouffe la raison; car elle est bien de nature à encourager les Australiens blancs, par la comparaison de ce qu'ils étaient avec ce qu'ils sont.

Certes, il est extrêmement curieux, en voyant une population courageuse, intelligente et honnête, de retrouver à ses sources impures tant de criminels dont la descendance compose aujourd'hui la majorité des *currencys*. Ces coupables ont ainsi expié leurs crimes envers la société, en lui léguant une aussi précieuse prospérité: le bien est provenu du mal, et le désert sauvage s'est transformé en Éden. En décembre 1789, un an après la fondation de la colonie, la première récolte eut lieu à Parramatta; en 1790, le premier planteur, James Ruse, prit possession de sa terre; en 1791, douze prisonniers furent établis sur les bords de l'Hawkesbury, et en 1793, ils donnèrent douze cents boisseaux de blé au gouvernement. En 1796, on joua la première comédie. En 1803, le premier journal, la *Gazette de Sidney*, fut publié. Le premier suicide eut lieu dans la même année, un homme s'étant pendu dans la geôle. En 1805, M. James Underwood construisit le premier bâtiment colonial. En 1806, le Hawkesbury déborda pour la première fois, et il y eut presque disette. Le premier recensement général se fit en 1810, et les rues de Sidney reçurent leur nom; et 1813, on fonda la foire de Parramatta, et en 1817 la banque de Sidney. En 1818, on jugea le premier cas de *crim-con* (adultère). En 1825, on condamna, pour la première fois, pour rupture de promesse de mariage; et 1826 vit s'ouvrir le premier concert. Tel est, dans sa confusion, le tableau des premiers faits et des premiers résultats.

Ceux, dit Cunningham, qui n'ont pas assisté au développement graduel des progrès à la Nouvelle-Galles, mais qui se bornent à considérer la colonie dans son état actuel de progrès, ne peuvent se faire qu'une faible idée des changements opérés. C'est le vieux président qui donne encore le nom de *Camp* à Sidney, malgré sa population de douze mille âmes (*); c'est lui qui peut apprécier ces améliorations. Cet homme qui se rappelle les rares huttes de terre et les tentes isolées éparses dans la forêt, ou le fourré autour de Sidney-Cove, connue alors sous le nom de *Camp*, devenue aujourd'hui une ville populeuse et florissante, cet homme est le seul en état d'apprécier les changements amenés par le temps et l'industrie. Il arrive encore souvent de rencontrer des gens qui, en racontant les vieilles aventures de la colonie, montrent l'endroit où ils venaient tirer des perroquets, dans la grande rue qui était alors un bois épais, et désignent le lieu où ils abattaient des arbres sur l'emplacement même des plus belles maisons; on entendra réciter des histoires de personnes égarées sur le sol même où est aujourd'hui la capitale de l'Australie, tandis qu'un déporté vétéran indiquera au coquin d'hier l'arbre encore florissant sous lequel des milliers de coups de fouet avaient été distribués. Quel changement dans l'état des choses depuis vingt ans! Alors un anglais distingué fut obligé d'aller à pied à Parramatta pour rendre ses devoirs au gouverneur, et comme ses bottes de kangarou lui avaient manqué en chemin, il lui fallut paraître au lever de Son Excellence, n'ayant pas d'autre chaussure que ses bas; car il eût été impossible d'acheter ou d'emprunter dans toute la ville de Parramatta, qui n'était alors qu'une collection de chétives huttes, une paire de souliers. Maintenant il en trouverait un assortiment inépuisable dans les nombreuses rues qui coupent Parramatta, et pourrait arriver journellement à cette ville par cinq divers moyens de transport, trois par terre, deux par eau. Et il n'y a pas vingt ans que, sur les terrains que ces rues couvrent, un commandeur, en robe de chambre et en pantoufles de maro-

(*) Elle est aujourd'hui de plus de seize mille âmes. G. L. D. R.

quin, marchait derrière les condamnés défricheurs, ayant sous le bras droit un énorme bambou, dont il frappait à coups redoublés les épaules des travailleurs qui n'avaient pas complétement arraché les herbes et les souches. A présent il existe cinquante mille habitants sur une étendue de pays de deux cents milles carrés : la justice leur est administrée par des cours civiles et criminelles, par six cours d'assises et onze bancs des magistrats pris parmi eux. Là où, trente-huit ans auparavant, il ne se trouvait pas un seul des animaux d'Europe, il y a maintenant plus de deux cent mille moutons, cent mille têtes de bétail, et quelques milliers de chevaux d'utilité ou d'agrément. Une seule des distilleries emploie cent mille boisseaux de grains; quatre moulins à vapeur, dix moulins à eau, seize moulins à vent, et deux qui sont mus par des chevaux, réduisent le froment en une excellente farine.

Sur l'emplacement seul de Sidney, quelle métamorphose! Il ne s'y trouvait, il y a quarante-huit ans aujourd'hui, pas une hutte, pas une affaire; c'est à présent une ville d'un mille carré, qui regorge de citoyens industrieux, et dont le mouvement commercial est immense.

Il est vraiment étonnant de voir quelle intelligence ont pour les affaires la plupart des gens amenés en Australie, et beaucoup d'entre eux en vertu d'un jugement des tribunaux criminels. Ce sont en général des gens de talent, mais de talent mal appliqué d'abord. Soit que leurs principes subissent un changement quand ils touchent la terre australienne, soit qu'ils découvrent qu'il y a plus à y gagner par l'honnêteté que par la friponnerie, ils quittent ce dernier métier pour embrasser le premier; et leurs facultés, bien dirigées, y font fleurir l'art de gagner de l'argent. Un étranger court moins le risque d'être trompé par un marchand de Sidney que par ceux de Londres, même par ceux qui passent pour honnêtes, non que les premiers soient plus probes en principes, mais leur probité ou leur friponnerie sont constatées par la position respective de chacun. Dans l'immense métropole de l'empire britannique, où les affaires publiques captivent l'attention générale tout entière, un marchand peut tromper un étranger, sans que sa réputation commerciale en soit atteinte; mais, dans la société très-circonscrite de Sidney, où tout individu est connu, les plaintes d'un étranger dupé ne manqueraient pas de passer de bouche en bouche, et le crédit du marchand en serait sensiblement altéré : bien plus, on peut mettre une confiance aussi entière dans les marchands déportés que dans ceux qui ont émigré volontairement, parce que l'émancipé (*) marchand sait qu'il a été connu autrefois pour un coquin, et que sa conduite sera surveillée de plus près que celle d'un homme qui a toujours passé pour intègre (**).

On ne trouve à Sidney, non plus que dans les grandes villes d'Angleterre, aucune de ces associations philanthropiques si communes en France, et dont les membres appartenant, pour la plupart, aux sommités de la société, vont, avec un devouement et un zèle admirables, porter aux malheureux des secours et des consolations jusque dans les greniers; mais en récompense, il y a, dans la capitale de l'Australie comme à Londres, force sociétés pour la propagation des idées religieuses et des livres saints. Cependant il existe à Sidney plusieurs institutions qui font honneur aux sentiments philanthropiques des principaux habitants. Outre les caisses d'épargne qu'on y a établies comme en France et en Angleterre, on doit citer une société dont le but est de diriger les premiers pas des gens pauvres, et principalement des anciens militaires qui viennent d'Europe à la Nouvelle-Galles du Sud. Elle leur indique la marche à suivre pour trouver du travail, s'ils sont artisans, ou une place auprès de quelque riche proprié-

(*) *Emancipist*, celui qui a été déporté et qui est libéré.
(**) Cunningham.

taire, s'ils sont laboureurs ; et, dans tous les cas, elle veille à ce qu'ils ne soient point dépouillés de leur petit avoir par les fripons dont fourmille la colonie. De son côté, l'administration montre une grande sollicitude pour l'amélioration des mœurs et l'instruction des basses classes. Elle a formé des écoles primaires dans tous les cantons, et elle entretient, à ses frais, des espèces de pensionnats, où sont élevés, loin de leurs parents, un assez grand nombre d'enfants de convicts ou d'émancipés. Les garçons, parvenus à un âge fixé par les règlements, exercent en ville, sous le patronage de l'établissement, le métier qu'ils ont appris ; et les filles entrent comme domestiques chez les habitants, ou reçoivent une dot en terres et en bestiaux pour se marier avec des hommes de leur classe. Cette institution était bien nécessaire dans un pays où les femmes du peuple n'ont aucune moralité, et ne peuvent par conséquent donner que de fort mauvais principes aux enfants des maîtres qu'elles servent ; aussi eut-elle, si l'on s'en rapporte à la brillante description qu'en trace Péron, de grands succès dans les premières années de sa fondation : mais il faut croire qu'elle a perdu de son influence à mesure que la population s'est accrue ; car aujourd'hui, quoique les pensionnats subsistent toujours, la vertu ne paraît pas avoir fait beaucoup de prosélytes parmi les descendants mâles ou femelles des condamnés. Ce qui semblerait confirmer cette opinion, c'est la mesure prise depuis peu par le gouvernement britannique d'envoyer à Sidney de jeunes filles recrutées dans les mauvais lieux des trois royaumes, dans l'espoir peut-être que, devenues des Lucrèces sous le ciel de l'Australie, elles serviraient à convertir les femmes *convicts*; mais, malheureusement, le goût ou l'habitude l'ont emporté chez elles sur les plus belles résolutions, et les nouvelles débarquées, mêlées avec leurs devancières, composent un amalgame qui n'a rien d'édifiant pour les mœurs (*).

(*) Laplace.

COMPAGNIE D'AGRICULTURE.

La Compagnie d'agriculture australienne, qui a fixé son établissement à Port-Stephen, à quatre-vingt-dix milles au nord de Sidney, promet à la colonie d'importants bienfaits. Elle a un million d'acres de bonnes terres que borde au nord la rivière Manning, et elles descendent sur la rive au sud, jusqu'à ce qu'elles rejoignent les branches inférieures de la rivière Hunter. Elles sont arrosées sur leur lisière par le Karuer et le Manning, et au centre, par les rivières Myall et Wolomba, et par cinq autres petits cours d'eau qui tombent dans les lacs de Smith et de Wallis, ou dans la mer.

Les districts de la Nouvelle-Galles, où des terres ont été concédées aux colons, s'étendent du 36e parallèle de latitude au 32e, c'est-à-dire, depuis la rivière Morovo, au sud de Sidney d'un côté, et de l'autre à la rivière Manning, renfermant dans ses limites, à l'ouest, la vallée de Wellington. La colonie paraît être en ce moment à son état le plus prospère. La conduite de ses marchands se fait remarquer par les spéculations les plus hardies et les plus gigantesques projets. Les magasins sont construits sur une échelle grandiose, avec les meilleurs et les plus solides matériaux. Pour se faire une idée exacte de cette supériorité, il suffit de savoir que ce n'est point seulement sur le port de Sidney que le commerce australien a construit ses magasins et ses quais, mais que, depuis Sidney-Cove jusqu'au port Darling, toute la ligne est couverte d'entrepôts, de chantiers, de moulins et de quais, dont l'aspect ferait honneur même à Liverpool. En 1831, cent cinquante navires venus de l'étranger sont entrés dans le Port-Jackson, et le tonnage se montait à trente et un mille deux cent cinquante-neuf tonneaux.

Quatre bâtiments sont employés constamment à la pêche de la baleine, six à celle des veaux marins, deux comme paquebots entre Sidney et New-Castle, un entre Sidney et Hobart-Town. Plusieurs vaisseaux font le commerce entre Sidney et Port-Dalrymple, sans compter la navigation secondaire et de cabotage. Dans les treize mois qui ont précédé le mois de juin 1826, vingt-quatre bâtiments anglais ont importé pour une valeur de deux cent mille livres, en y amenant beaucoup de planteurs honorables. Des cargaisons d'une égale valeur y sont arrivées sur dix vaisseaux de l'Ile de France, cinq de l'Inde, quatre du Brésil, deux du cap de Bonne-Espérance et cinq de la Chine. Il y a aussi dans la colonie un négoce assez lucratif avec les iles de la mer du Sud et la Nouvelle-Zeeland.

Six vaisseaux, presque entièrement frétés par la Compagnie, y ont apporté des ustensiles de toutes sortes, des graines variées, des arbres à fruit, des oliviers et des ceps, outre nombre de beaux étalons et de juments de pur sang, ainsi que deux mille mérinos. Mais la presse coloniale libre ayant attaqué d'une manière véhémente les mesures par lesquelles le nouveau gouverneur cherche à rendre très-rigoureuse la discipline pénale des condamnés, il est probable que les efforts de la plupart des journaux forceront la mère patrie à déporter les condamnés autre part.

INDUSTRIE, COMMERCE ET NAVIGATION.

On fabrique peu d'étoffes dans la Nouvelle-Galles, et ce sont principalement des étoffes de laine assez grossières, mais très-durables. Cependant il existe une grande manufacture de draps à Parramatta. On fait aussi à Sidney des cordes et de la ficelle avec le lin de la Nouvelle-Zeeland. La peau du kangarou est pour les tanneurs ce que le veau est en Europe; l'Australie produit plusieurs arbres dont l'écorce peut servir de tan; on fabrique des chapeaux avec la fourrure de l'écureuil volant. Outre la plupart des autres professions, la construction des bateaux et des navires a acquis une certaine importance, et cette colonie a lancé plusieurs bâtiments faits avec un bois gommeux, qui est aussi con-

venable à ces constructions que le bois de tek.

La pêche des phoques (de l'espèce *otarie* cendré) est une des principales sources de fortune à Port-Jackson, véritable entrepôt de cette partie du monde. Quand la pêche ou la chasse des phoques (voy. *pl.* 269) vint à languir dans le detroit de Bass, les spéculateurs tournèrent leurs vues vers l'île voisine de la Nouvelle-Zeeland, où l'on savait qu'abordaient les phoques. Il n'y eut pas de baie, de crique et de rivière, qui ne fût examinée par des pêcheurs déterminés, et leurs efforts furent récompensés par une ample réussite. Des liaisons constantes et amicales s'établirent entre eux et les naturels, et furent avantageuses aux uns et aux autres.

Cependant, plusieurs équipages de canots et des compagnies de pêcheurs ont été dernièrement attaqués et massacrés par les naturels, qui dévoraient ensuite les corps de ceux qui avaient péri, et nous ignorons si la présence d'un consul anglais empêchera la violence des deux côtés; aussi cette pêche, quoique moins abondante, continue dans la colonie.

La pêche de la baleine sur cette côte présente une perspective de bénéfice qui fixe déjà à un haut point l'attention publique. Les baleines sont en général de l'espèce noire, et abondent sur ces côtes aux époques ordinaires, et les bateaux en prennent beaucoup dans les ports. Les navires de l'Angleterre et de l'Amérique viennent en emporter les produits. On se procure aussi l'huile d'éléphant qu'on va chercher en grande quantité sur l'île Macquarie (54° 39' de latitude sud) (*). Cette île, qui n'a point d'ancrage sur ses côtes, n'est qu'une montagne se dressant au milieu des flots tumultueux de la mer du Sud, sans un arbre ou un arbuste d'aucune espèce, et couverte seulement de grandes touffes

(*) Nous ne répéterons pas la description de ces lourds animaux. Le lecteur pourra avoir recours au 1er vol. de l'*Océanie*, page 214 et suivantes, et tome III, 126 et suiv.

d'herbes grossières. Le perroquet vert foncé qui porte le nom de *Macquarie* se trouve en grande abondance sous ce climat moins froid et moins désolé que les îles Shetland. Il reste toute l'année sur l'île des hommes pour tuer les éléphants de mer qui la fréquentent, et pour en extraire l'huile. Des détachements appartenant à deux ou trois individus s'y trouvent souvent ensemble, et il n'est pas rare qu'il s'élève entre eux, pour la suprématie sur cette morne côte d'un demi mille, des guerres aussi acharnées que parmi les héros de Rome pour la domination du monde. Les combattants avec leurs longues barbes, leurs habillements graisseux, et leur teint basané ou noirci, ressemblent plutôt à des troupes de démons sortis des régions infernales, qu'à des chrétiens. Ils tirent leurs provisions de Sidney : l'huile leur fournit tout à la fois la lumière et le combustible. Leurs misérables huttes à murs de pierre, mêlée de tourbe, et à toit d'herbe, deviennent aussi sales et aussi dégoûtantes que l'intérieur d'un palais eskimau. On paye les pêcheurs en proportion de l'huile qu'ils procurent. L'huile et les peaux de veau marin viennent principalement des côtes de la Nouvelle-Zeeland, et des îles du détroit de Bass.

Voici ce que nous apprend M. Laplace sur les moyens de lier des relations commerciales entre la France, l'Australie et la Tasmanie :

« Pendant mon séjour à Sidney, dit-il, tous les habitants que je consultai m'assurèrent que nos vins et nos eaux-de-vie pouvaient y entrer librement, en payant un droit de quinze pour cent; mais, depuis mon retour en France, j'ai entendu plusieurs personnes, se disant parfaitement informées, affirmer qu'ils n'y étaient pas reçus; c'est une erreur. Il se pourrait que dans le but de favoriser les distilleries de grains et d'entraver l'introduction des liqueurs fortes dans la colonie, on eût frappé les vins et les eaux-de-vie de France d'un droit excédant quinze pour cent; mais nos armateurs ne sauraient trop tôt entamer des relations commerciales avec la Nouvelle-Galles du Sud et Van-Diemen. Ils sont certains d'y faire des bénéfices considérables, s'ils y portent des marchandises de bonne qualité; ils devront plutôt regarder au choix qu'au bas prix des objets dont ils composeront leurs cargaisons, qui, d'ailleurs, se vendront d'autant plus promptement qu'elles seront plus variées. Il est nécessaire pourtant que notre gouvernement vienne à leur secours, non-seulement en facilitant l'importation en France des principales productions de l'Australie, mais encore en obtenant de la cour de Londres l'admission de nos produits dans les ports de la Nouvelle-Galles du Sud, à des conditions moins défavorables. Comme je me flatte que nos bâtiments de commerce finiront par fréquenter Sidney, je ne crois pas inutile d'engager ici les capitaines à prendre garde, quand ils y seront, qu'aucun individu, appartenant à la classe des *convicts*, se cache à leur bord au moment de l'appareillage; car, si le fugitif était découvert, non-seulement ils payeraient une amende considérable, et leur départ serait beaucoup retardé, mais encore ils courraient le risque d'essuyer d'autres désagréments quand ils reviendraient en Australie. Les agents de police exercent au Port-Jackson une surveillance très-active sur les navires, dans le but d'empêcher l'évasion des condamnés; et, sous ce rapport, ils sont tellement soutenus par l'opinion publique, qu'un capitaine, soupçonné seulement d'avoir favorisé la fuite d'un convict, est tout à fait perdu de réputation dans la colonie, et devient pour les autorités un objet de défiance et d'aversion. »

L'Angleterre importe chaque année à Sidney une immense quantité de ses produits, tels que des étoffes de coton, de laine et de fil, de l'argenterie et des porcelaines, des objets d'enharnachement, des liqueurs spiritueuses, des épices, du savon, du beurre, du fromage, etc. L'Inde, et surtout Calcutta, concourent à ces importations;

l'Union américaine et Valparaiso (Chili) entretiennent fréquemment des relations avec cette capitale ; le cap de Bonne-Espérance lui envoie ses vins, le Brésil ses produits indigènes ; la Chine ses nankins, ses soieries, son thé et sa vaisselle de terre ; la Polynésie et la Nouvelle-Zeeland le bois de sandal, la nacre, des salaisons, l'*arrow-root* et le *phormium* (espèce de lin). Sidney a envoyé du blé jusqu'à l'Ile-de-France ; et les maisons de commerce de cette capitale de l'Australie ont établi des comptoirs sur les côtes de la Nouvelle-Zeeland, à Houkianga.

PORTRAIT DES AUSTRALIENS ABORIGÈNES OU NOIRS.

Nous pensons que les Australiens aborigènes sont issus des Andamènes, habitants primitifs de la Papouasie, d'où ils seront arrivés sur le grand continent par le détroit de Torres ; et malgré notre haute estime pour le savant docteur Cunningham, nous combattons de toute notre âme le système d'après lequel il les fait descendre des Malais et des Papouas. Ces indigènes sont moins foncés que les noirs d'Afrique ; ils sont d'une teinte plus jaunâtre que les Papouas, et tirant vers la couleur de la suie. Plusieurs tribus ont une teinte bistre, faiblement jaune, plutôt que noire ; la boîte osseuse du crâne passablement ronde, le front fuyant en arrière, les cheveux floconnés et non pas lisses, et ordinairement crépus, en quoi ils diffèrent des Papouas. Leurs bras sont très-longs, et leurs jambes grêles encore plus longues ; ils sont généralement velus, mais plusieurs sont glabres, en quoi ils diffèrent des Malais. Enfin ils ont la bouche d'une grandeur démesurée, le nez fort large et épaté, les narines également larges, les dents un peu proclives, mais d'un bel émail (voy. *pl.* 261).

Les habitants des régions froides de la terre de Flinders et de Baudin, ceux de la terre de Van-Diemen et ceux de l'île Chatham, à l'est de la Nouvelle-Zeeland, sont noirs et crépus, tandis que les insulaires des îles Gilbert, qui sont sous l'équateur, et ceux des îles Nouka-Hiva et de notre grand archipel de Roggeween, qui en sont peu éloignés, ont le teint jaunâtre et les cheveux lisses, ce qui prouve que l'influence du climat n'a pas amené ce résultat.

Malgré leur caractère violent et vindicatif des Australiens aborigènes ou noirs, malgré la manière cruelle dont ils traitent leurs compagnes, ils se sont montrés généralement assez paisibles dans leurs relations avec les Européens, et rarement inhospitaliers envers les naufragés. Ils paraissent ouverts, éloignés du mensonge, et non moins sensibles à un bon procédé qu'à une offense. Nous ne parlerons ici que des peuplades indigènes campées autour des établissements britanniques en Australie. Car un continent, aussi étendu et qui embrasse tant de climats divers, renferme probablement bien des peuples différents de mœurs et d'habitudes.

CAUSE DU CANNIBALISME.

Quelques tribus d'Australiens sont incontestablement cannibales.

Il est probable que l'anthropophagie a été une coutume répandue parmi les peuples dans l'enfance de la civilisation ; et même chez les *convicts* évadés le cannibalisme n'est pas rare quand ils manquent d'aliments. Cette coutume n'aurait-elle pas sa source dans l'instinct de sa conservation, dans un temps de famine, et dans un sentiment de haine et de vengeance, durant la guerre. A Taïti, une période de disette s'appelle encore la *saison à manger des hommes*. Cet usage se trouve répandu dans l'île de Soumâdra. Il existe dans les îles Nouka-Hiva. Le christianisme seul l'a détruit dans les îles Pomotou, voisines de cet archipel. Il est dans toute sa force dans la Nouvelle-Zeeland et chez certaines tribus de l'Australie. Dès les premières communications des Européens avec les indigènes du comté d'Argyle, dans la Nouvelle-Galles, ils apprirent que ces derniers sont cannibales, et ne cherchent point à nier le fait. Un homme de ce pays dit avoir vu dans un des sacs de leurs *gins* (femmes) la partie charnue de la cuisse d'un homme, qui y était enveloppée. Cunningham se trouvait, à une certaine époque, dans la ferme d'un de ses amis, à quarante milles de Sidney, quand une des tribus de l'Argyle s'y arrêta, en revenant de combattre des tribus de Bathurst qui avaient fait une irruption sur leur territoire; il demanda à un des guerriers, à combien de personnes il avait donné la mort; celui-ci leva les cinq doigts pour lui désigner le nombre d'ennemis qu'il avait tués : le guerrier lui fit voir qu'une femme était du nombre (en effet sa gorge était dans un des sacs que portaient les *gins*), et il n'hésita pas à lui dire que ces restes étaient destinés à être mangés, de même que l'on avait déjà dévoré les autres parties du corps. Ce spectacle eut vingt témoins dans la ferme. Il est curieux de remarquer que le cannibalisme n'existe que chez les peuples qui n'ont point de chef élu ou héréditaire, ou aucune supériorité établie, excepté celle que peuvent procurer la force et la bravoure individuelles. Les indigènes de Nouka-Hiva, des îles Pomotou, de la Nouvelle-Zeeland, et de l'Australie, sont tous dans cette catégorie.

MŒURS ET COUTUMES DES AUSTRALIENS PRIMITIFS OU SAUVAGES.

Malgré les calomnies des colons à leur égard, les Australiens sauvages ne manquent ni d'intelligence, ni de justice.

La plupart des naturels sont excellents tireurs quand ils sont habitués à l'usage du fusil; et les blancs ont en eux des ennemis dangereux par leur subtilité, car, grâce à la finesse de leur vue, ils découvrent le moindre objet en mouvement dans les bois, et ils ont bien vite atteint tout animal qui les parcourt. Il est donc impossible de les surprendre, excepté le matin de bonne heure, et avec l'aide d'un guide indigène; ils peuvent cependant toujours échapper aux blancs, en se glissant d'arbre en arbre; car, même quand on les voit, il est très-difficile de les distinguer du bois brûlé par le soleil. Ils craignent d'attaquer les blancs, quelque peu nombreux qu'ils soient, quand ils les voient armés de fusils, dont ils connaissent l'inévitable justesse, et le meilleur moyen de battre en retraite avec sécurité est de les tenir en échec, en leur montrant le fusil, car, dès qu'il a fait feu, ils se jettent sur leur victime et la percent de dards. Pendant la guerre pénible qu'il fallut soutenir contre eux en 1816, un cultivateur, qui était au milieu de son troupeau, fut averti, par l'agitation que manifestaient ses bestiaux, qu'il y avait dans le voisinage quelque chose qui les contrariait, et bientôt un sifflement de dard l'avertit de ce que c'était. Une flèche ficha son chien en terre. Les sauvages, qui s'étaient serrés autour de lui en demi-cercle, comme c'est leur coutume, poussèrent un cri formidable, et firent voler une grêle de dards, qu'il n'évita qu'en se cachant derrière un arbre. Il prit ensuite son fusil, et les tint ainsi à distance, jusqu'à ce qu'il eût atteint une rivière; là il fit feu et traversa l'eau à la nage. Les bestiaux ont une antipathie toute particulière pour les sauvages; ce qui semble tenir à des émanations qui leur déplaisent. Quand ils en rencontrent dans les bois, ils fuient devant eux, en respirant fortement et en faisant des ruades, ou bien ils les poursuivent comme s'ils étaient enragés, et les forcent à grimper aux arbres avec la légèreté des singes (*).

La vengeance chez eux, comme chez la plupart des sauvages, n'est jamais assouvie tant qu'elle ne s'est pas éteinte dans le sang d'un adversaire. Ils s'inquiètent peu de la personne; mais si *un blanc* les a offensés, ils passent généralement leur colère sur le premier individu de cette couleur qu'ils trouvent à leur portée, parce que, selon eux, et selon la loi juive, le sang doit expier le sang. Ils ne savent pas, dans

(*) Cunningham.

leur état sauvage, ce que c'est qu'oublier ou pardonner. De leur côté, quand ils ont tué un blanc, ils s'attendent toujours à des représailles. Quels que soient les signes d'amitié que les autres blancs puissent leur donner, ils ne se croient pas en sûreté, tant que quelques-uns des leurs n'ont pas reçu la mort de la main de leurs ennemis; c'est pourquoi ils continuent leurs meurtres. Il faut convenir que certains déportés leur ont donné souvent de justes sujets de vengeance; mais, lors des massacres qui eurent lieu en 1816, sur les bords de la rivière Hunter, la conduite des indigènes fut marquée par des actes de la férocité la plus capricieuse et la plus lâche. Un planteur écossais s'était établi sur cette rivière, et des affaires l'ayant appelé à Sidney, il laissa, pour diriger ses intérêts, son cousin avec un domestique irlandais, déporté en dernier lieu. Leur situation isolée poussa les noirs à la résolution d'assassiner ces deux malheureux et de piller le domaine. Dans ce but, ils s'approchèrent, comme à l'ordinaire, sous des apparences bienveillantes, et pendant que le maître était assis, lisant près de la cabane, un misérable, de taille élevée, boiteux, et au regard atroce, nommé *Nullan-Nullan* (le batteur), se glissa derrière lui avec une formidable massue et lui écrasa la tête. Les cannibales mangèrent ensuite la cervelle. On trouva à soixante pas de là le domestique couvert de branches, et la maison fut entièrement pillée. Les troupeaux étaient à quelque distance, paissant sous la garde d'un fidèle chien écossais. Un détachement de constables et de soldats se mit à leur poursuite, et alors on vit une preuve d'affection maternelle bien frappante. Une femme pourchassée fuyait tenant son enfant sur son dos. Bien qu'elle dût s'attendre à recevoir un coup de fusil, elle prit la noble résolution de sauver son enfant au risque de sa vie, et se mit à courir avec son fardeau, en appelant son mari à son aide. Enfin, épuisée par ces efforts, elle tomba avec son enfant dans une terre molle et marécageuse; et tout espoir semblait évanoui, quand tout à coup le père apparut sur la crête d'une hauteur voisine, défiant ses ennemis, en leur annonçant sa présence par des cris épouvantables. Quand la mère vit qu'elle était secourue, elle poussa l'enfant en avant vers son père, qui l'encourageait en l'appelant à haute voix. La petite créature grimpa rapidement vers le sommet de la colline, comme si elle avait connu le danger; elle monta sur les épaules de son père, et tous deux disparurent dans les bois.

Si un blanc trompe une fois les sauvages, ils n'ont plus de confiance en lui.

Gardez-vous de jamais frapper ces indigènes, ceux surtout qui ne connaissent pas les Européens, même si vous les surprenez à vous voler : ils se vengeront, en vous ôtant la vie un jour ou l'autre, à moins que vous ne parveniez à les calmer, car ils ne font pas plus de cas de la vie d'un homme que de celle d'un papillon. Si vous tombez dans leurs mains, il ne faut paraître ni épouvanté, ni menaçant, mais montrer une tranquillité froide, et l'air de la plus parfaite confiance en eux. Nous citerons un bel exemple de véritable courage, et une preuve de l'influence des femmes, même sur les sauvages les plus grossiers. En 1816, sur les bords de la rivière Hunter, à l'époque des atrocités commises par les noirs sur les blancs, les naturels des environs de Morton, résidence du lieutenant Ogilvie, avaient maintenu des relations amicales avec son établissement ; mais, pendant son absence, un détachement de soldats et de constables les avaient maltraités, et provoqué ainsi des mesures hostiles de leur part. Madame Ogilvie était chez elle, entourée de sa jeune famille et de quelques domestiques, quand les hurlements menaçants d'une troupe de sauvages, qui avaient investi sa demeure, éveillèrent tout à coup son attention; elle employa toute son énergie pour s'efforcer d'éviter une catastrophe imminente. Les indigènes s'étaient emparés de deux constables, qu'ils serraient par le cou, en leur disant le plus d'injures que pouvait leur permettre le peu qu'ils savaient d'anglais, et ils se préparaient à leur faire sauter la cervelle avec leurs *waddies*, quand madame Ogilvie se jetant intrepidement au milieu des massues et des dards, imposa tellement aux sauvages par sa fermeté, qu'ils se retirèrent, au bout d'une demi-heure, en bonne intelligence avec tous les membres de l'établissement (*).

Ils ont quelques sentiments de superstition, car on ne peut ici prononcer le mot de religion, puisque ces idées ne les poussent pas plus à faire de bonnes actions qu'elles ne les éloignent des mauvaises. Ils croient à l'influence des songes, aux charmes, aux sortiléges. Ils attribuent presque toutes leurs maladies à une influence malfaisante. Aussi les remèdes les plus ordinaires employés par les *kinedoux* et les *malgaradoks* ne sont que des charmes pour détruire l'effet des premiers (**). Ils ont des *kerredeis* (espèce de médecins sorciers comme les kinedoux et les malgaradoks), qui arrachent une dent de devant à l'enfant qui est admis à la condition d'homme. Cette cérémonie est nommée *gna-loung* (voy. *pl.* 271). Ils croient à un bon esprit qu'ils nomment *Coyan*, et à un mauvais esprit nommé *Potoyan*. Ils tiennent pour certain que le premier surveille les machinations du dernier, contre lesquelles il les protége, et aide à retrouver les enfants que l'autre attire pour les dévorer. Ils se rendent d'abord favorable Coyan, au moyen d'une offrande de dards, puis ils se mettent à la recherche de l'enfant perdu. S'ils le découvrent, il est bien entendu que Coyan en a le mérite; mais s'ils ne le trouvent pas, ils en infèrent que l'on a fait quelque chose pour s'attirer son déplaisir. Potoyan rôde, quand la nuit est venue, à la recherche de sa proie; mais il craint d'approcher du feu qui sert de protection contre lui; c'est pourquoi les naturels n'aiment pas voyager de nuit, ou dormir sans un grand feu allumé à côté d'eux. Les noirs de Sidney dorment autour d'un grand brasier; mais dans l'intérieur, ils vont se tapir chacun à part près d'un petit feu. On irrite Potoyan si l'on fait tournoyer en l'air un bâton enflammé : « Ne faites pas cela ! ne faites pas cela ! s'écrient les timides; le diable va venir. » Pour s'annoncer, il fait entendre un sifflement bas et continu, semblable à une petite brise soufflant dans des branchages. Un habitant de New-Castle tira parti de cette circonstance pour débarrasser sa *varanda* (galerie) de quelques-uns de ces croyants au pouvoir de Potoyan, qui s'y étaient entassés pour y passer la nuit, mais qui fatiguaient le propriétaire par les claquements discords et incessants de leur langue. Pour se délivrer de ce fléau, il se glissa doucement à la fenêtre, l'ouvrit sans bruit, et fit vibrer le sifflement fatal de Potoyan. On entendit d'abord murmurer à voix basse parmi les naturels, puis suivit un silence de mort, comme si toutes les oreilles étaient tendues pour chercher à distinguer le son; alors le propriétaire de reprendre son sifflet, et les indigènes de sauter tous hors de la *varanda* (galerie), qu'ils ne vinrent plus visiter. Quoiqu'ils soient brutaux entre eux, et qu'ils tuent sans aucun scrupule leurs nouveau-nés, quand ils manquent des moyens de les nourrir, cependant ceux qu'ils gardent sont élevés avec la plus grande affection, et le chagrin que leur cause la mort d'un parent, quoique de peu de durée, est très-violent (*).

Ils ne sont pas difficiles pour la nourriture, dit Cunningham, et quand la faim les presse, ils avalent ce qu'ils trouvent avec avidité : vers de terre, serpents, baleine puante, tout y passe, jusqu'à la vermine, dernière ressource qu'ils trouvent sur leurs personnes, ainsi que les singes. Il est curieux de les voir poursuivre un opossum, lorsqu'il s'est réfugié dans le creux d'un arbre.

(*) Cunningham.
(**) Ils ont surtout cette ancienne croyance aux deux principes, qui a fait le tour du monde et que nous avons trouvés dans la hutte du sauvage et dans le palais des radjahs. G. L. D. R.

(*) Cunningham.

Quand ils ont bien reconnu sur le tronc les traces de ses griffes, ils y grimpent au moyen de coches qu'ils y font à mesure; et quand ils sont arrivés au trou où ils supposent que l'opossum est caché, ils le sondent avec un long bâton, et s'assurent ainsi de la présence de l'animal. S'ils ne peuvent pas alors le prendre avec la main, ils ouvrent un trou un peu au dessous de l'ouverture, sondent encore pour forcer l'opossum à cacher sa tête, puis, plongeant encore la main dans le creux, ils saisissent l'animal par la queue, le tirent et le tuent en le jetant sur le tronc de l'arbre. Ils aiment beaucoup avoir les cheveux coupés par un blanc, à cause de la promptitude et de la facilité avec laquelle cette opération est exécutée par les ciseaux au lieu du coquillage qu'ils emploient. Quand Cunningham campait dans le voisinage de certaines tribus qui ne connaissaient pas les Européens, il leur faisait souvent cette opération pour se délivrer de leurs importunités. Il ne les rencontra ensuite jamais dans les bois sans qu'ils se missent à pousser des cris perçants, en lui montrant, à leurs têtes tondues, qu'ils étaient ses vieux amis. Ce voyageur s'amusa beaucoup d'un aborigène que la vue d'un miroir terrifia au dernier point : c'était un vieillard; il s'y regarda d'un air si grave et si épouvanté à la fois, que Cunningham ne put retenir un éclat de rire. Il ouvrit alors la bouche et s'avança vers sa figure répétée par le miroir comme pour l'avaler : le sauvage poussa un soupir et frissonna, en se retournant pour éviter ce spectacle, mais sans essayer de fuir. Alors de quelque côté qu'il se tournât, Cunningham appliquait la glace devant sa figure, et le sauvage, comme pour se dérober à la terrible apparition qu'il croyait avoir devant lui, fermait entièrement les yeux, et tremblait comme un homme pris de fièvre; ses dents claquaient de terreur; il ouvrait cependant de temps à autre un petit coin de l'œil avec précaution, pour regarder si le lutin était parti. Un de ses camarades vint alors dissiper ses craintes; mais son regard effaré et le gros rire contraint qu'il fit entendre, quand il regarda encore dans la glace, témoignèrent de son peu de goût pour cette vision.

Leur saleté native est la source de maladies honteuses, et on a remarqué sur quelques hommes des traces de syphilis; mais ils guérissent de ces plaies et de toutes les autres avec le temps. M. Cunningham vit un sauvage qui avait une petite souche d'arbre fichée dans le pied, creuser un trou et tenir le membre blessé dans la terre moite, avant d'extraire le corps étranger : singulière espèce de cataplasme !

Les Australiens noirs (nous voulons distinguer ainsi les aborigènes des colons australiens, que nous nommerons quelquefois les Australiens blancs) sont vifs, enjoués, curieux et intelligents; et on a acquis la preuve qu'ils apprennent à lire, à écrire, etc., aussi vite que les Européens. Il est difficile d'allier cette aptitude avec le degré infime qu'ils occupent sur l'échelle de la civilisation. Ils semblent, en vérité, être la chaîne intermédiaire qui sépare l'homme de l'orang-houtan. Les mouvements prompts et saccadés de la plupart des Australiens noirs tiennent beaucoup de ceux de ce bimane intelligent de nos forêts. Un singulier mouvement de contorsion subite qu'ils donnent à leur tête, et la burlesque manière avec laquelle ils lèvent leurs mains pour regarder le soleil ou tout objet lointain, se rapprochent plus des mouvements animaux que des bipèdes civilisés. Cependant les aborigènes ne sont pas tous laids, et il en est de jolis dans l'un et l'autre sexe pendant leur jeunesse. Quant aux vieilles femmes, ce sont de véritables épouvantails.

Quoique le gibier et les autres articles de subsistance soient assez abondants dans les bois de l'intérieur de la Nouvelle-Galles, ces ressources sont cependant tellement éparses, que les indigènes sont contraints d'être perpétuellement en mouvement pour se les procurer. Il est donc impossible pour eux de s'établir à demeure. Cette vie nomade est probablement une des causes de la stupidité de leur nature, car, pourquoi chercheraient-ils à se fabriquer des ustensiles qu'ils ne pourraient emporter dans le léger bagage qu'exigent leurs courses continuelles?

Le Nouveau-Zeelandais, dit Cunningham, est obligé de se faire une résidence fixe au milieu de ses ignames, de ses patates douces et des cochons qu'il élève pour se nourrir, parce que les bois ne lui fournissent pas assez de gibier pour se soutenir. Il orne sa cabane de coupes sculptées et d'autres ustensiles qu'il prépare dans ses heures de loisir, et qu'il se fait gloire de montrer. Mais les tribus australiennes trouvent, dans le continuel changement de lieux, une distraction suffisante, tout en se procurant leur nourriture, et au moyen des guerres perpétuelles, de la destruction des enfants et du concubinage, ils diminuent la population. Ils ne sont jamais poussés à la nécessité de se réunir et de subvenir à leurs besoins par des moyens artificiels, comme la plupart des naturels des îles méridionales de la Polynésie. Les Australiens qui vivent sous des toits sont en général ceux qui habitent certaines portions de la côte, où les huîtres et le poisson leur assurent une nourriture suffisante pour la plus grande partie de l'année.

L'état stationnaire dans lequel végètent ces sauvages, s'explique par l'absence totale de hiérarchie dans leurs tribus. Les peuplades de l'Amérique septentrionale, où les chefs sont tout simplement des conseillers, sans aucun pouvoir pour contraindre à l'exécution de leurs avis, et par conséquent pour rompre les vieilles habitudes sauvages de leurs peuplades, restent dans un perpétuel abrutissement. Les habitants de la Nouvelle-Zeeland viennent encore d'une manière plus frappante à l'appui de ces observations. Il n'existe parmi eux aucune discipline dirigée par un chef, si ce n'est cette espèce de contrôle que le commandant d'une troupe de bandits exerce sur sa bande. Aussi, bien que les missionnaires anglicans soient établis depuis plus de quinze ans dans ce pays, les indigènes n'en restent guère moins barbares. Quel contraste cependant offrent dès à présent les tribus de la même race, habitant les autres îles de la mer du Sud, et soumises à un autre régime! à Taïti, dans les îles Haoui, à Tonga, etc., les missionnaires, en s'assurant l'amitié des rois et des chefs absolus, et en les ramenant à leurs opinions, ont non-seulement mis en sûreté leurs personnes et leurs propriétés, mais ils ont encore acquis des aides utiles pour convertir et civiliser la masse du peuple.

SAUVAGES QUI, APRÈS AVOIR VÉCU LONGTEMPS CHEZ LES EUROPÉENS, ABANDONNENT L'ORDRE SOCIAL POUR VIVRE LIBRES DANS LES FORÊTS.

Des divers essais vainement tentés pour amener ces sauvages à la civilisation, voici les deux plus remarquables. Le fondateur de la colonie, le gouverneur Philips, avait admis à sa table, en 1788, l'Australien Benilong qui s'était fait bien venir par divers services rendus aux premiers colons. Quand Philips retourna en Angleterre, en 1792, il emmena avec lui Benilong et le garda dans sa maison jusqu'en 1795, époque où le capitaine Hunter fut nommé au gouvernement de la Nouvelle-Galles du Sud. Benilong reparut dans sa patrie à la suite du nouveau dignitaire, et fut admis à sa table, comme il l'avait été à celle de son prédécesseur. Pendant quelque temps il se comporta d'une façon assez convenable; on le croyait presque civilisé; on ne lui supposait pas la fantaisie de quitter cette existence tranquille pour la vie sauvage des forêts; c'est pourtant ce qui arriva. Il fréquenta d'abord quelques Australiens noirs, sans se ressentir en aucune manière de ce contact, puis il en revint peu à peu à sentir comme eux, à rêver comme eux les solitudes de l'intérieur. Un beau jour il se dépouilla de ses vêtements et disparut pour toujours. Il ne remit plus le pied dans la ville. Le révérend Marsden, chapelain de la colonie, qui vit Benilong dans la forêt, raconte que cet homme, redevenu sauvage, ne regrettait aucune des jouissances de la civilisation.

Voici un autre fait cité par Cunningham :

« Un Australien aborigène que j'avais connu dès sa plus tendre enfance, dit le narrateur, appartenait à la tribu de Parramatta ; son nom anglais était Daniel : c'était un fort beau jeune homme. M. Caley le botaniste l'avait recueilli chez lui, où il le garda pendant quelques années. Quand M. Caley retourna en Angleterre, Daniel l'accompagna, et y resta longtemps ; il fut introduit dans les principales sociétés de Londres. Enfin, il revint à la Nouvelle-Galles du Sud, et la première fois que je le vis, après son retour, il était assis, tout nu, sur le tronc d'un arbre dans les bois, à huit milles environ au nord de Parramatta. Je lui exprimai mon étonnement de le voir en cet état, et lui demandai pourquoi il avait quitté ses vêtements pour vivre dans les forêts ; il me répondit que les bois étaient ce qu'il aimait le mieux. Peu de temps après, Daniel rencontra une jeune femme qui était venue libre d'Angleterre, à trois milles environ de Parramatta, comme elle retournait chez son père ; il se permit de l'attaquer et de la violer. Il fut arrêté et exécuté pour ce crime, et mourut bravement comme un sauvage. Aussi, découragé par tous ces essais infructueux, le gouvernement a pris le parti de laisser ces hommes vaguer à leur gré ; seulement on les oblige à respecter les propriétés dans les campagnes, et les lois de la pudeur quand ils se présentent dans les villes. A cela près de quelques infractions, ces deux injonctions sont assez scrupuleusement respectées. Les indigènes du littoral vivent d'une façon pacifique au milieu des Anglais ; ils se contentent de mendier auprès d'eux quelques vivres et de l'eau-de-vie, pour laquelle ils sont passionnés ; mais dans l'intérieur, surviennent souvent des rixes violentes entre les sauvages et les Anglais. Il y a des voies de fait et du sang versé ; quelquefois ce sont les sauvages qui attaquent, d'autres fois ce sont les Anglais ; et, dans l'un et l'autre cas, il faut envoyer des détachements de troupes, qui font des exemples sévères. Il est à peu près certain que les naturels de la zone maritime ne sont point cannibales ; mais divers témoignages attestent que les habitants des montagnes et des vallées intérieures ont quelquefois massacré des Anglais, pour les dévorer. »

RESPECT POUR LES TOMBEAUX.

Les sauvages, plus que les hommes civilisés, respectent les mystères de la tombe : on lira avec plaisir ce que raconte le lieutenant Britton au sujet d'Australiens inhumés à la suite d'un engagement :

« Dans une querelle qui s'éleva entre deux tribus sur les bords du Wallomby, dit M. Britton, quatre hommes et deux femmes de l'une de ces tribus furent tués, puis enterrés de la manière suivante. Les corps des hommes furent placés en croix, étendus sur le dos, tête contre tête, chacun d'eux étant lié à une perche par derrière le corps, au moyen de bandages au cou, à la ceinture, aux genoux et aux chevilles des pieds. Les deux femmes avaient les genoux recourbés et attachés au cou, tandis que les mains avaient été attachées aux genoux ; puis elles furent placées le visage en bas. Leurs tombes formaient ainsi deux petits tertres de trois pieds de hauteur, un peu plus éloignés de la croix formée par la tombe des hommes. Cette disposition tient à des idées d'infériorité touchant les femmes, idées qui ne permettent point que celles-ci soient inhumées avec les hommes. Du reste, la propreté et le soin avec lesquels les deux cônes et la croix furent exécutés étaient fort remarquables, et sans qu'on pût apercevoir la moindre irrégularité. A une certaine distance tout alentour, les arbres, jusqu'à la hauteur de quinze ou vingt pieds, furent couverts de figures grotesques, qui étaient censées représenter des kangarous, des émus, des opossums, des serpents, entremêlés de figures grossières des instruments dont ils se servent. Autour de la croix ils tracèrent un cercle d'environ trente pieds de diamètre, dans lequel ils dégagèrent soigneusement le sol de toute espèce de broussailles. En dehors, ils pratiquèrent un second cercle semblable, et, dans l'intervalle étroit laissé entre les deux cercles, ils placèrent des morceaux d'écorce, disposés comme les tuiles d'une maison. Le malin esprit, disaient les naturels, ne saurait sauter par-dessus les morceaux d'écorce, et ne saurait non plus se glisser par-dessous. Quatre grands casse-tête furent aussi fichés en terre au centre de la croix, et les naturels dirent que c'était afin qu'au moment où les défunts se relèveraient, ils ne fussent point sans armes, et qu'ils fussent en état de repousser le même esprit qui voudrait les faire rentrer en terre. Ces réponses annonçaient certaines notions touchant un état futur; mais il serait assez difficile de bien préciser en quoi elles consistent. Quelques colons ont assuré que les indigènes s'imaginent que leur condition future sera surtout heureuse, en ce qu'au moment de la résurrection ils seront des *hommes blancs*; qu'ils posséderont alors toutes les jouissances qui sont à la disposition des Européens; qu'ils pourront boire et manger tout à leur aise, et qu'un soleil continuel les entretiendra dans une douce chaleur. »

Les tribus de Sidney vivent principalement au moyen de la pêche, pour laquelle les habitants de la ville leur fournissent des hameçons et des lignes. Ils leur rapportent tout ce qu'ils prennent, et reçoivent en payement de vieux habits, du pain et du rhum. Ce dernier article de trafic amène la plus grande perturbation parmi les indigènes : ils n'hésitent pas alors à prostituer aux déportés domestiques les faveurs de leurs femmes pour une tranche de pain ou une pipe de tabac. Les enfants que produisent ces relations sont ordinairement sacrifiés, de même que cela a lieu en cas de jumeaux : les maris exigent ordinairement la mort du premier, et les mères sont souvent forcées de tuer le dernier pour cause de manque de nourriture. Partout les femmes s'enveloppent d'une espèce de manteau fait en peau d'opossum, ou bien elles se servent d'une couverture; mais les hommes vont entièrement nus sans montrer la moindre pudeur. On en rencontre même dans les rues de Sidney, se pavanant dans le costume naturel, ayant pendues autour du cou des culottes, que le donateur avait certainement consacrées à une autre destination. « Rien n'est plus drôle, dit encore Cunningham, que de voir quelques-uns de ces dandys noirs, marchant seigneurialement dans les rues avec un bâton (*waddie*), qu'ils agitent dans leurs mains dégoûtantes. Il n'est pas un élégant à Londres qui puisse mieux faire l'homme important. Les femmes acclimatées ne se font aucun scrupule de causer avec ces fashionables si peu drapés, et elles ne semblent pas s'apercevoir de leur nudité : les nouvelles venues, au contraire, se cachent les yeux avec leurs doigts, rougissent, et se hâtent de passer. »

Tous les noirs des environs de Sidney parlent et comprennent très bien l'anglais. Il faut reconnaître qu'ils ont acquis le langage des halles dans la perfection, et il n'est pas un blanc qui pût lutter avec eux en injures et en jurons, qui coulent comme un torrent perpétuel de leur bouche. Ces indigènes sont les êtres les plus outrageants qu'on puisse voir : ils accablent un blanc d'insultes toujours croissantes, s'ils le voient reculer; mais qu'il revienne et menace de les frapper, tout s'apaise. Ils se battent ordinairement entre eux avec le *waddie*, chacun baissant à son tour la tête pour recevoir le coup de son adversaire, jusqu'à ce qu'un des deux tombe : celui qui évite le coup est regardé comme un lâche. On en voit plusieurs qui boxent aussi habilement que le plus habile de Londres (*).

(*) Cunningham.

MENDIANTS TENACES.

Les naturels répandus sur tout le comté de Cumberland sont tellement tombés dans la dépendance des blancs, qu'ils ne pourraient exister sans ce qu'ils mendient, gagnent ou volent. Ils travaillent, du reste, avec activité, et moissonnent aussi vite que les Européens.

Comme mendiants, ils ne trouveraient pas leurs pareils dans le monde; ils n'essayent point de séduire le voyageur par de douces paroles, mais ils s'en tiennent à une importunité indomptable, le suivant côte à côte, de rue en rue, aussi fidèlement que son ombre, lançant dans son oreille l'interminable cri : *Homium!* donnez-moi un *dump!* (sorte de monnaie qui vaut quinze sous.) Une aumône moindre ne les satisferait pas. Cunningham se promenant de bon matin, rencontra, au coin d'une rue, un jeune Australien noir, qui lui dit : *Bonjour, monsieur*. Il le salua en poursuivant son chemin; bientôt le jeune noir attira son attention par ces mots prononcés d'une voix forte : « Arrêtez! monsieur, j'ai à vous parler. — Eh bien! qu'y a-t-il? dit Cunningham. — Mais! vous savez bien que je suis votre serviteur, et vous ne m'avez rien payé encore. — Au diable! répondit-il; c'est la première fois que j'en entends parler, et je ne me souviens pas de vous avoir vu. — Certainement je suis votre serviteur, répondit-il d'un ton très-résolu; est-ce que ce n'est pas moi qui quelquefois fais bouillir la chaudière au café pour vous? » Le docteur mit alors la main à la poche, lui donna tous les sous qu'il avait, et le laissant les compter à son aise, allait en avant quand, ayant fait un quart de mille, il fut encore assailli de clameurs : « Holà! arrêtez! arrêtez! » Il se retourna, et vit son ami noir qui lui faisait signe, et venait à lui sans se fatiguer. Il semblait vraiment qu'il l'attendît, tant il allait lentement; et quelle fut sa surprise quand, arrivé près de lui, il lui tendit sa main toute grande ouverte avec les pièces de cuivre dedans. « Ce n'est pas assez pour acheter un pain. — Eh bien! répondit Cunningham avec humeur, achetez-en la moitié ». Mais sa réponse fut accueillie par des bordées d'injures.

DISTINCTION MORALE ENTRE PLUSIEURS TRIBUS.

Il n'est pas une portion du territoire où les aborigènes aient fait de grands progrès en civilisation; mais le pays le moins avancé est celui qui se trouve à quelques centaines de milles dans le rayon de Sidney. A Port-Stephen, dans le nord, commence pour les tribus un ordre de choses meilleur. Il s'y manifeste un régime pareil à celui des *Chieftains* d'Écosse, et tous les indigènes se construisent avec des branches d'arbre, des huttes commodes, assez grandes pour contenir un certain nombre de personnes, et qu'ils nettoient tous les jours. Les habitants de Port-Stephen ont, dans le fait, civilisé, sur quelques points, ceux de New-Castle par leurs rapports continuels. Ces derniers sont certainement supérieurs à ceux de l'intérieur, et très-supérieurs à ceux qui avoisinent Port-Jackson. A Western-Port, et en d'autres lieux au sud, on dit que les naturels bâtissent des cabanes très-logeables, et même des villages pour y résider; c'est là le premier degré par lequel l'homme s'élève au-dessus de la brute. Les tribus du Cumberland ne sont point encore arrivées à ce point. Un bon feu, et une bande d'écorce ou un branchage placé au vent pour les abriter, suffit à leurs plus grands désirs. On en a vu souvent préférer le grand air, même par une nuit froide, à l'abri d'une cabane; un village qu'un gouverneur leur avait construit, tomba bientôt en ruine. Leur chef, nommé le roi Boungari, prononça la sentence mortelle de cet établissement, quand, consulté sur ce qu'il pensait de ces maisons, il répondit avec un sourire et en levant les épaules : « Bonnes, bonnes, en supposant qu'il pleuve. »

Vers les bords du Hawkesbury et de la rivière Cow-Pasture, les aborigènes ne sont pas si dégradés qu'aux alentours de Sidney, et si on leur bâtit des cabanes, ils les habitent. Il en est beaucoup qui travaillent à la terre, et d'autres, qui se sont soumis aux vêtements et à la ration, sont employés comme constables, et traquent les voleurs et les coureurs de bois (*).

Comme tous les hommes placés dans des situations où leur existence dépend de la pénétration de leurs sens extérieurs, ils possèdent une merveilleuse vivacité du regard et de l'ouïe, et suivent le pas d'un homme sur toute sorte de terrains, pourvu qu'il soit assez récent et qu'il n'ait pas plu dans l'intervalle. Ils devinent aussi très-exactement depuis combien de temps l'individu a passé, et disent si cette empreinte est celle du pied d'un noir ou d'un blanc. Les naturels de New-Castle, et tous ceux des tribus de la côte septentrionale, sont dociles, obligeants et disposés à travailler dans l'occasion, pourvu que le travail ne soit pas rude. Il est dans ce comté trois indigènes, si habiles aux travaux de la terre et si vigilants constables, que les Européens leur ont donné leurs propres noms : car c'est pour tous les noirs une grande faveur que de recevoir le nom d'un blanc. Une plaque de cuivre ou de fer-blanc, avec une inscription, est aussi d'un grand prix à leurs yeux, et cette plaque, pendue à leur cou, leur donne beaucoup d'importance aux yeux de leurs tribus. Il y a parmi les indigènes beaucoup de mimes excellents qui rappellent à ce souvenir les individus qu'ils imitent, aussi vivement que si on les voyait eux-mêmes.

NOIRS AUSTRALIENS, EXCELLENTS MIMES ET COMIQUES.

Ces sauvages appliquent très-finement les sobriquets ; ainsi ils surnommèrent un homme qui avait la bouche de travers *wally-wally*, parce que le trait ainsi dérangé ressemble à un fruit contourné qui porte ce nom. Un homme qui avait la langue embarrassée reçut le sobriquet de *courakabundy* (la grenouille), à cause de son articulation particulière. Le personnage à la bouche torse était commandant d'un des établissements ; les naturels s'étaient mis dans la tête que ce trait était inhérent à la qualité de gouverneur, et ils ne pouvaient contenir l'expression de leur étonnement de ce que le *coban* (gros) *gobernor* n'avait pas la bouche de travers comme le *narang* (petit) *gobernor*. Ils entendent fort bien l'art mimique. Le plus comique des mimes australiens est *Bidgi-Bidgi*, qui demeure à Parramatta. Parmi les personnages remarquables qui ont visité la colonie, il n'en est pas un qui ait fourni plus de textes divertissants à la conversation, et qui ait eu plus de *pipes fumées* (*) ironiquement en son honneur que le beau-fils d'un tailleur renommé de Londres, qui avait cru son éducation incomplète jusqu'à ce qu'il eût fait un voyage à *Botany-Bay*, comme on dit souvent par erreur : il y vint donc muni de tous les moyens de paraître avec éclat dans les premiers cercles. Son ultra-dandysme de paroles, de costumes et de manières faisait de sa présence une sorte de nécessité dans toute réunion *fashionable*. Or il était un soir dans un bal, et s'égarait dans les détours de la valse avec une élégante de la colonie, tenant sa tête penchée tantôt à droite, tantôt à gauche, avec la perfection langoureuse du *dandy*. Il n'avait jamais été plus admirable ; mais tandis qu'il s'abandonnait à l'heureuse conviction qu'il était le point d'attraction de tous les beaux yeux des danseuses, voilà qu'un grand éclat de rire partit du cercle des spectateurs : il retourna la tête, et vit, à son inexprimable horreur, à son côté une espèce de lutin, *fac-simile* de sa personne, semblable à lui en tout, hormis par le visage, qui était noir, et qui valsait, en imitant à merveille ses manières et ses mouvements. Ce n'était autre que le facétieux *Bidgi-Bidgi*, qui, en regardant le beau val-

(*) Ou batteurs de buissons (*bush-rangers*.)

(*) Expression locale.

seur par une crevasse, avait été saisi d'une rage de danse, pareille à l'effet de la morsure de la tarentule : on l'aperçut, et quelques-uns de la société lui ayant fourni le costume nécessaire pour jouer le rôle du dandy, l'avait jeté ainsi au milieu de la valse (*).

Un Anglais parlait au joyeux roi noir Boungari de l'enfant mulâtre que sa femme lui donna autrefois ; il répondit, en haussant les épaules et en riant de bon cœur : « Ah oui ! ma femme avoir mangé alors trop pain blanc ; » et le regard fin et malin dont il accompagna ce propos, prouvait qu'il comprenait la plaisanterie.

On raconte de Boungari un trait de mémoire fort plaisant. Il accompagna, il y a dix ou douze ans, le capitaine King dans ses reconnaissances sur la partie septentrionale de l'Australie, et montra, en cette occasion, du zèle et de l'activité. Sa présence fut souvent utile pour les relations que l'on voulait établir avec les indigènes. Comme interprète, il ne put servir à rien ; car les idiomes australiens varient à des distances très-rapprochées. Ainsi le dialecte du nord n'a aucune analogie avec celui de la Nouvelle-Galles du Sud. Dans une relâche à Timor, le roi Boungari étant descendu à terre, se présenta chez un marchand pour boire un coup de genièvre ; il but, et présenta une piastre pour payement, sachant bien qu'on devait lui donner de la menue monnaie en retour. Le marchand n'ayant pas la contre-valeur, prit la piastre, et ajouta qu'il rendrait le solde une autre fois. Cependant le navire ayant mis à la voile, Boungari fut obligé de laisser cette créance. Il ne l'oublia pas toutefois ; car, l'année suivante, le navire ayant encore relâché sur cette île, l'Australien s'achemina bravement vers le vendeur de gin, et lui demanda du spiritueux pour le reste de son argent.

DES FEMMES.

Les malheureuses femmes de ce

(*) Cunningham.

pays sont traitées comme des bêtes de somme. Comme il est d'étiquette chez les Australiens de prendre leurs femmes dans une tribu étrangère, celui qui veut acquérir une compagne, ou plutôt une esclave, part secrètement de nuit, accompagné d'une troupe de ses camarades ; ils tombent tous sur les parents endormis de la jeune fille, leurs *waddies* à la main, pour leur donner la conviction que le mariage projeté est très-sortable : de son côté, l'amant s'assure les sympathies de la jeune fille, en lui allongeant vigoureusement des coups de talon sur les épaules ; et la timide jouvencelle, ainsi courtisée, se laisse enlever et conduire dans la chambre nuptiale, composée de quelques bandes d'écorce ou d'une branche d'arbre pour les abriter du vent ; et c'est là que se célèbre le mariage, pourvu que la jeune femme ait eu le bonheur de survivre aux touchantes caresses de son amant. Entraînée loin de sa famille, elle a perdu pour toujours son repos et sa liberté.

« Alors, dit M. Laplace, commence pour cette infortunée la longue série de misères et de tourments qui ne doivent finir qu'avec sa vie. Le peu de beauté dont une nature marâtre l'avait douée, est promptement flétrie par les travaux les plus pénibles et les traitements les plus durs, sans qu'ils aient pu lui assurer l'affection d'un tyran qui souvent la délaisse, lorsque le dégoût a émoussé ses désirs, ou qu'une nouvelle capture a augmenté le nombre des victimes de sa brutalité. Il est vrai que ces pauvres créatures ne sont un peu supportables que dans la première jeunesse ; à cet âge, on découvre parfois, à travers l'enduit de crasse et de graisse, seul voile qui cache leurs appas, une taille svelte et des seins gracieusement arrondis ; sous leur chevelure en désordre, paraissent un front portant l'empreinte de la bonté, et de beaux yeux au regard doux et caressant ; leur bouche même, meublée de dents blanches et bien rangées, n'est pas sans agrément. Mais à peine quelques mois d'esclavage sont-ils écoulés, que ces attraits se fanent, que ces regards prennent une teinte d'abrutissement; elles pourraient alors être considérées comme le type de la plus repoussante laideur. Comment en serait-il autrement? Comment les charmes physiques et les qualités du cœur résisteraient-ils aux coups, aux humiliations de toute espèce et à des fatigues dont, chez les peuples d'Europe les moins policés, les femmes n'ont pas à redouter la millième partie? Voyez la compagne de l'Australien, le dos chargé de son petit enfant, et d'un sac pesant dans lequel sont serrées les provisions avec les instruments de pêche, traversant les bois et les marais, ou forcée de gravir les dunes de sable à la suite de son maître, qui, libre de tout fardeau et inaccessible à la pitié, presse jusqu'au soir la marche de sa famille (voy. *pl.* 260). C'est le moment où la tribu, soit qu'elle change de canton, soit qu'elle exécute quelque expédition guerrière, s'arrête pour camper. Les hommes se livrent au repos; les femmes, au contraire, coupent du bois pour entretenir le feu durant la nuit, et longent les rivières ou les lacs pour trouver des coquillages qu'elles font cuire sur leurs charbons, et apportent à leurs maris; si cette ressource leur manque, elles vont à la recherche des lézards et des opossums qu'elles poursuivent jusqu'à la cime des arbres les plus élevés, où, cachés dans leurs trous, ces animaux inoffensifs se croyaient en sûreté. Je pourrais citer encore plusieurs autres expédients qu'emploient ces malheureuses pour se procurer la nourriture de leur tyran et de ses fils. Quelquefois elles s'étendent sur un tertre, tenant dans leurs mains entr'ouvertes des morceaux de chair pour attirer les oiseaux, et restent immobiles jusqu'à ce qu'elles puissent en saisir quelqu'un, au moment où il cherche à s'emparer de l'appât. Lorsque la tribu fréquente les côtes, le sort des femmes est peut-être encore plus misérable; car, pour attraper du poisson ou des coquillages, elles passent les journées et souvent même les nuits à plonger au milieu de l'écume des lames, ou bien à pêcher un peu au large, sur de chétifs radeaux, avec de grossiers filets d'écorce d'arbre que terminent des hameçons faits d'une écaille d'huître à peine façonnée. Ces occupations pénibles sont entièrement dévolues au sexe le plus faible; et chaque jeune fille subit, presque en naissant, la section des deux dernières phalanges du petit doigt de la main gauche, afin que la ligne de pêche puisse se rouler plus facilement autour des autres doigts (*).

Quels sentiments l'âme de créatures, aussi indignement opprimées, pourrait-elle avoir conservés? L'amour maternel lui-même paraît en être banni. Tantôt une mère craignant de mettre au monde un être aussi malheureux qu'elle-même, et qui sera pour elle une lourde charge pendant plusieurs années, le détruit avant de lui avoir donné le jour. Tantôt de petits enfants, privés de soins, meurent des maladies causées par les brusques variations de l'atmosphère, ou bien, gardés sans nulle précaution, ils roulent la nuit dans les brasiers autour desquels dorment leurs parents. Combien d'autres dangers menacent leur fragile existence! Souvent, lorsque la disette vient décimer cette population imprévoyante, leurs mères, exténuées par la faim, et ne pouvant plus les porter, les délaissent mourants dans les bois. Ajouterai-je, pour terminer ce triste tableau des misères de notre espèce, que si une femme succombe à ses souffrances avant que son enfant soit assez fort pour se passer de ses soins, on le descend avec elle dans la même fosse, et qu'au moment de la combler, les premières pierres, jetées par le père lui-même, font succéder tout à coup le silence de la mort aux pleurs et aux rugissements. Tant de barbarie envers un sexe pour lequel la vengeance n'est pas toujours sans charmes, amène nécessairement quelques représailles; on prétend du moins que le poison, cette arme du faible, ne venge que trop souvent l'épouse des

(*) Laplace, Voyage de la *Favorite*.

cruautés de son mari, dont les caprices en amour, en excitant, qui le croirait? la jalousie de sa compagne, sont le motif ordinaire de ces crimes. Dans nos contrées civilisées, la femme jeune et belle s'empresse de jouir d'un pouvoir que les années ne viendront que trop tôt affaiblir : en Australie, au contraire, les fatales rides, la décrépitude même deviennent des titres au commandement que les vieilles femmes exercent sur leurs compatriotes. En effet ces espèces de sorcières composent la moitié de l'aréopage qui, dans chaque tribu, délibère sur les affaires publiques. et punit les méfaits; aréopage extrêmement jaloux de ses attributions, et qui conserve avec un soin intéressé les traditions superstitieuses. Semblables aux druidesses des anciens Gaulois, elles haranguent les guerriers avant le combat, soit pour exciter leur courage, soit pour leur inspirer des dispositions pacifiques. Les plus intrépides chefs courbent la tête devant elles, et reçoivent de leurs mains, sans murmurer, de violents coups de casse-tête pour se concilier, en s'humiliant ainsi, leur bienveillance et leur faveur, et obtenir qu'elles prennent soin de tanner et de fumer leur peau, s'ils périssent dans la mêlée. Ce sont elles encore qui célèbrent par leurs gémissements et par les nombreuses égratignures qu'elles font à leurs membres décharnés, les funérailles des personnages marquants, dont l'usage veut que les corps soient consumés sur un bûcher. Chez les peuplades australiennes, que leur éloignement de la mer et des rivières expose plus souvent que celles du littoral à manquer de vivres, les sibylles ont encore à remplir un autre genre de fonctions. Quand la famine se met dans le pays, elles désignent les victimes qui, dévouées au mauvais génie, seront sacrifiées pendant leur sommeil, et serviront de pâture à leurs compagnons affamés (*).

Au reste, on voit ces horribles sacrifices dans presque toutes les îles de la Polynésie, et ils furent en usage chez la plupart des peuples de l'ancien monde dans leur état primitif, comme l'attestent leurs annales.

ÉLOGE ET DÉFENSE DES AUSTRALIENS.

M. Cunningham dans ses jugements sur les Australiens montre assez d'impartialité; M. Laplace est très-sévère sur leur compte, ainsi que sur les Nouveaux-Zeelandais. Mais il est consolant de trouver de temps en temps un témoin oculaire, instruit des faits, qui, après avoir longtemps vécu avec eux, prend la défense de ces enfants de la nature, et dépose en faveur de leur aptitude à participer aux bienfaits de la civilisation. M. Robert Dawson est du petit nombre de ces véritables philanthropes. Placé dans les circonstances les plus favorables pour observer les habitants primitifs de l'Australie, et apprendre à connaître leur caractère, il les dépeint d'une manière très-intéressante; son ouvrage d'ailleurs renferme des détails très-instructifs sur le pays, et des avis utiles pour ceux qui veulent aller s'y établir.

M. Dawson se rendit à la Nouvelle-Galles du Sud en 1825, comme agent principal de la Compagnie australienne, chargé d'organiser la petite colonie du Port-Stephen : il y resta trois ans; en qualité de directeur de cette station, il se trouva continuellement en contact avec les indigènes, et, dans ses voyages à l'intérieur du pays, il eut occasion de les connaître encore plus à fond.

« Plusieurs voyageurs, dit-il, qui ont visité des peuplades encore sauvages, n'ont trouvé parmi elles que barbarie et férocité. Quant à moi, j'ai eu le bonheur de trouver parmi les habitants du midi de la Nouvelle-Galles du Sud, des êtres qui, quoique élevés dans la plus parfaite ignorance, et étrangers à tout ce que l'on peut appeler civilisation, renferment pourtant dans leur cœur le germe de tout ce qui est bien. L'état de ces pauvres aborigènes n'inspire nul intérêt aux colons qui forment le projet d'aller s'établir dans la Nouvelle-Galles du Sud. Pour

(*) Laplace, Voyage de la *Favorite*.

83ᵉ *Livraison*. (OCÉANIE.) T. III.

se procurer les renseignements dont ces colons croient avoir besoin, ils s'adressent communément au premier venu qui leur dit avoir visité la Nouvelle-Galles : souvent il se trouve que celui-ci n'est jamais sorti de Sidney, et ne connaît d'autres indigènes que les misérables pervertis par leurs relations avec les Européens, qui infestent les rues de cette ville. Il n'en juge pas moins du peuple tout entier d'après quelques individus qui n'en sont que la lie, et en fait un portrait aussi faux que repoussant. »

M. Dawson paraît croire que toutes les tribus de l'Australie appartiennent au même peuple, quoiqu'il reconnaisse qu'elles diffèrent entre elles sous le rapport de la langue et des mœurs. Jadis on supposait que les indigènes habitant à l'ouest des montagnes Bleues, étaient d'une autre race que ceux qui vivent sur la côte; mais notre auteur s'est convaincu qu'ils avaient tous une origine commune, quoiqu'il se trouve des différences essentielles dans leur langage. Une observation digne de remarque, c'est que M. Dawson n'a pas trouvé le moindre vestige d'anthropophagie parmi les tribus qu'il a visitées; quoiqu'il ait souvent entendu les Européens, ou les indigènes les en accuser; mais c'est qu'ils voulaient, par ce reproche, avilir leurs ennemis aux yeux des blancs. Ses investigations lui ont prouvé que ce reproche n'était nullement fondé; une accusation individuelle de ce genre, qui donna lieu à des perquisitions juridiques, se trouva n'être qu'un mensonge inventé pour fortifier d'odieux préjugés contre ces malheureux (*).

Ce peuple sauvage n'a nulle idée de gouvernement ou d'organisation sociale. Les tribus que M. Dawson a visitées n'ont pas même un chef unique. Chaque tribu se subdivise en familles indépendantes qui habitent le même district, mais qui ne reconnaissent aucun chef commun. Les familles qui appartiennent à la même tribu se réunissent quelquefois pour célébrer certaines fêtes, ou pour délibérer sur des intérêts communs; mais à l'ordinaire chaque famille vit isolée et ne s'occupe que de son entretien particulier; elles ne s'associent que pour les grandes chasses au kangarou, dont le produit se répartit parmi toutes les familles de la tribu. L'absence de tout gouvernement est compensée par l'autorité des chefs de famille qui exercent une domination patriarcale. Tant que le père vit, il conserve son influence sur ses enfants mariés ou non mariés, et s'il vient à mourir, la mère succède à tous ses droits. Lorsque tous ses enfants se marient de son vivant, celle-ci va demeurer chez l'un d'eux et y conserve toujours l'attitude de chef de famille. Les parents sont pleins de tendresse pour leurs enfants; ceux-ci de leur côté témoignent à leurs parents le plus grand respect et le plus grand dévouement. « J'ai vu, dit M. Dawson, j'ai vu à Port-Stéphen un indigène qui, à la fin de chaque journée, avant de toucher au frugal repas qu'il avait gagné à la sueur de son front, faisait encore plusieurs milles pour aller le porter à sa mère et le partager avec elle. »

« Les aborigènes de la Nouvelle-Galles n'ont presque point d'idées religieuses. Ils croient que ceux qui meurent vont dans un autre pays, y sont transformés en hommes blancs, et reviennent plus tard dans leur patrie. Cette doctrine de la métempsycose, quelque peu développée qu'elle puisse être chez eux, est gravée si profondément dans leur imagination, que toutes les fois qu'ils croient remarquer une sorte de ressemblance entre un homme blanc et un de leurs amis qu'ils ont perdu, ils sont persuadés de leur identité. Ils attribuent cette transformation à un être malfaisant qu'ils appellent *Coyan*, qui, disent-ils, est l'auteur du tonnerre, des inondations et des maladies. Du reste ils ne savent autre chose de cet être, sinon qu'il a la forme humaine, et qu'il se plaît à tourmenter et à effrayer les noirs : ils n'ont aucune

---

(*) Néanmoins nous avons prouvé que le cannibalisme existe chez quelques tribus australiennes.

idée d'une divinité bienfaisante (*). »

A la mort d'un indigène de la Nouvelle-Galles, ses parents et ses amis survivants s'enduisent le visage et toute la tête, de terre glaise, en signe de deuil ; et les femmes se font à la cuisse des brûlures assez fortes pour gêner leurs mouvements pendant quelques jours. Ils enterrent leurs morts en secret, et choisissent une place rapprochée du lieu de leur naissance ; ils ne permettent à aucun homme blanc d'assister à l'enterrement. Jamais ils ne prononcent le nom de leurs amis décédés, et s'ils y font allusion, c'est toujours avec une expression de tristesse et de douleur.

On sait que les sauvages, en général, sont assez enclins au vol et à la dissimulation avec les étrangers. Quant à ceux de la Nouvelle-Galles, M. Dawson avoue qu'ils ne sont pas absolument étrangers à ces vices ; mais il assure que lorsqu'on leur montre de la confiance, ils sont pleins de probité, et il cite des faits qui déposent en faveur de leur désintéressement et même de leur véracité.

Un autre trait de leur caractère, qui les distinguerait avantageusement de la plupart des peuplades sauvages, c'est la délicatesse et la décence qui se manifestent, selon leur avocat, dans les rapports entre les deux sexes. M. Dawson cite plusieurs exemples qui prouvent jusqu'à quel point les indigènes sont sensibles aux bons traitements, et susceptibles de reconnaissance. Dans un de ses voyages de Sidney à Port-Stéphen, il rencontra au milieu d'une forêt un homme et une femme, tous les deux assis près de leur feu ; la femme souffrait de violents maux d'entrailles ; le mari en paraissait fort occupé, la soutenait dans ses bras, et lui faisait à tout moment changer de position, afin de lui procurer un peu de soulagement. M. Dawson lui donna une potion qui lui fit du bien, et continua ensuite son voyage. Un an plus tard, il arriva un jour près d'un camp d'indigènes. Aussitôt il vit accourir à lui cet homme et cette femme qui lui rappelèrent le service qu'il leur avait rendu, et tout le camp l'entoura avec des démonstrations de reconnaissance et d'affection. « Les Australiens, dit M. Dawson, ne connaissent point le sentiment de la vengeance, et quoique souvent maltraités par les Européens, ils sont toujours disposés à leur pardonner. » Cette assertion nous paraît trop partiale.

Comme ils dépendent pour leur nourriture de ressources très-précaires, ces indigènes sont souvent dans le cas d'éprouver la faim ; lorsqu'ils ont des provisions abondantes, ils se livrent à leur voracité naturelle. Cependant, M. Dawson assure qu'il les a toujours trouvés prêts à partager leur repas avec lui, et à lui donner même les aliments qu'ils aiment le plus, tels que le miel sauvage et la gomme de mimosa. Jamais il ne les a vus manger de la viande crue ou de la chair des animaux tombés en putréfaction.

Les détails que donne sur le caractère des Australiens aborigènes, leur noble défenseur, et les faits qu'il raconte, montreraient jusqu'à l'évidence que c'est un peuple paisible, enjoué, sociable, innocent et susceptible d'être civilisé, pourvu qu'on le traite avec douceur et bonté. Mais comment l'a-t-on traité jusqu'à présent ? Quels sont les moyens employés par les colons pour développer son caractère ? M. Dawson nous raconte que les déportés, lorsqu'ils se trouvent à de grandes distances du chef-lieu de la colonie, considèrent ces malheureux noirs comme des bêtes féroces, et les tuent à coups de fusil pour le moindre motif.

Un ministre protestant a confirmé le blâme de M. Dawson en rendant compte de sa visite pastorale à Van-Diemen. « Il est affligeant, dit-il, qu'après un demi-siècle de relations suivies avec un peuple chrétien, ces malheureux soient encore dans le même état d'ignorance et de dégénéra-

---

(*) M. Cunningham cite au contraire un bon esprit, qu'il nomme *Coyan*, et le mauvais esprit, selon lui, est appelé *Potoyan*.

tion où ils étaient primitivement; je crains même que l'influence de notre établissement dans le pays n'ait empiré leur condition. Leur contact avec les Européens leur a fait perdre peu à peu les qualités qu'ils avaient auparavant, et leur a fait contracter nos vices. Rien aussi n'est plus révoltant pour les voyageurs nouvellement débarqués que de voir ces malheureux Australiens réduits à un état voisin de la brute, par l'usage immodéré de l'eau-de-vie, auquel les Européens, poussés par une sordide cupidité, les encouragent, au lieu de les en détourner. »

En voyant les expressions hostiles dont se servent les colons de la Nouvelle-Galles du Sud, et du pays de Van-Diemen, en parlant des habitants primitifs de ces contrées, on peut juger de leurs dispositions envers ces êtres infortunés. Oxley parle fréquemment de la *féroce perfidie* des Australiens sauvages. Les gazettes de Sidney, il y a quelques années, faisaient allusion à un projet d'empoisonner les aborigènes qui vivent sur les bords du lac Hunter, comme un moyen efficace de se débarrasser de ces voisins incommodes. Dans le pays de Van-Diemen, on traite les indigènes comme s'ils étaient mis hors la loi. Le *Times colonial* disait dans son numéro du 6 juillet 1827 : « La semaine dernière, les colons établis au delà de la seconde ligne de l'ouest ont tué un nombre *immense* de noirs. On les avait cernés pendant qu'ils étaient assis autour de leurs feux, et on les canardait à une distance de trente yards. » Mais rien ne donne une idée plus frappante de la manière dont les colons envisagent les noirs, que le plaidoyer d'un savant avocat, le docteur Wardel, qui défendait un Anglais, traduit devant les tribunaux pour un meurtre commis avec préméditation sur un indigène. Se fondant sur l'autorité de lord Bacon, de Puffendorf et de Barbeyrac, l'avocat osa prétendre qu'un sauvage ou anthropophage (on soutenait que l'indigène en question l'était) se trouvait proscrit par la loi naturelle, et que par conséquent un meurtre commis sur lui ne pouvait pas être considéré comme un crime !!!

Les Anglais repoussent peu à peu les habitants primitifs dans l'intérieur; il en résulte de temps en temps des conflits sanglants. Dans la Tasmanie les colons sont en guerre ouverte avec les noirs papouas de cette île, plus intrépides que ceux de l'Australie, mais qui n'en succomberont pas moins à la longue, vaincus par la tactique des Européens qui se sont emparés de leur pays. Un Anglais qui, à lui seul, avait tué pour une bagatelle dix indigènes sur les bords de la rivière Karuah, poussait l'atrocité jusqu'à s'en vanter auprès de ses camarades. Faut-il s'étonner si, après de tels excès, les naturels cherchent à se venger sur tout Européen qu'ils soupçonnent appartenir au parti de leurs oppresseurs ? et est-il permis de donner le nom de barbares, de perfides à des êtres qui ne font autre chose que suivre l'instinct le plus naturel à l'homme, celui de sa propre conservation ? « Il est affligeant, dit M. Dawson, de voir d'anciens colons de la Nouvelle-Galles calomnier le caractère et les dispositions naturelles des indigènes, et les juger d'après quelques familles dégénérées, qui vivent d'aumônes dans les établissements de la colonie, et qui, en contact avec les Européens, ont échangé leur simplicité primitive contre l'ivrognerie et autres vices des peuples civilisés. Ce ne sont pas là les véritables Australiens; pour les connaître et les apprécier au juste, il faut pénétrer dans l'intérieur du pays, loin des établissements britanniques. »

MOYENS EMPLOYÉS ET A EMPLOYER POUR CIVILISER LES AUSTRALIENS NOIRS.

La Providence a-t-elle jugé à propos de n'accorder à une partie du genre humain qu'une dose d'intelligence tellement faible, que les individus dont elle se compose ne puissent s'élever audessus de l'instinct animal ? La Providence a-t-elle donné à une nation civilisée le droit d'enlever à un peuple, moins intelligent que les Européens, le sol qu'elle lui avait assigné pour y trouver sa subsistance? Quand même on répondrait affirmativement aux deux questions, encore resterait-il à prouver que les habitants primitifs de l'Australie, quoique appartenant en effet à une race inférieure en intelligence, n'appartiennent pas à l'humanité.

Jadis c'était la mode de considérer les noirs africains comme incapables d'acquérir la civilisation; et cette manière de voir, combinée avec la cupidité mercantile, donna naissance à la traite et à l'esclavage des noirs en Amérique et aux Indes orientales. Aujourd'hui, tout en avouant leur infériorité, nous devons rendre justice à l'intelligence et au caractère des Africains; mais les malheureuses conséquences de l'ancienne erreur subsistent encore, du moins en grande partie. Que le passé serve donc de leçon pour l'avenir, et que l'on se garde de rendre hommage par des motifs d'intérêt à une théorie dont les résultats pourraient devenir aussi funestes pour l'Australie, qu'ils l'ont été pour le nouveau monde.

Nous avons dit que, jusqu'à présent, on n'a rien fait pour la civilisation de l'Australie; bien plus, les relations des colons européens avec les habitants primitifs n'a eu pour ceux-ci que des résultats funestes. *Bigge*, dans son rapport officiel, fait un triste tableau des fruits que le mauvais exemple des Européens a produits parmi les peuples de l'Australie et de la Polynésie, et reproche avec raison aux blancs d'abrutir les noirs par l'exemple des boissons, de la débauche et de la violence.

M. Buxton a appelé dernièrement l'attention de la chambre des communes sur les exactions qu'exercent les colons anglais à l'égard des naturels du pays qui forment les colonies de la Grande-Bretagne : « Nous les dépouillons, a dit l'orateur, de leurs terres, de leurs biens, et petit à petit nous les exterminons. La chambre pourrait se rappeler que la vie et la fortune de quatre à cinq millions d'âmes ont été ainsi sacrifiées autrefois aux Indes orientales; qu'au cap de Bonne-Espérance la population des indigènes s'élevait à un million d'habitants; que l'Australie et la Polynésie en comptaient plus de deux millions. Eh bien, partout où l'influence britannique s'est manifestée, la population des naturels a beaucoup diminué. En 1803, l'Angleterre prit possession de l'île de Van Diemen, et, depuis, la population indigène a été détruite. La dernière acquisition faite par l'Angleterre au cap de Bonne-Espérance, n'avait pas plus de deux arpents d'étendue, et maintenant, à force de porter la destruction parmi les naturels, elle y possède cent vingt mille lieues carrées. »

Il est hors de doute pour nous, que les Australiens sont susceptibles d'être civilisés; nous croyons pourtant que l'œuvre de leur civilisation doit rencontrer de grands obstacles : le plus difficile à vaincre, est sans doute l'espèce de charme que la vie errante et vagabonde a pour un peuple étranger aux jouissances de la vie sociale. Pour y réussir, il faudrait d'abord empêcher tout contact entre les indigènes et les déportés, gens disposés à la violence, et dont l'exemple est fait pour exercer une influence funeste; ensuite il faudrait tâcher de gagner peu à peu leur confiance, et de les préparer ainsi à recevoir des leçons de civilisation; mais il ne faut pas se dissimuler que plus d'une génération devra disparaître, avant que les Australiens échangent leurs habitudes sauvages contre celles des nations civilisées.

Si autrefois l'Angleterre a fait de grandes fautes, si on peut lui reprocher des crimes dans l'Inde comme aux Espagnols dans l'Amérique, si les reproches que lui adresse l'honorable M. Buxton sont vrais, à l'égard des indigènes de l'Australie et de la Tasmanie, il faut convenir qu'aujourd'hui elle est entrée dans une meilleure voie, et que les indigènes sont mieux traités. Il ne faut pas confondre quelques hommes sans humanité avec un gouvernement et une nation. D'ailleurs, on a commencé à faire participer la population indigène à la civilisation au moyen des missionnaires. Nous croyons que l'unique moyen de salut pour eux, c'est de l'adopter, sinon, ils s'éteindront peu à peu devant les enfants de l'Europe.

ESSAIS DE CIVILISATION.

Il y a à Port-Jackson, dit Cunningham, une institution où les enfants des naturels étaient élevés, et d'où ils sortaient à l'âge de puberté, sachant très-bien lire et écrire; mais comme ils restaient agglomérés sans contact avec les Européens, ils conservaient intacts leurs instincts et leurs idées premières, et ils reprenaient leurs vieilles habitudes dès qu'ils étaient rendus à la liberté. Depuis, on a préféré, avec raison, les séparer; les garçons sont placés dans l'asile des orphelins blancs, et les filles dans l'asile des orphelines. Là, mêlés avec une nombreuse population blanche, ces enfants prendront graduellement les manières de leurs compagnons.

Parmi les bienfaits que les Australiens devront à la nation anglaise, nous mentionnerons une somme annuelle de cinq cents livres sterling, destinée à l'entretien de deux missionnaires que la société des missions de Londres a chargés naguère de prêcher l'Évangile aux indigènes de cette immense contrée, et de leur faire connaître les avantages que leur assure la morale évangélique. Le gouvernement emploie de nouveaux procédés et un meilleur traitement envers les convicts et les planteurs; aussi a-t-il acquis la certitude de faire valoir des terrains que l'on avait dédaignés jusque-là à cause de leur mauvaise qualité. En effet, chaque concession est déjà changée en un jardin, garni de fleurs et de légumes; leurs plates-bandes entourent la maisonnette, où, en attendant qu'il ait fait construire une demeure plus digne de lui, le propriétaire vient le dimanche se reposer de ses fatigues.

« Mais, dit M. Laplace, ce sont surtout les fonctionnaires qui sont devenus possesseurs de terres obtenues à des conditions ordinairement très-avantageuses. Aussi s'occupent-ils beaucoup plus de leurs intérêts présents et à venir, que de ceux de la métropole. Décidés pour la plupart à s'établir en Australie ou à Van-Diemen, comment oseraient-ils défendre franchement le pouvoir contre des colons turbulents? Comment des hommes qui sont destinés à retomber dans l'obscurité s'ils retournent en Europe à l'expiration de leur charge, manqueraient-ils l'occasion de faire leur fortune aux dépens d'un gouvernement qui semble les encourager à l'abandonner? On ne doit donc pas s'étonner que les gouvernants rencontrent tant de difficultés dans l'exercice de leurs fonctions. Ils ont souvent pour adversaires des gens qui, la veille encore étaient les conseillers, et dont l'opposition est en raison du besoin qu'ils éprouvent de se faire pardonner par les habitants leur autorité passée. La cour de Londres, si prudente ordinairement, paraît avoir oublié, dans cette circonstance, qu'aux colonies, plus qu'en Europe peut-être, les dépositaires de son autorité doivent non-seulement être intègres, désintéressés et ne viser qu'à servir loyalement leur pays, mais encore occuper une position tellement indépendante de toute espèce d'influence de la part des administrés, que jamais aucun motif ne puisse les porter à trahir la cause du gouvernement. » Nous croyons à la justesse de cette observation.

MÉTHODE DE LA COLONISATION ANGLAISE.
RÉFLEXIONS A CE SUJET.

Pour bien comprendre la colonisation anglaise de la Nouvelle-Galles, que nous pouvons étudier avec fruit, nous ferons connaître quelques règlements utiles sur les conditions des concessions de terres accordées aux colons, sur les traitements des employés, et sur les avantages accordés aux militaires et même aux déportés, ainsi que les moyens qu'emploie le gouvernement anglais en Australie. Mais, tout en considérant le gouvernement et la nation anglaise comme plus habiles qu'aucun peuple et qu'aucun gouvernement en matière de colonisation, nous ne prétendons pas dire comme certains de nos compatriotes, que nous n'y entendons rien nous-mêmes. On peut blâmer sans doute nos tâtonnements et nos fréquents changements de systèmes administratifs dans la partie de l'Afrique septentrionale que nous possédons et qu'on nomme Algérie inexactement, car le nom exact géographiquement et historiquement serait celui de *Mauritanie*. Le plus grand mal, c'est qu'on n'a guère envoyé que des hommes qui crurent connaître les mœurs des Arabes par les journaux et les revues, où nous avons si souvent lu les choses les plus étrangement erronées, au lieu de confier l'administration du pays à des hommes qui avaient vécu longtemps avec les Musulmans. Mais en remontant plus haut, nous trouverons que le crime de l'esclavage et de la traite, qui était chose ordinaire en ce temps-là, comme il l'est malheureusement encore dans la plupart des colonies, et la prospérité des établissements des Français au Canada, à la Louisiane et surtout à Saint-Domingue (aujourd'hui État indépendant sous le nom d'Haïti), sont le meilleur argument en faveur de l'opinion, que nous aussi nous pouvions coloniser habilement un pays, puisque nous l'avons déjà fait, bien avant les Anglais; et à ceux qui se plaignent des cent millions que nous coûte Alger, il faut apprendre que l'Australie a coûté plusieurs milliards, avant que les recettes surpassassent les dépenses.

Quoi qu'il en soit, nous allons extraire les règlements du gouvernement de la colonie de la Nouvelle-Galles, à l'égard de la manière d'administrer ce pays. C'est le seul moyen de comprendre les nombreux rouages de cette immense machine.

Il a été décidé, par le gouvernement britannique, qu'à l'avenir aucune terre de la couronne ne sera concédée autrement qu'en vente publique.

La totalité du territoire de la colonie sera divisée en comtés, cantons et paroisses, de manière que, lorsque cette division sera achevée, chaque paroisse comprendra une surface de vingt-cinq milles carrés environ.

Tous les terrains qui jusqu'ici n'ont pas été concédés, ou ne sont pas employés à quelque service public, seront mis en vente; le prix dépendra de la qualité de la terre et de sa situation; mais, dans aucun cas, il ne pourra être au-dessus de cinq schellings par acre.

Les personnes se proposant d'acquérir des terres dont la vente n'est pas annoncée, en feront au gouvernement la demande par écrit, dressée suivant un modèle particulier, qui leur sera délivré par l'ingénieur en chef, moyennant un droit de deux schellings six pences.

Ces personnes pourront choisir, dans les limites déterminées, la portion du sol qu'elles désirent acheter de cette manière. Alors cette portion sera mise en vente pendant trois mois, puis concédée au plus offrant, pourvu toutefois que le prix offert ne soit pas au-dessous de cinq schellings.

L'acheteur devra déposer, au moment de la vente, le dixième de la valeur totale de la concession, et payer le reste un mois après, à compter du jour de l'adjudication, à moins qu'il n'ait pas été mis en possession de sa propriété. Dans le cas où le payement n'aurait pas eu lieu au terme fixé, le marché sera déclaré nul et le dépôt confisqué.

Au payement complet de la concession, un contrat, dressé sous la forme d'un fief absolu, à la rente nominale d'un grain de poivre, sera donné à l'acquéreur qui, préalablement, aura payé un droit de quarante schellings au secrétaire colonial pour préparer l'acte, et un autre droit de trois schellings au receveur de l'enregistrement.

Les terres seront mises généralement en adjudication par lots d'un mille carré ou six cent quarante acres: des lots moins considérables pourront cependant être achetés dans certaines circonstances; mais alors on adressera au gouvernement une demande contenant l'explication bien claire des motifs qui font désirer une aussi petite surface de terrain.

La couronne se réserve le droit de construire des ponts et des routes partout où l'intérêt général l'exigera, ainsi que de prendre des arbres indigènes, des pierres et d'autres matériaux fournis par le sol, pour l'entretien ou la réparation des ouvrages publics. Elle se réserve encore la propriété de toutes les mines de charbon et de métaux précieux.

Le gouvernement de Sa Majesté ayant jugé convenable de substituer de nouveaux règlements à ceux en vigueur jusqu'ici, touchant la vente des terres, il est devenu nécessaire de modifier les mesures qui ont rapport aux colons militaires, et dont le commandant en chef a donné connaissance à l'armée par les ordres du jour, datés de juin 1826, mai 1827, et août 1827.

Sa Majesté avait été priée de vouloir bien déclarer que les avantages accordés aux officiers de l'armée par ces ordres du jour, seraient maintenus, et que même, dans le but de faire jouir chaque officier, en particulier, qui voudrait aller s'établir à la Nouvelle-Galles du Sud et à Van-Diemen, des bénéfices provenant de la commission des terres, les mesures suivantes seraient adoptées.

Les officiers qui désireront devenir colons ne pourront, de même que tous les autres individus, se procurer des terres qu'aux ventes publiques; mais ils auront droit à une remise sur le prix d'achat, dans les proportions au-dessous, pourvu toutefois qu'ils présentent un certificat de bonne conduite et d'un caractère sans tache, signé du commandant en chef.

Les officiers qui ont vingt ans de service et au delà auront une remise de. . . . . 300 l. st.
Quinze ans et au delà. . 250
Dix ans et au delà. . . . 200
Sept ans et moins de dix. 150

Chaque officier qui voudra jouir de cette faveur devra donner des garanties que lui et sa famille résideront au moins sept années dans l'établissement, et il devra aussi pourvoir aux frais de son passage et de celui de sa famille, d'Europe dans la colonie.

Les officiers de la flotte et des troupes de la marine jouiront de ces mêmes avantages et aux mêmes conditions.

SOLDATS CONGÉDIÉS.

« Les bas officiers (sous-officiers) et les soldats congédiés du service, *dans l'intention de s'établir dans la colonie*, recevront des concessions gratuites dans les proportions suivantes :

Sergents. . . . . 200 acres.
Caporaux et soldats. . 100

Le 6 mars 1832, Son Excellence le gouverneur fit savoir que le gouvernement a modifié le système des concessions de terre dans les colonies britanniques, en Amérique et en Australie, de manière à garantir aux officiers de l'armée, désirant devenir colons, des avantages calculés d'après leur grade et leur temps de service.

A l'avenir, les officiers militaires qui achèteront des terres conformément aux règlements suivis dans ces colonies, auront droit, suivant leur grade et leurs services, à une remise sur le prix d'achat, d'après l'échelle suivante, en présentant toutefois des certificats du général commandant en chef.

OFFICIERS SUPÉRIEURS.
Vingt-cinq ans de service et
au delà, en tout . . . . . 300 l. st.
Vingt ans. 250
Quinze ans 200
CAPITAINES.
Vingt ans et au delà, en tout 200
Quinze ans et au delà 150
OFFICIERS SUBALTERNES.
Vingt ans et au delà, en tout 150
Sept ans au moins, en tout. 100

Les officiers de la flotte et des troupes de la marine auront droit à des remises semblables, suivant l'assimilation de leur grade et leur temps de service.

Bureau du secrétaire colonial.
Sidney, 9 mai 1832.

Règlements d'après lesquels les sous-officiers et les soldats licenciés des régiments servant à l'est du cap de Bonne-Espérance recevront des concessions de terres à la Nouvelle-Galles du Sud.

Les sous-officiers et les soldats désirant s'établir dans la colonie, pourront acheter des terres aux ventes publiques, et recevront une remise sur le prix d'achat dans les proportions suivantes :

Sergents, 50 liv. sterl.; caporaux et soldats, 25 liv. sterl.

Les sous-officiers et les soldats qui se proposeront de s'établir aux conditions ci-dessus, devront s'adresser au bureau du major de brigade à Sidney, par une demande imprimée, laquelle, étant dûment remplie, sera déposée au bureau du secrétaire colonial. »

RÈGLEMENT SUR LES CONVICTS.

Nous allons mettre sous les yeux de nos lecteurs le règlement que l'administration de Sidney a fait dernièrement en faveur des convicts. On y reconnaîtra les soins que le gouvernement anglais prend des déportés à la Nouvelle-Galles du Sud, et son désir de diminuer les dépenses au détriment des colons; il est extrait du *Sidney's annual Register*, et sa date est du 29 juin 1831.

« Le gouvernement ayant pris en considération l'énorme dépense qu'entraînent soit l'entretien et le traitement des convicts malades, envoyés par les habitants aux hôpitaux de la colonie, soit le *gardiennage* (*) considérable qu'exigent les voyages continuels des domestiques qui sont renvoyés de Sidney dans les cantons de l'intérieur où résident leurs maîtres, ou rendus par ceux-ci à l'État, comme mauvais sujets, a fait les règlements ci-dessous, afin d'obvier à ces graves inconvénients.

Le maître donnera un schelling par jour pour son domestique soigné

(*) Ou emploi de gardiens. Ce mot est tiré de l'ancien français; il est usité en anglais, mais rarement en français. Cependant tout mot qui dispense d'une périphrase est précieux.

à l'hôpital; mais si la maladie se prolonge au delà d'un mois, il ne sera pas obligé de payer le surplus.

Les personnes qui enverront leurs domestiques aux hôpitaux, désigneront un agent sur les lieux pour les recevoir à l'époque de leur rétablissement; et, dans le cas où cette formalité ne serait pas remplie, on assignera aux domestiques une autre destination, afin de ne pas laisser les hôpitaux s'encombrer d'hommes bien portants.

Tout propriétaire qui aura obtenu des convicts, devra les faire réclamer à Sidney ou dans les autres lieux où ils sont rassemblés; s'il ne les demande pas, ils seront donnés à d'autres habitants; et, pour empêcher le retour d'un pareil désordre, le maître, ainsi pris en défaut, ne sera plus admis à faire valoir ses titres dans les répartitions des condamnés.

L'administration, voulant rendre ce dernier cas extrêmement rare, a décidé que les colons résidant loin du chef-lieu, et qui auront demandé des convicts, devront désigner, pour les recevoir, un fondé de pouvoir, dont le nom et la demeure seront spécifiés sur la demande.

Comme tous les déportés reçoivent immédiatement après leur arrivée d'Angleterre un trousseau complet de hardes neuves, et qu'il est juste que le particulier ayant le bénéfice du travail d'un convict, pourvoie à son entretien, les fondés de pouvoir payeront 20 schellings pour ces hardes, au moment où les hommes leur seront remis. Le gouvernement a de plus jugé nécessaire de prescrire les ordres suivants, dans le but non-seulement de protéger contre les plaintes des gens mal intentionnés ou mécontents, les propriétaires qui traitent généreusement leurs domestiques, mais encore afin d'assurer à ceux-ci une quantité convenable de nourriture et de hardes.

Les rations de la semaine seront à l'avenir composées ainsi qu'il suit :

Douze livres de blé ou neuf livres de farine de seconde qualité, ou bien encore, suivant la volonté du maître, trois livres et demie de farine de maïs, plus neuf livres de blé qui peuvent être changées contre sept livres de farine de seconde qualité.

Sept livres de viande, soit de bœuf, soit de mouton, ou quatre livres de porc salé, deux onces de sel et deux onces de savon.

Tous les articles que le maître fournira en sus des précédents devront être considérés comme une gratification, qu'il pourra suspendre quand il le jugera convenable.

L'habillement auquel les convicts auront droit chaque année, est ainsi déterminé :

Ils recevront deux paires de pantalons, trois paires de souliers de bon cuir, et un chapeau ou un bonnet.

Ces hardes seront distribuées aux époques ci-après fixées :

Au 1er mai de chaque année, une veste d'étoffe de laine, un pantalon d'étoffe de laine, une paire de souliers, un bonnet ou chapeau ;

Au 1er août, une chemise, une paire de souliers ;

Enfin au 1er novembre, une chemise, une paire de caleçons de laine, une capote courte de laine, et une paire de souliers.

Chaque homme aura *au moins* une *bonne couverture*, avec une paillasse ou un matelas de laine, qui seront considérés comme la propriété du maître.

Dans le cas où un convict, ayant reçu une destination, aurait été habillé par le gouvernement durant les deux mois qui précèdent la distribution d'effets au 1er mars, il ne lui en sera pas fourni d'autres par son maître jusqu'au 1er août, et alors il ne recevra que les hardes spécifiées pour cette époque. D'après la même mesure, le maître d'un domestique qui aurait été habillé par le gouvernement en septembre ou octobre, ne devra lui délivrer au 1er février suivant qu'une chemise et une paire de souliers ; mais, passé ces dates, les différents objets énumérés dans le présent règlement seront délivrés aux époques prescrites.

Les personnes qui ne se conformeront pas à ce règlement, basé sur les principes de la justice et de l'équité, n'auront plus de droits à la faveur d'obtenir des convicts du gouvernement. »

TRAITEMENTS DES FONCTIONNAIRES.

En 1833, les dépenses de la colonie, traitements des fonctionnaires, ont été répartis de la manière suivante :

	liv. st. sc. p.
Le gouverneur, le grand juge et les deux juges adjoints	10,000 0 0
L'établissement civil, c'est-à-dire le secrétaire de gouverneur, le surintendant du Parramatta	811 7 1
Les conseils exécutifs et législatifs, c'est-à-dire, les secrétaires des deux conseils, les copistes, gardes-magasins et messagers	806 2 6
Le secrétaire colonial, sous-secrétaire, commis, etc	4,919 17 6
L'ingénieur en chef, sous-ingénieur en chef, 4 ingénieurs, dessinateurs, commis, instruments, artistes, messagers, surveillants, etc	6,640 0 0
Fourrages, vivres, équipement, instruments des ingénieurs, etc	5,246 0 0
Employés des routes	6,791 10 1
Membres du conseil pour la destination des convicts	361 18 9
Trésorier et employés du trésor colonial	1,229 12 6
Employés des douanes, habillements, location d'hôtel, etc	6,078 16 3
Employés de l'*excise* (droits réunis) des contributions indirectes	1,241 15 0
Id. de l'administration des postes	1,834 0 0
Id. de l'inspection des distilleries	454 0 0
Inspection des abattoirs	160 0 0
Architecte colonial, etc	1,046 10 0
Inspection des mines	1,817 13 9
Capitaine de port, télégraphe, etc	960 0 0
Muséum colonial	200 0 0
Botaniste colonial	736 0 0
Ce qui fait pour la dépense de l'établissement civil	42,930 11 9
La dépense de l'établissement judiciaire est de	11,187 19 7
Celle du clergé anglican et l'allocation à M. Threlkeld, employé à la civilisation des aborigènes	11,494 4 4
L'entretien des écoles	3,940 0 0
Dépense du clergé presbytérien, catholique romain	1,400 0 0
Agent militaire	935 6 3
Pensions payables à Londres à des employés ou à leurs veuves	811 5 0
Pensions payables dans la colonie, à des employés ou à leurs veuves	655 3 9
Pour différents services, fournitures, haras, etc	23,260 15 3
Le total des déboursés a donc été de	110,252 7 9

RÉFLEXIONS A CE SUJET.

Quelle énorme différence entre l'Angleterre et la France pour la condition des employés de l'État ! et que serait-ce si nous voulions comparer le traitement des employés français et anglais aux Antilles et surtout dans l'Inde, ainsi que nous avons pu le juger *de visu*? Observons encore que la plupart des fonctionnaires publics de la Nouvelle-Galles du Sud perçoivent, en sus de leurs appointements, les revenus de fermes appartenant au domaine royal, et reçoivent des magasins publics la majeure partie des provisions journalières qui se consomment dans leurs maisons. Sans louer la magnificence de ces traitements, nous ne pouvons éviter de blâmer la mesquinerie de ceux des employés français, surtout en Orient.

GOUVERNEMENT ET ADMINISTRATION.

La Nouvelle-Galles du Sud et la Tasmanie sont sous la juridiction d'un gouverneur général, qui réside dans la première de ces colonies, et qui a sous ses ordres, pour l'une et pour l'autre, un lieutenant-gouverneur. Ces agents sont toujours des militaires. Le gouverneur est assisté par un conseil exécutif semblable à celui de l'Inde, et qu'il est obligé de consulter sur tous les points de quelque importance. Il est cependant aussi autorisé à agir sous sa responsabilité seule, pourvu qu'il fasse connaître par écrit au gouverneur de la métropole les raisons qu'il a eues pour prendre ce parti. Le conseil législatif se compose surtout des officiers du gouvernement, auxquels sont adjoints deux propriétaires de terres, un négociant (*merchant*), et le *chief-justice* (premier juge), comme président. Ce conseil est autorisé à imposer des taxes et à faire des lois dans l'intérêt de la colonie, pourvu que le président certifie que ces lois sont conformes à l'esprit de la législation anglaise. Les séances sont à huis clos, et les membres de l'assemblée prêtent serment de ne rien révéler de ce qui se passe dans les réunions. On ne connaît les décisions du conseil que quand elles sont imprimées dans la *Gazette*, à la joie ou à la consternation des colons. Comme le magistrat qui préside a le *veto* sur tous les actes de ce conseil, il est de fait le seul dépositaire de la puissance législative dans la colonie, puissance que nul homme, quelque digne qu'il soit, ne devrait posséder d'une manière absolue. Cette omnipotence est d'autant plus dangereuse, que le secret des délibérations ôtant aux délibérants ce grand principe d'émulation, la publicité, ils peuvent très-bien ne défendre ou n'attaquer que faiblement les questions en discussion (*).

ORDRE JUDICIAIRE.

Les tribunaux sont composés comme en Angleterre. Le jury, comme dans ce pays, a pour base la propriété; mais on n'y admet les individus qui ont été déportés, qu'après qu'ils ont été réhabilités par un pardon absolu. Le nombre des jurés doit être le même qu'en Angleterre, et leur décision être pareillement unanime. Les magistrats sont payés ou non payés, et les premiers reçoivent leurs appointements en porc et en farine, au lieu d'or et d'argent. Cela vient de la difficulté avec laquelle, dans les premiers ans de la colonie, on décidait les habitants à remplir les fonctions de la magistrature; car pour les y amener, on leur délivrait par semaine un certain nombre de rations. Le magistrat a le même pouvoir qu'en Angleterre, relativement aux délits commis par des hommes libres; mais, quant à ceux des convicts, ils les punit sans grandes formalités. Chaque magistrat de district a trois *constables* sous ses ordres, ainsi qu'un *fouetteur* pour infliger les peines corporelles. Les constables sont souvent des convicts qui ont fait leur temps, mais ils s'acquittent de leurs fonctions aussi honorablement qu'en Angleterre (**).

Un secrétaire du gouvernement est chargé de la correspondance, et un trésorier colonial recueille les taxes et

---

(*) Cunningham.

(**) Mongommery Martin dans son excellent ouvrage sur la Nouvelle-Galles du Sud.

le revenu du gouvernement. L'établissement ecclésiastique se compose de douze membres du clergé, sous la surintendance immédiate d'un archidiacre qui dépend de l'évêque de Calcutta, capitale de l'Inde britannique.

REVENUS ET DÉPENSES.

Voilà les dépenses indispensables de la Nouvelle-Galles. Maintenant on se fera une juste idée du progrès rapide des colonies de l'Australie par ce seul fait qu'en 1827 les revenus de la Nouvelle-Galles du Sud étaient évalués à 62,229 livres sterling; ceux de Van-Diemen, à 32,852 livres sterling. Les revenus des dernières années, sans aucune augmentation matérielle dans les impôts, ont été, pour la Nouvelle-Galles du Sud, en 1830, de 104,602 liv. sterl.; en 1831, de 120,204 liv. sterl.; en 1832, de 135,909 liv. sterl.; pour Van-Diemen, en 1830, de 63,586 liv. sterl.; en 1831, de 71,067 liv. sterl.; en 1832, de 91,967 liv. sterl.; et, en 1833, de 85,905 liv. sterl. Les dépenses ayant été depuis quelques années de 120 à 121,066 liv. sterl., sont donc fort au-dessous de la recette, puisqu'il y a aujourd'hui au trésor colonial de la Nouvelle-Galles du Sud une réserve de près de 47,000 liv. sterl., et de 35,000 liv. sterl. à Van-Diemen.

AVENIR DE L'AUSTRALIE.

Quelles seront les destinées de ces colonies lointaines? Quel sera l'avenir de ces nations qui grandissent aux extrémités de l'univers? Le continent qu'elles occupent est destiné, par la force de sa position, à devenir un jour le centre des grandes relations commerciales et politiques entre l'Asie, l'Amérique, et même l'Afrique. Par elles, la civilisation aura fait le tour du globe; mais persévéreront-elles dans les voies de félicité où elles ont marché jusqu'à ce jour? Que ne nous est-il donné de leur garantir à jamais cette sagesse publique qui peut seule assurer la prospérité des peuples? Longtemps encore elles ne compteront que des éléments de progrès. L'espace ne manquera pas à l'homme.

Aujourd'hui l'Australie compte ses villes; avant un siècle elle comptera ses nations; mais l'Angleterre y sera représentée par des peuples, la France par des familles, comme l'Espagne, comme la Grèce même, et Taïti. Cette pensée est triste. L'honneur du savoir est sauf pour la France; en est-il de même pour la politique française?

Au milieu de ces merveilles, quel sera le sort des aborigènes de l'Australie? Cette question importante se rattache intimement au progrès des établissements britanniques dans le grand continent méridional; et on ne saurait recommander, d'une manière trop pressante, aux pouvoirs législatifs de leur métropole de s'en occuper sans délai. L'idée que les colons anglais devraient se mélanger et s'amalgamer avec des noirs répugne aux idées européennes, et c'est une opinion établie, que les aborigènes de l'Australie ne sauraient se plier à des mœurs plus douces. Il résulte de cette manière de voir, que les communications entre les colons anglais et les tribus aborigènes, se sont réglées d'après les mêmes principes qu'on applique à un pays que l'on se propose de coloniser, et qui ne serait peuplé que d'animaux sauvages. Mais maintenant, nous l'avons dit, on ne se borne plus à amener graduellement la destruction des indigènes, en diminuant peu à peu leurs moyens de subsistance, ni à les exterminer s'ils sont féroces. On a cherché les moyens d'améliorer leur sort par la civilisation, et cette méthode a déjà reçu dans la Nouvelle-Galles du Sud et dans le pays de Van-Diémen un commencement d'exécution. Quel serait l'étonnement de MM. de Rossel, Labillardière, Beautems-Beaupré, tous de l'expédition du savant navigateur d'Entrecasteaux, si, revenant dans des lieux qu'ils ont vus jadis déserts et couverts de forêts, ils voyaient, devant une jolie ville, de grands vaisseaux à l'ancre, une population nombreuse, étendue dans un grand espace, des fermes charmantes couvrant la campagne, des voitures, des journaux, tous les agréments de l'Europe! enfin, transportés dans un lieu où ils n'eurent que des privations à supporter dans l'important travail qu'ils y exécutèrent, quel serait leur étonnement en revoyant ces plages jadis arides et solitaires, et que les Anglais viennent de coloniser! Lorsqu'on connaît ces beaux éléments de civilisation partielle dans la civilisation générale, on ne peut s'empêcher de dire qu'une puissance qui, en temps de guerre, chercherait à les détruire, commettrait un crime contre l'humanité et contre l'intérêt de plus d'un peuple. De tels travaux, secondés par le zèle, le talent, et surtout par la loyauté des nouveaux administrateurs envers les aborigènes, serviront non moins les intérêts de la science que ceux de l'Angleterre. C'est grâce à des hommes semblables, c'est à la suite d'entreprises aussi honorables, que cette nation s'est élevée à cette grandeur étonnante, sujet de tant de déclamations absurdes, et qui ne devrait être de la part des grandes puissances que l'objet d'une émulation éclairée.

Quant à nous Français, nous qui préférons la gloire brillante et fausse des combats à la gloire attachée au colonisateur qui crée une seconde nation, et universalise sa langue et ses bienfaits; nous, si insouciants et si inhabiles aujourd'hui à conquérir cette gloire pacifique, nous qui l'avons négligée dans cette même Australie, vers cette *rivière des Cygnes*, choisie par d'Entrecasteaux pour y établir une colonie française, il existe encore pour nous un autre genre d'exploitation à laquelle nous sommes du moins appelés au premier rang par notre esprit civilisateur: c'est l'exploitation scientifique. Les peuples d'Europe et les Américains blancs, leurs descendants, qui forment une seule et même race, et à qui une civilisation supérieure donne aujourd'hui le triomphe sur les autres habitants du globe, doivent s'imposer la mission d'étudier attentivement toutes les parties de la terre, pour en connaître la véritable valeur, et pour observer et recueillir les mœurs, les souvenirs, les langues de tant de populations qui périssent ou qui se transforment, afin de compléter l'histoire de l'humanité.

HISTOIRE.

Les Malais, et surtout les Célébiens, ont sans doute fréquenté les côtes septentrionales de l'Australie avant l'arrivée des Européens.

Le président des Brosses et l'abbé Prévôt ont attribué la découverte de la Nouvelle-Hollande à Paulmier de Gonneville. Nous croyons que c'est à Madagascar qu'aborda Gonneville, et qu'il y prit son prince Essomerie, qu'il amena en Europe avec lui. Il est probable que les Portugais eurent connaissance de quelques points de cette grande région. Une carte de 1542, d'une grande terre nommée *Grande-Java*, indique le nord de l'Australie. Mais il est certain que le *Duyfhen*, navire hollandais, expédié de Bantam pour explorer les îles de la Nouvelle-Guinée, reconnut, en 1606, une étendue d'environ trois cents lieues de ses côtes septentrionales, dans l'ouest du détroit de Torrès. Voici en quels termes est raconté tout ce qu'on peut apprendre de ce voyage:

« Cette vaste contrée fut trouvée en majeure partie déserte; cependant, en certains endroits, on rencontra des sauvages noirs, cruels et farouches, qui massacrèrent quelques hommes de l'équipage. Ainsi on ne put apprendre d'eux rien qui concernât le pays; on ne put même s'y procurer de l'eau et des vivres; et la disette des navires fut cause qu'on ne put pas pousser fort loin cette reconnaissance. Le point où les Hollandais longèrent la terre fut nommé par eux *Cap Keer-Weer*, ou Cap du Retour. »

En 1606, vers le mois d'août à peu près, et dans les mêmes parages, un navigateur espagnol eut connaissance de la partie septentrionale de l'Australie. Ce fut Louis Vaes de Torrès, second commandant de l'expédition dirigée par Hernandez de Quiros, qu'il avait quitté sur la terre du Saint-Esprit. Là, Torrès s'étant séparé de l'amiral, poursuivit sa route à l'ouest.

Après avoir côtoyé, pendant trois cents lieues environ, une terre qu'il prit pour la Nouvelle-Guinée et qui était probablement la Louisiane, ce navigateur arriva dans un espace semé d'îles (le détroit de Torrès); il y recueillit une vingtaine d'individus de diverses peuplades noires du détroit qui porte son nom, afin d'acquérir par eux quelques renseignements sûrs; Torrès employa près de deux mois pour le franchir, puis on fit route au nord, et d'après sa relation, nous sommes porté à croire qu'il découvrit la partie du nord de l'Australie, aux environs du cap York.

Le Hollandais Dirck-Hatichs, capitaine du navire *Endracht*, reconnut, en 1616, une portion de la côte occidentale, à laquelle il donna le nom de son navire; ce qui fut constaté par une plaque en étain, trouvée, en 1697, par Vlamingh, retrouvée, en 1801, par Freycinet, et dont nous avons déjà donné les deux inscriptions.

Le *Mauritius*, navire également hollandais, semble, dit d'Urville, avoir, en 1618, fait, à son tour, quelques découvertes aux environs de *Willem's River*, mais aucun detail précis n'existe sur ce voyage. Longtemps aussi on présuma qu'un nommé Zeachem avait, dans la même année, découvert la terre d'Arnheim et celle de Van-Diemen; mais il est aujourd'hui prouvé qu'aucun navigateur de ce nom ne figure parmi ceux qui visitèrent les premiers la Nouvelle-Hollande. J. de Edels, en 1619, donna son nom à la côte qui s'étend au sud de la terre d'Endracht. Le grand récif d'*Houtman's Abrolhos* passe pour avoir été découvert, à la même époque, sinon par Edels lui-même, du moins par un navigateur contemporain. Trois ans plus tard, le *Leeuwin* étendait du côté du sud la portion de côte déjà connue. En 1623, Jan Carstens, commandant les navires *Pera* et *Arnheim*, fut expédié d'Amboine pour explorer les côtes septentrionales de l'Australie, que l'on confondait encore avec la Nouvelle-Guinée.

Carstens périt dans cette reconnaissance, massacré par les sauvages, avec huit hommes de l'*Arnheim*. L'expédition n'en poursuivit pas moins sa mission; on découvrit des terres qui reçurent les noms d'Arnheim et de Speult, après quoi les deux navires se séparèrent. L'*Arnheim* retourna à Amboine, mais le *Pera* continua de prolonger la côte jusqu'à *Staaten River*, d'où il fit voile pour les Moluques. « Dans cette découverte, dit la relation, on ne trouva partout que des bas-fonds, des côtes stériles, des îles maigrement peuplées par diverses nations cruelles, brutales et misérables, qui ne pouvaient offrir que très-peu d'utilité à la Compagnie. » En 1627, Pieter Nuyts, qui montait le *Gulde Zeepaard*, longea, pendant mille milles environ, la côte de l'Australie. Le journal de l'expédition ne fut jamais publié; mais on supposa que la terre visitée par Nuyts, comprise entre les 34° et 36° de latitude sud, devait offrir, comme tous les autres pays de cette zone terrestre, des terrains habitables, riches et fertiles. L'année d'après, de Witt donna son nom au pays qui se prolonge entre le 14° et le 21° de latitude méridionale. Il paraîtrait toutefois que, peu de mois auparavant, le navire *Vianen* avait côtoyé cette île l'espace de deux cents milles, et y avait reconnu, au milieu d'une plage stérile et dangereuse, quelques terrains verdoyants qu'occupaient des peuples noirs et barbares. En 1629, Francis Pelsart perdit son navire, le *Batavia*, sur les rochers nommés *Houtman's Abrolhos*. N'ayant point trouvé d'eau douce sur ces îlots, ce capitaine fit ponter un de ses canots et chercha à gagner le continent avec une portion de son équipage. Après plusieurs jours d'efforts pénibles et infructueux, et à la suite d'une navigation de quatre cents milles, le long des côtes, il prit le parti de se rendre à Batavia, d'où il revint avec le yacht le *Saardam*, pour reprendre les hommes laissés sur les Abrolhos. Ceux-ci avaient fini par découvrir de l'eau dans le creux des rochers; mais, avec la certitude de pouvoir vivre sur cet écueil, étaient venues des pensées d'insubordination et de révolte. A son retour, Pelsart fut obligé de sévir; on exécuta quelques mutins, et on en déposa deux autres sur le continent vis-à-vis des Abrolhos. En 1636, Gerrit Tomaz Pool fut expédié de Banda avec les yachts *Klyn Amsterdam* et *Wezel*, pour le même objet que Carstens; mais, par une fatalité singulière, il fut, comme ce navigateur, massacré par les sauvages et presque au même endroit. L'expédition n'en fut pas moins continuée sous la direction du subrécargue Pieterz Pietersen. On ne put, à cause des vents contraires, atteindre la côte occidentale du golfe de Carpentarie; mais on reconnut celle de Van-Diemen's Land dans le golfe, dans un prolongement de cent vingt milles environ. Puis on s'en retourna sans y avoir vu d'habitants, malgré plusieurs apparences de fumée. Dès 1643, Tasman découvrit la partie australe de la Tasmanie, sans soupçonner que cette terre formait une île à part, et lui avait donné le nom de Van-Diemen's Land, bien qu'une portion considérable du nord de l'Australie eût déjà reçu le même nom. Ces désignations étaient, de la part des divers navigateurs, des hommages rendus à van Diemen, alors gouverneur général de Batavia. En 1644, Tasman fut envoyé de nouveau en reconnaissance vers les terres d'Australie. Cette fois il explora soigneusement le golfe de Carpentarie, la terre d'Arnheim et celle de Van-Diemen. Malheureusement l'esprit étroit et mercantile qui présidait aux opérations de la compagnie hollandaise ensevelit ces beaux travaux dans un profond mystère; aussi en est-on, de nos jours encore, réduit à de simples conjectures sur les découvertes de Tasman. Nous savons pourtant par Dalrymple qu'il communiqua fréquemment avec les aborigènes. Il paraît, du reste, que ce fut à la suite des reconnaissances de Tasman que cette grande terre reçut définitivement le nom de Nouvelle-Hollande, tandis qu'avant lui on l'avait habituellement indiquée sous le nom générique de *Grande-Terre du Sud* ou *Terres Australes*. Le nom de Nouvelle-Hollande a longtemps prévalu parmi les géographes; mais il doit faire place à celui d'Australie, plus rationnel et plus vrai, que les Anglais établis sur ce territoire ont adopté et maintenu(*).

Les instructions données à Tasman fournissaient le moyen d'établir avec précision l'ordre chronologique des découvertes le long des côtes nord, ouest et sud de la Nouvelle-Hollande, jusqu'au second voyage de ce navigateur; en voici le tableau.

1606. — L'yacht hollandais *Duyfhen*..Côte nord.
1616. — Dirck-Hatichs, navire *Éendracht*. Côte ouest.
1619. — J. de Edels............... idem.
1622 — Le navire le *Leeuwin*....... idem.
1623. — J. Carstens................Côte nord.
1627. — P. Nuyts.................Côte sud.
1628. — De Witt.................Côte ouest.
1636. — G. T. Pool..Côte nord .... { Terre Van-Diemen et d'Arnheim.
1642. — Tasman.................Côte sud.
1644. — Tasman ..Côte est, côte nord et nord-ouest, et côte ouest.

Ce tableau complète la reconnaissance de toutes ces côtes, et donne le nom de Nouvelle-Hollande à la partie nord-ouest que Tasman avait vue le premier. Ce nom passa ensuite à tout le continent.

Ce ne fut qu'en 1688 et 1699 que l'Anglais Dampier longea une certaine étendue de côtes du nord-ouest, et ce fut à cet observateur judicieux que l'on dut les premières notions exactes et utiles sur ces vastes contrées, jusqu'alors imparfaitement connues. Il décrivit plusieurs de ses productions singulières. Dampier vit les aborigènes en 1688 et 1699 : il les dépeint comme des hommes noirs, nus, avec des cheveux crépus et laineux.

En 1696, Willem Vlamingh aborda l'île Rottenest, la rivière des Cygnes et la baie des Chiens marins, à l'entrée de laquelle il trouva l'inscription de Dirck Hatichs, qu'il fit placer sur un tronc d'arbre, après y avoir fait ajouter une seconde inscription sur son propre voyage. En 1769, si Bougainville eût prolongé vingt-quatre heures sa course à l'ouest, il en eût aperçu le premier la côte orientale. A Cook était réservée

(*) D'Urville, Voyage pittoresque.

la gloire de la découvrir et de la tracer en entier. C'est depuis ce grand navigateur, qui faillit y périr sur les bancs de la mer de Corail, ainsi que le lecteur l'a déjà vu, que ce vaste pays a excité l'attention de l'Europe. Mais quoique le périmètre entier de la Nouvelle-Hollande fût à peu près connu, on n'avait encore sur sa géographie que des données générales. Des reconnaissances détaillées furent ordonnées par la France et l'Angleterre. Vancouver, d'Entrecasteaux, le chirurgien Bass, le capitaine Grant, et surtout Baudin et Flinders, aidés des naturalistes Péron et Browns, explorèrent avec soin une grande portion des côtes occidentales et méridionales. De 1818 à 1822, le capitaine King reconnut la partie septentrionale avec une rare précision. Enfin, M. de Freycinet en 1818, M. d'Urville en 1827, et quelques autres navigateurs ajoutèrent de nouveaux documents à ceux que leurs prédécesseurs avaient fournis sur les côtes surtout sur celles du sud de ce continent dont la vue est curieuse et dont nous donnons ici le dessin d'après Péron (voy. pl. 279). Enfin, parmi les derniers voyageurs qui ont visité l'Australie, nous ne pouvons oublier de mentionner M. Holman, qui a fait le tour du monde, quoique aveugle.

EXPLORATIONS ET DÉCOUVERTES RÉCENTES DANS L'INTÉRIEUR DE L'AUSTRALIE.

Le périmètre entier de l'Australie est aujourd'hui tracé et bien connu, mais l'intérieur ne l'était pas dans ces derniers temps. MM. Oxley, Blaxland, Wentworth, Hawson, Evans, Frazer, Currie, Hume, Cunningham, Howell, Sturt, Mac-Leay, Barker, Kent, Mitchell, Roë, Wilson, Coxen, etc., ont exécuté par terre diverses expéditions aussi honorables qu'utiles. — Nous allons donner le résumé de leurs explorations dans l'intérieur.

Le pays à l'ouest des montagnes Bleues, contigu à celui de Sidney, n'a été exploité qu'en partie. Il se distingue par son immense étendue, la bonté de son sol et la grande diversité de son climat. Les montagnes Bleues ont cinquante-huit milles de largeur à l'endroit où la route a été pratiquée, et comme la distance de Sidney à Ému-Ford, où elle commence, est d'environ quarante milles, cette vaste région doit se trouver à quatre-vingt-dix milles de la capitale. Cette route, quoique très-escarpée et dangereuse, est cependant praticable pour les charrettes. La montagne la plus élevée, appelée York, est à trois mille deux cents pieds au-dessus du niveau de la mer; mais la hauteur moyenne des autres n'excède pas deux mille pieds. Pendant les dix ou douze premiers milles, elles sont assez bien boisées et offrent quelques pâturages; au delà le sol est d'une extrême aridité, étant couvert d'un taillis épais, entremêlé çà et là de quelques pommiers rabougris. On y trouve du grès, du quartz et de la pierre de taille en petite quantité; toutefois le granit, que l'on rencontre toujours dans les montagnes de formation primitive, ne s'y voit nulle part, bien qu'il en existe dans la plaine, pendant l'espace de deux cents milles. Dans toute cette étendue, le pays est couvert des plus riches herbages, et est assez bien arrosé. Les ruisseaux qui serpentent le long des montagnes, vont tous se perdre dans la rivière de l'ouest, ou la Warragambia, affluent principal de l'Hawkesbury. Mais du moment que les rivières prennent leur cours à l'ouest, le manque d'eau commence à se faire sentir, et augmente à mesure que l'on avance dans l'intérieur, particulièrement dans la direction de l'ouest et du sud-ouest. Cet immense et fertile territoire est presque généralement dégarni de bois taillis, et dans plusieurs endroits il n'y croît aucun arbre quelconque. Dans les plaines de Bathurst, par exemple, où il y a un commandant, un dépôt militaire et quelques établissements, on rencontre à peine un arbre sur une étendue de soixante mille acres (quatre-vingt-dix mille arpents).

La possession de cette immense région fut suivie des plus heureux résultats pour la colonie; et il ne reste plus, pour rendre ce désert habitable, que de trouver une rivière qui com-

OCÉANIE.

muniquerait avec la côte occidentale. Plusieurs expéditions y ont été envoyées dans ce dessein.

M. Oxley, si on en croit le rapport des créoles australiens, est le premier qui tenta de gravir les montagnes Bleues, en 1813, si nos souvenirs ne nous font pas défaut; mais il recula bientôt devant les difficultés à vaincre, et il paraît être revenu sur ses pas, après avoir pénétré à seize milles, environ, dans leurs retraites sombres et ardues.

Voici comment en parle l'auteur du Voyage pittoresque autour du monde. « Bientôt après l'insuccès de cette expédition, dans l'année 1813, une affreuse sécheresse vint frapper la colonie. L'herbe était brûlée depuis le littoral jusqu'au pied des montagnes; les sources avaient disparu; les cours d'eau étaient taris; les bestiaux mouraient de toutes parts. Alors trois braves colons, MM. Blaxland, Wentworth et Hawson, se décidèrent à tenter encore une reconnaissance, pour voir si l'on ne trouverait pas quelques ressources au delà des montagnes Bleues. Par une heureuse inspiration, au lieu de s'engager dans les ravins et dans les défilés, ils eurent l'idée de suivre constamment les crêtes des montagnes. Après une foule de détours qui les obligèrent plus d'une fois à revenir sur leurs pas, ils se trouvèrent enfin à l'extrémité occidentale de cette chaîne, environ vingt-cinq milles à l'ouest de la rivière Nepean. On devine quelle fut leur joie lorsqu'ils découvrirent sous leurs pieds une magnifique vallée, couverte d'herbes et bien arrosée. L'ingénieur de la colonie, M. W. Évans, marchant sur les traces de ces voyageurs, découvrit bientôt les plaines de Bathurst, et les rivières Macquarie et Lachlan qui les traversent. Dès l'année suivante, un chemin fut tracé à main d'homme à travers les montagnes, et aujourd'hui de promptes et belles communications existent entre la bande maritime et les contrées de l'intérieur. »

En 1817, M. Oxley, devenu inspecteur général de la colonie, fut mis à la tête d'une expédition importante, ayant pour but de suivre les rivières Lachlan et Macquarie aussi haut que possible, pour constater leur état plus ou moins navigable, et explorer la nature du pays qu'elles arrosaient. M. Oxley, accompagné du docte botaniste M. Cunningham, porta son attention sur la première de ces rivières, et continua de suivre ses sinuosités, jusqu'à ce qu'il lui semblât que ses eaux se perdissent dans des marais successifs, et qu'elle cessât d'être rivière. En 1818, cet inspecteur, accompagné de M. Evans, de M. Frazer, etc., retourna vers la Macquarie, et la remonta de même, jusqu'à l'instant où il se vit arrêté par des marais infranchissables qui couvraient devant lui une plaine étendue, et parmi lesquels se perdait le lit de la rivière. Cette importante reconnaissance se termine à près de quatre cents milles dans l'intérieur. Voici comment il en rend compte lui-même :

« Le 29 juin, après avoir suivi le cours de la rivière Macquarie dans la direction du nord-ouest, l'espace de soixante-dix milles, ses eaux s'enflèrent tout à coup, et elle sortit de son lit. Nous en étions alors éloignés d'environ une lieue; mais le pays était si plat, que l'eau gagna en peu de temps l'endroit où nous nous trouvions. Pendant les jours précédents, nous avions parcouru une contrée tellement basse, que nos gens qui étaient restés dans les embarcations, voyant le débordement de la rivière, n'avancèrent que lentement. Je leur fis dire de retourner au monticule que nous avions quitté le matin; mais celui-ci n'était pas non plus à l'abri de l'inondation : j'envoyai les chevaux et les vivres vers un plateau élevé, situé à seize milles de là, et je m'embarquai dans le plus grand de ces bateaux avec l'intention de suivre la rivière jusqu'à son embouchure.

« Le 2 juillet, je la descendis l'espace de trente milles, dans la direction du nord-nord-ouest. Pendant dix milles je perdis entièrement la terre de vue, le pays environnant offrant de toutes parts l'aspect d'une vaste mer. Les

84ᵉ *Livraison.* (OCÉANIE.) T. III.

bords de la rivière étaient bien boisés. On apercevait aussi de distance en distance des espaces couverts de roseaux et entourés d'arbres de haute futaie. Le 3, le lit de la rivière se rétrécit considérablement, mais elle avait toujours la même profondeur, et ses bords étaient couverts d'un pied à dix-huit pouces d'eau. Le lendemain, après avoir fait vingt milles dans la même direction, je ne distinguai plus ni la terre ni les arbres, le lit de la rivière serpentant à travers des roseaux où il n'y avait que trois pieds d'eau. Je parcourus ainsi cinq milles, au bout desquels, sans que la rivière eût perdu de sa largeur, de sa profondeur, ni de sa rapidité, et lorsque je m'attendais à entrer dans le lac si désiré, je la vis qui s'étendait dans toutes les directions, du nord-ouest au nord-est, sur la plaine de joncs qui nous environnait. En cet endroit, sa profondeur, qui avait été constamment de vingt pieds, se trouva réduite à cinq. Elle coulait sur un fond de vase bleue visqueuse, et le courant était aussi rapide que lorsque les eaux se trouvaient resserrées dans son lit. Le point de jonction de la Macquarie avec ces eaux intérieures, c'est-à-dire, l'endroit où elle cesse d'être rivière, est situé par 30° 45′ de latitude sud et 144° 50′ de longitude est (de Greenwich.)

« Je craindrais d'affirmer positivement, continue M. Oxley, que je me trouvais sur le bord du lac ou de la mer dans lesquels se décharge cet immense volume d'eau, parce que mon assertion ne serait basée que sur des conjectures. Mais s'il m'était permis de hasarder une opinion fondée sur les apparences, et dans laquelle j'ai été fortement confirmé par ce que j'ai vu la première fois, je dirais que je me trouvais alors dans le voisinage d'une mer méditerranée, sans doute peu profonde, et dont l'étendue diminue graduellement par suite de la grande quantité de terres et de sables que charrient les rivières qui ont leur source dans les montagnes environnantes. Les dernières ne paraissent s'étendre qu'à quelques centaines de milles de la mer.

« Je m'attachai alors à reconnaître plus particulièrement la structure du pays; mais nous essayâmes vainement de gagner l'autre bord de l'immense étendue d'eau dont nous étions environnés, en tournant tout autour de la partie inondée du pays, au sud-ouest de la rivière, parce qu'il nous eût fallu traverser un marais couvert d'une espèce de *polygonum* qui le rendait impraticable.

« Il ne nous restait plus qu'à tenter le passage au nord-est. En conséquence, nous revînmes, après mon retour, sur la colline où nous avions dressé nos tentes, et d'où, attendu la surface plate du pays, nous distinguions des montagnes à la distance de quatre-vingt-dix milles à l'est.

« M. Evans essaya de frayer le chemin; mais après deux journées de marche vers le nord-est, il ne put pénétrer plus avant, à cause des courants qui se dirigeaient du même côté, et que je jugeai devoir être formés par la rivière Macquarie, dont les eaux s'étaient beaucoup accrues. M. Evans, changeant alors de route, se dirigea plus à l'est. A cinquante milles de la Macquarie, il traversa une rivière beaucoup plus large, mais moins profonde, et qui coulait au nord. S'étant avancé plus à l'est, il arriva près de la base des montagnes que nous apercevions de notre campement, et à partir desquelles, en suivant une direction plus méridionale, il trouva le pays un peu plus sec, quoiqu'il ne fût pas plus élevé.

« Pour retourner au Port-Jackson, je résolus de visiter d'abord les montagnes que nous voyions et de là gagner la mer. Je quittai donc, le 30 juillet, notre éminence, située par les 145° 11′ de longitude est, et je me dirigeai du côté de la mer. Le 8 août, nous atteignîmes les montagnes élevées du sommet desquelles on jouit de la vue la plus étendue du sud-ouest au nord; nous ne découvrîmes qu'une immense plaine sans eau, bornée au nord-est quart nord, par des terres hautes dont on apercevait les points les plus élevés à la distance de cent vingt milles.

« De là je m'avançai dans la direction du nord-est. Mais, après avoir eu à vaincre des difficultés sans nombre, dans un pays marécageux, rempli de sables mouvants, et me trouvant engagé dans des fondrières impénétrables, je me dirigeai à regret plus à l'est. J'ai du moins la satisfaction d'avoir prouvé qu'il n'y a de passage possible à travers ce pays qu'en suivant la principale chaîne des montagnes qui borne l'intérieur, bien qu'il y ait des portions partielles de terres d'alluvion sèches et unies qui partent de leur base et s'étendent à l'orient, l'espace de cent cinquante milles, et où il est probable qu'elles se perdent sous les eaux.

« Nous arrivâmes bientôt dans un pays qui contrastait singulièrement avec celui que nous venions de quitter : des ruisseaux innombrables, coulant au nord, arrosaient la belle et fertile contrée que nous parcourûmes jusqu'au 7 septembre. Ce jour-là, nous passâmes sous le méridien de Sidney, et nous franchîmes les terres les plus élevées de la Nouvelle-Galles méridionale par le 31° 30′ de latitude sud. Notre marche fut souvent arrêtée par des montagnes. Toutefois, le 20 septembre, nous parvînmes à leurs sommets les plus élevés, d'où nous découvrîmes l'Océan à cinquante milles de distance. De là nos regards planaient sur une immense vallée de forme triangulaire, dont la base s'étendait le long de la côte, depuis les Trois Frères au sud, jusqu'à un plateau, au nord du cap Smoky. Nous eûmes aussi l'avantage de trouver la source d'une rivière assez considérable, qui reçoit sur son passage les eaux d'un grand nombre d'affluents et va se perdre dans la mer. Nous suivîmes son cours jusqu'au 8 octobre que nous arrivâmes au bord de l'Océan, après avoir parcouru, depuis le 8 juillet, une étendue de pays d'environ cinq cents milles de l'ouest à l'est.

« L'embouchure de la rivière dont il vient d'être question, et qui est située par les 31° 23′ de latitude de sud, et les 150° 30′ de longitude, avait déjà été reconnue par le capitaine Flinders, qui cependant, à la distance d'où il l'aperçut, ne put s'assurer si elle était navigable. Cette circonstance fixa particulièrement notre attention. Il nous fut impossible, faute de bateau, de reconnaître au juste sa profondeur, mais tout nous porte à croire qu'elle doit être de quinze à dix-huit pieds environ, à eau basse. Son embouchure resserrée entre deux bancs de sable n'en est pas moins très-sûre. M'étant convaincu que l'occupation de ce beau pays (*) serait d'un grand avantage pour la colonie de la Nouvelle-Galles méridionale, je donnai à l'emplacement où nous nous trouvions, le nom de Port-Macquarie, et, le 12 octobre, je me remis en route pour Sidney. Le hasard nous fit rencontrer un petit bateau que nos gens portèrent sur les épaules l'espace de quatre-vingt-dix milles, et à l'aide duquel nous traversâmes les rivières et les petites baies dont cette côte est coupée. Nous arrivâmes le 1er novembre au Port-Stéphen, n'ayant eu qu'un seul homme blessé par les insulaires de la côte septentrionale, qui sont d'un naturel très-féroce. M. Frazer, botaniste, qui accompagna volontairement l'expédition, en rapporta une collection de près de sept cents nouvelles plantes australiennes. »

On ne savait encore rien de positif, dit M. Sturt, sur le pays situé au delà, et cependant la question était d'une haute importance pour la colonie. A la suite de ces découvertes, l'inspecteur Méchan et M. Hamilton

(*) Il se trouve environ trois degrés au nord de Port-Jackson, et on a déjà commencé à y former un établissement. Le climat est assez chaud pour la culture du coton, du sucre, du café, et de plusieurs autres productions des tropiques, qui ne viennent ni au Port-Jackson, ni dans les établissements situés plus au sud. Le gouverneur Macquarie y envoya les criminels détenus dans le territoire de Coal-River, et céda les bords de cette rivière à des planteurs libres. Cette mesure fut d'autant plus sage que, depuis qu'on avait établi une route de Port-Jackson à New-Castle, il était presque impossible d'empêcher ces prisonniers de s'échapper.

C. L. D. R.

Hume, colon, explorèrent le pays plus au sud et à l'ouest de Sidney ; ils découvrirent la plus grande partie de la nouvelle contrée nommée *Argyle*, ainsi que le lac *Bathurst*. M. Hume s'associa ensuite avec M. Howel, pour une excursion à la côte sud, et après un long et pénible voyage, ils gagnèrent la mer : mais était-ce a Port-Philips, ou à Western-Port? Dans les premières parties de leur voyage, ils traversèrent les plaines d'York ou d'Yass, et après avoir passé le Moroumbidgi, ils se trouvèrent pris au milieu de chaînes de montagnes, qui croissaient en hauteur à l'est et au sud-est : trois rivières qui tombaient à l'ouest, reçurent d'eux les noms de *Goulburn*, de *Hume* et de *Oven*. Ils trouvèrent dans le voisinage de cette côte un pays beau et bien arrosé.

En 1826, M. Cunningham traversa une partie considérable de l'intérieur au nord de Bathurst, et, en 1827, ayant de nouveau dirigé ses pas vers le nord, il parvint à s'élever au 28° degré de latitude sud. Plus tard, ayant pris pour point de départ la baie Moreton, il réunit cet établissement à son premier voyage, et contribua ainsi à augmenter nos notions sur le pays montueux qui s'étend entre ce point et la capitale. M. Cunningham partageait l'avis de M. Oxley sur la nature marécageuse et infranchissable des contrées reculées de l'intérieur. Cette opinion recevait chaque jour une confirmation nouvelle, des détails donnés par les indigènes, qui se mêlaient de plus en plus avec les blancs, et rapportaient qu'à l'ouest étaient de grandes eaux sur lesquelles les naturels avaient des barques, et où l'on trouvait de gros poissons. Il fut donc arrêté dans l'opinion de tous, que l'intérieur de l'Australie, à l'ouest, contenait un vaste bassin, dont l'océan de roseaux devant lequel M. Oxley avait reculé, marquait sans doute les bornes, et l'on pensait généralement que toute expédition, se dirigeant vers l'intérieur, rencontrerait des marécages immenses, qu'il serait très-difficile de tourner, et non moins dangereux de vouloir traverser. Il restait toutefois à prouver si ces conjectures étaient fondées. L'année 1826 se fit remarquer par le commencement d'une de ces terribles sécheresses auxquelles le climat paraît périodiquement exposé : celle-ci dura deux ans avec une rigueur implacable, plus terrible que la sécheresse de 1813. La surface de la terre était tellement grillée, que la petite végétation y avait cessé entièrement. On ne faisait venir qu'avec difficulté les légumes, et les récoltes manquèrent, même dans les situations les plus favorables. Les planteurs poussaient leurs troupeaux au loin dans les terres pour y chercher l'eau et la pâture ; mais l'intérieur souffrait autant que la côte, et les hommes finissaient par tomber dans un profond découragement, sous le poids de ce fléau. Il semblait que le ciel australien fût devenu d'airain et qu'il ne dût plus être traversé par un nuage. Dans ces moments critiques, on pensait que l'état humide et marécageux de l'intérieur avait seul empêché M. Oxley d'y pénétrer plus avant, en 1818. Toutes les nouvelles qui arrivaient de Wellington-Valley, l'établissement le plus avancé dans le nord-ouest, confirmaient la nouvelle d'une sécheresse inusitée des terres basses, et de l'état des rivières qui y coulaient, et que la chaleur avait presque mises à sec. On espérait donc qu'une expédition, suivant le cours de la Macquarie, aurait une chance de succès plus grande que jamais, et que les difficultés à surmonter seraient grandement diminuées. Une expédition fut donc immédiatement envoyée pour constater la nature et l'étendue du bassin dans lequel la Macquarie était supposée se perdre, et s'il existait une communication entre elle et la rivière coulant à l'ouest. Le capitaine Sturt, ayant toujours montré un grand intérêt pour la géographie de la colonie, fut choisi par le gouverneur pour diriger l'expédition dont on va lire le résumé (*).

(*) Sturt, Voyage dans l'intérieur de l'Australie méridionale, trad. par M. Montémont.

Après avoir descendu la rivière Macquarie plus loin que ses prédécesseurs, M. Sturt arriva avec ses compagnons sur le sommet du mont Harris. Alors jetant un coup d'œil sur la plaine, il reconnut avec surprise et avec joie que les vastes nappes d'eau stagnante reconnues par son devancier, n'existaient plus. A leur place se prolongeait une plaine verte, d'un terrain uni, sans la moindre éminence. Sturt traversa cette plaine, dont le sol était çà et là crevassé, et, à cinquante milles plus loin, le lit de la Macquarie, effacé jusqu'alors, se reproduisit dans une petite rivière qui allait réunir ses eaux à celles du Castlereagh, découvert un peu plus au nord. Alors le capitaine Sturt poursuivit ses recherches vers le nord-ouest, dans la direction de ces immenses plaines où, plus d'une fois, sa troupe eut à souffrir du manque d'eau. A peine, par intervalles, quelques coteaux isolés rompaient-ils la monotonie de ces steppes ingrates. Un petit courant d'eau qu'il suivit, le mena sur les bords d'une grande rivière qu'il nomma Darling, et dont la vue lui donna de grandes espérances. C'était vers le 30° degré de latitude, et à cent cinquante lieues environ des rives de la mer Orientale. Mais quel fut le désappointement des voyageurs, quand ils s'aperçurent que les eaux du Darling étaient complètement salées ! Pendant quarante milles environ ils suivirent son cours dans la direction du sud-ouest, et ne trouvèrent aucun changement dans la nature de ses eaux. La largeur de son lit, au point où ils se trouvaient, pouvait être de trente toises environ, et l'élévation de ses rives, de trente à quarante pieds. Enfin, le manque d'eau potable, l'aridité du sol, et le défaut de provisions, déterminèrent Sturt et ses compagnons à revenir sur leurs pas. Le point où ils quittèrent le cours du Darling est situé par 30° 16' de latitude sud, et 144° 50' longitude est Les voyageurs eurent, avec les naturels, des rapports nombreux et journaliers. Le capitaine Sturt évalue à deux cent cinquante le nombre des sauvages qu'il eut l'occasion d'observer. Leur conduite fut toujours amicale, et ils rendirent plus d'un service aux Anglais (*).

M. Sturt, trace de ces régions lointaines le tableau suivant : « Les naturels, dit-il, étaient errants dans le désert, et la mauvaise qualité de l'eau qu'ils étaient obligés de boire, leur avait fait contracter une maladie cutanée qui les faisait promptement périr. Les oiseaux que l'on voyait sur les arbres, semblaient soutenir avec peine le poids de l'existence, au milieu d'une atmosphère lourde et embrasée. Le chien sauvage ou *dingo* se traînait çà et là en plein jour, et sa faiblesse l'empêchait de fuir l'approche des hommes. La végétation était complétement consumée, et les arbres eux-mêmes périssaient de langueur, à cause de la grande profondeur où la sécheresse avait pénétré l'intérieur du sol. Plusieurs personnes de l'expédition furent affligées d'ophthalmies, occasionnées par la réverbération de la chaleur sur les plaines que l'on avait parcourues. Le thermomètre, à l'ombre, indiquait 50° (centigrade) à trois heures après midi, et 38° au coucher du soleil. »

Les résultats importants obtenus par le capitaine Sturt dans les régions situées au nord-ouest de la colonie, déterminèrent le gouvernement à l'envoyer dans le sud-ouest pour examiner le cours du Moroumbidgi. Tout ce qu'on savait jusque-là de cette rivière, c'est qu'après avoir pris sa source sous le flanc occidental des monts Warragong dans le comté de Murray, à quatre-vingts milles environ de la côte orientale, elle recevait d'abord le tribut de plusieurs torrents peu importants, puisqu'elle poursuivait son cours vers l'ouest, pendant l'espace de plus de trois cents milles, en formant une foule de sinuosités, mais sans recevoir le moindre affluent. Le Lachlan offrant déjà un caractère semblable à trente ou quarante lieues au nord, on conçoit facilement pourquoi les plaines situées entre ces deux cours d'eau of-

---

(*) L. Reybaud.

frent en général un aspect assez aride. En décembre 1829, M. Sturt commença cette nouvelle reconnaissance. Il suivit la rive droite du Moroumbidgi, jusqu'à ce qu'il eût dépassé tous les rapides et toutes les barres qui auraient pu mettre un obstacle à sa navigation. Là, à une distance presque égale des mers de l'est, du sud et de l'ouest, il établit une espèce de dépôt, mit à flot le canot qu'il avait apporté par terre de Sidney, et réussit à construire un canot sur place. Ce point n'était situé qu'à vingt-sept milles environ de celui où Oxley avait perdu de vue le cours du Lachlan dans de vastes marais. Sturt, en effet, retrouva le lit du Lachlan se déchargeant dans le Moroumbidgi, à douze milles environ de son dépôt. Çà et là le fleuve était coupé par des barrages qui déterminaient des rapides et des tourbillons dangereux pour les pirogues. Enfin, après quatre-vingt-dix milles de navigation à travers une contrée unie et monotone, le 7 janvier 1830, les voyageurs arrivèrent au terme du cours du Moroumbidgi, qui déchargeait ses eaux dans une belle rivière. Cette rivière coulait à son tour avec cet affluent dans un lit large de quatre cents pieds, et avec une vitesse de deux milles et demi à l'heure. Elle fut nommée le *Murray*, et tout annonce qu'elle est formée par les eaux réunies du Hume, du Goulburn et de l'Oven, découvertes en 1824 par M. Howell et Hume. Après neuf jours et demi de navigation le long du Murray, durant lesquels on fit environ cent milles à l'ouest, sans qu'on vit changer l'aspect triste et uniforme du pays, l'expédition parut devant une rivière qui descendait du nord-est, avec un fort courant peu inférieur à celui du Murray lui-même. Le capitaine Nicols le remonta pendant quelques milles, et trouva qu'il avait une largeur d'environ cinquante toises. Ses rives, peuplées de naturels, étaient d'une plus belle apparence que celles du Murray. Ses eaux avaient onze pieds de profondeur ; elles étaient troubles, mais parfaitement douces au goût. Sturt n'hésita pourtant point à écrire que cette rivière n'était autre que le Darling, qu'il avait découvert l'année précédente. Il resterait toutefois à expliquer comment ses eaux, de salées qu'elles étaient, seraient devenues entièrement douces. Après avoir reçu la rivière Darling, le lac Murray se grossit encore, à vingt-cinq lieues plus à l'ouest, d'un nouveau torrent assez considérable qui vint du sud, et qui fut nommé Lindsay, bien qu'il soit probablement identique avec le Goulburn de MM. Hume et Howell. Au delà, le pays changea tout à fait d'aspect et devint montueux. La rive septentrionale du fleuve offrait de hautes falaises qui semblaient en partie d'origine volcanique. Plus loin d'autres montagnes calcaires se dressaient, le long du fleuve, en parois verticales de deux cents pieds de hauteur, et dans lesquelles on distinguait en grande abondance des fossiles et des coraux engagés. Enfin, le 3 février, après une longue et pénible navigation, les voyageurs se trouvant par le méridien de 137°45′ environ, la direction du Murray changea tout à coup du nord au sud, pendant que ses eaux, devenues profondes, troubles et paisibles, coulaient au milieu de sinuosités, et dans un espace de trente lieues environ, jusqu'au vaste lac salé que l'on nomma *Alexandrina*. C'est un réservoir d'eau immense auquel Sturt n'attribue pas moins de cinquante milles de longueur sur trente ou quarante de large. Dans le milieu même, ce lac n'a guère plus de quatre pieds de profondeur, d'où il résulte que ce n'est, dans le fait, qu'un vaste marais salant, communiquant par un canal sinueux avec les eaux de la baie Encounter. Du sommet de quelques dunes de sable, le capitaine Sturt put voir la mer à ses pieds, et prendre des relèvements sur le cap Jervis. Sur les bords du lac, on observa des phoques, et, sur la rive méridionale, on aperçut de loin quelques naturels armés et le corps peint, ce qui n'indiquait pas des intentions bienveillantes. Ces indigènes ne firent aucune tentative pour se rapprocher des Anglais ; ils semblaient se tenir sur la défensive. Alors Sturt s'embarqua de nouveau, et revint avec son monde par le même chemin, au dépôt qu'il avait formé. Ainsi il eut le premier la gloire d'avoir traversé l'Australie dans l'une de ses moindres largeurs, il est vrai, mais dans une étendue suffisante pour ouvrir la voie à d'autres recherches, et pour résoudre l'important problème du système hydrographique de cette vaste contrée (*).

Nous devons donner quelques détails sur les dangers qu'offrit cette expédition.

« Le 21 février 1830, un changement très-évident s'opéra, dit le capitaine Sturt, dans l'état de la rivière Murray et de ses bords. Ils acquirent tout à coup un aspect perpendiculaire; ils étaient rongés par l'eau à la base. Nous avions rencontré deux jours auparavant une grande réunion d'indigènes. Quand nous approchâmes, ils se montrèrent très-disposés à combattre, et couraient le long du bord, leurs lances en arrêt, comme s'ils ne guettaient que l'occasion de nous attaquer. Ils étaient à droite, et comme la rivière était assez large pour pouvoir les éviter, je prenais peu garde à leurs menaces; mais une autre troupe s'étant montrée sur la rive gauche, je pensai qu'il était temps de disperser l'une des deux, car le canal n'était pas assez large pour me mettre à l'abri du danger, si j'étais assailli par tous ensemble. Toutefois ils ne surent pas tirer parti de l'avantage de leur position, et les deux divisions opérèrent leur jonction. C'est celle de la rive gauche qui alla trouver à la nage le corps principal sur la rive droite. Cette circonstance rendit heureusement inutile l'emploi de toute mesure hostile de ma part, et nous permit de continuer notre navigation sans être inquiétés, si ce n'est par les clameurs effrayantes et le cliquetis des lances et des boucliers que les hommes qui nous suivaient en masse faisaient entendre pour nous intimider. Dans cette situation critique, nos hommes montrèrent un grand sang-froid, et quand nous campâmes sur la rive gauche, je les quittai un instant avec M. Mac-Leay pour aller au-devant des sauvages, la branche paisible d'olivier à la main. Après un long dialogue en pantomime, deux ou trois passèrent à gué la rivière pour venir à nous et nous faire de vives remontrances de la part de la majorité; celle-ci, voyant les prières inutiles, se mit à pleurer à voix haute et à suivre ces hommes avec la résolution, j'en suis sûr, de partager leur sort, quel qu'il pût être. Dès que les envoyés eurent franchi le gué, je me retirai avec M. Mac-Leay à une petite distance du rivage. Nous nous assîmes, car c'est la manière chez les naturels de l'intérieur. Nous voyant agir ainsi, ils vinrent prendre place près de nous, mais sans lever les yeux, par suite d'une défiance qui leur est particulière, et qu'ils conservent même à l'égard de leurs plus proches parents. Je leur fis alors présent de haches et de morceaux de cercles de fer, et tout s'arrangea pacifiquement. Il n'en fut point ainsi avec une autre tribu que nous vîmes le 23. Nous descendions la rivière quand, le 22 au matin, nous vîmes quatre naturels qui étaient à l'avant de notre bateau, s'arrêter sur-le-champ pour voir comment nous nous tirerions d'un *rapide* qui écumait devant nous, et que nous ne passâmes pas sans un grand danger. Les naturels nous avaient aidés, et ils furent bien traités au camp; mais dès le matin, ils étaient partis, et je pensai que c'était dans l'intention d'avertir une tribu de notre approche.

« Après le déjeûner, nous continuâmes une navigation aussi rapide qu'à l'ordinaire, et à la voile pour la première fois. Nous avions fait neuf milles environ, quand, sous une ligne d'arbres magnifiques et du plus épais feuillage, nous vîmes une vaste assemblée de naturels, et plus nous approchions, mieux nous entendions leurs chants de guerre, mieux nous distinguions qu'ils étaient armés et peints, comme ils le sont ordinairement quand ils vont engager une lutte sérieuse. Je reconnus que tenter de débarquer serait courir

(*) L. Reybaud.

à notre perte. Les indigènes paraissaient résolus à s'y opposer, et leurs javelots frémissaient dans leurs mains prêtes à les lancer. Ils étaient diversement peints ; quelques-uns s'étaient couvert les côtes, les cuisses et le visage avec de la craie blanche, et l'on eût cru voir des squelettes ; d'autres étaient entièrement barbouillés d'ocre jaune et rouge, et la graisse dont ils étaient enduits luisait sur leurs corps. Un silence de mort régnait dans les premiers rangs ; mais ceux qui étaient en arrière, et les femmes qui portaient les dards, et sur la tête desquelles il semblait que l'on eût renversé de la détrempe blanche, poussaient incessamment des clameurs. Comme je ne voulais point engager un combat avec ces gens, j'amenai ma voile, et nous passâmes tranquillement en descendant la rivière par le milieu. Ainsi désappointés, les naturels se mirent à courir le long de la rivière, s'efforçant de nous viser, mais ne pouvant le faire avec certitude, à cause du mouvement rapide du bateau ; ils se jetèrent dans les attitudes les plus extravagantes, et à force de faire des cris violents, ils se mirent dans un état complet de frénésie. C'est avec une vive appréhension que je remarquais combien la rivière devenait peu profonde, surtout à la hauteur d'un énorme banc de sable qui s'étendait devant nous, et du côté même où les naturels étaient réunis. Ils se précipitèrent sur ce banc avec un tumulte effroyable et le couvrirent d'une masse pressée ; quelques-uns des chefs s'avancèrent tout à fait au bord de l'eau pour être plus près de leurs victimes, et se tournaient de temps en temps pour diriger leur suite. Malgré toutes mes dispositions pacifiques et mon extrême répugnance à verser le sang, je prévis qu'il serait impossible d'éviter plus longtemps un conflit, et après avoir donné ordre aux hommes qui gardaient le bateau, je fis signe aux sauvages de se désister, mais sans succès. Alors je pris mon fusil, l'armai et le mis en joue : j'étais résolu à bien viser, convaincu que la mort d'un homme sauverait la vie à plusieurs ; mon doigt était sur la détente, et mon regard bien fixé sur le point de mire, quand M. Mac-Leay m'arrêta, en me criant qu'une autre troupe de naturels venait de paraître sur la rive gauche. Me retournant, je vis quatre hommes courant avec la plus grande rapidité. Celui qui était en avant, quand il fut vis-à-vis du banc de sable, sauta à l'eau d'une hauteur très-considérable, et, dans un espace de temps difficile à se figurer, il se trouva en face du sauvage que je visais, et l'ayant saisi par la gorge, il le poussa en arrière, et forçant toute la troupe à gagner le bord, il se mit à marcher en long et en large dans une véhémence et une agitation singulière ; tantôt il montrait le bateau, tantôt il agitait sa main ouverte toute grande devant la face des plus acharnés, ou frappait du pied le sable avec colère. Sa voix, qui était d'abord claire et distincte, se perdit en mouvements rauques.

« Le lecteur peut imaginer quelles furent en cette occasion nos impressions, car il est impossible de les décrire. Nous étions si entièrement absorbés par ce qu'il y avait d'intérêt dans cette scène, que le bateau allait au courant sans que nous y pensassions. Nous fûmes rappelés à la réalité par un choc violent du bateau sur un bas-fond qui traversait la rivière d'un bord à l'autre. Sauter dehors et le pousser dans une eau plus profonde, fut l'affaire d'un seul instant, et il était remis à flot, quand nous aperçûmes une nouvelle rivière très-belle, et qui, selon toute apparence, venait du nord. La masse des naturels s'étant portée sur la langue de terre que formaient les deux rivières, le hardi sauvage qui était si intrépidement intervenu en notre faveur, se disputait encore vivement avec eux, et je craignais réellement que son ardente générosité n'attirât sur lui la vengeance des tribus. J'hésitai donc pour savoir si je devais aller ou non à son aide ; mais je crus remarquer, ainsi que M. Mac-Leay, que tout se calmait. Il y avait sur la rive droite de la rivière nouvellement découverte une troupe de soixante-dix noirs environ, et je pensai qu'en débarquant au milieu d'eux, nous opérerions une diversion en faveur de notre hôte qui nous avait sauvé. Le stratagème auquel j'eus ainsi recours réussit, et les noirs n'eurent pas plutôt remarqué que nous étions à terre, que tout débat cessa : la curiosité l'emporta, et ils vinrent de notre côté à la nage, comme un troupeau de veaux marins. Ainsi, en moins d'un quart d'heure, nous avions été menacés d'un combat sanglant, et ceux qui nous menaçaient nous entouraient paisiblement : ils étaient six cents au moins. Mon premier soin fut d'appeler mon ami, et de lui témoigner par un présent convenable, combien nous étions contents de lui ; mais, quant aux chefs des tribus, je leur refusai positivement la moindre chose. »

Après que Sturt et ses gens furent arrivés en vue du lac Alexandrina, son compagnon, le capitaine Barker, étant resté campé, monta sur une colline, et pour observer de là le lac Alexandrina et le canal par où il communique avec la mer au nord-est. La beauté du paysage environnant était parfaite, et les voyageurs étaient loin de penser à la sanglante tragédie qui était imminente.

Au bout de cette plage, ils se trouvèrent sur les bords du canal, et près d'un monticule de sable. Le capitaine Barker jugea que la largeur du canal devait être d'un quart de mille, et témoigna le désir de le traverser à la nage, pour aller sur une éminence de sable voisine, prendre des hauteurs, et reconnaître la nature de la plage qui s'étend au delà dans l'est.

Une triste fatalité voulut que, dans le détachement, il fût le seul habile à nager ; c'est pourquoi ses gens lui remontrèrent le danger qu'il y avait à exécuter cette tentative sans suite. Toutefois, bien qu'il fût indisposé, il quitta ses vêtements, attacha sur sa tête la boussole qui lui était nécessaire, et gagna à la nage très-péniblement le bord opposé ; il lui fallut près de dix minutes pour l'atteindre. Ses camarades inquiets le virent monter sur le monticule de sable, et prendre plusieurs hauteurs ; ensuite il descendit de l'autre côté, et l'on ne le revit plus. A une distance très-considérable de la première éminence de sable, il en est une autre où le capitaine Barker se rendit, car une femme sauvage déclara que trois indigènes allaient au rivage, et traversaient le chemin où le capitaine avait passé. Leur sagacité de perception leur dit que ces traces étaient celles d'un étranger. Ils les suivirent donc, et virent le capitaine Barker qui revenait. Ils hésitèrent longtemps avant d'approcher de lui, parce qu'ils avaient peur de l'instrument qu'il portait ; enfin ils se décidèrent et le serrèrent de près. Le capitaine essaya de les apaiser ; mais voyant qu'ils avaient pris la résolution de l'attaquer, il se dirigea vers l'eau d'où il ne pouvait être éloigné. Un des noirs lui lança immédiatement son javelot, et l'atteignit à la hanche ; cependant ce coup ne l'arrêta point ; il entrait dans les brisants quand le second javelot le frappa à l'épaule : soudain il se retourna, et, en faisant ce mouvement, il reçut le troisième en plein dans la poitrine, tant est fatale la précision avec laquelle ces sauvages lancent leurs armes. Il tomba sur le dos dans l'eau ; alors les naturels s'y précipitèrent, le tirèrent par les jambes, reprirent leurs javelots, et après avoir couvert son corps de blessures, ils le rejetèrent, et la marée l'emporta (*).

« Tel fut, dit M. Kent, (du moins nous devons le croire), le sort prématuré de cet homme distingué et aimable : ce m'est une satisfaction douloureuse de publier ici ce qu'il valait, moi, qui puis me considérer comme l'instrument qui le poussa dans ce fatal voyage. Le capitaine Barker ressemblait par sa vie, comme il lui ressemble par sa mort, au capitaine Cook. La mort de cet interprète et ami de la science, fut une grande perte pour le pays et pour ses amis. »

Il reste à constater que, lorsque M. Kent revint au schooner, après cette déplorable catastrophe, il se tint

(*) Sturt *ut suprà*.

au sud du point à la hauteur duquel il avait traversé la première chaîne avec le capitaine Barker, et passa par une vallée qui traverse directement le promontoire. Il découvrit ainsi qu'il y avait dans les chaînes une interruption, où se trouvait une route plane et directe qui conduit de la petite baie sur l'extrémité nord de laquelle ils avaient débarqué dans le golfe de Saint-Vincent, à la pointe du roc de la baie Encounter. L'importance de ce fait sera mieux appréciée quand on saura qu'un bon ancrage est assuré aux petits bâtiments entre l'île qui est au large de la baie Encounter et la pointe de cette baie; ancrage que rend plus sûr encore un récif en fer à cheval, qui forme, pour ainsi dire, une muraille épaisse où se brise la grosse mer. Cet ancrage n'est cependant bon que cinq mois de l'année. Indépendamment de ces pointes, M. Kent remarque que la langue de sable située un peu au nord de Lofty fournirait un bon abri aux vaisseaux secondaires. Si l'on considère la nature du pays, la facilité de pénétrer dans la contrée qui s'étend entre la chaîne et le lac d'Alexandrina, au sud, et la communication qui existe avec le lac même, on verra que l'absence d'un port étendu est compensée, surtout en se rappelant qu'à quatre lieues du cap Jervis, un port, qui n'est guère inférieur au Port-Jackson, et dont l'entrée est sûre et large, existe à l'île des Kangarous. Les chasseurs de veaux marins ont donné à ce lieu le nom de *Port-Américain* (American-Harbour). Les rivières y sont complétement entourées par les terres et à l'abri de tous les vents. Cependant l'île des Kangarous n'est nullement fertile, et elle abonde en lacs peu profonds, remplis d'eau salée à l'époque des marées hautes, et dont l'évaporation donne une grande quantité de sel. Sturt apprit des chasseurs de veaux marins que le promontoire qui sépare le golfe de Saint-Vincent du golfe Spencer, et le voisinage du port Lincoln, sont des déserts de sables arides. Ils s'accordent tous pour décrire le port Lincoln comme une rade magnifique; mais ils attestent unanimement la stérilité de ses rivages. Il paraît donc que le promontoire du cap Jervis doit sa supériorité aux montagnes qui occupent le centre, aux débris que les eaux en ont enlevés, et à la décomposition des rochers. Il en est ainsi à Illawarra, où les montagnes approchent de la mer, et ainsi partout à une certaine distance des chaînes de montagnes (*).

Il résulte des détails qui précèdent, que l'on a enfin trouvé, sur la côte sud de l'Australie, un point où les colons peuvent toucher, avec une perspective de succès presque assurée, et des vallées où l'exilé peut construire, pour lui et pour sa famille, un paisible chez-soi. Tous ceux qui ont mis le pied sur la rive orientale du golfe de Saint-Vincent n'ont qu'une voix sur la richesse de son sol et l'abondance de ses pâturages.

Vers les premiers jours de 1832, le major Mitchell partit à son tour pour explorer les pays du nord-ouest. On voulait vérifier alors ce qu'il pouvait y avoir de vrai dans les rapports d'un convict fugitif, qui avait, durant cinq années, vécu avec les naturels de l'intérieur et qui en avait adopté toutes les habitudes. Cet homme, nommé Barber, récemment repris par un détachement de la police à cheval, avait fait le récit dont nous empruntons la substance au Voyage pittoresque de M. d'Urville.

« Deux fois Barber avait traversé l'Australie entière dans la direction du nord-ouest, en suivant le cours d'une rivière qui prend sa source vers l'extrémité occidentale de la chaîne de montagnes qui borde les plaines de Liverpool. Cette rivière roulait ses eaux dans un lit large et profond, pendant plusieurs centaines de milles, sans que rien lui fît obstacle; puis elle se déchargeait dans un lac d'une grande étendue, dont Barber n'avait pu apercevoir la communication avec l'Océan. Les naturels lui dirent que,

(*) Sturt *ut suprà*.

de temps à autre, des étrangers venaient le visiter, pour couper sur ses rives des bois de senteur, et dont ils emportaient de grandes quantités. Ces étrangers, très-redoutés par eux, étaient armés de deux lances, l'une grande et l'autre petite, dont la dernière seule se décochait. Cela voulait dire sans doute que les naturels étaient armés d'arcs et de flèches. Ils arrivaient sur la côte, ajoutaient les indigènes, dans des canots fabriqués avec du bois, tandis que ceux du pays étaient faits avec la simple écorce de l'arbre ; leur vêtement était une espèce de chemise qui allait jusqu'au coude, et un pantalon qui ne descendait pas au-dessous du genou. Toutes ces indications semblaient convenir aux Malais (*). A ces récits des sauvages, Barber ajoutait qu'il avait vu des troncs d'arbres coupés avec une hache, et un des naturels portant encore les traces d'une blessure faite avec une des courtes lances que ces étrangers jettent avec la plus grande justesse. Le major Mitchell resta quatre mois absent. La perte d'une partie de ses provisions et de deux hommes tués traîtreusement par les naturels l'empêcha de pousser cette reconnaissance aussi loin qu'il l'eût désiré. Il ne fit point de découvertes nouvelles ; mais il reconnut les cours d'eau que Cunningham avait longés dans son voyage, le York, le Gwydir, et le Doumerang ou le Karaula, et constata qu'ils n'étaient en réalité que des affluents du Darling. Sur les bords du Karaula, les naturels ne tentèrent point d'attaquer ouvertement la caravane du major Mitchell, mais ils cherchaient à la surprendre, soit en la suivant par derrière, soit en marchant par groupes de cent hommes sur une ligne parallèle. Il en résulta que les Anglais devaient rester perpétuellement sur leurs gardes, et que, chaque soir, ils étaient obligés de choisir pour leur campement les lieux naturellement fortifiés, afin de se trouver à l'abri d'attaques nocturnes. Ce fut pendant une nuit que deux hommes furent égorgés, au moment où ils dirigeaient vers le camp du major du bétail et des bagages à son usage.

« Sur la côte occidentale, la plus grande distance à laquelle on put parvenir fut celle de cent vingt milles environ, et sous le parallèle du 32" degré de latitude. Le sol, dans cette zone, était gracieusement accidenté, fertile en apparence, bien arrosé et offrant partout de magnifiques pâturages. A mi-chemin, une jolie rivière, que l'on nomma *Avon*, se dirigeait du sud au nord. Son cours fut reconnu l'espace de trente milles environ. Sur ses bords et sous une grande roche de granit, M. Dale découvrit une vaste caverne, dont la voûte arquée offrait l'apparence d'une ruine antique. « Sur un côté, dit M. Dale, était gravée une image grossière du soleil : c'était un cercle d'environ dix-huit pouces de diamètre, lançant des rayons du côté gauche, et ayant dans l'intérieur des lignes qui se coupaient presque à angle droit. Près de la figure du soleil étaient les images d'un bras et de plusieurs mains. » M. Dale, dans cette course, ne rencontra que trois naturels, qui se montrèrent honnêtes et désireux d'être utiles ; mais il observa les traces de plusieurs autres.

« Le lieutenant Roe se rendit, par terre, de la colonie de Swan-River à celle du port du Roi-George, en se maintenant à une distance de soixante ou soixante-dix milles de la côte, dont il était séparé par la chaîne des monts Darling, qui régnait dans toute son étendue. Cette chaîne est de formation granitique : sa hauteur moyenne va à mille pieds environ, et le point culminant, qui se trouve devant le port du Roi-George, n'a guère plus de cinq cent cinquante toises de hauteur. Au delà on trouve, sur une étendue de quatre-vingts lieues environ, un pays légèrement ondulé, avec de vertes plaines et d'excellents pâturages arrosés par une foule de torrents et de ruisseaux. Aucun fleuve considéra-

(*) Il est probable que ce Barber avait fait un conte, ou avait mal compris les indigènes.   G. L. D. R.

ble ne s'est montré dans toute cette étendue de terrain. Les plus forts n'avaient que quinze à vingt toises de large.

« Enfin, le docteur Wilson a tout récemment exploré la contrée de l'intérieur, devant le port du Roi-George, jusqu'à la distance de cent milles environ. Il a pu s'assurer que la rivière des Français prenait effectivement sa source près des hautes montagnes déchirées situées au nord du havre, et que son cours pouvait avoir de trente à quarante milles d'étendue. Il visita, à quarante-cinq milles de la mer, le lac Katarina, abondant en cygnes noirs et autres oiseaux aquatiques, découvrit ensuite les rivières Sleemann, Hay et Denmark, qui vont toutes les trois se jeter dans les lagunes, derrière la pointe Hillier, après avoir parcouru trente à quarante milles. On put s'assurer que, dans cette zone, la terre était fertile et pouvait se cultiver avec le plus grand succès. »

En décembre 1834, M. Coxen a pénétré sur les rives du Hammoï, à cent milles au delà du point où les derniers navigateurs étaient arrivés. Il n'a aperçu qu'un mauvais terrain stérile, et n'a pu aller plus loin, ses compagnons ayant refusé de le suivre; il a réussi du moins, à faire une ample collection d'oiseaux entièrement nouveaux.

Voilà, à cette heure, où en est la reconnaissance intérieure du continent australien.

COLONIES PÉNALES.

Les premières colonies pénales furent fondées par les Portugais en Afrique; les Espagnols, maîtres du Portugal sous Philippe II, continuèrent le système portugais. Dans l'ordre chronologique, les Russes viennent après eux. Longtemps avant Pierre le Grand, des établissements avaient été fondés en Sibérie. Ce monarque devina toute l'importance des richesses minérales de son empire. L'impératrice Élisabeth ayant supprimé la peine de mort, on déporta les criminels en Sibérie, et on les fit travailler dans les mines. Nertchinsk fut érigé en ville en 1781. On y compte environ cent soixante maisons et deux églises. Elle a un fort du côté de la Chine. Les exilés y sont employés aux mines d'argent et de plomb, et principalement aux usines. Leur nombre est de mille huit cents à deux mille hommes. Beaucoup d'autres, moins durement traités, sont envoyés à Tobolsk ou dans d'autres gouvernements de la Sibérie. Quelquefois le Kamtschatka a dû servir de lieu d'exil.

Avant 1776, l'Angleterre envoya dans ses possessions de l'Amérique du nord quelques milliers de ses criminels; mais ce petit nombre n'y exerça aucune influence. Considérer ces misérables comme les fondateurs des colonies américaines, et les habitants des États-Unis comme les descendants de ces déportés, c'est méconnaître entièrement l'histoire (*).

Après la perte de ces colonies, l'Angleterre cherchait un lieu de déportation pour ses criminels, où elle pût réaliser ses vastes projets de colonisation lointaine. On fit d'abord examiner par sir J. Home Popham la côte de Cafrerie, entre le cap Nègre et le cap de Bonne-Espérance ; mais sir Joseph Banks, qui avait accompagné le capitaine Cook dans son premier voyage autour du monde, indiqua l'Australie, et elle fut préférée à l'Afrique.

Une petite escadre, commandée par le commodore Philips, partit des ports de l'Angleterre le 13 mai 1787 : elle emmenait mille dix-sept personnes, savoir: cinq cent soixante-cinq *convicts* (condamnés), du sexe masculin, et cent quatre-vingt-douze du sexe féminin; de plus, les diverses autorités, des médecins, des chirurgiens, et les militaires chargés de l'organisation et de la police de la colonie. Le 20 janvier 1788, tous les navires étaient à l'ancre dans la baie qu'on appela *Botany-Bay*, et on ne perdit que trente-deux hommes dans cette longue traversée.

(*) Voyez l'Histoire des États-Unis, par M. Howard Hinton, publiée en 1832, où ce point est discuté avec impartialité.

A peine le terrain fut-il reconnu, qu'on s'aperçut qu'il n'était nullement convenable à la colonisation, et l'établissement fut fondé à quelques milles plus au nord, devant le Port-Jackson, où le commodore alla jeter l'ancre.

C'est sur cette plage que fut fondée la ville de Sidney. On y déblaya le terrain; des tentes furent élevées; plusieurs cultures furent essayées et réussirent, sauf les blés, dont on n'obtint la récolte qu'à la seconde année; des baraques furent construites pour abriter les colons, et malgré les ravages du scorbut et des maladies vénériennes, les pillages et les meurtres des convicts et la prostitution des femmes, la colonie parut être assise d'une manière stable. Le capitaine Philips, premier gouverneur de la colonie, lutta avec tant de constance et de fermeté contre les obstacles de tous genres qu'il eut à surmonter dans ses travaux de premier établissement, que, dès l'année 1791, on avait mis en culture près de sept cents acres de terre, et qu'encouragés par la tournure favorable que prenaient les affaires de la colonie, un assez grand nombre d'émigrants étaient venus librement s'y établir. Philips se montra toujours bienveillant et humain dans ses rapports avec les indigènes, et ne les laissa jamais maltraiter impunément. Dans toutes ses dépêches au gouvernement britannique, il pressait d'encourager de tout son pouvoir l'émigration de familles industrieuses et honnêtes, qui donneraient de bons exemples, et fourniraient les premiers éléments d'une population libre et saine au moral comme au physique.

Philips donna des terres à ceux qui voulurent les cultiver; les soldats qui désirèrent se fixer à Sidney, obtinrent les mêmes avantages. Les célibataires recevaient trente acres de terrain; les hommes mariés cinquante, plus dix acres pour chaque enfant né au moment de la concession. Résider sur le sol de la colonie et le cultiver, furent les seules conditions qu'on leur imposa. Ce gouverneur montra beaucoup d'indulgence à l'égard des criminels; il usa largement du droit de gracier et de commuer les peines.

Pour apprécier les progrès immenses qu'a faits cette colonie depuis son établissement jusqu'à ce jour, il importe d'établir le point d'où elle est partie. Elle comptait à son arrivée cinquante vaches, deux taureaux, trois poulains, vingt-neuf moutons, dix-neuf chèvres, vingt-cinq cochons, quarante-neuf pourceaux, cinq lapins, dix-huit dindons, trente-cinq canards, vingt-neuf oies, cent vingt-deux poules, et quatre-vingt-cinq poulets. Lors du départ de Philips, c'est-à-dire, vers la fin de l'année 1792, les terres de la colonie, concédées aux émigrants, s'élevaient à trente-quatre mille quatre cent soixante et dix acres. Plusieurs officiers donnèrent une valeur considérable à des terres qu'ils avaient choisies. Peu de temps après, d'autres colons libres étant arrivés de la métropole, on leur donna des terres, des convicts pour les défricher, des instruments aratoires, et, pendant deux ans, des rations de grains, récoltés sur le sol même de la colonie. Norfolk, où l'on avait envoyé les criminels graciés et condamnés de nouveau, fournit à Sidney onze mille boisseaux de maïs, provenant des terres cultivées par ces convicts. La récolte des bords de l'Hawkesbury fut magnifique; et l'île Nepean vit multiplier à un tel point deux taureaux et cinq vaches qui y avaient été perdus en 1788, qu'en 1795 on comptait une centaine de ces bêtes à cornes de la plus belle venue; le gouvernement colonial décida qu'on laisserait ce bétail croître et multiplier à volonté, pour subvenir aux besoins imprévus des colons.

En 1795, Hunter, qui avait succédé à Philips dans le gouvernement général de la Nouvelle-Galles du Sud (ce nom venait d'être donné à la colonie), en fit faire le dénombrement. On compta quatre mille huit cent quarante-huit âmes, dont huit cent quatre-vingt-dix pour l'île Norfolk. Sur ce nombre, trois cent vingt et un seulement n'étaient point nourris par l'État; et, en 1798, on comptait sept mille huit cent soixante-cinq acres de terre en culture. De 1801 à 1806, sous le gouvernement du capitaine Gidley King, la colonie prit un accroissement immense, moins dû aux convicts qu'aux ouvriers de la Grande-Bretagne, qui étaient venus chercher fortune dans ce nouvel établissement. Le capitaine Bligh, homme dur et tyrannique, bon marin, digne élève de Cook, Bligh qui s'était rendu célèbre par la révolte de l'équipage du *Bounty*, lorsqu'il en avait le commandement, fut envoyé, en 1806, à la place de King. Son administration devint si odieuse, que les notables habitants de Sidney l'arrêtèrent et le renvoyèrent en Europe.

En 1809, le colonel Lachlan Macquarie vint gouverner la colonie. Il débarqua à Sidney avec le 72ᵉ régiment de ligne. Sous son administration sage, ferme et bienveillante, et qui dura douze ans, Sidney devint une belle cité. Cinq autres villes, Windsor, Richmond, Wilberforce, Pitt et Castlereagh furent fondées : des troupeaux considérables et des magasins remplis de grains furent établis. En 1814, on découvrit les contrées situées à l'ouest des montagnes Bleues, et on y fonda une ville. Des routes commodes, à la Mac-Adam, furent pratiquées pour les voitures et les charrettes, dont les larges jantes, au lieu d'être cylindriques comme les nôtres, sont cubiques; ce qui garantit les chemins, des ornières qu'on rencontre si souvent sur nos routes.

En 1821, Macquarie quitta la colonie, à la suite des calomnies dont il était abreuvé, et des tracasseries qui le tourmentaient. C'était pourtant le premier gouverneur qui avait administré la Nouvelle-Galles du Sud dans une voie bien entendue de progrès et de prospérité. Au départ de ce gouverneur, neuf mille acres de terre étaient semés en blé; et l'on comptait trente mille bêtes à cornes, et deux cent mille brebis. Il eut pour successeur le général Brisbane, homme juste et doux, savant astronome, mais peu propre aux fonctions dont on l'investit. Pendant son administration, le parlement modifia l'autorité absolue du gouverneur, par un acte en date du 19 juillet 1823. D'après sa teneur, un conseil législatif fut créé. Plus tard, on établit un grand juge et deux juges chargés de toutes les attributions des divers tribunaux de la Nouvelle-Galles du Sud, et une cour inférieure, connue sous le nom de *General quarter sessions of peace*. En 1825, sous le général Darling, on estimait la population totale de la Nouvelle-Galles du Sud à soixante mille âmes environ, dont vingt-deux mille convicts, non compris les *Bush-rangers*, ou condamnés qui se sont enfuis dans les bois, et qui préfèrent une vie misérable et vagabonde, mais indépendante, à une vie régulière, tranquille et honnête. Le général Darling fut remplacé, en décembre 1831, par le major général Bourck, actuellement encore gouverneur de la colonie.

Durant l'année 1832, la dépense occasionnée par la Nouvelle-Galles du Sud, pour l'entretien des militaires et des convicts, a été de cent quinze mille six cent vingt-neuf liv. st. Les objets importés se sont élevés à la somme de six cent cinquante-neuf mille huit cent quatre-vingt et une liv. st., et les exportations à trois cent soixante et onze mille cent soixante et quatorze liv. st. Le revenu colonial a été, dans la même année, de cent vingt et un mille soixante-six liv. st. Les navires entrés à Port-Jackson jaugeaient ensemble quarante mille tonneaux. Selon le journal *the Australian*, n° 139, la colonie comptait, en septembre 1826, deux cent mille bêtes à cornes, cinq cent mille brebis, et quinze mille chevaux. Le bœuf et le mouton valaient six pences (soixante centimes) la livre.

La première récolte du comté de Cumberland eut lieu au mois de septembre 1788. En 1790, s'ouvrirent les premières relations avec Batavia et le Bengale. Deux ans après, il s'en établit avec l'Amérique du Nord, et en 1793, avec l'Espagne et la côte nord-ouest de l'Amérique. L'introduction de l'imprimerie à la Nouvelles-Galles méridionale, date de 1796. En 1797, on y découvrit des mines de charbon de terre. En 1804, on occupa la terre de Van-Diemen, et l'on fonda la ville de Hobart-Town. Dans le cours de l'année 1805, on organisa une milice nationale dans le pays; en 1810, on fit le premier dénombrement général des habitants, des troupeaux et des propriétés, et on y établit des écoles d'après la méthode Lancastérienne. En 1813, un passage fut découvert à travers les montagnes Bleues; et, le 7 mai 1815, fut fondée la ville de Bathurst. En 1816, Van-Diemen envoya le premier bâtiment à l'Ile de France.

Voici un extrait du tableau statistique de la Nouvelles-Galles, d'après Went-Worth, en 1828. Le nombre des colons émancipés était alors de huit mille sept cent cinquante-six; celui des émigrés volontaires, de seize mille cinquante-huit; on comptait cinq mille huit cent cinquante-neuf enfants de la première classe, et neuf cent soixante et dix-huit de la seconde; il y avait trente-neuf mille sept cent soixante-cinq acres de terre en culture; quatre cent dix mille six cent quatre en pâtures; soixante et onze mille cinq cent soixante et dix têtes de gros bétail; deux cent soixante et un mille cinq cent soixante et dix moutons; trois mille neuf cent soixante-huit chevaux; vingt-quatre mille huit cent soixante-sept porcs; quinze cents maisons de ville, et vingt-trois comptoirs de commerce. Le capital engagé dans le négoce s'élevait à deux cent cinquante mille liv. sterl., ou six millions deux cent cinquante mille francs, et la valeur totale des produits à un million six cent quarante-neuf mille sept cent trente-six liv. st., ou quarante et un millions deux cent quarante-trois mille quatre cent vingt francs.

Parmi les différents gouverneurs, il faut surtout nommer le général Macquarie, à qui la science et l'Australie doivent tant, et le général Brisbane, astronome distingué. Nous remarquerons que celui-ci a donné à sa fille, qui a reçu naguère le jour à Sidney, le doux nom d'*Australia*, nom par lequel les Anglais ont enfin remplacé le nom absurde de Nouvelle-Hollande, et qui semble prouver qu'ils considèrent ce vaste continent comme une de leurs nombreuses et importantes possessions.

L'établissement de cette colonie pénale est certes un des phénomènes historiques les plus intéressants. Il était difficile d'imaginer qu'un ramas de criminels pût former une société dont les mœurs, l'industrie et l'ordre égaleraient un jour les sociétés les plus remarquables de l'Europe. Bien plus, à Sidney comme en Europe, les progrès vont toujours croissants, et ce pays pourrait peut-être, un jour, imitant l'exemple des colonies de l'Amérique du Nord, se rendre indépendant de la métropole, et former un État des plus florissants. Tel est l'empire des lois, uni à celui non moins puissant de la nécessité.

Au milieu de ces tentatives intermittentes, on peut reconnaître que le continent de l'Australie, dont le climat est à peu près semblable à celui du midi de la France, finira par être entièrement occupé par les Anglais. Si des révolutions ou de nouvelles combinaisons amenaient un jour la ruine de la domination anglaise dans les Indes orientales, l'Australie remplacerait cet immense empire, dont le commerce absorbe tous les produits de ce royaume, et lui procure en retour les richesses de vingt autres; et si, au contraire, elle devient indépendante de sa métropole, une nouvelle Angleterre existera là où les plus abrutis des sauvages se disputaient quelques kangarous ou quelques opossums. Quoi qu'il en soit, l'Angleterre tient à présent sous sa puissance tous les points abordables de l'Australie; et il n'en reste pas un pour la France, dont les navigateurs ont exploré en grande partie les côtes de ce continent.

Au nombre des colonies pénales, nous devons citer encore Moreton-Bay, l'établissement le plus éloigné dans le nord de la Nouvelle-Galles, car il est séparé de Port-Jackson par un espace de quatre cent quatre-vingts milles; Manning-River, située sur les côtes de la Nouvelle-Galles du Sud, et près du tropique, et Port-Stéphen, qui témoignent de la sollicitude de l'administration; l'île de Norfolk, séjour des criminels les plus impudents et les plus pervertis, abandonné jadis, et repris aujourd'hui; enfin, la Tasmanie, qui complète la liste des colonies pénales anglaises dans la Mélanésie. Hobart-Town, sa capitale, avait, en 1833, une population de dix mille habitants; sur ce nombre, la moitié seulement appartenait à la classe libre; le reste se composait de *convicts*, employés aux travaux publics.

Après avoir esquissé l'état de l'histoire des colonies pénales de l'Australie, il importerait de résoudre la question suivante: les colonies doivent-elles être peuplées d'hommes libres et d'esclaves ou de déportés, ou seulement d'hommes libres? Les hommes qui se sont occupés de cette partie de la législation en France, s'accordent à reconnaître l'utilité qui résulterait pour leur pays de la suppression des bagnes; mais ils diffèrent sur les moyens d'exécution. Quant à nous, nous croyons que le système pénitentiaire doit remplacer les bagnes, vastes cloaques, où tout ce qu'il y a d'impur fermente encore pour refluer ensuite dans la société avec un accroissement d'impureté. Nous pensons que la France doit détruire l'esclavage dans ses colonies; qu'il est honteux pour les peuples civilisés de conserver cette preuve vivante de leur barbare égoïsme; que les propriétaires d'esclaves doivent les instruire et leur donner un état, au moyen duquel ils puissent se libérer envers leurs maîtres dans un temps donné, et pour suffire à leurs besoins, sans porter le trouble dans la société; et que nous ne devons pas emprunter aux Anglais la déportation coloniale, dont ils nous ont donné l'exemple, et dont le jurisconsulte Bentham, l'orateur Samuel Romilly, et M. Bannister, ex-procureur général de l'Australie, tous les trois dignes du nom de philanthropes, (et avec qui nous avons eu l'honneur d'avoir des relations), ont sagement signalé les vices.

En effet, si un petit nombre de déportés ont pris en Australie quelques vertus et les mœurs de la société, et sont devenus dignes d'y rentrer, le plus grand nombre a conservé ses habitudes criminelles sous un autre hémisphère. La crainte des châtiments, de l'horrible prison de Macquarie-Harbour, de l'épouvantable séjour de Norfolk, cet enfer anticipé, la crainte même du supplice, servent à peine de frein à cette tourbe de scélérats; et il est pénible de voir que les femmes déportées, dont le nombre n'est inférieur que de deux tiers à celui des hommes, forment la plus exécrable partie de cette monstrueuse population (*). Nous pensons que les nouvelles colonies doivent être peuplées d'hommes libres, probes et aventureux (**), à qui on donnerait ou on vendrait des terres, et même des instruments aratoires à bon marché. Les moyens de sévérité sont ceux qui ont le moins réussi; les bagnes et la déportation devraient être remplacés par un système d'expiation que nous croyons supérieur au système pénitentiaire, et qui rendrait progressivement l'homme dégradé, d'abord à Dieu et à sa conscience, plus tard à la société.

LA TASMANIE OU VAN-DIEMEN ET SES DÉPENDANCES.

GÉOGRAPHIE.

Traversons les trente lieues du détroit de Bass qui sépare l'Australie de la Tasmanie, ce détroit semé d'îles, la plupart stériles, et qui en rendent la navigation dangereuse.

La Tasmanie ou île Van-Diemen se prolonge du 41° au 44° de latitude sud, et du 143° au 146° de longitude est. Sa largeur et sa longueur sont d'environ cent cinquante milles, et sa superficie est d'environ quatre mille quatre cent soixante lieues carrées de vingt-cinq au degré.

(*) A l'île Norfolk il n'y a pas de femmes.
(**) Comme celle de *Swan-River*, par exemple.

OCÉANIE.

Le climat de cette île est pur et salubre. En hiver le thermomètre y descend rarement au-dessous de zéro, et en été on n'y est pas accablé par ces chaleurs qui tourmentent les habitants de Sidney en Australie. On n'y éprouve point ces sécheresses qui, sur ce continent, font périr trop souvent les récoltes, les bestiaux et quelquefois les malheureux indigènes; on y éprouve seulement des bourrasques assez fréquentes, et principalement aux environs d'Hobart-Town : ce qui provient peut-être des nombreuses anfractuosités que présente toute sa périphérie. Si on prenait le climat de la Provence, les sites de la Suisse, la fertilité de la Touraine, et qu'on combinât ensemble tous ces avantages, on se ferait une idée assez juste de cette belle contrée.

Sous le rapport des rivières, quoique cette terre soit trop peu étendue pour posséder aucune rivière considérable, on en trouve qui l'arrosent dans tous les sens ; avantage qui manque à l'Australie. Le Derwent au sud, et le Tamar au nord, sont les deux rivières les plus importantes, et elles sont navigables durant un assez long espace. On peut encore citer le North-Erk, le South-Erk, le Lake-River, le Jordan, le Shannon, l'Oose, l'Arthur, la Clyde, et un grand nombre de torrents qui fertilisent ces vallées toujours vertes. On y compte plusieurs marais, et un lac situé sur le sommet des montagnes de l'ouest, de cinquante milles de circuit, qui déborderait dans la saison pluvieuse, et dans lequel le Derwent prendrait sa source : ce qui expliquerait l'irrégularité de sa marée. Mais l'existence de ce lac paraît hypothétique.

Les principales îles dépendantes de la Tasmanie sont celle de Bruny, le groupe des trois îles Furneaux, Maria, Sarah, King, grande et belle, mais sans port, et sept autres petites qui n'offrent rien de remarquable.

HISTOIRE NATURELLE.

La surface de la Tasmanie est entrecoupée de montagnes, dont quelques sommets sont couverts de neige pendant plusieurs mois de l'année. Les créoles tasmaniens assurent que l'île renferme des mines de cuivre, d'alun, d'ardoise, de charbon de terre, de la chaux et des pierres de taille; mais elles ne sont pas encore exploitées. On y a recueilli du marbre, du jaspe et de l'asbeste. Les espèces de plantes y sont en général les mêmes que les plantes australiennes. Ainsi on y trouve le bois noir (*black wood*), le pin d'Huon, très-utile pour les constructions, et le pin de la baie de l'Aventure (*Adventure bay*), ou *podocarpus aspenifolius*); mais le cèdre australien, l'*eucalyptus robusta* (*mohogany* des Anglais), et le bois de rose (*trichilia glandulosa*), communs en Australie, n'y se retrouvent pas. En revanche, on y cultive tous les fruits de ce continent et de l'Europe, et la plupart des plantes utiles des autres parties de notre planète. Si on en excepte le chien sauvage, les animaux de la Tasmanie sont les mêmes que ceux de l'Australie, dont elle semble un appendice, et on y voit même le grand et le petit dasyure, qui ne paraissent pas exister sur ce continent. Le grand dasyure, *thylacinus cynocephalus* (voyez *pl.* 278), attaque les troupeaux et fuit l'homme. Cet animal carnivore parvient quelquefois à une longueur de six pieds et demi, du nez à l'extrémité de la queue. Le petit dasyure (*dasyurus ursinus*), que les colons nomment *native devil* (diable du pays), est entièrement noir, armé de fortes dents, de la taille d'un basset, et est indomptable. On a essayé en vain de l'apprivoiser. Ces animaux supportent longtemps la faim, et on a vu ce diable de nouvelle espèce rester vingt-deux jours sans prendre aucune nourriture. Quant aux oumbats, aux opossums, aux kangarous, et au grand dasyure même, ils se familiarisent en peu de jours, et ils ne tardent pas à suivre l'homme, tout comme le ferait un chien. On trouve dans la Tasmanie des troupeaux de bœufs superbes, et dont la chair est délicieuse. Le canard sauvage, la volaille, les perroquets y sont en abondance, ainsi que toutes sortes de poissons et de mollusques, surtout les moules et les huîtres.

85ᵉ *Livraison*. (OCÉANIE.) T. III.

TOPOGRAPHIE.

La vue de cette île est singulièrement imposante, de quelque côté qu'on l'aborde.

La population se compose de trente-deux mille blancs, non compris les indigènes. Sur ce nombre, il faut compter environ seize mille hommes libres et seize mille convicts, ou condamnés aux travaux publics. L'île se partage en deux comtés, Cornwall et Buckingham; le premier au nord, le second au sud.

Hobart-Town est la capitale de la Tasmanie en général, et en particulier de la partie méridionale, et la résidence du gouverneur. Elle est au fond d'une petite baie nommée *Sullivan-Cove*, par environ 42°53′34″ de latit. sud, et 145°4′35″ de long. est. Elle occupe une surface considérable sur un terrain légèrement ondulé, qui s'étend au pied du mont Wellington ou de la Table. Ses rues sont larges et bien alignées. Parmi les édifices les plus remarquables, il faut citer l'église, le palais de justice, la prison, la chapelle catholique, et le palais du gouverneur, qui est vaste et commode, et environné de pelouses, de jardins et de bosquets (voyez *pl.* 283).

La ville est traversée par un ruisseau; sur ses bords croissent de beaux arbres, ce qui lui donne un aspect plus agréable que celui de Sidney qui est triste et nu. Après avoir débarqué à la grande baie des Tempêtes, on remonte le Derwent à l'aide de la marée, et on vient mouiller à Hobart-Town, sur laquelle les rafales descendent du mont Wellington avec la plus impétueuse fureur.

Sa population s'élevait en 1836 à près de douze mille habitants, dont plus de la moitié appartient à la classe libre, et l'autre moitié se compose de convicts ou condamnés, employés aux travaux publics.

Emu-Bay, port situé sur la côte nord-ouest de l'île, est le principal établissement de la Compagnie de Van-Diemen, qui a reçu du gouvernement trente-cinq mille acres de terres pour être cultivées.

La capitale du nord est Brighton, petite ville encore peu peuplée. Auparavant c'était George's-Town ou port Dalrymple qui occupait ce rang. Launceston, située sur la rivière Tamar, possède un collége assez florissant. Cette ville est distante en cet endroit de quarante-cinq milles de la mer. La marée s'y fait sentir, et les navires de cent cinquante tonneaux peuvent remonter jusque dans le voisinage de la ville, mais c'est avec beaucoup de difficulté et après quinze ou vingt jours d'effort, parce que le vent fixé du nord au sud suit presque toujours la direction du fleuve. Une partie de Launceston est située dans la plaine; l'autre est disposée en amphithéâtre sur une hauteur. Elle a environ trois mille habitants. Ses rues sont pleines de fondrières, surtout dans le temps des pluies; mais ce côté de l'île est le plus riche et peut-être le mieux cultivé de l'île. On compte dans l'île bon nombre de bourgs et villages. Nous nommerons *Clarendon, Jericho, Sorrel-Town, Elizabeth-Town*, charmants villages à vingt-deux milles de Hobart-Town, et *New-Town*, lieu de plaisance des habitants de la capitale.

DE LA PÊCHE DES PHOQUES ET DES BALEINES.

Les baleiniers et les pêcheurs de phoques, européens et américains, se rendent sur les côtes de la Tasmanie. Nous ne redirons pas ici ce que nous avons déjà dit à ce sujet, dans un des chapitres de la Nouvelle-Zeeland et de l'Australie.

GOUVERNEMENT, ADMINISTRATION, etc.

Le gouvernement de la Tasmanie est longtemps resté subordonné à celui de la Nouvelle-Galles du Sud. C'est seulement en 1825 qu'elle devint une colonie indépendante, sous la direction d'un lieutenant-gouverneur; encore celui-ci est-il subordonné au gouverneur général de l'Australie, dans le cas où ce dernier se transporterait officiellement sur le sol de cette île importante.

L'île est administrée par un lieutenant-gouverneur, qui est aidé dans ses opérations par un conseil exécutif et un conseil législatif. Le conseil exécutif est le conseil privé du gouverneur. Le conseil législatif se compose de quinze membres nommés par le roi.

On voit par là que l'état de prospérité de la colonie n'est pas assez avancé pour qu'elle soit admise entièrement à la jouissance du système administratif qui existe dans les Antilles anglaises. Il est probable qu'elle jouira bientôt du même avantage.

Le conseil législatif peut faire des lois et des règlements nécessaires au bonheur et à la tranquillité de la colonie; mais ces dispositions législatives doivent toujours être en harmonie avec les lois de la métropole.

Toutes les dépenses civiles et administratives de cette île sont payées sur ses revenus coloniaux.

Les convicts, à l'expiration de leur peine, s'établissent généralement dans le pays, ainsi qu'ils le font en Australie.

PORTRAIT, CARACTÈRE ET MOEURS DES INDIGÈNES.

Nous avons déjà dit dans notre *Tableau général de l'Océanie* que les indigènes de la Tasmanie étaient Papouas d'origine, mais la dernière variété de cette race, ainsi que ceux de Mallicollo et de la Nouvelle-Calédonie. Peut-être sont-ils une variété résultant du mélange des Papouas avec les Australiens. Les Tasmaniens aborigènes sont plus noirs que les Australiens, mais moins laids et plus intelligents que ceux-ci : leurs cheveux sont plus crépus que ceux des Papouas, et même un peu laineux, si l'on en croit quelques voyageurs (voyez *pl.* 280). Les deux sexes vont généralement nus, et se couvrent quelquefois, en hiver, les épaules de petits manteaux en peaux de kangarous comme les Australiens. La chasse et la pêche, surtout la pêche des crustacés et des coquillages, fournissent leur subsistance. Pour traverser les rivières ou les bras de mer, ils fabriquent des radeaux ou *katimarous*, formés de troncs d'arbres assemblés et solidement réunis au moyen de petites traverses qu'ils assujettissent avec des courroies d'écorces d'arbres. C'est à peu près là toute leur industrie. Ils paraissent ne pas connaître ces coutumes barbares des Australiens, leurs voisins, qui consistent à faire sauter des dents aux adultes, à couper une phalange du doigt aux jeunes filles, à enlever et à battre la femme dont on a fait choix, et à tuer les enfants non sevrés à la mort de leurs mères.

Cependant leurs femmes ne paraissent pas être traitées avec les égards dus à leur sexe, car elles quittent quelquefois leurs maris pour vivre avec les marins employés à la pêche des phoques et des baleines.

Ces insulaires sont des sauvages vindicatifs, selon les Anglais; ils sont simples et doux comme les hommes de l'âge d'or, suivant Péron et Labillardière, qui ont pu être trop indulgents, et qui, au reste, les ont vus peu de temps. Quoi qu'il soit, il manque aujourd'hui aux Tasmaniens primitifs un avocat puissant, courageux et humain, qui fasse valoir leurs droits. On ne peut nier que ces malheureux aient été souvent traités comme des bêtes fauves : est-il donc étonnant qu'ils cherchent dans l'occasion les moyens de se venger des étrangers qui leur ont enlevé la terre où ils sont nés, les fruits qui les nourrissaient, et jusqu'aux lieux où reposent les ossements de leurs pères? Ils n'ont plus d'autres moyens de salut que d'adopter la civilisation de ceux qu'ils ont malheureusement appris à détester, sinon, ils finiront par disparaître du sol qui leur appartenait.

Une gloire assez belle est réservée aux Anglais : c'est d'éclairer et d'adoucir ces farouches insulaires, c'est d'améliorer leur sort, en expiation du mal qu'ils leur ont fait. On doit l'espérer d'une administration sage qui voudra étendre son système de réforme jusqu'à ses possessions les plus éloignées.

Notre vénérable doyen, M. Labillardière, naturaliste de l'expédition de l'amiral d'Entrecasteaux, et le savant

Péron, nous ont fourni des documents curieux sur les Tasmaniens. Nous allons en extraire quelques pages.

« Nous débarquâmes, dit M. Labillardière, près du port d'Entrecasteaux, avec un grand nombre de personnes des deux navires, pour tâcher de revoir les sauvages. Quelques-uns ne tardèrent pas à venir à notre rencontre en nous donnant des marques de la plus grande confiance. D'abord ils visitèrent, avec beaucoup d'attention, l'intérieur de nos chaloupes; ensuite ils nous prirent par le bras et nous engagèrent à les suivre le long du rivage.

« A peine eûmes-nous fait deux kilomètres de chemin, que nous nous trouvâmes au milieu de quarante-huit naturels, savoir, dix hommes, quatorze femmes et vingt-quatre enfants, parmi lesquels on remarquait autant de filles que de garçons. Sept feux étaient allumés, et autour de chacun était rassemblée une petite famille.

« Les plus petits enfants, effrayés du spectacle que leur offrait un aussi grand nombre d'Européens, coururent se réfugier entre les bras de leurs mères qui les caressaient tendrement.

« Nous savions déjà que ces sauvages avaient peu de goût pour les sons du violon : on se flatta pendant quelque temps qu'ils n'y seraient pas insensibles si l'on jouait des airs vifs et d'une mesure très-marquée. D'abord ils nous laissèrent quelque temps dans l'incertitude. Notre musicien redoubla d'efforts, comptant obtenir leurs applaudissements ; mais son archet lui tomba des mains lorsque cette nombreuse assemblée se mit les doigts dans les oreilles pour ne pas l'entendre davantage.

« Ces peuples sont couverts de vermine. Nous admirâmes la patience d'une femme qui fut longtemps occupée à en délivrer un de ses enfants; mais nous vîmes avec beaucoup de répugnance que, comme la plupart des noirs, elle écrasait avec ses dents ces dégoûtants insectes, et les avalait sur-le-champ. Il est à remarquer que les singes ont les mêmes habitudes.

« Les petits enfants étaient fort curieux de ce qui avait quelque éclat ; ils ne se cachaient pas pour détacher les boutons de métal de nos habits. Les mères, moins jalouses de leurs propres parures que de celles de leurs enfants, nous les présentaient afin que nous leur attachassions les ornements que nous leur donnions pour elles-mêmes.

« Cette nombreuse assemblée fut transportée d'admiration, en voyant les effets de la poudre à canon, lorsque nous la jetions sur des charbons ardents. Tous nous invitèrent à les faire jouir plusieurs fois de suite du même spectacle.

« Ne pouvant se persuader qu'il n'y eût que des hommes parmi nous, ils crurent longtemps, malgré ce que nous leur dîmes, que les plus jeunes étaient des femmes. Leur curiosité à cet égard alla beaucoup plus loin que nous n'eussions pensé ; enfin ils ne furent convaincus qu'après s'être assurés du fait par eux-mêmes.

« Il est difficile de savoir si c'est par coquetterie que les femmes ont mis en usage un moyen qui certainement ne fera jamais fortune parmi nos petites maîtresses, quoiqu'il fasse disparaître une bonne partie des rides produites par la grossesse. La peau de leur ventre était marquée de trois grandes élévations demi-circulaires, placées les unes au-dessus des autres.

« Un des sauvages avait à la tête plusieurs traces fort récentes de brûlure : peut-être qu'ils appliquent le cautère actuel dans diverses maladies; usage établi chez beaucoup d'autres peuples, et notamment parmi la plupart des Indiens.

« Nous les vîmes faire leur repas vers le milieu du jour. Nous n'avions eu jusqu'alors qu'une faible idée des peines que se donnent les femmes pour procurer les aliments nécessaires à la subsistance de leur famille; bientôt elles prirent chacune un panier et furent suivies de leurs filles qui les imitèrent ; puis elles gagnèrent des rochers avancés dans la mer, et de là elles s'aventurèrent au fond des eaux pour y chercher des crustacés et des coquillages. Comme elles y étaient déjà depuis longtemps, nous eûmes de vives inquiétudes sur leur sort; car elles avaient plongé au milieu de plantes marines d'une grande longueur, parmi lesquelles on remarque le *fucus pyrifer*; nous craignions qu'elles ne s'y trouvassent engagées, et qu'elles ne pussent regagner la surface de la mer; enfin elles reparurent et nous montrèrent qu'il leur était facile de rester sous l'eau deux fois aussi longtemps que nos habiles plongeurs. Un instant leur suffisait pour respirer; puis elles plongeaient à diverses reprises jusqu'à ce que leur panier fût à peu près rempli. La plupart étaient munies d'un petit morceau de bois taillé en forme de spatule, et dont j'ai déjà parlé : elles s'en servaient pour détacher de dessus les rochers cachés sous les eaux, à de grandes profondeurs, de fort grosses oreilles de mer; peut-être les choisissaient-elles, car celles qu'elles apportaient étaient très-volumineuses.

« A la vue des gros homards qui remplissaient leurs paniers, nous craignîmes que ces crustacés ne déchirassent ces malheureuses femmes avec leurs énormes pinces; mais nous ne tardâmes pas à nous apercevoir qu'elles avaient eu la précaution de les tuer dès qu'elles les avaient pris. Elles ne sortaient de l'eau que pour venir apporter à leurs maris les fruits de leur pêche, et souvent elles retournaient plonger presque aussitôt, jusqu'à ce qu'elles eussent fait une provision suffisante pour nourrir leurs familles; d'autres fois elles se réchauffaient, pendant quelque temps, le visage tourné vers le feu où grillait leur pêche, et elles avaient allumé derrière elles d'autres petits feux pour se chauffer dans tous les sens à la fois.

« Il semblait qu'elles regrettassent de rester oisives un seul instant, car tout en se réchauffant, elles étaient encore occupées à faire griller des coquillages qu'elles mettaient sur les charbons avec la plus grande précaution; mais elles prenaient beaucoup moins de soin des homards qu'elles jetaient indifféremment au milieu des flammes; dès qu'ils étaient cuits, elles en distribuaient les pattes aux hommes et aux enfants, se réservant le corps qu'elles mangeaient quelquefois avant de retourner au fond de la mer. »

M. Labillardière fut infiniment affligé de voir ces pauvres femmes condamnées à un si rude travail, et à tant de dangers; car elles s'exposaient à être dévorées par des requins, ou à se trouver engagées au milieu des fucus qui s'élèvent du fond de ces mers. Plusieurs fois, lui et ses compagnons invitèrent les maris à partager les peines de leurs compagnes; mais ce fut toujours en vain : ils restèrent auprès du feu, se régalant des meilleurs morceaux. Ils mangeaient aussi des fucus grillés et des racines de fougères. De temps en temps, ils étaient occupés à casser par fragments des branches pour alimenter le feu, ayant soin de choisir les plus sèches. Leurs manières de casser du bois fit penser au savant M. Labillardière qu'ils avaient le crâne fort dur, car ils s'en servaient comme de point d'appui. Les mains fixées vers les extrémités de chaque branche, ils la courbaient fortement jusqu'à ce qu'elle se rompît. Il paraît que leur tête, toujours nue et souvent exposée à toutes les injures du temps, par cette haute latitude, acquiert la faculté de résister à de semblables efforts; d'ailleurs, leurs cheveux forment un coussin qui amortit cette pression et la rend beaucoup moins douloureuse sur le sommet de la tête que sur toute autre partie du corps. La plupart des femmes n'auraient pu en faire autant, car les unes avaient les cheveux coupés assez ras, et portaient à la tête une corde qui en faisait plusieurs fois le tour; les autres n'avaient qu'une simple couronne de cheveux. Les hommes ont le dos, la poitrine, les épaules et les bras couverts de poils cotonneux.

Deux des plus robustes de la troupe étaient assis au milieu de leurs enfants, et avaient chacun à leurs côtés deux femmes; ils indiquèrent par des signes qu'elles leur appartenaient, et donnèrent encore une nouvelle preuve que la polygamie est établie parmi ces peuples. Les autres femmes qui n'avaient qu'un seul mari avaient également le soin de le faire connaître ; il est difficile de savoir lesquelles sont les plus heureuses ; elles sont chargées les unes comme les autres des travaux les plus pénibles du ménage.

Leur repas durait déjà depuis longtemps, et les Français s'étonnèrent qu'aucun d'eux n'eût encore bu ; en effet, ils ne burent que lorsqu'ils furent entièrement rassasiés. Alors les femmes et les filles allèrent chercher de l'eau avec des vases naturels de goémon ; elles la puisèrent à l'endroit le plus proche, et la déposèrent tout près des hommes, qui la burent sans répugnance, quoiqu'elle fût très-croupie et très-bourbeuse. Ce fut ainsi qu'ils terminèrent leur repas.

Lorsque les Français se rembarquèrent pour aller à bord, ces braves gens les suivirent des yeux pendant quelque temps avant de quitter le rivage, puis ils s'enfoncèrent dans les bois. Leur chemin les conduisait parfois sur les bords de la mer, et aussitôt on en était averti par leurs exclamations.

Pendant tout le temps qu'ils passèrent avec eux, rien ne leur indiqua qu'ils eussent des chefs ; chaque famille leur semblait au contraire vivre dans une parfaite indépendance ; seulement M. Labillardière remarqua parmi les enfants une grande subordination à l'égard des auteurs de leurs jours, et dans les femmes envers leurs maris. Il lui parut qu'elles évitaient d'exciter leur jalousie ; cependant à leur retour, un homme de l'équipage se vanta d'avoir été très-bien accueilli par une des beautés du cap Diemen ; ce qui était peut-être faux.

Voici comment le naturaliste et philosophe Péron, un des compagnons de Baudin, caractérise plusieurs de ses entrevues avec les naturels du pays.

« A peine avions-nous mis le pied sur le rivage, dit-il, que deux naturels se présentèrent à nous sur le sommet d'un morne taillé presqu'à pic. Aux signes d'amitié que nous leur fîmes, l'un deux se précipita du haut du rocher plutôt qu'il n'en descendit, et dans un clin d'œil il fut au milieu de nous. C'était un jeune homme de vingt-deux à vingt-quatre ans, d'une constitution généralement forte, n'ayant d'autre défaut que la gracilité des jambes et des bras qui caractérise sa nation ; sa physionomie n'avait rien d'austère et de farouche ; ses yeux étaient vifs, spirituels, et son air exprimait à la fois la bienveillance et la surprise. M. Freycinet l'ayant embrassé, j'en fis autant ; mais à l'air d'indifférence avec lequel il accueillit ce témoignage d'intérêt, il nous fut facile de juger qu'il n'avait aucune signification pour lui. Ce qui parut d'abord l'affecter davantage, ce fut la blancheur de notre peau : voulant s'assurer sans doute si cette couleur était la même pour tout le corps, il entr'ouvrit successivement nos gilets et nos chemises, et son étonnement se manifesta par de grands cris de surprise et par des trépignements de pieds extrêmement vifs.

« Cependant notre chaloupe paraissait l'occuper encore plus que nos personnes, et, après nous avoir examinés pendant quelques minutes, il s'élança dans cette embarcation : là, sans s'inquiéter des matelots qui s'y trouvaient, il parut comme absorbé dans son nouvel examen. L'épaisseur des courbes et des membrures, la solidité de la construction, le gouvernail, les rames, les mâts, les voiles, il observa tout avec ce silence et cette attention profonde, signes certains d'un intérêt et d'une admiration réfléchis. Dans ce moment, un des canotiers voulant sans doute ajouter à sa surprise, vint lui présenter une bouteille de verre remplie de l'arack qui formait une partie de la ration de l'équipage. L'éclat du verre fit d'abord pousser un cri d'étonnement au sauvage, qui prit la bouteille et qui l'examina pendant quelques instants ; mais bientôt sa curiosité se trouvant ramenée sur la chaloupe, il jeta cette bouteille dans la mer, sans paraître avoir aucune autre intention que celle de se débarrasser d'un objet indifférent, et tout de suite il revint à son premier examen. Ni les cris du matelot qui s'affligeait de la perte de sa bouteille d'arack, ni l'empressement d'un de ses camarades à se jeter dans l'eau pour la pêcher, ne parurent l'émouvoir; il essaya, à diverses reprises, de pousser la chaloupe au large; mais le câbleau qui la retenait attachée rendant impuissants tous ses efforts, il fut contraint de l'abandonner et de revenir nous joindre, après nous avoir donné l'exemple le plus frappant que nous ayons jamais eu de l'attention et de la réflexion chez ces peuples sauvages.

« Arrivés au haut du morne dont je viens de parler, nous trouvâmes, M. Freycinet et moi, le second naturel : c'était un vieillard de cinquante ans environ. Sa barbe était en partie grise, ainsi que ses cheveux; sa physionomie, comme celle du jeune homme, était ouverte et franche; à travers quelques signes non équivoques de trouble et de frayeur, on distinguait aisément de la candeur et de la bonhomie. Ce vieillard, après nous avoir examinés tous les deux avec autant de surprise et de satisfaction que le premier, et après avoir vérifié, comme lui, la couleur de notre poitrine, en écartant nos gilets et nos chemises, fit signe à deux femmes, qui se tenaient à l'écart, d'approcher; après quelques hésitations, la plus âgée vint à nous : elle était absolument nue, et paraissait, comme le vieillard, bonne et bienveillante. La jeune femme, de vingt-six à vingt-huit ans, était d'une constitution assez robuste : comme la précédente, elle était entièrement nue, à l'exception d'une peau de kangarou, dans laquelle elle portait une petite fille qu'elle allaitait encore. Cette jeune femme, comme le vieillard et la femme âgée, que nous présumâmes être son père et sa mère, avait une physionomie intéressante : ses yeux avaient de l'expression et quelque chose de spirituel qui nous surprit, et que depuis nous n'avons jamais trouvé dans aucune femme de cette nation; elle paraissait d'ailleurs chérir beaucoup son enfant, et ses soins pour lui avaient ce caractère affectueux et doux qui, chez tous les peuples, se montre comme l'attribut particulier de la tendresse maternelle.

« Nous nous empressâmes, M. Freycinet et moi, de combler de présents cette bonne et intéressante famille ; mais tout ce que nous pûmes offrir fut reçu avec une indifférence qui nous surprit, et que nous avons eu depuis l'occasion d'observer souvent chez d'autres individus de la même race.

« Le jeune homme s'étant aperçu que nos matelots voulaient allumer du feu, s'empressa de ramasser des branches d'arbre autour de nous ; puis, avec une espèce de torche qu'il avait déposée tout près de l'endroit où nous étions, il nous procura dans quelques instants un très-grand feu, qui nous fit d'autant plus de plaisir que le thermomètre de Réaumur ne soutenait à peine à 9°. Dans ce moment, la jeune femme éprouva une surprise dont la cause pouvait paraître bien frivole, mais que je ne crois pas devoir passer sous silence, parce que ce sont ces petits détails qui donnent une idée plus exacte et plus vraie de l'état des peuples qui se trouvent placés à de si grandes distances de notre état social. Un de nos matelots portait une paire de gants fourrés, qu'en approchant du feu il retira de ses mains et mit dans sa poche. La jeune femme, à cette vue, se mit à pousser un si grand cri que nous fûmes d'abord alarmés ; mais nous ne tardâmes pas à reconnaître la cause de cette espèce d'effroi, et nous ne pûmes douter, à ses expressions et à ses gestes, qu'elle n'eût pris ces gants pour de véritables mains, ou du moins pour une espèce de peau vivante qu'on pouvait ainsi quitter, mettre en poche et reprendre à son gré. Nous rîmes beaucoup de cette singulière erreur ; mais il n'en fut pas ainsi d'un enlèvement que le vieillard nous fit, un instant après, d'une bouteille remplie d'arack. Comme elle contenait une grande partie de notre boisson, nous fûmes obligés de la lui faire rendre, ce dont il parut conserver quelque ressentiment, car il ne tarda pas à partir avec sa famille, malgré toutes mes instances pour le retenir.

Péron eut avec les sauvages une seconde entrevue qui n'offre pas moins d'intérêt.

« Nous rencontrâmes bientôt une case de naturels. Ce n'était qu'un seul abat-vent d'écorces disposées en demi-cercle, et appuyées contre quelques branches sèches : un aussi frêle abri ne pouvant avoir d'autre objet que de préserver l'homme de l'action des vents trop froids, j'observai que sa convexité se trouvait en effet opposée à ceux du sud-ouest, qui sont les plus glacés, les plus constants, les plus impétueux de ces parages. En avant du pauvre *ajoupa* que nous venions de découvrir, se trouvaient les débris d'un feu récemment éteint, et de gros tas de coquillages d'huîtres et d'*haliotis gigantea* se montraient à peu de distance, exhalant, par la corruption des débris d'animaux que les coquilles pouvaient conserver encore, une odeur putride et nauséabonde. Sur le bord du rivage, nous aperçûmes trois pirogues, formées chacune de trois rouleaux d'écorces grossièrement réunies, et maintenues par des lanières de même nature.

« Ces cases, ces feux récemment éteints, ces débris de coquilles et ces pirogues, ne nous permirent pas de douter que la famille avec laquelle nous venions d'avoir une entrevue, n'habitât cette partie du rivage. Nous ne tardâmes pas en effet à voir les mêmes individus qui s'avançaient vers nous en prolongeant la grève. Aussitôt qu'ils nous aperçurent, ils poussèrent de grands cris de joie, et doublèrent le pas pour nous rejoindre. Leur nombre se trouvait alors augmenté d'une fille de seize à dix-sept ans, et d'une petite fille de trois à quatre ans.

« Cette famille revenait alors de la pêche qui, sans doute, avait été heureuse ; car presque tous les individus étaient chargés de coquillages appartenant à la grande espèce d'oreille-de-mer, particulière à ces rivages. Le vieillard, prenant M. Freycinet par la main, nous fit signe de le suivre, et nous conduisit à la pauvre cabane que nous venions de quitter. Le feu dans un instant fut allumé ; et, après nous avoir répété plus d'une fois *medi, medi* (asseyez-vous, asseyez-vous), ce que nous fîmes, les sauvages s'accroupirent eux-mêmes sur les talons, et chacun se mit en devoir de manger le produit de la pêche. La cuisine n'était ni longue ni difficile à faire. Ces grandes coquilles étaient mises sur le feu ; et là, comme dans un plat, l'animal cuisait ; on l'avalait ensuite sans aucune espèce d'apprêts ni d'assaisonnement. En goûtant ces coquillages ainsi accommodés, nous les trouvâmes tendres et succulents.

« Tandis que nos bons Diemenois (lisez Tasmaniens) prenaient ainsi leur simple repas, il nous vint à l'idée de leur faire de la musique, pour connaître l'effet de nos chants sur leur esprit et sur leurs organes. Au premier instant, les sauvages parurent troublés encore plus que surpris ; mais, après quelques moments d'incertitude, ils prêtèrent une oreille attentive ; le repas fut suspendu, et les témoignages de leur satisfaction se manifestèrent par des contorsions et des gestes si bizarres, que nous avions peine à contenir notre envie de rire. Pour eux, ils n'éprouvaient pas moins d'embarras à étouffer, pendant le chant, l'expression de leur enthousiasme : mais à peine une strophe était-elle finie, que de grands cris d'admiration partaient en même temps de toutes les bouches ; le jeune homme surtout était comme hors de lui-même ; il se prenait par les cheveux, il se grattait la tête avec les deux mains, s'agitait de mille manières, et prolongeait ses clameurs à diverses reprises. Après une musique forte et guerrière, nous entonnâmes quelques-uns de nos petits airs tendres et légers ; les sauvages parurent bien en saisir le véritable sens ; mais les sons de ce genre ébranlaient trop faiblement leurs organes.

« Le repas interrompu par nos chants ayant été terminé, la scène prit tout à coup un caractère plus intéressant. A chaque instant la jeune fille dont je viens de parler, se faisait remarquer par la douceur de sa physionomie et par l'expression de ses regards affectueux autant que spirituels. Oure-Oure, comme ses parents, était parfaitement nue, et ne paraissait guère soupçonner qu'on pût trouver ailleurs, dans cette absolue nudité, quelque chose d'immodeste et d'indécent; d'une constitution beaucoup plus faible que sa sœur ou son frère, elle était plus vive et plus passionnée qu'eux. M. Freycinet, qui s'était assis à côté d'elle, paraissait être plus particulièrement l'objet de ses agaceries. Oure-oure nous fit aussi connaître de quelle espèce de fard usaient les femmes du pays. Après avoir mis quelques charbons dans sa main, elle les écrasa de manière à les réduire en poudre très-fine. Alors, conservant cette poussière dans la main gauche, elle en prit avec sa main droite, et, s'en frottant d'abord le front, puis les deux joues, elle se mit dans un instant d'un noir à faire peur. Ce qui nous parut surtout singulier, ce fut la complaisance avec laquelle cette jeune fille semblait nous regarder après cette opération, et l'air de confiance que ce nouvel ornement avait répandu sur sa physionomie. Ainsi donc, ce sentiment de la coquetterie, ce goût de la parure, sont des besoins pour ainsi dire innés au cœur de la femme.

« Pendant que ceci se passait, les petits enfants imitaient les grimaces et les gestes de leurs parents, et rien n'était plus curieux que de voir ces petits négrillons trépigner de joie en entendant nos chansons : ils s'étaient insensiblement familiarisés avec nous; chaque petit présent que nous leur faisions les comblait de plaisir, et redoublait leur empressement pour nous : en général, ils nous parurent vifs, espiègles et malins.

« Les meubles et les outils de la famille étaient aussi simples que peu nombreux : une feuille de *fucus palmatus*, plissée par les deux bouts, au moyen d'une petite broche de bois, servait de vase à boire; un éclat de granit tenait lieu de couteau, pour détacher les écorces des arbres et pour aiguiser les sagaies; une spatule en bois était destinée plus particulièrement à enlever les coquillages de dessus les roches : Oure-Oure seule portait un sac de jonc d'une construction élégante et singulière, que je désirais beaucoup obtenir. Comme cette jeune fille me témoignait aussi quelques distinctions plus amicales, je me hasardai à lui demander ce petit sac : aussitôt, et sans hésiter, elle me le mit à la main, accompagnant ce cadeau d'un sourire obligeant et de quelques phrases affectueuses que je regrettais de ne pouvoir entendre. En retour, je lui offris un mouchoir et une hache à marteau, dont je montrai l'usage à son frère : ce qui fut, pour toute la famille, un grand sujet d'étonnement et d'admiration.

« Enfin nous regagnâmes le rivage, et nous nous embarquâmes dans nos deux chaloupes. Nos bons Diemenois ne nous quittèrent pas un instant, et quand nous poussâmes au large, leur chagrin se manifesta de la manière la plus touchante. Ils nous faisaient signe de revenir les voir; et, comme pour nous indiquer l'endroit, ils allumèrent un grand feu sur le petit morne dont j'ai parlé : il paraît même qu'ils y passèrent la nuit, car nous aperçûmes ce feu jusqu'au jour. »

Dans la narration de son voyage, Péron a usé et abusé de la méthode, en usage de son temps, d'embellir les explorations lointaines.

Ce savant va nous raconter une autre entrevue entre les Français et les sauvages, sur les bords de la baie aux Huîtres : entrevue qui commença sous d'heureux auspices, et dont le dénoûment faillit être tragique.

« Rien n'égale, dit Péron, la mobilité du caractère des hommes sauvages avec lesquels nous nous trouvions en rapport : nous ne tardâmes pas à en acquérir une preuve nouvelle et bien remarquable. Tandis que nous étions le plus occupés, M. Petit et moi, de nos recherches diverses, nous entendîmes tout à coup de grands cris dans l'intérieur de la forêt. A ces cris, les sauvages se lèvent précipitamment, saisissent des armes, et portent vers la mer des regards de surprise et de férocité. Ils paraissaient très-agités, lorsque nous découvrîmes une embarcation de nos vaisseaux qui longeait la côte à peu de distance. Je ne doutai pas que ce fût cette embarcation qui, signalée de différents points par des espèces de sentinelles, et peut-être par leurs femmes, établies à cet effet sur des roches ou sur des arbres élevés, causait leur agitation et leurs alarmes. Bientôt de nouveaux cris se firent entendre ; et, comme ils indiquaient sans doute que le canot s'éloignait du rivage, les naturels parurent se calmer un peu. Je saisis cette occasion pour tâcher de leur faire comprendre que les hommes qu'ils avaient vus étaient, comme nous, leurs amis; qu'ils n'avaient à en attendre que des bienfaits et des présents. Ils parurent concevoir mes protestations et mes gestes : ils se rassirent et déposèrent de nouveau leurs armes. Nous voulûmes continuer alors, M. Petit à dessiner, et moi à recueillir des mots de leur langue ; mais, toujours de plus en plus inquiets et distraits, ils refusèrent de répondre à mes questions, et M. Petit n'éprouvait pas moins d'embarras à terminer les dessins qu'il avait commencés.

« Insensiblement ils parurent devenir plus entreprenants : ils se parlaient entre eux d'un air fort agité ; leurs regards, en se portant sur nous, avaient quelque chose de plus sombre et de plus farouche qu'auparavant : ils semblaient méditer quelque violence ; mais le fusil de M. Rouget et la contenance de ce jeune homme, l'un des plus intrépides et des plus beaux hommes de notre équipage, paraissaient leur imposer : soit curiosité, soit perfidie, ils le tourmentaient à chaque instant pour l'engager à tirer des oiseaux qui se trouvaient perchés sur les arbres voisins : mais nous nous jugions dans une position trop critique pour nous rendre à leur invitation ; ce qui devint contre nous un nouveau sujet de soupçon et d'inquiétude.

« Leur audace croissait avec leur défiance : l'un d'eux voulait avoir le gilet que je portais, et qui, par la vivacité de ses couleurs, avoit fixé son attention. Déjà plusieurs fois il m'en avait fait la demande ; mais je le lui avais si positivement refusé, que je ne pensais pas qu'il dût revenir à la charge : il en arriva pourtant autrement ; car, dans l'instant où j'y faisais le moins d'attention, il me saisit par mon gilet, en dirigeant la pointe de sa sagaie contre moi ; il la brandissait avec force et semblait me dire : « Donne-le moi, ou je te tue. » Dans une position aussi délicate, il eût été dangereux de se fâcher ; car le misérable m'eût infailliblement percé de sa sagaie. J'affectai de prendre ses menaces pour une plaisanterie ; mais, saisissant à propos la pointe de son arme, je la détournai ; et, lui montrant M. Rouget, qui venait de le coucher en joue, je lui dis ce seul mot de sa langue : « *Mata !* (Mort !) » Il me comprit, et déposa son arme avec la même indifférence que si rien d'hostile ne lui eût échappé contre moi.

« A peine je sortais de ce danger, que je me trouvai compromis, d'une manière sinon aussi périlleuse, du moins très-désagréable. Un des grands anneaux d'or que je portais à mes oreilles excita les désirs d'un autre sauvage qui, sans rien dire, se glissant derrière moi, passa subitement son doigt dans l'anneau, et le tira avec tant de force, qu'il m'eût infailliblement déchiré l'oreille, si la boucle ne se fût ouverte.

« Qu'on se souvienne maintenant que tous ces hommes avaient été comblés de présents par nous ; que nous les avions pour ainsi dire chargés de miroirs, de couteaux, de rassades, de perles, de mouchoirs, de tabatières, etc. ; que je m'étais dépouillé pour eux de tous les boutons de mon habit, qui, se trouvant de cuivre doré, leur avaient surtout paru précieux, à cause de leur éclat ; qu'on se rappelle que nous nous étions prêtés à tous leurs désirs, à tous leurs caprices, sans exiger rien en retour de tous nos présents, et qu'on juge ensuite combien tous leurs procédés envers nous étaient injustes et perfides; je pourrais même assurer très-positivement que, sans M. Rouget et son épouvantail, M. Petit et moi nous fussions devenus leurs victimes. Certes, par caractère comme par principe, personne plus que moi n'était disposé à supporter leurs inconséquences et leurs caprices; mais je dois le déclarer franchement, toutes leurs actions portaient un caractère de perfidie et de férocité qui me révolta de même que mes camarades; et rapprochant tout ce que nous voyions de ce qui précédemment était arrivé dans le canal d'Entrecasteaux, à plusieurs de nos compagnons, nous en tirions la conséquence qu'il ne faut se présenter devant ces peuples qu'avec des moyens suffisants pour contenir leur mauvaise volonté, et repousser leurs attaques. » Tous ces faits prouvent que ce n'est qu'en adoptant notre civilisation qu'ils sauront distinguer le bien et le mal, et la justice envers les étrangers.

HAINE ET RIVALITÉ ENTRE LES COLONS AUSTRALIENS ET TASMANIENS.

Croirait-on qu'il existe déjà non-seulement des conflits d'amour-propre, mais des haines violentes entre les colons de la Nouvelle-Galles et ceux de la Tasmanie, quoiqu'ils soient tous les enfants de l'Angleterre! Ils ont cependant les mêmes lois, ils jouissent des mêmes avantages; ils ont également des terrains immenses à leur disposition, et dont les défrichements ne pourront être consommés qu'après plusieurs générations. Les colons qui y sont établis aujourd'hui, ne connaissent même pas la vingtième partie du vaste territoire de cette île magnifique; mais hélas! s'il ne restait plus que deux hommes sur la surface de notre globe, ils se querelleraient encore sur les limites de leurs possessions.

ESQUISSE HISTORIQUE.

C'est à Tasman qu'on doit la découverte de la Tasmanie, qu'il nomma *terre de Diemen*, en l'honneur du gouverneur général de Batavia. M. Balbi lui donne le nom de *Diemenie*; mais depuis longtemps les colons ont adopté celui de *Tasmanie*, nom plus convenable, et qui consacre la gloire du célèbre navigateur hollandais. C'est aussi le seul que nous emploierons.

Ce fut le 24 novembre 1642 que Tasman aperçut cette terre. Il passa plusieurs jours à la reconnaître; et, le 1er décembre, il mouilla dans une baie qui fut nommée *Frederick Hendrick's Bay*.

Le 3 décembre, Tasman s'approcha lui-même du rivage dans sa chaloupe, et fit planter sur la grève un pilier, sur lequel était gravée une boussole, et que surmontait le drapeau du prince. « Quand le premier charpentier, dit ce navigateur, eut fait cela en présence de moi, Abel J. Tasman, du maître Gerrit Santz, et du sous-marchand Abraham Coomans, nous allâmes avec la chaloupe aussi près que possible du rivage, et ledit charpentier revint à la nage au travers du ressac. Nous nous en retournâmes alors à bord et laissâmes ce pilier comme un souvenir pour la postérité des habitants du pays. Ils ne se montrèrent point; mais nous conjecturâmes que quelques-uns d'entre eux n'étaient pas éloignés, épiant avec soin toutes nos actions. » Deux jours après, Tasman perdit la terre de vue. « On ne sait, ajoute-t-il, si cette terre de Diemen, située au sud-ouest de la Nouvelle-Hollande, la touche ou non. »

Le 4 mars 1772, le capitaine Marion du Frêne mouilla ses deux vaisseaux sur la même baie de Frederick Hendrick. Les naturels vinrent avec confiance au-devant des canots, et se tinrent auprès des Français avec leurs enfants et leurs femmes.

« Ces naturels, dit le capitaine Marion du Frêne, sont noirs, de taille moyenne, tous nus, hommes et femmes. Les hommes étaient armés de lances et de haches en pierre. Ils avaient en général les yeux petits, la bouche grande, les dents blanches et le nez plat. Leurs cheveux, comme ceux des Cafres, étaient séparés en mèches et poudrés avec de l'ocre rouge. Du reste, ils étaient sveltes, assez bien faits, avec les épaules rentrées, et la poitrine ornée de tatouages en relief. Leur langue était dure et gutturale. »

Pour gagner la confiance et l'affection des insulaires, on leur présenta plusieurs objets précieux pour eux, tels que du fer, des miroirs, des mouchoirs, des étoffes, et même des canards et des poules.

Depuis une heure environ, les Français se trouvaient à terre, quand le capitaine Marion y descendit lui-même. S'avançant au-devant de lui, l'un des naturels lui offrit un tison enflammé pour qu'il pût mettre le feu à un tas de bois, amoncelé sur la plage. Marion s'y prêta, croyant que c'était une formalité capable de rassurer les sauvages; mais à peine le petit bûcher était embrasé, que les naturels se retirèrent en masse vers une petite hauteur d'où ils lancèrent ensuite une volée de pierres qui blessa les deux capitaines. On leur riposta par quelques coups de fusil: on tua un naturel, on en blessa plusieurs, et les autres s'enfuirent en hurlant vers les bois.

En 1773, le capitaine Furneaux, compagnon de Cook, mouilla sur la baie de l'Aventure, où il fit du bois et de l'eau, sans voir aucun naturel. Cook, en janvier 1777, parut sur le même mouillage, où il trouva des indigènes avec lesquels il eut quelques communications. Des officiers de la *Découverte* essayèrent de faire des avances aux femmes; mais leurs galanteries furent repoussées avec indignation. Le docteur Anderson, naturaliste de l'expédition, recueillit, sur l'histoire naturelle de cette île, un grand nombre d'utiles documents. Il reconnut que l'aspect de ce pays avait la plus grande analogie avec celui des environs du cap de Bonne-Espérance, et que ses habitants ressemblaient à ceux de Tanna et de Mallicollo. Enfin Cook lui-même rectifia toute la géographie de la Tasmanie méridionale.

Bligh vint en 1788, et passa douze jours sur cette baie. N'ayant pu débarquer à cause du ressac, il fit jeter aux naturels quelques présents qu'ils dédaignèrent. Après Bligh, et dans la même année, le capitaine Hunter prolongea les côtes de la Tasmanie. En 1789, Cox découvrit la baie aux Huîtres sur l'île Maria; en 1791, Vancouver reconnut à la voile quelques points de la Tasmanie; enfin, en 1792 et 1793, d'Entrecasteaux fit deux stations importantes dans le sud de cette île, et explora avec les soins et l'habileté qu'il apportait dans tous ses travaux, le beau canal qui a reçu le nom de cet illustre amiral. Ses officiers remontèrent le Derwent jusque vers l'endroit où il commence à couler à l'ouest. M. Labillardière, botaniste de l'expédition, s'occupa avec succès de l'histoire naturelle, et observa les mœurs des indigènes.

Hayes visita en 1794 la rivière nommée *Rivière du nord* par d'Entrecasteaux, et lui donna le nom de *Derwent*, qui lui est resté, grâce à l'esprit de patriotisme et de persévérance des Anglais.

En 1798, Bass eut la hardiesse de descendre la côte depuis Port-Jackson jusqu'à Port-Western dans une baleinière, armée de six hommes, et donna son nom au détroit qui sépare les deux terres. Flinders fit quelques reconnaissances sur diverses îles de la partie orientale du détroit. Enfin, à la fin de l'année 1798, il s'adjoignit l'intrépide chirurgien Bass, et ils exécutèrent ensemble, sur le sloop le *Norfolk*, la circumnavigation de cette île importante.

Le capitaine Baudin parut sur ces mêmes côtes, en 1802, envoyé par Napoléon, alors premier consul de la république française. Il augmenta et compléta leurs documents géographiques. Mais les travaux de ses naturalistes l'emportèrent sur les travaux géographiques et hydrographiques du commandant de l'expédition.

Enfin en juin 1803, une petite colonie partie de Port-Jackson, composée d'un détachement de soldats, de quelques officiers libres et d'un petit nombre de convicts, dirigée par le capitaine John Bowen, vint mouiller dans la baie de Hobart-Town, et jeter les fondements de cette ville. Elle éprouva toutes sortes de souffrances et de privations. L'établissement paraissait devoir être abandonné, lorsqu'en février 1804, le commandement en fut confié au lieutenant-colonel Collins. Grâce à ses soins, la ville fut agrandie, les environs furent habilement exploités; des reconnaissances intérieures furent poussées dans toutes les directions, et l'élan qu'il imprima à la colonie n'a cessé d'augmenter jusqu'à ce jour.

ÉTAT ACTUEL DE LA TASMANIE.

Pour compléter ce que nous avons dit de cette terre magnifique, nous allons extraire la lettre d'un colon impartial, datée de Hobart-Town, le 26 mars 1835. L'auteur de cette lettre, après avoir éprouvé des malheurs en Angleterre, s'est établi dans la Tasmanie, où sa situation s'est promptement améliorée.

« Dans cette île remarquable, dit M. ***, les fruits, les légumes et toutes les autres productions de la terre viennent mieux et ont plus de saveur qu'en Europe; ils se succèdent sans interruption pendant tout le cours de l'année; car il n'y a point ici d'hiver, à moins que l'on ne donne ce nom aux mois de juin et de juillet, pendant lesquels il y a du vent et de la pluie. Les animaux apportés par les premiers planteurs se sont répandus dans tout le pays; les sommités des montagnes et une partie de leurs versants sont couvertes de pins, de chênes, de cèdres, de gommiers, de bois de rose et de beaucoup d'autres arbres. Ce serait vraiment une jouissance délicieuse que de se promener dans ces forêts, si on n'était pas troublé par la crainte d'être percé par la lance d'un indigène, ou de voir un serpent s'élancer entre vos jambes. Je fus un jour assailli par deux énormes taureaux sauvages, et ce fut à grand'peine que je pus me soustraire à leur attaque, en m'élançant sur le tronc d'un gommier qui était tombé en travers d'un précipice. Parmi les quadrupèdes indigènes, il n'y en a aucun qui soit dangereux; j'y ai rencontré une petite espèce de panthère, mais elle est fort timide et d'un caractère inoffensif (*). Il n'en est pas de même des reptiles et des insectes; ils n'attaquent point heureusement les fruits et les légumes; mais on ne peut se faire d'idée de la rapidité avec laquelle ils détruisent les arbres. Le corps de la tarentule australienne est aussi gros qu'une noix : j'ai eu occasion d'en détruire un grand nombre dans l'intérieur des appartements; cette tarentule et l'horrible centipède (mille pieds), y sont très-venimeux. L'extension des cultures fera disparaître sans doute une grande partie de ces inconvénients, ainsi qu'une vermine dégoûtante qui s'attache à vos habits, les ronge et les dévore. Près de Hobart-Town, dans une petite île de la baie, on rencontre un grand nombre d'ânes sauvages, qui marchent en troupe, et qui, dès qu'ils vous aperçoivent, se mettent à braire, et s'enfuient avec une telle rapidité, qu'on ne peut les atteindre. Les bêtes à cornes se sont tellement propagées dans l'île, que le prix en est très-inférieur à celui des marchés de Londres. Quant aux kangarous, il n'en coûte, pour se les procurer, que la peine de les tirer, et leur saveur n'est point inférieure à celle de notre meilleure venaison. Dans cinq minutes, vous pouvez, quand vous le voulez, vous procurer un boisseau d'huîtres et de moules. En général, le poisson de mer, qui est excellent, se vend au plus bas prix, à cause de son extrême abondance; il n'y en a presque aucun qu'on ne trouve dans les mers qui baignent nos côtes, depuis la petite pétoncle jusqu'à l'énorme baleine. La viande de boucherie est d'une qualité supérieure; ce qui vient sans doute des herbes odoriférantes dont les pâturages sont remplis. Les

---

(*) Je suppose que M. *** veut parler du petit dasyure qui est, en effet, inoffensif envers l'homme, quoiqu'il ne puisse l'apprivoiser, mais non envers les troupeaux dont il est l'ennemi mortel. G. L. D. R.

céréales et les pommes de terre se vendent à des prix beaucoup moins élevés que dans les contrées les plus fertiles de l'Europe. Des pêches excellentes y coûtent un sou la douzaine ; quant aux pommes, elles y sont en si grande abondance, que le propriétaire prend rarement la peine de les détacher des arbres, où les promeneurs les cueillent dans leurs excursions, sans que personne s'en inquiète. Je voudrais que vous vissiez, à New-Town, le jardin de notre ami B. : les branches y fléchissent, à la lettre, sous le poids des fruits ; il n'y a pas la moitié des bras qu'il faudrait pour les cueillir, ni des bouches nécessaires pour les manger. Il n'existe point ici de règlements odieux sur la chasse ; quiconque a un fusil peut se livrer à cet exercice tant que cela lui convient. Nous possédons presque toutes les variétés d'oiseaux ; les canards sauvages y sont si abondants, que j'ai vu un chasseur en abattre vingt-quatre d'un seul coup. La volaille est excellente ; le plumage des pigeons et des coqs d'Inde s'est prodigieusement amélioré dans cette partie de l'Australie ; et il est impossible de ne pas être surpris de la richesse et de la variété des teintes qui les colorent. Dans les bois, les perroquets ont l'humeur fort sociale, et sont presque apprivoisés ; j'en ai vu quelquefois une cinquantaine qui volaient autour de moi, et qui brillaient aux rayons du jour comme des pierres précieuses.

« Quant à cette race d'animaux que vous et moi nous connaissons le mieux, je veux parler de l'espèce humaine, elle se divise ici en deux races : l'une blanche, et l'autre noir de jais. La première est à peu près la même qu'en Angleterre, un peu plus sociable cependant, et tout aussi malfaisante quand elle est irritée. Elle se subdivise en deux classes : celle des planteurs libres qui émigrent, comme je l'ai fait, par nécessité, et parce qu'ils ne peuvent plus trouver l'aisance qui leur est nécessaire dans la mère patrie ; la seconde se compose des déportés, auxquels une loi plus impérieuse encore interdit la terre natale. Les déportés sont tous bien vêtus, très-paresseux et très-misérables, mentant, fraudant, jurant, buvant ; en un mot, tout le contraire de ce qu'il leur serait si facile de devenir dans cette terre privilégiée, c'est-à-dire heureux et vertueux. Il n'y a pas dans la colonie de nécessiteux, et il ne peut pas y en avoir. Vous n'y verrez pas de ces visages pâles et rongés de soucis, que vous rencontrez à chaque coin de rue, dans les grandes capitales de l'Europe. Il n'y a d'autre misère que celle qui résulte de l'oisiveté et de la débauche. Quant à la population noire, elle est peu nombreuse, et méconnaît entièrement les bienfaits de la civilisation. Elle est tellement stupide, que dans un pays où la douceur de la température rend les vêtements inutiles, elle ne peut se résoudre à emprisonner ses membres dans les tissus de laine qu'on lui offre en échange de sa liberté, et qu'elle préfère une vie d'aise et d'indépendance à une vie de servitude et de labeur. Les blancs, justement révoltés d'une folie aussi brutale, expriment leur différence d'opinion en ajustant sur les noirs le canon de leurs fusils ; et ceux-ci répondent à cet appel si logique fait à leur raison, en perçant les blancs de leurs lances, chaque fois que l'occasion s'en présente (*). Cette controverse ne se terminera sans doute que lorsque l'une des deux couleurs aura exterminé l'autre. Les noirs ont une grande vigueur musculaire, mais leurs traits sont hideux, du moins d'après les idées que nous nous sommes faites de la beauté. Ils marchent en troupes, mais ils ne paraissent pas avoir de chefs, ni aucune idée quelconque de gouvernement (**). On a élevé plusieurs de leurs enfants dans les écoles de Hobart-Town ; quand une fois ils étaient parvenus à l'âge de puberté, un instinct irrésistible les rap-

---

(*) L'auteur emploie l'ironie dans ces deux paragraphes.   G. L. D. R.

(**) Quelques Anglais ont observé, au contraire, que chaque tribu avait un chef auquel ses membres accordaient une véritable obéissance.   G. L. D. R.

pelait dans leurs solitudes. N'ajoutez aucune foi à ce que l'on vous dit en Angleterre, de la réforme qui s'opère dans les habitudes et les mœurs des déportés : ils sont aussi dérangés et aussi paresseux que peuvent l'être les filous et les vagabonds du Royaume-Uni. Seulement la tentation au crime est diminuée par l'absence comparative du besoin ; et il leur est plus difficile de le commettre, parce qu'ils sont soumis à une police plus sévère. Voilà les uniques raisons pour lesquelles les vols et les autres délits sont moins nombreux qu'en Angleterre. En résumé, ceux qui n'ont pas besoin, pour vivre agréablement, de beaucoup de société, ou qui ne sont pas très-délicats sur le choix de leurs liaisons ne sauraient mieux faire que de se transporter ici. C'est une terre promise pour les agriculteurs et les bons artisans, et même, sans avoir une industrie spéciale, quiconque voudra travailler ne peut manquer d'y trouver des moyens d'existence. »

Certainement les Européens industrieux et étrangers aux partis qui divisent l'Occident, seraient bien accueillis dans ce pays, quelle que fût leur patrie. Mais il est probable qu'on préférerait les ouvriers et surtout les agriculteurs honnêtes, parce qu'on les emploierait avec plus de plaisir aux défrichements (voy. *pl.* 232) que les *convicts* destinés à ces pénibles travaux, et qu'on a tant de peine à contenir (voy. *pl.* 282).

ILES ÉLOIGNÉES DE L'OCÉANIE ET QUI DOIVENT Y ÊTRE COMPRISES.

Nous avons placé la *terre de Kerguelen* et même les *îles de Saint-Pierre* ou *Amsterdam*, de *Saint-Paul* et de *Chagos*, dans notre *carte de l'Océanie*, et dans nos divisions de cette cinquième partie du monde, parce que les géographes ne savaient trop où les placer. D'ailleurs Kerguelen étant située à une distance à peu près égale de l'Australie et de l'Afrique ; les îles Saint-Pierre et Saint-Paul étant plus rapprochées du premier continent que du second, et les îles Chagos étant plus voisines de la Malaisie, elles appartiennent donc toutes, en quelque sorte, à l'Océanie, d'autant plus qu'elles sont le siège de la pêche des phoques et des éléphants marins, qui semble particulièrement affectée à cette partie du monde.

TERRE DE KERGUELEN OU ILE DE LA DÉSOLATION.

La terre de Kerguelen, ainsi nommée du nom du navigateur français qui la découvrit en 1772, et nommée plus tard par Cook *Ile de la Désolation*, lorsqu'il la visita en 1779, est une contrée déserte d'environ quarante lieues de longueur et de vingt de largeur. Elle est située par le 48° 41′ 15″ de latitude sud, et 66° 42′ 0″ de longitude est (havre de Noël). Sa superficie est d'environ treize cent cinquante lieues carrées, de vingt-cinq au degré.

Les rochers arides environnés de glaçons, l'absence presque totale de végétation, ne doivent point avoir leur cause dans la rigueur du climat, mais plutôt dans l'éloignement de toute terre assez étendue pour échauffer par son voisinage, et pour développer dans le sein de cette île la puissance végétative. Elle n'est guère fréquentée que par des phoques et des éléphants qui viennent y déposer leurs petits, et par des canards, des mouettes et autres oiseaux de mer. Elle possède plusieurs ports excellents, qui pourraient procurer d'immenses avantages aux intrépides baleiniers.

Cook fit une courte relâche au havre de Noël, et Anderson, son chirurgien, profita de ce séjour pour examiner le pays sous tous les rapports. L'île n'a peut-être pas été explorée depuis, si ce n'est par un capitaine baleinier américain de nos amis.

HISTOIRE NATURELLE.

Aucune des terres découvertes jusqu'ici dans l'un et l'autre hémisphère à la même hauteur, n'offre peut-être un champ moins vaste aux recherches des naturalistes que l'île de Kerguelen.

GÉOLOGIE.

Les rochers de cette terre aride

sont peu élevés; et cependant Cook trouva la plupart de leurs sommets couverts de neige, à cette saison de l'année qui correspond à notre mois de juin. Le pied ou les flancs de quelques-uns de ces rochers lui offrirent une quantité considérable de pierres, entassées d'une manière irrégulière. Les flancs des autres rochers, qui forment du côte de la mer de nombreux escarpements, en sont séparés par des fissures, et ces parties sont d'autant plus prêtes à tomber, qu'il y a dans les crevasses des pierres d'une grosseur énorme. Anderson croit qu'il faut recourir aux tremblements de terre, ou à d'autres commotions violentes, pour expliquer l'état de bouleversement où se trouvent ces rochers.

Il doit presque toujours pleuvoir sur cette île; car les lits des torrents qu'on aperçoit de tous côtés, sont très-vastes, et le pays, même sur les collines, n'est presque qu'une fondrière et un sol marécageux, où l'on enfonce à chaque pas.

Les rochers qui servent de base aux collines sont composés principalement d'une pierre très-dure, d'un bleu foncé, entremêlée de quelques particules de mica ou de quartz. Il semble que cette pierre est une des productions les plus universelles de la nature, car elle remplit toutes les montagnes de la *Suède*, de l'*Écosse*, des *îles Canaries*, et du cap de *Bonne-Espérance*. Une autre pierre cassante, et de couleur brune, forme, dans l'île de *Kerguelen*, des rochers considérables; une troisième, qui est plus noire, et qu'on trouve en fragments détachés, renferme des morceaux de quartz grossier. On y rencontre aussi de petits morceaux de grès, d'un jaune pâle ou couleur de pourpre, et d'assez gros morceaux d'un quartz demi-transparent, qui est disposé irrégulièrement en cristaux polyèdres, de forme pyramidale, et qui offre de longues fibres luisantes. On voit dans les ruisseaux de petits morceaux de la pierre ordinaire, arrondis par le frottement; mais aucun d'eux n'a assez de dureté pour résister à la lime. L'acide nitrique ne mord pas sur les autres pierres, et l'aimant ne les attire point.

On n'a rien découvert dans cette île qui eût l'apparence d'un minerai ou d'un métal.

PHYTHOLOGIE.

La verdure qu'on aperçoit à Kerguelen, lorsqu'on est à peu de distance de la côte, donne l'espoir d'y trouver un assez grand nombre de végétaux; mais on est trompé par l'apparence. Une petite plante, peu différente de quelques espèces de *saxifrage*, produit cette verdure; elle croît en larges touffes dans un espace qui s'étend assez loin sur les flancs des collines, et forme une surface assez grande. On la rencontre sur de la tourbe pourrie, dans laquelle on enfonce à chaque pas d'un pied ou deux. On pourrait, au besoin, sécher cette tourbe et la brûler : c'est la seule chose qu'on y a trouvée propre à cet usage.

Il y a une autre plante assez abondante sur les fondrières de la croupe des collines : sa hauteur est de près de deux pieds, et elle ressemble beaucoup à un petit chou qui est monté en graines. Les feuilles des environs de la racine sont nombreuses, larges et arrondies : elles se montrent plus étroites à la base, et elles forment une petite pointe à l'extrémité; celles de la tige sont beaucoup plus petites, oblongues et épointées; les tiges, dont on compte souvent trois ou quatre, offrent de longues têtes cylindriques, composées de petites fleurs. Cette plante a l'apparence et même le goût âcre des plantes anti-scorbutiques; mais elle diffère essentiellement de toute cette famille, et elle est comme une production particulière à la terre de *Kerguelen*. L'équipage de Cook la mangea souvent crue, et sa saveur approchait alors de celle du *cochléaria* de la Nouvelle-Zeeland; mais elle semblait acquérir une odeur trop forte quand on la faisait bouillir; quelques marins ne s'en apercevaient pas néanmoins, et la trouvaient bonne dans cet état. Si on la transplantait en Europe, il est vraisemblable qu'elle deviendrait meilleure par la culture, et qu'elle augmenterait la liste des plantes de bonne qualité qu'on emploie dans nos cuisines. Mais les graines n'étaient pas assez mûres pendant le séjour des Anglais pour les conserver, et Anderson dut renoncer au désir qu'il avait d'en porter en Angleterre.

Les marins cueillirent, près des ruisseaux et des fondrières, deux autres petites plantes qu'ils mangeaient en salade : la première ressemble beaucoup au cresson de nos jardins, et elle est très-âcre; la seconde est très-douce. Cette dernière, quoique petite, est digne d'attention; elle offre non-seulement des mâles et des femelles, mais elle est quelquefois androgyne, c'est-à-dire qu'elle a deux sexes.

L'herbe grossière, propre à nourrir le bétail, est assez abondante en certains coins de terre qu'on trouve sur les côtés du *havre de Noël*. On y voit aussi une autre sorte d'herbe plus petite et plus rare. On rencontre sur les plaines une espèce de pied-d'oie (*), et une autre petite plante qui lui ressemble beaucoup. En un mot, la *flore* de la terre de Kerguelen ne va pas à plus de seize ou dix-huit plantes; encore faut-il y comprendre quelques mousses et une jolie espèce de *lichen*, qui croît sur les rochers, à une hauteur plus grande que les autres productions végétales. On n'aperçoit pas un seul arbrisseau dans toute l'île.

ABSENCE D'ANIMAUX TERRESTRES.

Les animaux y sont moins rares que les plantes; mais à parler rigoureusement, on ne peut pas les dire habitants de l'île, car ils sont tous marins, et, en général, ils ne vont sur la côte que pour y faire leurs petits et s'y reposer.

AMPHIBIES.

Les animaux les plus gros qu'on trouve à Kerguelen, sont les veaux de mer, qu'on nomme aussi ours de mer (espèce de phoques du sous-genre *otarie*). Ils viennent faire leurs petits ou se reposer à terre, mais ils ne sont pas en grand nombre, et on ne doit pas s'en étonner, car on sait qu'ils préfèrent aux baies ou aux golfes les rochers qui s'avancent dans la mer, et les petites îles qui gisent près des côtes. Leurs poils tombent à une époque de l'année, et ils sont si peu sauvages, qu'on en tue autant qu'on en veut tuer. Il faut en dire autant de l'éléphant de mer. On n'y a pas vu d'autres mammifères marins ou terrestres.

ICHTHYOLOGIE.

Dans la mer voisine, à l'ouest, on rencontre souvent une foule de belles et énormes dorades, la bonite si habile à faire la pêche aux poissons volants, et toutes deux excellentes à manger. On y voit aussi la brillante coryphène, ce merveilleux poisson dont la dorsale, coupée de lignes obliques, se couvre d'un magnifique manteau bleu à teintes graduées, dont la tête est d'un beau brun qui prend vers le dos des teintes d'émeraude, dont les nageoires sont jaunes, et le ventre argenté, dont les flancs et la queue chatoient comme de l'or avec quelques reflets grisâtres. La caudale des coryphènes est si profondément bifide, qu'on dirait que les deux portions sont implantées sur l'extrémité de l'animal et sans rapport entre elles. Dans ces latitudes elles escortent les navires par troupes; et le plaisir de les suivre dans les flots, vives, gracieuses, colorées de toutes les nuances du diamant, de la topaze, du rubis, de l'émeraude, est bien préférable à la curiosité de les voir mordre au chiffon emplumé qui figure un poisson volant, et se débattre et mourir sur le pont, ternes, dépouillées de leur éclat prismatique. La coryphène est un poisson vorace, agile et peu défiant; il se jette souvent à plusieurs reprises sur un appât grossier qui vient de lui déchirer la mâchoire; il ne mâche pas, il avale. On a souvent trouvé des exocets entiers (petits poissons volants) et des clous en fer dans son ventre (*).

(*) Anderson, qui la décrivit, la nomme *Goose-Grass*.

(*) M. Reybaud. Il a mal à propos confon-

DAUPHINS.

Un capitaine américain a vu aussi des marsouins ou cochons de mer (*sus maris*), près de Kerguelen. Il m'a assuré que pendant que ces cétacés manœuvraient, en décrivant mollement leur courbe gracieuse, alignés en longue file, ses matelots sifflaient pour les attirer, et que les marsouins (c'étaient vraisemblablement des dauphins), s'empressaient de se rapprocher du navire ou plutôt de l'homme. Voilà, sans doute, une tradition encore vivante de l'ancienne fable poétique d'Amphion.

ALBATROS, PÉTRELS, PINGOUINS, NIGAUDS, MANCHOTS ET AUTRES PALMIPÈDES.

On trouve à Kerguelen une multitude d'oiseaux, tels que le fou, les canards, les albatros, les pingouins, les nigauds, les mouettes, les sternes ou hirondelles marines et les goëlands. Sur ces mers s'abattent communément des palmipèdes, dont la chair n'est pas mangeable, tels que le fou et la frégate, au plumage blanc ou brun, aux grandes rémiges noires. Le fou est fort habile à saisir le poisson à la surface de l'eau : la frégate, plus grande, au plumage noir, varié de blanc et de bleu sur la gorge et sur le cou, rase toujours le sommet des vagues, s'élance sur les poissons, les saisit, et force le fou stupide et le cormoran ou petit nigaud à lui céder le poisson qu'ils ont pêché.

Cook fit jeter la seine (filet), une fois, au havre de Noël de l'île Kerguelen. On ne prit qu'une espèce de poisson de la grosseur d'un petit merlus, et qui ne ressemblait en rien à celles que l'on connaissait alors. Ce poisson a le museau allongé, la tête armée de fortes épines, les rayons des nageoires de derrière longs et très-forts, le ventre gros, et le corps sans écailles.

On ne trouva en coquillages qu'un

du la coryphène avec la dorade : la première appartient à la famille des scombéroïdes et la seconde à celle des sparoïdes.

petit nombre de moules et de lépas ; et on ramassa sur les rochers quelques étoiles et anémones de mer.

Dans l'ordre des palmipèdes, on trouve à Kerguelen des canards à peu près de la grosseur d'une sarcelle ou d'un millouin (sous-genre du genre canard, famille des lamellirostres), dont ils diffèrent par la couleur. Ils se montrent en assez grande abondance sur les flancs des collines et même plus bas : les marins de Cook en tuèrent un nombre considérable. « Nous les trouvâmes bons, dit Anderson, et ils n'avaient pas le plus léger goût de poisson. Nous en avions rencontré quelques-uns de la même espèce à l'île de Georgie, durant le second voyage du capitaine Cook. »

On trouve à Kerguelen le pétrel blanc, le petit pétrel bleu, le pétrel noir et le pétrel damier, dont les œufs sont de la grosseur de ceux des poules. Le pétrel damier paraît assez souvent en troupes. Si dans un moment d'accalmie, on jette des lignes amorcées autour du navire pour les pêcher à l'hameçon, à peine l'appât a-t-il paru à fleur d'eau, que les pétrels s'abattent à l'envi sur cette proie, et se disputent, en criant, à qui mordra le premier. En moins d'une heure on peut en prendre une douzaine. Une fois sur le pont, le damier, qui est de la grosseur d'un pigeon, dégorge une huile rousse et fétide ; il y reste ensuite comme abasourdi et sans pouvoir s'envoler, quoiqu'à la mer son vol soit excessivement rapide. Son nom lui vient de sa ressemblance avec un damier, à cause de son plumage marqueté de noir et de blanc. On y voit aussi des pétrels ferrugineux.

Un autre oiseau de mer de ces parages, mais plus curieux encore, est l'albatros (*diomedea exulans*), nommé par les matelots *mouton du cap* ou *vaisseau de guerre*. Ses ailes sont longues de huit à dix pieds, et, quand il fend l'air, il forme comme une énorme masse blanche qui projette au loin son ombre sur la mer.

Il est difficile de tuer des albatros ; et on dirait que ces monstrueux oiseaux sont invulnérables, et que le plomb ne fait que glisser sur leurs larges ailes. C'est de la poudre et du temps perdu. D'ailleurs on ne songe guère à faire la chasse au fusil aux albatros, quand on se trouve à ces latitudes où les vents sont déchaînés avec furie, et sur ces mers, les plus horribles qui soient sur le globe. Nous verrons bientôt comment on peut s'en emparer et comment on les assomme.

« La nature, dit M. Laplace, qui a vu plusieurs palmipèdes aux environs de l'île Diego-Alvarez ou Gough, en se rendant à Rio-Janeiro, la nature, en destinant ces différentes espèces d'oiseaux à vivre dans des contrées couvertes de neiges éternelles, et au milieu des glaces, leur accorda tout ce qui était nécessaire pour braver un climat rigoureux et des tempêtes presque continuelles. Un corps petit, en comparaison de sa grosseur apparente, est couvert d'un duvet très-serré et extrêmement épais, dont la surface est enduite d'une substance huileuse, que l'oiseau a l'instinct de renouveler constamment aux dépens de la quantité d'huile contenue dans son estomac. Cette huile lui donne aussi cette étonnante facilité à surnager au milieu des plus grosses lames, qu'on croirait toujours au moment de l'engloutir. L'extrémité postérieure de son corps, formée de plumes courtes et fortes, n'a que très-peu de développement. Des ailes très-longues, recourbées, peu fournies, mais mues par des muscles d'une force prodigieuse, donnent à ces oiseaux curieux la faculté de franchir avec vitesse des espaces immenses sans prendre de repos. Tout ornement semble banni de leur structure : le cou, gros et court, est surmonté d'une tête sans grâce, mais armée d'un bec fort et très-dur, capable de déchirer la peau des grands cétacés, dont on rencontre souvent les cadavres abandonnés aux flots.

« La vue de ces oiseaux d'espèces variées, se jouant dans le sillage du bâtiment et cherchant à y saisir, avec une admirable vélocité, les morceaux de biscuit ou de viande salée, seuls dons que la pénurie de nos provisions permit à notre générosité, venait parfois distraire notre imagination épuisée. La bonne intelligence qui régnait entre eux excitait toujours mon étonnement ; la petite et légère mouette blanche venait, en voltigeant, enlever impunément à l'albatros une partie de la proie que celui-ci, dans son vol majestueux, était parvenu à soustraire au pétrel, beaucoup moins gros, mais encore plus vorace que lui. Souvent, pendant le calme, reposés en grand nombre sur la mer auprès de la corvette, ils partageaient paisiblement, et sans que les faibles fussent opprimés, les aliments qui leur étaient jetés par les matelots. Quoique plusieurs palmipèdes, surtout les pétrels, vinssent souvent voltiger en dedans même de nos basses vergues, jamais les coups de fusils, chargés cependant avec de très-gros plomb, ne parurent leur avoir fait de blessures ; le bruit de l'explosion semblait les étonner ; ils s'éloignaient, mais revenaient un moment après. La maladresse des tireurs ou l'épaisseur de leurs plumes les avaient-elles garantis ? je ne puis le dire, mais j'en éprouvai un sentiment de satisfaction : j'aurais vu avec peine un de ces pauvres oiseaux, ayant une aile cassée, abandonné vivant sur cette mer qui l'aurait englouti. »

Anderson qui a examiné avec soin l'île Kerguelen, cite un pétrel de la plus grande espèce, et que les matelots anglais nommaient l'*Oie de la mère Carey* (*). « Il était si peu sauvage, dit-il, que nous le tuâmes d'abord sur la grève, à coups de bâton. Ce pétrel, de la grosseur d'une albatros, est carnivore, car il mangeait des phoques ou des oiseaux morts, que nous jetions dans la mer. Sa couleur est brune ; il a le bec et les pieds verdâtres ; c'est sans doute celui que les Espagnols appellent *quebranta uessos*. On trouve une figure de sa tête dans le voyage de Pernetti aux îles Malouines. »

Anderson vit aussi, outre l'albatros

(*) Dans les voyages de Cook on lit *Mother Carey's Goose*.

de la grande espèce qui est la plus commune, l'espèce grise qu'on rencontre ordinairement à la mer, dans les hautes latitudes australes, et une autre plus petite dont la tête est noire.

« J'ai vu, dit-il, deux espèces de nigauds, le petit cormoran ou la corbine d'eau, et un autre qui est noir dans la partie supérieure du corps, et qui a le ventre blanc, le même qu'on rencontre à la *Nouvelle-Zeeland*, à la *Terre de Feu* et à l'*île de Géorgie*.

« Nous trouvâmes aussi le goëland commun, des hirondelles de mer de deux espèces, et la poule du *Port-Egmont* ; ces derniers oiseaux étaient peu sauvages et en grand nombre.

« Il y a un autre oiseau blanc très-singulier, dont nous aperçûmes des volées entières autour de la baie. Il a la base du bec couvert d'un bourrelet de la nature de la corne (*). Il est plus gros que le pigeon. Il a le bec noir, et ses pieds, qui sont blancs, ressemblent à ceux du courlis. Quelques personnes de l'équipage le trouvèrent aussi bon que le canard. »

« On voit à Kerguelen beaucoup plus de pingouins que d'autres oiseaux; nous en avons remarqué trois espèces. La première et la plus grande a la tête noire, la partie supérieure du corps d'un gris de plomb, la partie inférieure blanche, les pieds noirs, et le bec rougeâtre. La deuxième espèce n'a guère que la moitié de la grosseur de la première. La troisième avait vingt-quatre pouces de longueur et vingt de largeur. La partie supérieure et le cou sont noirs, le reste est blanc, excepté le haut de la tête qui offre un arc d'un beau jaune, et qui finit de chaque côté en longues plumes molles que l'oiseau dresse comme une crête.

« Les deux premières espèces paraissaient en troupes sur la grève. Les plus gros de la bande se tenaient ensemble; mais ils se promenaient avec les autres qui étaient plus nombreux, et qu'on voyait à une assez grande hauteur sur les flancs des collines. Nous vîmes constamment ceux de la troisième espèce, séparés des deux premières, mais formant des volées nombreuses sur les parties extérieures du havre. Nous étions au temps de la couvée, et ils déposaient sur des pierres nues, un seul œuf blanc, et du volume de celui des canards. Tous ces pingouins, de quelque espèce qu'ils fussent, se montrèrent si peu sauvages, que nous en prîmes à la main autant que nous le jugeâmes à propos. »

Outre les pingouins, le capitaine baleinier américain que j'ai déjà cité, et le seul marin, peut-être, qui ait touché à Kerguelen depuis longtemps, m'a assuré y avoir vu des *manchots* (*aptedonytes*) palmipèdes ressemblant de loin au pingouin; mais les manchots ont leurs pieds munis d'un talon comme celui d'un quadrupède, et ils ont de plus un petit pouce dirigé en avant, caractère qui, joint à la forme de son bec, long et pointu, empêche de confondre ce palmipède avec un autre de cet ordre (voy. *pl.* 284).

Nous ajouterons à la description de l'île Kerguelen une partie de chasse aux albatros, aux pingouins et aux éléphants de mer, dont les détails sont fort curieux. Nous les devons à M. Earle, cet artiste voyageur dont nous avons rapporté les aventures à la Nouvelle-Zeeland (*).

CHASSE AUX ALBATROS, AUX PINGOUINS ET AUX ÉLÉPHANTS DE MER.

« La matinée étant très-belle, je sortis, accompagné de deux hommes, et je résolus de gravir la montagne la plus élevée, qui est comparable au pic de Ténériffe, puisqu'on l'aperçoit en mer à la distance de vingt-cinq lieues. Plusieurs groupes détachés avaient déjà pris les devants, et tracé un sentier dont nous nous efforçâmes de ne pas

---

(*) L'original dit *Horny crust* : est-ce le *Sheat-bill* de Pennant, décrit dans ses *Genera of birds* ?

(*) Il importe peu que la chasse se passe à Tristan d'Acunha, car elle aurait lieu de la même façon à Kerguelen ou ailleurs.

nous écarter, ce qui était difficile. Les flancs de la montagne sont presque perpendiculaires ; et, à partir de deux cents pieds environ, ils sont partout tapissés de bois taillis, ce qui rend la marche plus sûre. Mais, pour arriver jusqu'à ces bois, la route est si dangereuse, que la seule pensée m'en fit presque frémir : ce sont des rochers unis, glissants, souvent peu adhérents aux blocs principaux ; vous n'avez pour assurer votre vie contre ces piéges naturels que des touffes d'herbes qui vous restent souvent dans les mains, et si vous aviez le malheur de glisser ou de poser le pied de travers, vous iriez vous briser sur les masses de roches inférieures.

« Cependant, avec la précaution de regarder toujours en haut, jamais en bas, et de bien assujettir notre corps en nous prenant à de fortes touffes d'herbes, nous parvînmes, après une heure de fatigue, à gagner le sommet de la montagne, dont le plateau nu, sauvage, présente une plaine large de plusieurs milles, laquelle aboutit, en s'élevant, à la cime formée de pierres-laves nues, d'un gris sombre et d'un aspect profondément sauvage. Nous continuâmes à gravir cette *plaine* ascendante ; mais la marche était bien fatigante : c'était partout d'épaisses pousses de gazon ou de fougères très-hautes, qui nous cachaient des fondrières nombreuses. Un silence morne, un silence de tombeau régnait dans ces régions élevées ; mon oreille trouvait à nos voix une sonorité, un écho étrange, surnaturel, et il me semblait que nous revêtions des formes gigantesques.

« L'air se refroidissait d'une manière très-sensible ; en même temps, le paysage environnant prenait un aspect de plus en plus grandiose et sublime, qui nous écrasait. D'un côté, l'horizon immense chargé de nuées brillantes et argentées contrastait étrangement avec les nuages plus sombres et plus lourds qui nous enveloppaient en passant à côté de nous, et nous laissant à peine voir quelques lambeaux de paysages ; de l'autre, le pic aride, enveloppé en partie de sa cape de brouillards et de nuages, montrait à nu des blocs de pierres chauves. Tout cela était d'un effet prodigieux, gigantesque, et notre imagination voulait relever encore ce tableau colossal.

« Nous aperçûmes d'énormes albatros entourés de leurs petits, qui semblaient, dans ce lieu presque inaccessible, défier les chasseurs et les piéges. Cet oiseau est le plus colossal des oiseaux aquatiques. Son plumage est du blanc le plus éclatant et le plus pur, excepté sur le dos et au bout des ailes, où il est gris. Il ne pond qu'un œuf, auquel il forme un nid par terre en l'entourant d'une sorte de petit fossé. Le petit, une fois éclos, est encore une année sans pouvoir voler ; il est alors couvert d'un épais duvet blanc plus beau que le plus bel édredon du nord.

« Comme nous les approchions, ils produisirent un grand bruit en faisant claquer leur bec avec une rapidité étrange. Ce bruit et le contenu de leur estomac, qu'ils vomissent à volonté, sont leurs seuls moyens d'attaque et de défense. Mes compagnons firent un grand carnage des vieux, qui ont beaucoup de valeur pour leurs plumes : ils tuèrent, en les frappant sur la tête, tous ceux qu'ils purent approcher. Surpris à terre, ces oiseaux échappent assez difficilement, à cause de la largeur de leurs ailes, qu'ils ne déploient que sur un terrain très en pente. Or, nous les avions attaqués sur un plateau, et on n'eut pas de peine à joncher la terre de leurs cadavres. Un coup sur la tête les tue presque toujours immédiatement.

« Cinq mois plus tard, ajoute M. Earle, dans une seconde excursion, nous trouvâmes les petits que nous avions épargnés, encore installés sur leurs nids. Ils y sont nourris pendant un an par leur mère. L'aspect de ces oiseaux, ainsi nichés, est gracieux ; leur plumage est d'une grande beauté. Telle est la grosseur de ces albatros, qu'un seul suffit pour charger raisonnablement un homme. Comme on les écorchait à notre retour, je vis qu'ils étaient bien bardés de graisse, et ou me dit que cette graisse était excellente pour les fritures et autres usages alimentaires. Quant à la chair, elle est aussi délicate que l'agneau et d'un goût aussi fin.

« Outre les albatros, les chiens avaient chassé et pris quelques petits oiseaux de la grosseur de nos perdrix, mais qui ressemblent plutôt au pingouin. Le mâle est d'un noir luisant, et porte sur la tête une grosse crête d'un rouge très-vif; la femelle est brune. Ils se tiennent ordinairement bien droits sur leurs pattes d'un beau jaune et courent avec une grande rapidité; mais, en revanche, leurs ailes sont petites et ne leur servent point pour voler. Du reste, ils sont armés d'éperons solides pour se défendre, et peut-être aussi pour se tenir plus ferme au milieu des rochers en pente, où ils sont toujours. Les marins appellent cet oiseau coq, sans doute parce que le seul cri qu'il fasse entendre, forme le mot *coq* d'une manière assez distincte. La chair du coq est tendre, grasse et d'un goût exquis.

« Nos compagnons paraissaient enchantés de leur succès, bien qu'ils eussent encore à porter la charge énorme de leur gibier à travers de larges plaines, et par des sentiers difficiles et très-dangereux.

« Un jour, nous visitâmes ce qu'ils appellent un *fourré à pingouins*.

« Nous entendions le baragouinage des pingouins, bien avant de toucher à terre : c'était un caquetage très-bruyant. Des compagnies de pingouins volaient çà et là sur la grève; mais l'épais fourré de hautes herbes qui servait comme de chevelure au coteau semblait être leur quartier général, et nous ne pouvions les y distinguer, ne trouvant pas d'endroit où nous puissions amarrer notre bateau en sûreté; je me jetai à la nage avec deux des nôtres, ayant tous trois un sac attaché au cou pour y mettre les œufs, et le quatrième resta dans le bateau à distance convenable du flot.

« Je crois que l'espace de terrain occupé par cette caravane d'oiseaux (si je puis leur donner le nom d'oiseaux) a pour le moins un mille de circonférence. Partout ce terrain est couvert d'un fourré d'herbes plus hautes que des hommes, et vous voyez, sur tous les petits coteaux surmontés d'un pic de rocher qui domine la grève, des groupes de ces oiseaux au regard faux et singulier au delà de toute expression. Quant au bruit qu'ils faisaient avec leur ramage, il m'est impossible d'en donner une idée; cela est effrayant. Cependant il fallut bien pénétrer dans ces fourrés, au grand péril de nos pauvres oreilles. Mais comment décrire la scène qui s'offrit à nous? C'étaient des milliers, des millions de ces monstres bipèdes, rôdant et criant de tous côtés avec leur voix presque humaine, beuglant tous à la fois, et couvrant si bien la terre, qu'il était difficile de marcher sans en écraser quelqu'un. La forme de ces animaux, leurs curieux mouvements, et surtout leur voix d'homme, me déroutèrent, et je me crus transporté dans le royaume des pygmées. La régularité, l'ensemble de leurs mouvements, leur manière de se tenir par rangées, comme une armée dans un camp, me surprirent et m'amusèrent beaucoup.

Ces animaux ne bougèrent pas à notre approche, seulement leur épouvantable ramage redoubla. On fut obligé de les faire déguerpir de leurs nids, et ce ne fut pas sans une résistance désespérée de leur part, armés qu'ils sont d'un excellent bec. On avait donc à protéger sans cesse ses jambes et ses mains contre leurs coups, et pour cela, chacun des chasseurs s'était muni d'un petit bâton court. Les matelots prétendent que les pingouins crient et répètent toujours, pendant qu'on leur vole leurs œufs : *Cover em up! cover em up!* (lardez-les! lardez-les!) Et, dit M. Earle, l'on me croira si l'on veut, mais j'entendis ces mots si distinctement prononcés par plusieurs voix, que je me détournai plus d'une fois pour voir si je n'avais pas d'homme auprès de moi. »

Une chose étrange, c'est que ces bizarres animaux sont presque incessamment en guerre civile, ainsi que les éléphants de mer. Comme ils se tiennent toujours par rangées bien formées, bien alignées, celui qui se sent l'envie ou le besoin d'aller prendre un bain de mer est obligé de passer entre deux files; or tous les autres pingouins le lardent sur son passage, et il s'en tire quelquefois fort mal. Bien plus: tous ceux que nous faisions déguerpir de leurs nids étaient lardés par les autres en traversant les *rues* du fourré pour aller prendre rang.

Chaque femelle pond trois œufs, les couve, et quand les petits sont assez forts pour se rendre à la mer, ils y vont, et ne reprennent terre qu'au printemps suivant. Pendant la mauvaise saison, *la ville* ou le fourré est déserte, ce n'est plus qu'un amas de ruines; mais quand le soleil vient faire *repousser* les maisons, la population revient aussi et le ramage recommence.

« Après avoir subi les criailleries infernales et les coups de bec des pingouins, nous nous trouvâmes avoir ramassé un millier d'œufs, à peu près pareils, pour la forme, la couleur et la nature de la coque, aux œufs de cane, et il ne nous avait pas fallu plus d'une heure pour faire cette provision. Qu'on juge par là du nombre des *pondeuses!* Encore avions-nous fait notre excursion de très-bonne heure et avant que la ponte pût être complète, parce que, dans ce dernier cas, on est exposé aussi à rapporter beaucoup d'œufs couvés.

« Peu de jours après, dit le narrateur, j'eus occasion de voir de près des éléphants de mer. Dans la belle saison, ces éléphants viennent coucher le long des grèves, et ne s'effrayent à l'approche d'un homme que lorsque celui-ci vient les troubler. J'avais l'intention et le désir de peindre d'après nature un de ces animaux : c'est pourquoi je pris mon album, mon bagage de peintre, et je m'allai installer tout près d'eux, bien sûr que jamais modèles aussi impassibles n'avaient posé plus immobiles pour moi, habitués que sont ces éléphants à rester des semaines entières dans cet état d'engourdissement. Je n'avais qu'une précaution à prendre, c'était de leur jeter de temps à autre de petits cailloux par la tête, pour voir leurs yeux, en les forçant à s'éveiller. Mais, par bonheur, les mouches m'épargnèrent les trois quarts de la besogne : elles ne cessèrent de leur tourmenter les paupières et les narines, et je fis une excellente étude du groupe que j'avais sous les yeux.

« Ils me regardèrent d'abord avec une sorte d'étonnement, en soulevant leurs têtes colossales; mais comme tout était tranquille, et que je ne faisais aucun bruit, ils me prirent sans doute pour un rocher, et se disposèrent de nouveau à dormir. L'éléphant de mer est l'animal le plus informe qu'on connaisse. »

ARTISTE-VOYAGEUR ÉGARÉ DANS UNE ILE.

Voici dans ces parages la dernière et terrible aventure de M. Earle, dont nous devons le récit à M. de Sainson, artiste-voyageur, et homme d'esprit comme lui. « Un jour, dit-il, M. Earle demanda à accompagner les hommes de corvée. Muni de son album, il voulait rapporter quelques croquis des sites sauvages de cette terre, où jamais peintre n'avait mis le pied. L'artiste laissa donc les travailleurs sur la plage, et gravissant des blocs noirâtres, il découvrit des cavernes profondes, marcha d'un point de vue à un autre, toujours plus curieux, plus ardent à cette recherche, jusqu'à ce qu'enfin, arrivé dans une morne solitude, un effroi involontaire le saisit; un vague pressentiment d'abandon courut dans tous ses membres; il frissonna; puis, baigné de sueurs froides, courant à perdre haleine, il se précipita vers un pic d'où l'on découvrait la plage et la baie. Désespoir! La plage, animée tout à l'heure, retentissante de voix humaines, est désertée et muette! la baie est vide! plus de chaloupe, plus de navire! la mer seule, grossie, déchaînée, de calme qu'elle était, et au loin, bien au loin, le petit sloop, qui lutte contre la vague, et qui semble, avec son pavillon anglais, dire à la fois un adieu, et demander un pardon au malheureux qu'il abandonne.

« Longtemps l'artiste-voyageur resta cloué à sa place, l'œil fixe et hagard, les cheveux hérissés, résigné à périr. Le soir pourtant, il descendit vers le rivage y chercher un asile. Mais au versant d'un coteau (ses yeux le trompent-ils?) il aperçoit une cabane, une chaumière anglaise, avec sa haie bien taillée et sa barrière blanche. Les pots au lait brillent exposés sur un banc auprès de la porte; un chien aboie, et bientôt un homme accourt qui interpelle en anglais cet être tombé devant lui comme une apparition. Non, l'artiste n'a point rêvé! C'est un compatriote, c'est un caporal anglais, maître et seigneur de l'île, au nom de S. M. Britannique. On se parle, on s'explique, on s'embrasse, et M. Earle est accueilli sous le toit de son hôte. Bientôt arrivent une femme et un enfant, complément de la colonie; et l'artiste a une famille sur cette île qu'il croyait déserte.

« Il y vécut quatorze mois, soigné, consolé, nourri. Ses hôtes s'étaient habitués à leur vie solitaire. Ils se trouvaient heureux. Quelques bestiaux bien soignés qu'on échangeait à l'occasion contre du biscuit et du thé, un ménage pauvre, mais propre, une maisonnette close et abritée; telles étaient les ressources de cette petite colonie. Les nuits étaient longues, les soirées tristes. Le nouveau venu apporta la vie sous le pauvre toit. Il possédait son album, c'était tout! Pour payer une hospitalité généreuse, M. Earle apprit à lire à l'enfant, et bientôt, pour lui enseigner à écrire, il sacrifia les revers des pages de son album.

« J'ai vu ce précieux livre, riche des beautés sauvages et grandioses de cette île singulière. On eût dit que le désespoir du peintre avait jeté sur toutes ces scènes une teinte particulière de terreur. Il y avait quelque chose de saisissant à parcourir ces feuilles, où tout portait un si grand caractère; et puis les griffonnages informes de l'enfant tracés derrière ces beaux dessins, n'étaient pas la partie la moins intéressante de ce singulier recueil.

« M. Earle, à l'époque où j'appris les détails de sa bouche, avait encore un souvenir pénible de sa longue infortune : ses récits me représentaient cette île comme une terre désolée, solennelle, affreuse, où la nature a réuni toutes ses grandeurs les plus austères. Il me racontait ses courses toujours périlleuses à travers le chaos des rochers; ses chasses au phoque, où le caporal réalisait des prodiges d'adresse; et la guerre plus facile qu'il faisait aux pingouins, quand, sur le soir, ces oiseaux singuliers s'assemblaient comme en conseil sous une roche isolée, et se laissaient tuer à coups de bâton, immobiles et graves comme des sénateurs romains sur leur chaise curule. Peut-être la construction de ces palmipèdes les empêche-t-elle de prendre vivement leur essor à l'aspect du péril, et leur stupidité apparente tient-elle à leur appareil de vol. Habitants des régions polaires, les pingouins n'arrivent d'ailleurs dans ces latitudes que poussés par la tempête et fatigués de leur lutte contre le vent. On peut concevoir alors que les chasseurs en aient bon marché, et les assomment un à un jusqu'au dernier.

« Enfin, après quatorze mois d'exil, un navire relâcha dans l'île, et envoya un canot à terre. M. Earle obtint du capitaine une place à bord, et quitta l'île, après avoir embrassé ses hospitaliers habitants. »

Trente ans auparavant, cette terre sauvage et alors déserte avait été le théâtre d'une scène analogue à celle qui précède. Le savant botaniste du Petit-Thouars, de relâche sur l'île en 1793, s'oublia, dit d'Urville, à la recherche de quelques plantes, et, perdu dans les terres, il y passa une nuit sous un arbre. Le lendemain, s'y croyant abandonné, il commençait à reconnaître déjà quelles ressources elle pouvait offrir, quand une embarcation se détacha du navire pour venir le chercher. Le botaniste en fut quitte pour la peur. Cette île est par 37° 5' de latitude sud.

14° 22′ de longitude ouest (cascade). Elle est accompagnée de deux îles nommées par les Français l'*Inaccessible* et l'île des *Rossignols*.

ILES DÉSERTES.

Plus à l'ouest de la terre de Kerguelen, est le groupe de quatre petites îles, *Crozet* ou *Marion*, celles du *Prince-Edouard*, également désertes, et qui n'offrent aussi que l'affreuse nudité d'un rocher dépourvu de végétation. Elles appartiennent à l'Afrique, ainsi que *Diego Alvares* et *Tristan d'Acunha*, dont nous venons de parler, et enfin l'île *Bouvet*, située au sud de ces dernières îles.

En remontant de Kerguelen, à dix degrés vers le nord-est, nous aborderons les îles affreuses de Saint-Pierre et de Saint-Paul, et le groupe de Chagos, par la description desquels nous allons terminer notre *Océanie*.

ILE SAINT-PIERRE ou AMSTERDAM, ET ILE SAINT-PAUL.

Les îles Saint-Pierre et Saint-Paul, dont la première a aussi pris le nom d'Amsterdam, sont situées toutes deux sous le même méridien, distantes l'une de l'autre d'environ dix-sept lieues, et visibles, dans un temps serein, à vingt lieues en mer. Elles ont été l'objet d'une confusion singulière.

L'île Saint-Pierre ou Amsterdam est située par le 38° 30′ de latitude sud, et le 75° 28′ de longitude est. Elle est inhabitée. On n'y voit que de très-petits arbres. On y trouve des phoques, (lions-marins, appartenant au sous-genre *otarie*), des chiens marins, des baleines, des requins, des poissons et des mollusques, dont quelques-uns sans coquilles. Elle est formée d'une montagne conique, dont le sommet paraît être l'ouverture d'un cratère éteint. On croit qu'il existe dans cette île des lézards et même des renards.

L'île Saint-Paul, au sud de la première, est située par 37° 47′ lat. sud, et 75° 48′ de long. est. Elle est aride et inhabitée, d'un accès difficile, et n'est guère fréquentée que par des navires qui y vont faire la pêche aux phoques qui y sont en abondance. Il y a beaucoup de sangliers dans l'intérieur. Elle se présente sous la forme d'une montagne circulaire, creusée au milieu en forme de cratère; la mer, après l'écroulement d'une des parois, a pénétré dans ce bassin. L'étang ou la lagune qui en remplit le fond abonde en poissons et surtout en excellentes perches. Selon Van Vlamingh, habile navigateur qui, le premier, examina avec soin ces deux îles, des eaux thermales et des eaux ferrugineuses coulent parmi les laves, parsemées de quelques carreaux d'un beau gazon : cette description importante et digne de l'exactitude de ce judicieux observateur, a été dénaturée par quelques navigateurs et savants modernes. M. Barrow (*), égaré par l'auteur des cartes du voyage de Cook, a décrit fort au long l'île Saint-Paul sous le nom d'Amsterdam, et s'est étonné des changements qu'il a cru y observer. Le savant M. Beautemps-Beaupré, dans l'atlas d'Entrecasteaux, a donné six vues de son île d'Amsterdam, qui n'est autre que celle de Saint-Paul, ainsi que le prouve la comparaison des dessins qui se trouvent dans l'ouvrage de Valentyn (**). L'honorable M. de Rossel, rédacteur du voyage de d'Entrecasteaux, ne s'est pas aperçu de la transposition des noms, qui est cependant prouvée par la latitude où il place l'île. Horsburgh, Pinkerton et les géographes ont répété la même erreur.

HISTOIRE DE DEUX ÉCOSSAIS ABANDONNÉS DANS L'ILE DÉSERTE DE SAINT-PIERRE OU AMSTERDAM. INCENDIE DE CETTE ILE.

Un bâtiment anglais, la *Palmira*, approcha le 4 novembre 1827 de l'île Saint-Pierre, à une distance d'environ cinq milles de la côte. Les marins aperçurent une épaisse fumée, ce qui engagea leur capitaine à approcher autant que possible, dans la supposition que quelques naufragés avaient allumé

(*) Voyage à la Cochinchine, etc.
(**) *Ostindien*, t. IV, p. 63-70.

ce feu pour donner le signal de leur détresse. Arrivé à un mille de la plage, on distingua en effet deux hommes qui, debout sur une éminence, paraissaient guetter l'arrivée du bâtiment. On mit aussitôt le bateau en mer, et un officier s'y embarqua pour s'assurer de l'état de ces deux hommes, et aller à leur secours, s'il était nécessaire. Le bateau revint avec les deux étrangers.

Au premier aspect, leur extérieur inspirait la surprise et la compassion; ils portaient de longues barbes; les haillons de leurs anciens habits étaient raccommodés avec des peaux de phoques, dont le poil était tourné en dehors. Une peau de sanglier servait de haut-de-chausse à l'un d'eux; leurs souliers étaient faits aussi de peau de sanglier avec le poil en dehors. L'un d'eux, Jacques Paine, avait vingt-deux ans; l'autre, Robert Proudfoot, avait quarante-huit ans: tous deux étaient natifs d'Édimbourg; ils avaient vécu quatorze mois dans cette île.

Ils s'étaient embarqués à l'île de France sur le *Governor Hunter*, schooner d'environ soixante tonneaux, appartenant à la terre de Van-Diemen, et allant à la recherche des phoques. En septembre 1826, ce navire était arrivé à l'île septentrionale de Saint-Pierre ou Amsterdam (*). Ces navires ont la coutume de débarquer une partie des matelots dans les diverses îles où il y a des phoques, de venir les reprendre, quelques mois après, et d'embarquer l'huile et les peaux qu'ils se sont procurées dans l'intervalle.

Conformément à cet usage, un bateau fut envoyé par le schooner avec un sac de biscuit, quelques livres de farine et d'autres provisions, ainsi qu'avec un chaudron, un poêlon et une quantité considérable de sel pour saler

(*) Extrait de la Gazette de Calcutta. Nous l'avons rectifié, car l'île Saint-Pierre est nommée *Saint-Paul*, par suite de la confusion dont nous avons parlé, confusion qui dure encore.   G. L. D. R.

les peaux de phoques. C'était le soir: Paine et Proudfoot furent débarqués sur un point convenable avec les provisions. On trouva à terre deux cabanes assez bonnes, couvertes de gazon, qui avaient probablement servi de demeure à d'autres marins. Le bateau alla rejoindre ensuite le schooner, pour y prendre encore des provisions et quatre matelots. Cependant, à peine fut-il arrivé, qu'une forte brise s'éleva, le vaisseau fut poussé en mer, et on ne le vit plus. Les deux matelots se trouvèrent donc abandonnés à eux-mêmes. Le lendemain matin, en passant en revue ce qui leur restait de ressources, ils s'aperçurent que presque toute la provision de sel avait été anéantie par les vagues, et qu'aucun d'eux (circonstance rare parmi les matelots) n'avait un couteau. Paine avait laissé le sien dans sa veste à bord du bateau, et Proudfoot avait prêté le sien à un de ses camarades. Toute leur garde-robe se réduisait à ce qu'ils portaient sur eux. Ils ménagèrent assez leurs petites provisions pour les faire durer cinq mois; au bout de ce temps il leur fallut exercer leur sagacité pour acquérir leurs repas.

Dans cette triste position, ils durent veiller afin d'apercevoir quelque navire. Pendant le premier mois, ils en aperçurent en effet plusieurs, mais passant à une grande distance. Le dernier qu'ils virent, fut le *Hope*, qui se rendait à l'île de Van-Diemen; il approcha de la côte jusqu'à une distance de quelques milles, et envoya un bateau pour pêcher. Paine et Proudfoot accoururent et firent connaître leur position à l'officier: celui-ci leur répondit qu'à son retour au navire il prendrait les ordres du capitaine; mais les deux malheureux eurent bientôt la douleur de voir le navire continuer son voyage à pleines voiles. Cependant, comme les deux matelots n'avaient pas encore épuisé leurs provisions, ils ne désespérèrent pas de leur situation. Depuis ce temps jusqu'à l'approche de la *Palmira*, c'est-à-dire pendant un an, ils n'aperçurent plus un seul bâtiment. Le maître du schooner s'était trompé probablement d'île; il aurait dû faire pêcher à l'île méridionale, c'est-à-dire à celle de Saint-Paul, où on trouve les phoques en abondance, tandis que dans l'île où se trouvaient Paine et Proudfoot, ils ne purent s'en procurer que sept pendant les quatorze mois de leur séjour.

Ces deux matelots eux-mêmes crurent toujours qu'ils étaient dans l'île Saint-Paul, et ils regardèrent souvent du côté du nord pour découvrir l'île d'Amsterdam; ils s'étonnaient de ne point la voir, car pendant un temps serein on les découvre réciproquement. Ce fut d'autant plus fâcheux pour eux, que s'ils avaient pu passer à l'île Saint-Paul, ils y auraient trouvé des sources chaudes, d'une température assez élevée pour y pouvoir faire cuire des poissons, qu'on prend facilement dans une lagune du voisinage. John Henri Cox, qui visita cette île en 1790, vit le thermomètre, dans ces sources, monter jusqu'à cent quatre-vingt-dix degrés Fahrenheit; ses gens, dès qu'ils avaient pris le poisson dans la lagune, le jetaient dans les sources chaudes, où au bout de cinq minutes il était cuit.

Malheureusement, Paine et Proudfoot n'avaient pas cette ressource; ils ne possédaient même aucun outil. Cependant la Providence vint un peu à leur secours: ils trouvèrent sur les rochers une aiguille, un vieux couteau et un grand clou; ils firent de ce dernier un hameçon, et un vieux bout de câble leur servit à faire une ligne. Ils se mirent alors à pêcher; cependant la seule espèce de poisson qu'ils pussent obtenir de cette manière, fut celle que les matelots appellent le *trompette*; quant aux coquillages, ils ne prenaient que des lépas. Ce qui leur manquait le plus, c'était l'eau fraîche. L'île était dépourvue de sources; il fallait donc aller à la recherche des mares d'eau de pluie: quelquefois ils étaient obligés de courir plusieurs milles pour étancher leur soif.

Il y a dans l'île assez de sangliers; cependant nos deux matelots, pendant toute la durée de leur séjour, ne purent parvenir à s'en procurer plus de cinq. Ils avaient été obligés de poursuivre ces animaux à la course et de les abattre avec un bâton. Une fois, ils avaient pris quelques marcassins, qui ne purent se sauver aussi vite que la laie leur mère. Ce gibier fournit un banquet somptueux à nos deux ermites.

Pour compter le temps, ils faisaient chaque matin une marque au cerceau d'un tonneau.

Ils avaient été obligés de nettoyer le sol, en mettant le feu au *tusak* ou gazon haut et touffu qui embarrassait leur marche. Selon leur assertion, le feu gagna une grande partie de l'île et dura plusieurs mois.

Pour augmenter leurs ressources, ils essayèrent de faire un arc et des flèches, mais ils trouvèrent que les branches des buissons de l'île étaient trop cassantes pour cet usage. Ils ne purent donc subsister que de ce qu'ils prenaient à la main; faute de sel, ils ne pouvaient conserver leurs poissons, et ils avaient été obligés de s'habituer à manger sans aucun assaisonnement la nourriture qu'ils se procuraient. Plus d'une fois il s'était passé trois jours sans qu'ils eussent eu une bouchée à manger.

Ils avaient un briquet lors de leur débarquement, mais l'amadou fut bientôt consumé, et ils ne trouvèrent aucune substance végétale assez sèche pour le remplacer; aussi pendant la dernière partie de leur séjour, ce fut pour eux un objet bien important d'entretenir le feu de leur cabane, surtout pendant la nuit; car, si par malheur il s'éteignait, ils n'avaient aucun espoir de le rallumer; aussi ce feu sacré était le seul, ou du moins le principal sujet de leurs querelles; en effet, le plus jeune était grand dormeur, Proudfoot était le plus souvent obligé de veiller sur l'âtre. Toutes les fois qu'ils allaient ensemble un peu loin de la cabane, ils avaient soin de le couvrir d'un amas de gazon terreux; quelquefois même, pour plus de sûreté, ils emportaient de la tourbe allumée.

Selon *Horsburgh*, cette île a environ douze milles de circonférence; cependant les deux matelots croient qu'elle en a environ vingt, ayant employé une journée entière pour en faire le tour. Ils gravirent un jour le pic le plus élevé de l'île, et s'assurèrent que c'était le cratère d'un volcan de plus de cent yards de diamètre, et si profond qu'on n'en pouvait sonder l'abîme. L'île (*) ne produit rien de mangeable, excepté du persil qu'on y trouve en grande quantité. Le sol est couvert d'épaisses broussailles et d'herbes ; pour coucher et se couvrir la nuit, les deux matelots n'avaient que de l'herbe sèche.

Dans les mois d'hiver il ne tomba pas de neige ; mais il y eut constamment de la grêle et du verglas ; il y fit extrêmement froid. Leur santé fut heureusement très-bonne, et le seul accident qui leur arrivât, ce fut une chute que Proudfoot fit dans un précipice et qui le blessa à l'épaule, ce qui le força de rester couché pendant quatre mois.

Les seuls oiseaux dont ils pussent s'emparer, étaient des pétrels (*porcellaria*), et des *neiges*, qu'ils prenaient dans des creux, et dont la chair avait un goût de poisson. Ils tuaient quelques sangliers coriaces et sans aucune graisse. Les albatros pondaient leurs œufs dans les plus dangereux escarpements des roches, en sorte qu'il n'y avait pas moyen de s'en emparer.

Le 4 novembre, enfin, ils aperçurent avec la plus vive joie la *Palmira* : voyant le navire approcher, ils descendirent précipitamment au rivage, et allumèrent un feu aussi grand qu'ils purent, pour donner avis de la présence d'êtres humains dans cette île. Quand ils virent la *Palmira* arborer son pavillon, leur joie fut au comble, et ils espérèrent que leurs malheurs touchaient à leur fin. Cependant les jusants de la mer rendaient l'abordage dangereux ; aussi l'officier du bateau se contenta de héler les deux matelots. Quand ils entendirent sa voix, Paine reconnut celle de son ancien contre-maître ; ils avaient heureusement un câble assez long pour le jeter jusqu'au bateau. Par ce moyen ils l'amenèrent à terre, et furent enfin délivrés.

AVENTURES DU CAPITAINE PÉRON.

Le capitaine Péron, Français, a aussi cruellement souffert sur cette terre stérile ; des angoisses longues et cruelles l'attendaient sur les âpres rochers de Saint-Pierre ou Amsterdam (*). Le sol de cette île, dénué de presque toute végétation, jonché de roches écroulées et coupé de montagnes calcinées qui portent toutes les apparences d'éruptions volcaniques, n'a, selon lui, pour tous habitants que des loups marins (**), qui abordent à certaines époques de l'année par troupes très-nombreuses, et dont les peaux sont fort estimées dans le commerce. C'est dans ce misérable séjour que notre aventureux capitaine consentit à rester avec quatre matelots sous ses ordres, dans l'espoir de recueillir une abondante cargaison de ces peaux de loups marins (*lisez* : lions marins). Il avait été convenu avec son associé le capitaine Owen que leur navire viendrait les reprendre dans quinze mois, et il leur avait été laissé des vivres à peine suffisants pour cet espace de temps ; mais quarante mois s'écoulèrent sans qu'ils entendissent parler du capitaine Owen, et ce ne fut qu'à un autre qu'ils durent enfin le bonheur d'être arrachés à cette affreuse captivité.

Les occupations de la chasse et du dépècement des lions marins sembleraient avoir dû remplir tout cet intervalle de temps, et ne présenter aucun événement notable ; mais il en est tout autrement ; l'existence, durant

---

(*) On ne doit pas oublier que les noms et les positions des deux îles sont rectifiés dans ce récit par l'auteur de l'Océanie.

(*) Nous avons fait la même rectification dans ce chapitre que dans le précédent.

(**) Le capitaine Péron veut parler sans doute des *lions marins* ou phoques à crinière, qui appartiennent au sous-genre des *otaries*, car les loups de mer ou *anarrhiques* habitent les mers du Nord et surtout les côtes du Groënland.   G. L. D. R.

trois ans, de cette colonie de cinq hommes offre le véritable tableau des terribles divisions qui agitent les plus grandes sociétés.

Les premiers temps furent employés à se construire une hutte et à s'arranger dans ce nouveau séjour, comme Robinson dans son île, et tout y alla assez paisiblement. Mais quand les vivres furent épuisés, que la misère se fit vivement ressentir, alors la discorde se mit entre eux. Des quatre matelots qu'on avait donnés au capitaine, deux étaient Anglais et deux Français. Les deux Anglais mécontents, comme on le devient presque toujours de toute espèce de chef, se liguèrent contre le capitaine, et se mirent en pleine révolte contre lui. Une scène violente qu'il eut avec l'un d'eux en fut le signal. Quand il vint à se présenter pour rentrer dans la hutte qui était la demeure commune à tous, ils s'avancèrent à sa rencontre, armés de couteaux, se précipitèrent sur lui et le frappèrent de plusieurs coups, avec un acharnement dont il aurait infailliblement été la victime, sans le secours de l'un des Français, nommé Gaudin, qui lui était dévoué, et qui le dégagea des mains de ces forcenés. L'autre Français, nommé Goujon, quoiqu'il eût aussi quelquefois manifesté du mécontentement, fut tellement indigné de cet horrible attentat, qu'il ne balança pas à se ranger de son parti; mais les Anglais, maîtres de la hutte, l'étaient aussi des armes, des munitions, et par là de toute l'île; il n'y avait pas moyen de leur faire la loi. Heureusement que, malgré les blessures que M. Péron venait de recevoir, il avait eu la présence d'esprit de s'enfuir vers le canot et de s'en emparer. Il y recueillit ses fidèles compatriotes, et tous trois s'en allèrent établir leur domicile dans une caverne séparée de la hutte par une baie qui s'avance dans l'île. On peut juger du redoublement de gêne et de privations qu'ils eurent à éprouver dans cette demeure insalubre, se trouvant dépouillés du peu de ressources qu'ils possédaient. Réduits à vivre de quelques poissons, ils traînèrent longtemps le sort le plus déplorable. La force leur manquant, ils recoururent à la ruse. Il fut convenu que Goujon, qui avait quelquefois partagé le mécontentement des révoltés, se rendrait auprès d'eux comme pour se rallier à leur parti, en se plaignant de mauvais traitements que le capitaine aurait exercés contre lui; il rentrerait par cette feinte dans leur confiance, tâcherait de s'emparer de quelque arme, ôterait les pierres des fusils, et, à un signal qu'il donnerait du haut de la montagne, on fondrait sur eux. Ce stratagème réussit, mais il ne fallut pas moins de deux mois pour l'accomplir. Voici de quelle manière le capitaine Péron rend compte de l'action décisive qui termina cette guerre civile, et renversa l'usurpation des insurgés de l'île Saint-Pierre :

« Deux mois se passèrent, dit-il, sans avoir aucune nouvelle de notre émissaire. Avait-il manqué de courage ou de loyauté? avait-il succombé sous les coups de nos ennemis? telles étaient les questions que Gaudin m'adressait, et que je lui répétais moi-même.

« Le signal convenu entre nous était que Goujon se montrerait sur le point de la montagne qui dominait notre retraite, et d'où nous pouvions l'apercevoir, et qu'en cas de succès il ôterait son habit.

« Le bienheureux jour arriva; le signal fut donné; Gaudin et moi nous courons, nous nous précipitons vers le canot, nous ramons avec la rapidité de l'éclair, et nous arrivons auprès de Goujon. Il me remet mon sabre, les pierres de mon fusil, et un poignard fabriqué par les Anglais. Sans perdre de temps en vains compliments, nous marchons droit à la hutte; car de la conquête de la hutte dépendait celle de l'île.

« Godwin et Cook (les deux Anglais) étaient sans armes; le sabre à la main, je les somme de se rendre. Leur premier mouvement est de se saisir de mon fusil; mais lorsqu'ils eurent reconnu que cette arme ne pouvait plus leur servir, ils se jetèrent à mes pieds, pâles comme le criminel à l'aspect de la potence.

« Je laissai quelque temps mes ennemis dans cette position; mais il fallut en finir. Après une semonce énergique, je leur pardonnai, toutefois à la condition qu'ils se retireraient immédiatement dans la cave qui nous avait servi de résidence, et qu'ils ne franchiraient pas les limites que je leur indiquai.

« Pendant l'interrègne, les rebelles avaient hissé le pavillon rouge, prétendant que l'Angleterre étant en guerre avec la France, tous les liens étaient rompus entre nous. J'ordonnai à l'un d'eux d'abattre ce signe de révolte, et cela fait, je leur montrai la route et ils partirent. »

Ainsi finit la première guerre dont Saint-Pierre ait été le théâtre. Elle ne coûta la vie à personne; mais, ainsi que dans les grands États, elle fut féconde en misères et en calamités.

La clémence n'amollit pas le cœur des coupables; quelque temps après, du bruit s'étant fait entendre à plusieurs reprises du côté de leur résidence, on y fit une perquisition, et une espèce de lance qu'on leur trouva, qu'ils étaient parvenus à former avec une lame de couteau, annonça que leurs desseins étaient hostiles.

Le spectacle de pareilles discordes, entre gens qu'un malheur commun aurait dû rapprocher et unir comme de bons frères, est sans doute fort affligeant; mais nous n'y voyons pas toutefois un motif d'accuser, comme on l'a fait souvent, l'espèce humaine d'une perversité naturelle; les passions turbulentes qui les produisirent, sont bien plutôt l'ouvrage de nos sociétés que de la nature.

Un bâtiment anglais, qui passa dans ces parages, vint enfin enlever à leur fatale destinée M. Péron et ses compagnons; mais, comme si tout avait dû être malheur pour lui dans cette malencontreuse expédition, ce bonheur même ne fut pas sans quelque peine, car il fut obligé de laisser deux mille sept cents peaux de lions marins qui lui avaient coûté si cher à amasser, le navire n'ayant pu ajouter ce surcroît à son chargement.

GROUPE DES ILES CHAGOS ET ILE FUYANTE.

Nos lecteurs nous permettront une réflexion, en passant. Il n'est pas impossible qu'on trouve entre les îles de Saint-Paul et de Saint-Pierre ou Amsterdam, et le groupe des petites îles Diego-Garcia ou Chagos (dont la plus importante est occupée par quelques colons de l'île de France), la fameuse île de *Juan de Lisboa*, dont l'existence incertaine a été, jusqu'à ce jour, le but des recherches de tant de navigateurs, et des travaux des plus grands géographes et hydrographes, tels que d'Anville, Buache, d'Après et Horsburgh. Dans ce cas, l'île Juan de Lisboa serait, ainsi que les îles Chagos qui sont situées entre les 4° 30' et 7° 27' de lat. sud et le 68°53' et 70° 20' de long. est, serait comprise, dis-je, dans les limites de notre Océanie, et réunie à la Malaisie avec le groupe de Chagos. Les îles Chagos ne paraissent être qu'un banc de madrépores, recouverts d'une légère couche de terre.

COLONIES OCÉANIENNES OU PLUTOT MALAIES.

Nous avons dit dans notre *Tableau général de l'Océanie*, que nous considérions comme colonies océaniennes, ou plutôt malaies, en souvenir du peuple principal de la première et de la plus importante division de la cinquième partie du monde, et qui les a fondées, 1° *Malekassar* (improprement nommée Madagascar), 2° la presqu'île de *Malakka*, et 3° l'île *Thaï-Ouan*, que les Européens nomment *Formose*.

PREMIÈRE COLONIE.
ILE MALEKASSAR OU MADAGASCAR.

Nous ne donnerons pas ici la description de ce riche pays; nous ne parlerons ni de ses mœurs, ni de son histoire; cette tâche a été remplie avec soin par M. Charlier. Nous nous contenterons d'établir en fait que les habitants de la grande île de Malekassar, improprement nommée Madagascar, sont en partie originaires de l'Océanie; et pour prouver ce fait, il nous suffira d'établir l'analogie qui existe entre leurs langues.

La numération en usage chez les Malais est employée avec une faible altération par les Malekasses.

Quoique le malekassan ressemble plus à la langue polynésienne qu'au malayou, toutefois elle offre les plus grands rapports de prononciation et même de signification avec plusieurs langues océaniennes, et en particulier avec la langue malaie, surtout avec les dialectes javanais et timorien, par la construction des mots composés et dérivés.

En admettant le foyer primitif des peuples de l'Océanie, et en particulier des Polynésiens, dans l'île immense de Kalémantan ou Bornéo, chez les Dayas, et principalement chez les Dayas marouts et idaans qui habitent le nord de cette grande terre, la difficulté principale serait levée; la langue malekassane, ainsi que la polynésienne, deriverait de ce point central. Ainsi un grand peuple océanien se serait répandu d'un côté, de Kalémantan (Bornéo) à Vaïhou (île de Pâques), qui se rapproche de l'Amérique, c'est-à-dire, deux mille cinq cent vingt lieues à l'est; de Formose, (qui touche aux empires japonais et chinois); et de Haouaï (îles Sandwich), au nord, jusqu'à l'extrémité de la Nouvelle-Zeeland, au sud, environ dix-huit cents lieues; et enfin de Kalémantan à Malekassar (Madagascar), c'est-à-dire de quatorze cents lieues à l'ouest, près du continent de l'Afrique.

On conçoit sans peine que les révolutions, les migrations et le mélange des peuples, ont dû introduire des modifications plus ou moins grandes dans les langues. Nous pensons néanmoins que la langue polynésienne vient de la langue daya, ainsi que le malekassan.

Disons un mot de l'origine des peuples malekasses. Ils sont partagés en trois races : la blanche, d'origine asiatique; la noire, qui vient des Cafres et peut-être des Papouas; et l'olivâtre, qui est évidemment à nos yeux la race daya. Les navigations des Bouguis et des Mangkassars, dans la Polynésie et la Mélanésie, ne doivent-elles pas nous encourager à croire aux navigations bien plus faciles d'Anyer, et des côtes de Java ou de Soumâdra, dans un des beaux ports de Malekassar (Madagascar)? Si les anciennes traditions des peuples de Kalemantan et de Malekassar nous étaient connues, l'énigme serait bientôt expliquée. De telles recherches sont faites pour stimuler les voyageurs qui auraient le courage d'explorer l'intérieur de Kalemantan, et d'étudier chez les Malekasses les origines de ces braves et intelligents insulaires.

DEUXIÈME COLONIE.

MALAKKA (MALACA.)

C'est une presqu'île de la péninsule transgangétique. Elle est située entre les 1° 15' et 10° 35' de latitude nord, et les 100° 40' et 103° 20' de longitude est. Elle est séparée par une chaîne de hautes montagnes qui la divise en deux parties à peu près égales. Dans cette presqu'île, il faut nommer la province de Malakka qui appartient aux Anglais, et qui, avec les îles de Pinang et Singbapora, relèvent, depuis 1830, de la présidence de Calcutta (Bengale). Nous n'avons à parler que de la province. Elle est bornée au nord par l'État de Salengor, à l'est par celui de Pahang, au sud-est par celui de Djohor, et au sud-ouest par le détroit de Malakka. La ville de ce nom, située sur une petite rivière et sur la côte occidentale de ce détroit, est gouvernée par un résident anglais, et est le siège d'un évêque portugais, dépendant de l'archevêque de Goa, primat de l'Inde portugaise. Le fort hollandais était détruit quand nous avons relâché dans cette triste rade : il gisait par le 2° 12' de latitude nord, et le 99° 54' 36" de longitude est. La *ville chinoise* est située sur le bord opposé de la rivière. Malakka n'a pas de port, mais une assez grande rade : elle est fort déchue de son ancienne splendeur; mais son climat est salubre. Outre les Malais, on y trouve un grand nombre de

Chinois et bon nombre d'Hindous, quelques Portugais catholiques et protestants, des Hollandais et des Anglais. On y a établi un collége anglais-chinois, qui possède une bibliothèque assez curieuse, et une imprimerie chinoise et anglaise. Le détroit de Malakka est un canal qui sépare la presqu'île de l'île de *Soumâdra* (Sumatra). Ses limites sont depuis le 1° 5′ jusqu'au 5° 45′ de latitude nord, et il a environ deux cent douze lieues de long sur soixante-dix dans sa plus grande largeur. On peut considérer le détroit de Sincapour (*Singh'apora*) comme la queue orientale de celui de Malakka. Près de l'entrée de celui-ci est situé le fatal écueil de *Pedra-Branca*, sur lequel l'auteur a naufragé à bord du *Dourado* à son retour de Chine, et y a perdu ses précieuses collections, le journal complet de ses voyages, et les manuscrits divers, résultat des travaux de sa vie entière.

Nous ne parlerons pas des peuples des États de Malakka, qui n'appartiennent pas à la race malaie. Les Malais sont venus de la Malaisie pour s'établir dans cette presqu'île, loin d'en être originaires. Ce peuple dont nous avons trouvé l'origine sur la côte occidentale de Kalémantan ou Bornéo, colonisa, dans des temps reculés, l'île de Soumâdra (Sumatra), et établit un foyer remarquable de sa civilisation dans l'intérieur de cette île, au pays de *Menang-Karbou*, entre les rivières de Palembang et de Siak, et répandit une longue prospérité dans cette grande terre. Les Malais durent, en partie, leur civilisation aux Télingas, aux Chinois et aux Arabes. Vers l'an 1160 de l'ère vulgaire, un de leurs chefs, appelé *Sri-Touri Bouwana*, qui se prétendait issu d'*Alexandre le Grand*, vint s'établir, à la tête d'une colonie, sur la presqu'île opposée, dite *Oujoung Tanah*, qui prit alors le nom de *Tanah malayou, Terre malaise*. Les nouveaux habitants furent nommés *Orang debowah ang'inn* (hommes de dessous le vent). Ces émigrés, ayant fondé la ville de *Singh'apora* (ville du lion), inspirèrent de la jalousie aux princes de Majapahit. Sri-Touri Bouwana mourut en 1208. *Iskander Châh*, le troisième de ses successeurs, pressé par les troupes de Majapahit, après trois ans de combats successifs, se retira au nord en 1252, et alla fonder la ville qu'il appella *Malakka*, du nom malai du *myrobolan*, fruit d'un arbre toujours vert, qu'on fait sécher comme la prune, à qui il ressemble par la grosseur, et qui se trouve en abondance dans les environs de cette capitale. Iskander Châh mourut en 1274.

Tels sont les seuls détails que l'on possède sur l'histoire générale des Malais. Nous ignorons jusqu'à quel point on peut ajouter foi à cette chronologie, parce que la ville de Majapahit n'était pas encore fondée au treizième siècle de l'ère chrétienne, et que, par conséquent, il y a un anachronisme dans leurs fastes.

Un fait positif, c'est qu'en 1276 Mohammed-Châh embrassa l'islamisme, et étendit son empire sur la péninsule et sur plusieurs îles adjacentes.

La langue malayou, une des langues les plus étendues et une des plus harmonieuses du monde, est parlée dans toute sa perfection à Soumâdra où elle s'est perfectionnée; mais c'est principalement dans le pays de Reddak qu'on la parle avec le plus de correction et d'agrément; c'est de là qu'elle a été transplantée dans la presqu'île de Malakka, où elle a conservé une assez grande pureté. Les Malakkans emploient en outre la numération des Malais, mais la langue est loin de s'étendre à toute cette contrée. Déjà dans la région montueuse de la presqu'île, on ne parle plus celle des vainqueurs, mais un grand nombre d'idiomes d'une nature opposée.

TROISIÈME COLONIE.
ILE THAÏ-OUAN OU FORMOSE.

L'île Formose paraît avoir reçu ce nom des Portugais les premiers d'entre les Européens, qui la connurent. Les Chinois la nomment *Thaï-Ouan*, qui signifie *baie des hautes cimes*. Elle est située au sud-est de la Chine, entre la mer de Corée, le grand Océan et la mer de Chine. Elle est séparée du continent vers le nord-ouest, par le canal de son nom, large d'environ trente lieues, et est comprise entre 21° 55' et 25° 20' de latitude nord, et entre 117° 52' et 119° 57' de longitude est. Elle est traversée du sud au nord par une chaîne de montagnes, nommée *Ta-Chan* (*grande montagne*), qui la divise naturellement en partie orientale et en partie occidentale.

Nous voyons dans les *Lettres édifiantes* que l'île Formose n'était pas connue des Chinois, avant 1430. C'est une erreur, car nous trouvons dans plusieurs livres chinois, que sous les *Han*, c'est-à-dire, un peu avant l'ère chrétienne, elle était comprise dans le *Man-Ty*, ou pays des barbares méridionaux.

Thaï-Ouan forme un département (*fou*) de la province de *Fou-Kian*, car elle est située en face de cette partie orientale de l'empire chinois. D'après le recensement fait dans tous les États du *céleste empire* (*), la dix-huitième année de l'empereur Kia-King, correspondant à l'année 1813 de l'ère chrétienne, la population des indigènes de Thaï-Ouan, pour la partie chinoise seulement, était de 1748 individus (voy. la Statistique de l'empire chinois, par D. de Rienzi, dans la *Revue des deux mondes*, novembre 1831). Quelques parties de cette île ont appartenu aux Japonais, aux Portugais, aux Hollandais, et maintenant aux Chinois, qui en occupent la côte orientale : les indigènes indépendants possèdent le reste. Cette île a été longtemps l'objet de sanglantes contestations entre les Hollandais, les Portugais, les Japonais et les Chinois, et une insurrection y a éclaté naguère.

La partie de Formose appartenant aux Chinois, qui y ont un gouverneur et dix mille soldats, forme le district de la ville de Thaï-Ouan, qui, pour cette raison, peut être considérée comme le chef-lieu de l'île entière, et qui mérite, par son climat, son sol et ses productions, le doux nom de *Formosa* (belle) que lui donnèrent les Portugais.

Les habitants de cette île semblent être un mélange de Chinois, de Malais et de Japonais. Nous en avons vu quelques-uns à Manila. Le Hollandais Valentin donne même à entendre qu'on trouve dans cette île des noirs d'une haute taille.

Nous n'avons pas à nous occuper ici des Chinois ni des Japonais, mais seulement des Formosans d'origine malaise. Ceux-ci habitent des huttes de bambous : ils n'ont ni chaises, ni tables, ni lits, ni aucun meuble. Ils couchent sur des feuilles d'arbre; leurs ustensiles sont en cuir de cerf; un fourneau de terre de deux pieds leur sert à faire la cuisine; leur nourriture ordinaire est le riz et le gibier qu'ils mangent à demi cru; leur habillement consiste en une simple toile dont ils se couvrent depuis la ceinture jusqu'aux genoux, ce qui rappelle le *sarong* des Malais. Ils se noircissent les dents, portent des bracelets, et sont dans l'habitude de se tatouer. Leurs armes sont des flèches, des arcs, des javelots. Ils sont d'une agilité surprenante, au point qu'ils courent le cerf eux-mêmes et l'attrapent vivant. Les Chinois, pour expliquer cette agilité, prétendent qu'ils se serrent les genoux et les hanches jusqu'à l'âge de quinze ans. Les marins de l'*empire du centre* (*), les sujets du *fils du ciel*(**), les accusent d'anthropophagie.

Leurs chefs sont des vieillards qui gouvernent chaque village d'une manière patriarcale. Ils récompensent les chasseurs adroits, punissent les criminels, et ont seuls le droit d'autoriser le tatouage, ce qui prouve que le tatouage à Formose est une distinction comme dans les îles polynésiennes, et qu'il caractérise le mérite des individus. Le teint et la conformation des Formosans rappellent entièrement le caractère physionomique des Bouguis et des Po-

(*) Nom que les Chinois donnent à leur pays.

(*) Ou *du milieu;* on désigne ainsi l'empire chinois.
(**) Titre des monarques chinois.

lynésiens, et nous les croyons issus de ces peuples. Enfin leur langue, à laquelle on donne le nom de sidéian ou thaï-ouan ou formosan, dérive également du malayou et du polynésien. La numération de ce peuple est, à peu de chose près, la même que celle des Malais.

CONCLUSION DE L'OUVRAGE, ET RÉSUMÉ DES DÉCOUVERTES ET TRAVAUX DE L'AUTEUR SUR L'OCÉANIE.

Nous avons enfin achevé notre ouvrage de l'*Océanie*, en trois énormes volumes (formant la valeur de douze volumes in-8° ordinaire, et contenant trois cent quatre gravures, plusieurs cartes géographiques, morceaux de musique, tableaux polyglottes, inscriptions, etc.), et nous l'avons traité avec toute l'exactitude dont nous sommes capable. Grâce à nos voyages (*) et à

(*) Voici la rectification de quelques erreurs insérées à ce sujet dans plusieurs écrits. Le Voyage pittoresque autour du monde, après avoir cité quelquefois l'auteur de l'*Océanie*, dit : Mr G. L. Domeny de Rienzi, célèbre voyageur, auteur de l'*Océanie*, est Italien : c'est une erreur, M. de Rienzi est Français, d'origine romaine. Trois journaux l'ont confondu avec M. Derenzy, auteur irlandais, et MM. de Reneey et du Raincy, Français ; la France littéraire de M. Quérard et l'Almanach royal l'ont aussi confondu mal à propos avec M. A. Renzi, Italien, auteur d'une brochure sur Spartacus, d'une notice sur M. Salfi, et membre de l'institut historique, ainsi que lui. Hélas ! M. D. de Rienzi est le seul aujourd'hui qui porte ce nom et qui descende directement du Tribun, ainsi qu'il conste par les généalogies italiennes et françaises, les biographies Boisjolin, Michaud, Sarrut et Saint-Edme, l'Histoire d'Italie depuis Constantin, et tant d'autres ouvrages. Le savant M. Huot a reproché à son ami M. de Rienzi deux erreurs dans les notes des pages 9 et 75 de son XIIe volume du précis de géographie de Malte-Brun : ce sont deux erreurs typographiques de deux chiffres qui sont rectifiées dans l'errata du IIIe vol. de l'Océanie. Plusieurs écrits français et étrangers, entre autres *le Pilote* de 1819, l'*Aristarque* de 1820, et la Revue des deux mondes, novembre 1831, lui ont prêté plus de voyages qu'il

nos recherches, et surtout à celles des voyageurs, navigateurs, hydrographes

n'en a fait : il répudie tout ce qui est au delà de la vérité. Il n'a pas parcouru cent vingt mille lieues sur mer et sur terre, ainsi qu'on l'a avancé trop légèrement : un sixième de moins suffirait encore. Il a passé six fois la ligne, sept fois le tropique du Cancer et deux fois celui du Capricorne ; mais il n'a pas dépassé en Océanie le 14° lat. sud et le 136° long. est ; en Amérique le 104° long. ouest et le 8° lat. sud ; le 48° lat. nord dans l'Asie occidentale ; le 35° lat. sud de l'Afrique, et le 60° lat. nord en Europe (îles Shetland). Mais la France littéraire de M. C. Malo a commis une erreur typographique à son sujet : au tome IV, p. 650, au lieu de la Nouvelle-Hollande, il faut lire la Nouvelle-Galles du Sud.

L'auteur de l'*Océanie* doit en outre réclamer ici contre les trois ouvrages intitulés : *Le Petit prophète*, *Mon début* et *Tableau de la France*, qu'on a imprimés sous son nom, mais loin de lui, et qui, sauf quelques pages, ne contiennent que des choses qui ne lui appartiennent pas, et dont plusieurs sont fort opposées à ses opinions. Enfin il réclame contre quelques articles du *Singapore Chronicle* sur la chronologie, les hiéroglyphes de l'Égypte et les inscriptions cunéiformes de la Perse, qui ont paru sous le titre de *Philological and oriental Researches*. Le traducteur qui les fit passer du français en anglais, y introduisit pieusement et par négligence un titre et quelques erreurs qui ne se trouvent pas dans le texte original de Mr D. de Rienzi. Il a à se plaindre aussi de quelques erreurs à son égard dans l'avis et réclamation d'un naufragé, dans deux épîtres à lui adressées par M. Durand d'Holbensey et M. l'abbé B......, dans les notes de son *Coup d'œil sur l'Europe*, dans *le British monitor*, dans le journal *La Constitution* de 1830 (n° 221), dans deux ou trois gazettes de l'île Bourbon, dans *Le Nouvelliste*, 25 septembre 1832, etc. Le Nobiliaire de France (S. A.) a mis dans les armes de sa famille un glaive en pal : il faut lire un faisceau en pal, brochant sur les clefs ; enfin la Biographie des hommes vivants de MM. Michaud, contient une erreur au sujet de l'auteur de l'*Océanie*. En revanche, plusieurs recueils ont oublié de mentionner le Fragment de l'histoire, de l'origine et des mœurs des peuples de l'Asie centrale et de ceux des îles de la mer du Sud, brochure qu'il a publiée à Calcutta ;

et géographes qui nous ont précédé, ou qui suivent aujourd'hui la même carrière que nous, nous avons conduit nos lecteurs aux côtes de l'Afrique, sur le continent de l'Asie, près de cet empire chinois qui fixera longtemps l'attention des savants, et non loin de la côte occidentale de l'Amérique; de là à nos antipodes et jusqu'aux îles les plus reculées des mers voisines du pôle austral, empire des glaces, du deuil et de la mort. Les colonies des Européens dans l'Océanie, les colonies même des Océaniens ont été l'objet de nos observations. Nous avons décrit dans les moindres détails les mœurs étranges, les coutumes peu ou point connues de tant de nations et de peuplades plus ou moins civilisées, plus ou moins sauvages. Nous avons traité, en outre, l'histoire naturelle, les langues, la religion, et même la musique et la poésie des principaux peuples de ces contrées. Enfin nous avons cherché à épuiser notre sujet, de manière que cet ouvrage tînt lieu de tous les livres qui existent sur les diverses parties de l'Océanie. Nous avons fait connaître un grand nombre d'îles dans l'archipel de Soulong (Sooloo), où nous en avons découvert trois, dont une porte notre nom. Aucun voyageur, avant nous, n'avait distingué les deux races noires de la Mélanésie, ni décrit quatre variétés d'hommes que nous avons trouvées dans la Malaisie. Aucun n'avait décrit les merveilles de la mer de la Micronésie et de la mer des Moluques. Nous avons nommé et classé les divisions et subdivisions de l'Océanie entière, et spécialement quelques archipels et un bon nombre de groupes d'îles de la Polynésie. Nous osons dire qu'il nous a fallu refaire en partie la géographie et l'ethnographie de l'Océanie, où l'on trouvait tant d'erreurs et d'incertitudes; et, bien que nous ayons peu employé le moi, nous avons le premier décrit, dans notre ouvrage, une partie de Célèbes, des Philippines, et du nord de l'île Bornéo, une partie de son histoire naturelle, son oranghoutan, et les Tzengaris ou Bohémiens, ainsi que leur origine, et celle de toutes les races d'hommes de l'Océanie que nous avons placées dans cette île importante. C'est encore à nous qu'on doit la première description qui ait paru de quelques points des îles de Panay, de Maïndanao et de la Nouvelle-Guinée, d'une partie de la terre d'Arnheim en Australie, des îles Péliou et Gouap, dans l'archipel des Carolines, etc. Nous avons dû, en quelque sorte, prendre date et rappeler nos découvertes et nos travaux les plus importants, à la sollicitation de nos véritables amis, à une époque où tant de compilateurs éhontés nous copient et nous pillent, sans daigner nous nommer.

Nos lecteurs, après avoir lu attentivement cette *Revue géographique et ethnographique de l'Océanie*, pour laquelle nous avons suivi, autant que possible, un plan neuf et encyclopédique, au moyen des points de comparaison que nous avons établis entre les divers peuples, et que nous avons empruntés à nos propres voyages en Océanie, en Orient, dans les cinq parties du monde (auxquels nous avons consacré près de vingt-deux ans de notre vie), nos lecteurs, dis-je, auront parcouru non-seulement cette Océanie,

---

sa dissertation sur Marco-Polo; son Fragment d'un voyage dans le Caucase, imprimé dans le Mercure de France 1819; un Fragment du plan d'organisation de l'armée grecque, fait sur l'invitation du Voulevtikon en 1822, lorsque M. de Rienzi commandait l'artillerie d'Athènes en qualité de général; un écrit en faveur des hommes de couleur libres de l'île Bourbon dont il était député; sa *Statistique de la Chine*, et un grand nombre d'articles sur la géographie, les langues, la littérature, les religions, les hommes illustres de l'Orient, de l'Océanie, de l'Italie et de la France, sur les hiéroglyphes de l'Égypte et du Mexique, les inscriptions cunéiformes de la Perse, de l'Arménie et de la Syrie, qu'il a insérés dans l'*Encyclopédie des gens du monde*, l'*Encyclopédie du 19ᵉ siècle*, l'*Encyclopédie des connaissances utiles*, la *Revue encyclopédique*, le *Journal de l'Institut historique*, etc. Maintenant M. de Rienzi, fatigué du monde, retiré dans sa maisonnette et son jardin, vit dans la solitude au milieu de Paris.

cette cinquième partie de notre globe qui en est la moins connue, et qui à elle seule forme plus de la moitié de sa surface, mais encore tous les pays qui ont quelques rapports avec elle. Il nous reste seulement à invoquer leur indulgence pour les erreurs, les omissions, les répétitions et les taches qui peuvent déparer ce long ouvrage, que le naufrage (*) de l'auteur l'a empêché de rendre plus digne du public. L'errata général qui suit, en corrigera une partie; mais, malgré nos efforts, les taches sont inséparables d'un travail réellement immense et au-dessus de nos forces. Toutefois cet ouvrage, qui manquait à la science, sera toujours utile. Aussi nous pensons avoir quelque droit à l'indulgence par notre ardeur à rechercher la vérité à travers tant de périls, de souffrances et de dévouement pour la science et pour notre patrie; par notre impartialité et notre empressement à louer les découvertes et les travaux importants de nos devanciers, de nos contemporains et même de nos adversaires; enfin par les soins consciencieux que nous avons mis à obtenir les suffrages des hommes justes et éclairés. Nous regrettons seulement que M. D. d'Urville ait été obligé de quitter Paris, lorsque ses avis et ses renseignements nous auraient été fort utiles; mais en revanche nous avons dû beaucoup à ses écrits. Nous avons déjà remercié et nous remercions encore, à cette occasion, MM. A. Balbi, Labillardière, Klaproth, Malte-Brun, J. J. N. Huot, J. Maccarthy, Courtet (de l'Isle), auteur de la Science politique fondée sur la science de l'homme, M. le comte Ch. de Vidua que nous avons revu en Océanie, et M. l'abbé Baroudel, vénérable prêtre des Missions étrangères, maintenant à Paris et avec qui nous avons vécu quelque temps en Chine, MM. le prince de Santa-Croce, le marquis de Fortia, le marquis de Sainte-Croix, lord Heber, évêque de Calcutta, MM. Adams, Madison, Bentham, Lima, Rieter, Fea, Perdicari, Visconti, Mme Dionigi, MM. Foscolo, Melendez Valdès, de Zea, Sarrut, Cuvier, Sieyes, Eugène Robertson, Saucerotte, B^a Alibert, A. Rémusat, le docteur V. Godefroy, que nous avons connu en Océanie et qui maintenant habite Paris, d'Avezac, M. Lafon, de Sigoyer, Montémont, M. Hamilton, etc.; nous remercions, dis-je, ces voyageurs, ces savants et ces érudits, tous ces hommes si distingués, des éloges qu'ils nous ont accordés, des preuves d'amitié que la plupart nous ont données, et de l'honneur que plusieurs d'entre eux nous ont fait, en citant notre opinion ou notre ouvrage, ou en nous empruntant un bon nombre de pages. Nous remercions enfin nos bienveillans traducteurs de l'Océanie, italiens et allemands.

(*) Les détails les plus exacts sur les voyages, sur le naufrage de l'auteur à bord du brick *O Dourado* (naufrage qui l'a ruiné), ainsi que sur le monument qu'il a élevé en Chine au grand Camoens, et sur quelques-unes de ses découvertes et sur ses travaux, se trouvent dans les journaux de l'Inde et le *Singapore Chronicle*, février 1829, la *Gazette de l'île Bourbon*, et le *Journal général de l'île de France*, février et mars 1830, le *Précis de géographie* de Malte-Brun-Huot, tome XII, *le Voleur*, 1830, les *Bulletins de la société de géographie*, le *Journal de la société asiatique*, l'*Antologia di Firenze*, le *Congrès historique européen* de 1835, *Silvio ou le Boudoir*, *Réponse de l'auteur à M. le marquis de Fortia, sur une question importante de manuscrits et d'inscriptions antiques* (deuxième édition, la seule exacte et complète), *the Asiatic journal*, the *American review*, une *Revue germanique de Berlin*, l'*Ermite en province*, t. III, la *Revue des deux mondes*, novembre 1831, la *Biographie universelle des contemporains*, par A. Rabbe, Boisjolin et Sainte-Preuve (sauf un ou deux mots), et surtout dans la *Biographie des hommes du jour*, t. II, p. 371, 379, etc., article Rienzi, sauf quelques légères inexactitudes et des éloges trop grands pour ses faibles mérites.

FIN.

TABLE DES MATIÈRES
CONTENUES DANS L'OCÉANIE.

Les chiffres romains indiquent le volume; les chiffres arabes, les pages. La lettre a désigne la première colonne; la lettre b, la seconde.

A

Abdou et Konibar, petites îles de la Papouasie, III, 330 a.

Abgarris, groupe faisant partie des îles de l'Amirauté, découvert par le navire de ce nom vers l'an 1825, III, 347 a.

Achin (royaume d'), son histoire, I, 88 a; établissements qu'y font les Anglais et les Hollandais, 89 a; les Français ne font qu'y paraître, ibid.; lois criminelles, 89 b; ce royaume a beaucoup perdu de son étendue; sa marine est moins nombreuse, 127 a; position de la ville d'Achin, 127 b.

Acier de Menangkarbou à Soumâdra, I, 193 b.

Adams (John), resté seul des marins révoltés qui s'étaient emparés du navire anglais le *Bounty*, dirige la colonie qu'ils avaient établie dans l'île Pitcairn, II, 269 b.

Adventure, île découverte en 1773, archipel Pomotou, II, 258 a.

Aérolithes, tombent fréquemment dans l'archipel des Moluques, I, 214 b.

Aëtas, sauvages noirs, habitants primitifs des Philippines et de la plus grande partie de la Malaisie, I, 301 a; détails sur ces peuples, 302 a—304.

Agnès (l'), brick américain, mouille à la Nouvelle-Zeeland en 1816; il y perd trois hommes de son équipage; les onze autres y sont tués et mangés par les indigènes, III, 216 a, b.

Aigle, à tête blanche et au plumage foncé, inoffensif et sans crainte de l'homme, habite les côtes du golfe de Carpentarie, III, 481 b.

Aïou, groupe d'îles au nord de Véguiou (Papouasie), III, 329 b, 330 a.

Aïthalopygmées, hommes de très-petite taille, près de la baie des Lampoungs, I, 23 b, 24 a.

Albatros, description de l'oiseau, III, 562 b; d'une chasse, 564 b.

Albinos (les), ne sont point une race, I, 23 a, b.

Albuquerque (Alphonse d'), aborde à Soumâdra, I, 88 a.

Alfouras ou Harafours, habitent divers pays, I, 19 a, b.

Allou-Fatou, îles probablement situées dans l'archipel Mélano-Polynésien, et qui pourraient être les îles de Horn (ou Hoorn), découvertes par Schouten en 1616; relation de ce capitaine sur l'accueil amical que reçurent les Hollandais; visites de plusieurs rois les uns aux autres, festin, etc., III, 274 a—278 b.

Alphabet taïtien, le premier est imprimé par le roi Pomare II lui-même, III, 12 b.

Amakata ou York, île de l'archipel de la Nouvelle-Bretagne, découverte par Carteret en 1767; visitée par *la Coquille* en 1823; détails sur les insulaires, III, 344 b.

Ambetti, nom que les Vitiens donnent à leur prêtre pour lequel ils ont beaucoup de respect. Le capitaine Dillon, en se rendant maître de ce prêtre, se tire, lui et ses deux compagnons, d'un danger imminent, III, 298 b, 299 b.

Amboine, chef-lieu d'un groupe d'îles, I, 205 b; principale culture, le giroflier, 206 a.

Ambou, peut-être Imbao, petite île de l'archipel Viti, III, 299 b.

Ambrym, une des Nouvelles-Hébrides, III, 413 b.

Amirauté (îles de l'), position, limites; découvertes par Carteret en 1767, visitées

TABLE DES CHAPITRES

	Pages.
11. Histoire naturelle de la Malaisie. — Botanique. — Riz et autres plantes céréales. — Légumes.	98
12. Des plantes employées dans les manufactures et les arts.	100
13. Des arbres à gomme, du sagoutier, etc.	103
14. Des arbres fruitiers.	105
15. Plantes à épiceries.	108
16. Des fleurs d'ornement.	110
17. Plantes et résines pour la parfumerie.	id.
18. Plantes médicinales.	id.
19. Maladies.	112
20. ILES ANDAMÈNES. Description géographique et histoire naturelle.	id.
20 bis. Combat d'un homme et d'un requin.	114
21. Caractère des Endamènes ou Andamens.	115
22. ARCHIPEL DE NIKOBAR.	116
23. POULO-PINANG ou l'île PINANG. Description, productions et aperçu historique.	117
24. Commerce et industrie.	119
ILES DE SOUNDA, improprement nommées LA SONDE.	
25. SOUMÀDRA (Sumatra). Hydrographie, orographie et volcans.	120
26. Excursions à la Montagne sacrée de Bouko.	id.
27. Sol et climat.	123
28. Histoire naturelle de Soumàdra. — Minéralogie.	id.
29. Botanique.	id.
30. Zoologie.	126
31. États de Siak, d'Achim et autres États de de l'île de Soumàdra. Colonies hollandaises dans cette ile.	127
32. Des différents peuples de Soumàdra.	128
33. Coutumes des Reyangs, des Lampoungs et des indigènes de Menang-Karbou.	id.
34. Lois et coutumes des Battas anthropophages.	130
35. Coutumes et usages des autres peuples de Soumàdra.	132
36. Conduite des Gadises ou jeunes filles envers les étrangers.	134
37. Pantouns ou combats de chant.	id.
38. Langues et dialectes de Soumàdra.	136
39. Pirates malais.	id.
40. Ile Nias.	137
41. Iles Pogghi ou Nassau et île Engano. — Mœurs et coutumes.	id.
42. SINGHAPOURA. — Liberté du commerce.	139
43. Position de Singhapoura.	140
44. Des différents peuples réunis à Singhapoura.	141
45. Commerce.	id.
46. Descriptions.	144
47. Royaume DE LINGAN.	id.
48. Ile DE BANKA.	145
49. Ile DE BILLITOUN, etc.	id.
50. Ile DE JAVA.	146
51. Température, climat et moussons.	id.
52. Géologie.	147
53. Histoire naturelle.	148
54. Caractère des Javans et leurs coutumes.	149
55. Industrie et manufactures.	150
56. Combats de coqs. Combats de taureaux.	151
57. Combat du buffle et du tigre.	152
58. Danse.	153
59. Javans et autres peuples qui mangent de la terre.	id.
60. Divisions géographiques et politiques. Capitale et autres villes.	154
61. Sourabaya.	155

	Pages.
62. Samarang. Le mordechi ou choléra-morbus.	155
63. États de l'empereur et du soulthan.	156
64. Plantations des Européens.	id.
65. Monuments antiques et du moyen âge.	id.
66. Tombeaux et mosquées.	157
67. Le grand temple de Brambanam.	158
68. Temple et statues de Loro-Djongrang.	id.
69. Les mille temples.	159
70. Temple de Kalibening et salle d'audience de Kalibening, Palais de Kalassan.	id.
71. Temple de Boro-Bodo et statue de Bouddha.	id.
72. Temples innombrables et demeures des dieux.	160
73. Ruines diverses.	id.
74. Ruines de Madjapahit.	161
75. Ruines de Sentoul, Gidah et Penataran.	id.
76. Temples ruinés et statues de Sing'a-Sari.	id.
77. Ruines de Kotab-Bedah, de Kedal et de Djagou.	162
78. Pyramide et temples de Soukou et de Baniou-Kouning.— Statues de Baniou-Wandji.	id.
79. Opinions de l'auteur sur l'époque et le sens des principaux monuments de Java.	164
80. Inscriptions et monnaies anciennes.	165
81. Religion.	166
82. Du calendrier.	id.
83. De la justice et des lois dans les États soumis aux princes javans.	168
84. Lois coloniales et police.	170
85. Organisation militaire.	171
86. Précis de l'histoire de Java depuis les temps les plus reculés jusqu'à nos jours. — Première époque, origine et annales de Java jusqu'à la fin du dernier empire brahmânique de cette île.	id.
87. Deuxième époque. Abrégé chronologique de l'histoire de Java depuis l'établissement du mohammedisme jusqu'à l'arrivée des Hollandais.	185
88. Troisième et dernière époque. Précis chronologique de l'histoire de Java depuis l'établissement des Hollandais jusqu'à nos jours.	188
89. Iles de MADOURA et de LOMBOK.	195
90. Ile de BALI. — Topographie.	id.
91. Commerce.	196
92. Religion, prêtres et cérémonies religieuses.	id.
93. Sutty ou sacrifice des veuves.	197
94. Les devas et les djinns ou les bons et les mauvais génies.	200
95. Ère balinaise, temples, prêtres et écrits religieux.	201
96. Langue, littérature et beaux-arts.	202
97. Doctrine de la métempsycose.	id.
98. Ile de SOUMBAWA.	205
99. ENDÉ, SANDANA ET SOLOR.	id.
100. Archipel des Moluques.	id.
101. GROUPE D'AMBOINE. — Iles D'AMBOINE, CERAM, BOUROU, etc.	id.
102. Iles TIMOR, OMBAY, TIMOR-LAOUT, etc.	207
103. Groupe DE BANDA.	213
104. GROUPE DE GUILOLO.	214
105. TERNATE, TIDOR, MOTIR et autres îles de l'archipel des Moluques.	id.
106. Aérolithes.	id.
107. Pêche du cachalot dans la Malaisie et la mer des Moluques jusqu'au golfe de Carpentarie.	id.
108. Abrégé chronologique de l'histoire de Ternate et des Moluques en général.	220

DE L'OCÉANIE. 583

	Pages.
109. L'île CÉLÈBES et ses dépendances. — Géographie générale et topographie.	221
110. Géographie politique. États, royaumes et colonies.	223
111. Histoire naturelle.	224
112. Beautés de la nature à Célèbes.	228
113. Merveilles de la mer au sud-est de Célèbes.	id.
114. Commerce.	229
115. Population.	id.
116. Peuples de Célèbes, coutumes, éducation et gouvernement.	id.
117. Religion.	231
118. Histoire de Célèbes.	232
119. Langues, sciences et littérature des Célébiens.	233
120. L'île KALÉMANTAN (Mégalonésie) improprement nommée BORNÉO. — Position et noms. Exploration difficile.	236
121. Aspect, géologie, orographie, hydrographie et climatologie.	237
122. Botanique.	239
123. Considérations sur le thé.	240
124. Zoologie.	245
125. Le singe vert.	id.
126. Le simiang et le pongo à tête pyramidale.	id.
127. Le babi-roussa.	246
128. Rhinocéros unicorne.	247
129. Manière de prendre les éléphants.	id.
130. Le maïba, le landak et autres animaux.	248
131. L'oiseau poivrier, la salangane, etc.	id.
132. Nourritures des divers peuples comparées, et leur influence sur leur caractère.	249
133. Probabilité d'une antique colonisation des Dayas par les Hindous, et des monuments de ces peuples dans l'intérieur de l'île de Kalémantan.	251
134. États et colonies.	252
135. Première résidence hollandaise. Mines d'or de Matrado. Colonie chinoise.	id.
136. Mines de diamants.	254
137. Suite des pays tributaires.	id.
138. Deuxième résidence.	255
139. États indépendants.	id.
140. Varouni capitale.	id.
141. Commerce et ports.	256
141 bis. Gouvernement et lois.	257
142. Ethnographie de Kalémantan. — Peuples et tribus sauvages.	id.
143. Les Biadjaks-Tzengaris. Nouvelle et singulière variété d'hommes.	261
144. Dissertation sur les Tzengaris. Noms qui leur ont été donnés dans les différentes contrées où ils se sont établis.	263
145. Origine des Tzengaris.	id.
146. Mœurs et usages des Tzengaris.	265
147. Histoire de la dispersion des Tzengaris.	266
148. Pays où les Tzengaris se sont établis en Europe, en Asie, en Afrique et en Océanie.	267
149. Résumé philosophique et philologique de la dissertation sur les Tzengaris.	268
150. Fêtes malaises, cérémonial, musique, etc.	273
151. Aperçu de l'histoire de Kalémantan.	275
152. Îles dépendantes de Kalémantan.	276
153. Archipel de Soulong ou Holo, improprement nommé Soulou.	277
154. Groupe de Holo.	279
155. Sol, température et productions.	id.

	Pages.
156. Industrie et commerce.	280
157. Origine des Holoans, leurs mœurs et usages.	id.
158. Religion et gouvernement.	281
159. Groupe DE BASSILAN.	id.
160. Île RIENZI, île DU TRIEUN et île ARISTOW.	id.
161. GROUPE DE TAWI-TAWI.	283
162. Aperçu historique des îles Holo.	id.
163. ARCHIPEL DES PHILIPPINES. — Statistique générale, populations, revenus et dépenses.	id.
164. Sol et climat.	285
165. Tempêtes et typhons ou trombes de mer.	id.
166. Administration.	286
167. Industrie et commerce.	287
168. Histoire naturelle. — Botanique.	id.
169. Le pohon-assam des Malais ou l'arbre tamarhinde.	id.
170. Bois de construction, de teinture, d'ébénisterie et autres.	288
171. Zoologie.	289
172. Tagouans et mangos.	290
173. L'iguana.	id.
174. Chiens volants.	id.
175. Le colo-colo, etc.	id.
176. Le birahi-koumbang. — Langage des animaux et surtout des oiseaux.	id.
177. Balates et sangsues.	292
178. Mines d'or, d'argent, de fer, de mercure, de cinabre, etc.	293
179. Topographie.	id.
180. Provinces ou alcaldies des peuples tagales et autres de l'île Louçon. — Tondo.	id.
181. BOULACAN.	294
182. MANILA, capitale.	id.
183. PAMPANGA.	id.
184. PANGASSINAN.	295
185. ILOCOS.	id.
186. ZAMBALÈS, CAGAYAN, CAMARINES et ALVAY.	id.
187. Villes et lieux remarquables des quinze alcaldies précédentes.	296
188. Grotte de San Matheo.	297
189. Laguna de Vay.	id.
190. Bains naturels où l'on fait cuire des œufs.	id.
191. Manière de prendre les bains à Manila.	id.
192. Combats de coqs.	id.
193. PROVINCES DU GROUPE DES ÎLES BISSAYES.	id.
194. Îles SAMAR, LEYTÉ, ZEBOU et BOHOL.	id.
195. Île BOUGLAS OU NEGROS.	298
196. Île PANAY, MÉLANO-PYGMÉES.	id.
197. Îles CALAMIANES; établissement de TAY-TAY et de l'île MINDORO.	299
198. Île MAINDANAO OU MAGINDANO.	id.
199. Une forêt vierge de l'île de Maindanao.	300
200. Mœurs et situation des habitants primitifs des îles Philippines, avant la découverte et de nos jours.	301
200 bis. Portrait des Indiens civilisés.	304
200 ter. Précis de l'histoire des Philippines depuis la découverte jusqu'à nos jours.	305

MICRONÉSIE.

Aperçu général.	309
Géographie générale et descriptive.	310
Groupe de Mouin-Sima.	id.
Climatologie, géologie et histoire naturelle.	315
Chénopodée.	316
Le calophylle.	317
Le terminalier.	id.
Zoologie.	id.

TABLE DES CHAPITRES

	Pages.
Requins, rémoras, etc.	318
Tortues marines.	319
Phénomène important produit par les mollusques et les méduses.	321
Température de la mer.	id.
Formation des îles de corail.	322
Établissement de la famille micronésienne.	324
Invention des sciences et des arts empruntée aux animaux.	325
Dialogue philosophique entre un sauvage pilien et le voyageur français, auteur de l'Océanie.	329

POLYNÉSIE.

Aperçu général.	337
Portrait et caractère des Polynésiens.	339
Diversité des races humaines produites par l'organisation. — Destinées de l'humanité et spécialement de la race polynésienne.	340
Ressemblance de coutumes parmi les divers peuples de la Polynésie. Situation sociale et politique. Division par castes.	341
Gouvernement et lois des Polynésiens.	342
Religions.	id.
Cérémonies funèbres.	343
Idées sur l'autre vie.	344
L'interdiction ou tabou.	id.
Sacrifices humains en général.	345
Sacrifices humains offerts durant la guerre.	346
Anthropophagie.	347
Construction des navires.	348
Industrie et commerce.	349
Tatouage et méthode employée pour tatouer.	350
Danses et chants solennels.	353
Société infâme des Arétoys.	id.
Autres ressemblances.	id.
Dissemblances entre plusieurs peuples de la Polynésie.	354
Premières notions qu'on a eues des Polynésiens.	id.
Hypothèses proposées par Ellis, Court de Gébelin, Lesson, Marsden, Malte-Brun, Forster (père) et d'Urville sur l'origine des Polynésiens.	355
Opinion de l'auteur sur l'origine des Polynésiens.	id.
Vents et courants.	357
Géologie générale.	id.
Température de la terre et du ciel. Création des mondes. Les quatre âges de la géologie. Fossiles.	358
Géologie particulière des îles.	367
Zoophytes et volcans. Formation des îles.	370
Orographie.	371
Sol et minéralogie.	372
Sources et ruisseaux.	375
Botanique.	376
Zoologie.	381
Climat et population.	384
Division géographique de la Polynésie.	386
ARCHIPEL DES MARIANNES.	387
Ile Gouaham.	388
Ile Tinian.	id.
Géologie et histoire naturelle.	id.
Ancienne religion des îles Mariannes. Origine du genre humain.	389
Origine du monde.	id.
Sorciers.	390
État de l'âme après la mort. Diables, spectres, etc.	id.
Caractère des anciens Mariannais.	391
Costumes et anciennes mœurs.	392
Relation entre les hommes et les femmes.	id.
Histoire du cap des Amants.	393
Chansons.	id.
Société infâme des Oulitaos.	394
Travaux.	id.
Pratiques de politesse.	395
Différentes classes de la société.	396
Pêche.	397
Épisode.	398
Cérémonies pour la naissance.	399
Funérailles et chants de deuil.	id.
Errata du premier volume.	400

FIN DE LA TABLE DES CHAPITRES DU PREMIER VOLUME.

TABLE DES CHAPITRES DE L'OCÉANIE.

TOME SECOND.

POLYNÉSIE.

	Pages.
Monuments singuliers de l'île Tinian.	1
Danse et musique.	3
Ballet-pantomime de l'empereur Montezouma.	4
Danse du *palo vestido y desnudo*.	5
Langage.	id.
Calendrier.	6
Aperçu de l'histoire des Mariannes.	7
ARCHIPEL DE GASPAR-RICO.	10
ARCHIPEL DES ÎLES HAOUAÏ OU SANDWICH. — Géographie générale.	10
Géologie et histoire naturelle.	11
Topographie de l'île Haouaï.	13
District de Hama-Houa. Cascades de trois cents pieds de hauteur.	id.
Vallée de Wai-pio.	14
Le roi Ronui, le prêtre et les prisonniers.	id.
District d'Hiro.	id.

	Pages.		Pages.
Établissement des missionnaires.	15	Suite de l'histoire de l'archipel de Haouaï.	70
Torrents et étangs.	id.	Groupe de Washington.	80
Grand volcan de Kiro-ea.	id.	Grand archipel des Carolines.	81
Le Kiro ea Iti, volcan éteint.	18	Groupe de Péliou.	82
Volcan brûlant de Pouna-Hohoa.	id.	Histoire naturelle.	84
District de Pouna.	19	Nourriture.	85
Épisode de Péé, déesse des volcans, et du chef Kahavari.	id.	Industrie.	id.
		Puissance des chefs.	86
Villages et temples situés entre le cap Kapoho et le district de Kaou.	21	Costumes.	id.
		Religion.	id.
District de Kaou.	21	Caractère et mœurs.	87
Épisode de Kavero-Hea.	id.	Naufrage de l'*Antilope*.	id.
Suite des lieux et villages du district de Kaou.	22	Histoire.	89
District de Kona.	22	Guerres d'Abba-Thoulé contre ses voisins.	92
Caverne de Kea-Kai.	id.	Voyage en Europe et mort du jeune sauvage Li-bou.	100
Nare-o-Keave, ossuaire des rois d'Haouaï.	23		
Offrandes aux dieux mangées par le fils d'un prêtre.	id.	Iles Carolines propres.	108
		Histoire naturelle.	id.
Lieu d'asile.	24	Ile Yap ou Guap.	109
Plaine célèbre.	id.	Parallèle entre Ualan et Péliou.	112
Lieux remarquables.	25	Guerre et coutumes semblables chez les Carolins et les héros de l'Iliade.	113
Grotte de Kai-Akea.	id.		
Lac d'eau salée.	id.	Groupe de Hogolou ou plutôt de Roug.	115
Ruines du fort de Kai-Roua.	id.	Groupe Mac-Askill et Duperrey. Iles Namoulouk, Nougouor, etc.	125
Cascades et gerbes d'eau curieuses.	id.		
Offrandes au volcan Mouna-Houa-Rarai par le roi Tamea-Mea.	id.	Iles Lougounor ou Mortlok, ou les Lougoullos de Don Luis de Torrès.	129
District de Kuhala.	26	Portrait et vêtements des Lougounoriens.	130
Temple de Tairi.	id.	Tatouage.	id.
Épisode des premières années de Tamea-Mea le Grand.	id.	Industrie et usages.	131
		Langue et arithmétique.	132
Ile Oahou.	27	Avis aux navigateurs.	id.
Capitale.	id.	Regrets des indigènes au départ d'un navigateur sage et humain.	id.
Aspect du sol.	28		
Lac salé d'Hono-Rourou et vignoble de M. Marini.	id.	Prodigieuse multiplication des poissons.	134
		Groupe des îles Séniavine. Noms donnés par les naturels à ces différentes îles.	135
Torrent d'Hono Rourou.	id.		
Autres détails sur l'île Oahou, sur la baie de Whymea et les ports de Hono-Rourou, Wimoua et autres lieux.	id.	Iles Pouynipet.	id.
		Chien sauvage.	136
		Explication du phénomène de la phosphorescence de l'océan Polynésien.	137
Vallée pittoresque des cocotiers.	31		
Lac salé.	id.	Ile Ualan et non Oualan. Description géographique. Drosses. Coutumes.	145
Vallée d'Ona.	32		
Heiau ou temple consacré aux sacrifices humains.	id.	Costumes des Ualanais.	162
		Architecture.	163
Magnifique panorama.	id.	Industrie, boisson et aliments.	164
Vallée de Nouou-Anou, cascades et maison de plaisance de Boki.	33	Phtirophagie.	167
		Anecdotes, chants, danses et jeux.	168
Pic romantique de Pari.	id.	Bonté et simplicité des Ualanais.	169
Théogonie et traditions religieuses.	34	Revue des différentes opinions sur quelques usages d'Ualan.	170
Le tabou ou interdiction religieuse à Haouaï.	36		
Abolition du tabou et de l'idolâtrie.	39	Avantages pour les navigateurs.	172
Gouvernement.	42	Observations importantes sur plusieurs îles de l'archipel des Carolines propres.	173
Industrie.	43		
Marine et navigation.	id.	Relations de l'homme et de la femme.	178
Mœurs anciennes et caractère moderne.	45	Phrénologie carolinienne.	180
Coutumes guerrières.	id.	Maladies. Érysipèles.	id.
Armée.	46	Lèpre.	181
Culte des morts.	48	Ulcères.	id.
Repas. Conversation et chants.	49	Syphilis.	id.
Jeux gymnastiques et danses.	50	Dyssenterie.	id.
Jeux militaires.	51	Pêche.	id.
Costumes et ornements.	53	Industrie.	182
Tatouage.	54	Traditions religieuses des Carolins occidentaux.	183
Langue et littérature.	id.		
Représentations théâtrales.	56	Bains des dieux.	184
Histoire des îles Haouaï.	57	Culte.	id.
O Rono-Akona.	61	Sépulture.	id.
Colonies et entrepôts anglais. Domination commerciale universelle de ce peuple.	69	État de l'âme après la mort.	id.
		Religion des habitants de Gouap.	id.

TABLE DES CHAPITRES

	Pages.
Religion d'Ualan.	185
De la langue des habitants de l'archipel des Carolines.	187
Astronomie.	188
États et puissance des chefs.	189
Iles Brown.	id.
Groupe de Ralik.	id.
Groupe de Marshall ou Radak.	190
Description, mœurs et coutumes du groupe de Radak et particulièrement des îles du Nouvel an et de Noel.	191
Arithmétique et musique.	195
Description et usages de l'île Otdia.	196
Aventures de Kadou, sauvage voyageur.	198
Grand groupe de Gilbert.	203
Croyances, construction et navigation des habitants des îles basses de l'archipel des Carolines.	205
Productions, aliments, maladies et climat.	209
Sommaire de l'histoire des découvertes dans cet archipel.	212
Observations du capitaine Lutke sur l'origine et le caractère des Carolins.	216
Opinion de l'auteur sur l'origine, le caractère et les langues des Carolins et leur ressemblance avec les Polynésiens.	220
ARCHIPEL DE ROUGEWERN.	221
ARCHIPEL DE NOUKA-HIVA OU DES MARQUISES DE MENDOZA, DE LA RÉVOLUTION, DE MARCHAND, D'INGRAHAM ET DE WASHINGTON.	226
Climat.	227
Histoire naturelle.	id.
Indigènes.	228
Maladies.	229
Langues.	id.
Traditions religieuses.	id.
Religion.	231
Aventure d'un missionnaire, nommé aux fonctions d'allumer les feux du roi, avec la reine et quelques autres femmes de la baie de la Madre de Dios.	232
Le tabou à Nouka-Hiva.	233
Gouvernement et lois.	id.
Mœurs, coutumes et costumes.	id.
Tatouage.	236
Usage des échasses.	237
Guerriers.	id.
Guerre.	238
Tombeaux.	id.
Industrie.	239
Pêche.	id.
Pirogues et canots.	240
Maisons.	241
Musique, chants, danses.	242
Histoire.	242
ARCHIPEL POMOTOU, NOMMÉ COMMUNÉMENT ARCHIPEL DANGEREUX.	251
Géographie générale.	id.
Géographie descriptive.	252
Ile Ducie.	260
Navire détruit par une baleine.	id.
Européens anthropophages.	261
Histoire des marins révoltés du navire le Bounty.	id.
Établissement des révoltés dans l'île Pitcairn.	266
Histoire de l'établissement des révoltés depuis la mort de Christian, leur chef.	267
Histoire de la colonie dirigée par Adams.	269
Description de l'île Pitcairn.	271
Mœurs de ses habitants actuels, fils des révoltés.	id.
Navire américain enlevé par les sauvages.	271
Indigènes des îles Pomotou.	281
SPORADES OCÉANIENNES.	id.
Ile Sala.	287
Aventures d'un Irlandais.	id.
POLYNÉSIE CENTRALE.	290
GROUPE DE TOUBOUAI.	id.
Ile Touhouai.	id.
Vaviton.	291
Nourouton.	id.
Rimetara.	id.
Ilot peuplé d'oiseaux de mer.	id.
ARCHIPEL DE TAITI (et non OTAHITI), NOMMÉ AUSSI GÉORGIEN ET DE LA SOCIÉTÉ. — Vue pittoresque et poétique de Taïti.	291
Géographie.	293
Ile Taïti.	id.
Ile Eiméo.	id.
Ile Tatoua-Roa.	294
Tabou-Émanou.	id.
Wahine.	id.
Raiatea et Tahaa.	id.
Bora-Bora.	id.
Toubai ou Matou-Iti.	id.
Maupiti ou Mau-Roua.	295
Maitia.	id.
Scilly.	id.
Ile Bellinghausen.	id.
Climat et population de Taïti.	id.
Histoire naturelle.	298
L'arbre à pain.	300
Cochons d'une espèce singulière.	302
Cochon tétant une femme.	303
Topographie de l'archipel. Descriptions des lieux les plus remarquables de ses îles.	304
Sites, lacs et curiosités de l'île de Taïti.	id.
Description de l'admirable vallée de Matavaï.	305
Palais du roi.	id.
Tombeau du roi Pomare II.	306
Palais de la régente et habitation des missionnaires.	id.
Belvédère de Pomare II.	id.
Forum religieux et législatif.	id.
Pic de Mowa.	id.
Ruines du moraï de Papara.	id.
Lac Wahi-Ria.	id.
Anguilles monstrueuses.	307
Sucrerie.	id.
Lieux remarquables de l'île Eiméo ou Mourea. Sites, lac et havre d'Opounohou.	id.
Église de Papétoaï.	id.
Académie des îles de la mer du Sud.	id.
Lieux remarquables de l'île Wahine.	id.
Raiatea, demeure royale.	308
Bora-Bora. Sites romantiques.	id.
Portrait, caractère, costumes et mœurs. Coutumes et usages anciens.	id.
Vêtement de deuil fort singulier.	309
Usage de porter les ongles longs.	310
Salutations et autres usages particuliers.	id.
Fabrication des vêtements.	id.
Armes.	311
Signes de paix.	id.
Recrutement.	id.
Portraits, caractères et occupations.	id.
Maisons.	312
Repas.	id.
Nourriture.	313
Manière d'apprêter les aliments.	id.
Boissons.	id.

DE L'OCÉANIE.

	Pages.
Propreté.	314
Massage.	id.
Coutumes relatives à la politesse.	id.
Occupations du soir.	id.
Caractère.	id.
Penchant au vol.	315
Des femmes en général.	316
Licence des filles.	317
Jeunes filles prostituées par devoir chez certains peuples anciens et modernes.	318
Femmes mariées cédées aux voyageurs.	319
Société infâme.	320
Pudeur des Taïtiennes d'un certain rang.	321
Mariages.	id.
Espèce de circoncision.	322
Cérémonie relative aux mariages.	id.
Connaissances naturelles.	id.
Maladies.	323
Opérations chirurgicales.	324
Numération.	id.
Description d'une flotte taïtienne.	325
Manière de combattre.	326
Trophées.	id.
Chants et danses.	327
Jeux des femmes.	328
Danses théâtrales.	id.
Heava.	id.
Description d'un heava, espèce de drame mimique.	id.
Du roi et de l'investiture royale.	330
Distinctions sociales. — Gouvernement.	331
Considérations sur l'état social.	334
Mythologie.	335
Moraï ou cimetière, convois et funérailles.	339
Toupapaus ou corps embaumés.	340
Prophètes.	id.
Croyances religieuses.	342
Tatouage.	343
Sacerdoce.	id.
Sur les sacrifices humains.	id.

	Pages.
Récit d'un sacrifice humain.	343
Reflexions sur les sacrifices humains, etc.	349
Études nouvelles des traditions et des croyances anciennes de Taïti.	350
Voyage d'Otourou.	351
Toupaïa.	352
Voyages et aventures de Maï.	id.
L'homme-dieu de Bora-Bora.	357
Aventures de Hidi-Hidi.	358
Suite des aventures de Maï.	id.
Combat naval.	360
Suite des aventures de Maï.	361
Mœurs, coutumes et usages modernes.	368
Coquetterie des Taïtiens des deux sexes, et leur tenue à l'église.	369
Méthode des indigènes pour prédire le bon ou le mauvais temps.	371
Culture des terres.	id.
Écluses.	id.
Routes.	id.
Pirogues, pêche et natation.	372
Langue.	373
Poésie.	id.
Musique.	375
Introduction du christianisme.	375
Aventure épouvantable.	381
Contestation et jugement.	387
Parallèle des anciennes mœurs et des mœurs modernes.	388
Colonies d'entrepôts anglais établies dans toutes les parties du globe.	389
Du commerce en général dans les îles de la mer du Sud et sur les côtes occidentales de l'Amérique baignées par cette mer.	id.
Du commerce à Taïti.	392
Déclaration de l'indépendance taïtienne.	393
Reine de Taïti.	id.
Parlement national.	id.
De l'harmonie sociale et de l'abolition de la peine de mort.	id.

TABLE DES CHAPITRES DE L'OCÉANIE.

TOME TROISIÈME.

	Pages.
Précis historique de l'archipel de Taïti.	7
Archipel de Manaïa ou Harvey, île Manaïa.	17
Rarotonga.	18
Waïtou-Taki, l'Aïtoutaké des missionnaires.	19
Maonti.	id.
Miti-Aro.	20
Watiou, l'Atoui des missionnaires.	id.
Fenoua-Iti.	id.
ARCHIPEL DE SAMOA OU HAMOA, OU DES NAVIGATEURS, ET ÎLE NIOUHA.	id.
Géographie.	id.
Sol et productions.	22
Indigènes.	id.
Histoire.	23
GROUPE DE NIOUHA.	24
Opposition de caractères entre les habitants de la Polynésie.	id.

	Pages.
ARCHIPEL DE TONGA.	24
Géographie et topographie.	25
Histoire naturelle de Tonga-Tabou.	27
Divisions géographiques.	32
Histoire naturelle de l'archipel.	34
Caractère et portraits.	35
Religion.	id.
Tradition sur l'origine du monde.	37
Les dieux devenus hommes.	38
L'origine des tortues.	id.
Croyances.	39
Invocations et inspiration	40
Présages et charmes.	41
Le tabou.	42
Hiérarchie sociale. Le toui-tonga ou souverain pontife.	43
Le veachi.	44

	Pages.
Les prêtres.	44
Hiérarchie civile et militaire.	45
Le hou ou roi.	id.
Les éguis.	id.
Les mataboulés.	id.
Les mouas.	id.
Les touas.	46
Mort du souverain pontife. Levée du tabou.	id.
Mariage de la fille du roi avec le souverain pontife.	48
Lieux consacrés et inviolables. Sacrifice d'un enfant.	49
Cérémonies religieuses.	id.
Le touo-touo.	51
Le nandgia.	id.
Le toutou-nima.	52
Le landgi.	id.
Aliments.	54
Gastronomie.	55
Le kava.	id.
Mœurs et coutumes. Admirations pour les actions généreuses.	58
Justice.	59
Haine contre les médisants.	id.
Maladies et médecins.	60
Chirurgiens.	61
Grossesse.	62
Tatouage.	id.
Industrie.	id.
Art du fonolé.	id.
Construction des maisons.	63
Barbiers.	id.
Fabrication des cordes.	id.
Fabrication du gnatou, des nattes, etc.	id.
Danses.	64
Musique et instruments de musique, poésie, contes et jeux.	65
Emploi du temps.	67
Journal d'un artiste distingué durant son séjour à Tonga.	id.
Langue.	72
Missionnaire.	75
Nouvelle Pentecôte et établissement du christianisme à Tonga.	76
Histoire de Tonga.	79
Tableau des principaux chefs de Tonga-Tabou.	117
GROUPE DE KRAMANGC.	123
NOUVELLE-ZÉELAND.	124
Géographie.	id.
Climat.	id.
Aspect.	125
Histoire naturelle.	id.
Les phoques, leurs mœurs, leurs habitudes; chasse à ces amphibies comparés aux sirènes.	126
Éléphant marin.	130
Topographie. Curiosités. Le lac Blanc. La source Chaude et le lac Maupère.	131
Pâ ou fort de Wai-Maté.	132
Wangaroa.	id.
Anse de l'Astrolabe.	id.
Canalisation.	133
Population.	id.
Noms propres.	134
Constitution politique.	135
Le Napoléon de la Nouvelle-Zéeland.	137
Jugement sur les chefs zeelandais.	138
Fiançailles.	140
Polygamie.	141

	Pages.
Relations des femmes.	142
Licence des filles. Fidélité des femmes.	143
Jalousie des femmes.	id.
Soumission des enfants envers leurs parents.	id.
Femme qui se sacrifie à la mort de son mari.	144
Vol.	id.
Couches.	id.
Naissance des enfants.	id.
Naissance et baptême des indigènes.	id.
Affection extrême pour les enfants.	146
Moko ou tatouage.	147
Esclaves.	150
Habitations.	151
Maisons et plantations.	152
La montre prise pour un dieu.	id.
Culture, industrie et commerce.	id.
Déification d'un chef mort.	153
Langue.	154
Numération.	id.
Astronomie.	id.
Voyages.	155
Utilité des relations amicales entre les Européens et les Zeelandais.	156
Chants.	id.
Pihé. Ode solennelle.	157
Danses.	159
Danses lascives.	160
Croyances religieuses.	id.
Religion.	163
Entretiens des missionnaires avec les naturels touchant la religion.	id.
Horrible superstition.	164
Aliments.	id.
Cuisine.	168
Princesse aveugle cultivant la terre.	169
Accueil.	170
Salutations.	id.
Makoutou ou enchantements.	172
Songes.	id.
Funérailles.	id.
Cérémonies après les funérailles.	174
Sacrifices.	id.
Rakau Tapou.	id.
Esclaves immolés.	175
Suicide.	id.
Purification.	176
Anthropophagie.	177
Coutumes de guerre touchant les têtes des chefs tués dans les combats.	178
Mode de conservation des têtes chez les anthropophages de la Nouvelle-Zéeland.	179
Réflexions générales.	183
Superstitions cruelles. Religion des Nouveaux-Zéelandais comparée avec celle des anciens Scandinaves.	id.
Avantages du tabou.	184
Parallèle entre les Nouveaux-Zéelandais et les Battas.	185
Résumé des mœurs des Nouveaux-Zéelandais, et principalement des habitants de l'île Tavaï-Pounamou.	186
Histoire.	190
Établissement du christianisme à la Nouvelle-Zéeland.	247
ILES CHATAM, BOUNTY, ANTIPODE, L'ÉVÊQUE ET SON CLERC, etc.	253
RÉFLEXIONS SUR LES TERRES POLAIRES ANTARCTIQUES.	255
GRAND ARCHIPEL MÉLANO-POLYNÉSIEN.	256
TIKOPIA.	260

DE L'OCÉANIE.

	Pages.
Géographie.	260
Race, physionomie et caractère.	id.
Mœurs et coutumes, religion, gouvernement, industrie, etc.	id.
Exploration.	264
Navigation.	266
Iles Fataka et Anouda.	id.
Rotouma.	267
Iles Wallis.	273
Iles Allou-Fatou.	274
Archipel de Viti ou Fidji. Géographie.	279
Ile de Paou.	280
Iles Viti habitées.	284
Iles Viti inhabitées.	id.
Portrait.	id.
MÉLANÉSIE.	301
Aperçu général.	id.
PAPOUASIE OU NOUVELLE-GUINÉE.	303
Histoire naturelle.	304
Oiseaux de paradis, ou paradisiers, leur histoire.	305
Description du genre paradisier.	308
Grand oiseau de paradis, ou paradisier grand émeraude.	309
Oiseau de paradis petit émeraude.	310
Oiseau de paradis rouge.	id.
Oiseau de paradis superbe.	id.
Oiseau de paradis manucode ou royal.	311
Oiseau de paradis magnifique.	id.
Oiseau de paradis à six filets, ou gorge dorée.	id.
Oiseau de paradis à douze filets.	312
Détails sur leurs habitudes.	id.
Suite de l'histoire naturelle.	id.
Topographie.	313
Havre Dori; village de Kouno; îles Manasouari et Masmapi.	id.
Mœurs et coutumes.	id.
Histoire.	314
ILES DES PAPOUAS.	324
Iles Salomouti.	id.
Opinion d'un radjah sur les habitants de quelques îles des Papouas.	332
Groupe des îles Arrou.	id.
DÉTROIT DANGEREUX DE TORRÈS.	333
ILES DU DÉTROIT DE TORRÈS.	334
Ile Murray ou plutôt Mera.	id.
ILES ORIENTALES ADJACENTES A LA PAPOUASIE.	339
Iles volcaniques.	id.
ARCHIPEL DE LA LOUISIADE.	340
GRAND ARCHIPEL DE LA NOUVELLE-BRETAGNE.	341
Iles de l'Amirauté.	345
Nouvelle-Irlande, ou Tombara des naturels.	348
Climat.	350
Histoire naturelle.	id.
ARCHIPEL DE SALOMON.	365
Géographie.	id.
Iles Carteret.	366
Iles du Massacre.	id.
Expédition et aventures de Benjamin Morrell.	id.
Terre des Arsacides et île de Bougainville.	381
Ile Bouka.	id.
Histoire naturelle.	384
Groupe de Vanikoro ou de la Pérouse.	391
Histoire naturelle.	392
Caractères, mœurs et coutumes.	393
Langues, chants et danses.	395
Histoire.	396
Groupe de Nitendi ou Santa-Cruz, îles Toupoua, Tinakoro et Mindana. Géographie.	407
Précis historique.	408
ARCHIPEL DES NOUVELLES HÉBRIDES.	411
Géographie.	id.
Histoire naturelle.	415
Histoire et mœurs.	416
GROUPE DE BALADE OU DE LA NOUVELLE-CALÉDONIE.	426
Histoire naturelle.	427
Précis historique. Mœurs et coutumes.	id.
PETIT GROUPE DE NORFOLK.	431
AUSTRALIE OU NOUVELLE-HOLLANDE.	433
Aperçu général.	id.
Géographie physique.	id.
Climat.	436
Saisons opposées aux nôtres.	437
Nouveaux cieux.	id.
Histoire naturelle. Géologie. Volcans singuliers.	id.
Minéralogie.	440
Phytologie.	441
Ornithologie.	442
NOUVELLE-GALLES DU SUD OU MÉRIDIONALE, OU AUSTRALE.	446
Géographie physique.	id.
Climat.	id.
Histoire naturelle. Minéralogie.	447
Phytologie.	id.
Bandicouts, écureuils, renards et opossums volants, etc.	451
Ornithologie.	id.
Attachement profond d'un perroquet.	452
Émus.	id.
Menura superbe, philédon, etc.	id.
Oiseaux qui servent d'horloge.	453
Échidné (animal bizarre).	id.
Phoques, reptiles, crocodiles, poissons, etc.	id.
Serpents.	454
Combat entre les chiens et les serpents.	id.
L'homme aux serpents.	455
Entomologie.	id.
PÉRIPLE DE L'AUSTRALIE.	457
Côte orientale. Topographie.	id.
SIDNEY, CAPITALE, ET PORT JACKSON.	458
Société et instruction à Sidney.	459
SUITE DU PÉRIPLE DE L'AUSTRALIE.	461
Côte méridionale de l'Australie.	id.
Terre de Grant.	462
Le nouveau Robinson Crusoë.	id.
Terre de Baudin.	463
Terre de Flinders.	id.
Iles des Kangarous.	id.
Golfe Spencer.	id.
Terre de Nuyts.	464
Terre et baie ou port du Roi-George. Géographie et climat.	id.
Mœurs et coutumes des indigènes de la terre du Roi-George.	id.
Langue.	474
Côte occidentale de l'Australie.	id.
Terre d'Edels.	id.
Colonie de la rivière des Cygnes noirs.	id.
Terre d'Endracht ou de Concorde.	id.
Ile Dirck Hatichs. Inscription curieuse.	477
Côte septentrionale de l'Australie.	478
Terre de Witt.	id.
Terre d'Arnheim, comprenant le golfe de Carpentarie.	479
Nature admirable de cette contrée.	480
Commerce.	id.
Mer de corail.	482

	Pages.
FORMATION PROBABLE D'UNE SIXIÈME PARTIE DU MONDE.	487
PROJET D'EXPLORATION DE L'INTÉRIEUR DE L'AUSTRALIE.	id.
Titres et distinctions des classes entre les colons, les créoles et les condamnés de la Nouvelle-Galles du Sud.	489
Établissements des colons libres en Australie et surtout à la Nouvelle-Galles du Sud.	491
Naufrage de cent huit femmes condamnées, à bord de l'*Amphitrite*.	id.
Sort des condamnés débarqués en Australie.	493
Observations sur les émancipés.	495
Progrès merveilleux de l'état social parmi les Européens et leurs descendants dans la colonie de la Nouvelle-Galles du Sud.	id.
Compagnie d'agriculture.	498
Industrie, commerce et navigation.	499
Portrait des Australiens aborigènes ou noirs.	501
Cause du cannibalisme.	id.
Mœurs et coutumes des Australiens primitifs ou sauvages.	502
Sauvages qui, après avoir vécu longtemps chez les Européens, abandonnent l'ordre social pour vivre libres dans les forêts.	506
Respect pour les tombeaux.	507
Mendiants tenaces.	509
Distinction morale entre plusieurs tribus.	id.
Noirs australiens, excellents mimes et comiques.	510
Des femmes.	511
Éloge et défense des Australiens.	513
Moyens employés et à employer pour civiliser les Australiens noirs.	516
Essais de civilisation.	518
Méthode de la colonisation anglaise. Réflexions à ce sujet.	id.
Soldats congédiés.	519
Règlement sur les convicts.	id.
Réflexions à ce sujet.	520
Administration.	521
Ordre judiciaire.	id.
Revenus et dépenses.	522
Avenir de l'Australie.	523
Histoire.	id.
NOUVELLES EXPLORATIONS ET DÉCOUVERTES DANS L'INTÉRIEUR DE L'AUSTRALIE.	526
COLONIES PÉNALES.	538
LA TASMANIE OU VAN-DIEMEN ET SES DÉPENDANCES.	541
Géographie.	id.
Histoire naturelle.	543
Topographie.	544
De la pêche des phoques et des baleines.	id.
Gouvernement, administration, etc.	id.
Portrait, caractère et mœurs des indigènes.	545
Haine et rivalité entre les colons australiens et tasmaniens.	553
Esquisse historique.	id.
État actuel de la Tasmanie.	555
ILES ÉLOIGNÉES DE L'OCÉANIE ET QUI DOIVENT Y ÊTRE COMPRISES.	557
TERRE DE KERGUELEN OU ÎLE DE LA DÉSOLATION.	id.
Histoire naturelle.	id.
Géologie.	id.
Phytologie.	558
Absence d'animaux terrestres.	559
Amphibies.	id.
Ichtyologie.	id.
Albatros, pétrels, pingouins, nigauds, manchots et autres palmipèdes.	560
Dauphins.	id.
Chasse aux albatros, aux pingouins et aux éléphants de mer.	562
Artiste-voyageur égaré dans une île.	565
ILES DÉSERTES.	567
ILE SAINT-PIERRE OU AMSTERDAM, ET ÎLE SAINT-PAUL.	567
Histoire de deux Écossais abandonnés dans l'île de Saint-Pierre ou Amsterdam. Incendie de cette île.	id.
Aventure du capitaine Péron.	570
GROUPE DES ÎLES CRAGOS. — ILE FUYANTE.	572
COLONIES OCÉANIENNES OU PLUTÔT MALAISES.	id.
PREMIÈRE COLONIE. ILE MALEKASSAR OU MADAGASCAR.	id.
DEUXIÈME COLONIE. MALANKA (MALACA).	573
TROISIÈME COLONIE. ILE THAI-OUAN OU FORMOSE.	574
CONCLUSION DE L'OUVRAGE, ET RÉSUMÉ DES DÉCOUVERTES ET TRAVAUX DE L'AUTEUR SUR L'OCÉANIE.	576

FIN DE LA TABLE DES CHAPITRES DU TROISIÈME VOLUME.

TABLE DES CHAPITRES DE L'OCÉANIE.

TOME PREMIER.

	Pages.
Avant-propos indispensable.	1
Lettre de M. Dumont d'Urville à M. D. de Rienzi.	2
TABLEAU GÉNÉRAL DE L'OCÉANIE.	id.
APERÇU GÉNÉRAL DE L'OCÉANIE.	id.
État des connaissances des anciens sur l'Océanie.	5
État des connaissances sur l'Océanie au moyen âge.	6
Idem chez les modernes.	id.
Divisions géographiques de l'Océanie.	11
Géographie politique et colonisation de l'Océanie.	15
ANTHROPOLOGIE ET ETHNOGRAPHIE, ou des races d'hommes, de leurs variétés et des caractères des différents peuples et tribus.	16
Les Malais.	id.
Les Polynésiens et les Dayas.	18
Les Alfouras.	19
Les Mélanésiens divisés en Andamènes et Papouas.	20
Les Papouas.	id.
Les Papou-Malais.	21
Les Andamènes et les Australiens.	id.
Les Aithalo-pygmées, les Pithékomorphes et les Mélano-pygmées.	23
Des Albinos.	id.
Les sauvages comparés aux peuples civilisés.	24
L'ORANG-HOUTAN.	27
Hydrographie.	39
Géologie et orographie.	40
Tremblements de terre.	41
Volcans.	42
Salses.	43
Résultat hypothétique des effets produits par les volcans et les polypes sur notre globe et principalement sur la Polynésie.	id.
HISTOIRE NATURELLE. — Minéralogie.	44
Botanique.	45
Zoologie. — Mammifères.	47
Ornithologie.	49
Coup d'œil sur l'erpétologie, l'entomologie, l'ichthyologie, la conchyliologie, la zoophytologie, etc.	50
Monotrèmes.	51
RELIGION.	52
Institutions religieuses.	id.
Du gouvernement et des prêtres.	60
Industrie, commerce et histoire du commerce en Océanie.	id.
Mœurs et coutumes.	63
Costumes.	64
Arithmétique.	66
Poids et mesures.	id.
Monnaies.	67
IDIOMOGRAPHIE ou des langues et de leurs dialectes.	68
Tableau polyglotte comparatif de 11 langues océaniennes.	73
LITTÉRATURE.	74
Pantoun des habitants de l'île Rienzi dans l'archipel de Soulang ou Suloo ou Jolo.	77
L'amour constant, chanson bouguise.	id.
Chanson érotique d'un étranger à une Gadise du pays des Dayas dans l'île de Bornéo.	id.
Chant de guerre et de marine des îles Carolines.	id.
Romance tagale de l'île de Louçon dans l'archipel des Philippines.	id.
Chant de deuil haouaïen.	78
MUSIQUE.	id.
Air des marins bouguis de l'île Célèbes (Malaisie).	id.
Koubayoung. — Le prisonnier. Air javan, id.	79
Tsin-sa. — Air des Chinois habitant le nord de l'île Bornéo (Malaisie).	id.
Air chanté par une demoiselle métive Hispano-Maindanaise de Zamboanga (Malaisie).	id.
Air de danse des îles Haouaï (Polynésie).	80
Air de l'île Gouap dans les Carolines (Polynésie).	id.
Chanson comique des Mariannais (Polynésie).	id.
Air original du ballet de Montezouma, autrefois en usage au Mexique et aujourd'hui à Gonaham (Polynésie).	81
Chant de mort de Taïti (Polynésie).	id.
Air des Papouas de la Nouvelle-Guinée (Mélanésie).	id.
Air des indigènes de l'île Traman, dans le groupe d'Arou (Mélanésie).	id.
Air australien des sauvages de la terre d'Arnheim.	id.
Instruments de musique.	82
Théâtre.	83
Architecture et sculpture.	84
Conclusion du Tableau général.	85
Errata du tableau général.	71
MALAISIE ou grand archipel des Indes orientales.	86
1. Aperçu général.	id.
2. Organisation politique, mœurs et caractère des Malais.	id.
3. Précis de l'histoire des Malais.	87
4. Codes des lois des Malais de Soumadra, Java, Bornéo, Célèbes, etc.	89
5. Habitations et ameublements des rois, des grands et des particuliers.	id.
6. Habillement des rois, des grands et des particuliers.	91
7. Navigation et géographie des Malais.	93
8. Contes malayons.	94
9. Industrie et commerce de la Malaisie.	95
10. Agriculture.	96

en 1781 par Maurelle; noms et descriptions des îles principales, III, 345 a — 348 b; quelques détails sur les indigènes, 346 a, b.

Amis (île des), V. Tonga, III, 76 a et suiv.

Amphitrite (l'), bâtiment anglais qui transportait à la Nouvelle-Galles du Sud cent huit femmes *convicts*; détails sur quelques-unes de ces femmes, et sur le naufrage du bâtiment à la vue des côtes de France en 1834, III, 491 b, 493 b.

Amsterdam, nom donné par Tasman à l'île Tonga-Tabou, III, 27 b.

Anaa, île découverte par Cook en 1769, archipel Pomotou; est aujourd'hui toute chrétienne, II, 254 b.

Anachorètes (îles), chaîne qui fait partie des îles de l'Amirauté, III, 247 b.

Ananas, très-gros dans la Malaisie, I, 107 a, 111, b.

Andamen (îles), V. Endamènes, I, 112 b.

Andoua, petite île de l'archipel Viti, III, 284 a.

Andrews (le capitaine), aborde en 1826 à la Papouasie, III, 320 a.

Ang-Hasa, petites îles de l'archipel Viti; reconnues exactement en 1827 par d'Urville, III, 281 b.

Angleterre, ses colonies dans toutes les parties du globe, II, 389 a.

Anguilles, monstrueuses à Taïti, II, 307 a.

Animaux et oiseaux, sur leur langage, I, 290 b.

Anna, île de l'archipel Salomon, III, 383 b.

Annatom, une des Nouvelles-Hébrides; quelques détails, III, 411 b.

Anouda, petite île de l'archipel Mélano-Polynésien; revue en 1828 par d'Urville, III, 266 b.

Anson, navigateur, I, 8 a.

Anthropologie, Biadjaks-Tzengaris, singulière variété d'hommes, décrite pour la première fois par l'auteur de l'Océanie, I, 261 a; considérations sur les diverses races qui peuplent l'Océanie, III, 303 a, b; opinion d'un rajah sur les habitants de quelques îles des Papouas, 332 b; insulaires de la Nouvelle-Irlande, 364 b; deux races probablement peuplent l'archipel Salomon, 387 a; caractères particuliers de la physionomie des insulaires de Vanikoro, 394 a; pénible état de la dégradation de l'espèce dans la plupart des naturels de la Nouvelle-Hollande, 435 b; Tasmaniens, probablement une variété, 547 a; trois races chez les Malekasses, 575 a.

Anthropophages (peuples): les Australiens de la terre de Grant, I, 22 a; les Battas, un des peuples de Soumadra, 130 a; les Tidouns et autres à Kalémantan (Bornéo), 257 b, 262 b; les Dayaks-Kayangs, les Papouas, 260 a; peut-être aussi les Tzengaris, 265 b; ceux des Philippines, 300 a; détails sur les divers peuples anthropophages, 347 b; les insulaires de Piguiram (Carolines), II, 127 a; probablement aussi quelques insulaires de Tioukéa, archipel Pomotou, 252 a; quelques Européens le deviennent étant exténués par la faim, 261 a; les insulaires de Rarotonga, III, 19 a; ceux de la Nouvelle-Zeeland, 138 a et suiv., 207 a, 208 b, 219 a, 232 a; mangent de la chair humaine dans certains sacrifices, 174 b; détails à ce sujet, 177 a, 181 b, 187 b, 198 a; le corps d'une jeune esclave tuée par punition est apprêté pour être mangé, 237 b; repas de plusieurs centaines de guerriers de la Nouvelle-Zeeland après une victoire, 246 b; même coutume dans l'île de Paou, archipel Viti, 281 a; dans tout cet archipel, 288 b, 289 a, b; apprêts de ces repas, 293 a, 295 b, 297 b; chez les Papouas, 317 a; très-probablement aussi dans la Nouvelle-Irlande, 360 a; règne avec fureur dans l'archipel Salomon, 365 b; existe à Tanna, Nouvelles-Hébrides, 421 b; à la Nouvelle-Calédonie, 431 a; dans quelques parties voisines de l'Australie, 499 b; chez certaines tribus de ce continent, 501 b, 502 a; par suite d'une famine, 513 a; chez les Malais qui peuplent en partie l'île Thaï-Ouan (Formose), si l'on doit en croire les Chinois, 577 b.

Antilope (l'), paquebot monté par le capitaine Wilson, et dont le naufrage en 1793 fait connaître les îles Péliou, II, 87 a.

Antipode, île déserte, découverte en 1800, au sud de la Nouvelle-Zeeland, III, 235 a.

Antonio Abreu et Francisco Serrano, Portugais, paraissent avoir découvert la Papouasie, III, 314 b.

Api, une des Nouvelles-Hébrides, III, 413 b.

Arabes, fréquentent Ceylan, I, 6 a; pénètrent dans la Chine, ibid.

Arago, dessinateur, a publié ses dessins et ses observations sur l'expédition de l'*Uranie*, sous le titre de *Promenade autour du monde*, I, 8 b; en danger de se noyer, il est sauvé par le roi des Carolines, 398 a.

Araktchieff, île découverte en 1819, archipel Pomotou, II, 257 b.

Arbre à pain, I, 106 a; culture, utilité, II, 300 a.

Archipel Mélano-Polynésien, îles pour la plupart récemment découvertes et peu connues, III, 256 a.

Arek, V. Bétel, I, 104 a, 117 a, etc.

Arfakis, Harfours, tribu amie des Papous, et qui réside vers le fond du havre de Dori (Papouasie), III, 317 b et suiv., 321 a et suiv.

Arfakis ou Arfakis (monts), chaîne élevée de la Papouasie, III, 304 b.

Argile ou terre à pipe, est d'une qualité parfaite dans la Nouvelle-Hollande, III, 440 b.

Argo (l'), navire baleinier, mouille pendant cinq mois dans la Nouvelle-Zeeland en 1805; il emmène Doua-Tara, un des chefs de ce pays, fait diverses courses, et y retourne, III, 209 b; périt sur un brisant à l'est de Moza, petite île de l'archipel Viti, 282 a.

Armes à feu (décharges d'), mais sans bruit, reçues par Cook, dans la Papouasie, de quelques-uns des insulaires, III, 316 b.

Arnheim (terre d'), contrée de l'Australie la plus voisine de l'équateur; l'établissement du Fort-Dundas, que le capitaine Bremer y avait formé au port *Cockburn* ou *Raffles*, est abandonné en 1826 à cause des maladies qui y régnèrent, III, 479 a; à l'orient de la rivière *Speult* le pays est arrosé par un grand nombre de sources; minerais ferrugineux; abondante pêche du tripang, 479 b; nature admirable de cette contrée, décrite en partie pour la première fois par l'auteur, 480 a; commerce, fait par les Bouguis et surtout par les Chinois, est peu facile aux Européens, 480 b; indigènes, témoignent peu de curiosité à la vue de nos plus merveilleux mécanismes, assez sensibles cependant à la musique, 481 a; golfe de Carpentarie, deux fleuves principaux: le *Tasman* et le *Caron*; une partie de ses côtes est d'un accès difficile; pays propre à un vaste établissement; à l'est sources d'eau douce, poisson et tortues vertes en grande quantité; côte orientale stérile, 481 b, 482 a.

Arrak de Batavia, liqueur, I, 103 b.

Arréoys, société infâme à Taïti, I, 353 a, b; II, 320 b; son origine présumée, 333 a.

Arrou, groupe d'une trentaine d'îles voisines de la Papouasie, et dont trois sont assez importantes; noms de vingt-cinq de ces îles remarquables en général par leur fertilité, la beauté des sites et les variétés admirables d'oiseaux qui s'y trouvent, III, 332 b; une décrite pour la première fois par l'auteur, 333 a; gouvernement, commerce; mer fréquentée par le cachalot, ibid.

Arrowsmith a marqué sur ses cartes deux petites îles des groupes Mac-Askill, etc., parmi les Carolines, lesquelles îles n'ont pu être trouvées par Lütke, II, 125 a.

Arsacides (terre des), extrémité nord-ouest de l'archipel Salomon; selon Bougainville, fait partie de la Louisiade, III, 381 a.

Arum esculentum (taro), plante cultivée, avant l'arrivée des Européens, dans la Nouvelle-Zeeland, où ses racines servent d'aliment, III, 166 a.

Asia, petit groupe d'îles découvert en 1805 (Papouasie), III, 230 a.

Asile. Pouho-Noua, lieu d'asile sacré dans une des îles Sandwich, II, 14 a, 24 a.

Aspidium fuscatum de Forster, ou *cyathea medullaris*, aliment substantiel dans la Nouvelle-Zeeland, III, 165 b.

Atakambo, île. V. Lagouemba, III, 282 a.

Atouas (ordre des), le premier des quatre ordres dont peuvent faire partie les insulaires rendus vénérables par le tabou; étendue de leur cruelle autorité, II, 231 a et suiv.; nom donné aussi par les indigènes de la Nouvelle-Zeeland au dieu qui préside à certains rochers, III, 162 a.

Auckland, groupe d'îles couvertes d'une riche végétation; climat salubre; au sud de la Nouvelle-Zeeland; détails donnés, sur quelques plantes et quelques oiseaux qui s'y trouvent, par l'Américain B. Morrell qui les visita en 1830, III, 255 a, b.

Aurore, une des Nouvelles-Hébrides, III, 413 b, 419 b.

Australie, V. Nouvelle-Hollande, III, 433 b.

Australiens, leur description, I, 22 a, b; III, 501 a.

Auteurs et voyageurs qui ont écrit sur l'hémisphère austral, I, 5 b et suiv., 10 a, b; 11, a, b.

Ava ou Kava, plante dont il se fait une grande consommation en boisson à Tonga-Tabou, III, 21 b; préparée et bue en cérémonie, 55 b. (V. Kava.)

Azata, petite île habitée de l'Archipel Viti, III, 282 b.

B

Bains et ablutions, d'un fréquent usage, surtout chez les Javanais, I, 112 b; bains naturels où l'on fait cuire des œufs, 297 a.

Balade (groupe de), V. Nouvelle-Calédonie, III, 426 a.

Balbi, dans sa géographie, loue les travaux de l'auteur, I, 116 note b, 24 a.

Balboa (Vasco Nunez de) prend possession de l'océan Pacifique, I, 6 b.

Baleine, détails sur cette pêche, I, 214 b; comment la prennent quelques insulaires des Carolines, II, 181 b; prix excessif attaché à ses dents par les insulaires de Nouka-Hiva, 235 b; une baleine fait périr un navire baleinier, 260 b; pêche avantageuse sur les côtes de la Nouvelle-Galles du Sud, III, 499 b; a lieu aussi dans la Tasmanie, 546 b.

Bali, île voisine de Java, est très-peuplée, I, 195 a; divisée en huit principautés indépendantes, 196 a; commerce, religion, ibid. a, b; sutty ou sacrifice des veuves, 197 b — 200 a; les bons et les mauvais génies, 200 a; Baliens ou Balinais, inférieurs aux Malais, etc., 18 a, b; ère balinaise, temples, prêtres, écrits religieux, 201 a; langue, littérature, beaux-arts, 202 a; métempsycose, 202 b.

Bambou, sorte de roseau; plusieurs variétés, I, 101 a.

Bananes, vingt et une variétés, I, 105 b.

Banda, groupe d'îles; trois îlots en sont réservés à la culture des muscadiers, I, 213 a.

Banka, île voisine de Sommadra, I, 145 a.

Banks, savant voyageur; ses espérances à la première vue du sol de la Nouvelle-Hollande, III, 434 a.

Banks, quatre petites îles près de l'archipel des Nouvelles-Hébrides, III, 415 a.

Banksia grandis, arbre de la Nouvelle-Hollande, dont le bois reste allumé un temps considérable, III, 465 a.

Banou-Batou, petite île habitée de l'archipel Viti, III, 282 a.

Baptême donné solennellement, à bord de la frégate l'*Uranie*, au premier ministre du roi Rio-Rio, dans deux des îles Haouaï, II, 76 a.

Barber, navigateur, a fait en 1794 plusieurs découvertes dans l'archipel Viti. V. Matazoua-Levou, III, 284 a.

Bari, espèce de singe remarquable par sa docilité, I, 36 b.

Barklay, île découverte en 1819, archipel Pomotou, II, 257 b.

Barrow, îlot découvert en 1826, archipel Pomotou, II, 255 b.

Basalte; on en voit de hautes colonnes dans la Nouvelle-Hollande et dans l'île Howe, III, 488 a.

Basco, nom de la grande île de l'Amirauté; quelques détails extraits de d'Entrecasteaux, III, 345 a.

Bassilan, groupe voisin de Holo, I, 281 a.

Batavia, sa position; ville importante et devenue plus salubre par les soins du gouverneur van der Capellen; beaux édifices, etc., I, 154 b.

Batigui, île habitée de l'archipel Viti, III, 283 b.

Batou-Bara, petite île habitée de l'archipel Viti, III, 282 a.

Battas, peuples voisins d'Achin, I, 127 a, anthropophages; lois et coutumes, 130 a, b; respectent le tigre, 132 a.

Baudin, navigateur français, I, 8 b; a parcouru une partie des côtes de la Nouvelle-Hollande, III, 461 b; a donné son nom à une terre jusqu'à présent peu importante, 463 a; a trouvé en 1801, à la baie des *Chiens marins*, une inscription curieuse en hollandais, portant la date de 1616, et dont la teneur, accompagnée de la traduction en français et d'explications historiques, est relative à un point de navigation, 477 a; a aussi reconnu exactement la terre de Witt; 479 a.

Bauman, îles ainsi nommées par Roggeween. V. Samoa, III, 21 a.

Beechey, navigateur, I, 8 b; donne des détails sur toute l'histoire du navire anglais le *Bounty*, tombé au pouvoir de révoltés de son équipage, II, 262 a.

Bellinghausen, navigateur, I, 8 b; revoit en 1819 les îles Holt, Tchittchagoff et plusieurs autres, archipel Pomotou, II, 257 b, 258 a, 260 a, et y découvre la petite île Lazareff, 259 b; mouille à Taïti en 1820; découvre en 1810 l'île Ono, archipel Viti, III, 281 b.

Bedinghausen, île du groupe de Taïti, II, 295 b.

Bellona, île de l'archipel Salomon, III, 383 b.

Beniowski, Polonais, aventurier, auteur de récits intéressants, I, 9 b.

Benjoin, arbre commun à Bornéo, I, 240 a.

Bennett, médecin voyageur, visite Tonga-Tahou en 1829, III, 120 b; détails sur divers objets, maladies, plantes; visite faite à la famille d'un chef, canots doubles, III, 122 b et suiv.; extrait de ses recherches sur l'ornithorhynque, 443 et suiv.

Bentink, île située dans le golfe de Carpentarie; il s'y trouve près de la côte un petit étang d'eau douce, III, 482 a.

Beou, petite île, archipel Viti, près de laquelle le capitaine Bureau est massacré avec son équipage par les insulaires, III, 299 b.

Béroës, description de cette sorte de poisson écailleux d'une nature gélatineuse, I, 321 a; leur agrégation prodigieuse, 321 b.

Bétel, croît très-facilement à Java, I, 104 a, 117 a; très-abondant à Soumadra, 124 a; très en usage à la Nouvelle-Irlande; idée de sa composition, III, 363 b; dans les îles Salomon, 382 a; denture d'un aspect singulier dont il est la cause, 410 b.

Biadjaks-Tzengaris, pirates, singulière variété d'hommes, I, 261 a; leur commerce, etc., 262 a; dissertation sur les divers noms qui leur ont été donnés, 263 a; leur origine, 263 b; mœurs et usages, 265 a; leur dispersion, 266 a; pays où ils se sont établis, 267 b; conjecture sur leur nombre, 268 a; résumé philologique, etc., sur les Tzengaris, ibid.; il s'en trouve à Bassilan, 281 b.

Bidgi-Bidgi, mime australien, réjouit une société en apparaissant tout à coup dans un bal; traits de son esprit malin et de sa mémoire, III, 510 b, 511 a.

Billiton, île voisine de Banka, I, 145 b.

Bird, petite île de l'archipel Pomotou, II, 254 b.

Bishop, navigateur, découvre en 1799 les îles Sydenham, II, 204 b; aborde à Matavaï, district de Taïti, III, 6 a.

Bitonho, groupe d'îles de l'archipel Viti, III, 284 a.

Bivoua, groupe d'îles peuplées de l'archipel Viti, III, 284 a.

Blattes, insectes qui ravagèrent le vaisseau de Cook, II, 303 b.

Blé, apporté et semé dans la Nouvelle-Zeeland, en 1812, par Doua-Tara, un des chefs de ce pays, III, 213 et suiv.; il parvient à faire un gâteau du blé de ses récoltes, 214 b.

Blennie-sauteur, poisson fort singulier, **Nouvelle-Irlande**, III, 356 b.

Bligh, capitaine anglais, commandant le *Bounty*, II, 301 a; découvre l'île Waïtou-Taki en 1789, III, 19 a; aborde à Tafoua avec son canot après son expulsion de son navire, 33 a; découvre les îles Bounty en 1788, 255 a; envoyé comme gouverneur en 1806 à la Nouvelle-Galles du Sud, la dureté de son administration y cause son renvoi en Europe, III, 542 a. V. aussi *Bounty* (le).

Bligh, petite île, près des Nouvelles-Hébrides, III, 415 b.

Bluff, petite île inhabitée de l'archipel Viti, III, 282 b.

Bœufs et buffles d'une grosseur prodigieuse à Java, I, 97 b, 148 b; leur prix, 98 a; ont multiplié dans l'archipel de Nikobar, 117 a; buffles employés à des travaux domestiques à Soumadra, 126 a; doux et dociles aux Philippines; n'y sont point attaqués par les crocodiles, 289 b.

Bois de construction dans la Malaisie, I, 101 b; des bois divers et précieux pour l'ébénisterie se trouvent abondamment à Botany-Bay, III, 461 a; bois pétrifié, est disséminé en grande quantité dans la Nouvelle-Hollande, III, 439 b, 440 a.

Bond (le capitaine) découvre, en 1792, l'île Namou et les îles Wadelen, groupe de Ralik, archipel des Carolines, II, 190 a.

Bouechea, Espagnol, mouille à Taïti en 1772, III, 73 et 74.

Bonko, montagne sacrée à Soumadra, sa description, I, 120 b.

Bora-Bora, île du groupe Taïti, II, 294 b; sites romantiques, 308 a; l'homme-dieu de cette île est visité par Cook, 357 b.

Bornéo (île, ville). V. Kalémantan, I, 236 a, et Varouni, 255 b.

Botany-Bay, près et au sud de Sidney, choisi principalement pour lieu de déportation des *convicts* d'Angleterre; végétation variée, bois précieux pour l'ébénisterie; établissement abandonné dès son origine, III, 460 a.

Boudeuse, petite île, une de celles de l'Amirauté, III, 348 a.

Bougainville, navigateur; idée générale de ses découvertes, I, 8 a, b; visite et nomme archipel Dangereux celui que les indigènes nomment Pomotou, II, 251 b; en 1768, prend possession de Taïti pour la France, III, 2 a; visite les îles des Navigateurs (archipel Samoa), 23 a; longe une partie de la Papouasie, 316 b, 325 a; découvre la Louisiade, est de la Papouasie; quelques mots de sa relation, 340 a; découvre plusieurs des îles de l'Amirauté, en visite plusieurs, 346 b —348 a ; magnifique cascade qui porte son nom au port Praslin, 352 b ; découvre en 1768 une île située près de l'archipel Salomon, et à laquelle il donne son nom, 381 a ; et, dans les mêmes parages, celles de la Trésorerie, l'île Choiseul, vue probablement par Mindana, et Simbou, 382 b ; aperçoit les îles Vertes, 382 a , 384 a ; découvre l'île des Lépreux , Saint-Barthélemy, deux des Nouvelles-Hébrides, 414 a, b.

Bouguis, peuple actif, marins braves, I, 5 a ; font une partie de la population de Java, 146 a ; font un grand commerce, 196 b , 213 a ; établis à Banka, 222 a, 224 a ; contrée qui doit être regardée comme leur territoire primitif, 222 b ; leurs divers établissements à Célèbes, etc., 224 a , 229 b ; sur leur histoire, 232 a ; leur langue ancienne, 234 a ; une de leurs embarcations, poussée par un vent contraire à la terre d'Arnheim, y pêche le tripang abondamment : ce hasard leur fait quitter leur pêcherie antérieure, III, 479 b ; employés par les Chinois pour leur traversée vers cette terre, 480 a , b ; pénètrent hardiment dans les petites îles du golfe de Carpentarie , 481 b.

Bouka ou Winchelsea, île de l'archipel Salomon, III, 381 b.

Boulang-Ha, petite île bien boisée, archipel Viti, vue antérieurement par plusieurs navigateurs, reconnue exactement, en 1827, par d'Urville, III, 281 b.

Bounty (le), navire anglais, capitaine Bligh, tombe au pouvoir d'un certain nombre de révoltés de son équipage, II, 261 b et suiv. , 301 a ; seize des révoltés s'établissent à Mataval, district de Taïti, III, 5 a, b.

Bounty, groupe d'îles inhabitées au sud de la Nouvelle-Zeeland, III, 255 a.

Bournaud (île). V. Saint-Jean, III, 346 b.

Bourou, l'une des plus grandes îles du groupe d'Amboine , est riche en oiseaux et remarquable par son pic, I, 207 a.

Boussole, en usage dans la Malaisie, I, 93 b ; chez les Carolins, II, 216 b.

Bow, dans l'archipel Viti, séjour de plusieurs matelots européens qui se joignent au capitaine Dillon, III, 292 a et suiv.

Bradley, récif dangereux, archipel Salomon, III, 383 b.

Brady, un des plus audacieux *batteurs de buissons* de la Nouvelle-Galles du Sud; trois fois il veut ôter la vie à un autre *convict* qu'il soupçonnait d'être un traître ; trois fois ce *convict*, empoisonné, pendu et frappé d'une balle de pistolet à la tête, échappe à la mort, III, 493 b ; 494 b.

Brinotaou, médecin à Tikopia ; son remède universel, III, 263 b.

Britannia, île au nord de la Nouvelle-Calédonie, III, 428 a.

Britomart, île découverte en 1822, archipel Pomotou, II, 256 b.

Broughton, en 1793, découvre l'île Caroline, archipel Roggeween, II, 222 a ; visite, en 1791, Vavitou, au sud de Taïti, 291 a.

Brown, groupe très-peu connu, d'environ trente petites îles, au nord des Carolines, II, 189 b.

Brown, capitaine du *Port-au-Prince* en 1806, est tué, avec la plus grande partie de son équipage, par les insulaires de Tonga, III, 91 a et suiv.

Buena-Vista, île de l'archipel Salomon, III, 383 a.

Bunkey découvre, en 1824, les îles Pisserar (Carolines), II, 196 a.

Bureau, de Nantes, capitaine de l'*Aimable Joséphine*, est massacré avec son équipage, par le chef et les naturels de la petite île de Beou, archipel Viti, III, 299 b.

Büsching, nom d'un géographe allemand, donné aussi à l'île *Groote Island*, située dans le golfe de Carpentarie, III, 479 b.

Butler, capitaine du *Walpole*, découvre, en 1794, les îles Bellona et Rennel, archipel Salomon, III, 383 b , 391 a.

Buttler découvre, en 1794, le groupe des îles Brown, II, 189 b.

Buyers, île découverte en 1803, archipel Pomotou, II, 256 b.

Byam, île de l'archipel Pomotou, découverte en 1826, II, 256 b.

Byron (le capitaine) reconduit aux îles Sandwich, en 1825, ce qui restait de l'ambassade amenée de ces îles à Londres, par le roi Rio-Rio ; découvre l'île Malden en 1825, II, 221 b.

Byron, île du groupe Gilbert (Carolines); détails sur les insulaires ; sa position, II, 204 b.

C

Cacao, cultivé depuis peu à Java, I, 108 a.

Cachalot, détails sur cette pêche, I, 214 b; se trouve en abondance dans la Polynésie, 382 a; item dans la mer qui baigne le groupe des îles Arrou (Papouasie), III, 333 b.

Caen, une des îles de l'Amirauté, visitée par plusieurs navigateurs, III, 347 a.

Café et sucre, leur récolte et leur prix dans l'Océanie, I, 96 a; culture et exposition nécessaires au café, 108 a.

Caféier, se trouve dans l'archipel Salomon, III, 384 a.

Caledonian (le), brick capturé à la Nouvelle-Galles du Sud, par onze des *convicts* nommés *bush-rangers* (batteurs de buissons), III, 494 b, 495 b.

Caledony-Bay, au sud du cap d'Arnheim, III, 481 b.

Calophyllum inophyllum, arbre d'une grosseur prodigieuse, III, 354 a.

Calophyllum tacamahaca, grand arbre résineux et propre à la construction, I, 317 a.

Camoëns (le) a visité la Malaisie, I, 10 a.

Campbell, capitaine du bâtiment baleinier la *Favorite*, mouille en 1809 dans la baie du bois de Sandal; son bâtiment est brisé par des insulaires vitiens qui font prisonnier tout l'équipage, III, 290 b.

Campbell, île déserte au sud de la Nouvelle-Zéeland, III, 255 b.

Camper (du), navigateur, I, 8 b.

Camphre. V. Bornéo d'où vient le meilleur, I, 239 b, et Soumadra, 125 b.

Canards sauvages, sarcelles et autres oiseaux, abondent dans la Nouvelle-Zéeland, III, 236 b.

Candelaria, récif. V. Bradley, III, 383 b.

Cannelle, plusieurs espèces de canelliers ont été naturalisées près de Batavia, I, 111 b, 112 a.

Canne à sucre, cultivée à la Nouvelle-Calédonie, III, 427 a. V. Sucre, II, 307 a.

Caractères (opposition de) entre les habitants de la Polynésie, III, 24 b; caractère commun aux divers sauvages, 183 b.

Caroline, île de l'archipel Roggeween, découverte en 1795 par Broughton, et décrite en 1825 par Paulding, II, 222 a.

Carolines (grand archipel des); Carolines propres; divers groupes qui s'y joignent, II, 81 a, b; groupe de Péliou ou Palaos, ou Panlog ou Péli, formant la partie occidentale, 82 a; relation du voyage d'un vaisseau espagnol dans plusieurs de ces îles en 1710, 82 a et suiv.; histoire naturelle, 84 b; nourriture, industrie, puissance des chefs, coutumes, religion, caractère et mœurs, 85 a et suiv.; la découverte en est due au naufrage, en 1793, du paquebot l'*Antilope*, monté par le capitaine Henri Wilson, 87 a; histoire détaillée de ce qui se passa pendant un an entre ces insulaires et les Anglais qui prirent part à leurs guerres, 89 a et suiv.; suite de l'histoire de Péliou d'après le lieutenant Macluer, qui la visite en 1793 et 1794, et James Wilson en 1797; visitée aussi par l'auteur, M. D. de Rienzi, et en 1828 par d'Urville, à qui ces insulaires ne paraissent pas aussi louables qu'on les disait auparavant; ont attaqué récemment un vaisseau baleinier, 103 a; parallèle entre Péliou et Ualan, île du même archipel, 112 a; guerre et coutumes semblables chez les Carolins et les héros de l'Iliade, 113 b (*Nota*. Divers autres groupes sont placés dans l'ordre alphabétique, 115 et suiv.); relations de l'homme et de la femme, 178 a; phrénologie, 180 a; plusieurs maladies, 180 b et suiv.; pêche, prise de la baleine, 181 b; industrie, 182 a; traditions religieuses, 183 a; langue, 187 b; astronomie, 188 b; états, puissance des chefs, 189 a; guerres fréquentes; Ouléa seule jouit d'une paix continuelle, 202 b; les Carolins se servent quelquefois de flèches empoisonnées, 205 a; croyances; construction et navigation dans les îles basses de cet archipel, 205 a, b et suiv.; productions, aliments, maladies et climat, 209 a; histoire des découvertes dans cet archipel, 212 b; opinion de l'auteur sur l'origine, le caractère et les langues des Carolins, et sur leur ressemblance avec les Polynésiens, 220 b.

Carolines propres, découvertes par les Espagnols; visitées récemment par plusieurs navigateurs, II, 108 a; histoire naturelle, le nautile, 108 b.

Carolins, navigateurs expérimentés, I, 848 b; connaissent la boussole, II, 216 b; joignent à l'audace sur mer la connaissance des lieux, 219 a.

Carpentarie (golfe de); Carpenter, navigateur, I, 76. V. Arnheim, III, 479 a; 481 b.

Carteret, navigateur, I, 8 a; a donné son

nom à plusieurs îles qu'il a découvertes en 1767 dans l'archipel Salomon, III, 366 a; découvre l'île Bouka et la nomme Winchelsea, 381 b; voit seulement la partie septentrionale de l'archipel de la Nouvelle-Bretagne; il en fixe la limite, 343 b; il y découvre l'île Amakata qu'il nomme York, 344 b.

Carysford, île découverte en 1791, archipel Pomotou, II, 252 b.

Cascades de trois cents pieds de hauteur dans une des îles Sandwich, II, 13 b.

Catalina, île de l'archipel Salomon, III, 383 b.

Cautérisation, employée peut-être par les Tasmaniens, mais certainement par d'autres peuples de cet hémisphère, III, 548 b.

Caverne remarquable à Kea-Nai, une des îles Sandwich, II, 22 b; une autre à Kai-Akea dans le même groupe, 25 a.

Célebes et ses dépendances, géographie générale et topographie, I, 221 a; renferme plusieurs volcans, 222 b; trois rivières, 222 b; géographie politique, 223 a; histoire naturelle, 224 b; beautés de la nature, merveilles de la mer, 228 a, b; commerce, population, peuples, coutumes, éducation et gouvernement, 229 a, b; religion, 231 b; histoire de cette île, 232 a; langues, sciences et littérature, 233 b.

Céram, une des Moluques, I, 206 b.

Cercopithèques, orangs-houtans ainsi nommés dans Strabon, I, 37 a.

Chabrol, île au nord de la Nouvelle-Calédonie, III, 426 a.

Chagos ou Diego-Garcia (îles), groupe de petites îles, dont la plus importante est occupée par quelques colons de l'Ile-de-France; situation; nature probable du sol, III, 574 b.

Chameau, existe à Soumâdra; se voit à Java, mais non dans l'état sauvage, I, 148 b.

Chamisso, navigateur, cité plusieurs fois à l'article des Carolines, II, 174 b, 213 a, b.

Chant solennel et lent des indigènes de Tanna, Nouvelles-Hébrides, au pied du volcan qui s'y trouve, III, 421 b, 423 b; entendent chanter et chantent volontiers, 424 a, b.

Charbon de terre, abonde dans le voisinage du mont Ouingen, Nouvelle-Hollande, III, 439 a, et ailleurs 440 a, 447 a; se trouvera dans la Tasmanie, suivant les indigènes, 545 b.

Chatam, nom d'un établissement anglais dans une petite île des Andamens, I, 116 a; groupe d'îles au sud de la Nouvelle-Zeeland, découvert par Broughton en 1791, III, 253 a; combat de peu de durée et diverses scènes avec les indigènes, 253 b. et suiv.; détails sur leur habillement, etc., ibid.

Chenopodium-quinoa, végétal nourrissant, importé en Angleterre, I, 316 a.

Chevaux, répandus dans toute la Malaisie, à Soumadra, I, 126 a, à Java, 148 b.

Chi ou ti, plante dont la racine se mange, et dont la feuille fournit une sorte d'esprit de vin, III, 8 b, 31 a.

Chiens, détails sur leur race, leur nourriture: on les mange dans plusieurs îles, I, 382 b, entre autres dans les îles Sandwich, II, 31 a; espèce qui est à Taïti, 303 a.

Chien à oreilles droites, aperçu dans quelques-unes des îles de l'Amirauté, III, 346 b; le chien est connu dans l'archipel Salomon, 384 a; à la Nouvelle-Hollande, il est d'une espèce particulière et d'un naturel dangereux, III, 442 a, 449 a.

Chinois, les plus laborieux de tous les hommes, I, 96 b; émigrent, mais rentrent dans leur patrie en payant une immunité, 118 a; cent cinquante mille à Kalémantan (Bornéo); pénètrent encore dans les Philippines, quoiqu'un grand nombre d'entre eux y aient été ou massacrés ou plusieurs fois chassés, 305 b; envoient jusque sur les côtes de la terre d'Arnheim (Australie) pêcher le tripang, III, 479 b.

Chirurgie, exercée avec assez de succès par quelques insulaires des Carolines, II, 211 a, b.

Choiseul, île assez étendue de l'archipel Salomon, III, 382 b.

Choléra-morbus, a ravagé les différentes parties de la Malaisie, I, 112 b, surtout Java en 1822, 146 b; importé à Samarang en 1819; se répand ensuite dans toutes les parties du monde, 155 b; désole Manila en 1820, 307 b.

Chongui, un des chefs les plus vaillants de la Nouvelle-Zeeland, se distingue par ses exploits: le plus souvent il fait prisonniers ses ennemis vaincus au lieu de les manger, III, 218 b. et suiv.; était le soutien des missionnaires, 219 b; ses derniers moments, ses funérailles, 225 a, b; voyage qu'il fait à Londres, où il prend de nouvelles idées et conçoit du mépris pour les missionnaires, 244 b.

Cinabre (mines de) aux Philippines, découvertes par l'auteur, I, 293 a.

Circoncision, établie à Java, I, 150 a;

pratiquée à un certain âge dans l'archipel Viti, ainsi que dans beaucoup d'autres îles, III, 288 a; inconnue dans la Nouvelle-Irlande, 258 a; pratiquée à Nitendi (Santa-Cruz), 407 b.

Citronnier (une espèce de) existe dans l'archipel Salomon, III, 384 a.

Civilisation: deux Australiens, après en avoir connu les avantages pendant plusieurs années, y renoncent entièrement, III, 506 a, b; le gouvernement anglais a abandonné tout projet à cet égard, ibid.

Clarence, île de l'archipel Roggeween, découverte en 1791 par Edwards, puis visitée en 1825 par Paulding: on cite quelques passages de sa narration d'après d'Urville, II, 224 a.

Clermont-Tonnerre, île découverte en 1822, archipel Pomotou, II, 255 b.

Cochons de race chinoise, délicieux à Taïti, I, 381 b, II, 302 a; race de Siam; nourris dans l'état de domesticité à la Nouvelle-Irlande, III, 355 a.

Cockburn, petite île découverte en 1826, archipel Pomotou, II, 255 a.

Cocos (île aux), Nouvelle-Irlande: il ne s'y en trouve pas un seul; paraissent être rares dans cet archipel, III, 363 a, 364 b.

Cocotier, manque dans la Nouvelle-Hollande, III, 441 a.

Coiffure singulière des insulaires de l'archipel Viti, III, 285 a, b.

Colonies océaniennes ou plutôt malaies, III, 574 b—577 b.

Colonies pénales, en général; et en particulier, celles de l'Angleterre, III, 540 a—544 b.

Commerce (du) dans les îles de la mer du Sud et sur les côtes occidentales de l'Amérique, II, 389 b; à Taïti, 392 a.

Commerson, savant qui a été utile à Bougainville, I, 8 a; a probablement fait connaître un poisson amphibie, le blennie sauteur, III, 356 b.

Commerson, une des îles de l'Amirauté, III, 348 a.

Conte malayou: La ruse l'emporte sur la force, I, 94 b.

Convicts ou condamnés d'Angleterre; leur déportation à l'île de Norfolk, leurs habitudes, leur fin souvent déplorable, III, 432 a—433 a; détails divers sur ce qui les concerne dans la Nouvelle-Galles du Sud; naufrage de l'*Amphitrite* qui déportait cent huit femmes *convicts*; importance que ces hommes libérés finissent par acquérir dans cette colonie, 489 a et suiv., 547 b; une surveillance rigoureuse s'oppose à leur évasion à bord de quelque navire, 500 b; règlement sur les *convicts*, 521 a—522 b; sont très-nombreux dans la Tasmanie; s'y établissent généralement, 546 a, 547 b.

Convolvulus batatas, patate douce; est de la meilleure qualité dans la Nouvelle-Zeeland, où elle était cultivée avant l'arrivée des Européens, III, 165 b.

Cook, idée générale de ses découvertes, I, 8 a; en 1778 et 79, il est adoré comme un dieu dans les îles Sandwich, II, 60 a; il y est tué par les insulaires, 62 b; avait visité Nouka-Hiva en 1774, 243 a; l'île de Pâques (Vaïhou) la même année, 283 a; découvre le groupe Toubouai en 1777, 290 b; Rouroutou en 1769, 291 a; en 1769, il mouille dans l'archipel de Taïti pour une observation astronomique, III, 2 b; retourne à Taïti en 1773 et 77, 3 a, b; découvre en 1777 Manaïa, 17 a, Watiou, Fenoua-Iti, 20 a, b; en 1774, l'île Sauvage, archipel Tonga, 34 a; visite en 1769 la Nouvelle-Zeeland, 193 a et suiv.; la visite de nouveau en plusieurs endroits en 1773; y revient deux fois et la quitte en 1777; découvre en 1773 Batoa ou l'île Tortue, archipel Viti, 281 b; relève exactement plusieurs points de la Papouasie, 216 b; découvre Immox, Tanna, Koro-Mango, Sandwich, et plusieurs autres dans l'archipel des Nouvelles-Hébrides, 411 b, 413 a b; la Nouvelle-Calédonie, 427 b; visite la Tasmanie, 556 a, la terre de Kerguelen, 559 a.

Coq, nom donné par les marins à un oiseau de mer dont la chair a un goût exquis; sa description, III, 566 a.

Coqs. Les combats de coqs charment les Soumadriens, I, 133 a; ont lieu aussi à Java, 151 b; à Bornéo, 248 b; aux Philippines, 297 b.

Coquillages très-variés, dont plusieurs d'une espèce inconnue, donnés par les Papouas comme objets d'échanges, III, 314 a; nombreuses et belles variétés à la Nouvelle-Irlande, 357 a; très-nombreux à la Nouvelle-Calédonie, III, 427 b; des variétés inconnues et recherchées se trouvent dans l'Australie, 454 a.

Corail, formation des îles de corail, I, 322 a; mer de corail et barrière de corail, près des côtes nord-est de la Nouvelle-Galles; récit du capitaine Cook sur le danger qu'il y courut; moyen singulier qu'il employa avec succès, III, 482 a—486 b.

Corney, capitaine d'un navire de commerce, donne des détails sur plusieurs lieux remarquables des îles Sandwich, II, 28 b.

Cossak (le), navire qui périt sur des rochers dans la Nouvelle-Zeeland; cause à laquelle les insulaires attribuèrent sa perte, III, 162 a.

Coton, son prix à Java, I, 96 a.

Création des mondes, I, 358 a et suiv.

Crespo, capitaine espagnol, découvre le rocher nommé la femme de Loth, I, 311 a.

Criss, poignard, diverses manières de le porter, I, 275 a; la superstition lui attribue des vertus merveilleuses, ibid.

Crocodiles, vénérés par les Reyangs, I, 129 b; Péron et ses compagnons en ayant tué un au village d'Olimama, sont obligés de se laisser purifier, 208 a; vénérés aussi à Bornéo, communs dans les îles Philippines, 289 b; grands et nombreux dans l'Australie, III, 454 a.

Crocodiles (îles des), à l'est de la terre d'Arnheim, III, 479 a.

Croker, petite île, archipel Pomotou, II, 254 b.

Crozet, capitaine, donne la relation du massacre en trahison du capitaine Marion du Frêne et de seize hommes de son équipage, par les insulaires de la Nouvelle-Zeeland, III, 198 b — 208 a.

Cruise (M. Richard), capitaine d'infanterie, qui a passé dix mois à la Nouvelle-Zeeland en 1820, en a donné une relation qui renferme des détails utiles, III, 219 a.

Crustacés, nombreux et variés à la Nouvelle-Irlande, III, 356 b.

Cuivre, riche mine près d'Achin, I, 127 b.

Culture, a fait des progrès rapides dans la Nouvelle-Zeeland, III, 241 a.

Cumberland, île de l'archipel Pomotou, découverte en 1767, II, 256 b.

Cunningham, botaniste souvent cité dans divers articles sur l'Australie. V. Nouvelle-Hollande, III, 435 a, 441 a, 450 a, 452 a, etc.

Cygnes noirs (rivière des), nom donné à une colonie anglaise qui s'est accrue surtout en 1823; situation, climat et sol peu favorables, avantages de la position; fondation de quatre villes; prospérité probable, III, 474 b — 476 a.

Dampier, navigateur, I, 7 b; fait, en 1700, quelques découvertes dans la Papouasie; il y donne son nom à un détroit, 316 a; V. aussi Gamen, 325 a; Véguiou, ibid.; son nom est donné à une île adjacente à l'orient de la Papouasie, 339 a, à une autre dans l'archipel de la Nouvelle-Bretagne, qu'il découvre en 1700, à une aussi parmi les îles de l'Amirauté, 347 b; il y découvre l'île Orageuse et l'île Mathias, ibid.

Danger, groupe de trois îles de l'archipel Roggewen, vues par Byron en 1765; paraissent être les mêmes que la Solitaire vue en 1595 par Mindana, II, 224 a.

Dangereux (l'archipel). V. Pomotou, II, 251 a.

Danses et chants solennels des Polynésiens, I, 353 a.

Danses remarquables à Tonga, III, 65 a; danse-militaire, après une victoire, des guerriers de la Nouvelle-Zeeland, 247 a; danseur grotesque dans la Nouvelle-Irlande, 360 b; danse chez les naturels de la terre du roi George, 469 a, b; danse exécutée en marchant par plusieurs d'entre eux, 474 a.

Datoura, plante narcotique, I, 111 a.

Dauphins, existent probablement à la terre de Kerguelen, III, 562 a.

Dayas, peuple de Bornéo, leur ressemblance avec les Polynésiens, etc., I, 18 a, b; à leur race appartiennent divers peuples de Kalémantan, 253 a; leur industrie, leur commerce, 258 b.

Déluge; deux histoires diluviennes se racontent dans les groupes de l'est et de l'ouest de Taïti, II, 337 b.

Désappointement, deux groupes d'îles découverts en 1765, archipel Pomotou, II, 257 a.

Désolation (île de la). V. Kerguelen (terre de), III, 559 a.

Deux Collines, île de l'archipel des Nouvelles-Hébrides, III, 413 a.

Dialogue entre un sauvage pilien et l'auteur de l'Océanie, I, 329 a.

Diamants, les plus riches mines du monde sont à Bornéo (Kalémantan), I, 254 a.

Dias, double le cap des Tempêtes, I, 6 b.

Diego-Garcia, groupe de petites îles. V. Chagos, III, 574 b.

Dirk-Hatichs, navigateur, I, 7 b.

Dirk-Hatichs, île de la côte occidentale

de l'Australie, d'où M. de Freycinet fit enlever une plaque d'étain sur laquelle était une inscription en hollandais, de 1616 ; teneur et traduction de cette pièce, renseignements sur ce point de navigation, III, 477 a.

Dillon (le capitaine) visite Tikopia, archipel Mélano-Polynésien; détails divers, III, 260 et suiv.; mouille à Rotouma en 1827, 268 b; relation des dangers qu'il court dans son voyage sur le *Hunter*, en 1812, à la recherche de la Pérouse, 290 b—299 a; recueille, en 1826 et 27, des renseignements sur son naufrage, 397 a et suiv.

Djokjokarta, une des résidences de Java, gouvernée par un prince javan, I, 156 a.

Dodo, oiseau. V. Dronte, III, 384 b.

Dori, havre d'un aspect admirable dans la Papouasie, III, 313 a; sous le nom de Versija, 315 a.

Doua-Hidi, chaîne d'îlots, archipel Pomotou, II, 254 a.

Doua-Tara, un des chefs de la Nouvelle-Zeeland, s'embarque en 1805 avec deux de ses compatriotes, sur le navire baleinier l'*Argo*; puis sur le *Santa-Anna* qui revient en 1809 dans la Tamise, amenant Doua-Tara qui n'avait quitté son pays que pour voir le roi Georges III; ses voyages et aventures, III, 209 b et suiv.; sa mort prématurée, 215 b.

Dourian, fruit que les Malais estiment le plus, I, 106 b.

Dronte (le), ou Dodo, oiseau pesant cinquante livres, mais que l'on ne voit plus de nos jours, III, 384 b et suiv.

Drummond, île du groupe Gilbert, sur laquelle M. d'Urville a donné quelques détails, II, 204 a.

Dubouchage, nom donné par Bougainville à l'île Garret-Denis (îles de l'Amirauté), III, 347 a.

Ducie, île découverte en 1608 au sud-est de l'archipel Pomotou, II, 260 a.

Duff, île indiquée par les cartes dans l'archipel Pomotou; elle paraît être imaginaire, II, 253 a.

Duff, groupe de onze petites îles faisant partie de l'archipel Mélano-Polynésien, III, 258 a.

Duperrey, navigateur, I, 8 b, a donné beaucoup de notions sur les îles Carolines, II, 81 a, 125 a; découvre en 1824 l'île Bigali, 126 a; explore quelques îles du groupe de Ralik, 190 a; traverse l'archipel des îles Carolines, 213 b; mouille à la Nouvelle-Zeeland en 1824; il y débarque un missionnaire et sa famille, III, 219 a; en 1823 et 1824 fait des observations importantes dans la Papouasie; détails donnés par d'Urville, alors lieutenant dans cette expédition, 317 b, 320 a, 325 a, 326 b.

Durour, une des îles de l'Amirauté, III, 348 a.

Dzizia, petite île habitée de l'archipel Viti, III, 282 a.

E

Earle (M.), artiste, un des visiteurs de la Nouvelle-Zeeland, voyageur infatigable. Extrait de ses diverses incursions dans la Nouvelle-Zeeland, III, 231 a et suiv.; dessine facilement d'après nature l'éléphant de mer à la terre de Kerguelen, 565 a et b.

Easter's-Island (île). V. Vaihou, II, 281 b.

Éboulement subit de rochers dans une des îles Sandwich, II, 13 b.

Échasses, en usage dans l'île Nouka-Hiva, II, 237 b.

Échidné, animal bizarre de la Nouvelle-Galles du Sud, III, 442 b, 453 b.

Échiquier, groupe faisant partie des îles de l'Amirauté, III, 348 a.

Écrevisse, une petite écrevisse rouge à Taïti est un poison mortel, I, 383 b.

Edels (terre d'), sur la côte occidentale de l'Australie, pays arrosé par la rivière des Cygnes noirs, et où l'on voit beaucoup de perruches; l'hippopotame s'y trouvera aussi probablement; indigènes stupides et féroces, III, 474 b.

Edwards, commandant la *Pandora*, va reprendre à Matavaï la plus grande partie des révoltés du *Bounty*, qui s'y étaient établis en 1789, III, 5 b; en 1791, il parcourt l'archipel Samoa, et y impose d'autres noms, 23 b, 33 a; découvre les îles Fataka, Anouda, qu'il nomme Cherry, et le banc Pandore, archipel Mélano-Polynésien, 266 b; reconnaît le groupe des îles Wallis, 273 b; en 1792, découvre l'île Granville, nommée plus tard Rotouma, 267 a.

Edwards, île assez considérable, mais mal signalée, de l'archipel Viti, III, 283 a.

Egmont, île de l'archipel Pomotou, découverte en 1767, II, 253 a.

Égoy, groupe de petites îles. V. Élivi, II, 114 a.

Eihoua, petite île de l'archipel Viti, III, 282 a.

Eiméo, île du groupe de Taïti, II, 293 b; lieux remarquables, 307 a.

Éléphant marin, description, habitudes, utilité, III, 130 a, 499 b; en grand nombre à la terre de Kerguelen, 559 b, 565 a; M. Earle les dessine tout à son aise d'après nature à Tristan-d'Acunha, 565 a, b.

Élisa, brick qui se perdit sur un grand brisant, près de l'île Nhao, archipel Viti. V. Nhao, III, 283 b.

Élisabeth, cutter qui se joignit au capitaine Dillon dans l'archipel Viti, III, 293 a.

Elisabeth, île découverte en 1606, au sud-est de l'archipel Pomotou, II, 260 a.

Élivi, Égoy ou Oulithy, groupe à l'ouest des Carolines, qui comprend une vingtaine de petites îles que le capitaine Lütke mentionne sur ses cartes, II, 114 b.

Émou, sorte de casoar, indigène de la Nouvelle-Galles du Sud, III, 452 b.

Endaménie, ou plutôt Andaménie, I, 12 b; noirs andamènes, ibid. et 19 b, 20 a, 21 b; îles Andamènes, description géographique et histoire naturelle de ces îles, 112 b; caractère et mœurs des insulaires, 115 a.

Endé, île dont l'intérieur est à peu près inconnu, I, 205 a.

Endracht (terre d'Endracht ou de Concorde), termine la côte occidentale de l'Australie; noms de plusieurs îles qui en sont voisines, III, 476 a, b.

Engano, île voisine de Soumadra, I, 137 b; mœurs et coutumes, ibid.

Entrecasteaux (d'), navigateur, I, 8 a; mouille à Tonga en 1793, III, 90 a; cite, dans sa relation, un chef de cette île nommé Finau, ibid.; en 1793, relève quelques points de la Nouvelle-Zeeland, 209 b; en 1792, reconnaît plusieurs côtes de la Papouasie, 317 b; explore le nord de l'archipel de la Louisiade; quelques détails, 340 b; en 1793, reconnaît la partie occidentale de la Nouvelle-Bretagne, peu après meurt à Java, 343 b; a aussi exploré les bords de la Nouvelle-Calédonie, est et ouest, 431 b.

Éoa, l'île la plus méridionale de l'archipel de Tonga, découverte en 1643; décrite par Cook, III, 25 b.

Épices, dans la Malaisie, I, 95 b.

Épreuve du feu, et quelques autres, en usage chez les Malais, I, 89 b.

Erronan, une des Nouvelles-Hébrides, III, 411 b.

Esclavage, bien dur dans la Nouvelle-Zeeland, III, 240 b.

Espagnols, ont naturalisé plusieurs animaux dans les îles Mariannes, I, 389 a; ont eu souvent à y combattre les indigènes, II, 8 b.

Étain, dans la Malaisie, I, 95 b; à Soumadra, 123 b; à Banka, 145; à Célèbes, 225 a.

Étoile (Pic de l'), petite île, une des Nouvelles-Hébrides, III, 415 a.

Étrangers, sont accueillis à Soumadra par une sorte de fête où les jeunes filles paraissent devant eux, I, 134 a.

Européens, nommés *Pakeka* sur divers points de la Nouvelle-Zeeland, ce qui donne lieu à une conjecture de M. d'Urville, III, 162 a; plusieurs ont été victimes de la férocité des insulaires, 190 a, 192 b, 193 a, 197 b, 198 b, 299 b; matelots européens répandus en assez grand nombre dans l'archipel Viti; par suite de quelles circonstances, 292 a et suiv.; des marins de divers bâtiments ont été attaqués et tués par les indigènes des îles dont est parsemé le détroit de Torrès, 334 a.

F

Falalep, île des Carolines, dans laquelle huit Espagnols et plusieurs Indiens des Philippines furent tués par les insulaires de Mogmog, II, 110 a.

Fanatisme cruel (trait de) dans une des îles Sandwich, II, 14 a.

Farewell, petite île habitée de l'archipel Viti, III, 283 b.

Fataka, petite île de l'archipel Mélanopolynésien, III, 206 b.

Femmes, dans les îles Mariannes exercent le commandement, excepté à la guerre et sur mer, I, 395 b; leurs devoirs dans l'archipel Tonga, divorce facile, III, 59, b; femmes mariées, dans la Nouvelle-Zeeland, se distinguent par leur chasteté, 208 b; les filles s'y livrent à l'envi pour de légers cadeaux, 245 b et suiv.

Fenoua Iti, archipel Manaïa, découverte par Cook, III, 20 b.

Fer, porté dans la Malaisie par les Européens avec un débit sûr, I, 96 a; il y en a des mines à Billitoun, 145 b; est ramassé en très-petite quantité à Taïti, II, 298, b;

un minerai magnétique se trouve très-abondant à la nouvelle-Hollande, III, 440 b; un minerai ferrugineux se trouve à la terre d'Arnheim, 479 b.

Fertilité de Taïti, comparée à celle de la France, II, 297 a, 298.

Fêtes. Détails d'une fête donnée à Cook par Finau, un des chefs de l'archipel Tonga, III, 82 a.

Feu, comment l'allument les Carolins, II, 210 a; allumé par le frottement par les indigènes de la Nouvelle-Irlande, III, 362 a.

Fidgi, archipel. Voy. Viti, III, 279 a.

Finau, nom de la famille royale dans l'archipel Tonga, III, 33 b; cette famille est protégée par les dieux, 36 b; l'un d'eux éprouvait des inspirations et agissait souvent d'après certains présages, 41 a, b; un de ces rois cependant rejette durement un avis du touï-tonga ou grand-prêtre, 44, b; mariage de la fille de Finau avec le grand prêtre, 48 a; Finau II s'oppose à un sacrifice humain, 52 a; en 1777 un chef de ce nom vient visiter Cook, 81 b; un autre joue un grand rôle dans le récit de d'Entrecasteaux en 1793, 90 a; Finau I, roi de Tonga, sauve la vie à Mariner qui restait presque seul du massacre du capitaine Brown et de son équipage en 1806, 93 b; il brûle tous les papiers, tous les livres de Mariner, 94 b; fait inutilement le siège de Vavao; divers traits de sa cruauté, 96 a et suiv.; mort d'une de ses filles; cérémonies et combats qui la suivirent, 97 a et suiv.; sa mort; son portrait; cérémonies pour ses obsèques, 100 a et suiv.; Finau II lui succède; son discours; se mutile cruellement la tête en signe de douleur, 102 b et suiv.; abolit la dignité de grand prêtre, 104 b; passe une nuit à bord du brick la *Favorite*, et y témoigne un vif désir d'aller en Angleterre, 105 b; donne une fête à Waldegrave en 1830 dans Vavao, et lui répond sur les pillages et les meurtres antérieurs, 119 a et suiv.

Flinders, navigateur, I, 8 b; fait naufrage près de la Nouvelle-Calédonie, III, 426 b; a imposé à plusieurs parties de la Nouvelle-Hollande des noms différents de ceux donnés par les navigateurs français, 461 b; a donné son nom à une terre où se trouve le golfe Saint-Vincent, 463 a; découvre l'île des Kangarous, située dans ce golfe, ibid.; a avancé, dans son beau travail sur le golfe de Carpentarie, un fait qui n'a rien de certain; note qui mentionne quelques-uns de ses autres travaux, 472 b.

Foocaffa (île). Voy. Wangara, III, 282 a.

Forêt vierge de l'île de Maïndanao, I, 300 a.

Forges employées pour la préparation de l'argent avec une sorte de soufflet par les Papouas, III, 313 b.

Formation probable d'une sixième partie du monde, III, 487 a.

Forrest (le capitaine) en 1774 entre dans le havre de Dori et recueille le premier des documents authentiques sur la Papouasie, III, 316 b, 325 a; en 1775 découvre le groupe Aïou et plusieurs autres îles; sa conjecture de l'existence d'un isthme étroit qui sépare le port de Tofahak d'une grande baie méridionale est vérifiée par d'Urville, 326 b et suiv.; son naufrage en 1806 sur le récif Sidney (îles de l'Amirauté), 346 a.

Forster, naturaliste, auteur d'observations importantes. Voy. Taïti, II, p. 293 b et suiv.; item, 296 b.

Fossiles de la Polynésie, I, 358 a.

Fotoua, île habitée de l'archipel Viti, III, 283 b.

Frederick (le), navire baleinier, parti d'Angleterre en 1810, parcourt divers points de la Nouvelle-Zeeland, ayant à bord Doua-Tara, un des chefs, et trois naturels de ce pays, III, 211 a et suiv.

Freycinet (de), navigateur, I, 8 b; en 1819, commandant la corvette française l'*Uranie*, il parait aux îles Sandwich, II, 74 a; traverse l'archipel des Carolines, 213 b; découvre l'île Rose, archipel Samoa, III, 20 a, visite l'île Végniou en 1818, 325 a; relation de son séjour dans le havre de Rawak, 328 b.

Frondeurs (baie des), Nouvelle-Irlande, III, 349 a.

Fucus saccharinus, substance marine; les Chinois en font une gelée, I, 143 a.

Funnel, capitaine anglais, voit quelques points au nord-ouest de la Papouasie, III, 316 b.

Furneaux (le capitaine) mouille à la Nouvelle-Zeeland où plusieurs de ses marins sont dévorés par les indigènes, III, 209 a.

Furneaux, île découverte en 1773, archipel Pomotou, II, 258 a.

Fuyante (l'île). Voy. Chagos (îles), III, 574 b.

G

Gaëtan (Juan), navigateur, I, 7 a.

Gale des moutons. Certains produits volcaniques ont été employés avec succès contre cette maladie, III, 439 a.

Galera, île de l'archipel Salomon, III, 383 a.

Gambier, groupe de l'archipel Pomotou, découvert en 1797, II, 252 a.

Gamen ou Dampier (détroit de), III, 325 a. Voyez aussi Dampier.

Garret-Denis, une des îles de l'Amirauté. Quelques détails donnés par Dampier, III, 347 a.

Gaspar-Rico, archipel de petites îles au sud de la Micronésie, II, 10 a.

Geeiwink (baie de), ainsi nommée parce qu'elle fut parcourue en 1705 par un navire hollandais de ce nom; sa position, III, 316 a.

Géographie, connaissances des anciens, I, 5 b.

Géographie physique (principe de) dont Malte-Brun regarde l'application comme utile au succès des recherches nautiques, III, 302 a, b; jugement, d'après ce principe, des découvertes des plus célèbres navigateurs, ibid.

Géologie, les quatre âges de la géologie, I, 258 a; géologie particulière des îles, 367 a.

George (terre et baie ou port du Roi-), situation, havre excellent qui a déterminé les Anglais à s'y fixer en 1826; quelques arbres dont le bois est de bonne qualité; vents et température variables, III, 464 a, b; mœurs et coutumes des indigènes, armes, construction grossière de leurs huttes, sont souvent nomades; emploi du feu pour leurs chasses; ne savent point nager; singularité de leurs usages et croyances quant à leur nourriture; occupations réservées aux femmes; polygamie établie pour tous, couches, allaitement; usage cruel à la naissance des jumeaux; danse, ordinairement dans l'état de nudité; influence et pouvoir des *malgaradocks* ou médecins, salutations, symbole de paix, 464 b—470 b; querelles, combats, guerre conduite principalement par surprise; funérailles; croient probablement à la vie future; penchant au vol, 470 b, 471 b; conversation souvent libre; langue, petit vocabulaire, 472 a; cette colonie paraît recevoir de nouveaux soins du gouvernement anglais, 474 a.

Georges-Town, importance de sa position, I, 118 b.

Gilbert (le capitaine) et le capitaine Marshall découvrent en 1788 les îles Henderville, II, 205 a.

Gilbert, grand groupe au sud-est des Carolines, se compose des deux groupes Scarborough et Kingsmill; détails sur les diverses îles qui les composent, II, 203 b et suiv.

Gingembre, très-recherché dans la Malaisie, I, 112 a; croît, ainsi que le giroflier, dans l'archipel Salomon, III, 384 a.

Giroflier, cinq variétés, I, 108 b; récolte, 109 b; a réussi depuis peu à Bornéo, 240 b; croît dans l'archipel Salomon, III, 384 a.

Gloucester ou Touï-Touï, île découverte en 1767, archipel Pomotou, II, 253 a, 256 a.

Golfe (îles du), archipel Salomon, III, 383 a.

Gommes et résine de la Malaisie, I, 102 a; gomme très-belle, récoltée sur de nombreuses variétés d'acacias dans la Nouvelle-Hollande, III, 448 a.

Good-Hope, île découverte en 1822, archipel Pomotou, II, 257 b.

Gouaham, une des Mariannes les plus remarquables, I, 387 b.

Goutte, comment en fut guéri un insulaire d'une des îles Sandwich, II, 54 b.

Gower, île de l'archipel Salomon, III, 382 b.

Gran-Cocal, petite île fort basse de l'archipel Mélano-Polynésien; quelques détails sur les habitants, III, 256 a, b.

Grant, capitaine navigateur qui précéda Baudin pour l'exploration d'une partie de la Nouvelle-Hollande; terre qui porte son nom, III, 461 b, 462 a.

Greig, île découverte en 1819, archipel Pomotou, II, 258 a.

Grès, abonde dans la Nouvelle-Hollande, III, 438 a.

Grijalva visite en 1537, près de l'équateur, Mensura et Boufou habitées par des Papous, III, 315 a.

Groote-Eyland, île située dans le golfe de Carpentarie, renferme des sources d'eau douce et une montagne qui se voit à dix lieues en mer, III, 481 b.

Grossesse, accouchement; usages barbares des insulaires de la Nouvelle-Zeeland, III, 140 b, 144 a, b.

Grotte de San-Mathéo, aux Philippines, I, 297 a.

Guadalcanar, île de l'archipel Salomon, III, 383 a.

Guilolo, la plus grande des Moluques, I, 214 a.

H

Hadows, petite île habitée de l'archipel Viti, III, 282 b.

Hafoulou-Hou, dernier groupe de l'archipel de Tonga, III, 33 a.

Hanouman, fameux chef de singes, I, 37 b.

Haouaï (îles). Voy. Sandwich, II, 10 b.

Haouaï, en particulier, île qui donne son nom au groupe, II, 13 a; temple qui sert d'ossuaire à ses rois et à ses princes, 23 a.

Harfours. Voy. Arfakis, III, 317 b et suiv.

Harpe (île de la), découverte par Bougainville, ou île Heïou; forme avec plusieurs îles basses un groupe de l'archipel Pomotou; détails, II, 253 a, b.

Hatez (Ortez de) reconnaît en 1545 une partie de la Papouasie (Nouvelle-Guinée), III, 315 a.

Hawes (le), brick anglais, mouille en 1828 dans la Nouvelle-Zeeland; il y est pillé par les indigènes qui en tuent plusieurs matelots; relation d'un des officiers qu'ils emmènent après l'avoir blessé, III, 226 a et suiv.

Heïou, groupe d'îles. Voy. Harpe (île de la).

Henné, arbre qui chez les Turcs sert à teindre en rose les doigts des femmes, I, 206 b.

Hermites (îles), font partie de celles de l'Amirauté, III, 348 a.

Hidi-Hidi (OEdidée), né à Bora-Bora, groupe de Taïti, voyage avec Cook, II, 292 b, 357 b et suiv.

Hihi, guerrier célèbre de la Nouvelle-Zeeland, est surnommé Napoulon et Ponapati (Napoléon et Bonaparte), III, 137 b; périt dans un combat, 138 a.

Hinchinbrook, une des Nouvelles-Hébrides, III, 413 a.

Hobbs (James) donne un rapport qui sert de renseignement sur le point où la Pérouse a pu faire naufrage, III, 400 b.

Hogoleu ou plutôt Roug (groupe de) parmi les Carolines, nommé Bergh par le capitaine américain B. Morrell qui y séjourna trois jours en 1830; détails qu'il donne sur le caractère de ces insulaires, sur leur adresse dans la construction et la manœuvre de leurs diverses pirogues, sur leur pêche, leur stature, etc., la beauté des femmes, et en général les bonnes qualités de ces insulaires, II, 115 et suiv.; cérémonies funéraires, 120 b; manière de déclarer et de faire la guerre, 121 a; habitations, climat, belle végétation, 122 a et suiv.; huîtres perlières; coquillages curieux, 124 a; autres détails donnés par d'Urville qui eut des communications avec ces sauvages en 1824, 124 b.

Hollandais (les) en 1770 s'emparent, au moyen d'une ruse, du radjah de Salaouati, III, 324 b.

Holo (archipel nommé improprement Soulou), son nom indigène est Souloung, I, 277 a — 279 a; température et productions, ibid.; industrie et commerce, 280 a; origine, mœurs et usages des Holoans, 280 b; aperçu historique, 283 b.

Holo-Roua, petite île de l'archipel Viti, III, 282 a.

Holt, île découverte en 1803, archipel Pomotou, II, 257 b.

Honden, île découverte en 1616, archipel Pomotou, II, 257 a.

Hood, découverte en 1791, île de l'archipel Pomotou, II, 252 b.

Hapai, groupe d'îles basses et liées par des récifs, III, 32 b; progrès du christianisme en 1834, 76 b.

Horn (îles de). Voy. Allou-Fatou.

Howe, petite île à l'ouest de Norfolk, III, 433 a.

Humprey, île découverte en 1822, archipel Pomotou, II, 257 a.

Hunter (le capitaine) découvre en 1791 les îles Stewart et le récif de Bradley, archipel Salomon, III, 383 b; les îles Howe, même archipel, 384 a; en 1823 il découvre dans l'archipel Mélano-Polynésien une île qu'il nomme Onachose, 258 a; avait passé en 1813 à Tikopia, 260 b.

I

Ianoudra, groupe de quatre ou cinq îlots inhabités, archipel Viti, III, 283 a.

Idoles (maisons des) dans la Nouvelle-Irlande, III, 361 a.

Igolotés. Voy. Papouas, I, 13 b, 19 b et suiv.

Igouana, ressemble beaucoup au crocodile; on en mange la chair, I, 290 a.

Iles, leur géologie particulière, I, 367 a, leur formation, 370 b; îles découvertes par les navires baleiniers, 311 a, b, 312; île de Pâques, les Marquises, Taïti et celles de la Société, îles des Amis, groupe des îles Gambier, nature de tous ces sols, 372 b — 375 a; trois petites îles découvertes par l'auteur de l'Océanie, III, 302 a; îles éloignées de l'Océanie, et qui doivent y être comprises, III, 559 a — 577.

Iles désertes non loin de Kerguelen, III, 569 a — 572 b.

Ilot, peuplé d'oiseaux de mer, entouré de brisants dangereux au sud de Taïti, II, 291 b.

Immox, petite île, Nouvelles-Hébrides, III, 411 b.

Incarnacion (île). Voy. Ducie, II, 260 a.

Indépendance ou Rocky, petite île de l'archipel Mélano-Polynésien, III, 257 a.

Indiens civilisés, leur portrait, I, 304 a.

Indigo, sa fabrication à Java, I, 102 b.

Inscription remarquable en hollandais, sur un fait de navigation en 1616, trouvée dans l'île Direk-Hatichs (Australie), explications sur ce point intéressant, III, 477 a — 478 b.

Ipo ou oupas, arbre vénéneux, I, 225 b.

J

Java, situation, population, I, 146 a; température, climat et moussons, 146 b; géologie, 147 b; histoire naturelle, 148 a; deux résidences en sont gouvernées par des princes javans, 156 a; monuments antiques et du moyen âge, 157 a; tombeaux et mosquées, 157 b; grand temple de Brambanan, 158 a, temple et statue de la déesse Loro-Djongrang, 158 b; temples divers et ruines, statues, 159 a — 164; opinions de l'auteur sur l'époque et le sens des principaux monuments de Java, 164 a; inscriptions et monnaies anciennes, 165 a; divisions géographiques et politiques; capitale et autres villes, 154 b et suiv.; religion, 166 a; calendrier, 166 b; justice et lois dans les États soumis aux princes javans, 168; lois coloniales et police, 170 b; organisation militaire, 171 a; précis de l'histoire de Java, 171 b — 195; Javans inférieurs aux Malais, etc., 18 a; mœurs patriarcales dans les campagnes de Java, 90 a; caractère, coutumes des Javans, 149 b; industrie et manufactures, 150 a; aiment les combats de divers animaux, pour lesquels ils font des paris, 151 b; celui du buffle et du tigre, 152 a; la danse est leur divertissement chéri, 153 a.

Jesus-Maria, une des îles de l'Amirauté, III, 346 a.

Joan de Lisboa, île dont l'existence est depuis longtemps le but de bien des recherches. Voy. Chagos (Iles), III, 574 b.

Juan Fernandès, groupe d'îles à l'orient de Sala, qui est une des deux Sporades océaniennes; dans l'île de ce nom échoua A. Selkirk, matelot écossais, dont les aventures ont été écrites sous le nom de *Robinson Crusoé*, II, 287 a.

Jumeaux : l'un des deux est sacrifié au moment de sa naissance à la terre du Roi-George, III, 469 a; de même chez les tribus voisines de Sidney, 508 a.

Kabé ou Wangui, malédiction prononcée avec certaines cérémonies à Tonga, III, 41 b.

Kadou, insulaire d'Ouléa, d'après sa demande, est reçu à bord par le capitaine Kotzebue et voyage avec lui; détails sur ses courses, III, 198 b et suiv.

Kalémantan ou Mégalonésie (Bornéo), la plus grande île du globe, I, 236 a; massacre par les insulaires de plusieurs équipages, officiers et matelots européens, 236 b; pays dévasté par l'anarchie, 237 b; aspect, géologie, orographie, hydrographie, climat, 237 a; botanique, 239 a; thé, quelques plantations en ont été faites par des Chinois, considérations sur le thé, 240 b; zoologie, 245 a; singes remarquables, entre autres le pongo à tête pyramidale, 245 a, b; babi-roussa ou cochon-cerf, 246 a; l'éléphant, une espèce de léopard, le rhinocéros, le cheval, ne se trouvent qu'au nord de cette île, 247 a; comment on y prend les éléphants, 247 b; tapir bicolor ou maïba, landak et autres animaux, 248 a; combats de coqs, oiseau poivrier, huîtres, coquillages, serpents; nids d'oiseaux dont les Chinois sont si friands, tortues de mer, 248 b, 249 a, b; probabilités d'une colonisation antique par les Hindous, leurs monuments dans l'intérieur de l'île, 251 b; États et colonies, 252 a; première résidence hollandaise, 252 b; mines d'or, colonie chinoise, ibid.; mines de diamants, 254 a; pays tributaires, 254 b; deuxième résidence, États indépendants, Varouni ou Bornéo, capitale 255 a, b; l'auteur y trouve l'origine de toutes les races de l'Océanie, 258 a, b et suivants; fêtes qu'y donnent les radjahs malais, leur cérémonial, leur musique, 272 a; Chinois, collecteurs des impôts, etc., 274 b; aperçu de l'histoire de cette île, 275 b; îles qui en dépendent, 276 b.

Kambara, petite île de l'archipel Viti, III, 282 a.

Kanazéa, petite île habitée de l'archipel Viti, III, 282 b.

Kangarou (macropus), dix à douze espèces, leur description, III, 449 b — 450 b, 481 b; kangarou géant, 480 a.

Kangarous (île des), Nouvelle-Hollande, ainsi nommée à cause du grand nombre de ces animaux que le capitaine Flinders y trouva quand il en fit la découverte; quelques détails sur leurs habitudes et sur celles des phoques; belle végétation, III, 463 a.

Kao, île du groupe Hapaï, découverte par Cook; est visitée par plusieurs navigateurs, III, 33 a.

Kava ou ava, boisson d'un usage pernicieux, répandue dans les principaux archipels, II, 54 b; une liqueur du même genre et enivrante est répandue dans les îles Carolines, 85 a; plante dont on tire cette boisson, deux espèces, III, 31 b; grandes parties de kava faites dans une grotte de l'île Hounga, groupe Hapaï, 33 b; cette plante n'est point sujette au tabou, ni en nature ni en infusion, 43 b; boisson préparée et prise en cérémonie dans l'île Onéata, archipel Tonga, 55 b et suiv.; comme aussi dans l'archipel Viti, 287 b; s'y prend avant le repas, 288 a.

Kava de vie, eau minérale dans l'archipel de Nouka-Hiva, laquelle est un spécifique puissant dans plusieurs maladies, II, 227 a.

Kavero-Hea, femme d'une des îles Sandwich, injustement mise à mort par son mari, II, 21 b.

Kawen, groupe considérable d'îles, nommées aussi Saltikoff, à l'est des Carolines; belles forêts de cocotiers, II, 197 a, b.

Kennedy, île fertile et bien peuplée de l'archipel Mélano-Polynésien, III, 258 a.

Kent, navigateur qui a décrit le port Saint-Vincent, etc., Nouvelle-Calédonie, III, 426 a, 431 b.

Kerguelen, navigateur. V. Kerguelen (terre de).

Kerguelen (terre de), situation; fréquentée presque uniquement par les phoques, les éléphants de mer, et plusieurs oiseaux de mer, III, 559 a; histoire naturelle, phytologie, 559 b — 561 a; absence d'animaux terrestres; les amphibies seuls s'y trouvent; ichthyologie, dauphins, 561 a — 562 a; albatros, pétrels, pingouins et autres palmipèdes, 560 a, b et suiv.

Kermadec (groupe de), du nom de Huon de Kermadec, compagnon de d'Entrecasteaux; quatre petites îles inhabitées au nord de la Nouvelle-Zeeland, découvertes en 1788 et 1793, et reconnues en 1827 par d'Urville; le navigateur Huon de Kermadec est inhumé, en 1793, dans une île de la Nouvelle-Calédonie, 431 a.

Komo, petite île de l'archipel Viti, III, 282 a.

Koro-Mango, une des Nouvelles-Hébrides; quelques détails, III, 412 b.

Kotzebüe (Otto de), fils du dramaturge et célèbre navigateur russe: idée générale de ses découvertes, I. 8 b; paraît, en 1816, dans les îles Sandwich, II, 72 b; il y est bien accueilli par Tamea-Mea, 73 a; y reparaît en 1824; une des veuves de Tamea-Mea lui adresse une lettre, 78 a; il visite, en 1816, plusieurs îles de l'archipel des Carolines, 190 a, b; mouille à Taïti en 1823, III, 15 a; en 1824, fait la reconnaissance de l'archipel Samoa ou Hamoa, 23 a; explore, en 1817, les îles Chatam, et les nomme îles Romanzoff, II, 190 b; reçoit sur son bord le Carolin Kadou qui l'accompagne dans ses voyages, 199 b.

Kou, île habitée de l'archipel Viti, III, 283 a.

Koupang, port franc dans l'île de Timor,

I, 209 a; les Chinois y ont des temples et des tombeaux, ibid.

Krusenstern, amiral russe, parcourt l'Océanie, I, 8 b; il est auteur de mémoires sur les îles de la Polynésie ou du grand Océan, II, 226 a; son observation sur la position de l'île Flint, 222 a; son séjour dans l'archipel de Nouka-Hiva, 245 a.

Krusenstern, île découverte en 1816 par Kotzebüe, archipel Pomotou, II, 259 b.

Kummock, île de l'archipel Viti, III, 283 b.

L

Lac d'eau salée dans une des îles Sandwich, II, 25 b; un autre à quelques milles d'Hono-Rourou, 28 a, 32 b.

Lachlan, rivière de l'Australie, traversant les plaines de Bathurst, III, 529 a et suiv.

Lachlan-Macquarie (le colonel), gouverne sagement Sidney pendant douze ans, III, 542 a.

Lagon de Bligh, îlot découvert en 1792, archipel Pomotou, II, 255 a.

Lagouemba, petite île habitée de l'archipel Viti, III, 282 a.

Lambom, ou île aux marteaux, archipel de la Nouvelle-Irlande, est remarquable par ses coquillages et le luxe de sa végétation, II, 253 a.

Lancaster, capitaine anglais, fonde un comptoir sur la côte de Soumadra, I, 88 b.

Lanciers (île des), découverte en 1768, archipel Pomotou, II, 255 b.

Langues de l'Océanie et leur orthographe, I, 68, a, b, et tableaux de l'auteur, 72 et 73.

La Pérouse; idée générale de ses découvertes, I, 8 a; celle de l'île Necker, 312 a; il visite les Mariannes, II, 8 a; visite, en 1787, l'archipel Samoa; une partie de son équipage y est massacrée, III, 23 a; a mouillé très-probablement à Namouka, archipel Tonga, 113 a, b; le capitaine Dillon trouve le premier à Vanikoro, archipel Viti, des traces de son naufrage, 300 a; groupe de la Pérouse par lui découvert (V. Vanikoro), 391 a; détails recueillis en 1826 et 27 sur son expédition et son naufrage, 396 b— 400; un mausolée lui est élevé dans cette île par d'Urville, 403 a, 407 a.

La Place, navigateur, I, 9 a; touche en 1831 à la Nouvelle-Zeeland; portrait qu'il fait des indigènes, etc., III, 243 a; plusieurs fois cité, entre autres articles, Nouvelle-Hollande, 447 b.

Lataï, île du groupe Hapaï, découverte en 1781, est visitée par plusieurs navigateurs, III, 33 a.

Laudzala, ou Laouzala, petite île habitée de l'archipel Viti, III, 283 a; les insulaires dévorèrent tous les Kaï-Tonha qui se trouvaient dans une pirogue partie de Tonga-Tabou, et qui y fit naufrage, III, 283 a.

Laughlan, groupe de huit petites îles inhabitées, archipel de la Louisiade, ainsi nommées par le capitaine de ce nom qui les découvrit en 1812, III, 341 a.

La Vendola, Los-Reyes, Los-Negros, trois des îles de l'Amirauté; quelques détails sur les indigènes et les productions, III, 346 a.

Lazareff, petite île découverte en 1819, la plus occidentale de l'archipel Pomotou, II, 259 b.

Lecture et écriture, émerveillent les insulaires de Tonga et leur roi Finau, III, 95 et suiv.

Lefonga, île principale du groupe Hapaï, III, 32 b.

Legoarant de Tromelin, navigateur français, commandant de la *Bayonnaise*, va à la recherche des traces de la Pérouse en 1828, III, 407 a; communique avec les insulaires de Toupoua, et reconnaît les îles Mindana, 408 b.

Lélé-Oubia, deux îlots de l'archipel Viti, III, 283 b.

Le Maire, navigateur hollandais, I, 7 b, 354 b.

Lèpre (sorte de), commune à un grand nombre de peuples de la mer du Sud, III, 358 a; aux insulaires de la Nouvelle-Irlande, 360 b; à ceux de Vanikoro ou groupe de la Pérouse, 395 a; dans les Nouvelles-Hébrides, V. Lépreux (île des), 419 a.

Lépreux (île des), une des Nouvelles-Hébrides, III, 414 a, 419 a.

Lézard (le), imprime aux insulaires de la Nouvelle-Zeeland une frayeur superstitieuse, III, 162 b; le lézard gigantesque, probablement le crocodile *biporcatus*, vu en 1800 dans l'île de Paou, III, 281 a; les lézards sont nombreux et d'espèces variées dans la Nouvelle-Galles, 453 b.

Libou, fils du roi de l'île Péliou, est amené à Londres par Henri Wilson; il y meurt, II, 100 a.

Light, capitaine anglais, donne à l'Angleterre l'île Pinang, qu'il avait reçue du souverain de Keddah, I, 117 a; il en prend possession solennellement pour l'Angleterre, etc., 118 a.

Lin admirable dans la Nouvelle-Zeeland, obtenu de la plante du *phormium tenax*, III, 125 a; préparation, commerce, 153 a.

Lloyd, port qui peut devenir très-important dans la Micronésie, I, 312 a.

Lombok, dépendance géographique de Java, I, 195 a; soumise à un des radjahs de Bali, 196 a.

Lougounor, ou Mortlok, groupe des Carolines; détails donnés par Lütke sur leurs habitants, II, 128 b et suiv.; tatouage, 130 b; industrie et usages, langue et arithmétique, 131 a et suiv.; avis aux navigateurs; Lütke est regretté des insulaires, 132 a.

Lova-Sarega, insulaire de Port-Praslin, pris et gardé par Surville, sa conduite, son caractère, III, 390 a.

Low, petite île basse et inhabitée de l'archipel Viti, III, 282 b.

Lütke, navigateur russe, I, 8 b; a donné d'utiles notions sur vingt-six des groupes des îles Carolines, auxquels l'auteur de l'Océanie en a ajouté 24, II, 81 a; cherche en vain plusieurs îles portées sur les cartes d'autres géographes; découvre les îles Namoulouk (parmi les Carolines), 125 a, b; visite, en 1828, les îles Mourileu; reconnait les îles Faïeou, Ouooup, et plusieurs autres, 125 a, b et suiv.; découvre les îles Olimirau, 126 b; ses observations sur l'ensemble de l'archipel des Carolines, 214 a; sur l'origine et le caractère des insulaires, 216 b; sa méthode de navigation, 301 b.

M

Mac-Askill et Duperrey, îles Namoulouk, Nougouor, etc., groupes au centre des Carolines, II, 125 a.

Mac-Cluer, découvre en 1790 un canal très-profond dans la Papouasie; paraît avoir réalisé des travaux importants, mais peu connus, III, 317 b.

Mackanie, ou Magoun-Haï, île habitée de l'archipel Viti, III, 283 b.

Mackensie, voit, en 1823, le petit groupe Asia (Papouasie), III, 330 a.

Macquarie (port et rivière); sur cette rivière est située Bathurst, à l'ouest de Sidney, III, 458 a, 529 a, b et suiv.

Macquarie, île sans ancrage, n'est qu'une montagne nue, occupée par des pêcheurs qui s'y disputent l'avantage de la chasse des éléphants de mer, dont ils recherchent l'huile; on y trouve des perruches vertes, III, 499 b. Cette terre australe forme un petit groupe d'îles au sud de la Nouvelle-Zeeland, découvert en 1811, III, 255 b.

Madagascar. Voyez Malekassar, III, 574 b.

Madouré, île, une des vingt régences de Java, I, 194 a.

Magalhaens (Magellan), ses voyages, I, 7 a; arrive à Maïndanao, et y périt dans un combat, 305 a; découvre les Mariannes, II, 7.

Magoun-Haï, île. V. Mackanie, III, 283 b.

Magnabak, petit poisson de passage exquis; sa pêche aux îles Mariannes, I, 397 b.

Mahrattes, divisés en trois tribus, I, 266 a.

Maï, Taïtien, va visiter Londres, II, 292 b; ses voyages et aventures, 352 a, 358 b, 361 a; accompagne Cook à la Nouvelle-Zeeland, III, 209 a.

Maïs, récolté abondamment dans l'île de Norfolk, III, 432 a.

Maïtia, île du groupe de Taïti, II, 295 a.

Malaisie, pays qu'elle renferme, I, 12 a; les Malais, 16 b; aperçu général de ce grand archipel, 86 a; organisation politique, mœurs et caractère des Malais, 86 b; précis de leur histoire, 87 b; code des lois des Malais de Soumadra, de Java, Bornéo, des Célèbes, etc., 89 a; habitations et ameublements des rois, des grands et des particuliers, 89 b; habillement, 91 b; se noircissent les dents, 92 a; font grand usage de parfums, 92 b; différence dans la longueur de la chevelure dans ses divers pays, 93 a; navigation et géographie, 93 b; industrie et commerce, 95 a; agriculture, 96 b; riz et plantes céréales, légumes, 98 b; plantes employées dans les manufactures et les arts, 100 a; arbres à gomme, 103 a; arbres fruitiers, 105; plantes à épiceries, 108 b; fleurs d'ornement, 110 a; plantes médicinales, 110 b; maladies, 112 a; fragment de leur littérature, 77 a, b.

Malakka (Malaca), considérée comme colonie océanienne ou malaie; situation; indication de quelques-unes de ses parties; composition de sa population, quelques détails sur l'histoire générale des Malais ; langue malayou, III, 575 b — 576 b.

Malayta, île de l'archipel Salomon, III, 382 b.

Malden, île découverte en 1825 dans l'archipel Roggeween, renfermait des ruines remarquables, II, 220 b.

Malekassar ou Madagascar, considérée comme colonie océanienne ou malaie; trois races différentes habitent cette île, III, 574 b — 575 b.

Malgaradocks, ou médecins à la terre du Roi-George ; quelques-uns de leurs remèdes ou prestiges; étendue diverse du pouvoir que l'opinion accorde à chacun d'eux, III, 469 b — 470 a.

Mallicolo, une des Nouvelles-Hébrides ; quelques détails, III, 414 a.

Malolo, groupe d'îles habitées, archipel Viti, III, 284 a.

Malte-Brun, erreurs dans sa Géographie, dans ses Annales des voyages, I, 297 b ; a écrit des conjectures sur l'Australie ici exposées et réfutées, III, 487 a — 489 a.

Manaïa ou Harvey (archipel), îles qui le composent, III, 17 a.

Manaïa, île découverte en 1777; par Cook est quelquefois désolée par la disette, III, 17 b et suiv.

Manasouari et Masmapi, îlots à l'entrée du havre Dori (Papouasie), III, 313 a, b.

Manchots, nigauds, pétrels et autres palmipèdes, abondent à Kerguelen, III, 562 a et suiv.

Manglier, arbre qui se reproduit au moyen de racines singulièrement disposées, III, 428 b ; ombrage un grand nombre de sources dans la baie d'Arnheim, III, 472 b.

Mango, petite île habitée de l'archipel Viti, III, 282 b.

Mangoustan, fruit délicieux, I, 106 a.

Manila, capitale des îles Philippines, I, 294 a.

Manioc d'Amérique, introduit à Java par les Hollandais, I, 99 b.

Manne, d'une très-bonne qualité dans la Nouvelle-Hollande, III, 441 b, 448 a.

Manou, île découverte en 1774, archipel Pomotou, II, 256 b.

Manucode, oiseau pris autrefois mal à propos pour l'oiseau de paradis, III, 306 b.

Maouna, île au milieu de l'archipel de Samoa, III, 21 b.

Maouti, archipel Manaïa, île d'un difficile accès, III, 19 a.

Marakau, île découverte en 1769, archipel **Pomotou**, II, 256.

Marambo, petite île de l'archipel **Viti**, III, 282 a.

Marchand, capitaine français, découvre plusieurs points de l'archipel Nouka-Hiva en 1794, II, 243 a, b.

Margaret, petite île découverte en 1803, archipel Pomotou, 256 a.

Mariannes (archipel des), I, 387 a; dix-sept îles, dont quatre principales : Gouaham, Rotta, Saypan et Tinian, 388 a ; géologie et histoire naturelle, ibid ; ancienne religion des insulaires, leurs idées sur l'origine du monde, sur celle du genre humain, 389 b; sorciers, état de l'âme après la mort, diables, etc., 390 a ; caractère des anciens Mariannais, 391 a; costumes et anciennes mœurs, 392 ; relation entre les hommes et les femmes, 392 b ; cap des amants ; licence des femmes ; chanson, 393 a, b ; société infâme des *oulitaos*, 394 a ; certains travaux faits en commun, 394 b ; pratiques de politesse, 395 b ; différentes classes de la société, 396 b ; pêche, 397 b ; cérémonies pour la naissance, 398 b ; funérailles et chants de deuil, 399 a. Mariannais, leur danse ; anciens instruments de musique, II, 3 a, b ; aiment les combats de coqs et les jeux de hasard, 4 a ; ballet pantomime, ibid. ; danse du palo, 5 a ; langage, 5 b ; calendrier, 6 b ; abrégé de leur histoire, 7 a.

Mariner, voyageur anglais, a visité le volcan de l'île Tofoua, groupe Hapaï, III, 33 a ; manque d'être assommé par un roi de Tonga pour avoir éternué pendant une cérémonie religieuse, 41 a, 104 a ; souvent cité dans divers détails (V. Tonga); a donné un vocabulaire, 72 b ; ses souffrances chez les insulaires de Tonga après le meurtre du capitaine Brown, 91 a et suiv. ; aperçoit en mer le brick la *Favorite*, parvient à l'aborder, et est reçu par le capitaine, 104 a ; rentre dans sa patrie, 107 b.

Marins dont les travaux méritent aussi l'intérêt, 1, 9 a.

Marion du Fresne, navigateur français, aborde en 1772 à la Nouvelle-Zeeland ; il y est massacré en trahison, avec seize hommes de son équipage, par les insulaires, III, 198 b — 208 a.

Marqueen, groupe d'une quinzaine d'îles voisines de l'archipel Salomon, III, 384 a.

Marrh, île de l'archipel Salomon, III, 383 a.

Marshall ou Radak, groupe à l'est des Carolines; mœurs et coutumes, II, 191 a et suiv. ; arithmétique et musique, 195 b.

Marteaux (île aux) de Bougainville. V. Lamboun, III, 353 a.

Mary, petit groupe de l'archipel Roggeween, découvert récemment par un navire de ce nom, II, 225 b.

Massacre (îles du), archipel Salomon; probablement les mêmes que les îles Carteret; expédition malencontreuse du capitaine B. Morrell, Américain, pendant son séjour dans cet archipel, III, 366 b.

Matazoua-Levou, Sara-Levou et Sara-Rara, groupe d'îles encore peu connu, archipel Viti, III, 284 a.

Matia, île indiquée à Cook par un Taïtien, et aperçue seulement en 1803 par Turnbull, archipel Pomotou, II, 260 a.

Matrado et Mandour, dans l'île de Bornéo, cantons remarquables par la richesse de leurs mines d'or, I, 252 b.

Matty, une des îles de l'Amirauté, III, 348 a.

Maupiti ou Mau-Roua, île du groupe de Taïti, II, 295 a.

Maurelle, Espagnol, parcourt en 1781 l'archipel Tonga; il y découvre Lataï et Vavao, III, 33 a, puis Amargura; fêtes qui lui sont données, 87 b et suiv.

Méduses et mollusques, produisent un phénomène important, I, 321 a.

Mégalonésie ou Kalémantan. V. Bornéo, I, 12 a, 236 a.

Mélanésie, nom proposé par d'Urville, I, 12 b; sa division, 13 b; aperçu général, III, 301 a.

Melon, capitaine du *Duke of Portland*, est, avec presque tout son équipage, victime d'une trahison à Tonga-Tabou, III, 90 b.

Menure-lyre, oiseau admirable de la Papouasie, III, pl. 222 et p. 304 a.

Méra (île). V. Murray, III, 334 a.

Mercure (mines de) aux Philippines, I, 293 a.

Mertens (le docteur), d'après ce qu'il a vu lui-même, et d'après un jeune Anglais qui avait séjourné dix-huit mois dans les îles Carolines, donne divers détails sur ces îles, II, 174 a, b, 175 b et suiv.

Métaux précieux et pierres fines, existent probablement à la Nouvelle-Calédonie, III, 427 a, 429 a.

Métis, issus des Européens et des indigènes, font une insurrection à Manila, I, 308 a.

Mexicains, comment ils désignaient les nombres, II, 325 a.

Micronésie, pays qu'elle renferme, I, 12 a; discussion sur sa division, 13 a; appartient encore aux animaux, 309 b; géographie générale et descriptive, 310 a; climatologie, géologie, histoire naturelle, 315 b; chénopodée, calophylle, terminalier, 316 a — 317 b; requins, 318 a; tortues marines, 319 a; port de Lloyd (île Peel) nouvellement colonisé, 313 a; établissement de la famille micronésienne, 324 a.

Middleton, île habitée de l'archipel Viti, III, 282 b.

Middleton, île à l'ouest de celle de Norfolk, remarquable par son pic; un dangereux récif, nommé aussi Middleton, est situé entre ces deux îles, III, 433 a.

Mindana, Espagnol, I, 7 a; découvre en 1568 les *îles Salomon*; dans un second voyage trouve les îles Nouka-Hiva (*Marquezas de Mendoça*), puis celle de Santa-Cruz, où il meurt à son troisième voyage, III, 365 a — 383 b (V. Choiseul, Isabelle, Ramos, Ortega, Malayta, Galera, Buena-Vista, Sesarga, Guadalcanar, Cristoval, Anna, Catalina, la *Candelaria* ou Roncador, récif indiqué avec celui de Bradley, 382 b — 384 a); quelques autres détails, 386 b et suiv.; découvre Santa-Cruz (Nitendi), 407 a; it., Toupoua et Tinakoro ou le Volcan, 408 a, b.

Mirage : ce phénomène a lieu fréquemment sur la côte occidentale de l'Australie, III, 474 b.

Miroir; effroi d'un vieillard australien qui se voit dans un miroir, III, 505 a.

Missionnaires qui ont parcouru la Malaisie et une partie de la Polynésie, I, 9 b; la société des missions de Londres tient une succursale à Georges-Town, chef-lieu de l'île Pinang, archipel de Nikobar; les missionnaires catholiques français y ont un séminaire, 118 b; en 1762, le P. Sanvitores, jésuite espagnol qui avait baptisé un très-grand nombre d'insulaires et fondé un séminaire aux îles Mariannes, y est assassiné, II, 8 b; missionnaires protestants; leur établissement dans une des îles Haouaï, 15 a; détails sur les missionnaires de diverses nations, 40 b; les missionnaires anglais convertirent un grand nombre des habitants des îles Haouaï, 77 b; ils décident le roi Rio-Rio à se rendre à Londres, ibid.; deux missionnaires espagnols, en 1710, et plus récemment un troisième, paraissent avoir péri dans une des îles Carolines, 82 b et suiv.; les pères Cantova et Walter abordent à une des îles Carolines en 1731; leurs malheurs et ceux du P. Cantova, 109 b et suiv.; deux missionnaires, débarqués en 1797 dans l'archipel de Nouka-Hiva, sont obligés de quitter le pays; l'un d'eux, nommé *allumeur des feux du roi*, est l'objet d'une attaque singulière, 231 b et suiv.; le missionnaire Stewart visite en 1829 une partie de l'île de Nouka-Hiva, 251 a; l'île Anaa, dépendante de Taïti, est toute chrétienne et fournit des missionnaires aux autres points de l'archipel Pomotou; des missionnaires protestants se rendent, en 1821, à Toubouai, 290 b; des néophytes taïtiens, en 1822, convertissent les îles Vavitou et Rouroutou, 291 a; les missionnaires abordent en 1821 dans l'île Rimatara, au sud de Taïti; ils la rendent entièrement chrétienne, 291 a; font en 1828 le recensement de la population de Taïti, 375 b; combat à Taïti entre des insulaires convertis et d'autres encore idolâtres, 382 b; missionnaires anglais utiles au commerce de leur patrie, 389 a; souvent cités dans le précis historique de l'archipel de Taïti, III, 3 b et suivants; accusés à Taïti soit de pensées d'ambition, soit de vues d'intérêt, 16 b; fondent en 1823 leur mission à l'île Manaïa, 18 a; obtiennent un grand succès à Rarotonga, 18 b; en 1821, le missionnaire Williams laisse à Waitou-Taki deux prédicateurs taïtiens, 19 b; les missionnaires ont un établissement à Maouti, 19 b, à Watiou depuis 1821, 20 b; le christianisme, dit-on, est florissant dans le groupe Hapaï depuis 1797, 32 b, 34 b; renseignements qui datent de 1835 sur l'extension du christianisme dans l'archipel Tonga, 75 b et suiv.; trois missionnaires sont égorgés dans l'île Vavao, 90 a; en 1822 et 1826, plusieurs se rendent à Tonga-Tabou, 108 a, b; en 1827, un missionnaire, accompagné d'un chef insulaire, se rend à bord de l'*Astrolabe* qui était en danger, 110 b; entretien de quelques missionnaires avec plusieurs indigènes de la Nouvelle-Zeeland sur l'immortalité de l'âme et la résurrection des corps, 163 b; ils ne peuvent les désabuser sur certaines croyances, 172 a; leur entretien avec eux sur l'anthropophagie, 177 a; assaut qu'ils ont à soutenir, en 1826, à Pahia, de la part d'un chef de la Nouvelle-Zeeland, 219 b; le missionnaire Clarke, avec sa famille, débarque en 1824 à la Nouvelle-Zeeland, 219 a; deux de leurs établissements sont visités en 1827 par M. Earle, artiste voyageur, qui est peu satisfait de leur réception et de toute leur conduite, 233 b et suiv.; en janvier 1815, un terrain de deux cents acres, à Rangui-Hou, est cédé aux missionnaires par acte authentique du roi de ce pays, 247 b et suiv.; progrès des missionnaires et cession à eux faite d'un terrain plus considérable, 249 b; détails sur les travaux faits par les indigènes leurs élèves, 251 a et suiv.; célébration du service à Waï-Maté, 252 a.

Mitchell, groupe d'îles basses et habitées, archipel Mélano-Polynésien, III, 257 a.

Mitiaro, îlot de l'archipel Manaïa, III, 20 a.

Mitre (île). V. Fataka.

Moë-Moë, cérémonie qui dégage du tabou, III, 53 b.

Mohipa, île du groupe de Taïti, II, 295 b.

Mollusques: espèces nouvelles qui se trouvent à Vanikoro, III, 393 a; id., espèces connues, ibid.; ont offert des variétés remarquables dans la Nouvelle-Hollande, 446 a.

Moluques, archipel renfermant trois groupes d'îles, I, 205 b, 207 a, 213 a, 214 a, b; abrégé de leur histoire, 220 b.

Monpava, partie de Bornéo dans laquelle sont les mines d'or les plus riches, I, 252 b.

Montagnes, couvertes de neige à leurs sommets, I, 40 a et suiv.; plusieurs sont remarquables à Bornéo, 237 b (V. les art. Orographie, Volcans).

Montagu, Monument, îles faisant partie des Nouvelles-Hébrides, III, 413.

Monteverde, découvre en 1806 les îles Nougouor (Carolines), II, 127 a.

Montre, le mouvement en est regardé comme le langage d'un dieu à la Nouvelle-Zeeland, III, 152 b.

Monuments, ceux de Tinian sont remarquables, I, 387 b.

Morenhout (M.) a donné les notions les plus récentes sur l'archipel Pomotou et d'autres îles, II, 277 a et suiv.; présente en partie et promet une exposition plus étendue des croyances et usages de Taïti et de quelques autres îles, 350 b.

Moro, un des chefs des îles Aïou, homme très-intelligent, recherche l'amitié du capitaine Freycinet, et lui rend divers services, III, 330 a.

Morrell, navigateur américain, I, 9 a; donne des détails sur le groupe Hogoleu, l'un des Carolines, II, 115 a et suiv.; sur le groupe Namoulouk, 125 a; a vu, en 1830, l'île Lidia, 126 b; s'éloigne des îles Nougouor, dont les habitants projetaient de s'emparer de son bâtiment, 127 a; visite le groupe Sotoan, dont il est aussi obligé de s'éloigner, 128 a; croit avoir découvert en 1830 plusieurs îles qu'il nomma îles du Massacre (probablement les îles Carteret), dans l'archipel Salomon; plusieurs hommes de son équipage y sont victimes de la perfidie des insulaires; il ne doit son salut qu'à son intrépidité, III, 366 a — 380.

Mortz, Kyangle, Lord North, et îles des Martyrs, îles de l'archipel de Péliou, connues par suite du naufrage du navire américain le *Mentor*, II, 103 b.

Motogon, île très-haute, habitée, archipel Viti, III, 283 b.

Motou-Riki ou Verat, île habitée de l'archipel Viti, III, 283 b.

Mouala, île haute, habitée, archipel Viti, III, 283 b.

Mourra, figuier immense, à Tanna, Nouvelles-Hébrides, III, 422 a.

Mousquites, moyen employé par les insulaires de la mer du Sud pour en débarrasser leurs cabanes pendant la nuit, III, 455 b.

Moze, petite île de l'archipel Viti; à l'est se trouve un brisant sur lequel périt le navire l'*Argo*, III, 282 a.

Murray ou Méra, île située dans le détroit de Torrès, visitée en 1833 par un officier anglais; détails sur les insulaires et sur leurs relations paisibles avec les Anglais; plusieurs mots de leur langue, III, 334 a — 339 a.

Muscadier, 8 espèces, I, 109 b; a réussi depuis peu à Bornéo, 240 b.

Musgrave (les îles), marquées sur la carte de Krusenstern, n'ont pu être trouvées par Lütké, II, 125 a.

Musique, célébienne, javanaise, chinoise, des papous, des australiens, I, 78 a, jusqu'à 83.

N

Nakoro, groupe d'îles peuplées, archipel Viti, III, 284 a.

Namouka, île du groupe Hapaï, découverte en 1643, III, 32 b. Une île de même nom fait partie de l'archipel Viti; vue en 1789 par Bligh, et en 1797 par Wilson; elle a été reconnue exactement par d'Urville en 1827, 281 b.

Nanpacab, petite île fortifiée, archipel Viti; attaquée par le capitaine Dillon, III, 202 b.

Narcisse, île de l'archipel Pomotou, II, 255 a.

Narval ou Unicorne, poisson qui se trouve dans le groupe des îles Carolines, II, 85 a.

Natchi, solennité singulière dans l'archipel Tonga, et que personne n'a revue depuis Cook, III, 84 a; une autre devait être plus tard consacrée par des sacrifices humains, 87 b.

Nautile, mollusque du genre des sèches, sa description, II, 108 b.

Navigateurs (îles des). Voy. Samoa, III, 20 b.

Navigations extraordinaires des insulaires de la mer du Sud, III, 260 b; peuvent expliquer la diversité de population qui se remarque dans les îles de cette mer, 266 a, b.

Navires; leur construction chez les Polynésiens, I, 348 b; deux navires européens sont enlevés par des indigènes dans les parages de Taïti, III, 9 b.

Neaou, petite île habitée de l'archipel Viti, III, 282 a.

Nederlandisch, île assez bien peuplée de l'archipel Mélano-Polynésien, découverte en 1825, III, 257 a.

Neirei, petite île habitée de l'archipel Viti, III, 283 a.

Néita-Oumba, petite île habitée de l'archipel Viti, III, 282 b.

New, commandant le *Dedalus*, aborde à Taïti en 1793, III, 5 b.

Nhao, île habitée de l'archipel Viti, III, 283 b.

Nias, île bien cultivée à l'ouest et près de Soumadra, I, 137 a.

Nicobar (archipel de), I, 116 a; îles principales, 116 b; plusieurs abondent en cocotiers et en bois de construction; nids d'oiseaux bons à manger; animaux qui s'y trouvent; commerce sous la direction de leurs capitaines, en quoi il consiste, 117 a.

Nids d'oiseaux, mets recherché des Chinois, I, 249 a, b, 294 a.

Nieremberg, jésuite qui a donné une histoire des oiseaux de paradis, en regrettant les fables qui se débitaient sur cet oiseau, III, 308 a.

Nigeri, île découverte en 1819, archipel Pomotou, II, 257 b.

Niouna, groupe de deux îles de l'archipel Samoa, découvertes en 1616, et visitées depuis par plusieurs navigateurs, III, 24 a.

Nitendi (groupe de), ou Santa-Cruz, découvert par Mindana; extrait de sa relation, III, 407 b; sa mort, 409 b; visitée depuis par Carteret, Dillon et Legoarant de Tromelin, 410 a — 411 a.

Nom, changement réciproque du nom, politesse en usage dans les îles Carolines, II, 196 b, et ailleurs.

Norfolk, île qui forme un petit groupe avec deux îlots : situation ; fertilité, surtout en maïs; dépôt de *convicts* ou condamnés d'Angleterre, leurs habitudes, III, 431 b — 433 a.

Norman, officier qui est tué, ainsi que plusieurs autres marins, par des insulaires vitiens, III, 293 b et suiv.

Nougou Laoudzala, petite île basse et inhabitée de l'archipel Viti, III, 282 b.

Nougou-Laou et **Nougou-Loube**, deux îlots de l'archipel Viti, III, 283 b.

Nouka-Hiva, île qui donne son nom à un archipel, autrefois celui des Marquises de Mendoza, de Mindana, etc., et dont les îles ont reçu divers noms de divers navigateurs, II, 226 a ; climat, histoire naturelle, 227 a, b; indigènes jugés diversement par plusieurs navigateurs, 228 a; maladies, langue, traditions religieuses, 229 a, b; gouvernement et lois; mœurs, coutumes et costumes, 233 b et suiv.; tatouage, 236 a; guerriers, 237 b ; guerre, 238 a ; tombeaux, 238 b; industrie, pêche, 239 a, b; pirogues et canots, 240 a; maisons, 241 a; musique, chants, danses; histoire, 242 a, b; prise de possession de l'île au nom de l'Union américaine en 1813, par Porter, 247 a et suiv.; fin malheureuse de cette expédition, 251 a.

Nourritures des peuples comparées, I, 249 b.

Noussa-Laout, île voisine d'Amboine, I, 212 a.

Nouvel Hanovre (une des îles de l'Amirauté), vue par plusieurs navigateurs, étendue, limites, III, 346 b.

Nouvelle-Bretagne (archipel de la), situation, limites, superficie, principales îles qui le composent; volcans, riche végétation ; découverte par Dampier, extrait de sa relation, III, 341 a — 343 b; détails sur la beauté des sites, sur les noms et la position de diverses parties, extraits du Voyage de d'Urville, 343 b — 345 a.

Nouvelle-Calédonie ou groupe de Balade, étendue, position, rocher volcanique, III, 426 a — 427; histoire naturelle; plusieurs arbres précieux pour la nourriture des habitants; population, 427 a, b; précis historique, mœurs et coutumes, narration de Forster, 427 b — 430 a; gouvernement, aucune apparence de culte religieux, caractère grave et taciturne, sentiments partagés sur leurs diverses qualités, 430 a — 431 b.

Nouvelles-Galles du Sud ou méridionale ou australe, salubrité du climat, III, 436 a; étendue; elle est indiquée à l'Angleterre par Banks, comme lieu de déportation, après sa guerre d'Amérique; fondation de la ville de Sidney; climat, végétation, 446 a — 447 a; minéralogie; phytologie; le sol promet la réussite des essais déjà faits, 447 b ; zoologie ; bœufs, moutons, chevaux remarquables par leur intelligence, chèvres, porcs, chien et chat indigènes, 448 a — 449 b; kangarous, plusieurs espèces, 449 b — 450 b; koala ou paresseux ; bandicoots, écureuils, renards et opossums volants, 450 b, 451 a; ornithologie remarquable par la singularité et la diversité, surtout pour les perroquets; trait d'attachement entre deux de ces oiseaux, 452 a — 452 b; émus, méura superbe, philédon, etc., 452 b, oiseaux qui servent d'horloge, 453 a; échidné, animal bizarre, 453 b; phoques, reptiles, crocodiles, poissons, etc., 453 b — 454 a; serpents, combat entre deux chiens et deux serpents, *l'homme aux serpents*, colon qui indique, d'après son expérience, un moyen de dompter les serpents, 454 a — 455 b ; entomologie, variétés brillantes et innombrables de papillons, abeilles, mousquites, mouches ordinaires, *taons*, *punaise-tortue* nuisible aux arbres à fruit, araignées, ver de bois très-destructeur, fourmis qui dévorent tout l'intérieur d'un arbre, *tique* de bois dangereuse pour l'homme et les animaux, chenilles dévastatrices, 455 b — 457 b; titres et distinctions des classes entre les colons, les créoles et les *convicts ;* subdivisions dans ces divers partis, physionomie, caractère, conduite des individus de ces diverses classes, 489 a — 491 a; établissement des colons libres, 491 a; les femmes condamnées y sont déportées; naufrage sur les côtes de France de *l'Amphitrite*, qui y transportait, en août 1834, cent huit de ces femmes, 491 b; sort des condamnés arrivés dans ce pays; audace de ceux d'entre eux qui sont nommés *bush-rangers* (*batteurs de buissons*); onze s'emparent du brick le *Caledonian*, 493 b — 495 a ; observations sur les émancipés, 495 a ; progrès merveilleux de cette colonie depuis 1788 ; probité commerciale généralement florissante à Sidney ; sociétés qui veillent à procurer du travail aux nécessiteux, etc., 495 b — 498 ; compagnie d'agriculture, ses puissants moyens de navigation, 498 b — 499 ; industrie, commerce, navigation, pêche des phoques, de la baleine, des éléphants de mer, etc., 499 a — 500 a ; conseils de M. Laplace sur les moyens de faire fructifier le commerce français dans cette mer, 500 a, b ; importations et exportations entre Sidney et plusieurs autres pays, 500 b ; moyens de subsistance pour les tribus voisines de Sidney ; bizarrerie de leurs mœurs, 508 a, b.

Nouvelle-Géorgie. V. Salomon (îles), III, 365 a et 391 a.

Nouvelle-Guinée, origine de ce nom, III, 315 a. V. Papouasie, III, 303 a.

Nouvelles-Hébrides, archipel découvert en 1606 par Quiros, visité par Bougainville, Cook et d'Urville ; noms de ces îles, détails divers, III, 411 a — 415 a ; histoire naturelle ; un volcan à Tanna, 415 b ; histoire et mœurs, dont une partie d'après la relation de Quiros, 416 b.

Nouvelle-Hollande ou Australie, par qui visitée, I, 7 b ; situation, étendue, singularité de tout l'aspect du pays et des productions, soit animales, soit végétales ; ne répond pas à l'espoir que la première vue avait donné à ceux qui l'ont découverte ou visitée les premiers ; connexité entre la nature des divers sols et la végétation ; noms de plusieurs de ses rivières, III, 433 b — 435 b ; dégradation de l'espèce chez la plupart de ses peuples ; étonnante diversité de leurs idiomes, ibid. ; noms de ses îles les plus importantes ; vaste golfe de Carpentarie ; noms de plusieurs autres golfes et de quelques bons mouillages, 435 b — 436 a ; climat, fréquentes variations dans la température ; salubrité du climat de la Nouvelle-Galles, nature des vents qui y règnent, époques et durées des pluies, rosées, orages ; la douceur du climat y influe sur le naturel des animaux, 436 a — 437 ; longueur des jours ; crépuscule ; Richardson publie le catalogue des constellations et étoiles visibles dans cet hémisphère, 437 b ; histoire naturelle, géologie, description d'un volcan singulier observé en 1828, 30 et 31 ; bois pétrifié, débris organiques, 438 a — 440 a ; minéralogie, riche à plusieurs égards, mais non pour l'or frauduleusement promis par un minéralogiste dont la ruse est découverte, 440 a ; phytologie, peu riche en plantes alimentaires, beaucoup d'arbres utiles pour leur bois, quelques-uns pour leur manne, d'autres pour leur résine, 441 a — 442 a ; zoologie ; chien d'une espèce particulière, 442 a ; ornithologie, riche et variée, 442 b ; monotrèmes, ornithorynque, sa description, ses habitudes, etc., 442 b — 445 b ; malacologie, poissons, coquilles, etc., 445 b (Voyez aussi Nouvelle-Galles du Sud) : périple de l'Australie : côte orientale : topographie, circonscription et division de la Nouvelle-Galles du Sud, villes, ports et établissements remarquables, 457 b — 458 b ; côte méridionale ; noms divers successivement donnés par plusieurs capitaines à quelques points ; un grand nombre de noms hollandais seront probablement bientôt remplacés par des noms anglais, 461 b, 462 a ; côte occidentale, la moins considérable ; on y remarque la baie du *Géographe*, où est un port propre à de petits navires seulement, et la *terre de Leuwin*, qui a une chaîne de dunes énormes, 474 a, b ; noms et description des parties principales de cette côte, 474 b — 478 b ; côte septentrionale ; étendue ; se compose de la *terre de Witt*, de la *terre d'Arnheim*, dans laquelle on comprend la terre de Van-Diemen, et de la terre de Carpentarie, 478 a ; projet d'exploration de l'intérieur de l'Australie, 487 a ; conjectures de Malte-Brun sur les parties inconnues de ce continent, ibid. ; portrait des Australiens aborigènes ou noirs, 501 a, b ; certaines tribus sont cannibales ; leurs mœurs, coutumes, caractère, croyances superstitieuses, 501 b — 504 b ; peu difficiles pour la nourriture ; un vieillard tremble d'effroi en se voyant dans un miroir ; sont naturellement sales, 504 b — 505 b ; quelque aptitude, mais intelligence bien peu développée, ibid. ; considérations sur les diverses manières de vivre des divers insulaires de ces parages, 505 b — 506 b ; deux Australiens habitués, dès l'enfance et pendant plusieurs années, aux avantages de la civilisation, y renoncent volontairement, 506 b — 507 a ; le gouvernement renonce à tout projet à cet égard, et les maintient par la force, malgré des rixes fréquentes et violentes, ibid. ; respect pour les tombeaux, cérémonies et dispositions dans leur construction, qui supposeraient quelque idée d'une vie future, 507 b — 508 a ; leur importunité tenace quand ils mendient, 509 a; distinction morale entre plusieurs tribus, différence dans leurs progrès en civilisation, perfection chez tous de la vue et de l'ouïe; quelques-uns très-laborieux, 509 b — 510 a; mines très-amusants, surtout Bidgi-Bidgi, 510 a — 511 a; femmes, leur sort déplorable pendant leur jeunesse; empire qu'elles exercent dans l'âge avancé, 511 a — 513 b; éloge et défense des Australiens, 513 b — 516 b; moyens employés et à employer pour leur civilisation; essais de civilisation, méthode de la colonisation anglaise, réflexions de l'auteur, 516 b — 521 a; règlements sur les *convicts*, 521 a; traitements des fonctionnaires, réflexions sur ce point, 522 a; gouvernement et administration, ordre judiciaire, revenus et dépenses, 523 a — 524 a; avenir de l'Australie, 524 — a 525 b; histoire, 525 b — 528 a; explorations et découvertes récentes dans l'intérieur, 528 a — 540 a; colonies pénales, 540 a — 544 b; haine et rivalité entre les colons australiens et tasmaniens, 555 a.

Nouvelle-Irlande, découverte en 1616 par Schouten, et visitée par plusieurs navigateurs, III, 348 b; climat, histoire naturelle, 350 b et suiv.; insulaires, caractères physiques, mœurs et usages; se chauffent continuellement, grande voracité, etc., 357 b — 365 a.

Nouvelle-Zeeland, géographie et noms des ports, baies et îles qui en dépendent; climat, aspect, histoire naturelle; observation de d'Urville sur sa botanique, III, 124 a et suiv.; chasse aux phoques, leurs diverses espèces, 126 b et suiv.; topographie, curiosités, lac blanc, source chaude, lac Maupère, 131 a; pâ ou fort de Wai-Maté; Wangaroa, site romantique et havre excellent; anse de l'*Astrolabe*, et oiseaux qui se voient dans la forêt voisine, 132 a et suiv.; canalisation et projet de M. de Thierry; population, 133 a b; noms propres, 134; constitution politique, 135 a; humeur guerrière, 136 a, 187 a; le Napoléon de la Nouvelle-Zeeland, Hihi; sa mort, 137 — 138; jugement sur les chefs zeelandais; la plupart de ces insulaires vendent aux Européens les faveurs de leurs filles, 140 a; usage barbare à la fin de la grossesse, 140 b; fiançailles, ibid.; polygamie, 141 b; relations des femmes 142 a; licence des filles, fidélité des femmes; leur jalousie; soumission des enfants envers leurs parents; femme qui se sacrifie à la mort de son mari; vol; couches, naissance des enfants, baptême, 143 — 145; affection pour les enfants, 146 b; moko ou tatouage, 147 a; esclaves, 150 b; habitations, 151 a; maisons et plantations; culture, industrie et commerce; déification d'un chef mort, 152, 153; langue, numération, astronomie, 154 a, b; voyages, 155 a; utilité des relations amicales entre les Européens et les Zeelandais; chants, 156 et suiv.; pihé, ode solennelle, 157 b; danse, 159 b; croyances religieuses, 160 b, 163 b; culte, 163 a; horrible superstition, 164 b; aliments, ibid. et suiv.; cuisine, les occupations en sont réservées aux esclaves, 168 a; une princesse aveugle y cultivait la terre, 169 a; accueil et manière dont ils s'abordent entre eux et dont ils reçoivent les étrangers, salutations et témoignages de sensibilité, 170 a et suiv., plusieurs portraits des indigènes, pl. 175, 176 et 183; enchantements; songes; funérailles, cérémonies et sacrifices qui y ont lieu, 172 a — 174 b; rakau-tapou, c'est-à-dire, représentation, au moyen d'un morceau de bois, de chairs humaines destinées à être mangées, 174 b, 175 a; esclaves immolés, suicide, 175 a, b; purification, 176 b; anthropophagie, 177; coutumes de guerre touchant les têtes des chefs tués dans les combats, 178 b; mode de conservation de ces têtes, 179 b; superstitions cruelles; leur religion comparée avec celle des anciens Scandinaves, 183 b; avantages du tahou, 184 a; parallèle entre les Nouveaux-Zeelandais et les Battas, 185 a; relevé des mœurs, usages, maladies, etc., dans la Nouvelle-Zeeland, et principalement dans la grande île Tavaï-Pounamou, 186 b; histoire, 190 b; récit de Tasman, 191 et suiv.; côtes visitées par Cook, 193 a et suiv.; par Surville, 196 b et suiv.; par Marion du Fresne qui y succombe avec seize Français sous les coups des insulaires, 198 b — 208 a; visitée depuis 1805 par plusieurs navires baleiniers, 209 b et suiv., 222 a; divertissements nocturnes, 223 b; plantes et arbres remarquables, 227 b; influence des liens du sang sur la position sociale, amour des Zeelandais pour leurs enfants, avantages du corps et de l'esprit, 241 b et suiv.; trait de cruauté, trait d'amour filial, 300 b.

Nuyts (terre de), Nouvelle-Hollande; région peuplée peut-être, mais rivages stériles, III, 464 a.

O

Oahou, la seconde des îles Sandwich, II, 27 a; Hono-Rourou, capitale de l'île, centre d'un assez grand commerce, demeure de missionnaires qui ont une grande puissance, 27 a; détails sur cette île, 28 a.

Océanie, l'auteur publie ici le premier ouvrage complet et spécial sur cette partie du globe; aperçu général, 3 b; ses principaux peuples et leur commerce, 5 a; quelle partie les anciens ont pu en connaître, 5 b; ses divisions géographiques, 11 a — 14 a; limites, surface, populations, climat et places importantes, 14 a, b; géographie politique et colonisation, 15 a; anthropologie et ethnographie, 16 a; hydrographie, 39 a; géologie et orographie, 40 a; tremblements de terre, 41 b; volcans, 42 a, 43 b; minéralogie, 44 a; botanique, 45 a; zoologie, 47 b; ornithologie, 49 a; erpétologie, entomologie, ichthyologie, conchyliologie, zoophytologie, 50 a; monotrèmes, 51 b; religions, 52 a; institutions religieuses, *tabou* ou *tapou*, 52 b; songes, leur importance, 57 b; sépultures, ibid.; conservation des ossements, 58 b; toute une tribu souvent pillée par les tribus voisines à la mort de son chef, 59 b; gouvernement et prêtres, 60 a; industrie, commerce, et son histoire, 60 b; mœurs et coutumes, 63 b; costumes, 64 b; arithmétique, 66 a; poids et mesures, 66 b; monnaies, 67 b; langues et dialectes, 68 a; littérature, 74 a; musique, 78 a; instruments de musique, 82 a; théâtre, 82 a; architecture et sculpture, 84 a; conclusion du tableau général, 85 a; îles éloignées de l'Océanie, et qui doivent y être comprises, III, 559 a — 577; conclusion de l'ouvrage; exposé des matériaux qui ont beaucoup souffert par le naufrage de l'auteur; rectification de quelques erreurs insérées, au sujet de l'auteur et de ses ouvrages, dans plusieurs écrits; M. D. de Rienzi, Français, vit paisiblement dans la retraite à Paris, 577 a — 578.

Oïolava, archipel Samoa, île grande comme Taïti, aussi fertile, aussi peuplée; mais sans ancrage, III, 21 b.

Oiseau-cloche, son chant, dans les solitudes australiennes, annonce la présence de l'eau, III, 481 a.

Oiseaux, remarquables dans la Papouasie, III, 331 a — 332 b, 333 a; à la Nouvelle-Irlande, 356 a.

Omaï (ou mieux Maï), insulaire natif de Raïatea, voyage avec Cook. V. Maï, II, 352 b.

Ombaï, détails sur les singuliers habitants de cette île, I, 210 a.

Onachuse, île de l'archipel Mélano-Polynésien, découverte en 1823, III, 258 a.

Onghea-Lévou, archipel Viti, île vue de loin en 1797 par Wilson, visitée en 1827 par d'Urville, III, 281 b.

Ono, île découverte par Bellinghausen, archipel Viti, III, 281 b.

Onou-Afou, île de l'archipel Mélano-Polynésien, peut-être la même que Goede-Hoope; relation sur cette dernière île découverte en 1816, III, 257 b.

Ophir (le mont), à Soumadra, I, 120 b.

Opium, les Malais et les Chinois en font usage, I, 133 a.

Opoun, Leone et Taufoue, trois îles de l'archipel Samoa, III, 21 b.

Or et argent, dans la Malaisie, I, 95 b; or à Soumadra, 123 b; à Célèbes, 225 a; à Bornéo, 237 b; à Matrado, 252 b; chez les Dayas, dans deux endroits de Kalémantan, 260 b; aux Philippines, 293 a; dans les montagnes habitées par les Aëtas, 302 a.

Orageuse (l'île), une des îles de l'Amirauté, III, 347 b.

Orang-Houtan, I, 27 a, ayant appartenu à l'auteur; roux, noir, gibbon, champanzé d'Afrique, golok, 33 a, b; opinions de quelques peuples sur les orangs-houtans, 38 a; se trouve à Soumadra, 126 a.

Ornithorhynque, recherches sur cet animal singulier de la Nouvelle-Hollande, III, 443 a et suiv.

Orographie générale de l'Océanie; hauteurs des points les plus culminants, I, 40 a, b.

Ortéga, îles de l'archipel Salomon, III, 382 b.

Oscar, groupe de quatorze îles basses qui font partie de l'archipel Mélano-Polynésien; découvert en 1819, III, 257 a.

Osnabruck, groupe d'îlots, découvert en 1767, archipel Pomotou; naufrage d'un navire baleinier, II, 255 a.

Ossements des morts, sont recueillis avec des cérémonies religieuses à la Nouvelle-Zéeland, III, 173 a, 174 a.

Otdia, île principale du groupe du même

nom à l'est des Carolines; visitée par Kotzebue, description et usages, II, 196 a.

Otorou, Taïtien, s'embarque avec Bougainville, II, 292 b; son voyage, sa mort, 251 b.

Ougomea, île habitée de l'archipel Viti, III, 283 a.

Ouluthy, groupe de petites îles. V. Élivi, II, 114 a.

Oumbat, animal qui vit sous terre; mets recherché des Australiens, III, 450 b.

Oumbonga, île habitée de l'archipel Viti, III, 283 b.

Oupas, arbre vénéneux, I, 225 b.

Oura et Tioukéa, îles découvertes en 1616, archipel *Dangereux*, aujourd'hui archipel Pomotou, II, 258 b.

Ozela, fille de Houloula, roi de la côte ouest de Vavao, est éprise d'un jeune Européen venu à bord du Rambler; cet amour occasionne la mort du capitaine Powel et de dix hommes de son équipage, III, 175, b.

P

Parias mahrattes, ont donné naissance aux Tzengaris, I, 266 a, b.

Palembang, royaume conquis par les Hollandais à Soumadra, I, 127 b.

Paou (île de), probablement la même que Vanoua-Levou, archipel Viti, fournit du bois de sandal; quelques détails sur divers usages, III, 280 a — 281 b.

Papillons, brillants des plus belles couleurs, abondent en variétés innombrables dans la Nouvelle-Hollande, III, 455 b.

Paponas ou Igolotés, race de noirs océaniens, I, 13 b, 19 b; leurs conquêtes, ibid., 20 a, b; pays où ils se sont établis, ibid.; habitent plusieurs parties de la Nouvelle-Irlande, III, 251 b, 257 b (V. aussi Papouasie); occupent aussi l'île Bouka, archipel Salomon, 381 b, 386 a.

Papouasie ou Nouvelle-Guinée, nom donné par l'auteur et ensuite adopté, III, 303 a; végétation vigoureuse, arbres très-élevés, peu de plantes herbacées; ornithologie d'une riche singularité, 304 b — 305 a; serpents, poissons, conchyliologie, 312 b; points topographiques les plus remarquables, 313 a; mœurs et coutumes, 313 b; fument tout le jour, 314 b; ne boivent que de l'eau, ibid.; histoire depuis la découverte vers 1511; noms et description des îles principales, 324 a — 332 b; séparée de l'Australie par le détroit de Torrès, 383 b; îles orientales adjacentes, dont plusieurs sont volcaniques, 330 a.

Papous ou Papou-Malais, pays qu'ils habitent, I, 21 a; III 303 b, 304 a.

Pâques (île de). V. Vaihou, II, 281 a.

Paradisier ou oiseau de paradis, son **histoire,** III, 305; traitement cruel que les chasseurs font subir à l'oiseau pour nous vendre son plumage bien conservé, 307 a, b; est quelquefois très-adroitement imité ou falsifié par des Européens, 308 a; description du genre, adresse de son vol, sa nourriture présumée, manière dont les indigènes le chassent, noms de ses huit espèces, 308 b, 309 b; description de chacune de ces espèces, 309 b — 312 a; détails sur leurs habitudes; quelques-uns ont été amenés à l'état de domesticité, 312 a, b; appelé oiseau du soleil par les insulaires du groupe Arrou, 333 a.

Paresseux (le) ou koula, sorte d'ours de la Nouvelle-Galles, III, 450 **b**.

Parramatta, d'abord amas de quelques huttes dans la Nouvelle-Hollande, est choisie, en 1784, pour remplacer l'établissement de Botany-Bay, III, 461 b; la première récolte s'y fait en 1789; on y fonde une foire en 1813, 496 a.

Passage, île aussi nommée *Vatou*, archipel Viti, III, 283 b.

Patate douce. V. *Convolvulus batatas*.

Patrik Watkins, Irlandais; ses aventures dans l'île Charles, archipel des îles Gallapagos, II. 287 a et suiv.

Paulding, Américain, visite en 1825 Clarence et York, archipel de Roggeween, II, 225 b; mouille dans la baie d'Oumi, île de Nouka-Hiva, 250 a; visite en 1826 Touhouai, île au sud de Taïti, 290 b.

Peel, petite île colonisée dans la Micronésie; on y recueille deux marins anglais qui s'y étaient seuls réfugiés après le naufrage, en 1826, d'un vaisseau baleinier, I, 318 a, b.

Pélé, redoutable déesse des volcans, II, 17 a; Pélé et le chef Kahavari, épisode, 19 a.

Pélou ou Palaos, ou Panlog ou Péli, groupe d'îles. V. Carolines.

Pendleton, de New-York, capitaine de l'*Union*, est tué avec plusieurs de ses marins, par les insulaires de Tonga, III, 91 a.

Penrhyn, îles de l'archipel Roggeween, découvertes par le capitaine Sever, et décrites avec assez de détails par Kotzebüe en 1816, II, 222 a et suiv.

Pentecôte, une des Nouvelles-Hébrides, III, 413 b, 419 a.

Périple de l'Australie. V. Nouvelle-Hollande, III, 457 b — 480 a.

Perles, se trouvent près des îles Sandwich, II, 13 a; près de quelques îles de l'archipel Pomotou, 252 a, 271 b et suiv.

Péron, naturaliste, a écrit les voyages du capitaine Baudin, I, 8 b; a donné son nom à une presqu'île de la *terre d'Endracht*; il a décrit la nature du sol de cette côte, III, 476 a, b; a donné la rédaction du *Voyage aux terres australes*; il y fait mention d'un fait remarquable relatif à une inscription en hollandais, 477 a; décrit ses entrevues, et une autre des Français avec les Tasmaniens, 550 a — 555 a.

Péron (aventures du capitaine), III, 572 b — 574 a.

Perroquets: quelques oiseaux de cette famille se voient dans plusieurs des îles de l'Amirauté, III, 346 b; à la Nouvelle-Irlande, 355 b; les plus beaux sont ceux de la Nouvelle-Galles du Sud, 451 b.

Pétrel, oiseau de mer que l'on voit à Kerguelen; variétés, III, 562 b.

Peyster, groupe de dix-sept petites îles de l'archipel Mélano-Polynésien, découvertes en 1819, III, 257 a.

Philippines (archipel des), statistique, population, revenus et dépenses, I, 283 b; sol et climat, 285 a; tempêtes et typhons, 285 b; administration, 286 b; industrie et commerce, 287 a; botanique, 287 b; tamarin, ibid.; bois de construction, de teinture, etc., 288 b; tagouans et mangos, quadrupèdes, iguana, chiens-volants, colo-colo et autres oiseaux, sur leur langage, 290 b; balatés et sangsues; le poisson y est très-abondant, 292 b; topographie, 293 a; quinze provinces ou alcaldies des peuples tagales et autres de l'île Louçon, 293 b — 296 a; villes et lieux remarquables de ces alcaldies, 296 a; mœurs et situation des habitants primitifs, 301 a; histoire depuis la découverte jusqu'à nos jours, 305 a; métis, font une classe importante; leur insurrection à Manila, 308 a.

Philips, île découverte en 1803, archipel Pomotou, II, 257 b.

Philips, île de la *terre de Grant* (Nouvelle-Hollande), et qui reçoit quelquefois le nom de port, à cause du vaste port Western qui s'y trouve, III, 462 a, b (V. Robinson-Crusoë (le Nouveau), ibid.)

Phoques, diverses espèces; chasse, utilité, III, 126 b et suiv.; *phoca resima, lupina*, 131 a; sont pêchés par quelques navires européens et américains, dans le groupe des îles Bounty, dans l'île Antipode, toutes au sud de la Nouvelle-Zeeland, 255 a; dans le groupe Macquarie, 255 b; cette pêche est une source de fortune à Port-Jackson, 499 b; a lieu aussi sur les côtes de la Tasmanie, 546 b; ils abondent dans la terre de Kerguelen, 559 b; pour cette pêche, on débarque souvent des matelots pour quelque temps dans certaines îles, 568 a.

Phormium tenax, lin magnifique, le plus beau se trouve dans l'île de Norfolk, III, 431 a.

Phosphorescence de l'océan Polynésien; discussion sur ce qui peut la causer, II, 137 a.

Phthirophagie, existe dans l'île Ualan (Carolines), II, 167 b; dans les îles du groupe de la Harpe, 253 a; en usage parmi les femmes de la Nouvelle-Zeeland, III, 245 b; dans la Tasmanie, 548 a.

Pic de la Selle, montagne prodigieuse, I, 113 a.

Pic de Pari, îles Sandwich, II, 33 a, remarquable par le trait de désespoir des restes du parti vaincu par Tamea-Mea, 34 a.

Pierre rendue friable par la pluie, Nouvelle-Hollande, III, 440 b.

Pierre (Saint-) et Paul (Saint-), îles désertes, non loin de Kerguelen; pêche aux phoques; beaucoup de sangliers dans l'intérieur; eaux thermales, III, 569 a, b.

Pigafetta, Italien enthousiaste de voyages, qui accompagna le navigateur Magalhaëns (Magellan), dont il a écrit la dernière navigation, III, 307 b.

Pigeons, de plusieurs espèces à la Nouvelle-Irlande, III, 355 b.

Pillage des propriétés d'un chef après sa mort; a souvent lieu à la Nouvelle-Zeeland, III, 173 b, 174 a; quelquefois à la suite d'un incendie, etc., 235 b.

Pinang (île) ou Pouio-Pinang; situation, étendue, productions, I, 117 a, b; donnée à l'Angleterre par le capitaine Light; il en est nommé gouverneur, etc., 118 a, b; commerce et industrie, 118 a; salubrité de l'air, 119 b.

Pingouins, en multitude innombrable à la terre de Kerguelen, III, 565 a; trois espèces, ibid.

Pins (île des). V. Nouvelle-Calédonie, III, 426 a, 431 a.

Pinto (Mendez), aventurier, auteur de récits intéressants, I, 9 b.

Pirates malais, punis par les Hollandais en 1830, I, 136 a; avaient antérieurement exercé un cruel brigandage, 257 a.

Pirogues, où se font les plus remarquables, I, 84 b; les meilleures, 348 b; leur construction aux îles Sandwich, II, 43 b; à Gouap, à l'ouest des Carolines, 111 a; détails sur leur construction et l'usage du balancier, 115 a et suiv.; dans une des îles du Nouvel-An, 194 b; dans l'île Byron, 204 b; dans les îles basses des Carolines, 206 b et suiv.; chaux dont ils enduisent les joints, 209 b; savent les lustrer, 217 b, les décorer de figures, 218 b; quelques-uns de leurs moyens de les gouverner, 220 a, b; leur construction à Nouka-Hiva, 240 a; pirogues de guerre, leur nombre à Taïti, 296 b; flotte taïtienne, 325 b; leur construction à Taïti, 372 a; doubles à Tonga-Tabou, III, 123 b; très-grandes dans la Nouvelle-Zeeland, 125 a, 189 b; à balancier et à la voile dans l'archipel Viti, 238 b; remarquables dans la Papouasie, 323 b; avec un double cadre dans l'île Murray, 335 a; bien construites dans l'archipel de la Nouvelle-Bretagne, 342 a; longues, avec balanciers, et ornées de figures bien sculptées dans l'île Garret-Denis, 347 a; habilement construites et manœuvrées à la Nouvelle-Irlande, 359 b; de soixante pieds de long, élégamment sculptées et habilement manœuvrées dans l'archipel Salomon, 387 a; lourdes et grossières dans la Nouvelle-Calédonie, 430 b.

Pitcairn, île au sud-est de l'archipel Pomotou, dans laquelle s'établirent les marins révoltés qui s'étaient emparés du navire anglais le *Bounty*, II, 266 a, 271 a; mœurs de ses habitants en 1830, c'est-à-dire des enfants de ces révoltés, 271 a.

Pithékomorphes (à formes de singe); à quelle variété d'hommes ce nom a été appliqué par l'auteur, I, 24 a.

Pitt (détroit de) ou Saggewein, dans la Papouasie, III, 325 a.

Plantes, observations sur leur diversité dans différentes parties de l'Océanie, I, 379 a.

Plate (île), archipel Samoa, île petite, mais fertile et peuplée, III, 22 a.

Platine, se trouve probablement dans une des Philippines, I, 293 a.

Plâtre ou gypse, se trouve dans la Nouvelle-Hollande, III, 440 b.

Poésie. V. plusieurs morceaux de poésie de l'Océanie; chant de l'île Rienzi, I, 77.

Pogghi ou Nassau, îles voisines de Soumadra, I, 137 b; mœurs et coutumes, ibid.

Poissons, leur prodigieuse multiplication, II, 134 a; très-abondants et exquis sur les côtes de la Nouvelle-Zeeland, III, 167 a; variés et d'une beauté remarquable à Port-Praslin, 356 b; noms de plusieurs espèces, soit connues, soit nouvelles, qui se trouvent à Vanikoro ou groupe de la Pérouse, 392 b; abondants, surtout la perche et l'anguille, dans les rivières de la Nouvelle-Galles, 454 a.

Poivre, son prix dans l'Océanie, I, 96 a; poivre noir, quel est le meilleur, 108 b; sa récolte aussi à Soumadra, 125 b.

Pola, île très-fertile, archipel Samoa, visitée dans quelques parties par la Pérouse et Kotzebüe, III, 22 b.

Polo (Marco), voyageur vénitien, I, 6 a.

Polygamie, permise à la Nouvelle-Zeeland, III, 243 a; privilége du roi, des chefs et des grands, dans l'archipel Viti, 286 b, 287 b; générale parmi les Paponas, 314 b.

Polynésie, pays qu'elle renferme, I, 12 a; ses habitants, 18 a; aperçu général, 337; portrait et caractère des Polynésiens, 339 a; destinées de la race polynésienne, 340 a; ressemblance des coutumes parmi ces divers peuples, leur situation sociale et politique; division par castes, 341 b; gouvernement, lois, religions, 342 a, b; cérémonies funèbres, 343 b; construction des navires, 348 b; industrie et commerce, 349 b; tatouage, 350 a; danses et chants solennels, 353 a; société infâme des Aritoys, 353 b; ressemblances et dissemblances entre ces peuples, 353 b, 354 a; premières notions sur ces îles, 354 b; hypothèses sur l'origine de ces peuples, 355 b; opinion de l'auteur sur ce point, ibid.; vents et courants, 357 a; géologie générale, 357 b; fossiles, 358 a; zoophytes et volcans, formation des îles, 370 b, orographie, 371 b; sol et minéralogie, 372 b; sources et ruisseaux, 375 a; botanique, 376 b; zoologie, 381 a; oiseaux nombreux et variés, 382 a; quelques animaux amphibies, 383 a; plusieurs poissons délicieux, 383 b; climat et population, 384 a; division géographique, 386 b; classification des îles Toubouai, Taïti et de toutes les parties de la Polynésie, II, 289 b; Polynésie centrale, 290 a; îles éparses dans la Polynésie, III, 301 a.

Polypes, résultat hypothétique de leurs travaux, I, 43 b.

Pomare I et II, rois de Taïti, 6 a, b (V. aussi Taïti); vers la fin de sa vie, Pomare II détruit sa santé par l'abus des liqueurs spiritueuses, III, 13 b; Pomare III, couronné en 1824, 15 a; un Pomare (Wetoï, chef de Mata-Ouwi) est surnommé le Panapati (Bonaparte) de la Nouvelle-Zeeland, 219 a.

Pomarée (la), navire à trois mâts, enlevé, en 1832, par les sauvages, archipel Pomotou. II, 271 a.

Pomme de terre, apportée par les Européens dans la Nouvelle-Zeeland, où elle a bien fructifié, III, 166 a.

Pomotou (archipel), nommé par Bougainville archipel Dangereux; géographie générale, noms des îles, II, 251 a; indigènes, 281 a.

Population, nombreuse à Taïti, II, 295 b et suiv.; bien diminuée à la Nouvelle-Zeeland, et par quelles causes, III, 244 a.

Porc-épic d'Australie, mets recherché des indigènes, III, 450 b.

Port-Jackson. V. Sidney, III, 458 b.

Portland, sept petites îles comprises dans les îles de l'Amirauté, vues par plusieurs navigateurs, III, 346 b.

Port-Praslin, ancrage sûr et commode de la Nouvelle-Irlande, III, 350 a, 354 b; quelques observations de M. J. de Blosseville pendant son séjour dans ce havre, 360 b.

Poterie, fabriquée par les insulaires de l'archipel Viti, III, 288 a; par les Paponas, 314 a.

Pou, oiseau remarquable, ainsi que plusieurs autres dans la Nouvelle-Zeeland, III, 227 a.

Pou-Andamènes, seconde variété des Papous, III, 303 b.

Poudding servi à Cook à Taïti, sa préparation, II, 359 a.

Pouynipet, île principale du groupe Séniavine, près des Carolines; détails sur ses habitants; le chien paraît y être dans l'état sauvage, II, 135 a et suiv.; a aussi reçu d'autres noms, ibid.

Pouynipet, île découverte par le capitaine Lütke, III, 302 a.

Powel, capitaine du *Rambler*, et dix hommes de son équipage, sont tués par les insulaires de Vavao, III, 73 b et suiv.

Predpriatie, île découverte en 1824, archipel Pomotou, II, 257 a.

Première-Vue (île de la), archipel Salomon, III, 382 b.

Prépuce (le) est fendu à tous les jeunes garçons dans l'archipel Viti, III, 287 b.

Princesa, petite île; archipel Salomon, III, 383 a.

Pteris esculenta, sorte de fougère dont la racine sert d'aliment dans toute l'Australie et dans la Nouvelle-Zeeland, III, 164 b.

Punition, infligée promptement et cruellement aux esclaves dans la Nouvelle-Zeeland, III, 232 b, 237 a, b.

Purification, une des cérémonies en usage dans la Nouvelle-Zeeland, III, 176 b.

Pylstart, petite île au sud de Tonga-Tabou, III, 34 a.

Q

Quatre Facardins. V. Tehai, II, 256 a.

Queen-Charlotte, île de l'archipel Pomotou, II, 253 a.

Quiros, Espagnol, I, 7 b; découvre Taïti, III, 1; l'archipel des Nouvelles-Hébrides en 1606, 410 a, parmi lesquelles il cite Mallicolo, l'île Saint-Esprit, et *Nuestra Senora de Luz* ou pic de l'Étoile, 414 a, b, 415 a. V. aussi Taumako, par lui découverte, archipel Mélano-Polynésien, 258 a et suiv.

R

Races d'hommes de l'Océanie, leur organisation, I, 16—24 b; destinées de l'humanité et spécialement de la race polynésienne, I, 340 a.

Radak, groupe d'îles. Voyez Marshall, II, 190 b.

Raflesia, la plus grande des fleurs, I, 124 b.

Raiatéa, île du groupe de Taïti, II, 294 b, demeure royale, 308 a; est importante par les souvenirs religieux, 338 a.

Ralik, vaste groupe à l'est des Carolines, visité par plusieurs navigateurs, II, 190 a.

Rambe, île habitée de l'archipel Viti, III, 283 a.

Ramos, îles de l'archipel Salomon, III, 382 b.

Raraka, île découverte en 1831, archipel Pomotou, II. 258 a.

Rarotonga, île principale de l'archipel de Manaïa, III, 13 b.

Rats, nombreux dans la plupart des îles Carolines, II, 196 b, 197 b, 212 a; servent de nourriture aux indigènes de la Nouvelle-Zeeland, III, 168 b.

Recherche (archipel de la), Nouvelle-Hollande, près de la *terre de Nuyts*, III, 464 a.

Récifs dangereux signalés par M. Morenhout, archipel Pomotou, II, 279 b.

Rees, capitaine anglais, relâche en 1783 sur la côte nord-ouest de la Papouasie; détails extraits de son journal, III, 316 b, 317 a.

Refuge (place de) à Tonga-Tabou, III, 122 b.

Remoras, poissons qui accompagnent les requins, I, 318 a.

Reptiles que l'on trouve à Tonga-Tabou, III, 122 b.

Requin (combat d'un homme et d'un), I, 114 a; ce poisson peuple l'océan Micronésien, 318 a; les requins sont abondants près de l'île Ducie, archipel Pomotou, II, 260 a; les insulaires de Tofoua croient qu'ils respectent ceux qui se baignent sur cette côte, III, 32 b; dans l'archipel de Tonga les insulaires font baigner les gens suspects dans un endroit fréquenté par les requins, 53 b; requins à ailerons noirs, Nouvelle-Irlande, 356 b.

Revenants et esprits; chez les insulaires de la mer du Sud la croyance aux revenants est universelle, III, 261 b; à Tikopia les indigènes, à l'approche d'une orage, accourent à un grand bâtiment qu'ils nomment la maison des esprits, etc., ibid.

Reyangs, peuple de l'intérieur de Soumadra, I, 129 b.

Rienzi (M. G. L. Domeny de), auteur de l'Océanie; île qui porte son nom, et qu'il a découverte avec deux autres qui l'avoisinent, I, 281 a; exposé sommaire de ses voyages et découvertes dans l'Océanie et dans les pays les plus importants des cinq parties du monde, I, 11 b note, 159 a; rectification de quelques erreurs, soit sur sa personne, soit sur ses travaux, insérées dans plusieurs écrits; noms de plusieurs voyageurs et savants auxquels il adresse ses remerciments, III, 577 a, 578.

Rio-Rio, fils et successeur de Tamea-Mea, aux îles Sandwich, archipel de Haouaï, II, 74; cérémonie de la réception qu'il fait au commandant et aux officiers de la corvette française l'Uranie; 74 b; dissensions au sujet de son autorité; il s'annonce par un trait d'énergie, 77 a; veut abolir entièrement le tabou, un grand prêtre à la tête de mécontents engage un combat opiniâtre dans lequel Rio-Rio est vainqueur, 77 a; il se rend à Londres avec son épouse, en 1824; ils y meurent tous deux peu de temps après leur arrivée, 77 b.

Robinson Crusoë. V. Juan-Fernandès, II, 287 a; (le nouveau), ancien grenadier au service de la Hollande, qui depuis 1803 a vécu au milieu des indigènes du port Philips, et qui se propose de publier ses découvertes et ses aventures, III, 462 b.

Roggewen, ancien navigateur, archipel qui porte son nom, II, 221 b; il découvre l'île Carlshoff et les îles Palliser, archipel Pomotou, 258 a, b, l'île *Paassen* (Pâques), 282 a; parcourt quelques parties de la Papouasie, III, 316 a.

Roissy, une des îles principales à l'est de la Papouasie, III, 339 a.

Romanzoff, île découverte en 1816, archipel Pomotou, II, 258 b.

Ronde (île), archipel Viti, III, 284 a.

Rono-Akoua, chef d'une des îles Sandwich, s'exile volontairement en faisant une prophétie mémorable; ces insulaires accueillent le capitaine Cook comme l'envoyé que Rono leur avait prédit, II, 60 a; un hymne chanté religieusement parmi ces peuples consacre la vie et les malheurs de Rono, 61 b.

Rotouma, île comprise dans l'archipel Mélano-Polynésien, III, 257 a, visitée par plusieurs navigateurs, 267 — 269; détails donnés par M. Lesson, naturaliste, sur la constitution physique des insulaires; parures, armes, gouvernement, guerres, mariages, prix attaché à la virginité, sépultures, victimes humaines, idées religieuses, divers usages, 267 — 273.

Rotti, une des Moluques, près de Timor, île remarquable par la beauté des hommes et des femmes, I, 209 b.

Rocky (île), V. Independance.

Roug (groupe de), V. Hogoleu, II, 115 a.

Rouroutou, île au sud de Taïti; découverte par Cook en 1769, II, 291 a.

Routoui, île connue de nom seulement, au sud de Taïti, II, 291 a.

Ruines du fort de Kaï-Roua, une des îles Sandwich, II, 25 b.

S

Saavedra (Alvar de), Espagnol, ses voyages, I, 7 a; passe en 1528 deux mois sur la grande terre des Papouas, il la nomme *Islas de Oro*, III, 315 a.

Sahrao, île entre Endé et Timor, I, 209 b.

Sacken, groupe d'îles découvert en 1819, archipel Pomotou, II, 258 a.

Sacrifices humains en général, I, 345 b; offerts pendant la guerre, 346 a; un temple y était réservé dans une des îles Sandwich, II, 32 a; paraissent avoir lieu fréquemment dans l'archipel *Nouka-Hiva*, 231 b; description d'un sacrifice à Taïti, 343 b, réflexions sur cet usage, 349 a; il existe probablement encore à Taïti dans quelques parties éloignées, 382 a; sacrifice d'un enfant dans l'île de Tonga, III, 49 a; même sacrifice dans certains cas, 51 b; des sacrifices humains devaient consacrer une solennité du Natchi, archipel Tonga, 87 b; un enfant est immolé pour la santé de Finau, roi de Tonga, 99 a; quatre enfants pour le grand prêtre, 104 b; le sacrifice d'un ou de plusieurs esclaves a lieu dans la Nouvelle-Zeeland à la mort d'un chef, 164 b — 175 a, 182 b; ces sacrifices n'ont point lieu dans l'archipel Viti, 287 a, b.

Sagittaria, premier nom de Taïti, III, 1 b.

Sagoutier, arbre le plus utile de la Malaisie, I, 105 a; préparation du sagou, ibid.

Saint-Augustin, petite île découverte en 1781, qui fait partie de l'archipel Mélano-Polynésien, III, 256 a.

Saint Esprit (île), une des Nouvelles-Hébrides, quelques détails, III, 414 b, 415 a.

Saint-Jean ou Bournaud, une des îles de l'Amirauté, vue par plusieurs navigateurs, III, 346 b.

Saint-Quentin, île découverte en 1772, archipel Pomotou, II, 257 a.

Salaouati, île des Papouas; excursions faites par les indigènes, III, 324 a; b.

Salomon (îles), découvertes en 1567, II, 242 b.

Salomon (îles): antérieurement *Nouvelle-Géorgie*, *Terres arsacides*, position, longtemps incertaine, aujourd'hui déterminée; dizaine d'îles grandes et peuplées et beaucoup d'autres de moindres dimensions, III, 365 a — 391; histoire naturelle, présente plusieurs singularités, 384 a; précis historique, mœurs et coutumes, 386 b; l'anglais Shortland donne à cet archipel le nom de *Nouvelle-Géorgie*; le voyage de d'Entrecasteaux a été particulièrement utile à la géographie de ces îles, 391 a.

Salses, jets d'eau chargés de boue, I, 43 b.

Samar, île importante parmi les Philippines, I, 297, b.

Samarang, une des trois grandes villes de l'île de Java; est désolée la première par le choléra-morbus, I, 155 b.

Samoa ou Hamoa (archipel), ou îles des Navigateurs et îles Niouha, III, 20 b et suiv.; sol et productions, indigènes, 22 a, b; histoire, 23 a.

Sandal (baie du bois de). Voy. Vanoua-Levou, III, 279 b, et Paou, 280 a.

Sandana, île au sud d'Endé, I, 205 b.

Sandi, petite île habitée de l'archipel Viti, III, 282 b.

San Diego, île dont l'existence est douteuse, archipel Pomotou, II, 258 a.

Sandwich (archipel mieux nommé Haouaï), géographie générale, II, 10 b; géologie, histoire naturelle, 11, b; végétation très-vigoureuse, 12 b; topographie, districts de Hama-Koua, Waï-Pio où est un lieu d'asile sacré, 13 a — 14 a; Hiro, torrents et étangs; grand volcan de Kiro-Ea, 15 a, b; deux autres remarquables, 18 a, b; villages et temples situés entre le cap Kapoho et le district de Kaou, 21 a; lieux et villages de ce district, 22 a; Kona, Kea-Nai remarquable par sa caverne, 22 b; Kai-Akea par sa grotte; lac d'eau salée, ruines considérables d'un fort, cascades, etc., éruption remarquable d'un volcan, 25 a, b; district de Kohala, temple de Tairi, 26 a, b; île Oahou, la seconde du groupe, 27 a; détails sur cette île et sur plusieurs autres lieux remarquables, 28 b; panorama magnifique, 32 b; théogonie, traditions religieuses, 34 a; gouvernement, 42 a; industrie, marine, navigation, 43 a, b; mœurs anciennes, caractère moderne, coutumes guerrières, 45 a; armée, 46 b, culte des morts, 48 a; repas, conversation, chants, 49 b; jeux gymnastiques, danses, 50 a; jeux militaires, 51 b; costumes et ornements, 53 a; tatouage, langue et littérature, 54 a, b; représentations théâtrales, 56 a; histoire de ces îles, 57 b, 70 a et suiv.; décision qui donne une idée de l'esprit de leur gouvernement, 78 b et suiv.

Sandwich, une des Nouvelles-Hébrides, III, 413 a.

San-Gabriel, San-Miguel, deux des îles de l'Amirauté, III, 349 a.

Sanglier, se voit dans les îles Andamènes, I, 113 b.

San-Juan-Baptista (île). Voy. Élisabeth, II, 260 a.

San-Miguel, île découverte en 1606, archipel Pomotou, II, 266 a.

San-Paolo, île portée par les cartes espagnoles dans l'archipel Dangereux ou Pomotou, n'a pas été retrouvée par les navigateurs modernes, II, 255 b.

Sanskrit, employé dans plusieurs inscriptions anciennes à Java, I, 165 a.

Santa-Anna (le), navire baleinier, fait diverses courses dans la Nouvelle-Zeeland, III, 210 a et suiv.

Sapang-bouroung, nids d'oiseaux dont les Chinois sont si friands, I, 249 a, b.

Sauvage (île), au sud de Tonga-Tabou, III, 34 a.

Sauvages comparés aux peuples civilisés, I, 24 b.

Savage, médecin, a publié un récit assez étendu de son séjour en 1805 dans la baie des Iles, Nouvelle-Zeeland, III, 209 b.

Saypan et Rotta, deux des îles Mariannes : la première remarquable par son pic et un volcan ; toutes deux très-fertiles, I, 388 a, b.

Scars, trois îlots entourés d'un récif dans l'archipel Viti, III, 282 b.

Schouten, navigateur hollandais, I, 7 b; découvre en 1616 quelques îles de l'archipel Dangereux, aujourd'hui Pomotou, II, 259 b; ensuite les îles de Horn, que l'on croit être les îles Allou-Fatou, III, 274 a; parcourt la même année plusieurs îles de la Papouasie, à l'une desquelles il donne son nom, 315 a, b ; découvre aussi Garret-Denis et Vischers, îles de l'Amirauté, 347 a, b; découvre la Nouvelle-Irlande, 348 b; item les îles Marqueen et les îles Vertes dans l'archipel Salomon, 384 a.

Sciences et arts (inventions des) empruntées aux animaux, I, 325 a.

Scilly, île du groupe de Taïti, II, 295 b.

Scott, île habitée de l'archipel Viti, III, 282 b.

Sculptures, chefs-d'œuvre d'élégance chez plusieurs peuples, I, 349 b.

Séka, boisson, sa préparation dans l'île Ualan (Carolines), II, 166 a.

Sel et soufre, objets d'un grand commerce à Java, I, 149 a.

Seniavine, groupe d'îles voisines des Carolines, mais non portées sur les cartes et dont la principale est Pouynipet ; ce nom leur est donné en mémoire de l'amiral russe qui portait ce nom, ainsi que le vaisseau qui y aborda, II, 135 a.

Sépulture, cérémonie et mutilation en signe de deuil à Tonga-Tabou, III, 122, a, b.

Serles, groupe d'îles découvert en 1767, archipel Pomotou, II, 255 b.

Serpent ailé, nom d'un petit serpent, d'une forme singulière, qui se voit à la Nouvelle-Galles, III, 455 b.

Serpents, sont nombreux dans la Nouvelle-Galles ; un seul, le serpent-diamant, est mangé par les naturels qui regardent tous les autres comme venimeux ; combat entre deux chiens et deux serpents, d'après lequel on peut penser que le serpent-diamant est venimeux aussi, III, 454 a — 455 a ; un colon de la Nouvelle-Galles indique, d'après sa propre expérience, un moyen de faire perdre aux serpents tout penchant à mordre, 455 a; traitement employé par les indigènes de la terre du Roi-George contre la morsure des serpents, 470 a.

Sesarga, île de l'archipel Salomon, III, 383 a.

Sever, capitaine du *lady Penrhyn,* aborde à Taïti en 1788, III, 5 a.

Shaw, marin du schooner l'*Antarctic,* échappe au massacre de plusieurs de ses camarades par des insulaires de l'archipel Salomon : il est pendant plusieurs jours leur prisonnier, récit de ses souffrances, III, 318 b — 380 b.

Shepherd, groupe de petites îles faisant partie des Nouvelles-Hébrides, III, 413 a.

Shirding, petite île de l'archipel Viti, III, 282 b.

Shortland, navigateur, découvre en 1788 les îles Allen et Middleton, les îles Hammond, l'île Georgia, March (archipel Salomon), III, 382 b, 383 a ; item une autre île Middleton à l'ouest de l'île de Norfolk, 433 a.

Shortland, île et plusieurs îlots de l'archipel Salomon, III, 382 b.

Siak (royaume de), ville située sur un fleuve de même nom, I, 127 a.

Sidney (îles de l'Amirauté), récif où le capitaine Forrest fit naufrage, III, 346 a.

Sidney, capitale de la Nouvelle-Galles, position géographique, aspect pittoresque ; donne une idée de Londres en miniature; importance et nature des établissements qui s'y trouvent réunis, III, 458 b — 459 b; société et institutions ; deux gazettes, un moniteur, l'*almanach colonial,* cabinets de lecture, bibliothèques circulantes, l'art de l'imprimerie cultivé avec succès, un club de courses de chevaux, etc., etc., tel est l'état de sa civilisation; orgueil d'une certaine classe; progrès remarquable du penchant à la friponnerie, 458 b — 460; bâtie comme par enchantement, 461 b.

Simao, île où réside le roi de Koupang, I, 209 b.

Simbou, île de l'archipel Salomon, III, 382 b.

Simson, île de l'archipel Salomon, III, 383 a.

Singes, plusieurs espèces remarquables à Bornéo, I, 245 a.

Singhapoura, colonie riche et puissante, liberté du commerce, I, 139 b; sa position, 140 a; peuples qui y sont réunis, commerce, 141 a, b; description du pays, 144 a.

Sirang, la seconde des Moluques, pour l'étendue, est célèbre par son pic, I, 206 b.

Solor, petite île voisine de celle d'Endé, et dont les habitants sont excellents marins, I, 205 b.

Soulong, archipel. V. Holò, I, 277 a.

Soumâdra (Sumatra), hydrographie, orographie, volcans, I, 120 a; mont Gounong-Bonko, 120 b; sol et climat, 123 a; minéralogie, 123 b; botanique très-riche, 123 b; zoologie, 126 b; possessions hollandaises, 127 b; peuples divers, leurs coutumes, 128 b, 132 a; pantouns ou combats du chant, 134 b; langues et dialectes, 136.

Soumbava, île désolée, en 1815, par l'éruption d'un volcan, I, 205 a.

Sounda (îles de), improprement de la Sonde, I, 120 a, b. V. Soumâdra, Java, etc., décrites séparément.

Sourabaya, deuxième ville de l'île de Java, remarquable par sa rade, son arsenal, ses jardins, etc., I, 155 a.

Sourakarta, une des résidences de Java, gouvernée par un prince javan, I, 156 a.

Spencer (golfe), Nouvelle-Hollande, remarquable surtout par le port Lincoln qui s'y trouve, III, 463 b.

Sporades océaniennes, Vaihou (Pâques) et Sala y Gomez, II, 281 a, 287 a.

Sruick, publie, en 1753, une description, mais peu satisfaisante, de la côte septentrionale de la Papouasie, III, 315 a.

Starbuck (le capitaine) découvre en 1823, dans l'archipel de Roggeween, une île à laquelle il donne son nom, II, 221 b.

Stewart, groupe de cinq petites îles, archipel Salomon, III, 383 b.

Sturt (le capitaine) dirige une reconnaissance sur une partie de l'Australie, voisine de Sidney, III, 531 a et suiv.; a écrit un voyage dans l'intérieur de l'Australie méridionale, 532 b.

Sucre. la canne de Taïti est la meilleure qui soit connue dans le monde entier, II, 307 a. V. Café, I, 96, 108 a, et canne à sucre, III, 427 a.

Superstition des Nouveaux-Zeelandais, et cérémonies avec lesquelles ils consultent un de leurs prêtres, la veille de quelque expédition guerrière, III, 248 b.

Surville, navigateur, reconnaît en 1769 la Nouvelle-Zeeland, III, 196 b et suiv.; la disparition de son canot échoué donne lieu à des représailles de sa part, qui eurent plus tard des suites funestes, 197 a et suiv.; il découvre en 1769 la terre des *Arsacides*, archipel Salomon, 381 a, ainsi que l'île de la Première-Vue, 382 b; ses relations avec les indigènes du Port-Praslin sont souvent hostiles, 387 b; sa mort, 390 b.

T

Tabe-Ouni, île habitée de l'archipel Viti, III, 283 a.

Tabou ou Tapou, superstition bizarre, I, 53 a; chez les Polynésiens, 344 b; tabou, aux îles Sandwich, II, 36 b; détails sur sa sévérité, 38 a; son abolition par Tamea-Mea, 39 a; existe dans la petite île d'Yap ou Gouap, 111 a; à Nouka-Hiva, 233 a; le tabou, dans l'archipel Tonga, maintient les priviléges respectifs des diverses classes, III, 43 a; levée du tabou, 46 a; il n'a point de suites si l'on a recours au moë-moë, autres détails, 53 b et suiv.; le séducteur d'une femme tabouée est puni de mort sur-le-champ, 87 b; dans la Nouvelle-Zeeland, le tabou porte les indigènes à s'opposer à l'introduction dans leur île des bêtes à cornes, parce qu'elles ne respecteraient pas les lieux consacrés, 167 a; avantages du tabou, 184 a; quelques marins européens le font prononcer sur leurs maîtresses, et s'assurent ainsi de leur fidélité pendant leur absence, 246 a.

Tabou-Emanou, île du groupe de Taïti, II, 294 a.

Tabonne-Siri, petite île inhabitée de l'archipel Viti, III, 282 a.

Tahaa, île du groupe de Taïti, II, 294 b.

90ᵉ *Livraison.* (OCÉANIE.) T. III.

Tahofa, le plus puissant des chefs de Tonga, ses talents, sa politique, III, 67 b et suiv.

Taïti (archipel Géorgien ou de la Société), détails donnés par Forster sur le climat, la population, la fertilité, I, 384 a et suiv.; société infâme des *Arreoys*, 394 a; description préliminaire et géographie, II, 291 b et suiv.; climat et population, 295 b; histoire naturelle, 298 b; topographie de l'archipel, sites, lacs, curiosités, 304 a; vallée de Matavaï, palais du roi, 315 a, b; tombeau d'un de ses rois, autre palais, belvédère, forum, pic de Mowa, ruine d'un moraï, lac Wahi-Ria, 306 a, b; sucrerie, église, académie, 307 a, b; portrait, caractère, etc.; mœurs et usages anciens, 308 a; vêtement de deuil et office du pleureur, 309 b; usage des ongles longs, salutations, fabrication des vêtements, 310 a, b; armes, signes de paix, recrutement, caractères et occupations, 311 a, b; maisons, repas, nourriture, boissons, 312 et suiv.; propreté, massage, caractère, penchant au vol, 314 et suiv.; des femmes en général; des filles; femmes mariées cédées aux voyageurs, 316 a — 320 a; arréoys, société infâme, 320 b; pudeur des femmes d'un certain rang; mariages, 321, a, b; espèce de circoncision; cérémonie relative aux mariages; connaissances naturelles, 322 a, b; maladies, 323 a; opérations chirurgicales; numération, 324 b; description d'une flotte, 325 b; manière de combattre; trophées, chants et danses, 327 a, b; jeux des femmes, danses théâtrales, heava, espèce de drame mimique, 328 et suiv.; du roi et de l'investiture royale, 330 a; distinctions sociales, gouvernement, 331 a; considérations sur l'état social, 334 a; mythologie, 335 a; moraï, convois et funérailles, 339 a; toupapaus ou corps embaumés, prophètes, 341 b; croyances religieuses, tatouage, sacerdoce, sacrifices humains, 342 et suiv.; Otorou est amené à Paris par Bougainville, 351 b; Toupaïa et Maï voyagent avec Cook, 352; combat naval simulé, 360 a; mœurs, coutumes et usages modernes, 368 b; coquetterie des Taïtiens, leur tenue à l'église, 369 b; leur méthode pour prédire le temps, culture des terres, écluses, routes, 371 a, b; pirogues, pêche et natation, 372 a; langue, poésie, 373 a, b; musique, 375 a; introduction du christianisme, 375 b; aventure épouvantable d'un voyageur anglais qui est fait prisonnier dans un combat entre des insulaires chrétiens et d'autres encore idolâtres, 382 b; contestation et jugement, 387 a; parallèle des mœurs anciennes et des modernes, 388 b; commerce, 392 a; déclaration de l'indépendance taïtienne; reine de Taïti; parlement national; harmonie sociale et abolition de la peine de mort, 393 et suiv.; précis historique de cet archipel, III, 1 a; le roi Pomare II établit la religion chrétienne après de pénibles efforts, 6 b et suiv.; cette île a donné dans ces derniers temps le spectacle d'une cour devenue licencieuse, d'après l'exemple de sa jeune reine, 16 a, b; l'opinion religieuse sur la manière dont l'*atoua* annonce sa présence est la même que celle établie à la Nouvelle-Zeeland, 162 b.

Tamarin, arbre originaire de la Malaisie, I, 108 b, 111 a; détails sur son utilité, 288 a, b.

Tamatam, Fanendik et Ollap, petit groupe d'îles qui paraît répondre aux îles des Martyrs des anciennes cartes, II, 108 a.

Tamea-Mea, vainqueur de Kau-Ike-Ouli, après une bataille sanglante, s'empare de la souveraineté de l'île de Haouaï, îles Sandwich, II, 24 b; fait une offrande à un volcan en éruption, 25 b; travaux de sa jeunesse, 26 b; Nouou-Anou, vallée où il remporta sa dernière victoire, 33 a; se fait admirer par son intrépidité dans des jeux militaires, 51 b; épouse la fille du roi qu'il a vaincu, 64 b; par suite des négociations avec Vancouver, celui-ci le nomme, lui et les siens, sujets du roi d'Angleterre, 69 b; suite de son histoire, 70 a; bâtit des forts et fait exercer ses troupes à l'européenne, 73 b; sa mort en 1819, ses dernières paroles, 74 a.

Tanewa, dieu de la mer, est redouté des habitants de la Nouvelle-Zeeland; demande quelquefois des sacrifices humains, III, 248 b.

Tanna, une des Nouvelles-Hébrides, quelques détails, III, 411 b; son volcan, quelques-unes de ses productions, 415 b; description d'une éruption, 419 b, 420 a.

Tasman (Abel), navigateur, I, 7 b; découvre en 1643 l'île Eoa, au sud de l'archipel Tonga, III, 25 a, et l'île Tonga-Tabou, qu'il nomme Amsterdam, 27 b, Namouka, qu'il nomme Rotterdam, Pylstart, 34 a; découvre la Nouvelle-Zeeland; récit du fâcheux accueil qu'il y reçoit, 191 b et suiv.; en 1643, les îles Vulcain, Jama et Moa, dans la Papouasie, 216 a; en 1642, la Tasmanie, 555 b.

CONTENUES DANS L'OCÉANIE. 627

Tasmanie ou île Van-Diemen, situation, étendue; climat, fertilité, rivières qui l'arrosent, lac présumé, principales îles, 544 b — 545; histoire naturelle: mines diverses; végétaux et animaux, à peu près les mêmes que dans l'Australie; plus riche en plantes alimentaires et en fruits importés, 545 a, b; topographie, Hobart-Town, capitale; population dont les *convicts* font la moitié; pêche des phoques et des baleines, 546 a, b; gouvernement, administration, portrait, caractère et mœurs; occupations pénibles réservées aux femmes; entrevues avec les naturels, 546 b — 555 a; haine et rivalité entre les colons australiens et tasmaniens, 555 a; esquisse historique, 555 a — 557 b; état actuel, fertilité, abondance, 557 a — 559 a.

Tatoua-Roa, île du groupe de Taïti, II, 294 a.

Tatouage, I, 65 a, 350 a; comment il se fait dans l'île Nouka-Hiva, II, 236 a; est peut-être un langage hiéroglyphique, 343 a; nommé moko à la Nouvelle-Zeeland, III, 147 a; détails sur les dessins qui le composent, 149 a; Araughi, artiste singulièrement habile dans ce genre, 242 a, b; tatouage remarquable dans l'île de Rotouma, 271 a; en relief dans l'archipel Viti, 285 b; pratiqué par les Papouas des deux sexes, 314 a; presque inconnu aux insulaires de la Nouvelle-Irlande, 359 a; pratiqué à Nitendi (Santa-Cruz), 407 b; par piqûres et par incisions à Tanna, 412 a.

Taumako, île découverte en 1606 par l'Espagnol Quiros, dont on cite la relation. Elle fait partie de l'archipel Mélano-Polynésien, III, 258 a et suiv.

Taweilhoura, insulaire de la Nouvelle-Zeeland, voyage avec Cook, II, 354 b.

Tawi-Tawi, groupe d'îles voisines de Holo, I, 283 a.

Taxe, imposée à Taïti pour les frais des missions secondaires en 1818, III, 18 b.

Tchittchagoff, île découverte en 1819, archipel Pomotou, II, 258 a.

Tehai, groupe d'îles découvert par Bougainville, archipel Pomotou, II, 256 a.

Température de la mer, I, 321 b; de la terre et du ciel, 358 a.

Ternate, remarquable par son pic volcanique, I, 214 a; abrégé de son histoire, 220 b.

Thaï-Ouan (île) ou Formose, considérée comme colonie malaie; situation; peuples divers qui l'habitent; mœurs, usages, armes, agilité extrême, tatouage, autorité remise aux vieillards, et langage chez les Malais qui s'y trouvent, III, 576 b — 577 b.

Thé, considérations sur la plante et la boisson, I, 240 b, — 244 a.

Thierry (le baron de), ses projets de canalisation; doit gouverner la Nouvelle-Zeeland avec le titre de *chef des chefs*, selon un journal de la Jamaïque, III, 133 a, b.

Thornton, île. V. Caroline, II, 222 a.

Three-brothers, trois îlots sur un même récif dans l'archipel Viti, III, 282 b.

Ti, *dracæna terminalis*, plante dont les Taïtiens tirent une liqueur spiritueuse; ses funestes effets, III, 8 b; aussi nommée *chi*, 31 a.

Tidor, résidence d'un soulthân vassal des Hollandais, I, 214 a.

Tigres, sont respectés par les Reyangs, un des peuples de Soumadra, I, 120 b, aussi par les Battas, 132 a; description du combat d'un tigre contre un buffle, combat qui sert de spectacle à Java, 152 a; comment se fait à Java la chasse aux tigres, 152 b; deux criminels y furent condamnés en 1812 à en combattre un, le premier succombe, le second est vainqueur, 153 a.

Tikopia, petite île de l'archipel Mélano-Polynésien; race, physionomie, caractère des indigènes; mœurs, coutumes, religion, gouvernement, industrie, etc., III, 260 — 264. Excursion de M. de Sainson, dessinateur; navigation, 266 a.

Timor, île assez bien peuplée d'oiseaux, I, 207 a; purification que sont obligés de subir Pérou et ses compagnons qui y avaient tué un crocodile, 208 a; conformité entre plusieurs usages des indigènes et ceux de diverses races polynésiennes, etc., 209 a; industrieux dans la construction des sampans et pirogues, 209 b; quelques peuplades sont anthropophages, ibid.

Tinakoro ou le Volcan. V. Toupoua, III, 408 a, b.

Tinian, une des îles Mariannes, I, 388 a; monuments singuliers, II, 1 a; aujourd'hui désolée, 2 a.

Tioukéa (l'île). V. Oura, II, 258 b.

Tombeaux, d'une forme remarquable dans la Papouasie, III, 323 b.

Tompson, Espagnol, découvre en 1773 les îles Ngarik (Carolines), II, 127 b.

Tonga, archipel composé de trois groupes principaux; le christianisme y a pénétré, III, 24 b et suiv.; géographie et topographie, 25 a et suiv.; histoire naturelle, 34 b; caractères et portraits, religion, 35

40.

a, b; origine du monde, 37 a; dieux devenus hommes, origine des tortues, croyances, invocations et inspirations, présages et charmes, 38 et suiv.; tabou, 42 a; hiérarchie sociale, le souverain pontife, ou touitonga, 43 b; le pontife inférieur, ou véachi, les prêtres; hiérarchie civile et militaire; le hou ou roi, eguis, mataboulès, mouas, touas, 45 a et suiv.; mort du souverain pontife, levée du tabou, 46 a; mariage de la fille du roi avec le grand prêtre, 48 a; lieux inviolables, sacrifice d'un enfant, cérémonies religieuses, 49 a et suiv.; touotouo, offrande au dieu du temps; naudgia, sacrifice d'un enfant, 51 a, b; toutou-nima, amputation d'une phalange, 52 a; landgi, enterrement du souverain pontife, 52 b; aliments, 54 a; gastronomie, kava, 55 a, b; mœurs et coutumes, justice et sentiments d'honneur, haine contre les médisants, condition et devoirs des femmes, divorce, 58 b et suiv; maladies et médecins; chirurgiens, 60 b et suiv.; grossesse, 62 a; tatouage, industrie, art du fonolé, c'est-à-dire, des ornements, 62 b; construction des maisons; barbiers; fabrication des cordes, du gnatou, des nattes, etc., 63 a et suiv.; danses; musique et instruments, poésie, contes et jeux, 64 b et suiv.; emploi du temps, 67 a, 83 a; extrait du journal de M. Sainson, artiste, sur le principal chef et sur divers détails de son séjour, 67 b et suiv.; progrès du christianisme en 1834, 75 b et suiv.; en 1835, et plus récemment, 78 et suiv.; histoire de cet archipel, 79 b; visité par plusieurs navigateurs, 89 b et suiv.; son histoire authentique s'arrête à 1810.

Tonga-Tabou, métropole de l'archipel Tonga, décrite par M. d'Urville; histoire naturelle, III, 27 b; grande fertilité, 31 b; divisions géographiques, 32 a; les insulaires massacrent, à l'exception d'un seul homme, tout l'équipage de l'Argo, vaisseau naufragé; une autre fois, par trahison, presque tout l'équipage du bâtiment le *Duke of Portland*, 90 b; puis les capitaines et une grande partie des équipages de deux autres bâtiments, 91 a et suiv.; situation critique de l'*Astrolabe* sur cette côte en 1827, 108 b; Tahofa, un des chefs, ourdit une trahison qui occasionne la désertion de deux marins et le meurtre d'un caporal de l'équipage, 109 b et suiv.; tableau des principaux chefs, 117; Waldegrave mouille sur ce groupe et y reçoit une fête, 117 et suiv.; sépulture, mutilation en signe de deuil, 122 a, b.

Torrès, navigateur, I, 7 b.

Torrès, détroit qui sépare l'Australie de la Papouasie; passage dangereux; insulaires cruels, III, 383 b; îles principales qui s'y trouvent, 384 a — 389.

Tortues, abondantes dans la Micronésie, I, 319 a, diverses espèces; manières de les prendre, 319 a — 321 a; se trouvent aux îles Mariannes, 389 a, en grande quantité aussi dans l'archipel Fidgi ou Viti, et principalement dans l'île Viti-Levou, la plus grande de cet archipel, III, 279 b, à Batoa, 281, dans l'île Howe, 433 a.

Tortue verte, se trouve sur plusieurs points de l'Australie, III, 454 a.

Touai, chef Zeelandais, avait vu Napoléon à Sainte-Hélène, III, 137 b; ce même Touai et Titari, autre naturel de la Nouvelle-Zeeland, passent dix mois à Londres en 1817; particularités sur le premier; deux de leurs lettres, 216 b et suiv.; Touai, devenu chef de Paroa, 219 a.

Toubai ou Motou-Iti, île du groupe de Taïti, II, 294 b.

Toubouai, île principale du groupe de ce nom au sud de Taïti; les révoltés du *Bounty* tâchent de s'y établir; des missionnaires protestants s'y rendent en 1821; le capitaine Paulding y aborde en 1826, II, 290 b.

Toumboua-Nakoro, portrait de ce chef, l'un des principaux de l'archipel Viti, et auquel on doit beaucoup de détails sur ces îles, III, 288 b, 289 a.

Toupe-Koupa, un des chefs de la Nouvelle-Zeeland, passe quelque temps en Angleterre; détails sur les dessins du tatouage, III, 149 a.

Toupoua, et Tinakoro ou le Volcan, îles du groupe de Nitendi, III, 408 a, b.

Towere, île de l'archipel Pomotou, découverte en 1772, II, 257 a.

Tremblements de terre, I, 41 b.

Trésorerie (îles de la), archipel Salomon, III, 382 b.

Tripang des Malais ou biche de mer, espèce de mollusque, donne un aliment recherché surtout par les Chinois, III, 366 b; (voir la note); était le principal objet du voyage du capitaine Morrell, américain, ibid.; la Nouvelle-Calédonie en figure la forme assez exactement sur la carte, 426 b; le tripang se recueille en immense quantité au port *Raffles* ou Cockburn, terre d'Arnheim, dans les parages des îles Western et sur quelques autres points de cette mer, 459 a, b.

Trois-Collines, île de l'archipel des Nouvelles-Hébrides, III, 413 a.
Trois-Sœurs (îles des), archipel Salomon, III, 383 a.
Trompeur (le havre), Nouvelle-Calédonie, III, 426 a.

Turnbull, subrécargue du *Margaret*, auteur d'une relation sur Taïti, III, 6 a.
Turnbull, île de l'archipel Pomotou, découverte en 1803, II, 256 b.
Typhon ou trombe de mer, I, 285 b.
Tzengaris, V. Biadjaks - Tzengaris, I, 201 a.

U

Ualan, île de l'archipel des Carolines, parallèle entre cette île et Péliou, II, 112 a; visitée en 1824 par Duperrey, et en 1828 par Lütke; détails assez étendus qu'ils donnent sur l'île, sur le caractère et les usages des insulaires, autres détails donnés par M. Lesson, par M. d'Urville, 145 a — 162; costumes, 162 a; architecture, 163 b; industrie, boisson, et aliments, 164 a; sont phthirophages, 167 b; anecdotes, chants, danses et jeux, 168 a; bonté et simplicité des insulaires, 169 b; différentes opinions sur quelques-uns de leurs usages, 170 a; avantages que cette île présente aux navigateurs, 172 a; religion, 185 a; dialecte, 187 b.

Urville (M. le capitaine Dumont d'), loue l'auteur de l'Océanie, I, 3 a, ses voyages, 8 b, a; a lu à la Société de géographie en 1832 un mémoire sur les îles du grand Océan, réimprimé dans son voyage de l'*Astrolabe*, dans lequel il a adopté une partie des classifications de M. de Rienzi, sauf une trop grande extension donnée à la Micronésie, extension combattue par l'auteur, I, 12 b, 13 a; a donné beaucoup de notions sur l'archipel des Carolines, II, 81 a; île de ce nom ou Louasape (Carolines), 127 b; M. d'Urville donne quelques détails sur l'île Drummond, 204 a; puis un tableau de la situation de Taïti en 1823, III, 14 a; en 1827 échappe à divers dangers, mais non sans perte, sur la côte de Tonga-Tabou (extrait de son voyage), 108 b et suivantes; a donné la meilleure reconnaissance de la Nouvelle-Zeeland, 224 b, îles reconnues par lui dans l'archipel Viti, 281 b — 284; en 1827 commandant l'*Astrolabe*, il relève très-exactement 350 lieues de côtes et plusieurs points ou îles de la Papouasie (Nouvelle-Guinée); détails sur ses relations avec les indigènes, 320 b; il visite l'île Véguiou, 325 a; île à laquelle on a donné son nom (près de la Papouasie), 339 a; il court un grand danger sur la côte occidentale de l'île de la Nouvelle-Bretagne qu'il range de très-près pendant treize jours; détails, 343 b — 345 a.

V

Vaihou (île de Pâques), découverte par Roggeween, est visitée par Cook, la Pérouse Kotzebüe, II, 281 b et suiv., par Beechey en 1826, 286 a.
Vampire (chauve-souris), I, 381 b, 389 a.
Vancouver, navigateur, I, 8 a; divertissements qui lui furent donnés en 1793 à son second voyage dans une des îles Sandwich, II, 51 a; un autre spectacle lui est donné à Taouaï par le régent Enemo; rixe fâcheuse à Oahou entre son équipage et les insulaires, 67 a; confiance établie entre lui et Tamea-Mea, 68 a; suite de ses courses et résultat de ses négociations, 68 a — 69 b, 70 a; il ramène à Taïti deux jeunes Taïtiennes qui en avaient été emmenées par trahison, 293 a; stationne vingt jours dans une baie de la Nouvelle-Zeeland, III, 209 a; visite le premier en 1792, le port du Roi-George, 464 a.
Van-Diemen (île), V. Tasmanie, III, 544 b.
Vanikoro (groupe de) ou de la Pérouse, archipel Viti; le capitaine Dillon y retrouve le premier des débris du naufrage de la Pérouse, 300 a; détails géographiques, histoire naturelle, caractère, mœurs et coutumes des indigènes, 391 a; langue, chants et danses, 395 b; histoire de la recherche des vaisseaux de la Pérouse, 396 a — 400 b, d'après deux rapports, cités dans ce même article, d'Urville entreprend de nouveau cette recherche en 1828, et recueille des témoignages qui lui semblent certains, 400 b — 407; cette recherche est continuée en 1828 par M. Legoarant de Tromelin, 407.
Vanille, naturalisée à Java, I, 112 a.
Vanoua-Levou, seconde île, pour la gran-

deur, de l'archipel Viti; est encore peu connue. Dans ces parages se trouve probablement la baie du *Bois de sandal*, dont le nom rappelle les chargements avantageux que l'on y a faits de ce bois, qui y est devenu aujourd'hui beaucoup plus rare, III, 279 b.

Varia, île habitée de l'archipel Viti, III, 283 b.

Varouni ou Bornéo, ville, I, 255 b; commerce et ports, 256 b; gouvernement et lois, 257 a.

Vatou (île), V. Passage, III, 283 b.

Vatou-Lélé, île habitée de l'archipel Viti, III, 284 a.

Vavao, île la plus grande de l'archipel Tonga, visitée en dernier lieu en 1830, III, 33 a; sur la côte ouest, Powel, capitaine du *Rambler*, et dix hommes de son équipage, sont tués par les insulaires, 73 b et suiv.; trois missionnaires y sont égorgés, 90 b.

Vavitou ou Raïvavaï, île découverte en 1775, au sud de Taïti; visitée de temps en temps par des navires de commerce, II, 291 a.

Véguiou, île considérable de la Papouasie, visitée depuis 1700 par plusieurs navigateurs, III, 325 a.

Vents et courants dans l'archipel Pomotou; observations de M. Morenhout, II, 279 a, b.

Verat (île). V. Motou-Riki, archipel Viti, III, 283 b.

Vertes (îles), voisines de l'archipel Salomon, III, 384 a.

Vignoble de M. Marini dans une des îles Sandwich, II, 28 a.

Viléar, île de l'archipel Viti; les indigènes ont plusieurs engagements contre les capitaines européens, III, 293 b et suiv.

Village tout anglais dans la Nouvelle-Zeeland, visité par M. Earle en 1827, III, 233 b.

Vipère sourde, reptile dangereux de la Nouvelle-Galles, III, 455 a.

Vischers (ou des Pêcheurs), une des îles de l'Amirauté, III, 347 b.

Viti (archipel de) ou Fidgi, à l'ouest de Tonga, composé de trois îles principales; son étendue, sa position, III, 279 a; cité aussi p. 34 a; les insulaires dévorent l'équipage de l'*Union* échoué sur leurs côtes, 91 a; nom de soixante-quatre îles autres que les trois principales, des récifs ou écueils, d'après les positions indiquées par d'Urville, 281 b — 284; détails curieux sur les mœurs et les usages des insulaires, 284 b — 290 a; précis historique de cet archipel, 290 a — 300.

Viti-Levou, la plus grande île de l'archipel Viti, est remarquable par la beauté de sa végétation, III, 279 a.

Vliegen, île découverte en 1616 dans l'archipel Dangereux, nommé aujourd'hui Pomotou; noms divers donnés à cette île, II, 259 b.

Vol, fréquent chez les Vitiens, y est puni seulement d'après l'ordre des chefs, III, 290 a; quelques vols sont suivis d'une furieuse attaque préméditée contre le capitaine Morrell, Américain, 366 a — 380.

Volcans, idées générales sur leur action et leur position; quels sont les plus grands du monde connu, I, 42 a — 43 a; sur leurs effets probables, 43 b, 368 b; volcan de l'île Barren, 116 a; cinq à Soumadra, 120 b; nombreux à Java, 146 a; éruption désastreuse, en 1815, du volcan de Tomboro, 205 a; celui de *Lovotivo* éclaire souvent le détroit d'Endé, 205 a; île volcanique, nommée Poulo-Kambing, entre Timor et Simao; 209 b; Damnar, île volcanique, 212 b; Gounong-Api, volcan terrible, dans le groupe de Banda, 213 a; pic volcanique à Ternate, 214 a; volcans à Célèbes, 222 b, 224 b; à Sanguir, près de l'île Célèbes, 222 a; plusieurs dans deux des îles Philippines, 285 a; un à Alvay, dans la presqu'île de Camarines, 296 a; à Taal, à Arringuay, 296 b, près de *los Bagnos*, 297 a; Gardner ou Pollard, petite île, rocher volcanique dans la Micronésie, 311 b; concourent quelquefois à la formation des îles, 368 b; un volcan en ignition se trouve à Saypan, une des Mariannes, 387 b; plusieurs brûlent dans les îles Sandwich ou Haouaï, II, 11 b; un très-remarquable à Kiro-Ea, l'une des îles Sandwich, 15 b; un éteint, et un brûlant dans ces îles, 18 a, b; Pélé, déesse des volcans, 17 a, 19 a; trois sont remarquables dans les îles Sandwich, 15 a, b, 18 a, b; éruption qui cesse à Haouaï deux jours après que le roi de l'île a fait une offrande au volcan, 25 b; les îles de l'archipel Nouka-Hiva sont généralement volcaniques, 227 b; volcans en activité à Kao et à Tofoua, groupe Hapaï, III, 32 b et 81 a; montagnes volcaniques dans la Nouvelle-Zeeland, 125 a; explosions fréquentes; origine probable de quelques opinions religieuses de ces insulaires, 162 b; volcans en activité: dans l'île Vulcain (Papouasie), 315 b, 316 a, dans plusieurs des îles Schouten; éruption décrite par madame

Morrell, 339 a, b; plusieurs volcans en ignition dans l'archipel de la Nouvelle-Bretagne, 341 b; Vanikoro, île volcanique, 392 a; volcan Mathew ou Mathieu, reconnu par d'Urville en 1828, près de la Nouvelle-Calédonie, 402 a et 426 b; volcan de Tanna, Nouvelles-Hébrides, description d'une de ses éruptions, 419 b, 420 a; un autre dans cet archipel, près du port Saint-Vincent, 426 b; volcan singulier dans la Nouvelle-Hollande, 434 a; sa description, 438 b.

Voyageurs ou matelots abandonnés dans des îles désertes, III, 567 b, 569 b.

W

Wahine, île du groupe de Taïti, II, 294 a; lieux remarquables, 307 a; Maï, indigène, voyage avec Cook, 252 b.

Waldegrave mouille dans l'archipel de Tonga en 1830, III, 117 a.

Wallis, navigateur, I, 8 a; visite Taïti, II, 292 b; donne son nom à un groupe d'îles de l'archipel Mélano-Polynésien, découvertes par lui en 1767, III, 273 b.

Wallis, île comprise dans l'archipel Mélano-Polynésien, III, 257 a.

Wangara, petite île inhabitée, archipel Viti; nommée Foocaffa sur la carte de Krusenstern, III, 282 a.

Wangui ou kabé, malédiction solennelle à Tonga, III, 41 b.

Washington (groupe de), petites îles découvertes par différents navigateurs au sud de l'archipel Sandwich, depuis 1777 jusqu'en 1822, II, 80 a.

Waterland, île découverte en 1616, archipel Pomotou, II, 259 b.

Watiou, archipel de Manaïa, découverte par Cook, III, 20 a.

Weasterhead, commandant la *Mathilda*, aborde à Taïti en 1792, III, 5 b.

Wellesley, sept îles situées presque au fond du golfe de Carpentarie, III, 482 a.

Western, port très-vaste dans la *terre de Grant*; l'eau douce paraît manquer sur cette côte, III, 462 a.

Whitsunday, île de l'archipel Pomotou, découverte en 1767, II, 253 a.

William Henry, chaîne de petites îles découverte en 1767, archipel Pomotou, II, 256 b.

Wilson (Henri), capitaine du paquebot l'*Antilope*, fait connaître, par suite de son naufrage, le groupe des îles Péliou, Carolines en 1793, II, 87 a.

Wilson, commandant le *Duff*, aborde en 1797 à Taïti, III, 5 b; découvre, en 1797, l'île Satarval et les îles Namourrek, même archipel, 126 b, Iselouk, 127 a; débarque, en 1797, deux missionnaires dans la baie de *la Madre de Dios*, 232 b; débarque, plus tard, à Taïti huit missionnaires, 6 a; aperçoit de loin, en 1797, Onghea-Levou', archipel Viti, 281 b; court le danger de périr sur un brisant, à l'est de Moze, archipel Viti, 282 a.

Wilson, île découverte en 1797 par ce dernier navigateur, II, 259 a.

Winchelsea (île). Voyez Bouka, III, 381 b.

Witt (*terre de*), comprend toutes les côtes nord-ouest de l'Australie; est bordée par un grand nombre de petites îles, dont les principales sont citées; quelques-unes en sont volcaniques; est terminée par le cap Van-Diemen, III, 478 b — 479 a.

Wittgenstein, île découverte en 1819, archipel Pomotou, II, 258 a.

Wolkonsky, île découverte en 1819, archipel Pomotou, II, 257 b.

X

Xanthorrea, arbre de la Nouvelle-Hollande, duquel on recueille une gomme tenace, III, 473 b.

Xoulla, groupe de trois îles à l'est de Célèbes; riches en sagou et en bois d'ébène; les Hollandais ont un fort à Xoulla-Mangalla qui en est la plus grande, I, 222 a; leur établissement dans ces îles, détruit en 1655 par les indigènes de Boni et les Mangkassars, y est rétabli en 1660, 233 a.

Y

Yap ou Gouap, île à l'ouest des Carolines, visitée par différents navigateurs; puis, en 1804, par le *Swallow*, et beaucoup plus récemment par l'auteur, D. de Rienzi et ensuite par le capitaine d'Urville, II, 111 a; religion de ces insulaires, 184 b.

York, archipel de Roggeween, île découverte en 1765 par Byron, II, 225 b.

York, presqu'île située dans la terre du Roi-George. D'Urville en fait la description, III, 473 b.

Z

Zeeland (île). Voy. Nouvelle-Zeeland.

Zoophytes, nombreux et remarquables dans l'île Lambom, Nouvelle-Irlande, III, 353 a, et ailleurs, même archipel, 357 b; curieux dans diverses parties de l'Australie, 454 a.

Zoophytologie ; considérations générales sur le résultat des travaux de quelques animaux qui semblent appartenir à la classe des zoophytes, I, 370 b.

FIN DE LA TABLE DES MATIÈRES.

ERRATA GÉNÉRAL

DE L'OCÉANIE ET INDICATIONS POUR QUELQUES PLANCHES.

PREMIER VOLUME.

N. B. L'auteur de l'Océanie invite ses lecteurs à rectifier les corrections indiquées dans l'errata, page 71 de ce volume, et l'errata qui est à la fin du même.

Pages.	colonnes.	lignes.
2	1	7 et 8. — un tableau idiomographique de 21 langues, *mettez* : des tableaux idiomographiques d'environ 50 langues.
2	1	17. — deux cents gravures, *lisez* : trois cent quatre.
5	2	7. — au titre, après connaissances, *lisez* : géographiques.
6	1	4. — après cette ligne, mettez le titre suivant : *État des connaissances géographiques des modernes*, et considérez comme non avenu l'erratum de la p. 71 du premier volume, pour ce qui concerne la p. 6, col. 1, ligne 9.
6	1	9. — après cette ligne, mettez pour titre : *État des connaissances géographiques au moyen âge.*
12	1	43. — au lieu de l'île Tikopia, *mettez* : l'archipel de Tonga.
13	1	54. — au lieu de par la taille, *mettez* : par le caractère.
13	2	50. — au lieu de 1827, *mettez* : 1826.
32	2	24. — ainsi que de ceux, *lisez* : ainsi que ceux.
40	2	28. — au lieu de 63 volcans, *lisez* : 163.
49	1	23. — au lieu de *pl.* 3, *mettez* : 4.
50	1	46. — au lieu de *pl.* 4, *mettez* : 5.
51		— dans l'air de Montezouma, au lieu du dièze, *mettez* : un bécarre.
61	1	11. — au lieu de Guaham dans la Micronésie, *mettez* : dans la Polynésie.
65	1	53. — au lieu de *pl.* 4, *mettez* : 10.
68	2	37. — au lieu de la plus étendue, *mettez* : une des plus étendues.
71		— considérez comme non avenus les 3ᵉ et 5ᵉ errata du tableau général.
81		2. — dans le chant de mort de Taïti, au lieu de la gamme descendante, *mettez* : ut, la, sol, mi, mi (en descendant).
85	2	13. — au lieu de Irlandais, *lisez* : Islandais.
148	2	25. — au lieu de fougères de 80 pieds de haut, *mettez* : 20 pieds.
213		33. — après le mot Aij, *ajoutez* : ou *Gounong-Api*.
246	1	35. — au lieu de *pl.* 20, *lisez* : 8.
250	1	2 et 3. — au lieu de pieds de chameau, *mettez* : pieds d'éléphant à Bornéo.
313	1	52. — au lieu de sera bientôt, *lisez* : est déjà.
322	1	— après la 52ᵉ ligne, *ajoutez* : en observant toutefois que, opposé en cela à Forster, Péron et M. de Chamisso, nous pensons que ces îles ont été soulevées du sein des flots, et que les édifices calcaires des polypes s'élèvent sur ces îles, car ils ne peuvent établir leurs demeures qu'à quelques brasses de profondeur.

Au tome premier, p. 371, il y a une répétition de la moitié de la page 41 du même tome.

ERRATA DE L'OCÉANIE.

TOME SECOND.

N. B. L'auteur invite ses lecteurs à ne pas oublier les corrections indiquées dans l'errata qui est à la fin du deuxième volume, et dont celui-ci est le supplément.

Pages.	colonnes.	lignes.
43	1	36. — à la fin de cette ligne, *ajoutez* : voy. la pl. 115.
66	1	7. — au lieu de *pl.* 4, *mettez* : *pl.* 118.
81	2	22. — de l'île des Martyrs, *lisez* : des îles des Martyrs.
81	2	35. — après géographes, *ajoutez* : et enfin de l'archipel de Gilbert.
83	2	44. — le Pilaos, *lisez* : le Palaos.
84	2	44. — au lieu de ce groupe, *lisez* : du groupe de Péliou.
108	1	31. — après cette ligne, *ajoutez* : l'île qui porte indistinctement sur les cartes les trois noms de Nevis, Johnston et North, et y occupe trois positions différentes, est une seule île nommée *Tobie*, dans le dialecte du pays. C'est à tort qu'on l'a crue inhabitée. Le tabou et le tatouage y sont en usage.
246	1	35. — au lieu de *pl.* 20, *lisez* : *pl.* 8.
271	1	18. — au lieu de Sainderland, *lisez* : Saunderland.
296	1	6. — au lieu de *pl.* 77, *lisez* : *pl.* 74.
305	2	45. — après lieu, *mettez* : (voy. *pl.* 154), qui fut cédé aux missionnaires anglais (voy. *pl.* 153).
318	1	— au titre, au lieu de chez les peuples, *mettez* : chez certains peuples.
319	2	4. — à la note, au lieu de des pays qu'il, *mettez* : des pays que Marco-Polo.
348	2	4. — après cimetière, *mettez* : (voy. *pl.* 19).
370	2	24. — au lieu de *pl.* 8, *lisez* : *pl.* 7.

Il y a au deuxième volume, p. 295, le chapitre *Climat et population de Taïti*, répété en partie d'un chapitre de la Polynésie, p. 384 du premier volume.

TOME TROISIÈME.

9	2	43. — effacez les mots : (voy. *pl.* 167).
32	2	1. — Hopaï, *lisez* : Hapaï.
38	1	16. — Haïtiens, *lisez* : Taïtiens.
108		— les paragraphes depuis la deuxième colonne jusqu'à la p. 116, sont empruntés au narrateur du Voyage pittoresque autour du monde.
114	1	38. — *pl.* 213, *mettez* : *pl.* 212.
127	1	12 et 20. — îles Shetland, *lisez* : îles de la Nouvelle-Shetland.
158		Le petit chapitre *Culture, industrie*, est extrait du Voyage de M. le capitaine Laplace.
191	2	5. — après *Oudi-Maraa*, mettez en note : Nous penchons à croire que cette contrée est l'île Balade ou Calédonie, située près du tropique du Capricorne.
219	1	21. — quatre-vingt-quatrième régiment, *lisez* : quatre-vingt-deuxième.
256	1	28. — après 74ᵉ degré, *ajoutez* : et 15 minutes.
256	1	29. — au lieu de 75, *lisez* : 76.
303	1	13. — *ôtez* : île des Papouas.
304	2	3. — à la fin de cette ligne, *mettez* : (voy. *pl.* 220 et 221).
313	1	10. — effacez les mots : (voy. *pl.* 230).
313	2	34. — après cette ligne, *ajoutez* : nous avons oublié de mentionner le village d'Embarbaken au nombre des villages de la Papouasie.
313	2	— après le titre Mœurs et coutumes, *mettez* : les Papouas dont

ERRATA DE L'OCÉANIE.

nous donnons les portraits et un crâne (voy. *pl.* 313), ont pour nourriture ordinaire le sagou. Le lecteur devra effacer les n°ˢ 220 et 221.

314	1	5. — *pl.* 231, *lisez : pl.* 232.
330	1	25. — après ile, *ajoutez :* renommée par les légères et élégantes pirogues (voy. *pl.* 232), et.
330	1	26. — au lieu de *pl.* 233, *mettez :* 234.
330	1	28. — après voy. *pl.*, *mettez :* 230, et.
330	1	41. — *effacez :* voy. *pl.* 232.
352	1	19. — et de l'île, *lisez :* et de celle de l'île de France.
487	1	21. — après incessamment, *ajoutez :* au-dessus des rochers soulevés. A la *pl.* 231, au lieu des îles des Papous, *lisez :* îles des Papouas. A la *pl.* 233, après de quatre indigènes, *mettez :* de l'île de Rawak.
487	1	42. — au lieu de qui forme la base première, *mettez :* qui se forme sur ces îles soulevées, et *ôtez :* ces immenses rochers.
559	2	34. — au lieu de *pl.* 232, *lisez : pl.* 281.

A la planche 157, au lieu d'Atahourou, *lisez :* d'Oro.
A la planche 213, *lisez :* Lagouemba au lieu de Laguembre.
A la planche 214, au lieu d'archipel de Tonga, *mettez :* de Samoa, île Maouna.
A la planche 278, au lieu du mot Australie, au titre, *mettez :* Tasmanie.
A la carte de la Mélanésie, placez la ligne qui doit la séparer de la Polynésie, de manière à ce que l'archipel Mélano-Polynésien soit compris dans la Polynésie; ce qui ne tardera pas d'avoir lieu, attendu l'influence des Polynésiens sur la couleur et les mœurs des variétés d'hommes qui l'habitent.

N. B. Dans le cours de l'ouvrage, on trouve quelquefois le pagne et quelquefois la pagne ; il faut lire partout *le pagne,* au masculin. On y trouve aussi le mot Andamen et Endamen ; il faut lire partout *Andamen.*

AVIS

POUR LE PLACEMENT DE TOUTES LES GRAVURES ET CARTES GÉOGRAPHIQUES DE L'OCÉANIE.

TOME PREMIER.

N. B. *Les lecteurs voudront bien considérer comme non-avenus les avis du premier et du second volume pour le placement des gravures. Ils ne doivent consulter que celui-ci, en ayant cependant le soin d'avoir recours aux errata de l'ouvrage, et particulièrement à l'errata général, pages 633 et suivantes, pour la correction de certains mots.*

Cartes et planches.	Pages.
Carte de l'Océanie, par l'auteur, en tête de l'ouvrage.	
Une carte de la Malaisie et des îles découvertes par l'auteur, id.	
Tableau général de l'Océanie.	
1 Portraits de Bougainville, de Cook, de la Pérouse et de Baudin	8
2 Fruit du vaquois, du papaya, du rima, de la flindersie et de la plante pour enivrer et prendre le poisson	45
3 Kangarous, babi-roussa, échidné épineux et ornithorhynque	4 et 227
4 Grand oiseau de paradis ou émeraude; kasoar et roussettes-vampires	48 et 49
5 Trigle-lire, marteau, coffret triangulaire et python colossal	50
6 Haliotide, turbo marbré, tridacne et aplysie d'Urville	51
7 Labophyllie, cuvieria ou échorée, universibranche et physsophora	50
8 Orang-houtan roux dînant avec l'auteur	28
9 Habitants de la Malaisie	9
10 Métive de Manila, Tagale, Nouveau-Zeelandais tatoué, et Carolin	18
11 Tonga, Papoua, Australien et habitant de Tanna	21 et 22
12 Idoles	52
13 Pirogues	84
14 Habitation malaise et hutte des sauvages de la terre d'Arnheim	id.
15 Armes et instruments	83
16 Masques et costumes théâtrals	id.
17 Temple taboué	52
18 Assemblée où l'on boit le kava	64
Tableau polyglotte comparatif de 21 langues de l'Océanie	72 et 73
19 Sacrifice humain, t. II	348
Douze morceaux de musique	78, 79 et 80
20 Trombe et typhon	39 et 285

MALAISIE.

21 Habitation malaise avec un maïba apprivoisé	90 et 126
22 Poivrier, mangoustan, vaquois, rafflesia	108, 106 et 124
23 Malais, Malaises et soldats soloriens	138

ÎLE DE JAVA.

24 Javanais de la classe commune, homme de cour, homme de guerre, ronguine ou danseuse	92, 150 et 153
25 Costume de fiancé et de fiancée javanais	150
26 Argus mâle	149
27 Rechas ou gardiens des temples	159
28 Temple de Jabang	150
29 Temple Boro-Bodo	159 et 160

Planches.	Pages.
30 Statue du temple de Loro-Djongrang, de la Trimourti indienne, et de la déesse Loro-Djongrang	158 et 159
31 Statue mutilée à Sing'a Sari. Statue du taureau Nandhi	161
32 Statue de Mahadeva. Statue de Bouddha, en argent	160 et 161
33 Palais de Kalassan	150
34 Zodiaque de Java	168
35 Déesse du culte brahmânique	161
36 Sculpture antique	159
37 Temple de Brambanan	158
38 Statue de Ganesa	162
39 Vue d'Anyer	150

ÎLE BALI.

40 Habitants de Bali. Portrait du brahmân Rammohun-Roy	198 et 204
41 Tombeau d'une jeune brahmâne dans l'Hindoustan	198

ÎLE TIMOR.

42 Rampock ou scène d'assassinat	208
43 Tombeaux	209
44 Costumes	210
45 Femmes jouant au tchouka	209
46 Jeune demoiselle jouant de la harpe	id.
47 Occupations domestiques (Delly, île Timor)	id.
48 Chantier de construction (Koupang, île Timor)	id.
49 Temple chinois	id.
50 Chapeau chinois, armes et ustensiles	id.
51 Femmes chinoises jouant aux échecs	id.
52 Portraits	id.
53 Intérieur chinois	206
54 Tombeaux	id.
55 Danse	207

ÎLE CÉLÈBES.

56 Chute de la rivière de Tondano	225
57 Route de Tondano	id.
58 Sources chaudes de Passo	id.
59 Costumes de guerriers	231

ÎLE BORNÉO.

60 Jonque chinoise	256
61 Combat d'anthropophages	260
62 Arbre oupas	225 et 260
63 Camphre et bambou	239
64 Squelette de Chimpanzé, squelette humain, tête d'orang roux	28
65 Scorpène	249
66 Actinies et ouaïd ou crocodile de Bornéo	248
67 Alfouras en grand costume. Instruments de musique	260 et 272
68 Rhinocéros unicorne, tigre	247 et 248

AVIS POUR LE PLACEMENT DES GRAVURES DE L'OCÉANIE.

Planches.	Pages.
ARCHIPEL DES PHILIPPINES.	
69 Rivière Passig	294
70 Vue de Manila	id.
71 Ruines dans un faubourg de Manila	id
72 Intérieur de l'île de Louçon	295
73 Habitation de l'île de Louçon	id.
74 Volcan de Taal	296
75 Trombe et typhon	286
76 Tagales de l'île de Louçon, et jeune montagnarde Aéta	301 et 304

Planches.	Pages.
77 Costumes	296
78 Chapelle rustique de Bacor	293
79 Combat de coqs	297
80 Forêt vierge de Mamdanao	300
MICRONÉSIE.	
81 Forêt vierge de Mounin-Sima	315
82 Habitation de deux matelots naufragés	314
83 Autre forêt vierge de Mounin-Sima	315
84 Femme de Loth	311

DEUXIÈME VOLUME.

POLYNÉSIE.

Cartes et planches.	Pages.
ILES MARIANNES.	
Carte géographique et ethnographique de Kalémantan ou Bornéo, d'après l'auteur, en tête du volume.	
Carte de la Micronésie et de la Polynésie, d'après les divisions et classifications de l'auteur.	
85 Ancien monument de l'île Tinian	1
86 Vue prise dans les bois, t. I.	389
87 Mœurs et costumes anciens des indigènes de l'île Gouahan	392
88 Habitation de l'île Gouahan	387
89 Distillerie	397
90 Travaux d'agriculture	id.
91 Indigènes atteints de la lèpre et de l'éléphantiasis	389
92 Danse de l'empereur Montezouma. Costumes	392
93 Hommes et femmes d'Oumata	387
94 Vue de la Casa Real d'Oumata	id.
GRAND ARCHIPEL DES CAROLINES.	
95 Forêt vierge des Carolines	145
96 Vue de l'île Péliou	89
97 Vue de Péliou	93
98 Habitations des Carolins	297
99 Navigation des Carolins	116
100 Portraits de quatre chefs	130
101 Danse des Carolins	169
102 Indigènes des deux sexes	130
103 Habitations d'Ualan	184 et 164
104 Vue de la rivière Lual	152
105 Vue de l'île Pouynipet	135
106 Crânes d'hommes et de femmes	180
107 Intérieur d'une maison de l'île Radak	197
108 Armes et ustensiles	191
109 Vue de l'île Radak	192
110 Ornements des habitants	id.
ARCHIPEL DE HAOUAI.	
111 Chute de Voouai-Rohoa	15
112 Volcan de Kiro-Ea	15
113 Le roi Koui-Keouli et la princesse Nahine	80
114 La reine Kahou-Manou	79
115 Habitations	43
116 Offrande faite à Cook	61
117 Officier du roi et femme d'un chef	75
118 Pirogues doubles dirigées par des hommes masqués	54
119 Danse des femmes	50
120 Danseur et danseuse	id.
121 Portraits de trois indigènes	57
122 Intérieur de la maison d'un chef	57

Planches.	Pages
123 Danse des hommes	51
124 Établissement des missionnaires	27
125 Morai du roi	49
126 Baptême du ministre du roi	76
127 Vue du port d'Hono-Rourou	27
128 Vallée Vaipiou	14
129 Ruines du fort de Kai-Roua	25
130 Danse des enfants	51
131 Lamentations à la mort de Kapoua-Laoui	48 et 49
ARCHIPEL DE NOUKA-HIVA.	
132 Guerriers tatoués	238
133 Portraits	228
134 Femmes de Nouka-Hiva	id.
135 Nouka-Hivien tatouant une femme	236
136 Baie de Tchitchagoff	227
137 Pirogues des îles Nouka-Hiva	241
138 Morai	239 et 247
139 Massue, collier, etc.	235
ARCHIPEL DE POMOTOU.	
140 Débarcadère de l'île Pitcairn	271
141 Intérieur de l'île Pitcairn	id.
142 Portrait d'Adams, fondateur de la colonie de Pitcairn	id.
143 Attaque des naturels	281
144 Radeau	id.
145 Chef et femme noble des îles Tchitchagoff	id.
146 Chef des îles Romanzoff, etc.	id.
147 Vue d'une île	id.
ARCHIPEL DE TAITI.	
148 Grande flotte de Taiti	326
149 Corps de Ti après sa mort	341
150 Un toupapau ou cadavre d'un chef, conservé	id.
151 Danse	327
152 Jeune fille portant des présents	id.
153 Cession de Matavai aux missionnaires anglicans	305
154 Vue de Matavai	305
155 Deux Taïtiennes se baignant	337
156 Village de Ratria	308
157 Autel d'Oro	7
158 Portrait de Pomare II	6
159 Tombeau de Pomare II	306
160 Indigènes cultivant la canne à sucre	307
161 Morai de Papara	306
162 Le Piha-Mallé	305
163 Ustensiles divers	371
164 Vue de Houahine	307
165 Alambic, tambour et trompette ou conque marine	371
166 Idoles et autels	319
167 Vue de Fari	307

AVIS POUR LE PLACEMENT DES GRAVURES DE L'OCÉANIE.

TROISIÈME VOLUME.

Cartes et planches.	Pages.
Carte de la Mélanésie, d'après les circonscriptions de l'auteur.	

SUITE DE LA POLYNÉSIE.
ILE DE MANAIA.

168 Portrait et ustensiles................	17
169 Portrait d'un naturel de l'île Vaihou ou de Pâques......................	287
170 Portrait d'une femme de Vaihou......	id.
171 Ruines d'un monument...............	284
172 Cases...............................	286

NOUVELLE-ZEELAND.

173 Habitation...........................	152
174 Etablissement des missionnaires......	252
175 Portraits des indigènes.............	224
176 Portraits...........................	id.
177 Pà fortifié.........................	125
178 Vue de l'intérieur d'un pà..........	196
179 Missionnaire anglican...............	251
180 Opération du tatouage...............	147
181 Les chefs Chongui et Touai..........	148
182 Armes, pagayes, etc.................	229
183 Naturels...........................	224
184 Naturels exécutant une danse à bord.	159
185 Indigènes tabouant des femmes.......	246
186 Funérailles d'un ariki..............	172
187 Salut des Nouveaux-Zeelandais.......	170
188 Flotte de guerre...................	246
189 Maison de Korokoro..................	151
190 Intérieur d'un pà...................	165

ARCHIPEL DE TONGA.

191 Portraits de trois chefs............	68
192 Intérieur d'une maison..............	71
193 Cimetière ou malaï..................	47
194 Bea, place fortifiée du chef Tahofa.	114
195 Arbre colossal......................	34
196 Consultation à l'esprit.............	42
197 Portraits des chefs Poulaho et Tahofa.	81
198 Incendie des cases du chef Tahofa...	115
199 Portraits de naturels de tonga-tabou.	35
200 Faïtoka ou sépulture du Toui-Tonga..	46
201 Fêtes et jeux.......................	82
202 Danse de nuit.......................	65
203 Jeunes filles jouant aux balles.....	66
204 Clôtures de maison..................	63
205 Pirogues des naturels naviguant au milieu des récifs...................	62
206 Roi, chef et guerriers en costume de guerre............................	47
207 Portrait de Maï.....................	35
208 Scène de pugilat entre deux femmes..	82
210 Four en terre, échauffé.............	55
211 Fortifications de la Mafanga........	115
212 Enlèvement d'un canot par les indigènes.	114
213 Combat d'un canot avec les naturels de Lagouemba........................	id.

ARCHIPEL DE SAMOA OU DES NAVIGATEURS.

214 Massacre du capitaine de Langle et du savant Lamanon à Maouna..........	23

GRAND ARCHIPEL MÉLANO-POLYNÉSIEN.
ILE ROTOUMA.

215 Naturels mélano-polynésiens.........	268
216 Indigènes appelant un navire étranger.	268
217 Transmission du pouvoir.............	271

Planches.	Pages.
ILE TIKOPIA.	
218 Naturels de Tikopia.................	260
219 Réceptions des officiers français par les chefs indigènes...................	265

MÉLANÉSIE.
PAPOUASIE OU NOUVELLE-GUINÉE.

220 Costumes de chefs papouas du havre Dori...............................	304
221 Indigènes...........................	id.
222 Ménure-lyre au milieu d'un paysage des environs de Dori...................	305
223 Vue du havre Dori...................	313
224 Vue du village de Dori..............	id.
225 Maison sacrée à Dori................	322
226 Vue du village de Kouao.............	313
227 Vue de Manavaï.....................	id.
228 Ile Masmapi........................	id.
229 Crânes d'un Papoua de la Nouvelle-Guinée et d'une Australienne de la terre d'Arnheim.....................	313 et 480

ILES DES PAPOUAS.
ILE RAWAK.

230 Portraits de trois naturels de Rawak.	330
231 Ile de Rawak, vue du village.......	325
232 Papoua soufflant une forge.........	314
233 Portraits de quatre indigènes......	330
234 Maisons bâties sur pilotis.........	330

ILE GUÉBÉ.

235 Guerrier de l'île Guébé............	326
236 Korokoro de l'île Guébé............	id.
237 Portraits de trois indigènes.......	id.

ILE VÉGIOU.

238 Papouas faisant du feu.............	329
239 Aiguade de l'Uranie................	326
240 Entrée d'une pagode................	329

ARCHIPEL DE LA NOUVELLE-BRETAGNE.
ILES DE L'AMIRAUTÉ.

241 Vue de la grande île de l'Amirauté.	345

NOUVELLE-IRLANDE.

242 Naturels............................	358
243 Cascade du port Praslin............	352
244 Aiguade au havre Carteret..........	349

ILE VANIKORO.

245 Indigènes...........................	393
246 Indigènes...........................	id.
247 Monument à la mémoire de la Pérouse.	403
248 Homme et femme râpant le taro.	391 et 392

ILES VITI.

(209) Tamboua-Nakoro, un des chefs vitiens, conversant et gesticulant à bord....	289
249 Indigènes...........................	285
250 Combat de Dillon contre les Vitiens.	297

NOUVELLES-HÉBRIDES.

251 Habitants de Mallicolo.............	414
252 Vue de l'île Tanna.................	411

NOUVELLE-CALÉDONIE.

253 Indigènes dont un lance la sagaie..	427

AUSTRALIE OU NOUVELLE-HOLLANDE.

254 Émus ou casoars sans casque.......	452
255 Baie Jarvis: Naturels mangeant du poisson vivant.....................	504

AVIS POUR LE PLACEMENT DES GRAVURES DE L'OCÉANIE.

Planches.	Pages.
256 Naturels du port du Roi-George ayant reçu des cadeaux.............	469
257 Phare du Port-Jackson.............	458
258 Entrevue avec les sauvages.........	476
259 Vue de la rivière des Français	464
260 Famille de sauvages..............	512
261 Portraits trop embellis de trois indigènes..................	501

NOUVELLE-GALLES DU SUD.

| 262 Vue de Sidney................. | 459 |

SUITE DE L'AUSTRALIE.

263 Cérémonie d'un mariage............	511
264 Enterrement....................	481
265 Tombeau d'un indigène............	481
266 Opossum, oumbat et nautile du golfe de Carpentarie................	471
267 Vue du port Macquarie............	435
268 Danse des naturels...............	469
269 Chasse aux phoques..............	499

Planches.	Pages.
270 Vue du bassin de Norton sur la rivière Nepean..................	435
271 Cérémonie du Gna-Loung...........	504
272 Vue du torrent de Glen-brook-creek...	435
273 Camp de l'Uranie dans la baie des Chiens.	476
274 Baie ou port du Roi-George.	474
275 Nid gigantesque.................	476
276 Chasse aux kangarous.............	450
277 Éléphants marins................	499
279 Vue de la côte de l'Australie (ligne 39).	433

TASMANIE OU ÎLE DE VAN-DIEMEN.

278 Dasyures	543
280 Indigènes des deux sexes...........	545
281 Vue des défrichements.............	557
282 Groupe de convicts dans un défrichement....	557
283 Vue d'Hobart-Town	544

TERRE DE KERGUELEN.

| 284 Oiseaux manchots................ | 562 |

GRAVURES SUPPLÉMENTAIRES.

TOME I.

ÎLE CÉLÈBES.

Planches à ajouter.	Pages.
285 Réception d'Européens à Tondano (après la ligne 26).............	229

ÎLE D'AMBOINE.

| 286 Vue prise dans les ravins de Batan-Gantou (après la ligne 48)............ | 205 |

ÎLE BOUROU.

| 287 Fête religieuse à Caïeli (à la ligne 19).. | 207 |

ÎLE KALÉMANTAN OU BORNÉO.

| 288 Le roussa ou cerf malai (à la ligne 45).. | 248 |

ARCHIPEL DES PHILIPPINES.

289 Vue prise sur le cours de la rivière San Matheo à la hauteur de la fameuse Cueva (grotte) (à la ligne 4).	297
290 Chasse aux cerfs dans les montagnes de Marivelles (à la ligne 9)...........	289
291 Départ de chasseurs tagales (à la ligne 9)....................	id.
292 Vue de la petite ville de Balanga du côté de la mer (après la ligne 16)...	293

TOME II.

GRAND ARCHIPEL DES CAROLINES.

Planches à ajouter.	Pages.
293 Naturels des îles Iros, Penelap et Auara (après la ligne 17)...	221
294 Métier à tisser de l'île Gouap (ligne 51).	164
295 Maisons des habitants d'Ualan (ligne 14)	164
296 Armes et ustensiles de l'île Gouap (après la ligne 46)...............	211

TOME III.

NOUVELLE-ZEELAND.

Planches à ajouter.	Pages.
297 Plante de *phormium tenax* ou lin magnifique.....................	153
298 Jeune fille à qui un jeune homme jette la tête de son père..............	300

NOUKA-HIVA.

| 299 Vue de Madisonville, village et fort, aujourd'hui ruinés. .... | 248 |

ARCHIPEL DE TONGA.

| 300 Vue de l'île Namouka ou Rotterdam. (Il existe aussi une île Namouka dans l'archipel de Viti) .... | 32 |

TIKOPIA.

| 301 Habitants de Tikopia............... | 260 |

ARCHIPEL MÉLANO-POLYNÉSIEN.

GROUPE DE VITI OU FIDGI.

| 302 Vue de l'île Kandabon............. | 280 |

ÎLE SALOMON.

| 303 Fossiles..................... | 384 |

PAPOUASIE OU NOUVELLE-GUINÉE.

| 304 Crânes humains surmontant des idoles. Ustensiles.. .... | 314 |

ARCHIPEL DE TAITI.

Ustensiles divers.

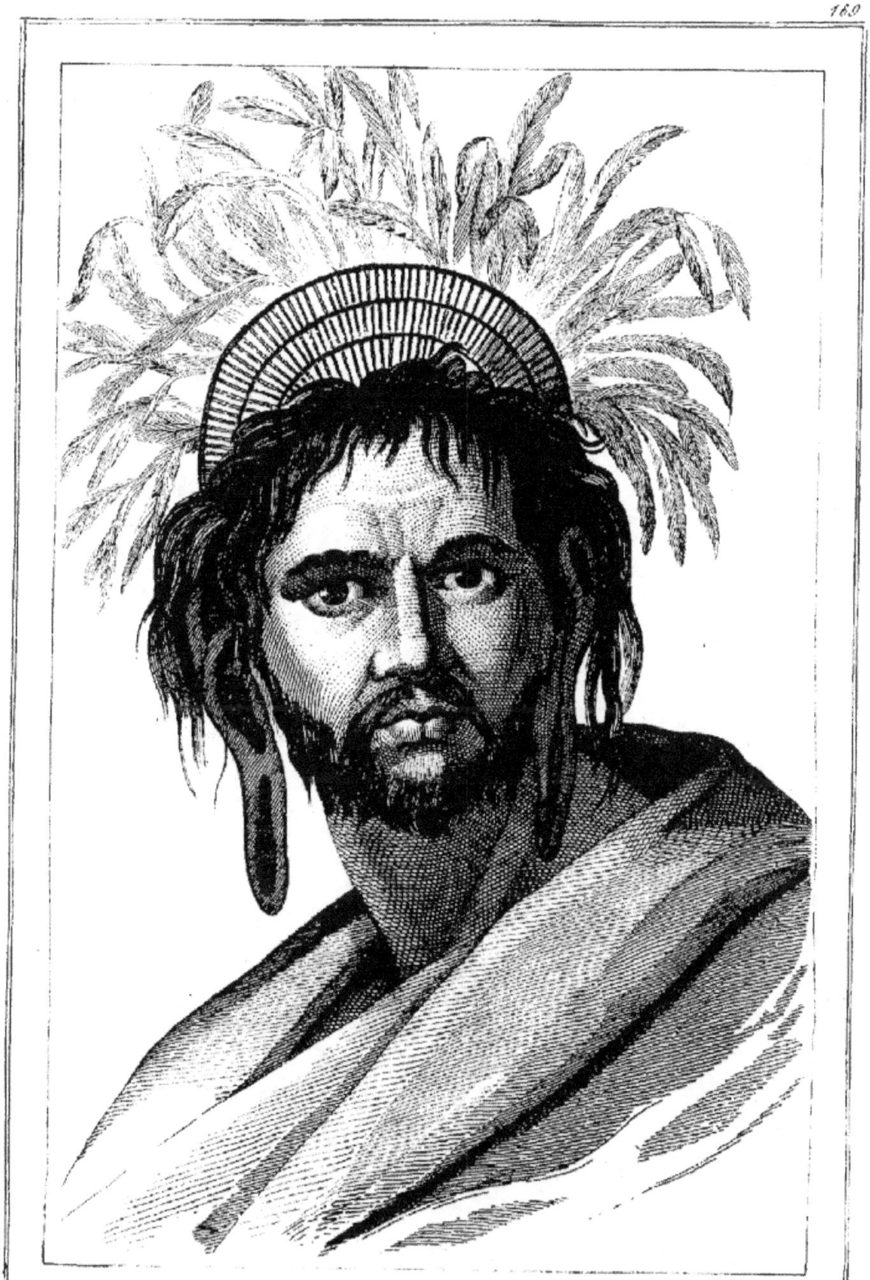

Mme Dauvin del. Caserant Sc.

Portrait d'Homme.

ILE VAIHOU.

ILE VAÏHOU.

Ruines d'un Monument.

ÎLE DE VAÏOU.

Case ordinaire et Case souterraine.

NOUVELLE-ZÉLANDE.
Habitation.

NOUVELLE-ZEELAND.

Etablissement des Missionnaires.

NOUVELLE-ZÉLAND.

Portraits des Indigènes.

NOUVELLE-ZEELAND.

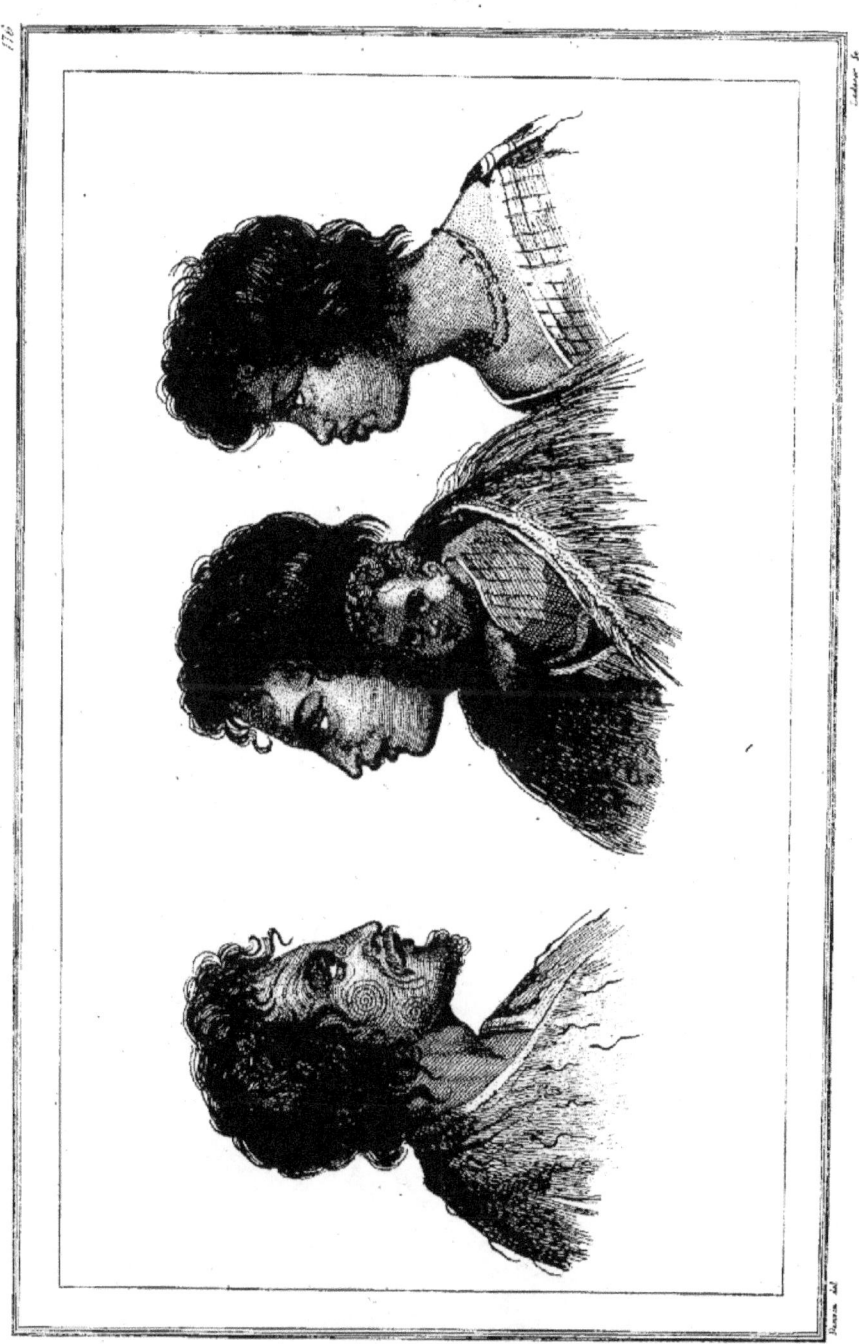

Portraits des Indigènes.

NOUVELLE - ZEELAND

Pah fortifié sur l'avrecte de Tegadou.

NOUVELLE-ZÉELAND.

Vue de l'intérieur d'un Pah.

NOUVELLE-ZÉELAND.

Missionnaire Anglican avec sa suite.

Les Chefs Tchingué et Douaé, l'un en costume National.

NOUVELLE-ZÉELAND.

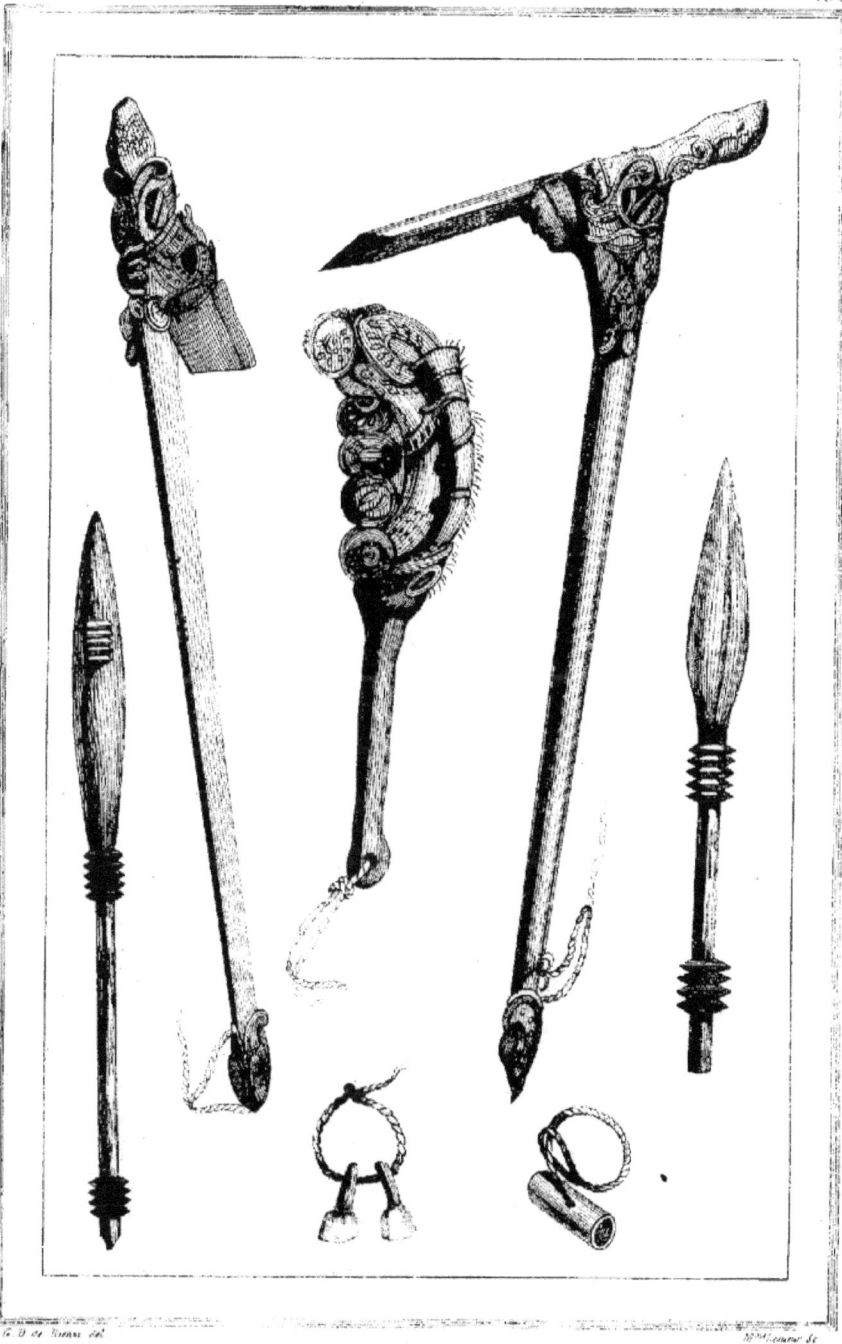

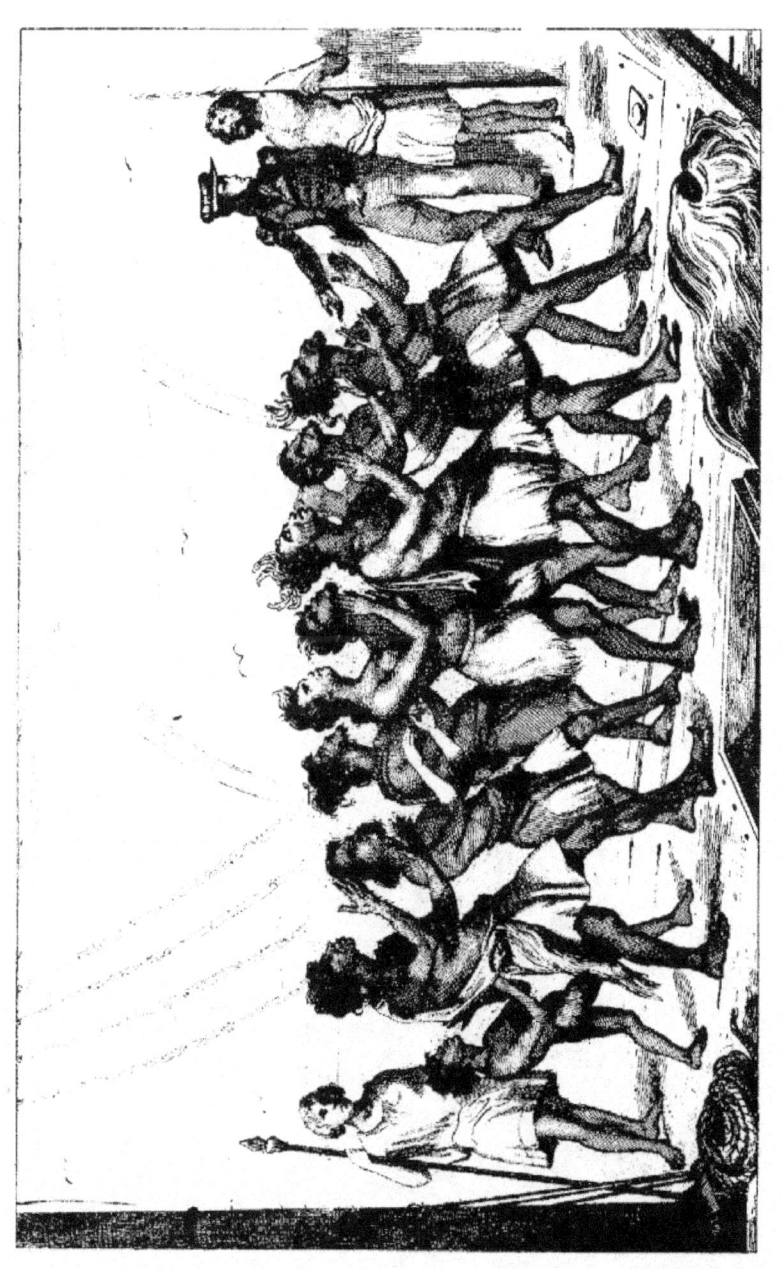

NOUVELLE-ZÉELANDE.

NOUVELLE-ZÉELAND.

POLYNÉSIE.

Salut des Nouveaux-Zeelandais.

NOUVELLE-ZÉELAND.

Flotte de Guerre.

NOUVELLE-ZÉLAND.

Ancienne maison de Réception.

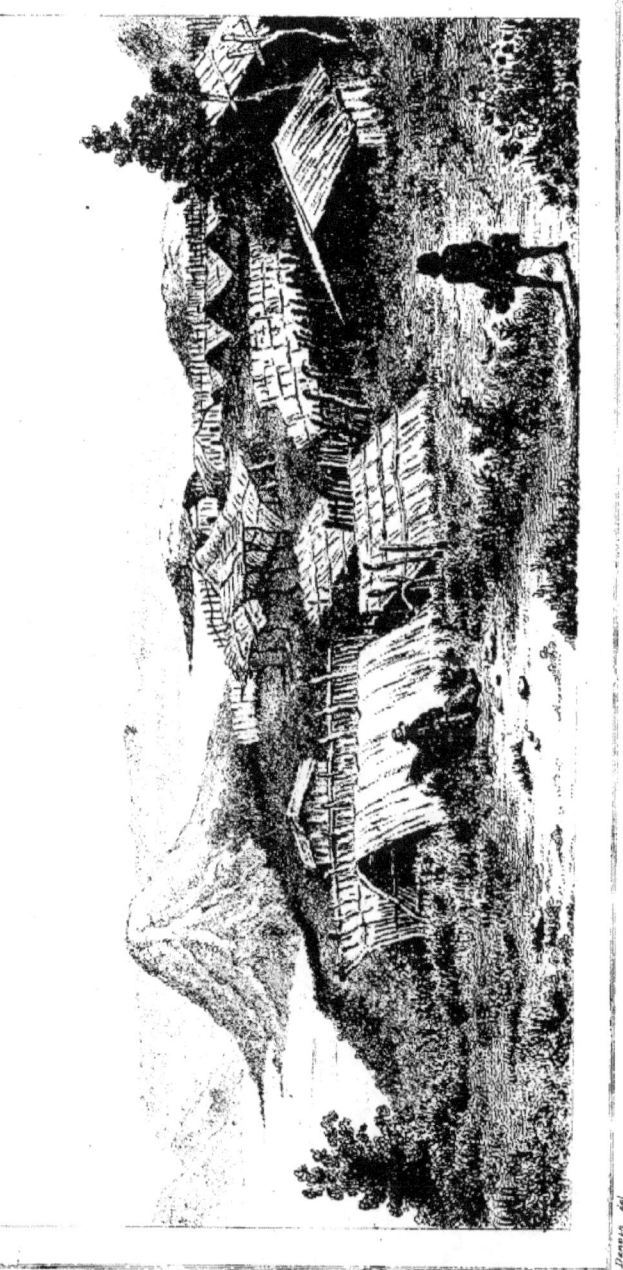

NOUVELLE-ZÉLANDE.

Vue intérieure du Pah de Kaouera.

ILES TONGA.

Intérieur d'une maison.

ILES TONGA.

Cimetière.

Consultation à l'Esprit pour un enfant malade.

ARCHIPEL DE TONGA.

Portrait de Takofa et de Palou.

ARCHIPEL DE TONGA.

Les Français rencontrent les Curés du chef Tahofa.

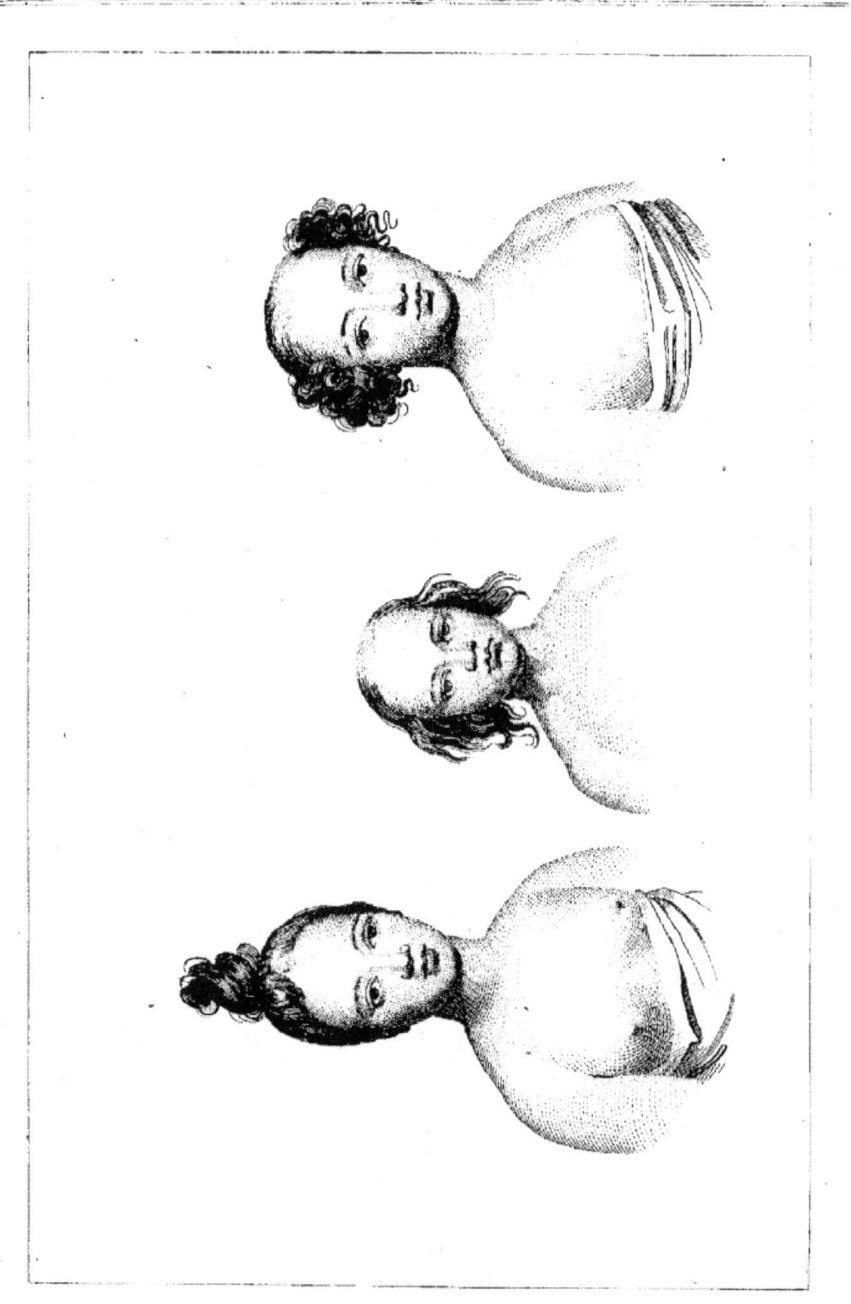

ARCHIPEL DE TONGA.

Portraits de trois jeunes Indigènes.

ARCHIPEL DE TONGA.

Fiatooka ou Tombeau du Toui-tonga.

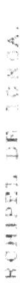

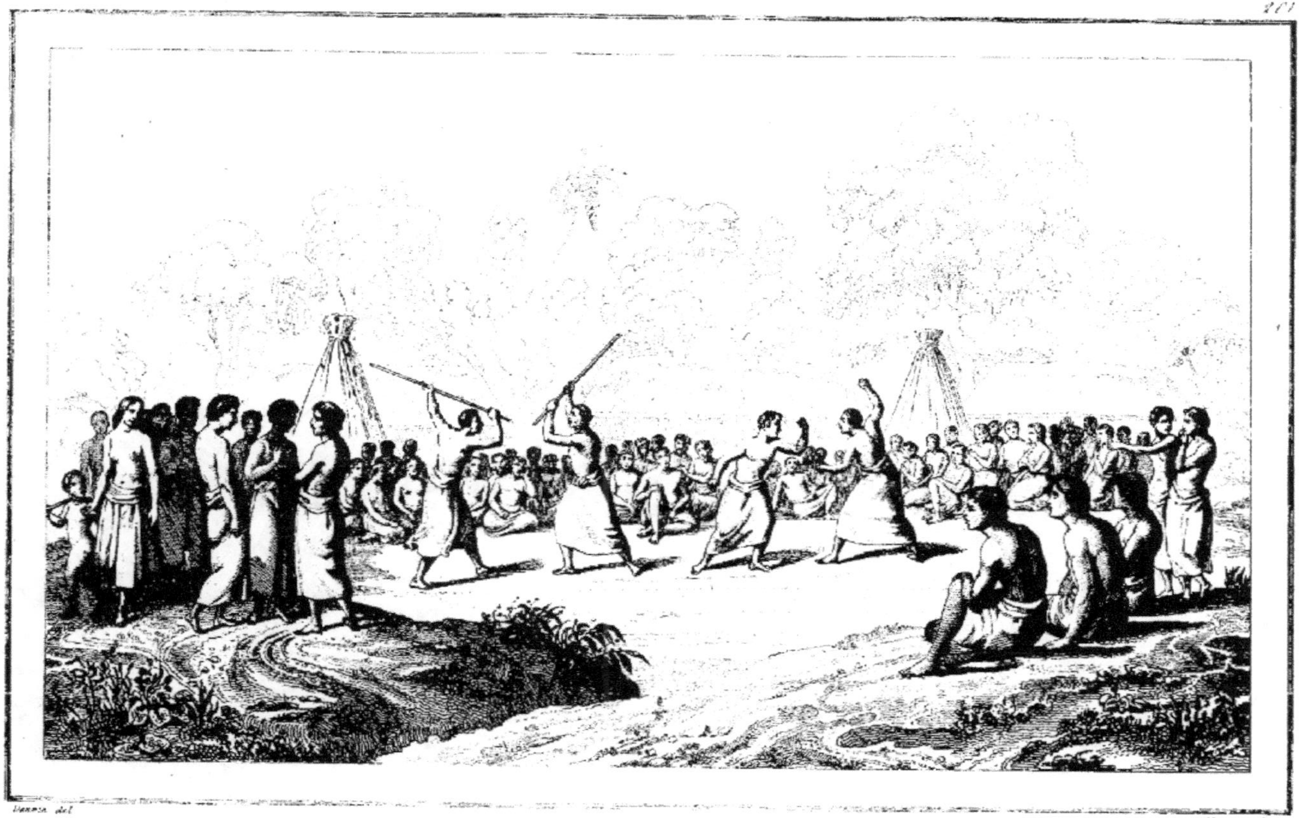

Danvin del. Montaut Sc.

Fêtes et Jeux.

Lemaître dir.

ARCHIPEL DE TONGA.

Danse de nuit.

Jeux de jeunes filles.

ARCHIPEL DE TONGA.

Pirogues des naturels naviguant au-milieu des récifs.

Chef et Guerriers en Costume de Guerre.

Portrait d'Omaï.

ARCHIPEL DE TONGA.

Tamboua-nakoro, un des chefs Indigènes rencontré à bord.

ARCHIPEL DE TONGA.

Four en terre échauffée.

Fortifications de la Mafanga.

Enlèvement d'un Canot par les Indigènes.

ARCHIPEL DE TONGA.

Combat d'un Vavaïen avec les naturels de Pogonoïdo.

ARCHIPEL DE TONGA.

Massacre de l'équipage du Tonga et du Jackall Tasmanien

ILE ROTOUMA.

Indigènes offrant un pouvoir étranger.

ARCHIPEL
MELANO - POLYNESIEN.

Naturels de Tikopia.

ILE TIKOPIA

Réception des officiers français par les chefs indigènes.

PAPOUASIE.

Costumes de chefs Papouas du Havre Dory.

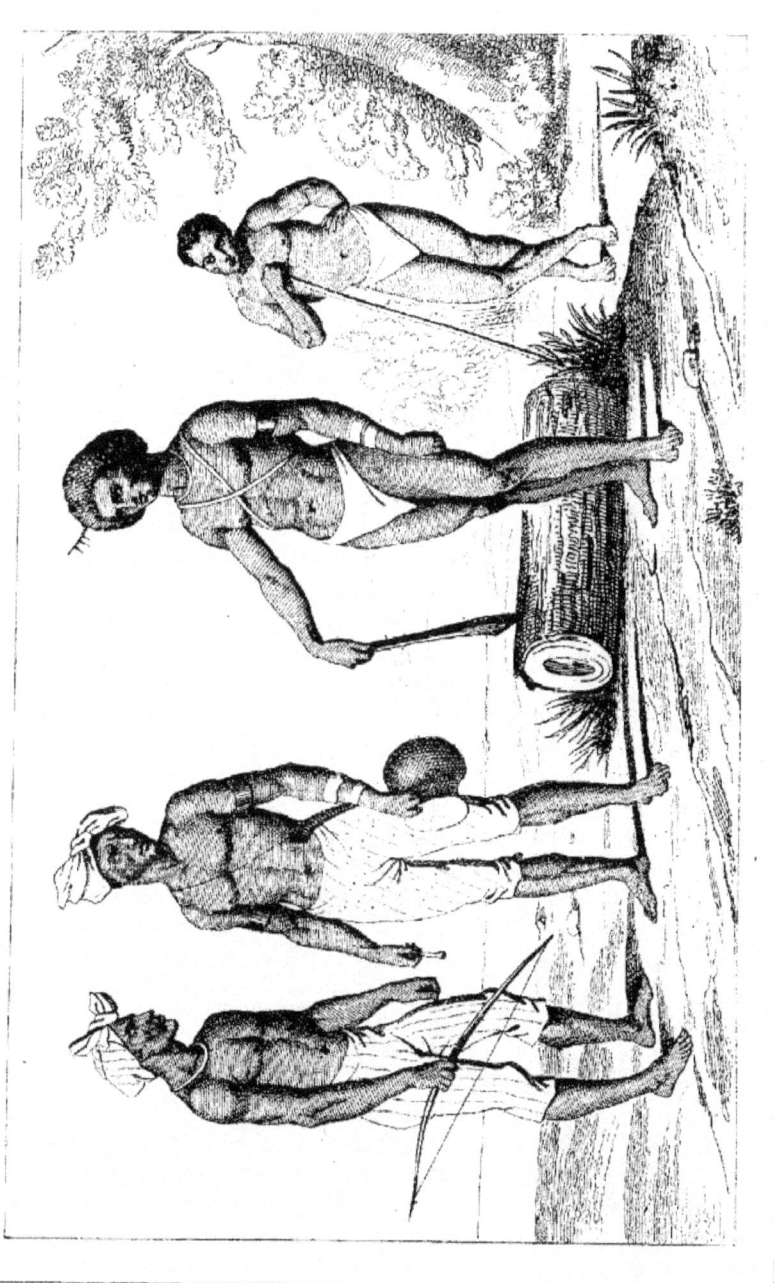

Menure Lyre.

PAPOUASIE.

Vue du village de Doré.

PAPOUASIE

Maison sacrée à Dore.

PAPOUASIE.

Vue du Village de Sourou.

PAPOUASIE

Ile Mawapi.

MÉLANÉSIE.

Crâne d'un Papoua de la Nouvelle-Guinée et d'un Australien de la terre d'Endracht.

ILE RAWAK.

Portraits de trois naturels

ÎLES DES PAPOUS.

ILE RAWAK

Papous soufflant un feu.

MÉLANÉSIE.

Portraits de quatre Indigènes.

MÉLANÉSIE, ILE RAWAK.

Maisons bâties sur pilotis.

Guerrier de l'île Gaeté.

MÉLANÉSIE

Pirogue de la Nouvelle-Guinée.

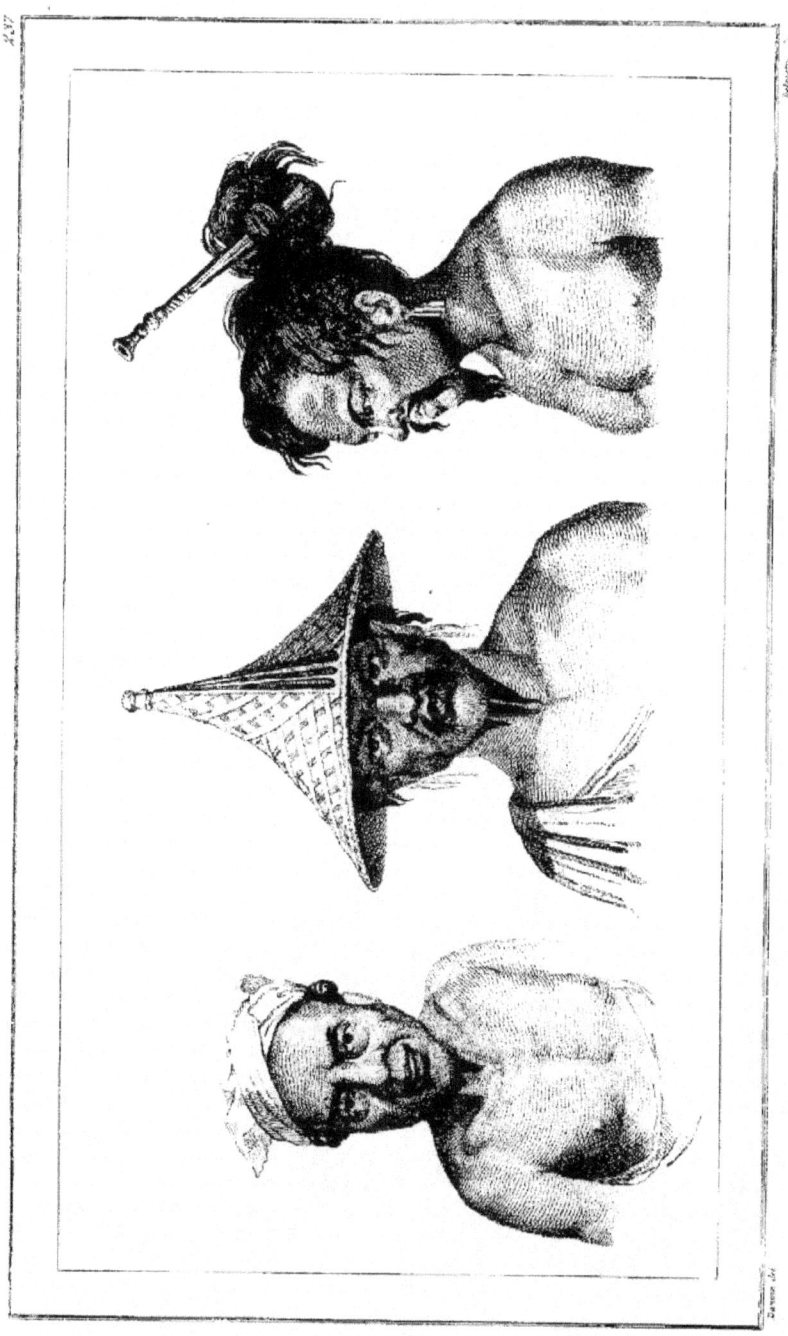

Portraits des trois Indigènes.

ILE VÉGUIOU.

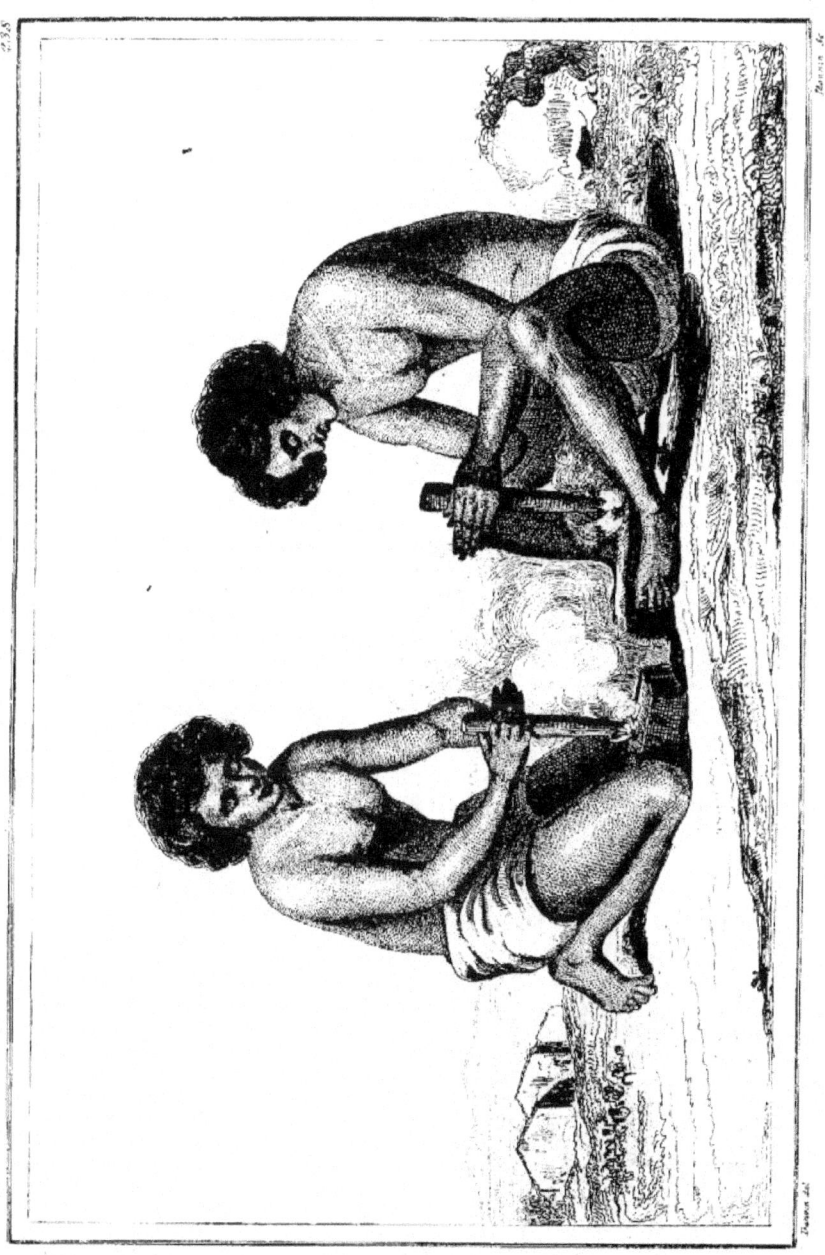

Papouas faisant du feu.

ÎLE VÉGUICU.

ILE VÉGUIOU

Entrée d'une Pagode.

ILE DE L'AMIRAUTÉ.

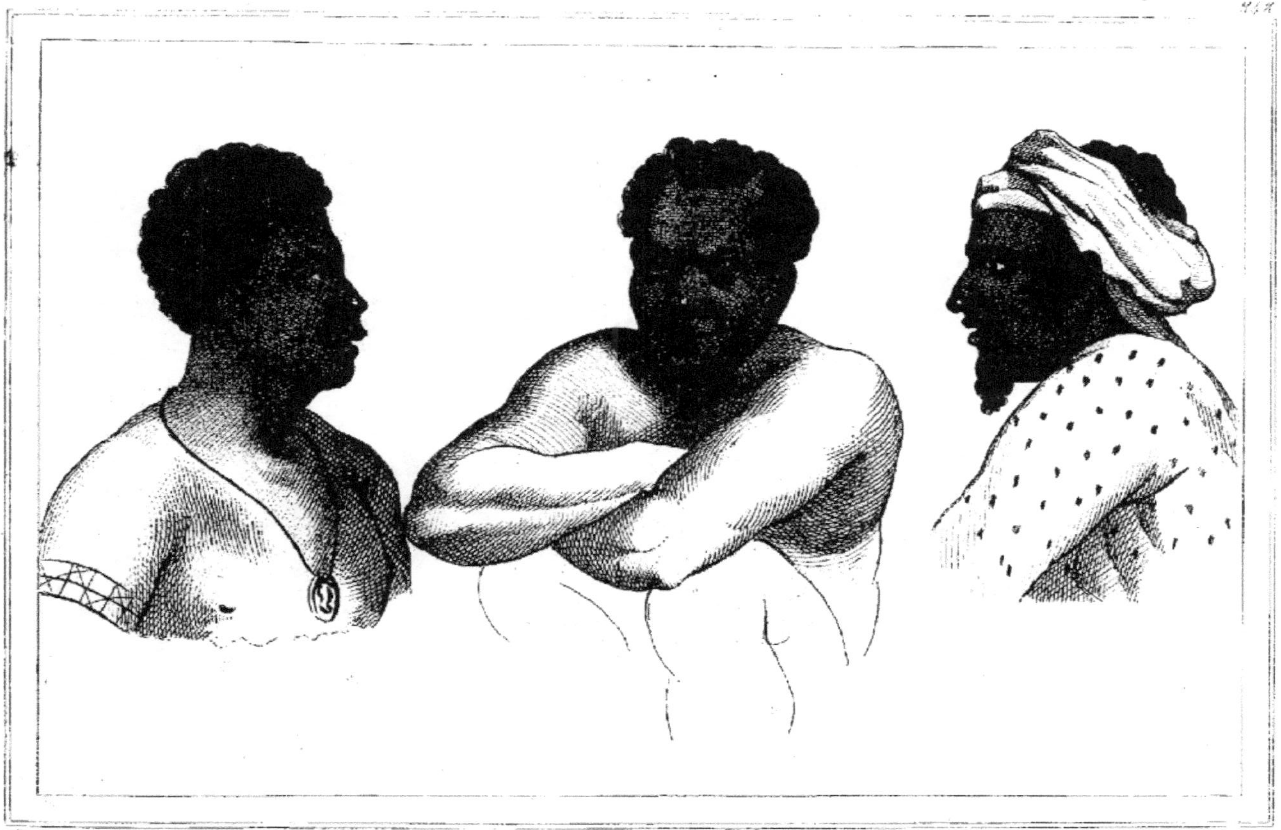

Danvin del. Massard Sc.

Naturels.

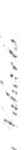

NOUVELLE IRLANDE.

Cascade du port Praslin.

NOUVELLE IRLANDE.

Aiguade au Havre Carteret

ILE VANIKORO.

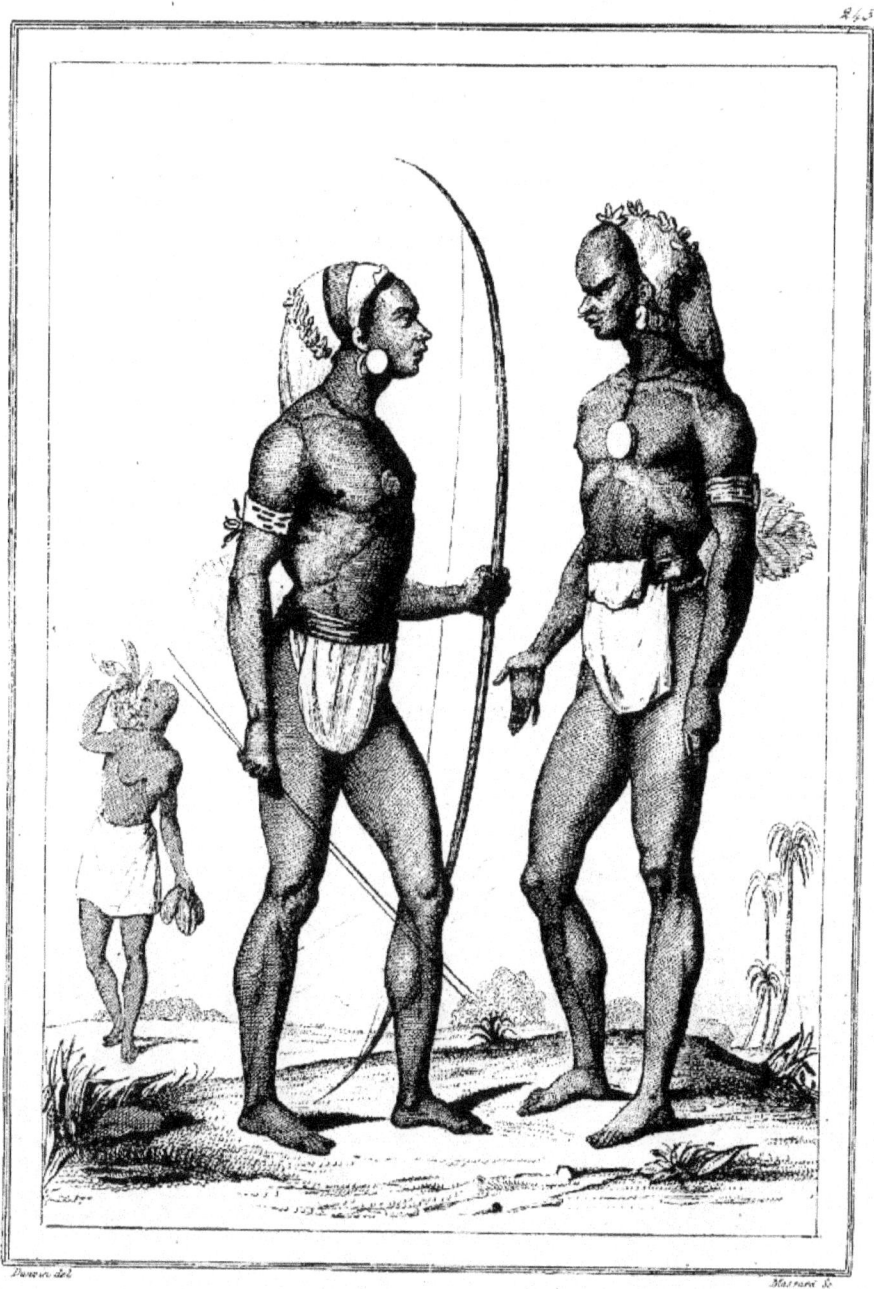

Indigènes.

ILE VANIKORO.
Monument à la mémoire de Lapérouse.

ILE VANIKORO.

Homme et femme râpant le Taro.

NOUVELLES HÉBRIDES.

Habitants de Mallicolo

AUSTRALIE.

Naturels du Port du Roi Georges ayant reçu des Vêtemens.

AUSTRALIE.

Phare du Port Jackson.

AUSTRALIE.

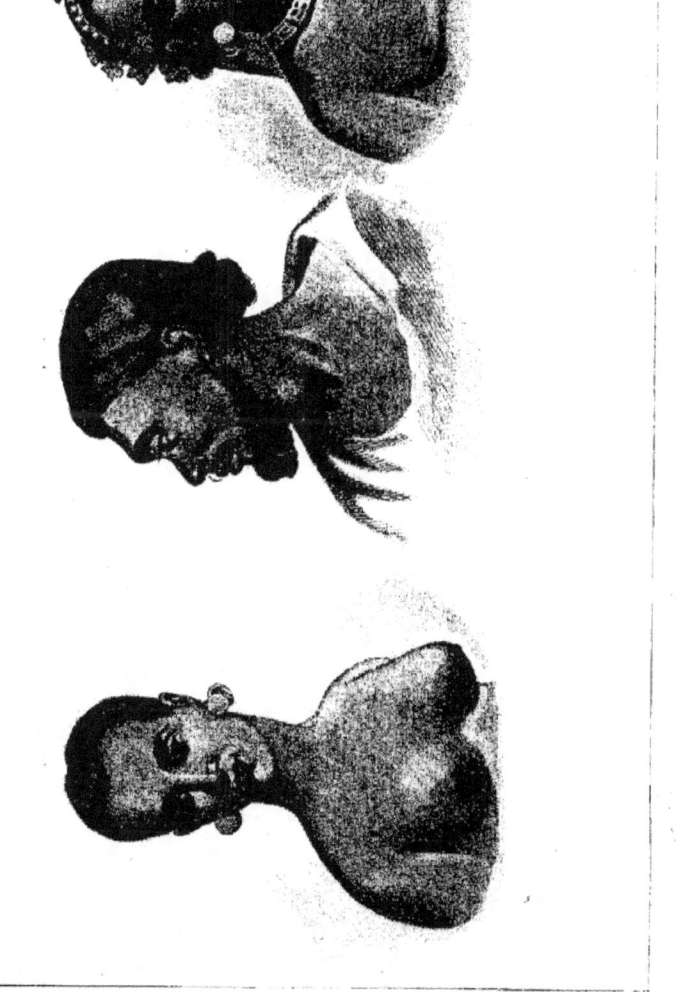

Portraits inédits de trois Indigènes.

AUSTRALIE.

AUSTRALIE OU NOUVELLE HOLLANDE.

Intérieur d'une Antiquité.

AUSTRALIE.

AUSTRALIE

Vue de Port-Augusta.

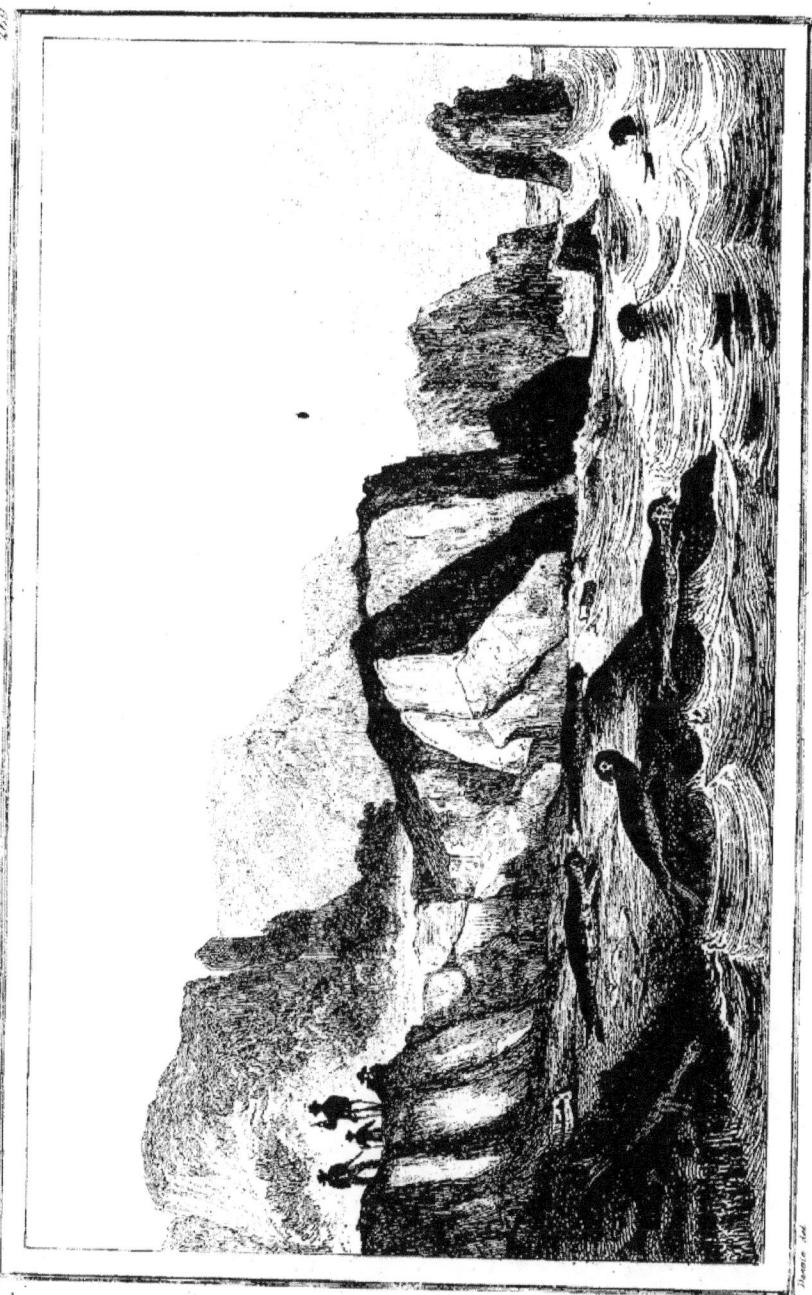

Chasse aux Phoques.

AUSTRALIE.

Vue du Plateau de Anderson sur la rivière Nepean

AUSTRALIE.

Rencontre du Jean-Bart.

AUSTRALIE.

Camp de l'Uranie dans la baie des chiens

AUSTRALIE.

Port du Roi Georges.

AUSTRALIE.

Arné Gigantesque.

Chasse aux Kangarous.

AUSTRALIE

TASMANIE

Groupe de Tasmans dans un dépaysement

Vue d'Hobart-town.

TERRE DE KERGUELEN

Pingouins sauteurs.

ILE CÉLÈBES.

Réception d'Européens à Tondano.

ILE D'AMBOINE.

Vue prise dans les ravins de Batou gautou.

ILE BOUROU.

Fête religieuse à Cajeli.

ILE KALÉMANTAN.

Le Roussa ou Cerf mulet.

ILES PHILIPPINES.

LES PHILIPPINES

Chasse au Cerf dans les montagnes de Mariveles

ILES PHILIPPINES

Vue de cap Santiago de Batangas du coté de terre.

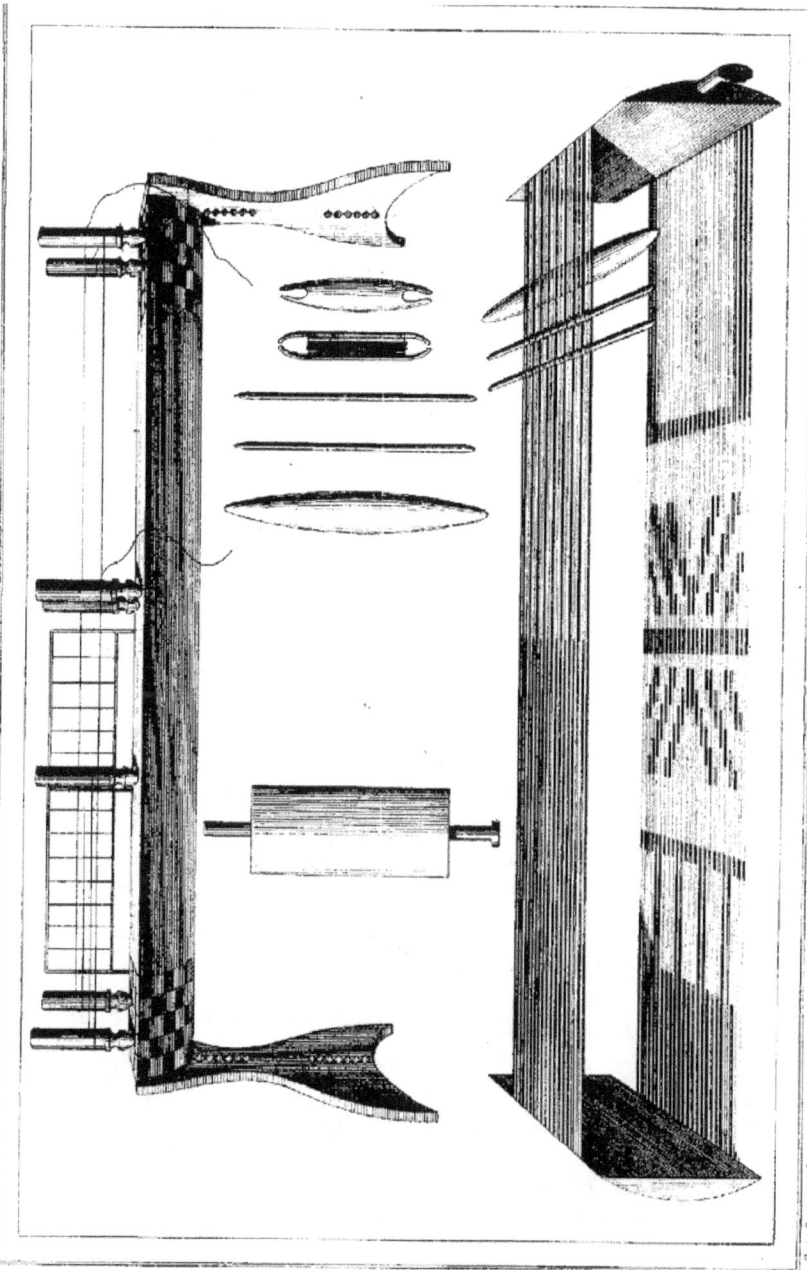

ILE GOUAP (CAROLINES)

Métier à tisser.

Maison des Natcurens d'Ulrin.

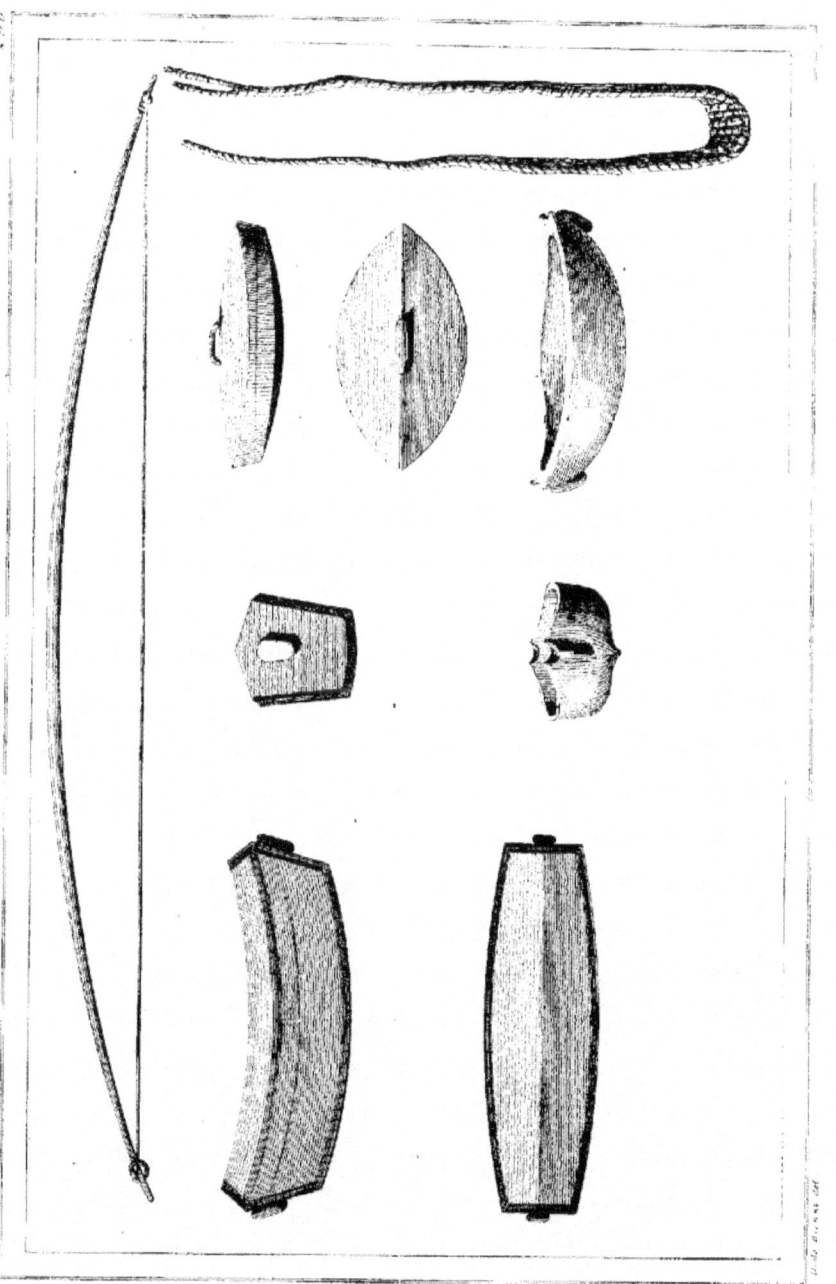

Plante de Phormium tenax

N.º ZEELAND.

Un Antropophage montrant à une jeune fille la tête de son Père

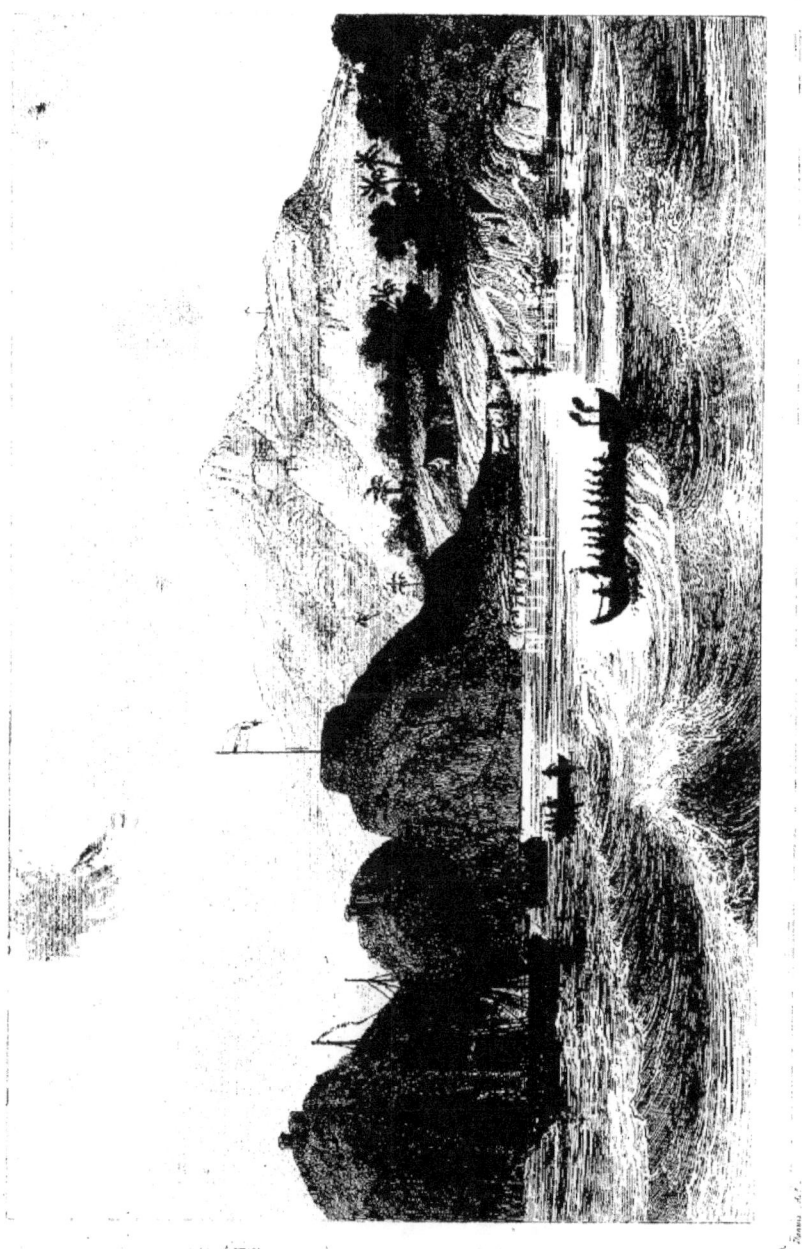

ARCHIPEL DE TONGA.

Vue de l'Île Namouka ou Rotterdam.

Habitants de Tikopia.

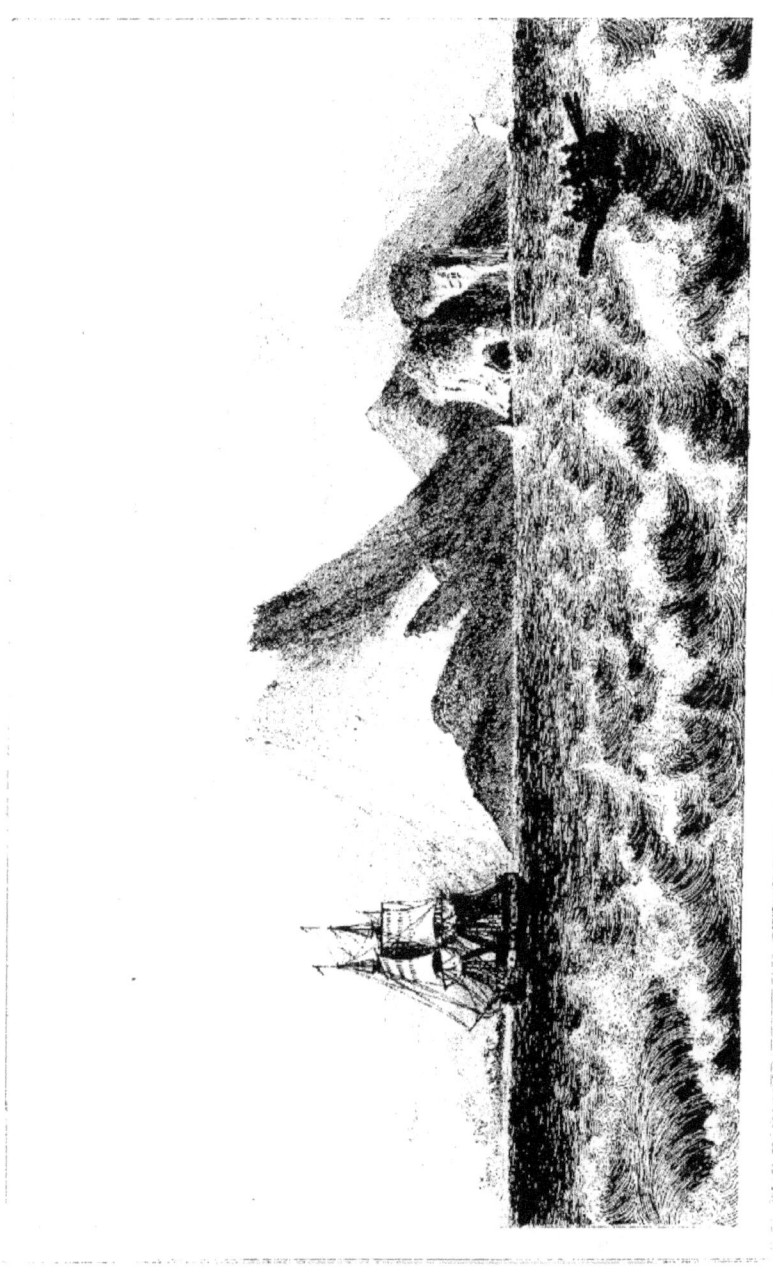

GRAND ARCHIPEL MÉLANO-POLYNÉSIEN GROUPE DES ÎLES VITI

Vue de l'île Vendetua.

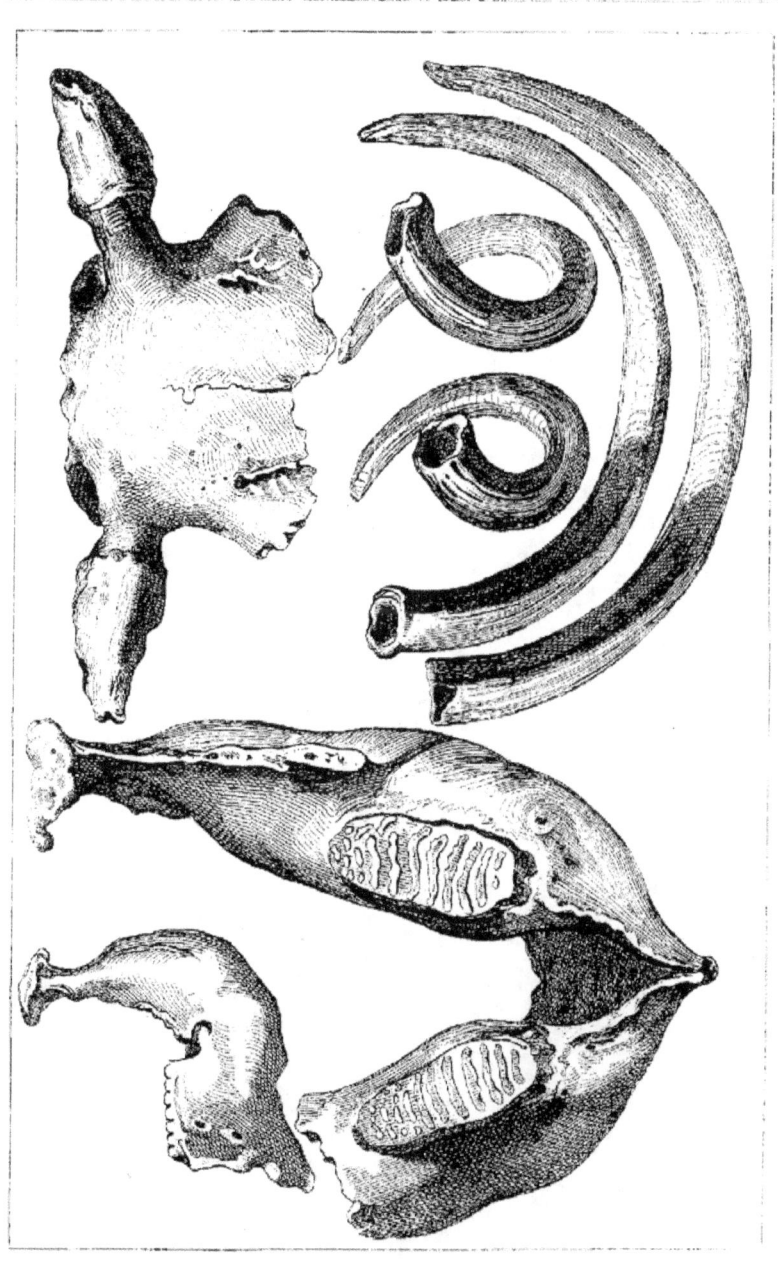

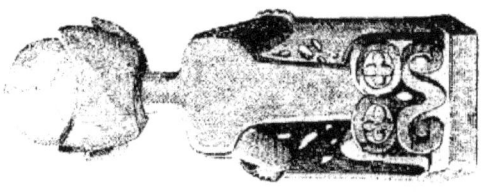

www.ingramcontent.com/pod-product-compliance
Lightning Source LLC
Chambersburg PA
CBHW070851300426
44113CB00008B/803